HISTÓRIA DO NOVO TESTAMENTO

COMENTÁRIO CRÍTICO E EXEGÉTICO SOBRE O LIVRO DE

ATOS

DE GARETH REESE
CHEFE DO DEPARTAMENTO DO NOVO TESTAMENTO CENTRAL CHRISTIAN COLLEGE OF THE BIBLE MOBERLY, MISSOURI

Tradução: Neyd Siqueira

Revisão por Josilene Andrade e David Bayless

Para minha esposa ajudadora
KATHLEEN

Que datilografou os primeiros estênceis quando este material foi distribuído em forma mimeografada e me encorajou a colocá-lo na forma de livro, colaborando diligentemente na sua produção.

Originalmente publicado com o título:

New Testament History: A Critical and Exegetical Commentary on the book of ACTS

© 1976 College Press Publishing Company
© 2002 Scripture Exposition Books, Moberly, MO

(História do Novo Testamento: Actos, um comentário)
Por Gareth L. Reese

Todos os direitos reservados © 2022

Literature And Teaching Ministries (LATM)
P.O. Box 645
Joplin, MO 64802-0645
EUA

www.latm.info

Todos os direitos são reservados. Nenhuma parte deste livro pode ser reproduzida ou transmitida por via electrónica, mecânica, fotocopiadora, gravação ou qualquer outro meio sem autorização do proprietário dos direitos de autor. Apenas breves excertos do livro podem ser citados em publicações académicas e com o devido crédito dado em notas de rodapé, e na bibliografia.

Tradução: Neyd Siqueira
Revisão: Josilene Andrade e David Bayless

ISBN: 978-1-952942-07-5

As ilustrações dos tempos bíblicos ao longo deste livro foram feitas por Horace Knowles © The British and Foreign Bible Society 1954. 1967. 1972, 1995.

Exceto quando indicado em contrário, as citações bíblicas são extraídas da *Bíblia Sagrada, Almeida Revista e Atualizada*, ARA. Copyright © 1998,1993, pela Sociedade Bíblica do Brazil

Prefácio

"A necessidade é a mãe da invenção", disse alguém. Este volume surgiu exatamente da necessidade de um livro que servisse como fonte de materiais para um estudo do livro de Atos a ser apresentado aos calouros da faculdade

O estudo tem início com um breve exame das datas dos principais eventos da História do Novo Testamento, nos Evangelhos, assim como em Atos. Esta pesquisa a respeito da maneira de como as datas foram fixadas, servirá de estrutura básica para a localização dos materiais históricos de Atos. Ela dará também oportunidade para fazer uma rápida avaliação do livro de Atos como um todo, antes de iniciar o estudo detalhado.

A segunda parte dos estudos introdutórios está ligada às questões normalmente estudadas no campo da "Alta Crítica", isto é, coisas como autoria, propósito, confiabilidade, data e lugar em que a obra foi escrita, assim como o destinatário da mesma. Embora seja difícil para os calouros perceberem o valor de alguns desses materiais, devido ao ataque cerrado que está sendo feito sobre a fé cristã em nossos dias, o autor acredita que um estudo assim detalhado de pontos "críticos" irá mostrar-se como uma fonte de evidência realmente necessária, sobre a qual edificar uma fé permanente na origem divina da Religião Cristã.

As notas exegéticas que se seguem foram colhidas de muitas fontes pelo autor, durante os anos em que ensinou os "Atos" no "Central Christian College of the Bible". Ele reconhece sua dívida de gratidão para com o seu professor nos dias da faculdade, L. Edsil Dale. Grande parte da informação foi também extraída de comentários, tais como, *Pulpit Commentary*, *Barnes Notes*, *Alford's Greek Testament*, *Ellicott's Commentary* e trabalhos individuais sobre Atos escritos por McGarvey, DeWelt, Bruce, Boles, Meyer, Rackham e outros.

Este livro é apresentado aos leitores com a oração de que nosso Deus misericordioso abençoe este trabalho com o seu divino favor, e que a sua verdade revelada se grave cada vez mais no coração dos que leem a sua Santa Palavra.

Moberly, Missouri, Junho, 1966

Prefácio da Segunda Edição

São decorridos dez anos desde que este volume passou de seu formato mimeografado para a primeira edição impressa. Tem sido usado mais vezes e em mais lugares do que o autor jamais sonhou.

Com o decorrer do tempo, certos pontos falhos exigiram uma nova impressão, a fim de corrigi-los. Com o encorajamento de Don DeWelt e a ajuda da gráfica "College Press", essa nova edição está sendo agora entregue ao público.

A "American Standard Version" da Bíblia de 1901 foi o texto seguido na primeira edição. Todavia, como cada vez menos cópias dessa excelente tradução do Novo Testamento acham-se disponíveis atualmente. Foi tomada a decisão de usar a "New American Standard Bible" como o texto sobre o qual seriam feitos os comentários nesta nova edição.

A edição atual tem um novo formato e um tipo bastante legível. Os materiais citados são melhor documentados. Dois novos estudos especiais, um sobre "A Fé Que Salva" e outro relativo ao "Mundo do Ocultismo", foram incluídos devido ao crescente interesse sobre o que o livro de Atos diz a respeito desses assuntos. Finalmente, um dos aspectos mais úteis desta nova edição, na opinião do autor, será o índice detalhado incluído no final do volume.

O livro "Atos dos Apóstolos" é da máxima importância de estudo do Novo Testamento, informando-nos sobre como a igreja começou e se desenvolveu naqueles anos-chave depois da ascensão e glorificação de Jesus. O autor espera, com espírito de oração, que a nova edição do seu comentário sobre Atos venha a encorajar mais estudo, não apenas de Atos, mas de todo o Novo Testamento

Moberly, Missouri, Abril de 1976

(*Nota do Tradutor:* Na edição em português a versão usada será a de João Ferreira de Almeida, publicada pela Sociedade Bíblica do Brasil, Edição Revista e Atualizada, a não ser que especificamente citada uma outra versão).

CONTEÚDO

Página

PREFÁCIO
ESTUDOS INTRODUTÓRIOS
CRONOLOGIA DO NOVO TESTAMENTO
  Cronologia dos Evangelhos   i
  Cronologia da Era Apostólica   viii

ESTUDOS INTRODUTÓRIOS DE ATOS
  1. Título   xviii
  2. Propósito   xviii
  3. Autoria   xix
  4. Confiabilidade   xxi
  5. Dependência   xxvii
  6. Linguagem   xxviii
  7. Data da Escrita   xxix
  8. Local em que foi Escrito   xxx
  9. Destino   xxx
  10. Integridade   xxx
  11. Características   xxx
  12. O valor dos Estudos Introdutórios   xxx

COMENTÁRIO
PARTE UM
  Capítulo Um   1
    Estudo Especial Nº 1 – Diversas opiniões sobre o Reino de Deus   26
    Estudo Especial Nº 2 – Os Irmãos do Senhor   31
  Capítulo Dois   34
    Estudo Especial Nº 3 – A Pessoa e a Obra do Espírito Santo   68
    Estudo Especial Nº 4 – O Falar em Línguas   78
    Estudo Especial Nº 5 – A Doutrina da Inspiração   98
    Estudo Especial Nº 6 – Predestinação e Presciência   100
    Estudo Especial Nº 7 – O Hades e o lugar Intermediário dos Mortos   105
    Estudo Especial Nº 8 – O Que É Arrependimento?   112
  Capítulo Três   116
  Capítulo Quatro   132
    Estudo Especial Nº 9 – As Seitas dos Judeus   150
  Capítulo Cinco   154
    Estudo Especial Nº 10 – A Disciplina da Igreja   175
    Estudo Especial Nº 11 – Demônios e Possessão Demoníaca   179

Conteúdo

Capítulo Seis	188
Estudo Especial Nº 12 – Método de Seleção de Presbíteros e Diáconos	201
Capítulo Sete	206
Estudo Especial Nº 13 – Dificuldades em Atos 7	231

PARTE DOIS

Capítulo Oito	237
Capítulo Nove (capítulos 22 e 26 harmonizados)	261
A Juventude de Paulo	261
Paulo em Jerusalém	262
Viagem de Paulo a Damasco	265
Conversão de Paulo em Damasco	270
Paulo na Arábia	276
Volta de Paulo à Damasco	276
Paulo volta a Jerusalém	277
Paulo em Tarso e Antioquia	279
Capítulo Dez	286
Capítulo Onze	307
Capítulo Doze	322
Estudo Especial Nº 14 – Pedro esteve algum dia em Roma?	337

PARTE TRÊS

Capítulo Treze	343
Estudo Especial Nº 15 – A Sinagoga e Seus Serviços	374
Capítulo Quatorze	376
Capítulo Quinze	399
Capítulo Dezesseis	426
Estudo Especial Nº 16 – A Fé que Salva	451
Capítulo Dezessete	461
Capítulo Dezoito	481
Capítulo Dezenove	502
Estudo Especial Nº 17 – O Mundo do Ocultismo	528
Capítulo Vinte	547
Estudo Especial Nº 18 – A Ceia do Senhor	571
Capítulo Vinte e Um	586
Capítulo Vinte e Dois	608
Capítulo Vinte e Três	613
Capítulo Vinte e Quatro	629
Capítulo Vinte e Cinco	645
Capítulo Vinte e Seis	656
Capítulo Vinte e Sete	669
Capítulo Vinte e Oito	691
EPÍLOGO: OS ÚLTIMOS TRABALHOS E CARTAS DE PAULO	715
MAPAS	398, 718

Tabelas, Diagramas e Esboços

TÍTULO	Página
Comparação dos Dados de Atos e Gálatas	xvi
Datas-Chave na Vida de Paulo	xvi
Aparições de Jesus Pós-Ressurreição	4
Cinco Batismos do Novo Testamento	7
O Modo do Batismo	57
As Diferentes Atividades do Espírito Santo	77
O Mundo dos Mortos	111
Diagrama da Área do Templo em Jerusalém	117
Diagrama da Planta de Uma Casa da Classe Média	329
Esboço Geral dos Sermões de Paulo a Audiências Judias e Gentias	386
Os Dois Tipos de Leis no Novo Testamento	420
O Deus Desconhecido	478
A Conversão de Um Pregador	501
Discurso de Paulo aos Presbíteros de Éfeso	560
Inscrição na Pedra Thanatos	602
Mensagem de Paulo a Agripa II	656

CRONOLOGIA DO NOVO TESTAMENTO

COMO OS ANTIGOS CONTAVAM O TEMPO?

Os gregos datavam os eventos históricos de acordo com as Olimpíadas. A primeira delas realizou-se em 776 a.C. Os romanos contavam o tempo de duas maneiras. Eles datavam muitas coisas a partir da data de fundação da cidade de Roma em 753 a.C. Em algumas cronologias, portanto, aparecem números com 726 AUC. Estas iniciais AUC representam a frase latina Ab urbe condita, que significa "desde a fundação da cidade". Alguns artigos sobre cronologia apresentam um número duplo, como 750/4. O primeiro número representa o número de anos desde a fundação da cidade, e o segundo é o ano equivalente em nosso calendário. 750 AUC equivale a 4 a.C. Os romanos empregavam também os nomes dos governantes como um ponto fixo para a contagem do tempo. Este é o método usado no Novo Testamento. O calendário usado em nossa época, contado a partir do nascimento de Jesus, baseia-se em cálculos feitos por Dionísio (século seis A.D.). Investigações subsequentes mostraram que a data de Dionísio contém um erro de pelo menos quatro anos.[1]

CRONOLOGIA DOS EVANGELHOS

São três os pontos pelos quais podemos datar os eventos registrados nos evangelhos: o nascimento, o batismo e a morte de Jesus.

O NASCIMENTO DE JESUS

A. Dados Bíblicos

Augusto era o imperador romano. Um recenseamento de toda a população do império estava sendo feito por sua ordem quando Jesus nasceu, Lucas 2.1.

Quirino exercia autoridade na província da Síria na época. Lucas 2.2. A Judéia fazia parte da província romana da Síria.[2]

Herodes o Grande era rei da Judéia, Mateus 2.1. Os reis da Judéia ficavam subordinados ao governador ou procônsul da Síria.

Resumo dos dados bíblicos por ocasião do nascimento de Jesus: Ele nasceu antes da morte de Herodes o Grande na época em que um recenseamento ou inscrição foi feito no território de Herodes, de acordo com o decreto de César Augusto; o recenseamento em questão teve lugar quando Quirino exercia autoridade na província da Síria.

B. Dados Históricos

1. *Augusto*

Augusto, imperador romano, ordenou vários recenseamentos, datados de 726/28, 746/8 e 767/14. O registro de 746/8 (i.e., 8 a.C.), ajusta-se melhor aos dados bíblicos. A história nos conta que só depois de um ano é que o recenseamento de 28 a.C. se realizou na Gália. Portanto, se o alistamento foi ordenado em Roma em 8 a.C., é possível que se passassem dois anos antes que se realizasse nas províncias remotas como a Palestina, que ficava a 2.400 Km de Roma. Po-

---

[1] Veja este erro explicado em *Christianity Today*, 18-12-64, p. 277.
[2] Veja notas em Atos 25.1, onde é explicado que a Judéia fazia parte da Síria.

deríamos então, marcar a data para o recenseamento da Palestina provisoriamente como sendo cerca do ano 6 a.C.

Seria de se esperar que Herodes o Grande registrasse a área sobre a qual reinava? Herodes era um *rex socius* (um rei associado – associado a Augusto), e como tal teria certos direitos que seriam respeitados. Pergunta-se a respeito da probabilidade de Augusto pensar em expor Herodes a um sinal de sujeição e dependência tão humilhante como seria o censo da Judéia. E a resposta é positiva: Sim! Esses *reges socii* não eram tão independentes de Roma como se poderia pensar. Estavam sujeitos a pagar tributo a Roma. E Herodes, especialmente devido às suas crueldades, era odiado pelos judeus. Isto levou-o, particularmente nos últimos anos de sua vida, a buscar cada vez mais a proteção de Roma.

Ao que parece, Augusto ordenou o recenseamento, mas este foi conduzido por Herodes na forma judaica. O fato de ter sido um registro ao estilo judeu fica evidente pelo fato de que (como cada um ia para a sua própria cidade) José teve de ir a Belém "por ser ele da casa e família de Davi."[3] Outra evidência de que este censo realizado quando Quirino era governador da Síria foi ao "estilo judaico" é o fato de que por ocasião do recenseamento seguinte (colhido pelos romanos) houve uma revolta na Galiléia sob a liderança de Judas o galileu.[4] Os judeus revoltaram-se porque consideraram os impostos (dinheiro que ia para o imperador que se proclamava um deus) como uma violação e uma imposição sobre as suas leis e liberdades. Todavia, no censo mencionado por Lucas em seu Evangelho, não parece ter havido tal resistência ou revolta por parte dos judeus, o que nos leva a crer que este primeiro registro foi do "tipo judaico".

2. A morte de Herodes o Grande

Segundo Mateus 2.1-19, a morte de Herodes o Grande é o *terminus ad quem* para o nascimento de Jesus. Aprendemos na história secular a data da morte de Herodes. Ele morreu à época da Páscoa, depois de reinar 37 anos. Josefo nos conta que seu reinado teve início na 184ª Olimpíada, ou 41-40 a.C.[5] Ou, calculado a partir de um outro começo, ele reinou 34 anos depois da morte de Antígono, que ocorreu em setembro ou outubro de 38 a.C. Pouco antes da morte de Herodes houve um eclipse da lua.[6] Dentre os vários eclipses que teriam sido visíveis na Palestina entre 5 a.C. e a virada do século, o de 12 de março, 4 a.C., se harmoniza melhor com as outras informações que possuímos. Sendo este o caso, Jesus deveria ter nascido em algum ponto entre 6 e 4 a.C. Lembre-se de que Herodes mandou matar todos os meninos com menos de dois anos; um período de dois anos é, então, o prazo máximo antes da morte de Herodes que Jesus poderia ter nascido.

Esta data (4 a.C.) para a morte de Herodes é confirmada pela evidência quanto à duração dos reinados de seus três filhos. Arquelau foi deposto em 6 A.D., depois de reinar 10 anos. Antipas foi igualmente deposto em 39 A.D. após um reinado de 43 anos, Filipe morreu em 34 A.D., tendo reinado 37 anos. Todos eles devem ter começado a reinar em 4 a.C. e, portanto, Herodes deve ter morrido em 4 a.C.

3. Quirino, um Oficial na Síria

Josefo diz que Quirino tornou-se governador da Síria em 6 A.D., após a deposição de Arquelau e a anexação da Judéia à Síria. Mas isto seria dez anos *depois* do nascimento de Cristo, que precedeu a morte de Herodes 4 a.C. Os críticos negativos têm usado este fato para afirmar que o registro lucano do nascimento de Jesus sob Quirino não passa de uma farsa, ou ". . . simplesmente uma tentativa enganosa de fazer Jesus nascer em Belém, a fim de cumprir a profecia". Como podemos resolver e explicar esta discrepância aparente?

Rejeitamos como inadmissíveis as três tentativas de solução que se seguem. 1) A tentativa de remover a dificuldade de maneira crítica – seja rejeitando o versículo inteiro (Lucas. 2.2) como uma interpretação errônea, ou alterando a leitura bem apoiada como a encontramos tanto na KJV como na ASV. 2) A explicação de que este recenseamento teve lugar "antes" de Quirino

---

[3] Lucas 2.4.
[4] Atos 5.37.
[5] *Antiguidades*, XVII. 8.1.
[6] *Op.cit.*, XVII. 6.4.

ser governador da Síria. Lucas, foi bem bom no grego; não iria usar *prote* ("primeiro") no sentido de *protera* ("antes"). 3) A suposição de Schleiermacher de que foi apenas uma coleta de impostos pelos sacerdotes que levou os pais de Jesus a Belém, e que Lucas confundiu este censo sacerdotal com um censo romano. Por que iriam eles a Belém para pagar tal imposto quando o templo se achava em Jerusalém?

A solução parece estar nos seguintes fatos, que respondem a pergunta: Quem governava a Síria antes da morte de Herodes em 4 a.C.? De 9-6 a.C., Séntio Saturnino foi o governador. De 6-4 a.C., Quintílio Varo governou. A partir de então, existe uma lacuna nos registros existentes que abrange o período até 6 A.D., quando P. Sulpício Quirino torna-se governador. Como pode Lucas estar certo então ao afirmar que Jesus nasceu quando Quirino era governador, num período anterior à morte de Herodes o Grande? Segundo descobertas arqueológicas recentes, Quirino aparentemente governou duas vezes a Síria (a.C. 4-1 e 6-11 A.D.). Isto não resolve ainda o nosso problema, pois 4 a.C. é muito tarde. Ficou, porém, satisfatoriamente demonstrado que, por estranho que pareça, Quirino – governador (*legatus*) da Síria em 6-11 A.D. – por ocasião do nascimento do Salvador, ocupava um alto cargo nessa nação, seja como "governador" (*praeses*) ou como "comissário imperial" (*quaestor*). O termo grego *hegemon* (traduzido como "governador") teria sido usado para qualquer desses cargos. Pode-se dizer então que Quirino ocupou cargos importantes na Síria de 12 a.C. a 11 A.D.

4. *Outros Dados Históricos* (empregados às vezes para datar o nascimento de Jesus)

A Estrela

Alguns têm tentado identificar a estrela que guiou os magos com uma conjunção de Saturno e Júpiter em 747/7 e 748/6. Não parece adequado identificar a estrela com quaisquer fenômenos celestiais naturais. A estrela foi adiante deles, diz a Bíblia, e então parou sobre o lugar onde Jesus se achava.[7] Não existe estrela alguma, segundo os nossos conhecimentos, que possa agir desse modo.[8]

O Turno de Abias

Zacarias, pai de João Batista, era sacerdote deste turno e estava de serviço cerca de 6 meses antes de Jesus ser concebido (Lucas 1.5ss). Já houve tentativas no sentido de fazer uma contagem regressiva a partir da destruição de Jerusalém (quando, segundo a tradição, o turno de Jeoiaribe estava de serviço), e determinar assim a data aproximada do anúncio feito a Zacarias sobre o nascimento de João Batista, mas um cálculo desse tipo não teria o mínimo de exatidão.

O Dia do Mês

Há muita incerteza quanto ao dia do nascimento de Jesus. O Novo Testamento não contém qualquer dado definido sobre isto. A primeira referência ao assunto na literatura cristã primitiva foi feita por Clemente de Alexandria (cerca de 190 A.D.).[9] Ele declarou que alguns julgavam ter Cristo nascido a 21 de abril; outros a 22 de abril, e outros ainda em 20 de maio. A Igreja Oriental argumentava que ele deveria ter nascido a 6 de janeiro por ser o "segundo Adão"[10] e portanto deve ter nascido no sexto dia do ano, porque o primeiro Adão foi criado no sexto dia da criação.[11] A celebração de 25 de dezembro remonta ao quarto século A.D. Parece ter-se originado no Ocidente. A predominância da igreja Romana levou à sua aceitação praticamente universal. Mas o fato de os pastores estarem alimentando os rebanhos à noite quando Jesus nasceu (Lucas 2.8) torna improvável ter-se dado no inverno. A incerteza da data do nascimento de Jesus não deve perturbar-nos. Se fosse um aspecto essencial da fé cristã, o Novo Testamento teria dado informações mais específicas a respeito.

---

[7] Mateus 2.9.
[8] Para maiores informações ver o artigo "What was the Star of Bethlehem?" em *Christianity Today*, 18-12-64, p.277.
[9] Plummer, Alfred, "Luke," *International Critical Commentary* (Edinburgh, T & T Clark, 1908, p. 55.
[10] 1 Coríntios 15.47.
[11] Gênesis 1.26-31.

C. Conclusão quanto à data do Nascimento de Jesus

A informação obtida através dos dados bíblicos e históricos nos leva a uma data cerca de 5 ou 6 a.C. para o nascimento de Jesus.

O BATISMO DE JESUS

A. Dados Bíblicos

Jesus teve cerca de 30 anos quando iniciou seu ministério.[12] Assim poderia ter tido qualquer idade entre 28 e 32 anos. Se Jesus nasceu entre 6 e 4 a.C., os limites para o começo de seu ministério seriam 22 e 28 A.D. Em algum tempo entre os anos 22 e 28 A.D. Jesus iniciou seu ministério.

Lucas, fazendo uso de um método reconhecido para a datação dos eventos, cita vários oficiais do governo e religiosos que estavam no poder por ocasião do nascimento de Jesus.[13] Pôncio Pilatos governava a Judéia, Herodes Antipas era Tetrarca da Galiléia. Filipe era Tetrarca da Ituréia e Traconite, e Lisânias era Tetrarca de Abilene. Anás e Caifás eram os sumos sacerdotes.

Na época em que Jesus se achava no primeiro ano de seu ministério (o que aconteceu pouco depois do seu batismo), aprendemos que os trabalhadores de Herodes haviam estado no processo de reconstrução do templo por 46 anos.[14]

B. Dados Históricos

De acordo com a sua idade ("cerca de 30 anos"), o ministério de Jesus teve início em algum ponto entre 22 e 28 A.D. A informação que a história nos fornece sobre os líderes e reis se ajustam a esta limitação?

1. César Tibério

Tibério foi o segundo imperador romano, sucessor de César Augusto. Augusto reinou de 31 a.C. até 19 de agosto de 14 A.D. Se fôssemos calcular o 15º ano de Tibério desta data, teríamos 29 A.D. para o início do ministério de Jesus. Isto não se adapta à limitação notada acima para o começo do ministério dele.

É necessário tomar em consideração o fato de Tibério ter governado juntamente com Augusto por vários anos. Cerca de 6 A.D. ele foi nomeado Tribuno. Em 11 A.D., mediante uma lei especial, Tibério recebeu autoridade total sobre as províncias com o título de *Imperator* (co-regente). Desde que Jesus e Lucas estavam nas províncias, parece ser esta a época usada por Lucas desde a qual Lucas data o governo de Tibério. Quinze anos depois de ter-se tornado co-regente seria 26 A.D. Uma data de 26 A.D. para o batismo de Jesus fica dentro dos limites notados acima. Podemos aceitar essa data para o batismo de Jesus, caso se ajuste a outras informações contidas em Lucas e João. Isso é o caso?

2. Pôncio Pilatos

Pilatos foi o quinto procurador romano (governador) na Judéia após a deposição de Arquelau. Ele sucedeu a Valério Grato nessa posição, subindo ao posto em 26 A.D.[15] No ano 36 A.D., após dez anos de desonestidade e corrupção, Pilatos foi chamado a Roma para responder perante Tibério quanto à sua atuação no cargo.

O governo de Pilatos foi repentinamente interrompido. Um impostor samaritano prometeu a seus conterrâneos que se subissem ao Monte Gerizim, ele lhes mostraria onde Moisés havia escondido alguns vasos de ouro do tabernáculo. Moisés, porém, jamais esteve no Monte Gerizim; ele não cruzou o rio Jordão. Todavia, uma multidão iludida reuniu-se numa vila ao pé do monte, para subir. Por falta de sorte deles, levavam armas. Pilatos então mandou sua cavalaria e infantaria tomar todos os caminhos para Gerizim, dando-lhes ordens para atacar os caçadores do tesouro, matando a muitos, aprisionando outros e executando-os. Os samaritanos enviaram uma

---

[12] Lucas 3.23.
[13] Lucas 3.1, 21.
[14] João 2.20.
[15] *Antiguidades*, XVIII. 4.3; 5.3.

queixa contra Pilatos a seu superior imediato, Vitélio, o legado da Síria. Vitélio nomeou um novo procurador, e ordenou que Pilatos fosse a Roma, a fim de responder ao imperador quanto à sua conduta. Antes da chegada de Pilatos, Tibério morreu a 16 de março do ano 37 A.D. O novo imperador baniu Pilatos para Viene, ao sul da França, e foi ali que ele mais tarde suicidou-se (como conta a tradição).

A data de 26 A.D. para o batismo de Jesus o colocaria durante o primeiro ano do governo de Pilatos na Judéia.

3. Herodes, Tetrarca da Galiléia e Peréia

O Tetrarca Herodes foi filho de Herodes o Grande e sua mulher samaritana, Maltace. Isto o tornava meio idumeu e meio samaritano. Portanto, a "Galiléia dos gentios" parecia um domínio adequado para tal príncipe. Seu nome é frequentemente citado como Herodes Antipas.

Ele governou como Tetrarca da Galiléia e Peréia de 4 a.C. até 39 A.D. No segundo testamento de Herodes o Grande, todo o seu reino foi legado a Antipas. Todavia, no último testamento de Herodes, Antipas recebeu apenas um quarto do reino. Antipas contestou o testamento contra seu irmão Arquelau, mas o imperador Augusto confirmou a validade do testamento final.

A primeira mulher de Antipas era filha de Aretas IV, rei da Nebatéia, que tinha Petra como capital. Mas ele divorciou-se dela e casou-se com Herodias. Antes de seu casamento com Antipas, Herodias havia sido esposa de Filipe, um dos meio-irmãos de Antipas. Enquanto visitava com Filipe e sua esposa em Roma, Antipas seduziu Herodias e providenciou então seu divórcio da filha de Aretas, a fim de casar-se com Herodias. Aretas retribuiu este insulto feito à sua filha, com uma guerra destrutiva contra Antipas.[16]

A mulher de Antipas, Herodias, e sua filha Salomé, foram as responsáveis pela morte de João Batista. João censurou Antipas pela sua flagrante imoralidade e desafio às leis de Moisés (Lev. 18.16), e pagou com a vida a sua ousadia.[17]

O retrato de Antipas pintado no evangelho deixa no leitor uma impressão bem pouco favorável do Tetrarca. Ele era supersticioso,[18] manhoso como uma raposa,[19] e completamente imoral. O tetrarca, entretanto, possuía seguidores, pois é feita menção ao fermento de Herodes[20] e à seita dos herodianos.[21] Quando a fama de Jesus começou a espalhar-se, a consciência pesada de Herodes fê-lo recear que João Batista tivesse ressuscitado.[22] Ele achava-se presente em Jerusalém na época da crucificação, e Pilatos enviou-lhe Jesus. Herodes pensou que teria então oportunidade de assistir à realização de um milagre, mas decepcionou-se. No mesmo dia veio a reconciliar-se com Pilatos, quando antes eram inimigos.[23]

O avanço do irmão de Herodias, Herodes Agripa I, sendo nomeado rei, enquanto o marido dela continuava como apenas tetrarca, despertou a inveja dessa mulher orgulhosa; e ela influenciou o marido a acompanhá-la a Roma a fim de pedir uma coroa. Agripa, no entanto, enviou cartas ao imperador Calígula (depois da partida deles), acusando Herodes de ter-se associado secretamente aos partos. Como resultado, Herodes foi banido para Lyon, na França, em 39 A.D.

4. O Tetrarca Filipe

Filipe era filho de Herodes o Grande e Cleópatra de Jerusalém. Com a morte do seu pai, Herodes o Grande, Herodes Filipe herdou Gaulonite, Traconite e Panéias. Seu reinado começou em 4 a.C., imediatamente após a morte de Herodes o Grande.

Filipe, ao que tudo indica, não se parecia com o restante da família herodiana. Ele era digno, moderado e justo. Mostrou-se também absolutamente isento do espírito de intriga que imperava em seus irmãos. Casou-se com Salomé, filha de Herodias, a moça que dançou e pediu a seguir a cabeça de João Batista. Ele ampliou a cidade de Panéias e deu-lhe o nome de Cesaréia de Filipe. Filipe reinou até 34 A.D.

---

[16] Op. Cit., XVIII. 5.1; 2 Coríntios 11.32.
[18] Mateus 14.1ss.
[20] Marcos 8.15.
[22] Mateus 14.1, 2.

[17] Mateus 14.10; Antiguidades, XVIII. 5.2.
[19] Lucas 13.32ss.
[21] Mateus 22.16; Marcos 3.6.
[23] Lucas 23.7-15; Atos 4.27.

5. *O Tetrarca Lisânias* (contemporâneo de Filipe e Antipas)

Josefo menciona um Lisânias que foi morto cerca de 36 a.C. por Marco Antônio, instigado por Cleópatra do Egito. Os críticos negativos afirmam que Lucas cometeu aqui outro erro. Josefo menciona apenas um Lisânias, e ele viveu 60 anos antes do "15° ano de Tibério"; portanto, Lucas deve estar errado, insistem os críticos. Não parece estranho que toda vez em que os críticos encontram uma discrepância aparente entre os escritores bíblicos e os historiadores seculares do mundo antigo, eles sempre supõem que os escritores bíblicos estejam errados? Se existe realmente erro, por que os errados devem ser sempre os escritores bíblicos?

O título desta parte de nosso estudo dos dados históricos fala de um Lisânias que foi "contemporâneo de Filipe e Antipas". Existe evidência no sentido de que dois governantes de Abilene tinham o nome de Lisânias. A menção de um único Lisânias por parte de Josefo não passa de uma asserção dos críticos (sendo esse o que viveu antes de 36 a.C.)! Davidson, em sua Introdução ao Novo Testamento, mostra ser mais provável que Josefo mencione dois homens com o mesmo nome.[24] Ele fala do Lisânias morto por Antônio e o chama de "rei da Calcedônia (Chalcis)", jamais referindo-se a essa pessoa como "tetrarca" ou "governador de Abilene". A Palestina não foi dividida em "tetrarquias" senão depois de morte de Herodes o Grande. Assim sendo, quando Josefo fala do "Tetrarca Lisânias", deve tratar-se do Lisânias dos tempos do Novo Testamento, e não daquele da época de Antônio e Cleópatra.

A evidência arqueológica mostra que houve um Lisânias tetrarca de Abilene, após a morte de Herodes o Grande. Nos tempos modernos foi encontrada uma moeda com a inscrição: "Lisânias, tetrarca e sumo sacerdote". A moeda pertence a um período subsequente à morte de Herodes o Grande. Descobriu-se, outrossim, uma inscrição nas ruínas de um templo dórico, chamado pelos árabes de "tumba de Nebi Abel", i.e., a antiga Abilene, que faz menção a "Lisânias, tetrarca de Abilene". A inscrição nas ruínas do templo também data de um período posterior a Herodes o Grande.[25]

O tetrarca Lisânias governou de 4 a.C. até 37 A.D., quando sua tetrarquia foi dada a Herodes Agripa I.

6. *Anás e Caifás, Sumos Sacerdotes*

Anás

Anás foi elevado ao sumo sacerdócio por Quirino, governador da Síria, em 7 A.D. Nesse período da história judaica, o cargo era preenchido e desocupado segundo o capricho dos governadores romanos.

Embora Anás tivesse sido deposto da posição oficial por Valério Grato em 15 A.D., ele continuou a exercer grande poder como membro dominante da hierarquia. Uma evidência do seu grande poder, apesar de deposto, é o fato de ter conseguido o favor dos governadores romanos e o cargo de sumo sacerdote para cinco de seus filhos e seu genro.[26] Outro sinal de sua contínua influência é que muito depois de ter sido deposto continuava sendo chamado de "sumo sacerdote" – e seu nome aparece em primeiro lugar toda vez em que são relacionados os nomes dos principais dentre os judeus.[27]

Ele pertencia à aristocracia dos saduceus e como outros dessa classe, parece ter sido arrogante, astuto, ambicioso e imensamente rico. Anás e sua família eram notórios por sua ganância e cobiça. A principal fonte de sua riqueza parece ter sido a venda dos itens necessários para os sacrifícios no templo, tais como ovelhas, pombos, vinho e óleo, que levavam a efeito nas famosas "tendas dos filhos de Anás" no Monte das Oliveiras com uma filial nos recintos do próprio templo. Durante as grandes festas dos judeus, eles aproveitavam-se da oportunidade para extorquir altos preços pelas suas mercadorias, exercendo um monopólio. Ao purificar o templo por duas

---

[24] Davidson, Samuel. *An Introduction to the New Testament* (London, Samuel Bagster and Sons, 1848), Vol. I, p. 215.
[25] *Ibid.*, p. 218.
[26] João 18.13; *Antiguidades*, XX. 9.1.
[27] Atos 4.6; Lucas 3.2.

vezes desse tipo de comércio, Jesus acusou aqueles que haviam feito da casa de oração "casa de negócio" e "covil de salteadores".[28]

Caifás

José Caifás, genro de Anás, foi nomeado para o cargo de sumo sacerdote por Valério Grato em 18 A.D. Foi este o homem que sugeriu a morte de Jesus, a fim de se livrarem tanto de um rival perigoso como aplacar o desagrado de Roma.[29] Caifás foi deposto por Vitélio por ocasião da Páscoa em 36 A.D.[30]

7. *O 46º ano da Construção do Templo de Herodes*

No primeiro ano do ministério de Jesus, e talvez 4 a 6 meses após o seu batismo, ele se encontrava em Jerusalém para a Festa da Páscoa. Enquanto estava lá, os líderes religiosos declararam ser aquele o 46º ano do trabalho de reconstrução do templo.

Herodes o Grande começou o templo no 18º ano após seu acesso ao trono de Jerusalém.[31] Seu reinado em Jerusalém começou em 37 a.C. e, portanto, o trabalho no templo iniciou-se em 19 a.C. Um período de 46 anos nos levaria a 27 A.D. Desde que Jesus foi batizado antes de sua visita ao templo em 27 A.D., o seu batismo teria sido em 26 A.D. Isto coincide com o 15º ano de Tibério, que mostramos acima ser 26 A.D.

Só para registro, a reconstrução do templo foi completada em 68 A.D., apenas dois anos antes que os romanos o derrubassem durante a destruição de Jerusalém.

C. Conclusão quanto à Data do Batismo de Jesus

Duas datas (a saber, o 15º ano de Tibério César e o ano anterior à primeira visita de Jesus ao templo durante o seu ministério) se concentraram no mesmo ano – 26 A.D. – como sendo o ano em que Jesus foi batizado. Nenhum dos demais dados históricos é infringido quando esta data é afirmada para o batismo de nosso Senhor.

A MORTE DE CRISTO

A. Dados Bíblicos

A duração do ministério de Jesus tem sido calculada de várias maneiras. Tomando os evangelhos sinópticos como ponto de partida, observamos que o ministério de Jesus deve ter tido pelo menos dois anos de duração. No evangelho de Marcos, os capítulos 2-6 cobrem um ano, e os capítulos 7-10 abrangem um segundo ano. No evangelho de Lucas, seria necessário um ano para o ministério na Galiléia (capítulos 4-9) e outro para o ministério posterior na Judéia (capítulos 10-19). Através dos sinópticos aprendemos que o ministério de Jesus teve que ter durado pelo menos dois anos.

O tempo necessário para o ministério de Jesus é melhor determinado pelas Páscoas mencionadas por João em seu evangelho.[32] Aceitando a conclusão do registro das atividades de Jesus em quarto Páscoas diferentes, feito por João, e também partindo da conclusão de que a primeira foi em 27 A.D.[33] chegamos à data de 30 A.D. para a morte de Jesus.

---

[28] João 2.16; Marcos 11.15-19.
[29] João 11.48-50; 18.14.
[30] *Antiguidades*, XVII. 2.2; 4.3.
[31] *Antiguidades*, XV. 11.1.
[32] Alguns estudiosos da Bíblia discutem a ideia de João 5.1 ser realmente uma festa de Páscoa, desde que João na verdade não a chama de "Páscoa". Ele simplesmente menciona "*a festa dos judeus*" (note a presença do artigo definido no grego!). Para outros argumentos quanto a João 5.1 referir-se a uma festa de Páscoa, veja Hendriksen, William, *The Gospel of John* (Grand Rapids: Baker Book House, 1953), p. 188-89.
[33] A data de 27 A.D. para a primeira purificação do templo foi calculada em retrocesso a partir do "46º ano da construção do templo", João 2.20. Veja a data de 27 A.D. calculada no parágrafo sobre a data do Batismo de Jesus, nos estudos cronológicos.

CRONOLOGIA DO NOVO TESTAMENTO

Escritura	Páscoa	Evento	Data	
1) João 2:23	– Primeira	– Purificação do Templo	27 A.D.	
2) João 5:1	– Segunda	– Cura do Coxo	28 A.D.	) 1º ano
3) João 6:4	– Terceira	– Alimentando os 5.000	29 A.D.	) 2º ano
4) João 11:55	– Quarta	– Crucificação	30 A.D.	) 3º ano

Quando nos lembramos de que algumas das atividades de Jesus ocorreram antes da sua primeira visita a Jerusalém em 27 A.D., e que outras seguiram-se à sua Crucificação e Ressurreição, podemos observar que o ministério de Jesus durou três anos e pouco.

Outros dados bíblicos úteis para datar a morte de Jesus são os seguintes: Pilatos era o governador;[34] Herodes Antipas era o tetrarca da Galiléia e Peréia;[35] Anás e Caifás exerciam o sumo sacerdócio;[36] e Jesus morreu por ocasião da Páscoa.[37]

B. Dados Históricos

1. O Governador Pilatos

O mandato de Pilatos como governador da Judéia já foi mencionado acima em nosso estudo da data do batismo de Jesus. Estendeu-se de 26 a 36 A.D. Assim sendo, a data de 30 A.D. para a morte de Jesus enquadra-se dentro desses limites.

2. Herodes Antipas, Caifás, Anás

A informação relativa a esses homens já foi apresentada. No que se refere à datação da morte de Jesus através de pessoas importantes, poderia ter morrido em qualquer período entre 26 A.D. (o primeiro ano para Pilatos) e 36 A.D. (o último ano tanto para Pilatos como Caifás). Somos então novamente obrigados a calcular a data da morte de Jesus por contagem das Páscoas no evangelho de João.

C. Conclusões sobre a Data da Morte de Jesus

Se tomarmos a data de 26 A.D. para o seu batismo e admitirmos um ministério pouco superior a três anos, Jesus teria sido crucificado no ano 30 A.D. Esta data coincide com os dados históricos e bíblicos, sem contradição de qualquer elemento.

A CRONOLOGIA DA ERA APOSTÓLICA

DATAS NO LIVRO DE ATOS

São vários os pontos em que a informação bíblica e os registros históricos podem ser comparados. Em primeiro lugar examinaremos o livro de Atos à procura de homens famosos que pudessem ter sido igualmente mencionados na história secular. A seguir pesquisaremos essa história, a fim de aprender o que for possível sobre as datas dessas mesmas pessoas.[38]

A. Dados Bíblicos

1) Pentecostes. Atos 2
2) Anás e Caifás. Atos 4.6
3) Gamaliel Atos 5.34
4) Candace, a rainha da Etiópia. Atos 8.27
5) A fuga de Paulo de Damasco durante o reinado de Aretas. Atos 9.25; 2 Coríntios 11.32, 33. (Isto foi algum tempo depois da conversão de Paulo.)

---

[34] Mateus 27.2; Marcos 15.1.
[35] Lucas 23.7ss.
[36] Mateus 26.3; João 18.13.
[37] Mateus 26.2ss.
[38] À medida que os leitores procurarem os capítulos e versículos citados para os vários eventos bíblicos, eles são encorajados a fazer uma pesquisa breve do livro de Atos, notando o tema principal de cada capítulo. Isto servirá com uma preliminar eficaz de nosso estudo do Livro propriamente dito, uma vez completadas estes estudos introdutórios.

6) Período de fome enquanto Cláudio foi imperador de Roma. Atos 11.28-30
7) Morte de Herodes Agripa I. Atos 12.1-23
8) Proconsulado de Sérgio Paulo em Chipre. Atos 13.7
9) Édito de Cláudio contra os judeus. Atos 18.2
10) Proconsulado de Gálio na Acaia. Atos 18.12
11) Tirano. Atos 19.9
12) O Egípcio. Atos 21.38
13) Ananias. Atos 23.2
14) Governo de Félix. Atos 23.24; 24.1ss
15) Governo de Festo. Atos 24.27
16) Reinado de Herodes Agripa II. Atos 25.13; 26.32
17) Públio, o principal de Malta. Atos 28.7
18) Dois anos numa prisão romana. Atos 28.30
19) Outros pontos úteis:
   O Incêndio de Roma (e a perseguição resultante dos cristãos)
   A destruição de Jerusalém
   João na Ilha de Patmos. Apoc. 1.9

B. Dados Históricos

Quanto às informações sobre os judeus somos devedores aos escritos de Josefo. Através dos escritos de Tácito e Suetônio extraímos os detalhes relativos às personalidades e acontecimentos não-judeus.

1. Pentecostes

A igreja teve início, da mesma forma que começa a história do livro de Atos, justamente no ano em que Jesus morreu. Na Cronologia dos Evangelhos, esta data foi determinada como sendo 30 A.D.

2. Anás e Caifás

Já foi mostrada a deposição de Caifás em 36 A.D. Desse modo, a experiência de Pedro diante do Sinédrio (registrada em Atos 4) teve lugar em algum ponto entre 30 e 36 A.D.

3. Gamaliel

Havia muitas seitas entre os judeus na era apostólica.[39] Duas das mais proeminentes eram as dos fariseus e saduceus, e a mais proeminente entre ambas era a dos fariseus. Nos dias de Jesus havia duas escolas rivais na seita dos fariseus – a de Hillel e a de Shammai. A escola de Hillel defendia a honra da tradição como sendo superior até mesmo à Lei de Moisés. A escola de Shammai desprezava a tradição quando entrava em conflito com Moisés. A inimizade entre essas escolas rivais era tão grande que se chegou a dizer que "nem mesmo Elias, o tesbita, conseguiria reconciliar os discípulos de Hillel e Shammai". Dentre as duas, a de Hillel era de longe a mais influente em sua época; e suas decisões têm-se mantido como autoridade para a maioria dos rabinos.

O professor mais importante na escola de Hillel era Gamaliel, neto de Hillel. A erudição de Gamaliel era tanta que ele é considerado como um dos sete maiores mestres de todo o judaísmo. O próprio Talmude afirma que "desde a morte do rabino Gamaliel, a glória da Lei desapareceu". Gamaliel morreu 18 anos antes da destruição de Jerusalém, i.e., em 52 A.D.

Ele é chamado "Gamaliel, o velho" para distingui-lo de seu muito famoso neto. A terrível e amarga oração[40] contra os hereges e apóstatas (i.e., contra os cristãos) que Conybeare e Howson atribuem a Gamaliel, o velho,[41] deve ser mais corretamente atribuída ao seu neto.

---

[39] Mais tarde, em nosso em nosso estudo de Atos, teremos um estudo especial das várias seitas judaicas. O Estudo Especial Nº 9 dá estas informações mais detalhadas do que são necessárias agora.
[40] *Mishna Sota*, 9:15.
[41] Conybeare e Howson, *The Life and Epistles os St. Paul* (London: Longman and Green and Co., 1873), p. 48.

4. *Candace*

Não temos qualquer ajuda aqui para datar os eventos no livro de Atos. Strabo, Dio Cássio e Plínio concordam em afirmar que a Etiópia, no primeiro século A.D., foi governada por uma série de rainhas, todas com o nome de Candace.

5. *O Reinado de Aretas IV*

Foi durante o reinado de Aretas na região onde Damasco se achava localizada que Paulo fugiu, descendo por uma janela no muro. Aretas IV (da linhagem dos nabateus – na época de Cristo, a Nabatéia incluía a maior parte do território desde o Mar Vermelho até o Rio Eufrates, e sua capital era Petra) reinou provavelmente dentro dos limites de 9 a.C. a 40 A.D. As datas exatas são incertas, mas ele reinou por mais de 47 anos.

Aretas IV ficou furioso, como já vimos, com o tratamento vergonhoso dispensado por Herodes Antipas à sua filha, entrando então em guerra com este. Até 32 A.D., ele havia derrotado completamente Antipas. Antipas queixou-se ao imperador romano Tibério, que enfurecido enviou Vitélio (o *Legado* sírio, que tinha jurisdição sobre Damasco) a fim de capturar Aretas, ordenando-lhe que o capturasse vivo ou lhe mandasse sua cabeça. Vitélio, que não tinha qualquer afeição por Antipas, não se apressou em executar a ordem. No curso de sua marcha contra Aretas, ele chegou a Jerusalém cerca da época de Pentecostes, em 37 A.D. Enquanto estava em Jerusalém, ficou sabendo da morte de Tibério; e imediatamente interrompeu a expedição contra Aretas porque Calígula, o novo imperador, detestava Antipas na mesma medida que Vitélio. Fomos levados até aqui ao seguinte ponto – a fuga de Paulo de Damasco deve ter ocorrido entre os anos 32 e 40 A.D., enquanto essa cidade era governada por Aretas.

Será possível ser mais exato que isso ao datar a fuga de Paulo de Damasco? Neste ponto é necessária uma breve pesquisa da cronologia do império romano.

Augusto	– morreu em 14 A.D.
Tibério	– 14-37 A.D. (sufocado até a morte)
Calígula	– 37-41 A.D. (assassinado)
Cláudio	– 41-54 A.D. (envenenado)
Nero	– 54-68 A.D. (suicídio)
Vespasiano	– 68-79 A.D.
Tito	– 79-81 A.D.
Domiciano	– 81-96 A.D.
Nerva	– 96-98 A.D.
Trajano	– 98-117 A.D.

Agora que conhecemos os nomes e datas dos imperadores romanos, estamos prontos para prosseguir em nossa tentativa de datar mais precisamente a fuga de Paulo de Damasco. Atos 9.23, 24 diz: "os judeus deliberaram entre si tirar-lhe a vida" e "guardavam também as portas", enquanto 2 Coríntios 11.32, 33 diz que "Em Damasco, o governador preposto do rei Aretas, montou guarda na cidade". Não existe contradição, mas itens estranhos podem ser notados aqui. 1) Damasco estava sob o comando do "etnarca"[42] e não do governador da Síria em cuja província normalmente estava; 2) o etnarca foi nomeado, por Aretas, o rei dos árabes nabateus, e não pelo imperador romano; e 3) o etnarca se prestou à inimizade dos judeus e colocou tropas em cada porta da cidade para impedir a fuga de Paulo. Um outro fato deve ser ainda notado e depois tentaremos juntar todas essas coisas. Os romanos capturaram a região dos nabateus em 64 a.C., e moedas encontradas em Damasco mostram que a cidade continuava sob o império romano (as moedas foram cunhadas com a imagem de César) até 33 ou 34 A.D. De 34 a 62 A.D., as moedas encontradas em Damasco não têm a imagem de César. Depois de 64 A.D. as moedas mos-

---

[42] "Etnarca" era nessa época um título comum de um oficial subordinado aos governadores provinciais romanos. 1 Mac 14.45; 15.1,2; Jos. *Guerras*, II.6.3.

tram a figura de Nero. Sugerimos então o que pode ter acontecido.⁴³ Imaginamos Aretas tornando-se rei de Damasco cerca do tempo da morte de Tibério em 37 A.D. Ou ele capturou a cidade enquanto houve um vazio de poder na região, imediatamente após a morte do imperador, ou o novo imperador Calígula dooou a região para Aretas. Desde que os romanos frequentemente permitiam que as regiões com grandes populações de judeus (e Damasco possuía um grande elemento judeu), mantivessem seu próprio método de adoração e seus próprios líderes – esses líderes eram chamados de "etnarcas" – supomos que Aretas, imitando a prática dos romanos e de modo a conciliar os judeus, permitiu que eles tivessem seu próprio "etnarca" para governar a cidade como vice-rei dele. Quando os judeus conspiraram contra Paulo, o etnarca, especialmente se fosse novo na função, faria o máximo para agradar seus novos súditos. Ao imaginar Aretas se tornando "rei" de Damasco cerca do tempo da morte de Tibério, também datamos a fuga de Paulo como tendo sido a cerca da mesma data, a saber, 37 A.D.

6. A Fome no período de Cláudio

A cronologia imperial acima mostra que o reinado de Cláudio se estendeu de 41-54 A.D. Esta fome, prevista por Ágabo,⁴⁴ começou no quarto ano de Cláudio (i.e. 44 A.D.) e durou até 48 A.D. Josefo a coloca depois da morte de Herodes Agripa I, e durante as procuradorias de Cúspio Fado (Cuspius Fadus) e Tibério Alexandre, que se estenderam desde a morte de Herodes Agripa I até a chegada de Cumano para ser o novo procurador no 8º ano de Cláudio (48 A.D.)⁴⁵

7. O Reinado e Morte de Herodes Agripa I

Agripa I tomou posse do reino por etapas. Quando o Tetrarca Filipe morreu, sua tetrarquia foi dada a Agripa I pelo imperador Tibério. Filipe morreu em 34 A.D., e sua tetrarquia era composta de Batanéia, Traconite e Auranite. Em 37 A.D., a tetrarquia de Lisânias (Abilene) foi dada para Agripa juntamente com o título de "rei", concedido por Calígula. Em 40 A.D., a tetrarquia de Antipas (Galiléia e Peréia) foi também dada por Calígula a Agripa. Em 41 A.D., quando Cláudio se tornou imperador, ele concedeu a Agripa a Judéia e Samaria, e o reino de Agripa tornou-se então mais extenso que o do seu avô Herodes o Grande.

Agripa I reinou sobre "toda a Judéia" durante três anos e depois morreu na primavera de 44 A.C.⁴⁶ De acordo com Atos 12.4ss, sua morte ocorreu por ocasião da Páscoa.

8. Sérgio Paulo, o Procônsul de Chipre

Quando Paulo visitou Chipre com Barnabé, durante a primeira viagem missionária, a ilha era administrada por um certo Sérgio Paulo. Em uma inscrição datada no ano 12º de Cláudio (52 A.D.), aprendemos que L. Ânnio Basso era então procônsul. O mandato normal de um procônsul era de um ano, mas o senado romano geralmente o elegia para um segundo termo. É também muito provável que Júlio Cordo fosse o predecessor de Basso. Assim sendo, Sérgio Paulo deve ser datado em algum ponto antes de 50 A.D.

A primeira viagem missionária de Paulo situa-se, portanto, em alguma data entre 44 A.D. (data da morte de Agripa) e 50 A.D. (a data mais tarde possível para Sérgio Paulo).

9. O Edital de Cláudio contra os Judeus

Quando Paulo visitou Corinto pela primeira vez, na metade de sua segunda viagem missionária, ele encontrou Áquila e Priscila, que tinham partido recentemente de Roma por causa de um edital do imperador Cláudio, expulsando os judeus da cidade.⁴⁷

Suetônio menciona uma expulsão dos judeus de Roma por Cláudio, mas não menciona uma data. Seu relato diz que em consequência de frequentes perturbações e motins entre os judeus de Roma, Cláudio os expulsou. Ele registra o seguinte: *"Iudaeos impulsore Chresto assidue tumultuantes*

---

⁴³ Há uma considerável diferença de opinião entre os eruditos bíblicos sobre como reunir todos os fatos conhecidos a respeito de Aretas IV ser "rei" de Damasco. Para outros argumentos pró e contra a posição delineada no texto, veja R.J. Knowling, "Acts", *The Expositor's Greek Testament* (Grand Rapids: Eerdmans, 1967), Vol. II, p. 240.

⁴⁴ Atos 11.28. ⁴⁵ *Antiguidades*, XX.5
⁴⁶ *Antiguidades*, XVIII.5. ⁴⁷ Atos 18.2.

Roma expulit".[48] Quando combinamos o relato de Tácito da propagação do cristianismo na cidade antes da época de Nero,[49] parece bastante provável que *Chresto* seja apenas uma corruptela de "Cristo". Se isso for verdade, então esses motins podem ter sido muito bem ataques dos judeus incrédulos contra os judeus cristãos – semelhantes aos ocorridos em Jerusalém,[50] Antioquia,[51] Icônio e Listra,[52] e em Tessalônica e Bereia.[53] Os romanos não discriminavam entre judeus e judeus cristãos, mas consideravam o cristianismo com sendo simplesmente um novo tipo de judaísmo.

Tácito fala também de uma expulsão de astrólogos da Itália em 52 A.D.,[54] e alguns têm tentado erradamente identificar essa expulsão com o edital mencionado em Atos. Orósio (417 A.D.) data o decreto do 9º ano de Cláudio, 49 A.D.,[55] mas não se sabe até que ponto esta data é confiável.

10. *Proconsulado de Gálio na Acaia*

Durante a permanência de Paulo em Corinto (na metade da segunda viagem missionária), ele é levado diante do procônsul Gálio. Se pudermos datar Gálio, será uma ajuda para datar vários eventos de Atos..

Havia dois tipos de províncias no império romano. Se existia na província um exército para manter a lei e a ordem, a província ficava então sujeita ao imperador, sendo administrada por um "Governador" (procurador), nomeado pelo imperador. Se não havia exército na província, ela ficava sujeita ao Senado romano, sendo governada por um "procônsul", eleito pelo Senado. Até 44 A.D., a província de Acaia se achava sob um procurador, mas nesse ano o exército foi retirado e ela passou à jurisdição do Senado daí por diante. Gálio não teria sido procônsul em Corinto antes de 44 A.D.

Existe uma inscrição fragmentária de Delfos, contendo uma carta de Cláudio, em que Gálio é mencionado. Os eruditos datam a carta de 52 A.D. Notamos que o Senado normalmente elegia os procônsules para dois mandatos de um ano cada. Assim sendo, Gálio poderia estar na Acaia em qualquer época entre 50 e 54 A.D. E em algum período durante esses anos, digamos 52 A.D., Paulo foi levado perante Gálio para ser julgado; e Gálio expulsou os litigantes do tribunal.

11. *Tirano*

Não se sabe ao certo se Tirano era um gentio ou judeu. Se era gentio, teria sido um filósofo ou retórico. Se era judeu, provavelmente ocupava a posição de rabino. Os judeus tinham escolas particulares em uma das duas salas dos prédios da sinagoga, ou no aposento maior da casa do rabino. Mas, em qualquer dos casos, não existe informação disponível sobre a data de Tirano.

12. *O Egípcio*

O Egípcio era um profeta falso fantástico. No reinado de Nero (54-68 A.D.) ele instigou seus seguidores e avançou do deserto para o Monte das Oliveiras, pretendendo conquistar a guarnição romana em Jerusalém. Ele prometeu aos seguidores que o muro de Jerusalém cairia diante deles, como aconteceu com o de Jericó diante de Josué. Todavia, os muros não caíram, e a guarnição romana comandada por Félix derrotou o exército do Egípcio, que fugiu para o deserto.

Não se sabe exatamente em que ano a insurreição teve lugar, mas a memória dela subsistia na mente de Lísias. Ele pensou por um momento que Paulo talvez fosse aquele egípcio que tinha retornado e, em lugar de poder enganar novamente o povo, estava sendo vítima da sua fúria.

13. *Ananias*

Este homem era o sumo sacerdote quando Paulo foi julgado em Jerusalém, depois de sua prisão, logo depois de ter completado a terceira viagem missionária. Ananias tomou posse do cargo em 48 A.D., nomeado por Herodes de Chalcis, irmão de Agripa I.

---

[48] *Life of Claudius*, cap.25.
[49] *Annals*, XV.44.
[50] Atos 8.1-4.
[51] Atos 13.50.
[52] Atos 14.1ss.
[53] Atos 17.1ss.
[54] *Annals*, XII.52.3.
[55] *History* (História), VII.6.15.

Houve desavenças amargas entre judeus e samaritanos durante o sumo sacerdócio de Ananias. Alguns galileus foram massacrados pelos samaritanos, sendo estes então atacados e muitas de suas cidades saqueadas pelos judeus. Ananias foi acusado de cumplicidade nesses atos de violência, e Quadrato (governador da província da Síria) enviou-o para ser julgado em Roma.[56] Isto aconteceu em 52 A.D. Várias coisas advieram desse julgamento. Influências poderosas agiam na corte imperial tanto do lado dos samaritanos como dos judeus. Mas, graças a Herodes Agripa II, o imperador Cláudio deu uma decisão favorável a Ananias, que logo retornou a Jerusalém para continuar a desempenhar as funções do ofício de sumo sacerdote. Outro resultado foi uma mudança de governadores na Judéia. O que foi governador antes de 52 A.D., Cumano, havia escutado as acusações dos samaritanos contra Ananias; quando Cláudio decidiu a favor de Ananias, Cumano foi banido, e Félix nomeado governador em seu lugar. Um terceiro resultado do julgamento referia-se a Jônatas. Jônatas, nomeado sumo sacerdote na ausência de Ananias, foi assassinado por ordem de Félix, que se cansou das repetidas repreensões dele.[57] Ananias, ao voltar para Jerusalém e sem qualquer aprovação expressa, ao que parece, reassumiu seu cargo. Ele estava então funcionando como sumo sacerdote por ocasião do julgamento de Paulo diante do Sinédrio.

Saduceu típico, rico, arrogante, inescrupuloso, Ananias desempenhava seu ofício sagrado com objetivos puramente egoístas e políticos. Não era incomum que enviasse seus servos aos debulhadores, a fim de arrancar-lhes os dízimos à força, enquanto defraudava os sacerdotes menos graduados de seus proventos e deixava alguns deles para morrerem de fome. Sua rapacidade e cobiça se tornaram proverbiais, a ponto de ele ser satirizado numa paródia do Salmo 24, que dizia: "Levantai, ó portas, as vossas cabeças ... para que entre Yochanan (Ananias) e encha seu estômago com os sacrifícios divinos".[58]

Ananias foi expulso do cargo em 59 A.D. por Agripa II, que transferiu o cargo para Ismael, filho de Fabi.[59] A razão imediata de sua remoção estava ligada ao tratamento dado aos sacerdotes subordinados e uso de violência na tomada dos dízimos. Depois de deposto, Ananias continuou exercendo grande influência, gastando prodigamente a riqueza que havia acumulado com aqueles que desejava influenciar.

Anos mais tarde, quanto irrompeu a rebelião que terminou com a destruição de Jerusalém, Ananias se escondeu, mas foi descoberto durante o cerco e assassinado pelos judeus fanáticos (em 67 A.D.).[60]

Em algum ponto antes do ano 59 A.D., Paulo estava sendo julgado diante do tribunal do Sinédrio, presidido por Ananias.[61]

14. *O Governo de Félix*

O evento que levou à introdução de Félix na narrativa de Atos, foi o levante em Jerusalém (Atos 21.27). Ao ser atacado por instigação dos judeus da Ásia, que alegaram estar ele transmitindo ensinos falsos e profanando o templo, Paulo foi salvo com dificuldades por Lísias, comandante da guarnição romana em Jerusalém. Lísias, porém, descobrindo ser Paulo um cidadão romano, e que portanto as conspirações secretas contra a vida de seu prisioneiro poderiam envolver sérias consequências para sua própria pessoa, e verificando também que Paulo estava sendo acusado por questões religiosas e não políticas, enviou-o a Félix em Cesaréia para ser julgado ali. M. Antonius Félix era um liberto do imperador Cláudio. A data de sua nomeação para o cargo de Governador da Judéia está em dúvida, mas deu-se cerca de 52 A.D., depois de Cumano ser banido. Ele pode ter governado em Samaria antes de seu mandato na Judéia. Félix parece ter obtido esta nomeação em parte através da influência de seu irmão, Pallas, pessoa eminente na corte de Cláudio.

O governo de Félix foi cruel e tirânico. Ele mandou assassinar o sumo sacerdote Jônatas por sicários (um bando de assassinos que carregavam punhais ocultos, matando todos os que os ofen-

---

[56] Josefo, *Guerras*, II.12.6.
[57] *Antiguidades*, XX.8.5.
[58] Talmude Babilônico, *Pesachim* 57a.
[59] *Antiguidades*, XX.8.8.
[60] *Guerras*, II.17.9.
[61] Atos 23.1ss.

dessem).⁶² Drusila, mulher de Félix, era judia. Ele a havia seduzido, levando-a a deixar seu marido legítimo. A única razão de manter Paulo preso foi sua esperança de ser subornado por ele.⁶³

Em algum período, cerca de 60 A.D., Félix recebeu ordens de Nero para voltar a Roma e ser julgado pelas suas crueldades. Teria sido castigado não fosse a intervenção de Pallas a seu favor. Datamos então o julgamento de Paulo diante de Félix cerca de 58 A.D.⁶⁴

15. O Governo de Festo

Paulo se encontrava na prisão em Cesaréia havia dois anos quando Festo substituiu Félix como governador.⁶⁵ A data exata da ascensão de Festo ao cargo é incerta e tem sido colocada em qualquer ponto entre 55 a 61 A.D. Há evidência em Atos 21.38 (o egípcio) de que a prisão de Paulo não pôde ter sido anterior à primavera de 55 A.D. Assim sendo, a posse de Festo dois anos mais tarde (Atos 24.27) não poderia ter-se dado antes de 57 A.D. A data mais tarde possível seria o verão de 60 A.D., desde que Albino, sucessor de Festo, ocupou o cargo em 62 A.D., e Festo dificilmente teria governado por menos de dois anos. É provável que devamos aceitar a data mais tardia possível, desde que Paulo disse a Félix (que começou a governar em 52 A.D.), "Há muitos anos és juiz" (Atos 24.10); e a data de 60 A.D. para isto se ajustaria melhor que 57 A.D. Datamos então a posse de Festo em 60 A.D. Esta seria a data do término dos dois anos de prisão de Paulo em Cesaréia.

16. O Reinado de Herodes Agripa II

Pouco antes do começo de sua viagem para Roma, Paulo foi julgado diante de Agripa II em Cesaréia. Agripa II era filho de Agripa I e Cypros (uma sobrinha-neta de Herodes o Grande), e tataraneto de Herodes o Grande. Suas duas irmãs, Berenice e Drusila foram duas mulheres notórias. Drusila, como já vimos, estava casada com Félix.⁶⁶ Berenice casou-se em primeiras núpcias com seu tio, Herodes, rei de Chalcis, que morreu logo depois. Ela passava tanto tempo em companhia do seu irmão Agripa II, que surgiu um verdadeiro escândalo, tendo surgido suspeitas de incesto entre eles.⁶⁷ Berenice tentou abafar o escândalo, casando-se com Polemo, rei da Cilícia, mas logo cansou-se dele, abandonou-o, e voltou a estar com seu irmão. Tempos depois tornou-se amante de Vespasiano e em seguida de Tito.⁶⁸

Quando Agripa I morreu, Agripa II tinha 17 anos, e morava em Roma, tendo sido criado no palácio imperial. Por sua juventude, o imperador Cláudio desistiu de nomeá-lo para o trono do pai.⁶⁹ A Judéia foi colocada sob um procurador, e Agripa II permaneceu em Roma. Quando seu tio, Herodes de Chalcis, morreu em 48 A.D., seu reino foi dado a Agripa II. No ano 52 A.D., Cláudio deu-lhe também a Batanéia, Traconite, Gaulonite e Abilene, juntamente com a jurisdição do Templo e sua tesouraria, e a autoridade de nomear e demitir o sumo sacerdote.⁷⁰ Em 54 ou 55 A.D., Nero acrescentou grande parte da Galiléia e Peréia ao seu reino.⁷¹

Quando Festo sucedeu a Félix como governador da Judéia, Agripa II e sua irmã Berenice visitaram Cesaréia, a fim de o cumprimentarem e lhe darem as boas-vindas à Palestina. É neste ponto que o julgamento de Paulo é introduzido.

Agripa II governou até irromper a guerra contra Roma (66-70 A.D.) que culminou na destruição de Jerusalém. Ele, a princípio, tentou persuadir os judeus a não se rebelarem. Quando a

---

⁶² Antiguidades, XX.8.5.   ⁶³ Atos 24.26.

⁶⁴ Alguns dizem que Félix tinha de estar em Roma antes de 60 A.D., porque Pallas, segundo eles, não gozava mais do favor real depois de 55 A.D. É verdade que Pallas não continuou em suas funções oficiais muito depois de 52 A.D., mas ele não bebeu veneno até o ano 62 A.D. Desse modo, a data de 60 A.D. para o julgamento de Félix perante Nero não está provavelmente muito errada.

⁶⁵ Atos 24.27.

⁶⁶ Em Atos 23.24 encontraremos Drusila novamente, e ali daremos mais informações sobre a história de sua vida.

⁶⁷ Antiguidades, XX. 7.3.

⁶⁸ Tácito, Hist. II.2.81; Suetônio, Titus, 7.1.2. Em vista de Berenice ter tão má reputação entre o povo romano, Tito não pôde casar-se com ela; e ele finalmente mandou-a embora de Roma, possivelmente ao tornar-se imperador.

⁶⁹ Antiguidades, XIX.9.2.   ⁷⁰ Antiguidades, XX.1.3; 5.2;8. 8; Guerras, II. 12.1, 8; 13.2.

⁷¹ Antiguidades, XX, 8.4.

guerra irrompeu em toda a sua fúria, lutou ao lado de Vespasiano e foi ferido no cerco de Gamala.[72] Após a captura de Jerusalém, Agripa mudou-se para Roma (na companhia de sua irmã), onde foi investido da dignidade de pretor (juiz de tribunal ou governador nas províncias). Ele morreu em 100 A.D.

17. *Públio*

Enquanto Paulo se encontrava na ilha de Malta, ele curou o pai do principal da ilha. O nome do chefe era Públio. Esse nome sugere sua origem romana; e seu título, também encontrado em inscrições relativas a Malta, parece indicar que se tratava do oficial romano de maior patente na ilha. Nenhuma outra informação é conhecida.

18. *Dois anos na Prisão em Roma*

Se a data de 60 A.D. for correta para Festo, as datas da primeira prisão de Paulo em Roma seriam 61-63 A.D.

19. *Outras datas úteis*

O incêndio de Roma ocorreu em 64 A.D.
A destruição de Jerusalém se deu em 70 A.D., depois de um cerco de dois anos.
A literatura cristã primitiva nos conta que João foi banido para a ilha de Patmos no 14º ano do reinado de Domiciano, que teria sido de 94-95 A.D.[73] Datamos, portanto, o Apocalipse de 96 A.D.

C. Resumo

Dentre todas as datas históricas acima, várias se mostram ser úteis quando se trata de datar os eventos de Atos com exatidão. Elas são as seguintes:

30 A.D.	– Pentecostes
37 A.D.	– Aretas IV, rei de Damasco
44 A.D.	– Morte de Herodes Agripa I
52 A.D.	– Gálio, procônsul em Corinto
60 A.D.	– Festo se torna governador da Judéia
64 A.D.	– Incêndio de Roma
70 A.D.	– Destruição de Jerusalém

DATAS NA VIDA DE PAULO

Antes de podermos fazer uso das datas acima e terminar nossa cronologia da era apostólica, precisamos conhecer mais detalhes sobre a vida de Paulo.

A. Evidência do Livro de Gálatas

Paulo só fala de si mesmo nas passagens em que tenta desfazer as objeções daqueles que lançam dúvidas e calúnias sobre os seus motivos e trabalho. É isso que ele faz em Gálatas. Ele está recapitulando de sua história porque os judaizantes o atacaram.

Em Gálatas 1.12, 13, Paulo fala de sua conversão. A seguir, em 1.17, ele nos diz que após sua conversão partiu para a Arábia, e voltou outra vez a Damasco. Ele declara em 1.18: "Decorridos três anos, então subi a Jerusalém". Interpretamos isto como indicando que três anos depois de sua conversão ele visitou Jerusalém pela primeira vez. Enquanto se achava em Jerusalém só se avistou com Pedro e Tiago. Permaneceu 15 dias em Jerusalém. Dali seguiu para "as regiões da Síria e da Cilícia". As cidades principais desses dois países, são respectivamente Antioquia e Tarso. Gálatas 2.1, diz a seguir: "Catorze anos depois, subi outra vez a Jerusalém". Catorze anos depois do quê? Depois de sua conversão é uma possibilidade. Mas depois de sua primeira viagem

---

[72] *Guerras*, II.16.4; IV.1.3.   [73] Jerônimo, *Lives of Illustrious Men*, c.9.

Cronologia do Novo Testamento

é a interpretação mais provável.[74] Somando assim os 3 e os 14 anos, descobrimos que 17 anos depois da sua conversão Paulo compareceu à conferência de Jerusalém, como registrado em Gálatas 2 e Atos 15.

B. Comparação dos Dados de Atos e Gálatas

Evento	Registro do Evento	
(1) Damasco (viu Cristo)	Atos 9.3ss	Gálatas 1.12-16
Ananias		
"permaneceu alguns dias"	Atos 9.19-22	
Pregou Cristo	Atos 26.30	
(2) Para a Arábia		Gálatas 1.17
(3) Volta para Damasco		Gálatas 1.17
Pregou Cristo		
"Saída pela janela"	Atos 9.23-25	2 Coríntios 11.32,33
4) Primeira viagem a Jerusalém	Atos 9.26	Gálatas 1.18
3 anos depois da sua Conversão		Gálatas 1.18
Viu Pedro e Tiago	Atos 9.27	Gálatas 1.18
Advertido para deixar a cidade	Atos 22.17ss	
(5) Para Tarso	Atos 9.30	Gálatas 1.21
(6) Para Antioquia (Síria)	Atos 11.26	Gálatas 1.21
(7) Para Jerusalém	Atos 11.30	
Oferta aos presbíteros	Atos 12.25	
Os apóstolos não se achavam ali		
Perseguição por Herodes		
(Primeira viagem missionária)		
(8) Para a Conferência de Jerusalém		
17 anos após a sua conversão	Atos 15.1ss	Gálatas 2:1ss

C. Datas-Chave na Vida de Paulo

Depois de calcular várias datas a partir de informações históricas, e usando dados obtidos através da comparação da informação sobre Paulo em Atos e Gálatas, podemos construir a seguinte cronologia retroativamente, a partir de Festo.

- 60 A.D.   Posse de Festo no cargo
- 58 A.D.   Paulo é preso em Jerusalém. (Paulo esteve na prisão dois anos antes de Festo assumir o cargo, Atos 24.27)
- 54-58 A.D.   Terceira Viagem Missionária. (A terceira viagem Missionária durou cerca de 3 a 4 anos. Paulo passou 3 meses na Acaia, Atos 20.3. Ele ficou entre dois e três anos em Éfeso, Atos 19.8-10 e 20.31)
- 51-54 A.D.   Segunda Viagem Missionária. (Nesta viagem ele passou 18 meses em Corinto, Atos 18.11. Ele foi julgado perante Gálio em Corinto, cerca de 52 A.D.).
- 51 A.D.   A Conferência de Jerusalém. (14 anos depois de Paulo ter escapado de Aretas IV, que foi datada de 37 A.D.
- 45-48 A.D.   Primeira Viagem Missionária (Esta viagem começou depois da morte de Herodes, Atos 12.21-25 e 13.1 A morte de Herodes é datada com precisão em 44 A.D.).

---

[74] Não é possível saber com certeza se a conferência de Jerusalém se realizou 14 ou 17 anos depois da conversão de Paulo. Temos de verificar qual a data que melhor se adapta à narrativa de Atos. Para este escritor, os 17 anos – 14+3 – é a melhor. Todavia, existe a possibilidade de a Conferência de Jerusalém, registrada em Gálatas 2.1ss, ter sido apenas 14 anos depois da conversão de Paulo. Muitos estudiosos da Bíblia têm preparado cronologias usando o período de 14 anos, e suas cronologias datam a Conferência de Jerusalém em 48 A.D. Desde que preferimos o período de 17 anos entre a conversão de Paulo e a Conferência, nossa cronologia mostra a Conferência de Jerusalém em 51 A.D.

40-42 A.D.	Barnabé leva Paulo para trabalhar em Antioquia (Atos 11.25ss mostra que isto ocorreu antes da morte de Herodes.)
37 A.D.	Paulo escapa de Damasco(Aretas torna-se "rei" de Damasco c. 37 A.D., perto do tempo da morte de Tibério.)
34 A.D.	A Conversão de Paulo(A conversão de Paulo deu-se 3 anos antes de sua fuga de Aretas, e 17 anos antes da Conferência de Jerusalém.[75])

RESUMO DAS DATAS DA ERA APOSTÓLICA

1. A igreja começou em 30 A.D., no mesmo ano em que Jesus morreu.
2. Conversão de Paulo – 34 A.D.
   Depois de sua conversão em Damasco, Paulo partiu para a Arábia, voltou a Damasco, de onde fugiu ignominiosamente em 37 A.D. Depois de escapar de Aretas, Paulo seguiu para Jerusalém. Após uma curta visita a essa cidade, ele dirigiu-se para Tarso.
3. Barnabé levou Paulo a Antioquia – 40-42 A.D.
   Isto ocorreu depois da conversão de Cornélio. Durante sua permanência em Antioquia, os discípulos foram chamados cristãos pela primeira vez.
4. A Primeira Viagem Missionária – 45-48 A.D.
   Esta viagem começou cerca de dez anos após a conversão de Paulo. As igrejas da Galácia foram estabelecidas durante essa viagem. Ao terminá-la, Paulo e Barnabé voltam a Antioquia (Síria) para dar seu relatório.
5. A Conferência de Jerusalém – 51 A.D.
6. A Segunda Viagem Missionária – 51-54 A.D.
   Paulo volta a visitar as igrejas da Galácia. Ele vai à Macedônia, depois da visão e do chamado, "Vem, e ajuda-nos!" Em seguida ele visita a Beréia, Tessalônica e Atenas. Depois disso vai a Corinto e temos o julgamento diante de Gálio. Ele se muda para Éfeso, onde deixa Priscila e Áquila, partindo então para a Palestina, onde visita a igreja de Jerusalém. A viagem termina com seu relatório à igreja em Antioquia da Síria.
7. A Terceira Viagem Missionária – 54-58 A.D.
   Os principais centros visitados são Éfeso e Corinto. A viagem se encerra com a viagem a Jerusalém, para entregar ali a coleta feita para os pobres.
8. Prisão de Paulo em Jerusalém – 58 A.D.
9. Dois anos na prisão em Cesaréia – 58-60 A.D.
10. Viagem a Roma – 60 A.D.
11. Dois anos da Primeira Prisão em Roma – 61-63 A.D.
    (Para o restante da vida de Paulo, veja o "Epílogo do Livro de Atos" no final deste volume, ou veja os materiais introdutórios das Epístolas Pastorais).
12. O incêndio de Roma – 64 A.D.
13. A Destruição de Jerusalém – 70 A.D.
14. Livro de Apocalipse escrito – 96 A.D.
    (O Novo Testamento inteiro foi escrito entre cerca de 45 A.D. e 96 A.D. Ao estudarmos Atos, iremos notar onde as epístolas de Paulo se encaixam, assim como as datas de alguns outros livros do Novo Testamento).

---

[75] Veja as notas em Atos 9:23 sobre a duração da estadia de Paulo na Arábia, após sua conversão, e antes de seu retorno e então escapar de Damasco.

ESTUDOS INTRODUTÓRIOS
Título do Livro

No geral se supõe que o título "Os Atos dos Apóstolos" não tenha sido dado por Lucas. Não sabemos qual foi a inscrição de Lucas (se é que a fez). O título "Atos dos Apóstolos" é bastante antigo, sendo encontrado nos Códices Vaticano e Beza. O Códice Sinaítico tem simplesmente "Atos". O livro é frequentemente mencionado nos Pais da Igreja Primitivos como "Atos". No Cânon Muratório, "Atos dos Apóstolos" é a designação reconhecida do livro.

Tais títulos foram acrescentados aos livros depois dos livros do Novo Testamento terem sido compilados.[1] Os títulos foram escritos na parte externa dos livros, de maneira a facilitar sua remoção das caixas em que eram guardados – fácil no sentido de saber imediatamente qual o livro que estava sendo retirado. Com o tempo, cada congregação de cristãos passou a ter sua própria coleção de rolos, sendo a coleção guardada no lugar em que a congregação se reunia. Livros inteiros eram lidos em voz alta durante o culto de adoração, decorrendo daí a necessidade de identificar qual rolo tinham em mãos.

A propriedade da designação, "Os Atos dos Apóstolos", tem sido frequentemente questionada. O livro não contém TODOS os atos de TODOS os apóstolos. Ele não contém sequer os atos de uma parte dos apóstolos. Do livro constam principalmente os atos de Pedro e Paulo. Outros títulos têm sido então sugeridos numa tentativa de conseguir um nome que represente verdadeiramente o conteúdo do livro. "Atos do Espírito Santo (um livro de conversões e não-conversões)" foi sugerido por McGarvey. A ASV diz simplesmente, "Os Atos". Mas existe também uma obra intitulada "Os Atos" que registra a vida de Alexandre o Grande. Alguém afirmou que bem poderia ser chamado de "O Caminho para Roma". Outro ainda sugeriu o título "A Vinda do Reino", pois o livro fala sobre o início e propagação da igreja.

Vamos usar o título encontrado em nossas versões, sabendo que são obra de homens, e nem sempre contam toda a história.

Propósito pelo qual o Livro foi Escrito

Nos círculos liberais, há mais ou menos um século, era considerado prudente duvidar do valor histórico do livro de Atos.[2] Ao deixar de lado a ideia de o livro contar uma história verídica, F.C.

---

[1] Eruditos conservadores, tendo posto em ordem a evidência tanto do Novo Testamento como da Literatura Cristã Primitiva, insistem em que a compilação dos livros do Novo Testamento foi realizada entre os anos 60 e 140 A.D.

[2] "Liberalismo religioso, liberalismo, modernismo religioso, e modernismo significam aproximadamente a mesma coisa. O nome Liberalismo se refere mais especificamente a um espírito inquiridor para o qual nada é sacrossanto. Modernismo fala mais das realizações superiores do homem na área do conhecimento, especialmente crítico e científico, na era moderna. O liberalismo religioso é um produto da filosofia moderna, e iluminismo moderno, que tenta conservar a essência do cristianismo na era moderna, científica ou iluminada. Procura conseguir isso mediante uma reinterpretação radical da fé cristã.

"Houve três movimentos de liberalismo religioso no século XIX. O primeiro procede da filosofia alemã de identidade ou panteísmo, sendo representado por Schleiermacher. O segundo se baseia na filosofia kantista, representada por Ritschl. O terceiro provém da filosofia hegeliana e é representado por Biedermann.

"Os liberais religiosos concordam em aplicar sem reservas às Escrituras os métodos críticos empregados no estudo da literatura, história e filosofia. Eles geralmente aceitaram a uniformidade da natureza, a rejeição do sobrenatural, e a continuidade do humano e do divino. Eles reinterpretaram Cristo, não como Deus o Filho encarnado em Jesus de Nazaré, mas como um homem especial e especificamente cheio divinamente, refletindo perfeitamente nos termos desta terra a vida de Deus na alma." Bernard Ramm, *A Handbook of Contemporary Theology* (Grand Rapids: Eerdmans, 1966), p.80.

Baur, da Escola de Tubigen, pensava tratar-se de um *eirenikon*, ou seja, Atos é um documento de paz. Sua teoria é esta: Segundo Gálatas 2.7ss, Atos 15.7ss, Pedro e Paulo tiveram uma discussão, e esta levou a uma divisão da igreja antiga. Algumas igrejas seguiram a doutrina de Paulo, e se tornaram conhecidas (na terminologia dos liberais) como igrejas paulinas. Outras igrejas seguiram Pedro, rejeitando os ensinos de Paulo, e essas igrejas ficaram conhecidas como igrejas petrinas. "Atos" era então julgado como tendo sido escrito por algum mestre do século segundo A.D., com o propósito de mostrar que havia na verdade "paz" entre esses dois grandes líderes. Nós rejeitamos a teoria de Baur.[3] A discussão entre os dois teve relação com o comportamento de Pedro e não com seu ensino. Segundo Gálatas, os dois estavam de acordo. Não houve conflito entre os dois que produzisse divisão na igreja, ou que levasse as igrejas a tomarem partido. Além disso, Paulo e Pedro ensinavam as mesmas doutrinas. Finalmente, negamos que Atos deva ser datado do segundo século (uma data necessária caso a teoria de Baur deva ser mantida).

Os eruditos conservadores têm sugerido várias razões para que o livro de Atos fosse escrito. Um deles acha que "Atos" tinha como propósito ser um depoimento para o julgamento de Paulo em Roma. Isto serviria como um registro excelente das atividades de Paulo a ser apresentado no tribunal, pois mostraria que ele jamais havia sido considerado culpado num tribunal romano. Todavia, a ideia de Atos funcionar como um depoimento não teve grande aceitação. No entanto, veja quantas vezes a vida de Paulo entra em contato com o governo romano. Félix, Festo, Gálio, Sérgio Paulo, a época em Filipos, e os soldados romanos em Jerusalém – todos estes sublinham o fato de que nenhum romano jamais encontrou culpa em Paulo. Thiessen sugeriu que Atos satisfaz uma necessidade quádrupla: 1) a necessidade de informação competente com respeito à atividade dos principais apóstolos. De que forma eles se relacionavam uns com os outros na propagação do cristianismo? 2) a necessidade de mostrar que o movimento cristão era um único movimento, quer os crentes fossem judeus, prosélitos, samaritanos ou gentios. Demonstra de que forma crentes judeus e gentios se associam na igreja. 3) a necessidade de colocar as experiências de Paulo (especialmente sua detenção e prisão) num enfoque correto. 4) a necessidade de mostrar que Deus deu testemunho juntamente com os apóstolos.[4] Ellicott acreditava que o propósito de Lucas ao escrever era mostrar a propagação do evangelho de Jerusalém até Roma.[5]

O principal objetivo, acreditamos, era dar ao mundo um registro do estabelecimento da igreja, e também informação sobre como tornar-se um cristão. Como seria grande a nossa necessidade de material sobre esses dois assuntos se não tivéssemos o livro de Atos. Não ficaríamos sabendo a respeito do Pentecostes. Não saberíamos de onde veio o escritor de mais da metade do Novo Testamento. Onde procuraríamos informação sobre como apropriar-nos dos resultados da morte expiatória de Cristo, como encontrada nas passagens de Atos?

Autoria (Quem escreveu Atos?)

Existem duas linhas de evidência usadas para determinar a identidade dos escritores humanos dos livros do Novo Testamento.[6] Uma delas é chamada de evidência interna – a informação que o próprio livro dá sobre o seu autor. A outra é evidência externa – evidência de outras fontes fora do livro quanto à identidade do autor humano.

---

[3] Baur tentou usar a filosofia hegeliana como uma estrutura para explicar as Escrituras. Hegel tornou popular a idéia Tese-Antítese-Síntese. A teologia de Paulo poderia ser chamada de Tese, a teologia de Pedro de Antítese. E os Atos e certos outros livros, que tomam uma posição intermediária entre os dois (afirmou ele), poderiam ser chamados de Síntese. Tal tentativa de interpretar as Escrituras através de "lentes" filosóficas deve ser rejeitada como um método errado de hermenêutica.

[4] Henry Clarence Thiessen, *Introduction to the New Testament* (Grand Rapids: Eerdmans, 1954), p.185-86.

[5] Charles John Ellicott, "Acts", *Layman's Handy Commentary of the Bible* (Grand Rapids: Zondervan, 1957), p.2.

[6] Não estamos discutindo neste ponto como chegamos à crença na inspiração divina dos livros do Novo Testamento. Embora acreditando que o autor de Atos tinha o dom espiritual de profecia mediante a imposição de mãos por parte de Paulo, sendo então "inspirado", o tema discutido sob "autoria" tem a ver com o instrumento humano usado pelo Espírito Santo.

A. EVIDÊNCIA EXTERNA

A literatura cristã primitiva não faz alusões ao livro de Atos tão cedo nem tão frequentemente quanto aos evangelhos ou as epístolas paulinas. Mas as alusões são suficientemente amplas para mostrar que Atos foi reconhecido cedo como um livro com autoridade. Há alusões na Epístola a Diogneto (130 A.D.)[7] e na Didaquê (140 A.D.).[8] As palavras ditas por Estêvão: "Senhor, não lhes impute este pecado", aparecem na Epístola às igrejas de Vienne e Lyon (177 A.D.), conforme informa Eusébio.[9]

As citações, sem nomear o autor ou a fonte, são outro tipo de evidência externa. Ireneu (180 A.D.)[10] e Clemente de Alexandria (190 A.D.) fazem citações de Atos, o último mencionando o discurso de Paulo em Atenas.[11] Tertuliano (200 A.D.)[12], Eusébio (325 A.D.)[13] e Jerônimo (400 A.D.)[14] também fazem citações de Atos.

Um terceiro tipo de evidência externa é chamado de citações anotadas. Tal evidência é abundante. Qualquer testemunho na literatura cristã primitiva de que o Terceiro Evangelho foi escrito por Lucas é um testemunho de que Atos saiu da pena de Lucas, pois a abertura de Atos, "o primeiro livro", mostra que ambos os livros são do mesmo autor. Não menos que cinquenta palavras são comuns aos dois livros, não sendo encontradas em qualquer outra parte do Novo Testamento. O Cânon Muratório (170 A.D.) contém esta nota:

> Mas os Atos de todos os Apóstolos foram escritos em um volume. Lucas compilou para "excelentíssimo Teófilo" as coisas feitas em detalhe na sua presença, como mostra claramente ao omitir tanto a morte de Pedro como a partida de Paulo da cidade, quando ele saiu para a Espanha.[15]

Ireneu escreveu o seguinte parágrafo, fazendo referência a Atos 15.39, 16.8ss e 20.6.

> O próprio Lucas mostra que era inseparável de Paulo, e seu companheiro no evangelho; não para gabar-se disso, mas compelido pela própria verdade. Pois, diz ele, na ocasião em que Barnabé e João, chamado Marcos, se separaram de Paulo, e viajaram para Chipre, nós fomos a Trôade. Quando Paulo viu num sonho um homem da Macedônia, dizendo: "Venha à Macedônia e ajude-nos", Paulo imediatamente, diz ele: Procuramos partir para aquela terra, concluindo que o Senhor nos havia chamado para lhes anunciar o evangelho. Saindo, portanto, de Trôade seguimos diretamente para Samotrácia. A seguir ele cuidadosamente relata todo o restante de sua viagem até chegarem a Filipos, e como falaram seu primeiro discurso. E nos sentamos, declara, e falamos para as mulheres para que ali tinham concorrido; e que creram, e quantas. E novamente afirma: Saímos de Filipos depois dos dias dos pães asmos, e chegamos a Trôade, onde ficamos por sete dias. Ele relata ordenadamente muitas outras coisas ocorridas enquanto estava com Paulo.[16]

Clemente de Alexandria escreveu:

---

[7] *Epistle to Diognetus*, capítulo 3, parece ter uma alusão a Atos 17.24,25.
[8] *Didaquê*, capítulo 4, contém uma alusão a Atos 4.32.
[9] Eusébio, *Church History* (História da Igreja), II.5.
[10] *Against Heresies*, (Contra Heresias) III.15,1, cita Atos 22.8 e 26.15. III.12.1 cita Atos 2.30-37 e III12.3 cita Atos 3.6.
[11] *Stromata*. I.18, cita Atos 2.41; I.23 cita Atos 5.1; VI.18 cita Atos 17.
[12] *An Answer to the Jews*, (Uma Resposta aos Judeus) capítulo 7, cita Atos 2.9,10. *A Treatise of the Soul*, (Um Tratado da Alma) capítulo 57, cita Atos 8.9. *On Idolatry*, (Sobre a Idolatria) capítulo 24, cita 15.1-31.
[13] *Church History*, (História da Igreja) III.25.
[14] Phillip Schaff e Henry Wace, *A Select Library of Nicene and Post-Nicene Fathers of the Christian Church*, Second Series (Uma Biblioteca Seleta dos Pais Nicenos e Pós-Nicenos da Igreja Cristã) (Grand Rapids: Eerdmans)Vo. 6, p.521, dá uma lista das passagens em Atos referidas por Jerônimo.
[15] Citado por Thiessen, *op.cit.*, p.178.
[16] *Against Heresies* (Contra Heresias), III.14.1.

Como Lucas, nos Atos dos Apóstolos registra que Paulo disse: "Senhores Atenienses . . ."[17]
Tertuliano cita Atos 2.15 e diz que Lucas o escreveu.[18] Eusébio nos diz que:

Lucas nos deixou dois volumes inspirados, a saber, o Evangelho e Atos.[19]

E Jerônimo, em seu catálogo de escritores eclesiásticos, atribui expressamente o livro de Atos a Lucas.[20]

Assim sendo, Ireneu e o Cânon Muratório testemunham quanto à autoria lucana de Atos na igreja ocidental; Tertuliano na igreja africana; e Clemente de Alexandria na igreja egípcia.

B. EVIDÊNCIA INTERNA

O autor não assina seu nome em ponto algum. Mas as seções "nós"[21] indicam que o autor era um dos companheiros de Paulo. O livro inteiro foi escrito pelo mesmo autor. A evidência interna concorda então com a externa – dizendo que o autor é Lucas, o médico, que foi de fato um dos companheiros de Paulo, como ficamos sabendo por ele ser nomeado nas epístolas.[22]

C. ATAQUES SOBRE A AUTORIA LUCANA

Várias objeções têm sido levantadas nos últimos cem anos sobre a autoria lucana de Atos. Vamos examinar brevemente algumas delas.

Diz-se que os companheiros de Paulo são expressamente citados em Atos[23], mas Lucas não. Desse modo, ele não era evidentemente um companheiro de Paulo e, portanto (insistem), não poderia ser o autor das seções "nós". Respondemos a este ataque, que a declaração feita é demasiado generalizada. Nem todos os que aparecem como companheiros de Paulo são sempre mencionados em Atos. Por exemplo, Tito jamais é citado no livro de Atos, embora tenha sido companheiro de Paulo.[24] As Epístolas mostram que Lucas foi também companheiro de Paulo. Embora seja verdade que os acompanhantes do apóstolo sejam geralmente nomeados em Atos, não é incomum que os escritores omitam seus próprios nomes, indicando sua presença por outro método. Por exemplo, veja como o apóstolo João indica sua presença em suas epístolas e especialmente no evangelho.[25]

Alguns afirmam que certas partes (i.e., 20.1-15) mostram evidência de terem sido escritas por Timóteo. Mas, respondemos que seria necessário alterar o texto para fazer com que 20.1-5 tenha esta aparência – no v.4, "Timóteo" teria de ser mudado para "eu" – e supõe-se que quando o autor desta "história" incorporou esta parte ele mudou o "eu" para "Timóteo". Rejeitamos tais argumentos como sendo calúnias sobre o caráter do autor.

Nenhuma razão legítima foi ainda apresentada que nos obrigasse a abandonar a conclusão tradicional de que Lucas é o autor de Atos.

Confiabilidade

Em Estudos Introdutórios, a palavra "confiabilidade" é empregada num sentido técnico, significando que o registro é exato e pode ser acreditado. Não se trata de uma tentativa furtiva e astuta por parte de alguém para enganar os leitores.

---

[17] *Stromata*. V.   [18] *On Fasting (Sobre o Jejum)*, X.   [19] *Amphiloch quaest*, 145.
[20] B.F.Westcott, *On the Canon of the New Testament (Sobre o Canon do Novo Testamento)* (London: MacMillan & Co., 1870), p.530,31.
[21] Veja Atos 16.10ss.   [22] 2 Timóteo 4.11; Colossenses 4.10,14; Filemom 24.
[23] Atos 13.2,5; 15.2,40; 16.3; 18.18; 20.4.   [24] Gálatas 2.3; 2 Coríntios 2.13.
[25] João 13.23; 19.26; 20.2; "o discípulo a quem Jesus amava".

A. ATAQUES SOBRE A CONFIABILIDADE

Os ataques à confiabilidade (e consequentemente sobre a autoria lucana) de Atos têm-se dirigido a vários pontos.

1. *A Conversão de Paulo (compare Atos 9.1-19; 22.6-16 e 26.12-20)*

Os críticos negativos afirmam existir uma discrepância nos registros. Em 9.7 os companheiros de Paulo "ouvem". Em 22.9 é dito que eles não "ouvem". Mas não existe uma verdadeira divergência. As palavras gregas "ouvir" (*akouo*) e "som" (*phone*), têm conotações diferentes. Eles ouviram (*akouo*) um som (*phone*), mas não compreenderam (*akouo*) as palavras (*phone*)

Eles também declaram haver um contraste entre o relato de Lucas e as afirmativas de Paulo (Atos 26.13 comparado com 1 Coríntios 15.8). Segundo dizem, Lucas indica que Paulo só viu uma luz cegante e ouviu uma voz, mas na verdade não viu ninguém; enquanto Paulo afirma ter visto realmente o Senhor. Em resposta a este ataque, veja Atos 9.7. A passagem diz que os companheiros de Paulo ouviram, mas não viram ninguém, e a implicação é que Paulo viu de fato alguém, assim como ouviu o que era dito.

2. *O Silêncio em Atos sobre a Coleta para os Santos de Jerusalém*

Aprendemos nas epístolas que esta oferta era uma coisa muito importante para Paulo.[26] Argumenta-se que se Atos fosse um registro verdadeiro, ele mencionaria também esta coleta ao relatar a terceira viagem missionária.

Não existe de fato menção específica da oferta no livro de Atos? Veja 24.17! Várias passagens não seriam facilmente entendidas sem que ele tivesse conhecimento da oferta. Em Atos 20.3, Lucas cita homens de todas as igrejas que se achavam com Paulo. O que eles faziam? 1 Coríntios 16.3 dá a resposta. Cada igreja devia mandar um representante, que levaria o dinheiro recolhido por essa congregação, de modo que ninguém pudesse acusar o apóstolo de apossar-se dos fundos. Além disso, note que foi a essa altura que Paulo mudou seu itinerário, por causa de uma conspiração dos judeus.[27] Teria sido uma boa ocasião para o plano deles, especialmente se Paulo tivesse em seu poder todo o dinheiro da coleta mencionada em Romanos 15.31.

Observe também em Atos 24.26 que Félix esperava ser subornado. Esta não é uma alusão direta à oferta, segundo tudo indica. Mas trata-se de um aparte interessante. Talvez Félix tenha ouvido falar da grande quantia em dinheiro que Paulo levou a Jerusalém, e quisesse participar dela. Além disso, não era necessário que Lucas fizesse menção à coleta em Atos, caso não o desejasse. Poderia notar-se simplesmente que não se entrosava no propósito do livro.

3. *A Falha em Insinuar que Paulo Escreveu Cartas às Igrejas*

Isto não deve prejudicar nossa confiança na veracidade de Atos. O crítico que julga dever encontrar algo em uma fonte, por tê-lo encontrado em outra, é deficitário. Um meio de responder a esta objeção, então, é sugerir que isso também está fora do propósito de Lucas. Lucas se ocupa do trabalho missionário de Paulo. Ao dizer que Paulo escreveu uma carta, Lucas teria então de descrever o cenário e ocasião em que Paulo escreveu, e como a carta foi recebida. Tudo isso o teria desviado de seu objetivo.

Outra forma de responder é especular sobre a questão: Lucas estava planejando um terceiro volume? No livro de Atos, até que ponto é tratada a vida de Jesus? Só um pouco antes da ascensão, e algumas palavras de Jesus conforme registrado nos sermões. Lucas sabia que a vida de Cristo havia sido registrada no seu primeiro volume, portanto, não havia grande necessidade de referir-se a ela no segundo. É possível que ele estivesse planejando um terceiro volume, e não incluiu então no Volume 2 o que constaria do Volume 3. Se alguma coisa foi deixada fora de Atos (como a menção das epístolas), nós a teríamos no terceiro volume.

Lucas chegou a publicar um terceiro volume, digamos, uma coleção das epístolas de Paulo? O que aconteceu a Lucas depois de escrever Atos? Ele se achava com Paulo alguns anos mais

---

[26] 1 Coríntios 16.1ss; Romanos 15.25ss; 2 Coríntios 8,9; Gálatas 6.6-10.
[27] Atos 26.3.

tarde quando 2 Timóteo foi escrita. O que aconteceu com Lucas depois do martírio de Paulo? Não sabemos. Foi morto? Existem tradições de que fez viagens de pregação em várias regiões.[28] Quando as epístolas de Paulo foram colecionadas pela primeira vez? Não sabemos, mas não foi muito depois dele tê-las escrito.[29] Inácio (um escritor cristão primitivo) tinha um amanuense que escrevia por ele. Depois da morte de Inácio, as pessoas quiseram uma coleção dos seus escritos. O amanuense colecionou os escritos de Inácio. Se isto ocorreu com Inácio, por que o mesmo não poderia ter sido feito por Lucas com as cartas de Paulo?

Por que Lucas não se referiu às cartas de Paulo em Atos? É possível que ele as estivesse colecionado e pretendesse publicá-las como o Volume 3 de sua história. Existe alguma evidência que tende a consubstanciar essa teoria. As Epístolas Pastorais têm uma história manuscrita diferente do restante das epístolas de Paulo. Isto talvez sugira que as epístolas de Paulo tenham sido colecionadas em dois grupos diferentes.[30] Pelo menos este aspecto é verdadeiro: a falha de Lucas em mencionar as cartas de Paulo não constitui uma forte objeção quanto à confiabilidade do livro de Atos.

4. Desarmonia Alegada Sobre as Visitas de Paulo a Jerusalém

Esta é outra objeção levantada contra a confiabilidade de Atos, e, portanto uma negação da autoria lucana. Afirma-se existir desarmonia com relação às visitas de Paulo a Jerusalém quando os registros de Atos e Gálatas são comparados. E é verdade que o capítulo 11 de Atos registra uma viagem feita por Paulo a Jerusalém que Gálatas não menciona. Esta viagem não é mencionada em Gálatas, sugerimos, porque Paulo não se encontrou com qualquer apóstolo nela. Lembre-se de que Paulo argumenta em Gálatas que a sua mensagem procedia da revelação divina, não a tendo aprendido de homens, muito menos dos apóstolos. E em Gálatas ele cuidadosamente menciona todas as vezes em que teve qualquer comunicação com os apóstolos originais, mostrando que nunca esteve tempo suficiente com eles para poder tomar conhecimento do evangelho através deles. O fato de a viagem para Jerusalém, aproximadamente na época em que Herodes morreu, não ser mencionada em Gálatas, é por não ter havido possibilidade alguma dele aprender qualquer parte do evangelho nessa viagem.[31]

5. A Alegada Diferença de Atitude de Paulo com Relação aos Judeus

Tem sido afirmado que a relação de Paulo com o judaísmo difere nas epístolas daquela de Atos. É dito que nas epístolas ele mostra-se veemente em sua luta contra o judaísmo, mas não em Atos. Que evidência é dada para confirmar tal reconstrução? A carta aos Gálatas talvez seja a mais severa contra os judaizantes, embora haja outros pontos em suas cartas em que ele os ataca. Em Atos, a última vez que Paulo foi a Jerusalém, ele até entrou no templo e responsabilizou-se (pagou certas taxas impostas ao adorador durante o processo de completar o seu voto) por alguns homens que tinham feito um voto.[32]

Cronologicamente, o evento de Atos 21 aconteceu depois da carta aos Gálatas ter sido escrita. Paulo estava sendo consistente? Ele errou em seus atos em Jerusalém?

Paulo jamais objetou às práticas judaicas contanto que não fossem consideradas como uma questão de fé cristã. Ele alguma vez proibiu a oferta de sacrifícios, o cumprimento de votos, o rito da circuncisão? Circuncidou a Timóteo,[33] mas não a Tito.[34] Cristo é o único sacrifício, final e completo, pelos pecados.[35] A ênfase do ensino de Paulo era de que o judeu não tinha de desistir das cerimônias que lhe eram queridas, contanto que não tentasse forçar essas cerimônias sobre

---

[28] J. M. Bebb, "Luke, The Evangelist" (*Lucas, o Evangelista*), *Hastings Dictionary of the Bible* (New York: Scribners, 1908), V, 3, p.161-2.

[29] 2 Pedro 31.15ss sugere que na época em que 2 Pedro foi escrita em 66 ou 68 A.D., as cartas de Paulo já haviam sido colecionadas – pelo menos algumas.

[30] Lewis A. Foster, "The Earliest Collection of the Paul's Epistles" (*A Coleção Mais Antiga das Epístolas de Paulo*), *Seminary Review*, XIV (1967-68), # 2, p.41-56.

[31] Mais discussões sobre a aparente desarmonia dos relatos das visitas de Paulo a Jerusalém serão encontradas nas notas em Atos 11.30.

[32] Atos 21.17ss.   [33] Atos 16.3.   [34] Gálatas 2.3.   [35] Hebreus 7-9.

outrem como questão da fé. 1 Coríntios 9.19ss é uma passagem útil neste particular. Paulo era livre. Ele tinha uma certa liberdade em Cristo. Todavia, tornou-se todas as coisas para todos os homens, a fim de ganhá-los.[36] (Como é claro, ele não fez nada que comprometesse a fé). Paulo combateu os judaizantes e as tendências judaístas quando esta ênfase se tornou um problema específico nas igrejas, como aconteceu na Galácia. Paulo, que foi judeu antes de sua conversão, não ridicularizou nem espezinhou a Lei de Moisés, como foi relatado caluniosamente aos judeus de Jerusalém. Ele nunca disse que era proibido orar no templo. Mas afirmou, porém, isto: não havia mais necessidade de guardar a Lei de Moisés para receber a salvação. O Novo Testamento não diz em lugar algum que o Antigo Testamento (que tinha sido revelado por Deus) era falso, ou que as suas práticas eram agora proibidas. Paulo não transigia quando sua liberdade em Cristo estava em jogo. Mas ele tentou ser todas as coisas para todos os homens, sempre que isso fosse coerente com os princípios cristãos.

Alguns dizem que Paulo cometeu um erro em seus atos no templo (Atos 21). A Bíblia é muito exata em seus registros. Ela também indica o que é certo e errado. A Escritura não diz que Paulo estava errado. Portanto, hesitamos em afirmar que ele cometeu um erro em seu comportamento nesse ponto. É difícil encontrar as alegadas diferenças entre a atitude de Paulo como descrita em Atos e como descrita nas epístolas, no que se refere ao seu tratamento dos judeus. Os crentes eram seus irmãos, os incrédulos não o eram. Ele mostrou-se generoso para com todos, segundo permitiam os princípios cristãos.

6. *A Acusação de que a Teologia de Paulo Não Está de Acordo*

Tem sido acusado que a teologia de Paulo em Atos não está de acordo com a sua teologia nas Epístolas, sendo assim questionada a confiabilidade e autenticidade de Atos. Diz-se que em Atos há indicação de que Paulo acreditava que a morte de Cristo não passava de um simples crime levado a efeito pelos judeus (Enslin). Mas nas epístolas, segundo se enfatiza, Paulo pensava que a morte de Cristo representava uma expiação vicária.

Este argumento, ou uma refutação do mesmo, seria baseado em evidência bem pobre, pois Atos contém muito pouco da teologia de Paulo com referência à cruz em particular. Basta dizer que Atos não contradiz o que Paulo escreve em suas cartas.[37]

B. CONFIRMAÇÃO EM ATOS DE SUA CREDIBILIDADE

Havendo examinado os ataques à credibilidade de Atos, vale a pena verificar os pontos que servem para nos assegurar da confiabilidade do livro. Os seguintes pontos são adaptados de *The Book of Acts in History* ("O Livro de Atos na História") de Henry J. Cadbury (Harper, 1955). Lucas escreveu com ordem e cuidado.

1. *Datas Fixas*

O autor compreende a importância das datas fixas e associa os eventos dados no livro de Atos com a história do mundo nessa época. Ele não começa com as palavras, "Era uma vez". Na segunda metade do livro, ele menciona a passagem dos dias, mais do que na primeira – mas isto se deve ao fato de Lucas estar presente durante os acontecimentos registrados na última parte do livro.

2. *Conhecimento Geográfico e Exatidão*

Sabemos que existem diferenças de civilizações em nações diferentes, e povos diferentes possuem regras morais, condições políticas, atividades, etc., também diversos. Em todas as comple-

---

[36] 1 Coríntios 9.19-23.
[37] Da mesma forma que desconfiam da credibilidade de Atos, ataques similares são feitos sobre outros livros da Bíblia, desde o surgimento do Liberalismo há cerca de 100 anos. Trata-se de um método comum usado pelos críticos para tentar lançar dúvidas sobre o registro bíblico, e vários pregadores educados em seminários liberais acreditam e pregam tais "conclusões seguras". O leitor provavelmente acharia útil possuir um livro como o de DeHoff ou de Haley, *Alleged Discrepancies in the Bible* (Discrepâncias Alegadas na Bíblia), a fim de familiarizar-se com os ataques mais comuns desse tipo, e algumas das possíveis respostas aos mesmos.

xidades das diferentes nações e povos, Lucas jamais comete um erro. E não se trata apenas de uma exatidão geral, como encontramos em um escritor que coloca seus pronunciamentos de modo a tornar impossível dizer que ele está equivocado. Em outras palavras, Lucas não evita mostrar-se tecnicamente exato. Por que foi tão exato e correto? Ele estava lá! Era um historiador acurado! Era inspirado!

Exemplos desta exatidão (chamada verossimilhança) são encontrados através do livro inteiro. Em Atos 13.7, Sérgio Paulo é chamado de procônsul de Chipre. Este é o termo apropriado para o governante de Chipre, embora fosse refutado pelos críticos negativos por muitos anos. Inscrições descobertas recentemente mostram que Lucas foi perfeitamente exato no título dado a Sérgio Paulo. Em Atos 13.50, ele fala dos "principais da cidade" ("líderes") de Antioquia da Pisídia. A arqueologia demonstrou que "principais" era na verdade o título dos líderes da cidade de Antioquia.

Em Atos 16.20, 23, 35, os termos "pretores" (*praetors*), "carcereiro" e "oficiais de justiça" (*lictors*) são exatos. Em 17.6, Paulo está sendo julgado pelas "autoridades" (*politarchs*). Durante muitos anos os críticos afirmaram que tal título jamais foi dado aos líderes das cidades no mundo antigo. Agora, depois de alguns anos de pesquisas, Tessalônica, até hoje, é uma das duas únicas cidades do mundo (Monastir, na Turquia, sendo a outra) em que arqueólogos encontraram esse título. Descobriu-se em Tessalônica uma antiga inscrição, mostrando que a cidade era governada por sete politarcas.[38] "Areópago" é o termo correto para o lugar de reunião em Atenas, Atos 17.22.

"Asiarcas" (Atos 19.31) e "escrivão da cidade" (19.35) são os termos exatos. Os asiarcas, em número de dez, eram oficiais escolhidos anualmente de todas as cidades da Ásia proconsular, para presidirem os sagrados ritos e oferecer os jogos públicos em honra dos deuses e da divindade do imperador, responsabilizando-se pessoalmente pelas despesas incorridas. Isto exigia que fossem homens de alta posição e grande riqueza.[39] O escrivão da cidade era o secretário da prefeitura. Seu ofício era ler os documentos públicos para o povo, ser o registrador principal, delinear as leis e encarregar-se dos arquivos.

Lucas dá a Públio seu termo oficial peculiar, designando-o como "homem principal da ilha" (Atos 28.7). O "soldado que o guardava" (28.16) teria sido o capitão da guarda, o "prefeito do acampamento pretoriano". Havia geralmente dois oficiais importantes chamados por esse nome, sendo dever especial deles encarregar-se dos prisioneiros enviados das províncias para serem julgados em Roma.

Lucas era um observador minucioso. James Smith, um marinheiro, em seu livro *Voyage and Shipwreck of St. Paul* (Viagem e Naufrágio de São Paulo), mostra que Lucas é exato até mesmo na questão da tempestade e do naufrágio. Aliviaram (o porão) o navio, largaram as amarras do leme, encalharam o navio – o termo apropriado em grego é usado para cada uma dessas atividades.

A exatidão de Lucas pode ser verificada a cada passo e a sua correção foi assim confirmada. A verossimilhança argumenta a favor da credibilidade de Lucas.

3. A Apresentação Ordeira de Lucas é Esplêndida

Lucas equilibra os discursos entre os de Pedro e de Paulo, justamente da maneira em que um bom historiador daquela época fazia. Havia padrões e fórmulas a serem seguidos ao escrever uma história, e todo bom historiador seguia essas formas. A qualidade da história era julgada de acordo com sua aptidão em ajustar os discursos da narrativa, a fim de prender a atenção do leitor. Na história de Lucas, os discursos não são apresentados sem nada entre um e outro. Tudo se encaixa, enquanto somos levados a cada discurso. E não apenas isso, mas Lucas usa sete discursos de Pedro e o mesmo número de Paulo, bem como discursos feitos por outros, tais como Gamaliel, Estêvão, Tiago, Demétrio, o escrivão da cidade, Festo e Tértulo. Peake mostrou que os discursos de Pedro estão de acordo com a língua e pensamentos das epístolas petrinas. Os dis-

---

[38] Há uma fotografia da inscrição de Tessalônica no *Zondervan Pictorial Dictionary of the Bible* (Grand Rapids: Zondervan Publishing House, 1963), p. 848.

[39] Tem sido mostrado que poderia custar a um asiarca o equivalente ao salário de 3000 dias de um trabalhador para proporcionar um dos jogos públicos. Uma vez terminado seu termo de um ano, ninguém era obrigado a ocupar uma segunda vez esse cargo. O título de asiarca era vitalício.

cursos de Paulo também se harmonizam com suas cartas.⁴⁰ Lightfoot mostrou a propriedade do discurso de Estêvão, e o de Paulo em Licaônia.

Existe também um equilíbrio no método de Lucas apresentar as vidas de Pedro e Paulo. As semelhanças não são forçadas, nem os dois homens se rivalizam. Esse tipo de equilíbrio era a maneira comum de apresentar a história no primeiro século (compare por exemplo a obra *Lives (Vidas)* de Plutarco).

O ministério de Pedro –

a) Começou seu ministério com a cura do coxo, 3.6
b) As pessoas queriam que a sombra de Pedro caísse sobre elas, a fim de serem curadas, 5.15
c) Pedro e o mágico, Simão, 8.20
d) A ressurreição de Dorcas (Tabita), 9.36
e) Cornélio o adorou, 10.25
f) Pedro no Sinédrio, apoiado por Gamaliel, um fariseu, 5.34
g) O apedrejamento de Estêvão,⁴¹ 7.58
h) Libertação milagrosa de Pedro da prisão, 5.19
i) Visão de Pedro do lençol, registrada três vezes, Atos 10
j) Pedro é açoitado, Atos 5.40

O ministério de Paulo –

a) Ajuda ao coxo em Listra, 14.8ss
b) As pessoas levavam lenços e aventais de Paulo para serem curadas, 19.12
c) Paulo e o mágico, Barjesus, 13.6-8
d) Êutico ressuscitado dentre os mortos, 20.9-12
e) Paulo adorado em Listra, 14.13
f) Paulo apoiado pelos fariseus no Sinédrio, 23.6,7
g) Paulo apedrejado, 14.19
h) Libertação milagrosa da prisão, 12.26
i) Sua visão de Cristo registrada três vezes, 9, 22, 26
j) Paulo é açoitado, Atos 16.22,23

A igreja no início notou este paralelo e o levou adiante. Disse que ambos morreram em Roma no mesmo dia.⁴² O fato de um certo esboço paralelo parecer ser seguido para a apresentação das vidas de Pedro e Paulo não é razão para duvidar da veracidade de Lucas. Como dissemos, *Lives* ("Vidas") de Plutarco apresenta a história, comparando a vida de grandes homens. Não se pode dizer que essa prática de comparação falsificou a história de qualquer dos personagens comparados. Não se pode afirmar também que o registro de Atos seja falso.

4. *Do Geral ao Particular*

Lucas apresenta generalidades e depois inclui incidentes, tanto bons como maus, a fim de ilustrar a generalidade. Por exemplo, "Tudo, porém, lhes era comum" (Atos 4.32), ele escreve. Dá a seguir, Barnabé, como um bom exemplo e Ananias e Safira como o mau exemplo.

---

⁴⁰ A. S. Peake, *A Critical Introduction to the New Testament* (London: Duckworth & Co., 1909), p. 129.

⁴¹ Note que Estêvão foi apedrejado e não Pedro. O padrão não é seguido artificialmente. Não se pode dizer que houve fabricação, como alguns críticos liberais tentaram insinuar no século passado. Esses são exemplos das obras desses homens. Eles estão pregando o mesmo evangelho e desempenhando o mesmo ministério. Seria então de se esperar algumas semelhanças.

⁴² A ilustração na capa deste livro é outro exemplo do paralelismo entre Pedro e Paulo. É o quadro mais antigo conhecido dos dois, do mesmo tamanho do original. Foi tirado do fundo de um cálice encontrado nas catacumbas de São Sebastião em Roma. Calcula-se que proceda do terceiro século, e retrata Cristo apresentando uma coroa da vida aos dois apóstolos. A inscrição diz: "A bênção da amizade: Que possa viver para sempre com teu (Salvador)!"

5. Lucas é muito exato

Nos doze primeiros capítulos existem semitismos (expressões idiomáticas ou maneiras de expressar-se hebraicas, transparecendo através do grego), e isso é natural desde que esses capítulos tratam de eventos na Palestina. Depois do capítulo doze, os semitismos cessam. Alguns argumentam que isto indica uma mudança de fonte e que Lucas está agora copiando de uma fonte de informações diferente. Mas, não é isso! Lucas é um escritor tão magistral que age deliberadamente nesse sentido. Aristóteles se refere a tal mudança como sendo *katechon* — apropriada. A história moderna ficaria prejudicada se uma pessoa da periferia falasse como um erudito. Lucas também conhecia muito bem as diferenças e as inclui todas cuidadosamente.

6. Sinceridade

A verdade é mantida em toda a sua exatidão, pois Lucas registra os defeitos da igreja. Ele fala sem pestanejar da hipocrisia de Ananias e Safira, assim como da contenda entre Paulo e Barnabé a respeito de Marcos, o descontentamento em Jerusalém das viúvas gregas, e os conflitos com os judaizantes.

7. Os personagens são introduzidos antes de se tornarem proeminentes

Vemos a princípio o vislumbre de uma pessoa e depois, mais tarde no livro, os detalhes são preenchidos. Saulo é apresentado em Atos 8.1, antes de se tornar proeminente em 9.1ss e 13ss. O mesmo se aplica a Barnabé, Estêvão, Filipe e João Marcos.

8. Atos é um livro de minúcias

Lucas tem todo cuidado nos detalhes específicos que apresenta. Por exemplo, são dados 110 nomes. De fato, trata-se de uma história confiável! A evidência indica isto.

Dependência

A questão quanto às fontes de onde Lucas extraiu sua informação sobre os eventos registrados nos quinze primeiros capítulos de Atos irá ser, é claro, respondida diferentemente por aqueles que consideram Atos como uma composição tardia do que por aqueles que o aceitam como uma obra autêntica de Lucas.

Os críticos negativos têm introduzido várias hipóteses numa tentativa de explicar a origem do material de Lucas numa base puramente naturalista. Eichhorn era de opinião que Lucas compôs os discursos e os colocou na boca dos personagens. E tem sido mostrado que talvez alguns dos escritores antigos, de fato inventaram discursos.[43] Lucas é realmente um historiador magnífico, mas ele não tinha a capacidade necessária para fazer o que Eichhorn sugere. Há poucos homens com o gênio criativo necessário para o trabalho de elaboração assim atribuído a Lucas. Por exemplo, os discursos de Pedro usam o mesmo vocabulário e possuem a mesma teologia que as epístolas de Pedro. Seria necessário um gênio real não só para inventar os discursos, como também para empregar o mesmo vocabulário. A linguagem de Paulo é igualmente a mesma nas epístolas e nos "sermões" em Atos.

Outros críticos negativos têm sugerido que Lucas dependia de Josefo para parte de seus materiais.[44] Começa logo a ficar ridículo! Um autor nos conta que Lucas é tão gênio que merece ser comparado aos maiores pensadores de todos os tempos. Outro nos afirma que era tão tolo, a ponto de julgar poder fazer uso de nomes e lugares extraídos das obras de Josefo, entremeando a história da igreja com eles a fim de enganar o povo. Se resposta adicional for necessária, a evidência é suficiente para mostrar que Lucas possuía conhecimento independente e muitas vezes pessoal dos eventos registrados.

---

[43] A. T. Robertson, "Acts of the Apostles", *International Standard Bible Encyclopedia* (Grand Rapids: Eerdmans, 1949), Vol. I, p.42.

[44] R. J. Knowling, "The Acts of the Apostles", *The Expositor's Greek Testament* (Grand Rapids: Eerdmans), Vol. II, p.30ss.

Baur, que considerava Atos com sendo um *eirenikon*, não se preocupa muito com a questão de dependência. Pouco importavam as fontes usadas pelo compilador, caso ele simplesmente tomasse o material obtido, modificasse-o segundo seu desejo e realizasse assim seu intento, dando um falso colorido às vidas que declarava estar descrevendo. A teoria de Baur, como foi dito, tem caído em descrédito e, portanto, seu desprezo pela questão das "fontes" também tem enfrentado tempos difíceis.

Do que então Lucas dependia? Onde ele obteve sua informação? Ele não foi testemunha ocular de grande parte dos acontecimentos registrados nos quinze primeiros capítulos.

Harnack, um crítico liberal, mostrou que em parte alguma de Atos o uso de fontes pode ser provado simplesmente com base na investigação linguística.[45] Não é possível olhar para uma palavra ou frase e dizer: "Isto foi copiado de tal e tal documento". Harnack destruiu também a teoria de que os capítulos 13 e 14 e algumas das passagens "nós" foram copiadas do diário de um dos companheiros de Paulo. É possível que o próprio Lucas tenha mantido um diário e feito uso do mesmo ao escrever a última parte de Atos. Mas isto não quer absolutamente dizer que algum escritor encontrou mais tarde um diário e copiou dele ao falsificar o registro.

O livro de Atos contém o texto de várias cartas.[46] Lucas provavelmente viu essas cartas, ou cópias das mesmas, ou interrogou pessoas que haviam visto as cartas e conheciam seu conteúdo. Esta seria a sua fonte para as cartas.

Mas, de novo, o que dizer dos acontecimentos e discursos registrados nos quinze primeiros capítulos? Onde ele obteve sua informação? A maioria dos eventos eram questões de conhecimento público, conhecidos de todos os cristãos. Os discursos de Pedro tiveram grande importância. Eles teriam sido escritos ou preservados na mente retentiva e treinada dos discípulos hebreus. Paulo teria contado a Lucas, seu amigo e seguidor constante, relatos completos de tudo o que ele havia aprendido como aluno de Gamaliel, e como agente (caso não fosse membro) do Sinédrio.

Lucas estava constantemente examinando testemunhas oculares.[47] Através de Barnabé e João Marcos, Lucas poderia ter aprendido a respeito da origem da igreja. Lucas conhecia o evangelista Filipe e poderia ter recebido dele as informações sobre os eventos em Samaria e na estrada que ia de Jerusalém para Gaza. De Tiago, o irmão do Senhor, é possível que ficasse sabendo das particularidades sobre a comunidade de Jerusalém. Lucas poderia ter aprendido de Silas a respeito de alguns dos trabalhos de Paulo, especialmente das viagens de que Lucas não participou. Timóteo poderia ter contado a Lucas uma parte da primeira e segunda viagens missionárias.

Assim sendo, as fontes de que Lucas depende se reduzem à sua própria investigação das testemunhas oculares, sua própria experiência, e os discursos de Pedro e Estêvão (quer em forma escrita ou oral). Muitos apelam imediatamente para uma revelação de Deus como a fonte de toda a informação de Lucas. Não queremos negar a presença de tal fator (confirmamos na verdade a revelação e inspiração através de Lucas), mas Deus raramente tem feito pelo homem aquilo que este podia fazer por si mesmo. No que se refere à dependência, Lucas teria condições de obter grande parte da informação registrada, examinando as testemunhas oculares dos eventos de que não participou. O Espírito Santo iria então ajudá-lo a escolher as palavras certas para registrar a verdade para as gerações seguintes.

Linguagem

A linguagem de Atos é grego de boa qualidade, melhor do que no terceiro evangelho. No Códice Beza existe uma variação interessante no grego em Atos 11.28, onde lemos: "E quando nos reunimos, um deles chamado Ágabo..." O Códice Beza é um exemplo do que os críticos textuais chamam de Texto Ocidental, que contém várias peculiaridades.[48] A maioria dos eruditos textuais rejeita atualmente as leituras ocidentais como sendo interpolações, mas o estudo do valor e po-

---

[45] Robertson, *op.cit.*, p.40.
[46] Atos 13.23-29; 23.25-30.
[47] Lucas 1.1-4.
[48] Knowling, *op.cit.*, p.41ss.

sição do texto ocidental continua, e alguns creem que ele poderá ser um dia reconhecido como sendo praticamente o autógrafo de Lucas.

Data da Escrita

De acordo com Atos 1.1, este livro foi escrito depois do terceiro evangelho. O evangelho de Lucas é datado conservadoramente de cerca de 60 A.D., desde que os dois anos em que Paulo esteve preso em Cesaréia (terminados em 60 A.D.) teriam dado a Lucas o tempo necessário para examinar as testemunhas oculares do que foi registrado no evangelho (Lucas 1.1-4).

O livro de Atos deve ter sido escrito depois da posse de Festo em 60 A.D. Deve ter sido escrito durante a vida de Lucas, pois tanto a evidência interna como externa indicam este fato.

O "final repentino" da narrativa, depois de Paulo ficar preso em Roma dois anos, sugere que o relato foi escrito nessa época. Sabemos que outros meios são usados para explicar o final abrupto. Uma ideia é que Paulo foi morto no final dos dois anos e, Lucas não quis que o registro terminasse com uma derrota para Paulo. Não é, porém, apropriado afirmar que Paulo morreu no fim de seu primeiro período de prisão em Roma.[49] Mas, mesmo que tenha realmente morrido nessa ocasião, sua morte não significaria uma derrota, e sim uma gloriosa entrada na vida eterna, e um final muito adequado para uma vida de serviço. Os críticos explicam o fim intempestivo de outro modo. Eles dizem que o final de Atos foi deliberadamente cortado, a fim de que os falsificadores tivessem tempo na vida de Paulo para que ele pudesse ter escrito as epístolas pastorais enquanto ainda vivesse. Outra ideia é que o destino de Paulo já era conhecido de Teófilo, e portanto Lucas não o incluiu. Isto prova, no entanto, demasiado; pois, sob o mesmo princípio, muitas coisas especificadas no curso da história poderiam ter sido omitidas. Uma outra tentativa do final repentino é que Lucas parou nesse ponto por ter mostrado que a ordem de Cristo (Atos 1.8) tinha sido executada, e pelo fato de a promessa feita a Paulo (23.11) ter sido cumprida pela chegada deste a Roma e sua pregação nessa cidade. Mas não tem sido de modo algum provado que essas passagens indiquem exatamente o plano específico do escritor, ou até onde ele pretendia levar sua história. Tem sido sugerido recentemente, que Lucas tivesse morrido e sua obra fosse publicada postumamente, justificando assim o fim abrupto. A maneira positiva em que a narrativa de Atos termina[50] é uma resposta suficiente aos que tentam explicar o fim abrupto desta maneira.

A explicação mais simples para o final repentino é que Lucas havia registrado todos os acontecimentos ocorridos até a época em que ele escreveu. Lucas não fala da morte de Paulo porque, ao que parece, ele não foi morto nessa ocasião. As Epístolas Pastorais indicam que Paulo foi libertado da sua primeira prisão em Roma e viajou bastante depois disso. O Livro de Atos conta (indiretamente) o que aconteceu a Paulo. Ele aguardou dois anos para seus acusadores chegarem da Palestina. Foi encontrado no Egito um fragmento mostrando a prática dos tribunais. Se os acusadores de um indivíduo não comparecessem no prazo de dois anos, ele era libertado.[51] Havia a possibilidade de os acusadores serem condenados à morte por apresentarem um caso falso, ou se Nero julgasse que haviam desperdiçado seu tempo no tribunal. Os judeus não tinham conseguido provar sua causa na Palestina diante de tribunais que talvez se inclinassem a seu favor. Como esperariam provar seu caso diante de Nero em Roma? Parece provável que os acusadores de Paulo não estivessem dispostos a arriscar seu pescoço para dar continuação ao processo em Roma. Além disso, as epístolas escritas desde a primeira prisão romana sugerem que Paulo esperava ser em breve libertado[52]. Estamos inclinados, então, a crer que os perseguidores não chegaram e depois de Paulo ter esperado durante dois anos, ele foi solto de sua primeira prisão em Roma. Cerca dessa época, Lucas escreveu então o registro de Atos.

---

[49] Veja o epílogo no final deste livro sobre a vida e viagens de Paulo em um período posterior.
[50] Veja notas em 28.31 sobre a eficácia do final do livro.
[51] H. J. Cadbury, "Roman Law and the Trial of Paul" (*A Lei Romana e o Processo de Paulo*), *Christian Beginnings*, editado por F. J. Foakes-Jackson e Kirsopp Lake (Grand Rapids: Baker, 1966), V. 5, p. 297ss.
[52] Filemom 22; Filipenses 1.24-26.

Os dois anos de Paulo em Roma teriam terminado em 63 A.D., e damos esta data a Atos como aquela em que foi escrito.

Local em que foi Escrito

Foi escrito em Roma. Até os que negam a autenticidade concordam com a conclusão de que Roma é o lugar de escrita.

Destino

Atos 1.1 dirige a carta a Teófilo, que pode ser considerado provavelmente como o patrono do livro, como o foi do evangelho. O patrono custeava a publicação da obra.

O livro, na providência de Deus, foi também dirigido a toda a igreja (como evidenciado por sua inclusão no Cânon do Novo Testamento), a fim de que a igreja pudesse ter uma história inspirada de seu início e da difusão cedo do cristianismo.

Integridade

A "integridade" trata da preservação substancial do texto como saiu da pena de Lucas. Em outras palavras, Atos aparece substancialmente da mesma forma em todos os manuscritos existentes do mesmo, e da mesma forma como aparece nas nossas versões? Se várias partes estiverem faltando consistentemente nos manuscritos, pode haver razão para sugerir que o livro não foi escrito de uma vez, ou que alguns versículos que não se achavam no autógrafo foram acrescentados.

Com respeito à integridade de Atos, todos os eruditos concordam que o livro se apresenta substancialmente na mesma condição que aquilo que procedeu do autor. É verdade que as obras existentes dos Pais da Igreja Primitivos não contêm muitas citações de Atos. Mas o livro não foi evidentemente muito lido na igreja primitiva, talvez por não tratar de Cristo tanto quanto alguns dos outros livros lidos regularmente.

Existem algumas interpolações no livro, mas não muitas de grande extensão ou consequência. A mais notável é provavelmente 8.37.

Características

O livro contém vários aspectos surpreendentes. Trata-se de uma grande obra missionária. Ele recapitula a fundação da igreja. Descreve a difusão do cristianismo de Jerusalém a Roma. É a história inspirada dos primeiros trinta anos do crescimento da igreja.

Atos é também o registro inspirado do advento, missão e operações do Espírito Santo.

O livro fornece o pano de fundo para pelo menos dez das epístolas de Paulo. Encontramos aqui o cenário histórico de 1 e 2 Tessalonicenses, 1 e 2 Coríntios, Gálatas, Romanos, Colossenses, Filemom, Efésios e Filipenses. Acreditamos que Paulo seja o autor de Hebreus, e que o livro de Atos fornece o segundo plano da escrita de Hebreus, escrita durante a primeira prisão em Roma, segundo supomos.

O Valor dos Estudos Introdutórios

Por que gastar tanto tempo nos problemas introdutórios? Por que não mergulhar imediatamente num estudo versículo por versículo do livro? Por que não aceitar simplesmente a Bíblia como inspirada (e, neste caso, Atos em particular)? Bem, não é possível colocar a inspiração num tubo de ensaio, isolá-la, e exibi-la. Não! O fato de uma certa quantidade de papel ter como título "A Bíblia Sagrada", torna essas folhas mais valiosas do que aquelas que dizem "Romeu e Julieta"?

Aqui está a razão para gastarmos tanto tempo nos estudos introdutórios. Nos pontos em que o Livro se cruza com a História, somos históricos. Onde é necessária a fé, iremos crer, desde que haja evidência sobre a qual basear essa crença. O que é crer? Carnell disse: "Ter fé é confiar plenamente na Palavra de Deus como verdadeira por causa da suficiência da evidência".[53] Os cristãos não temem examinar a evidência em que se alicerça a sua fé. O cristianismo não é uma religião composta de um grupo de ignorantes crédulos, obtusos, pouco esclarecidos. Iremos examinar a evidência em que repousa a nossa fé! Se a Bíblia puder ser provada como verdadeira em todos os pontos onde for possível testá-la, então quem pode afirmar que é falsa nos pontos em que não pode ser testada? E tem sido mostrado que é verdadeira onde pode ser testada. Ela afirma ser inspirada. Isto não se pode testar, mas cremos nisso, porque o livro é verdadeiro em todos os pontos onde pode ser testado.

Outra razão para gastarmos tempo nos estudos introdutórios: o esforço dos homens para negar o registro de Deus é incrível. O empenho nesse sentido quase não dá para entender. Queremos que todo o cristão fique a par dessa tentativa. Se os homens estão empregando tanto tempo tentando negar a veracidade do registro, devemos ser capazes de enfrentar seus falsos ensinamentos e refutá-los, a fim de que os homens conheçam a verdade. Os cristãos devem ter um conhecimento firme da Palavra Viva.

Terceiro, o melhor método de interpretação da Palavra de Deus é o chamado gramático-histórico. Mediante estudos introdutórios, podemos chegar à situação histórica que deu origem à carta, e à qual ela é dirigida. O conhecimento desses fatores nos ajuda a compreender o livro e fazer a sua aplicação adequada ao nosso tempo.

Finalmente, o Movimento da Restauração se baseia no livro de Atos. Se o livro de Atos for falso, com afirmam alguns, então assim é grande parte do Movimento de Restauração. Devemos saber sobre que tipo de fundamento a nossa fé se apóia. Este é o motivo pelo qual deve ser empregado tempo nos problemas da introdução aos livros no Novo Testamento.

---

[53] E. J. Carnell, *An Introduction to Christian Apologetics* (Grand Rapids: Eerdmans, 1952), p.66.

1

Em Jerusalém

PARTE UM:
A IGREJA EM JERUSALÉM
Atos 1.1 – 7.60
CAPÍTULO UM

A. O PREFÁCIO 1.1-5

1.1 –

O primeiro livro – A palavra "livro" (literalmente, "termo" ou "discurso") foi usada por Xenofonte da mesma forma que Lucas, daquilo que chamaríamos "volumes".[1] Como foi mostrado nos Estudos Introdutórios, a referência é ao primeiro volume escrito por Lucas, ou seja, o Evangelho de Lucas.

Escrevi – O autor deste livro e do terceiro evangelho é Lucas, como mostrado no estudo sobre "Autoria" nos Estudos Introdutórios.

Teófilo – O que ou quem é designado por esta palavra? Quando traduzida, a palavra em grego significa "amigo de Deus" ou "quem ama o Senhor". Em vista disto, tem sido suposto que Lucas não se referiu a um determinado indivíduo, mas que o terceiro evangelho e o livro de Atos sejam dirigidos a quem quer que seja "amigo de Deus", ou "tenha amor a Deus". Existem várias linhas de evidência, mostrando que tal generalização não precisa ser feita e que Teófilo foi um homem que viveu no primeiro século. O título "excelentíssimo"[2] dado a ele no prefácio do evangelho favorece muito esta opinião. O nome em si era comum entre os judeus (Jededias) e gentios. Tratava-se de um nome pessoal comum, usado do terceiro século a.C. em diante.

O título "excelentíssimo" talvez nos conte alguma ciosa sobre o homem. Para alguns, este título expressa o caráter de Teófilo. Mas seu uso no primeiro século nos levaria a supor que indicasse *posição* ou *cargo*. A palavra só aparece três vezes no Novo Testamento e é sempre empregada para homens de alta *posição*.[3] O título denotava com frequência um membro da ordem da cavalaria romana. É, portanto, provável que Teófilo fosse algum romano ou grego distinto, convertido ao cristianismo. Em vista da ligação de Lucas com Antioquia (Lucas era provavelmente de Antioquia da Síria), ele com toda probabilidade era um nobre de Antioquia (embora alguns estudiosos da Bíblia creiam que procedia de Alexandria ou Roma).

Josefo nos conta que o sumo sacerdote Jônatas (que substituiu Caifás em 36 A.D.) tinha um irmão chamado Teófilo. Jônatas não ocupava o cargo há muito tempo quando foi deposto por Vitélio.[4] Teófilo recebeu então o cargo de sumo sacerdote do povo judeu. Ele manteve esta posição de 37-42 A.D. Alguns escritores afirmam que os dois volumes de Lucas foram dirigidos a esse homem depois de ele ter-se convertido de alguma forma ao cristianismo. Tal conclusão é mais do que podemos saber com certeza. Apesar do motivo evidentemente apologético na história de Lucas, é igualmente forçado em relação à evidência considerar Teófilo como o advogado de defesa no processo do apelo de Paulo a César. Nós sabemos na verdade muito pouco sobre este indivíduo, mesmo que déssemos crédito à antiga tradição de que ele tornou-se eventualmente bispo de Cesaréia de Filipos.

---

[1] *Anabasis*, II. 1; Cyrop, VIII. 1,2.   [2] Lucas 1.3.

[3] Os três casos em que o título "excelentíssimo" aparece no Novo Testamento são Atos 23.26; Atos 24.3, onde o governador romano Félix é assim chamado, e Atos 26.25 onde o governador romano Festo também recebe esse título.

[4] *Antiquidade*, XVIII. 5.3.

1.1 A Igreja Em Jerusalém

Qual o propósito de Lucas ao dirigir este livro a Teófilo? Um propósito poderia ser o de dar a Teófilo a história da igreja primitiva. Uma sugestão mais provável é que Teófilo fosse o patrocinador do livro. Ele se encarregaria da circulação de um grande número de cópias exatas, pagando também a publicação do livro. Era muito comum citar no prólogo o nome do patrocinador que tomava a si a responsabilidade pelo livro.

Tais dedicatórias eram uma fórmula comum nos círculos literários contemporâneos através de todo o império romano. Por exemplo, Josefo dedicou sua *Autobiografia*, suas *Antiguidades Judaicas*, e seu tratado *Contra Ápio* a um patrono com o nome de Epafrodito. No início do seu primeiro volume *Contra Ápio*, ele se dirige ao mesmo como "Epafrodito, o mais excelente de homens" e introduziu o segundo volume da obra com as palavras: "Mediante o volume anterior, meu mais honrado Epafrodito, demonstrei nossa antiguidade". Estas palavras de abertura são notavelmente paralelas às do segundo volume de Lucas.[5]

Relatando todas as coisas que Jesus – O "todas" não é evidentemente absoluto. Não temos registro no evangelho de Lucas, ou em qualquer outro evangelho, de *todas* as coisas que Jesus fez. Cada evangelho omite alguns materiais que outros evangelistas incluíram em seus evangelhos. A vida terrena de Jesus durou cerca de 35 anos. Desse total de anos os escritores dos evangelhos se ocuparam mais com os últimos três anos e meio. E desses últimos anos, os eventos registrados cobrem cerca de apenas 40 dias.

O nome "Jesus" significa "a salvação é de Jeová". Jesus é o seu nome. Cristo é o seu título (significando: "o Ungido"), sendo o equivalente do Novo Testamento à palavra "Messias" no Antigo Testamento.

Começou a fazer e a ensinar – Esta é uma forma hebraica de expressão, significando a mesma coisa que "o que Jesus fez e ensinou". Alguns têm lido mais na palavra "começou" do que o escritor pretendia. A. T. Robertson, por exemplo, faz de Atos a continuação da obra de Cristo, descrevendo Jesus como dando prosseguimento ao seu ministério desde seu trono no céu.

Os Atos, segundo Lucas, são uma continuação dos feitos e ensinamentos de Jesus. "Os escritos seguintes parecem pretender dar-nos, e de fato professam dar-nos, aquilo que Jesus *continuou* a fazer e ensinar depois do dia de sua ascensão.[6]

Admitimos que Atos é o registro da continuação do plano redentor de Deus, que envolveu a Encarnação e a Cruz. Também cremos que Jesus está envolvido nos atos providenciais de Deus em nosso mundo. Mas duvidamos que em Atos 1.1, a palavra "começou" seja o prova textual para qualquer dessas doutrinas. Este escritor duvida que devamos enxergar tanta coisa na palavra "começou" quanto Robertson quer ver. O verbo "começar" é especialmente característico do evangelho de Lucas, no qual ocorre não menos que 31 vezes. Sua ocorrência no início de Atos é, portanto, uma indicação da identidade da autoria.

"Fazer" tem referência aos milagres e atos de benevolência de Jesus, incluindo tudo que Ele fez para a salvação do homem. Inclui provavelmente seus sofrimentos, morte e ressurreição como parte do que Ele fez para salvar o homem.

"Ensinar", como é natural, fala de suas doutrinas. Esta frase inteira, então, é um simples resumo do conteúdo do volume um dos livros de Lucas. O v. 2 nos dará mais desta declaração resumida.

1.2 –

Até o dia em que foi elevado às alturas – "Elevado" refere-se à ascensão de Jesus ao céu. Ele foi levado numa nuvem, sendo representado como tendo subido ao céu, Atos 1.9.

---

[5] F. F. Bruce, *The Book of Acts*, NICC (Grand Rapids: Eerdmans, 1956), p.32.
[6] A. T. Robertson, *Word Pictures in the New Testament* (Nashville: Broadman, 1930), V. III. p. 4.

"Até ao dia" – A ascensão teve lugar no 40° dia depois da ressurreição, Atos 1.3 nos conta. Note que Lucas 24.51 (que é o final do primeiro volume de Lucas) também fala da ascensão. Lucas relembra Teófilo que no primeiro volume a narrativa terminou com a ascensão de Jesus.

Depois – Jesus subiu depois de ter dado o mandamento mencionado a seguir.

Jesus . . . por intermédio do Espírito Santo – Exatamente o que devemos compreender como tendo sido feito pelo Espírito Santo depende do verbo com o qual esta frase é ligada. Pode ser "escolhera" (significando: Ele escolheu os apóstolos com a ajuda do Espírito Santo), sendo esta a maneira como as versões siríaca de etíope traduzem o versículo. Pode ser ligada com "elevado" (significando: Cristo foi levado ao céu pelo poder do Espírito Santo). E pode ser ligada com "dado mandamentos" (significando: Cristo agiu com a ajuda especial do Espírito Santo quando deu a Grande Comissão), sendo esta a forma como os tradutores da NASB trataram o versículo. As Escrituras declaram repetidamente que o Espírito Santo habitava em Cristo e o capacitava,[7] portanto, a interpretação da NASB não está em contradição com o que a Bíblia ensina em outras partes.

Haver dado mandamentos – Os "mandamentos" na mente de Lucas são evidentemente aqueles que chamamos de "Grande Comissão", a ordem de pregar o evangelho a todas as nações. Antes de sua morte, Cristo não estava pronto para ter o seu nome proclamado ao mundo,[8] mas aqui em Atos a comissão não é mais limitada. Poderia dizer-se até que a Grande Comissão é a chave de Atos.[9]

Aos apóstolos que escolhera – Os apóstolos são os onze que permaneceram após a traição e morte de Judas Iscariotes. Um registro de sua escolha dos 12 apóstolos se encontra em Mateus 10.2-4; Marcos 3.13-19 e Lucas 6.13-19.

1.3 –

A estes também . . . se apresentou vivo – Jesus apareceu aos onze apóstolos, e a outros, habitando o mesmo corpo em que havia vivido antes de ser crucificado, salvo tratar-se agora de um corpo glorificado. A ressurreição de Jesus dos mortos foi o grande fato sobre o qual se estabeleceu a verdade do Evangelho.

Depois de ter padecido – Lucas nos lembra assim da tortura e angústia que precederam a crucifixão e da dor e pressão singulares envolvidas no sofrimento e morte na cruz.

Com muitas provas incontestáveis – Esta palavra não ocorre em outro ponto do Novo Testamento. Nos autores gregos ela denota um sinal infalível ou argumento pelo qual qualquer coisa pode-se saber certamente.[10] A palavra fala de provas que continham a certeza de convicção, em contraste com aquelas que eram apenas prováveis ou circunstanciais.

A evidência de Jesus estar vivo após a sua morte era tal que não podia enganar ou ser equivocada. Essa evidência consistiu em comer com eles, falar com eles, encontrar-se com eles em várias ocasiões e lugares, operar milagres,[11] e mostrar-se sempre como o mesmo amigo com quem se haviam associado durante mas de três anos. Ele foi tocado e apalpado pelos que o conheciam.[12] Na época em que vivemos, datar uma carta ou assinar um cheque é reconhecer indiretamente a ressurreição de Jesus, pois datamos nossa correspondência com as letras "A.D." ("no ano de nosso Senhor"). Os fatos da vida, morte e ressurreição de Jesus como o filho unigênito de Deus estão de tal forma escritos na textura de dois mil anos de história, que negá-los seria desligar-nos da história, da sociedade e das próprias instituições em que vivemos. Negar os fatos históricos que apóiam a vida de Júlio César seria mais fácil do que negar os fatos históricos da ressurreição de

---

[7] Isaías 61.1; Lucas 4.18; Atos 10.38; Mateus 12.28; Hebreus 9.14. [8] Mateus 16.20.
[9] Mateus 28.18-20; Marcos 16.15-18; Lucas 24.44-49; João 20.21, 22.
[10] A palavra *tekmerion* é definida por Aristóteles como "a prova convincente necessária", em *Rhet*. I. 2. 16.
[11] João 21.6, 7.   [12] Mateus 28.9.

1.3 A Igreja Em Jerusalém

Cristo. Jesus apareceu a intervalos aos seus apóstolos, de um modo que não poderia deixar dúvidas nas mentes deles de que vivia de novo; ressurgido dentre os mortos!

Aparecendo-lhes durante quarenta dias – O Novo Testamento registra nada menos que 13 aparições diferentes de Jesus a seus discípulos.

Aparições no dia da Ressurreição (o Dia do Senhor)
1) Maria Madalena – Marcos 16.9-11; João 20.11-18
2) As Mulheres – Mateus 28.9, 10
3) Dois discípulos no caminho de Emaús – Lucas 24.13-22
4) Pedro – 1 Coríntios 15.5; Lucas 24.36-43; João 20.19ss
5) Os Dez – Marcos 16.14; Lucas 24.36; João 20.19ss

Aparição no Dia do Senhor, uma semana após a ressurreição
1) Os Onze – João 20.26-31

Outras aparições
1) Os Sete junto ao Mar da Galiléia – João 21.1-23
2) Os 500 (Grande Comissão) – 1 Coríntios 15.6; Mateus 28.16-20
3) Em Jerusalém (a Comissão repetida) – Marcos 16.15-18
4) Tiago – 1 Coríntios 15.7
5) Os Discípulos (a comissão repetida) – Atos 1.3-8; Lucas 24.44-49
6) A Ascensão – Atos 1.9-12; Marcos 16.19-20; Lucas 24.50-53
7) Estêvão – Atos 7
8) Paulo – Atos 9

A ideia transmitida pelo verbo e preposição gregos aqui é que nosso Senhor não estava constantemente com os apóstolos, como acontecia antes da ressurreição, mas que Ele vinha e desaparecia novamente (Crisóstomo). Tratava-se de aparições rápidas, num período de mais de 40 dias. Esta é a passagem que nos conta que se passaram 40 dias entre a ressurreição e a ascensão de Jesus. Conta também que houve menos de 10 dias entre a sua ascensão e o dia de Pentecostes.

E falando das coisas concernentes ao reino de Deus – Ele não foi apenas *visto* por eles, mas continuou ensinando os mesmos tópicos que havia ensinado antes do seu sofrimento (mostrando assim que era a mesma pessoa e que seu coração continuava concentrado na mesma grande obra). O que ele ensinou durante aqueles 40 dias? As escolas gnósticas que proliferaram no segundo século afirmavam que Ele transmitiu alguns ensinamentos esotéricos (confidenciais) a seus discípulos, que não foram registrados na literatura canônica da qual eles mesmos eram os protetores e intérpretes. Pelo contrário, Lucas diz claramente aqui que Jesus ensinou sobre o reino de Deus. Como é óbvio, isto sugere a existência de muitos ensinamentos de Jesus que não foram registrados. Todavia, o final dos evangelhos indica o caráter geral desses ensinos de Jesus. Depois de termos discutido o que é o "reino de Deus", citaremos alguns desses ensinamentos.

O reino de Deus – Os termos "reino de Deus" e "reino dos céus" são apenas maneiras diferentes de dizer a mesma coisa? Alguns negam. Eles afirmam que o "reino dos céus" se refere aos remidos no céu (ou num reino milenar), enquanto o "reino de Deus" faz referência aos remidos que ainda vivem na terra. Todavia, existe evidência abundante de que os termos são frequentemente sinônimos. Compare Mateus 4.17 e Marcos 1.14, 15 (ambos falando do início do ministério de Jesus). Compare Mateus 5.3 e Lucas 6.20 (ambos falando do Sermão do Monte). Compare Mateus 10.7 e Lucas 9.1,2 (ambos contendo instruções para os discípulos).[13] Afirma-

---

[13] Para uma lista mais completas dessas passagens, mostrando como o reino dos céus e o reino de Deus e a igreja são a mesma coisa, veja Jesse Wilson Hodges, *Christ's Kingdom and Coming* (Grand Rapids: Eerdmans, 1957), p. 121ss.

mos, portanto, que "reino dos céus" e "reino de Deus" não passam de termos diferentes para a mesma coisa.

Além disso, em muitas passagens, o Reino ("dos céus" ou "de Deus") e a "Igreja" são apenas maneiras diferentes de referir-se à mesma coisa. Provas? A linguagem de Mateus 16.18,19, onde os termos são evidentemente usados como sinônimos, é uma prova. A maneira como o "reino" é citado, antes e depois de Pentecostes, é outra prova. Através dos evangelhos, e até o dia de Pentecostes, o reino é visto como ainda futuro ("às portas"). Mas através de Atos e das Epístolas, depois do Pentecostes em que a igreja foi estabelecida, o reino é mencionado como existindo, como em Colossenses 1.13 e Apocalipse 1.6.[14]

As "coisas concernentes ao reino" discutidas por Jesus, o que eram? Jesus lhes deu instruções sobre a organização, divulgação e edificação da sua igreja. Entre essas coisas ensinadas por Jesus aos seus discípulos durante esse período de 40 dias estava "e que em seu nome se pregasse arrependimento para remissão de pecados, a todas as nações, começando de Jerusalém . . . permanecei, pois, na cidade, até que do alto sejais revestidos do poder".[15] Jesus teria enfatizado a verdadeira interpretação das profecias do Antigo Testamento relativas ao Messias.[16] Ele falou da missão dos discípulos ao mundo inteiro, e da admissão dos crentes arrependidos na igreja através do batismo.[17] Falou da sua presença perpétua com a sua igreja.[18] Prometeu poderes sobrenaturais e proteção divina aos apóstolos.[19]

1.4 –

E, estando com eles – Note a leitura na margem, "comendo com eles" (como na SBB – N.T.), uma leitura também que se encontra nas versões da Vulgata Latina, Siríaca, e Etíope. Existe uma variação de manuscrito neste ponto com a melhor leitura sendo a contida em nosso texto. Os apóstolos foram espalhados depois da morte de Cristo. Este versículo nos conta que Ele os reuniu a fim de dar-lhes instruções relativas ao comportamento que deveriam adotar após a sua ascensão.

Quando este encontro se realizou não aparece no registro de Lucas. Não foi, aparentemente, no dia da ascensão, mas alguns dias antes dela, pois o v. 6 deste capítulo dá início ao registro do dia da ascensão. O lugar em que se encontravam (Jerusalém) tende a indicar que este evento não ocorreu no dia da ascensão.

Determinou-lhes que não se ausentassem de Jerusalém – Por que Jesus mandou que não saíssem de Jerusalém? Segundo os profetas do Antigo Testamento, a primeira pregação do evangelho e o início da igreja deveriam ter lugar em Jerusalém. A lei sairia de Sião, e a palavra do Senhor de Jerusalém, Isaías 2.3.

Mas esperassem a promessa do Pai – A promessa está ligada à descida do Espírito Santo. Jesus veio à terra, e depois voltou ao Pai. Para substituí-lo, Ele enviou o Espírito Santo, o Consolador. A vinda do Espírito Santo havia sido prometida pelo Pai no Antigo Testamento, e por Deus através das palavras de Jesus durante seu ministério terreno. Quando Jesus prometeu isso, era como se o próprio Deus tivesse falado.[20]

A qual, disse ele, de mim ouvistes – Jesus prometeu a vinda do Espírito Santo várias vezes antes de sua morte. Especialmente na noite em que foi traído, quando Ele e os apóstolos estavam prestes a deixar o cenáculo a caminho do Jardim de Getsêmani, Jesus havia prometido esta vinda do Espírito para eles.[21]

---

[14] Veja notas em Atos 14.22 para mais discussão do "reino".
[15] Lucas 24.47-49.
[16] Lucas 24.26, 44, 45.
[17] Mateus 28.19.
[18] Mateus 28.20.
[19] Marcos 16.15-18; Lucas 24.49; Atos 1.4.
[20] João 5.19; 12.49.
[21] João 14.12, 26; 15.26; 16.7-13.

1.5 –

Porque João, na verdade, batizou com água – Foram essas as palavras ditas por Jesus aos apóstolos quando ordenou que não saíssem de Jerusalém, mas aguardassem ali até que o Espírito Santo prometido chegasse. Trata-se de uma repetição do que João Batista havia dito antes ao comparar seu batismo com o batismo a ser ministrado por Cristo.[22] João profetizou assim que o Messias na sua vinda batizaria com o Espírito Santo e com fogo. Agora, ao falar com os apóstolos, poucos dias antes de sua ascensão, Jesus está dizendo-lhes que se aproxima a hora em que a profecia feita por João iria ser cumprida.

Na página seguinte se encontra um quadro que irá ajudar-nos a distinguir entre os diferentes "batismos" encontrados no Novo Testamento.

Várias palavras de explicação são necessárias a fim de esclarecer o quadro:

1) Batismo de João – imersão em água. Era um batismo para arrependimento (i.e., para uma vida caracterizada pelo arrependimento), a fim de preparar o povo para a vinda do Messias. Foi substituído pelo batismo da Grande Comissão, Atos 19.1-6

2) Batismo de Sofrimento – trata-se de algo que não aconteceu apenas com Cristo, mas também acontece com os seguidores dEle. O batismo de sofrimento refere-se ao sofrimento e morte de Cristo, e ao sofrimento (e muitas vez também à morte) daqueles que são fiéis a Cristo – um sofrimento resultante da perseguição severa pelos inimigos de Cristo e inimigos dos cristãos. É pagar pela fé com o nosso próprio sangue. Muitos dos cristãos primitivos e milhares através dos anos fizeram este supremo sacrifício. Do sangue deles desabrochou a flor do corpo de Cristo, a Igreja, que agora produz fruto em toda a terra, pois "O sangue dos mártires é a semente da igreja". Podemos ser batizados com o batismo do sofrimento? Claro que sim! Basta que os homens perversos acreditem que terão proveito em opor-se à igreja, e veremos homens de Deus sofrendo.

3) Batismo do Espírito Santo – esta passagem em Atos contém uma promessa especial feita aos apóstolos, sendo ela cumprida nos eventos de Pentecostes, como registrado no capítulo seguinte. No final do capítulo dois há um estudo especial sobre a pessoa e a obra do Espírito Santo, e iremos deixar a maior parte de nossa discussão sobre o Batismo do Espírito Santo até chegar a esse ponto. Quando os apóstolos foram batizados no Espírito Santo, receberam poder para falar em línguas que não haviam estudado, proclamar o evangelho inteiro (à medida que o Espírito os fazia lembrar de tudo que Jesus havia dito e feito), e operar milagres para confirmar sua mensagem. É possível para os cristãos serem "Batizados com o Espírito Santo" hoje? Evidentemente não! No estudo especial que encerra o capítulo dois, veremos como o que se chama "Batismo no Espírito Santo" hoje difere em propósito daquele recebido pelos apóstolos. Veremos que os cristãos primitivos (não cada um porém) receberam "dons espirituais" mediante a imposição das mãos de um apóstolo, podendo assim operar milagres, falar em línguas, ou profetizar. Veremos que esses "dons espirituais" foram provisórios na igreja primitiva, assim como o posto de apóstolo era temporário. Parece possível que o "Batismo com o Espírito Santo" fosse a medida do Espírito que capacitava um homem a ser apóstolo; e quando o último apóstolo morreu, encerrou-se a atividade divina chamada "Batismo com o Espírito Santo".

4) Batismo de Fogo – O batismo de fogo deverá ser ainda administrada por Cristo, como castigo dos pecadores após o juízo final. Mateus 3.12 indica que o batismo de fogo é o inferno. Nem todos os estudiosos da Bíblia concordam com esta interpretação desse versículo em Mateus, e portanto creem que o batismo de fogo seja necessário para os cristãos de hoje; orando pelo batismo de fogo. Na opinião deste escritor, essa é uma oração sem sentido, e seria terrível se Deus respondesse a ela. Em vista de alguma coisa semelhante ao fogo ter aparecido aos apóstolos no dia de Pentecostes, alguns intérpretes supõem que o "batismo com o Espírito Santo e com fogo" tivesse referência aos acontecimentos de Pentecostes; mas tal interpretação não leva em conta a explicação do próprio João do "batismo de fogo" em Mateus 3.12. João dizia a seus ouvintes que alguns deles receberiam o batismo com o Espírito Santo, e outros seriam batizados com fogo por

---

[22] Mateus 3.11; João 1.33.

A Igreja Em Jerusalém 1.5

CINCO BATISMOS NO NOVO TESTAMENTO

	ESSÊNCIA	PROPÓSITO	POR	SUJEITOS	ELEMENTO	ATO	DURAÇÃO
JOÃO	Mandamento Lc 7:29,30	Para se preparar para o Messias Jo 1:31; Lc 3:3-6 Atos 19:4	João Mc 1:5	Judeus contritos Mc 1:4,5	Água Jo 1:26	Imersão Mc 1:10 Jo 3:23	Cessado antes da cruz Atos 19:3-5
SOFRIMENTO	Experiência Mc 10:38,39	1. Para trazer salvação 1Pe 2:24 2Co 1:5,6 2. Glória resultante Hb 12:2 2Tm 2:12	Homens perversos Atos 2:23 2Ts 3:1,2	1. Jesus Mc 10:38 2. Seus seguidores Mc 10:39	Sofrimento Mc 10:39	Devastador Mt 27:46,50	1. Na cruz Mt 27:50 2. Até que Jesus volte 2Ts 3:12
ESPÍRITO SANTO	Promessa Atos 1:4,5	1. Para capacitar para um trabalho especial Atos 1:8; Jo 16:13 2. Para provar a aceitação de Deus dos gentios Atos 11:15-18	Cristo Mt 3:11	1. Apóstolos Atos 2:1-4 2. A casa de Cornélio Atos 11:15,16	Espírito Santo Mt 3:11	Poderoso Mt 10:19,20 Atos 2:4	Ocorreu duas vezes Atos 2,10 Cada um é um caso especial
FOGO	Advertência Mt 3:11,12	Punição Mt 25:45,46	Cristo Mt 3:11	Perverso Mt 3:10 2Ts 1:7,8	Fogo Mt 3:11	Esmagador Ap 20:15	Eterno Mt 25:41
GRANDE COMISSÃO	Mandamento Mt 28:19 Atos 2:38	Perdão Atos 2:38 1Pe 3:21	Discípulos Mt 28:19	Crentes arrependidos Mc 16:16 Atos 2:38	Água Atos 8:36-39	Imersão Rm 6:3-5	Até o fim Mt 28:19,20

7

rejeitarem a sua mensagem e Aquele que viria após ele. É possível que alguém seja batizado com fogo em nossos dias? Sim. Todos os pecadores serão lançados no lago de fogo se não se arrependerem e se entregarem a Cristo.

5) Batismo da Grande Comissão – é o batismo ao qual Jesus mandou aos homens que se submetessem como parte de sua resposta ao Evangelho. Este batismo é para remissão de pecados. É feito na água. Além da possibilidade de experimentar o batismo do sofrimento, o batismo da Grande Comissão é o único batismo que o homem pode receber nesta vida. Deus deixou a cargo de seus mensageiros ministrar este batismo aos crentes arrependidos, que, por sua vez, podem tornar-se seus mensageiros e imergir outros que respondem ao convite.[23]

Mas vós sereis batizados com o Espírito Santo – Este "batismo" dava ao recipiente, entre outras coisas, o poder de operar milagres. Para outra informação, veja o "Estudo Especial sobre o Espírito Santo" no final do capítulo 2.

Não muito depois destes dias – Estas palavras de Jesus foram provavelmente ditas pouco antes de sua ascensão e, é claro, poucos dias antes do dia de Pentecostes, quando os apóstolos foram batizados com o Espírito Santo. Esta profecia seria em breve cumprida de maneira notável.

B. A ASCENSÃO DE CRISTO. 1.6-11

1.6 –

Então os que estavam reunidos – Trata-se de um dia diferente daquele mencionado nos versículos anteriores. Os apóstolos estão juntos com Jesus no Monte das Oliveiras, como mostram os versículos 9 e 12.

Lhe perguntavam: Senhor – Um "senhor" é um que governa, ou que tem o poder e autoridade. Nos sistemas feudais da época Medieval, quem governava o feudo (toda a propriedade agrária), aquele diante de quem todos se curvavam em sujeição, era chamado o "senhor". O fato de os apóstolos chamarem Jesus de "Senhor" mostra a convicção deles sobre a sua divindade, convicções que foram ainda mais reforçadas depois da sua ressurreição. O verbo traduzido como "perguntavam" é um verbo no tempo imperfeito, um termo técnico indicando que lhe fizeram repetidas perguntas enquanto andavam pelo monte. É quase possível sentir a impaciência agitada deles por uma resposta, enquanto assediavam Jesus com esta pergunta.

Será este o tempo em que restaures o reino a Israel? – "Restaures o reino". Durante todo o ministério de Jesus, os apóstolos mantiveram as mesmas opiniões que a maioria dos judeus mantinha, a saber, que o reino do Messias predito no Antigo Testamento era um *domínio temporal*, e não espiritual. O emprego do termo "restaurar" mostra que ainda tinham em mente os dias gloriosos do passado – os dias de Davi e Salomão, quando a nação judia reinava sobre o mundo – e ainda esperavam que tais dias voltassem. Os apóstolos tinham esperança de que o Messias reinasse como príncipe e conquistador, fazendo com que os judeus deixassem de ser uma nação cativa, sob a autoridade romana. Em muitas ocasiões, nos evangelhos, esta expectativa do povo chama a atenção de Jesus, apesar de todos os esforços que fez para explicar a verdadeira natureza do seu reino vindouro. Os próprios apóstolos haviam cogitado que iriam ter lugares de honra no reino restaurado.[24] Esta falsa expectativa foi sustada, e quase destruída pela sua morte,[25] mas a volta dEle à vida novamente alimentou suas esperanças. Eles o viram novamente em sua com-

---

[23] O batismo da Grande Comissão é algumas vezes chamado de "Batismo Cristão", um título que é adequado apenas para diferenciá-lo do batismo de João, mas pode confundir se fizer com que alguém pense que o indivíduo já é cristão e mais tarde se submete à ordenança do batismo. A fim de evitar este possível erro, alguns eruditos bíblicos preferem chamar o Batismo da Grande Comissão pelo título "Batismo do Crente", indicando que esta ordenança se aplica a pessoas com idade bastante para fazer uma confissão pessoal de sua fé em Jesus, ao contrário das crianças que não podem fazer qualquer declaração ou ter fé desse tipo.

[24] Marcos 10.35ss. [25] Lucas 24.21.

panhia e foram assegurados de que se tratava do mesmo Salvador. Viram então que os inimigos não tinham poder sobre Ele. Se o matassem, Ele voltaria à vida. Não podiam duvidar que alguém que podia ressurgir dos mortos tivesse condições de realizar facilmente seus planos e estabelecer o reino que estava prometendo todo o tempo.

"Será este o tempo?" Os discípulos, ainda errados em suas ideias relativas ao reino, e não duvidando de que Cristo restauraria a antiga glória à nação de Israel, perguntavam se iria cumprir isso justamente enquanto falavam. Lightfoot, como se pode notar, deu uma interpretação diferente. Ele acha que havia um tom de indignação contra os judeus na voz dos apóstolos enquanto faziam a pergunta. Ele sugere que o ponto forte da pergunta é este: "Conferirás domínio a uma nação que acaba de executá-lo?" Mas a resposta de Jesus mostra que não foi absolutamente esse o desígnio da pergunta dos apóstolos. O fato de os apóstolos ainda manterem ideias erradas sobre o reino é uma prova de sua grande necessidade da ajuda do Espírito Santo ("o que o Pai tinha prometido") antes de poderem divulgar a mensagem de Cristo. Eles não teriam condições de pregar o evangelho do reino até compreenderem a natureza desse reino – que era espiritual e celestial, e não terreno e temporal. Outras notas sobre esta frase controversa aparecem no estudo especial no fim do capítulo um, intitulado "Opiniões Diversas sobre o Reino de Deus".

1.7 –

Respondeu-lhes – No v. 7, Jesus responde à primeira parte da pergunta deles. Os apóstolos haviam indagado: "Será este o tempo?" Jesus responde: "Não vos compete conhecer tempos ou épocas". No v. 8, Jesus vai tentar corrigir novamente suas ideias erradas sobre a natureza do reino.

Não vos compete conhecer tempos ou épocas – O que pode significar o uso dos termos diferentes "tempos" e "épocas"? No que se refere ao grego, "tempos" fala de períodos de duração considerável, enquanto "épocas" se refere a momentos particulares fixados para eventos específicos. Assim sendo, a maioria dos comentaristas sugere que "tempos" pode referir-se às eras (dispensações) antes da consumação, e "épocas" pode marcar os períodos críticos pelos quais as eras foram caracterizadas.

Do que Jesus está falando quando diz que não cabe aos apóstolos conhecer tempos ou épocas? Alguns iriam ligar suas palavras à Segunda Vinda de Cristo, e admitimos que Jesus empregou linguagem similar ao referir-se à sua volta.[26] Todavia, o contexto mostra aqui o estabelecimento da igreja em Pentecostes, como sendo a ideia principal na mente de Cristo. A resposta completa de Jesus aos apóstolos foi: "Não vos compete conhecer . . . mas aguardai em Jerusalém". Em outras palavras, o dia não esta muito distante no futuro.

Que o Pai reservou para sua exclusiva autoridade – É verdade que o Pai reservou para si mesmo o conhecimento do tempo do Segundo Advento, de modo que o próprio Jesus não o conhecia.[27] Mas o ponto discutido aqui é, evidentemente, que o Pai reivindicou dentro da sua própria autoridade o tempo em que o reino seria estabelecido. A implicação nas palavras de Jesus é portanto esta – cabe ao Pai determinar os tempos e as épocas, e a sua parte (de vocês, apóstolos) é vigiar, orar e esperar. Deus determinou o tempo dos grandes eventos do reino, e Ele irá fazer com que se cumpram na hora e maneira por Ele estabelecidas.

1.8 –

Mas recebereis poder, ao descer sobre vós o Espírito Santo – Literalmente, "Recebereis o poder do Espírito Santo vindo sobre vós". (Não se trata de o poder e o Espírito serem coisas separadas). Jesus começa aqui sua tentativa de corrigir as falsas impressões do reino mantidas pelos apóstolos. Não seria um poder político como tinha sido anteriormente o objeto de suas ambições. Seria um reino espiritual, onde o principal interesse estava no perdão de pecados agora acessível aos homens através de Jesus. O "poder" de que Jesus fala aqui e o "Batismo com o

---

[26] Lucas 24.21.   [27] Marcos 13.32.

Espírito Santo" mencionado nos versículos anteriores são a mesma coisa. O que eles receberiam iria capacitá-los a desempenhar sua obra como seus apóstolos escolhidos.

E sereis minhas testemunhas – Jesus diz que serão testemunhas (*martures*, de onde extraímos "mártires") e não príncipes. A razão de o nome "mártir" ter sido dado aos que sofrerem por Cristo em tempos de perseguição é porque "testemunharam" da vida, instruções, morte e ressurreição de Cristo – mesmo em meio à perseguição e à morte. Quase todos os apóstolos terminaram suas vidas aqui na terra como mártires, desde que todos, exceto João, morreram violentamente às mãos de perseguidores. Os apóstolos testemunharam com as suas vidas.

Os apóstolos foram escolhidos com este propósito: testemunhar do que sabiam. A fim de prepará-los para serem testemunhas, eles haviam estado com Jesus durante cerca de três anos. Haviam observado seu modo de vida, seus milagres, sua mansidão, seus sofrimentos. Ouviram suas instruções. Conversaram e comeram com Ele como um amigo. Eles o viram subir aos céus. A "testemunha" conta o que sabe. Esses homens estavam, portanto, qualificados para contar ao mundo inteiro as coisas que conheciam sobre Jesus.

Muitos têm notado que o v. 8 é uma espécie de esboço do livro de Atos, sendo de fato o versículo de que foi extraído o esboço em três partes adotado neste livro.

> Tem sido indicado com frequência que os termos geográficos do v. 8 fornecem uma espécie de "Índice do Conteúdo" de Atos. "Sereis minhas testemunhas" poderia ser considerado como o tema do livro; "em Jerusalém" cobre os sete primeiros capítulos; "em toda a Judéia e Samaria" cobre os capítulos 8.1 a 11.18; e o restante do livro trata do progresso do evangelho fora das fronteiras da Terra Santa até que finalmente chega a Roma.[28]

Tanto em Jerusalém – O primeiro sermão evangélico foi pregado aqui no dia de Pentecostes, 30 A.D. A maioria dos *discípulos* permaneceu em Jerusalém até a perseguição surgida por ocasião da morte de Estêvão;[29] mas os *apóstolos* permaneceram lá mais tempo, até que Herodes fez matar Tiago.[30] Os apóstolos eram ganhadores de almas e plantadores de igrejas. Eles começaram do ponto em que se achavam e partiram em todas as direções, ensinando e pregando Cristo.

Como em toda a Judéia – A Judéia fica ao sul da Terra Santa, incluindo Jerusalém como capital. (O leitor que não conhece bem as divisões geográficas da Terra Santa deve consultar o mapa no final deste volume a fim de familiarizar-se com os nomes e lugares.)

E Samaria – Samaria ficava na parte central da Terra Santa.

E até aos confins da terra – A palavra "terra" é usada às vezes na Bíblia para indicar apenas a terra da Palestina. Mas não parece haver necessidade dessa limitação aqui. Se Cristo pretendesse isso, Ele poderia ter dito "Galiléia", desde que esta era a única divisão do país que faltava mencionar. Parece melhor compreender a expressão "terra" como se referindo a todas as terras dos gentios. Jesus havia mandado expressivamente aos apóstolos que pregassem o evangelho a todas as nações. O restante do livro de Atos é evidência de que os apóstolos obedeceram as instruções recebidas.

Alguém sugeriu que este versículo nos dá um programa missionário ideal para a igreja local. Ele sugere quatro áreas do mundo de Deus, e a igreja local deveria interessar-se vitalmente por cada uma dessas áreas. Jerusalém seria similar à comunidade em que a congregação está localizada. A Judéia sugere que a congregação deveria ter um interesse vital em algum trabalho missionário no estado em que se localiza. Samaria nos lembraria de ter um interesse particular numa terceira área, em algum estado adjacente ao nosso. E os confins da terra nos diz que tenhamos um interesse vital num campo missionário em solo estrangeiro. Um missionário em cada uma dessas quatro áreas é um bom alvo mínimo a procurar alcançar.

---

[28] Bruce, *op. cit.*, p.39.   [29] Atos 8.3,4.   [30] Atos 12.1,2.

1.9 –

Ditas estas palavras – Em Lucas 24.50-52, Jesus os deixou enquanto os abençoava e eles, por sua vez, "adorando-o, voltaram para Jerusalém, tomados de grande júbilo". Reunindo as duas descrições, aprendemos que Jesus começou a elevar-se enquanto ainda falava. É a sua ascensão ao céu.

À vista deles – Era importante declarar que os apóstolos testemunharam a sua ascensão. O Novo Testamento não afirma que alguém tenha realmente visto Jesus sair do túmulo ao ressuscitar, porque a evidência desse fato poderia ser melhor estabelecida vendo-o depois de ter ressuscitado. Mas a verdade da ascensão ao céu não podia ser confirmada dessa maneira. Portanto, foi arranjado que Ele subisse em pleno dia e na presença dos apóstolos. Se Jesus tivesse desaparecido secretamente, ou apenas deixasse de fazer aquelas aparições Pós-Ressurreição, os apóstolos teriam tido dificuldade em compreender, e poderiam até ter sido tentados a acreditar que haviam meramente sido enganados sobre a sua ressurreição e seus planos. Onde estava Ele? O que fazia? Muitas perguntas teriam surgido em suas mentes. Mas, não! Em lugar disso, a mente deles foi aliviada com a ascensão que começou enquanto Ele ainda falava com eles e sua atenção estava fixada nEle.

Foi Jesus elevado às alturas – Se o Salvador foi levado aos céus, isso decidiu então a questão sobre a natureza do reino. Ficou claro que o reino não era destinado a ser um reino temporal. Várias razões têm sido avançadas a fim de tornar claro ser melhor que Ele subisse do que permanecesse na terra. 1) Cristo havia terminado a obra que Deus tinha lhe dado para realizar na terra.[31] 2) Era conveniente que Cristo subisse, afim de que o Espírito Santo pudesse descer e desempenhar sua parte na obra da redenção.[32] 3) Uma parte da obra de Cristo estava a ser ainda realizada no céu – a obra da intercessão.[33] Ambas as naturezas do nosso Senhor são reconhecidas nesta passagem. Ele ascendeu com seu corpo glorificado, e aguarda ali no céu a hora de sua volta à terra como Juiz.[34]

E uma nuvem o encobriu dos seus olhos – Várias ideias têm sido extraídas desta frase. Cristo é retratado como sendo levado embora em uma carruagem de nuvens. O cântico "Cristo é Rei" contém estas palavras, "Aos seus pés na colina das Oliveiras, dizem, carruagens de nuvens pararam, levando Cristo embora . . ." O mesmo quadro é apresentado no Códice Beza, onde diz: "E depois de ter dito essas coisas, uma nuvem o recebeu e Ele foi levantado da vista deles". Uma outra descrição apresentada por estes versículos é que Cristo subiu devagar da face da terra até a região das nuvens, e então uma nuvem se interpôs entre Jesus e os apóstolos, escondendo-o da vista deles. Algo semelhante tinha ocorrido na transfiguração.[35] Naquela ocasião, uma nuvem cobriu os que estavam no monte; e quando ela finalmente se retirou, Jesus continuava ali. Talvez alguns dos apóstolos se lembrassem daquele evento anterior e esperavam que depois de passar a nuvem, Jesus continuaria visível. Mas isto não iria acontecer. Agora que Jesus havia acendido, Ele havia subido aos céus, e não houve mais aparições aos apóstolos do tipo que haviam experimentado durante os 40 dias anteriores. Jesus tinha tonado perfeitamente clara para eles a sua comissão. Cabia-lhes agora testemunhar ao mundo, a partir de Jerusalém.

---

[31] João 17.4, 5; 19.30; Filipenses 2.6, 9, 10.
[32] João 16.7.   [33] Hebreus 7.25.
[34] Filipenses 2.9, a frase "o exaltou sobremaneira" também sugere que Cristo tem agora o seu corpo glorificado no céu. Veja este assunto explicado by William Hendriksen, "Philippians" no *New Testament Commentary* (Grand Rapids: Baker, 1962), p.105ss.
[35] Marcos 9.26; Mateus 17.5; Lucas 9.34. Porque em um lugar em que o Mestre está falando sobre seu Segundo Advento a palavra "nuvem" é singular (Lc 22.27) e por causa da semelhança da ascensão com a Transfiguração, muitos creem que a nuvem que arrebatou Cristo, e na qual Ele voltará, não é mais que Shekinah, o símbolo visível da presença de Deus, a coluna de nuvem e fogo que guiou os israelitas no Antigo Testamento.

1.10 –

E, estando eles com os olhos fitos no céu, enquanto Jesus subia – Eles continuavam observando o céu no lugar em que Jesus foi visto pela última vez, com a esperança de ter um último vislumbre dEle. Eles fitaram os olhos no céu e estavam tão atentos para não perder uma outra visão dEle, que não notaram quando dois anjos mensageiros se postaram junto aos apóstolos.

Eis que dois varões vestidos de branco se puseram ao lado deles – Pelas suas vestimentas e a natureza da sua mensagem, parece claro tratar-se de anjos em forma humana. Da mesma forma que anjos apareceram no túmulo em forma humana, supomos que sejam anjos que surgem aqui como "homens" (varões).[36] O pretérito perfeito do verbo voz ativa, significa "haviam tomado lugar ao lado deles" – um ato realizado no passado com resultados abrangendo algum tempo no passado. Em vista deste tempo do verbo sugerimos que os apóstolos não viram os dois anjos até que estes lhes falassem. "Varões galileus . . ." Essas palavras deveriam ter feito os apóstolos virarem as cabeças de sua intensa observação do céu para fixarem atemorizados os dois estranhos seres celestiais.

Vestidos de branco – Os anjos são geralmente representados como usando vestes brancas. Alguns estudiosos bíblicos têm desenvolvido um simbolismo elaborado de cores, achando cada cor (vermelho, verde pálido, negro, etc.) mencionada na Bíblia como simbolizando alguma verdade. Eles nos dizem que a cor "branca" aqui é um emblema da pureza do céu.

1.11 –

E lhes perguntaram – Isto é, os anjos disseram essas palavras.

Varões galileus – A Galiléia era o seu lugar de origem e eles recebiam normalmente o nome de galileus. Afirma-se habitualmente que todos os apóstolos exceto Judas eram galileus. O nome Iscariotes tem sido usualmente considerado com equivalente a *Ish-Kerioth*, isto é, "homem de Queriote", uma aldeia da Judéia.[37] Os outros eram galileus, sendo cinco deles da mesma aldeia, Betsaida.

Por que estais olhando para as alturas? – Parece haver uma pequena dose de censura implícita nestas palavras, e os anjos estão querendo desviar os apóstolos de sua vã tentativa de ver outra vez o Salvador que partiu.

Esse Jesus – Isto foi dito para consolar os apóstolos. O mesmo amigo confirmado que tinha sido tão fiel a eles voltaria. Não deveriam, portanto, considerar com desespero sua partida. Note que nem a vinda do Espírito no Pentecostes, nem a destruição de Jerusalém, nem a morte do crente, constitui a "segunda vinda" de Jesus. O próprio Jesus vai voltar!

Que dentre vós foi assunto ao céu – Esta expressão denota que Jesus foi introduzido na presença imediata de Deus. Aprenderemos em versículos futuros que Jesus acha-se agora sentado à destra do Pai nas alturas (Atos 2.33).

Assim virá do modo como o vistes subir – Estas são de novo palavras de consolo. Jesus não ficaria separado deles para sempre. Haverá uma segunda vinda de Jesus à terra, seguida de um Dia do Juízo. Ele voltará do mesmo modo que subiu, visível e corporalmente. É notável o fato de ser dito, sempre que é mencionada a volta de Jesus, que Ele voltará nas nuvens.[38] Todo olho o verá quando Ele vier, e enquanto vier.

---

[36] Lucas 24.4 e Marcos 16.5. A palavra grega para "anjo" é masculina; devemos então talvez considerar os anjos como masculinos e não femininos, como os artistas muitas vezes os pintam.

[37] Oscar Cullman, *The State in the New Testament* (New York: Scribners, 1956), p.15 insiste em que "Iscariotes" significa que Judas era membro do grupo revolucionário de zelotes, especialmente um dos sicários (assassinos).

[38] Atos 1.11; Mateus 24.30; 26.64; Marcos 13.26; Apocalipse 1.7. Veja também a nota #35.

C. A ESPERA EM JERUSALÉM. 1.12-14

1.12 –

Então voltaram para Jerusalém – Em Lucas 24.52, lemos que eles adoraram Jesus antes de voltarem. Alguns acham que o ato de adoração a que Lucas se refere no evangelho é o que foi mencionado nesta seção de Atos, i.e., o olhar fito deles no Senhor que subia.

Do monte chamado Olival – O nome comum para esta montanha na Bíblia é "Monte das Oliveiras". A palavra grega traduzida como "Olival" significa "pomar de oliveiras" ou "bosque de oliveiras".[39]

O qual está perto de Jerusalém – O Monte das Oliveiras fica a leste de Jerusalém. Entre o muro oriental de Jerusalém e o monte corre um pequeno riacho chamado ribeiro Cedrom. O riacho se encontra seco durante quase o ano inteiro, mas aumenta consideravelmente durante a estação chuvosa. Na encosta oriental localizavam-se as cidades de Betfagé e Betânia.

A jornada de um Sábado – A distância da "jornada de um sábado" era cerca de 2000 côvados, ou cerca de 3/5 de uma milha (900m). Segundo o pensamento judeu no primeiro século, essa era a máxima distância que a pessoa podia viajar no Sábado. Andar mais que isso constituiria uma violação da proibição de trabalhar no Sábado. As leis de Moisés, porém, não fixavam tal limite de distância. Os mestres judeus determinaram essa distância. Tratava-se, portanto de uma tradição e não de uma lei. De onde os professores judeus conseguiram esse número? Esta medida veio a ser determinada com base na tradição que no arraial dos israelitas, quando partiram do Egito, nenhuma parte do acampamento ficava a mais de 2000 côvados do tabernáculo – e seria naturalmente permitido aos judeus viajarem essa distância quando iam adorar.

Têm sido feitas tentativas para localizar o lugar de onde Jesus ascendeu, na costa do Monte das Oliveiras, e esse lugar tem sido sujeito a disputas durante algum tempo. Existe um ponto marcado pela Igreja da Ascensão, contendo uma pedra com uma depressão semelhante à marca do pé de um homem (Jesus supostamente fez a impressão ao "arrancar" para o céu), mas a localização é duvidosa. Lucas nos diz que Jesus levou os discípulos em direção a Betânia pouco antes de sua ascensão,[40] mas ele não nos diz se Jesus e os apóstolos passaram sobre a colina ou tomaram a rota mais longa, do lado sul. Porque a rota diretamente sobre o topo é uma escalada estrênua, talvez devamos imaginar Jesus e os apóstolos tomando a rota mais fácil, pelo sul. Caso positivo, a ascensão teria tido lugar quando eles estavam na metade do caminho entre Jerusalém e Betânia.

A ascensão evidentemente efetuou-se na quinta-feira, pois o 40º dia após a ressurreição cairia numa quinta-feira.

1.13 –

Quando ali entraram – Isto é, quando os apóstolos voltaram e entraram na cidade de Jerusalém.

Subiram para o cenáculo – Nem todas as casas do primeiro século tinham um aposento desse tipo. As que o possuíam pertenciam aos mais ricos. Tais aposentos podiam ser usados como quarto de hóspedes, para reuniões grandes de família, ou para festas. Muitos amigos e parentes que moravam distante costumavam comparecer às festas dos judeus e tais aposentos proporcionavam um lugar para eles ficarem.

Onde se encontrava esse quarto especial? Alguns dizem que ficava no templo. Argumenta-se que em vista de Lucas declarar que eles se achavam continuamente no templo louvando a Deus,[41] o cenáculo deve ter sido um dos aposentos do templo. Mas há várias razões para pensar que o cenáculo mencionado aqui não fazia parte do templo. Não seria dito sobre este grupo que eles "se reuniam" (viviam) na área do templo. Tal aposento, como o referido aqui, podia ser encontrado em qualquer casa próspera em Jerusalém. É, portanto, razoável supor que os discípulos

---

[39] Veja *Zondervan Pictorial Bible Dictionary*, p.607 para uma gravura do Monte das Oliveiras.
[40] Lucas 24.50.   [41] Lucas 24.53.

1.13   A Igreja Em Jerusalém

escolheriam uma delas onde pudessem estar juntos, sendo todavia tão retirada que pudessem ficar a salvo dos judeus. Uma segunda ideia é que este cenáculo específico era um aposento na casa de Maria, mãe de João Marcos,[42] e talvez o mesmo que havia sido usado para a instituição da Ceia do Senhor, pois o texto grego diz: "*o cenáculo*". Tem sido levantada objeção a esta segunda ideia porque o aposento da ceia pascal (*anogaion*)[43] ficava no andar térreo, e o cenáculo (*huperoon*) se achava no segundo andar. Todavia, os léxicos não apóiam tal distinção nas palavras usadas para o "aposento". Uma terceira ideia é que o lugar em questão não passava de um "um aposento em alguma casa ou prédio onde todos estes seguidores fiéis normalmente se alojavam em Jerusalém". Este escritor não vê razão para a segunda identificação sugerida ser rejeitada como verdadeira, sendo assim a sua preferida.

Onde habitavam (IBB), onde se reuniam (SBB) – O cenáculo não era a residência permanente deles, mas um lugar onde passar a noite, onde comer, enquanto visitavam Jerusalém, e neste caso, enquanto esperavam pela vinda do Espírito Santo. Em várias ocasiões Jesus e seus apóstolos foram a Jerusalém. Sabemos que foram recebidos muitas vezes na casa de Maria, Marta e Lázaro em Betânia, fora de Jerusalém. Eventos posteriores apontam fortemente para outros amigos que receberam o grupo enquanto visitavam Jerusalém.

Pedro . . . Tiago, filho de Alfeu – Todos os primeiros apóstolos escolhidos por Jesus estavam lá, exceto Judas Iscariotes que tinha cometido suicídio. Tiago, filho de Alfeu, é algumas vezes citado como o autor do livro de Tiago no Novo Testamento. Diz-se também que Tiago, filho de Alfeu, e Tiago, o irmão do Senhor, são a mesma pessoa. Este escritor é de opinião que ambas essas afirmativas estão erradas. Para uma informação detalhada do problema, veja o estudo especial no final do capítulo um, intitulado, "Os ".

Os nomes dos apóstolos têm sido citados muitas vezes antes no registro do evangelho. Este é o chamado final, quando estão prestes a ir ao mundo todo, dar testemunho do que sabem sobre Jesus. G. Campbell Morgan sugere que os nomes dos homens são dados de acordo com a maneira como formaram pares para evangelizar o mundo. Ele chama uma dessas equipes: "Pedro o realizador e João o sonhador '– o homem prático e o poeta". Chama outra: "Tiago e André – corteses e curiosos". Fala de "Filipe, o crente, e Tomé, o cético", etc. Não sabemos se tal ideia foi seguida no arranjo dos nomes.

Esta é a última menção do Novo Testamento de muitos desses apóstolos. Certamente seria errado supor que o excelente serviço da maioria deles provasse sua falta de interesse e sacrifício no novo empreendimento evangelístico. A tradição deixa um registro do ministério de quase todos os homens aqui citados.

1.14 –

Todos estes perseveraram unânimes – O termo "unânimes" denota a completa harmonia de seus conceitos e sentimentos. Não havia cismas, interesses divididos, propósitos discordantes. Por estarem em harmonia com as instruções de Jesus sobre aguardar para serem capacitados como testemunhas, eles se achavam em harmonia uns com os outros.

Perseveraram unânimes em oração – "Perseveraram" indica a atenção contínua e constante. Eles não permitiam que nada interferisse com suas orações. Segundo Lucas 24.53, esta oração não era feita no cenáculo onde se reuniam, mas no templo nos horários programados para orar (o grego aqui em Atos 1.14 é "*a* oração"). Tinham recebido ordem para esperar pelo cumprimento da promessa, e informados que não se passariam muitos dias; assim sendo, passavam o tempo em oração. Desde o início do século XX alguns tem tentado utilizar-se deste versículo para provar que os apóstolos levaram dez dias para "orar pedindo a descida" do Espírito. Eles imaginam os apóstolos num crescendo de emoção histérica durante dez dias, cujo clímax foi o Pentecostes. Também afirmam que tal "experiência pentecostal" pode ser alcançada por todos os cristãos, a partir da conversão. Mas, as orações deles tiveram alguma coisa a ver com a

---

[42] Marcos 14.15; Lucas 22.13; Atos 12.12.   [43] Marcos 14.15.

vinda do Espírito Santo no dia de Pentecostes? É duvidoso! Esta prática de oração fazia parte da vida deles e continuou após o Pentecostes.[44] Eles faziam apenas o que qualquer judeu piedoso faria nas horas diárias de oração.

Com as mulheres – Quem eram as "mulheres"? Alguns sugerem que sejam mencionadas aqui de novo as mulheres que seguiram a Jesus desde da Galiléia.[45] Elas seriam então Maria Madalena, Salomé, Joana, Susana, Maria e Marta de Betânia e outras. Essas mulheres foram mencionadas dessa maneira informal porque seriam lembradas por alguém que, como Teófilo, tinha lido o primeiro volume da história de Lucas. A maioria delas eram parentes dos apóstolos ou Jesus, e não é improvável que algumas delas fossem esposas dos apóstolos.[46]

Estando entre elas Maria, mãe de Jesus – A mãe de Jesus é mencionada especificamente aqui para mostrar que ela agora havia se integrado aos apóstolos. Ela foi, além disso, confiada especialmente aos cuidados de João,[47] e não tinha outra casa. Esta é a última vez em que é mencionado o seu nome no Novo Testamento. Ao contrário do que ensina a Igreja Romana, que desenvolveu um sistema elaborado de Mariolatria, L. Edsil Dale escreve:

> Ela tem uma posição de respeito, mas não existe um halo ao redor da sua cabeça. Ela é amada, mas não adorada. A sombra da cruz e seu profundo sofrimento se transformaram agora em um cântico em seu coração. Neste ponto nos despedimos de Maria e deixamos às gerações posteriores a corrupção da memória de sua vida humilde e fiel.[48]

As lendas de alguns livros apócrifos a apresentam como permanecendo em Jerusalém com João até sua morte, 22 anos após a ascensão. As lendas de outros livros apócrifos a representam indo com ele para Éfeso e morrendo ali; os apóstolos se reúnem junto ao seu leito de morte, ela é sepultada, e no dia seguinte o túmulo é encontrado vazio; flores perfumadas cresceram ao seu redor; Maria também tinha sido levada aos céus. Tornou-se agora uma doutrina de fé em diversas comunidades religiosas grandes afirmar a "Assunção Corporal de Maria". A festa da Assunção, que deve sua origem à lenda nos livros apócrifos, data do sexto ou sétimo século. Como é natural, todas essas lendas são fantasiosas.

E com os irmãos dele – Em Marcos 6.3 e Mateus 12.46, quatro irmãos e (pelo menos duas) irmãs são mencionados.[49] Esses irmãos e irmãs (na verdade meio-irmãos e meio-irmãs) nasceram de José e Maria depois do nascimento de Jesus. O fato de os irmãos de Jesus estarem na companhia dos crentes (conforme este versículo) é prova de que uma grande mudança tinha se realizado neles desde que seu irmão divino havia encerrado seu ministério na Galiléia. Quando Jesus terminou seu trabalho na Galiléia (cerca de 6 a 8 meses antes de sua morte), os irmãos não criam nele.[50] Mas inúmeras coisas aconteceram nesses últimos seis meses para convertê-los. Lázaro foi ressuscitado dentre os mortos. A ressurreição do próprio Jesus foi o milagre dos milagres. Jesus apareceu a seu irmão Tiago.[51] É, portanto, apenas natural que esses irmãos se encontrassem agora na linha de frente, preparados para a atividade e serviço cristãos.

O mundo teológico não concorda inteiramente quanto ao relacionamento entre esses "irmãos" e Jesus. Uma discussão ampla do problema acha-se incluída no final deste capítulo, sob o

---

[44] Atos 6.4; Romanos 12.12. O assunto de "orar pedindo a descida do Espírito Santo" será examinado em maior detalhe no estudo especial sobre o Espírito Santo no final do Capítulo 2.
[45] Lucas 23.49-55; Mateus 28.9; Marcos 15.14.
[46] 1 Coríntios 9.5 e Mateus 8.14 nos dizem que Pedro era casado e estava com a mulher em sua companhia nas cruzadas evangelísticas – como faziam outros apóstolos. Talvez algumas das mulheres já acompanhassem os maridos antes do Pentecostes. Quem quer que as mulheres fossem, não encontramos evidência concreta de que morassem juntas (como sugere um autor), talvez em Betânia, numa espécie de irmandade.
[47] João 19.26,27.
[48] L. Edsil Dale, *Acts Comments* (Cincinnati: publicado pelo autor, 1952), p.20,21.
[49] Mateus 13.55, 56 insinua que havia mais de uma irmã.
[50] João 7.2.   [51] 1 Coríntios 15.7.

título "Os Irmãos do Senhor". Dois dos livros do Novo Testamento foram escritos pelos irmãos – Tiago e Judas.

D. PREENCHIMENTO DO LUGAR DE JUDAS. 1.15-26
1.15 –

Naqueles dias – Este versículo começa um relato de um evento que teve lugar em um dos dias do período de dez dias entre a ascensão de Jesus e o Pentecostes. O texto indica uma reunião diferente da "reunião de oração" mencionada nos versículos anteriores. Esta indicação é vista ao compreender que no v.15 temos uma multidão de cerca de 120 pessoas, enquanto no v.14, só encontramos os Onze, Maria e os irmãos de Jesus.

Levantou-se Pedro – Por que Pedro? Pode ser que Pedro fosse o mais velho dos apóstolos. Isso, entre os judeus, lhe daria uma posição de porta-voz ou líder. Pode ser também, como acontece em qualquer grupo hoje, que houvesse um ou mais disposto a adiantar-se e ser o primeiro a sugerir um plano de ação. Um grupo de teólogos, buscando qualquer evidência que possam encontrar da primazia de Pedro (como a chamam), acreditam que ele já estivesse funcionando como vigário de Cristo na terra. Desde que toda a teoria da prioridade de Pedro é suspeita, tal explicação deste versículo é igualmente suspeita. O professor Dale nos lembra que a liderança fazia parte da natureza de Pedro.

> Pedro era o primeiro entre iguais. Ele falou primeiro em Mateus 16.16,17. Tinha uma natureza impetuosa e impulsiva. Em qualquer grupo hoje, um ou mais iria naturalmente destacar-se como o primeiro entre iguais. Todos os apóstolos foram líderes notáveis, mas cada um de maneira diferente, conforme sua própria personalidade e capacidade.[52]

No meio dos irmãos – A palavra "irmão" é usada em vários sentidos no Novo Testamento. Acabamos de mencionar os irmãos de sangue de Jesus. Agora, neste versículo, a palavra irmão é empregada com o significado de "irmão espiritual".

(Ora, compunha-se a assembleia de umas cento e vinte pessoas) e disse: – Um escritor declara, "Esta foi a primeira assembleia reunida para tratar dos negócios da igreja, devendo ser notado que num assunto tão importante como eleger um apóstolo, houve votação por parte da igreja inteira.[53] A igreja já havia sido estabelecida? Acreditamos que não! A igreja não começou até o dia de Pentecostes, poucos dias depois. Seria então a igreja inteira escolhendo um apóstolo? Acreditamos que não! O v. 24 nos conta que o Espírito Santo (ou Deus) escolheu o novo apóstolo. É verdade que o Novo Testamento ensina autonomia local da igreja, mas este versículo não é uma das passagens que mostram isso. É verdade que nenhum corpo eclesiástico tem o direito de colocar um ministro numa dada congregação, mas este não é também o versículo que prova isso.

Seriam esses 120 todos os crentes em Cristo que existiam na época, vários dias antes do Pentecostes? O número parece incluir todos os fiéis da cidade e dos arredores de Jerusalém na época. Mas havia outros crentes, especialmente na Galiléia.[54] Em último lugar, onde existiria espaço para um grupo desse tamanho reunir-se para fazer tal escolha? Eles se acham aparentemente na área do templo, pois era seu hábito reunir-se ali para adoração diária. Uma tal multidão não poderia provavelmente concentrar-se no cenáculo onde apenas os poucos do v.14 se alojavam.

1.16 –

Irmãos – Esta era a forma habitual de saudação, sugerindo afeto e respeito, no intento de obter a atenção dos ouvintes.

---

[52] Dale, *op. cit.*, p.21.
[53] Albert Barnes, "Acts" em *Barnes' Notes on the New Testament* (Grand Rapids: Baker, 1953), p.11.
[54] 1 Coríntios 15.6.

Convinha que se cumprisse a Escritura – Isto quer dizer que as predições feitas por Deus certamente se cumpririam. Não que tivesse havido qualquer necessidade ou compulsão física no que Judas fez, mas que uma promessa de Deus se cumpriria de qualquer maneira. Deus, com todo o conhecimento, podia olhar adiante e ver o que ia acontecer.

Que "Escritura" Pedro tinha em mente? Alguns julgam que fosse o Salmo 41.9, onde lemos: "Até o meu amigo íntimo... levantou contra mim o calcanhar". Este versículo é expressamente aplicado a Judas por Jesus.[55] Se Pedro está fazendo referência ao Salmo 41, sabemos então quem escreveu esse Salmo. Caso contrário, desconhecemos o autor do Salmo. Outros afirmam que a Escritura citada por Pedro é o Salmo 69, que será mencionado em breve no v.20.

Que o Espírito Santo proferiu anteriormente por boca de Davi – Esta é uma afirmação forte da inspiração de Davi. Esta reivindicação concorda com o testemunho de Pedro que os escritores do Antigo Testamento falaram (e escreveram) segundo eram movidos pelo Espírito Santo.[56]

Acerca de Judas – Veja as notas nos vv.11 e 20 para informação sobre Judas Iscariotes.

Que foi o guia daqueles que prenderam a Jesus – O *Pulpit Commentary* declara que essas palavras são palavras de Lucas (e não de Pedro) porque os 120 reunidos em Jerusalém saberiam disto, e não seria necessário que Pedro lhes dissesse, enquanto poderia haver necessidade de informar esse aspecto aos leitores de Lucas. Note que Lucas usa o verbo "tornou-se" ("foi" na SBB), sugerindo que Judas agiu por conta própria. Não se trata de algo que estava predestinado a fazer, e teve que praticar contra a sua vontade. Ele agiu deliberadamente.

1.17 –

Porque ele era contado entre nós – Essas são novamente palavras de Pedro, e ele está dizendo que Jesus escolheu Judas como apóstolo (ao contrário da ideia de que Jesus escolheu Judas porque tinha de haver um traidor). Quando foi escolhido, Judas era um homem bom. Estão errados, segundo cremos, os escritores que sugerem que Jesus escolheu deliberadamente um espião e traidor como um de seus discípulos. Os Doze foram escolhidos após uma longa noite de oração.[57] Jesus só selecionou homens bons como apóstolos. Por que escolheu Judas? Ele não era ladrão ao ser escolhido, mas um homem promissor, como os outros onze. Judas talvez fosse um homem de negócios inteligente, um intelectual, ou pelo menos alguém com talentos nesse sentido. Muitas pessoas têm sido tentados mais severamente justamente na esfera de seus talentos. Enquanto cuidava do dinheiro, uma tarefa que desempenhava bem, é tentado a tornar-se ladrão. Jesus procurou salvar Judas do seu pecado (mas, Judas não lhe deu ouvidos e apenas envolveu-se ainda mais). Por que ele faria isso se Judas tivesse sido propositalmente escolhido para ser um espião e traidor? Note algumas das vezes em que Jesus tentou salvar Judas. No final do sermão sobre o pão da vida (o dia em que os 5000 foram alimentados), a multidão começou a ir embora, deixando de seguir Jesus. Ele disse então aos discípulos, "Porventura quereis também vós outros retirar-vos?" Pedro respondeu, "Senhor, para quem iremos? Tu (e somente tu) tens as palavras da vida eterna". Jesus replicou, "Não vos escolhi eu em número de doze? Contudo um de vós é diabo". (Em outras palavras, "Um de vocês irá embora, temo eu, porque dá ouvidos às tentações do Diabo").[58] Enquanto os outros apóstolos recebiam os ensinamentos de Jesus e aperfeiçoavam, Judas rejeitou-o e piorou. Judas chegou a usar seu aparente zelo pela economia como um disfarce para a hipocrisia.[59] Seu amor ao dinheiro não só aumentou sua falsidade, mas também destruiu sua fé.[60] Judas tinha ouvido o ensino de Jesus para ter cuidado do fermento dos fariseus, que foi hipocrisia. Jesus advertiu-os para acumular tesouros nos céus em vez de buscar as coisas aqui da terra. Até na noite da traição, Jesus tentou salvar Judas, quando disse, "O que pretendes fazer, faze-o depressa!"[61] Em outras palavras, Se você vai me trair, então faça. Se vai arrepender-se, arrependa-se agora. O que quer que vá fazer, faça depressa.

---

[55] João 13.8.   [56] 2 Pedro 1.21.   [57] Lucas 6.12.   [58] João 6.66-71.
[59] João 12.3-6.   [60] I Timóteo 6.8-10.   [61] João 13.27.

1.17   A Igreja Em Jerusalém

O pecado de cobiça de Judas foi um câncer degenerativo e progressivo (Tg. 1.14,15), da avareza, roubo, engano, traição, remorso, suicídio e indo para o seu próprio lugar. Que biografia! Qual o motivo para o ministro servir ao Senhor hoje? Oferece uma vida fácil de coisas sem real serviço e sinceridade? Cada homem deve examinar constantemente seus motivos enquanto serve Cristo. Judas não se arrependeu corretamente. Ele ficou triste, mas não se arrependeu como devia e, em vez disso, cometeu suicídio. Que contraste entre Judas e Pedro! Ambos foram censurados por Jesus como Satanás. Ambos se voltaram contra o Senhor no final do seu ministério. Ambos se entristeceram profundamente – Judas com seu remorso amargo e Pedro em sua noite sombria de choro. Mas a tristeza de Pedro era segundo Deus, que leva ao verdadeiro arrependimento (2 Co 7.10); enquanto Judas teve apenas a tristeza do mundo – tristeza por ter sido apanhado e exposto (2 Co 7.10b). Judas poderia ter voltado, como fez Pedro, se tivesse se arrependido verdadeiramente. É terrível ser um agente moral livre, livre para escolher o seu próprio caminho![62]

E teve parte neste ministério – Judas tinha sido escolhido por Jesus e havia recebido a mesma comissão e poderes milagrosos dos outros apóstolos. A palavra "parte" transmite a ideia de uma designação por Deus. Esta frase está ligada diretamente à escolha de Judas por Jesus. Jesus pretendia que Judas tivesse um lugar no apostolado da igreja, assim como qualquer dos outros apóstolos. Em vez disso, ele acabou sendo um traidor e falso profeta.

1.18 –

(Ora, este homem – Judas é a pessoa de quem Lucas fala. Note que os vv.18 e 19 formam uma declaração parentética. Essas são palavras de Lucas, que explica a Teófilo de quem Pedro falava. Não é provável que Pedro introduzisse uma narrativa como esta, a qual todos conheciam, num discurso aos discípulos. Antes de Lucas registrar as passagens dos Salmos citadas por Pedro para estabelecer o seu ponto, ele insere uma nota parentética para que seus leitores possam compreender a base das palavras de Pedro.

Adquiriu um campo com o preço da iniquidade – O "preço" é o pagamento recebido por Judas para trair Jesus – 30 peças de prata. Vários cálculos do valor deste pagamento têm sido feitos em nossa moeda, e perfariam um total de cerca de 16 dólares (mas, devemos lembrar que se tratava do equivalente ao salário de três meses de um trabalhador). Judas se matou. Como pode ser dito que comprou um campo? De fato, Judas devolveu o dinheiro aos sacerdotes.[63] Quando não o receberam ao tentar entregá-lo, ele provavelmente entrou precipitadamente no Lugar Santo – um ato passível de morte – e atirou o dinheiro no chão. Ele talvez esperasse que o guarda do templo o matasse. Mas este não colocou a mão sobre ele. Ou tinham sido instruídos para não causar dano aos apóstolos, ou ficaram com medo que depois da condenação de Cristo, a morte de um dos apóstolos amotinasse toda Jerusalém. Por não ter sido morto, Judas saiu e enforcou-se.

Os sacerdotes hipócritas não podiam usar o dinheiro no tesouro do templo, e compraram então o campo de um oleiro para enterrar os pobres (desde que alguns não tinham condições de enterrar seus mortos) ou os estrangeiros (peregrinos que iam a Jerusalém e morriam ali, sem que ninguém conseguisse identificá-los). A verdade então é que Judas comprou o campo porque os sacerdotes usaram o dinheiro dele. O campo foi adquirido aparentemente após a morte dele; e depois de inspecionado mais de perto, encontraram o corpo de Judas. Por que o campo custou tão barato? Tratava-se de uma propriedade sem valor. Foi um campo de oleiro;[64] o oleiro era aquele que fazia objetos de barro, de modo que toda a boa terra tinha sido tirada do campo, perdendo ele qualquer utilidade.

E, precipitando-se – O que levou o corpo de Judas a cair? Alguns sugerem que ele ficou pendurado tanto tempo que a corda apodreceu e arrebentou. Outros sugerem que talvez em seu terrível estado mental, ele tivesse deixado de amarrar bem a corda, e caiu de 15 a 30 metros de

---

[62] Dale, *op. cit.*, p.22.   [63] Mateus 27.3-10.   [64] Mateus 27.7.

altura nas rochas lá em baixo. Em qualquer caso, seu corpo caiu de cabeça para baixo sobre as rochas no fundo do vale do Hinom.

Rompeu-se pelo meio, e todas as suas entranhas se derramaram – Mateus nos conta que Judas enforcou-se.[65] Ao harmonizar o que Mateus e Lucas nos dizem, supomos que o corpo de Judas tenha ficado pendurado até que começasse a decompor-se. Quando a corda se rompeu, ele caiu e foi dilacerado como descrito aqui por Lucas.

1.19 –

E isto chegou ao conhecimento de todos os habitantes de Jerusalém – "Habitantes" (katoikeo) fala daqueles que viviam permanentemente em Jerusalém.[66] Alguém encontrou o corpo. Aos poucos, a cena do templo, a ação dos sacerdotes ao comprarem o campo, a descoberta do corpo de Judas nesse mesmo campo, tudo se tornaria conhecido.

De maneira que em sua própria língua – O idioma era o aramaico, uma forma corrupta do hebraico, falado na Palestina no primeiro século A.D.

Esse campo era chamado Aceldama, isto é, Campo de Sangue – Aceldama é um termo aramaico, e nas obras escritas aos povos que falavam grego (pessoas não familiarizadas com a língua aramaica), tais palavras são traduzidas e explicadas. "Campo de Sangue" é uma boa tradução, pois Acel-dama é composto de duas palavras aramaicas que significam, literalmente, campo de sangue. Por que o nome do campo seria mudado de "campo do oleiro" para "campo de sangue"? Talvez porque Judas derramou ali seu sangue. Talvez porque o campo foi adquirido com dinheiro sangrento (foi ali que o preço do Redentor inocente terminou).

Onde estava esse campo? O lugar tradicional, datado da época de Jerônimo no século IV, fica no lado sul do Vale do Hinom. Consulte o mapa de Jerusalém, e poderá encontrar o ponto tradicional. A identificação não é improvável, pois ali se pode encontrar barro para oleiro, e desde há muito vem sendo usado como cemitério.

1.20 –

Porque está escrito no Livro dos Salmos – Depois da declaração entre parênteses dos últimos dois versículos, Lucas retoma seu registro do discurso de Pedro. Pedro fez citações de dois salmos diferentes. A primeira parte do versículo é tirada do Salmo 69.25. Este Salmo é citado repetidamente com referência ao Messias.[67] Quando Davi disse originalmente essas palavras, ele se referia principalmente aos seus inimigos. O Salmo não se refere então apenas a Judas, mas a qualquer inimigo do Messias, entre os quais Judas se encontrava. A última parte do versículo é tirado do Salmo 109.8.[68]

Fique deserta a sua moradia, e não haja quem nela habite – Esta citação não foi extraída literalmente do hebraico, nem da LXX (Septuaginta). O hebraico no Salmo é: "Fique deserta a sua habitação (Heb., curral, recinto para o gado, torre, palácio), e ninguém ocupe suas tendas". O termo "morada" no Salmo se refere evidentemente à habitação dos inimigos do escritor do Salmo. É uma imagem que expressa sua conquista e derrota por um Deus justo. Em forma de paráfrase, o salmista orou por isto: "Que suas famílias sejam dispersas, e os lugares em que habitaram fiquem sem habitante, como recompensa pelos seus crimes". Pedro vê algo semelhante ao que aconteceu a Davi no caso de Judas. Quando Judas se tornou inimigo de Cristo, ele perdeu também o direito à sua "morada", como ocorreu com o inimigo do salmista.

---

[65] Mateus 27.5.
[66] Compare notas sobre Atos 2.5, onde o termo *katoikeo* aparece, evidentemente com um significado diferente.
[67] Salmo 69.9, "O zelo da tua casa me consumiu", é aplicado a Jesus em João 2.17, sendo também citado por Paulo em Romanos 15.3. O Salmo 69.21, "Por alimento me deram fel, e na minha sede me deram a beber vinagre" foi o que foi feito com Jesus na cruz, Mateus 27.34 e João 19.28-30. O salmo era messiânico.
[68] Os tradutores tanto da ASV como da NASB usaram um tipo diferente de estilo para citações do Antigo Testamento e na maioria dos casos as destacaram, a fim de ajudar os leitores do Novo Testamento a reconhecerem os versículos citados do Velho Testamento.

1.20 A Igreja Em Jerusalém

Tome outro o seu encargo – Esta frase se encontra no Salmo 109.8. A anotação na margem diz: "sua posição como supervisor" em vez de "encargo". A leitura da KJV é "bispado" (também da IBB). O termo grego significa "cuidado, encargo, negócio, supervisão" de alguma coisa. A palavra *episkopen* é muito similar à traduzida como "bispo", que é *episkopos*. Não há necessidade de dizer aqui que Pedro não está afirmando que Judas (e os outros apóstolos) desempenhavam qualquer cargo correspondente ao que é agora comumente entendido pelo termo "bispo" (num Episcopado Diocesano).

O Salmo 109 foi escrito durante os tempos difíceis em que Saul, Absalão e outros se rebelavam e perseguiam Davi. Davi considerava o seu inimigo, quem quer que fosse, indigno de seu cargo (posição), e desejava que fosse entregue a outro. No caso de Davi, a ideia da oração é que os seus perseguidores, homens empossados em cargos militares ou outros, haviam traiçoeiramente corrompido os mesmos, sendo portanto mostrados indignos de ocupá-los. Davi ora, portanto, para que o inimigo seja removido de seu posto e substituído por outro. É fácil ver a aplicação ao caso de Judas. Pedro afirma que mediante sua traição, Judas havia se tornado indigno do cargo a que Jesus o tinha chamado, sendo pois certo que outro seja encontrado para tomar a sua posição. Ele simplesmente aplicava o exemplo bíblico à situação do momento.

1.21 –

É necessário, pois, que, dos homens que nos acompanharam – Pedro se refere provavelmente aos 70 discípulos, quando fala dos homens que os acompanharam.[69]

Todo o tempo que o Senhor Jesus andou entre nós – Isto é, os que testemunharam a vida e os milagres de Jesus, e que estavam portanto bem qualificados para desempenhar os deveres do "cargo" que Judas deixou. "Andou entre nós" é uma frase indicando que Ele era o companheiro constante deles. Expressa todos os atos da vida de um modo geral.

1.22 –

Começando no batismo de João – Esses homens (dos quais um seria escolhido para tomar o lugar de Judas) deviam ter acompanhado e testemunhado pessoalmente a maior parte do ministério de Cristo, desde o momento em que foi batizado por João no rio Jordão.

Até ao dia em que dentre nós foi levado às alturas – I.e., o dia da ascensão de Jesus. O sucessor de um apóstolo deveria possuir certas qualificações superiores. Encontramos as mesmas em Atos 1.21, 22 e 1 Coríntios 9.1. Pedro nos diz que tal sucessor deveria ter estado com Jesus desde o dia do seu batismo até sua ascensão. Paulo nos diz que tal pessoa teria de ter visto pessoalmente o Cristo ressurreto. No caso de Paulo, talvez apenas a segunda exigência tenha sido satisfeita, mas ele próprio reconhece ser uma exceção, ao falar de si mesmo como de alguém "nascido fora do tempo".[70] Paulo, porém, foi chamado pessoal e diretamente pelo Senhor para ser apóstolo.[71] Em vista de não ser possível para pessoa alguma satisfazer essas qualificações na atualidade, não parece haver possibilidade de homem algum afirmar ser um apóstolo hoje.[72]

Um destes se torne testemunha conosco – Era conveniente e de acordo com o exemplo bíblico que alguém fosse escolhido para preencher a vaga. Os 70 teriam testemunhado a maior parte do ministério público de Jesus, e muitos deles teriam visto o Senhor ressurreto, podendo ser então "testemunhas" do que viram.

---

[69] Lucas 10.1,2.   [70] 1 Coríntios 15.8.   [71] Atos 26.16.

[72] As notas dadas para Atos 21.18 contêm mais discussão do cargo de apóstolo na igreja primitiva. Não havia apenas "apóstolos de Cristo" (i.e., escolhidos por Cristo), mas no Novo Testamento havia "apóstolos das igrejas" (escolhidos pelas congregações locais para realizarem uma missão para essa congregação), como visto em 2 Coríntios 8.23 onde a NASB tem a leitura "mensageiro", mas o grego tem "apóstolo". (A SBB tem a mesma leitura que a NASB: "mensageiros" – N.T.) Quando dizemos que ninguém preenche as qualificações para o apostolado, estamos falando dos Apóstolos de Cristo, e a doutrina especial que negamos é a doutrina da sucessão apostólica.

Da sua ressurreição – A grande e principal verdade do ensino apostólico é que em Jesus houve uma ressurreição dos mortos. Todo o seu testemunho está envolvido nesta declaração (4.23), sem o qual a pregação e a fé seriam inúteis (1 Coríntios 15.14).

1.23 –

Então propuseram dois – Diríamos que nomearam dois homens. Mas, quem são "eles" que nomearam os dois? Todos os 120 reunidos tiveram parte na nomeação? Foram apenas os onze apóstolos que nomearam? Desde que Pedro havia apresentado as qualificações, talvez os 120 nomeassem os dois. Os dois nomeados possuíam qualificações provavelmente tão semelhantes, que eles não puderam praticamente determinar quem se ajustaria melhor ao cargo.

José chamado Barsabás, cognominado Justo – "Barsabás" significa "filho de Sabbas" ou "nascido no (filho do) Sábado". Ele talvez fosse irmão de Judas Barsabás (Atos 15.22). Lightfoot, que mantinha a opinião epifânica relativa aos irmãos do Senhor,[73] veio com a ideia estranha de que este homem era um filho de Alfeu, tendo sido escolhido por causa de sua relação com a família do Senhor. Se rejeitarmos o ponto de vista epifânico (e o rejeitamos), teremos de procurar em outra parte uma razão para sua indicação.

Ele não só era conhecido como José, mas também era chamado Justo. O primeiro é um nome hebraico, e Justo um nome romano. O nome Justo provavelmente lhe foi conferido por sua integridade e justiça. Existe uma tradição que conta ter ele certo dia bebido veneno de cobra em nome do Senhor sem sofrer qualquer consequência prejudicial.[74]

E Matias – Pouco se sabe deste homem, sua família, ou de seu caráter, além de ter sido contado entre os apóstolos e compartilhado a sorte deles nas tarefas, perseguições e honras da pregação do evangelho. Uma tradição preservada em Eusébio o representa como um dos 70.[75] Nicéforo disse que Matias pregou e sofreu o martírio na Etiópia.

1.24 –

E, orando, disseram – Barnes escreve: "Como não conseguiam concordar sobre o indivíduo, invocaram a orientação de Deus sobre a sua decisão . . ."[76] Isto parece sugerir, "Depois de terem tentado tudo o mais, e falhado, eles oraram". Em lugar disso, deixaram sabiamente a decisão para Deus, permitindo que o Senhor escolhesse o homem desejado. Eles concordariam com a decisão tomada por Deus.

Tu, Senhor, que conheces o coração de todos – A palavra "Senhor" é uma referência a Cristo ou a Deus? Bem poderia ser uma referência a Cristo. O nome "Senhor" é comumente aplicado a Cristo pelos apóstolos (e.g. Atos 1.6). Tratava-se de um assunto que pertencia especialmente à igreja – o corpo pelo qual Cristo veio para dar a sua vida – e desde que Ele havia escolhido os apóstolos originalmente, por que não pedir-lhe agora que escolhesse o substituto? A oração de Estêvão[77] mostra que a oração feita diretamente ao Filho não era estranha à mente dos discípulos, e a onisciência é atribuída a Cristo em outros partes do Novo Testamento.[78] Por outro lado, esta oração pode ser muito bem dirigida a Deus. Em 1 Crônicas 28.9 e Jeremias 17.10, diz-se que o Pai conhece o coração dos homens, exatamente o mesmo declarado aqui.

Barnes acredita que esta ideia de conhecer o coração dos homens está incluída na oração porque a traição de Judas faz parte do cenário. Desde que um apóstolo de caráter exteriormente íntegro havia se mostrado um traidor, eles apelaram ao próprio Deus para que escolhesse alguém sincero, que não desonrasse a causa de Cristo. Os apóstolos só conheciam as qualificações – mas

---

[73] Veja o Estudo Especial Nº 2 no final do capítulo um, onde este termo técnico é explicado. O aluno também deve ter cuidado para não confundir Barsabás com Barnabé, que iremos encontrar em Atos 4.36.
[74] Eusébio, *Church History* (História da Igreja), III. 39.9.
[75] *Ibid.*, I.12; III. 25.   [76] Barnes, *op. cit.*, p.25.   [77] Atos 7.59, 60.
[78] João 2.24, 25 é um exemplo onde nos é dito que Jesus podia ler no coração dos homens.

Deus o coração. Eles desejavam então que Deus fizesse a escolha, a fim de que fosse escolhido o homem certo.

Revela-nos qual destes dois tens escolhido – Ou seja, mostre por algum meio, visível ou não, qual dos dois havia escolhido para tomar o lugar de Judas.

1.25 –

Para preencher – A NASB não traduz duas palavras gregas que o texto Nestle contém. A ASV diz, "para substituir" e não traduz as palavras *ton topon*.[79] O significado da palavra "lugar" ("vaga" na SBB – N.T.) aqui na primeira parte do versículo é "posição, cargo".

Neste ministério e apostolado – Este é provavelmente um exemplo da figura de linguagem hendíadis, em que dois termos são usados para exprimir uma única coisa. Significa "o ministério apostólico" ou "o serviço apostólico".[80]

Do qual Judas se transviou – Judas se desviou em lugar de aderir fielmente ao caráter e serviço que seu apostolado exigia dele. A transgressão (pois é esse o sentido literal de *parabe*, traduzido aqui como "transviou") referida é à sua traição e suicídio.

Indo para o seu próprio lugar – É preciso determinar primeiro quem é o objeto desta frase. Alguns dizem que fala de Matias (ou José) indo para o seu lugar. A ideia seria que Judas Iscariotes saiu, a fim de que Matias ou José pudesse preencher a vaga que lhe fora predestinada e qualificada por Deus. Existem várias objeções a esta interpretação. O cargo apostólico não poderia ser chamado adequadamente, no caso de Matias, de seu próprio lugar, até que lhe fosse realmente conferido. Não existe caso (tanto quanto sabe este autor) onde a expressão "ir para o seu próprio lugar" é aplicada a um sucessor de um cargo. Certamente não é verdade que Deus faça um homem transgredir só a fim de que outro possa ocupar seu cargo. Pode ser verdade que Deus remova um homem que tenha pecado, mas a razão para o pecado jamais é o fato de Deus desejar que outro ocupe o lugar do pecador. Finalmente, se a referência fosse a Matias, não passaria de uma simples repetição do que fora dito na primeira parte deste versículo, que alguém deveria tomar o lugar de Judas. Sobre quem, então, o versículo fala? A resposta certa é que se refere a Judas. Judas é quem foi para o seu próprio lugar.

Qual o significado de "para seu próprio lugar"? Alguns supõem que se refere à casa dele. Segundo esta ideia, o sentido é que Judas deixou o cargo apostólico para voltar à sua casa. Números 24.25 é indicado como um exemplo paralelo. Uma objeção a esta ideia é o fato de não haver evidência de que Judas simplesmente foi para casa em vez de continuar a viajar com Jesus. De fato, a única coisa que sabemos é que Judas procurou um lugar para enforcar-se. Uma segunda sugestão é que a frase "seu próprio lugar" refere-se à sepultura. A ideia é que a sepultura é o lugar do homem, onde todos devem repousar, sendo um lugar de ignomínia onde era próprio que um traidor como Judas jazesse. Existem também objeções a esta ideia. Não se encontra exemplo do termo "lugar" ser usado para sepultura. Não existe caso na literatura antiga em que o homem, ao ser sepultado, é tido como tendo voltado ao seu próprio lugar, ou lugar adequado. Uma terceira proposta é que a frase em questão fala da maneira da morte de Judas, i.e., por enforcamento. Uma boa objeção a isto é que a palavra "lugar" não pode ser aplicada a um ato (suicídio); mas refere-se a uma habitação, residência, situação na qual permanece. Ficamos então reduzidos à quarta explicação, a saber, que a frase se refere ao fato de que a alma de Judas foi para um lugar de castigo no mundo intermediário, sendo finalmente consignada ao inferno. Tal interpretação se ajusta aos crimes de Judas, que tal fosse o seu destino eterno. A expressão "ir

---

[79] A KJV diz "*parte* deste ministério", seguindo o Códice Sinaítico e o Textus Receptus. O texto de Nestle segue as leituras dos Códices A, B, C, D, e a Vulgata.

[80] A construção grega é um caso onde a Regra Gramatical de Sharp ajuda a compreender o significado. Sharp diz que quando duas palavras masculinas no mesmo caso são ligadas por "e", e a primeira tem um artigo e a segunda não tem, ambos os termos se referem à mesma coisa, sendo o segundo uma explicação do primeiro. Efésios 4.11 é outro exemplo, onde "pastores e mestres" é a ideia certa – só um cargo e não dois é designado.

para o seu próprio lugar" era usada pelos escritores da antiguidade para indicar a ida para o destino eterno,[81] sendo essa a melhor explicação do seu sentido aqui em Atos.

Esta passagem não ensina a predestinação calvinista. A teoria da predestinação, segundo Calvino, é que cada homem está predestinado pelo Deus soberano para o céu ou para o inferno. O destino de cada homem já foi fixado, sem levar em conta como ele vive. O versículo que estamos estudando não diz que Judas foi para o seu lugar predestinado. Pelo contrário, indica que foi para o lugar adequado a alguém de seu caráter.[82]

Como Pedro conheceria o destino de Judas, de modo a fazer uma declaração desse tipo? Por comparar seu conhecimento do caráter do homem com o ensino da Palavra de Deus. Duvidamos que Pedro esteja falando por inspiração, pois o dia de Pentecostes, com a vinda do batismo do Espírito Santo, está ainda em um futuro próximo.

1.26 –

E os lançaram em sortes – "Lançaram" sugere provavelmente os apóstolos como sendo os que lançaram em sortes, em lugar de os 120 votarem. De fato, a palavra "sortes" não indica votação ou sufrágio. O método usado para escolher é uma ideia do Antigo Testamento, assim como foi a ideia de Pedro que alguém deveria ser escolhido.

Os judeus estavam familiarizados com o processo de lançar sortes. Este método de decidir pela sorte era um costume do Antigo Testamento. A terra de Canaã foi dividida e designada para as diferentes tribos por meio de sortes, Números 26.55. A culpa de Acã parece ter sido determinada através de sorteio, Josué 7.14. O primeiro rei de Israel, Saul, foi escolhido por sorteio, 1 Samuel 10.20, 21. O mesmo método se aplicou à escolha do "bode expiatório", Levítico 16.8. Provérbios 16.33 indica como a sorte era lançada.[83]

Uma pedra especialmente marcada era colocada entre outras pedras num pedaço de pano (como colocamos tiras de papel num chapéu), ou num recipiente qualquer, e então tirada ou sacudida. Um outro meio de lançar sortes era escrever cada nome numa placa, colocar as placas numa urna e sacudir a urna até que um saltasse para fora.[84] Provérbios 16.33 conta, "A sorte se lança no regaço, *mas do Senhor procede toda a decisão*".[85]

Este é o único exemplo de lançamento de sortes no Novo Testamento. Ele ocorre entre a ascensão do Senhor e a vinda do Espírito no Pentecostes. A igreja pôde dispensar o uso de sortes depois da vinda do Espírito Santo, que ia guiar os apóstolos a toda a verdade. Ninguém mais re-

---

[81] O tratado judeu, Baal Turim, sobre Números 24.25, diz: "Balaão foi para seu próprio lugar", isto é para Gehenna (o inferno). O Targum sobre Ecl. 6.6 diz: "Embora os dias da vida do homem fosse 2.000 anos, e ele não estudasse a Lei, nem fizesse justiça, no dia de sua morte sua alma descerá ao inferno, ao *lugar* onde todos os pecadores vão". Inácio (*ad Magnesians*) diz: "Em vista de todas as coisas terem um fim, a morte e a vida ficarão juntas, e cada uma irá para o seu próprio lugar".

[82] Veja as notas em Atos 16.28 com respeito à natureza do suicídio, se ele é ou não pecado. Existe também um estudo especial N° 6 que trata em maiores detalhes do problema da "Predestinação e Presciência".

[83] H. Leo Boles, *Acts of Apostles* (Nashville: Gospel Advocate, 1941), p.31.

[84] Levítico 16.8.

[85] Em vista de inúmeros indivíduos que passaram a gostar do jogo terem apelado para Atos 1.26 como uma aprovação bíblica para continuarem nesse hábito, seria bom parafrasear o que o Prof. Dale escreveu a respeito. "O lançar sortes não autoriza o jogo na igreja. A escolha de Matias foi uma escolha de Deus sem haver chance no lançar de sortes. "Chance" seria uma "aposta" ou um "jogo". Deus não age através de chances, e os homens não vivem mediante elas". Insistir em que os homens vivem simplesmente de acordo com a sorte é negar a providência de Deus!" "É errado jogar porque Deus ordenou que o homem vivia mediante o trabalho honesto (Gn 3.17-19; Ef. 6.6 onde "servir à vista" significa trabalhar só quando vigiado; 1 Ts 4.17; 2 Ts 3.1-12). É errado ganhar enganando outrem e tirando o dinheiro dele, sem um esforço honesto em reciprocidade. A vida não é um jogo (como alguns diriam). Existe uma vasta diferença entre correr os riscos ordinários da vida e viver enganado e agindo furtivamente. Jogar é errado por se tratar de uma tentativa de obter algo valioso por pouco ou nada. O amor ao jogo faz parte da filosofia materialista que permeia grande parte da cultura do século XX. Consiga dinheiro e coisas da maneira que puder, menos através do trabalho honesto. Esta filosofia é abominável pelas Escrituras". Dale, *op. cit.*, p.23.

correu ao uso de sortes na escolha de líderes a partir de então, o que nos faz concluir que existe agora um meio melhor.[86]

Vindo a sorte a recair sobre Matias – Deus escolheu Matias para substituir Judas Iscariotes.

Sendo-lhe então votado lugar com os onze apóstolos – Nada mais é conhecido sobre Matias no Novo Testamento. Existe uma lenda de que certo dia ele foi obrigado a tomar uma droga alucinógena sem que a mesma o prejudicasse.[87] Outras tradições tiradas da história da igreja primitiva com relação a Matias foram notadas em 1.32.

Pedro estaria errado ao sugerir que alguém fosse escolhido para substituir Judas? Ele tirou a ideia de um princípio do Antigo Testamento, e até o método de escolha era um método comum de determinar a vontade Divina no Antigo Testamento. O argumento de que Pedro cometeu um erro é o seguinte: Ele não era ainda inspirado pelo Espírito Santo, e Paulo deveria ser o décimo segundo apóstolo, segundo o propósito de Deus. O Espírito Santo não havia descido sobre os apóstolos e não o faria até o dia de Pentecostes. Pedro estava então enganado porque não era guiado pelo Espírito na ocasião. Afirma-se igualmente que a escolha de Matias constituiu um erro (que Deus planejava na hora oportuna preencher o lugar de Judas, chamando Paulo) de Pedro, homem conhecido como precipitado e impetuoso. Antes que aceitemos a conclusão de que Pedro se adiantou a Deus e cometeu um erro, vamos observar as indicações de que a escolha e a liderança de Pedro no assunto não foram contrárias à vontade de Deus. O método usado por Pedro para determinar a vontade do Senhor não era um método aceitável, ou seja, encontrar um ensino ou exemplo paralelo nas Escrituras e fazer as coisas da maneira aprovada? "Foi votado lugar a Matias com os onze apóstolos" lemos. Se a escolha de Matias fosse contrária à vontade de Deus, Lucas teve cerca de 30 anos após a escolha para fazer a correção. Em vez disso, Lucas nos diz que Matias teve lugar entre os onze. Se Pedro estava errado, e Lucas não nos conta isso, como podemos crer no resto da narrativa? A Bíblia não aponta fielmente os erros humanos, a fim de não cometermos inadvertidamente os mesmos enganos? É muito possível que uma das coisas que Jesus ordenou aos apóstolos que fizessem (enquanto ele lhes falava sobre os assuntos concernentes ao reino de Deus, Atos 1.3) foi escolher alguém para preencher a vaga de Judas, e fazer isso antes que o Espírito Santo prometido viesse em sua medida batismal (como o faria no dia de Pentecostes). Cremos que os estudiosos da Bíblia deveriam hesitar antes que acusem Pedro de ter errado ao sugerir que alguém fosse escolhido para tomar o lugar de Judas como apóstolo.

Toda esta discussão sobre Pedro estar ou não agindo de acordo com a vontade de Deus nos leva a esta pergunta: Como sabemos qual é a vontade de Deus para as nossas vidas? Não queremos contrariar a Deus. Os seguintes passos para conhecer a vontade de Deus são encontrados na obra *Acts Comments* ("Comentário de Atos"):

> Segundo o Major Verval L. Smith, um soldado do exército norte-americano há muitos anos (estudante na CBS, classe de 45-46), presbítero da igreja de Cristo (veterano da Guerra hispano-americana), passou-lhe esta informação: Quando desejamos conhecer a vontade de Deus, três coisas sempre concorrem: (1) o impulso interior (o que você gostaria realmente de fazer, lembrando que seus talentos foram dados por Deus e são um indicador de sua vontade), (2) a Palavra de Deus, e (3) a tendência das circunstâncias – Deus no coração, impelindo você para avançar; Deus em seu Livro confirmando o que Ele diz no coração; e Deus nas circunstâncias, que indicam sempre a sua vontade. NUNCA comece até que essas coisas estejam de acordo.[88]

---

[86] Atos 6.1ss, e Tito 1.5ss, dão várias maneiras de escolher os líderes da igreja agora que o Consolador já veio!
[87] *Acts of Andrew and Matthias*, Pais Pré-Nicenos, vol. VIII, p.517.
[88] Dale, *op. cit.*, p.17.

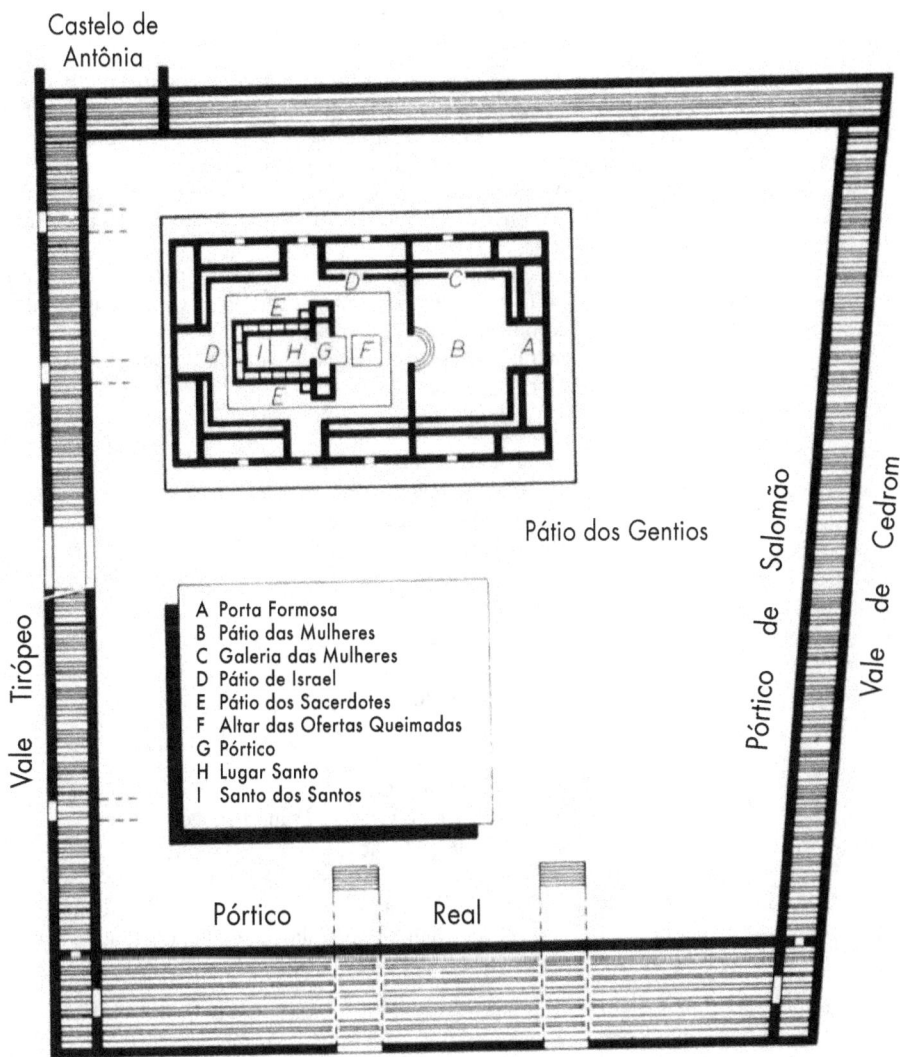

ESTUDO ESPECIAL Nº 1
Diversas Opiniões
Sobre o Reino de Deus

Nas notas exegéticas de Atos 1.3, 6 os seguintes pontos foram destacados (1) que os discípulos aceitaram as ideias erradas que a maioria de seus contemporâneos judeus mantinham, a saber, que o reino seria temporal, político e terreno, quando o Messias finalmente o introduzisse, e (2) que a "igreja" e o "reino" não passam de termos diferentes para a mesma coisa.

Uma das discussões mais acaloradas do mundo teológico da atualidade é sobre a natureza do reino. Este é apenas um dos muitos trechos no Novo Testamento em que a escatologia do indivíduo determina suas notas "exegéticas".

Uma breve pesquisa de alguns dos esquemas escatológicos correntes irá mostrar como várias interpretações são dadas para a pergunta feita pelos discípulos (Atos 1.6), e cada uma das interpretações praticamente exclui todas as outras.

Antes que possamos estudar os diagramas das várias teorias escatológicas, devemos ler algumas passagens-chaves e notar alguns termos.

Passagens-Chaves	*Termos a Serem Notados*
Mateus 25.31-46	– Julgamento das Ovelhas e Cabritos
1 Tessalonicenses 4.13-18	– "Arrebatamento" da Igreja
	– Ressurreição dos Justos
2 Tessalonicenses 2.1-12	– Homem da iniquidade (Anticristo?)
1 João 2.18ss	– Anticristo
Apocalipse 16.16	– Batalha de Armagedom
Apocalipse 20.1-10	– Prisão de Satanás
	– Mil anos (Milênio)
	– Satanás Solto
	– Reinado de 1000 anos com Cristo
	– Primeira Ressurreição
	– Gogue e Magogue
Apocalipse 20.11-15	– Julgamento do Grande Trono Branco
Apocalipse 7.14	– A Grande Tribulação
	(Mateus 24.21 é usado erradamente para falar da alegada "Grande Tribulação" ao fim do mundo. Acreditamos que o versículo em Mateus fala não do fim do mundo, mas da destruição de Jerusalém em 70 A.D.)

Agora que recordamos algumas das passagens-chaves, e aprendemos o vocabulário mais usado, estamos prontos para examinar alguns dos vários esquemas escatológicos, para ver quais são os vários conceitos do "reino".

I. CONCEITO PÓS MILENAR DO "REINO"

"Pós-milenar" significa que a segunda vinda de Cristo será depois (após) do milênio. (Lembre-se: não estamos aprovando, no momento, qualquer destas teorias. Apenas as apresentamos, a fim de verificar como ideias diferentes do "reino" são avançadas por vários eruditos).

Um quadro descrevendo a teoria pós milenar poderia ser como este:

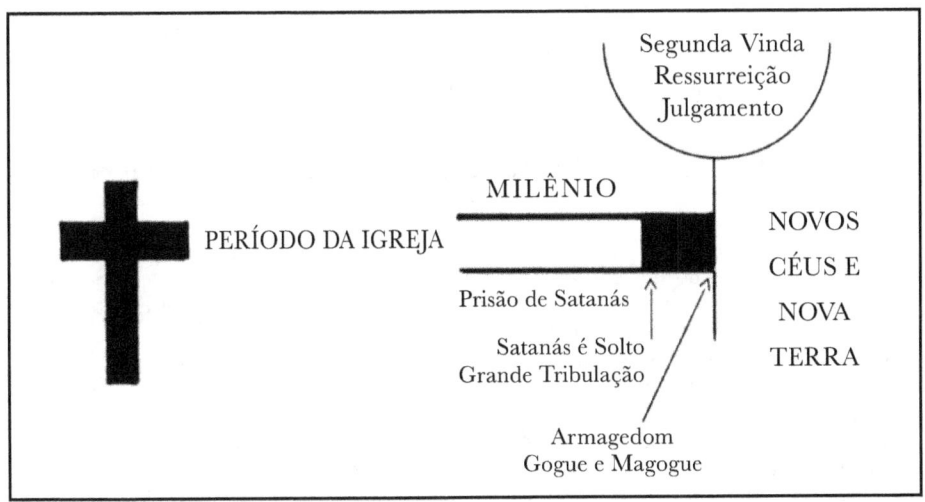

Uma explicação das ideias principais do quadro: O período coberto pelo diagrama vai da morte de Cristo (cruz) até a segunda vinda. O reino (chamado de milênio no quadro), segundo os pós-milenaristas, irá surgir gradualmente (a ser introduzida à medida que o homem fica cada vez melhor), e então depois dos 1000 anos da era dourada do reino, Cristo voltará, e a eternidade (no céu ou no inferno) começará.

O "reino" de Atos 1.6 e o "milênio" são a mesma coisa, caso você tenha um escatologia pós-milenar.

II. CONCEITO HISTÓRICO-PRÉ-MILENAR DO "REINO"

"Histórico" significa que este sistema de escatologia é muito antigo, sendo ensinado por alguns dos pais da igreja primitiva (por exemplo, veja a Epístola de Barnabé, e os escritos de Papias, Justino Mártir, Ireneu, Tertuliano e Vitorino). Como é natural, nem todos os pais da igreja primitiva eram pré-milenares na escatologia. Gaio de Roma e Orígenes, para citar só dois, eram fortemente contra as doutrinas pré-milenar.

"Pré-milenar" significa crer que a Segunda vinda de Cristo acontecerá antes (pré) do milênio. Um diagrama da teoria histórica-pré-milenar poderia ser assim:

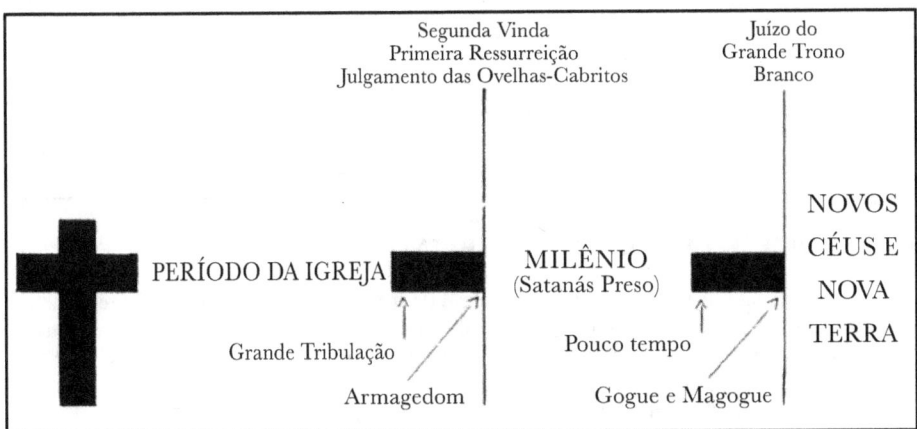

Explicação das principais ideias do diagrama: O reino, mil anos de paz e prosperidade, será introduzido na segunda vinda – será um reino terreno em que os cristãos serão governados por Cristo. O "reino" de Atos 1.6 e o "milênio" são a mesma coisa, caso a sua escatologia siga as linhas histórica-pré-milenares.

III. O CONCEITO DISPENSACIONAL (Pré-milenarista Moderno) DO "REINO"

Uma "dispensação" é um período de tempo, segundo esta teoria, durante o qual o homem é testado com respeito à obediência àlguma revelação específica da vontade de Deus. Segundo a versão mais popular do dispensacionalismo, há sete dispensações ressaltadas nas Escrituras (veja nota 5, página 5, da Bíblia de Referência Scofield, "Scofield Reference Bible").

Um diagrama mostrando a teoria dispensacional segue. Uma explicação das principais ideias contidas no diagrama: Segundo os dispensacionalistas, Cristo pretendia realmente estabelecer um reino terreno, temporal, conforme os judeus supunham que o Messias iria fazer. Todavia, Deus não previu a rejeição de Cristo por parte dos judeus, e por isso a vinda do reino teve de ser adiada até a segunda vinda (esta ideia é mostrada no diagrama pela linha pontilhada). Como uma medida intermediária, a era da igreja (que não havia sido prevista pelos profetas do Antigo Testamento) foi introduzida. A estrela Judaica no lado esquerdo do diagrama indica que Deus sempre pretendeu que o povo judeu fosse seu povo especial; e quando vier o reino, o povo judeu será seu povo especial de novo, e o milênio será um reino terreno de Cristo sobre os judeus.

O "reino" de Atos 1.6 e o "milênio" são a mesma coisa, caso você seja um pré-milenarista moderno na sua escatologia.

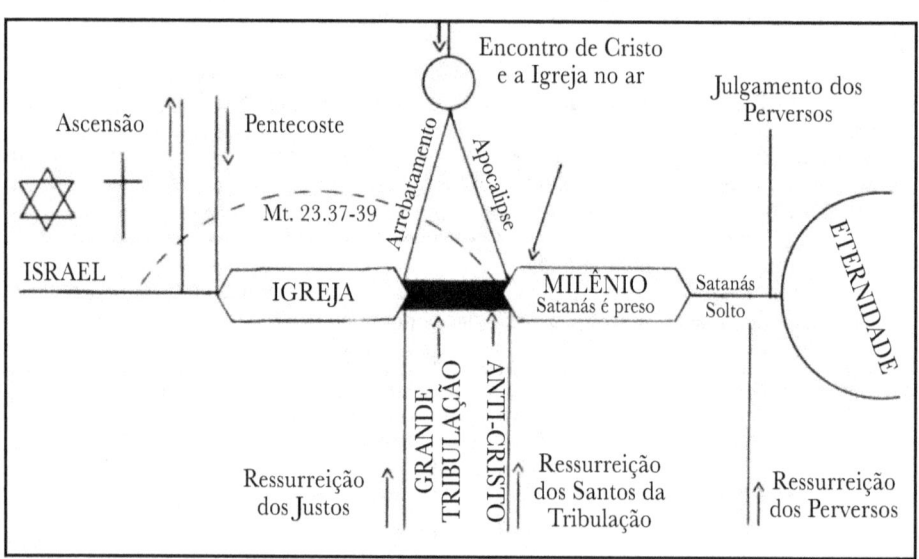

IV. O CONCEITO A-MILENAR DO "REINO"

"A-milenar" significa "nenhum período literal de mil anos" – "nenhum reino literal de mil anos de Cristo na terra na cidade reconstruída de Jerusalém". (Este autor é a-milenar em sua escatologia, e a interpretação dada nas notas exegéticas sobre Atos 1.6 são de um ponto de vista a-milenar.)

Um diagrama descrevendo a teoria a-milenar é assim:

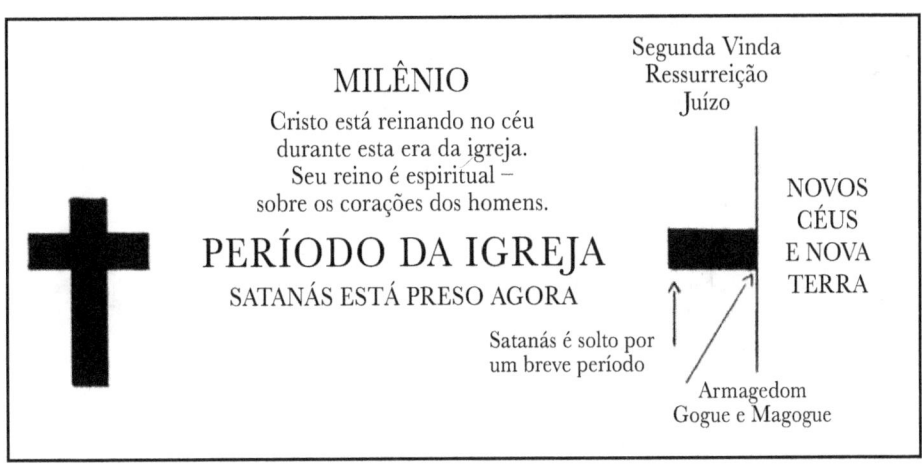

Uma explicação das principais ideias contidas no diagrama: As Escrituras parecem ensinar uma segunda vinda, uma ressurreição geral e um juízo geral. O milênio de Apocalipse 20 é compreendido como sendo linguagem figurada e representa a era inteira da igreja. A "prisão" de Satanás significa que seu poderes são limitados (compare com Judas 6). O reinado de Cristo é espiritual e já existe. Quando houver a segunda vinda, Cristo não irá estabelecer um reino terreno, mas entregará a Deus o reino que já existe (1 Co 15.20-28).

(Este autor compreende que algumas passagens são difíceis de enquadrar no sistema de escatologia a-milenar. Mas ele encontra menos passagens-problema na abordagem a-milenar do que com qualquer dos outros sistemas, e portanto abraçou o sistema a-milenar como sendo o sistema de escatologia mais provável.)

CONCLUSÃO

O que é o reino de Deus? Não é fácil dar uma resposta definida e breve que satisfaça a todos os estudiosos, ou se aplique a todos os usos da frase nas Escrituras. Sua ideia essencial é o reino ou governo de Deus sobre a vida do homens. Às vezes abrange as características e vantagens da completa submissão da vida do indivíduo ao controle de Deus. Outras vezes se refere à comunidade total de homens (i.e., a igreja) que obedecem a Deus na terra. Outras ainda; se reporta ao próprio céu como um lugar onde Deus reina em perfeita paz, sabedoria e glória.

Uma coisa parece evidente: o reino que Jesus estabeleceu não é um reino mundano, materialista ou militar. Ele disse: "Meu reino não é deste mundo" (Jo 18.36). Fica certamente claro que o "reino" não deve ser equacionado com as ideias milenares de um reino literal de 1000 anos de Cristo na terra na cidade de Jerusalém reconstruída, depois de Jesus ter voltado.

Referência para mais estudo:
  Livros
Allis, O. T., *Prophecy and the Church*

Boettner, Loraine, *The Millenium*

Brown, David, *Christ's Second Coming*

Foster, R. C., *The Final Week* (Capítulos 11 e 12)

Hamilton, Floyd, *The Basis of the Millenial Faith*

Hendriksen, William, *More than Conquerors*

Hodges, Jesse W., *Christ's Kingdom and Coming*

E.E. Nº 1   DIVERSAS OPINIÕES SOBRE O REINO DE DEUS

Kik, J. Marcellus, *Revelation Twenty*
Kromminga, D. H., *The Millenium*
Ladd, Geo. E., "Kingdom of God", no *Baker's Dictionary of Theology*
Murray, George L., *Millenial Studies*
Orr, James, *The Christian View of God and the World* (apêndice)
Ramm, Bernard, "Kingdom of God", em *A Handbook of Contemporary Theology*

Periódicos

Martin, Ralph P., "The Kingdom of God in Recent Writing," *Christianity Today*, 17 Jan., 1964, p. 347s. (Este é um bom artigo, dando uma ideia do tratamento do "reino" pelos eruditos nos últimos 50 anos.)

Wilson, Seth, "The Kingdom of God Among Men", *Christian Standard*, 1948, p159.

ESTUDO ESPECIAL Nº 2
Os irmãos do Senhor

Em Marcos 6.3 e Mateus 12.46, são mencionados quatro "irmãos" de Jesus. Mateus 13.55, 56 cita pelo menos duas "irmãs". O mundo teológico está dividido fortemente quanto à relação exata dessas pessoas com o Senhor.

I. O PONTO DE VISTA HELVIDIANO

Esta declaração de fé é assim chamada por causa da afirmativa muito clara de Helvídio (c. 380 A. D.) que os "irmãos" de Jesus eram filhos de José e Maria. Helvídio não foi o primeiro a crer assim. A igreja do segundo século mantinha também esta posição. Mas a ampliação gradual da adoração de Maria, desenvolvida no inicio da Igreja Católica Romana, levou à ideia de que Maria permaneceu perpetuamente virgem, e aos vários esforços para explicar *adelphos* (grego para "irmão") como "primo". Na época em que Helvídio escreveu, ele simplesmente repetia a crença de muitas gerações anteriores.

II. O PONTO DE VISTA EPIFANIANO

Epifânio (c. 380 A. D.; bispo de Salamina em Chipre) mantinha este conceito: Maria não teve outros filhos além do nosso Senhor. Os "irmãos" eram filhos de José por um casamento anterior.

A forma mais antiga desta teoria parece ser os evangelhos apócrifos (apócrifo = de autenticidade duvidosa, espúrio, forjado). No *Protevangelium Jacobi*, José é representado como viúvo de mais de 90 anos, com vários filhos, quando desposa Maria. O *Evangelho de Pedro* acrescenta a ideia de que Maria é uma menina de 12 anos quando se casa com José. Orígenes se inclinava a esta opinião, embora admitisse que não tinha outro apoio além dos evangelhos apócrifos lendários e tinha apenas uma base dogmática ou sentimental. As seitas Grega Ortodoxa e Oriental adotaram de maneira geral esta perspectiva. Muitos protestantes têm aceitado a doutrina epifaniana, entre eles Lutero, Lightfoot, e outros.

No que se refere às objeções a este conceito, deve ser dito em primeiro lugar que nenhuma conclusão objetiva pode ser apresentada contra o conceito epifaniano, exceto que nenhuma evidência concreta a favorece. (Ela não é intrinsecamente improvável, nem é contrária a qualquer coisa nas Escrituras, que José houvesse casado, perdido a mulher, e tivesse filhos da primeira mulher, quando casou-se com Maria.) Os evangelhos apócrifos não oferecem qualquer tradição confiável. De fato, parece que o ponto de vista epifaniano teve suas raízes nas suposições dogmáticas da teologia ascética. Este conceito não concorda com Mateus 1.25, "Contudo não a conheceu, ENQUANTO ela não deu a luz um filho". Também não concorda com o uso de "primogênito" (Lc 2.7) que infere não ser Jesus o único filho de sua mãe.

III. PONTO DE VISTA HIERONIMIANO

"Hieronimiano" significa "composto por Jerônimo". Jerônimo (385 A. D.), enquanto estudava em Roma, escreveu uma resposta a Helvídio afirmando a virgindade perpetua de Maria. Este ponto de vista reduz o numero de pessoas no Novo Testamento com o nome de "Tiago" para dois – ambos apóstolos – Tiago, filho de Zebedeu, e Tiago, filho de Alfeu. Os "irmãos" e "imãs" de Jesus foram considerados como "primos" dele, filhos da irmã de sua mãe, Maria, mulher de Clopas.

A teoria de Jerônimo parece ter originado inteiramente com ele. Tanto os seus próprios esforços, como mais tarde os dos escritores católicos romanos, para encontrar apóio para esta teoria nas tradições eclesiásticas primitivas, falharam. Ao que tudo indica, Jerônimo inventou a teoria para proteger a doutrina da virgindade perpétua de Maria. A teoria inteira de virgindade perpétua de Maria surgiu em ambientes pagãos, e levou a igreja a mudar do ponto de vista primitivo e natural quanto à identidade dos "irmãos" para o conceito ascético posterior. Agostinho adotou a opinião de Jerônimo, e ela geralmente tem sido mantida na Igreja Católica Romana. Alguns comentaristas protestantes (Barnes entre eles) têm sido indevidamente influenciados por Jerônimo e Agostinho.

Entre as objeções importantes contra esta teoria estão as seguintes: 1) *Adelphos* não pode significar "primo". Isto é de fato impossível, sendo fatal para a teoria como um todo. Não existe exemplo no Novo Testamento ou no grego clássico, de conhecimento deste escritor, da palavra *adelphos* sendo usada no sentido de "primo". 2) A interpretação de João 19.25 por Jerônimo é bastante improvável. Ele disse que Maria, mulher de Clopas, é irmã da virgem Maria. 3) Não é apropriado identificar "Clopas" e "Alfeu", como necessita ser feito, caso seja aceita a teoria de Jerônimo. 4) Para manter esta teoria de Jerônimo, é preciso fazer uma distinção injustificada entre o Tiago de Gálatas 1.19 e o Tiago de Gálatas 2.9.

IV. MAIS ESTUDO DETALHADO

Agora que definimos brevemente os três pontos de vista relativos aos "irmãos" do Senhor, há necessidade de dar atenção detalhada a algumas das perguntas que surgem quando tentamos resolver o problema de sua relação com Jesus.

A. Podemos identificar "Tiago, filho de Alfeu" e "Tiago, irmão do Senhor" como sendo a mesma pessoa?

Uma lista das mulheres que observaram a crucificação terá influência sobre a nossa resposta a esta pergunta.

Mateus e Marcos citam cada um três mulheres; por isso se julga que Salomé era o nome da mulher de Zebedeu.

Grande parte de nosso problema está em João 19.25. João menciona três ou quatro mulheres? Se forem TRÊS, então Maria, mulher de Clopas, era irmã da mãe de Jesus. (Tiago, o menor, e José seriam primos de Jesus, e Jerônimo pareceria estar certo.) Mas é improvável que duas irmãs tivessem o mesmo nome, i.e., Maria. Se forem QUATRO, então Salomé, mulher de Zebedeu, era a irmã da mãe de Jesus (e Tiago e João, filhos de Zebedeu, seriam primos de Jesus.) Há muito a favor da ideia de que João menciona quatro mulheres: (1) João estaria citando dois pares de mulheres, cada par ligado pela conjunção "e". O primeiro par é de parentes de Jesus, não sendo mencionados seus nomes; é posto em paralelo com o outro par, que não são parentes, e cujos nomes são dados (como era costume de João). (2) Concorda com o costume de João não mencionar o seu nome e os de todos os seus parentes, de modo que em seu evangelho ele não dá em ponto algum o seu nome, o de sua mãe, ou de seu irmão, nem sequer dá o nome da mãe do nosso Senhor, que era sua tia. (3) Esta relação explicaria em parte por que Jesus, quando morrendo, deixou a mãe aos cuidados de João. Não era incomum dar tal incumbência a um parente.

Mateus 27:56	Marcos 15:40	João 19:25
		Sua mãe
Maria Madalena	Maria Madalena	Maria Madalena
Maria, mãe de Tiago e José	Maria, mãe de Tiago o menor, e José	Maria, esposa de Clopas
A mãe dos filhos de Zebedeu	E Salomé	A imã da mãe de Jesus

A conclusão desta primeira pergunta é então esta: Se João nomeia apenas três mulheres, então muito provavelmente "Tiago, filho de Alfeu" e "Tiago, o irmão do Senhor" são a mesma pessoa. Mas, se, como parece mais provável, João cita quatro mulheres, não há razão para dizer que se trata do mesmo homem.

B. Quais os argumentos, pró e contra, sobre a teoria de Jerônimo de que os "irmãos do Senhor" são realmente "primos" – sendo na verdade f3ilhos de Alfeu?

Dois argumentos têm sido apresentados a favor de identificar "os filhos de Alfeu" e "os irmãos do Senhor". (1) Se os dois Tiagos (Tiago, filho de Alfeu, e Tiago, o irmão do Senhor) forem distintos, então um deles (o filho de Alfeu, um dos Doze apóstolos) desaparece completamente do Novo Testamento depois de Atos 1.13. O argumento então é: "Desapareceria então o apóstolo Tiago; e outro Tiago (quase não apresentado, como é costume de Lucas) toma repentinamente uma posição de destaque na igreja de Jerusalém?" Como resposta – Vários dos apóstolos desaparecem depois de Atos 1.13 (Simão, o zelote, Bartolomeu e Tomé, por exemplo); e Atos 1.14 pode ser considerado como introdução suficiente onde fala dos "irmãos dele". (2) Se os dois homens são distintos (conforme se argumenta), temos certamente DOIS, e com toda probabilidade TRÊS, conjuntos de irmãos com os mesmos nomes: a) Tiago, José, e Simão, os irmãos do Senhor, b) Tiago, José e Simeão, os filhos de Clopas, e c) Tiago, José e Simeão, filhos de Alfeu. Quer sejam Alfeu e Clopas a mesma pessoa, sendo um seu nome hebraico e o outro o equivalente aramaico, esse é outro problema. Veja McGarvey, *Fourfold Gospel*, p. 224; e Ropes, *International Critical Commentary on James*, p. 58. Como resposta – Esses nomes eram comuns, e não deve ser colocada muita ênfase neste argumento.

Por outro lado, os argumentos contra a identificação feita por Jerônimo, são pesados. Se dissermos que "os filhos de Alfeu" e os "irmãos de Jesus" são pessoas diferentes, isso nos permite dar ao termo *adelphos*, "irmão", seu significado natural. Existe um termo grego distinto (*suggenes*) para "primo". "Ninguém, sem um problema teológico pessoal a tratar, iria jamais pensar em tentar fazer que *adelphos* significasse "primo" em lugar de 'irmão' " (Ropes). Novamente, para fazer a identificação feita por Jerônimo, seria necessário dizer que alguns dos "irmãos" de Jesus foram também seus "apóstolos". O Novo Testamento, porém, faz regularmente uma distinção entre os "apóstolos" e os "irmãos" do Senhor. Veja João 2.12; 7.5; Marcos 3.21,31; Atos 1.14. De fato, o "irmão do Senhor" não poderia ter sido um dos apóstolos originais, pois os irmãos do Senhor não criam nele, João 7.5. Finalmente, os "irmãos do Senhor" são mencionados nos evangelhos em conexão com Maria (sua mãe) ou com José (seu suposto pai). Nem uma vez sequer eles são citados em relação a Maria (mulher de Clopas) – como seria certamente o caso se a teoria de Jerônimo fosse verdadeira.

CONCLUSÃO

Concluímos que Helvídio tinha o conceito exatamente certo, a saber, que os "irmãos" de Jesus eram na verdade meio-irmãos, filhos de José e Maria, nascidos depois de Jesus.

Também concluímos que os "irmãos" do Senhor e os "filhos" de Alfeu são grupos distintos de pessoas. E se Alfeu e Clopas não forem o mesmo homem, temos então três grupos de filhos com os mesmos nomes.

Além disso, concluímos que os "irmãos" de Jesus e os apóstolos são dois grupos distintos de pessoas.

Monte das Oliveiras

Desenho de Horace Knowles
da British and Foreign Bible Society.

CAPÍTULO DOIS

E. BATISMO DOS APÓSTOLOS COM O ESPÍRITO SANTO. 2.1-4

2.1 –

Ao cumprir-se o dia de Pentecoste – A palavra "Pentecoste" é um termo grego significando a quinquagésima parte de uma coisa, ou a 50ª, numa ordem. A palavra veio a ter um sentido técnico, referindo-se a uma das festas dos judeus. Esta festa possuía vários outros nomes: Era chamada de "festa das semanas", por causa das sete semanas de intervalo até a Páscoa.[1] Em vista de a colheita de trigo ocorrer nesse intervalo de 50 dias entre a Páscoa e o Pentecostes, ela era chamada de "festa da colheita".[2] Por causa da oferta peculiar à mesma, também a designavam como "festa das primícias".[3] Depois da língua grega ter-se tornado conhecida na Palestina, em consequência da conquista da Ásia e da Síria por Alexandre, ela adquiriu o nome de Pentecostes (quinquagésima), por se tratar do quinquagésimo dia depois do sábado da Páscoa.

O povo de Deus (os judeus) era obrigado pela Lei a observar três festas anuais – a festa da Páscoa, a festa do Pentecoste (Pentecostes) e a festa dos Tabernáculos.[4] A festa da Páscoa celebrava a libertação de Israel do cativeiro egípcio.[5] Por ocasião do Êxodo, quando foi celebrada a primeira Páscoa, o cordeiro foi morto e assado na tarde do dia 14 do mês judeu de Nisã, e depois comido após o início do dia 15 de Nisã, (lembra-se de que os dias dos judeus começavam ao cair do sol). O sangue do cordeiro foi espargido nas ombreiras e na verga da porta em que ele seria comido. Toda casa que não tenha sangue na porta recebeu a visita do Anjo da Destruição durante aquela noite, e o primogênito tanto do homem como do animal foi morto. Toda casa com sangue na porta ficou intacta – daí o nome "Páscoa" (Passar por Cima). Depois dessa décima praga lançada por Deus sobre o Egito, o Faraó libertou os judeus da escravidão no Egito. Nos tempos do Novo Testamento, a Páscoa começava no 10º dia do Nisã (um mês mais ou menos equivalente ao nosso mês de março ou abril – dependendo do equinócio vernal, e variando como acontece com a nossa "Páscoa". Nesse dia o cordeiro era selecionado, seguindo-se o sacrifício e celebração no 14 ou 15 do Nisã, como acontecia anteriormente. Uma festa de "pães asmos" que durava uma semana completava a comemoração pascal. A festa do PENTECOSTES era a próxima no calendário judeu. Ela se assemelhava a um dia de graças, uma festa de agradecimento a Deus pelas colheitas abundantes que estavam começando a ser segadas ("primícias"). Segundo a Lei Mosaica, sua celebração se fazia mediante uma cerimônia especial de oferecimento dos primeiros frutos da colheita de trigo, na forma de dois pães.[6] A última das três festas anuais era a dos Tabernáculos. Por ser festejada depois da colheita ter sido toda recolhida, ela veio a ser também chamada de "Festa da Colheita".[7] Esta festa comemorava igualmente a libertação dos judeus do Egito e sua peregrinação no deserto, quando tiveram de morar em "tabernáculos"[8] (uma espécie de tenda). Este festival durava também sete dias e começava depois do Dia da Expiação, cujo dia no geral cai no nosso mês de setembro.[9]

Em que dia da semana caía o Pentecostes nos tempos do Novo Testamento? Alguns comentários afirmam que era no domingo. Outros, que caía em qualquer dia da semana em qualquer

---

[1] Deuteronômio 16. 10.   [2] Êxodo 23.16.   [3] Levítico 23.17; Números 28.26.
[4] 2 Crônicas 8.12, 13; 1 Rs. 9. 25; 12. 32, 33.   [5] Êxodo 12. 3- 20.
[6] Levítico 23. 15- 21; Números 28 .26 -31. Nos tempos do Antigo Testamento, o Pentecostes era uma festa da colheita. No judaísmo posterior, o Pentecostes veio a ser conhecido como aniversário do recebimento da Lei no Monte Sinai – desde que a lei foi dada 50 dias depois da Páscoa. Veja *Jubilees* 1.1 e 6. 17; *Baby. Talmude*, Pesachim 68b; e Midrash *Tanchuma* 26c. Não há evidência de que os judeus nos tempos do Novo Testamento considerassem o Pentecostes como o aniversário da entrega da lei.
[7] Êxodo 34. 22.   [8] Levítico 23. 40. 44.   [9] Levítico 16.1ss; 23. 26, 32; Números 29.7-11.

ano. Qual a resposta correta? Tem importância? Barnes, por exemplo, diz que o dia da semana em que era festejado o Pentecostes não tinha importância.[10] Respondemos que é muito importante, pois se o Pentecostes não caiu num domingo, perdemos uma das grandes razões (i.e., a igreja começou num domingo) para adorar no domingo. Outra razão para render culto no domingo é que a ressurreição de Jesus teve lugar nesse dia, e desde então a igreja vem celebrando a sua ressurreição todo primeiro dia da semana. A resposta para o problema do dia da semana em que caiu o Pentecostes se apóia na interpretação de Levítico 23.1-16 (especialmente o v.15). Vamos apresentar o problema, estudar a história da interpretação da passagem, e depois extrair a nossa conclusão.

O problema é este: Alguns afirmam que o primeiro dia da festa dos pães asmos (Páscoa) era chamado de "sábado" – sem levar em conta o dia da semana em que caía – e que se começava a contar os 50 dias no dia seguinte, depois do primeiro dia dos pães asmos. (Assim sendo, o Pentecostes poderia cair em qualquer dia da semana). Outros opinam que o Sábado em Levítico 23.15 é o sábado semanal regular e, contando a partir do dia seguinte do sábado semanal regular, o Pentecostes sempre cairia num domingo.

Vejamos agora a história da interpretação desta passagem em Levítico. Os saduceus, que estavam no poder no primeiro século A.D., interpretaram o sábado do v.15 como o sábado semanal regular. Até a destruição de Jerusalém, em cuja época a aristocracia dos saduceus perdeu seu controle sobre as práticas religiosas judaicas, a interpretação dos saduceus teria sido normativa; e, portanto, até a queda de Jerusalém, o Pentecostes sempre caiu num domingo. Teria sido um domingo quando os eventos de Atos 2 tiveram lugar.

Os fariseus, porém, tomaram a outra posição, acreditando que o sábado de Levítico 23.15 fosse o primeiro dia dos pães asmos. Após a queda de Jerusalém, se tornaram as autoridades religiosas reconhecidas, e a partir de então a interpretação deles teria sido normativa.[11] Josefo segue a interpretação dos fariseus quando explica que os 50 dias foram contados a partir "do segundo dia dos pães asmos, que é o 16º dia do mês".[12] Se os fariseus interpretaram erradamente o texto Levítico, então a explicação de Josefo estará também errada, e os muitos comentaristas modernos que apelam para ele como prova descobrirão que suas conclusões se baseiam em evidência vacilante.

Conclusão quanto ao dia da semana em que se deu o Pentecostes: a opinião correta é que o Pentecostes sempre caiu no primeiro dia da semana no período do Novo Testamento. McGarvey escreve:

> A linguagem (de Lv 23) é facilmente mal-interpretada – pois mesmo que a primeira cláusula, as palavras "o dia imediato ao sábado" (v.15), pudesse ser aceita como significando o dia imediato ao primeiro dia dos pães asmos; a última parte da sentença impede qualquer interpretação desse tipo; pois a contagem deveria ser "o dia imediato ao SÉTIMO Sábado", e a palavra aqui significa indiscutivelmente um sábado semanal.[13]

Se McGarvey estiver certo, e não há razão para duvidar disso, então o primeiro dia dos pães asmos – embora nenhum trabalho servil pudesse ser exercido nele – jamais é chamado de "Sábado"; e nem Levítico 23.15 pode ser usado como prova nesse sentido.

Cumprir-se – A leitura à margem é "estava sendo cumprido". O dia de Pentecostes foi o momento ideal para a vinda do Espírito Santo. Das três festas judaicas, esta deveria ser provavel-

---

[10] Barnes, *op. cit.*, p. 20.
[11] A contagem dos fariseus tornou-se normativa no judaísmo após 70 A.D.; portanto, em 1953 A.D. o primeiro dia dos pães asmos caiu na terça-feira, 31 de março (Nisã 15, 5713), e o primeiro dia da festa das semanas caiu na quarta-feira, 20 de maio (Siwan 6, 5713), no 50º dia pela contagem inclusiva a partir do segundo dia dos pães asmos Cf. Mishnah *Menachoth* x.3; Tosefta *Menachoth* x.23. 528; Baby. Talmude *Menachoth* 65ª; veja também L. Finkelstein, *The Pharisees* (Philadelphia, 1946), p. 115ss. Bruce, *op. cit.*, p. 53.
[12] *Antiguidades*, III. 10. 5.
[13] J. W. McGarvey, *New Commentary on Acts of Apostles* (Cincinnati: Standard, 1982), Vol. I, p. 19.

mente a mais frequentada. Os judeus de achavam dispersos pelo Mundo Mediterrâneo, e não seria possível para muitos comparecerem às três festas durante o ano. As viagens, principalmente as marítimas, seriam arriscadas, caso uma pessoa tentasse ir para a festa da Páscoa ou dos Tabernáculos. Mas no Pentecostes os perigos eram muito menores. Portanto, caso o judeu devesse escolher a qual das festas compareceria, a escolha seria naturalmente a de Pentecostes. Outra razão para julgá-la a época ideal é porque Deus estava direcionando toda a história para esse dia. Se Jesus veio na plenitude do tempo, como o fez, e se sua morte e ressurreição foram as "boas novas" que o mundo estava aguardando, então este Pentecostes que se seguia ao seu sofrimento e glorificação foi o momento certo para a vinda do Espírito Santo. Os apóstolos, como haviam sido instruídos, esperavam em Jerusalém pelo poder que os ajudaria a testemunhar aquilo que sabiam.

Estavam todos reunidos no mesmo lugar – "[Eles]" – quem está incluído nesse "estavam"? Alguns respondem, "Os 120 (mencionados em Atos 1.15)".[14] Esta explicação foi apresentada primeiramente por Crisóstomo (347-404 A.D.), e não tem apóio no contexto. Só o fato de a profecia de Joel a ser citada conter "linguagem universal", pode ser arrastado e usado como "evidência" de que certamente mais do que os apóstolos (i.e., os 120) receberam o batismo com o Espírito Santo. Antes de sermos desviados pelo argumento da "linguagem universal" de Joel, deve ser notado que nem TODA a profecia de Joel foi cumprida no Pentecoste. Pois, segundo o registro, nenhum dos presentes estava tendo visões ou sonhos. O que ocorreu no dia de Pentecostes foi apenas o início do cumprimento do que Joel havia predito.[15] Não precisamos, portanto, admitir que todos os 120 receberam o batismo do Espírito Santo, pois a linguagem de Joel abrange mais os primeiros dias da igreja do que simplesmente o ocorrido em Pentecostes. Os apóstolos receberam o batismo do Espírito Santo no Pentecostes, e os "filhos e filhas, os jovens e os velhos", receberam o Espírito nos dias que se seguiram.

"[Eles]" em Atos 2.1 fica evidentemente limitado aos doze apóstolos. Várias linhas de prova indicam esta conclusão. O v. 7 diz que todos os que foram batizados com o Espírito Santo (e subsequentemente falaram em "línguas") eram galileus. Esta nota de identificação se ajustaria aos Doze. Mas seria difícil mostrar que os 120 naquele cenáculo na Judéia eram galileus! Assim também, Jesus estava falando aos apóstolos (Atos 1.5) quando prometeu que eles receberiam o batismo do Espírito Santo. De que modo incluímos agora outros envolvidos no cumprimento dessas promessas, sem ignorar algumas regras básicas da hermenêutica, regras tão antigas quanto as de Wycliffe, ou ainda mais velhas? Além disso, a construção gramatical de 1.26 e 2.1 SÓ aponta para os apóstolos como recipientes do batismo com o Espírito Santo no dia de Pentecostes. Quando lembramos que os manuscritos originais não tinham as divisões em capítulos e parágrafos que temos hoje e quando lemos do capítulo 1 ao 2 sem fazer uma pausa entre eles, torna-se claro quem Lucas queria que compreendêssemos terem sido batizados com Espírito Santo. O fato de o antecedente de qualquer pronome ser geralmente encontrado reportando-se ao substantivo mais próximo com o qual ele concorda em pessoa, número e gênero, decide o argumento de que o batismo com o Espírito Santo foi algo que aconteceu apenas aos apóstolos, no que se refere a Atos 2.

Onde era o "lugar" onde estavam " todos reunidos"? O v. 2 nos conta sobre "a casa onde estavam assentados". Alguns pensam que o lugar onde os apóstolos se achavam era a mesma casa em que moravam (Atos 1:13). Mas é bastante improvável que uma multidão de 3 mil (Atos 2:14, 41) pudesse sequer reunir-se num pátio de tal casa. Outros julgam que estivesse em uma das sinagogas em Jerusalém. A melhor opinião é provavelmente que se encontrassem na área do templo. Ficamos sabendo que este evento teve lugar numa hora de oração (Atos 2:15), e vimos antes

---

[14] Uma lista parcial de intérpretes que acreditam que todos os 120 estão incluídos em Atos 2 são Hervey, Barnes, Meyer, Wordsworth, Alford, Lange, Farrar, Ellicott.

[15] Veja notas em Atos 2. 17-20, onde é apresentada uma explicação relativa ao que Joel predisse, incluindo uma discussão do conceito de "Profecias do Pico da Montanha".

[16] Atos 1.14.

que os apóstolos continuavam perseverantes em oração no templo durante as horas de oração.[16] Desde que este era um grande dia de festa para os judeus, e desde que o templo era o lugar central para tal celebração, não parece lógico que os apóstolos estivessem em suas casas em uma ocasião dessas. A oportunidade de pregar para milhares não se prestaria a que isso tivesse acontecido numa residência privada. Todavia, se pensarmos nos apóstolos no recinto do templo, digamos num dos aposentos ao longo do muro, que se abririam para o pátio do templo, tudo que eles precisariam fazer era voltar para o lado do pátio e haveria um grande espaço na área do templo para acomodar a multidão reunida pelos estranhos fenômenos ocorridos.

2.2 –

De repente veio do céu – As coisas aconteceram inesperadamente, havendo portanto um fenômeno espantoso. "Do céu", i.e., parecendo descer do céu. Ventos sopram horizontalmente. Este desceu (verticalmente?), e atrairia assim atenção tanto pela sua *direção* invulgar como *subitaneidade*.

Um som, como de um vento impetuoso – Literalmente, "como uma rajada violenta" (*pheromenos*, arremetendo furiosamente). Não parece ter havido qualquer vento, apenas um som de um vento impetuoso. Observadores modernos descrevem o som de um tornado como comparável ao de inúmeros trens passando ao mesmo tempo. Num temporal, o vento algumas vezes sopra tão violentamente e com tanto ruído, que torna difícil ouvir até mesmo o trovão na tempestade. Um barulho desse tipo deve ter sido julgado como descendo impetuosamente do céu no dia de Pentecostes.

O termo grego "vento" não é normalmente traduzido desse modo (*anemos*), mas tem a mesma raiz do grego para "espírito" (*pnoe*). Ele talvez seja usado aqui como sendo melhor do que a palavra mais comum para a ocorrência sobrenatural que estava acontecendo.

E encheu toda a casa que estavam assentados – O que encheu a casa? Não foi o vento! Não há evidência nem sequer de uma brisa soprando. Foi o som que encheu a casa! A estrutura gramatical da sentença não admite outra construção. Não há outra palavra no caso (subjetivo) nominativo na sentença. Um fenômeno como esse, tão insólito, atrairia a atenção. Quando tudo estava calmo, quando não havia tempestade, nem vento, nem chuva, nem trovão (por ser a estação do estio), um som assim violento deveria ter chamado a atenção do povo e dirigido todas as mentes para aquele acontecimento pouco comum e injustificado. Os homens começariam a perguntar-se de onde viria aquele som quando não havia sequer uma aragem. Em breve, os apóstolos, que tinham estado sentados no templo, aguardando o início das celebrações do dia, irão levantar-se e explicar para a multidão espantada o significado do som estranho.

2.3 –

E apareceram, distribuída entre eles, línguas – O aparecimento da coisa "semelhante a fogo" foi visto em primeiro lugar pelos apóstolos e outros reunidos na área do templo antes de pousar sobre os apóstolos na forma de "línguas". Ao que tudo indica, surgiu um grande lençol luminoso, e este se dividiu em vários fragmentos chamados "línguas" que pousaram sobre cada um deles. Foram chamados "línguas", por terem a forma de língua. O verbo "distribuídas" (sendo distribuídas) não significa que cada chama era biforcada (não se tratava de "línguas repartidas" como na interpretação da KJV; também na IBB – N. Trad.). Nossa ideia mental deveria ser provavelmente de uma grande chama dividindo-se e uma parte indo para cada um dos apóstolos. Temos assim a descrição simbólica do Espírito Santo dando-se a cada um dos apóstolos, ou dividindo a si mesmo, a fim de que cada um tivesse sua presença e orientação.

Como de fogo – As "línguas" não eram realmente de fogo, mas algo que se assemelhava a fogo. No início dos Estudos Introdutórios conhecemos um método de interpretação designado como "liberalismo religioso". A fim de que o aluno possa familiarizar-se mais com os resultados deste método, reproduzimos o tratamento interessante (e blasfemo) de Renan sobre este evento.

2.3   A Igreja Em Jerusalém

Certo dia, quando os irmãos se reuniram, houve uma tempestade. Um vento forte abriu as janelas e o céu parecia um lençol de fogo. Naquele clima, as tempestades são no geral acompanhadas de inúmeros relâmpagos. A atmosfera fica sulcada de faíscas. Nessa ocasião, quer o raio tivesse entrado realmente no aposento, ou os rostos dos presentes tivessem sido repentinamente iluminados por um relâmpago muito brilhante, todos foram convencidos de que os Espírito Santo havia entrado em sua assembleia e havia se assentado sobre a cabeça de cada um na forma de uma língua. Nesses momentos de êxtase, os discípulos possuídos pelo Espírito proferiram sons inarticulados e incoerentes, que os ouvintes supuseram ser as palavras de uma língua estranha e na sua simplicidade tentaram interpretar. Eles ouviram surpresos a mistura de sons e os explicaram com seus pensamentos improvisados. Cada um recorreu ao seu dialeto nativo para dar algum sentido aos termos ininteligíveis, e geralmente tiveram sucesso em ligar a eles as ideias que predominavam em sua mente.[17]

E pousou uma sobre cada um deles – Isto é, a língua pousou por um momento, na forma de uma chama bruxuleante ou suave, sobre cada um deles, e depois desapareceu. O tempo do verbo expressa ação momentânea e não contínua.

2.4 –

Todos ficaram cheios do Espírito Santo – Esse é o terceiro evento. O primeiro foi o som do céu que atingiu os ouvidos dos presentes. O segundo foram as "línguas, como de fogo" que podiam ser vistas com os olhos, e agora o terceiro. Não é possível determinar com certeza se todas essas coisas aconteceram juntas ou próximas uma da outra. "Inteiramente sob o seu poder", é o que Barnes pensa que "cheios do Espírito" significa.[18] Mas isto não parece ser muito correto, pois os espíritos dos profetas estão sujeitos aos profetas.[19] Para informação detalhada quanto ao significado de "cheio do Espírito" no caso dos apóstolos, veja o estudo especial no fim deste capítulo sobre "A Pessoa e a Obra do Espírito Santo". Basta dizer aqui que este fato capacitou aqueles homens, qualificando-os para cumprir sua missão de apóstolos. Na verdade, parecia ser aquilo que fazia que fosse um apóstolo, quando comparado com, digamos, um profeta.

E passaram a falar em outras línguas – Este é um resultado do batismo com o Espírito Santo, no caso dos apóstolos – eles começaram a falar em outras línguas conforme o Espírito lhes permitia que falassem. O que significa "falar em línguas"? Alguns diriam que se tratava apenas de pronunciar sons ininteligíveis, o uso de um palavreado sem sentido. Os vv. 6 e 8, porém, indicam que falar em línguas na Bíblia significa falar numa língua estrangeira que a pessoa não havia estudado. Os apóstolos falaram em línguas estrangeiras, em palavras claras e distintas para os ouvintes, pois "cada um os ouvia falar na sua própria língua". Veja o estudo especial sobre "Falar em Línguas" no final do capítulo dois.

Alguns têm sugerido que parte da perda da unidade de língua em Babel, como registrado no livro de Gênesis, tenha sida restaurada na mensagem do Evangelho.

Em Gênesis 11, o mundo inteiro tinha uma só língua. Em seu orgulho eles resolveram fazer uma torre que alcançasse os céus. Deus desceu e confundiu a língua deles, de modo que não mais puderam entender o que cada um falava. O pecado destruiu a unidade de língua. Babel trouxe escuridão, discórdia e separação. O Pentecostes trouxe luz, compreensão e unidade.[20]

O falar em línguas, ou linguagens, era para o período da infância da igreja, 1 Coríntios 13.8-13. Quando o batismo com o Espírito Santo (e os dons espirituais) cessaram, também terminou o falar em línguas como lemos no Novo Testamento.

O simples fato de a glossolalia ou qualquer pronunciamento extático não é evidencia da presença do Espírito Santo. Nos tempos apostólicos havia necessidade de critérios para decidir se

---

[17] *Les Apotres*, pp. 66-68, como citado no *Pulpit Commentary* sobre Atos. Lembramos o leitor que em Atos 1. 5 rejeitamos a ideia de que "línguas de fogo" fossem um comprimento da predição de João sobre "batizados com ... fogo".
[18] Barnes, *op. cit.*, p. 22.   [19] 1 Coríntios 14.32   [20] Dale, *op. cit.*, p. 29.

tais pronunciamento eram ou não de Deus, assim como havia acontecido na época do Antigo Testamento (Dt. 18.22; 13.1ss). "Não deis crédito a qualquer espírito", diz João, "antes provai os espíritos se procedem de Deus" (1 Jo 4.1), e o teste que ele indica é o testemunho que o Espírito dá de Cristo. Paulo já havia estabelecido um teste similar (1 Co 12.3). Fazemos bem em dar atenção a esses mandamentos apostólicos hoje.[21]

Segundo o Espírito lhes concedia que falassem – Os apóstolos falaram por inspiração, e continuaram a falar enquanto o Espírito os ajudava nesse sentido (o verbo "lhes concedia" é um tempo imperfeito, "continuavam concedendo"). Eles falavam, por inspiração, línguas que jamais haviam estudado. A doutrina da inspiração é discutida em algum detalhe no estudo especial sob o título "Inspiração", no final deste capítulo. O v.11 nos conta o que diziam à medida que continuavam falando – anunciavam as obras poderosas de Deus.

F. EFEITO SOBRE AS MULTIDÕES. 2.5-13

2.5 –

Ora, estavam habitando em Jerusalém – o termo traduzido como "habitando" (*katoikeo*) geralmente significa ter um alojamento fixo e permanente em certo lugar, em contraste com *paroikeo*, que indica uma residência temporária ou transitória.[22] Mas a palavra *katoikeo* também é usada algumas vezes para "visitar", e supomos ser este o sentido aqui. Esses homens prestes a serem mencionados como provenientes de vários países parecem ter sido visitantes temporários em Jerusalém. Seus lares reais eram estabelecidos em uma das inúmeras comunidades judias em terras estrangeiras, cujas comunidades resultaram da "dispersão" durante os cativeiros nos tempos do Antigo Testamento.[23] Eles se fixaram no exterior, e muitos jamais voltaram a viver na terra prometida.

Homens piedosos – O termo *eulabes* se aplica àqueles que tomavam cuidado para não ofender a Deus, procurando observar os seus mandamentos. Usado para esses adoradores judeus, os caracteriza como seguidores fiéis da religião judaica. Tinham tamanha cautela em evitar ofender Deus, que alguns deles viajavam milhares de quilômetros para assistir à festa em Jerusalém, como prescrito no Antigo Testamento.

De todas as nações debaixo do céu – Ou seja, tinham vindo de toda parte do império romano e até de alguns países que jamais foram conquistados pelas legiões romanas. Os países exatos serão especificados nos vv. 9-11. Festas como a de Pentecostes atraíam milhares de peregrinos. Somos informados que quando Tito cercou Jerusalém (68-70 A.D.), evento que ocorreu na época da Páscoa, não havia menos de três milhões de pessoas na cidade.[24]

2.6 –

Quando, pois, se fez ouvir aquela voz (som) – Tem havido muita discussão quanto ao significado aqui. A palavra "som" neste ponto é um termo grego diferente de "som" no v. 2. Alguns, porém, acreditam que o "som, como de um vento impetuoso" foi o que foi ouvido e que fez a multidão reunir-se. Em vista de a palavra ser diferente, outros acham que o "som" foi o "falar em línguas", e que a multidão juntou-se para ouvi-lo. Uma terceira explicação é que "som" tem aqui o sentido de "rumor", e que o que atraiu a multidão foi o rumor do que estava acontecendo espalhando-se como incêndio entre os adoradores no templo. Contrariando esta última ideia é

---

[21] Bruce, *op. cit.*, p. 57, 58.
[22] Veja notas em Atos 1.19.
[23] Como os judeus acabaram espalhados ou dispersos? Houve três dispersões principais. 1) As dez tribos sob Salmanezer, 721 A. C. foram levadas para as terras dos partos, medos e elamitas. 2) Judá e Benjamim foram levados por Nabucodonosor, 606 A. C., para a Mesopotâmia. 3) Ptolomeu Lago levou um grande número de judeus para o Egito, 329 A. C. Veja outras notas sob "homens de Cirene" em Atos 2. 10.
[24] *Guerras*, v.3.1.

2.6 — A Igreja Em Jerusalém

o fato de *phone* não ser muito usado no sentido de "rumor, boato". Então, devemos, talvez, combinar as duas primeiras ideias e imaginar os acontecimentos milagrosos como sendo o motivo para a multidão curiosa reunir-se.

Afluiu a multidão, que se possuiu de perplexidade – Depois que o ato de Deus levou o povo a reunir-se, Lucas nos conta que eles ficaram perplexos, cheios de consternação. Não compreendiam o que ocorria, nem conseguiam achar qualquer explicação razoável para o fato.

Porquanto cada um os ouvia falar na sua própria língua – "Ouvia" tem a força do tempo imperfeito no grego, que indica a continuação de seus pronunciamentos durante um certo período de tempo. Veja a nota na margem sobre "língua": dialeto. Eles estavam ouvindo aqueles galileus em seus próprios dialetos, exatamente os que haviam aprendido nos países estrangeiros dos quais haviam saído para comparecer à festa.[25]

2.7 –

Estavam, pois, atônitos, e se admiravam – Lucas quase esgota seu vocabulário numa tentativa de descrever o efeito sobre os ouvintes. Ele diz, "ficaram perplexos", "ficaram atônitos", "se admiravam", "se maravilhavam", e se perguntavam uns aos outros o que tudo aquilo queria dizer. O som do vento impetuoso havia sido ouvido através de uma grande área. Parecia concentrar-se exatamente no lugar em que os apóstolos se encontravam. Quando correram para ver o que era, lá estavam aqueles galileus falando em línguas estrangeiras que não deveriam conhecer. Qual o significado disso tudo? O que acontecia realmente?

Dizendo: Vede! Não são, porventura, galileus todos que aí estão falando? – Há um tom de incredulidade na pergunta. Os galileus pertenciam a um distrito desprezado (Jo 7.52), onde havia pouca instrução, o padrão de cultura era baixo, e o dialeto deles era peculiar (Mc 14.70). O sotaque galileu facilmente se revelava, embora os apóstolos estivessem falando outras línguas além do grego ou aramaico, pois os galileus tinham dificuldade com certos sons guturais (à semelhança dos japoneses que têm dificuldade com o "L"). Além do seu modo de falar, o vestuário dos apóstolos teria ajudado na sua identificação pelos homens piedosos que haviam-se reunido naquele lugar. "Eles são galileus! Como podem fazer isso?" era o pensamento que passava pela cabeça dos ouvintes.

Os que acreditam que mais pessoas, além dos doze apóstolos, foram batizadas com o Espírito Santo no dia de Pentecostes ficam em dificuldade por causa dessa expressão. Todos os 120 eram galileus? Afirma-se regularmente que muitos dos 70 que foram enviados numa viagem missionária no final do ministério de Jesus na Judéia, Lucas 10.1-24, estavam incluídos nos 120 de Atos 1.15. Todos os 70 procediam da Galiléia? Isto parece improvável! É difícil aceitar a ideia de que todos os 120 foram batizados do Espírito no Pentecostes. Mas, se for pressuposto que os batizados com o Espírito Santo no Pentecostes foram apenas os apóstolos, este versículo não traz qualquer problema, pois todos eles eram galileus!

2.8 –

E como os ouvimos falar, cada um – O milagre realizou-se na língua dos faladores, ou no ouvido dos ouvintes? Alguns dizem que os apóstolos todos falavam uma língua, mas os ouvintes ouviram em sua própria língua (i.e., o milagre operou-se no ouvido dos ouvintes). Se tivéssemos apenas este versículo, poderíamos compreender o relato desse modo. Mas se juntarmos todos os versículos, o registro mostra claramente que o milagre realizou-se nas línguas dos apóstolos. Diz, "(eles) passaram a falar em outras línguas". Não é certo transferir o milagre daqueles que tinham o batismo do Espírito Santo para os que (ainda) não o tinham.

---

[25] Alguns supõem que os únicos "dialetos" falados eram modificações da língua hebraica que esses judeus estrangeiros introduziram gradualmente em seu idioma, depois de muitos anos longe da Palestina, sua terra natal. O milagre poderia ser de os apóstolos terem falado nos dialetos hebraicos usados nos países estrangeiros, mas isto não parece ser exatamente o que Lucas diz que foi feito. Ele parece referir-se a outras línguas estrangeiras, além do hebraico.

Em nossa própria língua materna – O grego era falado quase universalmente em toda a região oriental do império romano, embora a maioria dos distritos tivesse também os seus dialetos. Uma prova? O aramaico era falado na Palestina. O povo da Licaônia tinha sua língua própria.[26] Lucas está então dizendo que os pronunciamentos dos apóstolos, inspirados pelo Espírito Santo, foram feitos em diversos dialetos das diferentes línguas.

2.9 –

Partos, medos e elamitas – Lucas enumera as diferentes nações representadas em Jerusalém, para mostrar a surpreendente extensão e poder deste milagre do falar em línguas. Os países mencionados aqui estão em ordem geográfica, começando no extremo oriente e prosseguindo para o ocidente. Desde que se tratava de uma festa judia, devemos compreender que os povos dos vários países citados são judeus ou prosélitos. A Pártia ficava na Pérsia, localizando-se entre o Golfo Persa e o Mar Cáspio a oeste, e o rio Indo a leste. A língua falada na Pártia era o Persa. Os *medos* provinham da Média, um país situado ao sul e a oeste do Mar Cáspio; cuja língua era o Persa. O país do *Elão* fazia fronteira a leste com a Pérsia, ao Norte com a Média, a oeste com a Babilônia e ao sul com o Golfo Pérsico. Esse povo falava igualmente a língua Persa.

E os naturais da Mesopotâmia – O nome Mesopotâmia, que é grego, é uma palavra composta significando "entre rios", isto é, a região que fica entre os rios Tigre e Eufrates. A língua falada ali era provavelmente o siríaco (ou talvez incluísse uma mistura de caldeu).

Judéia – Por que a Judéia seria citada numa lista de países estrangeiros de onde os visitantes tinham ido a Jerusalém? Esse é o assunto que vem perturbando há anos os estudiosos bíblicos. Alguns supuseram haver um erro em nossos manuscritos, propondo que em lugar de Judéia devêssemos ler "Armênia", "Índia", "Lídia", "Idumeia" ou "Curdistão", mas existe muito pouca evidência para essa emenda presumível do texto. Outros propõem a ideia de a linguagem da Galiléia ser tão diferente daquela da Judéia de modo a tornar notável o fato de os apóstolos poderem falar como habitantes da Judéia (i.e., sem as peculiaridades usuais de pronúncia dos galileus), mas isto parece contradizer o que acabou de ser dito no v. 7 sobre como os faladores foram reconhecidos como sendo galileus. Outros ainda insistem que não há nada incomum em incluir a Judéia entre as nações das quais os povo saíra em direção a Jerusalém, mas esta explicação parece ignorar que estamos citando as diferentes línguas faladas, nomeando o país onde o dialeto era nativo. Desde a época de Jerônimo, ele usou "Síria" em sua tradução, onde nossas Bíblias dizem "Judéia", e Bruce opta por esta explicação deste difícil problema.

Capadócia, Ponto e Ásia – a seguir são mencionadas cinco províncias na Ásia Menor (três neste versículo e os dois primeiros nomes no seguinte). *Capadócia* é a parte sudeste da terra que chamamos Turquia. Não se sabe ao certo a língua falada ali, embora seus vizinhos, os licaônios, tivessem seu próprio dialeto. *Ponto* é parte nordeste da Ásia menor, fronteiriça ao Mar Negro. A língua falada ali não é conhecida ao certo. *Ásia* refere-se à província romana da Ásia (inclusive os pequenos países da Mísia, Lídia e Cária) confinando com o Mar Egeu e do lado oposto da Grécia. A língua falada aqui era talvez o grego.

2.10 –

Da Frígia e da Panfília – Esses dois países ficam situados um pouco ao sul do centro da Ásia Menor. Sua língua era provavelmente o grego.

Do Egito e das regiões da Líbia nas imediações de Cirene – O Egito é aquele país extenso na extremidade sudeste do Mediterrâneo, através do qual corre o rio Nilo. A língua era demótico. Líbia era um nome geral para aquela parte do continente africano imediatamente do outro lado do Mediterrâneo, ao sul da Grécia e Itália. Cirene tinha sido originalmente uma colônia grega na terra da Líbia, localizada a cerca de 800 quilômetros a oeste do Egito (havendo

---

[26] Atos 14. 11.

entre eles uma expansão do deserto da Líbia). Nos tempos do Novo Testamento ela era uma cidade importante. A língua falada aqui não é conhecida ao certo.

E romanos que aqui residem – Havia uma grande população judia em Roma, e alguns deles foram a Jerusalém para a festa do Pentecostes. A língua falada na capital da Itália era o latim. Incidentalmente, alguns supõem que esses visitantes tenham voltado a Roma e plantado ali a igreja. É verdade que quando Paulo escreveu aos Romanos em 58 A.D., nenhum apóstolo esteve ainda na Itália, mas existia uma igreja em Roma. Uma solução melhor parece ser que as congregações a quem Paulo escreveu tivessem sido fundadas por alguns dos convertidos por ele que chegaram a Roma e cujos nomes aparecem no capítulo 16 da carta aos romanos, em lugar de crer que a igreja de Roma data do Pentecoste. Mesmo que uma igreja tivesse sido fundada por aqueles visitantes quando voltaram a Roma, existe razão para crer que fosse dizimada quando Cláudio expediu seu decreto expulsando todos os judeus de Roma.[27]

Tanto judeus como prosélitos – "Judeu" indica alguém nascido de pais judeus. O "prosélito" é um gentio convertido à religião judaica. Dale nos lembra que havia dois tipos de prosélitos.

> Havia duas classes de prosélitos: 1) um *prosélito da porta* era aquele que limitava sua obediência à lei judaica, não sendo circuncidado. Sua adoração no templo era também limitada. 2) O *prosélito da justiça* era aquele que aceitava a plena responsabilidade da lei, sendo circuncidado. Esse gentio gozava de todos os privilégios do templo.[28]

Quão ampla ou limitada é a expressão "judeus e prosélitos"? Ela se limita apenas aos visitantes de Roma, ou devemos entender que entre os visitantes de todas as nações haveriam tanto judeus de nascimento como os que se haviam convertido à religião judaica? Hervey insiste que é limitada. Ele escreve:

> Se se aplicasse a todo o que precede, não esperaríamos encontrar as duas nações (Creta e Arábia) no versículo seguinte.[29]

2.11 –

Cretenses e árabes – *Creta* era uma ilha do Mar Mediterrâneo, ao sul do Mar Egeu, perto da Grécia e Ásia Menor. Havia muitos judeus em Creta, e a terceira esposa de Josefo nasceu em Creta.[30] A língua falada por eles era provavelmente o grego. A *Arábia* é a península grande limitada ao norte por parte da Síria, a leste pelo Golfo Pérsico e a oeste pelo Mar Vermelho. A língua falada ali era o árabe.

Como os ouvimos falar em nossas próprias línguas – As línguas faladas pelos apóstolos eram nove ou dez idiomas diferentes, mas este total é ainda menor do que o número de apóstolos. Talvez devamos imaginar cada apóstolo falando um dialeto, diferente dos dialetos falados por cada um dos outros apóstolos. Não levaria muito tempo para os visitantes se reunirem em grupos ao redor do apóstolo que estivesse falando sua língua nativa. Aqui ficaria um agrupamento de medos, ali dos judeus do Egito, e acolá, os da Capadócia, etc.

As grandezas de Deus – Ao falarem em línguas, os apóstolos discorriam sobre "as grandezas de Deus". Isso incluiria as coisas que Deus havia feito ao enviar seu Filho na encarnação, ao ressuscitá-lo dentre os mortos, os seus milagres, sua ascensão, etc. Se todos os apóstolos falaram das grandes obras de Deus, como de fato imaginamos que fizeram, cada um para seu próprio grupos de ouvintes, pode ser dito que Pedro pregou o primeiro sermão evangélico, como é algumas vezes afirmado? Podemos dizer que o primeiro sermão evangélico *registrado* foi o de Pedro. Talvez haja também uma diferença entre "grandezas" e o "evangelho", embora isso não seja fácil de aceitar, desde que as grandes obras citadas acima são parte do evangelho. Podemos dizer que Pedro foi

---

[27] Atos 18. 2.   [28] Dale, *op. cit.*, p. 29.
[29] A. C. Hervey, "The Acts of the Apostles", no *The Pulpit Commentary* (Grand Rapids: Eerdmans, 1962), p. 51.
[30] Josefo, *Vida*, 76.

o primeiro a dizer aos homens o que fazer para serem salvos, uma vez que eles tenham ouvido e crido na mensagem sobre as grandezas de Deus.

2.12 –

Todos, atônitos e perplexos – O efeito dos surpreendentes fenômenos e da narrativa dos apóstolos sobre as poderosas obras de Deus é descrito brevemente aqui. Lucas, depois de mencionar as nações de onde os ouvintes procediam, retoma a narrativa interrompida no v. 7.

Interpelavam uns aos outros – Em sua perplexidade, eles interrogavam uns aos outros, tentando descobrir uma explicação para os espantosos eventos – o vento impetuoso, as chamas de fogo, o falar em línguas.

Que quer isto dizer? – Literalmente, "O que será isto?" ou "o que isto vai tornar-se?" Eles reconheceram ser suficientemente incomum para ser um milagre, e sabiam que os milagres credenciavam os mensageiros. Mas não podiam logo determinar o que poderiam significar, ou qual o propósito da operação do milagre. Em seu espanto, houve diferentes reações. Alguns disseram: "Que quer isto dizer?" Outros (no versículo seguinte) exclamaram: "Estão embriagados!"

2.13 –

Outros, porém, zombando, diziam – O termo traduzido como "zombando" significa caçoar, escarnecer. Quem são esses "outros" que zombam e ignoram todas as coisas sobrenaturais que foram observadas? McGarvey sugere que se tratava de homens irreverentes. Talvez esteja certo. Será possível que esses zombadores fossem os escribas e fariseus, tão oposto a Cristo e seus seguidores? Uma leve evidência disto pode ser encontrada no fato de os "outros" serem *heteros* (não *allos*), i.e., outra classe de ouvintes de um tipo diferentes dos já nomeados. Em lugar de serem visitantes eles eram diferentes – diferentes no sentido de serem habitantes permanentes de Jerusalém. Compare 2.14 onde ambas as classes são incluídas.

Estão embriagados – I.e., esses homens estão bêbados! A ASV traduz a palavra grega *gleukos* como "vinho novo", mas isso confunde, pois contém a ideia de ter sido preparado há pouco. Isso não pode ser, pois na época do ano que se realiza o Pentecoste o único vinho disponível provinha do ano anterior. A vindima do ano corrente ia demorar ainda alguns meses. O "vinho doce" era preparado artificialmente para reter sua doçura, embriagando rapidamente por ser mais forte.[31] É possível que devamos entender que havia alguma coisa no comportamento ou na aparência dos apóstolos que levou os zombadores a fazerem tal acusação. (No inglês o texto diz: "Estão cheios de vinho doce" em lugar de "Estão embriagados" como na SBB, daí a explicação acima – N. Trad.)

G. O SERMÃO DE PENTECOSTES DE PEDRO. 2.14-36

2.14 –

Então se levantou Pedro, com os onze – Por que Pedro? Isso deve ser explicado simplesmente que estava de acordo com o temperamento natural de Pedro? Será como sugerido por Barnes: "Ele era ousado, fogoso ardente; e levantou-se então para defender os apóstolos de Jesus Cristo, e o próprio Cristo, de uma acusação injuriosa"?[32] Não, há muito mais. Pela primeira vez na história os homens estão prestes a conhecer o plano do evangelho da salvação. Cristo disse a Pedro que ele receberia as CHAVES DO REINO e lhe seria permitido ligar e desligar na terra

---

[31] A palavra *gleukos* pode significar também "suco de uva" (mosto) em oposição ao suco fermentado, como mostra a maioria dos léxicos gregos. Alguns até introduzem este fato na zombaria: "Estão embriagados!" E com o que se embriagaram? *Suco de uva!* E todos ririam então da piada. Todavia, Jó 32. 19 mostra que *gleukos* pode ser fermentado. Nossos comentários foram então baseados na ideia de que os apóstolos são acusados de beber suco fermentado que causa embriaguez. Os antigos possuíam um método de preservação sem que o suco fermentasse. Veja isto no documentado no artigo sobre "vinho" no *Zondervan Pictorial Bible Dictionary*, p. 894.

[32] Barnes, *ibid.*, p.29.

2.14   A Igreja Em Jerusalém

com a aprovação do céu.³³ As chaves foram feitas para abrir portas, e a porta da entrada na igreja foi aberta por Pedro no Pentecoste. As chaves faziam referência ao plano da salvação: fé, arrependimento, confissão, e batismo. O ligar e desligar referem-se à resposta do pecador ao convite do Evangelho. Se o pecador convicto rejeitasse o Evangelho, seus pecados estavam ligados a ele por seu próprio ato voluntário de rejeição. Se aceitasse o Cristo em obediência completa, seus pecados seriam desligados através do perdão. Todo pregador do evangelho naquela época e agora teve e tem este mesmo poder para ligar e desligar quando apresenta o Evangelho, mas só Pedro tinha as chaves. Através das manifestações milagrosas a multidão havia-se reunido e estavam ansiosos para conhecer a causa das mesmas. Pedro tem então a oportunidade de girar as chaves e abrir a porta para o reino.

Matias fazia agora parte do grupo de apóstolos, e portanto havia "os onze" que se levantaram com Pedro, aparecendo todos como testemunhas da verdade. A linguagem implica em que todos os doze tomaram parte na pregação. Talvez devamos imaginar Pedro falando primeiro, e os outros agindo com intérpretes para o povo reunido ao redor de cada um deles. Ou talvez todos pregaram num espaço diferente na área de 86 hectares do templo, cada um pregando seu próprio sermão sob a influência do Espírito Santo, e apenas o de Pedro ficou registrado.

E, erguendo a voz, advertiu-os nestes termos – A grande multidão, cada um com sua língua nativa, todos falando excitados, exigiram que Pedro falasse alto se quisesse ser ouvido. Por este meio, ele capturou a atenção deles, a fim de poder transmitir-lhes o que o Espírito o impelisse a falar.

Varões judeus e todos os habitantes de Jerusalém – "Varões judeus" no original "homens da Judéia" dá mais a ideia de que eles eram judeus do que moravam na Judéia, embora ambas as ideias estejam incluídas. "Todos os habitantes de Jerusalém" se refere aos visitantes que haviam chegado para participar da festa do Pentecoste. Apesar de alguns acabarem de zombar, Pedro não retribuiu injúria por injúria (1 Ped. 3.9), procurando mediante palavras respeitosas levá-los à verdade.

Tomai conhecimento disto e atentai nas minhas palavras – Os ouvintes podem ter ficado perplexos e incapazes de explicar o que acabava de ocorrer, mas não Pedro. Ele prossegue calmamente, explanando o verdadeiro significado dos acontecimentos do dia. Não devemos supor que o que Lucas registrou aqui incluiu o sermão de Pedro inteiro, mas nos foram dados apenas os pontos principais da apresentação dele.³⁴

2.15 –

Estes homens não estão embriagados, como vindes pensando – Com um movimento da mão (podemos supor), Pedro aponta para os apóstolos quando diz, "estes homens". Pedro inclui a si mesmo, assim como os outros, pois a acusação de embriaguez se estendia a todos os apóstolos. "Não estamos bêbados!" afirma ele, pois deve afastar tal acusação antes de poder esperar que a audiência ouça o resto da mensagem que o Espírito transmitiria através dele. Se estivessem de fato embriagados, os "homens piedosos" dificilmente se disporiam a ouvi-los, desde que era uma transgressão estrita da lei judaica tomar bebida alcoólica em dia de festa, especialmente antes do meio-dia, pois nos dias festivos os judeus piedosos nem sequer comiam sua primeira refeição até a hora sexta, muito menos beber!³⁵

Sendo esta *apenas* a terceira hora do dia – Segundo a contagem do tempo, a terceira hora é cerca de 9 da manhã, pois eles dividiam o dia em 12 partes iguais entre o nascer e o pôr do sol. Como o fato para o qual Pedro chama a atenção, que era ainda cedo de manhã, mostraria que os apóstolos não estavam bêbados? Essa era a hora de oração matinal, apenas a terceira hora do

---

³³ Mateus 16.19. Outros apóstolos não receberam *chaves*, mas poder para ligar e desligar, João 20. 22, 23.
³⁴ Atos 2.40 claramente nos diz que temos apenas uma edição abreviada do primeiro sermão registrado de Pedro.
³⁵ Knowling, *op. cit.*, p. 57.

dia; nenhum judeu, certamente nenhum judeu piedoso, iria beber ou comer antes de passada essa hora.

Esse era o costume das pessoas piedosas na antiguidade, que cada um devia oferecer suas orações matinais com adições na sinagoga, e depois voltar para casa a fim de comer . . . A quarta é hora do repasto, quando todos comem.[36]

Não era comum naquele tempo que alguém se embriagasse durante o dia, nem mesmo os bêbados contumazes.[37] A acusação de embriaguez era tão absurda que Pedro responde à mesma sem qualquer prova além de uma observação que todos os presentes podiam fazer.

2.16 –

Mas o que ocorre é o que foi dito por intermédio do profeta Joel – Pedro diz que os eventos que acabaram de ocorrer foram um cumprimento da predição de Joel. Ele vai citar (embora não literalmente da LXX ou do Hebraico) Joel 2.28-32.

Antes de examinar a profecia em detalhe, é interessante conhecer o esboço geral seguido no sermão de Pedro. Os mesmos pontos principais eram regularmente enfatizados pelos apóstolos ao pregarem a audiências judias.

I. Afirmação de que havia chegado a época do cumprimento das profecias do Antigo Testamento.
II. Recapitulação do ministério, morte, ressurreição e ascensão de Jesus.
III. Apelo a profecias messiânicas relevantes do Antigo Testamento, cujo cumprimento nesses eventos são uma evidência de que Jesus é o Messias.
IV. Chamado ao arrependimento.

2.17 –

E acontecerá nos últimos dias, diz o Senhor – Aqui começa a citação da profecia de Joel. Os "últimos dias" do ponto de vista de Joel seriam o período inteiro, que vai de Cristo até o dia do Juízo final. Para os profetas do Antigo Testamento, os "últimos dias" incluíam toda a era cristã.[38] Estamos vivendo nos "últimos dias" sobre os quais os profetas do Antigo Testamento profetizaram. Em vista de os "últimos dias" se referirem à era Cristã inteira, o cumprimento da profecia de Joel não fica limitada a um único dia – como o de Pentecoste, ou a destruição de Jerusalém, ou algum outro dia. Pedro afirma, porém, que os acontecimentos de Pentecostes estão incluídos nas predições de Joel.

Que derramarei do meu Espírito sobre toda a carne – Como visto, de acordo com o seu cumprimento, isto deve referir-se à manifestação do Espírito Santo chamada de batismo com o Espírito Santo. Além disso, a linguagem de Joel poderia ser também uma predição de "dons espirituais" nos primeiros dias da era cristã. Mas Barnes não parece estar certo quando sugere que isto é algo comum a todos os cristãos; pelo contrário, como o texto indica, essa manifestação do Espírito foi uma medida do Espírito que resultou em demonstrações miraculosas (profecias, visões, sonhos).

Como iremos harmonizar o verbo "derramar" com o verbo ("batismo", *baptizo*, mergulhar) usado na predição deste evento feita por João e Jesus quando falaram do "batismo com o Espírito Santo"? O poder que o próprio Espírito exerceu sobre a mente dos apóstolos depois de entrar neles é chamado figuradamente de "batismo", enquanto o termo "derramar" expressa o ato de Cristo ao enviar o Espírito do céu. É duvidoso que a terminologia empregada com relação ao ato de Cristo do céu, possa ter qualquer influência sobre o sentido da palavra "batismo".

O uso que tem sido feito da expressão "derramar", numa tentativa de mostrar que o batismo poderia ser tanto um ato de derramar sobre, como de imergir, é um exemplo daquele zelo par-

---

[36] Maimonides, *Shabb*, cap. 30.   [37] 1 Tessalonicenses 5. 7.   [38] Isaías 2. 2.; Miqueias 4.1.

tidário digno de nota apenas por figurar nas discussões sobre o assunto levantadas por homens de pouco discernimento.[39]

"Do meu Espírito" implica numa distribuição. Porções do Espírito Santo foram concedidas a vários indivíduos. Dons, administrações, operações do Espírito podem variar, mas o Espírito que dá origem é o mesmo.[40] Outro versículo que sugere haver diferentes medidas do Espírito Santo concedidas aos espiritualmente dotados e aos batizados com o Espírito é João 3.34. O fato de Jesus possuir o Espírito "sem medida" implica que os outros tinham o Espírito "por medida".

"Toda carne" se refere aos "judeus e gentios". No Pentecoste o Espírito foi derramado sobre os judeus. No caso de Cornélio, o Espírito foi derramado sobre os gentios. Nos primeiros dia da igreja, tanto judeus como gentios receberam dons espirituais, como lemos em 1 Coríntios 12-14. Mas a expressão "toda carne" não se refere a "todo ser humano". Nem mesmo todo cristão recebeu o batismo com o Espírito Santo, nem todos receberam os dons espirituais.[41] A razão de muitos serem levados a pensar na inclusão dos dons espirituais no alcance da profecia de Joel é o fato de a mesma mencionar homens e mulheres profetizando, tendo visões e sonhos. No que tange ao registro de Lucas, nenhuma mulher foi incluída nas atividades do Espírito no dia de Pentecoste. Tudo menos a primeira parte da profecia de Joel restava ser cumprida (mesmo depois de passados os eventos de Pentecoste), mas toda a primeira parte da profecia de Joel cumpriu-se no curso dos acontecimentos que estavam prestes a serem registrados por Lucas no restante do livro de Atos.

Vossos filhos e vossas filhas profetizarão – Isto não ocorreu no Pentecoste (até onde é registrado), mas sim durante os primeiros anos dos "últimos dias". O evangelista Filipe, por exemplo, tinha quatro filhas profetisas.[42] Elas aparentemente desempenhavam a função, mas não o ofício, de profeta. A palavra "profetizar" tem um amplo significado: pode incluir a predição de eventos futuros, como em Mateus 11.13 e 15.17; pode significar contar o que aconteceu no passado, como em Mateus 26.68; pode significar ensinar ou pregar no presente, como em 1 Coríntios 14.1-5. Profetizar é, então, *falar por inspiração do Espírito Santo no idioma do povo*, sem levar em conta o conteúdo da mensagem – quer seja predição, repetição, ou exortação para o presente.

Vossos jovens terão visões – Na época do Antigo Testamento, de tempos a tempos, Deus tornava sua vontade conhecida de seus servos através de visões. De fato, os antigos profetas eram chamados "videntes" porque recebiam suas revelações mediante visões. Deus fazia a aparência dos objetos ou eventos passarem diante de suas mentes, e o profeta "via" o que Deus desejava revelar. Não houve visões no Pentecostes, pelo menos nenhuma é registrada; mas durante os "últimos dias", durante a era da igreja, houve visões.[43]

E sonharão vossos velhos – A palavra "vossos" repetida quatro vezes nestes versículos implica que esses dons seriam concedidas aos judeus em primeiro lugar. Mais tarde, eles seriam dados também aos crentes gentios. Da mesma forma que Deus havia empregado visões para tornar conhecida a sua vontade, nos dias do Antigo Testamento também havia utilizado sonhos. As visões e sonhos diferem aparentemente neste particular: as visões passavam pela mente enquanto o homem de Deus se achava acordado, enquanto os sonhos constituíam revelações feitas enquanto dormia. Não existem nas Escrituras exemplos pós-Pentecostais de revelações sendo feitas a homens por meio de sonhos, todavia provavelmente ocorreram, pois assim foi profetizado.

---

[39] McGarvey, *ibid.*, p.26.

[40] 1 Coríntios 12. 4, 5.

[41] Atos 8.14ss é um exemplo de cristãos que não tinham dons espirituais até que um apóstolo chegasse e impusesse as mãos sobre eles; e mesmo assim nem todos os cristãos foram incluídos, pois Simão era cristão, mas não fez parte do grupo sobre o qual houve imposição de mãos.

[42] Atos 21. 9.

[43] Visões pós-Petencostes foram vistas por Ananias (Atos9. 10), Paulo (Atos9. 16; 16.9), Pedro (Atos10. 11) e Cornélio (Atos10. 3). Veja Barnes, *op. cit.*, p. 32, e o *Zondervan Pictorial Bible Dictionary*, p. 884, para notas adicionais sobre visões.

2.18 –

Até sobre os meus servos e sobre as minhas servas – O Espírito Santo seria derramado sobre os servos de Deus, tanto homens como mulheres, predisse Joel.

Derramei de meu Espírito naqueles dias – Note que se trata "daqueles dias" (plural). A profecia não se limita apenas ao Pentecoste. Joel esta prevendo uma grande extensão da obra do Espírito na era da igreja, comparável às operações do Espírito na era mosaica.

E profetizarão – Houve profecia no dia de Pentecoste por parte dos servos do sexo masculino (pregação inspirada dos apóstolos). O estudante cuidadoso terá observado que esta frase (em meio a todas citadas de Joel) não faz parte da predição de Joel. Trata-se provavelmente, da aplicação da profecia por parte de Pedro, e ele explica através dela o que os apóstolos estavam fazendo. Eles eram escravos de Deus, e pregavam daquele modo inspirados pelo Espírito de Deus.

2.19 –

Mostrarei prodígios em cima no céu e sinais em baixo da terra – "Prodígios" é a palavra comum para indicar um milagre na Bíblia. Que eles iriam ter lugar "em cima no céu" nos leva a harmonizar essas palavras de Joel com aqueles que falam das mudanças cosmológicas no sol, lua e estrelas por ocasião do Segundo Advento de Jesus. Quando comparamos os vv. 19 e 20 com 2 Pedro 3.10-12 e Mateus 24.29-31, descobrimos que a linguagem de Joel é semelhante à descrição de Pedro e Mateus do Segundo Advento. A profecia de Joel cobre todos os "últimos dias", i.e., até o final dos tempos. Não houve quaisquer mudanças cosmológicas, como as que vão ser enumeradas, no dia de Pentecoste. Ele fala, na verdade, do final da era.

Sangue, fogo e vapor de fumo – Os que julgam que a profecia de Joel inteira foi cumprida no Pentecoste dizem, "o sangue deve ter corrido dos altares como rios, à medida que milhares de animais eram sacrificados. O fogo e vapor de fumo subiram dos alteres enquanto esses sacrifícios eram queimados".[44] Não é, no entanto, possível limitar os versículos anteriores ao dia de Pentecoste. Por que, então, tentar espremer este versículo em tal molde? Outros comentaristas (por interpretarem erradamente Mateus 24) percebem uma referência à destruição de Jerusalém, 70 A.D. Barnes nos informa que na sua opinião o sangue está ligado à matança da batalha, que o fogo é uma figura da guerra na conflagração de cidades e vilas, e que o fumo são as colunas de fumaça subindo das cidades e vilas incendiadas.[45] Mas ele parece inconsistente, pois diz, "O grande e glorioso dia do Senhor (v.20)" é o "juízo final". Como podem então esses acontecimentos que precedem imediatamente o juízo final se referir à destruição de Jerusalém? Fica evidente que esta parte da profecia de Joel está ainda para ser cumprida, e não se cumprirá até a Segunda Vinda de Cristo. O "sangue, fogo e vapor de fumo" não dizem respeito ao dia de Pentecoste, mas ao dia de consumação desta era.

2.20 –

O sol se converterá em trevas – A referência é ao nosso sol, e a época é o segundo advento de Cristo. Os corpos celestiais (o sol, a lua, as estrelas, e os planetas) irão dissolver-se. Esta não é uma referência ao dia da crucificação (Boles), porque esse evento ocorreu antes do "últimos dias". Não há necessidade de considerar a passagem como figurada (Barnes), porque ficamos sabendo em outra parte que esses eventos momentosos vão ter lugar na volta de Jesus.[46]

E a lua em sangue – Compare a linguagem similar em Apocalipse 6.12ss, que provavelmente fala apenas do Segundo Advento.

Antes que venha o grande e glorioso dia do Senhor – O "dia do Senhor" é o dia do juízo final.[47] É o dia do julgamento do homem que irá seguir-se à volta de Cristo no fim dos tempos.

---

[44] Don Dewelt, *Acts Made Actual* (Atos Atualizado ([Joplin, Mo.: College Press, 1953))), p. 13.
[45] Barnes, *op. cit.*, p. 34.   [46] 2 Pedro 3.7-10.
[47] Lucas 17. 24ss; 1 Tessalonicenses 5.2; 2 Pedro 3.12. Veja também o tema "Dia do Senhor" num dicionário bíblico.

Esse dia é chamado "grande" porque Jesus irá julgar impressionante e surpreendentemente os seus inimigos nesse dia. Talvez tenha havido julgamento de inimigos de tempos a tempos através da história, mas o final será o grande dia do juízo. Todos os demais empalidecerão, tornando-se insignificantes. Em Joel a palavra é "terrível" ou "temível", enquanto a NASB contém a leitura "glorioso" (também a SBB). Será um dia glorioso para os remidos, mas de terror para os que não se arrependeram. Vamos notar mais uma vez que a profecia de Joel é uma descrição dos "últimos dias" – toda a era da igreja. Existem muitas profecias comparáveis no Antigo Testamento, que têm recebido o nome de "profecias do Pico da Montanha".[48] Quando se olha para as montanhas, vemos apenas os picos e não as grandes distâncias entre eles. Os dois picos que Joel viu ao olhar para o futuro eram o Pentecoste e o Dia do Juízo. Parte da profecia de Joel foi cumprida ao começo do período chamado "últimos dias" e parte não será cumprida até a Segunda Vinda no final do tempo.

2.21 –

E acontecerá – Pedro está ainda citando Joel, e ambos dizem que nos dias de graça, nos dias da era da igreja, a era em que vivemos hoje, quem invocar o nome do Senhor será salvo.

Todo aquele que invocar o nome do Senhor – A salvação não fica mais limitada apenas aos judeus. Ela é para "todo aquele" ("quem quer que" ASV). Quem quiser ser salvo deve "invocar" no tempo indicado e da maneira indicada. É claro que não devemos pensar que basta dizer o nome do Senhor para receber a salvação. Esta mesma profecia é citada por Paulo em Romanos 10.10-17; e aprendemos ali que ouvir a pregação do evangelho, a fé e a confissão estão incluídos na ideia de "invocar o nome do Senhor". Essa é a maneira indicada. Pedro irá explicar melhor esse método no v. 38 ao terminar seu sermão. Quando é a ocasião oportuna? Não será no Segundo Advento. Não vai adiantar arrepender-se nessa ocasião. Em lugar de se arrependerem os homens são descritos como procurando um lugar onde ocultar-se da ira de Deus.[49] O tempo de invocar é durante esta vida pois estamos vivendo nos "últimos dias" dos profetas. Para os ouvintes de Pedro (assim como para nós) o tempo era agora. Há perigo e morte no adiantamento. "Senhor" é evidentemente uma referência a Cristo (quando esta passagem é citada no Novo Testamento), enquanto é uma referência a Deus quando Joel a proferiu a primeira vez. Esta é uma das mais pequeninas evidências da divindade de Cristo que encontramos no Novo Testamento. À primeira vista, poderia parecer que "invocar o Senhor" e "invocar o nome do Senhor" signifiquem a mesma coisa. Mas a adição das palavras "o nome do" chama a atenção para o "caráter" e "obra" da pessoa cujo nome se segue. Assim sendo, quando um homem invoca o nome do Senhor, ele esta apelando para o caráter e a obra de Jesus, tanto no tempo como na eternidade, como base para o seu pedido de salvação.

Será salvo – Salvo do que? Das calamidades que ocorreram durante a destruição de Jerusalém? Não! É verdade que os cristãos escaparam da destruição de Jerusalém, fugindo para a cidade de Pella na Peréia, mas o significado aqui não é esse. Salvo do inferno é a ideia neste ponto. No dia de Juízo, enquanto os perversos pedirão às rochas e montanhas que os escondam da ira de Deus, os que têm invocado o Senhor na hora indicada e na maneira indicada irão encontrar favor, misericórdia e salvação.

2.22 –

Varões israelitas, atendei a estas palavras – Seria difícil imaginarmos o golpe que se abateu sobre as ideias dos ouvintes com a palavras que Pedro pronunciou em seguida. Chegamos à segunda parte da mensagem de Pedro, onde ele fala sobre o ministério de Jesus. Estamos chegando ao primeiro anúncio público do que havia acontecido desde o dia em que Jesus foi crucificado.

---

[48] W. Kay, Comentário sobre Isaías no *The Bible Commentary*, editado por F. C. Cook, (London, John Murray, 1898), p. 19, contém uma excelente discussão do que ele chama de "lei de diminuição da perspectiva".
[49] Apocalipse 6.12ss.

Jesus, o Nazareno – Desde que muitos tinham um nome "Jesus" (o equivalente no Antigo Testamento era Josué), nosso Salvador foi designado por Pedro como sendo o Jesus que viera de Nazaré, a fim de que os ouvintes não deixassem de entender de quem ele falava. Em Atos 4.10, Pedro usa essa designação novamente para Jesus. Deve ter sido a designação de uso popular e foi até incluída na inscrição que Pilatos colocou na cruz.

Varão aprovado de Deus diante de vós – Jesus, diz Pedro, foi um homem que havia tido demonstrado e mostrado que havia sido enviado por Deus, e que tinha a aprovação de Deus – pelos milagres que operou.

Com milagres, prodígios e sinais – Mediante esses três termos, Pedro não quer dizer três tipos de ação, mas faz uso deles para descrever os mesmos milagres operados através de Jesus. "Milagres" é tradução de *dunamis* – feitos poderosos, obras que demonstraram o grande poder de Deus. São chamados "prodígios" porque deixavam admirados os que os testemunharam. Eram chamados "sinais" por serem destinados a apresentar evidência para convencer o povo sobre a pessoa e mensagem de Jesus.[50]

Os quais o próprio Deus realizou por intermédio dele entre vós – O próprio Jesus muitas vezes ligou seu poder para realizar esses milagres com a comissão recebida do Pai.[51] Os milagres foram feitos na presença de muitos daqueles que estavam agora ouvindo o sermão de Pedro.

Como vós sabeis – Sabeis! O que eles sabiam? Muitos sabiam por experiência que o poder de Deus estava por trás dos milagres realizados por Jesus.

2.23 –

Sendo este [homem] entregue – Jesus foi entregue aos seus inimigos. Pedro não nomeia aqui os agentes humanos envolvidos. Talvez Pedro tivesse em mente os judeus perversos. Talvez fosse o próprio Deus que entregou seu filho. Talvez tivesse em mente o fato de que Jesus, voluntariamente, quando chegou sua hora, se entregou nas mãos dos inimigos, e permitiu que fizessem com ele o que desejassem. Pedro não cita o agente que fez a entrega, mas ele nos conta a razão para a mesma.

Pelo determinado desígnio e presciência de Deus – A morte de Jesus foi "decidida por Deus antes de acontecer". O Antigo Testamento e o próprio Salvador haviam predito a sua morte. A morte de Cristo não foi algo que passou despercebido a Deus, ou que veio de uma reflexão tardia no programa redentor de Deus. Ela fez parte de um plano predeterminado por Deus, preparado na eternidade, antes mesmo da criação da terra. A palavra "presciência" indica um previsto antes de sua realização, e até a aprovação do que foi visto antecipadamente. Juntando as duas palavras, de maneira alguma impedimos o livre-arbítrio de Cristo para agir como desejava. Caso assim quisesse, como um agente moral livre, ele poderia ter evitado a cruz. Veja o estudo espacial referente à "Predestinação e Presciência" no final deste capítulo. Deus determinou antecipadamente o plano a ser seguido para a redenção do homem, mas não forçou a Cristo a executá-lo. Cristo aceitou a cruz espontaneamente.

Vós o matastes, crucificando-o por mão de iníquos – Os judeus foram os instigadores da crucificação de Jesus. Os "iníquos" a quem eles entregaram Jesus são os soldados romanos e Pilatos. Para "iníquos" a nota à margem é "homens sem lei". Os homens em cujas mãos Jesus foi entregue não eram transgressores da lei do estado. A expressão fala dos que não se achavam sob a lei de Moisés, i.e., os gentios. Pedro acusa aqui os judeus do crime de ter matado seu próprio Messias. A culpa deles não diminuiu por terem empregado outros para executar a morte.[52]

---

[50] João 5.36; 10. 35; 20.30-31; Hebreus 2. 4; todos esses versículos mostram que os milagres bíblicos tinham como propósito credenciar o mensageiro.

[51] João 5. 19, 30.

[52] Existe uma disputa, muito nas notícias atualmente, que gira em redor da questão: Quem crucificou Cristo? É fre-

2.24 –

Ao qual, porém, Deus ressuscitou – Este é o ponto principal desta parte do sermão de Pedro – a ressurreição de Cristo dentre os mortos. Deveria ter provavelmente havido rumores de ressurreição por toda Jerusalém, mas Pedro agora se levanta e sem equívoco declara que os boatos são uma realidade! É preciso crer na ressurreição física de Cristo para tornar-se cristão.[53] Aquele que nega a ressurreição física não é um cristão no sentido neo-testamentário do termo. Nesta mensagem de Pedro, a morte de Cristo ocupa apenas um versículo, mas a ressurreição ocupa nove. Ela constitui o ponto máximo do sermão de Pedro.

Rompendo os grilhões da morte – A nota marginal diz, "as dores do parto da morte". A. T. Robertson escreveu, "os primeiros escritores cristãos interpretaram a ressurreição de Cristo como um nascimento proveniente da morte" – e usam então o termo "dores", i.e., dores de parto. Quer Robertson estivesse ou não certo, não devemos entender que Jesus sofreu depois de sua morte. De fato o sofrimento terminou antes de ele morrer. Quando Jesus disse: "está consumado",[54] seus sofrimentos estavam acabados. A ideia neste versículo pode ser melhor definida como a "morte" sendo descrita como um cordão ou corda que prende ou confina o homem. Deus soltou este "vínculo" no caso de Jesus.

Porquanto não era possível fosse ele retido por ela – As circunstâncias do caso eram tais que ele não podia permanecer morto. Pedro passa a mostrar por que isso não era possível. Jesus não poderia permanecer morto e mesmo assim as profecias do Antigo Testamento serem cumpridas – as profecias que falavam de uma ressurreição. A palavra grega traduzida aqui como "retido" poderia ser interpretada como "vencido". A morte não conseguiria vencer Jesus!

> Cheios de espanto como os ouvintes já estavam, por uma manifestação visível e audível do Espírito de Deus, eles percebem agora que todo esse fenômeno está sujeito ao nome do nazareno a quem eles tinham desprezado e crucificado. De uma só vez eles são lembrados dos esplêndidos milagres e sinais que Jesus havia operado entre eles; são acusados de saber que haviam sido feito pelo poder de Deus; são informados de que ele foi entregue nas suas mãos de acordo com o propósito predeterminado de Deus, e não por sua impotência. Foram ousadamente informados de que Deus o havia ressuscitado dentre os mortos, sendo impossível a um ser como ele permanecer para sempre entre os mortos. Jamais lábios mortais anunciaram em tão breve espaço de tempo fatos de tamanha importância aos ouvintes. Poderíamos desafiar o mundo a encontrar um paralelo nos discursos de seus oradores, ou no versos de seus poetas. Não existe tal raio de trovão em qualquer dos temas dos profetas de Israel, ou entre as vozes que ecoam através do Apocalipse. É o primeiro anúncio público ao mundo de um Redentor ressurreto e glorificado.[55]

2.25 –

Porque a respeito dele diz Davi – Duas das afirmações de Pedro no anúncio acima precisavam de mais provas: (1) que Jesus tinha sido entregue segundo o plano predeterminado de Deus, e (2) que Deus o levantou dentre os mortos. As outras declarações de Pedro sobre Jesus não tinham grande necessidade de serem provadas. Eles sabiam que Jesus havia operado milagres pelo poder de Deus e que eles, pelas mãos de homens iníquos, o fizeram morrer. Pedro cita o Salmo 16.8-11 como evidência que o que havia acontecido a Jesus estava em harmonia com a vontade e o propósito de Deus. Este versículo é também uma evidência da autoria davídica do Salmo 16.

---

quentemente considerado um sinal de anti-semitismo acusar os judeus de culpa na crucifixão de Cristo, como Pedro fez em seu sermão. Referências úteis para estimular as ideias são encontradas em *Christianity Today*, 13- 3- 64, p. 536: "The Anatomy of Anti-Semitism" ("A Anatomia do Anti-Semitismo"); e no livro de R. C. Foster, *The Final Week* (Grand Rapids: Baker, 1962), p.186ss. Se existe uma brecha entre os povos cristão e judeu hoje, ela não é causada por sentimentos negativos sobre quem crucificou Jesus. Mas deve-se à falta de acordo entre a incredulidade – no caso do judeu que rejeita Jesus – e a fé – por parte do cristão que aceita Jesus como Salvador.

[53] Romanos 10.9.   [54] João 19. 30.   [55] McGarvey, *op. cit.*, p. 30.

Negar que Davi escreveu o Salmo 16 equivale a negar a inspiração e veracidade de Pedro. A palavra traduzida como "de" nesta cláusula ("a respeito" na ASV e SBB) ("pois Davi diz de ele" no inglês) é *eis*. Esta preposição é usada quando a linguagem da citação é aplicável, não estritamente, mas para acomodação. Esse é o caso do Salmo 16.

Diante de mim via sempre o Senhor – "Via" significa "olhava para, fixava a minha atenção em, como meu ajudador e advogado". Este verbo está no tempo imperfeito, expressando hábito. Aplicadas a Jesus, as palavras mostram que ele considerava Deus como presente em sua companhia; que ele podia confiar no Pai; que Ele podia esperar ajuda do Pai, pois o pai se achava sempre presente para ajudar e livrar o filho de todas as dificuldades, porque (implícito) o filho fazia coisas que o pai aprovava. Em outras palavras, o Salmo é citado para mostrar que o que ocorreu com Jesus estava de acordo com a vontade de Deus.

Porque está à minha direita, para que eu não seja abalado – A mão direita é mencionada por ser o lugar de dignidade e honra. Jesus tem um lugar de dignidade exaltada à destra do Pai, não sendo então atingido pelo mal e a calamidade. Nas cortes de justiça, os advogados ficavam à direita dos clientes.[56]

2.26 –

Por isso – Pedro está atribuindo essas palavras ao Messias, embora elas fossem originalmente ditas por Davi.

Se alegrou o meu coração – A razão do júbilo de Jesus era que seria preservado em meio aos sofrimentos que acometeriam, e podia olhar para o futuro, para o triunfo que aguardava. Compare Hebreus 12.2. O "coração" aqui significa seja os pensamentos do homem, ou toda sua pessoa. Os hebreus usavam com frequência membros diferentes do corpo para indicar o homem total.

E a minha língua exultou – O hebraico diz, "minha gloria exulta", ou "minha honra exulta". A leitura da LXX é a mesma citada por Pedro, i.e., "minha língua exulta". Uma coisa que torna o homem superior aos animais é a sua língua – sua capacidade de falar e comunicar-se. Talvez seja por isso que a "língua" e "glória" têm alguma coisa em comum.

Além disto também a minha própria carne repousará em esperança – Quando parafraseada, esta frase faz Jesus dizer: "além de meu coração alegrar-se e minha língua rejubilar-se, entrego meu corpo à sepultura, com a expectativa confiante de que antes de iniciar-se a sua decomposição, ele será ressuscitado".

2.27 –

Porque não deixarás a minha alma na morte – Este o motivo porque o corpo de Jesus pôde repousar confiante na sepultura. A alma é a parte imortal do homem. (Eu sou uma alma. Vivo num corpo.) Alma e corpo não são equivalentes. Com frequência, o "corpo", "alma" e "espírito" podem sobrepor-se ao descrever o corpo vivo. Os Testemunhas de Jeová têm, neste ponto, uma heresia oculta e condenável. Mantendo a doutrina preconcebida da aniquilação (que para os perversos não haverá vida além-túmulo), eles tentam equiparar corpo e alma. O professor Dale afirmou muito bem:

> Quando é feito um esforço deliberado para destruir pela negação a parte eterna do corpo, enquanto viva na carne, torna-se necessário negar todo o esquema da redenção messiânica e profética. A heresia oculta e condenável da seita dos Testemunhos de Jeová é a negativa dogmática da divindade de Cristo sob a capa de um argumento complicado na procura de ser lógico. Fazer com que "alma" signifique somente a carne do homem leva diretamente à negativa da encarnação de Cristo, sua expiação do pecado e sua divindade.[57]

---

[56] Salmo 109.31.   [57] Dale, *op. cit.*, p.45.

A palavra "alma" é usada na Bíblia, às vezes, no sentido de uma "alma desincorporado"; i.e., dissociado do corpo.[58] Quando um homem morre, seu corpo é sepultado num túmulo em algum lugar, mas aquilo que animava o corpo, a alma, ainda consciente, entra no estado intermediário. Hades, antes da ressurreição a ascensão de Cristo, era o lugar (estado) intermediário de todos os mortos, sendo um estado desincorporado. Então, a passagem citada por Pedro afirma a volta da alma de Jesus do lugar intermediário dos mortos. Para mais detalhes sobre "Hades" veja o estudo espacial no fim deste capítulo.

Nem permitirás que o teu santo veja corrupção – A referência ao "santo" é ao filho de Deus, i.e., ao seu corpo. O termo grego fala de alguém não corrompido pelo pecado, pois a palavra grega aqui para "santo" (*hosion*) é diferente da palavra comumente traduzida "santo" (*hagios*). *Hosion* inclui a ideia de piedade e santidade pessoal. A frase inteira afirma que o corpo de Jesus seria reanimado pela volta da alma ao mesmo, antes da decomposição começar.

2.28 –

Fizeste-me conhecer os caminhos da vida – As palavras significam, com a relação ao Messias, "tu me restaurarás à vida". McGarvey acha que o sentido disto é que a ressurreição foi levada ao conhecimento de Jesus antes de Ele morrer. Em qualquer caso, o salmista está prevendo que o Messias seria restaurado à vida, voltando aos atos, feitos e estilo de vida.

Encher-me-ás de alegria na tua presença – A alegria expressa os sentimentos do Messias em vista da ressurreição e ascensão. Esta frase, especialmente as palavras "na tua presença", fala da ascensão, e de como o ressuscitado estaria cheio de alegria ao voltar à presença de Deus (pela ascensão).

Vamos resumir os pontos desta profecia feitos por Davi e citados por Pedro. (1) O Messias iria morrer, (2) sua alma, porém, não ficaria abandonada no Hades, (3) nem seu corpo permaneceria na sepultura tempo suficiente para começar a decompor-se. (4) Além disso, ele seria levantado dos mortos e subiria para sentar-se no trono celestial à destra de Deus. J. W. McGarvey nos prepara para o versículo seguinte em sua nota.

> É inegável que esta passagem prediz a ressurreição de alguém dentre os mortos, antes da corrupção do corpo; e a única pergunta entre Pedro e seus ouvintes seria: De quem Davi falou? Pedro responde a esta pergunta nos versículos que se seguem.[59]

2.29 –

Irmãos – Pedro mostra agora que o salmo não se refere a Davi.

Seja-me permitido dizer-vos claramente, a respeito do patriarca Davi – Isto é, desejo falar com ousadia, abertamente, sobre Davi. Pelo fato de Pedro usar a palavra "confiantemente" (no inglês), alguns interpretam isto como se ele estivesse se desculpando por usar o salmo 16 como uma referência ao Messias quando os judeus (no Targum e nos comentários rabínicos) não faziam isso. Mas ficamos imaginando se depois da vinda do Messias os judeus não mudaram suas interpretações das passagens do Antigo testamento que os cristãos usavam como provas textuais messiânicas, uma mudança eventualmente refletida nos escritos do Targum e escritos rabínicos. A confiança de Pedro no caso se baseava nos fatos que todos conheciam, a saber, Davi estava morto e sepultado. Isso era algo que não podia ser impugnado. "Patriarca" significa a cabeça ou líder de uma família, e depois o fundador de uma família, ou um ancestral ilustre. Davi é chamado de patriarca em 1 Crônicas 24.31 (LXX) por ter sido fundador de uma linhagem real.

Que ele morreu e foi sepultado – Eles tinham o registro desses fatos no Antigo Testamento.

E o seu túmulo permanece entre nós até hoje – O túmulo de Davi ficava ao lado do sul do monte Sião (dos dois montes sobre os quais Jerusalém foi construída, o morro a oeste), a

---

[58] Apocalipse 6.9.   [59] McGarvey, *ibid.*, p. 32.

cidade de Davi.⁶⁰ O túmulo de Davi era o único dentro dos muros de Jerusalém. Hircano (134 a.C.) abriu-o e tirou 3.000 talentos de prata, usando um décimo dessa soma para induzir Antíoco Sidetes a levantar o cerco que tinha ao redor de Jerusalém. A tumba de Davi foi novamente violada por Herodes, que tirou dela muita riqueza.⁶¹ Ela entrou em decadência na época de Adriano. Os que visitam Jerusalém no século 20 são levados a um local no monte Sião onde dizem que Davi se acha enterrado.⁶² Pedro esta dizendo que Davi não foi ressuscitado dentre os mortos. Portanto, o salmo não poderia aplicar-se a ele. Seu corpo continuava no túmulo.

2.30 –

Sendo, pois, profeta – Desde que o corpo de Davi permanecia na sepultura, e ele não estava, portanto, falando de si mesmo, deveria estar se referindo a outra pessoa. Neste caso, Davi havia predito um evento futuro ao profetizar.

E sabendo que Deus lhe havia jurado – A predição de Davi podia ser feita porque ele sabia o que Deus havia lhe dito sobre seus descendentes. Os trechos em que está registrado que Deus "jurou" a Davi se encontram nos Salmos 89.3,4; 132.11, e 2 Samuel 7.11-16 (onde Natã dá garantias a Davi). Um "juramento" não é nada parecido com uma "imprecação", mas algo como "Assim como Deus vive . . . tal coisa é verdade". Em vista de não poder jurar por alguém superior, Deus jura por si mesmo.

Que um seus descendentes se assentaria no seu trono – Mediante juramento, Deus prometeu solenemente a Davi que um de seus descendentes seria o cabeça do reino espiritual (o reino do Messias não é deste mundo). Alguns têm sugerido que os salmos visualizaram originalmente Salomão como aquele que iria sentar-se no trono de Davi. Talvez fosse assim, mas Pedro, falando por inspiração, declarou que o juramento estava ligado à vinda do Messias.

2.31 –

Prevendo isto – Davi, prevendo o futuro, e observando o que aconteceria nos dias do Messias, falou essas palavras, Pedro afirma ousadamente.

Referiu-se à ressurreição de Cristo – Esta é a conclusão de Pedro, a partir de seu raciocínio sobre a previsão de Davi. Davi falava a respeito do Cristo. Pedro agora tem provado o que desejava provar – que Cristo, segundo um plano de Deus predeterminado e expresso, deveria sofrer a morte e ressuscitar rapidamente dos mortos.

Que nem foi deixado na morte [Hades], nem o seu corpo experimentou corrupção – Através deste versículo extraímos a conclusão de que o salmo 16 previu a ressurreição de Cristo. Sua alma foi para Hades (i.e., fazia parte do plano de Deus que o Messias morresse), mas ele não sofreu para sempre ali. Voltou de lá e reanimou seu corpo, agora transformando num corpo espiritual, ressurreto.

2.32 –

A este Jesus Deus ressuscitou – Tendo mostrado com base nas Escrituras que foi prevista a ressurreição do Messias dentre os mortos, Pedro afirma agora que tal ressurreição ocorreu realmente no caso de Jesus.

Do que todos nós somos testemunhas – Qual a prova oferecida por Pedro de que Jesus havia se levantado dentre os mortos? Ele diz: "Nós, os doze apóstolos, somos todos testemunhas do fato!" E o testemunho deles não é falso. Tem todas os sinais de veracidade. Psicologicamente, os homens não suportam grandes dificuldades nem morrem por algo que sabem ser mentira. Todavia, todos os apóstolos suportaram anos de trabalho e sofrimentos para contar a história

---

⁶⁰ 1 Reis 2. 10; Neemias 3. 16.
⁶¹ Josefo, *Guerras*, 1.2.5; III. 15:3; XVI 7. 1.
⁶² *Zondervan Pictorial Bible Dictionary*, p. 203.

2.32   A Igreja Em Jerusalém

da ressurreição. Eles foram torturados, e a maioria sofreu o martírio porque sabiam que a ressurreição de Jesus era verdade, e se recusaram e retratar seu testemunho só para evitar a agonia da morte do mártir. Seu testemunho tem som de verdadeiro! Ainda mais, houve testemunhas demais para todos serem enganados. No caso de alguém talvez perguntar: "Se Jesus ressuscitou dentre os mortos, onde ele está agora?" Pedro continua, contando onde ele está e o que está fazendo.

2.33 –

Exaltado, pois, à destra de Deus – Pedro conta então onde o Jesus ressuscitado se acha. "À destra" poderia ser também traduzido: "exaltado pela destra". Pedro poderia estar dizendo que Deus, com a sua própria destra, elevou Jesus ao seu lugar atual nos céus. Mas quando consideramos o v. 34, parece que "à destra" é a ideia correta. O trono de Davi não se encontra portanto nesta terra, mas "à destra de Deus no céu". A palavra "exaltado" poderia significar mais do que "levantado". Poderia incluir também a ideia de que Cristo foi glorificado, coroado como rei. Cristo é rei, e Pedro está prestes a contar-lhes como se tornarem súditos do reino.

Tendo recebido do pai a promessa do Espírito Santo – A promessa, feita pelo Espírito Santo, foi aquela feita a Davi, que um de seus descendentes se sentaria no seu trono.[63] Pedro declara claramente aqui, em linguagem que não se pode deixar de entender, que *Jesus reina agora no trono de Davi*. A ascensão e coroação de Cristo cumprem a profecia feita através de Davi.

Derramou isto que vedes e ouvis – Os fenômenos surpreendentes manifestadas naquela hora no dia de Pentecoste, as coisas extraordinárias que a multidão reunida havia visto e ouvido (vv.2-4), esses eram atos de Jesus do seu trono nas alturas. Os apóstolos não estavam embriagados. A bebida não poderia produzir o que eles acabavam de ver. Os eventos daquele dia foram preditos no Antigo Testamento, e foram agora realizados pelo poder de Jesus. "O Jesus glorificado é responsável pelo que viram e ouviram neste dia", diz Pedro, "e o que vocês viram e ouviram prova que ele está glorificado". O Pai deu ao Filho autoridade sobre o Espírito, e o Filho distribuiu o dom aos homens. João 14-16 mostra que a volta de Cristo ao céu foi um acontecimento preliminar indispensável para a vinda do Espírito.

2.34 –

Porque Davi não subiu ao céus – Davi não é aquele predito pelo próprio Davi que subiria aos céus, argumenta Pedro. Ele lembra os ouvintes que Davi deu testemunho do fato de que o Messias subiria aos céus e seria exaltado.

Mas ele mesmo declara – O Salmo 110.1 é citado neste versículo e no seguinte. Este é um testemunho explícito da autoria davídica do Salmo 110. Tanto Jesus como Pedro faz um argumento que depende da autoria davídica.

> Alguns dentre a audiência poderiam lembrar-se de que poucas semanas antes, os fariseus haviam ficado confusos com uma pergunta sobre o significado dessa mesma passagem, e não ousaram responder a Jesus. Se tivessem respondido verdadeiramente a ele, teriam admitido sua reivindicação de divindade, Mateus 22.42-45.[64]

Os que foram então silenciados por Jesus aprendem agora como o filho de Davi era também Senhor de Davi.

Disse o Senhor ao meu Senhor – No hebraico, "Jeová" disse a Adonai", isto é, "o Pai disse ao Messias". Em forma de paráfrase, a citação é esta: Jeová disse a ele a quem eu, Davi, reco-

---

[63] *O Novo Testamento Vivo* ("The Living New Testament"), traduzido por pessoas cuja escatologia é pré-milenar e portanto acreditam que o reinado de Jesus sobre o trono de Davi está reservado para o milênio futuro, têm deturpado a interpretação deste versículo. De outro modo, eles teriam de abandonar uma das principais doutrinas de todo o esquema pré-milenar.

[64] Boles, *op. cit.*, p. 44.

nheço como meu superior e soberano . . ." Aquele a quem Davi reconheceu como seu Senhor não era outro senão Jesus, o Messias.

Assenta-te a minha direita – Esta foi uma predição feita por Davi com respeito à exaltação de Cristo. O Pai (Jeová) convidou Jesus para um lugar à sua destra, um lugar de favor, confiança e poder.

2.35 –

Até que eu ponha os teus inimigos por estrado dos teus pés – Na antiguidade, quando o rei vencia um inimigo, este era frequentemente obrigado a deitar-se de costas em frente ao trono do conquistador. O vitorioso usava então o vencido como escabelo, chegando a colocar os pés em cima do pescoço da vítima, simbolizando seu domínio completo sobre o vencido. Cristo irá da mesma forma um dia completar o grandioso plano de Deus para todas as eras. Todos os que têm-se rebelado contra Deus serão subjugados. O último inimigo a ser abolido é a morte,[65] e teremos chegado então à consumação do séculos e ao início da eternidade.

2.36 –

Esteja absolutamente certa, pois, toda a casa de Israel – "Esteja absolutamente certa" significa "esteja seguro, saiba sem qualquer hesitação ou possibilidade de erro". Barnes citou alguém sobre este versículo:

> Convencidos pelas profecias, pelo nosso testemunho, e pelas cenas notáveis exibidas no dia de Pentecoste, estejam todos convencidos que o verdadeiro Messias veio e foi exaltado aos céus.[66]

Pedro está insistindo com seus ouvintes para que creiam na evidência apresentada para estabelecer o fato de Jesus de Nazaré ser o Messias, o agora exaltado Filho de Deus.

De que a este Jesus que vós crucificastes – Exatamente a pessoa que sofreu foi levantada dentre os mortos, exaltada e glorificada pelo Pai. Pedro acaba de mostrar àqueles homens reunidos diante dele a sua culpa. O filho de Deus, a esperança da sua nação, havia sido morto por eles. Não se tratava de um impostor, nem de um homem interessado apenas em revolução contra o governo estabelecido, nem de um blasfemador. Ele era o Messias de Deus! E eles haviam manchado suas mãos com o seu sangue!

Deus o fez Senhor e Cristo – "Fez" tem a força de "nomeou" ou "constituiu". "Senhor" indica "mestre, soberano", alguém que possui toda autoridade no céu e na terra. Deus mostrou que Jesus é o Senhor (citado no Salmo que acaba de ser mencionado), fazendo-o sentar em seu próprio trono para governar anjos e homens. E hoje, quando um indivíduo confessa que "Jesus é Senhor", está dizendo que crê que Jesus está sentado à destra do trono do universo, controlando ativamente todas as coisas para o bem dos filhos de Deus. A exaltação de Jesus pelo Pai também mostra que ele é o Messias predito no Antigo Testamento. Com palavras as mais claras possíveis, Pedro afirma que Jesus está agora sentado no trono de Davi. Não devemos, então, como alguns esquemas milenares retratam, esperar que Jesus se sente em algum trono terreno no futuro, crendo que Ele não está ainda sentado no trono de Davi.

H. O EFEITO DO SERMÃO DE PEDRO. 2.37-41

2.37 –

Ouvindo eles *estas coisas* – Ao ouvirem esta declaração feita por Pedro, e a prova de que Jesus era verdadeiramente o Messias, eles admitem crer no que Pedro havia dito através da pergunta: "Que faremos?"

---

[65] 1 Coríntios 15. 25, 26.   [66] Barnes, *op. cit.*, p. 49.

Compungiu-se lhes o coração – A leitura à margem é "atingidos na consciência". O verbo significa "traspassar, picar, espantar, golpear". Implica a ideia de uma tristeza súbita e aguda. Eles ficaram atordoados, cheios de angústia e alarme com as palavras de Pedro. Barnes citou várias causas possíveis para o tristeza deles: sua tristeza de que o Messias tivesse sido morto pelos seus próprios compatriotas, sua profunda sensação de culpa por ter feito isso, e medo da ira divina.[67] A declaração de Cristo, registrada em João 16.8,9, estava sendo cumprida pela primeira vez.

>O Espírito Santo convence do pecado (João 16.8) através da Palavra, falada ou escrita. Pedro havia completado sua parte, o Espírito Santo havia completado a parte dele, e o restante foi deixado para os ouvintes. A decisão se achava inteiramente nas mãos dos ouvintes, pois lhes cabia exercer a sua vontade de agir.[68]

E perguntaram a Pedro e aos demais apóstolos – Parece novamente que todos os doze tinham estado falando. Caso contrário, por que os ouvintes se dirigiriam a "todos" os apóstolos?

Que faremos, irmãos? – Esta é uma expressão de sinceridade. Eles querem saber o que fazer para evitar a ira de Deus sobre as suas pessoas. Quando examinamos a resposta que lhes foi dada, descobrimos que perguntavam o que fazer para obter perdão de seus pecados.

>Esta é a primeira vez sob o reino de Cristo que esta pergunta momentosa é proposta, e a primeira vez, naturalmente, sob a nova aliança, que ela recebeu uma resposta. Qualquer que possa ter sido a resposta apropriada sob qualquer dispensação anterior, ou em qualquer dia anterior na história do mundo, a resposta dada por Pedro neste dia de Pentecoste, o dia em que o reino de Cristo na terra foi anunciado pela primeira vez, é a resposta verdadeira e infalível para todos os interessados em todo tempo subsequente.[69]

Se quisermos evitar a ira de Deus sobre os nossos pecados, teremos que fazer o que Pedro disse a seus ouvintes que fizessem, pois vivemos na mesma dispensação que começou no dia de Pentecoste.

2.38 –

Respondeu-lhes Pedro – Pedro tinha sido o orador principal, embora os outros também tivessem falado à multidão. Em nome de todos, ele agora orienta os ouvintes sobre o que fazer. Eles recebem ordens para fazer duas coisas: arrepender-se e ser batizados em nome de Jesus; e recebem também a promessa de duas bênçãos que se seguiriam após a realização dessas duas coisas: remissão de pecados e o dom do Espírito Santo.

Arrependei-vos – O arrependimento resulta de uma tristeza santa pelos pecados cometidos contra Deus (ou contra os semelhantes), com o propósito de abandoná-los. O sentido é fazer meia volta e seguir na outra direção. O verdadeiro arrependimento envolve restituição sempre que possível.[70] Informação detalhada sobre o arrependimento está incluída no estudo especial no fim deste capítulo.

E cada um de vós seja batizado – "Cada um de vós" representa a mudança de verbos no grego. "Arrependei-vos" é plural, enquanto "Cada um de vós seja batizado" é singular. Há também uma mudança da segunda para a terceira pessoa. Esta mudança implica numa interrupção do pensamento. A primeira coisa a fazer quando você fica convencido de seus pecados é levar a efeito uma modificação radical e completa. Isto é feito através do arrependimento, e todos devem obedecer a este preceito. A próxima coisa a fazer é um ato individual. "Cada um de vós seja batizado . . ." A ordem que Cristo deu ao seus apóstolos foi de que deveriam batizar todos os que

---

[67] *Ibid.*, p. 50.   [68] Dale, *op. cit.*, p. 46.   [69] McGarvey, *op. cit.*, p. 37,38.

[70] Lucas 19. 8, onde Zaqueu promete fazer restituição como resultado de seu arrependimento é um trecho onde aprendemos que o arrependimento envolve restituição sempre que possível.

[71] Mateus 28.19; Marcos 16.16. A construção grega em Mateus é tal que diz que alguém "faz discípulos . . . por batizar". "Batizando-os" em Mateus é um particípio circunstancial, sendo uma das coisas envolvidas no "discipulado".

viessem a crer.[71] É preciso dizer algo sobre a *origem* da ordenança do batismo. Uma abordagem popular e moderna da origem do ato é dizer que teve origem judaica, talvez nos dias do cativeiro na Babilônia, e que João Batista simplesmente apropriou-se para seu próprio uso de um costume que encontrou já em uso.[72] A ideia de que os prosélitos da religião judaica foram batizados, mesmo na época do Antigo Testamento, se baseia numa referência encontrada no Talmude. Devemos nos lembrar de que o Talmude não foi colocado na forma escrita até 300 a 500 anos depois de Cristo. É muito difícil afirmar que tudo que se acha agora incluso no Talmude estivesse na forma oral do Talmude nos dias do Antigo Testamento. Existem várias linhas de evidência que mostram que o ato de batizar pessoas em água começou com João Batista. Primeiro, João foi chamado de "batizador", ou "batista", em vista de sua prática de imersão ser algo novo – algo que o povo não havia presenciado antes. Em Mateus 21.25ss há também evidência de que o batismo de João não era de origem humana. À luz desta evidência, parece muito mais provável que os judeus aprenderam o costume de batizar prosélitos femininos com os cristãos, do que os cristãos estarem simplesmente copiando uma prática judaica.

Vamos verificar agora o que significa ser "batizado". Qual a *ação* indicada por esse verbo? O verbo grego *baptizo*, transliterado "batizar" em nossa versão, significa "imergir" ou "mergulhar". Que o sentido é realmente esse pode ser verificado naqueles versículos em que é traduzido e não transliterado.[73] Por exemplo, na instituição da Ceia do Senhor no cenáculo, quando Jesus diz estas palavras: "O que mete (*baptizo*) comigo a mão no prato. . ."[74]

A palavra "batizar" significa imergir no original. Essa pergunta pode ser feita a qualquer grego que viva neste país, e aprende-se esse simples fato. A Igreja Católica Grega sempre tem conhecido este fato, e continua praticando a imersão até hoje. Jesus andou cerca de cem quilômetros para ser imerso no Rio Jordão. João batizava em Enom por haver "muita" água ali (João 3.23). Filipe e o eunuco "desceram à água" e ambos "saíram da água" (Atos 8.38,39). Paulo nos diz que somos sepultados no batismo (Romanos 6.4-6).[75]

O quadro abaixo nos ajuda a visualizar a ideia de que o ato indicado na Bíblia como sendo "batismo" só pode ser imersão.

Batismo Neo-Testamentário Requer	Aspersão Requer	Derramar Requer	Imersão Requer
Água, *Atos 10:47*	X	X	X
Muita água, *João 3:23*		X (?)	X
Ir até a água, *Mateus 3:13*			X
Administrado em água, *Marcos 1:9*			X
Descer à água, *Atos 8:38*			X
Sair da água, *Mateus 3:16*			X
Sepultamento, *Romanos 6:4*			X
Ressurreição, *Colossenses 2:12*			X

---

[72] G. R. Beasley-Murray, *Baptism in the New Testament* (Grand Rapids: Eerdmans, 1973), p.1-44, discute os antecedentes judaicos do batismo cristão, e resume muito bem todos os argumentos mais comuns para a origem humana da prática da imersão.

[73] Alexander Campbell, *The Campbell-Rice Debate on Christian Baptism* (Lexington, Ky: A. T. Skillman & Son, 1844), p. 1-272, respondeu a todos os argumentos comuns que têm sido apresentados nos últimos 150 anos no sentido de que seja possível "batizar" por derramamento ou aspersão (assim como por imersão), porque a palavra *baptizo* significa simplesmente "aplicar água de alguma forma ou outra". Ele mostra efetivamente que o Novo Testamento exige "imersão" para que possa ser chamado um Batismo!

[74] Mateus 26. 23. [75] Dale, *op. cit.*, p. 48.

2.38   A Igreja Em Jerusalém

Corpo lavado,   *Hebreus 10:22*   **X**

O batismo ordenado por Pedro em Atos 2.38 é batismo em água, embora ele não diga isso literalmente nesta passagem. Que se trata de um batismo na água pode ser percebido de várias maneiras. Por eliminação: não é o batismo do Espírito Santo que Pedro dá ordens aos ouvintes a que se submetam.[76] Lembre-se de que os objetos do batismo do (com o) Espírito Santo eram os apóstolos, e que o propósito desse batismo com o Espírito Santo era capacitá-los para seu trabalho de dar testemunho. Isto deve mostrar que o batismo agora ordenado por Pedro não é o mesmo que o batismo com o Espírito Santo, pois os ouvintes de Pedro não foram envolvidos na promessa do batismo com o Espírito Santo. Um segundo meio de saber qual o batismo ordenado por Pedro, é consultar outras passagens no Novo Testamento que contam sobre como os indivíduos se tornam cristãos. Essas passagens, como Atos 10.44-48, irão mostrar que o batismo na água está envolvido universalmente na entrada na religião cristã. Alguém disse muito bem que toda vez que a palavra "batismo" aparece no Novo Testamento, é um batismo na água, a não ser que o contexto imediato torne claro que seja um dos outros batismos (lembre-se do quadro "Batismos no Novo Testamento" em Atos 1.5). Depois que os ouvintes se arrependeram, Pedro os exorta para se submeterem à imersão na água. "Cada um de vós seja batizado!"

Em nome de Jesus Cristo – Primeiro, deve ser observada a existência de uma variação de manuscritos, relativa à preposição traduzida como "em". Alguns manuscritos antigos contêm a leitura *epi*, "sobre"; e outros *en*, "em" ou "por". Os comentários incluem também notas diferentes, dependendo de qual leitura textual estão seguindo. Alguns (lendo *en*) consideram isto como significando "pela autoridade de Cristo", como "Pare em nome do Rei" significa "Pela autoridade do rei exijo que pare". Arrependa-se e seja batizado porque Cristo o ordena. Os que seguem a leitura "sobre" acham-se divididos em suas explicações. Alguns acham que há uma referência à confissão. "Sobre a confissão de Jesus Cristo", i.e., tendo feito uma confissão de Jesus como Messias, deviam ser batizados. Outros julgam haver uma referência à oração enquanto o candidato está sendo batizado, semelhante a Atos 22.16 ("invocando o nome do Senhor"). Outros ainda percebem uma referência à "fórmula batismal" – as palavras ditas por quem batiza ao imergir o candidato. Enquanto imerge o crente arrependido, quem batiza diz algo como "Eu te batizo agora em nome de Jesus Cristo".[77]

Para remissão dos vossos pecados – A preposição grega traduzida "para" é *eis*. Está sendo travada uma grande batalha sobre o significado dessa pequena palavra. Envolvida é a questão da se a pessoa deve ou não ser batizada para ter seus pecados perdoados. Uma grande parte da "cristandade" apóia uma doutrina categorizada de "fé somente". A doutrina da "fé somente" afirma que o batismo não é necessário para a salvação. Tudo que os homens precisam fazer para serem salvos é crer. Então, é claro, uma vez salvo o homem desejará prosseguir e ser batizado. Entre os estudiosos bíblicos desta convicção, o batismo é frequentemente chamado de "sinal externo de uma graça interna". É apenas um símbolo para outros do que já aconteceu no coração, dizem. Se o batismo não passa de um símbolo, como os que ensinam a fé somente explicam esta pequena preposição "para"? (1) Alguns seguem o erudito batista, A. T. Robertson, que, acreditando que a salvação vem antes do batismo, traduz *eis* como "por causa de". Isto é, ele apela para o que é chamado de "uso causal de *eis*". O argumento dele é o seguinte: Colocamos um homem na prisão *por* assassinato. O "por" nessa sentença significa (não para que ele cometa as-

---

[76] Muitos comentaristas, em vista de seu conceito de fé-somente, numa tentativa de fugir à força e necessidade do batismo para a salvação como ensinado em Atos 2.38, insistem em que o batismo em água não é necessário e sim um "batismo do Espírito Santo". Dão então a "batismo no Espírito Santo" um sentido peculiar, como se fosse sinônimo do novo nascimento, afirmando então que é isto que é necessário para a salvação, mas não um batismo na água. Cuidado! Nem 1 Coríntios 12.13a ensina um "batismo pelo espírito" no corpo de Cristo. Esse versículo diz que "pela agência do Espírito Santo uma pessoa é levada ao ponto de querer ser batizado no corpo".

[77] Mais discussão da "formula batismal" será encontrada nas notas de Atos 10.48.

sassinato, mas) "porque ele já cometeu". Então, as traduções, como a KJV e NASB, cuja leitura diz *"para* remissão dos pecados" (também a SSB N.T.), são interpretadas como significando "sejam batizados porque seus pecados já foram perdoados". Robertson insistiu que o versículo não significava que o indivíduo é batizado para obter perdão de seus pecados, mas porque já tinham sido perdoados. EM RESPOSTA a esta primeira explicação de *eis* dos adeptos da "fé somente", é bom saber que muitos léxicos não dão sequer um "uso causal de *eis*" (pois dentre 1.773 ocorrências de *eis* no Novo Testamento, apenas 4 poderiam talvez significar "por causa"), e os que o dão, admitem que tal tradução é, na melhor das hipóteses, controvertida.[78] (2) Desde que o argumento do "uso causal de *eis*" não tem sido convincente, os que ensinam a "fé somente" têm tentado outra abordagem para explicar o que *eis* significa aqui em Atos 2.38. Eles apelam para o chamado "uso estático de *eis*". Eles querem dizer simplesmente isto: Nos dias do Novo Testamento, havia uma preposição *en* significando "em" e também uma preposição *eis* significando "para dentro de"; a segunda era cada vez mais utilizada, chegando a invadir o uso de *en*, até que no grego moderno *eis* é empregado tanto para "em" como "para dentro de", e *en* desapareceu de uso. O que isto tudo significa é: Atos 2.38 é interpretado "seja batizado . . . *com respeito ao* perdão de pecados". Este é apenas um outro modo de dizer que porque seus pecados já foram perdoados, você precisa ser batizado. EM RESPOSTA, há poucos eruditos respeitados no grego que arriscariam sua reputação com tal interpretação de Atos 2.38. Havia de fato um *eis* estático no grego *koine*, mas nem mesmo o léxico Arndt-Gingrich que cita vários trechos onde *eis* é estático dá isso como um significado para a passagem em questão. Esse léxico reconhecido-como-excelente diz que *eis aphesin ton hamartion* em Atos 2 "indica o propósito do batismo".[79] Assim sendo, os argumentos reunidos para provar que o batismo não é necessário para o perdão de pecados falharam!

Temos sido levados, então, pelo processo de eliminação, até o ponto onde concordamos com aqueles eruditos que afirmam que esta passagem significa que o perdão depende do arrependimento e batismo. Seria traduzida corretamente: "batizado. . . a fim de ter os pecados perdoados".[80] Edgar J. Goodspeed (outro batista), em sua versão das Escrituras, traduziu "Devem arrepender-se e ser batizado cada um de vocês *a fim de* ter os pecados perdoados". Ao ser indagado sobre esta tradução nada batista (ela certamente não apóia a doutrina da fé-somente como

---

[78] Quando alguém examina o material no *Arndt-Gingrich Greek English Lexicon of the New Testament and other Early Christian Literature* (Chicago: University of Chicago Press, 1957), p. 131 e 229, descobre estes fatos significantes: AG não dá nenhum exemplo do *eis* causal nos pais da igreja. Um artigo estudioso em The Journal of Bblical Literatura, por Marcus, referido por AG, nota que não há exemplo de eis *causal* nos papiros do primeiro século. Poderemos, então, encontrar exemplos do *eis* causal no Novo Testamento?

[79] Arndt-Gingrich, *op. cit.*, p. 131.

[80] Vários artigos excelentes sobre a necessidade da imersão para a salvação têm sido publicadas em livros e revistas. Queremos chamar a atenção para dois deles: Don Nash, "For The Remission of Sins", *Christian Standard*, CX, (30 de março, 1975), p. 270-72. R. L Aldrich, "Baptism For Remission of Sins?" *Restoration Herald*, janeiro de 1963, p. 7ss.

[81] Basil Holt, "New Evidence on an Old Question", *Christian Standard*, LXXVII (20 junho 1942), p. 605. James Earl Ladd, "The Purpose of Christian Baptism", *Christian Standard*, LXXXIII (6 setembro, 1947), p. 611, 624.

[82] Para o leitor que necessita mais confirmação da necessidade da imersão para a salvação, existem os seguintes itens. "A infindável controvérsia sobre o batismo como necessário ou desnecessário para a salvação poderia ter sido evitada. Se Cristo ordenou o batismo, o que fez (Mat. 28:19; Mc 16:16), e se crê que é necessário obedecer um mandamento de Cristo para ser salvo, então o batismo é necessário para a salvação" (Dale, *op. cit.*, p. 47). Novamente, tanto o arrependimento quanto o batismo têm a mesma relação com a remissão de pecados aqui nas instruções de Pedro. Se não há remissão antes do arrependimento (e não tenho conhecimento de ninguém que ensina a fé somente que afirme isso), então não há remissão antes do batismo. Pedro disse, "Arrependei-vos, e sede batizados . . . para remissão", e se o arrependimento é "para" (a fim de) a remissão (em lugar de " por causa de"), o mesmo deve ser dito quanto ao batismo. E se não há remissão antes do arrependimento, então o batismo é essencial à salvação, tão essencial quanto o arrependimento. Terceiro, considere Gálatas 3. 26, 27. Ao estudar esta passagem, lembre-se que quando um versículo começa com "pois", está dando uma explicação de algo que acaba de ser dito. O v. 26 diz que os homens são "justificados mediante a fé" e o v. 27 começa então "POIS todos quantos fostes batizados em Cristo, de Cristo vos revestistes". Em outras palavras, o "batismo para a remissão de pecados" é "justificação pela fé". J. W. McGarvey, *op. cit.*, p. 243ss, tem um artigo excelente: "The Connection between Baptism and the Remission of Sins".

2.38   A Igreja Em Jerusalém

meio de salvação), ele respondeu, "Sou primeiro um erudito do grego, e depois teólogo".[81] Em outras palavras, a teologia da fé-somente terá de sofrer, pois Atos 2.38 torna o batismo essencial à salvação.[82]

Pedro ordenou duas coisas: arrependimento e imersão. E ele promete aos seus ouvintes, primeiro, que depois da obediência a essas condições eles terão como resultado o perdão de pecados. Os pecados perdoados quando o indivíduo arrependido é imerso biblicamente são aqueles que cometeu até a ocasião de seu batismo. Esta é a lei do perdão para o não-cristão. O cristão faz outra coisa para receber perdão pelos seus pecados, como aprendemos em Atos 8.22.

E recebereis o dom do Espírito Santo – Logo de início, deve ser observado que esta frase pode significar ou "um dom do Espírito Santo (um presente dado por Ele) ou "um presente que consiste do Espírito Santo". (Para ilustrar está última ideia: se eu lhe der um presente de doces, o que lhe dei? Doces, naturalmente. Se recebemos o dom do Espírito Santo, o que recebemos? O Espírito!) Como o grego em si é ambíguo, devemos escolher qual das duas ideias é a melhor. De acordo com passagens paralelas, que ensinam que os crentes obedientes recebem o dom interior do Espírito Santo ao serem convertidos, não encontramos nenhuma objeção para entender desse modo as palavras da promessa de Pedro.[83]

Talvez a conclusão de que Pedro está prometendo a habitação interior do Espírito Santo necessite ser reforçada. Já nos referimos ao estudo especial no fim deste capítulo sobre a "Pessoa e Obra do Espírito Santo". Aprendemos desse estudo a respeito de varias atividades do Espírito Santo. Existe alguma outra medida do Espírito Santo, além do dom da habitação interior, que se ajuste ao que Pedro promete a todos os que obedecem? Com certeza não pode significar que a pessoa que acaba de tornar-se cristã recebe automaticamente "dons espirituais". Aprendemos nesse estudo especial que os dons espirituais foram recebidos através da imposição de mãos de um apóstolo, e que nem todo crente batizado recebeu dons espirituais. O que Pedro promete é para todos os crentes batizados, e não há menção de imposição de mãos. Duvida-se, portanto, que ele esteja oferecendo a medida do Espírito chamada de "dons espirituais". Então, Pedro estaria prometendo a cada novo convertido que iria receber o "batismo com o Espírito Santo"? Isto é também bastante improvável, pois em nossos estudos sobre o Espírito Santo e a Glossolalia, enfatizamos que esta medida do Espírito não é recebida por todo cristão. Ficamos assim limitados à ideia de que o que Pedro está prometendo a cada crente arrependido e obediente é a presença interior do Espírito Santo.[84]

2.39 –

Pois para vós outros é a promessa – "Para vocês judeus com quem estou falando" é o sentido das palavras de Pedro. A promessa – promessa de quê? Um grupo de intérpretes acredita que Pedro esteja prometendo o "batismo com o Espírito Santo". Para chegar a esta surpreendente conclusão, eles se reportam à promessa feita por Jesus aos apóstolos (registrada em Atos 1.4, 5) e à palavra "promessa" no meio do sermão de Pedro (Atos2.33), e então afirmam que a palavra "promessa" aqui no v.39 se refere ao mesmo Espírito Santo prometido. Mesmo que fôssemos admitir que todos os 120 (em vez de apenas os apóstolos) receberam o batismo com o Espírito Santo, como esta interpretação exige, seria ainda difícil sustentar essa posição, pois requer que ignoremos o contexto para colocar juntas as passagens que esses intérpretes costumam unir. Uma vez que o contexto inteiro (não só a palavra "promessa") é tomado em consideração, torna-se claro que Pedro não está prometendo o "batismo com o Espírito Santo". Um segundo grupo de comentaristas acredita que Pedro esteja prometendo "dons espirituais", mas Barnes e Ellicott confundem o "dom do Espírito" (v. 8) com "dons espirituais". Uma vez visto isso, há pouco para recomendar esta interpretação. Tomado no contexto, o que Pedro quer dizer quando diz "para vós outros é a promessa" é que a promessa da salvação e o dom do Espírito Santo são para todos

---

[83] Gálatas 3.2; Efésios 1:13.

[84] Veja a parte VIII do estudo especial sobre o Espírito Santo para detalhes sobre a habitação interior do Espírito Santo.

os que obedecerem. O fato de que o v. 39 começa com "pois" mostra que algo dito no v. 38 (algo lá prometido) está sendo explicado ainda mais aqui.

Para vossos filhos – Os que ensinam a Bíblia irão interpretar esta frase de acordo com o que fizerem com a primeira frase deste versículo. Os que julgam que a "promessa" se refere ou ao batismo com o Espírito Santo ou a dons espirituais imediatamente pensam nos "filhos e filhas" da profecia de Joel. Alford até encontra uma prova textual para o batismo de crianças aqui![85] Se a última sugestão dada na explicação de "promessa" for correta, Pedro está então prometendo a seus ouvintes que a bênçãos da salvação não serão confinadas à geração deles, mas serão estendidas à sua posteridade (geração após geração).

E para todos os que ainda estão longe – Pedro está dizendo: "Esta salvação não é só para vocês judeus (vocês e seus filhos), mas é também para os gentios (os que estão longe)". Compare Efésios 2.13,17 e Isaías 57.18. Ao que parece, Barnes errou ao tentar restringir as palavras de Pedro aos judeus espalhados em outras nações. Barnes argumenta assim porque não acha que Pedro já tenha uma visão mundial, e não irá tê-la até depois da visão do lençol e da pregação a Cornélio em Atos 10. Mas o que Pedro pode ou não ter pensado nada tem a ver com o que ele disse, pois falava por inspiração! Compare 1 Pedro 1.10 onde é também ensinado que os profetas muitas vezes falavam mais do que compreendiam pessoalmente quando faziam seus pronunciamentos. O mesmo aconteceu com Pedro.

Para quantos o Senhor nosso Deus chamar – Como Deus chama? Ele chama as pessoas pelo seu Evangelho.[86] O chamado pressupõe compreensão, o que exclui as crianças. O chamado inclui o poder e direito de rejeitar, o que exclui a predestinação calvinista e o que é chamado (pelos teólogos reformados) de "chamado efetivo".[87]

2.40 –

Com muitas outras palavras deu testemunho, e exortava-os, dizendo – Este sermão, embora um dos mais longos do Novo Testamento, não passa de um esboço. Lucas não registrou tudo o que Pedro disse. Jesus havia dito que eles seriam "testemunhas" (*martureo*), e Pedro agora havia testemunhado solenemente (*diamartureo*) com a ajuda do Espírito Santo. Ele deu testemunho dos grandes atos redentores de Deus na história. "Exortar" significa "rogar, suplicar, instar". O fato de haver variação no tempo desses dois verbos nesta frase tem levado muitos a crer que "testemunhar" se refere ao que precedeu e "exortar" ao que se segue.

Salvai-vos desta geração perversa – O grego está na voz passiva. "Salvai-vos" – pela obediência à vontade do Senhor. É assim que se pode ser preservado da influência e destino das pessoas ímpias ao redor. Pedro insiste para que eles aceitem o caminho da salvação de Deus que ele acabou de explicar. A palavra "perversa" fala das pessoas que não se deixam guiar ou ensinar facilmente, pessoas más. Se foram os sacerdotes ou escribas que acusaram os apóstolos de embriaguez, talvez Pedro tenha apontado para eles quando disse: "Salvai-vos *desta* geração perversa!"

2.41 –

Então os que lhe aceitaram a palavra foram batizados – "Aceitaram" equivale a "foram persuadidos por ela. Creram no que Pedro disse".[88] A "Palavra" é a mensagem transmitida por Pedro sobre o Messias e o meio de receber o perdão de pecados através dele. Os que creram na

---

[85] Henry Alford, *The New Testament for English Readers* (Chicago: Moody Press, 1950), p. 664 (A nota sobre o Batismo de Crianças não aparece na edição de 1871 do *Alford's Greek Testament*, publicado em Londres por Rivingtons).

[86] 2 Tessalonicenses 2.14 (onde Paulo diz que Deus chamou os tessalonicenses mediante o evangelho pregado por Paulo); Romanos 10.13,14; João 6.45.

[87] James I. Packer, "Call, Called, Calling", *Baker Dictionary of Theology* (Grand Rapids: Baker Book House, 1960), p. 108.

[88] João 1.12 mostra que "receber" e "crer" são ideias sinônimas no Novo Testamento.

[89] Barnes, *op. cit.*, p. 56.

pregação de Pedro foram imersos naquele mesmo dia. Barnes, que tenta defender suas convicções sobre a "fé somente" onde quer que possa, escreve em suas *Notas*: "A conversão deles foi instantânea".[89] A ideia de conversão instantânea faz parte da doutrina de que o homem está salvo no momento em que passa a crer. O Novo Testamento apresenta a conversão (um termo que inclui regeneração, arrependimento e obediência) como um processo. Os homens não são salvos pela fé somente. Se é preciso mais do que consentimento mental para salvar o homem, então a conversão deve ser descrita como um processo.

Alguns, tentando defender o batismo por aspersão ou derramamento, têm argumentado que 3.000 pessoas não poderiam ter sido imersas durante o resto daquele dia, nem água suficiente poderia ser encontrada próximo a Jerusalém para acomodar tal multidão. Bem, haveria tempo no resto daquele dia para batizar 3.000 pessoas? O sermão de Pedro começou cerca de 9:00 da manhã (v.15). Pode-se supor que o sermão poderia ter durado três horas (embora a duração não seja mencionada). Assim sendo, o apelo de Pedro para que respondessem ao chamado de Deus poderia ter sido feito cerca de meio-dia ou pouco depois. Havia ainda tempo para os 3.000 serem imersos. Batizando uma pessoa por minuto, que pode ser feito por imersão, doze pessoas poderiam batizar 3.000 pessoas em quatro horas e meia. E, é claro, qualquer cristão poderia batizar. O ato do batismo não tem que ficar limitado aos apóstolos. Muito antes do cair da noite, os 3.000 poderiam ter sido todos imersos! Agora a outra objeção. Haveria água suficiente mais próxima do que o Rio Jordão (que ficava a 32 km de distância), para proceder à imersão? McGarvey, e outros confiáveis, provaram há muito tempo, pelo simples processo de medir os tanques na cidade de Jerusalém e ao redor dela, que água suficiente não era problema. O tanque de Siloé (que ficava imediatamente ao sul do terreno do templo) é usado ainda hoje para a imersão de crentes. Os tanques de Giom Superior e Giom Inferior estão localizados no vale de Hinom, a oeste da cidade de Jerusalém. O Giom Superior mede 95m x 66m e tem uma profundidade média de 6m. O Giom Inferior mede 179m de cumprimento e foi feita pela construção de uma represa no vale. O tanque de Betesda e o de Ezequias ficam dentro dos muros da cidade. Desde que a antiga Jerusalém ficou conhecida através dos escritos de arqueólogos nos últimos 100 anos, é indesculpável que qualquer pessoa inteligente levante a objeção considerada aqui.

Havendo um acréscimo naquele dia de quase três mil pessoas – O verbo traduzido "acréscimo" significa "juntar, reunir com". As traduções mais antigas que têm a leitura "foram acrescentados *a eles*...", compreenderam que este versículo indica que os 3.000 convertidos naquele dia foram acrescentados ao número dos que já seguiam Cristo (os Doze e os 120). Mas o que o texto grego nos diz é que os 3.000 foram reunidos numa comunidade, uma sociedade, uma congregação. Não significa que essas pessoas foram "acrescentadas à igreja", pois não havia igreja até que fosse feito este início.

Veremos em nosso estudo de versículos posteriores em Atos, que as pessoas eram batizadas no mesmo dia em que passavam a crer e confessavam essa fé em Cristo. É assim foi feito no Pentecostes. Lê-se: "havendo um acréscimo ... *naquele dia*!" É bastante irregular pregar insistentemente sobre o assunto da necessidade da imersão para a salvação, e então adiar o batismo de um crente arrependido por uma semana ou duas ou mais.

"Três mil pessoas". Provavelmente os que responderam ao convite não eram senão uma pequena parte da grande multidão que ouviu o sermão de Pedro.

> Os 3.000 que responderam eram apenas uma parte da grande multidão que ouviu a mensagem de salvação. Esses 3.000 exerceram seu livre arbítrio e aceitaram sem constrangimentos o plano de salvação do evangelho. Muitos outros provavelmente rejeitaram o convite.[90]

Devemos orar por outro "Pentecostes" hoje, como fazem muitas pessoas religiosas? Barnes, por exemplo, parece pensar que podemos ter tais reavivamentos. Este escritor considera impróprio orar por tal derramamento do Espírito como o recebido pelos apóstolos. Todavia, é certamente apropriado orar por um reavivamento.

---

[90] Dale, *op. cit.*, p. 51.

I. OS PRIMEIROS DIAS DA IGREJA DE CRISTO. 2.42-47
2.42 –

E perseveravam – Os primeiros cristãos reuniam-se regulamente para adoração. Barnes, procurando apoio onde quer que possa para sua doutrina "uma vez salvo, sempre salvo", escreve: "O fato de qualquer deles ter-se apostatado não é registrado em lugar algum, e não deve então ser suposto".[91] Ele poderia certamente achar uma prova textual melhor que este, caso a doutrina seja de fato verdadeira. Havia muitos objetivos de fé a serem conhecidos por esses novos cristãos, tendo sido batizados no mesmo dia em que passaram a crer, e muitos deveres ainda desconhecidos a aprender. Ao se devotarem aos ensinamentos dos apóstolos, comunhão e outras atividades aqui notadas, eles logo seriam "ensinados a observar todas as coisas ordenadas por Jesus".

Na doutrina dos apóstolos – Nós diríamos: Eles compareceram às reuniões de pregação (as ocasiões em que os apóstolos ensinavam todas as doutrinas do cristianismo). Na Grande Comissão, Jesus havia dado instruções para que os convertidos continuassem a ser ensinados (Mateus 28.20), e era isto que os apóstolos estavam fazendo. Os apóstolos, ajudados pelo Espírito Santo, estariam compartilhando com os novos convertidos as maravilhosas verdades que eles mesmos haviam aprendido de Jesus durante o seu ministério terreno. No tempo devido, o ensino apostólico passou à forma escrita nas escrituras do Novo Testamento.

E na comunhão – A palavra "confraternização" (no original) é muitas vezes traduzida "comunhão" (como na SBB – N. T.). Ela indica ter coisas em comum, ou participação numa causa comum. Entre outras coisas, inclui ofertas para os pobres e para a divulgação do evangelho.[92] Comunhão fala do interesse comum e da participação mútua naquelas coisas que dizem respeito ao bem-estar uns dos outros.

No partir do pão – Esta linguagem é algumas vezes usada em relação a uma refeição comum, e outras vezes à Ceia do Senhor. Deve ser determinado, cada vez, o que significa de acordo com o contexto. Alguns escritores têm insistido que se trata aqui de uma refeição comum, ou até de uma festa de amor (uma espécie de piquenique). Mas seria difícil interpretar isto como uma refeição rotineira, pois o texto grego diz: "O partir de O pão" (há um artigo em ambos os lugares no original). O contexto está evidentemente falando das reuniões de adoração da igreja. O ensino dos apóstolos, confraternização e orações, circundam completamente "o partir do pão". Tudo incluído deve ser espiritual, o que torna improvável dizer que o v. 42 fala de uma refeição comum. Em vários trechos do Novo Testamento a Ceia do Senhor é chamada "partir o pão",[93] e por analogia parece ser o sentido apropriado aqui.

E nas orações – A leitura à margem é plural: "orações" (como na SBB – N. T.). O texto grego diz; "em AS orações". É discutível terem sido orações particulares ou públicas.[94] O uso do plural parece indicar ocasiões repetidas de oração em horários fixos. Pode estar falando de orações em conjunto da congregação, e/ou frequência às orações públicas judaicas, como em Atos 3.1.[95]

---

[91] Um bom livro para principiantes aprenderem sobre o ensino bíblico a respeito da doutrina chamada às vezes de "segurança eterna" é *If Ye Continue* de Guy Duty (Minneapolis: Bethany Fellowship, 1966).

[92] Romanos 15. 26; 2 Coríntios 8.4; Filipenses 1.5.

[93] 1 Coríntios 10. 16. No final do capítulo 20 há um estudo especial sobre a Ceia do Senhor, onde são dados nomes bíblicos para a mesma, bem como diversos outros detalhes.

[94] Mateus 6.6 fala da oração em particular. Atos 20.36 é um exemplo de oração pública. Ambos os tipos são reconhecidos como apropriados na Palavra de Deus.

[95] Atos 2.42 não é a primeira vez que encontramos o conceito de "oração" no livro de Atos. Mas desta vez o leitor é levado a pensar seriamente sobre a sua própria vida de oração, pois esta passagem é um exemplo para os cristãos de como é a vida congregacional. A oração-modelo, Mateus 6. 9-13, contém muitas ideias úteis para a nossa própria vida de oração, quanto ao que dizer quando falamos a Deus. No que diz respeito à postura, trata-se de uma questão de preferência pessoal. Jesus ajoelhou-se e inclinou o rosto até o chão ao orar no jardim (Mc 14. 35). Paulo ajoelhou-se para orar certa vez (Atos 20.36). Davi orou enquanto deitado no leito à noite (Sl. 63.6). Ficar de pé é outra posição apropriada (Mc 11. 25; Lc 18.11-13). O importante não é a postura, mas a atitude do coração (reverente, humilde).

2.42   A Igreja Em Jerusalém

A ASV contém a palavra "constantemente" (eles continuaram constantemente) onde a NASB diz, "dedicando-se continuamente". Qual a frequência de constantemente? Qual a regularidade indicada por "dedicando-se"? A palavra grega é um particípio presente, um tempo que indica ação contínua. Lembre-se, isto fala dos dias e semanas que se seguiram imediatamente ao Pentecostes. Com que frequência eles foram ouvir os apóstolos pregar? (Foi apenas trimestralmente, ou mais que isso?) Com que frequência se reuniram em comunhão? (Uma vez por mês, trimestralmente, ou mais regularmente que isso?) Com que frequência oraram? (Trimestralmente, ou mais frequentemente?) Logo se torna evidente que aqueles grupos que tomam a Ceia do Senhor apenas trimestralmente (ou mesmo anualmente) não estão fazendo as coisas como elas eram feitas na igreja primitiva. A igreja primitiva era tão constante em participar da Ceia do Senhor quanto era nessas outras coisas. Simplesmente não existe base para afirmar que a Ceia do Senhor fosse menos frequente do que semanalmente. Se a igreja primitiva perseverava nessas coisas, então nós devemos fazer o mesmo hoje.

No v. 42 temos uma boa descrição dos elementos incluídos na reunião de adoração da era apostólica, sendo um bom exemplo para nós também. Esses elementos eram a doutrina dos apostólicos, comunhão (oferta), o partir do pão e orações. Em 1 Coríntios 14.15, 26 aprendemos que o cântico fazia parte das reuniões da igreja de Corinto, e dessa passagem extraímos a ideia de cantar como parte da participação congregacional na adoração em nossos dias.

2.43 –

Em cada alma havia temor – "Cada alma" pode ser referente a pessoas fora da igreja, assim como a membros da igreja. Logo depois do curto esboço da adoração pública regular da igreja, temos uma declaração sobre o efeito da nova vida em Cristo, tanto nos membros como nos de fora. Havia uma sensação de temor em relação ao que Deus estava fazendo no seu mundo.

E muitos "Prodígios" e "sinais" eram feitos por intermédio dos apóstolos – "Prodígios" e "sinais" são milagres, como ficou explicado no v. 22. Exemplos dos tipos de milagres realizados serão encontrados nos capítulos seguintes. Note cuidadosamente – eram feitos através dos apóstolos que receberam de Jesus a promessa de capacitação. Se todos os 120 foram batizados com o Espírito Santo, como alguns insistem, por que os milagres só eram operados pelos apóstolos? "Eram feitos" representa um verbo no tempo imperfeito, falando de ação contínua.

2.44 –

Todos os que creram estavam juntos – Voltando ao v. 41, aprendemos que "aceitaram a palavra" é o mesmo que "creram no que Pedro havia pregado sobre Jesus ser o Messias". "Estavam juntos" fala da maravilhosa unidade desta congregação. O sentido não parece ser que todos estavam vivendo juntos na mesma casa, pois seria difícil imaginar mais de 3.000 pessoas morando na mesma casa. Pelo contrário, fala de unidade de mente, de propósito, de fé, de coração, de ação. Eles estavam unidos por serem crentes obedientes em Jesus Cristo. Este é o único caminho para a unidade pela qual Cristo orou.[96] O caminho não será encontrado no movimento ecumênico, ou na Encíclica Papal sobre a Unidade da Igreja. Os homens não podem fabricar tal unidade. Podem apenas esforçar-se para manter a unidade que já possuem em Cristo. Os versículos seguintes irão ajudar-nos a compreender o que é estar "juntos" (Gr. *epi to auto*). Veremos a descrição de um interesse altruísta e mútuo nas necessidades dos irmãos e irmãs em Cristo, assim como regozijo e satisfação encontradas nas tarefas diárias, tudo complementado por vozes elevadas em louvor a Deus. Esta unidade com Deus e uns com os outros fazia com que eles adorassem a Deus diariamente, não somente no templo, mas também no lar. Sua reverência por Deus tornava os deveres comuns do dia agradáveis de desempenhar, e o resultado final e inevitável dessa unidade divina foi a salvação de mais almas.

E tinham tudo em comum – "Tudo", isto é, sua propriedade e bens.[97] Isto não é comunismo absoluto, onde tudo é confiscado e colocado num depósito central e depois distribuído igualmente

---

[96] João 17.20ss.   [97] Compare Atos 4. 34, 35.

a todos. Nenhum dos cristãos primitivos era obrigado a dar seus bens ou vender sua propriedade. Nem mesmo enquanto os Doze estavam com Jesus, e tinham um tesoureiro comum, eles desistiram de seus direitos de propriedade pessoal, pois cada um possuía evidentemente bens pessoais. E depois que a igreja começou, há evidência abundante de propriedade pessoal mantida como uma mordomia para Deus, até entre os mais piedosos.[98] Então é errado dizer que a igreja primitiva praticava o comunismo absoluto. "Tendo tudo em comum" não significa que cada um vendeu tudo que possuía, ou juntou seus títulos de casas e terrenos e entregou-o tudo aos líderes da igreja. O sentido é que os cristãos estavam dispostos a usar seus bens para atender às necessidades de outros. "É seu se precisar" era a atitude predominante sobre as possessões. O cristianismo ensina que somos responsáveis pelo bem-estar de nossos irmãos em Cristo, e que devemos prestar serviço, dar dinheiro e tudo se for necessário, para o bem-estar de nossos irmãos. Isto constituía contribuição ilimitada de um modo ilimitado e unido para salvar o maior número de pessoas no menor espaço de tempo possível. Outra razão para essa prática (além da evangelística) era que muitos dos que tinham viajado do exterior para assistir à festa do Pentecostes podem ter demorado mais do que esperavam, e não mais seriam recebidos nas casas dos judeus que ainda não haviam abraçado o cristianismo. Nessas circunstâncias, seria natural e apropriado que os cristãos compartilhassem de seus bens enquanto confraternizavam.

2.45 –

Vendiam suas propriedades e bens – Eles venderam o que era necessário para satisfazer as necessidades, como o restante do versículo mostra. "Propriedades" refere-se a bens imóveis e "bens" significa itens pessoais. O que quer que tivessem de valor era alegremente cedido e o dinheiro dado de tempos a tempos, conforme surgissem necessidades. Os verbos nesta seção estão no tempo imperfeito, expressando a repetição constante deste ato. A venda e distribuição tiveram lugar a intervalos, conforme as ocasiões de angústia ou miséria exigissem.

Distribuindo o produto entre todos, à medida que alguém tinha necessidade – O dinheiro recebido pela venda dos bens imóveis e possessões pessoais era distribuído conforme a necessidade (não igualmente, como é feito na maioria das sociedades comunistas do século 20). "À medida que alguém tinha necessidade" limita o que foi dito antes sobre "tinham tudo em comum".

2.46 –

Diariamente – Durante as semanas que se seguiram ao dia de Pentecostes, as coisas descritas no versículos 42-45 eram ocorrências diárias.

Perseveravam unânimes no templo – Nas horas de oração, os cristãos subiam ao templo para orar. Os cristãos hebreus iriam continuar durante alguns anos muitas das antigas práticas religiosas aprendidas de Moisés e dos Profetas. Até mesmo os romanos, por alguns anos, consideravam a religião cristã como apenas outra seita dos judeus, permitindo assim que a religião crescesse. A separação real das práticas judaicas não se dará até que o templo seja destruído, juntamente com a cidade de Jerusalém, em 70 A.D.

Partiam o pão de casa em casa – Isto se refere à Ceia do Senhor, ou às refeições comuns? Alguns estudiosos da Bíblia acham que se trata da Ceia do Senhor. É instado que esta frase fala da Ceia do Senhor, enquanto a seguinte se refere à Festa de Amor que era frequentemente realizada em associação com a Ceia do Senhor. Uma vez que a passagem seja interpretada desse modo, segue-se que nos primeiros dias da igreja a Ceia do Senhor era realizada diariamente. Mais será dito com relação à frequência da Ceia do Senhor nas notas para Atos 20.7. A opinião deste escritor é que Atos 2.46 fala de refeições comuns. A referência parece não ser à Ceia do

---

[98] Atos 5.4, Ananias e Safira não tinham de vender todos os seus bens. Eles poderiam tê-los mantido como propriedade privada. Maria não foi obrigada a vender sua casa, Atos 12.12. Mnasom ainda possuía propriedades, Atos 21.16. Os cristãos hebreus tinham bens dos quais podiam ainda ser despojados, Hebreus 10.34 e 13.2, 5,16. E em Corinto, os cristãos podiam deixar dinheiro de lado toda semana, 1 Coríntios 16.2. Veja também 1 João 3.17.

2.46 A Igreja Em Jerusalém

Senhor, pois a cláusula seguinte parece ser mais explicação sobre o que significa "partiam pão de casa em casa".

Se se considera o v. 46a como referência à Ceia do Senhor, então "de casa em casa" nos diz que eles não só se reuniam no templo, mas também nas casas uns dos outros (não havendo ainda prédios de igreja) para a celebração da Ceia do Senhor (um ato de adoração para o qual o recinto do templo não era o apropriado). Se a referência for às refeições comuns, então "de casa em casa" fala da hospitalidade estendida aos irmãos em Cristo – parte da maravilhosa unidade da igreja primitiva. Tal associação de cristãos juntos é uma parte integral da vida da congregação, pois sem ela, os novos convertidos jamais chegam a sentir que pertencem a uma família de crentes, e provavelmente irão logo desviar-se para outras associações, buscando esse sentimento de pertencer.

E tomavam as suas refeições com alegria e singeleza de coração – Isto parece ser uma explicação da frase anterior no v. 46, e mostra que "partir o pão" aqui não é uma referência à Ceia do Senhor. "Alegria" é júbilo, uma palavra muito forte no original, "exultação". Os que contribuíram com seus bens para aqueles que não os tinham, se regozijaram pela oportunidade de ajudar outros. Os que receberam a ajuda rejubilavam pelo fato de haver pessoas que os amavam e podiam prestar-lhes auxílio. Todos se alegravam porque o Messias havia vindo, e eles tiveram o privilégio de crer Nele e tornar-se parte da família de Deus. "Singeleza de coração" significa que estavam satisfeitos e gratos, generosos e liberais.

2.47 –

Louvando a Deus – Dando graças a Deus é a ideia.

E contando com a simpatia de todo o povo – Os cristãos gozavam do favor da grande massa do povo judeu, por enquanto. Isto não significa que todo o povo judeu via favoravelmente os cristãos, pois os capítulos seguintes mostrarão que os líderes religiosos judeus estavam muito antagonísticos para com os primeiros crentes.

Enquanto isso, acrescentava-lhes o Senhor – O "Senhor" aqui (como no v. 39) é uma referência a Deus e não a Cristo. Ninguém pode "entrar para a igreja" como entraria para alguma sociedade humana fraternal. Precisa ser acrescentado pelo Senhor. Pessoas são acrescentadas ao corpo de crentes quando obedecem. Paulo e Apolo (e nós) podem plantar e regar, mas Deus dá o aumento. O tempo do verbo novamente indica ação contínua. Ele continuou acrescentando.

Barnes interpreta isto como "causou, ou os inclinou a juntar-se à igreja".[99] Será assim? Isto soa muito semelhante à ideia de uma "primeira obra da graça", em que Deus deve operar primeiro no coração do pecador para fazer com que ele queira ou seja capaz de crer. Essa doutrina é parte do conceito mais amplo chamado "depravação total e incapacidade total", uma doutrina não ensinada nas Escrituras, mas uma que Agostinho e Calvino tornaram popular. "Acrescentar" é a mesma palavra grega empregada no v. 41, e a ideia que Barnes tenta dar a ela aqui não seria compatível no v. 41. Não há desculpa para esta tentativa de defender mais uma doutrina não-escriturística. Estas palavras de Lucas expressam o fato de que ao obedecer, o nome do indivíduo é acrescentado ao livro da vida do cordeiro.[100]

Onde a NASB diz "ao número deles", a KJV contém a leitura "à igreja". As palavras "à igreja" não constam do texto grego. O grego é *epi to auto*, a mesma frase traduzida "estavam juntos" no v. 44. A ideia é que diariamente os homens e mulheres que se tornaram crentes foram reunidos ao corpo e incluídos na sua confraternização diária, hospitalidade e prestação de ajuda.

Dia a dia – Havia acréscimos diários à igreja naqueles primeiros meses e anos. Por que não é assim hoje? A igreja primitiva não aceitava como membro alguém que não fosse obediente aos mandamentos de Cristo. Só os que são salvos (cujos pecados foram perdoados, que foram obedientes à fé) têm direito a ser membros da igreja. Talvez os homens estejam hoje exigindo menos

---
[99] Barnes, *op. cit.*, p. 59.
[100] Hebreus 12.24; Apocalipse 3.5; 20.12,15.

dos pecadores desviados num esforço para aumentar as listas de membros da igreja aqui da terra, só para descobrir que a versão truncada do cristianismo que têm oferecido não satisfaz; e assim, mais e mais, a igreja é posta de lado.

Os que iam sendo salvos – Já foi levantada a questão de a conversão ser um ato ou um processo. Aqui está mais evidência de que a conclusão dada (que a conversão é um processo) estava certa, pois o texto grego descreve aqui um processo – os que estavam em processo de serem salvos. A tradução da KJV ("os que deviam ser salvos") se encontra entre as poucas passagens em que os tradutores da KJV foram, talvez influenciados por preconceito calvinista. Hebreus 10.38 é outra. Os que aceitaram a exortação no v. 40 e obedeceram às ordens dadas no v. 38, se colocaram num estado de salvação, uma condição de progresso. O particípio presente (iam sendo salvos) expressa um estado contínuo ou progressivo. Não somente a salvação é um processo, mas a salvação continuando (santificação) também é um processo, Hebreus 10.14.

Em Jerusalém

Desenho de Horace Knowles
da British and Foreign Bible Society

ESTUDO ESPECIAL Nº 3
A Pessoa e a Obra do Espírito Santo

Qual é o conceito do cristão comum sobre o Espírito Santo? Ele é misterioso demais para ser compreendido? Ele é tão conhecido quanto os dois outros membros da divindade? Ele deveria ser mais misterioso que o Pai ou o Filho?

Um conhecimento prático do Espírito Santo é importante, porque estamos vivendo na era do Espírito Santo.

A orientação divina é certamente necessária quando fazemos um estudo deste tema. A experiência espiritual não fornece ponto algum de partida para nossa investigação desse assunto, pois nossas experiências talvez no sejam compartilhadas por outros. Nenhuma outra questão exige mais do que esta, que nossa única fonte de conhecimento seja a Palavra que nos foi dada.

O Espírito Santo tem sido negligenciado em nosso pensamento, ensino e pregação. Muitos pregadores, fiéis em outros sentidos, oferecem muitas opiniões erradas sobre este assunto. Que Deus nos ajude então ao investigarmos, para que mostremos cuidado e cautela conforme necessário, e tiremos grande proveito deste estudo.

"O Espírito Santo é mencionado muito mais proeminentemente na Palavra de Deus do que o leitor comum reconhece; alguém tem mostrado que nos 66 livros da Bíblia, Ele é mencionado em 47 deles; mais de 250 vezes no Novo Testamento, mais de 400 vezes na Bíblia inteira, e por mais de 40 nomes diferentes."

I. O ESPIRITO SANTO IDENTIFICADO

A. É necessário cuidado na identificação dos termos

Lembre-se de que o simples uso do termo "espírito" (*ruah*, hebraico; *pneuma*, grego) não determina necessariamente o sentido em uma dita passagem.

"Espírito" é um nome para o autoconsciência divina, I Coríntios 2.10,11. É um nome para o Cristo glorificado, I Coríntios 15.45; 2 Coríntios 3.17,18. É um nome para a habitação interior de Deus, Atos 2.38. *Ruah* e *pneuma* são algumas vezes traduzidos como "vento", João 3.8 e Êxodo 10.13. "Espírito" é um nome para uma pessoa Divina distinta (o Espírito Santo), I Coríntios 12.11; Romanos 8.9, 14, 16, 26; 2 Coríntios 13.14; Efésios 4.4-6. E "espírito" algumas vezes se refere ao espírito humano, I Coríntios 2.11.

B. A personalidade do Espírito Santo (o terceiro membro da Divindade)

O Espírito Santo é uma pessoa (não uma força inanimada) porque possui: (1) Mente, Romanos 8,27; João 16.14; I Coríntios 2.10; (2) Conhecimento, I Coríntios 2.11; (3) Amor, Romanos 15.30; I Coríntios 2.4; Isaías 63.10; (4) Vontade, Atos 16.7; I Coríntios 12.11.

O Espírito Santo é uma pessoa porque é dito sobre Ele que: (1) pode ser entristecido, Efésios 4.30; (2) pode ser resistido, Atos 7.51; Gênesis 6.3; (3) pode ser blasfemado, Mateus 12.31,32; (4) pode ser apagado, I Tessalonicenses 5.19.

O Espírito Santo é uma pessoa porque age como pessoa, pois ele: (1) fala, I Timóteo 4.1; (2) dá testemunho, João 15.26; (3) revela a verdade, João 16.12,13; I Coríntios 2.9,10; (4) impede, Atos 16.6,7; (5) tem influência, Lucas 24.44-49; Romanos 8.26.

A personalidade do Espírito Santo é vista na bênção de 2 Coríntios 13.14 e em Efésios 4.4.

Admite-se que o termo grego *pneuma* é neutro (pelo qual alguns afirmam que o Espírito Santo não é uma pessoa); mas descobrimos que toda vez que é usado um pronome para referir-se ao Espírito Santo, usualmente é um pronome masculino (não neutro), João 14.26, por exemplo. Uma vez, em Romanos 8.26, é usado o pronome neutro.

C. A divindade do Espírito Santo

O Espírito Santo é a terceira pessoa da Divindade. ("Divindade" é algumas vezes chamada de "Trindade", mas a palavra "trindade" não ocorre em nossas versões, e sim "Divindade", Colossenses 2.9). Alguns indivíduos, por no entenderem a "Trindade", negam a doutrina da unidade-pluralista da Divindade. É melhor compreender, desde o início, que não podemos explicar Deus. Se pudéssemos entender a Divindade, seriamos Deus! Encontraremos paz, felicidade e contentamento se reconhecermos nossa humanidade e a Sua divindade. Há tanta coisa que não compreendemos na terra, que não devemos nos preocupar com aquilo que existe apenas na esfera da sabedoria divina e está reservado para o interesse e consolo eternos.

O Espírito Santo é um ser divino (participando da natureza de Deus) porque: (1) Ele é eterno, Hebreus 9.14; (2) Ele é onipresente, Salmo 139.7.10; (3) Ele é onipotente, Miqueias 3.8; Romanos 15.19; (4) Ele é onisciente, I Coríntios 2.10,11; Isaías 40.13,14; (5) Ele é colocado em posição de igualdade com o Pai e o Filho, Mateus 29.19; Romanos 15.13; 2 Coríntios 13.14.

Por ser a terceira pessoa da Divindade, o Espírito Santo não é inferior a Deus ou Cristo em sabedoria, poder, ou conhecimento. Ele é divino.

II. O ESPIRITO SANTO NO ANTIGO TESTAMENTO (adaptado de Elliott)

A. A Dificuldade com a palavra *Ruah*

A palavra é traduzida como "ar, ira, lufada, sopro, frio, coragem, mente, alojamento, lado, tempestade, vento, arrogante, tempestuoso" assim como "espírito".

B. A personalidade e Divindade do Espírito Santo no Antigo Testamento

Isaías 63:10-14 é uma passagem excelente para um estudo deste tipo. É uma das melhores do Antigo Testamento para mostrar a natureza do Espírito.

C. O trabalho do Espírito Santo no Antigo Testamento

As funções criadoras e providenciais do Espírito Santo são apresentadas no Antigo Testamento. Gênesis 1.1,2 apresenta o Espírito Santo como pairando continuamente sobre a criação num movimento intenso, vibrante, talvez vitalizante, introduzindo a ordem e a beleza no caos. O Pai, o Filho e o Espírito Santo atuaram na criação. Veja também o Salmo 104.30 e Jó 26.13. Em Gênesis 1.26, temos comunicação entre os membros da Divindade? Eles se aconselham juntos quanto a fazer o homem à imagem de Deus? Compare então Gênesis 2.7 e Jó 33.4. Em Isaías 34.16, Isaías falou, mas o Espírito Santo estava no cumprimento. Isaías 63.14 registra louvor a Deus, tanto pelas atividades reveladas como não reveladas do Espírito Santo na criação e na providência divina. Hebreus 10.5 e Lucas 1.35 são também referências mostrando as funções criadoras e providenciais do Espírito Santo.

A atividade do Espírito Santo na providência no Antigo Testamento é sugerida por versículos tais como Jó 33.4; Isaías 34.16; Isaías 63.14. Providência é aquela preservação, cuidado e governo que Deus exerce sobre todas as coisas por ele criadas, para que realizem os propósitos pelos quais foram criados. A providência é a atividade *diária* de Deus no seu mundo. (Milagre, por outro lado, não é algo que acontece todos os dias. Só existem 4 ou 5 épocas de milagres em toda a história da Bíblia – por ocasião do Dilúvio, na época do Êxodo e estabelecimento da nação em Canaã, durante a luta de vida e morte da verdadeira religião contra o paganismo nos dias de Elias e Eliseu, durante os Cativeiros, e afinal nos dias do ministério de Jesus e introdução do cristianismo no mundo. C. S. Lewis definiu o milagre nestas palavras: "A arte divina do milagre não é a de suspender o padrão ao qual os eventos se conformam, mas de introduzir novos eventos nesse padrão". Tenha cuidado com o que chamamos de "milagres" – pode tratar-se simplesmente da providência diária de Deus que estamos vendo!)

A obra do Espírito Santo ao revestir os servos de Deus com poder, coragem e sabedoria: seleções bíblicas sugestivas são Juízes 6.34 (note a margem), Juízes 11.29; 14.6,19; 15.14; Êxodo

31.1ss; I Samuel 16.12-14; Neemias 9.20,30. Os homens que eram instrumentos da Teocracia foram dotados de dons que os adequavam ao seu trabalho dado por Deus.

O próprio Antigo Testamento é a obra do Espírito Santo. Referências sugestivas são 2 Samuel 23.1,2; Zacarias 7.12; 2 Timóteo 3.16; 2 Pedro 1.21. O Espírito Santo estava por trás dele – essa é a razão da origem, ordem, unidade e poder inerente vistos nas Escrituras do Antigo Testamento.

Os profetas do Antigo Testamento previram uma extensão grande das operações do Espírito Santo nos dias do Reino Messiânico, Ezequiel 36.26ss; Joel 2.28. O dom da habitação interior do Espírito Santo não era concedido ao homem comum de Deus nos dias do Antigo Testamento, como Ele é disponível a todo o povo neo-testamentário de Deus, João 7.27-39; Atos 19.2; Gálatas 3.2.

III. O ESPÍRITO SANTO NO MINISTÉRIO DE JESUS

A. O Espírito Santo e a Encarnação

O Espírito Santo participou de alguma forma da concepção de Jesus, Mateus 1.18-21; Lucas 1.34, 35.

B. O Espírito Santo e o Ministério de Jesus

Ao ser batizado por João, aprendemos que o Espírito Santo desceu sobre Jesus na forma de pomba, e depois disso ele estava "cheio" do Espírito Santo, Lucas 3.21,22, e 4.1ss.

Ele foi ungido pelo Espírito Santo, Atos 10.38. Ele foi ajudado pelo Espírito Santo durante seu ministério, Lucas 4.14; Atos 1.2. Seus milagres foram feitos no poder do Espírito Santo, Lucas 4.18ss; João 14.10.

C. Cristo foi Enchido com o Espírito Santo

Ele possuía o poder do Espírito Santo sem limite e sem medida, João 3.34. Veja também Lucas 1.35 e Isaías 61.1,2.

D. O Espírito Santo e a Morte de Cristo

Hebreus 9.14 nos conta que quando Jesus foi para o Calvário, Ele "pelo Espírito Eterno, a si mesmo se ofereceu". O Espírito Santo participou de alguma forma da morte sacrificial de Cristo.

E. O Espírito Santo e a Ressurreição de Jesus

Várias passagens, Romanos 8.11 e I Pedro 3.18 entre elas, atribuem ao Espírito Santo a ressurreição do corpo de Jesus dentre os mortos.

IV. O BATISMO DO ESPÍRITO SANTO

A. Definições e Sinônimos

"A expressão 'batismo do Espírito Santo' se baseia em várias predições encontradas nos quatro evangelhos e, em relação às mesmas, o registro do seu cumprimento no livro de Atos ... O dom do Espírito Santo no dia de Pentecostes e as manifestações milagrosas que se seguiram são claramente o principal cumprimento histórico da predição do batismo do Espírito Santo", escreveu Mullins. Os apóstolos, como sabemos, foram: (1) batizados do Espírito Santo, Atos 1.5; (2) dotados, revestidos, de poder do alto, Lucas 24.49; (3) enchidos do Espírito, Atos 2.4. Assim sendo, o que Biederwolf disse é verdade, a saber, que no caso dos apóstolos, as palavras "batismo", "dotar", e "encher" referem-se a uma só e a mesma experiência.

B. O Batismo do Espírito Santo foi Profetizado e Prometido

Muito antes de o Espírito ser dado aos Apóstolos, o evento foi profetizado. Veja passagens como Joel 2.27-32; Mateus 3.11; Lucas 24.44-49; João 1.29-34; Atos 1.1–2.5.

C. O Administrador deste Batismo

Cristo (Deus) foi o administrador (quem fez o batismo) como Lucas 3.16; Atos 1.15ss, e João 20.22 mostram claramente.

D. O Propósito do Batismo do Espirito Santo.

Reivindicações sobrenaturais exigem evidência sobrenatural, Hebreus 2.3-4. A orientação divina era necessária na ausência do Novo Testamento, I Coríntios 13.9. Os líderes judeus precisavam de evidencia para convencê-los de que o evangelho deveria ser pregado aos gentios, Atos 10.47; 11.1-18; 15.8. Para que a revelação da vontade de Deus fosse completada, era necessário que os apóstolos ficassem sujeitos ao controle do Espirito Santo, João 20.21,22; 16.13; Lucas 24.44-49; Atos 1.8.

E. A quem foi feita a promessa?

Note que a promessa é feita apenas aos apóstolos, Mateus 10.19,20; Lucas 21.13,14; 24.49; João 14.26; 16.13; Atos 1.8. A passagem em Joel não contradiz este ponto – essa profecia não foi esgotada pelos fenômenos conhecidos como "batismo do Espirito Santo".

F. Casos Registrados Especificamente do Batismo do Espirito Santo

Só existem dois casos do batismo do Espirito Santo especificamente registrados, isto é, em apenas dois casos é nos dito na verdade que a ocorrência havida não era outra coisa senão batismo do Espirito Santo. Esses são o caso dos apóstolos e o caso de Cornélio.

Os apóstolos foram batizados do Espirito Santo, Atos 2.1-5. Nessa ocasião houve o som vindo do céu como de um vento impetuoso, houve a aparência de línguas como de um fogo dividindo-se e pousando sobre cada um, ficando todos cheios do Espirito Santo, e isto resultou no falar em outras línguas, segundo o Espírito lhes concedia que falassem.

Cornélio e sua casa foram batizados do Espirito Santo, Atos 10 e 11. No caso de Cornélio, o batismo do Espírito não trouxe perdão, Atos 15.9; 11.18; 10.47,48. Não substituiu o batismo em água, Atos 10.47,48; isto, embora o batismo do Espírito precedesse o batismo na água. O que aconteceu a Cornélio foi o mesmo que se deu com os apóstolos no Pentecostes, Atos 11.15.

Várias razões poderiam ser dadas para o caso de Cornélio não ser um exemplo para o batismo do Espírito Santo hoje. (1) O propósito do batismo do Espirito Santo naquela ocasião o separa como um ato especial de Deus. Assim sendo, não poderia ser um exemplo geral para todos os cristãos. Atos 11.15-18 afirma em palavras claras que o propósito desse evento era convencer Pedro e todos os demais judeus que os gentios deveriam ser também beneficiados com o evangelho. Existe um axioma muito banal que se aplica perfeitamente a este ponto: "a exceção prova a regra". A regra aqui é que "apenas os apóstolos foram batizados do Espírito Santo". A exceção é a casa de Cornélio, e trata-se de uma exceção porque cumpriu um propósito especial e assim prova a regra. (2) Os da casa de Cornélio foram batizados do Espírito Santo antes de seus pecados serem lavados, Atos 10.48 (comparado com Atos 22.16; 2.38; I Pedro 3.21). Isto aponta novamente para o fato de que se tratava de um caso especial e não é um exemplo para nós hoje. Se este fosse um exemplo, então o batismo do Espírito Santo precederia o batismo para a remissão de pecados, e Deus concederia assim aos pecadores uma bênção maior no Espírito do que aos santos.

Paulo, o apóstolo para os gentios, foi também evidentemente batizado do Espírito Santo, mas não é registrado especificamente que foi. O fato de que ele possuía todos os poderes que os outros apóstolos tinham, leva, todavia, à conclusão de que ele recebeu tudo o que eles receberam.

G. Poderes que acompanharam o Batismo do Espírito Santo

Inspiração, Atos 2.1-4, e revelação, Atos 2.1-4 e João 14.26, são dois dos poderes especiais que o homem recebia ao ser batizado com o Espírito Santo. Ele ficava também capacitado para operar milagres, como a expulsão de demônios, Atos 16.16-18; curar os doentes, Atos 3.6-10; ressuscitar os mortos, Atos 9.40,41; e tinha poder sobre serpentes e veneno, Marcos 16.17-20 e Atos 28.1-6.

V. A MISSÃO DO ESPÍRITO SANTO NA ERA PRESENTE

A. Um Consolador e guia para os Apóstolos

O Espírito Santo foi dado como Consolador aos apóstolos, João 16.7,13. A palavra original, traduzida "Consolador" é *paraclete*, significando "aquele que anda ao lado". Esta é a missão do Espírito Santo – ele deveria acompanhar os apóstolos como auxiliar e advogado.

O Espírito, vindo de Deus e Cristo, deveria completar a revelação divina estabelecida através de Cristo fazendo-os lembrar-se de todas as palavras de Cristo, João 14.26. O resultado desta operação do Espírito Santo é a Palavra de Deus infalível, final. Desse modo, o Espírito de Deus veio antes de a igreja ser estabelecida ou poder ser estabelecida. A igreja precisava ser guiada pelo Espírito Santo através de homens, à medida que falavam, "sendo movidos pelo Espírito Santo".

B. Convencer o mundo do pecado

O Espírito Santo devia dar testemunho de Cristo através dos apóstolos, João 15.26, 27. "Não existe qualquer exemplo registrado na Bíblia de o Espírito Santo dar testemunho de outro modo além de palavras ditas (ou escritas) por aqueles movidos pelo seu poder, e na vida daqueles em quem habita", escreve Johnson.

O Espírito Santo considera o mundo culpado diante de Deus, João 16.8-11. Culpado de pecar – o maior dos pecados é a rejeição do Senhor Jesus Cristo, que ama a sua alma. Culpado de juízo falso – o mundo declarou que Cristo era um impostor e pecador, quando Ele era o Justo e o Santo de Deus. Culpado de rebelião contra Deus e Cristo, é encontrado em aliança com o Diabo.

C. O Espírito Santo deve Glorificar Cristo

O Espírito Santo continua a revelação da vontade de Deus para o homem que Cristo havia estabelecido, João 16.14. Ele constrói sobre a obra completada de Cristo, I Coríntios 2.10-12.

VI . DONS ESPIRITUAIS

A. Identificação

Certos membros da Igreja primitiva (além dos apóstolos), escolhidos pelo Espírito, foram capacitados por Ele para operar milagres de várias espécies. Esta concessão era chamada de "dom espiritual", I Coríntios 12.1ss; Romanos 12.6-8.

B. Lista de alguns dos Dons Espirituais

1. Palavras de sabedoria, I Coríntios 2.6,7; 12.8
2. Palavras de conhecimento, I Coríntios 12.8
3. Fé, I Coríntios 12.9; 13.2; Mateus 17.19-21
   ("Fé" aqui é mais do que a fé que vem por ouvir a mensagem. Trata-se de uma fé que inclui o poder de operar milagres.)
4. Cura, I Coríntios 12.9; Atos 5.15,16; Tiago 5.14
5. Operação de milagres, I Coríntios 12.10
6. Profecia, I Tessalonicenses 5.19; Atos 11.27,28; 21.8-11; e I Coríntios 12.10
7. Discernimento de espíritos, I Coríntios 12.10; I João 4.1
8. Falar em línguas, Atos 2.1-15; I Coríntios 12.10
9. Interpretação de línguas, I Coríntios 12.10

C. Propósito desses Dons Espirituais

Os que eram espiritualmente dotados podiam ajudar a revelar as verdades do Evangelho, I Coríntios 12.8-10. O Novo Testamento não estava na forma escrita a princípio, e na ausência de um apóstolo, tal ajuda para conhecer a vontade de Deus era necessária nas novas congregações.

Os mestres e pregadores precisavam da inspiração do Espírito Santo.

Os milagres operados ajudariam a confirmar o Evangelho, Hebreus 2.3,4. Eles provavam que o evangelho veio do céu. Eles serviam como um "sinal . . . para os incrédulos", I Coríntios 14.22.

Pessoas com dons teriam a capacidade para dar direção à igreja, em sua vida e adoração, I Coríntios 14.12-15. A Igreja primitiva estava em extrema necessidade de tal orientação sobrenatural.

D. A quem foram dados esses Dons?

Nem todo membro individual da Igreja primitiva recebeu dons espirituais, Romanos 1.11 e I Coríntios 14.16, onde os "indoutos" são distinguidos dos que possuíam um dom. Aqueles membros individuais escolhidos pelo Espírito Santo através dos apóstolos, I Coríntios 12.28, são os que receberam esses dons.

Alguns dos cristãos assim dotados são os sete, Atos 6.1-8; os samaritanos, Atos 8.14-23; os doze em Éfeso, Atos 19.1-7; Timóteo, 2 Timóteo 1.6; e muitos dos líderes da Igreja primitiva, Atos 11.27; 13.1; 15.32; 21.8-14; I Coríntios 12-14; Romanos 1.11.

Descobrimos no geral que cada cristão tinha um dom espiritual que podia exercer. Isto é mostrado em I Coríntios 12.29, 30 onde nem todos tinham poderes milagrosos, dons de cura, línguas ou interpretação. I Coríntios 12.14 compara cada dom espiritual com uma parte do corpo humano, o que também indicaria que um dom por pessoa era a norma. I Coríntios 14.1, 2 indica que o homem com o dom de línguas no possuía também o dom da profecia. I Coríntios 14.5,28 mostra que quem tinha o dom de línguas podia algumas vezes interpretá-las e outras não. Assim, uma pessoa dotada espiritualmente com mais de uma habilidade era talvez a exceção à regra (como por exemplo, no caso do evangelista Filipe).

E. Como esses Dons Espirituais eram recebidos?

As passagens que dão qualquer sugestão parecem indicar que eles eram recebidos apenas através da imposição das mãos de um apóstolo. O primeiro registro desses dons espirituais em Atos é em relação à igreja em Samaria, Atos 8.14-17, especialmente o v.17, onde é dito claramente que foi mediante a imposição de mãos de um apóstolo. Depois do batismo dos 12 homens em Éfeso, Paulo impôs as mãos sobre eles e conferiu-lhes os dons milagrosos mencionados em Atos 19.1-7. O "dom de Deus" foi transmitido a Timóteo pelas mãos de Paulo, 2 Timóteo 1.6. Paulo tinha o forte desejo de ir a Roma para transmitir a eles algum dom espiritual, Romanos 1.11. Isto também aponta ao fato de que os dons eram recebidos através da imposição das mãos de um apóstolo.

F. Quando os Dons Espirituais cessaram?

Quando os apóstolos e aqueles sobre quem eles haviam imposto as mãos morreram, os dons cessaram, segundo nos conta a literatura cristã primitiva.

Quando aquilo que era perfeito veio, I Coríntios 13.8-10; Salmo 19.7; 2 Timóteo 3.17, os dons espirituais cessaram.

G. Fenômenos Bíblicos vs. Modernos Curandeiros-pela-Fé

No caso de os dons sobrenaturais terem cessado, veja acima, não poderia haver então milagres hoje (no sentido bíblico). O curandeiro-pela-fé hoje não tem uma resposta para a pergunta: "Qual foi o propósito dos dons espirituais nos dias do Novo Testamento, se, como você diz, você ainda possui tais dons?"

VII. O DOM DA HABITAÇÃO INTERIOR DO ESPIRITO SANTO

A. O que é?

Em Atos 2.38 um dom é prometido aos que obedecem ao evangelho. O dom que recebem é a presença da terceira pessoa da Divindade habitando neles, Romanos 8.9-11; I Coríntios 6.19. É chamado de "dom da habitação interior" (para distinguir esta das outras atividades do Espírito

Santo) porque o Espírito habita em nossos corpos humanos, fazendo dele sua casa, por assim dizer.

B. A quem é dado o Dom da Habitação Interior do Espírito Santo?

O Espírito Santo vem viver no corpo de todo aquele que obedece o evangelho, Atos 2.38; Gálatas 3.2.

C. Onde Ele habita?

Nos corpos dos homens (o templo), I Coríntios 6.19; Romanos 8.9,11; Tiago 4.5; 1 João 3.24. Veja *Acts Made Actual* (Atos Atualizado), de DeWelt, p 358ss.

D. O propósito do Dom da Habitação Interior do Espírito Santo

Para que nossas vidas produzam fruto, Gálatas 5.22; Romanos 6.20-22, é um propósito. Para guiar-nos, e capacitar-nos a andar como os filhos de Deus devem andar, é outro, Gálatas 5.16-18; Efésios 4.1. Um terceiro propósito do dom é dar poder espiritual aos servos de Deus, Efésios 3.16ss; Atos 4.31.

E. Os resultados da Habitação Interior do Espírito Santo

Você será uma nova criatura, 2 Coríntios 5.17; Gálatas 6.15; I Coríntios 3.1-10. Ele sela a sua salvação, Efésios 1.13,14; Romanos 8.11; 2 Coríntios 5.1-22. O fruto do Espírito se tornará manifesto, Gálatas 5.22-24. Mediante o Espírito Santo, o cristão deve "mortificar os feitos do corpo", Romanos 8.13. O crente é guiado pelo Espírito, Romanos 8.14, Efésios 6.17. Ele nos ajudará a orar, Romanos 8.26, 27. O Espírito Santo santifica, Romanos 15.16; I Coríntios 6.11. Os fiéis serão ressuscitados dentre os mortos pelo Espírito Santo, Romanos 8.11.

F. Como Ter a segurança da Habitação Interior do Espírito Santo

Como pode alguém saber que tem o dom da habitação do Espírito Santo? Se tiver obedecido as condições da nova aliança, Atos 2.38; se ama e obedece a Palavra de Deus, Atos 17.11; se quer ver almas salvas, se deseja menos as coisas mundanas que as coisas de Deus, se sua vida produz o fruto do Espírito, se ele não apaga o Espírito, I Tessalonicenses 5.17-19, uma pessoa pode estar segura que possui o dom da habitação interior do Espírito Santo.

G. Declarações Gerais

Foi necessário por algum tempo confirmar o evangelho com sinais, prodígios e obras poderosas, operados pelo Espírito Santo. A necessidade não altera de maneira nenhuma o fato de que, no dia de Pentecostes, Deus concedeu aos homens o dom (natural) do Espírito Santo para habitar para sempre no coração dos crentes obedientes e verdadeiros no Senhor Jesus Cristo.

Deixando de distinguir esses fatos, os homens, em seu exagero cego dos sinais e demonstrações sensíveis, perdem o caminho. Eles aceitam então ou a extravagância do fanatismo de um lado, ou a frigidez cética do racionalismo do outro.

> "O entusiasta vaidoso e ignorante que ora por um batismo em fogo, e espera ter sonhos e visões, e sinais e prodígios tangíveis, como acompanhando a transmissão do Espírito, não está mais longe da verdade do que o errado que afirma que os milagres eram um acompanhamento necessário e invariável da presença do Espírito, e que, em vista de tais demonstrações não serem dadas agora, portanto o Espírito Santo não é mais recebido agora, e a promessa de Cristo de ficar com seu povo até o fim do mundo falhou completamente".
>
> – Richardson

VIII. O NASCIMENTO (OU GERAÇÃO) DO ESPÍRITO

Antes que o homem é convertido, é necessário que haja a obra geradora do Espírito, João 1.12,13; 3.3, 5. Isto não indica que haja algo, como sugerido por alguns, chamado de "a primeira obra da graça". Pelo contrário, o Espírito Santo leva o homem ao ponto em que ele se submete ao batismo, tornando-se assim um membro do corpo de Cristo, I Coríntios 12.13; Colossenses

1.18; 2.12. Essa pessoa é considerada como tendo sido gerada pelo Espírito Santo, I Pedro 1.23; I Coríntios 4.15; Efésios 6.17.

A obra do Espírito Santo na conversão tem sido explicada desta maneira: O Espírito Santo opera através da Palavra escrita na conversão do indivíduo.

O Espírito Santo opera através da sua palavra autenticada divinamente, como a causa instrumental, ou meio eficiente de seu processo de salvação. Pois os mesmos efeitos salvadores, atribuídos ao Espírito, são também atribuídos à Palavra – nascido da Palavra, alimentado por ela, iluminado por ela, convertido por ela, tornado sábio por ela, para viver por ela, ser santificado por ela, ser salvo por ela.

– A. Campbell

Campbell também afirma que se o Espírito Santo opera em separado da Palavra na conversão do homem (como alguns mestres de religião afirmam que faz), por que não existem cristãos onde o evangelho ainda não chegou?

Além disso, se tentássemos separar o Espírito da Palavra, ou a Palavra do Espírito, as consequências seriam fatais: pois isso no seria apenas separar o que Deus constitucional e solenemente uniu, dizendo: "Quanto a mim, esta é a minha aliança com eles, diz o Senhor; o meu Espírito está sobre ti, e as minhas palavras, que pus na tua boca, não se apartarão dela, nem da de teus filhos, nem da dos filhos de teus filhos, não se apartarão desde agora e para todo o sempre, diz o Senhor" (Isaías 59.21). Além disso, separar estes seria também privar-nos dessa certeza abençoada da nossa salvação, que só a Palavra e o Espírito de Deus podem dar quando unidos... Outra vez, se a Palavra ou o Espírito, separadamente, fosse suficiente para cumprir o propósito divino, por que dar-nos ambos? Não aprendemos através do teor uniforme do Livro Santo, que a Palavra sem o Espírito no poderia salvar-nos? Pois, "ninguém pode dizer: Senhor Jesus! senão pelo Espírito Santo", I Coríntios 12.3. É também evidente que o Espírito Santo sem a sua Palavra divinamente autenticada, seria inacessível a nós.

– A. Campbell

Depois da conversão, o Espírito Santo pode operar em separado da Palavra, a fim de consolar-nos e abençoar-nos, mas na conversão, Ele só trabalha através da Palavra.

IX. REJEITANDO O ESPÍRITO SANTO (Expulsando-o de Nossa Vida)

Vimos que todos os crentes verdadeiros têm recebido o Espírito Santo, e que Ele habita neles, Atos 2.38. O Espírito no faz acepção de pessoas. Ele não ajuda alguém mais que a outrem. Por que existem então tantas inconsistências, e tanta falta de poder nos crentes? Isso se deve à falha em obedecer ao mandamento encontrado em Efésios 4.30: "E não entristeçais o Espírito de Deus, no qual fostes selados para o dia da redenção".

Alguém disse que há quatro passos em declive no caminho da morte espiritual do crente: Entristecer o Espírito, Efésios 4.30; Resistir ao Espírito, Atos 7.51; Apagar o Espírito, I Tessalonicenses 5.17-19; e Blasfemar contra o Espírito, Mateus 12.31,32; Hebreus 10.26.

Parece a este escritor que várias outras passagens devam ser acrescentadas a este caminho em descida: Desprezar o Espírito Santo, Hebreus 6.4-6 e Números 15.30; Mentir ao Espírito, Atos 5.3-9; Corromper o templo do Espírito Santo, I Coríntios 6.19.20.

Os insultos, o desprezo, a mentira, a corrupção, a resistência, são como gotas que enchem uma taça. Quando a taça fica cheia, o Espírito Santo vai embora, Gênesis 6.3.

CONCLUSÃO

O Espírito Santo é uma pessoa, e é divino. Não devemos nos referir ao Espírito como a um "objeto". Não falamos assim de Cristo ou de Deus. Pelo contrário, dizemos "Ele". O mesmo deve ser feito com relação à terceira pessoa da Divindade.

E.E. Nº 3   A Pessoa e a Obra do Espírito Santo

O Espírito Santo não é esquizofrênico – uma personalidade dividida. Qualquer sentimento ou ensinamento que alguém mantenha que não se harmonize com as Sagradas Escrituras não procede do Espírito Santo. O Espírito Santo não nega a si mesmo. Note neste sentido: Muitos que alegam possuir poder a orientação sobrenaturais hoje rejeitam o ensino simples de Atos 2 com referência à salvação. Será, então, que eles possuem realmente o poder e orientação dados pelo Espírito?

Existem dois monumentos permanentes à obra do Espírito Santo nos crentes em Cristo e através deles: a Bíblia e a Igreja.

– Boles

A tabela seguinte, referente às "Diferentes Atividades do Espírito Santo" é útil para visualizar o que foi apresentado neste estudo especial.

Uma rua em Jerusalém

Desenho de Horace Knowles
Da British and Foreign Bible Society

A PESSOA E A OBRA DO ESPÍRITO SANTO   E.E. Nº 3

AS DIFERENTES ATIVIDADES DO ESPÍRITO SANTO

Designação	Palavra Grega Usada	Como Conferido	A Quem Conferido	Quando Conferido	Com Que Propósito	Com Que Resultado	Temporário/Permanente
DOM DE HABITAÇÃO DO ESPÍRITO SANTO ---- (Romanos 8.9)	δωρεά Atos 2.38	Dado por Deus ---- Gálatas 4.6 2 Coríntios 1.21-22	Todos que se tornam cristãos Gálatas 3.2 Atos 2.38 João 7.39 1 Coríntios 6.19	(À ocasião da justificação) À ocasião do batismo em água Atos 2.38 Romanos 6.3 1 Coríntios 6.11 Gálatas 3.2	Consolo e encorajamento Atos 9.31 Direção Romanos 8.13-14 Ajuda para vencer os desejos da carne Romanos 8.12 Ajuda com nossas orações Romanos 8.26	Fruto do Espírito Produzido ---- Gálatas 5.22,23 Garantia da salvação ---- Romanos 5.5 1 João 4.13 2 Coríntios 5.5-16	Permanente durante a era inteira da igreja ---- Atos 2.38
DONS ESPIRITUAIS ---- (1 Coríntios 12.1)	χαρίσματα 1 Coríntios 12.4 2 Timóteo 1.6 δωρεά Atos 8.20	Através da imposição de mãos de um apóstolo ---- Atos 8.17-19 2 Timóteo 1.6 Romanos 1.11 Atos 6.6	Cristãos escolhidos pelo próprio Espírito Santo ---- 1 Coríntios 12.11 1 Coríntios 14.16	Depois do batismo em água ---- Atos 19.1-7 1 Coríntios 12.13	Revelar a verdade ---- 1 Cor. 12.8-10; 14.6, 26 Confirmar o evangelho ---- Hebreus 2.3,4 Guiar a congregação nova na ausência do cânon do Novo Testamento ---- 1 Coríntios 12.28	Igreja infantil cresceu e tornou-se forte e vital ---- 1 Coríntios 13.8-12 Atos 8.12	Dons espirituais eram temporários-para a infância da igreja ---- 1 Coríntios 13.8
BATISMO DO ESPÍRITO SANTO ---- (Atos 1.5)	βαπτίζω Atos 1.5 πίμπλημι Atos 2.4 ἐνδύω Lucas 24.49 δωρεά Atos 10.45; 11.17	Dado diretamente por Deus ou Cristo ---- Mateus 3.11 Atos 11.17	Os Apóstolos Atos 2.1-4 Casa de Cornélio Atos 10.44-48 Atos 11.16-17 Paulo 2 Coríntios 12.11,12	Pentecostes Atos 2.1-4 Antes da Conversão Atos 3.1ss Atos 10.47,48 Após sua conversão Gálatas 1 (Inferido)	Revelação e Inspiração Atos 2.1.4 Capacitar a operar milagres Atos 3.1ss Convencer Pedro que salvação é para gentios Atos 11.17 [O memmo que para os outros apóstolos]	Manifestações divinas (parecido com fogo, som de vento) acompanham Atos 2.1ss Falar línguas estrangeiras Atos 2.8 Poder para operar milagres Atos 9.40,41; 16.16-18 Capacitado para recordar Verdade João 14.26; 16.17	Temporário ---- As Escrituras parecem inferir que esta medida especial do Espírito Santo foi dirigido somente para os apóstolos
GERAÇÃO (nascimento) DO ESPÍRITO [Filemon 10] (1 Coríntios 4.15)	γεννάω João 3.3-5	Através da Palavra ---- 1 Coríntios 4.15 João 3.8	A semente é plantada naqueles que ouvem a Palavra ---- Mateus 13.18ss Lucas 8.11ss 1 Coríntios 4.15	Quando alguém recebe a Palavra ---- 1 João 5.1 Tito 3.5 João 1.13,13	Convencer o mundo do pecado, justiça e juízo vindouros ---- João 16.8-11 Ajuda para tornar-se cristão ---- 1 João 5.1 João 1.12 1 Coríntios 12-13	Começo da vida nova, e começo da morte do "velho homem" ---- Romanos 6.1ss 1 Coríntios 6.11 1 Coríntios 12.13	Permanente ---- O Espírito Santo trabalha assim durante a era inteira da igreja

ESTUDO ESPECIAL Nº 4
O Falar Em Línguas

E. Mansell Pattison, escrevendo no *Christian Standard* (15 de fevereiro de 1964, p. 99) apresentou o estudo em resumo.

Todo o mundo nos círculos religiosos parece hoje em dia parece estar falando sobre línguas, quando não em línguas. O chamado falar em línguas, ou glossolalia, é considerado de maneiras variadas como balbuciação psicótica, falsificação neurótica, ou engano do diabo, por um lado; ou, por outro lado, afirmado como sendo uma experiência absolutamente necessária para todos os cristãos antes que possam considerar-se inteiramente santificados.

"Glossolalia" (do grego *glossa*, língua ou linguagem, mais *lalia*, falar, discursar, ou dialeto) é o termo frequentemente usado, desde cerca 1900, para descrever o exercício religioso praticado hoje que os defensores insistem ser como o "falar em línguas" de que se lê na Bíblia.

Cada vez mais os membros da igreja terão de chegar a uma conclusão sobre os "dons carismáticos" (capacidade de operar milagres, milagres afirmados serem semelhantes aos "dons espirituais" de que a Bíblia fala) e a "glossolalia" em particular, no decorrer do tempo, se os desenvolvimentos recentes nos oferecerem qualquer critério para um julgamento. Assim, a fim de ajudar-nos em nosso raciocínio, este estudo irá mostrar em sumário a difusão do Movimento Carismático, o que os faladores em línguas atuais estão advogando, um estudo de algumas das passagens relevantes, e finalmente algumas avaliações dos fenômenos atuais.

I. A EXPLOSÃO DE LÍNGUAS NOS ÚLTIMOS 70 ANOS

A. Pentecostalismo do Século Vinte

As raízes do Pentecostalismo podem ser traçadas até John Wesley e o início do metodismo da década de 1780. Wesley deu grande ênfase a uma experiência que todo cristão deveria ter após a conversão. Ele a chamou de "perfeito amor" e queria dizer com esse termo o que é hoje chamado de santificação ou uma segunda obra da graça. Charles G. Finney (1792-1876), um famoso pregador do reavivamento, apoderou-se da ideia de Wesley, modificando-a um pouco. Ele foi o primeiro a dizer que a "experiência depois da conversão" é o mesmo que "o batismo do Espírito Santo" sobre o qual lemos na Bíblia. Por ocasião da Guerra Civil americana, a ênfase metodista sobre o perfeito amor já declinava e, como uma reação, nasceu o Movimento da Santidade, num esforço de reiterar a ênfase sobre a esquecida segunda experiência. Todavia, o povo da Santificação (Holiness) tiveram dificuldade em decidir sobre um critério pelo qual julgar se a pessoa era ou no "santa". Foi aqui que a ênfase peculiar dos pentecostais teve início. Os pentecostais, uma vez começado o movimento, começaram a ensinar que o "falar em línguas" é evidência de que o indivíduo tem sido batizado do Espírito Santo (experimentou a obra santificadora do Espírito Santo após a conversão).

Encontrou-se cedo no século XX, ênfase considerável no falar em línguas nas igrejas pentecostais.

O movimento moderno do falar em línguas teve seu início próximo da entrada do século XX. Richard G. Spurling, um pregador batista na região das montanhas Great Smokies, deixou a igreja batista e começou a trabalhar como pregador independente. Em 1896 ele realizou um reavivamento no Condado Cherokee na Carolina do Norte (EUA), havendo uma grande explosão de "falar em línguas" extático. A igreja de Deus (Cleveland, Tennessee) traça sua origem a essa experiência. (Charles W. Conn, *Like A Mighty Army Moves the Church of God*, 1886-1955, Cleveland Tennesse; Church of God Publishing House, 1955, p. 1-55).

Todavia, "o pai do moderno movimento pentecostal" é geralmente considerado como sendo Charles F. Parham (1873-1929), o fundador do Bethany Bible College, em Topeka, Kansas. No outono de 1900, ele levou seus cerca de 40 alunos a buscar o batismo do Espírito Santo, com o falar em línguas como evidência. Depois de várias semanas de intensa busca, uma das alunas, Agnes Ozman, uma aluna que havia sido metodista associada com o movimento da Santificação, no dia do Ano Novo, 1901, falou em sílabas que ninguém podia compreender, depois de receber a imposição de mãos. A razão desse evento ser tão importante no pentecostalismo moderno é salientada por um dos historiadores desse movimento, Klaude Kendrick.

Embora Agnes Ozman não tenha sido a primeira pessoa nos tempos modernos a falar em "línguas", ela foi a primeira a receber tal experiência como resultado de buscar especificamente o batismo no Espírito Santo com a expectativa de falar em línguas. A partir dessa época, os crentes pentecostais começaram a ensinar que o batismo do Espírito Santo devia ser buscado e que seria recebido com a evidência de "línguas". Por este motivo, a experiência de Agnes Ozman é designada como o início do Reavivamento Pentecostal Moderno. (*The Promise Fulfilled: A History of the Modern Pentecostal Movement*, Springfield, Mo.: Gospel Publishing House, 1961, p. 53).

Enfatizamos aqui a busca do batismo no Espírito Santo, e também línguas como a evidência inicial de que o batismo no Espírito Santo foi recebido. Estes dois pontos são os distintivos do moderno movimento pentecostal.

Parham mudou-se mais tarde para Houston (Texas) e estabeleceu ali uma escola bíblica. Um de seus alunos foi um pregador negro da Santificação, W. J. Seymour, que se converteu aos ensinamentos de Parham. Seymour foi convidado a realizar conferências numa pequena igreja Nazarena em Los Angeles em 1906. Mas quando ele começou a defender os pontos específicos da doutrina pentecostal, encontrou forte oposição dos nazarenos, e suas conferências foram encerradas. Todavia, alguns batistas o convidaram para pregar em sua casa à rua North Bonnie Brae, 214. A 9 de abril de 1906, enquanto se reuniam nessa casa, sete pessoas "receberam o batismo no Espírito Santo e falaram em línguas". Outros, atraídos pelos gritos de louvor e o ruído das reuniões passaram a frequentar as reuniões e, à medida que o grupo crescia, um prédio que havia sido da igreja metodista localizada à Azuza Street 312 foi conseguido para realizar as reuniões. Assim a missão da rua Azuza veio a existir, e as reuniões continuaram durante três anos.

A missão da rua Azuza tornou-se um centro de irradiação para difundir o pentecostalismo moderno através dos Estados Unidos e do mundo. Pregadores, tanto homens como mulheres, lideravam os cultos, e pessoas tiveram visões e falaram em línguas. Quando outras pessoas ouviram falar dessa missão interessante, iam visitá-la, e algumas voltaram às suas comunidades natais para divulgar o movimento. (Frank Pack, *Tongues and the Holy Spirit*, Abilene, Texas: Biblical Research Press, 1972, p.10-12).

O movimento pentecostal abrange agora igrejas grandes, tais como as inúmeras Igrejas de Deus Independentes, as Assembleias de Deus, e a Igreja Internacional do Evangelho Quadrangular (fundada por Aimee Semple McPherson). Além dessas, existem bem mais de cem seitas nos Estados Unidos que praticam a glossolalia, nem todas pentecostais, por exemplo, Father Divine's Peace Missions (Missões de Paz do Pai Divino) e a Igreja Pentecostal Unida.

B. Penetração em muitas Denominações desde 1950.

Frank Farrell, escrevendo na *Christianity Today* (13 de setembro de 1963, p.1163), resume esta penetração nas seguintes palavras:

> ... diz-se que cerca de 2000 episcopais estão falando em línguas na Califórnia do Sul ... ; também falam em línguas mais de 600 pessoas na Primeira Igreja Presbiteriana de Hollywood, a maior igreja presbiteriana do mundo. James A. Pike, Bispo Episcopal da Califórnia, confronta a prática na Área da Baía (Califórnia) acompanhado pelas manchetes dos jornais de São Francisco. Uma revista relata que em todo o estado de Montana, apenas um pastor Luterano Americano não recebeu a experiência de falar em línguas. O Dr. Francis E. Whiting, diretor do

Departamento de Evangelismo e Vida Espiritual da Convenção Batista de Michigan (Batista Americana) fala em defesa das obras carismáticos do Espírito na atualidade numa conferência de evangelismo num Semanário Batista do Norte, declarando que a escolha é Pentecostes ou o holocausto. Uma Igreja Livre Evangélica de Minneapolis se divide por causa dessa questão; um ministro Presbiteriano Unido que deseja pedir aos jovens que se arrependam e recebam o Espírito Santo na Primeira Assembleia de Jovens da Igreja Reformada do Norte e Presbiteriana Americana é impedido por um líder da igreja antes que chega ao palco da Universidade Purdue, sendo escoltado para fora por um policial da universidade; membros da Intervarsity Christian Fellowship da Universidade de Yale falam em línguas, assim como um estudante católico romano, um comungante diário na capela St. Thomas More; e ecos da penetração vêm de instituições e organizações evangélicas como o Seminário Fuller, Faculdade Wheaton, Faculdade Westmont, Navegadores, e Tradutores da Bíblia Wycliffe.

Artigos têm sido publicados em jornais e revistas como a *Time* e a *Saturday Evening Post*. A Televisão CBS apresentou recentemente um segmento de 10 minutos de um programa noturno de notícias de meia hora para uma reportagem sobre o falar em línguas.

Perto do final da década de 1960, o movimento neo-pentecostal progrediu ainda mais. Entrou na nova cultura da juventude e tornou-se conhecido como o Movimento Jesus. Calcula-se que cerca de 90% do Povo de Jesus, como são chamados, têm tido alguma forma de experiência pentecostal. Em fins dos anos 1960, o neo-pentecostalismo entrou na Igreja Católica, começando na Universidade Duquesne, Notre Dame, e a Universidade Estadual de Michigan. O Pe. Edward O'Connor e o cardeal Suenens da Bélgica são porta-vozes importantes do movimento carismático entre os católicos romanos. O início da década de 1970 trouxe o que é chamado de fase ecumênica do pentecostalismo (um esforço para unir todos os crentes em Cristo com base na experiência pentecostal, enquanto ignora todas as diferenças doutrinárias e litúrgicas). 1971 viu o Movimento Carismático entrar na Igreja Ortodoxa Grega.

Algumas organizações e personalidades estão na dianteira desta penetração do pentecostalismo no mundo religioso em geral. Três dessas organizações são: a Associação de Homens de Negócio do Evangelho Pleno, Women's Aglow Fellowship, e o Centro Cristão Melody Land de Anaheim, Califórnia. Personalidades envolvidas são John Sherrill, Harald Bredesen, George Otis, Kathryn Kuhlman, Dennis Bennett, Demos Shakarian, David Wilkerson, Jamie Buckingham, David J. DuPlessis e J. Rodman Williams. Casas publicadoras tais como a Logos, Whitaker House, Harvest House e Living Waters Productions estão também ativamente envolvidas na propagação do pentecostalismo.

C. O Movimento da Restauração tem sido perturbado por este Fenômeno

Alunos têm sido expulsos de faculdades bíblicas por causa do problema. Pregadores alunos têm sido pedido a se retirarem dos púlpitos por "falarem em línguas". Uma nova publicação está sendo enviada a pregadores do Movimento da Restauração. Ela é chamada de *The Spiritual Witness* ("A Testemunha Espiritual"), e fala sobre as experiências de vários pregadores que "receberam o batismo no Espírito Santo" e "começaram a falar em línguas". Esta publicação instiga que todos os membros da Igreja Cristã e Igreja de Cristo precisam deste "enchimento do Espírito Santo".

Pat Boone envolveu-se no Movimento Carismático, e publicou um livro, *A New Song* ("Uma Nova Canção"), em que responde a todos os velhos argumentos-padrão usados regularmente pelos pregadores do Movimento da Restauração, para provar que os milagres cessaram na ocasião em que o último apóstolo morreu. O livro tem tido uma influência poderosa sobre muitos de nossos irmãos, sendo o estímulo que os levou a envolver-se no neo-pentecostalismo. Um dos professores de Pat nos dias de faculdade, James Bales, escreveu sobre seus esforços para dissuadir Pat do seu crescente interesse no pentecostalismo. O livro é chamado *Pat Boone and the Gift of Tongues* ("Pat Boone e o Dom de Línguas") e deve ser lido em conjunto com *A New Song* (Uma Nova Canção), caso alguém decida ler este último livro. Ele dá uma dimensão à história de que Pat no foi "levado" a dar quando escreveu seu próprio relato, inclusive explica como Pat foi "levado" a enganar seus próprios irmãos na fé sobre o seu envolvimento nas atividades carismáticos.

II. REIVINDICAÇÕES CARISMÁTICAS NA ATUALIDADE

A fim de compreender o Movimento Carismático, é necessário apresentar algumas das principais ênfases doutrinais encontradas em quase todo escritor e professor envolvido no momento.

A. "Batismo *do* Espírito Santo" vs. "Batismo *no* Espírito Santo"

Para a maioria dos pentecostais, o "Batismo do Espírito Santo" (quando o Espírito Santo é o agente que faz a ação) é aquilo que torna o indivíduo um cristão, enquanto o "Batismo no Espírito Santo" (onde o Espírito Santo é o elemento em que o cristão é inundado) é a segunda obra do Espírito Santo.

B. O Batismo no Espírito Santo é para Todos os Crentes

Thomas F. Zimmerman, "Pleas for Pentecostalists" (Apelos aos Pentecostais), (*Christianity Today*, 4 de Janeiro, 1963, p. 319ss), escreve:

> Embora haja certa divergência de doutrina, uma posição básica une os pentecostais – sua crença comum em que o "batismo do Espírito Santo" é uma experiência distinta que todos os crentes podem e devem ter após a conversão.

Farrell (*op. cit.*) escreve:

> A crença básica de que "o batismo do Espírito Santo" é uma experiência subsequente à conversão é comum a todos os pentecostais – todos os crentes devem experimentá-lo, e a evidência física inicial para este batismo ou "enchimento" é o falar em línguas.

C. O batismo no Espírito Santo segue-se à conversão

Ambas as citações acima afirmam que esta experiência é algo que se "segue à conversão". Os carismáticos não concordam quanto ao número de pré-requisitos que o crente deve possuir antes de receber o batismo no Espírito Santo, mas iremos citar quatro das condições mencionadas com maior frequência. Há conversão (Atos 2.38 é interpretado como se o "dom do Espírito Santo" fosse dado algum tempo depois do arrependimento e batismo em água); oração (Lucas 11.13 e Atos 1.14 são provas textuais de que o indivíduo deve orar pedindo o batismo no Espírito Santo); obediência (alega-se que Atos 5.32 mostra que depois da conversão é necessária uma vida de obediência cuidadosa caso a pessoa queira receber o Espírito Santo); e "fé" (crer que irá obter o batismo no Espírito Santo, ou desejar os dons, 1 Coríntios 12.31 e 14.1).

D. Falar em Línguas é a evidência inicial de ter sido batizado no Espírito Santo

Os que insistem que o "batismo do Espírito Santo" é para todo crente, também alegam que o "falar em línguas" é a evidência física inicial desse batismo. Birney escreve:

> As línguas são o sinal do "enchimento" inicial do Espírito (*The Spiritual Witness* (A Testemunha Espiritual), I.2.8).

Farrell (*ibid.*) dá esta nota:

> As línguas como evidência inicial se distinguem do dom de línguas (1 Coríntios 12.12), que não foi concedido a todos.

Harold Horton, *The Gifts of the Spirit* (Os Dons do Espírito), p.155, apresenta a mesma ideia:

> Toda pessoa fala em línguas pelo menos uma vez à ocasião do seu batismo no Espírito (Atos 2.4; 10.45, etc.), mas aparentemente nem todos retêm este poder de falar em línguas (1 Coríntios 12.30), embora não pareça haver nenhuma razão bíblica para que não o retenham (1 Coríntios 14.5, 23). A única distinção nas Escrituras entre o sinal de línguas e o dom de línguas é que ao serem empregadas pela primeira vez por um indivíduo, o pronunciamento é o SINAL

do batismo no espírito; todo uso subsequente da língua sobrenatural por este mesmo indivíduo é o DOM de línguas em operação.

E. A Natureza de "Línguas"

Entre os pentecostais modernos, não há acordo quanto à natureza das "línguas" que o indivíduo fala após ser batizado no Espírito Santo. Para alguns, as línguas são um idioma estrangeiro. Para outros, elas são uma linguagem celestial (em nada semelhante a qualquer língua falada pelos homens em algum lugar desta terra).

Horton (*op. cit.*, p.145) tem esta explicação da natureza de línguas:

> Trata-se de uma expressão sobrenatural pelo Espírito Santo, em línguas jamais aprendidas pelo falador – não entendidas pela mente do falador – quase sempre não entendidas pelo ouvinte. Ele nada tem a ver com a capacidade linguística, nem com a mente ou intelecto do homem. É uma manifestação da Mente do Espírito de Deus, empregando órgãos da fala humanos. Quando o homem está falando com línguas, a sua mente, intelecto, entendimento repousam. A faculdade de Deus é que está ativa. A vontade do homem está certamente ativa, assim como o seu espírito e os órgãos da fala; mas a Mente que está operando é a Mente de Deus através do Espírito Santo. A habilidade linguística do homem não é empregada no falar com línguas mais do que a habilidade cirúrgica humana foi utilizada quando à voz de Pedro: "Levanta-te e anda", o coxo imediatamente levantou-se, saltou e andou! Trata-se em resumo, de um milagre. Não é um milagre mental; a mentalidade é de Deus. É um milagre vocal.

Alguns faladores em línguas têm reivindicado que as "línguas" modernas são idiomas estrangeiros inteligíveis. McCandlish Phillips, "And There Appeared to them Tongues of Fire" (E Apareceram-lhes Línguas de Fogo) (*Saturday Evening Post*, 16 de Maio, 1964) declara que às vezes os que falam em línguas falam em idiomas estrangeiros que nunca estudaram. E Birney (*op. cit.*, I.1.8) escreve:

> Em resposta à questão sobre essas línguas serem ou no conhecidas, elas podem ser ambas. As línguas no dia de Pentecostes eram desconhecidas aos apóstolos (Atos 2.7), mas eram conhecidas de muitos que as ouviram (Atos 2.8). Este é algumas vezes o caso hoje. Não é desconhecido que uma língua seja compreendida por alguém na audiência que conheça a linguagem falada pelo Espírito . . . o Espírito escolhe a língua, e embora a maioria pareça ser as línguas de homens, i.e., idiomas que foram ou são falados por homens, pode tratar-se também de uma língua celestial ou angelical (1 Co 13.1).

F. A Duração dos Dons Espirituais

Tanto Zimmerman (*op. cit.*, p.12) como Brumback (*What Meaneth This?* (O Que Isto Significa?) p.89-96) se referem a ocasiões esparsas em toda a história da igreja como evidência que o dom de línguas tenha continuado através da era da igreja inteira. De fato, afirma-se que todos os dons espirituais têm continuado no correr dos séculos. Birney (*op. cit.*, I.1.7) menciona claramente que línguas, profecia e conhecimento como dons especiais continuarão definitivamente até o segundo advento, e se apóia numa interpretação de I Coríntios 13.8, 9, que faz a palavra "perfeito" referir-se à segunda vinda de Cristo.

É evidente que na opinião dos que falam em línguas, este dom de línguas irá persistir até a volta de Cristo, e que todos os crentes devem receber o batismo no Espírito nestes dias com o acompanhamento manifesto de línguas, ou carecerem tristemente de muitas graças.

G. O Propósito do Falar em Línguas

A maioria dos carismáticos faz uma distinção entre dois tipos de línguas. Um deles é para devoções particulares. Esta será provavelmente uma "linguagem celestial", usada quando as pessoas desejam falar sobrenaturalmente com Deus. O outro tipo é para o uso em público, sendo mais provavelmente uma "língua estrangeira", como aconteceu no Dia de Pentecostes.

O propósito de línguas, alegado como estabelecido nas Escrituras e como enumerado por Horton e Birney é:

1. Evidência bíblica do batismo do Espírito Santo
2. Para as pessoas poderem falar sobrenaturalmente com Deus (I Co 14.2)
3. Para engrandecer a Deus (Atos10.46)
4. Edificação pessoal do crente
5. Para que nossos espíritos, em separado de nosso entendimento, possam orar (I Co 14.14), uma espécie de purificação espiritual
6. Para que, juntamente com o dom da interpretação, a igreja seja edificada (leia I Co 14.12, 13, 5, 26, nesta ordem)
7. Como um sinal para os incrédulos do cumprimento da profecia (1 Co 14.21, 22 e Atos2.16-18)

H. Os Efeitos do Batismo no Espírito Santo

A publicação *The Spiritual Witness* (A Testemunha Espiritual) oferece a seguinte lista de efeitos do batismo no Espírito Santo entre as igrejas:

Tive um poder em minha pregação jamais presente antes. Usei os mesmos sermões e ilustrações que usava normalmente em tais reuniões, mas os efeitos foram notavelmente diferentes. As pessoas se comoveram, os corações foram tocados. Durante a reunião uma mulher foi gloriosamente curada pelo Senhor, outros foram abençoados, e dois membros da igreja receberam o batismo do Espírito Santo . . . Nas últimas semanas tenho testemunhado numerosas curas, ouvido muitas profecias, línguas e interpretações. Tenho testemunhado os dons da sabedoria, conhecimento e discernimento em ação noite após noite. Tenho ouvido e visto demônios expulsos, gritando e rasgando, como conta o evangelho, expulsos em o nome de Jesus. Tenho testemunhado pessoas gloriosamente libertadas e indo embora jubilantes, com uma alegria jamais conhecida antes.

A Igreja Cristã da Park Road revitalizou-se devido às mudanças na vida do irmão Ivan Cornell desde que recebeu o batismo do Espírito Santo. O irmão Correll afirma que antes de seu batismo ele estava completamente envolvido nos negócios de sua própria igreja, mas agora o Espírito Santo modificou suas atitudes, assim como sua perspectiva espiritual e ampliou grandemente o seu ministério.

Uma pessoa foi curada milagrosamente e duas ficaram cheias do Espírito, e iniciou-se um reavivamento que mudou a igreja inteira, como resultado de uma campanha de reavivamento recentemente conduzida aqui por Gene Birney.

Um evangelista conta que o Senhor está agora confirmando o seu ministério com sinais que se seguem, desde seu batismo recente do Espírito. Uma senhora idosa, com seu lado direito inteiramente paralisado por um derrame grave, foi curada e andou, após ser carregada à igreja. Ela foi libertada pela oração de fé, depois de ungida com óleo.

A partir dessa ocasião tenho tido uma orientação positiva onde quer que vá. Se Deus tem uma tarefa especial para mim, quando pergunto a Ele, de noite, de manhã, ou qualquer hora, Ele pode dar-me essa orientação. No posso nem sequer começar a citar algumas das inúmeras vezes em que Deus me guiou desse modo desde a hora em que recebi o maior enchimento do Espírito Santo. Deus fala assim comigo e me diz especificamente o que Ele quer que eu faça.

O irmão Alvin Ball, ministro cristão e formado pela Manhattan Bible College, descreve muitos sinais e prodígios que se seguiram ao seu ministério e ao do irmão Kent Newman, também ministro cristão, em reavivamentos recentes dirigidos em Carrizo Springs, Texas, e Chicago, IIlinois. O irmão Ball tem ajudado com o reavivamento aqui em San Antônio na semana passada. Ele tem um excelente dom de profecia.

Temos visto o Livro de Atos em ação. Temos visto pessoas curadas, demônios expulsos, o dom do conhecimento e outros dons espirituais em ação.

III. O QUE A BÍBLIA ENSINA SOBRE "FALAR EM LÍNGUAS"?

Há várias passagens normalmente envolvidas em qualquer discussão sobre o falar com línguas. O plano desta seção do estudo é oferecer uma série de notas breves sobre essas passagens relevantes.

A. Marcos 16.17

A passagem promete que um dos "sinais" que seguiriam os crentes era a capacidade de "falar com novas *(kainos)* línguas". O fato de *kainos* ser empregada em lugar de outra palavra para novo *(neos)* é facilmente explicável se as "línguas" forem idiomas estrangeiros desconhecidos do usuário. *Neos* sugere "novo no tempo, jamais existindo antes"; enquanto *kainos* simplesmente significa "fresco, feito recentemente, não usado". "Novas Línguas" são uma língua não utilizada pelo falador antes.

O artigo de Behm sobre "línguas" no *Theological Dictionary of the New Testament* (Dicionário Teológico do Novo Testamento) de Kittel, mostra quatro significados diferentes para a palavra *glossa* ("língua"). Ela pode falar (1) da língua, como um órgão do corpo, segundo Tiago 3.5; (2) uma língua ou dialeto, incluindo palavras estrangeiras que necessitam de tradução ou explicação, como em Atos 2.6; (3) Qualquer coisa na forma de língua, como a língua de um sapato, ou uma língua de terra formando uma saliência no mar, como em Atos 2.3; (4) Os pronunciamentos extáticos de sacerdotisas pagãs, como em Delfos. Assim sendo, sempre que a palavra "língua" aparece nas Escrituras, é preciso determinar qual das quatro ideias o escritor tem em mente.

Não há razão para compreender Marcos 16.17 como sendo outra coisa além de línguas estrangeiras, como o *Lexicon* de Thayer define esta palavra no artigo sob "Glossa (2)".

B. Atos 2.1-11

1. O enchimento do Espírito Santo foi acompanhado, no caso dos apóstolos, por pronunciamentos dados pelo Espírito, de modo que as pessoas procedentes de todo o império romano ouviram o que estava sendo dito em suas próprias LÍNGUAS nativas.
2. As coisas de que os apóstolos falaram, ao falarem nessas línguas nativas, foram "as grandezas de Deus" (v.11).
3. O autor no está descrevendo o falar extático. Tratava-se de uma "língua".
4. Não há evidência de que aqueles homens estivessem orando pela vinda do Espírito Santo, ou que desejassem o "sinal" de sua vinda.
5. Várias objeções já foram levantadas contra a ideia de que Atos 2.1-11 ensina que as "línguas" no Pentecostes eram "línguas estrangeiras".
a. Alguns negam a confiabilidade de Atos. Diz-se que Atos foi escrito muito depois de I Coríntios, e que a tradição sobre o Pentecostes como registrada em Atos 2 foi deturpada; portanto, Atos 2 não pode ser usado para interpretar I Coríntios.
REFUTAÇÃO: A data de I Coríntios é 57 A.D. A data de Atos é 63 A.D. Seis anos no fariam tanta diferença. Além disso, Lucas é um historiador de primeira. Ele conversou com muitas testemunhas oculares dos acontecimentos do Dia de Pentecostes. O registro de Atos 2 é confiável.
b. Alguns afirmam que Atos não é claro nem compreensível. É alegado que Atos 2 deve ser interpretado de acordo com I Coríntios 12-14. Ao fazer isto, os eruditos nos levam a pensar que as "línguas" de Atos não passavam de "tagarelice ininteligível" (tal como os eruditos creem que foram faladas em Corinto).
REFUTAÇÃO: Isto no se ajusta ao registro de Atos 2.11.
c. Alguns afirmam que os ouvintes apenas imaginaram estar ouvindo a sua própria língua no dia de Pentecostes.
REFUTAÇÃO: Esta teoria também não satisfaz as exigências do registro de Atos.

d. Outro diz: "Que necessidade havia de os apóstolos falarem em línguas estrangeiras não aprendidas? O mundo inteiro era bilíngue. Todos conheciam o grego".
REFUTAÇÃO: É verdade que o grego era uma língua universal nos primeiros dias da igreja. Mas, é também verdade que muitos compreenderiam sua língua materna melhor que o grego.

e. Outra dificuldade é encontrada em Atos 2.13. Diz-se: "Se os apóstolos estavam na verdade falando línguas estrangeiras, por que foram acusados de embriaguez?"
REFUTAÇÃO: No somos informados quem fez a acusação. Teriam sido os líderes religiosos judeus? Esses homens no haviam tentado colocar Jesus inúmeras vezes em modo desfavorável, dizendo que Ele agia pelo poder do Diabo? Eles certamente não teriam mudado de coração. Estariam fazendo comentários caluniosos semelhantes contra os apóstolos, numa tentativa de desacreditá-los.

C. Atos 8.14-19

1. Não há uma referência direta nesses versículos ao "falar em línguas". Mas, desde que é dito que mediante a imposição de mãos dos apóstolos, eles receberam "dons espirituais", pode ser suposto que alguns receberam o "dom de línguas".
2. "O Espírito desceu sobre eles" em alguma ocasião subsequente ao seu batismo no corpo de Cristo.
3. Este "dom" foi transmitido mediante a imposição das mãos de um apóstolo sobre alguns cristãos de Samaria.
4. Dons espirituais não foram recebidos por todo indivíduo cristão – Simão no recebeu.

D. Atos 10.44-48

1. Esta "queda do Espírito" foi semelhante, caso no idêntica, à do Pentecostes; veja Atos 11.15-17.
2. O "falar com línguas" parece ter significado que Cornélio e os de sua casa haviam sido batizados do Espírito Santo.
3. Note que neste caso o batismo do Espírito precedeu a conversão dessas pessoas. Elas não foram batizadas em Cristo até mais tarde, Atos 10.47, 48.
4. Cornélio e sua casa não buscaram tal dom ou manifestação.
5. Surge o problema – que língua Cornélio e os outros falavam? Por ser um soldado romano, ele conheceria o latim e provavelmente o grego. Pedro e os outros reconheceram a língua. Parece, então, que a língua falada por Cornélio foi aramaico – uma língua que um soldado romano, especialmente um oficial, no conheceria normalmente nem se daria ao trabalho de aprender, desde que se tratava de uma linguagem provinciana.

E. Atos 19.1-6

1. Depois dessas pessoas se tornarem cristãs, Paulo impôs as mãos sobre elas, e receberam "dons espirituais"; sendo um deles a capacidade de "falar em línguas".
2. Paulo, não os próprios Efésios, queria que eles recebessem o dom, pois estes nem sequer sabiam que o Espírito havia sido dado aos homens.
3. Esta passagem é paralela ao que temos em I Coríntios 12-14, pois os efésios não só receberam o "dom de línguas", mas também o "dom da profecia".

F. I Coríntios 12-14

1. Embora a maioria dos eruditos concorde que Atos 2 fala de línguas estrangeiras, vários deles hoje favorecem a ideia de que I Coríntios 12-14 não se refere a idiomas, mas a pro-

nunciamentos extáticos ou ininteligíveis. Este autor NÃO VÊ RAZÃO PARA FAZER ESTA DISTINÇÃO!

a. Ao comparar os relatos em Atos 2 e I Coríntios 12-14, vemos alguns pontos idênticos.

Tanto no caso dos coríntios como no de Pentecostes, uma influência e dom extraordinários do Espírito Santo foram responsáveis pelo falar.

Em ambos os casos, as pessoas falavam conforme o Espírito lhes concedia que falassem.

O propósito do falar em línguas nos dois casos era dar louvor e honra a Deus, e edificar os ouvintes.

b. Os versículos em I Coríntios 12-14 alegados como mostrando que as "línguas" em Corinto eram diferentes das "línguas" do Pentecostes, quando interpretadas sob a hipótese de que as "línguas" em Corinto eram "idiomas estrangeiros", fazem sentido maravilhosamente.

1) Por exemplo, é dito que a fala dos apóstolos (Atos 2) foi inteligível, e consequentemente foi entendida pelos ouvintes sem auxílio de outros (vv.8, 11); enquanto o falador com línguas de Corinto não era compreendido sem o auxílio de um intérprete (1 Co. 14.2, 13, 16, 27, 28). (REFUTAÇÃO: Parece, pelo contrário, que I Coríntios 14 está dizendo: "Por que desejar o dom de línguas quando pode haver somente poucos presentes nas reuniões que podem entender? Se usasse o seu dom de falar, um intérprete teria de explicar à maioria da congregação o que disse. Por que não desejar um dos outros dons mais úteis?").

2) I Coríntios 14.14 não é uma evidência de que as "línguas" sejam balbuciação ininteligível. Um homem poderia orar, usando uma língua que ele jamais havia aprendido ou estudado, e seria possível ainda afirmar que ele no compreendia o que estava dizendo.

3) I Coríntios 14.23 também não pode ser usado para mostrar que o que ocorria em Corinto era silabação extática. O versículo diz, "Se, pois, toda a igreja se reunir no mesmo lugar, e <u>TODOS</u> SE PUSEREM A FALAR EM OUTRAS LÍNGUAS, no caso de entrarem indoutos ou incrédulos, no dirão porventura, que estais loucos?" O ponto levantado não é que havia uma confusão em que todos falam ao mesmo tempo. Ao contrário, Paulo está supondo um caso extremo para argumentar, em que todos os presentes na reunião de adoração tivessem o dom de línguas, e que um após o outro eles se levantam e falam numa língua estrangeira. Suponha que um visitante entre. Os cristãos, um após outro se levantam e, em lugar de falar a língua local, pronunciam um discurso em língua estrangeira que o visitante não conhece (ele era "indouto"). Ao voltar para casa, depois de ouvir uma reunião inteira em línguas que não compreendia, ele iria concluir que os cristãos eram loucos.

4) I Coríntios 14.27, 28 ensina que se não houver intérprete presente, a pessoa que fala em línguas deve "ficar calada" ou "falar consigo mesma". Em lugar de serem evidência de que as "línguas" em Corinto eram uma linguagem extática, esses versículos apontam na outra direção: as "línguas" em Corinto eram idiomas. A suposição é, que em Corinto, talvez houvesse dias em que nenhum visitante comparecesse à reunião, cuja língua nativa fosse a mesma daquele que possuía o "dom de línguas". (Cada pessoa que falava em línguas evidentemente tinha capacidade para falar uma língua estrangeira – I Coríntios 14.18). Desde que o seu dom não era realmente necessário naquele dia, não haveria "edificação" dos presentes, a não ser que alguém pudesse interpretar suas palavras – e havia indivíduos com o dom de compreender quando outrem falava numa língua estrangeira. Tal habilidade era chamada de "dom de interpretação".

5) Finalmente, I Coríntios 14.2 não precisa ser interpretado de modo a provar que as "línguas" em Corinto eram tagarelice ininteligível. O versículo diz: "Pois quem fala

em outra língua, não fala a homens senão a Deus, visto que ninguém o entende, e em espírito, fala mistérios". Este versículo é designado no contexto como uma explicação de por que os homens devem desejar mais o dom da profecia do que o dom de línguas. Os homens que estavam "profetizando no idioma do povo" edificariam a igreja, enquanto os que falavam numa língua que nenhum dos membros da igreja compreendia (a não ser que houvesse intérprete presente, v.5) deixariam os ouvintes "no escuro" quanto ao que estava sendo dito. Isto seria verdade, mesmo quando o orador fosse guiado pelo Espírito Santo no que disse.

  c. Este escritor não vê, portanto, razão para que devemos dizer que o falar em línguas em Atos 2 difere basicamente do falar em línguas em I Coríntios 12-14. EM AMBOS OS CASOS HÁ REFERÊNCIA A LÍNGUAS ESTRANGEIRAS.

2. Agora que este problema foi respondido, vamos examinar vários outros pontos pertinentes encontrados em I Coríntios 12-14.

  a. O Espírito Santo tem dado e continua dando dons aos membros do corpo de Cristo. Na igreja de Corinto, ele concedeu "dons espirituais" a alguns, além dos "talentos" que ele dá a todo cristão.

  b. O propósito desses "dons espirituais" (inclusive o de "línguas") era que a congregação toda fosse beneficiada, I Coríntios 12.7, 31; 14.12, 26.

  c. Em I Coríntios 12.4 notamos que há "diversidade de dons". O capítulo menciona a seguir nove deles: sabedoria, conhecimento, fé, dons de curar, operações de milagres, profecia, discernimento de espíritos, falar em línguas, e interpretação de línguas. No v. 28 do mesmo capítulo é dada uma lista similar na seguinte ordem: primeiro, apóstolos; em segundo lugar profetas, em terceiro lugar mestres, depois operadores de milagres, depois dons de curar, socorros, governos, variedades de línguas. Vale a pena notar que o dom que os coríntios mais desejavam (e o dom mais desejado hoje) é colocado no fim em todas as listas.

  d. Quando é considerado o contexto, I Coríntios 14.5: "Eu quisera que vós todos falásseis em outras línguas", não tem qualquer intenção de mostrar que Paulo cria que a habilidade de falar em línguas fosse um sinal de maturidade espiritual. O desejo expresso por Paulo de que todos pudessem falar em línguas é imediatamente qualificado por "muito mais, porém, que profetizásseis; pois quem profetiza é superior ao que fala em outras línguas, salvo se as interpretar para que a igreja receba edificação" (14.5). É claro que se alguém "profetizasse" (falasse por inspiração no idioma do povo), mais pessoas seriam edificadas, do que se alguém pronunciasse a mesma mensagem por inspiração, mas numa língua estrangeira. Esta não foi a única vez em que Paulo contrastou a relativa insignificância de línguas com a óbvia importância da pregação da Palavra para a edificação da igreja. Além disso, Paulo já nos disse que NEM TODOS iriam falar em línguas (I Coríntios 12.10, 30). Deve ser lembrado que este dom (como todos os demais) é conferido por Deus conforme lhe apraz, não a todos, mas a quem Ele quer.

  e. I Coríntios 14.16 fala dos "indoutos". Talvez isto signifique que nem todos os cristãos de Corinto haviam recebido dons espirituais. Note a leitura à margem na NASB, "não versados nos dons espirituais".

  f. A declaração de Paulo em 14.18 também não deve ser tomada como uma prova de que todos os cristãos de Corinto haviam falado em línguas. Sua declaração de agradecimento por poder falar com línguas é qualificada pela que se segue imediatamente: "Contudo, prefiro falar na igreja cinco palavras com o meu entendimento, para instruir outros, a falar dez mil palavras em outra língua". A ideia é: se vocês estão se levantando apenas para "se exibir", eu poderia exibir-me mais do que todos vocês que possuem o dom de línguas juntos, pois eu (um apóstolo) tenho capacidade para falar mais línguas estrangeiras do que vocês (os que possuem apenas dons espirituais) juntos. Este contraste em palavras fortes coloca o dom de línguas numa posição relativamente sem importância. É sempre sábio dar importância àquilo que Deus dá, e perigoso enfatizar demasiadamente o que é relativamente insignificante.

g. Ao encerrar seu tratado sobre os dons espirituais, Paulo diz: "Não proibais o falar em outras línguas" (14.39). Ele qualifica também isto com uma declaração anterior, "Procurai com zelo o dom de profetizar" e por outra posterior, "Tudo, porém, seja feito com decência e ordem". Paulo parece estar corrigindo aqui uma possível conclusão falsa. O dom de línguas era útil e tinha o seu lugar, por ser inspirado pelo Espírito, assim como a profecia. Ele diz: "Um dom deve ser intensamente desejado, i.e., o poder de pregar por inspiração. O outro, falar com línguas, não deveria ser proibido contanto que as condições apropriadas fossem satisfeitas e também as regras de decência e decoro". Em sua posição adequada, o dom de línguas era valioso; devendo ser exercido nas ocasiões apropriadas.

h. Entre a primeira e a segunda lista de dons (I Coríntios 12.4-11 e 28-30), Paulo ilustra cuidadosa e enfaticamente a relação desses dons, usando o corpo humano como analogia.

Ele diz, "Porque, assim como o corpo é um, e tem muitos membros, e todos os membros, sendo muitos, constituem um só corpo, assim também com respeito a Cristo" (I Cor 12.12). Ele indica a seguir que os vários membros do corpo são interdependentes. Nenhum órgão do corpo por si só pode ser considerado como prova suprema que o corpo está vivo ou saudável. O trabalho combinado de todos os órgãos contribui para a vida e a saúde do corpo.

Da mesma forma que nenhum membro por si só pode afirmar ser o corpo inteiro, nenhum dom individual do Espírito pode declarar ser todo o ministério do Espírito. O mesmo dom do Espírito também não é dado a cada membro do Corpo de Cristo, assim como a faculdade de ver não é dada a todo órgão do corpo físico. Nenhum dom do Espírito é para todos. Todos não são apóstolos. Todos não são profetas. Todos não são mestres. Todos não são operadores de milagres. Muito menos então todos falam com línguas ou todos têm o dom da interpretação de línguas, I Coríntios 12.29, 30.

i. É importante lembrar que os dons do Espírito são DONS. Ninguém dita para outro quando, como, ou quais dons vai receber. Os dons são concedidos quando, como, e a quem o doador quiser. O apóstolo enfatiza fortemente este ponto. Primeiro, ele nos diz que a variedade de dons foi feita pelo próprio Deus (12.4-6). Fica também claro que o Espírito Santo é soberano na distribuição desses dons, "distribuindo-os, como lhe apraz, a cada um, individualmente" (12.11).

j. I Coríntios 12.13, corretamente interpretado, não é uma referência ao "batismo do Espírito Santo" como sendo para todos. O versículo diz: "Pois, em um só Espírito, todos nós fomos batizados em um corpo . . . E a todos nós foi dado beber de um só Espírito". Parafraseando, "Pela influência do Espírito Santo todos fomos levados a ser batizados (na água) em Cristo. E os dons Espirituais que estão na igreja são resultado da atividade do Espírito Santo também". Entendido desse modo, o versículo se entrosa perfeitamente com todas as outras passagens e cabe maravilhosamente também neste contexto. Ele nada diz sobre as pessoas se tornarem membros da igreja através do batismo do Espírito Santo.

k. Seja o que mais I Coríntios 14.34 possa significar, a passagem proíbe expressamente que as mulheres falem em línguas na assembléia pública. Como se pode observar na presente situação, as mulheres têm se avantajado no falar em línguas e interpretação na assembleia pública. Dizer que este versículo só era válido na cultura do primeiro século é fazer com que todos os outros mandamentos do Senhor (14.37) fiquem sujeitos aos caprichos da cultura e circunstâncias. Isto claramente não serve!

l. Há indicações de que as línguas estão associadas com a infância da igreja (veja I Coríntios 13.11 e 14.20).

G. Conclusões Extraídas das Escrituras Básicas

Atos 2 É A PASSAGEM-CHAVE. Fica claro que no Novo Testamento "línguas" se referia a LÍNGUAS ESTRANGEIRAS; e isto é verdade, segundo cremos, mesmo em Corinto! Se as línguas das passagens do Novo Testamento eram línguas estrangeiras não aprendidas, então grande parte do movimento de línguas atual não é semelhante àquilo do que lemos na Bíblia.

IV. AVALIAÇÃO DE REIVINDICAÇÕES CARISMÁTICAS ATUAIS SELECIONADAS

A. O que dizer da Distinção entre "Batismo Do" e "Batismo No" Espírito Santo?

Se esta distinção fosse verdadeira, esperaríamos encontrar passagens dirigidas a não-cristãos, dizendo "batismo do Espírito Santo" e passagens aos que já são cristãos, dizendo "batismo no Espírito Santo", quando encontramos instruções dirigidas a esses grupos diferentes. O que diz o original? Atos 1.5 (que segundo a teologia pentecostal é dirigido aos indivíduos já cristãos, desde que haviam recebido o novo nascimento em João 20.21, segundo a interpretação pentecostal) diz *en pneumati*, "no Espírito Santo". Atos 11.16, falando para não-cristãos (pela interpretação de Atos de qualquer um) diz: *en pneumati*, "no Espírito Santo". I Coríntios 12.13a, que fala de como o Espírito Santo leva o homem ao ponto em que deseja ser batizado em Cristo, diz: *en pneumati*, "no Espírito Santo". Em outras palavras, aquilo que se espera, caso a distinção pentecostal seja verdadeira, não aparece de forma alguma no grego. Em passagens em que o grego deveria ser diferente (de modo a ler "do Espírito Santo"), ele tem a leitura *en pneumati*. Esta primeira reivindicação do pentecostalismo no suporta um exame!

B. E a Pretensão de que o "Batismo no Espírito Santo" é para Todos os Crentes?

A única maneira que os carismáticos podem afirmar que tal doutrina é bíblica é apresentar todas as passagens em Atos que falam do Espírito Santo e insistir que todas elas tratam da atividade do Espírito chamada de "Batismo no Espírito Santo". Isto é difícil de aceitar quando se observa que algumas passagens falam da obra do Espírito antes da conversão, e algumas da sua obra pós-conversão.

C. E a Afirmativa de que o "Batismo no Espírito Santo" Segue-se à Conversão?

Atos 10-11 é uma passagem difícil para os carismáticos harmonizarem com sua doutrina da subsequência.

Os carismáticos tentam provar sua doutrina da subsequência, apelando para versículos onde "cheios do Espírito" aparece, insistindo que todas elas falam do mesmo fenômeno que ocorreu no Pentecostes e que é chamado de "cheios" (Atos 2.4). Efésios 5.18 é uma passagem frequentemente citada. Mas é de uma alusão errada. No grego, o verbo "encher" é um verbo no presente que infere um enchimento contínuo. Para que a doutrina pentecostal seja verdadeira, deveria ser do tempo aoristo, significando assim encher uma única vez. De fato, Efésios 5.18 também dá alguns testes pelos quais se pode determinar se a pessoa está sendo enchida constantemente ("falando entre vós", "cantando", "entoando", "dando graças" e "sujeitando-vos" são todos particípios no grego, dando exemplos do que acontece na vida cheia do Espírito).

Além dos pontos fracos citados acima na doutrina da subsequência, quando as provas textuais relativas aos pré-requisitos necessários para receber o Batismo no Espírito Santo são examinados, fica logo evidente que eles no apóiam a interpretação que lhes é atribuída pelos carismáticos.

D. E a Afirmação de que as "Línguas" são a Evidência Inicial do Batismo no Espírito Santo?

Neste caso, é muito mais fácil perceber que os pentecostais modernos ensinam exatamente o contrário do que as Escrituras ensinam. Lembre-se, eles afirmam que todos devem falar em línguas pelo menos uma vez na vida, por ocasião do seu batismo no Espírito Santo. I Coríntios 12.30 mostra que essa doutrina não pode ser verdadeira, pois ela indica que NEM TODOS devem falar em línguas.

E. E a Afirmação de que os Dons Espirituais duram através de toda a Era da Igreja?

O Novo Testamento espera a cessação dos dons espirituais. Coríntios 13.8-13 diz que os dons espirituais irão cessar "quando vier o que é perfeito". O contexto diz que quando os dons são exercidos, seu exercício só dá aos recipientes uma ideia parcial da revelação de Deus. Mas vinha um dia quando a revelação completada removeria a necessidade de explicações parciais da vontade de Deus através dos dons. (Este argumento se baseia no fato de que em qualquer contexto a palavra *teleios*, "perfeito", deve receber seu significado do contexto. Aprendemos claramente aqui que o "parcial" é o oposto do "perfeito"). Além disso, Paulo diz que as graças (fé, esperança e amor) irão permanecer depois da cessação dos dons. As graças fé e esperança não durarão após o Segunda Vinda (a fé dará lugar à vista e a esperança à fruição), portanto, não é possível dizer que os dons espirituais irão durar até a Segunda Vinda. "O que é perfeito" deve ser outra coisa em lugar da Segunda Vinda, pois as graças permanecerão muito depois dos dons terem cessado.

Confirmação desta interpretação de I Coríntios 13.8-13 é encontrada em vários pontos. (1) Se Paulo predisse que os dons iriam logo cessar, a história da igreja primitiva deveria contar-nos que eles desapareceram. E é exatamente isso que a história da igreja primitiva nos relata (como será documentado no primeiro parágrafo da próxima parte deste estudo). (2) Se ainda temos dons espirituais hoje, devemos também ter apóstolos na igreja hoje (veja como os apóstolos são citados nos mesmos versículos que os dons espirituais, I Coríntios 12.28, por exemplo). Efésios 2.20 mostra que os "apóstolos e profetas" eram temporários, para o início da igreja. (3) Se existem apóstolos hoje, teríamos então de insistir em que as revelações continuam. Tal afirmação de revelações continuadas tornaria Jesus mentiroso, pois ele disse que os apóstolos originais seriam levados a conhecer toda a verdade (João 14.26). De passagem, 2 Pedro 1.3 nos diz que as promessas de Cristo sobre os apóstolos serem guiados a toda a verdade não falharam, pois Pedro declara que o poder divino de Jesus já havia concedido aos apóstolos TODAS AS COISAS que conduzem à vida e à piedade. (4) Em outra passagem, Pedro insinua que os dons especiais, milagrosos, estavam cessando. Durante os primeiros dias da igreja, as pessoas no precisariam preocupar-se com o que iriam dizer ao ser levado diante dos juízes. Eles receberiam nessa hora as palavras a serem ditas. O Espírito Santo falaria através deles (Mateus 10.17-20). Mas cerca de 30 anos mais tarde, Pedro dá a seus leitores instruções no sentido de que DEVEM pensar sobre o que vão dizer, estando sempre prontos a responder a todo aquele que lhes pedir razão da esperança que possuem (I Pedro 3.15). Esta aparente contradição de instruções é facilmente explicada com base na suposição de que os dons estão cessando. Não é tão facilmente explicada, caso os dons fossem para todos os crentes em todas as eras!

F. E a Reivindicação Quanto ao Propósito das Línguas?

A Bíblia mostra que os dons espirituais (inclusive o de línguas) tinham como propósito credenciar a mensagem ou o mensageiro (Marcos 16.17-20; Hebreus 2.3, 4; João 20.30, 31; I Coríntios 14.22).

Que diferente é a afirmação de alguns hoje de que as "línguas" têm um propósito devocional. Os livros de teologia carismáticos que têm tentado encontrar provas textuais para esta reivindicação precisam fragmentar I Coríntios 12-14, fazendo alguns versos se referirem ao uso público de línguas e outros no mesmo contexto falarem do uso devocional das línguas em particular. Atos 2 é feito referir-se a "línguas devocionais" apesar de nos ser dito nesse capítulo que os apóstolos estavam falando em línguas estrangeiras para estrangeiros que ali se achavam e ouviram "as grandezas de Deus" (não louvor!) sendo expostas a eles em seus próprios idiomas e dialetos.

G. Conclusão desta Parte do Estudo

Seria possível reunir as outras alegações feitas pelos pentecostais modernos e mostrar como elas não estão em harmonia com os versículos claros da Palavra de Deus. Em vista de a doutrina pentecostal não concordar com as Escrituras em cada uma de suas principais reivindicações, o sistema inteiro deve ser rejeitado como não sendo de Deus!

V. AVALIAÇÃO DO MOVIMENTO DE LÍNGUAS ATUAL MEDIANTE CRITÉRIOS EXTRA-BÍBLICOS

A. O Critério da História Religiosa

Na discussão acima sobre a duração dos dons, nos preparamos para esta parte do estudo sugerindo que Paulo ensina que os dons eram temporários. Introduzimos este estudo observando que a pergunta é feita repetidas vezes: Quanto tempo duram os dons?

A opinião talvez mais comum associa os dons do Espírito com a fundação da Igreja do Novo Testamento, acontecendo a cessação deles durante o segundo século, depois de a igreja estar bem estabelecida sob a autoridade do Cânon do Novo Testamento completado. O teólogo presbiteriano B. B. Warfield acreditava que os *charísmata* (dons espirituais) foram dados para a autenticação dos apóstolos c omo mensageiros de Deus, um sinal do apostolado sendo a posse dos dons e a capacidade de transmiti-los. A cessação gradual dos dons veio então com a morte daqueles que haviam recebido os dons mediante os apóstolos (veja seu *Miracles: Yesterday and Today ((Milagres: Ontem e Hoje))*).

Farrel, *op. cit.*, p.1164

Os defensores da glossolalia replicam que a teoria de Warfield contradiz a história, e afirmam que através de toda a história houve exemplos do falar em línguas. Bem, vamos examinar a história!

Embora várias passagens sejam citadas nos Pais Apostólicos e Justino Mártir com referência ao falar em línguas, não há referência direta a elas nos Pais ou em Justino, como estando ainda em existência quando esses Pais escreveram.

Justino Mártir escreve: "Pois os dons proféticos permanecem conosco até o presente. Portanto, devem compreender que (os dons) antes entre a sua nação foram transferidos para nós". (*Ante-Nicene Fathers*, ((Pais Pré-Nicenos)) Vol. 1, p.420). Isto no menciona especialmente línguas, mas seria difícil excluir este dom da linguagem de Justino.

Duas passagens de Clemente de Roma são citadas: "Desse modo uma paz profunda e abundante foi dada a todos vocês, e todos sentiram o desejo insaciável de fazer o bem, enquanto um derramamento pleno do Espírito Santo estava sobre vocês" (*Primeira Epístola de Clemente*, c. 2, p. 8). "Tendo, pois, recebido suas ordens, e estando plenamente assegurados da ressurreição do Nosso Senhor Jesus Cristo, e estabelecidos na Palavra de Deus, com a plena garantia do Espírito Santo, eles partiram proclamando que o Reino de Deus estava próximo. E assim pregando através de países e cidades, eles nomearam os primeiros frutos, tendo primeiro provado os mesmos pelo Espírito, para serem bispos e diáconos daqueles que deveriam crer mais tarde" (*Primeira Epístola de Clemente*, c. 42, p. 16, na edição de Eerdmans dos *Pais Pré-Nicenos*).

Ireneu, nascido a cerca de 130 A.D., escreveu cinco livros contra heresias cerca de 185 A.D. Em um desses (Livro 5, capítulo 6, seção 1) ele fala de uma passagem em I Coríntios 2.6, e diz: "essas pessoas . . . que mediante o Espírito de Deus falam em todas as línguas, como ele (i.e., Paulo) costumava também falar. Da mesma forma, ouvimos também muitos irmãos na igreja que possuem dons proféticos, e que através do Espírito falam todo tipo de línguas . . ." Isto é muitas vezes citado como prova da existência de línguas até 185 A.D. O tradutor, porém, coloca numa nota ao pé da página as palavras "ouvem também", e mostra que o verbo aqui está realmente no tempo perfeito e mostra que a ação foi completada no passado. O intervalo é indefinido, mas se Ireneu conhecia o seu latim, ele estava dizendo que ouvia isto tempos atrás, mas não o ouve necessariamente agora.

Tertuliano, escrevendo cerca de 204 A.D., faz esta declaração: "Pois apóstolos possuem o Espírito Santo apropriadamente, que o têm plenamente, nas operações de profecia, e a eficácia das virtudes (de cura), e as evidências de línguas; não parcialmente como têm todos os demais" (*Pais Pre-Nicenos*, Vol. IV, página 53). Não há outros significados para estas palavras além de que o dom de línguas continuava sendo algo que todo cristão ainda recebia no ano 204 A.D.?

Em último lugar, Orígenes diz, escrevendo cerca de 210 A.D.: "Este é Ele que coloca profetas na igreja, dá poderes e concede curas, realiza obras prodigiosas, oferece discriminação de espíritos, concede poderes de governo, sugere conselhos, e ordena e arranja quaisquer outros dons pertencentes à Charísmata; tornando assim a igreja do Senhor em todo lugar e em todos, aperfeiçoada e completa". (*Pais Pre-Nicenos,* Vol. IV, página 254). Mas o contexto faz Orígenes falar sobre o Espírito Santo como uma das pessoas da Divindade, da forma em que Ele aparece nas Escrituras, e não necessariamente como agiu nos dias em que Orígenes viveu e escreveu.

Deixando os Pais da Igreja Primitiva e indo para a era dos Pais Nicenos e Pós-Nicenos, encontramos que exemplos apresentados aqui são alegados serem prova de que o falar em línguas ainda continuava.

Exemplos dos montanistas são citados, como evidência da continuação da glossolalia, desde que foi atacada por Celso. Todavia, Cutten (*Speaking With Tongues* (Falando Com Línguas), pp. 34, 35) mostra que Epifânio, um bispo do quarto século, comenta que o falar em línguas dos montanistas é muito diferente daquele descrito em Coríntios. Hayes (*The Gift of Tongues* (O Dom de Línguas), p. 63) menciona também: "Os montanistas representaram uma reação na igreja contra o Eclesiasticismo crescente e a dependência de formas em lugar do poder espiritual dos tempos primitivos. Tratava-se de um protesto contra o domínio de uma hierarquia em favor da liberdade individual e inspiração pessoal pregadas pelos montanistas, e eles se esforçavam para entrar em comunhão direta com a Divindade".

Já no quarto século, Crisóstomo (A.D. 345-407) expressou surpresa diante do relato de Paulo sobre a situação em Corinto: "Toda a passagem é excessivamente obscura e a obscuridade é causada pela nossa ignorância dos fatos e a cessação das ocorrências que foram comuns naqueles dias, mas sem precedentes nos nossos" (citado por Farrell, *ibid.*).

Os dons carismáticos eram desconhecidos entre o segundo e o décimo sétimo séculos. R.A. Knox, em seu estudo histórico, *Enthusiasm: A Chapter in the History of Religion* (Entusiasmo: Um Capítulo na História da Religião), traça surtos de "dons carismáticos" – línguas, curas, sinais milagrosos, etc. Sua conclusão? Exceto nos tempos bíblicos, tais dons carismáticos eram desconhecidos na história da igreja antes do século XVII.

Desde o século XVII, tais fenômenos têm estado ligados a uma atividade teológica particular. Durante os séculos XVII e XVIII, movimentos de protesto surgiram contra as instituições frias, rígidas, formais e racionais da igreja. Esses movimentos de reação enfatizaram a importância da habitação interior do Espírito, a percepção subjetiva da dedicação religiosa, e a importância mais importante do "comportamento santo". Toda vez que tal surto ocorria, era acompanhado do aparecimento de línguas, curas, experiências corporais extáticas, etc. Vale a pena notar que a onda presente dos "fenômenos carismáticos" surgiu justamente em tal contexto. Então, para obscurecer ainda mais o assunto, os comentaristas nos lembram que o grau de semelhança entre o fenômeno da glossolalia no Novo Testamento e os atuais é incerta. O erudito do Novo Testamento, Leon Morris, aponta para a obscuridade da compreensão atual da natureza exata de alguns dos dons, tais como "socorros" e "governos" (I Coríntios 12.28): "Podemos fazer . . . conjecturas . . . Mas, quando resumimos tudo, nada conhecemos sobre esses dons ou seus possuidores. Eles desaparecem sem deixar traço visível" (*Spirit of the Living God,* p.63).

Na era moderna, a profecia e línguas são reivindicadas para os huguenotes franceses perseguidos, chamados de Pequenos Profetas de Cevennes – crianças bem pequenas compartilhando os dons (Dalton, *Tongues Like as of Fire,* pp.15ss). Houve também manifestações entre os jansenistas e os shakers. Mãe Ann Lee, fundadora da última seita, é citada como tendo testemunho em 72 idiomas diferentes diante de clérigos anglicanos que eram também linguistas renomeados. Certos fenômenos emocionais entre os primeiros metodistas e quacres têm sido ligados à "glossolalia". O século XIX foi relativamente silencioso, apresentando apenas os irvingitas e os mórmons que alegaram "falar em línguas". E chegamos então à explosão, notada previamente, no século XX.

Em último lugar, ao observarmos a história, fenômenos muito semelhantes ao movimento de línguas atual não foram confinados somente a grupos religiosos. Zilboorg (*A History of Medical Psychology* (Uma História da Psicologia Médica) chamou a atenção a esses mesmos fenômenos em grupos seculares, especialmente durante os tempos medievais quando floresciam as superstições demoníacas. Além disso, Linton (*Culture and Mental Disorders* ((Cultura e Desordens Mentais))) demonstrou que tais fenômenos são frequentemente observados hoje em grupos seculares, embora relutamos em reconhecê-lo.

Assim sendo, no que se refere à história religiosa, parece que o falar em línguas hoje não é o mesmo que o falar em línguas da era apostólica, pois os fenômenos apostólicos cessaram cerca do final do segundo século.

B. O Critério da Antropologia Cultural

Outra observação importante procede dos antropólogos. Eles têm documentado amplamente que durante períodos de inquietações sociais uma tribo primitiva pode desenvolver repentinamente um novo movimento; emerge um líder, e a autenticidade de seu movimento é confirmada por "línguas", curas, milagres, e sinais.

Na África e na Melanésia "estes foram repetidamente estudados (P. Worsley, *The Trumpet Shall Sound: A Study of 'Cargo' Cults in Melanesia* ((A Trombeta Soará: Um Estudo das Seitas "Cargo" na Melanésia))). Fenômenos idênticos são descritos como ocorrendo em tribos primitivas; são registrados na história religiosa e secular européia; e são correntes na América de hoje (Festinger, Riecken, e Shecter, *When Prophecy Fails* ((Quando a Profecia Falha))).

Experiências semelhantes ao que ocorreu nas tribos primitivas e na Europa medieval estão acontecendo nos cultos da igreja na América do Norte, em todas as partes do país. Os dados demonstram simplesmente que pessoas normais, na situação e motivação adequadas, podem reagir e realmente reagem de modo algo estereotipado. Por exemplo, atos estereotipados podem ser vistos em multidões, tais como jogos de futebol ou nas lojas de confecções para mulheres nos dias de liquidação. Eles no geral refletem situações intensamente emocionais onde as pessoas recebem sanção social para participar, expressando seus sentimentos através de *atos* em lugar de *palavras* .

Aplicando estes critérios à glossolalia atual, poderia ser dito que em lugar de se assemelharem às "línguas" do Novo Testamento, as línguas da era moderna são mais semelhantes ao que acontece muitas vezes numa situação completamente não-religiosa.

C. O Critério da Psicologia da Fala

A fala é um fenômeno complexo envolvendo tanto elementos conscientes e voluntários, como padrões inconscientes e automáticos nos circuitos psicológicos e fisiológicos. Todos temos conhecimento de distorções comuns da fala normal. Quando ficamos excitados gaguejamos, esquecemos o que íamos dizer, dizemos coisas que no pretendíamos (escorregar da língua) ou ficamos sem fala! Podemos conversar com uma pessoa, ouvir outra e pensar numa terceira. Algumas vezes, ao começarmos a falar, ficamos confusos e enrolamos a língua, dizendo uma deturpação de sons e sílabas. As pessoas que falam dormindo, frequentemente pronunciam jargão ininteligível. O mesmo acontece com pacientes sob sedação ou anestesia, ou em coma parcial.

Todos esses exemplos indicam aberrações de nossos padrões de fala costumeiros e normais. Podemos observar que se nossa atenção for distraída do que estamos dizendo, podemos continuar falando sob o controle de mecanismos inconscientes que podem ou não produzir um discurso inteligível. Qualquer de nós poderia "falar em línguas" se adotássemos uma atitude passiva sobre o controle de nosso corpo e conversa, e houvesse uma tensão emocional pressionando para expressar-se. Um exemplo familiar é o riso explosivo e contagioso de um grupo que chega ao ponto em que todos ficam "fracos demais para mover-se" de tanto rir. Tentar falar enquanto a pessoa está rindo desse modo resulta em vocalizações que possuem todas as características da glossolalia moderna. Os místicos religiosos através da história têm conseguido entrar voluntariamente nesse estado e falar em "línguas" (Underhill, *Mysticism* ((Misticismo))). A maioria das pessoas precisa dos elementos motivação, agrupamento, e exemplos antes que possam passar por essas experiências.

Novamente, a glossolalia é uma experiência que pessoas bastante normais podem experimentar, e realmente experimentam. Não é o descontente, emocionalmente perturbado, ou sócio-economicamente destituído que necessariamente busca tais experiências. Atualmente, muitos cristãos sérios e sinceros, desejando que a vontade de Deus se faça em suas vidas, estão buscando aprofundar sua vitalidade espiritual. Não é de surpreender que cheguem a tal experiência.

– Pattison, *op. cit.*, p.100

Ao aplicar este critério ao nosso estudo, é possível mostrar que mecanismos muito naturais podem produzir o que é chamado hoje de "glossolalia". Quem iria então sugerir que a silabação incompreensível seja produto do Espírito Santo, quando tal "glossolalia" é fácil de produzir e fácil de compreender num plano natural?

D. O Critério da Linguística

Em certas ocasiões se alega que um falador moderno em "línguas", esteja realmente falando num idioma estrangeiro desconhecido do mesmo, e comumente desconhecido de toda a sua audiência.

Exemplos de línguas reais faladas quase sem exceção descobrem-se ser xenoglóssicas (ou a evidência é insubstancial quando se começa a examinar casos específicos). Xenoglossia é a repetição de pronunciamentos em línguas às quais o falador foi exposto, mas não dominou. Sob a auto hipnose ou transe, esses pronunciamentos podem ser lembrados. Martin R. Pope ("Gift of Tongues", *Dictionary of the Apostolic Church ((*"Dom de Languas", Dicionário da Igreja Apostólica*))*, II, 598, 9) e Cutten (*op. cit.*) declaram que nenhum caso de falar em línguas numa lingua que nunca foi ouvida pelo falador tem sido verificado até o momento.

Há também evidência de que a maior parte da "glossolalia" moderna não é lingua sob qualquer condição. Pattison (*op. cit.*) apresenta os seguintes parágrafos:

> Desde que no sou um linguista profissional, vou me referir a relatórios recentes sobre a análise linguística de gravações em fitas feitos da glossolalia: (1) Russell Hitt, na revista *Eternity* (Agosto, 1963, "The New Pentecostalism" ((O Novo Pentecostalismo)), relata um estudo do Dr. Eugene Nida da Sociedade Bíblica Americana; (2) o Dr. Frank Farrell, em *Christianity Today* (13-9-63, p. 1166) refere-se a um estudo por um grupo de linguistas do governo norte-americano; (3) o Dr. William Welmers, professor de linguística da U.C.L.A., submete várias análises ("Cartas ao Editor", *Christianity Today*, 8-11-63) e (4) o Dr. Weston LaBarre, um antropólogo, apresenta material linguístico comparativo (em seu livro, *They Shall Take Up Serpents* (Pegarão em Serpentes), 1962).
>
> Em resumo, todos eles informam que os vários exemplos de glossolalia não são estruturalmente uma "língua"; que seria linguisticamente impossível obter as alegadas "interpretações" da mensagem glossolálica; e, mais importante ainda, que a glossolalia era uma forma decomposta do inglês.
>
> Posso acrescentar a isto minhas próprias observações de experiências clínicas com pacientes neurológicos e psiquiátricos. Em certos tipos de desordens cerebrais, resultantes de derrames, tumores no cérebro, etc., o paciente fica com disritmia em seus padrões automáticos do circuito físico da fala. Se estudarmos esses pacientes "afásicos" podemos observar a mesma decomposição da fala que ocorre nos padrões de pensamento e fala esquizofrênicos, a qual é estruturalmente a mesma que a glossolalia de nossos dias.

Que conclusão devemos então extrair da aplicação deste critério? Podemos dizer que certos estereótipos de fala irão resultar sempre que houver interferência no controle consciente e voluntário da fala, seja mediante danificação do cérebro, psicose, ou renúncia passiva ao controle voluntário. Acreditamos que pode ser mostrado que a glossolalia moderna é um padrão estereotipado de comportamento vocal, controlado inconscientemente, não sendo absolutamente comparável ao que encontramos nas páginas do Novo Testamento.

E. O Critério da Mitologia Pagã

As descrições clássicas antigas são encontradas em Virgílio (*Aeneid*, vi. 40-106) e Platão (Timaeus). Virgílio retrata tal como a vida a antiga profetisa alegdamente falando em línguas, e Platão descreveu o poder do *mantis,* ou profeta. As obras de Nilsson podem ser consultadas para mais descrições. Videntes, oráculos e os elementos extáticos da religião grega são descritos em passagens no *Greek Popular Religion* ("Religião Popular Grega"), p.121ss, e no *A History of Greek Religion* (Uma História da Religião Grega), pp. 205-211.

Se as religiões gregas pagãs em 500 a.C. tinham um "falar em línguas" muito semelhante ao que temos no movimento moderno de línguas, como dizemos que o movimento moderno de línguas é inspirado pelo Espírito Santo? Alguém ousaria dizer que o movimento de línguas pagão ou moderno é comparável ao que foi produzido pelo Espírito Santo em Pentecostes ou em Antioquia ou Corinto?

VI. A OBRA DO ESPÍRITO SANTO NAS VIDAS DOS CRISTÃOS

A vitalidade que o Espírito Santo pode conceder à vida dos filhos de Deus está em falta em grande parte do mundo religioso hoje. As pessoas estão buscando algo para diferenciar a igreja do Rotary Clube. Milhares de indivíduos foram induzidos a filiar-se à igreja na década de 50, e muitos deles, segundo cremos, jamais receberam o dom da habitação interior do Espírito Santo. Desesperadamente buscando algo – felicidade, alegria, poder – essas pessoas estão no estado emocional próprio para a experiência moderna de línguas – uma experiência, porém, que não é o "falar em línguas" sobre o qual lemos no Novo Testamento.

Há também pessoas nascidas de novo que não experimentam essa vitalidade. Qual a razão disso? Várias sugestões podem ser feitas.

Em Efésios 5.18 lemos: "Enchei-vos do Espírito". O contexto sugere três coisas. Primeiro, ficar cheio do Espírito é um processo. Segundo, a plenitude do Espírito é evidenciada pelo controle e autoridade do Espírito sobre a vida. Esses dois primeiros fatores são vistos na abertura do versículo – "E não vos embriagueis com vinho, no qual há dissolução; mas . . ." Embriagar-se é o resultado de um processo, e continua apenas enquanto a pessoa bebe. Leva ao controle por parte dos "espíritos" consumidos, e o bêbado começa a andar no espírito da embriaguez.

Do lado positivo da questão, somos apresentados a um terceiro ponto. O comportamento da vida cheia do Espírito é descrito em Efésios 5.19 e 6.19. Esse andar, feito sob o controle do Espírito Santo, é aquele em que há cânticos e entoação no coração ao Senhor. Dão-se graças por todas as coisas; sujeitamo-nos uns aos outros no temor do Senhor; existe amor entre marido e esposa; obediência dos filhos aos pais; consideração mútua entre patrão e empregado; vitória em face do conflito espiritual; orações e súplicas no Espírito a favor de todos os santos – em resumo, a alegria, felicidade e poder vitais que todos os homens buscam.

A ordem para encher-se com o Espírito contrasta com a de "não entristecer o Espírito de Deus" (Ef. 4.30). Como devemos entender esta ordem? O contexto dá novamente a pista. Imediatamente antes deste versículo, temos as seguintes instruções: não se ponha o sol sobre a vossa ira; não deis lugar ao diabo; aquele que furtava, no furte mias; não saia da vossa boca nenhuma palavra torpe. Nos dois últimos versos do capítulo, lemos: "Longe de vós toda a amargura e cólera, e ira, e gritaria, e blasfêmias, e bem assim toda a malícia. Antes sede uns para com os outros benignos, compassivos, perdoando-vos uns aos outros, como também Deus em Cristo vos perdoou".

Entristecemos o Espírito Santo que habita em nós mediante atos claros de pecado, pelas coisas injustas que dizemos, fazemos e pensamos. Todavia, a verdadeira santidade é mais do que evitar a impiedade. A vida plena em que o Espírito Santo deseja nos guiar está repleta de demonstrações positivas de bondade. Estas são possíveis apenas quando "não entristecemos o Espírito".

Faz parte da natureza do Espírito de Deus falar as coisas de Cristo. Seu propósito é glorificar Cristo através do testemunho falado. Qualquer recusa de nossa parte em sermos suas testemunhas, mediante a palavra falada, irá entristecer (sufocar) Seu ministério.

Ele é também o Espírito da intercessão. Ele é o autor de toda oração sincera. Esta é a razão de sermos exortados a orar no Espírito. Qualquer recusa de nossa parte em permitir que Ele tenha liberdade neste ministério de oração e súplica apaga o Espírito. A falta de oração em nossa vida dá um testemunho irrefutável do fato de estarmos entristecendo (apagando) a obra do Espírito Santo em nossas vidas.

A terceira Pessoa da Divindade é também o Espírito da unidade. É da sua natureza amar os irmãos. Através dele o amor de Deus flui de nossos corações. Qualquer falta, de nossa parte, de amor pelos irmãos, qualquer espírito partidário, qualquer espírito de divisão não procede dele. Uma atitude desse tipo em nós serve para entristecer o Espírito.

Os filhos de Israel foram acusados de limitar "o Santo de Israel" (Sl. 78.14). A igreja também não é menos culpada de limitar (entristecer) a Pessoa e obra do Espírito Santo. O Espírito de Deus é "restringido" em nós. O Seu ministério só é ilimitado, desimpedido e não apagado quando andamos em obediência a Ele. A plenitude do Espírito é gozada por aqueles que lhe respondem. Não existe dom do Espírito (nem sequer o falar em línguas) que possa ser considerado como um substituto para a vida controlada pelo Espírito.

CONCLUSÃO

Em nossos dias o interesse na obra do Espírito Santo tem-se renovado, e somos gratos por isso. A nova explosão de "línguas" em muitos grupos religiosos tem levado os homens a examinar novamente as Escrituras, e somos também gratos por isso.

Tal pesquisa das Escrituras, segundo cremos, revelará que o "falar em línguas" que teve lugar nos tempos bíblicos consistiu no pronunciar de uma língua estrangeira jamais aprendida ou estudada antes pelo falador. Se isto for verdade, então o que é visto em toda parte hoje é algo diferente daquilo que encontramos no Bíblia.

O moderno movimento de línguas pode ser explicado da várias formas naturais. Pessoas normais, dedicadas a Deus, podem ter esta experiência durante estados de intensa emoção espiritual. A experiência não indica a presença de qualquer experiência espiritual válida.

Desde que o fenômeno moderno está ocorrendo em diversos grupos (inclusive até muitos grupos de igreja alta como "o povo congelado de Deus", os da igreja anglicana), será que pessoas que se encontraram em grupos religiosos que não possuíam nenhum "programa espiritual" vital se voltaram para esta experiência da glossolalia por sentirem a existência de um vácuo espiritual que precisava ser enchido?

Uma acusação séria ao Movimento da Restauração é que caímos na mesma rotina letárgica que está entristecendo e apagando o Espírito na cristandade em geral. Precisamos enfatizar a necessidade de restaurar o Espírito à vida dos membros da igreja.

É absolutamente possível que Deus possa usar um movimento extremista para ajudar a despertar uma igreja adormecida. O movimento da glossolalia está em demanda porque as pessoas estão desejosas de uma verdadeira experiência espiritual com Deus. Uma vida e igreja sem o Espírito não podem preencher esta necessidade. Deus dê-nos todos essa constante e pronta obediência ao Espírito Santo que resultará em santidade, coragem, unidade, generosidade, oração, estudo bíblico e testemunho a favor de Cristo, que é acompanhada pelo poder de transformar vidas.

BIBLIOGRAFIA

A. Livros

Bales, James. *Pat Boone and the Gift of Tongues*, Searcy, Ark., publicado pelo autor, 1970.

Boone, Pat, *A New Song*, Carol Stream, III: Creation House, 1970.

Brumback, Carl, *What Meaneth This?*, Springfield, Mo: The Gospel Publishing House, 1947.

Bruner, Frederick D., *A Theology of the Holy Spirit*, Grand Rapids: Eerdmans, 1970.

Burdick, Donald, *Tongues: To Speak or Not to Speak?*, Chicago: Moody Press, 1969.

Cutten, G. B., *Speaking With Tongues*, New Haven: Yale University Press, 1927.

Dalton, Robt. Chandler, *Tongues Like as of Fire*, Springfield, Mo.: The Gospel Publishing House, 1945.

Festinger, L., Riecken, N.W., e Shacter, S., *When Prophecy Fails*, Minneapolis: University of Minnesota Press, 1959.

Hayes, D.A., *The Gift of Tongues*, Cincinnati: Jennings and Graham, 1913.

Horton, Harold, *The Gifts of the Spirit*, Harrow, Middlesex, Great Britain, n. d.

Knox, R.A., *Enthusiasm: A Chapter in the History of Religion*, London: Oxford, 1950.

LaBarre, W., *They Shall Take Up Serpents*, Minneapolis: University of Minnesota Press, 1962.

Linton, R., *Culture and Mental Disorders*, Springfield, III.: Thomas Press, 1956.

Nilsson, Martin P., *Greek Popular Religion*, New York: Columbia University Press, 1940.

_____, *A History of Greek Religion*, Oxford: Clarendon Press, 1949.

Underhill, E., *Mysticism*, New York: Meridian, 1955.

Worsley, P., *The Trumpet Shall Sound: A Study of 'Cargo' Cults in Melanesia*, London: Macgibbon and Kee, 1957.

Zilboorg, G., *A History of Medical Psychology*, New York: Norton, 1941.

B. Artigos

Farrel, Frank, "Outburst of Tongues: The New Penetration", *Christianity Today*, 13 Setembro, 1963, p. 1163ss.

Hillis, Don, "Speaking in Tongues", *Sunday School Times*, 6 Abril, 1963, p. 249ss.

Mayfield, Wm. H., "Response to the "Tongues" Movement", *Christian Standard*, 1 Agosto, 1964, p. 485ss.

Pattison, E. Mansell, "Speaking in Tongues and about Tongues", *Christian Standard*, 15 Fevereiro, 1964, p. 99ss.

Phillips, McCandlish, "And There Appeared Unto Them Tongues of Fire", *Saturday Evening Post*, 16 Maio, 1964.

Zimmerman, Thos. F., "Pleas for Pentecostalists", *Christianity Today*, 4 Janeiro, 1963, p. 11ss.

ESTUDO ESPECIAL Nº 5
A Doutrina da Inspiração

O processo da inspiração (homens "movidos pelo Espírito Santo", 2 Pedro 1.21) é explicado por Paulo na passagem clássica encontrada em I Coríntios 2.9-16.

Primeiro, Paulo declara a esses intelectuais que a mensagem transmitida pelos apóstolos não procede de raciocínio humano, mas da revelação divina. Ele começa o tratamento deste assunto, contando aos gregos que nem a investigação científica nem a razão humana jamais conseguiram descobrir uma base segura em que pudesse ser construído um sistema religioso ("nem jamais penetrou em coração humano . . ."v. 9). A mensagem dos enviados de Deus não era algo que o simples pensamento humano tivesse condições de inventar.

Paulo prossegue então, descrevendo os três passos sucessivos na transmissão da verdade do coração de Deus para o coração do homem. Ou seja:
1) REVELAÇÃO, ato do Espírito Santo, transmitindo aos mensageiros de Deus verdade incapaz de ser descoberta pela mente humana sem ajuda, 2.10-12.
2) INSPIRAÇÃO, ato do Espírito Santo, capacitando os mensageiros a falarem em palavras escolhidas por Deus, infalíveis, a verdade revelada, 2.13.
3) ILUMINAÇÃO, ato do Espírito Santo, capacitando os crentes a compreenderem a verdade dada por revelação e falada por inspiração, 2.14-16.

Fica admitido no restante deste estudo, desde que não existe argumento irrefutável contra a conclusão, que o que foi dito nesses versículos sobre a "fala" dos apóstolos iria aplicar-se igualmente aos seus escritos, especialmente por estarem escrevendo as mesmas verdades que falavam.

I. REVELAÇÃO

Paulo explica que a Bíblia não veio até nós mediante investigação científica e raciocínio humano, mas por outro meio, pela revelação, v.10. A seguir, utilizando a lógica pura, Paulo prova aos gregos a impossibilidade de descobrir a Palavra de Deus através da investigação científica ou razão humana, v.11. O primeiro passo, portanto, na transmissão da verdade do coração de Deus para o do crente é a revelação. Deus deve revelar a sua mente caso os homens devam conhecer os pensamentos e a vontade dele.

II. INSPIRAÇÃO VERBAL

Depois dos escritores bíblicos terem recebido a verdade por meio do ato do Espírito ao revelá-la a eles, o apóstolo diz que o registro da mesma não foi deixado a critério deles. (Uma coisa é conhecer um certo fato, mas outra bem diferente é encontrar as palavras exatas para dar a outrem uma ideia adequada desse fato. Neste ponto exato é que sugere a necessidade da inspiração verbal.)

Paulo faz primeiro uma declaração negativa: "Disto também falamos, não em palavras ensinadas pela sabedoria humana". Isto é, as palavras usadas pelos escritores bíblicos não foram ditadas pelo seu próprio raciocínio humano ou sabedoria. A Bíblia não é (como alguns dizem) um registro de busca de Deus pelo homem.

O apóstolo faz a seguir uma declaração positiva: "mas [em palavras] ensinadas pelo Espírito". ELE DIZ QUE AS PALAVRAS USADAS PELOS ESCRITORES BÍBLICOS FORAM ENSINADAS A ELES PELO ESPÍRITO SANTO. Ou seja, enquanto escreviam as Escrituras, o Espírito Santo que havia revelado a verdade a eles, escolhe agora a palavra certa do vocabulário do escritor, cujo significado dará ao crente a verdade exata que Deus quer que ele saiba. Isto, porém, não implica em ditado mecânico nem anulação da personalidade do escritor. Não se trata de o Espírito Santo fazer uso dos escritores como eles fossem máquinas de escrever.

Um exemplo de como o Espírito Santo opera talvez seja encontrado em Atos 16.6-10. Nessa passagem o Espírito Santo guiou o grupo missionário. Ao que parece, ele não fez nada enquanto seguiam em direção da cidade certa. Mas no momento em que se desviaram, o Espírito Santo de alguma forma os impediu (não nos é dito exatamente como). Ele operou do mesmo modo na questão da inspiração.

Temos então nos autógrafos hebraico e grego originais de nossos manuscritos bíblicos as palavras exatas que Deus ensinou os escritores a utilizarem ao registrar a verdade, recebida por eles através da revelação. É isso que significa inspiração verbal.

Nas palavras do v. 13, "conferindo coisas espirituais com palavras espirituais" (ASV), Paulo explica este processo de escolha da palavra certa em cada caso. Este foi o processo aplicado aos escritores bíblicos ao escrever seus livros. Ao serem guiados pelo Espírito Santo, eles procuraram em seus vocabulários as palavras exatas que iriam expressar adequadamente a verdade que desejavam registrar. Mediante o processo de comparar a palavra com a verdade que queriam escrever, eles rejeitaram aquelas palavras que o Espírito Santo lhes mostrou não iriam expressar corretamente o pensamento, e finalmente selecionaram o termo desejado pelo Espírito Santo.

III. ILUMINAÇÃO

O Espírito Santo não só teve parte na revelação e inspiração da vontade de Deus, mas ele também ajuda o ouvinte a entendê-la. Paulo diz: "O homem natural não aceita as coisas do Espírito de Deus". O "homem natural" é o homem que está privado da influência do Espírito de Deus; o indivíduo governado apenas pela sua natureza física. Paulo termina então dizendo que as coisas espirituais são discernidas espiritualmente. Em outras palavras, quando alguém ouve (ou lê) a Palavra e deseja sinceramente em seu coração entendê-la, o Espírito Santo irá ajudá-lo em sua busca. O Espírito Santo opera através da palavra pregada (palavra escrita) e não diretamente sobre o coração (em separado da palavra).

CONCLUSÃO

O estudante deve ter cautela em distinguir cuidadosamente entre revelação e inspiração, não usando um termo quando estiver falando sobre a outra ideia. Use "revelação" ao falar de Deus tornando conhecida a sua vontade, e "inspiração" ao falar da ajuda que Deus deu aos pregadores (e escritores) bíblicos para falarem os termos exatos que iriam transmitir a verdade que ele queria que os homens conhecessem.

BIBLIOGRAFIA

Alexander, Archibald, *Evidences of the Athenticity, Inspiration, and Canonical Authority of the Holy Scriptures*, Philadephia: Presbyterian Board of Publication, 1836.

Gaussen, S.R.l., *Theopneustia, the Plenary Inspiration of the Holy Scriptures*. London: Francombe and Son, 1912.

Harris, R. Laird, *Inspiration and Canonicity of the Bible*, Grand Rapids: Zondervan Publishing Co., 1957.

McGarvey, J. W., "Grounds on Which We Receive the Bible as the Word of God, and the Only Rule of Faith and Practice", em *The Old Faith Restated*, editado por J. H. Garrison, St. Louis: Christian Publishing House, 1891, p.11-48.

Milligan, R., *Reason and Revelation*, Rosemead, California: Old Paths Book Club, 1953.

Warfield, Benjamin B., "Inspiration", *International Standard Bible Encyclopedia*, Vol. III, p.1473-1483.

_____ *Revelation and Inspiration*, Philadelphia: Presbyterian and Reformed Publishing Co.

Wuest, Kenneth S., *In These Last Days*, Grand Rapids: Eerdmans, 1955, p.36-42.

ESTUDO ESPECIAL Nº 6
Predestinação e Presciência

Todo o problema de como harmonizar as ideias de divindade soberana e livre-arbítrio humano é difícil e complexo. Definimos a predestinação como aquela doutrina teológica associada com o calvinismo, que afirma que desde a eternidade Deus predeterminou todas as coisas que acontecem, inclusive a salvação ou condenação final do homem. "A predestinação" entre os teólogos tem um sentido tanto amplo quanto estreito. De maneira ampla, ela abrange toda a criação, a ideia sendo que Deus ordenou (determinou antes da criação) tudo o que o ocorreria nessa criação. Tecnicamente, porém, a palavra é usada em especial sobre a vontade de Deus com respeito ao destino eterno das criaturas inteligentes. Definimos soberania como a suprema autoridade de Deus, que é "Todo-Poderoso", "o bendito e único Potentado, o Rei dos reis e Senhor dos senhores, "que opera todas as coisas segundo o conselho de sua própria vontade". Ele é Deus e Criador, podendo fazer o que quiser com a sua criação. O livre-arbítrio é explicado como significando que o homem não é irrevogavelmente programado para agir ou escolher de uma certa maneira, mas é livre para aceitar ou rejeitar as propostas divinas.

O problema é este: se Deus preordenou todas as coisas que vão acontecer, como pode haver qualquer liberdade da parte do homem? O ser humano não é apenas um boneco, que faz o que Deus predeterminou que fizesse?

> O problema filosófico da liberdade é ainda mais complicado na Teologia pelas ideias da providência, onisciência e onipotência de Deus, bem como aos conceitos de pecado e graça. A ideia da providência de Deus, especialmente quando unido com as ideias da presciência e predestinação, levanta perguntas cruciais relativas à independência da vontade. Se todos os eventos humanos são previstos, ou se todos os atos não passam da expressão de um ato infinito, em que sentido a decisão humana é realmente livre? Ou se, desde a queda de Adão, é impossível para o homem desejar o que é bom, em que sentido a escolha é real e significativa? Essas questões levaram à controvérsia teológica repetidamente na história da igreja... Agostinho argumentou que, embora Adão (antes da queda) possuísse tanto a capacidade de não pecar (*posse non peccare*) como de pecar (*posse peccare*), ele perdeu a primeira ao exercer a última. Esta liberdade original do homem, cria ele, só podia ser restaurada por uma ato de graça divina. Isto, no entanto, levanta a questão de o homem ter capacidade para aceitar ou rejeitar essa graça... Agostinho argumentou que a graça era irresistível e preveniente, isto é, é exigido um ato de Deus para capacitar a vontade a receber a graça, e esta graça é que é irresistível para aqueles a quem Deus quer dá-la... Este problema é complicado, porém, pela ideia da predestinação... porque se Deus decreta desde a Eternidade o que vai acontecer e quem vai ser salvo, em que sentido é significativo sequer falar da liberdade de escolha de Adão antes da queda? Não seremos levados a afirmar que até esta escolha foi predeterminada?[1]

I. A DOUTRINA COMO ENSINADA NA ESCRITURA

A ideia de predestinação é declarada, com grande poder e clareza, em Romanos 8.29,30.

A ideia ocorre em Efésios 1, onde é dito (versículos 4,5) que Deus nos escolheu em Cristo "antes da fundação do mundo", tendo "nos predestinado para ele, para a adoção de filhos, por meio de Jesus Cristo", e onde é dito ainda que a nossa salvação é "segundo o seu beneplácito" (versículo 9) que propusera em Cristo. Este eterno propósito para salvar o homem "através de Cristo" é referido novamente em Efésios 3.11.

Veja também Atos 4.27, 28; 13.48; I Coríntios 2.7; Salmo 139.16; etc.

---

[1] Van A. Harvey, *A Handbook of Theological Terms* (New York: McMillan, 1968), p.101-103.

II. APARECIMENTO HISTÓRICO E DESENVOLVIMENTO DA DOUTRINA CALVINISTA DA PREDESTINAÇÃO

Durante os três primeiros séculos da igreja, os escritores cristãos não desenvolveram quase esta doutrina.

A doutrina da Predestinação recebeu sua primeira exposição completa e positiva às mãos de Agostinho, cerca de 400 A.D., que fez da doutrina de uma predestinação especial o fundamento de sua oposição a Pelágio. Ele deu nova proeminência em sua teoria à vontade absoluta de Deus: tornando a graça divina a única base para a salvação do homem. A graça era, para ele, o poder irresistível (o Espírito Santo?) operando a fé no coração e incutindo liberdade como resultado. Além do mais, a graça de Deus era concedida somente a um número limitado de homens, enquanto os demais perecem. Agostinho mantinha a predestinação como uma inferência de seu conceito da Queda e da graça.

> Agostinho ensinou que as crianças que morriam sem ser batizadas recebiam a condenação eterna (ensino que seguiu-se à sua conclusão de que todo humanidade deveria ser castigada pelo pecado de um único homem, Adão; um conceito que mais tarde receberia o nome de "Doutrina do Pecado Original"). Ele ensinou que as crianças não iriam provavelmente sofrer tormentos, mas seriam privadas da presença do céu. Isto levou à doutrina da Igreja Católica Romana, que colocou as crianças não batizadas num compartimento especial (*chamado Limbus Infantum*) na fronteira do Céu, onde elas são privadas das bênçãos celestiais mas não sofrem os tormentos do inferno, uma condição chamada "tristeza sem tormento".[2]

Na Idade Média, Anselmo, Pedro Lombardo e Tomé Aquino seguiram o ponto de vista de Agostinho até certo ponto, identificando mais ou menos a predestinação com o amplo controle providencial de Deus sobre as coisas. Nos tempos anteriores à Reforma, Wycliffe e Huss estabeleceram conceitos estritos de predestinação. O Catolicismo Romano não endossou qualquer doutrina particular sobre o assunto, mas tolera oficialmente tanto os ensinos de Molina (1535-1600), que ensinou que o dom da graça divina é concedido segundo a presciência de Deus da colaboração humana livre, e o parecer Tomístico mais rigoroso, embora a última não chegue aos pés da aspereza do conceito Calvinista.

Por ocasião de Reforma Protestante, a doutrina da predestinação foi declarada enfaticamente por Lutero, Calvino, Zwíngli, Melanchthon, Knox e todos os líderes renomeados desse período. Os líderes da Reforma edificaram sobre a doutrina e teologia de Agostinho, em lugar de reportar-se ao que as próprias Escrituras tinham a dizer sobre o assunto.

> Lutero, mais tarde, afastou-se da doutrina da depravação total até certo ponto. Zwíngli rejeitou o fatalismo e acreditava numa providência que tudo governava que não deixava espaço para acidentes. Melanchthon modificou depois seu ponto de vista e sob a sua liderança e igreja luterana veio a opor-se à doutrina estrita da predestinação. A posição de Melanchthon tornou possível o desenvolvimento posterior do arminianismo, que foi a base da doutrina metodista sobre o problema.[3]

O arminianismo, brevemente resumido, acredita que (a) Deus elege ou reprova com base na fé ou incredulidade prevista, (b) Cristo morreu por todos os homens, mas só os crentes serão salvos, (c) o homem é tão depravado que a graça divina é necessária para a fé ou qualquer boa obra, (d) é possível resistir a esta graça, e (e) se todos os que forem verdadeiramente regenerados irão perseverar com certeza na fé é um ponto que exige maior esclarecimento.

Calvino (1509-64) foi quem desenvolveu mais sistematicamente a doutrina aceita por muitas denominações e teólogos reformados nos dias de hoje.

> Calvino se manteve firme sobre a soberania divina, enfatizando a vontade suprema de Deus e seus decretos eternos, que faziam alguns se perderem e outros serem salvos, não levando em

---

[2] L. Edsil Dale, *Acts Comments* (Cincinnati: publicado pelo autor), p.41.
[3] *Ibid.*

conta o que fizessem. Calvino concluiu que a maioria das crianças estava predestinada à salvação, evitando assim aquela "doutrina horrível" (como ele a chamava) de Agostinho. De outro modo, disse Calvino, Deus ficaria envolvido num processo infindável de criar almas para as crianças, a quem ele "precipita do ventre para a tumba, e da tumba para condenação eterna". (*History of the Christian Church*, V. 8, p.545-582).[4]

Os pregadores do Movimento de Restauração nos primeiros anos rejeitaram completamente as doutrinas calvinistas. Por outro lado, eles também não aceitaram os itens (c) e (e) do resumo acima do arminianismo. O livro de Cochran, *Raccoon John Smith*, é uma apresentação popular dos conflitos dos pregadores da restauração com as doutrinas do calvinismo, ao tentarem harmonizá-las sem sucesso com as Escrituras.[5] Desde que não podiam ser harmonizadas, eles rejeitaram a doutrina de Calvino referente à Predestinação.

Certos teólogos neo-ortodoxos do século XX também rejeitaram a doutrina calvinista como não sendo bíblica. Karl Barth e Emil Brunner, embora não concordando um com o outro quanto à razão para isso, se unem ao afirmar que a doutrina de Calvino deve ser rejeitada.

III. RESUMO DO ENSINO BÍBLICO SOBRE A PREDESTINAÇÃO

Tanto a Escritura como a razão humana sugerem que os homens são agentes morais livres. Existem tantos versículos com a ideia "quem quiser pode vir", que é difícil negar o livre-arbítrio. Se Deus tivesse feito o homem sem liberdade de escolha, a morte de Cristo teria sido em vão.

O indivíduo pode lutar a vida inteira entre a luz e a sombra do infralapsarianismo (predestinados depois do pecado ter entrado no mundo) e do supralapsarianismo (predestinados desde antes da criação), e ainda continuar responsável pelas suas próprias decisões e atos.[6]

A doutrina foi formulada de duas maneiras principais . . . O supralapsarianismo (antelapsarianismo) é aquela forma mais rigorosa da doutrina que afirma que mesmo antes da criação e da queda (*lapsus*) do homem, Deus separou eternamente alguns indivíduos para a salvação, sem considerar seus méritos ou valor. O infralapsarianismo (sub- ou poslapsarianismo) é aquela forma da doutrina – alguns a chamariam de forma mais branda – que afirma que o decreto de Deus é subsequente à queda; isto é, depois da queda do homem, Deus decidiu salvar alguns que de outro modo teriam perecido. O infralapsariano argumenta que a visão do supralapsarianismo não é compatível com o amor e a justiça de Deus, que não condenaria alguns homens à pena eterna antes de tê-los criado e do exercício da sua liberdade. Os supralapsarianos afirmam que a posição do infralapsariano é lógica e teologicamente indefensável porque uma divindade onipotente e onisciente necessariamente ordena de antemão tudo que acontece, até mesmo a queda.[7]

A predestinação das plantas e dos animais, a parte irracional da criação de Deus, é uma predestinação absoluta. Eles não têm liberdade de escolha.

A parte da criação de Deus que não possui natureza racional foi absolutamente predestinado. Desde o jardim do Éden até hoje, os pássaros têm construído seus ninhos de acordo com seus projetos predestinados, com os mesmos materiais e modelos. As abelhas têm acumulado seu mel e seguido o mesmo tipo de associação trabalhista como fixado para elas por Deus na criação. A regularidade da vida e atividade dos insetos e animais surpreende o homem; mas o que Deus estabeleceu pelas leis da natureza permanece fixo, não permitindo nenhum novo método e nenhum desvio da rotina.[8]

---

[4] *Ibid.*
[5] Louis A. Cochran, *Raccoon John Smith* (New York: Duell, Sloan & Pearce, 1963).
[6] Dale, *ibid.*
[7] Hervey, *ibid.*
[8] Dale, *ibid.*

Todavia, quando chegamos ao homem (e aos anjos?), a parte racional da criação de Deus, a predestinação divina não é tão absoluta, pois Deus criou o homem como um agente moral livre, com o poder (dentro de limites) de decidir sobre o seu próprio procedimento.

A presciência de Deus de maneira alguma predestina o livre-arbítrio do homem. Um pai pode ver claramente o resultado inevitável de certos atos do filho, mas seu conhecimento prévio não determina as ações deste. O plano da salvação e o caminho para o céu são fixados e predestinados por Deus desde antes da criação, mas o viajante tem poder para afastar-se do caminho, segundo a sua vontade, e condenar sua própria alma. A onisciência de Deus nada tem a ver com a obediência do homem. A previsão e a livre escolha permanecem sozinhas e separadas.[9]

Como na ilustração acima, o conhecimento prévio do pai não controla a escolha do filho; podemos mesmo assim imaginar o pai colocando sobre o filho uma leve pressão, a fim de que faça o que o pai sabe que é melhor, insistindo com o filho para tomar a decisão certa. O mesmo acontece com Deus!

Deus, pela providência e revelação, indica o caminho e roga ao homem; mas, de maneira alguma, controla o livre-arbítrio do homem. Qualquer que seja a influência divina existente em nossa vida, podemos dizer com segurança que a influência de Deus jamais supera a escolha do homem, à medida que este exerce o seu próprio livre-arbítrio (I Coríntios 10.1-13; 14.32). Examine também todas as passagens que ensinam sobre a liberdade da vontade do homem, e que a morte de Cristo foi por toda a humanidade – não se tratando de uma expiação parcial: Ezequiel 18.23, 32; 33.11; João 1.29; 3.16; 12.32; 15.1, 2; Romanos 11.16-24; I Coríntios 9.27; Gálatas 5.4; I Timóteo 2.4; Tito 2.11; Hebreus 3.16-18; 2 Pedro 1.1-10; 3.9; I João 2.2; 4.14.[10]

CONCLUSÃO

Deus, na eternidade, determinou que os que estão "em Cristo" fossem salvos. Ele também determinou que os que não estão "em Cristo" fossem condenados. Deus faz com que a vida de uma pessoa sofra várias influências, mas Ele jamais força o homem a ir contra a sua própria vontade livre. O Deus soberano determinou que houvesse apenas dois caminhos para o homem, uma vida de fé, ou uma vida de incredulidade. O homem tem liberdade para escolher se irá estar ou não "em Cristo".

A criação irracional é predestinada segundo a vontade de Deus, sem liberdade para escolher seu próprio caminho. As criaturas racionais têm escolha. Deus predestinou o plano a ser seguido, mas Ele não predestina os indivíduos (no sentido calvinista da palavra).

---

[9] *Ibid.*
[10] *Ibid.*

BIBLIOGRAFIA

Berkouwer, G. C., *The Providence of God.* Grand Rapids, Eerdmans, 1952.

_____ *Divine Election.* Grand Rapids: Eerdmans, 1957.

Boettner, Loraine. The Reformed Doctrine of Predestination, Philadelphia: Presbyterian and Reformed Publishing Co., 1968.

Dale, L. Edsil, *Acts Comments.* Cincinnati: publicado pelo autor, 1952.

Hervey, Van A., *A Handbook of Theological Terms.* New York: Mcmillan, 1968.

Hodge, Charles, *Systematic Theology,* Grand Rapids: Eerdmans, 1960, Vol. I, p.535-49.

Schaff, Philip, *History of the Christian Church,* Grand Rapids: Eerdmans, 1960, Vol. 8, p. 545-582.

Steele, David N., and Thomas, Curtis C., *The Five Points of Calvinism,* Philadelphia: Presbyterian and Reformed Publishing Co., 1963.

Warfield, B. B., *Biblical and Theological Studies,* Philadelphia: Presbyterian and Reformed Publishing Co., 1952, p. 3-67.

_____ "Predestination" em *Hastings Dictionary of the Bible,* New York: Scribners, 1909, Vol. 4, p.47-62.

ESTUDO ESPECIAL Nº 7

Hades e o
Lugar Intermediário dos Mortos

A questão do "Hades", "Céu", "Inferno" e o "Lugar Intermediário dos Mortos" tem sido levantada muitas vezes na aula. A fim de ajudar o aluno a ter uma compreensão melhor deste problema pouco discutido, este estudo foi preparado.

I. DEFINIÇÃO DOS TERMOS USADOS NESTE ESTUDO

O "Lugar Intermediário dos Mortos" fala do lugar (ou estado) onde a pessoa fica entre a sua morte e a volta de Cristo. Trata-se, como é natural, de um "estado desincorporado", desde que ao morrer a pessoa deixa seu corpo,[1] e este é sepultado num "túmulo". Cada pessoa receberá um corpo ressurreto quando o Senhor Jesus voltar.[2]

O "Céu" é o lugar onde Deus habita. Nele, com Deus no meio, os remidos irão passar a eternidade futura.

O "Inferno" é o estado final dos perversos, seu lugar de castigo após o juízo.

A recusa dos tradutores da versão do Rei Tiago (KJV) em distinguir entre as palavras gregas *Gehenna*, *Haides* e *Tartarus* tem provocado muita confusão na teologia. Estamos tentando corrigir esta confusão neste estudo. Os tradutores da American Standard Version (1901) fizeram distinção entre essas diferentes palavras gregas, usando "Inferno" para traduzir *gehenna*, "Hades" para traduzir *haides*, e "Inferno" para traduzir *tartarus*, acrescentando também uma nota pé de que poderia ser traduzido "Tártaro", 2 Pedro 2.4.

II. PROPOSIÇÃO

Este estudo vai mostrar que "Hades" (1) não é a sepultura, (2) não é o Inferno, (3) não é Tártaro, (4) não é o Céu, (5) não é simplesmente o "estado" dos mortos.

Será mostrado que o "Hades" é (1) um *lugar* no mundo invisível distinto do Céu e do Inferno; (2) tendo, antes da ascensão de Cristo, dois compartimentos – um de conforto, o outro de sofrimento; (3) para o qual, antes da ascensão de Cristo, as almas de TODOS que morreram (quer bons ou maus) foram levadas; (4) ao qual Cristo, por ocasião de sua morte, desceu, livrando as almas dos justos; (5) ao qual, desde a ascensão de Cristo, as almas dos perversos, e só as deles, foram consignadas; (6) no qual elas estão reservadas em sofrimento, para o dia do juízo geral; (7) do qual irão ser então levadas a julgamento público, antes de serem lançadas no Inferno.

III. O HADES NÃO É A SEPULTURA

A. Referências do Antigo Testamento mostrando que o "Hades" não é a sepultura.

Nos dias do Antigo Testamento, os judeus tinham uma palavra especial para sepultura (*kever*); e em pelo menos dois casos, "Hades" é claramente distinto de "sepultura". Em Gênesis 37.35, onde o termo aparece pela primeira vez na Bíblia, Jacó declara, "Descerei até Sheol,[3] a meu filho". Todavia, no v. 33 aprendemos que o Patriarca estava sob a impressão que José não tinha, e não podia ter, uma sepultura, pois ele é descrito como exclamando: "Um animal selvagem o

---

[1] Veja as notas em Atos 5.5. Veja também 2 Timóteo 4.6; Eclesiastes 12.7; 2 Pedro 1.13, 14.
[2] 1 Coríntios 15.33-57, especialmente os versículos 51-52; 1 Tessalonicenses 4.13-17.
[3] Sheol é o hebraico; Hades é o equivalente grego.

terá comido". Em Isaías 14.15, é declarado que Lúcifer (o rei da Babilônia) será "precipitado para o Hades", enquanto no v. 19 ele é descrito como sendo "lançado fora da sua sepultura (*kever*)".

Nos livros poéticos, "Hades" jamais ocorre em uma de duas cláusulas paralelas, correspondendo a *kever* na outra, o que mostra novamente que "Hades" e "sepultura" não são termos sinônimos no Antigo Testamento.

"Hades" é usado como sinônimo de "partes inferiores (mais baixas) da terra",[4] e isto também confirma que "Hades" e sepultura não são sinônimos.

Em vista das considerações acima, parece razoável concluir que no Antigo Testamento, o termo "Hades" (Sheol) não é usado para designar a sepultura literal.

B. Referências do Novo Testamento mostrando que "Hades" não é a sepultura.

Nos dias do Novo Testamento, a língua grega tinha uma palavra para sepultura (*mnema* e *mnemeion*); e existem casos no Novo Testamento que mostram que "Hades" é claramente distinguindo da sepultura.

Por exemplo, Pedro falou evidentemente do corpo e da alma do Senhor, afirmando que o corpo não viu corrupção embora colocado na sepultura, e que a sua alma não foi abandonada no Hades,[5] implicando, naturalmente, que ela foi para o Hades. A não ser que aceitemos a conclusão de que a alma dorme com o corpo morto no túmulo – cuja conclusão contradiz todo o conteúdo da Palavra de Deus – o Hades deve ser um lugar distinto da sepultura.

Na KJV, em I Coríntios 15.55, os tradutores traduziram o termo grego *haides* como "sepultura". (Nos melhores manuscritos *haides* não aparece, mas "morte" é o sujeito de ambas as cláusulas. Veja a ASV, in loc.). É verdade, porém, que Oseias 13.14, do qual I Coríntios 15.55 é uma citação livre, contém "Hades" (Sheol). O Dr. Hodge, que acredita que "sepultura" é uma tradução adequada de *haides*, escreve, "Aqui, onde a referência específica é aos corpos dos homens, e a salvação deles do poder da morte, ela é apropriadamente interpretada como "sepultura". O apóstolo não está falando da libertação das almas dos homens de algum estado intermediário, mas da redenção do corpo".[6] Refutando Hodge, podemos dizer que é de fato verdade que a referência especial de Paulo em todo o contexto é à glorificação do corpo. Mas isto proíbe a ideia de que deva haver qualquer referência à alma, que, no momento da glorificação do corpo e essencial para torná-lo possível, reanima o corpo? Se não há, nem houve, um lugar de prisão da alma; então, naturalmente, não pode haver referência a tal lugar; mas, por outro lado, se há, ou houve, tal lugar, o que é mais natural do que fazer referência a esse livramento, em vista da redenção do corpo, que envolve a completa libertação da alma?

Parece evidente que o Novo Testamento confirma o ensino do Antigo quanto à distinção entre Hades e a sepultura literal.

IV. HADES NÃO É O INFERNO

O Hades não pode ser sinônimo de Inferno, como fica evidente pelo fato de ser representado como o lugar de habitação de TODOS os mortos (inclusive os justos mortos), antes da ascensão de Cristo. Homens piedosos como Jacó (Gênesis 37.35), Jó (Jó 17.13), Davi (Salmo 16.10), e Ezequias (Isaías. 38.18), esperavam ir para o Hades. E se esses homens dignos foram para o Hades, o mesmo aconteceu com os demais justos dos dias do Antigo Testamento. Em Gênesis 49.33 lemos sobre um dos justos dessa era e encontramos as palavras "foi reunido a seu povo". Esta linguagem no fala de sepultamento. Ele foi "reunido a seu povo" imediatamente após sua morte, mas no o sepultaram senão muito mais tarde, Gênesis 50.13. Se ele foi para o Hades, e se foi "reunido a seu povo", o povo deveria estar também ao Hades.[7]

---

[4] Veja Ezequiel 31.14, 15; Salmo 43.9; Isaías 44.23.
[5] Atos 2.27-31.
[6] Charles Hodge, *An Exposition of the First Epistle to the Corinthians* (Grand Rapids: Eerdmans, 1965), p.198.
[7] Veja também Genesis 25.8, 9; 35.39; 2 Reis 22.20.

Uma outra indicação de que o "Hades" não é "Inferno", é o fato de que em Apocalipse 20.14, "Hades" é mencionado como sendo lançado no Inferno (o lago do fogo). Não é possível para Hades ser Inferno e ser também lançado no Inferno!

A destruição eterna ameaçada em 2 Tessalonicenses 1.9 deve ser infligida DEPOIS da volta de Cristo (i.e., depois do Juízo). Os ímpios não irão para o Inferno até depois do Juízo. Os que vão para o Hades antes do Juízo não podem, portanto, estar no Inferno. Esta é outra indicação de que Hades e Inferno não são sinônimos.

V. HADES NÃO É TÁRTARO

A. 2 Pedro 2.4

"Inferno" em 2 Pedro 2.4 é uma tradução do particípio *tartarosas*, i.e., "lançado no Tártaro" (compare ASV margem). O versículo diz: ". . . Deus não poupou a anjos quando pecaram, antes, precipitando-os no inferno (*tartarosas*), os entregou a abismos de trevas, reservando-os para Juízo". Fronmüller, escrevendo no *Lange's Commentary,* faz este comentário, ". . . Grócio menciona corretamente que ela (*tartarosas*) indica no grego clássico, 'lançar no Tártaro', e não 'condenar ao Tártaro'. . . . A palavra é [paralela a] *Abyssos,* enquanto *haides* descreve a habitação dos mortos em geral, e *gehenna* indica o lugar final de castigo, o lago de fogo. Assim sendo, TÁRTARO É O LUGAR PRELIMINAR DE CONFINAMENTO DOS ESPÍRITOS, SEMELHANTE AO QUE SHEOL (HADES) É PARA OS HOMENS".[8] Que o Tártaro é o lugar de prisão dos anjos perversos (o Diabo e os seus demônios) até o Juízo, não pode haver qualquer dúvida.

B. O "Abismo" e o "Tártaro" podem ser sinônimos

Pela maneira como o termo "Abismo" é usado, parece não passar de um outro nome para o lugar preliminar de confinamento dos espíritos maus. Em Lucas 8.31, onde a legião de demônios é expulsa do homem possuído na terra dos gerasenos, os maus espíritos são descritos como suplicando ao nosso Senhor "que não os mandasse sair para o abismo" (grego, *abusson*, Abismo). Se o abismo fosse um lugar de confinamento preliminar, o pedido deles é bastante compreensível.

Em Apocalipse 9.1-3, quando o anjo abre o poço do abismo, saem os ajudantes do Diabo (chamados de gafanhotos nesta visão).

Em Apocalipse 17.8, é feita referência a uma besta que sobe do abismo e que está destinado à perdição (Inferno).

Em Apocalipse 20.3, Satanás é descrito como preso no Abismo por mil anos; depois de sua prisão é novamente solto por pouco tempo, e depois, v.10, ele é lançado no Inferno.

Estas passagens indicam que o Abismo é um lugar preliminar de confinamento dos maus espíritos, sendo portanto sinônimo de "Tártaro" na epístola de Pedro.

C. Tártaro (O Abismo) não é o mesmo que o Inferno

No Antigo Testamento a existência de um lugar de trevas e aflição (diferente do Hades) é ocasional e indistintamente mencionado – viz., *abaddon*, traduzido como "Destruição" ou "Abadon". Jó 26.6 diz: "O além (Sheol, Hades) está desnudo perante ele, e não há coberta para o abismo (Abadon)". Jó 28.22 diz: "O Abismo (Abadon), e a morte dizem: Ouvimos com os nossos ouvidos a sua fama". Jó 31.12 fala de "um fogo que consome até a destruição (Abadon)". O Salmo 88.11 também fala de Abadon nestas palavras: "Será referida a tua bondade na sepultura? a tua fidelidade nos abismos (Abadon)?" e Provérbios 15.11 declara que "O além (Sheol) e o abismo (Abadon) estão descobertos perante o Senhor . . ."

O Novo Testamento mostra claramente que Abadon (grego, *apoleia*) não passa de outro nome para Inferno, e que o "Abismo" e "Abadon" são lugares diferentes.

---

[8] G. F. C. Fronmüller, "2 Peter", em *Commentary on the Holy Scriptures* de Lange (Grand Rapids: Zondervan, s. d.), p. 27.

Em Apocalipse 17.8 é feita referência a uma Besta que sobe do Abismo e está destinada à perdição (*apoleia*). Em Apocalipse 19.20 esta besta é descrita como sendo lançada no lago do fogo e, evidentemente, este lago de fogo (Inferno) em que a besta é lançado é o *apoleia* (Abadon) ao qual estava destinado.

Em Apocalipse 20.3, Satanás é descrito como preso no Abismo por mil anos; depois de sua prisão, ele é novamente solto por pouco tempo, e então, v.10, é lançado "no lago do fogo e enxofre, onde também se encontram não só a Besta como o Falso Profeta". Satanás é também lançado no *apoleia* (Abadon), pois aprendemos que o lago de fogo e Abadon são a mesmo coisa. Segue-se então o relato do grande julgamento, vv.11-13, depois do que (vv.14,15) "a morte e o Inferno (hades)" (ou aqueles detidos neles) deveriam ser lançados no mesmo lago do fogo. Parece indiscutível que este "lago de fogo" (Abadon, *apoleia*) é o Inferno (considerado como lugar do castigo final e eterno dos diabos e homens perversos).

Em vista do uso de *apoleia* (*abadon*) no Antigo Testamento e no livro de Apocalipse, não pode haver alguma referência ao lugar do castigo final quando Jesus diz (Mateus 7.13): "Espaçoso o caminho que conduz para a perdição (apoleian)"?

Outros versículos onde *apoleia* fala do lugar do castigo final são Romanos 9.22; Filipenses 3.19; Hebreus 10.39; I Timóteo 6.9; 2 Pedro 2.1, 3 e 3.7.

O Tártaro (Abismo) e Abadon são lugares diferentes, parecendo então inevitável a conclusão de que Tártaro (Abismo) não é o mesmo que Inferno, e portanto devemos seguir a leitura da margem em 2 Pedro 2.4. Além disso, é impossível evitar a conclusão de que Tártaro é o lugar preliminar de confinamento dos maus espíritos.

D. Hades não é um sinônimo de Tártaro

Que Hades não é um sinônimo de Tártaro será visto através do fato de que embora os homens vão para o Hades, não há evidência de que eles vão para o Tártaro. Foi mostrado (acima) que os homens são descritos nas Escrituras como indo para o Hades.

O fato de que os homens não vão evidentemente para o Tártaro será verificado pelo uso de *tartarosas* em seu contexto. Em 2 Pedro 2.4, o apóstolo está provando que os perversos e falsos mestres serão castigados. A fim de comprovar sua proposição, Pedro emprega três exemplos: os anjos que pecaram, o mundo perverso na época do dilúvio, e Sodoma e Gomorra. No caso dos anjos que pecaram, nem sua categoria anterior, sua dignidade, ou sua santidade, os salvaram de serem lançados no Tártaro. Se Deus os castigou tão severamente, então os falsos mestres não poderiam ter esperança de escapar.

Quando Deus aniquilou a raça perversa nos dias de Noé, Ele mostrou ao mundo que iria castigar os culpados. Ao salvar Ló de Sodoma e Gomorra, vemos que Deus faz distinção entre os justos e os perversos, e que enquanto os perversos vão ser destruídos, os justos serão salvos. A seguir, em 2 Pedro 2.9, o apóstolo extrai sua conclusão, quando diz: "Porque o Senhor sabe livrar da provação os piedosos, e RESERVAR, SOB CASTIGO, OS INJUSTOS para o dia do juízo". Parece evidente que o ponto do argumento de Pedro não é compreendido, quando os comentaristas tentam fazê-lo dizer que Deus está "confinando os perversos no Tártaro", bem como confinar o anjos perversos lá. Parece que Pedro está afirmando que Deus sabe COMO castigar os maus, mas não diz nada sobre ONDE os homens perversos vão ser confinados para aguardar o juízo.

Mostramos assim que Hades não deve ser provavelmente tomado como sinônimo de Tártaro.

VI. HADES NÃO É O CÉU

Isto fica evidente pelas seguintes considerações:

Deus, os anjos e Cristo (salvo durante o tempo entre a sua morte e ressurreição) jamais são descritos como permanecendo no Hades. Assim sendo, o Hades e o Céu não são o mesmo, pois Deus é muitas vezes descrito como habitando no Céu.

O Hades é distinto do Céu. Ele é colocado em antítese ao céu, como em Jó 11.8, Salmo 130.8 e Amós 9.2. É preciso descer para ir ao Hades (Números. 16.33), enquanto o caminho para o Céu é uma subida (Atos 1.11).

Que o Hades não é o Céu ficam também evidente pelo fato de que sempre se fala de Hades como um lugar de onde ser salvo.[9]

O Novo Testamento ensina a mesma coisa que o Antigo a este respeito. Quando o Senhor referiu-se à condição de Lázaro, Lucas 16.25, Ele não falou dele como gozando da plenitude da casa do Pai, mas como sendo "consolado", um termo jamais empregado em referência às alegrias do Céu. Quando Paulo mencionou a condição dos santos do Antigo Testamento (antes da ascensão de Cristo), ele fez referência manifesta à imperfeição da sua bem-aventurança, Hebreus 11.39,40.

O maior argumento, porém, quanto a Hades não ser o Céu, é encontrado no fato da libertação dos justos do Hades na ocasião da ressurreição e ascensão de Cristo (veja abaixo).

VII. HADES NÃO É SIMPLESMENTE O "ESTADO" DA MORTE

A opinião de que Hades é simplesmente um "estado", e não um "lugar", é largamente defendida nos circuitos teológicos. Todavia, todas as passagens bíblicas que temos discutido que falam de Hades, o descrevem como um lugar (e não apenas um estado ou condição).

A base principal da opinião de que Hades é um "estado" em vez de um "lugar" é a aparente dificuldade de harmonizar os textos no Antigo Testamento que falam da ida dos justos ao Hades, e os do Novo Testamento que de um lado declaram que os justos são levados para o Céu, e de outro lado os que declaram que Hades será lançado no lago de fogo. (Na próxima seção mostraremos que existe um outro meio de harmonizar esses textos além de dizer que Hades não passa de um "estado").

O Hades é um lugar. Como é natural, o "estado" ou "condição" das coisas ali é diferente do estado ou condição das coisas a que estamos acostumados nesta vida. Mas Hades não é apenas o "estado" da morte. Hades é um lugar!

VIII. HADES É UM LUGAR NO MUNDO INVISÍVEL, DISTINTO DO CÉU E DO INFERNO

A. Antes da Ascensão de Cristo

Antes da Ascensão de Cristo, o Hades tinha dois compartimentos – um de consolo, o outro de sofrimento – para os quais as almas de TODOS os que morriam eram levadas.

Anteriormente à morte de Cristo, existem várias alusões aos que é chamado de "lugar intermediário dos mortos". Ao morrer, os bons e os maus igualmente iam para o Hades. Que os mortos iam para o Hades é mostrado pelo fato de que o homem rico depois da morte encontrou-se ali, estando em tormentos.[10] Que evidência existe, porém de que os justos também estivessem no Hades (antes da ascensão de Cristo)? Citamos previamente passagens do Antigo Testamento que mostram os justos indo para o Hades ao morrerem. O caso do ladrão arrependido é também uma prova. Jesus disse a ele: "Hoje estarás comigo no paraíso".[11] Todavia, Atos 2.27-32 indica que Cristo esteve no Hades enquanto seu corpo se encontrava na sepultura. Cristo não foi para o Pai (Céu) enquanto seu corpo se achava no túmulo, pois no dia da ressurreição Ele disse a Maria: "Não me detenhas (Não toques em mim); porque ainda não subi para o Pai".[12] Se Jesus foi para o Paraíso (como disse ao ladrão que iria) e esteve também no Hades (como Pedro diz que estava), segue-se que antes da ascensão, o Paraíso era um compartimento do Hades.

Mostramos assim que, antes da ascensão de Cristo, o Hades tinha dois compartimentos – um de consolo e o outro de sofrimento – para os quais as almas de TODOS os que morreram (justos e injustos igualmente) eram levadas.

B. A descida de Cristo ao Hades

Na sua morte, Cristo desceu ao Hades e libertou as almas dos justos.

---

[9] Salmo 44.15, 16; 16.10; Oseias 13.14
[10] Lucas 16.23.   [11] Lucas 23.43.   [12] João 20.17.

Efésios 4.8, 9 conta que Cristo, entre sua morte e ressurreição, libertou do Hades os cativos ali detidos. Lemos na passagem: "Por isso diz: Quando ele subiu às alturas, levou cativo o cativeiro, e concedeu dons aos homens. Ora, que quer dizer subiu, senão também havia descido até às regiões inferiores da terra? . . ." Ninguém nega que o lugar ao qual o Senhor subiu levando cativo o cativeiro" (qualquer seja o significado dessa frase) era o céu. E a ascensão mencionada ocorreu no dia da ressurreição. (Compare João 20.17 onde Jesus disse: "Não me detenhas; porque ainda não subi para meu Pai", e Mateus 28.9, onde as mulheres "aproximando-se, abraçaram-lhes os pés." Esta comparação sugere que Jesus subiu ao Pai e voltou no tempo entre a aparição a Maria Madalena e a aparição para as mulheres que voltavam para Betânia).

Já foi mostrado que as "regiões inferiores da terra" e o "Hades" são termos sinônimos. (E, de passagem, foi evidentemente enquanto se achava no Hades que Cristo pregou aos "espíritos em prisão", I Pedro 3.19)

Pode ser também mostrado que o "cativeiro" que nosso Senhor libertou do Hades e levou para o Céu consistia dos mortos justos. Parece claro que o uso da frase "levou cativo ao cativeiro" nas Escrituras se refere à libertação de amigos capturados. Compare Juízes 4.16 e 5.12. 4.16 declara que Baraque não fez prisioneiros, mas aniquilou o inimigo, de modo que os cativos levados por Baraque (5.12) devem ter sido israelitas que ele havia livrado do inimigo – israelitas que, antes de sua libertação, haviam sido capturados pelo inimigo. Veja também o Salmo 68.18.

Esta é então a interpretação sugerida biblicamente para Efésios 4.8, 9 – que Cristo desceu ao Hades e depois subiu ao Céu, levando uma multidão que havia libertado (capturou) do cativeiro.

Desde que as almas dos justos foram resgatadas do Hades, conclui-se que o Hades não tinha mais dois compartimentos.

C. Desde a Ascensão de Cristo

Desde a ascensão de Cristo, as almas dos perversos, e só as deles, têm sido consignadas ao Hades. Isto fica demonstrado, primeiro, pelo fato de toda vez em que a palavra Hades é usada no Novo Testamento após a ascensão de Cristo, ela só se refere aos perversos. Veja passagens como Apocalipse 20.14 onde o Hades (os detidos nele) é lançado no Inferno.

A ideia de que o Hades contém agora apenas um compartimento (o do sofrimento) é também mostrada pelo fato de que, desde a ascensão de Cristo, os justos, ao morrerem, vão ficar com o Senhor. Existem inúmeras passagens mostrando que Cristo está no Céu, à destra do Pai.[13]

Há também várias Escrituras indicando que ao morrer, os justos (agora que Cristo subiu) vão estar com Ele. 2 Coríntios 5.8 diz: "preferindo deixar o corpo e habitar com o Senhor". Filipenses 1.23 contém a frase: "a partir e estar com Cristo". 2 Coríntios 12.1-4 fala sobre ser "arrebatado até ao terceiro céu . . . arrebatado ao paraíso". (Os judeus tinham três céus: *Rakiah*, as regiões atmosféricas ao nosso redor; *Shamayim*, os céus estrelados; e *Shamayim Hashamayim*, o lugar da habitação de Deus, para o qual Cristo subiu após sua ressurreição, mas que não é sujeito aos sentidos do homem como são os outros céus). Paulo considera o paraíso e o terceiro céu como um só. Quando a experiência de Paulo teve lugar, o paraíso se achava na ocasião no próprio céu. Apocalipse 6.9 mostra que antes do juízo (v. 16) as almas estão sob o altar. O relato do Vidente não diz realmente isso, mas nossa impressão é que o altar fica muito próximo do trono em que Deus está sentado. Em qualquer caso, as almas sob o altar são de santos martirizados, e estão no céu enquanto os justos se encontram ainda na terra. (Não há divergência entre esta nota e outra dada antes. A insinuação de Apocalipse 6.9 é que ao morrerem, os justos vão para o céu, mas são espíritos desincorporados. A palavra "almas" tem como um de seis significados, "espírito desincorporado, alma liberta do corpo, alma desincorporada". Aqui, as almas desincorporadas estavam no céu, enquanto os santos ainda se encontravam na terra. I Tessalonicenses 4.14 é outra passagem que sugere que os mortos justos estão com Cristo, pois quando Ele voltar trará as almas dos mortos justos em sua companhia (esta passagem nos ensina), a fim de que recebam seus corpos de ressurreição.

---

[13] Atos 1.11; 3.21; 7.56; João 17.24.

Assim sendo, desde a ascensão de Cristo, somente as almas dos perversos foram consignados ao Hades. O Hades não tem mais dois compartimentos, pois os justos foram removidos dele. O Paraíso era a habitação dos justos no Hades até a ascensão de Cristo. Na ascensão, ele foi transferida para o céu, e o Hades possui agora um único compartimento.

As Escrituras indicam que o Hades (depois da ascensão) é um lugar de sofrimento, de onde os perversos serão levados ao julgamento público antes de serem lançados no Inferno. Veja Apocalipse 20.13,14, etc.

CONCLUSÃO

Concluímos então que o Hades é um lugar no mundo invisível, distinto do céu e do Inferno, tendo, antes da ascensão de Cristo, dois compartimentos – um de consolo, o outro de tormento – para o qual, antes da ascensão, as almas de todos os mortos eram levadas; para o qual, Cristo desceu ao morrer, livrando as almas dos justos; Desde a ascensão de Cristo, as almas dos perversos, e só deles, têm sido consignadas ao Hades; no qual, estão reservadas em tormentos até o dia do juízo geral; e do qual serão levadas a julgamento público antes de serem lançadas no Inferno.

Concluímos, outrossim, que os justos, ao morrerem, vão estar com o Senhor no céu, mas não gozam de todas as benesses que terão depois da volta do Senhor; pois até essa volta, eles são espíritos desincorporados. Uma vez que Cristo volte, e os justos tenham recebido seus corpos de ressurreição, eles irão gozar da plenitude do Céu, ao retornarem a esse lugar.

Em último lugar, alguns fazem objeção à conclusão acima de que os justos mortos vão desde agora estar com Cristo no céu, e que os perversos estão no Hades (para serem finalmente lançados no Inferno), desde que isto, segundo pensam, eliminaria a necessidade de um Juízo. Todavia, a Bíblia jamais ensinou que o propósito do Juízo fosse determinar ONDE se passaria a eternidade. Lucas 16.19ss indica que a pessoa conhece seu destino eterno no momento em que morre! O Juízo é então "a justificação final de Deus para as recompensas e castigos já concedidos em parte"; ou seja, o propósito do Juízo é determinar POR QUE o indivíduo irá passar a eternidade no Céu ou no Inferno, e mostrar que Deus é absolutamente justo em seus tratos com cada indivíduo.

O quadro abaixo ajudará a visualizar os pontos feitos neste estudo especial.

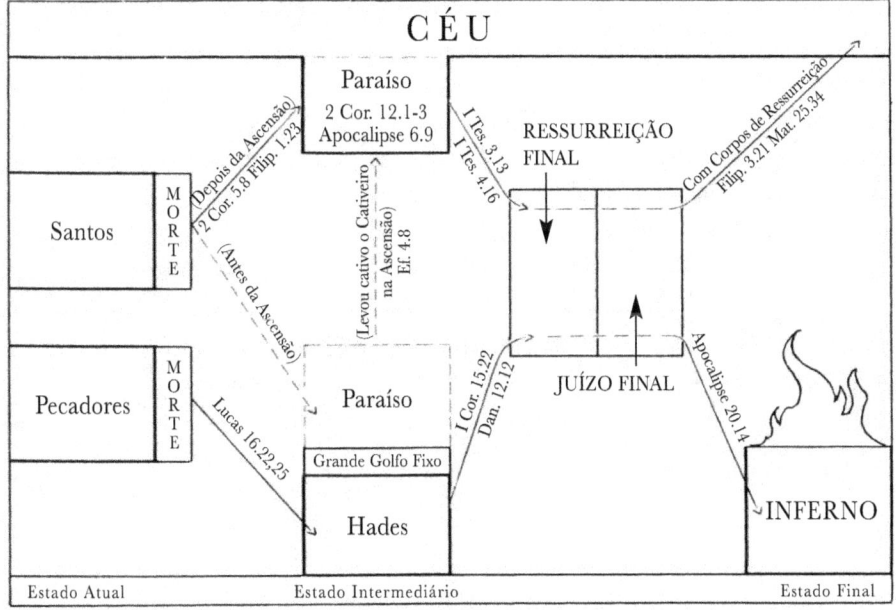

ESTUDO ESPECIAL Nº 8
O que é Arrependimento?

Neste estudo, o arrependimento será estudado de quatro ângulos diversos: O arrependimento é individual, abrangente, indispensável. O que o arrependimento envolve? Como vem o arrependimento? Quais os resultados do arrependimento?

I. O ARREPENDIMENTO É INDIVIDUAL, ABRANGENTE, INDISPENSÁVEL

A. O arrependimento é individual

"Se porém, não vos arrependerdes", disse Jesus.[1] "Arrependei-vos, e cada um de vós seja batizado", disse Pedro.[2] O arrependimento é algo que cada indivíduo deve fazer por si mesmo. Não pode ser feito por procuração. Nenhum pai pode arrepender-se por seus filhos. Nenhum sacerdote pode arrepender-se pelo seu rebanho. O arrependimento é individual.

Nós muitas vezes podemos não tomar conhecimento de nossa necessidade de arrependimento, porque julgamos que nossos pecados não são tão grandes quanto os de outros. No texto de Lucas 13.1-5, Jesus destaca claramente este fato. Algumas pessoas o informaram sobre os pecados terríveis cometidos pelos galileus, cujo sangue Pilatos havia misturado com seus sacrifícios. Mas Jesus declarou: "Não devem pensar que esses galileus eram mais pecadores do que todos os outros galileus. Vocês devem arrepender-se de SEUS pecados, ou VOCÊS perecerão".

O fato de você pensar que seus pecados não são tão grandes quanto os de outros não o isenta da necessidade de arrepender-se. Os dezoito sobre os quais a torre de Siloé desabou e matou eram culpados, mas o Senhor deixou implícito que não eram mais pecadores do que todos os outros habitantes de Jerusalém. Alguns sem dúvida pensavam que por não terem agido tão mal quanto aqueles homens, estavam bem e não precisavam arrepender-se. Mas, cometiam um erro. Jesus declarou: "Se porém, não vos arrependerdes, todos igualmente perecereis".

Algumas vezes pensamos, "Meus pecados são pequenos, enquanto os seus são grandes". Seus pecados são tão grandes (sob meu ponto de vista) e os meus tão pequenos, que me esqueço de minha necessidade de arrependimento. Julgo que é você que precisa arrepender-se, e não eu. A Bíblia não fala de pecados grandes e pecados pequenos, quanto à necessidade de arrependimento por parte do homem.

Não há dúvida de que alguns pecados são mais repugnantes que outros. Mas o ponto é que todo homem precisa arrepender-se de seus próprios pecados, sem levar em conta os pecados alheios. O arrependimento é individual.

B. O Arrependimento é Abrangente

"Deus . . . agora, porém, notifica aos homens que todos em toda parte se arrependam", Atos 17.30. Não há exceção. TODOS OS HOMENS EM TODA PARTE devem se arrepender. Deus ordenou isso. Arrependa-se ou pereça!

Todos pecamos e carecemos da glória de Deus. Uma parte do remédio para o pecado é o arrependimento sincero. De nada vale ficar fervendo inutilmente. De nada vale procurar fugir através de consultas com psiquiatras, a não ser que estejamos prontos para arrepender-nos. Todos devem arrepender-se. O arrependimento é abrangente.

C. O Arrependimento é Indispensável

O Arrependimento é uma NECESSIDADE.

---

[1] Lucas 13.3.   [2] Atos 2.38.

Deus ordenou que todo homem se arrependesse. Cristo incorporou o arrependimento na Grande Comissão. O Arrependimento é essencial à salvação (Atos 2.38). Os homens não têm escolha. Quando Deus dá uma ordem, os homens devem obedecê-la, ou perecer!

II. O QUE O ARREPENDIMENTO ENVOLVE?

Desde que é imperativo que todo indivíduo se arrependa de seus pecados, é necessário que todo homem saiba o que significa arrependimento. O arrependimento bíblico envolve três coisas: uma mudança de intelecto, uma mudança de emoções e uma mudança de vontade.

A. O Arrependimento envolve uma Mudança de Intelecto

O arrependimento inclui conhecimento dos pecados – uma convicção dos pecados pessoais cometidos (mudança de intelecto). Quando Isaías ficou convencido dos seus pecados, ele exclamou, "Ai de mim!. . . porque sou homem de lábios impuros".[3] Quando Jó ficou convencido de que era pecador, ele disse: "Por isso me abomino".[4] Quando Pedro ficou convencido de seus pecados, declarou: "Sou pecador".[5] Quando Paulo ficou convicto dos seus pecados, ele se chamou de "o principal dos pecadores".[6] Devemos estar conscientes de que a morte nos aguarda se continuarmos em nossos pecados. "O salário do pecado é a morte".7 Devemos também saber que não podemos nos ajudar a nós mesmos. Todas as boas obras e atos morais não irão livrar-nos do fato de que pecamos. O arrependimento inclui uma mudança de intelecto. Antes ignorávamos nossos pecados, mas devemos agora estar intensamente conscientes deles.

B. O Arrependimento Envolve uma Mudança de Emoções

Deve haver tristeza segundo Deus por termos quebrado as leis de nosso Pai amoroso. Existe uma diferença entre tristeza segundo Deus e tristeza segundo o mundo. Paulo escreveu, "Porque a tristeza segundo Deus produz arrependimento para a salvação . . . mas a tristeza do mundo produz a morte".[8] Um exemplo da diferença entre a tristeza segundo Deus e a mundana seria: Suponhamos que enquanto lhe faço uma visita, encontro sua carteira e tiro uma nota de 10 dólares. Logo me despeço e vou para casa. Recebo depois uma carta sua contando que me viu tirando o dinheiro e pedindo o favor de para devolvê-lo. Eu sentiria tristeza? você pergunta. Tristeza não é a palavra certa para isso. É verdade que eu ficaria muito triste, mas por ter sido apanhado. Essa é a tristeza do mundo. As cadeias e penitenciárias estão cheias de pessoas com tristeza mundana. Elas estão muito tristes, mas por terem sido apanhadas. Vamos pensar agora na tristeza segundo Deus. Suponhamos que eu tivesse tirado dinheiro da sua carteira. Mais tarde, ao chegar em casa, começo a refletir sobre o mal que fiz a meu amigo. Fico muito triste pelo que eu fiz. Minha tristeza me leva finalmente ao arrependimento. Escrevo-lhe uma carta explicando que roubei o dinheiro e estou muito triste, devolvo os dez dólares e peço que me perdoe. Essa seria a tristeza segundo Deus – uma tristeza que leva ao arrependimento. O verdadeiro arrependimento inclui uma mudança de emoções. Quando antes eu não achava nada demais roubar dez dólares, agora fico triste por ter prejudicado um amigo. Quando antes, pecar contra o meu Deus não me significava nada, agora me entristeço por ter ofendido a Ele.

C. O Arrependimento envolve uma Mudança de Vontade

Quando chegamos à área da vontade é que descobrimos o essencial do arrependimento. No arrependimento bíblico está incluída a determinação de renunciar o pecado. Esta decisão deve ser totalmente sincera. Devemos amar o Senhor nosso Deus de todo o coração, alma, mente e forças. Esta atitude de abandonar o pecado será uma série de decisões diárias. "Se alguém quer vir após mim, a si mesmo se negue, DIA A DIA tome a sua cruz e siga-me".[9] O arrependimento bíblico inclui uma mudança de vontade – uma decisão sincera e determinação de deixar de lado o pecado e renunciá-lo.

---

[3] Isaías 6.5. [4] Jó 42.6. [5] Lucas 5.8.
[6] I Timóteo 1.15. [7] Romanos 6.23. [8] 2 Coríntios 7.10.
[9] Lucas 9.23.

III. COMO SE REALIZA ESTE ARREPENDIMENTO?

A. O Espírito Santo está envolvendo nele

É obra do Espírito Santo produzir este arrependimento. É o Espírito Santo que convence o mundo de pecado, justiça e juízo, João 16.7-11. O Espírito Santo opera também através da Palavra pregada e escrita (Lucas 24.45-47; Mateus 12.41; Jonas 3.1-10).

B. A Tristeza Segundo Deus leva ao Arrependimento

Vimos que a tristeza segundo Deus leva ao arrependimento. Foi por isso que Paulo escreveu: " Porque a tristeza segundo Deus produz arrependimento para a salvação". Note que a tristeza segundo Deus e o arrependimento não são equiparados.

> O conceito que mais predomina sobre o arrependimento é tristeza segundo Deus por causa do pecado; mas, de acordo com Paulo, a tristeza segundo Deus pelo pecado tem relação com o arrependimento como a causa tem com o efeito. "A tristeza segundo Deus", diz ele, "produz arrependimento para a salvação que a ninguém traz pesar". Ele diz mais aos Coríntios: "Agora me alegro, não porque fostes contristados, mas porque fostes contristados para o arrependimento" (2 Co 7.8-10). Esses comentários mostram que é a tristeza segundo Deus que leva os homens ao arrependimento. Pode haver tristeza pelos pecados sem arrependimento. A mesma distinção é sugerida ao ordenar no dia de Pentecostes que os que já estavam "compungidos de coração" se arrependessem. Vemos isso no exemplo de Judas, que mostrou a mais intensa tristeza pelo pecado; mas em vez de levar ao arrependimento levou-o ao suicídio.[10]

Ouvimos o evangelho e acreditamos no que ouvimos sobre Deus e seu amor por nós. Com tristeza segundo Deus, sentimos tê-lo ofendido, e decidimos renunciar aos caminhos do pecado.

C. A Bondade de Deus

A bondade de Deus nos leva ao arrependimento. Romanos 2.4 esclarece como o arrependimento surge: "Ou desprezas a riqueza da sua bondade, e tolerância, e longanimidade, ignorando que a bondade de Deus é que te conduz ao arrependimento?" A bondade de Deus inclui tudo o que Deus fez por nós: vida, amigos, entes queridos, alimento, vestuário, oportunidades de todo progresso material, e melhor que tudo, seu Filho unigênito. Ah, como nosso Pai Celestial tem sido bom e paciente, bondoso e amoroso! Que essa bondade derreta nossos corações de pedra. Com que empenho deveríamos abandonar nossos caminhos maus. A bondade de Deus nos conduz ao arrependimento.

D. O pensamento do Juízo Prometido

O pensamento do juízo prometido também nos leva ao arrependimento. "Ora, não levou Deus em conta os tempos de ignorância; agora, porém, notifica aos homens que todos em toda parte se arrependam; porquanto estabeleceu um dia em que há de julgar o mundo com justiça por meio de um varão que destinou", e Ele mostrou a todos os homens que um julgamento está a caminho, "ressuscitando-o [Jesus] dentre os mortos", Atos 17.30,31. Por não desejarmos ir para o Inferno, o pensamento do juízo vindouro nos conduz ao arrependimento.

Vemos então que este arrependimento tão necessário a todos nós, esta mudança de intelecto, emoção e vontade, é efetuado pela obra do Espírito Santo através da Palavra, tristeza segundo Deus, a bondade de Deus, e o pensamento do juízo vindouro.

IV. QUAIS OS RESULTADOS DO ARREPENDIMENTO?

O arrependimento faz com que eu odeie o pecado em minha vida. "Amaste a justiça e odiaste a iniquidade", Hebreus 1.9. "Detestando até a roupa contaminada pela carne" (Judas 23).

O arrependimento nos leva ao ponto em que não mais desejamos viver em pecado. Não existe um versículo sequer na Escritura indicando que podemos ser cristãos e, mesmo assim, ter qual-

---

[10] McGarvey, *op. cit.*, p. 59.

quer estilo de vida que quisermos. Cristo nos advertiu que não irá nos receber no seu reino até que estejamos prontos a desistir de tudo – até que estejamos prontos a abandonar todo o pecado em nossas vidas. Arrependimento pela metade não é arrependimento de maneira alguma! Não podemos dizer: "Vou desistir de alguns de meus pecados, e ficar com outros". Jesus exige uma rendição cem por cento; quando isso acontecer (quando estamos decididos a renunciar e abandonar o pecado, entregando tudo a Cristo), teremos progredido muito no sentido de encontrar paz com Deus.

Outro resultado do arrependimento é a alegria no céu. Depois de contar as parábolas da ovelha perdida, da moeda perdida e do filho perdido, Jesus enfatizou o ponto das três dizendo: "Eu vos afirmo que, de igual modo, há júbilo diante dos anjos de Deus por um pecador que se arrepende" (Lucas 15.10)

CONCLUSÃO

Em resumo, o arrependimento é individual, abrangente e indispensável. Trata-se de uma mudança de intelecto, emoção e vontade. É efetuado pela obra do Espírito Santo, tristeza segundo Deus, a bondade de Deus e o pensamento do juízo vindouro. O arrependimento resulta em ódio pelo pecado, não viver mais pecando e alegria no céu entre os anjos.

Vamos notar que o arrependimento não é perdão. Muitas pessoas sinceras acreditarem que por terem se arrependido dos seus pecados, foram perdoados de seus pecados. Isto não é necessariamente verdade. O arrependimento é uma mudança de coração. O perdão é algo que tem lugar na mente do ofendido. Lembre-se do exemplo dos dez dólares: Eu os roubei, ofendendo você. Arrependi-me de minha ofensa e pedi o seu perdão. Você pode ou não perdoar-me, como quiser. Mas arrependimento não é perdão. O homem pecou contra Deus. Ele deve arrepender-se e buscar o perdão de Deus. Devemos lembrar, porém, que o arrependimento não é perdão, mas uma condição do perdão.

O arrependimento nos leva a confessar perante os homens que Cristo é filho de Deus, e que desejamos que Ele seja o nosso Salvador. O arrependimento nos leva a ser batizados para remissão de nossos pecados.

CAPÍTULO TRÊS

J. A CURA DE UM COXO. 3.1-11
3.1 –

Pedro e João – Quanto tempo se passou desde o Pentecostes? Não é feita qualquer insinuação, mas podemos supor que algumas semanas ou meses decorreram. É provável que o ministério evangelístico dos apóstolos não sofresse muita oposição durante aqueles dias. Com a introdução da cura do coxo estamos entrando no registro de uma série de conflitos e oposição ao ensino do evangelho.

Encontramos Pedro e João em companhia um do outro com frequência. Eles foram evidentemente amigos a partir de sua juventude. Haviam sido sócios como pescadores no Mar da Galiléia antes de Jesus chamá-los.[1] Haviam procurado juntos a consolação de Israel, e foram ambos batizados por João Batista.[2] Encontramos Tiago e João associados a Pedro no circulo íntimo dos discípulos de Jesus na transfiguração, na ressurreição da filha de Jairo e na agonia no jardim.[3] Eles foram enviados para preparar juntos a refeição da Páscoa na noite em que Jesus instituiu a Ceia do Senhor.[4] Mais tarde, nessa mesma noite, João introduziu Pedro no palácio do Sumo Sacerdote, para onde Jesus tinha sido levado depois de sua prisão, a fim de ser julgado.[5] Pedro e João correram juntos para o túmulo na manhã da ressurreição.[6] Esses dois faziam parte do grupo que pescava após a ressurreição.[7] Depois desta descrição em Atos 3, vamos encontrá-los envolvidos na missão para Samaria,[8] e no reconhecimento da obra feita entre os gentios por Paulo e Barnabé.[9] Quando se partiram para não mais se encontrarem nesta terra, não existe registro.

Subiam ao templo – A área do templo, inclusive seus vários pátios, prédios e pórticos, se assemelhava mais ou menos ao quadro na próxima página, que foi tirada do *Rand McNally Bible Atlas* (Atlas Bíblico de Rand McNally).[10] O estudante deve familiarizar-se com coisas tais como a localização da Porta Formosa, Pórtico de Salomão, Pátio dos Gentios, Pátio das Mulheres, Pátio de Israel, Pátio dos Sacerdotes, Lugar Santo e o Santo dos Santos.

Não havia ainda prédios de igreja. Os cristãos continuavam a adorar na área do templo e a reunir-se nas sinagogas junto com os judeus, e nas casas dos membros. De fato, através da maioria das páginas do Novo Testamento vemos que as reuniões tinham lugar nas casas dos membros. Os primeiros prédios de igreja não foram construídos senão depois de 125 A.D., em Edessa e Arbela, cidades a leste de Damasco.[11]

Por que os apóstolos se dirigiam para o templo? Estavam indo a fim de obedecer às exigências da Lei do Antigo Testamento? Em Atos 2.46 e Lucas 24.53, aprendemos que os seguidores de Cristo compareciam continuamente no templo nas horas de oração. Observar tais elementos de adoração do Antigo Testamento não era aparentemente errado mas simplesmente desnecessário,

---

[1] Lucas 5.10
[2] João 1.41.
[3] Mateus 17.1; Marcos 5.37; Mateus 26.37.
[4] Lucas 22.8.
[5] João 18.16.
[6] João 20.3.
[7] João 21.7. Podem ter havido rivalidades passageiras entre Pedro e João, especialmente naquelas ocasiões em que os discípulos discutiram sobre quem era o maior (Mateus 20.20; Marcos 10.35), mas a ideia sustentada por Renan (*Vie de Jesus*, Introdução), de que João escreveu seu evangelho para exaltar-se às custas de Pedro, deve ser considerada como *delirantium sommia*, a imaginação mórbida de uma interpretação inventiva.
[8] Atos 8.14.
[9] Gálatas 2.9.
[10] Emil G. Kraeling, *Rand McNally Bible Atlas* (New York; Rand McNally Co. 1956), p.400.
[11] Compare notas em Atos 11.26.

A Igreja Em Jerusalém 3.1

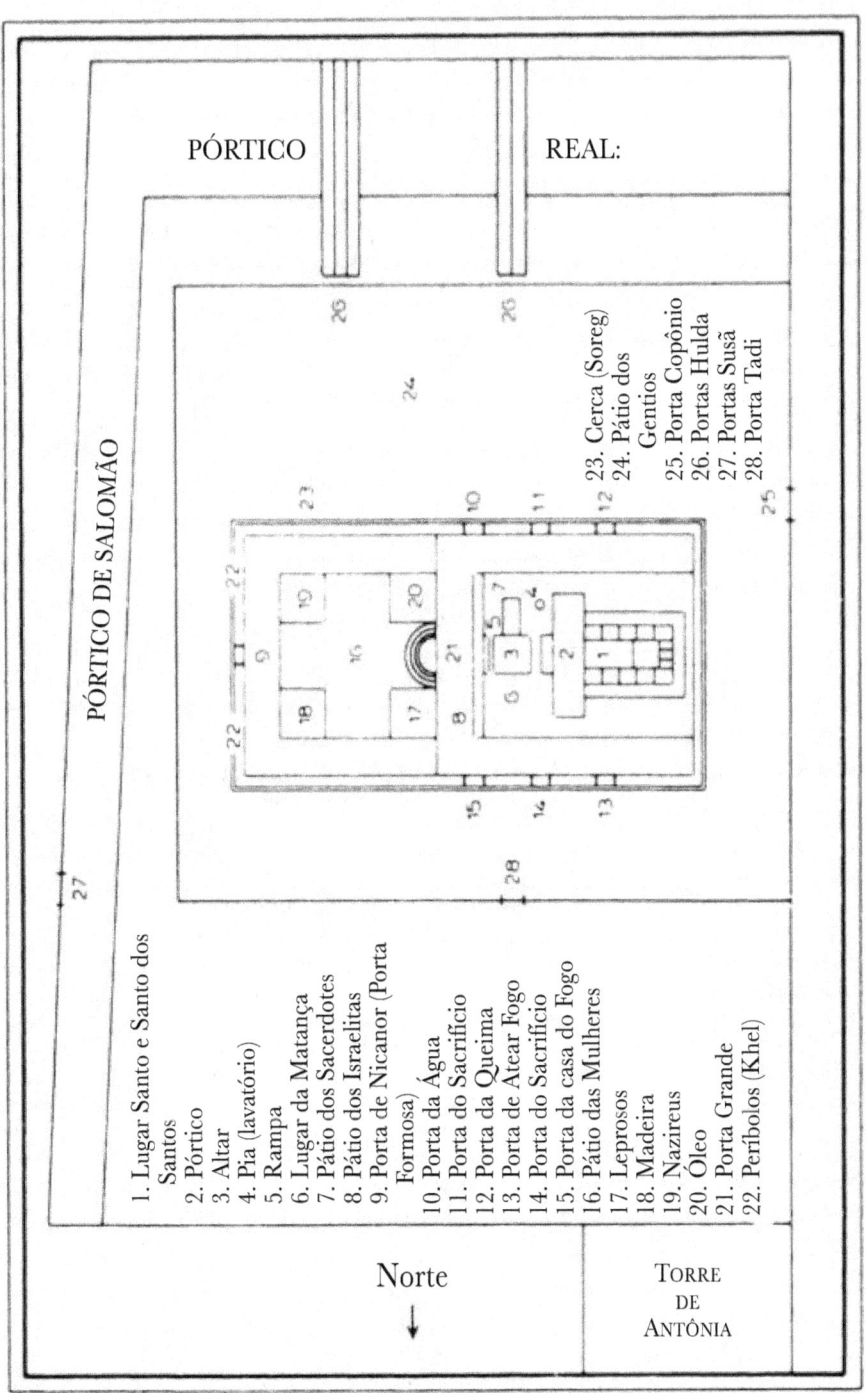

1. Lugar Santo e Santo dos Santos
2. Pórtico
3. Altar
4. Pia (lavatório)
5. Rampa
6. Lugar da Matança
7. Pátio dos Sacerdotes
8. Pátio dos Israelitas
9. Porta de Nicanor (Porta Formosa)
10. Porta da Água
11. Porta do Sacrifício
12. Porta da Queima
13. Porta de Atear Fogo
14. Porta do Sacrifício
15. Porta da casa do Fogo
16. Pátio das Mulheres
17. Leprosos
18. Madeira
19. Nazireus
20. Óleo
21. Porta Grande
22. Peribolos (Khel)
23. Cerca (Soreg)
24. Pátio dos Gentios
25. Porta Copônio
26. Portas Hulda
27. Portas Susã
28. Porta Tadi

3.1 A Igreja Em Jerusalém

desde que Cristo, o sacrifício final, tinha sido sacrificado. Todavia, essa conformidade constante ao ritual judaico era favorável ao sucesso do ensino apostólico. A Conferência de Jerusalém, Atos 15, indica que a "circuncisão" (e a observância de outras partes da Lei de Moisés que não foram repetidas nos ensinamentos de Cristo) se achava agora na esfera da liberdade cristã. No templo, durante as horas de oração, eles encontrariam um audiência já preparada a quem pregar, e foi o que fizeram, além de sua própria adoração e orações.

Para a oração da hora nona – Nas notas de Atos 2.15 aprendemos sobre o método judeu de contar o tempo. A hora nona seria mais ou menos equivalente às três da tarde para nós. As tradições dos judeus (em lugar de um mandamento específico do Antigo Testamento) haviam fixado a terceira, sexta e nona horas como horas de oração em particular. A prática de Daniel orar três vezes por dia[12] parece sugerir que o hábito prevalecia em sua época, e o Salmo 55.17 ("à tarde, pela manhã e ao meio-dia, farei as minhas queixas e lamentações (orações)") reporta à prática dos dias de Davi. "Orar sete vezes por dia" talvez fosse a regra para aqueles que desejavam uma vida de devoção mais elevada.[13] Ambas as práticas passaram a ser usadas pela igreja cristã, cedo em sua história. As três horas eram observadas por muitos em Alexandria na época de Clemente.[14] As sete se tornaram as "horas canônicas" da igreja ocidental nos dias de Benedito (542 A.D.). A nona hora era quando se realizava o sacrifício da noite, e o templo estaria repleto de pessoas.[15]

3.2 –

Era levado – A única maneira de que podia chegar onde desejava era fazer com que os amigos o levassem. Muitos comentaristas sugerem que o tempo do verbo grego indica que ele se achava no processo de ser levado ao seu lugar habitual de mendigo, quando o milagre se realizou.

Um homem, coxo de nascença – Este indivíduo nasceu defeituoso, não se tratando portanto de um daqueles "milagres" em que a pessoa com uma doença imaginária (psicossomática) é "curada". Não houve fraude nesse caso. Foi realmente um milagre. O homem era coxo há 40 anos, tendo nascido com algum defeito congênito nos tornozelos e pés.[16]

O qual punham diariamente à porta do templo, chamada Formosa – Os que o colocavam na porta eram seus amigos. Desde que ali ficava diariamente, o homem deveria ser bem conhecido das pessoas que entravam no templo. Ele tinha sido colocado na porta durante muitos anos.

Nos primeiros séculos não havia hospitais para os doentes, nem asilos para os pobres ou idosos. Os mendigos dependiam da caridade dos que estavam em melhores circunstâncias. Tornava-se então importante para eles serem colocados onde pudessem entrar em contato com grande número de pessoas. Assim sendo, era costume colocá-los na porta dos ricos, ou deixá-los sentados ao lado do caminho pedindo esmolas, onde muitas pessoas passavam.[17]

Através dos anos, foram feitas muitas tentativas para identificar a porta que Lucas chama aqui de "Formosa". Nenhuma porta com este nome é mencionada por qualquer outro escritor cuja obra ainda existe. Fica difícil ter certeza sobre a identificação da porta. O peso da evidência disponível favorece sua identificação com a porta chamada Nicanor no Mishna,[18] uma porta que levava do Pátio dos Gentios para o Pátio das Mulheres. Esta seria a porta de bronze coríntio descrita por Josefo.[19] Nicanor era feita de bronze coríntio e adornada com placas de prata e ouro. Tinha 22m de altura por 18m de largura. Ficava localizada do lado leste, onde os raios brilhantes do sol se refletiam sobre a multidão que entrava para adorar. Essa identificação parece muito mais satisfatório do que identificá-la com a porta que leva do Pátio das Mulheres para o Pátio

---

[12] Daniel 6.10.
[14] *Stromata*, VII, p.722.
[16] Atos 4.22.
[18] *Middoth*, II. 3.

[13] Salmo 119.164.
[15] Êxodo 24.91; Números 28.3,4.
[17] Lucas 16.20; Marcos 10.46; Lucas 18.35; João 9.1-8.
[19] *Guerras*, V.5.3.

de Israel, ou com a que leva do Pátio dos Gentios para o Vale do Cedrom (a qual é agora chamada de Porta de Ouro).[20]

Para pedir esmola aos que entravam – Esmolas seria caridade na forma de doação de dinheiro. A entrada do Pátio das mulheres seria um lugar ideal para pedir. Mulheres com frequência têm mais probabilidade de mostrar compaixão que os homens. Além disso, as pessoas que iam adorar talvez se inclinassem a ser mais liberais do que quando desempenhavam suas tarefas diárias.

3.3 –

Vendo ele a Pedro e João – O coxo conhecia Pedro e João? Talvez. Ele vinha sendo colocado na porta há muitos anos. Não teria visto Jesus e seus discípulos entrarem repetidas vezes no templo?

Que iam entrar no templo, implorava que lhe dessem uma esmola – "Que lhe dessem uma esmola" é outra maneira de dizer que estava simplesmente pedindo para ser sustentado em suas circunstâncias.

3.4 –

Pedro, fitando-o, juntamente com João disse – A palavra significa fixar atenção em, olhar atentamente para, o mesmo termo empregado em Atos 1.10. O comum é virar a cabeça ao passar por um mendigo e não olhar para ele. Pelo menos é isto que acontece quando falta amor. Pedro parece ser um homem compassivo. É duvidoso que a linguagem implique, como alguns pensam, que Pedro esteja olhando para o coração do homem por meio de percepção milagrosa, a fim de verificar se é digno de ser curado.

Olha para nós – Pedro quer a atenção completa do homem. O que Pedro estava fazendo? Estaria despertando as esperanças do homem? Se ele conhecia Pedro e João, Pedro procurava produzir esperança por parte do coxo?

3.5 –

Ele os olhava atentamente – Este verbo está no imperfeito. Ou seja, sugere que ele manteve uma atenção contínua. O homem seguiu irrestritamente as instruções deles.

Esperando receber alguma coisa – Ele deveria ter aprendido há muito tempo que as pessoas que desviavam o olhar ao passar não lhe dariam esmolas. As pessoas cujos olhos encontravam os seus eram aquelas que pretendiam ajudar. Desde que estivera pedindo dinheiro e desde que Deus havia ordenado a Israel que cuidasse dos pobres,[21] ele sem dúvida pensou que receberia dinheiro daqueles dois homens que pararam a seu lado. Se reconheceu Pedro e João como seguidores do Cristo que haviam operado milagres, esta esperança talvez tivesse aumentado.

3.6 –

Pedro, porém, lhe disse: Não possuo nem prata nem ouro – A narrativa de Atos 2.45 mostra que os apóstolos eram os tesoureiros e administradores das somas de dinheiro que lhes eram entregues pelo generoso auto-sacrifício dos cristãos. O que significam então as palavras de Pedro? Pode ser que significassem que eles não levavam dinheiro nessa ocasião. Talvez não con-

---

[20] Os outros dois portões, identificados como a "Porta Formosa", são os chamados Susã e Hulda. Toda a disputa surgiu de uma aparente contradição em Josefo, cujos escritos dão uma dentre as duas descrições existentes do templo de Herodes. Em *Guerras* (V.5.3) ele afirma distintamente haverem dez portas – quatro ao norte, quatro ao sul, e duas a leste. Em *Antiguidades* (XV. 11) ele diz que havia três portas ao norte, três ao sul, e uma a leste. Os relatos não são fáceis de harmonizar, mas parece provável que havia duas portas do lado leste– uma, a belíssima e preciosa porta de bronze coríntio (Nicanor) entre o Pátio das Mulheres e o Pátio de Israel. Susã é descrito como tendo 26 m de altura e sendo coberta por lírios em alto relevo. A porta Hulda é também identificada por alguns como sendo exatamente a Porta Formosa. Mas Hulda, do lado leste do edifício do templo, não parece um local provável.

[21] Levítico 14.21; 19.10; 23.22; Deuteronômio 15.4.

siderava o fundo comum como disponível para casos de caridade a incrédulos (supondo que o coxo erro um incrédulo). Ou, colocando a resposta inteira de Pedro com o pedido do homem, Pedro poderia estar dizendo que não tinha dinheiro para mantê-lo na sua condição presente, mas que tinha algo que o tiraria da mesma.

Mas o que tenho, isso te dou – Isto não indica que o poder de curar teve origem com Pedro. Não se trata de Pedro, pelo seu próprio poder, operar o milagre. Este foi realizado através de Pedro. O que Pedro tinha a dar era mais valioso do que toda a prata e ouro que poderia ter dado ao coxo, caso os carregasse consigo.

Em nome de Jesus Cristo, o Nazareno, anda! – A expressão "em nome de" significa "pela autoridade de" ou "mediante o poder derivado dele". Lemos em Atos 2.43 que muitos sinais e prodígios foram feitos pelas mãos dos apóstolos. Este milagre foi escolhido dentre muitos, porque fez os apóstolos entrarem em conflito com as autoridades. A oposição e perseguição começaram a partir daí, sendo uma continuação da oposição levantada contra Jesus, como predito por Ele. O termo grego "Anda!" é *peripateo*, significando literalmente "andar à volta". Fazer isto seria evidência de um grande milagre, assim como uma evidência credenciando Pedro e João como mensageiros de Deus. À medida que o ex-coxo continuasse a andar à volta em obediência a esta ordem, ele chamaria ainda mais atenção.

3.7 –

E, tomando-o pela mão direita – A tradução da NASB parece sugerir uma ação enérgica por parte de Pedro, como se ele tivesse de levantá-lo antes que sequer tentasse andar. A mesma palavra é usada para a pesca, em cujo caso representaria força suficiente para vencer a resistência que os peixes ofereceriam para não serem apanhados. Todavia, é possível que a palavra só descreva a oferta da mão de Pedro para ajudar o coxo a levantar-se; e quando o coxo faz um esforço para responder, nesse exato momento ele é curado! Pedro estava seguindo o exemplo de Jesus, quando Ele havia curado sua sogra.[22]

O levantou – Enquanto Pedro o levantou, o milagre realizou-se.

Imediatamente os seus pés e artelhos se firmaram – Note que os milagres no Novo Testamento são instantâneos. O médico Lucas nos conta a causa exata do problema. Os músculos e tecidos não usados por tanto tempo se achavam agora firmes, vigorosos e úteis.

3.8 –

De um salto se pôs em pé, passou a andar – A primeira palavra é um particípio presente. Ele saltava repetidamente, para cima e para baixo. Esta seria a expressão natural de sua alegria ao ser curado. O verbo "andar" está no imperfeito. Ele continuou a andar em volta, exatamente como lhe tinha sido ordenado.

E entrou com eles no templo – Ele tinha sido curado enquanto o levavam para seu lugar junto à porta. Agora que se encontrava curado, acompanhou Pedro e João para oferecer seu louvor a Deus.

Saltando e louvando a Deus – O homem continuou repetindo os novos exercícios, coisa que jamais havia feito. O fato de dar louvor a Deus era natural e apropriado, expressando a Ele sua alegria. Isto não revela certa fé por parte do homem? Ele não transborda de entusiasmo e gratidão para com os apóstolos. Em lugar disso, dirige seus louvores e agradecimentos na direção adequada, para Deus!

3.9 –

Viu-o todo o povo andar e a louvar a Deus – Era a hora da oração da tarde. Podemos imaginar o silêncio habitual dos adoradores surpreendentemente interrompido pelos saltos e gritos

---

[22] Marcos 1.31.

de louvor a Deus daquele que tinha sido coxo tantos anos. Podemos imaginar os fiéis subindo em silêncio e reverentes e, de súbito, no meio deles aquele homem gritando a plenos pulmões e saltando? Ele seria visto e notado!

3.10 –

E reconheceram ser ele o mesmo que esmolava, assentado à Porta Formosa do templo – A palavra "reconheceram" (epiginosko) expressa o tipo de conhecimento que vem pela experiência. Da experiência deles, sabiam que aquele era o mesmo homem que durante anos ficou sentado, por ser coxo, pedindo esmola quando passavam pela Porta Formosa. Esta identificação será importante mais tarde. O Sinédrio não podia negar que houve uma cura porque o povo o viu. Aquele era justamente o homem coxo há anos e que agora andava.

Que esmolava – O grego diz "pedia *as* esmolas". O artigo parece ser o de referência prévia, lembrando-nos do que Lucas já havia registrado no v. 2.

E se encheram de admiração e assombro, por isso que lhe acontecera – A palavra "admiração" indica "choque". Eles ficaram chocados ao ver aquele homem, aleijado durante tantos anos, andando e saltando pelo templo. A palavra traduzida "assombro" denota "espanto". Eles ficaram espantados com o que tinha acontecido a ele, o tipo de espanto que surge quando algo nunca visto antes é agora tão evidente, real e inegável.

3.11 –

Apegando-se ele a Pedro e a João – Antes disto, os versículos descreveram o homem como andando, saltando e louvando a Deus continuamente, enquanto entrava no templo. Ele é agora descrito como andando com Pedro e João, apegando-se a eles, talvez de braço dado com eles, e evidentemente descreve os três homens deixando o templo depois de terem terminado sua adoração. Ao andar de braços com os apóstolos, ele estava deixando todos saberem a quem devia a grande bênção recebida. Seu louvor era a Deus por ter sido curado, mas era também grato a Pedro e João através de quem a cura foi operada.

Todo o povo coreu atônito para junto deles – Os apóstolos e o homem curado, depois de terem rendido culto no templo, saíram (provavelmente através da Porta Formosa) para o Pátio dos Gentios, e se encaminharam para o lado leste. O fato da cura e a conduta do homem iriam logo atrair uma multidão, e isto, por sua vez, produziu uma oportunidade favorável de pregar o evangelho. Uma enorme multidão de pessoas que havia vindo ao serviço vespertino de oração se reúne agora em volta dos três homens, quando se aproximavam do pórtico de Salomão.

No pórtico chamado de Salomão – Ao longo de todo o lado oriental do recinto do templo ficava um pórtico ou telhado, que se estendia do alto do muro para a área do templo. Este telhado era sustentado por duas fileiras de colunas, com 11m de altura. O pórtico inteiro tinha 18m de largura. (O Pórtico Real do lado sul da área do templo tinha 27m de largura). Esses imensos pórticos cobertos serviam de proteção para os adoradores durante a estação chuvosa e davam sombra durante os meses quentes de verão. Jesus havia ensinado ali cerca de um ano antes na Festa de Dedicação,[23] e este pórtico evidentemente tornou-se um lugar regular de reunião para os cristãos de Jerusalém.[24] Era chamado "Pórtico de Salomão" porque, quando o tempo foi reconstruído por Zorobabel, fragmentos do templo de Salomão foram usados na construção deste pórtico. O povo judeu tentou mais tarde persuadir Herodes Agripa I a derrubá-lo e reconstruí-lo, mas ele recuou diante do risco e do custo de tal empreendimento.[25]

---

[23] João 10.23. A data em que Jesus ensinou nesse pórtico, na Festa da Dedicação, foi 29 A.D. O fato ocorreu então um ou dois anos antes, como sugere o texto.
[24] Atos 5.12.
[25] Josefo, *Antiguidades* XX, 9.7.

Atônito – Embora tivessem tido algum tempo para refletir sobre a causa por trás da cura milagrosa recente do homem, o povo continuava ainda se esforçando mentalmente para explicar o que aconteceu a ele.

K. O SEGUNDO SERMÃO DE PEDRO. 3.12-26
3.12 –

À vista disso, Pedro se dirigiu ao povo – Pedro vê a multidão de pessoas se reunindo e percebe que ainda não atinaram com a explicação da origem do milagre, ou da razão para ele, e Pedro então "responde" às perguntas que parecem estar na mente de todos. A palavra "dirigiu" (também traduzida "respondeu" quando aparece em outros lugares do Novo Testamento) é usada na narrativa moderna para uma resposta a uma pergunta feita. Não tinham havido aparentemente perguntas dirigidas a Pedro nessa ocasião. Pedro está, em vez disso, respondendo às perguntas que vê na mente e expressões trocadas entre eles, enquanto continuam olhando espantados para o homem agora curado.

Israelitas – "Judeus, prestem atenção!" Cf. 2.14. Novamente, Lucas aparentemente não registrou todo o sermão de Pedro. O que temos é provavelmente apenas um breve esboço. Os pontos principais de ênfase nesta mensagem são (1) o milagre era obra de Deus para glorificar Jesus; (2) os Judeus negaram Jesus por ignorância; (3) Jesus cumpriu as profecias do Antigo Testamento; e (4) portanto, eles deviam arrepender-se e serem salvos através do evangelho.

Por que vos maravilhais disto – A ASV diz "com este homem?" Mas não existe uma palavra para "homem" no grego. Todavia, muitos estudiosos bíblicos acreditam que Pedro tenha apontado para o homem curado que se achava ali com eles enquanto falava. A NASB, que omite "homem", é uma tradução que representa a ideia dos intérpretes de que Pedro está falando do milagre em si, em lugar do homem curado. Os judeus tinham conhecimento suficiente de milagres para interpretá-los e saber de onde vinham. Eles deveriam ter compreendido. Não deveriam estar pensando tanto em como aconteceu, mas sim perguntando por que Deus operou o milagre.

Ou por que fitais os olhos em nós – Pedro inclui João no "nós". Ele está dizendo ao povo que olhe para Deus imediatamente. "Vocês deveriam saber que não fomos nós que fizemos isto", diz ele, " O milagre só poderia ser realizado por Deus".

Como se por nosso próprio poder ou piedade o tivéssemos feito andar? – "Poder" é uma palavra usada às vezes para "milagres", e "piedade" sugere que o homem cuida para não falhar em seus deveres para com Deus ou para seus semelhantes. O milagre não foi operado porque Pedro e João possuíssem tais poderes peculiares, ou por serem notavelmente piedosos e santos. Não deem crédito a Pedro e João pelo feito! Foi Deus que operou o milagre!

3.13 –

O Deus de Abraão, de Isaque e de Jacó, o Deus de nossos pais – Pedro salienta aqui seu primeiro ponto. O milagre foi obra de Deus para glorificar Jesus. Tratava-se do mesmo Deus que os patriarcas haviam conhecido e adorado. Era importante mostrar que era o mesmo Deus mencionado pelas Escrituras do Antigo Testamento. Os apóstolos não estavam introduzindo nenhuma nova religião ("nova" no sentido de ser diferente do que havia sido predito no Antigo Testamento).

Glorificou a seu servo Jesus – O termo grego *pais* pode ser traduzido como "filho" ou "servo". Aqui parece haver uma alusão aos poemas do Servo Sofredor do Antigo Testamento – especialmente Isaías 42.1ss, 52.13ss, etc. Pedro está dizendo que Deus realizou o milagre, a fim de que Jesus pudesse ser honrado (glorificado).

A quem vós traístes e negastes perante Pilatos – Jesus foi entregue aos romanos, que o mataram. O fato de Pedro poder dizer "vós" implica que entre os ouvintes se achavam alguns dos próprios homens presentes no julgamento de Jesus e que haviam gritado: "Crucifica-o! Crucifica-o!" Essa mesma multidão havia rejeitado Jesus, afirmando que Ele não podia ser o seu rei, pois não tinham rei se não César.[26]

Quando este havia decidido soltá-lo – Houve dois julgamentos diferentes perante Pilatos, com uma audiência diante de Herodes Antipas no intervalo entre eles. Durante os primeiros estágios de investigação, Pilatos tentou claramente defender a inocência de Jesus e, segundo Lucas 23.16-20, havia de fato decidido soltar Jesus por considerá-lo inocente das acusações contra Ele. Mas Pilatos era um homem que podia ser influenciado pelos desejos do povo que governava. Depois da multidão ter sido persuadida pelas autoridades dos judeus a pedir a Pilatos que soltasse Barrabás e crucificasse Jesus, Pilatos cedeu ao clamor popular.[27]

3.14 –

Vós, porém, negaste o Santo e o Justo – Como fez em seu sermão registrado anteriormente, Pedro compara o que os homens perversos fizeram a Jesus com o que Deus fez a Ele.[28] A palavra "Santo" iria fazer com que o ouvinte judeu pensasse imediatamente no Messias.[29] E Jesus era "justo" no sentido de ser inocente, alguém livre de quaisquer dos crimes que os perseguidores lhe imputavam. Eles o acusaram de blasfêmia durante seu julgamento perante o Sinédrio,[30] e de sedição perante Pilatos,[31] mas nenhuma dessas acusações podia ser provada.

E pediste que vos concedessem um homicida – A referência é a Barrabás, um terrorista e assassino, que Pilatos havia sugerido juntamente com Jesus como sendo um dos dois possíveis prisioneiros que seria libertado na Páscoa.[32] Pilatos provavelmente julgou que eles pediriam que soltasse Jesus, desde que seria de esperar que o povo quisesse a liberdade ao Bom Homem realizador de milagres em vez do revolucionário e homicida. Pilatos havia deixado, porém, de prever o que aquela multidão (persuadida pelos líderes religiosos) faria.

3.15 –

Dessarte matastes a Autor da Vida – *Archegon* é uma palavra que pode ter diferentes significados. Pode ser traduzida "príncipe" ou "líder" (como acontece na KJV em Hebreus 2.10.) quando o contexto sugere a ideia de autoridade sobre alguma coisa. Pode ser traduzida "autor" (como é feita na ASV em Hebreus 2.10 e 12.2) (também na Bíblia da SBB N.T.), quando o tradutor acredita que o contexto esteja falando da fonte ou origem de algo. Quando o tradutor chega então a essa palavra *archegon*, ele deve determinar se Jesus é descrito como Aquele que tem o domínio sobre a vida ("capitão da salvação", "príncipe da vida") ou se é descrito como a fonte da vida ("autor da salvação", "autor da vida"). A ultima ideia talvez seja melhor aqui, como se Pedro estivesse dizendo que Jesus é a fonte de onde a vida e a salvação procedem.

"Vida" poderia ser a vida física ou espiritual, ou ambas. Este é um grande contraste feito por Pedro. Eles haviam matado o autor de suas próprias vidas! Pense nisso – ter matado o doador da vida! Alguns objetam à doutrina de Pedro aqui, desde que a Bíblia afirma que Jesus deu sua vida como resgate pelos homens. Se ele deu sua vida, como Pedro pode afirmar aqui que eles O mataram? Pedro falava do que acontecia no coração deles; pretendiam matá-lo. O que fizeram teria matado um homem comum, mas Jesus só morreu quando ficou pronto para isso.

A quem Deus ressuscitou dentre os mortos O fato da ressurreição de Jesus foi o ponto principal enfatizado em sermão após sermão. É o que torna o cristianismo único entre as religiões do mundo.

A atenção do estudante deve fixar-se no fato de que "vós" é enfático no grego. A leitura seria mais ou menos assim: "Deus glorificou Jesus; vocês o entregaram". "Pilatos decidiu libertá-lo;

---

[26] João 19.15.   [27] Mateus 27.20; Marcos 15.11-14.
[28] Compare as declarações de Pedro em Atos 2.36.
[29] Salmo 16.10 e Isaías 43.3 usam "Santo" num contexto messiânico.
[30] Mateus 26.65.   [31] Lucas 23.2.
[32] Mateus 27.21; Marcos 15.7; Lucas 23.12.

VOCÊS o negaram". "Ele era santo e justo; VOCÊS preferiram um homicida". "Ele era o autor da vida; VOCÊS o mataram". Alguém mencionou esta comparação interessante nos versículos 13-15. (1) Pedro diz: "Vocês o traíram, mas Deus o glorificou". Pedro já identificou o Deus de quem fala como "o Deus de nossos pais". É o próprio Deus que afirmam estar adorando. *Vocês se opuseram ao Deus a quem adoram.* (2) "Pilatos decidiu libertá-lo, mas vocês o negaram". Não só o entregaram, como o negaram diante de Pilatos quando ele estava decidido a soltá-lo. Portanto, não se opõem apenas ao Deus que dizem adorar, *mas também ao estado* que os governa (Pilatos representava o estado romano). (3) "Vocês, porém, negaram o Santo e o Justo, e pediram que lhes concedesse um homicida". Ele não era só o Messias, mas era um homem inocente. Eles exigiram a soltura de um que todos sabiam ser culpado de grandes crimes. *Eles se opunham à moralidade e justiça* quando exigiram que fosse solto um homem que SABIAM ser assassino. (4) "Mataram o príncipe da vida". Eis um enigma, sem dúvida alguma. *Estão se opondo à própria vida,* porque mataram o autor da vida.

Todavia, a despeito de tudo que fizeram para opor-se a Deus, o estado, a moral e a justiça, e até a própria vida, Deus o ressuscitou dentre os mortos. De Deus veio a fonte e o poder de sua ressurreição.

De que nós somos testemunhas – Aqui vem a palavra "testemunhas" de novo.[33] De novo, eles estão se oferecendo como as testemunhas oficiais. O "nos" é enfático (o pronome é declarado, além de estar no término pessoal do verbo). "Nós mesmos (Pedro e João) somos testemunhas", testemunhas da sua gloriosa ressurreição. Certifique-se novamente de observar os detalhes históricos que são a base para a fé. Jesus – entregue e negado, morto e ressuscitado – todos fatos, fatos históricos de que o povo era contemporâneo e em muitos casos até participantes. Os ouvintes de Pedro não foram confrontados com simples teorias ou teologias humanas, mas com fatos históricos! O que é o evangelho? Há fatos a serem criados e também ordens a serem obedecidas.

3.16 –

Pela fé em o nome de Jesus – Desde a entrada do século diversos estudos foram realizados sobre as palavras "em o nome".[34] Eles enfatizaram geralmente que "o nome representa a pessoa", e com frequência é sugerido um contraste. Pedro está então dizendo: "Por causa da fé no *Jesus ressurreto* (o nome representa a pessoa, e dê atenção especial a que pessoa!), este homem antes coxo foi curado". A "fé" que Pedro tem em mente não parece ser aquela que inclui o batismo, isto é, a fé salvadora. Em vez disso, parece assemelhar-se ao dom espiritual chamado "fé",[35] uma fé que inclui o poder de operar milagres.[36] No caso dos apóstolos, esta "fé" (capacidade para operar milagres) parece ter sido um dos resultados do batismo com o Espírito Santo que eles haviam experimentado no Pentecostes anterior. O primeiro uso do termo "fé" neste versículo se refere a algo que os apóstolos possuíam.[37]

Esse mesmo nome fortaleceu a este homem que agora vedes e reconheceis – Isto equivale a dizer; "o *Jesus ressurreto* (ênfase novamente) fortaleceu este homem antes coxo". Pedro está declarando que o mesmo Jesus que eles haviam negado, rejeitado e matado, o mesmo Jesus que Deus havia levantado dentre os mortos – esse Jesus se achava envolvido neste milagre. O poder não vinha dos apóstolos. E o coxo era conhecido. Não podia haver engano. Ele era conhecido deles através da experiência do passado, v. 10. Eles podem agora reconhecer (*oida,* aqui,

---

[33] "Testemunhas" foi explicada em notas de Atos 2.32.
[34] Lars Hartman fez um estudo curto sobre "No nome de Jesus" em seu *New Testament Studies,* XX, p. 432-440, em que são apresentados os esforços feitos nas últimas sete décadas para determinar o significado desta linguagem.
[35] I Coríntios 12.9.
[36] Mateus 17.20; I Coríntios 13.2.
[37] A ideia de que poderíamos operar milagres caso a nossa fé fosse bastante forte, não tem fundamento nas Escrituras. É preciso não confundir os resultados do batismo do Espírito Santo, ou a recepção de dons espirituais, com a habitação interior do Espírito Santo. Os efeitos dessas medidas diferentes do Espírito não são sinônimos.

um verbo grego diferente daquele usado no v. 10) através da percepção mental, que se trata do mesmo homem. A palavra empregada por Pedro para "ver" é *theoreo* – não apenas um espectador indiferente, mas alguém que olha para uma coisa com interesse e com um propósito. Pedro está dizendo que seus ouvintes podiam "examinar" o homem e verificar por si mesmos que estava curado.

Sim, a fé vem meio de Jesus, deu a ele saúde perfeita – Enquanto a primeira parte do versículo mencionou uma "fé" possuída pelos apóstolos, esta parte parece falar de uma fé que o próprio coxo tinha. Em quase todo caso de cura no Novo Testamento, verificamos que quem faz cura tenta levar o doente a uma certa medida de fé antes da realização do milagre. Não era necessária "fé" por parte do paciente para que houvesse um milagre nos tempos bíblicos,[38] mas neste caso parece ter havido. O homem foi então curado, por causa da fé (milagrosa) possuída pelos apóstolos, e por causa da fé que o coxo tinha. Em ambos os casos a fé se dirigia a Jesus (eles tinham fé no seu poder e que Ele daria poder para curar). O coxo (reconhecendo Pedro e João como seguidores do Cristo) tinha fé nos apóstolos e em Jesus, pois ele louvou a Deus (não aos apóstolos) pela sua cura.

"Saúde perfeita" é uma palavra que denota integridade das partes, livres de qualquer defeito. A cura realizada no homem foi instantânea, perfeita e completa. O uso dos membros foi completamente restaurado.

Na presença de todos vós – Vocês são testemunhas do fato; podem julgar por si mesmos. Este milagre foi feito abertamente, em público, "na presença de todos vós".

3.17 –

E agora – "Agora" (*nun*) pode ser tanto temporal como lógico em sua conotação. Aqui parece ser lógico, equivalente a "desde que o que acabei de dizer é indiscutível".

Irmãos – Apesar de ter acabado de acusá-los de um crime enorme, Pedro ainda mostra ternura ao continuar se dirigindo a eles. Pedro não está intimando seus ouvintes, nem está tentando subjugá-los à força. Ele expôs a resistência deles a tudo quanto era bom e decente em termos severos, mas seu tom é compassivo e seu propósito é conquistar os ouvintes para Cristo. Pedro chega agora ao que chamamos de segunda parte do seu sermão – o fato de Jesus ter sido negado por ignorância.

Eu sei que o fizestes por ignorância – Pedro não quer afirmar que eles eram inocentes. Ele diz "ignorantes, não bem informados". As obras feitas por ignorância continuam sendo pecado, e precisam de perdão. A ignorância deles é admitida; e, de fato, isso torna o pecado passível de perdão. No Antigo Testamento, Deus fez provisões para dois tipos de pecado, por atrevimento e por pecado inconsciente. Os que pecavam por atrevimento (pecados de comissão) ou "à mão levantada" deveriam ser eliminados do povo, Números 15. 30, 31. Mas os que pecavam inconscientemente (pecados de omissão), ou como são chamados aqui "pecados por ignorância",

---

[38] Alguns "curadores pela fé" (assim chamados) contemporâneos, afirmam que a razão de falharem às vezes em suas curas é porque o paciente não possui fé suficiente. Buscamos praticamente em vão no Novo Testamento, com a finalidade de encontrar tal impedimento para os milagres. O fato de Jesus não poder operar muitos prodígios em Nazaré por causa da incredulidade deles (Mateus 13.58) não é certamente um paralelo para a falta de fé citada pelo "operador de curas pela fé". No caso do povo de Nazaré, tratava-se da completa rejeição de Jesus como Messias, e não apenas falta de confiança de que poderiam ser curados. A incredulidade ou falta de fé por parte do paciente na possibilidade de ser curado, não era um impedimento para o milagre na Bíblia. Existem vários casos de milagres onde não houve manifestação de fé por parte do paciente. Paulo curou um morto e o fez voltar à vida (Atos 20.9, 10). O morto mostrou fé? Ou Dorcas, Atos 9.36ss? Jesus amaldiçoou a figueira e acalmou as ondas, e certamente não seria possível haver manifestação de fé por parte da figueira ou das ondas. Paulo realizou um milagre sobre Elimas, o feiticeiro que procurou destruir a fé, Atos 13.8-11. Jesus curou a orelha de Malco, João 18.10. Desse modo, exigir fé por parte do paciente antes da operação de um milagre – e afirmar a desculpa de que a falta de fé seja a causa do milagre tão procurado não ser alcançado – dificilmente pode ser uma desculpa que embusteiros de hoje em dia podem usar.

deveriam fazer os sacrifícios apropriados e *podiam* se perdoados, Números 15.27-29.[39] Pedro estava dizendo que o pecado da negação de Jesus por parte deles era um pecado de ignorância, havendo portanto perdão para o mesmo. A ignorância não os desculpava, mas constituía uma base para chamá-los ao arrependimento.

Como também as vossas autoridades – Outras passagens falam também da ignorância dos líderes religiosos.[40] Como esses líderes podiam ser ignorantes do fato de Jesus ser o Messias longamente esperado é difícil de entender. Eles tiveram inúmeras oportunidades para conhecer e aprender a verdade para si mesmos. Todavia, permitiam que seu preconceito e paixão predominasse sobre o testemunho dado pela razão e consciência. Eles não sabiam que Ele era o Messias quando o mataram (os escritores sagrados afirmam isso por inspiração).

3.18 –

Mas Deus assim cumpriu o que dantes anunciara por boca de todos os profetas que o seu Cristo havia de padecer – Este é o resumo da terceira parte da mensagem de Pedro, de que tudo que aconteceu a Jesus estava de acordo com o que os profetas predisseram que ocorreria quando Ele viesse. "O que" Deus indicou em tipo e profecia que iria acontecer ao Messias, referem-se especialmente aos sofrimentos e a morte do Messias, justamente aquilo que Pedro acabava de mencionar que os Judeus tinham feito a Jesus. Os judeus, porém, de alguma forma não interpretavam corretamente essas predições, e, em lugar de um Messias sofredor, eles esperavam que o Messias fosse um rei poderoso, político e terreno. Como em Atos 1.12 e 2.33, temos aqui um eco do método de interpretação das profecias do Antigo Testamento que os apóstolos aprenderam de Jesus.[41] A declaração de Pedro sobre Deus falar pela boca de todos os profetas é uma afirmação inspirada da inspiração de uma grande parte do Antigo Testamento.

Assim cumpriu – Cristo morreu, exatamente como os profetas disseram que aconteceria. Pedro está removendo todos os obstáculos que poderiam impedir a fé na mente dos ouvintes. Eles haviam tropeçado sobre a vida, sofrimentos e morte de Jesus, julgando que essas coisas não eram dignas do Messias. Mas não há mais necessidade de tropeçar. Eles agora também podiam ver as profecias do Antigo Testamento como Jesus ensinou os apóstolos a vê-las. O fato que acabou de declarar – que nos maus tratos pelos judeus a Jesus, Deus estava cumprindo o que havia predito através dos profetas – não é facilmente reconciliado pela filosofia humana com a afirmação da culpa deles. Mas isto não é mais difícil do que a declaração de Pedro a respeito da soberania de Deus e da liberdade de escolha moral do homem no capítulo anterior (Atos 2.23). A declaração de Pedro se resume nisto: "Vocês são *culpados*. Deus viu o que fariam, mas não tinham de fazê-lo. Vocês *são* culpados. Necessitam, portanto, arrepender-se".

3.19 –

Arrependei-vos, pois, e convertei-vos – Com relação à natureza do arrependimento, veja o estudo especial no final do capítulo anterior. Aqui, como em Atos 2, Pedro não menciona a fé; mas tendo trabalhado desde o início de seu sermão para convencer seus ouvintes, sua ordem de arrependimento contém a suposição de que tivessem criado. Este segundo sermão de Pedro não contradiz certamente o que ele disse no primeiro sermão no dia de Pentecostes. No final daquele primeiro sermão registrado, ele ensinou aos ouvintes o que deviam fazer para serem salvos (Atos 2.38). Deu duas ordens e fez duas promessas. Parece provável que por estar agora dizendo aos ouvintes o que fazer para serem salvos, ele transmita as mesmas instruções e promessas. Vamos comparar suas instruções:

---

[39] Levítico 4.2, 27 e 5.18 também dão instruções sobre os sacrifícios pelos pecados de ignorância.
[40] Lucas 23.34; I Coríntios 2.8.
[41] Lucas 24.44ss é um exemplo de interpretação das profecias do Antigo Testamento por Jesus.

	ORDENS		PROMESSAS	
2.38	Arrependam-se	Sejam Batizados	Remissão dos pecados	Dom do Espirito Santo
3.19	Arrependam-se	Convertam-se	Pecados apagados	Tempos de refrigério

"Pois" explica ser esta uma conclusão extraída do que acabou de ser dito. Por causa do seu pecado de matarem o Cristo, vocês devem se arrepender, etc.

Na ordem: "arrependei-vos e convertei-vos", a palavra "converter" fala de algo a ser feito depois de se arrependerem, e algo a ser feito diferente do arrependimento. A palavra *epistrepho* significa "voltar", "voltar a um caminho do qual se desviou", e então "afastar-se dos pecados", ou "abandoná-los". Acontece que havia um ato uniformemente imposto ao crente arrependido, através do qual ele se tornava morto para o pecado, e se levantava para andar em novidade de vida, e esse ato é o batismo. Quando consultamos a comparação de Atos 2.38 e 3.19, parece que o batismo é o ato pelo qual o homem "volta" ao caminho do qual saiu. É o ponto em que o indivíduo entra na vida nova e melhor.

Infelizmente, na KJV esta palavra foi traduzida "convertei-vos" (como na SBB), i. e., o verbo está na voz passiva – e isto tem dado algum apoio ao conceito calvinista de que na conversão o crente individual é inteiramente passivo e que a conversão é um ato milagroso, resultante da influência direta do Espirito Santo no coração. Deve ser, portanto, notado que o verbo (no original) é um imperativo aoristo ATIVO, e indica que a "volta" é uma responsabilidade que cabe a cada indivíduo. O Senhor o torna possível e faz ao homem o convite, mas a responsabilidade é sempre dele.

Para serem cancelados os vossos pecados – As duas coisas ordenadas deveriam ser feitas, a fim de que seus pecados pudessem ser "cancelados". Esta expressão é semelhante à "remissão de pecados" em Atos 2.38. A expressão "cancelar" (ou apagar") se baseia na prática dos credores anotarem a dívida de seus devedores, e quando o débito é pago, o registro é cancelado ou apagado, removido do registro. A palavra usada aqui se refere à prática de escrever tais registros em placas cobertas de cera e então, invertendo o estilo, ou instrumento de escrita, alisar novamente a cera com a ponta não cortante, removendo assim qualquer traço de escrita. Ao que parece, um conceito similar está contido no termo "propiciação" (Romanos 3.25). O sangue de Cristo operou de tal modo que Deus não "vê" os pecados do crente quando chega a hora de justificação.

A fim de que – Esta é uma tradução da palavra *hopos*, que denota a razão por que é feita alguma coisa. A NASB diz "para que" (como na IBB), estando perfeitamente certa. A tradução da KJV "quando vieram os tempos de refrigério" provoca confusão. O grego não indica que o refrigério (renovação) virá por ocasião do segundo advento de Cristo, como o KJV levaria o leitor a crer. O advérbio grego nunca tem o significado "quando" como é traduzido na KJV. Embora a ordem para arrepender-se e voltar tivesse o propósito principal de permitir que seus pecados fossem apagados, DUAS OUTRAS CONSEQUÊNCIAS são mencionadas, como razões adicionais para que se arrependessem e voltassem: 1) a fim de que viessem tempos de refrigério, e 2) para que Deus enviasse Jesus . . .

Venham tempos de refrigério – Ao lerem passagens do Antigo Testamento como Isaías 28.12 e 40.1ss, os judeus esperavam que a era messiânica fosse um período de descanso, conforto e prosperidade. Eles imaginavam a era messiânica como uma época em que teriam descanso dos inimigos, um repouso da opressão e da guerra, e uma grande prosperidade e paz nacional. Pedro talvez tivesse essas profecias em mente quando disse aos seus ouvintes que se eles se voltassem para Deus mediante a fé e a obediência a Cristo, esses dias benditos de justiça, paz e alegria universal e descanso seriam alcançados. Se nossa comparação de Atos 2.38 e 3.19 estiver correta, esta renovação da alma deveria ser então realizada através da obra do Espirito Santo habitando na vida dos cristãos.

Da presença do Senhor – Deus era o autor da renovação.

3.20 –

E que envie ele o Cristo – O segundo advento de Cristo parece ser a ocorrência referida aqui. Pedro parece estar dizendo que esta é outra razão para que os seus ouvintes se arrependam e voltem; ou seja, para que o Pai possa enviar Jesus outra vez à terra. Essa interpretação tem sido contestada, pois parece sugerir de modo geral que uma certa quantidade de trabalho evangelístico precisa ser feita antes do seu segundo advento. Apesar da objeção, esse parece ser exatamente o sentido da passagem. Tal interpretação está em harmonia com versículos em outros pontos do Novo Testamento que falam de um certo número de homens redimidos que deverá ser alcançado antes da volta de Cristo.[42]

Que já vos foi designado, Jesus – Existe uma diferencia de manuscritos aqui. A KJV tem a leitura: "Cristo, que antes vos foi pregado", uma leitura encontrada no Textus Receptus e muitos minúsculos. A leitura melhor fundamentada (encontrada em *Alef*. A, B. C, D, E, e outros) é aquela contida na NASB: "Cristo, que já vos foi designado". Como Jesus foi "designado" como Cristo? Jesus foi "indicado" (designado, marcado, mostrado) como "Cristo" pela ressurreição dentre os mortos e pelos milagres que realizou.[43]

3.21 –

Ao qual é necessário eu o céu receba – O grego é plural, "céus", e fala do terceiro céu onde Deus habita;[44] a palavra é regularmente traduzida como se fosse singular, a fim de distingui-la dos céus estrelados na mente do leitor. Por que foi necessário que Jesus subisse ao céu ("é NECESSÁRIO que o céu o receba")? A fim de que nosso Sumo Sacerdote eterno entrasse no santo dos santos com o seu sangue.[45] Para que o Consolador pudesse vir.[46] Para que pudesse gerir o bem-estar da igreja.[47] Uma última razão para Jesus precisar subir ao céu era para que profecia fosse cumprida.[48] Não deveria ser esperado um reino terreno ou uma soberania temporal, como alguns judeus supunham.

Até aos tempos de restauração de todas as coisas – "Até" nos diz que Jesus permanecerá no céu até a restauração de todas as coisas. Qual época exatamente é indicada pela expressão: "restauração de todas as coisas"? Esta não parece ser uma referência a um Reino Milenar, como se Jesus fosse permanecer no céu até a hora do mesmo começar.[49] O termo traduzido "tempos" é plural no original, e fala de mais de um período de tempo. Por que não entender esta expressão de acordo com a explicação que se segue? Pedro continua, explicando que se refere ao cumprimento das profecias do Antigo Testamento. Pedro parece estar dizendo: "Jesus permanecerá no céu até que todos as coisas preditas pelos profetas sejam cumpridas".

No princípio da criação, as coisas estavam na devida ordem. Era um paraíso. O pecado entrou e confundiu toda a criação. Os homens estão sendo agora restaurados através do evangelho.[50] Estamos vivendo nos tempos da restauração de todas as coisas. Esta restauração que já teve inicio; irá culminar quando a criação for libertada do cativeiro da corrupção para a gloriosa liberdade dos filhos de Deus.[51] Pedro diz no v. 24 (ao citar os profetas, para provar seu ponto): "anunciaram ESTES dias". Os tempos de restauração de todas as coisas não são um período milenar futuro.

---

[42] 2 Pedro 3.12 também fala de um certo número de remidos que deve ser alcançado antes da volta de Cristo. Refere-se a homens vivendo em santidade (permanecendo fiéis a Cristo) e apressando assim o dia da sua volta. Romanos 11.12 e 11.25 falam da "plenitude" (cumprimento, NASB) dos judeus e gentios, uma expressão que também sugere um número a ser alcançado antes da volta de Cristo.

[43] Romanos 1.3.

[44] Veja o estudo especial sobre Hades, no final do capítulo dois. Na parte VIII a expressão "terceiro céu" é explicada.

[45] Hebreus 9.24ss.   [46] João 16.7.
[47] Efésios 1.20-22.   [48] Efésios 4.7.
[49] Com respeito a um "Reino Milenar", veja as notas em Atos 1.6 e o estudo especial no final do capítulo um.
[50] Mateus 19.28; Tito 3.5.   [51] Romanos 8.19-21.

Pedro diz que os dias em que ele estava vivendo (e os dias em que nós vivemos) eram ESTES dias. O primeiro advento de Jesus marcou o início desses tempos, e sua volta marcará o fim da restauração de todas as coisas.

O fato de Pedro dizer que "todas as coisas" serão restauradas não deve ser tomado como evidencia de que todos os homens serão salvos no final. Tal interpretação seria contrária à exortação que Pedro acabava de fazer: "Arrependei-vos e convertei-vos para que os pecados sejam apagados". Toda a criação não racional será restaurada quando esta era terminar, mas só os homens que obedecerem o evangelho serão restaurados de corpo e alma. A salvação não é prometida a todos os homens, só aqueles que estiverem em Cristo!

De que Deus falou por boca dos seus santos profetas – "De que" aponta para "os tempos da restauração de todas as coisas". Pedro está dizendo que os profetas do Antigo Testamento falaram dos dias em que essa restauração seria executada. De passagem, as palavras de Pedro afirmam novamente a inspiração dos profetas do Antigo Testamento. Ele diz que Deus falou através dos profetas, e isso só pode ser por inspiração.

Desde a antiguidade – Ou seja, durante a era do Antigo Testamento. As palavras abrangem as promessas feitas a Adão (Gênesis 3.15), e a Abraão (Gênesis 22.18), assim como a Moisés (veja o versículo seguinte), e aos profetas que o seguiram.

3.22 –

Disse, na verdade, Moisés – A citação a ser repetida está registrada em Deuteronômio 18.15-19. A autoria de Deuteronômio é atribuída aqui a Moisés. Várias ideias diferentes têm sido apresentadas numa tentativa de discernir o objetivo de Pedro em fazer esta citação. Um pensa que esses versículos de Deuteronômio foram aparentemente citados com o propósito de mostrar que os céus devem receber o Messias (veja o v. 21). Esta interpretação seria alcançada, enfatizando as palavras: "O Senhor Deus vos *suscitará* . . . um profeta semelhante a mim . . ." Outro pensa que a citação foi feita com o propósito de mostrar que os profetas haviam falado dos dias de refrigério – a era da igreja – justamente as coisas que estavam então ocorrendo (veja o v. 24). Esta última parece ser mais provável das duas ideias.

O senhor deus vos suscitará dentre vossos irmãos um profeta semelhante a mim – Os judeus reconheceram que esta passagem de Deuteronômio era uma profecia messiânica. Eles haviam perguntado a João Batista: "És tu o profeta"?[52]. e João replicou que não era o Messias. Pedro identifica aqui "o profeta" com o Cristo (Messias); foi exatamente isso que os judeus tinham feito ao falar com João. Profeta é um que fala por inspiração ao transmitir a mensagem de Deus.[53] Seria alguém que guiaria infalivelmente o povo em seus assuntos religiosos. Através de Moisés, Deus estava prometendo que não deixaria o povo tateando sozinho em busca do caminho, mas levantaria Alguém para guiá-los. Deus iria levantar Jesus; e a palavra "suscitar" aqui não fala da ressurreição, mas simplesmente de Deus designar ou encarregar o Cristo de uma tarefa específica.

"Semelhante a mim". Em que sentido Moisés e Cristo eram semelhantes? Aqui estão algumas das maneiras em que os dois têm sido comparados. Deus enviou ambos. Ambos eram legisladores. Ambos eram salvadores (Moisés de um povo especial; Cristo de todos os povos). Ambos libertaram outros de servidão (Egito, nos caso de Moisés; pecado no de Cristo). Ambos eram profetas (ambos revelaram a vontade de Deus). Ambos eram mediadores (Moisés para o povo de Israel; Cristo se coloca entre todos os homens e Deus). Deus levantou ambos para sua tarefa particular. De todos esses paralelos, não é a atividade da salvação de cada um o grande ponto de semelhança?

DENTRE VOSSOS IRMÃOS – O "profeta" (Messias) deveria ser um judeu, um dos próprios conterrâneos com que Pedro falava.

---

[52] João 1.21ss.   [53] João 12.48, 49.

A ele ouvireis em tudo quanto vos disser – Esta não é uma citação exata de Deuteronômio por parte de Pedro. Parece mais uma citação de memória. O sentido do que Pedro está dizendo é este: Moisés falava do Jesus que estou pregando a vocês. E Moisés (uma autoridade aceita entre vocês) ordenou que ouvissem este Jesus a quem prego. "Ouvireis" aqui equivale a "obedecer".

3.23 –

ACONTECERÁ QUE TODA ALMA QUE NÃO OUVIR A ESSE PROFETA – Isto ainda faz parte da citação de Moisés, que advertiu que cada pessoa que não obedecesse as instruções de Jesus (esse Profeta) iria receber uma recompensa adequada.

SERÁ EXTERMINADA DO MEIO DO POVO – Onde o grego diz "completamente destruída", o hebreu fala de "ser responsável pelos seus atos" – "Exigirei dele". A maneira comum de castigar tais ofensas era cortar o ofensor do povo.[54] A ideia expressa por Pedro é que os judeus haviam se exposto ao castigo mais severo ao rejeitar e crucificar o Senhor Jesus, e que deveriam, portanto, arrepender-se desse grande pecado e procurar misericórdia. A não ser se arrependessem e retornassem, o próprio Deus iria castigá-los.[55]

3.24 –

E todos os profetas – "E" (do mesmo modo) sugere que a advertência dos profetas era a própria predição feita por Moisés. Ouçam ao Messias, ou pereçam! Nos escritos de cada profeta do Antigo Testamento, encontramos tal informação sobre a era messiânica vindoura.

A começar com Samuel, assim como todos quantos depois falaram – Por que escolher Samuel? Ele não foi o primeiro profeta! Quando estudamos sobre os profetas do Antigo Testamento, começamos com Moisés, e depois estudamos Samuel. Mas, na verdade, Enoque foi o primeiro profeta.[56] Talvez a razão para escolher Samuel seja que ele foi o fundador da escola de profetas (os que Pedro chama de "todos quantos depois falaram"). Ou talvez Samuel é mencionado a seguir porque depois da conquista de Canaã, não houve voz profética (salvo duas mensagens especiais, dadas por homens cujos nomes não foram sequer registrados[57]) durante quase 400 anos. Podemos dizer que não houve profeta entre Moisés e Samuel.

Também anunciaram estes dias – O povo que ouvia a pregação de Pedro não podia rejeitar sua mensagem sem rejeitar o Cristo; e se rejeitassem o Cristo, estariam rejeitando todos os seus profetas, pois estes haviam aguardado exatamente a era em que Pedro e seus ouvintes estavam vivendo. O Dispensacionalismo, um dos sistemas modernos de escatologia, diz que a era da igreja não é predita no Antigo Testamento. O dispensacionalismo, nesta afirmação, contraria exatamente o que Pedro disse por inspiração! Pedro declara que os eventos que estavam ocorrendo nesse tempo (o princípio da era da igreja) foram preditos nos Profetas do Antigo Testamento, em Moisés, Samuel e todos os seus sucessores.

3.25 –

Vós sois os filhos dos profetas – Não no sentido de serem todos descendentes literais dos profetas. Pelo contrário, a linguagem é idiomática quanto à ideia deles serem os discípulos, seguidores dos ensinos dos profetas. Pedro está dizendo aos seus ouvintes que poderiam herdar todas as promessas e bênçãos contidas naquelas profecias do passado, bastando arrepender-se e voltar.

E da aliança que Deus estabeleceu com vossos pais – O sentido é: "Vocês são os filhos da aliança . .." O que é uma aliança? Duas palavras gregas diferentes são traduzidas como

---

[54] Êxodo 30.33; Números 15.31; Levítico 7.20-27. Ser cortado do povo era um dos castigos mais severos que um judeu podia sofrer. Ele não podia mais sacrificar no templo. Seria tratado como um gentio. A referência é então a um punição rigorosa quando Pedro usa a linguagem.
[55] Compare Mateus 8.12 e 2 Tessalonicenses 1.8, 9.
[56] Judas 14.   [57] Juízes 6.8-10; I Samuel 2.27.

"aliança" em nossas versões. *Suntheke* fala de um acordo ou pacto entre partes de igual autoridade, um acordo em que ambas as partes tem os mesmos direitos ao preparar os termos do pacto. *Diatheke* fala geralmente de um acordo ou pacto, ou disposição, entre partes desiguais. Deus, que é superior ao homem, impõe as regras e condições. O homem pode concordar com elas, mas não tem voz na preparação dos termos do pacto. A palavra usada aqui é *diatheke*. Não cabe ao homem tentar modificar ou preparar termos de perdão. O papel do homem é submeter-se aos termos dados por um Deus onisciente e amoroso.

Dizendo a Abraão – A aliança mencionada aqui por Pedro foi primeiro feita a Abraão[58] e mais tarde a Isaque e a Jacó.[59]

NA TUA DESCENDÊNCIA SERÃO ABENÇOADAS TODAS AS FAMÍLIAS DA TERRA – Em Gálatas 3.15-29, Paulo indica que a referência na palavra "descendente" é a Cristo. (A nação judaica não era a "semente" mediante a qual o mundo seria abençoado. Era Cristo. O Senhor não disse "descendentes" plural, mas "descendente" singular). "Todas as famílias" inclui judeus e gentios. Embora a leitura do Antigo Testamento seja: "Todas as nações (gentios)", esta palavra foi evitada como sendo provavelmente desagradável para os ouvintes judeus. Pedro substitui "famílias" (*patriai*) onde a LXX diz *ethne*. Todas as famílias viriam a ser felizes ou abençoadas – espiritualmente abençoadas. Temos aqui uma interpretação apostólica da promessa feita a Abraão. Ela foi cumprida, segundo Pedro, no Messias; e os homens se tornariam espiritualmente prósperos caso se arrependessem e se afastassem de seus pecados para servir Cristo.

3.26 –

Tendo Deus ressuscitado ao seu servo – De novo, embora a tradução nos faça lembrar-nos da ressurreição, a referência não é aparentemente a esse acontecimento. A linguagem e o significado são similares ao v. 22. Jesus fez exatamente o que o Antigo Testamento previu que faria. "Servo" (como vimos) é um termo familiar ao povo, com base em Isaías 40-53. Este servo (exatamente Jesus) havia sido enviado primeiro justamente ao povo a quem Pedro se dirigia.

Envio-o primeiramente a vós – Vocês, judeus. Cristo veio para o seu próprio povo. Os judeus tiveram a primeira oportunidade para obedecer o evangelho.[60] A religião da nova aliança deveria começar em Jerusalém.

Para vos abençoar – Para fazê-los espiritualmente felizes. É um bênção indescritível receber o perdão de nossos pecados! As bênçãos prometidas a todas as famílias podem ser obtidas por todos através das ofertas de salvação feitas na pregação do evangelho, como Pedro está fazendo aqui.

No sentido de que *cada um* se aparte das suas perversidades – Pela sua pregação, exemplo, morte e glorificação, Cristo faria provisão para que os homens se afastassem das suas iniquidades. "Perversidades" (iniquidades) é uma das palavras usadas regularmente para pecado no Novo Testamento. Ela enfatiza o aspecto do pecado que se deleita no dano, em fazer mal aos outros. Já foi feita anteriormente alusão à questão de o homem ser ou não inteiramente passivo na salvação. Este versículo é traduzido na NASB de modo a implicar que o homem é passivo. Cristo afasta os homens do pecado, diz. É também possível traduzi-lo: "desde que cada um se aparte das suas perversidades", e isto estaria de acordo com as ordens já dadas por Pedro como registrado no versículo 19.[61]

---

[58] Gênesis 12.3; 18.18; 22.18.
[59] Gênesis 26.4; 28.14.
[60] Compare Atos 13.46 e Romanos 1.16. Na providência de Deus, os judeus tinham prioridade quando se tratava de quem ouvisse primeiro o evangelho.

[61] Existe um problema técnico envolvido na tradução deste versículo, ou seja, se o verbo tem ou não um objeto. Em grego, uma pequena regra é usada às vezes, que diz que o sujeito do infinitivo está no acusativo. A palavra "cada" (*hekaston*) está no caso acusativo, e poderia ser portanto o sujeito do infinitivo "apartar". Esta é a maneira como a última

(Continua na página 132.)

CAPÍTULO QUATRO

L. PRIMEIRA PERSEGUIÇÃO PELO SINÉDRIO. 4.1-31

1. *Prisão dos Apóstolos. 4.1-4*

4.1 –

Falavam eles ainda ao povo – A narrativa de Lucas sugere que Pedro dirigiu-se a uma parte da multidão, enquanto João falava a outra? Ele afirma que "eles" estavam falando. O capítulo quatro continua o relato dos eventos que começaram com a cura do coxo por Pedro e João, quando entravam no templo para orar, às três da tarde. O sermão de Pedro ao povo que se reuniu naquela tarde foi descrito por Lucas. Podemos supor que ele tivesse terminado com uma exortação imediata à obediência (semelhante à de Atos 2.38-40); mas antes de Pedro poder acabar o seu sermão, um grupo de homens se lançou sobre a multidão que se encontrava no Pórtico de Salomão. O sermão de Pedro não pôde continuar.

Os sacerdotes – Os sacerdotes no grupo de homens que interromperam a pregação, são provavelmente aqueles que estavam servindo no templo durante a semana, componentes de um dos 24 grupos que prestavam serviço aos fiéis naquela semana[1].

O capitão do templo – Alguns acreditam que o comandante dos soldados romanos aquartelados na torre Antônia é chamado aqui de capitão da guarda do templo. E, porém, mais provável que o homem mencionado seja um oficial judeu, cujo dever era comandar a guarda dos levitas postados no templo[2]. Esses soldados levitas trabalhavam como sentinelas à noite no recinto do templo, e mantinham a ordem durante o dia. Esta guarda do templo foi primeiro designada sob o nome de porteiros por Davi, e na época do Novo Testamento somava 400 homens[3]. O capitão da guarda era um oficial de posto superior nos círculos judeus[4]. Uma das obrigações da guarda do templo era preservar a atmosfera de adoração ordeira no templo e verificar a execução dos desejos dos líderes religiosos. Desde que os saltos e gritos do homem curado havia atraído a atenção, e como a multidão que havia se reunido continuava presente na área do templo, esse grupo de homens tinha imenso interesse no desenrolar dos acontecimentos.

E os saduceus – Veja o estudo especial intitulado "As seitas dos judeus", no final deste capítulo, para informação sobre os saduceus. Nosso interesse especial aqui é no ensino do saduceus. Note

---

[61] *(Continuação do Capítulo Três, página 131.)*
sentença de nossas notas a interpretou, sendo também a maneira como as versões inglesas antes de 1611 (com exceção da Bíblia de Genebra) trataram do assunto. Essas versões mais antigas estavam seguindo a orientação da Siríaca, da Vulgata, e de Lutero. A tradução encontrada na NASB, que considera "vós" como o objeto do verbo "apartar", é também uma tradução possível, pois o objeto de um infinitivo estaria também no caso acusativo. Assim sendo, este é um ponto em que a teologia do tradutor irá provavelmente determinar como será a sua tradução. Preferimos considerar "apartar" como um verbo intransitivo, à luz do fato de que a Bíblia apresenta os homens como agentes ativos na salvação, em lugar de inteiramente passivos.

[1] Nos "Estudos Cronológicos sobre os Evangelhos" na introdução deste livro, já ficamos conhecendo o "turno de Abias". Tratava-se de um dos 24 turnos dos sacerdotes. "Davi dividiu os sacerdotes e levitas em 24 grupos chamados turnos em Lucas 1.8, cada um com seu chefe (1 Crônicas 24.1ss). Esses turnos oficiavam durante uma semana de cada vez, sendo feita a mudança no sábado antes do sacrifício noturno". Zondervan Pictorial Bible Dictionary, p. 185.

[2] 1 Crônicas 9.11; 2 Crônicas 31. 13; Neemias 11.11.

[3] 2 Crônicas 16. 1-19.

[4] Atos 5.24, 26; Lucas 22.4, 52; Jos. *Ant*. XX. 6.2.

que eles negaram qualquer ideia de uma futura ressurreição do corpo para qualquer homem. Por isso a pregação dos apóstolos sobre a ressurreição de Jesus era então odiosa para eles.

Sobrevieram – Esta expressão projeta a imagem mental de um grande grupo de homens repentinamente lançando-se sobre os apóstolos que estavam pregando às multidões. Sua aparição súbita, sua interrupção inesperada do sermão, teria tomado o povo de surpresa; e mesmo que alguns fossem tentados a resistir, a chegada intempestiva da guarda do templo os tornaria cautelosos. É interessante especular sobre a razão de cada grupo chegar. Os sacerdotes – sua presença era devida ao fato que os apóstolos estavam ensinando. O ensino era a posição oficial e o dever dos sacerdotes; se alguém fosse pregar no templo, seriam eles que o fariam. O capitão e a guarda do templo – se achavam ali porque qualquer atividade que perturbasse a rotina da adoração no templo era responsabilidade deles. Seu dever era preservar a lei e a ordem prescritas pelos líderes religiosos. Os saduceus – foram até lá porque os discípulos estavam ensinando a doutrina da ressurreição.

4.2 –

Ressentidos por ensinarem eles o povo – "Ressentidos" é uma emoção mista de indignação e ira. Sua posição de liderança tinha sido ameaçada pelos apóstolos, e sua resposta é quase sempre observada nos ímpetos de cólera. Ficaram ofendidos porque galileus incultos, completamente alheios ao serviço sacerdotal, e não autorizados por eles, tivessem a presunção de apresentar-se como professores religiosos.

E anunciarem em Jesus a ressurreição dentre os mortos – Os saduceus se oporiam especialmente a esta doutrina. Eles negavam a doutrina da ressurreição (não só no caso de Jesus, mas em geral). Alguns indivíduos, quando se faz oposição aos seus ensinos, tomam a oposição como um ataque pessoal e reagem irados. O fato de Jesus ter ressuscitado dentre os mortos seria um argumento difícil de responder no caso deles, enquanto tentavam manter sua negativa da ideia de qualquer ressurreição.

É especialmente interessante que, nem nesta ocasião nem em qualquer ocasião subsequente (ao que sabemos) o Sinédrio tomou qualquer ação séria para contestar a afirmação central dos apóstolos – a ressurreição de Jesus. Se parecesse possível refutá-los neste ponto, quão prontamente o Sinédrio teria se aproveitado da oportunidade! Se tivessem tido sucesso, quão rápida e completamente o novo movimento teria fracassado[5].

4.3 –

E os prenderam – Quem foi preso? Só Pedro e João? Ou também o coxo? Quando chega a manhã seguinte, e o julgamento começa, o coxo se encontra ali (veja vv. 10 e 14). Como chegou ali?

Recolhendo-os ao cárcere até ao dia seguinte – Eles foram colocados no cárcere durante a noite, pois não podia haver julgamento antes do dia seguinte. Ninguém deveria ser linchado num impulso de ira, irreflexão ou pressa, pelo qual a lei falava de um período de relaxamento durante a noite[6]. Esta lei foi violada no julgamento de Jesus, mas não no caso dos apóstolos e do homem curado.

Pois já era tarde – "Tarde" deve significar a segunda das duas tardes judaicas, i.e., das 18 às 21 horas[7]. Pedro e João haviam ido ao templo às 15 horas. Eles tinham pregado aparentemente por duas ou três horas depois que o coxo foi curado. Eles foram então presos à tarde, talvez às 19 ou 20 horas. Muito mais coisas devem ter ocorrido além das registradas aqui por Lucas.

---

[5] Bruce, *op. cit.*, p.103.
[6] Jeremias 21.12
[7] Êxodo 12.6.

4.4 –

Muitos porém do que ouviram a palavra a aceitaram – Em contraste com a oposição dos líderes judeus, muitos dos que ouviram o sermão se tornaram crentes. Apesar da prisão, e da tentativa de silenciar a mensagem, por parte das autoridades religiosas, o povo mesmo assim creu. Embora soubesse que eles também poderiam ser molestados e pressionados, mesmo assim creram. Este é outro exemplo da doutrina de Romanos 10.17, que "a fé vem pela pregação". É impossível esperar que alguém creia sem ouvir (ouvir ou pela mensagem pregada ou pela leitura da palavra escrita).

Subindo o numero de homens a quase cinco mil – Barnes acha que "homens" signifique "pessoas", que o numero de pessoas – homens e mulheres juntos – chegavam então a 5.000. Mas é muito provável que a contagem de Lucas incluísse apenas os homens. McGarvey pôs em palavras a razão para tal comentário:

> De acordo com o costume da nações orientais até hoje, só o número de homens é dado aqui, as mulheres não sendo contadas[8].

Os cinco mil creram pela primeira vez naquele dia? Esta é uma das formas possíveis de entender o número citado por Lucas, e foi assim Crisóstomo e Agostinho entenderam a passagem. Ou todo o contingente de homens cristãos (desde o dia de Pentecostes em que a igreja teve início) chegou agora a 5.000? Esta última é a interpretação comum. Não se sabe quanto tempo se havia passado desde o dia de Pentecostes, mas como foi sugerido nas notas no início do capítulo 3, talvez um mês ou menos tivesse decorrido a partir desse dia.

2. *Defesa de Pedro diante do Conselho. 4. 5-12.*

4.5 –

No dia seguinte – As reuniões do Sinédrio começavam comumente às 10 da manhã.

Reuniram-se em Jerusalém – Jerusalém era o lugar em que o Sinédrio se reunia costumeiramente. Mas, por causa do grande aumento da criminalidade, a partir de 30 A.D., o Sinédrio se movia de lugar para lugar e fazia seus julgamentos. A declaração de que se encontravam em Jerusalém confirma a ideia de que eles mudavam a localização do tribunal de tempos a tempos.

As autoridades, os anciãos e os escribas – Esses três grupos de oficiais formavam o grupo chamado Sinédrio. "Sinédrio" vem do o grego *sun* e *hedra*, que significa "sentar juntos". O Sinédrio era a suprema corte do povo judeu. Ele se compunha de 72 membros (as autoridades variam de 70 a 72 membros para o Sinédrio). Foi equivalente ao Supremo Tribunal Federal. Aqueles homens estavam portanto, diante da corte suprema dos judeus.

Quanto à origem desse corpo, o Sinédrio foi constituído por Moisés[9]. Deve ser lembrado que no Antigo Testamento, Moisés tentou legislar sobre todos os pontos de disputa entre o povo de Israel, enquanto peregrinavam no deserto. Em vista de haverem tantos pontos de conflitos, a tarefa tornou-se pesada demais. Jetro, sogro de Moisés, sugeriu que ele nomeasse vários homens para o trabalho, o que ele fez. Esse grupo continuou a funcionar através dos anos. O Sinédrio foi reorganizado por Esdras depois do exílio na Babilônia[10].

Qual a diferença entre "autoridades", "anciãos" e "escribas"? Autoridades seriam os principais sacerdotes, os cabeças dos 24 turnos. Os anciãos eram os 24 homens idosos escolhidos pelo povo para sentar-se no tribunal. Deveriam ser homens de idade, influência e posição. Os escribas eram 24 advogados, homens que transcreviam a lei. Os escribas dos dias do Novo Testamento eram os eruditos, especializados e familiarizados com a lei porque trabalhavam constantemente com ela, fazendo cópias da mesma. Eles mantinham os registros das cortes de justiça e os registros

---

[8] McGarvey, *op. cit.*, p.68.   [9] Êxodo 24.1.
[10] Esdras 5.9; 6.7, 14; 10.8; Neemias 2.6; 11.1.

familiares nas sinagogas, escreviam cláusulas de compra e venda e cartas de divórcio. Eram chamados de "escribas" por "escreverem" os registros públicos. Não eram, porém, uma seita religiosa, mas podiam ser fariseus ou saduceus de crença.

A jurisdição do Sinédrio, na época do Novo Testamento, era limitada aos casos que não envolviam a pena capital, pois os romanos haviam tirado dos judeus esse direito. Parece ter havido uma única instância em que o Sinédrio podia pronunciar essa punição sobre alguém, ou seja, no caso em que um gentio atravessasse a cerca interna que dividia o recinto do templo propriamente dito do Pátio dos Gentios. Significava morte certa para o gentio que entrasse no Pátio proibido a eles. Nesses casos o Sinédrio podia pronunciar a pena de morte, e as autoridades romanas quase sempre acatavam os desejos do Sinédrio[11]. Em todos os outros casos envolvendo sentença de morte, os procedimentos ficavam a cargo dos tribunais romanos.

4.6 –

Com o sumo sacerdote Anás – Na pagina *viii* da Introdução, informação é dada a respeito de Anás. Ele era o sumo sacerdote legal (de acordo com a sucessão familiar), mas havia sido deposto de suas funções sacerdotais pelo governador romano. Embora não mais reconhecido pelos romanos como sumo sacerdote e proibido de oficiar no templo, ele mantinha a presidência do Sinédrio.

Caifás – Veja a página *viii* da Introdução sobre este homem. Entre o Pentecostes em 30 A.D. e sua deposição em 36 A.D., as autoridades romanas o reconheceram como sumo sacerdote. Tanto Anás como José Caifás eram saduceus.

João, Alexandre – Pouco se sabe ao certo sobre esses homens, pois seus nomes são comuns. Em vista do contexto sugerir que se tratava de indivíduos influentes no Sinédrio, Farrar sugere que sejam "Johanan Ben Zakki, e Alexandre, o irmão rico de Filo"[12], mas tal identificação não é certa. Porque é uma possibilidade, é apropriada dizer alguma coisa sobre eles. Johanan Ben Zakki era um dos sete grandes doutores da lei (Rabbans). Ele tornou-se presidente do Sinédrio depois de Simeão, filho de Gamaliel. Mais tarde, ele veio a ser um favorito do general romano, Tito. Trinta anos antes da destruição de Jerusalém havia exposto Zacarias 11.1 como prevendo a destruição iminente da cidade. O Alexandre que era irmão de Filo, tornou-se alabarca (magistrado-chefe dos judeus) em Alexandria[13]. Tem sido questionado se o Alexandre citado por Lucas e o irmão de Philodevem ser a mesma pessoa, desde que não é fácil imaginar como um homem tão poderoso em Jerusalém poderia tornar-se também um oficial civil no Egito. Josefo parece explicar este problema afirmando que o irmão de Philoera um velho amigo do imperador Cláudio[14].

E todos os que eram da linhagem do sumo sacerdote – Isto poderia ter incluído alguns ex-sumos sacerdotes (houve três no cargo entre o mandato de Anás e o de Caifás)[15].

4.7 –

E, pondo-os perante eles – Cada membro do Sinédrio se assentava (num semicírculo) de modo a poder ver os outros membros, e também o prisioneiro. Os prisioneiros, sendo julgados, foram obrigados a ficar de pé no centro do semicírculo dos membros do Sinédrio sentados.

Os arguiram – Ao que parece, os membros do Sinédrio tentavam intimidar os apóstolos – amedrontá-los para que se escondessem e silenciassem. O versículo diz literalmente "estavam arguindo". Repetiram a pergunta várias vezes, de formas múltiplas e diversas.

---

[11] No capítulo 21.29, veremos acusações feitas contra Paulo, no sentido de ele ter violado esta lei sobre levar gentios para dentro do Pátio de Israel. Essas eram acusações graves e, caso fossem provadas verdadeiras, teriam resultado na rápida execução de Paulo. Mais informações sobre esta lei são dadas nas notas sobre 21.29.
[12] Farrar, *Life of Paul*, p. 107.   [13] *Ant.* XVIII. 8.1.   [14] *Ant.* XIX. 5.1.
[15] Uma lista dos sumos sacerdotes judeus pode ser encontrada numa nota ao pé da página em Josefo, p. 596.

4.7

Com que poder, ou em nome de quem fizestes isto? – "Com que poder" sugere que estavam perguntando aos apóstolos se o poder deles era divino ou demoníaco. "Em nome de quem" equivale a "sob a autoridade de quem?" Os examinadores se apontavam ao coxo que estava em seu meio (veja vv. 10 e 14) quando disseram "isto"? Ou se tratava de uma pergunta indefinida – feita na esperança de poder condenar os apóstolos por alguma coisa contida em sua resposta?

"Feito o quê?" poderia ser a resposta dada por Pedro e João. Feito essa pregação? este milagre? este o quê? A pergunta não era específica. Estava evidente que Pedro e João não haviam feito nada para que o Sinédrio pudesse acusá-los de qualquer crime. (Uma coisa muito semelhante aconteceu quando Jesus foi preso. Foi preso sem alguma acusação, e então os líderes judeus realizaram vários julgamentos a fim de encontrar motivo para castigá-lo.) Ao que parece, no caso dos apóstolos, os principais sacerdotes sagazmente fizeram uma pergunta indefinida na esperança de que os réus, na sua confusão, fornecessem uma base de acusação, falando impensadamente. "Fizestes (vós)" está numa posição enfática no grego. Os líderes religiosos não admitirão que Deus operou qualquer milagre. Foram (VÓS), os apóstolos, que o realizaram. De onde vem o poder? Era demoníaco, não era? Esta a insinuação da pergunta feita repetidamente aos réus.

4.8 –

Então Pedro, cheio do Espírito Santo, lhes disse: – O tempo do verbo "encher" é aoristo. Pedro ficou cheio em algum momento antes de falar, mas se se reporta ao enchimento no Pentecostes, ou se tratava de uma inspiração imediata, súbita naquele justo momento, não pode ser determinado com certeza. Em qualquer caso, as promessas feitas por Jesus estavam sendo cumpridas. Ele havia prometido aos discípulos tal ajuda, toda vez em que fossem levados diante das autoridades por causa de Cristo[16]. Uma dessas promessas foi feita nas palavras:

> E acautelai-vos dos homens; porque vos entregarão aos tribunais e vos açoitarão nas suas sinagogas; por minha causa sereis levados à presença de governadores e de reis, para lhes servir de testemunho, a eles e aos gentios. E, quando vos entregarem, não cuideis em como, ou o que haveis de falar, porque naquela hora vos será concedido o que haveis de dizer; visto que não sois vós os que falais, mas o Espírito de vosso Pai é quem fala em vós[17].

Autoridades do povo e anciãos – Poucas semanas antes, Pedro havia se acovardado diante dos soldados e servos no palácio do sumo sacerdote[18]. Ele não poderia ter esquecido que, diante daquele mesmo conselho e dos mesmos homens, seu Mestre tinha sido acusado e condenado. Ele se levanta agora diante do Sinédrio e fala, em linguagem respeitosa, é verdade, mas também com ousadia sem hesitação. A única coisa que pode explicar tal mudança é a ressurreição de Cristo e a orientação do Espírito Santo.

4.9 –

Visto que somos hoje interrogados – A palavra "interrogados" é usada no sentido técnico de "investigar, interrogar, examinar alguém acusado", como em Lucas 23.14.

A propósito do benefício feito a um homem enfermo – Com certeza esses juízes tão dignos de honra não irão objetar a um ato de bondade feito pelos apóstolos para ajudar um enfermo! Se objetassem à prática do bem, estariam destruindo a própria base de qualquer sistema judicial que tivesse a esperança de ser respeitado. Esta é uma condenação tácita da injustiça do procedimento que estava sendo seguido pelo Sinédrio.

E do modo por que foi curado – O fato de que ele tinha sido curado não foi negado, nem sequer pelos líderes religiosos. O homem se encontrava presente no tribunal com os apóstolos, e não havia dúvida de que estava "curado"[19].

---

[16] Marcos 13.11; Lucas 12.12; 21.14, 15.   [17] Mateus 10.17-20.   [18] João 18.25ss.

[19] A palavra traduzida "curado" pode ser também traduzida "salvo". Pode indicar salvo de perigo, de doença, do castigo eterno. Toda vez em que ela aparece, o tradutor precisa tomar uma decisão quanto ao seu sentido. Alguns che-

4.10 –

Tomai conhecimento vós todos e todo o povo de Israel – Pedro quer que todos conheçam a fonte do milagre, especialmente desde que tais milagres dão credibilidade às boas novas da salvação que pode ser alcançada em Jesus. Pedro ansiava para que todos os membros do Sinédrio reconhecessem quem era Jesus, e se tornassem Seus seguidores. O tribunal tinha feito uma pergunta bastante indefinida e deu a Pedro uma grande oportunidade, da qual ele se aproveitou.

De que, em nome de Jesus Cristo, o Nazareno – Jesus Cristo – a justaposição desses dois nomes é baseada no fato de que Jesus de Nazaré não é outro senão o Messias predito no Antigo Testamento. Os membros do Sinédrio ainda não tinham chegado ao ponto de poderem admitir que Jesus era o Messias, mas Pedro afirmava que era. E é pela autoridade do Messias Jesus que o coxo foi curado, era o que Pedro estava dizendo.

A quem vós crucificastes, e a quem Deus ressuscitou dentre os mortos – Foi esta a primeira vez em que as autoridades mesmas foram diretamente acusadas de crucificarem o Messias, ou será que estiverem presentes nas ocasiões anteriores em que essa mesma denúncia foi feita[20]? Pedro teve a enorme ousadia de acusá-los de homicídio – o assassinato de Jesus de Nazaré.

Em lugar de serem julgados pelo Sinédrio, Pedro e João julgam o Sinédrio. O Sinédrio se vê forçado a defender o crime que cometeram, ou poderiam reconhecer sua culpa[21].

De novo, como em todo sermão registrado até agora, Pedro salienta a ressurreição. Deus o levantou dentre os mortos, Pedro afirma. Talvez esta ênfase sobre a ressurreição feita pelos pregadores bíblicos seja um elemento tristemente omitido nas pregações do século XX. Caso positivo, vamos restaurar a ênfase e a esperança que ela inspira.

Em seu nome é que este está curado perante vós – Eles haviam perguntado: "Com que poder, ou em nome de quem . . .?" Pedro declara agora que foi pela autoridade de Jesus Cristo. E o homem curado se achava exatamente ali no tribunal. Ele tinha sido evidentemente preso junto com os apóstolos (teria sido preso porque foi ele quem estava correndo, saltando e gritando – o que fez com que a multidão se juntasse).

4.11 –

Este Jesus é pedra rejeitada por vós, os construtores – Esta linguagem é extraída do Salmo 118.12. Em cartas que escreverão anos mais tarde, tanto Pedro como Paulo farão referência a esta profecia e a aplicarão a Cristo[22]. Era um Salmo messiânico, e o próprio Cristo se referiu a ele ao falar àqueles mesmos membros do Sinédrio no grande dia de perguntas poucas semanas antes[23]. Jesus falou deles como construtores que rejeitaram a pedra angular, logo depois de ter contato a história dos lavradores maus quer mataram o filho do dono da vinha – uma alusão quase aberta ao que estavam fazendo a Ele! O verbo "rejeitada" indica que os judeus haviam considerado a Pedra, mas a rejeitaram como não sendo digna de fazer parte do edifício que estavam construindo.

A qual se tornou a pedra angular – Existe algum conflito sobre o sentido exato da palavra traduzida como "pedra angular". Poderia ser qualquer das três pedras, às quais damos o nome de "cimalha" "pedra fundamental", ou "pedra angular". Talvez neste lugar seja a "pedra angular" (como os tradutores da NASB interpretaram), aquela pedra grande no alicerce, da qual é tirada a direção e o ângulo das paredes. Essas pedras diferiam das "pedras angulares" dos prédios modernos. As nossas são acrescentadas depois que grande parte do prédio é construída. Aquelas

---

garam até a supor que neste caso ela não fala tanto sobre da salvação física, mas sobre a salvação dos pecados. Mas isto não parece provável.

[20] Compare Atos 2. 23 e 3.17.
[21] H. Leo Boles, *Acts of the Apostles* (Nashville: Gospel Advocate, 1941), p. 67.
[22] Efésios 2.20; 1 Pedro 2.4-6.   [23] Mateus 21.42.

4.11 A Igreja Em Jerusalém

eram colocadas primeiro, e com frequência mediam 2.1mx42m. A pedra angular tinha tamanha importância que o edifício inteiro precisava esperar por ela. Cristo é tão essencial ao cristianismo quanto a pedra angular para um prédio da antiguidade[24]. Ao citar essas palavra de Davi, Pedro pintou um quadro bem surpreendente de seus juízes. Eles são como construtores, tentando construir um prédio sem usar a pedra que o arquiteto principal havia cortado para o canto. Um edifício assim seria, na melhor das hipóteses, bastante precário! Mais provavelmente ainda, sem a pedra, não haveria sequer um edifício. DeWelt esboçou para nos a maravilhosa progressão de pensamento na defesa de Pedro:

> Primeiro, ele chama atenção para o homem que foi curado e estava junto deles. Como veio a sarar completamente? Através de Jesus de Nazaré. E quem é Ele? É aquele a quem vocês crucificaram e a quem Deus ressuscitou dentre os mortos. Ele é na verdade a pedra que vocês, construtores, desprezaram[25].

4.12 –

E não há salvação em nenhum outro – Desde que a palavra traduzida como "salvação" neste versículo é a mesma traduzida "benefício" no v. 9, Whitby e outros têm afirmado que a declaração de Pedro indica que as "curas" só podem ser encontradas em Jesus. Tal afirmação nega claramente o fato de que o Diabo pode operar milagres mentirosos, inclusive curas. O uso de "salvo" aqui por Pedro deve falar de salvação do castigo do pecado, em lugar da salvação de alguma enfermidade física, e portanto os tradutores da NASB usaram "salvação" em sua versão. Tal salvação, incluindo o perdão de pecados e a oportunidade da vida eterna com Deus nos céus, diz Pedro, não pode ser encontrada em nenhum outro senão em Jesus Cristo de Nazaré. Não há salvação em nenhuma outra pessoa – só em Jesus. A ênfase é no negativa, que no grego se encontra na primeira parte da sentença. NÃO há possibilidade. NÃO há outro caminho. Pela declaração inspirada de Pedro, toda outra grande religião do mundo, inclusive a judaica, não tem qualquer recurso quando se trata de salvar um indivíduo dos seus pecados. Nenhuma delas é igual ao cristianismo. Nenhuma tem qualquer validade! Nenhuma torna o homem justo aos olhos de Deus!

Porque abaixo do céu não existe nenhum outro nome, dado entre os homens – Não existe salvação em nenhuma outra pessoa (o nome, lembre-se, representa a pessoa). Pedro está dizendo: "Ninguém pode salvar você se não Jesus!" Tenha cuidado ao dizer, com base neste versículo, como alguns fazem, que o nome é "cristão". Não parece apropriado usar esse versículo para encontrar nele uma prova textual para a doutrina de que "cristão" é o único nome adequado ao crente. Por mais verdadeiro que isso seja, este não é um versículo para provar tal coisa. A expressão "abaixo do céu", não difere materialmente da que vem logo depois dela, i.e., "entre os homens". Ambas são destinadas a enfatizar que a salvação só é obtida em Cristo, e não em qualquer patriarca, profeta, mestre, rei, ou falso Messias. "Dado entre os homens", mostra que a salvação não fica agora limitada apenas a Israel, mas abrange toda a humanidade.

Pela qual importa que sejamos salvos – No grego, o "nós" é enfático, desde que se trata da última palavra na sentença[26]. Ela significa que NÓS – que sejamos sacerdotes, anciãos, escribas, pescadores, ou ex-mendigos – todos nós devemos ser salvos pela fé e obediência a Cristo caso devamos mesmo ser salvos! "Importa" não implica na necessidade da salvação, como se todos tivessem que ser salvos (não tendo escolha no assunto). Pelo contrário, implica na necessidade de ter

---

[24] Alguns críticos acusam Pedro e Paulo de se contradizerem, porque Paulo fala de Cristo como "fundamento" (1 Coríntios 3.11), enquanto Pedro usa o termo "pedra angular". Não existe, porém, contradição. Temos apenas figuras diferentes usados pelos dois escritores, ao ilustrar a verdade do lugar central e indispensável de Cristo na religião cristã.

[25] De Welt, *op. cit.*, p. 28.

[26] Não existe contradição entre esta nota a respeito da posição de um termo grego e o Comentário feito no primeiro parágrafo das notas sobre o v. 12. Havia duas enfáticas – no início e no fim da sentença.

Cristo, no caso de termos a salvação. Se você vai ser salvo, terá de seguir o caminho ensinado por Jesus. Do mesmo modo, em Romanos 1-3, Paulo mostra o fracasso de todos os outros caminhos. Ele salienta o fato de a salvação só ser obtida através da fé em Cristo. Esta verdade deve ser enfrentada e aceita por nós todos antes de percebemos o valor eterno do cristianismo. Em especial, antes de sermos motivados a levar o evangelho aos seguidores de qualquer das outras grandes religiões do mundo. Tão certo como Jesus de Nazaré é o Messias, e foi ressuscitado dentre os mortos, nenhuma das outras religiões mundiais é tão boa para os seu seguidores como o cristianismo!

   3. *Uma Consulta em Particular. 4.13-17.*

4.13 –

Ao verem a intrepidez de Pedro e João – Este é um particípio presente, melhor traduzido: "estavam observando". Enquanto Pedro pregava, e o Sinédrio observava, era isto que se passava em suas mentes. Um por um, eles passam a perceber que aqueles homens haviam estado com Jesus. "Intrepidez" é o oposto de hesitação, o oposto de equivocação ao declarar os sentimentos. Apesar da ira dos que os prenderam no dia anterior, apesar de sua intimidação neste interrogatório, Pedro e João falaram sem qualquer tentativa de ocultar ou disfarçar o que realmente criam. Como foi que eles perceberam a intrepidez de João? No que consta no registro, João não havia falado durante o julgamento. Mas pelo olhar e postura, por um acento de cabeça concordando com as palavras de Pedro, ou talvez pela sua própria defesa em palavras não registradas por Lucas, João mostrou que ele também compartilhava da coragem e das convicções de Pedro.

Sabendo que eram homens iletrados e incultos – A palavra traduzida "iletrados" significa sem treinamento técnico na escola de Hillel, ou na escola de Shammai. O próprio Jesus era considerado "iletrado"[27], pois Ele, como os seus apóstolos, não havia frequentado as escolas dos rabinos. "Incultos" fala da pessoa que não tem uma vida pública, contrário a um que está acostumado a aparecer e falar em público. A palavra grega para "sabendo" poderia ser traduzida "tendo verificado". Ela não implica em percepção direta, mas na maneira como a mente se apropria de um fato depois de investigá-lo[28].

Admiraram-se – Ficaram surpresos ao verem que homens que não haviam recebido educação acadêmica nas escolas e que não estavam acostumados a falar em público, pudessem expressar suas convicções com tamanha ousadia e confiança.

E reconheceram que haviam eles estado com Jesus – O verbo traduzido como "reconheceram" é um verbo no tempo imperfeito, dando a entender que as autoridades, uma após outra, "começaram a reconhecer" a razão para a intrepidez de Pedro e João. "Com Jesus" foi onde os apóstolos receberam sua educação. Não existe razão neste versículo (nas palavras "iletrados e incultos" e nas palavras "com Jesus") para um ministério que não inclua estudo.

   Eles na verdade haviam frequentado a escola de Jesus por mais de três anos, dia e noite, e doze meses por ano. Se fossem contadas as horas, poderíamos descobrir que tiveram mais semestres – horas de treinamento sob o maior Mestre de todos os tempos, do que a média dos diplomados hoje em dia[29].

Naquela época, como hoje, os que tentavam estabelecer e manter os padrões humanos, ficavam ressentidos quando homens que não satisfaziam a tais padrões ousavam ensinar o povo. Pedro e

---

[27] João 7.15.
[28] Em Atos 25.25, a mesma palavra grega aparece e é traduzida "verifiquei". Nesse contexto a ideia de "determinar por investigação" é claramente implicada.
[29] Dale, *op. cit.*, p. 62. O parágrafo sobre um "ministério não treinado" não significa que todo pregador necessita de um diploma superior para ser qualificado a pregar. Muitos grandes pregadores foram autodidatas. A ideia que rejeitamos é o velho conceito fundamentalista de que toda e qualquer educação é má, passível de levar o pregador a uma posição religiosa liberal.

João deram evidência de terem estado com Jesus e sabiam do que estavam falando, quando afirmaram que o coxo tinha sido curado através do poder de Jesus de Nazaré, o Messias, a quem Deus havia ressuscitado dentre os mortos.

4.14 –

Vendo com eles o homem que fora curado – O homem curado estava lá diante de seus olhos, no meio do semicírculo de juízes. Ele era prova das afirmações de Pedro, prova irrecusável, de fato. Era uma espécie de "Documento A" para a defesa.

Nada tinham que dizer em contrário – Os juízes jamais negaram o milagre, mas também não estavam preparados para reconhecer que o Jesus ressuscitado era a verdadeira fonte da cura. O milagre tinha sido realizado num lugar público, e era tão evidentemente um milagre, e o homem curado era bem conhecido por causa de mendigar desde há muito no mesmo lugar quando coxo, que não havia meio de fugir da conclusão a que Pedro havia levado-os.

> No final dos comentários de Pedro, parece ter havido um silêncio total por algum tempo; pois "nada tinham que dizer em contrário". Nenhum deles estava pronto para contradizer qualquer coisa que ele havia dito. Não estavam preparados para censurá-lo por suas palavras. O embaraço deles era penoso[30].

A defesa de Pedro foi essencialmente esta: Fizemos uma boa ação. Vocês que são culpados de matar o Messias vão castigar-nos? Não é de admirar que as autoridades ficassem em grande embaraço. Eles não tinham uma acusação cabal contra os apóstolos e não conseguiam encontrar nenhuma falha na defesa de Pedro. O Sinédrio fez a única coisa que podia para salvar as aparências – protelaram a decisão, a fim de poderem considerar seu dilema.

4.15 –

E, mantendo-os sair do Sinédrio – Durante o grande dia do interrogatório, toda vez que os líderes religiosos se viam em aperto, eles se afastavam para consultas entre si, esperando encontrar um meio satisfatório de sair da situação[31]. Os réus, portanto, são mandados para fora da sala do tribunal, a fim de que os juízes possam conferenciar entre si sobre qual a melhor coisa a fazer.

Consultavam entre si – Seria de esperar que eles perguntassem o que fazer para serem salvos, como homens honestos teriam feito quando convencidos pelos fatos do caso. Mas estes homens deliberadamente fecharam suas mentes contra a verdade. Na sua conferência particular eles tentaram encontrar uma maneira de racionalizar a situação e diminuir sua derrota ao mínimo.

4.16 –

Dizendo: Que faremos com estes homens? – O que o Sinédrio tinha em mente era evitar que pregassem, e impedir assim que muitos se tornassem seguidores do Caminho do Evangelho. Um milagre havia sido realizado, mas os juízes não queriam mais pessoas sendo levados a crer em Cristo através de novas pregações.

Pois, na verdade, é manifesto a todos os habitantes de Jerusalém que um sinal notório foi feito por eles – Eles teriam negado que um milagre tinha sido feito, caso alguém os acreditasse. Mas não havia meio de fazer o povo acreditar numa mentira dessas. Diminuiria ainda mais a sua credibilidade.

E não o podemos negar – Depois da ressurreição de Lázaro, esses mesmos líderes religiosos haviam admitido que Jesus estava operando milagres, mas ainda assim não se submeteram à sua soberania[32]. Esses mesmos homens admitem agora que os apóstolos realizaram um verdadeiro

---

[30] McGarvey, *op. cit.*, p. 73
[31] Mateus 21.25 é um exemplo em que os líderes religiosos estão confabulando para descobrir um meio plausível de livrar-se das dificuldades.
[32] João 11.47.

milagre, mas isso apenas os impele a se rebelarem ainda mais. No caso de Jesus, eles se recusaram a submeter-se porque pensaram que lhes custaria a perda de sua posição de liderança[33]. O mesmo medo os leva agora a tentar fazer com que os apóstolos se calem.

4.17 –

Mas, para que não haja maior divulgação entre o povo – Eles não queriam que o conhecimento do milagre e a crença resultante em Jesus como Messias se espalhasse ainda mais em Jerusalém, onde já estava se tornando do conhecimento geral, nem fora da cidade. Eles não tinham os olhos fechados, de modo algum! Admitiam ter havido um milagre. Sabiam que só Deus os operava. Todavia os próprios líderes religiosos buscavam impedir que a mensagem de Deus fosse conhecida. Consideravam o ensino dos apóstolos sobre a ressurreição de Jesus como uma doença contagiosa que tivesse de ser posta em quarentena e sustada a qualquer custo.

Ameacemo-los – O grego diz: "Vamos ameaça-los com ameaça" (um hebraísmo). A ideia é de intensidade, de certeza – uma ameaça muito solene. (O idioma hebraico para expressar tal intensidade é reduplicação). Na próxima ocasião, que ocorrerá logo em seguida (Atos 5.40), desde que a ameaça solene não silenciou os apóstolos, o Sinédrio acrescentará o açoitamento às ameaças, a fim de intimidar os apóstolos e fazer com que deixem de pregar.

Para não mais falarem neste nome a quem quer que seja – Literalmente, "Para não mais pronunciarem qualquer som". Não devem mais pregar sobre Jesus. Como Lucas foi informado dos procedimentos secretos do Sinédrio? Não somos informados, mas não é difícil imaginar. Gamaliel, professor de Saulo, com certeza se encontrava presente; talvez o próprio Saulo se achasse ali. Podemos supor que a informação vazou por esse canal. Ou, se isto parece insatisfatório, nos lembramos que um "grande número de sacerdotes" veio mais tarde a obedecer à fé; e eles não hesitaram em confessar a vilania de suas antigas crenças e atos.

4. *Proibidas Mais Pregações. 4.18-22.*

4.18 –

Chamados-os – Durante todo o tempo de consulta entre os membros do Sinédrio, os apóstolos ficaram do lado de fora do recinto do tribunal. Os juízes decidiram então qual o curso a tomar, e os réus foram chamados para voltar à sua posição no semicírculo no meio dos juízes. Ao voltarem, ouviram a decisão.

Ordenaram-lhes que absolutamente não falassem nem ensinassem em o nome de Jesus – O grego é bem forte: "para absolutamente não deixarem que o nome de Jesus passasse novamente por seus lábios". Eles os ameaçarem severamente, e ordenarem para não falassem de Jesus em suas conversas particulares ou em qualquer ensino público.

4.19 –

Mas Pedro e João lhes responderam – O Espírito Santo, justamente como Jesus havia prometido que faria, sugeriu a mesma resposta a ambos os apóstolos.

> Esta resposta dos apóstolos mostra a firmeza que demonstraram; Deus falou através do milagre realizado; e o Sinédrio, por mais autoridade que tivesse, não tinha o direito de contradizer a Deus. Esta foi também uma implicação de que a autoridade do Sinédrio estava desafiando a de Deus[34].

Julgai se é justo diante de Deus ouvir-vos antes a vós outros do que a Deus – A ideia é: "O que é justo, obedecer a vocês ou a Deus?" Temos aqui um grande princípio com base no qual os cristãos podem agir. Os cristãos devem sempre agir de maneira a agradar a Deus. Se o

---

[33] João 11.48.
[34] Boles, *op. cit.*, p. 70.

que nos propomos fazer agrada a Ele, então é certo; se não agradar, é errado. Como é natural, para sabermos o que dá prazer a Deus, devemos aprender na sua Palavra aquilo que o compraz. A mesma doutrina é declarada mais claramente em Atos 5.29. "Antes importa obedecer a Deus do que aos homens".

Esta não é só uma passagem na qual se baseia a grande doutrina da liberdade cristã, mas também a doutrina da separação entre a igreja e o estado se apóia nela. Tanto o dever para com Deus como o dever para com o governo civil são claramente ensinados na Palavra de Deus. Tanto a religião como o governo têm o seu início na vontade e no decreto de Deus. Deus transmitiu regularmente suas instruções sobre a adoração e serviço prestado a Ele. Este é um fato admitido por todos que leem a Bíblia. Mas que Deus ordenou o governo humano é um fato não admitido tão prontamente. Todavia, é distintamente ensinado (em Romanos 13.1ss, por exemplo) que a ideia de governo teve origem na mente de Deus. Desde que tanto a igreja como o estado foram dados por Deus, ambos têm direito à lealdade do cristão. Alguém pode perguntar em que ponto Atos 4.19 ensina a separação entre o estado e a igreja, pois não consegue descobrir o "estado" em algum lugar da passagem. A "igreja" pode ser vista em Pedro e João como representantes típicos, mas onde está o "estado"? Deve ser lembrado que o Sinédrio não era só uma autoridade religiosa, mas também uma autoridade quase-política. Eles representavam o governo humano ao realizarem suas funções judiciais.

Afirma-se geralmente que a verdadeira função do estado é proteger as liberdades pessoais do cidadão, permitindo que ele adore e sirva a seu Criador como ordenando por Ele. Mas, em vez de proteger as liberdades, os governos humanos tendem a controlar cada vez mais os pensamentos e atos do indivíduos. A atitude no geral é que o estado dá ao homem a sua liberdade, enquanto a intenção de Deus para o estado parece ser a de que ele proteja a liberdade dada ao homem por parte de Deus. Desde que tanto o estado como a igreja têm sua origem em Deus, não cabe a nenhum deles concluir o que o seu lado possui toda autoridade e direitos. É um erro quando um tenta coagir o outro. O cristão reconhece a superioridade das reivindicações de Deus sobre as do estado, e se as duas vierem a ficar em conflito, o cristão se submete a Deus e não ao estado, justamente como Pedro e João fizeram neste caso diante da ordem do Sinédrio para que silenciassem, uma ordem exatamente oposta à Grande Comissão de Deus.

Julgai – O Sinédrio se encontrava num dilema. Se dissessem que era certo obedecer a Deus quando Ele ordena que algo seja feito, os apóstolos continuariam então a pregar e falar no nome de Jesus. Mas se o Sinédrio dissesse que era absolutamente necessário silenciar e deixar de pronunciar o nome de Jesus come eles haviam mandado, seriam culpados de rebelião contra Deus. Desde que o Sinédrio havia se mantido em rebelião contra Deus desde antes da condenação de Jesus à morte na cruz, é de esperar que a sua rebeldia provavelmente continuasse.

4.20 –

Pois nós não podemos deixar de falar – O pronome "nós" é enfático; "NÓS, de nossa parte . . ." DeWelt captou a essência da resposta dos apóstolos à decisão do Sinédrio:

> Coloquem-se em nosso lugar: suponhamos que Deus lhe tenha dito para fazer uma coisa, e o homem para fazer outra – a qual obedeceriam? Bem, essa é exatamente a nossa situação. Jesus Cristo, a quem vimos ressuscitado dentro os mortos, nos ordenou que falássemos de sua ressurreição e poder salvador. Agora, vocês nos dizem para não falar justamente aquilo que o Senhor ressurreto nos ordenou que falássemos. Sejam vocês os juízes. A quem devemos atender[35]?

Pedro responde então à sua própria pergunta: "Faremos o que Jesus nos disse para fazer".

Das coisas que vimos e ouvimos – Durante os três anos do ministério de Jesus, eles haviam observado seus milagres, sofrimentos, morte e ressurreição. Eles o ouviram explicar a Lei e os

---

[35] DeWelt, *op. cit.*, p. 29.

Profetas, e suas declarações sobre o Seu reino. Receberam ordens para transmitir essas coisas, e obedeceriam o seu Senhor.

4.21 –

Depois, ameaçando-os ainda – Quando alguém anda durante algum tempo pelo caminho da rebelião, é difícil quebrar o padrão de rebeldia contra Deus. Os membros do Sinédrio continuaram a rebelar-se. Eles repetiram enfaticamente suas exigências que os apóstolos não falassem de Jesus.

Os soltaram – Foi permitido que os apóstolos saíssem em liberdade, não pelo fato de os membros do Sinédrio aceitarem os argumentos deles, mas simplesmente porque não conseguiram encontrar um meio legal de castigá-los.

Não tendo achado como os castigar, por causa do povo – O motivo por trás de suas ações contra os apóstolos era: "Como o povo aceitará isso?" Se o povo se convencesse que o Sinédrio tinha agido sem justa causa, teria acontecido exatamente aquilo que os líderes religiosos estavam tentando evitar. Eles teriam perdido sua posição junto ao povo. Naquele momento o povo estava disposto a ficar do lado dos apóstolos contra o Sinédrio, por causa da boa obra realizada a favor do aleijado.

Porque todos glorificavam a Deus pelo que acontecera – O verbo, no tempo presente, implica ação contínua. O povo estava continuamente louvando a Deus pelo milagre. O Sinédrio iria arriscar sua autoridade diante do povo se tomasse qualquer atitude negativa contra os apóstolos, que era justamente o que não queriam perder.

4.22 –

Ora, tinha mais de quarenta anos aquele em que se operara essa cura milagrosa – Havia uma razão para Lucas dar a idade do homem. Ele tinha sido coxo durante toda a sua vida. Fazia mais de 40 anos. Nesse período de tempo muitos o teriam conhecido e a sua condição. Isto faz parte da evidência que mostra a certeza e a autenticidade do milagre. Não havia meio algum de praticar uma fraude.

    5. *Relatório dos Dois Apóstolos e Oração dos Doze. 4.23-31*

4.23 –

Uma vez soltos, procuraram aos irmãos – Quem está incluído entre os "irmãos" a quem procuraram? Um grupo de estudiosos bíblicos sugere que esta expressão inclui a igreja toda. Mas, onde reunir-se mais de 5000 crentes, salvo na área do templo? Ao que parece, portanto, os doze apóstolos são os "irmãos" (companheiros) que os dois procuraram para dar seu relatório. Em outra ocasião, o cenáculo foi o lugar onde os apóstolos estavam ficando[36], e parece então que esse foi o local que Pedro e João procuraram. O relato de Lucas parece sugerir um ponto de reunião conhecido.

E lhes contaram quantas coisas lhes haviam dito os principais sacerdotes e os anciãos – "Principais sacerdotes" incluiria as famílias de Anás e Caifás, assim como os chefes dos 24 turnos de sacerdotes, como explicado acima nos comentários de Atos 4.5. O que o Sinédrio havia dito foi registrada em Atos 4.18.

4.24 –

Ouvindo isto, unânimes levantaram a voz a Deus e disseram – "Levantar a voz" era uma frase encontrada regulamente no Antigo Testamento, e podia indicar seja (1) um discurso

---

[36] Atos. 1.13. Através do relatos das aparições de Jesus ressurreto, assim como tradição, existe alguma evidência de que Zebedeu possuía uma casa em Jerusalém e outra na Galiléia. Se o cenáculo da casa de Maria não foi o lugar de encontro dessa reunião de oração, então talvez devamos pensar num encontro na casa de Zebedeu.

ao povo[37], (2) choro[38], ou (3) oração. Levantar a voz a Deus, significa aqui que eles oraram a Ele. É uma oração pública, uma oração audível. Mas, como todos oravam juntos? Repetiam as palavras daquele que orava em alta voz? Cantaram o Salmo 2 (do qual foram extraídas as palavras)? Um liderava e outros se uniam mentalmente a ele, ou através de "Amém"? Já havia uma forma geral de adoração em uso na igreja?

Tu, Soberano Senhor – Em grego, *despota*. Nossa palavra déspota deriva desta. Não se trata do termo comumente usado para Senhor, que é *kurios*. A palavra usada aqui indica alguém que governa sobre outros, e foi aplicada ao supremo magistrado ou oficial. Ela denota autoridade no governo, poder, absolutismo.

Que fizeste o céu, a terra, o mar e tudo o que neles há – Deus fez o universo, portanto, Ele tem o direito de governar. Deus é todo-poderoso, sendo certamente capaz de ajudar seus servos[39].

4. 25 –

Que disseste por intermédio do Espírito Santo – Esta é outra afirmação no livro de Atos relativa à inspiração do Antigo Testamento. Neste caso, em relação a Davi, o autor humano do salmo a ser citado. Ao iniciarem a sua criação, apelaram ao direito de Deus de governar Sua criação. Agora, nesta parte, eles apelam para o fato de que Deus tinha previsto justamente o que tinha sido feito pelo Sinédrio: e, portanto, rogam a sua proteção.

Por boca do nosso pai Davi, teu servo – O salmo 2 é atribuído aqui a Davi. Na sua oração, os apóstolos estão citando a Escritura e usando a mesma como uma base para a sua petição. Eles estão pedindo a Deus para fazer como prometeu que faria no Salmo 2.1, 2.

Por que se enfureceram os gentios – "Gentios – a referencia é provavelmente aos romanos em particular, pela sua parte na crucificação. "Enfureceram" é uma tradução de *ephruaxan*, que significa literalmente "relinchar como um cavalo, empinar ou bater com os cascos no solo, dar-se ares arrogantes". O salmista vê Jeová em seu trono e o Messias entrando em seu domínio. Os inimigos de ambos se levantam contra eles em tumulto frenético, e inutilmente se esforçam para tirar-lhes o governo. Portanto, a pergunta súbita: "O que aflige os gentios?" Eles não sabem que se combaterem Deus e o Seu Messias, de nada adiantará.

E os povos imaginaram coisas vãs – Provavelmente os "povos" deveriam ser as tribos de Israel, na sua tentativa de destruição de Jesus, e da causa pela qual morreu. "Imaginaram" é uma interpretação de *emeletesan*, que significa refletir e praticar como os oradores, a fim de aperfeiçoar o seu estilo. A palavra inclui as ideias de meditar, pensar, propor. O povo judeu usou pensamentos, plano, propósito, na oposição ao Messias. *Kena* ("coisas vãs") significa "vazio", como um vaso que não é enchido; e depois, "inútil", como em esforços sem resultado, ou que não alcançam aquilo que é tentado. Os judeus tentaram uma oposição a Deus que o salmista vê que não poderia ter sucesso. Os esforços deles, quer no caso de Cristo ou no caso de sua igreja, eram inúteis, porque não tinham força bastante para opor-se a Deus.

4.26 –

Levantaram-se os reis da terra – Os "reis" são Herodes e Pilatos, como indica o versículo seguinte. A figura de linguagem em "levantaram-se" é de linhas de batalha opostas umas às outras. Os reis da terra estavam agindo como soldados inimigos tomando sua posição na linha de batalha, ao oferecerem sua resistência ao Messias.

---

[37] Juízes 9.7.   [38] Gênesis 29.11; Juízes 2.4.
[39] Deve ser notado que a NASB usa as formas arcaicas do pronome "tu" e "vós" quando as palavras são dirigidas a Deus. Isto é apenas uma escolha pessoal dos tradutores, não sendo absolutamente evidência de que tais formas do pronome devam ser usados por nós em nossas orações. Quando essas formas foram escritas na KJV e se tornarem assim familiares à maioria dos estudantes bíblicos, essas eram formas regulares usadas na linguagem comum do povo. Não se tratava de um modo especial a ser empregado apenas nas orações.

E as autoridades ajuntaram-se à uma – O Sinédrio estaria incluído no termo "autoridades". "Ajuntaram-se" frequentemente implica na reunião daqueles que se achavam antes separados, a fim de se oporem a um inimigo comum. O aluno deve notar nestes versículos o excelente exemplo de paralelismo hebraico – em que a segunda frase fala quase a mesma coisa que a primeira, mas em palavras diferentes[40].

Contra o Senhor e contra o seu Ungido – O salmista vê tanto Deus Pai como o Messias sendo atacados pelos inimigos, mas mediante uma oposição infeliz e destinada a falhar. O aluno deve notar novamente que é correto citar as Estruturas quando oramos, e então basear nossas petições na declaração que foi citada. Era isto que os apóstolos estavam fazendo.

4.27 –

Porque verdadeiramente se ajuntaram nesta cidade – Os apóstolos, ainda orando, declaram ver no acontecido em Jerusalém o cumprimento do Salmo 2. O líder da oração diz: "Compreendemos agora o sentindo das palavras de Davi. Eles não só se opuseram a Deus naquela ocasião, mas fizeram o mesmo hoje quando nos ordenaram para não mais falar o nome de Jesus".

Contra o teu santo Servo Jesus – A palavra *pais*, traduzida "servo" já foi explicada em Atos 3.13. Ela possivelmente poderia ser traduzida "Filho Santo" aqui, mas "servo" parece ser a ideia provável.

Ao qual ungiste – A referência é à vinda do Espírito Santo por ocasião do batismo de Jesus? Ou Deus "ungiu" Jesus em outra época?

Herodes – Dos vários Herodes que aparecem nas páginas do Novo Testamento, este é Herodes Antipas, o tetrarca da Galiléia e da Peréia[41]. Lucas é o único escritor dos evangelhos que registra a parte tomada por Herodes juntamente com Pilatos na condenação de Jesus. Veja os Estudos Introdutórios sobre Cronologia, página *vi* para outras informações sobre este homem.

E Pôncio Pilatos – Veja a página *v* e *vi* dos Estudos Introdutórios sobre este homem.

Com gentios e povos de Israel – Segundo o versículo 25, essas duas frases indicam os romanos e os judeus.

4.28 –

Para fazerem tudo o que a tua mão e o teu propósito – "Fazerem" deve ser ligado ao verbo "ajuntaram" e não a "predestinaram". "Propósito" fala do plano que Deus fez na eternidade antes da ter criado qualquer coisa, um plano para remir o homem, se este que Ele estava para fazer pecasse. Esse plano incluía a morte de Cristo. Os gentios e judeus, os oficiais do governo e religiosos, que tomaram parte na crucificação dEle, estavam agindo voluntariamente; todavia faziam justamente o que Deus havia planejado que fizessem.

Predeterminam – O tema da predestinação já foi comentado nas notas em Atos 2.23 e 3.18. "Para ocorrer" (*ginesthai*) é um verbo diferente do traduzido como "fazer" (*poiesai*). O último fala da atividade do homem, o primeiro da providencia de Deus. A Bíblia sugere em toda parte que o Deus soberano está em pleno controle da sua criação, a fim de que ela realize o propósito para o qual foi criada. Nada acontece nesse universo que não seja permitido por Ele, nem jamais acontecerá nada que vença seus propósitos para a sua criação. (A SBB não inclui as palavras "para acorrer" – N.T.)

---

[40] O estudante pode consultar o *Westminster Dictionary of the Bible*, páginas 486-87 para um estado do paralelismo hebraico na poesia.
[41] Lucas 23.1-12.

4.29 –

Agora, Senhor, olha para as suas ameaças – isto significa "Tome nota para livrar-nos"? Ou "Tome nota para frustrar os planos deles? Se o último sentido é certo, este é então um exemplo do Novo Testamento da chamada oração imprecatória.

E concede aos teus servos que anunciem com toda a intrepidez a tua palavra – Os apóstolos estão orando, pedindo coragem para prosseguir e pregar o evangelho apesar da oposição oficial. Eles estão orando pela proteção de Deus contra os esquemas dos inimigos do Evangelho. Este é um bom exemplo para nós. Quando somos afligidos pelos que estão no poder, quando somos perseguidos por causa da justiça, devemos entregar nosso caminho a Deus, a fim de não sermos desviados do cumprimento do dever.

4.30 –

Enquanto estendes a mão para fazer curas – Os apóstolos não estavam pedindo apenas coragem para falar, mas também solicitavam que Deus continuasse a operar milagres através deles, fornecendo assim ao povo evidência contínua de que o Senhor estava com eles, e também confirmando a verdade da mensagem que transmitam.

Sinais e prodígios por intermédio do nome do teu santo servo Jesus – Para as palavras "sinais e prodígios" veja os comentários em Atos 2.22. As palavras usadas por Pedro quando falou ao coxo ("Em nome de Jesus Cristo, o Nazareno, anda!") seriam um exemplo de um milagre acontecendo mediante o nome de Jesus. Os apóstolos, entre o dia de Pentecostes e agora, haviam estado ensinando constantemente sobre Jesus, aparentemente com pouca oposição por parte das autoridades. Mas quando operaram o milagre no coxo, se viram em dificuldades com eles. Não obstante, oram para que os milagres continuem a ser realizados, enquanto prosseguem transmitindo a palavra com ousadia.

4.31 –

Tendo eles orado – Isto é, quando sua oração terminou.

Tremeu o lugar onde estavam reunidos – "Tremer" no geral indica um terremoto. Uma parte da resposta de Deus à oração deles foi esta manifestação física. Uma ocasião similar de resposta à oração através de um terremoto está registrada em Atos 16.25,26. Mediante certos eventos no Antigo Testamento, poderia ser até afirmando que o terremoto era considerado pelos judeus como uma evidência surpreendente e impressionante da presença imediata do Senhor[42].

Todos ficaram cheios do Espírito Santo – Isto deve ser provavelmente compreendido como uma renovação do Espírito Santo recebido no Pentecostes. O Professor Ford escreve: "Penso que esta foi um repetição do acontecido em Pentecostes, embora nada possa ser absolutamente provado neste ponto". Ao que parece, os apóstolos eram os únicos que estavam reunidos e os únicos envolvidos neste dom[43]. Qual a necessidade desta segunda capacitação? Não é possível responder com certeza. Alguns sugerem que a presença do poder batismal do Espírito Santo não era permanente – mas cada indivíduo era capacitado de tempos a tempos, conforme a ocasião exigia.

---

[42] Isaías 29. 6; Salmo 68.8. O autor objeta à linguagem de Barnes neste ponto. Ele escreve: "Eles provavelmente consideravam isto como uma resposta à sua oração". Esses apóstolos não eram supersticiosos; eram seguidores do Deus vivo, e não foram deixados para seguir suas imaginações cegas.

[43] O estudante deve familiarizar-se com o uso de Atos 4.31 pelos pentecostais modernos, como uma prova de que todos os que foram batizados em Cristo desde o Pentecostes receberam agora o batismo no Espírito Santo. Mas, mesmo que o admitíssemos que mais pessoas além dos apóstolos estavam envolvidas, a passagem ainda não se ajustaria à doutrina pentecostal. Essa doutrina afirma que as "línguas" são a evidência inicial de ter sido batizado no Espírito Santo. Bem, essas pessoas não falaram línguas devocionais depois de terem sido enchidas com o Espírito Santo. Eles não são descritas como orando a Deus em línguas, mas falando a Palavra de Deus (a homens) com ousadia, como resultado desse enchimento. A passagem prova então ser tão difícil para a pneumatologia pentecostal como para a não-pentecostal.

E, com intrepidez, anunciavam a palavra de Deus – Nos dias e messes que se seguirem à primeira oposição dos líderes religiosos, os apóstolos continuaram evangelizando. As orações deles tinham sido respondidas. Eles haviam orado pedindo ousadia, e com ousadia continuarem a testemunhar.

M. UNIDADE E GENEROSAMENTE DA PRIMEIRA IGREJA. 4.32-37.

4.32 –

Da multidão dos que creram eram um o coração e a alma – O uso da palavra "multidão" (congregação) aqui, quando Lucas acabou de falar sobre "os irmãos", é uma nova evidencia de que os "irmãos" incluíam apenas os apóstolos. Em contraste a esse grupo, Lucas fala agora da congregação de crentes como um todo. "Creram" é verbo no passado. Os 3.000 de Atos 2.41 e os 5.000 de Atos 4.4 são os citados, assim como aqueles que podem ter sido convertidos pelo testemunho confiante dos apóstolos depois de sua libertação pelo Sinédrio. Todos esses convertidos continuam em Jerusalém e em seus arredores. "Era um o coração e a alma" indica a maravilhosa unidade da igreja primitiva. Um coração – eles tinham os mesmos sentimentos, estavam interessados nas mesmas coisas. A palavra representa o lado intelectual de sua vida cristã[44]. Uma alma – indica a união íntima e amorosa dos primeiros crentes. Esta palavra fala do lado emocional da sua vida cristã[45].

Ao considerar o grande número de pessoas na congregação e a variedade de ambientes sociais de onde tinham saído repentinamente para reunir-se, é verdadeiramente notável, e merece ser registrado o fato de que "era um o coração e a alma" deles. A unidade pela qual o Salvador orou (João 17) era agora gozada pela igreja e testemunhado pelo mundo[46].

Um exemplo de sua unidade é mostrado na sua generosidade e completa falta de egoísmo.

Ninguém considerava exclusivamente sua nem uma das coisas que possuía – "Nenhuma sequer" é o que o grego diz. Por estarem tão desejosos de ver almas salvas não havia, até esse ponto, oportunidade para desarmonia e conflitos, nem reivindicações egoístas.

Tudo, porém, lhes era comum – Compare os comentários feitos em Atos 2.44, 45. Os direitos de propriedades não tinham sido abolidos, nem a posse de bens pelo indivíduo é declarada como sendo imprópria. Em vez disso, vemos os irmãos desejosos e ansiosos de usar seus benefícios para o benefício eterno de cada um e de qualquer de seus irmãos. Eles amavam tanto que estavam dispostos a dar tudo o que tinham se isso ajudasse o companheiro.

4.33 –

Com grande poder – Alguns julgam que isto fale de "pregação poderosa". Boles acha assim, pois escreve: "Grande poder significa a força do argumento acompanhada de poder espiritual[47]". E Barnes diz: "Refere-se à pregação deles[48]". Mas a palavra poderia ser também uma referência aos milagres realizados pelos apóstolos. Afinal de contas, eles haviam orado para serem assim capacitados, v.30.

Os apóstolos davam o testemunho da ressurreição do Senhor Jesus – O grego diz: "continuaram dando". Este é o ponto principal da pregação apostólica, exatamente aquilo a que os saduceus objetaram. A ressurreição de Jesus era a defesa principal da verdade do cristianismo, sendo a demonstração indiscutível de que Ele havia sido enviado por Deus. Repetidas vezes, através do livro de Atos, ouviremos o anúncio sonoro da ressurreição!

E em todos eles havia abundante graça – Alguns eruditos bíblicos, por meio desta linguagem, se lembram de "todos os membros da igreja encontrando *favor* uns com outros e com os de

---

[44] Marcos 2.6, 8; 11.23; Lucas 2.35; 3.15; 6.45.
[45] Lucas 2.35; 12.22; João 12.27.
[46] McGarvey, *op. cit.*, p. 79.
[47] Boles, *op. cit.*, p. 75.
[48] Barnes, *op cit*., p. 90.

4.33 A Igreja Em Jerusalém

fora[49]". Sua unidade de coração e alma, sua benevolência e a generosidade em suprir as necessidades dos necessitados, iriam conquistar o coração do povo e fazer com que olhassem os cristãos com favor. Todavia, desde que a passagem não especifica o autor da graça, muitos creem que Lucas quer dizer que "o favor de Deus estava sobre eles". Por estarem cumprindo a vontade divina, Deus se agradava deles, e os abençoava. A maioria das versões inglesas traduz a palavra "graça", como aceitando o significado mais elevado, a saber, que a graça de Deus é a coisa indicada.

4.34 –

Pois – Este "pois" explica a "abundante graça", decidindo então o contexto que "favor" é a ideia? Ou este versículo dá a razão para Deus ter-se agradado deles?

Nenhum necessitado havia entre eles – Devido à sua boa vontade mútua, nenhum irmão cristão passava por necessidades. Compare Atos 2.44ss.

Portanto os que possuíam terras ou casas, vendendo-as – Vários intérpretes do século XX têm usado esta passagem, assim como o capítulo 2, para tentar mostrar que só o "comunismo" é cristão, e que a propriedade pessoal é contrária aos costumes adotados nos dias do Novo Testamento. Acreditamos que tratar desse modo esses capítulos é um erro. O "comunismo" é confundido com "comunhão". Tanto o comunismo como a comunhão (*koinonia*) estão arraigados na ideia de "comum". Mas depois disso, as duas ideias seguem caminhos separados. O comunismo diz: "O que é seu é meu, e vou tirá-lo!" A comunhão diz: "O que é meu é seu; vou compartilhar com você!" O primeiro invade à força o direito da propriedade pessoal; o segundo cede voluntariamente o direito da propriedade pessoal quando vê uma necessidade. As tentativas modernas de vida comunitária, na crença de ser o único modo de vida cristã, não se ajustam aos conceitos do Novo Testamento. As formas ateístas do comunismo estão certamente ainda mais distantes do cristianismo do Novo Testamento.

Traziam os valores correspondentes – Como tinha acontecido entre os apóstolos quando viajavam com Jesus, evidentemente havia agora uma tesouraria comum em que eram depositados esses fundos de benevolência.

4.35 –

E depositavam aos pés dos apóstolos – Os irmãos entregavam o dinheiro recebido das vendas de bens e propriedades aos cuidados dos apóstolos, e estes o distribuíam entre os membros pobres da congregação, onde quer que houvesse necessidade. Isto logo se tornou penoso e inconveniente para eles; e no capítulo 6, veremos a escolha de homens que ficarão especialmente responsáveis por esta distribuição.

Então se distribuía a qualquer à medida que alguém tinha necessidade – Os que tinham necessidade – seriam cristãos? Sim! A igreja não recebe ordens para suprir as necessidades de todos os pobres, até mesmo os pagãos. Essas pessoas venderam apenas o excesso de bens que possuíam, ou também se sacrificaram? Provavelmente ambas as coisas. Não se deve extrair disto a ideia de que não se sacrificaram. Mais tarde, em Atos, vamos encontrar as igrejas gentias da Grécia e Ásia Menor enviando uma oferta a Jerusalém, sendo para eles uma oferta sacrificial[50]. Eles aprenderam esse conceito da igreja de Jerusalém, que anos antes havia se empobrecido para que o evangelho pudesse espalhar-se mais rapidamente.

4.36 –

José, levita, natural de Chipre – Muitos manuscritos dizem "Joses", mas a leitura melhor é "José". Este homem é mencionado como um exemplo de um dos primeiros cristãos vendendo seus bens e colocando o dinheiro à disposição dos apóstolos. Isto serve também como uma apresentação deste homem (iremos a seguir chama-lo regulamente de Barnabé), como era costume

---

[49] Boles, *op. cit.*, p. 76.   [50] 2 Coríntios 8.1ss.

de Lucas. Ele apresentou cada um dos principais personagens em sua história antes de desempenharem a sua parte principal. Barnabé era um levita. Qual a diferença entre "sacerdotes" e "levitas"? A tribo inteira de Levi foi separada para o serviço do templo. Quem descendesse de Levi era levita. Lucas está nos dizendo que Barnabé era da tribo de Levi. Levi tinha três filhos, Gérson, Coate e Merari. Arão era da família de Coate, e todos os filhos de Arão eram "sacerdotes". (Assim sendo, todos os sacerdotes seriam levitas, mas nem todos os levitas seriam sacerdotes.) Chipre era uma ilha no mar Mediterrâneo. Fica a 128 km da desembocadura do Rio Arantes. Altas montanhas de Chipre são visíveis do continente. Havia colonizadores judeus em Chipre no século II a. C.,[51] e seu número aumentou depois que as minas de cobre de Chipre ("Chipre" quer dizer "cobre") foram entregues ao controlo de Herodes o Grande por Augusto. Barnabé era um descendente de alguns desses judeus, pois não era cipriota, mas judeu de nascimento. Existe hoje um mosteiro chamado São Barnabé próximo às ruínas de Salamina na extremidade oriental da ilha; ele marca tradicionalmente o lugar em que Barnabé foi enterrado. Ao sermos informados de que Barnabé morava em Chipre, parece mais do que apenas coincidência que Chipre tivesse sido o primeiro lugar visitado por Paulo e pelo próprio Barnabé na primeira viagem missionária.

A quem os apóstolos deram o sobrenome de Barnabé, que quer dizer filho de exortação – Note a leitura da margem: "filho da consolação. A dificuldade está em que a palavra grega, *paraklesis*, não pode ser facilmente traduzida. Algumas vezes ela parece significar "exortação" e outras parece significar "encorajamento, consolação e conforto". José recebeu o nome de Barnabé porque expressa algumas das coisas que ele fazia muito bem. Se for traduzido "consolação", somos lembrados de como ajudou a apresentar Paulo aos cristãos de Jerusalém depois da conversão do mesmo[52]. Esse ato deve ter animado muito a Paulo nesse período particular de sua vida. Por outro lado, se traduzimos "exortação", somos lembrados de que Barnabé era um orador e pregador notável[53].

4.37 –

Como tivesse um campo – Esta declaração causa problemas para alguns comentaristas bíblicos. Quando a Terra Prometida foi dividida entre as tribos, a tribo de Levi não recebeu terras. De fato, a Lei de Moisés continha uma provisão no sentido de que os levitas fossem sustentados pelos dízimos das outras tribos[54]. Não é de surpreender então que Lucas nos informe que um levita possuía um campo. Deve ser, porém, tomado em consideração que a divisão original da terra entres as tribos, com certas cidades designadas para os levitas, não foi mais observada depois do Cativeiro, desde que apenas remanescentes de algumas tribos voltaram do exílio. Além disso, não havia nenhuma lei proibindo os levitas de adquirirem propriedades. Josefo, um levita, possuía terras perto de Jerusalém[55]; por que Barnabé não podia então fazer o mesmo?

Vendendo-o, trouxe o preço e o depositou aos pés dos apóstolos – Onde ficava a propriedade de Barnabé? Seria próximo a Jerusalém? Ficava em Chipre? Como explicaremos a presença de Barnabé em Jerusalém? Estaria ele ali como resultado de seu serviço nos ministérios do templo? Ou por ter ido à Festa do Pentecostes? Seria ele um morador permanente de Jerusalém, que havia testemunhado até o ministério de Jesus? Seria ele um dos 3.000 que responderem à pregação de Pedro no Pentecostes?

---

[51] 1 Macabeus 15.23.
[52] Atos 9.22-26.
[53] Atos 11.23.
[54] Números 18.20, 24; Deuteronômio 10.9; Josué 13.14, 33.
[55] Josefo, *Vida*, 76.

ESTUDO ESPECIAL Nº 9
As Seitas Dos Judeus

Existiam cinco partidos principais em que se achava dividido o povo da época do Novo Testamento. Segue-se um breve esboço da origem, doutrinas e história de cada um dos partidos.

I. OS FARISEUS

A Origem do Partido

Os fariseus, com toda probabilidade, tiveram origem no período que antecedeu a Guerra dos Macabeus, numa reação contra o espírito helenisador que surgiu entre os judeus, e se manifestou na disposição de uma parte do povo de adotar os costumes gregos. Os que consideravam as práticas helenistas como abomináveis, e sua difusão com alarme, foram estimulados a uma obediência estrita e aberta à Lei Mosaica. Eles se uniram ainda mais como partido mediante as perseguições severas de Antíoco Epifânio em 175-163 a.C. Antíoco perseguiu esses israelitas fiéis que não abandonassem o judaísmo e aceitassem a fé grega. Ele tentou destruir as Sagradas Escrituras, e ordenou que quem fosse encontrado com qualquer Livro da Aliança, ou consentia com a Lei, fosse condenado à morte, 1 Macabeus 1:56, 57.

Os Hasidim (os pietistas que eram homens poderosos em Israel, e que participaram da revolta contra Antíoco) foram provavelmente os precursores dos fariseus, embora não usassem esse nome. Quando a guerra deixou de ser uma luta pela liberdade religiosa e passou a ser uma competição pela supremacia política, eles se desinteressaram pela sua participação ativa na mesma.

Não há menção deles durante o período em que Jônatas e Simeão lideraram os judeus, 160-135 a.C. Os fariseus surgem sob o seu próprio nome nos dias de João Hircano, 135-105 a.C. Ele foi um de seus discípulos, mas deixou-os e juntou-se aos saduceus[1]. O filho de Hircano, Alexandre Janeu, se empenhou em exterminar os fariseus pela espada. Sua mulher, Alexandra, que tomou seu lugar em 78 a.C., reconhecendo que a força física não vence a convicção religiosa, favoreceu os fariseus. Daí por diante, a influência deles foi importantíssima na vida religiosa do povo judeu.

B. Doutrinas dos Fariseus

Os fariseus defendiam a doutrina da predestinação e a consideravam estar conforme ao livre-arbítrio humano[2]. Eles acreditavam na imortalidade da alma, na ressurreição do corpo e na existência de espíritos (anjos e demônios). Criam que os homens são recompensados ou castigados na vida futura, segundo tivessem vivido virtuosa ou perversamente nesta vida. Eles criam que a alma dos homens bons se reencarnavam em corpo após corpo, enquanto a dos perversos eram detidas para sempre em castigo eterno numa prisão debaixo da terra. Existem referências a essas crenças, especialmente na transmigração de almas, em Mateus 16:14; Lucas 9:8; Atos 23:8; *Antiguidades* XVIII. 1.3; *Guerras* II. 8.14.

Essas doutrinas os distinguiam dos saduceus, mas não constituiu porém a essência do farisaísmo posterior. O farisaísmo é o resultado final e necessário dessa concepção da religião que faz com que esta consista na conformidade à Lei. Achavam que Deus havia prometido graça apenas aos que cumprissem a Lei. A religião se tornou externa. A disposição do coração era menos vital do que o ato exterior, segundo eles. A interpretação da Lei e sua aplicação aos detalhes da vida comum se tornaram assim uma questão de graves consequências. Os advogados adquiriram importância aumentada, e a exposição da Lei por autoridades reconhecidas passou a ser um conjunto de preceitos obrigatórios. Josefo, também um fariseu, nos conta que eles trans-

---

[1] Josefo, *Antiguidades*, XIII. 10. 5, 6.
[2] O Estudo Especial Nº 6 trata do assunto da predestinação e livre-arbítrio.

mitiam ao povo inúmeras observâncias recebidas dos pais, que não estavam escritas na Lei de Moisés[3], mas eram a interpretação tradicional dos anciãos, que Jesus declarou não terem autoridade obrigatória, Mateus 15: 2, 3, 6.

C. História Subsequente da Seita

A princípio, quando a pessoa incorria grande perigo ao entrar no partido, os fariseus eram homens de caráter religioso íntegro; eram os melhores indivíduos da nação. Com o correr do tempo, o fariseísmo tornou-se uma crença herdada; professá-la era popular; e homens de caráter bem inferior aos membros originais juntaram-se às suas fileiras. À medida que os dias se passavam, o elemento essencialmente corrupto no sistema veio a desenvolver-se e fez com que os fariseus, como geralmente representados pelos membros do partido, ficassem à mercê das mais severas críticas. João Batista os chamou, e também aos saduceus, de raça de víboras[4]. Jesus denunciou sua auto-retidão, sua hipocrisia, sua negligência pelas questões mais importantes da Lei, e outras falhas[5].

Todavia, eles sempre tinham em seu meio homens de perfeita sinceridade e caráter elevado. Paulo, em sua juventude, foi um fariseu[6]. Gamaliel também fazia parte da seita[7].

II. OS SADUCEUS

A. Origem do Partido

Os rabinos dizem que o partido tirou seu nome do homem que o fundou, Zadoque *(Sadouk,* em grego), que viveu cerca de 300 a.C. Mas desde que os membros e adeptos da mais alta aristocracia sacerdotal constituíam aparentemente o partido, acredita-se geralmente agora que o nome se refere ao sumo sacerdote Zadoque, que oficiou no reinado de Davi, e em cuja família o sumo sacerdócio permaneceu até a confusão política da época dos Macabeus, seus descendentes e partidários sendo chamados de zadoquistas ou saduceus.

No terceiro a quarto séculos a.C. eles começaram, talvez inconscientemente, a colocar as considerações políticas acima das religiosas. Nos dias de Esdras e Neemias, a família do sumo sacerdote era mundana e inclinada a resistir à separação completa entre judeus e gentios (veja o caso de Eliasibe). Na época de Antíoco Epifânio, um grande número de sacerdotes aceitava a cultura grega (2 Macabeus 4:14-16), e os sumos sacerdotes Jasom, Menelau e Alcimo foram chamados de helenistas. O povo tomou uma posição decidida a favor da pureza da religião de Israel, sob os Macabeus; e quando este partido (dos Macabeus) venceu e os Macabeus assumiram o sumo sacerdócio, eles foram forçados a se aposentarem e entregues à política. Continuaram porém dispostos a negligenciar os costumes e tradições dos anciãos e a favorecer a cultura e influência gregas. João Hircano, Aristóbulo e Alexandre Janeu (a.C. 135-78) foram saduceus; o controle dos assuntos políticos ficou em sua maior parte nas mãos dos saduceus durante o domínio romano, e nos reinados dos Herodes. Os sumos sacerdotes encontrados no Novo Testamento eram saduceus[8]. Os saduceus, juntamente com os fariseus, participaram ativamente do julgamento e morte de Jesus. Ambos os partidos estavam representados entre os membros do Sinédrio.

B. Doutrinas dos Saduceus

Em oposição aos fariseus, que colocavam grande ênfase nas tradições dos anciãos, os saduceus limitavam seu credo às doutrinas que podiam encontrar no próprio texto sagrado. Eles afirmavam que só a Lei escrita de Moisés era obrigatória[9]. Defendiam o direito da interpretação pessoal[10]. Ao contrário dos fariseus, os saduceus negavam a ressurreição e castigo futuro no Inferno (Sheol), afirmando que a alma morre com o corpo[11]. Eles negavam a existência de anjos ou espíritos[12].

---

[3] Josefo, *ibid.*   [4] Mateus 3:7.   [5] Mateus 5:20; 16:6, 11, 13; 23:1-39.
[6] Atos 23:6; 26:5-7; Filipenses 3:5.   [7] Atos 5:34.
[8] Atos 5:17; Josefo, *Antiguidades*, XX. 9.1.   [9] *Antiguidades*, XIII. 10.6.
[10] *Antiguidades*, XVIII. 1.4
[11] Mateus 22:23-33; Atos 23:8; Josefo, *Antiguidades*, XVIII. 1.4; *Guerras* II. 8.14.   [12] Atos 23:8.

Negavam o fatalismo, lutando pelo livre-arbítrio, ensinando que todos os nossos atos estão sujeitos a nós mesmos, de modo que nós mesmos somos a causa do que é bom e recebemos o que é mau pela nossa própria insensatez; e afirmando que Deus não se preocupa em que façamos o bem ou não façamos o mal[13].

Ao negar a imortalidade, eles estavam se apoiando na ausência de declarações explícitas dessas doutrinas na Lei Mosaica e deixaram de defender a crença dos patriarcas com relação ao Inferno (Sheol), a qual, embora não desenvolvida, continha os germes do ensino bíblico posterior sobre a ressurreição do corpo e futura retribuição.

Ao afirmar que não haviam anjos nem espíritos, os saduceus estavam se opondo à elaborada angeologia da época, mas não alcançavam a finalidade do ensino da Lei, Êxodo 3:2; 14:19[14].

No começo, eles provavelmente enfatizaram a verdade de que Deus dirige os assuntos referentes ao procedimento do homem, castigando ou recompensando nesta vida segundo as suas obras boas ou más. Se ensinaram realmente, como Josefo afirma que fizeram, que Deus não se preocupa em que façamos o bem ou nos abstenhamos do mal, eles rejeitaram o ensino claro da Lei Mosaica na qual professavam crer (Gênesis 3:17; 4:7; 6:5-7). É provável que tenham começado negando o que é expressamente ensinando na letra da Escritura; mas, à medida que cediam à influência grega, adotaram os princípios da filosofia aristoteliana e se recusaram a aceitar qualquer doutrina que não podiam provar pela razão pura.

III. OS ESSÊNIOS

A. História da Seita

A primeira nota da existência dos essênios (como também acontece com os fariseus e saduceus) é encontrada sob o sumo sacerdócio de Jônatas, 1 Macabeus 2:5; 9-13. Ao que parece, durante os primeiros conflitos relativos aos Macabeus, os Hasidim apoiaram os Macabeus. Parece também que abandonaram os Macabeus quando estes fizeram alianças com poderes pagãos, como o de Roma. Os essênios se achavam espalhados pela Palestina. Seu número alcançava cerca de 4.000 na Judéia nos dias de Jesus. Eles mantinham suas próprias comunidades. A seita desapareceu cerca de 70-100 A.D.

B. Doutrinas dos Essênios

Eles praticavam uma forma de comunismo (tinham tudo em comum). Como é natural, alguns "eruditos" tentam mostrar que Jesus, João Batista e os apóstolos eram essênios. Alguns têm tentado até comparar o "comunismo" da primeira Igreja com as práticas dos essênios. Mas as duas práticas divergiam inteiramente, não podendo identificar-se de modo algum.

Algumas das comunidades dos essênios repudiavam o casamento. Eles aceitavam porém a oportunidade de adotar crianças, que podiam ser então criadas conforme os ensinos essênios. Também convidavam os que estavam cansados da vida mundana para se juntarem a eles. A seita foi mantida viva dessa maneira, de geração em geração.

No que se refere ao trabalho, os essênios se ocupavam como lavradores ou artesãos. Não participavam de guerras, nem faziam artefatos de guerra, nem se envolviam no comércio.

Sua disciplina era severa e ritualista. Tinham longos períodos de meditação silenciosa e adoração. Suas várias ordenanças religiosas eram estritamente observadas. Adotavam o batismo na areia (a cada manhã se cobriam de areia e aguardavam o nascer do sol). Tinham muitas abluções cerimoniais.

Não ofereciam animais como sacrifício, e foram excluídos do templo de Jerusalém. Quer tivessem se retirado ou, como é mais provável, tivessem sido expulsos, não se sabe com certeza. Os essênios foram provavelmente expulsos em Jerusalém por causa do seu ensino heterodoxo.

---

[13] *Antiguidades*, XIII. 5.9; *Guerras, ibid.*

[14] Alguns críticos modernos dizem que os judeus aprenderam suas idéias sobre anjos enquanto estavam na Babilônia durante o exílio, e que os saduceus estavam rejeitando as noções extravagantes dos babilônios. Nós rejeitamos tais tentativas naturalistas de explicar a fonte das doutrinas do Antigo Testamento.

Desse modo, depois de expulsos, eles repudiaram as práticas do templo que não tinham mais permissão para frequentar.

Ao estudar, pesquisavam os escritos dos antigos, preferindo a aplicação moral ou o significado profético a qualquer tratamento literal ou filosófico. A religião dos essênios era moralista. Uma de suas doutrinas mais importantes era a moral dos dois caminhos – o caminho da vida e o caminho da destruição. A interpretação dos essênios era eisogógica em lugar de exegética. Nosso conhecimento da seita aumentou consideravelmente desde a descoberta dos Rolos do Mar Morto e as circunstâncias que acompanharam essa descoberta momentosa em 1947[15].

Conclusões relativas à seita dos judeus chamada essênios: Pelo silêncio das Escrituras sobre os essênios (e, do mesmo modo, qualquer seita da região do Mar Morto), pode-se tirar uma dentre duas conclusões. Ou o papel que eles desempenharam no ministério de Jesus e início da Igreja foi tão pequeno e insignificante que não havia necessidade de mencioná-lo (e Deus em sua sabedoria, e o Espírito Santo em sua orientação, omitiram deliberadamente qualquer referência aos essênios); ou, o papel era tão grande que o nome foi omitido propositalmente, porque todos sabiam que todos os líderes das instituições do Novo Testamento eram essênios (caso fossem importantes, embora não mencionados, eles devem ter sido deliberadamente omitidos). Tanto a credibilidade das narrativas bíblicas quanto a distância das crenças dos essênios do ensino bíblico torna esta segunda possibilidade insustentável.

IV. OS HERODIANOS

Os herodianos eram aparentemente um partido político de pessoas ricas e influentes, inclinadas a aceitarem a soberania herodiana e, consequentemente, também a dos romanos que apoiavam os Herodes. Eles estavam do lado de Herodes numa terra onde muitos se opunham decididamente a esse regime.

V. OS ZELOTES

"Zelote" é o equivalente grego do aramaico "cananeu". Este era um partido judeu patriótico, interessado na queda do domínio romano na Palestina. Judas, o galileu, nos dias de Quirino (Atos 5:37) deu início ao movimento com a finalidade de resistir à agressão romana. O fanatismo cada vez maior do partido levou eventualmente à revolução abortada que terminou com a destruição de Jerusalém pelos romanos em 70 A.D. O apóstolo Simão, distinguiu-se de Simão Pedro por este título: Simão, o zelote, Lucas 6:15 e Atos 1:13. Simão, o zelote foi um dos ex-revolucionários do motim havido por ocasião do recenseamento, Atos 5:37.

---

[15] Algumas referências úteis para o estudo sobre os Rolos do Mar Morto são: William S. LaSor, *Amazing Dead Sea Scrolls And The Christian Faith* (Chicago: Moody, 1956); Millar Burroughs, *The Dead Sea Scrolls* (New York: Viking Press, 1955); A.D. Tushingham e Peter V. Bianchi, "The Men Who Hid The Dead Sea Scrolls", *National Geographic*, Vol. 114, Nº 6 (Dezembro, 1958), p. 785-808.

CAPÍTULO CINCO

N. A PRIMEIRA DISCIPLINA DA IGREJA. 5.1-11
5.1 –

Entretanto, certo homem, chamado Ananias – Talvez a divisão de capítulos neste ponto seja infeliz. O certo seria o capítulo cinco começar em 4.32. Lucas falou da generosidade da primeira igreja. Ele deu a seguir um bom exemplo dessa generosidade: Barnabé. Ele apresenta agora um exemplo de como a liberalidade não deve ser praticada, Ananias e Safira – um caso notável de insinceridade e hipocrisia, e do justo juízo de Deus sobre aqueles que são culpados de tal comportamento.

Este capitulo introduz um segundo tipo de conflito que a igreja primitiva enfrentava. O primeiro conflito vinha de fora – a primeira perseguição pelo Sinédrio. Este segundo conflito era interno.

O caso de Ananias e Safira serve de aviso para todos os que vivem na era do Novo Testamento. Esta questão de Ananias e Safira ilustra a atitude de Deus para com a hipocrisia. O homem de hoje talvez não sofra imediatamente como aconteceu com Ananias e Safira. Mas Deus irá pagar tudo o que é devido.

Ananias (a forma grega do nome hebraico Hananias) era um nome bastante comum entre os judeus[1]. O nome significa "Jeová tem sido gracioso".

Com sua mulher Safira – o nome Safira significa "bela" ou "jóia"; mas suas ações, em conspiração com o marido, não eram bonitas. Sua tentativa de enganar a igreja, não vivendo de conformidade com a sua confissão de fé, foi uma conspiração de ambos. Podemos quase imaginá-los, sentados à mesa da cozinha, conversando sobre a situação, e concordando sobre o que fazer. Seus pecados habituais eram provavelmente o amor ao dinheiro e do louvor dos homens.

Vendeu uma propriedade – O v. 3 nos diz que era um campo, e os tradutores da NASB usaram essa informação ao interpretam *ktema* aqui como "propriedade".

5.2 –

Mas reteve parte do preço – O verbo "reteve" algumas vezes contém a ideia de "ação feita secretamente" ou "clandestinamente"[2], e na voz medial aqui, enfatiza que a ação clandestina era um ato de egoísmo, para seu próprio benefício. Eles guardaram secretamente parte do preço, enquanto afirmavam estar dando toda a quantia recebida pela venda ao trabalho da igreja.

De acordo com sua mulher – A leitura da margem é "com a conivência da mulher". Fica assim ressaltado que Ananias liderou nessa hipocrisia, mas a mulher sabia de seus planos e participou do pecado dele. Eles haviam decidido de antemão seguir esse rumo.

E levando o restante, deposito-o aos pés dos apóstolos – Lembre-se de que Barnabé havia vendido antes sua propriedade e colocado os dinheiro aos pés dos apóstolos. Ananias estava aparentemente desejando o louvor das pessoas. Barnabé havia recebido sem dúvidas os elogios e a aclamação do povo pela sua generosidade. Ananias e Safira queriam participar do mesmo

---

[1] Não só encontramos um Ananias aqui em Atos 5, mas um discípulo em Damasco também se chama Ananias (Atos 9.10-19); e o sumo-sacerdote perante quem Paulo é processado (Atos 23.1-5) chama-se Ananias.
[2] A palavra traduzida "reteve" é traduzida "furtando" (roubando, ASV) em Tito 2.10. Esta escolha de palavras inglesas é baseada no fato de que a palavra tem uma conotação de furtar ou apropriação desonesta. A palavra também é usada na Septuaginta em Josué 7.1 para descrever o pecado de Acã.

tipo de louvor. Barnabé foi louvado pelo seu auto-sacrifício. Ananias e Safira pensaram que poderiam obter o mesmo resultado mais barato. Quando Ananias chegou ao lugar onde os apóstolos se achavam reunidos, ele deve ter pensado consigo mesmo, "com certeza estou parecido com Barnabé. Todos estão me observando agora. Sou o centro das atenções".

5.3 –

Então disse Pedro – Pedro deve ter conhecido os planos de Ananias e Safira através de uma revelação de Deus. Pelo poder do Espírito Santo, Pedro podia ler o corações dos homens. Esse dom deveria ser muito semelhante ao dom espiritual chamado "discernimento de espíritos"[3]. As Escrituras não dizem se era uma capacidade temporária e periódica, ou se era algo que Pedro possuía permanentemente como resultado de ter sido batizado com o Espírito Santo.

Ananias, por que encheu Satanás teu coração – "Encheu teu coração "é a linguagem bíblica para "colocou a ideia na sua mente". O diabo possui a capacidade de colocar pensamentos na mente dos homens e incitar os desejos de seus corpos[4]. A pergunta "por que" sugere que no caso de Ananias seria possível ter resistido à tentação. Mas Satanás os havia tentado, e eles permitiram que a tentação criasse raízes e crescesse[5].

Para que mentisses ao Espírito Santo – "Mentir" aqui equivale a "tentar enganar". O engano que ele procurou fazer foi guardar para si parte do preço de venda e fazer de conta que estava dando tudo. Duas ideias têm sido apresentadas para explicar como Ananias estaria mentindo ao Espírito Santo. Ou mentiu para aquele que habitava nos apóstolos, ou mentiu para aquele que habitava em Ananias (i.é., o dom interior do Espírito Santo)[6]. Pode ser também que a mentira de Ananias fosse uma ofensa para aquele que habitava na congregação[7]. Não é possível dizer pelo contexto qual dessas hipóteses é pretendida.

Reservando parte do valor do campo? – Hipocrisia é "fingimento". A hipocrisia consiste em tentar imitar o povo de Deus, ou assumir a aparência de piedade – sem render-se na verdade inteiramente à vontade de Deus. Era isto que Ananias estava fazendo ao tentar guardar parte do dinheiro secretamente.

5.4 –

Conservando-o, porventura, não seria teu? – A pergunta de Pedro significa: Antes de vendê-lo, você poderia fazer com ele o que quisesse, não é? Esta passagem prova que não havia obrigação imposta sobre o primeiros cristãos para vender todas as suas propriedades e juntar seus recursos num fundo comum. Não se trata de comunismo absoluto na igreja primitiva. Os que vendiam faziam isso voluntariamente; e não parece que a venda de bens e propriedades fosse algo esperado de todos.

E, vendido, não estaria em teu poder? – Mesmo depois da terra ter sido vendida e Ananias ter recebido o dinheiro pela mesma, ele continuava livre para usar o dinheiro como quisesse. Não havia obrigação alguma de levar qualquer parte dele aos apóstolos para ser distribuído aos pobres e necessitados. Ele poderia tê-lo colocado no banco, caso houvesse um, e poupado-o para sua aposentadoria, se assim o desejasse. Poderia ter guardado uma parte e levado a outra parte aos cuidados dos apóstolos, desde que declarasse tratar-se de uma parcela. Se tivesse levado uma parte e dito: "Esta é uma parte do que recebemos ao vender o nosso campo", as coisas teriam ficado perfeitamente certas. Na verdade, ele não tinha de levar nada. O ponto de Pedro é que Ananias não tinha desculpa para seu pecado.

---

[3] 1 Coríntios 12.10.

[4] Um livro útil e fácil de ler sobre a tentação e como enfrentá-la é o de C. S. Lovett, *Dealing with the Devil* (Baldwin Park, Calif.: Personal Christianity, 1967.

[5] Tiago 1.14, 15 explica como o pecado cresce desde a tentação inicial até produzir a morte.

[6] A pessoa e trabalho do Espírito Santo são detalhados no estudo especial ao fim do capítulo 2.

[7] 1 Coríntios 3.16, 17 retrata a congregação como um lugar onde o Espírito de Deus habita.

Como, pois, assentaste no coração este desígnio? – Note a maneira de Pedro fazer a pergunta, como registrado nos vv. 3 e 4. No v. 3 ela era: "Por que encheu Satanás teu coração?" Agora no v. 4 a pergunta é: "Por que concebeu este ato em seu coração?" A comparação mostra o que está envolvido no pecado cometido por eles – a tentação pelo diabo e sua aquiescência às sugestões dele. Três coisas estão na verdade envolvidas em qualquer pecado: (1) o conhecimento do que Deus ordenou, pois o pecado é uma transgressão da lei divina, seja por omissão ou comissão. (2) também Satanás e sua tentação fazem parte dele (v. 3). (3) A vontade da pessoa que se sujeita à tentação igualmente está envolvido também (v. 4).

Não mentiste aos homens, mas a Deus – Devemos provavelmente estender isso como significando: "Você não mentiu só a homens, mas também a Deus". O paralelismo entre esta frase e "mentisses ao Espírito Santo" (v. 3) tem sido usado muitas vezes, e com exatidão, como uma evidência de que os apóstolos não evitavam falar do Espírito Santo como sendo Deus. Isto está de acordo com o que aprendemos sobre a divindade do Espírito Santo no estudo especial no fim do capítulo 2.

5.5 –

Ouvindo estas palavras, Ananias caiu e expirou – Trata-se de mais do que apenas morrer de choque (por Pedro saber tudo sobre os seus planos secretos), ou ter um ataque cardíaco. A morte desse homem não foi apenas uma ocorrência natural; é um ato de Deus. Que as mortes de ambos são mais do que apenas natural pode ser visto pelo fato de que Pedro até profetizava a morte no caso de Safira. "Expirou" é uma tradução do grego *ekpsuche* (de *ek*, fora, e *psuche*, alma), uma palavra que significa "alma para fora ". A morte é uma separação entre alma e corpo, quando a alma deixa o corpo.

Sobrevindo grande temor a todos os ouvintes – Tratou-se evidentemente de um ato tão terrível de Deus, que todos os que ouviram foram levados a parar e pensar sobre a sua própria vida, passando a viver mais prudentemente, para que não lhe acontecesse a mesma coisa. Esta declaração de Lucas parece ter referência a um período de tempo maior do que aquele ocorrido entre a morte de Ananias e Safira. Tal resultado perduraria durante algum tempo. E evidentemente, "todos os ouvintes" iria abranger tanta pessoas fora da igreja como as que já eram crentes.

Por que Deus castigaria tão severamente essas pessoas? O assunto em que Pedro e esses cristãos do Novo Testamento estão envolvidos não atinge apenas a eles, nem só a sua época, mas todos os séculos que se seguiriam. A Igreja (Deus sabia) poderia suportar perseguição externa, pois Jesus tinha vencido, e estava disponível para ajudá-los quando necessitassem de auxílio em tempos de perseguição. Mas, uma coisa que a Igreja primitiva não podia suportar era a atividade traiçoeira proveniente de dentro. Podemos então acreditar que nos primeiros dias era tão necessário que tudo fosse certo, que Deus simplesmente eliminou da nova congregação aqueles elementos indesejáveis que teriam minado sua força e levado à sua extinção. Este escritor tem pensado sobre esse ato de Deus e a igreja de hoje: O que aconteceria conosco se Deus decidisse purificar a sua igreja e repentinamente matasse todos os hipócritas? Quantos de nós ficariam vivos? Que cada um fique avisado do fato de que no juízo o joio e o trigo serão separados.[8]

5.6 –

Levantando-se os moços – Mosheim diz que muito provavelmente esses moços eram "diáconos" na igreja primitiva. Era função deles atender às necessidades da congregação e realizar vários serviços úteis quando os cristãos faziam sua adoração. Podemos concordar com Mosheim que a igreja já havia escolhido homens para a função de "diáconos", um cargo similar ao encontrado em páginas posteriores do Novo Testamento? Elliott acredita que sim. Ele escreve que o grego diz: "os homens mais jovens", o artigo implicando na existência de um grupo distinto em contraste com os "anciãos" da igreja[9]. Todavia, Hervey escreve que isto não parece ser uma

---

[8] Mosheim, *Church History*.
[9] Elliott, Charles John, "Acts" em *Layman's Handy Commentary on the Bible* (Grand Rapids, Mich.: Zondervan, 1957), p. 83.

base suficiente para supor que uma classe definida de oficiais da igreja é indicada aqui[10]. Meyer é de opinião que Pedro apenas deu ordens a vários dos jovens que estavam perto para realizarem o trabalho[11]. Eles não são especificamente chamados de "diáconos", mas talvez fossem. O fato de não termos sido informados de qualquer escolha de tais líderes não é uma verdadeira objeção, pois Lucas também não nos conta sobre a escolha dos anciãos presentes em Jerusalém no capítulo 11 de Atos.

Cobriram-lhe o corpo – Os pobres eram preparados para o sepultamento, simplesmente enrolando suas roupas bem apertadas ao redor do corpo. Entre a classe mais rica dos judeus, era feito como no caso de Lázaro[12]. O corpo era enrolado em muitas camadas de linho antes de ser enterrado; as camadas eram entremeadas com aromas secos que serviam para deter a deterioração do cadáver. O uso de caixões era evidentemente desconhecida na Palestina dessa época.

E, levando-o – A ideia é que o sepultamento foi ordenado por Pedro. "Fora" (no texto grego) significa "fora do muro da cidade". Era costume sepultar os mortos fora do muro da cidade. Eles podem ter usado o cemitério judeu comum, ou talvez o Campo do Oleiro. É duvidoso que a igreja já tivesse seu próprio cemitério.

É praticamente inconcebível que os jovens ouvintes se sentissem livres para fazer qualquer coisa, a não ser ir contar à viúva o que aconteceu, caso não recebessem quaisquer ordens do apóstolo[13].

O sepultaram – Por que sepultá-lo tão depressa? Os persas da antiguidade enterravam os corpos quase imediatamente após a morte. Será que os judeus adotaram está prática durante o exílio? Ou o sepultamento rápido foi o resultado da ideia da contaminação cerimonial ao tocar um cadáver (Números 19.11-16)? Talvez o clima quente e seco exigia o sepultamento, pois a decomposição se iniciaria logo. Todavia, nenhuma dessas sugestões satisfaz quanto ao motivo do sepultamento ser tão rápido que nem sequer a parente mais próxima foi avisada. Deve haver mais alguma coisa sobre o assunto que devemos ler nas entrelinhas.

5.7 –

Quase três horas depois – Esse intervalo poderia levar-nos ao horário da oração seguinte.

Entrou a mulher de Ananias – Entrou onde? A morte de Ananias e Safira teve lugar num serviço de adoração pública? Ou seria simplesmente no local onde os apóstolos se encontravam que Safira entrou? Qualquer seja ele, Safira chegou, disposta a confirmar o engano que planejou com o marido.

Não sabendo o que ocorrera – Ela não sabia que o marido havia morrido, ao ser apanhado em mentira. Como ficou sem ser avisada durante três horas? Uma das primeiras coisas no caso de morte é notificar o parente mais próximo. O fato de ela não ser notificada nos leva a supor que uma ordem de Pedro ou de um dos outros apóstolos tinha sido dada ao povo para manter em segredo o evento milagroso.

Isto é especialmente verdade, caso Ananias tivesse sido morto numa assembléia pública. A outra única explicação por que alguém presente não tinha ido informar Safira, pode ser que todos ali estivessem entregues a um auto-exame silencioso. O poder de Deus para revelar as intenções e pensamentos do coração os atingiu com tal força, que cada um se preocupou com seus pensamentos secretos e passou a buscar fervorosamente o favor da misericórdia divina.

---

[10] Hervey, *op. cit.*, p. 157.
[11] Meyer, H. A. W., *Critical and Exegetical Handbook to the Acts of the Apostles* (New York, Funk and Wagnalls, 1883), p. 107.
[12] João 11.44.
[13] McGarvey, *op. cit.*, p. 85.

5.8 –

Então Pedro, dirigindo-se a ela – A palavra "dirigindo-se" (ou "respondendo" como no inglês – N.T.) não sugere necessariamente que ela tivesse feito alguma pergunta, mas poderia tratar-se da resposta de Pedro aos seus pensamentos não-declarados. Ela pode ser pelo menos descrita como imaginando o que as pessoas estariam pensando da quantia em dinheiro levada pelo marido. Talvez estivesse até esperando encontrá-lo em posição de honra, no meio da assembléia.

Perguntou: Dize-me vendeste por tanto aquela terra? – A pergunta de Pedro deu-lhe uma oportunidade para arrepender-se. No momento que a pergunta dele penetrou sua consciência, ela deve ter lutado consigo mesmo sobre arrepender-se e contar a verdade, ou mentir e enganar. "Por tanto" seria a soma apresentada por Ananias. Talvez possamos imaginar Pedro apontando-se ao montão de dinheiro que Ananias havia levado enquanto faz a pergunta a Safira. Depois de um momento ela fez a escolha de sua resposta.

Ela respondeu: Sim, por tanto – Na ocasião que o plano foi feito, ela poderia ter avisado o marido de que qualquer fraude era errada e talvez salvado ele. Está agora em seu poder contar a verdade, e salvar a si mesma, mediante arrependimento e confissão. Mas ela perde essa nova oportunidade, como havia perdido a outra. A hipocrisia que ela e o marido haviam planejado surge facilmente de sua boca, e seu destino fica estabelecido.

5.9 –

Tornou-lhe Pedro – Safira tinha recebido oportunidade de arrepender-se e confessar seu erro, mais ela continuou no pecado premeditado. Pedro prediz então o juízo de Deus sobre ela.

Por que entraste em acordo para tentar o Espírito do Senhor? – "Acordo" fala de "conspirar", "conceber um plano". "Tentar o Espírito do Senhor" significa empenhar-se em enganar o Espírito ou agir como se o Espírito do Senhor não pudesse detectar o crime, ou ver se podiam livrar-se sem serem desafiados pelo Espírito[14]. Aqui, ao que parece, o "Espírito" mencionado é o que deu poder aos apóstolos, e pode referir-se particularmente àquela medida milagrosa do Espírito chamada "discernimento de espíritos".

Eis aí à porta os pés dos que sepultaram o teu marido – Deve ter sido um grande choque para Safira saber, pela primeira vez, que o marido estava morto. Ela compreenderia que ele havia tentado o Espírito do Senhor e sido castigado por isso. Da mesma forma, ela também estava prestes a ser abatida pela mão de Deus. "À porta" nos da uma imagem mental de que os jovens estavam justamente nesse momento voltando ao salão da assembléia, tendo completado o sepultamento de Ananias. Que Pedro soubesse ou não que Ananias ia ser morto por insistir na mentira, ele sabia que a mesma coisa iria acontecer no caso de Safira; e declara isso.

E eles também te levarão – Como Safira tinha sido tão culpada de pecado quanto o marido, foi ordenado na providência de Deus que o mesmo juízo recaísse sobre ela.

5.10 –

No mesmo instante caiu ela aos pés de Pedro e expirou – A morte dela, como a do marido, foi claramente um ato de Deus. Não é possível tentar o Senhor e livrar-se do castigo.

Entrando os jovens, acharam-na morta – É possível imaginar como eles ficaram aterrorizados ao sepultar Ananias? Podemos imaginar o que disseram uns aos outros enquanto trabalhavam? E, podemos imaginar o que sentiram ao voltar ao lugar da assembléia e encontrar outro cadáver?

---

[14] "Espírito do Senhor" provavelmente é equivalente, aqui, ao nome encontrado no Antigo Testamento, "Espírito de Jeová". Este nome para o Espírito Santo é raro no Novo Testamento (uma outra referência que o tem é 2 Coríntios 3.17), mas é comum no Antigo Testamento, e. g., Isaías 61.1 (citado em Lucas 4.18); 1 Reis 22.24; 2 Reis 2.16.

E, levando-a, sepultaram-na junto do marido – Ela deve ter sido provavelmente sepultada fora dos muros da cidade. (O inglês incluiu a palavra "fora"). O grego diz: "face a face com o marido", mais isso provavelmente significa que ela foi simplesmente enterrada ao lado do marido no mesmo pedaço de terra.

5.11 –

E sobreveio grande temor – O comportamento humano é sem dúvida muito mais íntegro quando os indivíduos compreendem que o Deus do universo vê, ouve e sabe tudo o que acontece, até em seus pensamentos e motivos, assim como as coisas que julgavam que ninguém soubesse. Se Deus sabia que Ananias e Safira planejaram secretamente, então ele conhece também os nossos segredos; deveríamos ter cuidado com os nossos pensamentos e comportamento. Este ato de Deus nos lembra que um propósito da disciplina da igreja é manter a igreja pura. No caso de Ananias e Safira, a disciplina foi sobrenatural. Mas existem abundantes instruções do Novo Testamento com respeito à disciplina que cada congregação deve praticar[15].

A toda a igreja e a todos quantos ouviram a noticia destes acontecimentos – Tanto os membros da igreja, como os que não haviam se tornado membros, ficaram impressionados com a disciplina. Ela realizou seu propósito, a saber, fazer os homens respeitarem a igreja. Esta é a primeira ocorrência da palavra "igreja" no Novo Testamento desde os dois casos registrados em que Jesus usou a palavra[16]. A palavra *ekklesia* já estava sendo usada. Ela é aplicada frequentemente na Septuaginta à "assembléia" ou "congregação" de Israel[17], e era usada em sentido político pelos gregos com respeito à assembléia (reuniões dos cidadãos) onde cada um tinha voz em seu próprio governo[18]. Jesus e os escritores dos evangelhos fizeram com esta palavra o mesmo que haviam feito com muitas outras que já encontraram em uso. Eles colocaram nelas um conteúdo novo, e as empregaram para expressar verdades espirituais compreensíveis aos seus ouvintes. A palavra *ekklesia*, como tem sido muitas vezes salientado no século XX, não se refere a um prédio, mais a um grupo de crentes chamados para um propósito comum especial.

O. UM PERÍODO DE CRESCIMENTO PACÍFICO. 5.12-16

5.12 –

Muitos sinais e prodígios eram feitos entre o povo, pelas mãos dos apóstolos – Note que foi pelas mãos dos apóstolos! Se, como alguns afirmam, os 120 participaram do batismo com o Espirito Santo no dia de Pentecostes, por que lemos constante e consistentemente na Palavra, que sinais e prodígios foram feito pelos apóstolos (e não pelos outros)? O que é dito aqui confirma a conclusão alcançada no capítulo dois sobre exatamente quem recebeu o batismo com o Espirito Santo. Além disso, achamos significativo que o termo "prodígios" (milagres, veja notas em Atos 2.43) jamais seja usado isoladamente no Novo Testamento, mas sempre aparece com a palavra "sinais". Não podemos, portanto, concluir que o Novo Testamento não se interessa por milagres, exceto quando eles servem de "sinais"? Ajusta-se exatamente à doutrina de que o propósito dos milagres foi confirmar a mensagem, e nem Jesus nem os apóstolos jamais operarem qualquer milagre sem esse objetivo. Um milagre era sempre um sinal! Faríamos bem em nos lembrar desta lição.

Alguns comentários sugerem que as seguintes palavras deveriam ser colocadas em parênteses, com a ideia do v. 12a continuando no v. 15. Outros não veem necessidade de um parêntese, como fizeram os tradutores da Versão do Rei Tiago (KJV).

---

[15] Um estudo especial sobre "Disciplina da Igreja" ocorre à conclusão dos comentários sobre o capítulo 5.
[16] A KJV tem "igreja" no texto em Atos 2.47, mas a leitura é duvidosa. O uso por Jesus de "igreja" é registrado em Mateus 16.18 e 18.17.
[17] Deuteronômio 18.16; 23.1; Salmo 26.12, etc.
[18] Veja as notas em Atos 19.41 para o uso de *ekklesia* em seu sentido político.

E costumavam todos reunir-se, de comum acordo, no pórtico de Salomão – Devemos encontrar o antecedente de "costumavam (eles)" na palavra mais próxima "povo" ou na mais distante "apóstolos"? Ambas as opções encontram defensores. Alguns pensam que Lucas fala dos apóstolos como se regularmente no pórtico de Salomão. Outros creem que o versículo está dizendo que os milagres foram operados sobre as pessoas que se reuniam regularmente no pórtico de Salomão. Os princípios hermenêuticos exigem que encontremos o antecedente dos pronomes no antecedente mais próximo (a não ser que essa interpretação faça a Bíblia contradizer a si mesma), e é isso que faremos aqui. O que era o pórtico de Salomão já foi explicado nas notas em Atos 3.11.

Veja as notas em 1.14 sobre o sentido de "comum acordo". Se o "todos" acima se refere ao povo, devemos então fazer uma pausa para notar que mesmo depois de toda a dificuldade fora e dentro da igreja, esta continua unida. E, ao que parece, os cristãos continuam indo ao templo nas horas regulares de oração e utilizando o pórtico de Salomão como um púlpito do qual proclamar o evangelho às multidões que ainda não se converteram.

5.13 –

Mas, dos restantes, ninguém ousava ajuntar-se a eles – Quem é "eles" depende do que entendemos pela palavra "todos" no v. 12, pois o "eles" e o "todos" são evidentemente os mesmos. E quem são os "restantes" que têm medo de se associar com eles? Uma grande variedade de interpretações para este versículo será encontrada nos comentários. Lightfoot diz: "O restante dos 120 de que Ananias fazia parte" é o que significa "restantes"[19]. Mas, seria talvez difícil provar que Ananias fosse um dos 120. Outro sugeriu: "Todos os que ainda não haviam se tornado crentes" eram os que temiam juntar-se ao corpo de Cristo[20]. Mas isto é contrário ao que está escrito no versículo seguinte. Hervey acha que a referência seja aos judeus, porque os "restantes" são distinguidos de "todos" no v. 12. Ele pensa que o sentido é que os judeus olhavam com temor a igreja apostólica por causa dos milagres, e ninguém ousava associar-se com eles simplesmente por curiosidade ou sem um determinado objetivo[21]. Barnes escreve que o "restantes" se refere aos líderes judeus, sendo Ananias um deles[22]. Haveria, porém, dificuldade em demonstrar que Ananias era um dos líderes judeus (digamos, um membro do Sinédrio). Boles sugere que "restantes" se refere aos "apóstolos", e que o sentido é que os outros cristãos os temiam e não se aproximavam deles[23]. Mas esta é dificilmente uma interpretação possível, desde que requer que o "eles" no final do versículo seja tratado de maneira peculiar. Se Boles tivesse dito que o "eles" são os apóstolos, e "restantes" se refere aos cristãos em geral, poderíamos então aceitar a sua ideia, pois parece certo que os irmãos ficassem um tanto apreensivos de se associarem com os apóstolos depois do que ocorreu com Ananias e Safira na presença de Pedro! Outro pensa que o "restantes" se refere ao "resto dos inimigos de Cristo", e acha que o significado seja que a manifestação do poder de Deus ao tirar a vida o de Ananias e Safira deu coragem aos apóstolos, mas incutiu medo no coração dos inimigos de Cristo[24]. Este escritor é da opinião que "restantes" se refere "ao resto do povo", como Ananias e Safira (i.e., o resto dos hipócritas), pois esta é certamente a essência do contexto.

Porém o povo lhes tributava grande admiração – Por "o povo", Lucas evidentemente se refere às pessoas fora da igreja. As pessoas de fora observavam (seja aos apóstolos ou a igreja) e pesavam as coisas que estavam acontecendo diante de seus olhos na cidade de Jerusalém. Os cristãos estavam sendo alvo de sua admiração, de seu respeito.

---

[19] Citado por R. J. Knowling, "Acts" em *Expositor's Greek Testament* (Grand Rapids, Eerdmans, 1967, p. 145.
[20] F. F. Bruce, *op. cit.*, p. 118.
[21] Hervey, *op. cit.*, p. 158.
[22] Barnes, *op. cit.*, p. 98.
[23] Boles, *op. cit.*, p. 82.
[24] Dale, *op. cit.*, p. 71.

5.14 –

E crescia mais e mais a multidão de crentes – "Crentes" é o nome pelo qual os discípulos eram designados, porque uma das principais coisas que os distinguiam é o fato de crerem que Jesus era o Cristo. O efeito dos milagres foi confirmar a mensagem, e o efeito da mensagem foi aumentar o número de crentes. A fé vem por ouvir! Embora o juízo de Deus sobre Ananias e Safira tivesse como resultado impedir que os hipócritas tentassem se juntar à igreja, e embora isso produzisse respeito e cautela, mesmo assim o número de verdadeiros convertidos aumentou. O esforço para manter a igreja pura através de disciplina sadia, em vez de enfraquecer a verdadeira força da congregação, tem a tendência de aumentar os números e sua consagração ao Senhor. "Senhor" aqui se refere ao Senhor Jesus Cristo. "Mais e mais" significa "muito mais" do que o número contado em Atos 4.4. As palavras "ao seu número" estão em itálico, indicando que não existe correspondente a isto no texto grego (na tradução da SBB não foram incluídas estas palavras – N.T.) DeWelt sugeriu que deveria ser "crentes foram acrescentados ao Senhor", e ele explica então nestes termos:

> Qual o significado da expressão "agregados ao Senhor"? Quando nos referimos a Efésios 1.22-23 (e outras passagens) descobrimos que a igreja é chamada de "corpo de Cristo". Podemos assim extrair a conclusão lógica que a ideia de ser "agregado ao Senhor" se referia ao ato de serem acrescentados pela sua conversão e batismo ao corpo do Senhor, a Sua Igreja[25].

Tanto homens como mulheres, agregados ao Senhor – Eles passaram a fazer parte da igreja em tais números que perdeu-se a conta. Aos 3.000 do início (Atos 2.41), mais foram diariamente acrescentados (2.47). A seguir o número foi de 5000 homens (Atos 4.4), e agora eles não podem mais contar o total de membros. McGarvey acredita que esta menção especial das mulheres entre os convertidos é uma indicação provável de que havia agora um número relativamente maior de mulheres do que antes[26]. A nota sobre as mulheres convertidas também nos prepara para a introdução das "viúvas" (capítulo 6) que eram membros da Igreja.

5.15 –

A ponto de levar os enfermos até pelas ruas – A ligação do v.15 às declarações anteriores depende de fazermos ou não um parêntese dos vv. 12b-14. Caso positivo, então o v.15 está ligado ao fato de "prodígios" estarem sendo feitos através dos apóstolos. Caso negativo, então o v.15 está ligado ao fato de que os cristãos eram considerados com o maior respeito (vv.13, 14). Os amigos dos doentes são os que faziam o transporte, e parece que temos aqui cristãos levando seus enfermos aos apóstolos para serem curados, mas isto não pode ser provado como excluindo outros. O tempo do verbo "levar" implica ação contínua. Durante dias ou semanas os doentes eram colocados ao longo das ruas pelas quais o apóstolo transitava de sua casa para o templo e vice-versa. A palavra "ruas" contém a ideia de uma avenida larga, ao contrario de uma travessa estreita ou viela[27].

E os colocarem sobre leitos e macas – "Leitos" representa o grego *kline* que indica uma cama o divã para reclinar na hora das refeições, tais como os relativamente ricos poderiam possuir. "Macas" representa o grego *krabbatos* que indica uma cama de campanha, um catre, um colchão, comum às pessoas pobres. "Os ricos foram em seus pequenos leitos; os pobres foram, somente num cobertor", escreve Ford.

Para que, ao passar Pedro, ao menos a sua sombra se projetasse nalguns deles – Os doentes eram deitados na rua, na esperança de que Pedro, ao passar, lançasse sua sombra sobre eles. Alguns foram curados dessa maneira? A implicação é que as pessoas foram curadas.

---

[25] DeWelt, *op. cit.*, p. 35.
[26] McGarvey, *op. cit.*, p. 89.
[27] Veja Mateus 6.5. A palavra "ruas" (não incluído na versão RA) é *plateia*, avenida, rua larga.

5.15 A Igreja Em Jerusalém

De outro modo, por que seriam os doentes colocados continuamente nas ruas, ou por que (versículo seguinte) as pessoas estavam sendo levadas de lugares bem distantes?

Admitindo que milagres são possíveis, e que as narrativas dos Evangelhos indicam geralmente as leis que os governam, não há nada nesta narrativa que não esteja em harmonia com essas leis. Cristo curou algumas vezes diretamente por uma palavra, sem contato de qualquer espécie (Mateus 8.13; João 4.52); outras vezes através de meios materiais – a orla de sua veste (Mateus 9.20), ou o lodo esfregado nos olhos do cego (João 9.5), que se tornavam canais para a transmissão do poder de cura. Tudo o que se quer é a expectativa de uma fé intensa, como condição subjetiva de um lado, a presença de um poder objetivo sobrenatural do outro, e qualquer meio sobre o qual a imaginação se fixasse como ajuda para a fé[28].

Um caso um tanto semelhante é registrado em Atos 19.12, onde é dito expressamente, porém, que os doentes foram curados pelo contato com aventais e lenços que eram levados de Paulo. A oração dos apóstolos (Atos 4.30) continua a ser atendida.

5.16 –

Afluía também muita gentes das cidades vizinhas a Jerusalém – O tempo do verbo "afluía" aqui também indica ação contínua durante um período de tempo. O povo vinha continuamente, atraído pela fama dos milagres de Pedro. Em poucas sentenças breves, Lucas resume o que deve ter ocorrido num período de vários meses. Multidões (veja a leitura da margem) procedem das cidades vizinhas de Jerusalém – cidades tais como Hebrom, Belém, Emaús, Jericó, talvez também Lida e Jope[29]. Estamos entrando no registro de Lucas sobre a expansão do Evangelho fora de Jerusalém. Ao que parece, muitas das pessoas que chegaram ali, foram curadas, batizadas, e então partiram de volta para casa e começaram congregações nessas cidades.

Levando doentes e atormentados de espíritos imundos – Veja bem que doença é algo diferente da aflição por espíritos imundos. Isto é importante notar quando certos pregadores populares e personalidades de rádio e TV tentam atribuir todas as enfermidades à . O que se chama aqui de "espírito imundos" são chamados "demônios" em outros partes das Escrituras. No final deste capítulo se encontra um estudo especial sobre "Demônios e Possessão Demoníaca". Eles são chamados "imundos" porque as doutrinas e práticas que encorajam são regularmente amorais ou imorais.

Os quais eram todos curados – O "todos" inclui os citados no v. 15, assim como os do v.16? Não há razão para não haver abrangência. É significativo que depois do Pentecostes, os apóstolos foram bem-sucedidos em todos os casos que tentaram curar[30]. Ao contrário dos "milagreiros" de hoje, os apóstolos nunca tiveram de dar desculpas por não poderem curar alguém. Lucas diz que TODOS foram curados. O poder para livrar os endemoninhados foi prometido duas vezes por Jesus[31].

Os homens têm hoje poder para curar milagrosamente, como faziam os apóstolos? Tais habilidades milagrosas foram recebidas seja pelo batismo com o Espírito Santo ou pela imposição de mãos dos apóstolos, Atos 8. Faz muito tempo que os apóstolos estiveram aqui na carne. Também faz muito tempo desde que qualquer crente recebeu a imposição de mãos por parte de um apóstolo. Nós afirmamos que o Espírito Santo não é uma personalidade dividida. O Novo Testamento, escrito por inspiração do Espírito Santo, nos revela a maneira como Deus faz as coisas. Afirmamos ainda que o Espírito Santo não iria contradizer-se fazendo hoje algo contrario ao que ele revelou sobre o modo de Deus agir. Quando encontramos alguém hoje que declara curar

---

[28] Elliott, *op. cit.*, p. 85.
[29] Nas notas do capítulo 9.32, 36, sugeriremos outra fonte da implantação do cristianismo em Lida e Jope e na planície de Sarona. Portanto, não sabemos com certeza se devem ser incluídas aqui.
[30] Poderes apostólicos a esta época eram maiores do que haviam sido, Mateus 17.16.
[31] Lucas 9.1; Marcos 16.17.

pela fé (operar curas pelo poder de Deus), e quem nem sequer prega a simples mensagem do evangelho, o que podemos concluir senão dizer (em amor): "Ele está enganado!"?

P. A SEGUNDA PERSEGUIÇÃO PELO SINÉDRIO. 5.17-42

1. *Pedro e todos os Apóstolos são Presos. 5.17-25*

5.17 –

Levantando-se, porém, o sumo sacerdote – Isto se refere a Anás ou Caifás? Os comentaristas se dividem em suas tentativas de responder esta pergunta. Talvez devamos considerar Caifás como o instigador desta perseguição, assim como ele instigou a oposição que culminou na crucificação de Jesus. "Levantando-se" é uma expressão peculiar que significa que ele começou uma oposição ativa novamente. O sumo sacerdote, juntamente com os saduceus que se ressentiam de qualquer afirmação de que sua crença em não haver ressurreição do corpo era falsa, foram estimulados a agir em vista do que estava acontecendo como resultado da pregação e dos milagres na comunidade cristã.

E todos os que estavam com ele, isto é, a seita dos saduceus – Já fomos apresentados antes a alguns desses associados, durante a primeira perseguição pelo Sinédrio[32]. Nem todos os membros do Sinédrio eram saduceus por crença, mas os que eram estão envolvidos, nesta perseguição, juntamente com o líder deles[33]. A palavra "seita" é uma tradução do grego *hairesis*, que significava "algo que a pessoa decide fazer ou crer", e depois veio a significar "partido a que o indivíduo pertence por escolha própria". Para as pessoas do primeiro século, a palavra "seita" não tinha a conotação áspera que tem em nossos ouvidos. Por exemplo, várias escolas de filosofia eram chamadas "seitas" pelos escritores gregos, e Galeno utilizou o termo para falar das diferentes escolhas da medicina.

Tomaram-se de inveja – A mesma palavra é traduzida em outro lugar "zelo" ou "ciúme". A KJV diz "indignação". Os motivos por trás do comportamento dos saduceus podem ter sido uma tentativa de preservar zelosamente suas próprias crenças de um ataque. Ou eles podem ter ficado zangados porque os apóstolos tinham tão pouca consideração pela sua autoridade, que desobedeceram sua solene proibição de pregar em nome de Jesus. Ou podem estar também com inveja da popularidade dos apóstolos.

5.18 –

Prenderam os apóstolos – O termo aqui é o que tem o significado de "atirar sobre". Poderíamos dizer em nosso idioma: "Eles agarraram os apóstolos pelo pescoço e os atiraram na prisão". Todos os doze apóstolos estavam envolvidos aqui (veja o v. 29). Os saduceus querem dar a impressão de que a coisa é realmente séria desta vez. Lenski pensa que os apóstolos foram apanhados e presos quando não havia um grande número de pessoas à sua volta[34]. Ele extrai esta ideia do que acontece (v. 26) quando as mesmas autoridades prendem novamente os apóstolos e os levam sem violência, por terem medo do povo.

E os recolherem à prisão pública – Em Atos 4.3 temos a mesma palavra, traduzida como "cárcere" em lugar de prisão. A adição de "pública" talvez indique um tratamento mais severo. Eles não foram somente colocados em custódia, mais tratados com grosseria como os criminosos comuns e mantidos no mesmo confinamento como os ladrões e homicidas. Prisioneiros eram mantidos na prisão durante a noite porque não podiam ser julgados no mesmo dia em que eram presos, segunda a Lei de Moisés.

---

[32] Atos 4.5, 6.
[33] Vejas as notas de Atos 4.1, e o estudo especial ao fim do capítulo 4, para mais informações sobre os saduceus.
[34] R. C. H. Lenski, *Interpretation of Acts of the Apostles* (Philadelphia: Wartburg Press, 1944), p. 214.

5.19 –

Mas um anjo do Senhor – A libertação, como registrada por Lucas, foi evidentemente sobrenatural. Um anjo, cuja exata existência era negada pelos saduceus que prenderam os apóstolos, foi quem realizou o feito! Os que não aceitam as palavras de Lucas literalmente, mas desejam preservar o caráter histórico geral do registro, são levados à hipótese de que o "anjo" era algum discípulo zeloso e corajoso, e que os apóstolos, na escuridão da noite e no entusiasmo de sua libertação, atribuíram o resgate à intervenção de um anjo[35]. Tal tratamento relaxado da narrativa depõe contra a sua confiabilidade e inspiração, e deve ser rejeitado!

De noite – Vamos aprender nos versículos seguintes que havia guardas estacionados na prisão. Aconteceu alguma coisa com os olhos deles, para não verem o que o anjo estava fazendo?

Abriu as portas do cárcere e, conduzindo-os para fora, lhes disse – Os críticos têm às vezes zombado: Qual o proveito de uma libertação dessas, quando os apóstolos vão ser presos novamente no dia seguinte? A resposta para tal pergunta não está muito distante. Esse livramento serviria de censura para os saduceus. Ajudaria a aumentar a fé que os apóstolos tinham. E quando o povo ouvisse o que aconteceu, ficaria ainda mais convencido do poder de Deus, da sua presença, e do cuidado providencial dispensado aos que eram seus.

5.20 –

Ide, e, apresentado-vos no templo – Eles deviam ir para um lugar público conhecido. Se as autoridades quiserem prendê-los de novo, terão de fazê-lo publicamente. Nesse meio tempo, os apóstolos poderão demostrar poderosamente seu propósito de obedecer a Deus e não aos homens.

Dizei ao povo todas as palavras desta Vida – O grego em " palavras" é plural (como na SBB; no inglês a leitura é "Toda a mensagem desta vida"). Mas o termo não é *logos* e sim *hrema*, que possui a conotação de um discurso ordenado; portanto "mensagem" na NASB é uma tradução apropriada. Compare João 6.68. "Vida" é enfático no grego. "Esta vida" fala provavelmente da vida eterna sobre a qual ensinavam, uma vida acessível a todos por causa da ressurreição de Jesus. O anjo deu instruções aos apóstolos para transmitir a outros as condições da salvação dos pecados.

5.21 –

Tendo ouvido isto, logo ao romper do dia, entraram no templo – Durante grande parte do ano na Palestina, especialmente durante a estação seca, o calor se torna opressivo logo depois do nascer do sol. O sacrifício matutino era oferecido nessa hora. Jesus ensinou bem cedo de manhã (João 8.2). Não seria então de surpreender que uma grande multidão fosse encontrada ouvindo os apóstolos na área do templo assim tão cedo. Além disso, Lucas acabou de introduzir essa segunda perseguição contando sobre a popularidade dos apóstolos. Uma vez que se espalhassem as notícias de que os apóstolos estavam ensinando no templo, o número de pessoas logo aumentaria.

E ensinavam – Os apóstolos voltaram logo a pregar e falar sobre as condições da salvação. McGarvey sugere que os sermões interrompidos no dia anterior foram continuados, como se a interrupção tivesse sido apenas momentânea. Mas o comentário dele só é verdadeiro se a prisão dos mesmos na véspera não fosse "secreta" como sugerido por Lenski.

Chegando, porém, o sumo sacerdote e os que com ele estavam, convocaram o Sinédrio – Os líderes convocaram o Sinédrio com o propósito de julgar os apóstolos pela sua desconsideração à proibição de continuar pregando. Lembre-se, era costume do Sinédrio começar as suas reuniões às dez da manhã. Os saduceus estão tomando a frente nesta segunda perseguição, desde que os mesmos "associados" como consta em Atos 5.17 são envolvidos aqui. McGar-

---

[35] Nas notas de Atos 7.30ss, há mais informações detalhadas sobre o "anjo do Senhor".

vey sugere que esses líderes religiosos passaram uma noite perturbada enquanto aguardavam a hora para o conselho se reunir.

Para o sumo sacerdote e seus ajudantes, a noite tinha sido sem dúvida cheia de pensamentos perturbadores, pois sabiam que pela manhã teriam de enfrentar novamente os homens que os haviam desafiado, e que, em seu desafio, conquistaram vastos números das melhores pessoas na cidade e a área vizinha[36].

E todo o senado dos filhos de Israel – Qual a diferença entre "senado" nesta frase e "Sinédrio" na anterior? O termo traduzido "senado" é "anciãos" no grego, homens de idade e experiência. Havia 24 anciãos que eram membros do Sinédrio (o concílio), mas este versículo parece sugerir outro grupo de homens mais velhos além desses. Esses "senadores" introduzidos aqui podem ser os mesmos da "assembléia dos anciãos" mencionados em Lucas 22.66 e Atos 22.5[37]. O senado parece ter sido um grupo de homens – não sabemos como eram escolhidos – os quais serviam de conselheiros do Sinédrio em ocasiões especiais.

E mandaram buscá-los no cárcere – Eles ainda não sabiam que os apóstolos tinham ido embora e de novo estavam pregando no templo.

5.22 –

Mas os guardas, indo, não os acharam no cárcere – Esses "guardas" seriam judeus, e não romanos, talvez parte da guarda do templo, ou outros servos do Sinédrio. Quando eles abriram a porta da cela onde os apóstolos tinham sido colocados e não os encontraram, foi feita uma busca no recinto? Podemos imaginar uma busca completa senão feita, como sugerido pelo seu relatório ao Sinédrio.

E, tendo voltado, relataram – Depois da busca, eles voltam ao lugar de reunião do Sinédrio e Senado, informando o que haviam encontrado.

5.23 –

Dizendo: Achamos o cárcere fechado com toda a segurança – Todas as precauções foram tomadas para impedir a fuga dos apóstolos. A porta estava trancada, como na noite anterior. Não havia marcas para indicar que ela tivesse sido arrombada. Tudo se encontrava em boa ordem. O verbo "fechado" está no perfeito, um tempo que indica ação passada com resultados continuando no presente. A porta, tendo sido fechada, continuou assim. Na medida que sabiam, ela não havia sido aberta; parecia a eles que tinha permanecido trancada a noite inteira, até que chegaram para levar os prisioneiros de volta ao tribunal.

E as sentinelas nos seus postos junto às portas – Os guardas eram os que faziam os turnos da noite. Os oficiais informam que continuavam presentes, cumprindo o seu dever, como inconscientes de que tivesse acontecido qualquer coisa. Pelo que tocava aos guardas (até que a porta foi aberta), os prisioneiros continuavam na cela.

Mas, abrindo-as, a ninguém encontramos dentro – Isto deve ter sido um choque para eles. Podemos vê-los olhando à sua volta e depois uns para os outros. Alguns dos melhores entre eles não pensariam na possibilidade de uma intervenção milagrosa de Deus para os apóstolos?

5.24 –

Quando o capitão do templo e os principais sacerdotes ouviram estas informações – Esses termos foram explicados nos comentários de Atos 4.1, 5, 23.

---

[36] McGarvey, *op. cit.*, p. 92
[37] Referências extra-bíblicas ao "Senado" podem ser encontradas em 1 Macabeus 12.6; 2 Macabeus 1.10; 4.44; e Judite 4.8 e 15.8.

5.24

Ficaram perplexos a respeito deles e do que viria a ser isto – "Perplexos" denota o estado de ansiedade surgindo quando o homem se desorienta, quando não sabe o que fazer para fugir de uma dificuldade. Eles ficaram estarrecidos com a informação e por algum tempo não sabiam o que fazer ou dizer. Estavam preocupados com qual seria o resultado final desses eventos. A sua autoridade tinha sido desconsiderada. A seguir houve o desaparecimento extraordinário dos prisioneiros da cárcere, sugerindo que Deus havia se oposto a eles com um milagre. Os ensinamentos dos apóstolos estavam conquistando convertidos. Todos os esforços feitos até então para opor-se e silenciá-los foram em vão. Onde tudo iria acabar?

5.25 –

Nesse ínterim, alguém chegou e lhes comunicou – Quem levou a informação não é identificado. Ele sabia da prisão feita na véspera, e sabe que é surpreendente que os apóstolos estejam onde agora estão. Vai então informar o Sinédrio.

Eis que os homens que recolhestes no cárcere, estão no templo, ensinando o povo – A principio receberam o espantoso relatório de que os prisioneiros tinham sumido! Não se achavam na cadeia. Agora chega outra informação de impacto surpreendente. "Esses homens estão no templo e fazendo justamente aquilo que os levou a ser presos duas vezes!". O ciúme, zelo e inveja que resultou na prisão dos apóstolos no dia anterior aumentaria, uma vez que os líderes religiosos superassem sua surpresa inicial com as noticias.

2. Discurso de Pedro ao Sinédrio. 5.26-32

5.26 –

Nisto, indo o capitão e os guardas – O capitão da guarda do templo e alguns de seus soldados judeus vão imediatamente em busca dos prisioneiros fugitivos. Talvez, como sugerido por McGarvey, eles nem sequer esperaram ordens dos lideres e do Sinédrio. O próprio capitão acompanha o grupo que vai proceder à prisão deles. Ele quer assegurar-se de que não haverá erro outra vez. Verificará pessoalmente que os apóstolos sejam detidos.

Os trouxeram sem violência – As palavras "sem violência" sugerem um tratamento diferente daquele do dia anterior para está captura? Eles trataram rudemente os apóstolos, foram brutais com eles, quando os agarravam no dia anterior? Talvez sim. Mas está prisão, por ser pública, e em vista dos guardas temerem o povo, foi feita de maneira mais bondosa. Eles chegaram para levar embora os apóstolos, e estes não ofereceram resistência, apesar de que, com o sentimento popular a seu favor, poderiam ter provocado facilmente um tumulto e provavelmente impedido que a prisão se consumasse. Tal resistência, no entanto, teria resultado em derramamento desnecessário de sangue. Além disso, os cristãos são cidadãos que obedecem às leis. A ordem do Sinédrio bastava para assegurar sua presença.

Porque temiam ser apedrejados pelo povo – Quando os soldados judeus olharam para as faces das pessoas, e ao observarem também o tamanho da multidão, eles puderem perceber que sua tarefa talvez fosse perigosa. O povo apoiava os apóstolos. Se tentassem usar de violência, ou se algum dos apóstolos ficasse ferido durante a prisão, os soldados sabiam que causaria um motim. Note que os judeus estão com medo! Aqueles eram oficiais da corte suprema dos judeus, prendendo doze homens que contrariavam as ordens do tribunal com seus ensinamentos – mas, mesmo assim, eles estão com medo. Este é um vislumbre da posição que os apóstolos estavam conquistando, não só aos olhos das pessoas cristãs da cidade, mas também aos olhos das que não se haviam ainda convertido, embora estivessem prontas a ouvir o que os apóstolos tinham a dizer.

5.27 –

Trouxeram-nos, apresentando-os ao Sinédrio – Compare os comentários em Atos 4.7. O Sinédrio sentava num semicírculo, e os prisioneiros ficavam no meio. A reunião que descrevemos está no salão Gazith, o lugar regularmente usado para as reuniões do Sinédrio.

E o sumo sacerdote interrogou-os – Para a identificação do sumo sacerdote, veja os comentários sobre o v. 17. Ele não se mostra tão indefinido sobre a base da acusação desta vez, como no caso de Pedro e João (Atos 4.7).

5.28 –

Dizendo: Expressamente vos ordenamos que não ensinásseis nesse nome – Veja 4.17, 18, 21. Eles os ameaçaram para que não mais falassem no nome de Jesus. Eles haviam dito que o nome não deveria mais cruzar os lábios dos apóstolos.

Contudo enchestes Jerusalém de vossa doutrina – "Enchestes" sugere que não houve apenas um ato de desobediência à ordem do Sinédrio, mas muitos. Embora o propósito não fosse isso, as palavras constituíram um tributo ao zelo e fidelidade dos apóstolos. Quando os cristãos são processados ou perseguidos, é bom que a única acusação que seus inimigos possam fazer contra eles seja a de terem enchido toda a cidade com a fé cristã. Podemos sentir um toque de indignação nas palavras do sumo sacerdote. Se Jesus tivesse ressuscitado dentre os mortos, então a doutrina dos saduceus negando a ressurreição dentre os mortos era falsa; e os saduceus não gostaram de ser apontados publicamente como estando em erro! Ele fala com desprezo da "vossa doutrina", como se fossem apenas as ideias insensatas de pessoas mentalmente instáveis.

E quereis lançar sobre nós o sangue desse homem – Os apóstolos não só contradisseram a crença dos saduceus de que não havia ressurreição, mas também estavam afirmando que os líderes religiosos judeus tinham algo a ver com a morte de Jesus[38]. "Lançar o sangue de alguém sobre outrem" é uma frase que significa acusar essa pessoa de ser culpada de assassinar um homem inocente. Os líderes religiosos se esqueceram de tudo o que haviam dito por ocasião do julgamento de Jesus diante de Pilatos ("E o povo todo respondeu: Caia sobre nós o seu sangue, e sobre nossos filhos!", Mateus 27.25)? Eles estavam bastante dispostos a aceitar a responsabilidade naquela ocasião, mas agora não querem aceitar a responsabilidade de terem assassinado o Cristo.

5.29 –

Então Pedro e os demais apóstolos afirmaram – A primeira declaração do sumo sacerdote continha duas acusações específicas contra os apóstolos: (1) desobediência às ordens do Sinédrio, e (2) uma tentativa de fazer com que o Sinédrio parecesse culpado do homicídio de um inocente. Pedro age agora como porta-voz do grupo todo dos apóstolos, e eles afirmam concordar com as palavras dele.

Antes importa obedecer a Deus do que aos homens – Compare os comentários em Atos 4.19. Por ocasião da primeira perseguição eles haviam respondido corajosamente aos seus juízes. Agora, com a ordem do anjo que os libertou da cela para apoiar sua pregação atual, eles responderam corajosamente às acusações feitas contra eles. À primeira acusação, de desobedecer ao Sinédrio, se confessam culpados. Existe uma explicação para sua desobediência. "Quando tanto Deus como os homens ordenam, e as ordens são contraditórias, temos de obedecer a Deus! Ele nos disse para pregar, e nós pregamos!"

5.30 –

O Deus de nossos pais ressuscitou a Jesus – Pedro se refere agora à segunda acusação feita pelo sumo sacerdote: acusar o Sinédrio do assassinato de um inocente. Ele menciona o que o Deus de seus pais (sobre esta expressão, veja as notas em Atos 3.13) havia demonstrado quando ressuscitou Jesus dos mortos; a saber, que Jesus deve ter sido um homem inocente. Deus teria aceito o seu sacrifício e ressuscitado-o dentre os mortos se fosse o blasfemador que os líderes re-

---

[38] As palavras que Pedro havia falado, registradas em Atos 2.36; 3.13, 14; e 4.10, davam a aparência de verdade aos sacerdotes assolados pela consciência, para esta acusação. Os apóstolos, em sua pregação, haviam falado da parte que os líderes religiosos tiveram na crucificação de Jesus.

ligiosos insistiam que ele era? De modo algum! Pedro usa o que Deus fez por Jesus como prova da sua inocência.

A quem vós matastes, pendurando-o num madeiro – Não havia dúvidas quanto à morte de Jesus, pois os líderes religiosos tinham feito o máximo para verificá-la[39]. E segundo o registro do evangelho, este foi apenas um ato em uma longa lista de feitos instigados pelos membros do Sinédrio em sua tentativa de livrar-se de Jesus. Pedro responde à segunda acusação contra os apóstolos, dizendo: "É verdade! Vocês mataram Jesus. Vocês o entregaram aos romanos e depois clamaram pela morte dele até que os romanos, devido à sua insistência, o crucificaram". Com respeito à natureza da cruz (uma "àrvore"), veja notas em Atos 10.39.

5.31 –

Deus, porém, com a sua destra, o exaltou – Note como Pedro coloca novamente o Sinédrio contra Deus. Pedro diz: "Vocês estão tentando dizer-nos para interromper esta mensagem evangélica, não é? Bem, vocês estavam em oposição a Deus quando nos disseram isto antes; e continuam se opondo a ele! Deus quer que todos saibam sobre a salvação que está à disposição dos homens através do Jesus exaltado!" Já lemos sobre Jesus ser "exaltado à destra de Deus" antes, em Atos 2.33. Além do que foi dito ali, pode ser notado que o único lugar nos Evangelhos onde a palavra usada por Pedro aparece é no evangelho de João (João 3.14; 12.32, onde é traduzida "levantado"). Ela foi empregada para o Servo Sofredor de Deus em Isaías 52.13, e é também usada mais tarde por Paulo com respeito ao Cristo que subiu ao céus e foi glorificado, Filipenses 2.9. Ao aplicar a frase como fez, Pedro está dizendo que o Messias profetizado no Antigo Testamento veio, "levantado" e "exaltado", e assim é a fonte da salvação – uma salvação que precisa ser pregada a todos os homens.

A príncipe e Salvador – Pedro está dizendo que Deus exaltou Jesus por considerá-lo como a esperança de salvação dos homens. Essa é uma parte da provisão de Deus para a salvação dos homens. Deus exaltou aquele que é nada mais nada menos que um Príncipe e um Salvador. Sobre a palavra "príncipe" veja notas em Atos 3.15. "Salvador" era um nome dado pelo antigos às divindades (especialmente as divindades tutelares), aos príncipes, reis, e em geral a homens que conferiam benefícios especiais ao seu país. O termo significa libertador, preservador, salvador. Os benefícios concedidos por Jesus estão para ser mencionados por Pedro.

A fim de conceder a Israel o arrependimento – Com relação à natureza do arrependimento, consulte o estudo especial n° 8 no final do capitulo 2. Como pode Deus conceder arrependimento aos homens? O arrependimento não é algo que cada indivíduo tem de fazer por si mesmo? Deus concede o arrependimento, dando aos homens oportunidade de se arrependerem. Ele não o concede separado do exercício da vontade do homem, pois o arrependimento é, como mostrado no estudo especial, um ato voluntário do homem. Em vista de Cristo ter sido "exaltado", foi estabelecido uma base que possibilita o arrependimento, e o perdão também está ligado a ele. Israel e seus líderes mereciam ser golpeados e castigados pela sua parte na rejeição e crucificação de Jesus, mas, em vez disso, receberam de Deus a oportunidade de se arrependerem. "Israel" abrange a nação judaica em geral e, desde que Pedro lhes fala, ao Sinédrio em particular. O arrependimento não é, naturalmente, apenas para os judeus. O evangelho é também para os gentios, Lucas 24.47.

E a remissão de pecados – Veja os comentários de Atos 2.38 para a explicação desta frase. Ela fala do perdão dos pecados. Este é outro dos benefícios especiais concedidos porque Jesus tem sido exaltado como Salvador. Assim como o arrependimento envolve o exercício da vontade do homem, o perdão não é também algo conferido arbitrariamente. O perdão é concedido aos que obedecem à sua vontade. Alguém disse com acerto que a salvação tem duas partes – a parte de Deus e a do homem. Não devemos extrair da declaração de Pedro qualquer ideia que ignore ou torne desnecessária umas das partes.

---

[39] João 19.31-34.

5.32 –

Ora, nós somos testemunhas destes fatos – Se o Sinédrio continua duvidando do fato da ressurreição, ou de que um caminho de salvação é agora concedido aos homens através do Príncipe e Salvador exaltado, Pedro repete o que já disse antes – que ele e seus companheiros apóstolos eram testemunhas dessas coisas[40]. Os juízes do Sinédrio talvez fechem suas mentes às verdades afirmadas por Pedro, mas devemos nos lembrar de que este testemunho vem de homens cujo ensino tem sido credenciado, não só por milagres (como os que Lucas recapitulou no início deste capítulo) como também pela libertação maravilhosa de uma prisão guardada. Não há razão para duvidar do que Pedro afirma.

E bem assim o Espírito Santo – A referência, a julgar pelo contexto, é ao Batismo do Espírito Santo (Pentecoste), que deu aos apóstolos o poder de operar milagres. Pedro está dizendo que a pregação dos apóstolos foi credenciada.

Que Deus outorgou aos que lhe obedecem – Pedro está dizendo: "Temos obedecido a Deus em vez de vocês, homens. Querem uma prova disso? Deus dá poder para operar milagres (o Espírito Santo em sua medida batismal) somente para aqueles que o obedecem. Nós temos o poder de operar milagres. Segue-se, portanto, que temos obedecido a ele!" É certo que uma medida do Espírito Santo (nós a chamamos de "Dom da Habitação Interior") é dada a cada um que se torna cristão, mas o apelo a essa atividade do Espírito Santo dificilmente se ajusta ao contexto. Tal apelo evidenciaria muito pouco a obediência a Deus por parte dos apóstolos. O fato de que o Espírito Santo é concedido aos que obedecem deve ser compreendido como algo que iria confirmar os apóstolos como obedientes a Deus. De outro modo tal apelo é inútil[41].

3. O Discurso de Gamaliel. 5.33-42

5.33 –

Eles, porém, ouvindo – O que o Sinédrio ouviu foi a aceitação da culpa de ambas as acusações, além de uma defesa de seus atos por parte dos apóstolos, cujo porta-voz era Pedro.

Se enfureceram – Esta não é a mesma expressão traduzida "compungiu-se-lhes o coração" em Atos 2.37. É uma palavra mais forte do que a usada ali. A figura com linguagem envolvida fala de "cortar com uma serra"; e quando aplicada aos pensamentos humanos, significa agitar-se com raiva e indignação. Trata-se da irritação surgida quando a pessoa luta contra a sua consciência. O mesmo termo é novamente usado em Atos 7.54. A defesa de Pedro exasperou os membros do Sinédrio além da conta, e quase transformou o tribunal em uma turba.

E queriam matá-los – Os membros do Sinédrio ficaram tão zangados que tomaram a decisão de matar os apóstolos. O decreto formal não tinha sido ainda expedido, mas já haviam decidido o que fazer. Só existia um meio de silenciar aqueles homens – matá-los e depois esquecer.

5.34 –

Mas, um fariseu, chamado Gamaliel – Notas sobre a seita dos fariseus foram dadas no estudo especial no fim dos comentários do capítulo 4. Nesta ocasião, os fariseus não parecem tão determinados quanto os saduceus na perseguição dos discípulos. Informação detalhada sobre Gamaliel é dada nas páginas *xi* e *xii* dos Estudos Introdutórios. Gamaliel era um líder importante da seita dos fariseus. Ele era o quarto numa dinastia de eruditos judeus que começou com Hillel e continuou durante vários séculos. Paulo foi um de seus alunos (Atos 22.3); e tivesse ele perma-

---

[40] Veja Atos 2.32, onde se acha a reivindicação de Pedro que os apóstolos são "testemunhas".
[41] Intérpretes pentecostais e carismáticos de Atos usam este versículo como prova textual de que o Batismo no Espírito Santo é para todos os crentes. Ora, é admitido que muitos na igreja primitiva tinham dons espirituais, além dos apóstolos que haviam recebido o Batismo com o Espírito Santo; mas nem todos tinham dons espirituais. Usar este versículo para mostrar que pessoas hoje podem esperar ser batizadas no Espírito Santo é extrair da passagem mais do que Pedro pretendia.

necido com os judeus, ele teria sido provavelmente o seguinte na linha desta dinastia de estudiosos.

Mestre da lei – "Escriba", "mestre da lei" e "doutor da lei" são termos sinônimos na Bíblia. Um "doutor" (advogado) poderia ser um "escriba" perito em questões legais envolvendo a interpretação da Lei, enquanto o "mestre da lei" era um escriba que se especializava em preservar e transmitir a Lei de Moisés, assim como as leis tradicionais dos fariseus – mas todos eram homens que haviam passado muito tempo estudando e dominando a Lei de Moisés. Gamaliel era tão bom professor que os jovens judeus iam de todas as partes do mundo estudar com ele.

Acatado por todo o povo – Esta é a quarta característica que Lucas nos conta sobre Gamaliel. Ele era membro do Sinédrio, fariseu, mestre da lei, e acatado ou respeitado por todo o povo. Era tão respeitado que foi um dentre apenas sete homens que receberam o mais elevado dos títulos honorários que o povo judaico dava aos seus professores: "Raboni".

Levantando-se no Sinédrio, mandou retirar os homens por um pouco – "Levantando-se" descreve Gamaliel ficando de pé para falar ao conselho. Era costume, quando o conselho deliberava, ordenar ao acusado que se retirasse do recinto[42]. A declaração de que Gamaliel deu ordens para que os apóstolos saíssem do tribunal tem sido tomada como evidência de que este era um privilégio de qualquer membro do Sinédrio nos dias do Novo Testamento.

5.35 –

E lhes disse – Devemos provavelmente pensar em Gamaliel mantendo sua posição até que os guardas removessem os acusados. O registro de seu discurso, feito a seguir, pode ter chegado a Lucas através de algum membro do Sinédrio, ou talvez, do próprio Paulo (que podemos supor tê-lo ouvido de seu professor Gamaliel), quer quando feito no tribunal, ou ensaiado por Gamaliel na sala de aula mais tarde).

Israelitas, atentai bem nos que ides fazer a estes homens – Tenham cuidado, ou cautela, ao chegar a uma decisão. Não ajam apressadamente nesse caso, pois pode haver alguma coisa que possivelmente não tenhamos considerado no assunto. Vamos pensar bem antes de agir.

5.36 –

Porque antes destes dias se levantou Teudas – O conselho de Gamaliel é algo semelhante ao velho provérbio sobre dar bastante corda a alguém até que ele se enforque. Para mostrar como isso acontece regularmente, ele oferece primeiro o exemplo de Teudas, e depois o de Judas, o galileu. Quanto tempo antes disto Teudas apareceu no cenário histórico não pode ser determinado com certeza. Todavia, como Gamaliel menciona Teudas antes de Judas o Galileu (que viveu cerca de 6 A.D.), é provável que Teudas tivesse vivido próximo da época em que nosso Salvador nasceu, i.e., cerca 5 a.C. "Se levantou" significa que Teudas instigou uma tentativa de revolução.

Josefo mencionou um Teudas[43], mas ele não parece ser o mesmo homem de quem Gamaliel fala. O Teudas do relato de Josefo viveu cerca de 10 a 15 anos depois dos eventos registrados em Atos 5. Além disso, Josefo nos conta que o (seu) Teudas "persuadiu uma grande parte do povo a pegar seus pertences e segui-lo para o Jordão". Os "400" mencionados por Gamaliel certamente não se identificam com a "maior parte do povo" de Josefo. O Teudas registrado por Josefo disse ao povo que o acompanhasse ao rio Jordão, que ele era um profeta, e que dividiria as águas e os faria atravessá-las. Fado, o procurador da Judéia, porém, atacou-os repentinamente e matou muitos. Teudas foi capturado, levando a Jerusalém, e decapitado. Devido à alegada discrepância entre o discurso de Gamaliel e o registro de Josefo, alguns críticos do Novo Testamento têm inferido que aqui em Atos 5.36 temos um erro tão grave a ponto de provar que o discurso supostamente feito por Gamaliel realmente foi inventado muitos anos depois da data alegada, por

---

[42] Compare o que é dito em Atos 4.15.
[43] *Antiguidades*, XX.5.1.

parte de algum escritor ignorante da história – e que, de fato, toda a narrativa desta parte de Atos não é digna de confiança, e o livro precisa ser examinado com cautela e suspeita. A solução mais fácil para o problema é supor que havia dois homens, vivendo em épocas diferentes, que tinham o mesmo nome, e ambos tentaram instigar uma revolução contra Roma. O nome Teudas, quer considerado como uma forma do nome aramaico Tadeu (veja Mateus 10.3) ou do grego Teodoro, era bastante comum, tornando provável que houvesse mais de um rebelde com esse nome. Além disso, Josefo menciona não menos de que três insurreições ocorridas pouco depois da morte de Herodes o grande[44].

Insinuando ser ele alguma coisa – Isto é, ele alegava ser o Messias, ou algum profeta eminente, ou reivindicou realeza. Cerca da ocasião do nascimento de Jesus, apareceram vários falsos profetas alegando ser o Messias.

Ao qual se agregaram cerca de quatrocentos homens – As autoridades romanos tiveram de enfrentar continuamente diversos bandos de ladrões e revolucionários, alguns mais e alguns menos numerosos do que este.

Mas ele foi morto – Teudas foi morto durante a sua tentativa de insurreição.

E todos quantos lhe prestavam obediência se dispersaram e deram em nada – A palavra traduzida como "prestaram obediência" (seguiram) é a geralmente usada para indicar "crença". É *peitho* e é também traduzida como "persuadido" ou "obedecido". Fala de pessoas que acreditavam nas pretensões de Teudas; e Gamaliel, ao que parece, usa deliberadamente linguagem desse tipo para aplicar aos que "seguiam" o que os apóstolos estavam ensinando. Gamaliel salienta que as pretensões eram sem fundamento, e o levante cessou, no caso de Teudas.

5.37 –

Depois desse, levantou-se Judas, o galileu – Josefo fez uma descrição desse homem[45]. Ele diz que a revolta teve lugar nos dias de Quirino, numa época em que se fazia um recenseamento. Em uma passagem[46], Josefo o chama de Gaulonita, i.e., do país a leste da Galiléia. Se esta fosse a única referência extra-bíblica ao homem, Lucas poderia ter sido acusado também aqui de inexatidão; mas em outras passagens Judas é descrito como Galileu[47]; sendo assim, o relato de Lucas neste ponto não tem sido questionado.

Nos dias do recenseamento – Este é o SEGUNDO recenseamento sob Quirino[48]. A data do mesmo foi cerca de 6 A.D., na época em que a Judéia tornou-se uma província sob um governador romano[49]. O recenseamento de Atos 5.37 não deve ser confundido com o "primeiro recenseamento feito quando Quirino era governador da Síria". Esse primeiro recenseamento teve lugar cerca de 6 a.C.

E levou muitos consigo – Ellicott afirma que a revolução fomentada por Judas foi a mais importante dos atentados para livrar-se do jugo de Roma. Um fariseu de nome Sadduk prestou-lhe ajuda, e a independência absoluta de Israel era o lema desse partido revolucionário. Entre seus seguidores, pagar qualquer tributo a César era ilegal, mas o uso de armas em defesa da liberdade era permitido.

Também este pareceu, e todos quantos lhe obedeciam foram dispersos – A luta tratava por Judas e seus seguidores era uma "guerra santa"; e Josefo, escrevendo muito depois do movimento ter fracassado, mas dando, evidentemente, as impressões de sua própria juventude,

---

[44] *Antiguidades*, XVII.10.
[46] *Antiguidades*, XVIII.1.
[45] *Antiguidades*, XVII.10.5.
[47] *Antiguidades*, XX.5.2.
[48] Veja Lucas 2.2, em que no seu primeiro volume Lucas fala do *primeiro* recenseamento.
[49] Compare notas em comentários sobre Mateus 2.22, e nos Estudos Introdutórios neste livro onde o registro dos filhos de Herodes o Grande é relatado (especialmente a informação sobre o primeiro recenseamento e os problemas ligados a ele).

5.37 A Igreja Em Jerusalém

os menciona como sendo (juntamente com os fariseus, saduceus e essênios) uma das quatro grandes seitas do Judaísmo. Os seguidores dispersos podiam ser ainda encontrados na Galiléia, sendo chamados zelotes (ou cananeus) nos dias do Novo Testamento. Judas pereceu; mas seus filhos Jacó e Simão continuaram a ser considerados como líderes depois da sua morte, e foram crucificados durante a procuradoria de Tibério Alexandre[50].

5.38 –

Agora vos digo: Dai de mão a estes homens, deixai-os – Deixem de opor-se a eles ou ameaçá-los é o conselho de Gamaliel. A razão desse aviso é dada imediatamente, através de dois exemplos. Se o que os apóstolos estavam fazendo era de homens, desapareceria como aconteceu com os movimentos de Teudas e Judas.

Porque se este conselho ou esta obra vem de homens – Se os apóstolos o tivessem introduzido com propósito enganoso, ou se eles fossem líderes falsos como Teudas e Judas, não seria preciso preocupar-se com o movimento em questão.

Perecerá – Deve ser lembrado que o conselho de Gamaliel não é inspirado, e que a orientação dele para tratar com os vários movimentos não deve ser aduzida ser orientação para hoje. Por exemplo, aplique o princípio a qualquer das grandes religiões do mundo. Muitas delas têm-se mantido desde há muito tempo, apesar de não serem claramente de Deus. Seria loucura permitir que uma das seitas ou cultos orientais entrasse em nossas reuniões congregacionais e ensinassem e fizessem discípulos durante um período de tempo, enquanto, ao mesmo tempo defendemos nossa permissividade dizendo: "Se vem de homens, perecerá!" A Bíblia dá um padrão diferente pelo qual medir a verdade – a saber, de que forma um homem e sua doutrina se comparam com a Palavra inspirada de Deus[51]. Vamos usar esta medida em vez da apresentada pelo Gamaliel não inspirado! Gamaliel está dando simplesmente um conselho humano, ao afirmar haver possibilidade de que a resistência aos apóstolos seja desnecessária. Se lhes derem corda suficiente, eles talvez se enforquem, sugere ele.

5.39 –

Mas, se é de Deus, não podereis destruí-los – Se Deus é o autor dessa religião, vocês não poderão suprimi-la, porque Deus é todo-poderoso e imutável. A sentença condicional no v. 38 sugere que a condição seja "provável" – Gamaliel está dizendo que ele pensa que o movimento apostólico "provavelmente" é de homens. A sentença condicional aqui no v. 39 nada sugere. As palavras de Gamaliel, tomadas em conjunto, implicam: "Penso tratar-se realmente de coisa de homens. Mas, suponhamos, por amor ao argumento, que seja de Deus. Não haveria esperança em lutar contra Deus. Vocês só poderiam perder!" Ambos os exemplos históricos usados por Gamaliel ilustram seu pensamento real, que o cristianismo tinha origem humana.

Para que não sejais, porventura, achados lutando contra Deus – No grego isto diz: "A fim de que qualquer tempo não" – em data futura, quando será então tarde demais para retratar-se, será descoberto que vocês estavam lutando contra Deus. Essa resistência não seria apenas inútil, mas também trágica, argumenta Gamaliel. "Lutando contra Deus" é uma frase que se repete no raciocínio dos fariseus que tomaram o lado de Paulo numa cena mais tarde nesse mesmo salão do tribunal[52].

E concordaram com ele – O grego diz, "eles foram persuadidos por ele". Os saduceus eram os líderes reconhecidos das atividades religiosas dos judeus; mas o respeito popular concedido aos fariseus era tão maior que o dos saduceus, que estes precisavam da aprovação e apoio dos fariseus, para que suas decisões não fossem desobedecidas e sua liderança ignorada. No caso presente em que os apóstolos acusados eram tão populares, tornava-se especialmente importante contar com o apoio dos fariseus. Gamaliel havia exposto a posição dos fariseus neste julgamento, e cabia-lhes, portanto, abandonar seu intento de mandar matar os apóstolos.

---

[50] *Antiguidades*, XX. 5.2.   [51] 1 Timóteo 6.3ss.   [52] Atos 23.9.

5.40 –

Chamando os apóstolos – Os apóstolos foram chamados de volta ao tribunal para ouvir a sentença.

Acoitaram-nos – O espancamento ou açoite era um método comum de castigo para ofensas menores entre os judeus. A intenção era que fosse uma medida disciplinar e não um castigo capital. O numero normal de açoites infligidos aos ofensores era trinta e nove[53]. Ser açoitado era uma grande desgraça. Um cidadão romano não podia ser açoitado pelas autoridades romanas; mas os judeus não tinham restrições a respeito, e frequentemente este castigo disciplinar era aplicado por eles. Neste caso, todos os apóstolos foram açoitados.

Gamaliel aconselhou: "Deixe que vão embora, não os importunem". Embora abandonassem o plano anterior de executar os réus, eles não seguiram todo o conselho de Gamaliel. Por quê? Varias respostas já foram sugeridas. Boles escreveu:

> Os membros do Sinédrio podem ter achado que sua honra estava em jogo; caso os apóstolos partissem incólumes, eles poderiam ser considerados como tendo agido contra homens inocentes. Assim sendo, para preservar a sua honra e a do tribunal, e dar a impressão de que os apóstolos fossem culpados de alguma ofensa, eles foram açoitados[54].

Outro escritor disse o seguinte:

> A tortura física do açoite – que era provavelmente administrado com vigor excepcional (ainda mais pelo fato de o aviso preliminar não ter sido obedecido, Atos 4.18-21), teria deixado as pessoas chicoteadas sangrando e rasgadas – serviria para lembrar os apóstolos durante muitos dias da ordem de manter silêncio[55].

É também possível que os fariseus (influenciados por Gamaliel) tenham concordado com essas medidas disciplinares exigidas pelo saduceus, a fim de evitar o castigo mais violento determinado antes pelos membros enfurecidos do Sinédrio.

E, ordenando-lhes que não falassem em o nome de Jesus, os soltaram.

5.41 –

E eles se retiraram do Sinédrio – Eles haviam orado pedindo proteção dos líderes religiosos. A oração deles foi respondida, não exatamente talvez da maneira esperada, pois foram açoitados. Mas a vida deles foi poupada, e puderam pregar num outro dia.

Regozijando-se por terem sido considerados dignos de sofrer afrontas por esse Nome – Qual o efeito comum de ser açoitado? Para a maioria dos homens, nada seria mais ignominioso do que ser açoitado em público. Por que então os apóstolos se rejubilavam? Talvez porque lhes foi permitido imitar assim o exemplo de Cristo (que foi açoitado pelos soldados romanos, e talvez até pelos judeus)[56], e mostrar desse modo que eram seguidores de Cristo. Talvez porque nesse açoitamento tiveram outra evidencia de que estavam fazendo o que Deus esperava que fizessem, pois Jesus havia prometido que poderiam esperar tal tratamento caso fossem "pacificadores"[57]. "Considerados dignos" por quem? Aos olhos de Deus? Aos olhos do Sinédrio? E aos olhos de quem era uma "vergonha"? Aos olhos do Sinédrio, ou aos do povo?

5.42 –

E todos os dias – veja os comentários sobre Atos 2.46. Os apóstolos continuaram a desconsiderar as ameaças do Sinédrio, e continuaram obedecendo a Deus.

---

[53] 2 Coríntios 11.24.   [54] Boles, *op. cit.*, p. 83.
[55] W. S. LaSor, *Church Alive* (Glendale, Calif.: Gospel Light, 1972), p. 84.
[56] O chicoteamento de Jesus pelos soldados romanos é relatado em João 19.1 e outras passagens. Que ele foi açoitado pelos judeus é um entendimento possível da palavra "pancadas" em Lucas 22.63ss.

5.42   A Igreja Em Jerusalém

No templo e de casa em casa – Eles ensinaram bem debaixo do nariz dos homens que acabavam de proibi-los de falar em nome de Cristo. É provável que tivessem continuado a usar o pórtico de Salomão, e o comandante da guarda do templo iria agir de acordo com a sugestão de Gamaliel (aceita por todo o Sinédrio), permitindo que o movimento seguisse o seu curso sem interrupção[58]. E os apóstolos entraram nas casas daqueles que aceitavam ouvi-los. Este é o tipo de evangelismo de que precisamos hoje – pregar o evangelho publicamente, todos os dias, e de casa em casa.

Não cessavam de ensinar, e de pregar Jesus, o Cristo – Nada podia impedi-los de pregar e ensinar que Jesus era o Messias! (Nos dias de hoje, quando os eruditos tendem a distinguir entre *kerygma* e *didache*, a combinação desses dois termos desempenha parte importante ao opor-se à tentativa de ir além do sentido das narrativas bíblicas existentes, até chegar ao *kerygma* original.)

---

[58] O que aconteceu com alguns dos membros principais do Sinédrio depois deste ponto em Atos foi relatado nos Estudos Introdutórios. Além do que é dito nos mesmos sobre Anás e Caifás, uma palavra a mais sobre Gamaliel pode ser de interesse. Gamaliel foi permitido presidir o Sinédrio sob os reinados de Calígula e Cláudio. Tradições cristãs têm representado-o como sendo um discípulo em secreto de Jesus (Pseudo-Clemente, *Recogn.* I. 65). Fótio (*Cod.* 171) o apresenta como batizado por Pedro e Paulo, junto com Nicodemos (representado como seu sobrinho (e seu filho Abibas. Num conto legendário, dizendo-se ter procedido de Luciano, um sacerdote da Síria, Gamaliel teria sido envolvido no sepultamento de Estêvão e outros cristãos, ele próprio enterrado no mesmo túmulo com Estêvão e Nicodemos (Agostinho, *Civ. Dei.* XVII.8 *Serm.* 318).

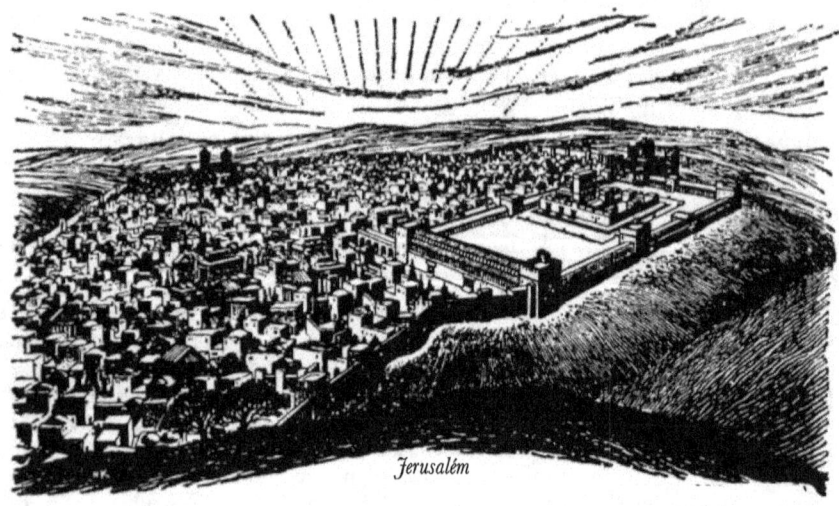

Jerusalém

Desenho de Horace Knowles
da British and Foreign Bible Society.

ESTUDO ESPECIAL Nº 10
A Disciplina da Igreja

As Escrituras contêm a lei divina para a admissão do indivíduo na igreja, a lei divina da organização da igreja, a lei divina do regulamento da igreja e a lei divina da exclusão da igreja; e os homens não tem mais direito de ser negligentes com uma dessa leis do que com outra.

Existem na verdade, dois lados ou duas fases da disciplina da igreja. Temos o que é chamado de disciplina FORMATIVA (construtiva, ou preventiva) da igreja. E temos também a que é chamada de disciplina CORRETIVA da igreja.

Disciplina "formativa" significa ensinar. Os membros da igreja não sabem o que é certo ou errado, se não receberem instruções sobre a retidão. O Novo Testamento mostra que na igreja, tal ensino formativo deve ser feito pelo evangelista e os presbíteros. O pecado deve ser reprendido. A retidão deve ser inculcada. A disciplina corretiva jamais deve ser imposta ou praticada até que se tenha havido primeiro a disciplina formativa.

Através dos anos, e mesmo hoje, existem aqueles na congregação que se opõem à ideia de que a congregação local pratique a disciplina corretiva da igreja. As duas objeções mais comuns são:

(1) Alguns objetam à pratica da disciplina porque a Bíblia diz: "Não julgueis, para que não sejais julgados" (Mateus 7.1ss). Mas esse versículo certamente não proíbe a disciplina na igreja, pois Paulo escreveu aos coríntios que eles deveriam julgar as obras pecaminosas (1 Coríntios 5.12, 13). A harmonia da Escritura é mantida, e só realizada, quando permitimos que AMBAS as passagens falem em seu contexto apropriado. A passagem de Mateus 7.1 não proíbe a disciplina corretiva, mais proíbe o julgamento hipócrita.

(2) Outros que discordam dizem: "Jesus declarou, 'deixai-os (bom e mal) crescer juntos até a colheita' (Mateus 12.24-30)". Este versículo também não proíbe a disciplina. Jesus explicou que o campo em que essas plantas estavam crescendo juntas é o MUNDO, e não a IGREJA. Como é natural, os membros da igreja não deve sair e extirpar os homens maus do mundo – isto só poderia ser feito matando-os. Mas somos ensinados a remover certos indivíduos da comunhão da congregação devido aos seus pecados.

Finalmente, como introdução, queremos dizer uma palavra sobre o espírito da igreja, quando os membros exercem disciplina sobre um membro pecador. Um espírito errado por parte da congregação poderia ser um pecado tão grande como o cometido continuamente pela pessoa que está sendo excluída. A disciplina corretiva deve ser aplicada no espírito de fervor, ternura e amor. É preciso que haja tristeza por tal atitude ser necessária. E a ação deve ser efetuada com a esperança de fazer com que o pecador volte, arrependido.

I. ENSINO BÍBLICO EXIGINDO A DISCIPLINA CORRETIVA.

A. Todo Crente Arrependido e Imerso deve ser reconhecido como Irmão em Cristo

Este é o ensino da Grande Comissão, Mateus 28.18-20 e Marcos 16.15, 16. Este é o ensino dos apóstolos como registrado em Atos 2.37-41, 47, etc. Esses crentes arrependidos que são imersos em nome de Cristo são reconhecidos como membros do corpo de Cristo (a Igreja). Todos eles devem ser estimados como irmãos. Este é o plano que Cristo entregou. Neste assunto, TODOS DEVEM CONFORMAR À VONTADE DE CRISTO. Não temos nenhum direito de alargar a porta para a Igreja, ou para o Céu.

B. Escrituras que Ensinavam a Necessidade de Disciplina Corretiva

Existem muitos trechos das Escrituras que ensinam a retirada da comunhão – se todos os outros meios de disciplina corretiva não levarem um irmão pecador ao arrependimento. 1 Coríntios

5.13 e 5.11; Mateus 18.15-18. A igreja deve se conformar a essas instruções claras, obedecendo-as da mesma forma que segue as instruções referentes à recepção de pessoas na comunhão. Por que pregar em voz alta e longamente sobre os passos de admissão (porque estão declarados claramente nas Escrituras), e recusar-se a enfatizar a lei divina da exclusão (que é tão claramente declarada)?

II. O PROPÓSITO ESCRITURAL DA DISCIPLINA CORRETIVA DA IGREJA

A. Advertir outros para que também não caiam no pecado. 1 Timóteo 5.20

Um propósito da disciplina é manter a igreja pura. Deus não poderia deixar de castigar o pecado no rebanho. Se as pessoas pudessem pecar sem ser punidas, todo o fundamento da igreja estaria em risco. As pessoas não seriam diferentes depois de se tornarem membros da igreja do que eram antes.

B. Salvar o transgressor. 1 Coríntios 5.5 e 1 Timóteo 1.20

C. Salvar a igreja da corrupção. 1 Coríntios 5.6, 7; Hebreus 12.16; e 2 Timóteo 2.17, 18

D. Provar nossa Obediência a Cristo. 2 Coríntios 2.9 e 7.11a

E. Impressionar favoravelmente os de fora da Igreja. Atos 5.14

III. O PROCEDIMENTO BÍBLICO DA DISCIPLINA.

As seguintes passagens podem ser úteis quando refletimos nas medidas a serem tomadas na disciplina: Mateus 18.15-18; 1 Coríntios 5.1ss; 1 Timóteo 5.19-22; 2 Coríntios 2.5-11; e 1 Coríntios 12.12-30.

A. Disciplina Formativa

Nas páginas anteriores foi indicada a existência de dois tipos de disciplina – formativa e corretiva. A formativa é o primeiro passo na disciplina. Quando o evangelho é ensinado adequadamente, a maioria dos problemas disciplinares irá ajustar-se por si mesmos. Todavia, existem alguns casos que não serão solucionados através de qualquer ensinamento. Tais casos obstinados devem ser então tratados mediante os três passos progressivos de disciplina corretiva apresentados em Mateus 18.15-18.

B. Disciplina Corretiva

Conselho particular – Frequentemente, a única correção necessária para um irmão desviado é leva-lo para um lado quietamente e falar com ele sobre o seu erro e os meios de corrigi-lo. É possível a um cristão sincero estar vivendo em pecado, ou ensinando doutrina falsa, sem perceber. Se essa pessoa estiver servindo verdadeiramente a Deus, ela irá receber com agrado a sua correção e imediatamente corrigir-se, uma vez conhecido o seu erro. Este tipo de disciplina da igreja é muito bem ilustrada no caso de Apolo, mostrando o que Áquila e Priscila fizeram no caso dele. Ao disciplinar um irmão desviado, o primeiro passo é o aconselhamento em particular.

Censura Pública – A instrução particular é eficaz na maior parte dos casos, mais ela nem sempre convence a pessoa do seu erro. Uma forma mais forte de disciplina é necessária em tais casos – uma censura diante de várias testemunhas. Jesus nos ensinou a levar conosco duas ou três testemunhas, a fim de que toda palavra seja confirmada. Se ele se arrepender, o irmão esta ganho. A essa altura, a maioria dos irmãos em Cristo sinceros irão cair de joelhos, arrependidos. O segundo passo na disciplina corretiva é uma visita de vários irmãos.

Reunião Especial da Congregação – Se a pessoa continuar recusando a se arrepender, depois de confrontada por duas ou três testemunhas, então o assunto deve ser levado diante da congregação inteira. Existe um bom exemplo deste tipo de ação no ministério de Paulo, Gálatas 2.11ss. Através da censura pública, Pedro foi levado ao arrependimento. Quando o irmão desviado está tentando fazer a vontade do Senhor, as medidas acima irão mostrar-se eficazes para faze-lo voltar ao Caminho. Mais se estiver querendo servir sua própria vontade, métodos mais dràsticos de disciplina devem ser usados.

Exclusão – Expulsão da congregação – Paulo nos fornece de novo um exemplo desta medida extrema da disciplina corretiva da igreja, 1 Coríntios 5.1-13. Se nós usássemos está forma de correção como o Senhor pretendia, talvez pudéssemos ver uma pessoas alertas, andando mais discretamente, tendo respeito pela sua filiação à igreja. Se depois do aconselhamento particular, censura pública e confronto da congregação, a pessoa insistir em não se arrepender, o passo seguinte – separação – deve ser dado por aqueles que servem e amam o Senhor e sua Igreja.

IV. OS PECADOS QUE EXIGEM O EXERCÍCIO DA DISCIPLINA CORRETIVA NA IGREJA

A. Todos os pecados devem receber a disciplina apropriada

O arrependimento, oração e confissão são necessárias. Todavia, existem alguns pecados que exigem que a congregação tome uma atitude contra o transgressor, caso continue neles e não se arrependa.

B. Pessoas Facciosas que Causam Contendas e Conflitos. Tito 3.10, 11 e Romanos 16.17

C. Pecados de Fornicação, Cobiça, Idolatria, Injúria, Embriaguez e Extorsão. 1 Coríntios 5.11.

Quantas de nossas igrejas costumam reprovar homens culpados desse tipo de pecado?

D. Os que desobedecem e desconsideram deliberadamente o Ensino dos Apóstolos. 2 Tessalonicenses 3.6, 14.

V. A ATITUDE E RESPONSABILIDADE DA CONGREGAÇÃO PARA COM QUEM FOI EXPULSO

A. A igreja deve procurar restaurá-lo, ajudando-o a vencer o pecado em que caiu

Gálatas 6.1, 2 ensina isto. Deve ser feito em espírito de mansidão e brandura. Os que foram excluídos não devem ser considerados inimigos pessoais, mas irmãos pecadores, 2 Tessalonicenses 3.14, 15.

Toda ação deve ser feita com o constante intuito de salvar a alma do indivíduo em consideração. Com grande frequência a disciplina é usada como meio de levar a pessoa a novos pecados e destruição. A disciplina não deve ser considerada como "uma igreja lutando entre si", ou "riscar um membro da lista", ou como "uma briga entre um líder obstinado e um membro". Esta impressão de disciplina tem deixado medo e confusão na mente das pessoas. Disciplina é a tentativa de restaurar um filho de Deus desviado antes que se perca completamente.

B. Chega a ocasião em que o Excluído deve ser considerado como "Alguém de fora"

De acordo com Mateus 18.15-10, parece haver uma hora em que o indivíduo expulso não deve mais ser considerado um irmão, e sim um Gentio ("de fora"). Ou como Paulo diz: "com esse tal nem ainda comais" (1 Coríntios 5.11).

C. Restauração do Arrependido

Quando o indivíduo disciplinado se arrepende, ele deve ser recebido de volta na comunhão, perdoado e consolado. 2 Coríntios 2.6-8

CONCLUSÃO

"Excluir um ofensor é bom, curá-lo é melhor; mas evitar que caia é o melhor de tudo." Alexander Campbell

E.E. Nº 10   A Disciplina da Igreja

"A disciplina é medicamento para curar, e não veneno para matar; ela não deve servir para satisfazer o ódio do juiz, mas para admoestar o ofensor que está sendo julgado." J. W. McGarvey

A disciplina da igreja, ordenada adequadamente, é um ato reconhecido nos tribunais do Céu. Depois de dar instruções sobre o método a ser seguido, e dizer-lhes que alguns teriam de ser excluídos, Jesus disse: "Em verdade vos digo que tudo o que ligardes na terra, terá sido ligado no céu, e tudo o que desligardes (excluirdes) na terra, terá sido desligado no céu" (Mateus 18.18).

Desenho por Horace Knowles
da British and Foreign Bible Society

ESTUDO ESPECIAL Nº 11
Demônios e Possessão Demoníaca

Ficamos imaginando se não estamos inclinados a encolher os ombros com indiferença à ideia de demônios e espíritos hoje, ignorando no processo o tremendo volume de referências a esses seres encontrados tanto no Antigo como no Novo Testamentos. O pensamento de agentes invisíveis de Satanás envolve um conceito que muitos não estão dispostos a aceitar. Tais coisas não têm lugar nesta era de pesquisa científica e razão! Ou têm?

O apóstolo Paulo, escrevendo à igreja de Éfeso, fala da guerra dos cristãos e descreve a situação nestas palavras: "Porque a nossa luta não é contra qualquer inimigo físico: mas sim contra organizações e poderes espirituais. Estamos enfrentando o poder invisível que controla este mundo de trevas e os agentes espirituais do próprio quartel-general do diabo"[1]. Se somos confrontados por um "poder invisível", se esse poder "controla" o mundo em que vivemos, e se ele envia "agentes espirituais", não estaremos sendo absolutamente insensatos ao ignorar a sua realidade e os meios pelos quais eles podem ser derrotados?

A etimologia do termo "demônio" (*daimonion*), na língua primitiva *daimon*, é um tanto incerta. Ambas as palavras são traduzidas "diabo" na KJV, mas há uma absoluta distinção entre elas no original do termo *diabolos*. Na ASV as palavras são traduzidas como "demônio", e ambos os termos são empregados com sinônimos tanto pelos escritores profanos como sagrados. Quanto à derivação, portanto, Platão derivou a palavra de *daemon*, um adjetivo formado de "*dao*", significando "conhecimento" ou "intelecto"[2]. Eusébio a derivou de *deimaino*, "ficar aterrorizado"[3]. Proclo a derivou de *daio*, "distribuir", porque supunha-se que cabia aos demônios determinar a sorte ou o destino dos homens.[4]

I. OS DEMÔNIOS – SUA IDENTIDADE

A. Nos Escritores Pagãos

O termo passou por várias modificações e mudanças no período entre Homero e a publicação da Septuaginta.

1. Em Homero, onde os deuses são apenas homens sobrenaturais, "demônio" é um termo usado intercambiavelmente com *theos* (deuses)[5]. Supunha-se que os demônios fossem as almas dos homens bons, que depois de sua separação do corpo eram chamados de heróis, e mais tarde elevados à dignidade de demônios, e subsequentemente ao de deuses[6]. Platão diz, "Falam excelentemente os poetas que afirmam que ao morrerem os homens bons, eles alcançam grande honra e dignidade, tornando-se demônios"[7].

2. Um segundo estágio no desenvolvimento do termo "demônio" aparece no uso pós-homérico, quando os demônios eram tidos como intermediários entre os deuses e os homens. Em *Hesiod*, quando a ideia de deuses havia se tornado mais exaltada e menos familiar, os demônios são chamados de seres intermediários, os mensageiros dos deuses aos homens[8]. Depois de escrever: "Todo demônio é um ser intermediário entre Deus e o mortal", Platão passou a explicar o que queria dizer por "ser intermediário". O homem não tem acesso imediato a Deus, mas todo o comércio e trato entre os deuses e os homens são realizados pela mediação de demônios". Ele entra em mais detalhes: "Os demônios são informantes e mensageiros dos homens para os deuses,

---

[1] Efésios 6.12, Phillips.   [2] *Cratylus* I. 398.   [3] *Proep. Evang.* IV. 5.
[4] Hesiod, *Works and Days*, Trad. Richard Lattimore, p. 109-126.
[5] *Illiad*. XVII. 98, 99.   [6] Plutarch, *De Defac. Orac.* e Hesiod, *ibid.*
[7] *Cratylus*, *ibid.*   [8] Hesiod, *op. cit.*, p. 121.

e também dos deuses para os homens, das súplicas e orações de um lado e das ordens e recompensas do outro"[9].

3. Um terceiro estágio de desenvolvimento surgiu quando o conceito de demônios baixou ainda mais, à medida que os filósofos se esforçaram para exaltar os deuses. Os demônios passaram então a ser considerados com tendo uma natureza maligna e não somente quando provocados. Acreditavam agora que as almas dos maus se tornavam demônios malvados[10]. Plutarco escreveu: "Uma opinião muito antiga é que existem certos demônios perversos e malignos, que invejam os homens bons e se empenham em prejudicá-los na busca da virtude, para que não venham a participar de uma felicidade maior do que aquela de que eles gozam"[11]. Pitágoras afirmava que certos demônios enviavam moléstias aos homens e animais[12].

B. No Pensamento Judeu

1. A demonologia rabínica está repleta de distorções de verdades bíblicas. "A queda de Satanás e seus anjos, na demonologia rabínica, é estranhamente imaginada como subsequente à criação do homem, sendo ocasionada pela inveja deles em relação ao ser humano. Várias ideias grosseiras são mantidas quanto à origem dos demônios, variando desde a sua criação na véspera do primeiro sábado, antes de seus corpos serem terminados (supõe-se que isto justifica o fato de eles serem espíritos), até a geração de multidões deles como filhos de Eva e espíritos masculinos, e de Adão e espíritos femininos, ou com Lilith, a rainha dos espíritos femininos. Ideias ainda mais grosseiras os consideram como transformações de víboras, ou como nascidos da espinha dorsal daquele que não se inclinou em adoração. Completamente sexuais, eles se multiplicam rapidamente e são inumeráveis. Mil à sua direita e dez mil à sua esquerda"[13]. Os métodos rabínicos de lidar com os demônios são variados – tais como tochas à noite, abluções, filactérios, amuletos, fórmulas mágicas, fumigações, etc.

2. Na Septuaginta, os termos *daimon e daimonion* não se encontram com muita frequência, mas são usados consistentemente para traduzir certas palavras hebraicas. E a "demonologia" dos tradutores da LXX é tão elevada quanto a das Escrituras hebraicas. Na maioria dos casos os tradutores da LXX não permitiram que superstições extravagantes da época se introduzissem na sua tradução. Deve ser notado que o hebraico não tem equivalente exato para o termo grego "demônio"; de fato, nada menos que cinco palavras hebraicas diferentes são traduzidas por ele (e só uma delas foi interpretada como "demônio" pelos tradutores ingleses). "Demônio" (*daimon, daimonion*) foi empregado pelos tradutores da LXX em Deuteronômio 32.17 e Salmo 106.37 para os "ídolos" adorados pelos pagãos, onde o hebraico tinha *sheddim* (e seus derivados). Os tradutores da LXX usaram "demônio" em Levítico 17.1-7, onde o hebraico dizia *seirim*, "bode-macho" ou "sátiro cabeludo" – outro objeto de adoração idólatra. Novamente usavam "demônios" onde o hebraico tinha *elilim*, "ídolos", Salmo 96.5. "Demônios" era a tradução do hebraico *gad*, um deus da fortuna, Isaías 65.11, outro ídolo adorado pelos babilônios, em outras partes também chamado de Baal. O uso de "demônio" no Salmo 91.6 (onde o hebraico diz "destruição"), parece ser um traço da noção popular se insinuando na mente do tradutor, no sentido de que "sorte ingrata" ou "reveses trágicos" eram causados por demônios malignos.

3. Em Josefo vemos a palavra demônio usada sempre para os espíritos maus; e ele diz expressamente: "Os demônios não são mais que espíritos dos perversos, que entram nos homens e os matam, a não ser que consigam alguma ajuda contra eles"[14]. Ele fala do seu exorcismo por fumigação (como em Tobias 8.2, 3), ou por meio de raízes e usando o nome de Salomão. Josefo também acreditava que os demônios eram provenientes da união dos "filhos de Deus" com as "filhas dos homens" em Gênesis 6.2[15].

---

[9] *Sympos.* III. 202, 203.
[10] Chalcid, *Platon. Tim.* c. 135.
[11] Plutarch, *Dion.* I. 958.
[12] Diog. Laert., *Vit. Pythag.* p. 514.
[13] Merrill Unger, *Biblical Demonology* (Wheaton, Ill.: Scripture Press, 1952), p. 33.
[14] *Guerras* VII. 6.3.
[15] *Antiguidades*, VI.8.2; VIII. 2.5.

4. Por Philo (*De Gigantibus*), a palavra demônio parece ser usada num sentido mais geral, como equivalente a "anjos", e se referindo tanto a seres bons como maus. Philo também defendia a "hipótese angélica" (semelhante a Josefo) como explicação para a origem dos demônios.

C. Na Escritura

1. Que os demônios EXISTEM REALMENTE é visto pelo fato que os escritores bíblicos e Jesus falam deles, sem qualquer sugestão da menor dúvida quanto à sua verdadeira existência. Acaba de se mostrar que no Antigo Testamento, os *sheddim* e os *seirim* eram conceitos demoníacos.

O fato de que os escritores do Novo Testamento criam firmemente na existência de demônios pode ser amplamente provado. Eles declaram a sua existência (Tiago 2.19; Apocalipse 9.20), descrevem a sua natureza (Lucas 4.33; 6.18), e sua atividade (I Timóteo 4.1; Apocalipse 16.14), mencionam sua expulsão de corpos humanos (Lucas 9.42), sugerem sua organização sob Satanás (Mateus 12.26; Efésios 6.12), indicam sua habitação (Lucas 8.31; Apocalipse 9.11), e apontam para sua condenação final (Mateus 25.41). Que o próprio Cristo compartilhava pontos de vista idênticos aos dos escritores bíblicos, embora este fato seja bastante negado, está sujeito à mesma ampla prova. Ele ordenou a seus discípulos que expulsassem demônios (Mateus 10.1), expulsou-os ele mesmo (Mateus 15.22, 28), repreendeu-os (Marcos 5.8), tinha completo poder sobre eles (Mateus 12.9), e considerava sua conquista deles como uma vitória sobre Satanás (Lucas 10.17, 18)[16].

Os demônios são apresentados como crendo no poder de Deus e "tremendo" (Tiago 2.19); eles reconheceram nosso Senhor como Filho de Deus (Mateus 8.29; Lucas 4.41), admitiram o poder do seu nome usado no exorcismo, no lugar do nome Jeová, pelos mensageiros por Ele designados (Atos 19.15); e eles esperam com terror o juízo vindouro (Mateus 8.29). Em 1 Coríntios 10.20, 21; 1 Timóteo 4.1; e Apocalipse 9.20, a palavra *daimonia* é usada para os objetos da adoração dos gentios; e na primeira passagem é contrária à palavra *theos* (com uma referência a Deuteronômio 32.17). Ela é também usada pelos atenienses em Atos 17.18. A mesma identificação das divindades pagãs com os espíritos malignos é encontrada na descrição da jovem que possuía um "espírito adivinhador" em Filipos, Atos 16.16. Deve ser notado que em 1 Coríntios 10.20, 21, o apóstolo discute com aqueles que consideram o ídolo inofensivo, e declara que tudo que é oferecido ao ídolo é na verdade oferecido a um "demônio". De fato, pode se dizer que a Bíblia apresenta evidência considerável para a existência real de seres chamados demônios.

2. Quanto à sua NATUREZA, os demônios são espíritos. Nos quatro evangelhos de maneira geral (Mateus 8.16; 10.1; 12.43-45; Marcos 9.20; Lucas 10.20, etc.), em Tiago 2.19 e em Apocalipse 16.14, os demônios são mencionados como seres espirituais opostos a Deus e tendo poder para afligir o homem com doenças físicas. Em Atos 19.12, 13, eles são definidos especificamente como "espíritos malignos". Assim sendo, é-lhes atribuída inteligência e vontade (Marcos 1.24; Lucas 4.34; Tiago 2.19; 3.14), e também grande poder (Mateus 9.28-32; Marcos 9.25; Efésios 6.12).

Se eles devem ser considerados como pertencendo a uma classe de seres espirituais no nível dos anjos, ou como tendo decaído da condição original de anjos, não fica claro através de qualquer declaração das Escrituras. Eles são os mensageiros ou agentes de Satanás; e como tais, poderiam ser tanto "angélicos" como "menores que anjos" em sua natureza.

3. Quanto à ORIGEM dos demônios, as Escrituras não fazem quaisquer declarações específicas, e portanto os eruditos têm apresentado toda sorte de ideias. (Para as ideias de que os demônios são espíritos desencorporados dos habitantes de uma terra pré-adâmica, ou que são os filhos monstruosos gerados por anjos e mulheres antediluvianas, veja a discussão extensa em Unger, p. 42ss). Os demônios são aparentemente anjos caídos – anjos que pecaram juntamente com o diabo (Judas 6; 2 Pedro 2.4; Lucas 8.29-31; Apocalipse 12.7-9). Satanás é chamado de príncipe dos demônios. Os demônios expulsos pelo nosso Senhor são chamados coletivamente de Satanás (Mateus 12.24-29; Lucas 13.16); e a frase "espíritos imundos", aplicada aos demônios (Mateus

---

[16] Unger, *op. cit.*, p. 36.

10.1; Marcos 3.11; 6.7; etc.) é aplicada também aos anjos decaídos (Apocalipse 16.13; 18.2), e até no singular ao próprio Satanás (Marcos 3.30; compare o v. 22). Essas considerações, na opinião deste autor, tornam provável que os demônios do Novo Testamento pertençam ao número dos anjos que "não mantiveram seu primeiro estado", e que devem ser os mesmos "anjos dos diabo" (Mateus 25.41; Apocalipse 12.7-9); "os principados e potestades" contra os quais "lutamos" (Efésios 6.12, etc.)

4. O testemunho relativo à HABITAÇÃO dos demônios e sua ESFERA DE OPERAÇÃO é abrupto e fragmentário. Algumas vezes os demônios são descritos como estando em cativeiro, e outras como sendo espíritos livres. É difícil harmonizar as duas ideias. Quanto à sua esfera de operação – algumas vezes lemos sobre demônios nas "regiões celestes" (Efésios 6.12); outras vezes no "ar" (Efésios 2.2); outras ainda na "terra" (Jó 1.7); algumas vezes em lugares "áridos" (Lucas 11.24); outras nos "porcos"(Marcos 5.13); algumas vezes nos "reis do mundo" (Apocalipse 16.14); algumas vezes como estando por trás dos ídolos e da adoração de ídolos (1 Coríntios 10.20). Todavia, quando se trata da questão de onde habitam, os demônios são representados como "guardados sob trevas, em algemas eternas, para o juízo do grande dia" (Judas 6 compare 2 Pedro 2.4). Também é dito que se encontram no abismo (Lucas 8.31; compare Apocalipse 9.1-11). Tais descrições, porém, podem ser compreendidas como indicando nada mais de que se encontram numa condição de castigo, ou sob controle; pois a atividade que lhes é atribuída é incompatível com a ideia de que eles se achem confinados. Além disso, passagens como Efésios 2.2 e 6.12 levariam à conclusão de que uma esfera de ampla liberdade física é concedida a esses espíritos decaídos. (Outro método tem sido usado para harmonizar as duas ideias – isto é, que existem duas classes de demônios: uma classe que cometeu um pecado horrível depois de expulsa do céu – cujo pecado as mantém agora em algemas de trevas; e outra classe, que embora expulsos juntamente com o Diabo, não são culpados desse horroroso pecado e estão então livre para agir como insinuam as passagens em Efésios. Veja esta última ideia desenvolvida por Herbert Lockyer numa série de artigos no *Sunday School Times*, a partir do número de 2 de abril de 1958).

5. O DESTINO dos demônios é o mesmo do seu líder – a saber, o Inferno. Jesus falou do "fogo eterno, preparado para o diabo e seus anjos" (Mateus 25.41). Este é indiscutivelmente o fim terrível que os demônios tinham em mente quando gritaram para Jesus: "Que temos nós contigo, Jesus Nazareno? Vieste para perder-nos"? (Marcos 1.24). "Vieste para atormentar-nos antes de tempo"? (Mateus 8.29).

D. Nos Escritores Cristãos Primitivos

Os escritos cristãos primitivos estão repletos de referências a demônios. Unger escreve: "Justino Mártir (*De Defectiona Oraculorum* XIII), por exemplo, seguindo evidentemente o ensino claro do Antigo (Deuteronômio 32.17; Salmo 106.37) e do Novo Testamentos (1 Coríntios 10.19, 20; I Timóteo 4.1; *et al.*), afirma que os demônios inspiraram a mitologia grega, levantaram homens perversos como Simão, o Mago, hereges como Marcion, e ativaram as perseguições aos cristãos"[17]. Alguns dos escritores cristãos primitivos representam os demônios como anjos que caíram em rebelião e pecado, apesar de criados originalmente santos[18], enquanto outros representam-nos como fruto do intercurso de anjos com mulheres[19], e outros ainda, que são as almas dos gigantes que nasceram da união entre as filhas dos homens e os diabos[20]. Todos descrevem-nos como seres perversos, como enganadores e destruidores dos homens, como sendo objeto da adoração dos pagãos, e como usados por Deus para punir os malvados[21].

Eles também ensinam que são *asomata* (sem corpos), todavia não no sentido de serem absolutamente imateriais, mas como *skia onta* (tendo sombras, tendo adumbrações, tendo uma forma levemente esboçada)[22].

---

[17] Unger, *op. cit.*, p. 58.
[18] Joan. Damasc. *Expos. Fidei*, II. 4.
[19] Justino Mártir, *Apol.* II.5.
[20] *Pseudo-Clementine Homilies*, VIII.18.
[21] Orígenes, *Cont. Celsius*, V. 234.
[22] Veja Clemente de Alexandria, *Stromata*, VI. 7; compare Crisóstomo, *Hom.* CXVV; e Theodoret, *In Jes.* XIII.

II. POSSESSÃO DEMONÍACA

A. O Registro Bíblico

Tanto o Velho como o Novo Testamento não só falam de demônios, como descrevem os demônios entrando no corpo dos homens e possuindo essas pessoas. A palavra demoníaco (*daimonizomenous*, interpretada "possuído por um demônio"), e as palavras "tendo um demônio" (*daimona echon*) são frequentemente usadas no Novo Testamento e aplicadas às pessoas que sofriam sob o domínio de um espírito maligno – tal possessão geralmente se manifestando visivelmente "na forma de doença física ou mental". As pessoas endemoninhadas, no Novo Testamento, são descritas como tendo demônio ou demônios ocupando-os; os demônios suspendiam as faculdades de suas mentes e governavam os membros de seus corpos, de modo que o que era dito e feito pelos endemoninhados se atribuía aos demônios que os habitavam. O estudioso precisa apenas percorrer as referências relativas aos demônios para ver que quase todas as vezes em que são mencionados, trata-se de algum ser humano em quem entraram.

Apesar de não haver evidência de que os demônios podiam levar alguém a pecar ou torná-lo pecador, a pessoa em quem o demônio vivia era até certo ponto governada por ele, Mateus 4.24. A habitação por um ser como esse afetava fisicamente o indivíduo em determinados casos, produzindo certas moléstias comuns. Um menino possuído foi portanto descrito como tendo um espírito surdo e mudo, e sendo afetado a intervalos por sintomas mórbidos semelhantes aos da epilepsia, Marcos 9.14-29; Mateus 17.15-18; Lucas 9.37-41. As interpretações comuns e literais dessas passagens demoníacas nas Escrituras são que existiam espíritos perversos, sujeitos ao Maligno, que tinham permissão de Deus para exercer uma influência direta sobre os corpos de certos homens, especialmente nos dias do Senhor e seus apóstolos. A característica distinta da possessão é a perda completa (ou quase completa) da razão ou força de vontade do possuído; seus atos, palavras, e quase seus pensamentos são dominados pelo demônio (Marcos 1.24; 5.7; Atos 19.15), até que a sua personalidade pareça ter sido destruída; ou caso não tivesse sido destruída, ficou tão subjugada que veio a produzir a consciência de uma vontade dupla nele.

O próprio homem era responsável pelo seu hediondo visitante, Lucas 11.24-26. Provavelmente até que a pessoa fosse degradada e enfraquecida pelo seu próprio pecado ela não poderia ser cativada por um demônio (cf. 1 Samuel 16.14 comparado com 13.8-14 e 15.10-31).

B. Ataques Modernistas ao Registro Bíblico

Com relação à menção frequente de endemoninhados na Escritura, várias linhas de negação da historicidade do registro tem sido apresentadas.

1. A de Strauss e de Escola Mística

Para David Friedrich Strauss (em sua obra de dois volumes sobre *The Life of Jesus* ("A Vida de Jesus"), qualquer coisa que fosse sobrenatural ou anormal nas narrativas do evangelho era "mitológico" (embora ele jamais definisse "mito"). Por exemplo, a maioria dos leitores da história de Gideão irá reconhecer os aspectos puramente humanos e históricos nela contidos; esta é uma história de coragem e aventura, de um gênio militar autodidata e suas realizações. A imaginação de Israel, todavia, viu esta narrativa como parte dos tratos de Deus com seu povo escolhido; Deus é portanto considerado o salvador e Gideão apenas um instrumento nas mãos do Deus altíssimo, quando o evento é finalmente registrado na Bíblia, (como sugere a teoria mitológica). Da mesma maneira, houve um camarada chamado Jesus. E a admiração dos cristãos primitivos por Jesus encontrou expressão na formação de mitos a respeito dele, como sendo também um instrumento nas mãos de Deus. Não houve, portanto, na verdade, seres como os demônios. Isto não passava de um símbolo vivo da presença do mal no mundo, e a "expulsão dos demônios por nosso Senhor" era uma figura correspondente do triunfo sobre o mal pela sua doutrina e vida.

Este conceito se mantém de pé ou cai juntamente com a teoria mítica como um todo – e esta caiu há muito tempo, porque jamais teve um Jesus suficientemente grande para justificar a existência da Igreja do primeiro século. Se Jesus não era realmente divino, não existe maneira de justificar a origem do corpo chamado Igreja. Também os relatos do Evangelho são descrições simples dos incidentes, em estilo prosaico e não poético. Dizer que em meio à prosa pura existe "mito" torna as declarações uma mentira, e não um simples símbolo e figura. Seria tão razoável esperar um mito ou fábula figurada por parte de Tucídides ou Tácito em suas descrições da história contemporânea, como esperar um "mito" nos registros evangélicos.

2. *Jesus estava enganado*

A teoria diz que Jesus agiu desse modo e deu a impressão de ter expulso demônios, por estar enganado neste assunto – compartilhando apenas as opiniões erradas de seus contemporâneos.

Essa opinião colide com a veracidade do Salvador e a natureza salvífica de seu trabalho, devendo ser portanto rejeitada (à luz da sua ressurreição como prova de suas afirmativas).

3. *Jesus falou como forma de acomodação*

A teoria de que Jesus e os escritores dos Evangelhos falaram para acomodar as crenças populares diz que o que era nessa época chamado "possessão demoníaca" é hoje tido como "doença" ou "insanidade", e que Jesus falou e agiu desse modo (como seus ouvintes pensavam e esperavam que ele agisse), embora soubesse que não havia demônios a serem expulsos. Isto é, Ele se acomodou à ignorância e superstição deles, sem fazer qualquer afirmação quanto à existência ou inexistência real dos fenômenos descritos.

A ideia de que "possessão demoníaca" é na verdade o mesmo que chamamos de "doença" ou "insanidade" se baseia nos seguintes fatos e argumentos: (1) Os sintomas da possessão demoníaca eram frequentemente os mesmos da moléstia física (como cegueira e mudez, Mateus 12.22; ou epilepsia, Marcos 9.17-27). (2) Às vezes, "possessão demoníaca" parece ser sinônimo de "loucura" ou demência (como em Mateus 8.28; Marcos 5.1-5; João 7.20; 8.48; 10.20). (3) É suposto (erradamente?) que casos de possessão demoníaca real são desconhecidos em nossos dias – nós apenas os chamamos por outro nome, como o que a Bíblia chama de paralisia, nós às vezes chamamos de poliomielite. Eles o chamaram de "possessão demoníaca", mas nós lhe damos o nome de insanidade ou doença.

Esta teoria engenhosa é completamente incompatível com a atribuição simples e direta de personalidade aos demônios, veja Marcos 1.23ss. É difícil conceber Jesus falando com uma doença ou insanidade, e ouvi-la falar em resposta! E o que pensar da ideia da possessão demoníaca ser aquela desordem mental que chamamos de "dupla personalidade" (esquizofrenia)? Isto negaria a existência dos demônios como seres reais, acabando com o registro do evangelho. O absurdo manifesto da teoria de uma dupla personalidade é visto no caso do endemoninhado gadareno, que, segundo esta teoria, era afligido por quatro ou cinco mil (legião) duplas personalidades!

A possessão demoníaca é mais do que uma doença física ou mental. Os demônios podiam falar e eram tratados como pessoas, Marcos 1.23, 24; 3.11, 12; 5.7; Atos 19.15. Os demônios reconheceram sua individualidade distinta, independentes de Jesus, e independentes da pessoa possuída, Mateus 8.31. A manada de porcos distante ficou frenética quando os demônios foram expulsos do endemoninhado gadareno e tiveram permissão para entrar neles, Mateus 8.30-32. Jesus os reconheceu como seres que tinham existência real, e instruiu seus discípulos dizendo: "Esta casta não pode sair se não for por meio de oração e jejum", Marcos 9.29 e Lucas 10.17-20.

A possessão e sua cura estão registradas com simplicidade e clareza. Jesus fez distinção entre demônios e doenças, assim como os apóstolos (Mateus 10.8; Marcos 1.32; 16.17, 18; Lucas 6.17, 18; 10.17-20; Atos 5.16; 19.12). Os endemoninhados são até distinguidos dos epilépticos (*seleniazomenoi*, Mateus 4:24). Os mesmos sinais externos às vezes se referem à possessão, às vezes meramente à doença (compare Mateus 4.24 com 17;15; Mateus 12.2 com Marcos 7;32). Os demônios são representados como falando em suas próprias pessoas com conhecimento sobre-humano, reconhecendo o nosso Senhor como sendo o filho de Deus e não como os judeus geralmente o chamavam, filho de Davi (Mateus 8.29; Marcos 1.24; 5.7; Lucas 4.41, etc.). Tudo isso fala de um poder pessoal para a prática do mal e, se em algum caso se referem ao que poderíamos chamar simples doença, pelo menos nos mostram que existe mais na doença ou na insanidade do que apenas uma moléstia dos órgãos físicos, ou um desarranjo da mente auto-provocado.

Mas a ideia essencial da teoria da acomodação não tem base em si mesma, pois o nosso Senhor não falou sobre os demônios apenas aos ignorantes, supersticiosos e multidões inexperientes, mas também em suas instruções particulares aos seus próprios discípulos (Mateus 17.19-21), ao ensinar-lhes quais os meios e condições de exorcizar esses seres. Duas vezes ele ligou distintamente a possessão demoníaca com o poder do Maligno; uma vez em Lucas 10.18, aos setenta discípulos, onde fala dos poderes dEle e deles sobre o endemoninhados como uma "queda de Satanás"; e novamente em Mateus 12.25-30, quando Ele foi acusado de expulsar demônios através de Belzebu. Em lugar de sugerir que os possuídos não se achavam na verdade sob qualquer poder maligno direto e pessoal, Ele usou um argumento quanto à divisão de Satanás contra si mesmo, o qual, se a possessão não é real, se torna inconclusivo e quase insincero.

Além disto, deve ser acrescentado que dizer que um caso é de doença ou insanidade não dá ao mesmo de modo algum uma explicação verdadeira. Mas simplesmente o inclui numa classe de casos que sabemos existir, sem dar uma resposta para a questão seguinte, como surgiu a moléstia ou insanidade? Mesmo numa doença, sempre que a mente age sobre o corpo (e.g., nos distúrbios nervosos, epilepsia, etc.), a simples perturbação dos órgãos físicos não é toda a causa do mal; existe um outro problema maior oculto na mente. A insanidade pode de fato ocorrer, certas vezes, devido a um acidente ou desarranjo físico dos órgãos do corpo através dos quais a mente exerce seus poderes. Mas, será esta a única causa da loucura? Não poderia haver ocorrências em que a insanidade seja devida a causas metafísicas? Chamá-las de "apenas insanidade" seria desistir de qualquer explicação de sua causa. A verdade é que aqui, como em muitos outros casos, a Bíblia, sem contradizer a experiência diária, avança porém até um ponto em que a ciência humana não pode alcançar. Ela no geral liga a existência do sofrimento mental e corporal no mundo com a introdução do pecado pela Queda, e se refere a certos casos de doença física e mental como devidos à influência de demônios que receberam permissão para exercer a mesma sobre os corpos e mentes dos homens. Esta influência é de fato inexplicável para nós, como acontece com toda ação de espírito para espírito; mas ninguém pode afirmar *a priori* que ela é impossível ou improvável, e ninguém tem o direito de diluir as fortes expressões da Escritura a fim de reduzir suas declarações ao mesmo nível da nossa própria ignorância.

Uma outra coisa precisa ser dita sobre esta teoria da acomodação. Só pode ser usada linguagem de acomodação nos casos em que as coisas não sejam semelhantes, e as palavras empregadas expressem ou transmitam uma impressão verdadeira, embora etimológica ou cientificamente incorretas; ou nos casos em que as coisas se assemelham e as palavras usadas sejam precisas e exatas até certo ponto, mas a impressão transmitida é imperfeita e parcial, por causa do progresso retardado ou impedido dos ouvintes. Com respeito a questão da acomodação, Trench escreveu este interessante parágrafo: não há mal em "falarmos de certas formas de loucura como lunáticas", sem implicar que a lua tenha ou tenha tido qualquer influência sobre elas; mas se começarmos a descrever a cura das mesmas como se a lua tivesse deixado de afligi-las, ou se alguém se dirigisse solenemente à lua, pedindo-lhe que se abstivesse de prejudicar o paciente, haveria aqui uma passagem para uma região bem diferente (do que a acomodação) . . ."[23].

Existe um abismo bastante parecido entre a verdade e a ideia da acomodação no assunto dos milagres. Jesus se dirige com efeito aos demônios, ordenando que cessem de prejudicar determinada pessoa. Se não houvesse realmente demônios nela, o que Jesus estaria fazendo não seria acomodação, mas chegaria às raias da mentira!

A opinião de que Jesus falou simplesmente como um meio de acomodar as coisas não corresponde à evidência. Aquela era uma época de pouca fé e superstição estarrecedora. Jesus aprovaria, e os evangelistas teriam permissão para registrar uma ideia essencialmente falsa, que se tornou a fortaleza da superstição? Isso é inconcebível, pois a superstição, em coisas bem menos importantes, foi denunciada pelo nosso Senhor (Mateus 23.5,16-20).

---

[23] Richard C. Trench, *Notes on the Miracles of Our Lord* (New York: Revell, 1953), p. 153ss.

C. O Problema da Duração da Possessão Demoníaca

Alguns afirmam não haver casos de possessão demoníaca hoje. Que evidência oferecem? Bem, numa era científica e de grande conhecimento, quem pode crer em demônios? é um dos argumentos. Argumenta-se também que não pode haver possessão demoníaca hoje porque não temos os poderes milagrosos (dons espirituais) para tratar com ela. Afirma-se também que a frequência da possessão demoníaca no tempo de Cristo foi provavelmente devida ao fato do seu advento ter causado uma grande crise na ordem espiritual das coisas – e o Diabo e seus exércitos fizeram um esforço conjunto para derrubar Jesus. Esses argumentos prevalecem? Este autor não está convencido disso.

Muitos, por outro lado, argumentam que existem ainda hoje casos de possessão demoníaca. Se houve casos através de toda a era do Antigo Testamento e em todo o Novo Testamento são encontrados exemplos, o que provocou o seu desaparecimento? Talvez nosso problema seja simplesmente que não existe ninguém inspirado para nos dizer se certos fenômenos que observamos são ou não casos de possessão demoníaca hoje. Muitos dos missionários nos países pagãos experimentam coisas que acreditam que apenas a "possessão demoníaca" pode explicar (por exemplo, as experiências da família Morse do Tibete e Birmânia. Por exemplo, eles viram uma criança cair no fogo e na água, como o menino endemoninhado das Escrituras, que foi curado quando os presbíteros colocaram as mãos sobre ele e oraram). Veja a documentação de casos semelhantes no Oriente na série de artigos no *Sunday School Times*, começando com o número de 27 de julho de 1957. Veja também Unger, *op. cit.*, p. 81ss. E se não há possibilidade de possessão demoníaca hoje, por que a Bíblia contém advertências contra magia, adivinhação, necromancia ou espiritismo?[24]

O Demonismo tem algo a ver com as heresias e cultos pagãos, governos mundiais, decadência moral, e aparecimento do homem da iniquidade nos últimos dias?[25]

D. Libertação da Possessão Demoníaca

No estudo especial no fim do capítulo 19, o assunto dos demônios e da possessão demoníaca irá continuar na parte sobre "O Mundo do Ocultismo". Nesse estudo é dado um esboço do método de libertação da obsessão e possessão demoníacas.

CONCLUSÃO

As Escrituras não dão um testemunho claro quanto à origem dos demônios (do mesmo modo que não declaram claramente a origem do Diabo, i. é., como ele poderia ser tentado antes que houvesse um Diabo para tentá-lo); mas, com respeito a outras fases da atividade deles, as passagens são abundantes e bastante sugestivas.

A advertência de Paulo em Efésios 6.12 não deve ser considerada com pouco caso, como se fosse algo fora de moda. Se cremos em espíritos, devemos abrir espaço em nosso sistema teológico para os espíritos malignos (demônios), assim como para os espíritos bons (anjos).

BIBLIOGRAFIA

A. Livros

Alexander, Wm. Menzies, *Demonic Possessions in the New Testament: Its Relations Historical, Medical, and Theological*. Edinburgh: T & T Clark, 1902.

Campbell, Alexander, "Demons and Demon Possession", *Millenial Harbinger*, publicado pelo autor, Bethany, Virgina, 1841, páginas 457 e 480ss. 1842, páginas 65ss e 124ss.

Davis e Gehman, "Demons, Demoniac". *Westminster Dictionary of the Bible*, Philadelphia, Pa. Westminster Press, 1924.

---

[24] Unger, *op. cit.*, p. 107ss.

[25] Veja estas ideias desenvolvidas no estudo especial sobre "O Mundo do Oculto" ao fim do capítulo 19, e também um excelente tratamento destes assuntos em Unger, *op. cit.*, p. 165ss.

Gilmore, Geo. W., "Demon, Demonism", *New Schaff-Herzog Encyclopedia of Religious Knowledge*, III, 399-401. New York: Funk and Wagnalls, 1909.

Hastings, Jas. ed., *Encyclopedia of Religion and Etchics*, IV, 565-635. New York: Charles Scribner's Sons, 1939.

McClintock e Strong, *Cyclopedia of Biblical Literature*, II, 638-42. New York: Harper and Brothers, 1891.

Needham, Mrs. Geo. C., *Angels and Demons*. Chicago: Moody Colportage Library, s.d.

Trench, R. C. *Notes on the Miracles of Our Lord*, New York: Fleming H. Revell Co., 1895.

Unger, Merrill F., *Biblical Demonology*, Wheaten, III: Scripture Press, 1952.

..........., *Demons in the World Today*, Wheaten III.: Tyndale House Publishers, 1971.

..........., "Demons", *Zondervan Pictorial Bible Dictionary*, Grand Rapids: Zondervan, 1963.

..........., "Demons", *Baker's Dictionary of Theology*, Grand Rapids: Baker Book House, 1960.

Weiss, Johann, "Demoniac", *New Schaff-Herzog Encyclopedia of Religious Knowledge*, III, 401-403.

B. Periódicos

Almquist, David, "Demonic Possession in our Day" *Sunday School Times*, 28 fevereiro, 1942.

Gruenthaner, Michael J., "The Demonology of the New Testament", *The Catholic Biblical Quarterly*, janeiro, 1944, 6-27.

Lockyer, Herbert, "Doctrine of Angels and Demons", *Sunday School Times*, 5 de abril, 1958, e números seguintes, (p. 250 ff).

Tharp, Edwin J., "Demonology", *Sunday School Times* 27 julho, 1957, e números seguintes, (p. 579ss).

C. Enciclopédias

Sweet, Louis M. "Demon, Demoniac, Demonology", *International Standard Bible Encyclopedia*, II, 827-29. Grand Rapids; Eerdmans Publishing Co., 1939.

Whitehouse, Owen C., "Demon, Devil", no *Hastings' Dictionary of the Bible*, I, 590-94. New York: Scribners & Sons Publishing Co., 1908.

As Ruas de Jerusalém

Desenho de Horace Knowles
da British and Foreign Bible Society.

CAPÍTULO SEIS

Q. SETE HOMENS ESCOLHIDOS PARA SERVIR AS MESAS. 6.1-7
6.1 –

Ora, naqueles dias – A época é cerca de 33 ou 34 A.D., bem perto do tempo em que Paulo foi convertido (cf. capítulo 9); e pelo nosso estudo da Cronologia do Novo Testamento, datamos esta conversão de 34 A.D.

Multiplicando-se o número de discípulos – Compare os comentários em Atos 5.14. Até essa ocasião, alguns calculam que, contando os homens, mulheres e jovens, haveria perto de 20.000 cristãos na cidade de Jerusalém e arredores.

Houve murmuração dos helenistas [judeus] contra os hebreus [nativos] – Esta "queixa" parece evidenciar que havia alguma parcialidade na distribuição do fundo comum. Vamos nessa murmuração o primeiro sintoma de perda da harmonia, união e boa vontade unânime notada antes por Lucas[1]. Embora seja lamentável que o que provavelmente não passou de uma negligência acidental tenha levado a tal reclamação, deve ser lembrado que mesmo assim, tais queixas ou sussurros de descontentamento são pecado, e o Novo Testamento com frequência condena essa atitude[2]. Quem era esses "judeus helenistas"? Quando o evangelho foi pregado pela primeira vez, havia duas classes de judeus: os hebreus – os que eram nascidos na Palestina e falavam a língua hebraica; e os helenistas – os nascidos de pais judeus fora da Palestina, que falavam o grego e usavam a Septuaginta em suas sinagogas. Os judeus helenistas, num grau maior ou menor, haviam adotado mais os ideais e costumes gregos depois de Alexandre o Grande os ter transportado mundo afora quando conquistou-os cerca de 300 anos antes. Nas comunidades judaicas, os hebreus que não haviam adotado os costumes gregos, tendiam a desprezar os helenistas como sendo menos santos. Talvez alguns dos velhos sentimentos façam parte desta disputa em foco. Os judeus helenistas eram também conhecidos como "os da Dispersão"[3].

Porque as viúvas deles estavam sendo esquecidas na distribuição diária [de alimento] – Aprendemos incidentalmente por este versículo que bem cedo na história da igreja havia uma provisão especial para as viúvas (e provavelmente órfãos também) da congregação serem auxiliadas através do fundo comum. Tembém as encontramos na igreja em Jope[4] e Éfeso[5]. Fica claro pelas epístolas que as viuvas eram objeto de atenção especial na igreja primitiva, e que a primeira geração de cristãos considerava como questão de dever indispensável prover as necessidades delas[6]. Uma necessidade urgente deste século é um estudo em profundidade da benevolência local.

Será que a igreja tem permitido que outros façam pelos idosos e necessitados aquilo que ela tem a responsabilidade de fazer? Os cristãos deveriam considerar uma bênção cuidar dos neces-

---

[1] Atos 4.32.
[2] Filipenses 2.14; 1 Pedro 4.9.
[3] Veja notas em Atos 2.5 sobre como esta Dispersão teve lugar. Em nossas traduções de Tiago 1.2, quando é usada "Dispersão" com "D" maiúsculo, isso mostra que os tradutores pensam que o texto se dirige ao povo judeu. Quando "dispersão" ("d" minúsculos") é usada, mostra que os tradutores julgavam tratar-se de cristãos (que constituem a nova "dispersão").
[4] Atos 9.41.
[5] 1 Timóteo 5.3ss. Note que essa passagem dá as qualificações que devem ser satisfeitas caso a viúva tivesse condições para ser sustentada pelo fundo comum.
[6] Tiago 1.27.

sitados, especialmente de um santo que tenha sido fiel ao Senhor. Mas, em vez disso, muitos dos necessitados são entregues ao estado (insensível). Existe uma enorme diferença entre uma instituição estabelecida pelo estado para cuidar dos idosos, e uma casa estabelecida pela igreja com o mesmo propósito. Alguns de nossos irmãos estão considerando seu ministério especial tornar-se administradores ou ajudantes voluntários nas entidades assistenciais, e os idosos e necessitados correspondem ao carinho recebido. Surge um brilho em seus olhos e um ânimo em suas vidas. É necessário dinheiro e tempo para pôr em prática tal ministério; mas quando almas preciosas estão na balança, o cristão ousaria oferecer outra coisa?

Na área de Jerusalém, com tantos milhares de pessoas para serem cuidadas, ficou fácil para os apóstolos esquecer-se de algumas cujas necessidades eram maiores na questão material. As palavras "na distribuição diária" sugerem uma espécie de administração organizada do fundo comum descrito em Atos 4.32-37[7]. Os fundos arrecadados com a venda de propriedades e bens (e colocados aos pés dos apóstolos) eram tidos como destinados para beneficiar igualmente todos os que tivessem necessidades; e quando alguns forma acidentalmente esquecidos, começaram a queixar-se dos "hebreus"[8].

6.2 –

Então os doze convocaram a comunidade dos discípulos e disseram – "Os Doze" é o nome para os apóstolos. Matias tinha sido acrescentado ao grupo apostólico depois da apostasia de Judas; portanto, o número original continuava inteiro. Esta menção dos apóstolos indica que durante os primeiro três ou quatro anos da Igreja, todos os doze apóstolos continuavam ainda em Jerusalém e suas cercanias. A Igreja inteira estava incluída na "comunidade" convocada? O grupo reunido seria muito grande! Ou estariam apenas os gregos reunidos? Talvez só aqueles envolvidos nas murmurações tivessem sido convocados, e foi-lhes dada oportunidade para serem o meio de remover satisfatoriamente toda razão de queixas.

Não é razoável que nós abandonemos a palavra de Deus – "Não é razoável" significa "não é satisfatório". O Evangelho é chamado aqui "a palavra de Deus". Os Doze que haviam estado com Jesus foram escolhidos para proclamar o que haviam visto e ouvido. Não havia substituto para esse testemunho ocular. Portanto nada deveria interferir na proclamação deles. Antes de seu serviço terreno terminar, eles devem espalhar a "palavra de Deus" por toda parte – primeiro através da palavra falada, e depois colocando-a na forma escrita para gerações futuras. Eles descobriram que a responsabilidade diária de distribuir o fundo comum estava fazendo com que negligenciassem a pregação e o ensino a ponto de sua principal tarefa estar sendo limitada. Eles não tinham deixado completamente de lado a pregação, mas perceberam que o seu tempo havia ficado severamente reduzido.

Para servir às mesas – A palavra "mesa" é usada com várias conotações diferentes. Ela pode indicar a mesa na qual uma família come suas refeições, equivalendo às vezes ao alimento colocado na mesa; também fala da mesa sobre a qual o cambista mantinha as diferentes espécies de moedas que utilizava com fins cambiais[9]. Neste contexto, que fala do recebimento e aplicação do fundo comum, o termo é bem empregado quer se trate de alimento colocado sobre a mesa dos pobres, ou simplesmente da distribuição de fundos para que os pobres possam comprar aquilo de que precisam.

---

[7] A palavra "alimento" na NASB em Atos 6.1 se encontra em itálico. A leitura em grego é apenas "servir". A mesma palavra aparece em Atos 11.29, sendo traduzida como "socorro". Ela pode significar esmola ou alimento, ou qualquer outro "serviço" necessário prestado às viúvas.

[8] Até essa ocasião todo o cuidado dos necessitados era responsabilidade dos apóstolos, Atos 4.35; 5.2. Os comentários sobre o versículo1 são escritos com a ideia de que os apóstolos estão ainda tentando fazer a distribuição pessoalmente. Mosheim sugeriu que alguns cristãos de descendência judaica tivessem sido comissionados pelos apóstolos para supervisionar a distribuição diária, e, portanto, as queixas são contra eles, porque haviam sido excessivamente cuidadosos para com seus próprios necessitados. A maioria dos comentaristas, todavia, acha que as queixas se dirigiam aos apóstolos.

[9] Mateus 15.27; Atos 16.34; Mateus 25.27; João 2.15.

6.2 A Igreja Em Jerusalém

É bom dar atenção ao que é dito aqui. Os apóstolos reconhecem a necessidade da distribuição diária. Ela é útil, mas não constitui o objeto principal da vida dos líderes da igreja primitiva. Eles não estavam dispostos a negligenciar a pregação, a fim de servir às mesas. Note que isto é justamente o oposto da ênfase do "Evangelho Social"[10].

Pela palavra "servir" (e "ministério" no v. 4) – i.e., pelo trabalho que faziam – determinamos que os sete homens escolhidos eram "diáconos". Não somos informados em linguagem definida que eles fossem "diáconos". Todavia, exerciam o trabalho de diáconos. De fato, o termo "diácono" não se encontra no livro de Atos como uma designação oficial. Alguns escritores, tentando justificar o tipo episcopal de organização da igreja de que fazem parte, acreditam que os "jovens" do capítulo 5 eram "diáconos" e esses "sete" eram, por assim dizer, "arqui-diáconos", nomeados para superintender e guiar os "diáconos". Em resposta a esse argumento, não existe evidência em outros registros da igreja do primeiro século de uma ordem de "arqui-diáconos".

Por que não haviam sido nomeados diáconos antes disto? A Igreja já tem três ou quatro anos! Talvez diáconos já tivessem sido nomeados. Note a discussão em Atos 5.6 sobre os "jovens" (moços), quanto a serem ou não diáconos. Barnes responde a esta pergunta dizendo que até essa ocasião não houve necessidade de tais administradores; portanto, nenhum havia sido ainda escolhido[11]. McGarvey diz: "O Espírito os guiou a novas verdades, à medida que havia necessidade delas"[12]. Não deve ser julgado estranho que não tenhamos menção da nomeação original de diáconos, pois também não temos registro da primeira designação de presbíteros. Todavia, em Atos 11.30 encontramos presbíteros na igreja de Jerusalém. A data é cerca de 44 A.D., mas não parece que acabavam de ser escolhidos na ocasião em que foram mencionados pela primeira vez em Atos. Poderíamos então supor que os diáconos foram escolhidos quando surgiu a necessidade. Os apóstolos teriam servido como "presbíteros" (supervisores) até deixarem Jerusalém. Nesse ponto, os presbíteros talvez tivessem sido então escolhidos, pois havia surgido também essa necessidade.

6.3 –

Mas, irmãos, escolhei dentre vós – Como esta era um questão relativa ao uso de partes de suas ofertas para os necessitados, tinham razão em permitir a escolha de homens confiáveis para superintender a distribuição. Desta maneira os apóstolos ficaram livres de qualquer suspeita. "Dentre vós" significa "dentre vocês gregos", se interpretamos corretamente "comunidade" no v. 2. O método sugerido pelos apóstolos iria assegurar que não houvesse mais uma negligência acidental de um grande segmento dos necessitados da congregação, e portanto cessaria o motivo das queixas.

Em resumo, este é o processo pelo qual esses homens forma escolhidos. Os apóstolos sugeriram o curso de ação e estabeleceram as qualificações. O povo escolheu os homens e, a seguir, os apóstolos oraram e impuseram as mãos sobre estes. Conclui-se também disto, que o direito de escolha pertence à congregação e não exclusivamente ao ministério. Nenhum argumento engenhoso pode fugir da conclusão de que isto dá a autoridade do precedente apostólico para a eleição popular (voto dos membros da congregação) dos oficiais da igreja[13]. O estudante deve ficar alerta para bons métodos de escolha de oficiais da igreja para uso na congregação de que faz

---

[10] "Evangelho Social" é o nome dado à ideia central de um movimento muito difundido no Protestantismo Liberal Americano em fins do século XIX e início do XX. O conceito principal era que o maior interesse do Evangelho estava ligado a cada campo social: comércio, governo, economia, família, comunidade, problemas nacionais e internacionais. "Pecado" era definido como tudo que era vil e injusto nessas instituições. A ênfase principal de homens como Joseph Parker, Walter Rauschenbusch e Harry Emerson Fosdick foi então desviada da salvação da alma humana, restaurando a comunhão correta com Deus mediante a obediência a Jesus, para focalizar no progresso social. Na ordem bíblica das coisas, o progresso social é um subproduto da salvação do pecado pessoal.

[11] Barnes, op. cit., p.112.

[12] McGarvey, op. cit., p.104.

[13] Para mais informações sobre o método de escolha dos líderes da igreja, veja o Estudo Especial Nº 12, no final do capítulo seis.

parte. O método deve requerer de alguma forma que as qualificações sejam consideradas, dar voz à congregação e determinar a "imposição de mãos" depois da eleição. Os membros das igrejas devem ser desviados de algum modo do tipo de eleição do tipo "competição de popularidade" para a escolha de homens que servirão como presbíteros ou diáconos. As igrejas devem ser guiadas até o ponto em que só homens qualificados sejam designados para postos de liderança espiritual.

Sete Homens – Ou seja, o suficiente para suprir as necessidades. Não se segue que o mesmo número deva ser agora escolhido como diáconos em qualquer congregação local. Todavia, desde que "sete" foi o número dos primeiros diáconos, surgiu o costume de algumas congregações terem sempre sete diáconos. Este costume continuou durante alguns séculos na igreja de Roma. Um dos Cânones de Concílio de Neo-Cesaréia (314 A.D.) estabelece que "deve haver apenas sete diáconos em qualquer cidade[14]. A tradição diz que Marcos ordenou sete diáconos em Alexandria[15].

De boa reputação – Enquanto Pedro está dando suas instruções sobre o método de seleção, ele apresenta diversas qualificações que os homens *devem* satisfazer antes de serem considerados como possíveis candidatos para o cargo. Compare I Timóteo 3.8-10 onde Paulo dá a Timóteo uma lista similar de qualificações para os que aspiram ao posto de diácono. Em primeiro lugar, dizem os apóstolos à congregação, eles devem ter boa reputação, ser considerados como homens íntegros (tanto pelos membros da igreja, como pelos de fora).

Cheios do Espírito – Alguns comentaristas julgam que isso se refere a "dons espirituais e poderes milagrosos", mas existem certas objeções a esta opinião. Não temos qualquer registro até aqui de qualquer pessoa, além dos apóstolos, ter recebido os poderes milagrosos do Espírito – desse modo o historiador Lucas não pode ser certamente compreendido como se referindo a tais poderes mediante esta expressão, argumenta McGarvey[16]. "Cheios do Espírito" deve significar então "cheios do fruto do Espírito, no que diz respeito a uma vida santa", homens cujas vidas estão produzindo o fruto do Espírito[17].

E de sabedoria – Como antes, alguns intérpretes veem uma referência ao dom espiritual chamado de "sabedoria"[18], um dom que dava talvez aos homens o poder de revelar todo o plano da salvação. Objetamos a esta interpretação na mesma base que o fizemos na qualificação anterior. A ideia parece ser prudência, ou habilidade, ser capaz de fazer uma distribuição sábia e equitativa, de modo a não ofender ninguém em suas ministrações[19].

Aos quais encarregaremos deste serviço – O "nós" (embutido em "encarregaremos") fala apenas dos apóstolos que estavam fazendo a sugestão (cf. v. 2), ou inclui toda a congregação? Aparentemente só fala dos apóstolos. A primeira pessoa do plural neste contexto, a partir do v. 2, se refere aos apóstolos. Não há razão para entender diferentemente aqui. Os diáconos foram escolhidos pela congregação, todavia o poder para ordená-los, ou separá-los, era retido pelos apóstolos. A maneira como o "encarregar deste serviço" foi feito abrangeu a oração e a imposição de mãos (v. 6).

"Este serviço" é a distribuição dos donativos da igreja. Nas antigas sinagogas dos judeus havia homens encarregados de cuidar dos pobres. Talvez a ideia da escolha de homens para servir às mesas fosse uma imitação da sinagoga. Não queremos dizer com isso que todo o cristianismo seja apenas uma cópia dos costumes religiosos judeus ou pagãos. Acreditamos firmemente que a origem do cristianismo é divina e não humana. O serviço que estes sete homens realizavam não ficava limitado a servir às mesas. Sabemos que dois deles (e provavelmente todos) também ensinavam e pregavam[20]. Assim sendo, quando homens são escolhidos para a função de diácono

---

[14] Hervey, *op. cit.*, p.193.
[15] Bingham, *Christ. Antiq.*, V.I., p.232, citado por Hervey, *ibid.*
[16] McGarvey, *op. cit.*, p.105. [17] Gálatas 5.22ss.
[18] 1 Coríntios 12.8; 2 Pedro 3.15. [19] Compare Tiago 1.5 e 3.13-17.
[20] Veja as atividades de Estêvão e Filipe em Atos 6.8-8.1.

6.3 A Igreja Em Jerusalém

hoje, não devemos impedi-los de atuar em qualquer área para a qual tenham talento ou inclinação. De fato, uma das áreas mais compensadoras do ministério é o encorajamento para que os homens desenvolvam e usem suas habilidades, a fim de ajudarem no crescimento da igreja, no que se refere à sua vida e atividades.

6.4 –

E, quanto a nós, nos consagraremos à oração – O "nós" parece novamente referir-se aos apóstolos, como no versículo anterior. O verbo grego fala de perseverar numa coisa, dar atenção constante a algo. É o mesmo verbo usado em Atos 2.42. Se os apóstolos estavam falando de oração particular ou pública não pode ser certamente determinado. O grego diz "a oração", o que poderia apoiar a ideia de oração nas horas de oração, em lugar de um devocional particular. O consenso geral de opinião nos comentários é que se trata de oração pública.

E ao ministério da palavra – Isto é, os apóstolos continuariam a pregar e ensinar o Evangelho. Aqui, novamente, temos a palavra *diakonia* (a mesma usada em Atos 6.1). Mas ela se refere aqui à pregação (e não ao diaconato) como um ministério (serviço) especial dos apóstolos.

6.5 –

O parecer agradou a toda a comunidade – O curso de ação sugerido pelos apóstolos foi aprovado como um meio excelente de eliminar as causas da reclamação.

E elegeram Estêvão – Como é costume de Lucas, Estêvão é apresentado aqui, e vai entrar em cena para desempenhar a sua parte mais tarde. Este homem teve o que Barnes chama de honra distinta de tornar-se o primeiro mártir cristão. Quanto à vida ou treinamento anterior de Estêvão, não sabemos nada com certeza. Duas conjeturas têm sido defendidas recentemente. Uma é que o Estêvão ourives na corte imperial é a mesma pessoa que se tornou o primeiro mártir. Por trás desta tentativa de identificação se encontram os seguintes elementos. Stéphanus não era um nome comum. De fato, ele aparece apenas em algumas poucas inscrições. Um lugar em que aparece é no Columbrário, ou sepultura, da Imperatriz Lívia. Entre os muitos corpos ali enterrados, acha-se o do ourives Estêvão, um *immunis* – i.e., alguém isento das obrigações religiosas pagãs do sindicato de trabalhadores – e um *libertinus* – ou seja, um homem liberto ou escravo emancipado. O que se sabe sobre o Estêvão sepultado em Roma poderia encaixar-se de modo geral com o que sabemos sobre o mártir Estêvão. O ourives poderia talvez estar entre os "visitantes de Roma" que foram à festa do Pentecostes, Atos 2.10. Um judeu consagrado se interessaria em ficar isento das obrigações religiosas pagãs. Quando Estêvão começa a pregar, o principal foco de suas atividades é a sinagoga dos libertos[21]. Uma segunda conjetura relativa à vida anterior de Estêvão é ser ele um dos setenta enviados, pouco depois da última Festa dos Tabernáculos no ministério do nosso Senhor, para cada cidade e povoado que Ele em breve visitaria[22]. Esta sugestão era uma sugestão primitiva e aceita por Epifânio no século IV A.D.[23]

Homem cheio de fé e do Espírito Santo – Estêvão conhecia bem as doutrinas de Cristo, sendo homem de convicções estabelecidas. É isto que significa "cheio de fé". Consulte as notas de Atos 6.3 com respeito a ele estar "cheio do Espírito Santo".

Filipe – Da mesma forma que capítulos posteriores em Atos nos contam mais sobre Estêvão, temos também o registro de algumas atividades de Filipe algum tempo depois. O homem escolhido aqui como "diácono" deve ser distinguido do apóstolo Filipe[24]. Este Filipe é chamado de

---

[21] Contra a identificação do mártir Estêvão com o ourives Estêvão, existe a questão de como seus restos chegaram a Roma depois de seu martírio na Palestina. Mesmo assim, quer questionemos ou neguemos a identificação, o material serviu para levar o estudante a entender a luz que o conhecimento da história contemporânea pode lançar sobre o pano de fundo em que se baseiam os livros do Novo Testamento.

[22] Lucas 10.1-20.   [23] Epifânio, *Heresias*, XX. 4.

[24] Não existe apenas um Apóstolo Filipe, mas dois dos filhos de Herodes tinham esse nome. Há também indicações de que Filipe era um nome tão comum quanto Estêvão era raro.

"Filipe o evangelista"[25] para diferenciá-lo. Alguns dos trabalhos de Filipe em Samaria e outras regiões estão registradas em Atos 8. Nada sabemos de sua história anterior, exceto uma tradição de que ele pertencia aos Setenta[26]. O cenário principal da missão dos Setenta foi Samaria e é interessante notar que Filipe iria em breve trabalhar em Samaria como evangelista. Se a tradição for verdadeira, então o trabalho anterior de Filipe ali teria algo a ver com a sua escolha presente dessa região como um lugar onde evangelizar.

Prócoro, Nicanor, Timão, Pármenas – Todos os sete são nomes gregos, e este fato pode indicar a generosidade dos hebreus nativos ao colocarem o assunto nas mãos dos helenistas de quem havia partido a reclamação inicialmente[27]. Nada se sabe desses quatro homens, não havendo sequer material para fazer um conjetura provável.

E Nicolau, prosélito de Antioquia – Alguns dos Pais da Igreja Primitiva dizem que este homem fundou a seita dos nicolaítas, mencionada com tanta reprovação em Apocalipse 2.6, 7. Mas a evidência neste sentido é obscura[28]. Victorino de Pettau (c.300 A.D.), no primeiro comentário latino existente sobre o livro de Apocalipse, inclui esta nota sobre 2.6:

> Antes dessa época, homens facciosos e nocivos cometeram uma heresia em nome do diácono Nicolau, ensinando que a carne oferecida aos ídolos podia ser exorcizada, a fim de poder ser comida, e que o indivíduo que havia cometido fornicação podia ser absorvido no oitavo dia.

Victorino, cujo relato é mais detalhado que o de Ireneu, e que parece absolver Nicolau de responsabilidade pessoal pelo nicolaitanismo, provavelmente extraiu sua informação de Papias. Há grande probabilidade de Papias saber muito bem do que falava (por estar próximo da época). As palavras de Vitorino se harmonizam com Apocalipse 2.14ss, onde o ensino nicolaíta é apresentado como uma violação às decisões tomadas na conferência de Jerusalém, Atos 15.22. A ideia de um dos sete homens escolhidos como diáconos vir a tornar-se um infiel ou apóstata da fé não é em si mesma inconcebível, mas preferimos crer que Nicolau permaneceu fiel a Cristo e ao cargo de confiança a que acabava de ser nomeado.

Nicolau é chamado de prosélito[29]. Isto mostra que ele foi convertido do paganismo ao judaísmo em alguma ocasião antes de sua conversão ao Cristianismo. Ele tinha sido evidentemente um prosélito da justiça. Se fosse de outro modo, a sua conversão teria precipitado a mesma crise que ocorreu mais tarde na conversão de Cornélio.

Antioquia da Síria (não a da Pisídia) é aparentemente indicada como lugar onde residia. Onde Nicolau foi convertido ao judaísmo? Alguns sugerem que ele morou certa vez em Antioquia e depois de mudar-se para Jerusalém foi convertido ali ao judaísmo. Outros pensam que se converteu enquanto ainda vivia em Antioquia, e depois de chegar a Jerusalém se tornou cristão. Qualquer que seja o caso, alguma coisa pode ser dita sobre a menção feita por Lucas da cidade natal desse homem, embora não tivesse citado os demais.

O fato de que o único membro dos Sete a ter o seu lugar de origem mencionado pertence a Antioquia é um sinal do interesse especial de Lucas nessa cidade, o que ajuda a confirmar a tradição de que ele mesmo procedia dali (veja notas em Atos 11.28) . . . Como um paralelo a esta passagem, James Smith, *Voyage and Shipwreck of St. Paul* (Viagem e Naufrágio de São Paulo), p. 4, destaca que dentre oito relatos da campanha de Napoleão na Rússia – três por franceses, três

---

[25] Atos 21.8.
[26] Epifânio, *ibid*.
[27] Alguns argumentam que os nomes gregos dos sete não provam que todos eles fossem judeus gregos. Quando um argumento confirmatório é extraído do fato de até alguns dos apóstolos de Jesus (André, Pedro) terem nomes gregos e mesmo assim serem judeus, deve ser lembrado que eles procediam da Galiléia, que sofreu a influência grega no passado. Deve ser também notado que os que duvidam do fato de todos os sete serem helenistas creem que três deles eram hebreus para servirem os hebreus, três eram helenistas para servir os helenistas, e um era prosélito para servir os prosélitos.
[28] Veja Ireneu, *Contra Heresias*, I. 26. 3; III. 11.1.
[29] Veja a explicação relativa aos prosélitos em Atos 2.10.

6.5 A Igreja Em Jerusalém

por ingleses, e dois por escoceses – somente os dois escoceses mencionaram que o general russo Barclay de Tolly era de origem escocesa[30].

6.6 –

Apresentaram-nos perante os apóstolos – Esta "apresentação" foi feita depois do voto congregacional que escolheu esses homens. A congregação como um todo escolheu os sete homens e os apresentou aos apóstolos para sua instalação, ou ordenação.

E estes, orando – Quem orou? Os apóstolos, ou os homens prestes a serem "ordenados"? O antecedente mais próximo é "apóstolos". A oração teria invocado a bênção de Deus para assistir os Sete no desempenho dos deveres e responsabilidades para os quais estavam sendo nomeados. (No texto em inglês lemos: "depois de orar", daí a dificuldade – N.T.).

Lhes impuseram as mãos – Esta é a primeira menção da imposição de mãos no Novo Testamento.

> A cerimônia da imposição de mãos foi usado no Antigo Testamento para a concessão de uma bênção (cf. Gênesis 48.12ss); para expressar identificação, como quando o executor colocava as mãos sobre a cabeça da vítima sacrificial (cf. Levítico 1.4; 3.2; 4.4; 16.21, etc.); para comissionar um sucessor (cf. Números 27.33), e assim por diante. Segundo a Mishna (*Sanhedrin* IV. 4), os membros do Sinédrio eram admitidos pela imposição das mãos[31].

A única questão em Atos 6.6 é se houve ou não concessão de poderes milagrosos, quando os apóstolos impuseram as mãos sobre esses sete homens. Alguns escritores diriam: "Não houve transmissão de poderes milagrosos". Dale, por exemplo, acha que a imposição de mãos em Atos 6.6 não difere do ato em 13.3 – e de nada serviu senão como anúncio e aprovação da nomeação feita pela congregação. Ele continua, dizendo que os apóstolos transmitiram os "dons espirituais" a Estêvão e Felipe em outra ocasião[32]. Deve ser, porém, notado, que não foram os apóstolos, mas a congregação, que impôs as mãos em Atos 13.3, e portanto os dois exemplos citados por Dale não são exatamente sinônimos. Não poucos comentaristas são da opinião que através desta imposição de mãos, os sete diáconos receberem dons espirituais[33]. A probabilidade é que tivesse sido mais que uma simples cerimônia de ordenação, pois parece pela prática do Novo Testamento de impor as mãos dos apóstolos, que tinha o propósito de transmitir a capacidade de realizar milagres (dons espirituais). Ao estudar todos os casos em que os apóstolos impuseram as mãos sobre alguém, chega-se à conclusão de que poder milagroso está envolvido aqui, especialmente à luz do que se segue.

6.7 –

Crescia a palavra de Deus – o tempo do verbo indica um crescimento gradual e contínuo. Mas e mais pessoas ouviam a mensagem. A igreja manteve-se crescendo cada vez mais, porque os apóstolos estavam agora livres da responsabilidade diária de distribuir ajuda ao necessitados. Além disso, podemos pensar nos sete também envolvidos em trabalho evangelístico, como temos exemplos posteriores específicos da atuação de Estêvão e Felipe.

E, em Jerusalém, se multiplicava o número dos discípulos – Está é a terceira vez que, depois de nos contar sobre alguma dificuldade enfrentada e vencida pela igreja, Lucas dá a notícia animadora de que a dificuldade não passou de um degrau para um crescimento maior da igreja[34].

---

[30] Bruce, *op. cit.*, p.129.
[31] Bruce, *op. cit.*, p.130.
[32] Dale, *op. cit.*, p.80.
[33] Veja Atos 6.8; e compare Atos 8.18 e 2 Timóteo 1.6.
[34] Compare as notas em Atos 2.41; 4.4, 32; e 5.14.

Também muitíssimos sacerdotes obedeciam à fé – Não se sabe ao certo quantos sacerdotes foram convertidos. Havia, naturalmente, muitos sacerdotes em Jerusalém. O número era tão grande que foram divididos em 24 turnos, cada turno trabalhando uma semana de cada vez nos serviços do templo. Devemos provavelmente pensar em centenas destes "muitíssimos" que se tornaram convertidos[35]. No curso da historia da igreja, quando líderes de outras religiões eram conquistados, grupos inteiros de seus seguidores também se convertiam. Nos primeiros dias do Movimento da Restauração, igrejas denominacionais inteiras foram ganhas deste modo. Pensamos que algo semelhante aconteceu aos judeus da Palestina nessa ocasião. A palavra "fé" aqui evidentemente representa a religião cristã. Fé é uma das principais exigências do Evangelho, e por uma figura de linguagem significa o próprio Evangelho. A declaração de Lucas de que eles "obedeciam à fé" é digna de nota como um exemplo do Novo Testamento de que há algo a ser obedecido na fé[36]. Esta obediência não é exercida apenas quando alguém passa a ter fé. A salvação inicial do indivíduo exige mais do que "fé somente". Ela requer uma manifestação dessa fé, uma expressão chamada aqui de "obediência", antes de podermos dizer que o homem foi justificado pela sua fé. Pensamos naturalmente em arrependimento, confissão e imersão para a remissão de pecados c'omo estando envolvidos nesta "obediência à fé".

R. ESTÊVÃO PRESO E ACUSADO FALSAMENTE. 6.8-15

6.8 –

Estêvão, cheio de graça e poder – A morte do primeiro mártir cristão e as causas que levaram a ela, servem como uma introdução ao elo que existia entre Paulo e o cristianismo primitivo, pois o encontramos pela primeira vez nos eventos que cercaram a morte de Estêvão. Antes dessa ocasião, a inimizade dos judeus, quer fariseu ou saduceus, tinha ficado principalmente limitada a ameaças, prisão ou açoites. Mas agora a frustração e cólera irão explodir, sendo satisfeita apenas com o derramar do sangue dos cristãos. Este será apenas o primeiro de uma séria de perseguições contra os cristãos que o mundo tem testemunhado, perseguições que chamam os crentes a serem fiéis mesmo quando isso significa a sua morte física. "Graça" aqui parece ser um termo usado principalmente em seu sentido de favor com Deus. "Poder" foi mostrado na operação de milagres.

Fazia prodígios e grandes sinais entre o povo – "Fazia" – uma prática continua dos dons espirituais que haviam sido recebidos ao serem impostas as mãos dos apóstolos. Está é a primeira vez que Lucas fala dos sinais milagrosos feitos por outra pessoa além dos apóstolos[37]. Vivemos numa "era científica", em que muitos tendem a não acreditar em milagres. Algumas vezes os críticos modernos tentam explicar que o registro bíblico de milagres não é verdade, afirmando que naqueles dias o povo não compreendia tudo o que sabemos agora sobre as causas científicas das coisas que pareciam inexplicáveis. Vamos nos lembrar, no entanto, que Lucas era médico. Pelo que sabemos a respeito dos médicos no primeiro século (Hipócrates, o pai da medicina, viveu c.430-360 a.C., e Galeno, cujas obras de medicina são muito conhecidas, viveu c.130-200 A.D., podemos dizer que Lucas viveu numa época em que o conhecimento da medicina se encontrava em uma de suas melhores fases. Quando nos lembramos que Lucas investigou cuidadosamente antes de escrever, até sobre "curas milagrosas", fica difícil crer que o Médico Lucas chamasse algo de "milagre" a não ser que se tratasse realmente de um acontecimento desse tipo.

---

[35] Há ocasiões em que a palavra "companhia" fala de um grupo menor,.e. g., os 120 em Atos 1.15, e os publicanos presentes como convidados de Mateus, Lucas 5.29.

[36] A mesma expressão "obediência por fé" é encontrada em Romanos 1.5 e 16.26. Um pensamento similar é expresso nas palavras "pisadas da fé que teve nosso pai Abraão" em Romanos 4.12 ss.

[37] Veja comentários em Atos 2.43, relativos a essas palavras diferentes para milagres.

6.9 –

Levantaram-se, porém, alguns – Isto é, eles começaram a opor-se ativamente ao trabalho de Estêvão. O versículo 9 mostra a reação ao ministério de Estêvão. Deve haver muito mais envolvido no v. 8 do que aparenta superficialmente. Devemos imaginar Estêvão trabalhando na cidade de Jerusalém durante um período considerável de tempo. Como resultado do seu ministério, sua influência se faz sentir em Jerusalém, e os judeus começam a levantar-se em oposição a ele.

Dos que eram da sinagoga, chamada dos Libertos – Um estudo especial relativo à "Sinagoga e seus Serviços" segue-se aos comentários sobre o capítulo 13. Desde que os líderes das sinagogas eram invariavelmente Fariseus, temos uma mudança de perseguidores. Até este ponto na história da igreja, os perseguidores foram os Saduceus. A oposição vem agora das sinagogas e seus líderes Fariseus.

"Chamada" (*legomenes*) é a palavra que Lucas usa quando introduz algum vocábulo estrangeiro na narrativa. Aqui é o termo "Libertos" (traduzido como "libertos" na NASB). (Também na SBB – N.T.) Qual o significado da palavra? (a) Talvez fale de PESSOAS, isto é, libertos. No império romano o escravo podia conseguir sua liberdade de vários modos, e o escravo emancipado e seus descendentes seriam classificados libertos. O nome latino para eles era *Libertini*, a palavra transliterada aqui para o grego. (b) Talvez seja o nome de um LUGAR. Na primeira impressão deste livro, seguindo a sugestão de Barnes, Clarke e Pearce, argumentamos que desde que os quatro outros nomes deste versículo são lugares, seria de esperar que "Libertos" fossem pessoas de um lugar chamado Libertum ou Libertina, uma cidade ou distrito na África do Norte perto de Cartago. Um lugar com esse nome realmente existiu.

Víctor, bispo da igreja de Libertina, estava presente no Concílio de Cartago (411 A.D.). Suidas escreveu também em seu Léxico que *Libertini* é o "nome de um povo" (*onoma tou ethnos*). Todavia, estudos mais aprofundados deram a este escritor segundos pensamentos. Suidas pode ter baseado sua nota léxica numa interpretação de Atos 6.9. Admitindo-se que houve um lugar chamado Libertum, teria ele o tamanho necessário para conter uma população judia como a encontrada em Cirene e Alexandria (com as quais é associada aqui em 6.9), e ter assim um número suficiente desses judeus levados de volta a Jerusalém para ser incluído nos grupos aqui citados? Foi esta última pergunta que causou mais dúvidas ao autor.

Quem eram os "Libertos"? O fato de haver vários tipos de libertos complica mais ainda o problema. (1) Havia JUDEUS levados como escravos e libertados no decorrer do tempo. Ptolomeu Lago (312 a.C.) levou muitos judeus cativos para o Egito. Com o passar dos anos, estes e seus descendentes se estabeleceram em Alexandria e Cirene (veja notas abaixo). Havia também um grande número de judeus levados para Roma por Pompeu (63 a.C.). Muitos se tornaram libertos, e na época de Augusto estavam estabelecidos no distrito trans-Tibereno de Roma[38]. Crisóstomo, c. 400 A.D., foi o primeiro a sugerir que a interpretação de "Libertos" em Atos 6.9 se referia a esses homens judeus libertos de Roma, alguns dos quais haviam voltado a Jerusalém e erguido uma sinagoga. (2) HOMENS DE MUITAS TERRAS foram levados para Roma, e se tornaram prosélitos da religião judia, assim como libertos. Tácito conta como 4.000 desses prosélitos foram transportados para Sardínia, e o restante expulsos de Roma em 19 A.D.[39]. Alguns desses prosélitos expulsos foram para Jerusalém e se estabeleceram ali, construindo a "sinagoga dos Libertos"?

Para complicar mais a explicação deste versículo, surge a questão de quantas sinagogas são mencionadas em 6.9. A resposta poderia ajudar na interpretação de "Libertos", mas o grego é ambíguo e a tradução duvidosa. Várias explicações têm sido, portanto, defendidas. (a) Havia uma sinagoga para cada partido mencionado. Uma situação similar seria encontrada em nossas cidades maiores, onde cada nacionalidade de imigrantes se estabeleceria em uma parte da cidade e teria seu próprio lugar de adoração. Os "Libertos" neste caso poderiam ser "homens libertados" ou pessoas de Liberto[40]. (b) Havia três sinagogas – uma para os Libertos, outra para os judeus

---

[38] Philo, *Leg ad Caium*. 23. [39] *Annals* II.85.
[40] Veja Boles, Meyer, Schurer.

africanos e a terceira para os judeus asiáticos⁴¹. (c). Havia duas sinagogas – uma para os Libertos (de Alexandria e Cirene) e uma para os judeus asiáticos⁴². A ideia de duas sinagogas tem certo atrativo. Seria que o grego com dois artigos no plural genitivo depois do sujeito "alguns" implicaria a princípio (embora admitamos que o grego se ajustaria também a algumas das outras hipóteses). Além disso, a inserção de "chamada" provavelmente deve ser compreendida como marcando o termo "Libertos" como uma exceção às outras designações locais. (d) Havia uma única sinagoga – formada por judeus helenistas, quer escravos ou livres, procedentes das quatro províncias mencionadas⁴³.

Em qualquer caso, os judeus fora de sua terra natal iriam logo assumir hábitos e características helenistas. Assim sendo, quando qualquer deles voltasse à sua terra, seria rejeitado. Daí a necessidade de suas próprias sinagogas. Eles não seriam bem recebidos nas sinagogas dos hebreus. Não importa o número de sinagogas pretendido, o fato é que Estêvão entrou em cada uma delas e pregou Jesus como Messias; e em cada um encontrou oposição. Talvez Hausrath esteja certo ao sugerir que os judeus eram frequentemente libertados porque seu valor como escravos era grandemente reduzido por seu tenaz apego aos seus costumes nacionais⁴⁴. Depois de voltarem a Jerusalém, tendo sofrido tanto pela sua religião, eles se colocaram à frente da oposição a Estêvão, que julgavam estar contestando a santidade de tudo que respeitavam. Pelo fato de liderar as perseguições posteriores, talvez possamos concluir que Paulo comandava e coordenava a oposição nesse período⁴⁵.

Dos cireneus – Cirene era a principal cidade do Norte da África, e uma grande colônia judia se encontrava ali⁴⁶. Muitos judeus foram ali colocados por Ptolomeu Lago⁴⁷, sendo que Josefo (citando Strabo) afirmou totalizarem um quarto dos habitantes da cidade⁴⁸. O Novo Testamento cita repetidamente os judeus de Cirene⁴⁹. Uma sinagoga em Jerusalém para essas pessoas seria natural.

Dos Alexandrinos – Não havia, fora de Jerusalém e Roma, talvez nenhuma cidade em que a população judia fosse tão numerosa e influente como em Alexandria, no Egito. Da mesma forma que em Roma e Cirene, os judeus tinham aqui também seu próprio bairro, designado para eles por Ptolomeu Filadelfo. Eram governados como se fossem uma república livre por seu próprio Alabarca⁵⁰. A população judaica em Alexandria no período do Novo Testamento foi calculada em cerca de 100.000, ou cerca de 2/5 da cidade inteira. Em Alexandria, em 285 a. C., foi publicada a tradução grega do Antigo Testamento, conhecida como Septuaginta (LXX), recebendo esse nome por ter sido obra de setenta tradutores. Esta era a versão corrente lida por todos os judeus helenistas, e até em muitas partes da própria Palestina pelos hebreus. Filo, o grande professor, por ocasião dos eventos registrados em Atos 6, estava vivendo em meio à fama e honra em Alexandria.

E dos da Cilícia e Ásia – A transição dos judeus africanos para os da Ásia é marcada pela mudança da forma da construção grega para *kai tôn apo kilikias*. Havia muitos judeus na Cilícia.

---

⁴¹ Veja *Alford's Greek Testament*.
⁴² Veja Lake and Cadbury, *Beginnings*. Note também que a NASB prefere esta interpretação.
⁴³ Veja Bruce.
⁴⁴ Hausrath incluiu o artigo sobre os "Libertos" no *Bibel-Lexicon* de Schenkel.
⁴⁵ Saulo é também chamado Paulo, Atos 13.9; e por ser melhor conhecido como Apóstolo Paulo, iremos usar esse nome tão constantemente quanto possível em nossos comentários. Esta decisão também faz com que possamos distingui-lo mais facilmente do rei Saul no Antigo Testamento.
⁴⁶ Com respeito a Cirene, veja notas em Atos 2.10.
⁴⁷ *Cont. Apion* II.4.
⁴⁸ *Antiguidades* XIV. 7.2.
⁴⁹ Os judeus das "regiões da Líbia nas imediações de Cirene" são citados em Atos 2.10. Simão, que carregou a cruz do Salvador era "de Cirene", Mateus 27.32. Havia "cireneus" em Jerusalém quando ocorreu a perseguição contra Estêvão, Atos 11.19. "Lúcio de Cirene" é citado em Atos 13.1. Compare também Marcos 15.21.
⁵⁰ *Antiguidades* XIV. 7.2.

A Cilícia era uma província da Ásia Menor (a região agora chamada Turquia), na orla marinha, diretamente ao norte de Chipre. A capital da província era Tarso, cidade natal de Paulo[51]. Visto Paulo ser da Cilícia e ter sem dúvida adorado nesta sinagoga, podemos supor corretamente que ele era um dos envolvidos na discussão com Estêvão[52]. "Ásia" indica a província romana da Ásia[53]. Os judeus asiáticos se encontravam à frente da oposição ao evangelho, não só aqui, mas também mais tarde através do livro de Atos[54].

E discutiam com Estêvão – Embora este versículo fale de "discutir" em oposição ao que Estêvão ensinava, existe ainda alguma verdade na afirmação que "discutir" seja um novo método de ensinar o Evangelho, um método que será usado amplamente pelos cristãos, e especialmente por Paulo. O termo grego *suzeteo* significa "examinar juntos, discutir, disputar, questionar". Estêvão, por ser helenista, deve ter sido membro de uma dessas sinagogas antes de se tornar-se cristão. Quando os homens se tornavam cristãos, consideravam seus companheiros de adoração nas sinagogas excelentes candidatos à evangelização. Em vista de necessitarem obedecer Jesus, Estêvão iria "discutir" a sua necessidade de conversão. Uma das principais questões que discutiam seria provavelmente se Jesus era ou não o Messias predito no Antigo Testamento. Os homens costumam apegar-se de coração às coisas que lhes custaram muito, seja em trabalho ou sofrimento, e se ressentem de tudo que possa sugerir que tenham desperdiçado seu trabalho ou sofrido em vão. Quando Estêvão sugere que uma nova aliança substituiu a antiga, e que o templo e seus serviços estavam para cessar, não é difícil imaginar que tivesse encontrado oposição hostil.

6.10 –

E não podiam sobrepor-se – O grego é imperativo e diz literalmente: "Não tinham forças para resistir". Não conseguiam responder aos argumentos dele.

À sabedoria e ao Espírito com que ele falava – Talvez "sabedoria" refira-se simplesmente ao seu conhecimento das Escrituras do Antigo Testamento. Ou pode indicar o dom espiritual da sabedoria[55]. Note que a palavra "espirito" não tem inicial maiúscula na Versão do Rei Tiago. (A SBB usa maiúscula – N.T.). Se a aceitarmos desse modo, a palavra fala de suas habilidades naturais – a energia, poder e zelo de Estêvão. A palavra tem inicial maiúscula na ASV e NASB, porque os tradutores pensam que Lucas está nos dizendo que Estêvão falou pela inspiração do Espírito Santo. Não podemos nos espantar que não pudesse responder aos seus argumentos.

6.11 –

Então subornaram homens que disseram: – Isto é, pagaram a homens para dar testemunho falso. O termo grego indica a manipulação de indivíduos, seja por sugestão ou dinheiro. De um modo ou de outro, chantagem ou suborno, eles os induziram a mentir no tribunal sobre o que Estêvão realmente havia dito.

Temos ouvido este homem proferir blasfêmias contra Moisés e contra Deus – Moisés era considerado com profunda reverência. Suas leis eram tidas pelos judeus como sendo imutáveis. Se Estêvão tivesse insistido em algo parecido com que vai ser escrito mais tarde no livro de Hebreus – que havia um legislador maior que Moisés, que o sacerdócio e o tabernáculo não passavam de sombras e tipos das coisas que viriam, e que agora que Cristo havia morrido a antiga aliança não era mais obrigatória – é fácil ver como os judeus piedosos consideram isso blasfêmia. Como é natural, Estêvão (seguindo o exemplo de Jesus) não falou da destruição da Lei, mas de seu cumprimento na revelação mais completa de Cristo. Ele colocava a Lei em seu lugar adequado como aio para levar os homens a Cristo. Mas os judeus não ouviram suas palavras com cuidado ou atenção. Os que ouviram insistiram ser "blasfêmia", palavras faladas contra alguém ou alguma coisa. Deve ser lembrado que nessa época todo o povo judeu se achava num

---

[51] Atos 9.11.
[52] Compare Atos 7.58.
[53] Veja comentários sobre Atos 2.9.
[54] Atos 21.27ss.
[55] Compare 1 Coríntios 12.8.

estado de revolta mal reprimida por causa do domínio romano – e queriam proteger a todo custo a honra das instituições mosaicas. A Lei era quase só o que lhes sobrava da gloria passada. O argumento sustentado por Estêvão parecia indicar que isso também havia perdido o valor. Como eles puderam acusar Estêvão de blasfemar contra a Lei não é difícil de perceber. Mas como pode ser dito que ele blasfemava contra Deus? Deus havia dado a Lei, e qualquer um que interferisse com a Lei poderia ser culpado, portanto, de blasfêmia contra Deus que a deu. Ou, talvez ele foi acusado de blasfêmia por ter dito que se os judeus continuassem na incredulidade, seu templo seria destruído. O templo era considerado como a casa santa de Deus, e falar então contra ele seria talvez equivalente a falar contra Deus.

6.12 –

Sublevaram ao povo, aos anciãos e aos escribas – Eles (os lideres dos Helenistas?) instigaram o povo, e provocaram seu medo[56]. Foi a mesma tática usada na condenação de Jesus à morte[57]. Esta é a primeira vez em que o povo é representado como estando contra aos apóstolos ou a Igreja. Até essa época o povo havia estado do lado dos apóstolos; e de fato, o medo do povo impediu a violência dos perseguidores. Esta mudança é justificada pelo fato de esta perseguição ser liderada pelos fariseus, que tinham muito mais influencia com as massas do que os saduceus. Os Saduceus, encarregados do templo de Jerusalém, tinham comparativamente pouca influencia juntos ao povo. Os Fariseus, que eram homens de autoridade em cada comunidade (sendo os professores e líderes da sinagoga) tinham muito mais popularidade entre o povo. Bastavam aos fariseus distorcerem um pouco os discursos de Estêvão para fazê-los parecer acusações blasfemas contra as instituições do Antigo Testamento. "Anciãos e escribas" parece indicar que os membros dessas sinagogas helenistas chegaram até a incitar o Sinédrio contra Estêvão. Talvez eles quisessem que o supremo tribunal dos judeus passasse a "sentença de morte" contra Estêvão, desde que essa era o castigo regular para a blasfêmia.

E, investindo, o arrebataram – Os lideres da sinagoga, havendo incitado a multidão ao máximo, se arremessaram contra Estêvão.

Levando-o ao Sinédrio – Estêvão foi submetido a julgamento em meio ao semicírculo de juízes que se sentavam no Sinédrio. Lucas tem nos contado que o tribunal já havia sido predisposto contra o réu, tendo sido instigado pelos membros da sinagoga. Haveria também uma multidão de pessoas na periferia do tribunal?

6.13 –

Apresentaram testemunhas falsas que depuseram: – Esses homens, "secretamente induzidos", perverteram o sentido das palavras de Estêvão. É surpreendente a semelhança do julgamento de Estêvão com o do Senhor. O mesmo propósito fixo de silenciar a língua que falava a verdade pela morte; o mesmo uso vil de testemunhas falsas; o mesmo ato de torcer palavras boas em atos criminosos; e a mesma mansidão e paciência frente à morte.

Este homem não cessa de falar contra o lugar santo – "Este lugar santo" seria o templo. O Sinédrio sentava-se em sua câmara (Gazith), que ficava logo do outro lado do vale, a oeste da área do templo.

E contra a lei – A Lei de Moisés.

6.14 –

Porque o temos ouvido dizer – Essas falsas testemunhas, como as que deturparam as palavras do Senhor[58], sem dúvida basearam sua acusação sobre alguma semelhança de verdade. Se Estê-

---

[56] Os refugiados que voltaram para estabelecer-se em Jerusalém, estariam sujeitos a esses temores. Como notado antes no texto, eles seriam especialmente fanáticos no que dizia respeito à sua religião, e portanto mais facilmente incitados.

[57] Mateus 27.20.   [58] Mateus 26.61; João 2.19.

vão tivesse declarado algo parecido como o que Jesus disse à mulher de Samaria[59], ou aos seus discípulos[60], ou o que o escritor de Hebreus escreveu[61], ou o que Paulo escreveu aos Colossenses[62], suas palavras poderiam ser facilmente mal interpretadas pelas falsas testemunhas. Havia verdade real por trás das meias verdades que as falsas testemunhas falaram contra Estêvão.

Que esse Jesus, o Nazareno, destruirá este lugar – Várias vezes Jesus falou sobre o futuro de Jerusalém em sua pregação. Ele advertiu (com lágrimas) que Jerusalém – a cidade e o templo – seriam destruídos se persistissem em rejeitá-lo. Tudo que as falsas testemunhas tinham que fazer era omitir a "cláusula condicional (se)" e fariam parecer que Estêvão falasse como se estivesse anunciando a ameaça incondicional de Jesus contra o lugar santo. É talvez também seja possível que Estêvão estivesse citando as palavras de Jesus sobre a sua morte, sepultamento e ressurreição; e como foi feito antes, estas palavras são agora deturpadas[63].

E mudará os costumes que Moisés nos deu – "Mudará", introduzindo outros em seu lugar. "Costumes" são os ritos e observâncias cerimoniais – sacrifícios, festas, carnes puras e impuras, etc. A palavra "costumes" parece ser quase um termo meio-técnico, incluindo todo o sistema complexo da lei mosaica – seus rituais, simbolismo, regulamentos para a vida diária, circuncisão, guarda do sábado, etc.[64]

6.15 –

Todos os que estavam assentados no Sinédrio – Paulo estaria ali, observando? O caso da acusação tem sido completamente declarado. O depoimento das falsas testemunhas terminou. Houve uma pausa momentânea, e todos os olhos se voltaram para Estêvão enquanto estava de pé diante dos acusadores.

Fitando os olhos em Estêvão – Isto é, os membros do Sinédrio olharam fixamente para ele. Eles disseram com esse olhar: "O que tem a dizer a seu favor em resposta a estas acusações?"

Viram o seu rosto como se fosse rosto de anjo – Alguns têm questionado de que modo aquelas pessoas saberiam como era o rosto de um anjo, a fim compará-lo com a expressão vista na face de Estêvão. Outros tentam evitar este problema, dizendo que a linguagem é figurada, indicando a paz e compostura de Estêvão (mesmo sob o fogo das falsas acusações). Essa expressão pacífica não era característica da maioria dos réus quando tratados da forma de Estêvão o foi. Outros têm insistido que muitos deles poderiam saber como era um anjo, e o que viram na expressão de Estêvão era semelhante. Tem sido sugerido até que o rosto de Estêvão tinha um brilho, uma radiância similar à do rosto de Moisés depois dele ter estado na presença de Deus[65].

---

[59] João 4.21.
[60] Marcos 13.2.
[61] Hebreus 8.19.
[62] Colossenses 2.16, 17.
[63] Mateus 26.61; João 2.19.
[64] Atos 15.1ss; 21.21; 26.3; 28.17.
[65] Êxodo 34.30 e 2 Coríntios 3.7ss.

ESTUDO ESPECIAL Nº 12
Um Método de Seleção
de Presbíteros e Diáconos.

O Novo Testamento não dá quaisquer instruções específicas sobre como escolher homens para servirem na função de presbíteros e diáconos. Ele só apresenta certas diretrizes em cujos limites a igreja deve permanecer, mas os detalhes são deixados a critério de cada congregação.

Para uma apresentação ordeira, nosso estudo é dividido em três áreas gerais: Qualificações, Método de Seleção e a Questão da Ordenação.

I. QUALIFICAÇÕES PARA O PRESBITÉRIO E DIÁCONO

O fato de serem dadas qualificações que os homens *devem* satisfazer[1], é uma evidência de que o Senhor pretendeu que os cargos ou funções de presbítero e diácono continuassem na igreja através das idades. É um erro argumentar, baseado em Atos 6, que a função de diácono era apenas temporária, e que ao terminar o serviço de servir às mesas, também desapareceu a necessidade de diáconos. Se isso fosse verdade, por que são dadas qualificações em outras passagens (além de Atos 6) para a orientação das congregações (além daquela em Jerusalém) ao escolherem homens para o cargo (função)? Continuamos usando a palavra "função" porque há mais no presbitério e diaconato do que simplesmente preencher um cargo. Há uma *tarefa* a ser realizada.

As qualificações do presbítero são as seguintes[2]:
1. O bispo deve ser irrepreensível
2. Marido de uma esposa só
3. Temperante
4. Sóbrio
5. Respeitável
6. Hospitaleiro
7. Apto para ensinar
8. Não dado ao vinho
9. Não violento
10. Cordato
11. Inimigo de contendas
12. Não avarento
13. Que governe bem a sua própria casa, tendo os filhos sob controle com toda dignidade (pois se alguém não sabe governar a própria casa, como cuidará da igreja de Deus?)
14. Não seja neófito, para não suceder que se ensoberbeça, e incorra na condenação do diabo
15. É necessário que ele tenha bom testemunho dos de fora, a fim de não cair no opróbrio e no laço do diabo
16. Tenha filhos crentes
17. Não arrogante
18. Não irascível
19. Amigo de bem
20. Justo
21. Piedoso

---
[1] 1 Timóteo 3.1ss; Tito 1.5ss.
[2] 1 Timóteo 3.2-7; Tito 1.6-9.

22. Com domínio próprio
23. Apegado à palavra fiel que é segundo a doutrina, de modo que tenha poder, assim para exortar pelo reto ensino como para convencer os que contradizem.

As qualificações para os diáconos são as seguintes[3]:
1. Respeitáveis
2. Cheios do Espírito
3. Cheios de sabedoria
4. Homem digno
5. De uma só palavra
6. Não inclinados a muito vinho
7. Não cobiçoso de sórdida ganância
8. Conservando o ministério da fé com a consciência limpa
9. Experimentados e irrepreensíveis
10. Marido de uma só mulher
11. Governe bem seus filhos e sua própria casa

Essas qualificações têm sido aplicadas de varias maneiras. (1) Ignore-as e escolhe quem quiser. (2) Pensem nelas apenas como ideais, e escolha homens que tenham qualificações aproximadas. (3) Considere-as como "imprescindíveis" e escolha só aqueles qualificados. Este terceiro método não é o único bíblico? Paulo não disse "deve" quando deu as qualificações[4]? Se Paulo disse "deve" (grego *dei*, "é "necessário") – como na SBB – N.T.), como podemos aceitar menos que isso?

A primeira coisa, então, quando se trata de escolher um método de escolha de líderes, é selecionar um que ajude os membros da congregação a considerem cuidadosamente cada homem de acordo com as qualificações bíblicas.

II. O MÉTODO DE SELEÇÃO

Qualquer que seja o método finalmente adotado, ele deve permitir que a congregação tenha voz na escolha. Alguns líderes religiosos afirmam que a maneira de indicar líderes para a congregação é o pregador ou evangelista, agindo de forma ditatorial, nomear os homens que considera aptos. Mas não foi assim a escolha na igreja de Jerusalém. Os apóstolos não prevaleceram sobre os desejos e direitos da congregação.

Milligan está certo quando diz: "a lei de Cristo é que a congregação escolha seus próprios líderes . . . "[5] O método adotado deve levar em consideração o fato de que a Bíblia não dá aos líderes o direito de nomear presbíteros e diáconos autocraticamente. Exigiu-se que os membros da igreja de Jerusalém escolhessem seus próprios diáconos, não obstante a presença do mais augusto e imparcial corpo de ministros cristãos (os apóstolos) jamais reunido em qualquer congregação da terra. Certamente, se já houve ocasião em que o voto de uma congregação poderia ser suspenso com razão, e os oficiais escolhidos pelos líderes, foi quando os primeiros diáconos foram escolhidos em Jerusalém. Havia evidentemente o risco de surgir o espírito partidário, a não ser que a questão viesse a ser tratada com máxima prudência. Não seria de esperar que tal prudência fosse encontrada nos apóstolos? Eles conheciam bem todos os membros e suas respectivas qualificações. Sob o aspecto do bom senso e razão finito, o meio mais rápido e melhor para resolver o assunto seria que os próprios apóstolos escolhessem e nomeassem homens para cuidar dos pobres e necessitados. Mas, não! Sob a direção infalível do Espírito Santo, os apóstolos pensaram de forma muito diferente. Eles não indicaram os sete homens, mas disseram: "Escolhei dentre vós sete homens . . . aos quais encarregaremos deste serviço" (6.3). Lemos então alguns versículos adiante: "O parecer agradou a toda a comunidade, e eles [isso é, a congregação] elegeram Estêvão . . . Filipe . . . etc." (Atos 6.3ss).

---

[3] Atos 6.3; 1 Timóteo 3.9-12.   [4] 1 Timóteo 3.2.
[5] Robert Milligan, *Scheme of Redemption* (St. Louis: Christian Board of Publication, n. d.), p. 334.

Várias vezes lemos sobre os apóstolos ou evangelistas "ordenando" ou "nomeando" líderes para a congregação. Em Atos 14.23 temos um exemplo desse tipo. No final da primeira viagem missionária de Paulo, vemos presbíteros sendo eleitos em cada congregação. Como foram eleitos? A palavra "eleitos" (nomeados, indicados) deriva de um verbo composto de dois termos: "mão" e "esticar". De uma forma ou de outra, as mãos eram esticadas quando esses presbíteros foram postos em seus cargos. Isto significa que os apóstolos estendiam as mãos ao ordenarem os homens escolhidos pela congregação, ou indica que a congregação "estendia as mãos" ao votar na assembléia a favor de certos homens como seus líderes espirituais? Qualquer que fosse a forma escolhida, é certo que nas Igrejas paulinas, o povo participava na seleção de seus servos[6]. Poderia dizer-se que a "nomeação" pelos apóstolos não passava de aprovação das ações do povo – nas Igrejas da Ásia menor – assim como em Jerusalém.

No caso de Tito 1.5., Dale escreveu:

"Ordenar" ou indicar não viola o exemplo inspirado já estabelecido pelos apóstolos (em Atos 6). Deve incluir aquilo que Lucas afirma em Atos 6, que permite a autonomia local. A liderança de um evangelista na escolha de presbíteros e diáconos não exclui o direito da congregação de "estender" as mãos, ao aprovarem homens como seus líderes. Se o evangelista usurpar esta liberdade, nomeando sem aprovação congregacional, ele estará exercendo mais poder do que os apóstolos exerceram sobre os direitos da congregação. Presbíteros, evangelistas, professores devem indicar o caminho pelo ensino fiel, mas deve ser permitida liberdade às pessoas de andar ou não nesse caminho[7].

A Escritura mostra que os líderes (apóstolos, evangelistas) têm parte na seleção de presbíteros e diáconos – eles enfatizam as qualificações diante da congregação. A Escritura também mostra que o povo participa da seleção de presbíteros e diáconos – eles têm o direito de votar ou escolher como fez a congregação de Jerusalém. Além disto, as Escrituras silenciam quanto aos detalhes sobre como a eleição de oficiais deve ser realizada.

Os detalhes de um método provado eficaz são os seguintes: O evangelista explica cuidadosamente as qualificações dos presbíteros e diáconos, e então a congregação é encorajada a indicar por meio de cédulas os homens que julga qualificados para a função. Após a reunião da congregação em que as cédulas de indicação são preenchidas, os presbíteros se reúnem para considerar os indivíduos indicados na maioria dos votos. Se eles forem qualificados, segundo o conhecimento dos presbíteros, o passo seguinte é procurá-los para saber se estão dispostos (desejosos) a servir. Os nomes dos que desejarem prestar serviço são então colocados numa cédula distribuída aos membros na reunião congregacional seguinte. As cédulas são impressas de modo a serem marcados "sim" ou "não" para cada candidato. Se um membro da igreja marcar "não" ao lado do nome de alguém, esse membro deve escrever a razão bíblica de seu voto no espaço providenciado, e depois colocar sua assinatura na parte inferior da cédula. (Existem várias razões para o eleitor assinar seu nome. Se um membro souber algo que poderia desqualificar o candidato para o cargo, que os presbíteros desconheciam, estes talvez queiram conversar com o eleitor ou talvez até levá-lo até o homem em questão para ver se há alguma verdade na recusa, especialmente se o ponto levantado contiver qualquer vestígio de pecado e necessitar de arrependimento. Os cargos da igreja não devem ser preenchidos com base na popularidade. Nem a igreja quer homens em cargo de liderança que pudessem trazer má fama para a congregação). Os eleitos por uma maioria de cédulas são então (numa cerimônia especial) instalados no cargo. Esta instalação (ordenação) seria comparável à "nomeação" feita pelos apóstolos, não passando de uma aprovação das ações do povo.

Este método, embora não seja certamente o único que pode ser usado, permite que os líderes participem biblicamente da seleção; dá à congregação sua parte bíblica na seleção; e ajuda as pessoas a verem a seriedade do privilégio de escolher homens para guiar e servir a igreja de Jesus Cristo na terra.

---

[6] 2 Coríntios 8.19.   [7] Dale, *op. cit.*, p. 77.

III. A ORDENAÇÃO DE PRESBÍTEROS E DIÁCONOS

Não basta que eles sejam eleitos pelo sufrágio dos membros. O senso comum da humanidade exige que todos os candidatos a cargos importantes, quer civis ou eclesiásticos, sejam instalados com cerimônias solenes e impressivas. Os apóstolos disseram, portanto, aos discípulos em Jerusalém: "Vocês escolhem . . . Nós indicaremos (ordenaremos)". Este é todo o significado de ordenação nas Escrituras. Trata-se simplesmente de uma separação solene de tais pessoas para seus respectivos cargos, como já previamente eleitas pelo sufrágio da congregação, segundo os padrões de qualidades estabelecidos pelo Espírito Santo.

Isto foi sempre feito pela imposição de mãos, com oração e jejum, segundo se depreende claramente das seguintes passagens: (1) Atos 6. 5, 6: "O parecer agradou a toda a comunidade; e elegeram Estêvão . . . Apresentaram-nos perante os apóstolos, e estes, orando, lhes impuseram as mãos". (2) Atos 13.1-3: "Havia na igreja de Antioquia profetas e mestres . . . Barnabé e Saulo . . . Então, jejuando e orando, e impondo sobre eles as mãos, os despediram". (3) Atos 14.23: "E, promovendo-lhes em cada igreja a eleição de presbíteros, depois de orar com jejuns, os encomendaram ao Senhor em que haviam crido".

"Nem poderes eclesiásticos nem extraordinários são transmitidos pela ordenação. Não pode haver "sucessão direta" pela imposição de mãos. As reivindicações de grupos religiosos de transmitir poderes, tornou possível a tirania em nome da piedade", escreveu L. Edsil Dale[8]. Esta conclusão está certa. A ordenação é a cerimônia que empossa a pessoa eleita no cargo. Mas nenhum direito ou privilégio eclesiástico é transmitido pela ordenação. É verdade que ao imporem as mãos, os apóstolos muitas vezes transmitiam poderes especiais (dons espirituais)[9], mas não existem mais apóstolos vivos hoje para passar adiante tais poderes, como deve ser lembrado. Será mostrado no capítulo 8 que a transmissão de poderes especiais não continuou depois dos apóstolos. Assim, enquanto é verdade que a imposição das mãos de um apóstolo frequentemente transmitia poderes especiais, é também verdadeiro que a imposição das mãos na Bíblia era muitas vezes apenas simbólica[10].

Uma cerimônia de ordenação com oração e jejum para presbíteros, diáconos e evangelistas, é um ato de reconhecimento público de sua aptidão e merecimento do serviço, mas de forma alguma os qualifica ou autoriza seu serviço mediante reivindicações eclesiásticas[11].

O deão G. H. Cachairas escreveu com referência à ordenação de presbíteros e diáconos que o voto da congregação não os coloca no cargo, mas sim a cerimônia de ordenação.

É verdade que os sete diáconos foram escolhidos pela igreja, de acordo com as instruções apostólicas que prescreveram as qualificações requisitadas. É também razoável concluir que os presbíteros foram igualmente escolhidos da mesma maneira. O Espírito Santo prescreve as qualificações, e a congregação deve selecionar pessoas que possuam as qualificações exigidas. Esta eleição por parte da igreja não empossa, no entanto, o indivíduo no cargo. Depois de eleitos, eles são nomeados para o posto por um evangelista.

É errado, então, manter que a eleição de oficiais pela congregação seja uma nomeação escriturística ao ofício. Sua nomeação pertence ao trabalho de um evangelista. Em assuntos civis, uma distinção é reconhecida entre a eleição e a nomeação ou indução ao ofício. Segue-se algum tempo após a eleição a indução no ofício por meio de uma cerimônia especial. Na igreja é da mesma maneira. A congregação pode escolher para presbíteros e diáconos pessoas que possuem as qualificações bíblicas para esses ofícios. Essas pessoas então devem ser nomeados ao ofício por um evangelista. Esta nomeação é feita por meio de jejum, oração e imposição de mãos[12].

---

[8] *Ibid.*
[9] Atos 8.17; 2 Timóteo 1.6.
[10] Gênesis 48.13, 14; Deuteronômio 34.9; Números 27.8; 8.9-13; Levítico 16.21; Atos 13.3; 1 Timóteo 4.14; 5.22.
[11] Dale, *op. cit.*, p. 78.
[12] Artigo de G. H. Cachairas "Errors Concerning Church Officers" foi reimpresso num estudo mimeografado sobre presbíteros e diáconos distribuído à sua classe de alunos pelo prof. George M. Elliott do Seminàrio Bíblico de Cincinnati em 1954.

CONCLUSÃO

As qualificações são estabelecidas claramente. Várias diretrizes são apresentadas no Novo Testamento para ajudar a congregação a escolher seus líderes. Muito é deixado a cargo da própria congregação com respeito à técnica do processo. Milligan mostrou a inviabilidade de tentar governar a igreja em todos os casos por meio de leis mais específicas. Ele diz o seguinte:

> Se o Fundador Divino do Cristianismo tivesse tentado governar sua igreja em todos os casos através de regras e preceitos específicos, o mundo não poderia conter os livros que seriam escritos. A *lex scprita*, ou código escrito da Inglaterra, consiste de 35 grandes volumes, além de carradas de atos do parlamento, locais e privados. Todavia, raramente acontece que seja encontrada uma lei existente aplicável em todos os respeitos a um determinado caso. Quase todo novo caso da lei e equidade difere em alguns aspectos de todos os que antecederam. Todo advogado sabe que só por analogia as decisões do tribunal são geralmente aplicados aos novos casos de litígio. Qual seria então o tamanho do Código Divino, se Deus tentasse governar seu povo em todas as eras e sob todas as circunstâncias por meio de regras e regulamentos específicos? Não podemos certamente deixar de admirar a sabedoria que substituiu tal código por um pequeno volume de algumas centenas de páginas, o qual, não obstante sua brevidade, tornou-o uma regra de fé e prática perfeita para todo ser responsável em cada família, língua, nação, e povo enquanto o tempo durar! Ao agir assim, em primeiro lugar, ele tornou a Bíblia inteira e especialmente o Novo Testamento, um *livro de motivos;* segundo, ele pôs em prática algumas *leis e regulamentos muito gerais;* terceiro, ele ilustrou essas leis e os princípios gerais do seu governo mediante uma grande variedade de *exemplos com autoridade;* e, finalmente, ele nos deu as leis e ordenanças necessárias para fazer da Bíblia uma regra perfeita de fé e prática[13].

BIBLIOGRAFIA

DeWelt, Don, "The Ordination of Officers", em *The Church in the Bible* (Rosemead, Calif: Old Paths Book Club), 1958.

Hayden, w. L., *Church Polity* (Kansas City, Mo.: Old Paths Book Club) n.d.

McGarvey, J. W., *Treatise on the Eldership* (Murphreesboro, Tenn.: Dehoff Publishing House), 1956.

Milligan, Robert, *The Scheme of Redemption* (St. Louis, Mo.: The Christian Board of Publication), n.d.

Phillips, H. E., *Church Officers and Organization* (St. Petersburg, Fla.: Cypress Press), 1948.

Walker, W. R., *A Functionning Eldership* (Cincinnati, O: Standard Publishing Co.), 1942.

Entrada da Cidade

Desenho do Horace Knowles
Da British and Foreign Bible Society

---

[13] Milligan, *op. cit.*, p. 349.

CAPÍTULO SETE

S. DEFESA DE ESTÊVÃO PERANTE O SINÉDRIO. 7.1-53

1. *O caso de Abraão e dos Patriarcas (ênfase sobre Deus). 7.1-16*

7.1 –

Então lhe perguntou o sumo sacerdote – O sumo sacerdote normalmente presidia as reuniões do Sinédrio. Desde que José Caifás não foi deposto senão em 36 A.D., é provável que fosse ele a fazer a pergunta. Chamamos este capítulo de "A Defesa de Estêvão". Na verdade não se trata absolutamente de uma defesa dele, mas do evangelho que pregava. Poderia ser chamado de "apologia", pois foi uma declaração mostrando que estava certo.

Porventura é isto assim? – Ou seja, todas as coisas contra as quais supunham que Estêvão havia blasfemado. Ele tinha sido acusado de falar contra Moisés, contra Deus, contra o templo e contra a Lei[1]. O acusado deveria reconhecer-se culpado ou não, e lhes dariam a seguir uma oportunidade para defender-se. Entramos agora nessa defesa.

> Se Caifás era de fato o sumo sacerdote, presidindo o Sinédrio em virtude do seu cargo, pode haver uma implicação sinistra em sua pergunta: "Porventura é isto assim?" Pois Caifás havia sido presidente do Sinédrio na ocasião em que Jesus foi levado perante esse grupo sob acusações semelhantes às feitas agora contra Estêvão. Na ocasião, as testemunhas que tentaram reproduzir no tribunal as palavras de Jesus sobre a destruição e reconstrução do templo, apresentaram evidência conflitantes. Quando pediram a Jesus que desse sua versão do assunto, Ele se recusou a dizer qualquer coisa em resposta à acusação. Agora, quando denúncias semelhantes são feitas contra Estêvão, pede-se igualmente que responda. Se o Mestre não pôde ser condenado por menosprezar o templo, talvez seria possível condenar o servo, e desacreditar assim todo aquele novo movimento aos olhos dos judeus piedosos[2].

7.2 –

Estêvão respondeu: Varões irmãos e pais – "Irmãos" talvez mostre que um grupo de espectadores se alinhava junto à parede do salão do tribunal. Mas "irmãos e pais" é também um modo apropriado de dirigir-se aos juízes. Tem sido questionado se Estêvão falava em grego ou hebraico. Parece provável que por ser um judeu helenista, falasse em grego, o que parece ser confirmado pelas citações de passagens da LXX. Todavia, Meyer e outros pensam que ele tenha falado em hebraico, pois todo judeu seria também capaz de falar essa língua. Por que Estêvão apresentou uma história tão longa sobre os judeus? é outra pergunta feita frequentemente. De que maneira seria esta uma defesa contra as acusações feitas a ele pelas falsas testemunhas? Este é um meio esplêndido de responder às acusações de blasfêmia, desde que ele mostra reverência pela história e instituições dos judeus. Uma repetição da história do povo judeu era um tópico favorito entre eles, e iria assegurar sua inteira atenção. Eles gostavam de ouvir a recapitulação de sua história. Estêvão, porém, é muito seletivo. Um procedimento comum nos julgamentos é apelar para casos similares ao seu, a fim de consubstanciar o veredicto que você quer obter. Estêvão fez isto, começando do caso de Abraão e dos patriarcas. Ele vai mostrar que seus acusadores tinham as mesmas características de seus ancestrais.

---

[1] Atos 6.11,13,14.
[2] Bruce, *op. cit.*, p. 144.

O Deus da glória apareceu a nosso pai Abraão – "Deus da glória" é uma forma de expressão hebraica indicando o Deus caracterizado pela glória. Esta frase invulgar identificada Deus, de que Estêvão fala, com o Deus cuja glória visível foi vista pelos patriarcas[3]. As palavras contêm uma referência alusiva à "Shekinah", ou nuvem de glória, que era o símbolo da presença de Jeová. As palavras de Paulo, "o Senhor da glória" é uma frase bastante similar[4]. Essas palavras de abertura são uma resposta implícita à acusação de blasfêmia contra Deus. De que maneira (visão, sonho, etc.) Deus apareceu ao Abraão não é dito. Gênesis simplesmente registrada que Deus falou a Abraão, embora este chamado particular de Abraão não conste do Antigo Testamento. Estêvão chama Abraão de *nosso* Pai". Ele se identifica com seus juízes enquanto houve qualquer esperança de influenciá-los[5]. Compare a forma em que Estêvão fala depois de ficar claro como o caso irá terminar[6].

Quando estava na Mesopotâmia, antes de habitar em Harã – O estudante deve localizar a Mesopotâmia no mapa. A palavra significa "entre rios" – os rios Tigre e Eufrates. Gênesis 11.31 se refere a Ur dos Caldeus, e Atos 7.4 à "terra dos caldeus". Aqui aprendemos, de Estêvão, que Abraão foi chamado de Ur dos Caldeus. O Antigo Testamento não registra este chamado[7]. O registro de Gênesis 12 nos diz que Abraão foi chamado de Harã, mais tudo que pode ser dito sobre o registro no Antigo Testamento de um chamado para sair de Ur é que o mesmo fica implícito[8]. O estudante deve também procurar Harã num mapa[9].

7.3 –

E lhe disse: Sai de tua terra e da tua parentela – Deus queria que Abraão se afastasse de seus parentes que viviam na Mesopotâmia. Abraão é notificado que deve deixar sua família para trás e partir quase sozinho para uma nova terra. As palavras de Josué, muitos anos depois, nos dizem por que Deus queria que Abraão deixasse os parentes para trás[10]. Deus queria afastar Abraão da influência de um ambiente idólatra, para não ser também contaminado.

E vem para a terra que eu te mostrarei – Abraão não sabia para que lugar estava indo, ao viajar para o oeste. "Pela fé Abraão partiu sem saber aonde ia"[11].

7.4 –

Então saiu da terra dos caldeus e foi habitar em Harã – "Terra dos Caldeus" é obviamente um sinônimo da Mesopotâmia do versículo 1. Os arqueólogos têm mostrado que Harã era uma cidade fluorescente em princípios do segundo milênio a.C. Estêvão resumiu Gênesis 11.27-31.

E dali, com a morte de seu pai, Deus o trouxe para esta terra em que vós agora habitais – O discurso de Estêvão é notável porque reúne num espaço relativamente diminuto um número considerável de dificuldades reais, ou aparentes erros nos detalhes da história levada à atenção dos juízes. "Com a morte de seu pai" é uma delas. Isto se refere à morte física ou espiritual de Terá? Este autor está convencido que se trata da morte física de Terá. Os que julgam

---

[3] Gênesis 12.7; 18.1; 26.2; 28.12, 13; Êxodo 24.16, 17; Números 16.19; Isaías 6; João 12.41.
[4] 1 Coríntios 2. 8.
[5] Veja como Estêvão se identifica com seus ouvintes em Atos 7.11, 12, 15, 19.
[6] Veja como ele não mais se inclui entre seus ouvintes em Atos 7.51, 52.
[7] Esta é uma das várias ocasiões no Novo Testamento em que aprendemos fatos que ampliam nosso conhecimento do Antigo Testamento. Veja também a profecia de Enoque (Judas 14), os nomes dos mágicos egípcios (2 Timóteo 3.8), a esperança que sustentou Abraão ao oferecer Isaque (Hebreus 11.19), o reconhecimento de Moisés (Hebreus 12.21), o motivo que o levou a deixar a corte de Faraó (Hebreus 11.24, 25), e a oração de Elias (Tiago 5.17).
[8] Gênesis 11.31; 15.7; Neemias 9.7.
[9] O estudante deve se formar o habito de ler a Bíblia com um mapa à sua frente. Localizar no mapa os lugares onde os eventos ocorreram ajudará a fazer com que as histórias ganhem vida!
[10] Josué 24.2.
[11] Hebreus 11. 8.

que se refere à morte espiritual dele notam que os judeus afirmam unanimemente que ele voltou à idolatria antes de Abraão deixar Harã; e esta volta eles chamam de "morte" (a mesma palavra usada aqui por Estêvão). Além disso, alguns supõem que Estêvão tenha cometido um erro neste ponto[12]. Ao considerar a evidência, esta é a nossa conclusão. Terá tinha 130 anos quando Abraão nasceu, e não 70 como parece na superfície do registro do Antigo Testamento. A morte mencionada por Estêvão aqui em Atos 7.4 foi a morte física de Terá, quando ele tinha 205 anos de idade.

7.5 –

Nela não lhe deu herança – Abraão levou uma vida nômade, e esta passagem indica que ele não recebeu uma propriedade permanente nem residência naquela terra (de Canaã). A única terra que possuiu foi um campo comprado aos filhos de Hete para sepultura[13]. A Caverna de Macpela era o seu nome. Esta exceção aparente não foi verdadeiramente exceção. O campo e a caverna foram comprados com um propósito especial para uso depois de terminada esta vida terrena.

Nem sequer o espaço de um pé – Esta é uma expressão proverbial, denotando de maneira enfática que ele não possuía terra.

Mas prometeu dar-lhe a posse dela – Deus prometeu que a terra de Canaã seria sua um dia.

E depois dele à sua descendência, não tendo ele filho – A terra foi prometida aos filhos de Abraão, quando não havia probabilidade humana de que ele pudesse ter filhos[14].

7.6 –

E falou Deus assim – Os versículos 6 e 7 foram extraídos de Gênesis 15. 13, 14 na LXX.

Que a sua descendência seria peregrina em terra estrangeira – A "terra estrangeira" é uma referência ao Egito. Um "peregrino" é o cidadão de outro país que reside temporariamente numa terra que não é sua.

Onde seriam escravizados e maltratados – Deus estava predizendo que os descendentes de Abraão se tornariam escravos, sendo oprimidos e aflitos no Egito.

Por quatrocentos anos – Alega-se que Estêvão entrou aqui em contradição com Paulo e também algumas passagens do Antigo Testamento quando parece estabelecer a escravidão do Egito em 400 anos[15]. No decorrer do tempo os intérpretes talvez tenham compreendido mal o sentido exato de Gênesis 15.13, 14, e o cativeiro tenha durado apenas 215 anos. Em qualquer caso, este suposto erro é levado à atenção do leitor para que ele tome conhecimento de que existem certos problemas e supostas discrepâncias e alegadas contradições na Bíblia, e para que saiba haverem respostas para eles suficientemente razoáveis para não abalar a nossa fé!

7.7 –

Eu, disse Deus, julgarei a nação da qual foram escravos – Como notado acima, este versículo ainda faz parte da citação de Gênesis 15 por Estêvão. "Julgar" tem frequentemente o sentido de executar sentença, isto é, punir o ofensor. Deus está prometendo a Abraão que na hora oportuna Ele castigaria os egípcios. E conforme as palavras de Deus, os egípcios foram julgados pelas pragas e a derrota no Mar Vermelho.

---

[12] Veja "Suposto Erro Número 1" no Estudo Especial Nº 13, que se segue a este capítulo, um estudo intitulado "Dificuldades em Atos 7".

[13] Gênesis 23.1ss.

[14] Gênesis 15.2, 3; 18.11, 12. Compare Romanos 4.18. Veja também o parágrafo relativo ao erro alegado de Estêvão a respeito da incredulidade de Abraão sob "Erro Número 1" no Estudo Especial Nº 13.

[15] Veja "Suposto Erro Número 2" no Estudo Especial Nº 13.

Este versículo combina, na verdade, a promessa feita a Abraão em Gênesis 15.16, juntamente com uma interpretação livre do sinal dado a Moisés (Êxodo 3.12), que não se referia a Canaã mas a Horebe. O que Estêvão faz é substituir com a liberdade natural de uma narrativa feita de memória as palavras "me servirão" pela frase mais simples "tornarão para aqui" de Gênesis. Ele pode fazer isto sem ser acusado de erro, porque a última frase implica o que a outra declara especificamente.

E depois disto sairão daí e me servirão neste lugar – "Depois disto" significa depois dos egípcios serem castigados. "Servir" contém a ideia de "adorar-me" e ser considerado como meu povo. "Este lugar" é o lugar em que Deus fez a promessa a Abraão, i.e., a terra de Canaã[16].

7.8 –

Então lhe deu a aliança da circuncisão – Deus indicou ou ordenou esta aliança[17]. Sobre a palavra "aliança" veja notas em Atos 3.25. A palavra aqui é *diatheke* – um contrato feito entre partes com autoridade desigual. Deus deu todas as especificações e regras a Abraão. Abraão simplesmente concordou com o plano divino. A circuncisão foi indicada como uma marca ou sinal de que Abraão e os demais marcados desse modo eram as pessoas incluídas no propósito e promessa graciosos de Deus. Talvez possamos traçar aqui uma referência indireta à acusação de que ele tinha falado "contra os costumes". Estêvão não nega a acusação específica de que tinha dito que Jesus iria mudá-los. De fato, essa mudança havia se efetuado quando a Lei de Moisés foi pregada na cruz. Estêvão afirma que, embora jamais houvesse intenção de que ela fosse permanente através de todas as eras futuras, a circuncisão foi designada por Deus, e devia ser portanto considera com toda a reverência. Ela serviu ao propósito e período para o qual foi dada.

Assim nasceu Isaque, e Abraão o circuncidou ao oitavo dia – A aliança da circuncisão foi dada a Abraão no ano antes que Isaque nasceu. O argumento sugerido aqui pelas palavras de Estêvão é aparentemente o mesmo que o de Paulo em Romanos 4.10-17. Ali é afirmado que a circuncisão nada tinha a ver com a justificação de Abraão, pois este foi justificado antes do selo da circuncisão ser dado. Treze anos ou mais antes de receber de Deus a aliança da circuncisão, Abraão já tinha sido contado como justo por causa de sua fé constante e obediente[18]. Segundo as provisões da aliança, o "oitavo dia" era o dia regular para a circuncisão das crianças do sexo masculino.

De Isaque procedeu Jacó, e deste os doze patriarcas – A palavra "patriarca" indica um que é o pai e autoridade na família[19]. Aqui o termo é aplicado aos filhos de Jacó, sendo, cada um deles, o fundador de uma *pátria*, ou família.

7.9 –

Os patriarcas, invejosos de José – Eles ficaram descontentes com a preferência de seu pai, Jacó, para com José. Tiveram inveja do significado dos sonhos de José, a saber, que ele seria elevado a uma posição de honra acima de seus pais ou de seus irmãos mais velhos[20]. Aqui começa a parte da argumentação de Estêvão que continuou para mostrar como os israelitas haviam sempre usado mal seus maiores benfeitores e resistido aos líderes que lhes foram enviados.

Venderam-no para o Egito – Rúben impediu que José fosse morto, sugerindo que o atirassem numa cisterna. Judá sugeriu que vendessem José a uma caravana em trânsito, a fim de evitar que morresse de fome[21]. Os irmãos de José sabiam que a consequência da venda seria fazer dele um

---

[16] O contexto inteiro diverge da suposição feita por alguns de que Estêvão quis dizer com as últimas palavras deste versículo que Abraão adorava a Deus no mesmo monte em Jerusalém onde o julgamento estava tendo então lugar. Estêvão se refere ao país inteiro e não a um local específico nesse país.
[17] Gênesis 17.9-13.
[18] Romanos 4.1ss e Gálatas 3.17.
[19] Veja Atos 2.29 para comentários sobre a palavra "patriarca".
[20] Gênesis 37.3-11.   [21] Gênesis 37.28.

escravo em alguma casa do Egito. E José anos mais tarde confirmou: "Por me haverdes vendido para aqui"[22].

Mas Deus estava com ele – Deus estava com José no Egito – outra prova de que sua presença e favores não ficaram restritos à terra de Israel. Deus o protegeu, e na sua providência o fez prevalecer sobre todos os males que aconteceram. Em breve José se achava na própria posição em que seus sonhos haviam sugeridos que ele se encontraria um dia. Ele foi feito governador do Egito. Os planos maldosos dos homens não podem frustrar o propósito gracioso de Deus. Eles não conseguiram nos dias de José, e não o farão nos de Estêvão, pode ser o que este está insinuando.

7.10 –

E livrou-o de todas as suas aflições – Deus providenciou para que José fosse restaurado da prisão e humilhação para um lugar de liberdade e serviço. As aflições não frustraram os planos de Deus. As aflições que a Igreja estava sofrendo às mãos do Sinédrio não iriam também frustrá-los.

Concedendo-lhe também graça e sabedoria perante Faraó, rei do Egito – A sabedoria de José foi evidenciada não só na interpretação dos sonhos do Faraó, mas também em sua administração de suprimentos extras de alimentos em preparação para a fome que se aproximava. "Faraó" não é o nome de um rei, mas um título, como "Presidente" nos Estados Unidos. O termo egípcio significava "uma grande casa".

Que o constitui governador daquela nação e de toda a casa real – José era o segundo em autoridade sobre todo o Egito e, além disso, ele governava a corte (casa) do Faraó.

7.11 –

Sobreveio, porém fome em todo o Egito; e em Canaã – A fome chegou, justamente como Deus havia ajudado José a predizer. Canaã era o lugar onde Jacó estava vivendo por ocasião da fome[23].

Houve grande tribulação – A frase fala da aflição, dificuldades e tempos difíceis que sobrevieram aos atingidos pela fome.

E nossos pais não achavam mantimentos – A leitura da margem é "não achavam forragem". No Novo Testamento esta palavra inclui alimentos seja para homens ou animais; e, de fato, Boles pensa que em Gênesis 24.25, 32 se trata de forragem para o gado, como sendo uma primeira necessidade para os proprietários de rebanhos de gado. Antes de muito tempo, quando o gado estava sendo dizimado pela fome, os proprietários com certeza iriam sentir também o problema. Plumptre fez uma tentativa para ajudar-nos a ver a aplicação do exemplo que Estêvão acabou de usar.

Até o ponto em que podemos acompanhar a sequência de pensamentos, parece ser sugerido que, como os que, na história de José, o haviam perseguido passaram mais tarde a depender da sua generosidade, assim poderia acontecer no último paralelo apresentado na história de Israel. Na fome vindoura, não de pão, mas de sustento da sua vida espiritual, eles teriam de se voltar para aquele a quem haviam traído e assassinado[24].

7.12 –

Mas, tendo ouvido Jacó que no Egito havia trigo – O original fala de trigo ou cevada (e não milho", como diz a KJV).

---

[22] Gênesis 45. 5.   [23] Gênesis 41.54.
[24] E. H. Plumptre, "Commentary on Acts", em *Layman's Handy Commentary* (Grand Rapids: Zondervan Publishing House, 1957), p. 110.

Enviou a primeira vez os nossos pais – Dez filhos foram enviados; Benjamim ficou com Jacó[25].

7.13 –

Na segunda vez José se fez reconhecer por seus irmãos – A segunda visita fala da segunda vez que eles foram ao Egito comprar alimento[26]. José controlava a distribuição do cereal, e fez esconder um copo no saco de Benjamim. Os irmãos foram finalmente informados por José quem ele era, e então o reconheceram.

E se tornou conhecida de Faraó a família de José – Isto é, os parentes de José, a história de sua família, ficaram conhecidos pelo Faraó[27].

7.14 –

Então José mandou chamar a seu pai, Jacó, e toda a sua parentela – O Faraó ajudou José a fazer os preparativos para levar seu pai e seus parentes para o Egito.

Setenta e cincos pessoas – Estêvão é acusado de cometer aqui o seu terceiro erro, pois o Antigo Testamento (em hebraico) menciona que 70 foi o número que desceu ao Egito[28]. Estêvão, um helenista, está simplesmente citando a LXX, com a qual seria familiar. Como veio a dizer "75" onde o hebraico diz "70" não se sabe.

7.15 –

Jacó desceu ao Egito, e ali morreu, ele e também nossos pais – A respeito da morte de Jacó, veja Gênesis 49.33. O tempo passado no Egito foi suficiente para que todos os filhos de Jacó também morressem antes dos judeus saírem dessa terra (sob a liderança de Moisés) em direção à terra de Canaã.

7.16 –

E foram transportados para Siquém – O estudante deve localizar Siquém no mapa. O lugar fica cerca de 48 km ao norte de Jerusalém. Um quarto erro tem sido atribuído a Estêvão nesta frase[29]. As palavras parecem incluir Jacó, que não foi sepultado em Siquém, mas em Macpela (Hebrom)[30]. Mas se limitarmos o verbo "foram transportados" aos patriarcas, que é uma limitação razoável, encontraremos uma nova dificuldade, desde que o Antigo Testamento não contém qualquer registro do sepultamento de qualquer dos filhos de Jacó, com exceção de José, cujos ossos foram enterrados em Siquém no período da ocupação de Canaã pelos israelitas[31]. Quando pensamos no que provavelmente aconteceu, podemos aceitar a sugestão de que o exemplo estabelecido no caso de José foi seguido também no caso dos outros filhos de Jacó. Desde que Siquém era muito mais importante que Hebrom como centro da vida civil e religiosa de Israel na época de Josué, é compreensível que esse local tenha sido escolhido para sepultar os patriarcas em vez de Macpela.

E posto no sepulcro que Abraão ali comprara a dinheiro aos filhos de Emor – Estêvão é acusado aqui de seu quinto erro[32]. A melhor explicação da suposta contradição é que Abraão havia comprado de fato uma sepultura em Siquém, que Jacó teve de retomar mais tarde (como registrado em Gênesis 33.19). A versão do Rei Tiago acrescentou as palavras "o pai" no versículo, de modo a dizer, "dos filhos de Emor, *o pai* de Siquém". Isto deve ser considerado como um esforço dos tradutores para resolver a dificuldade apresentada por este versículo, mas pode ser notado que esta é a única versão inglesa a acrescentar essas palavras ao texto. Se o grego

---

[25] Gênesis 42.   [26] Gênesis 45.4.   [27] Gênesis 45.16.
[28] Gênesis 47.26; Êxodo 1.5; Deuteronômio 10.22. Veja "Suposto Erro Nº 3" no Estudo Especial Nº 13 no final do capítulo para uma explicação mais detalhada do problema e a solução proposta.
[29] Veja "Suposto Erro Número 4" no Estudo Especial Nº 13.
[30] Gênesis 50.13.   [31] Josué 24.32.
[32] Veja "Suposto Erro Número 5" no Estudo Especial Nº 13.

dissesse "de Siquém", essa leitura poderia ser defendida; mas os melhores manuscritos, inclusive o Vaticano e o Sinaítico, contém a leitura "*em* Siquém" em vez de "*de* Siquém".

Terminamos assim a primeira parte do discurso de Estêvão, "O Caso de Abraão e os Patriarcas". O que teve a ver com acusações feitas contra Estêvão? A ênfase nesta seção foi sobre Deus. Podemos supor que Estêvão havia ensinado que Deus não precisava ser adorado no templo, nem em Jerusalém (uma declaração similar à que Jesus fez à mulher Samaritana, João 4). Estêvão confirma esta declaração, lembrando o Sinédrio de que Deus foi ativo na Mesopotâmia, Harã, Canaã e Egito. Jeová não era uma pequena divindade tribal, limitada às fronteiras da terra prometida.

2. *O caso de Moisés no Egito (ênfase sobre Moisés). 7.17-29*

7.17 –

Como, porém, se aproximasse o tempo da promessa – O tempo do cumprimento da promessa. Várias promessas foram feitas a Abraão com respeito à terra de Israel. "Darei à tua descendência esta terra"[33], o Senhor tinha prometido a Abraão. Isto seria agora cumprido. É mais provável que Estêvão se refira à promessa que acabava de citar: "Na quarta geração tornarão para aqui"[34].

Que deus jurou a Abraão – "Jurou" e outra palavra para "prometeu", e sugere que Deus "prometeu com juramento"[35].

O povo cresceu e se multiplicou no Egito – Estêvão está contando agora o que Moisés registrou em Êxodo 1.6-9.

7.18 –

Até que se levantou ali outro rei – "Outro" é *heteros*, "diferente" em vez de *allos*, "outro do mesmo tipo". Os reis hicsos, algumas vezes chamados "reis pastores", que olhavam para os filhos de Israel com simpatia e favor, foram substituídos por outra dinastia que levou sofrimento e tristeza ao povo de Deus no Egito. Houve uma mudança de dinastia que trouxe de volta como rei do Egito o primeiro soberano nativo em muitos anos[36].

> Os "reis pastores" eram semitas asiáticos que invadiram o Egito muitos anos antes, e naturalmente favoreceram a família de José. O outro rei que surgiu foi provavelmente alguém de puro sangue egípcio, que depôs a soberania dos hicsos e restabeleceu os reis tebanos[37].

A identificação do Faraó que não conhecia José é discutido. Os que adotam a data de 1225 a.C. para o Êxodo identificam o Faraó como sendo Ramsés II, o quarto rei da 19ª dinastia. Ele subiu ao poder cerca de 1300 a.C.[38] Os que defendem a data de 1447 a.C. para o Êxodo identificam

---

[33] Gênesis 12.7.

[34] Gênesis 15.16. Compare comentários em Atos 7.7.

[35] O conceito da "revelação progressiva" está envolvido no argumento de Estêvão. Por "revelação progressiva" queremos dizer que Deus torna sua vontade conhecida pouco a pouco, em mais detalhes desta vez do que antes. A ideia de revelação progressiva é repugnante para alguns. Embora ela seja claramente ensinada em Hebreus 1.1, muitos a rejeitam, insistindo tratar-se de uma hipótese apresentada para explicar o que seriam de outra forma contradições na Bíblia. Nada pode estar mais longe da verdade! A Bíblia afirma que as coisas que não foram claramente reveladas no Antigo Testamento são tornadas mais claras no Novo (veja a palavra "mistério"). Deus não revelou toda a verdade de uma vez, mas ele a vem desvendando através das idades até sua revelação final no Novo Testamento. Estêvão salienta que Deus não deu a Abraão a forma final da revelação, mas apenas uma promessa; a seguir, no correr dos séculos, homens diferentes tiveram parte no eterno propósito de Deus ao aproximar-se a hora de Cristo vir ao mundo.

[36] *Antiguidades* II. 9. 1.

[37] McGarvey, *op. cit.*, p. 84.

[38] O autor rejeita a data posterior para o Êxodo e prefere a de 1447. A data mais recente não permite o tempo necessário para os eventos registrados pelo Antigo Testamento como tendo ocorrido entre a época do Êxodo e a de Davi, que pode ser datada com precisão.

o Faraó como sendo Ahmes (algumas vezes soletrado Ames), o primeiro rei da 18ª dinastia. Este homem subiu ao poder em 1580 a.C. Só para registro, Thotmes I, 1539-1514 a.C. era o Faraó quando Moisés nasceu.

Que não conhecia a José – A frase em hebraico significa "não se importar com". Dificilmente se pode supor que o verbo deve ser aceito literalmente, i.e., que o Faraó não conhecia absolutamente nada sobre o nome e feitos de José. Esta expressão deve ser, portanto, compreendida como significando que ele não mostrou favor especial ao povo de José. Por causa da mudança de dinastia, as promessas dos reis pastores de outra geração foram ignorados e os contratos anteriores deliberadamente quebrados por esse novo Faraó. Toda vez em que ocorre uma revolução, a gratidão pelos grandes feitos dos líderes despojados do poder é esquecida. A antiga classe de povo favorecido é com frequência oprimida pelo novo governo.

7.19 –

Este outro rei tratou com astúcia a nossa raça – Ele agiu dolosamente, com esperteza. Estêvão provavelmente se refere à tentativa do Faraó de enfraquecer ou destruir o povo judeu, mandando matar seus filhos do sexo masculino[39].

E torturou os nossos pais – Ele era cruel, injusto e opressivo em relação a eles.

A ponto de força-los a enjeitar seus filhos, para que não sobrevivessem – Note a explicação à margem de "enjeitar" como significando "ponha para fora para morrer". Há uma diferença nas leituras dos manuscritos aqui, que é interessante. Segundo a leitura adotada pelos tradutores, a ideia é que o Faraó tratou os judeus dessa maneira cruel, esperando que os próprios israelitas expusessem seus filhos, em vez de deixá-los crescer sofrendo o mesmo tratamento cruel e desumano como estava acontecendo com seus pais. A outra leitura é "que ELE expusesse seus filhos", sendo a ideia que as crianças foram mortas pelos egípcios que agiam como representantes do Faraó.

7.20 –

Por esse tempo nasceu Moisés – No momento em que os maus tratos foram os mais ásperos Moisés nasceu[40]. Anrão (pai de Moisés), um levita da família de Coate, se havia casado com Joquebede. Eles tiveram pelo menos dois filhos, Miriã e Arão, antes de Moisés nascer[41]. Não se sabe se Miriã e Arão nasceram antes do decreto do Faraó, mas sabe-se que Moisés nasceu enquanto este decreto (sobre exposição) estava em vigor.

Que era formoso aos olhos de Deus – O grego diz: "Ele era belo para Deus", um meio de dizer: "Era uma criança bonita"[42]. O bebê era tão "lindo" que cativou o coração dos pais, e eles decidiram mantê-lo vivo.

Por três meses foi ele mantido na casa de seu pai – Moisés ficou escondido em casa por três meses, em desafio ao decreto do novo Faraó.

7.21 –

Quando foi exposto – O registro em Êxodo é que Moisés foi colocada em um cesto de junco, calafetado e colocado no Rio Nilo, perto do lugar em que se sabia que a filha do Faraó costumava banhar-se[43].

A filha de Faraó o recolheu – Quando a filha do Faraó, acompanhada de algumas de suas servas, foi banhar-se no rio, a irmã de Moisés se achava nas proximidades, a fim de ver o que aconteceria. As criadas encontraram o menino no meio do juncos. A criança foi levada à filha

---

[39] Êxodo 1. 22.   [40] Êxodo 2. 2ss.   [41] Êxodo 6. 20.
[42] Josefo descreve a beleza de Moisés quando criança, como sendo tanta que os que o conheciam se voltavam para adirá-lo. *Antiguidades* I. 9. 6.
[43] Êxodo 2. 3.

do Faraó e ela decidiu imediatamente adotá-lo. A irmã de Moisés ofereceu-se para arranjar uma ama, e a própria mãe do menino foi chamada para cuidar da criança. Deus opera de maneira misteriosa para realizar os seus prodígios. Veja como o Faraó e sua filha estavam sendo usados para educar e proteger aquele que se tornaria o líder que libertaria Israel das suas mãos! O nome da filha do Faraó é frequentemente dado como sendo Hatshepsut[44].

E criou como seu próprio filho – Ela adotou-o e criou-o como se fosse seu. Ela jamais poderia tornar-se rainha do Egito, mas seu filho mais velho (Moisés neste caso) teria condições de herdar o trono.

7.22 –

E Moisés foi educado em toda a ciência dos egípcios – Os egípcios haviam avançado notavelmente no estudo da astrologia, a interpretação de sonhos, medicina, matemática e música. Philo, em sua obra *Vida de Moisés* ("Life of Moses"), diz que ele era especializado em música, geometria, aritmética, e hieróglifos, assim como todo o círculo de artes de ciências[45]. Moisés também aprendeu com sua mãe!

> O mais surpreendente sobre a sua educação foi o poder e influência de sua mãe. Em meio a toda a riqueza, pecado, e cultura da vida na corte e dos eruditos da época, Moisés ficou preso ao grande poder da educação religiosa e do amor de pais piedosos. É difícil encontrar uma ilustração mais concreta da influência e poder dos pais piedosos sobre a vida de uma criança sincera e inteligente. Novamente, poderia existir um exemplo mais vivo do poder e posição de uma mulher na liderança de uma nação e verdadeiro serviço na sociedade? Tudo que a riqueza e o saber tinham a oferecer não puderam sufocar nem desviar a educação fiel do lar. Quando os pais ficam preocupados com os perigos da educação pública – como bem podem ficar – talvez devam observar primeiro o ensinamento que estão dando em casa a seu filho. O tempo e o lugar de salvar uma criança devem ser "no lar", do berço à faculdade, sob o ensino diário por meio das palavras e exemplos de pais que amam a Cristo e conhecem a Sua Palavra[46].

E era poderoso em palavras e obras – Desde que Estêvão está dando uma apresentação cronológica, isto significa que Moisés já era famoso no Egito, antes de fugir para Midiã ou ser chamado para guiar os filhos de Israel, tirando-os do Egito[47]. Josefo, seguindo a história tradicional, relata que Moisés comandou o exército egípcio numa campanha contra os etíopes, e protegeu a terra do Egito contra as serpentes que infestavam o país, fazendo transportar um grande número de íbis para o Egito (a íbis é um pássaro que se alimenta de serpentes)[48]. No filme "Os Dez Mandamentos" do século XX, Moisés é mostrado supervisionando a construção de uma cidade para o Faraó. Quando a cidade foi originalmente construída, seu nome era Zoan-Abaris. O nome foi mais tarde mudado pelo Faraó Ramessés II para "Ramessés", depois de tê-la reconstruído com trabalho escravo.

---

[44] Veja o artigo sobre "Pharoah" (n°3) no *Zondervan Pictorial Bible Dictionary*, p. 645. De modo diferente deste artigo, Josefo chama a filha de *Termutes* (Ant. II. 9.5, 7).
[45] *Vita Moys.* II. 83.
[46] McGarvey, *op cit.*, p. 85.
[47] Parece ser fora do contexto tentar explicar essas palavras de Estêvão apelando para frases ou atos de Moisés, anos depois na época do Êxodo. Parece então errado dizer que "em palavras" se refere a Moisés falando através de Arão. Pelo contrário, esta declaração de Estêvão é uma evidência de que Moisés estava dando uma desculpa quando disse a Deus alguns anos mais tarde, na ocasião da sarça ardente, que não sabia falar, não se julgando então à altura de ser enviando como libertador (Êxodo 4.10). Barnes comenta que "obras" se refere a milagres (as pregas, etc.), mas isto parece fora do contexto – 40 anos de antecedência.
[48] *Antiguidades* II. 10.

7.23 –

Quando completou quarenta anos – A ideia de Moisés, quando ocorreu este evento, não está registrada no Antigo Testamento, mas era uma tradição constante entre os judeus que Moisés tinha 40 anos ao empreender a libertação dos judeus pela primeira vez.

Veio-lhe a ideia – O propósito distinto que Moisés tinha em mente ao visitar seus irmãos judeus é declarado por Estêvão mais enfaticamente do que em Êxodo 2.11. Mas não existe contradição com o registro no Antigo Testamento.

De visitar seus irmãos, os filhos de Israel – "Visitar" tem a conotação de "ajudar" ou "aliviar", como acontece em outros pontos do Novo Testamento[49]. Os israelitas estavam nessa época na terra de Gósen, e Moisés procurou-os com o propósito de livrá-los de seu cativeiro opressor[50].

7.24 –

Vendo um homem tratado injustamente – O "tratamento injusto" que o Israelita estava recebendo era ser espancado pelo capataz egípcio[51].

Tomou-lhe a defesa e vingou o oprimido – Não há louvor dos atos de Moisés na palavra "vingou". Tudo o que se diz é que Moisés foi violento em seu tratamento do capataz egípcio. "Oprimido" descreve o hebreu ao ponto de desfalecer e ser vencido na luta.

Matando o egípcio – Moisés matou o egípcio, e o sepultou na areia.

7.25 –

Ora, Moisés cuidava que seus irmãos entenderiam – De acordo com o propósito que levou Moisés a visitar os hebreus, ele considerava a morte do egípcio como sendo um sinal para o seus conterrâneos se levantarem e buscarem a liberdade sob a sua liderança. As Escrituras não dizem como Moisés veio a ter ideia de libertar seus irmãos do cativeiro no Egito. Josefo preservou uma tradição de que a mãe de Moisés, Joquebede, soube por revelação divina que seu filho se levantaria para libertar os filhos de Israel[52].

Que Deus os queria salvar, por intermédio dele – Quando eles viram Moisés brigando com o egípcio e vencendo, Moisés julgou que entenderiam que o salvador prometido havia chegado. Afinal de contas, não havia demonstrado que os egípcios eram mortais? Com coragem e a orientação de Deus a seu favor, estavam praticamente livres!

Eles, porém, não compreenderam – Assim como os ouvintes de Estêvão não entenderam o caráter e a conduta do grande Libertador enviado para eles, rejeitando-o, os hebreus deixaram de reagir positivamente ao comportamento de Moisés. Eles não se levantaram em rebelião.

7.26 –

No dia seguinte, aproximou-se de uns que brigavam – Segundo Êxodo 2.13, dois hebreus estavam brigando quando Moisés entrou em cena.

E procurou reconduzi-los à paz, dizendo – Moisés insistiu em que deixassem de brigar, e procurou censurar o culpado.

Homens, vós sois irmãos; por que vos ofendeis uns aos outros? – Moisés lembra os combatentes que são ambos hebreus; e ambos eram oprimidos por um senhor comum, devendo portanto unir-se em sua oposição ao senhor egípcio, em vez de lutar entre si. Se pretende ferir alguém, Moisés insinua, que seja um egípcio!

---

[49] Mateus 25.36; Lucas 1.68; Tiago 1.27.
[50] Veja o que Estêvão diz, como registrado em Atos 7.25.
[51] Êxodo 2.11, 12.
[52] *Antiguidades* II. 9.

7.27 –

Mas o que agredia ao próximo o repeliu – O judeu que tinha iniciado a briga empurrou Moisés quando este tentou separar os dois homens que lutavam. Cheio de raiva, o culpado rejeitou qualquer interferência por parte de Moisés. Ele queria concluir o propósito que tinha em mente quando iniciou a briga.

Dizendo: Quem te constituiu autoridade e juiz sobre nós? – "Autoridade" parece significar: "Quem lhe deu o direito de mandar em nós?" E "juiz" parece significar: "O que faz pensar que deve resolver diferenças e ser o árbitro em casos que não lhe competem?"

7.28 –

Acaso queres matar-me – "O que fará, se eu não o atender?" diz o culpado a Moisés.

Como fizestes ontem ao egípcio? – Como souberam que Moisés tinha matado o egípcio? O homem que começou a briga seria o que havia sido salvo no dia anterior? Ou o hebreu que Moisés defendeu havia espalhado a notícia de seu livramento às mãos de Moisés?

7.29 –

A estas palavras Moisés fugiu – Os hebreus não haviam aproveitado seu "sinal" para levantar-se em revolta aos senhores egípcios. Talvez Moisés tenha pensado que a notícia de sua matança do egípcio não houvesse se espalhado, e portanto os hebreus não se levantaram. Mas quando um dos que lutavam falou do ato do dia anterior, Moisés agora sabia que o que havia feito não era secreto.[53] E quando reconheceu que o conhecimento do ato poderia chegar aos ouvidos do Faraó, e que ele mesmo corria o perigo de ser preso e punido, tornou-se fugitivo. E julgou corretamente, pois logo que o Faraó soube do ato, procurou matar Moisés.[54]

E tornou-se peregrino na terra de Midiã – Mais uma vez, o aluno deve consultar um mapa e localizar este lugar. Midiã era a parte ao sul da península arábica, e incluía o terreno no lado oriental do Mar Morto também. Os descendentes de Midiã, o quarto filho de Abraão e Quetura,[55] ocuparam um território muito grande, de uns 480 km ao longo do litoral oriental do Mar Vermelho, e extendendo bem longe ao interior. Eram um povo nômade, e possuíam poucos povoados.

Onde lhe nasceram dois filhos – Moisés casou-se com Zípora, filha de Jetro (também chamado Reuel)[56]. Jetro era um sacerdote de Midiã. Os nomes dos dois filhos de Moisés eram Gérson ("peregrino em terra estrangeira") e Eliezer ("Deus é a minha ajuda")[57].

O que este segundo caso relatado por Estêvão tinha a ver com as acusações atiradas contra ele? Estêvão havia sido acusado de blasfemar contra Moisés; ele refuta a acusação repetindo reverentemente a história de Moisés. Talvez o Sinédrio também pudesse perceber esta nova inferência. Os israelitas da época de Moisés rejeitaram a sua liderança. Estêvão pode estar inferindo que os israelitas (o Sinédrio) continua rejeitando a liderança de Moisés – pois Moisés apontava para Cristo. De fato, toda a história de Israel havia sido marcada pela rejeição daqueles que, em cada estágio sucessivo, foram ministros e mensageiros de Deus para o bem da nação.[58]

3. *O caso de Israel no Deserto (ênfase sobre a lei). 7.30-43*

7.30 –

Decorridos quarenta anos – Moisés teria então 80 anos de idade. O Faraó de quem havia fugido tinha morrido.

---

[53] Êxodo 2.12 nos diz que antes de Moisés matar o egípcio, olhou ao redor para ver se alguém estava próximo; e bateu o egípcio só quando parecia que ninguém estava vendo.
[54] Êxodo 2.15.
[55] Gênesis 25.2.
[56] Êxodo 2.18; Números 10.29.
[57] Êxodo 18.3, 4.
[58] Êxodo 2.23.

Apareceu-lhe no deserto do monte Sinai um anjo – Lenski e outros comentaristas pensam que o anjo que apareceu a Moisés não era outro senão Jesus Cristo em forma angélica. De fato, em muitas passagens do Antigo Testamento, este mensageiro de Deus é chamado de "o anjo de Jeová"[59]. Há também passagens no Novo Testamento em que supõe-se que a mesma pessoa seja indicada[60]. Trata-se de um estudo em separado, analisar se o anjo de Jeová que apareceu a Moisés e outros líderes do Antigo Testamento era realmente Cristo. Num esforço para fazer com que o estudioso da Bíblia hesite em aceitar a identificação em cada ponto em que as palavras "anjo de Jeová" aparece, oferecemos estas duas linhas de pensamento: (1) R. C. Foster tem argumentado que o anjo de Jeová não pode ser Cristo, pois dizer isso destruiria a força e argumento do livro de Hebreus[61]; e (2) existe alguma evidência de que o anjo que apareceu a Moisés não era Cristo. Tanto no hebraico como na LXX de Êxodo 3.2, a palavra "anjo" é *anarthreus*, como neste discurso de Estêvão. Se a referência fosse a Cristo (como o anjo de Jeová), seria de esperar que a leitura no grego fosse "*o* anjo". Qualquer anjo encarregado por Deus de uma tarefa especial poderia ser chamado pelos escritores bíblicos de "um anjo de Jeová". O estudante deve localizar o deserto do Sinai no mapa. No Antigo Testamento, é dito que este evento relativo à sarça ardente ocorreu no Monte Horebe. Mas não há contradição, pois Horebe e Sinai são apenas picos ou elevações diferentes da mesma montanha.

Por entre as chamas de uma sarça que ardia – Barnes pensa que ela só parecia ser uma chama de fogo; o arbusto só parecia estar ardendo[62]. Mas não parece haver razão para dizer que não estivesse realmente queimando. Barnes sugere também que se tratava de um bosque, ou grupo de árvores, em lugar de um único arbusto. A palavra hebraica *seneh* é usada para uma espécie de acácia espinhosa, que ainda existe no deserto de Sinai. A palavra grega, no LXX e aqui, é singular, sendo comumente usado para a sarça, ou qualquer arbusto espinhoso. É difícil ver por que Barnes quer que seja um plural.

7.31 –

Moisés, porém, diante daquela visão ficou maravilhado – O que atraiu especialmente sua atenção foi o fato de o arbusto não queimar[63].

E, aproximando-se para observar – "Observar" é a palavra comum usada para "examinar e contemplar" os fenômenos.

Ouviu-se a voz do Senhor – Deus Pai falou a ele do meio da sarça ardente. Moisés não viu Deus. Ele simplesmente ouviu Sua voz. O discurso de Estêvão concorda com Êxodo 3.4, onde a voz é atribuída ao Senhor, enquanto a manifestação visível era a de um anjo do Senhor.

7.32 –

Eu sou o Deus dos teus pais – Este nome para Deus já foi explicado nos comentários de Atos 5.30.

O Deus de Abraão, de Isaque e de Jacó – É provável que Estêvão soubesse que esta designação para Deus havia sido citada por Jesus em resposta a uma das perguntas dos Saduceus no Grande Dia das Perguntas[64]. Em qualquer caso, os Saduceus dificilmente teriam esquecido! Está

---

[59] *Zondervan Pictorial Bible Dictionary*, p. 40, cita algumas passagens do Antigo Testamento onde o anjo do Senhor é distinguido de Jeová, embora considerado como divindade. Entre elas estão Gênesis 16.7-14; 22.11- 18; 31. 11, 13; Êxodo 3.2-5; Números 22.22-34; e Juízes 6.11-23.

[60] No Novo Testamento temos "um anjo do Senhor" mencionado como ativo por ocasião do nascimento de Jesus, Lucas 1.11; Mateus 1.20; Lucas 2.9; Mateus 2.13. Em Atos o anjo aparece cinco vezes: Atos 5.19; 7.30; 8.26; 12.7ss; 12.23. Nem todas essas vezes poderia ser Cristo aparecendo como um anjo, pois em alguns casos Ele já se encontra presente em sua forma encarnada.

[61] O argumento do livro de Hebreus é que o Novo Testamento é superior ao Antigo, porque o Mensageiro que o transmitiu – Cristo – é superior aos que deram o Antigo Testamento – anjos, profetas, etc.

[62] Barnes, *op. cit.*, p. 128.   [63] Êxodo 3.2, 3.   [64] Mateus 22.32.

sendo dito a Moisés que quem lhe fala é o mesmo Deus que fez revelações aos patriarcas que o antecederam.

Moisés, tremendo de medo, não ousava contemplá-la – É sempre terrível achar-se na presença de Deus. Moisés não olhava mais na direção do arbusto.

7.33 –

Disse-lhe o Senhor: tira as sandálias dos pés – Em Êxodo 3, isto é introduzido em ordem diferente, como sendo dito *antes* de Deus falar: "Eu sou o Deus . . ." Tirar os sapatos ou sandálias era um ato de reverência. Os sacerdotes judeus ficavam descalços no tabernáculo e no templo, para que nada grudasse nas suas sandálias que pudesse contaminar os lugares santos. As mesquitas muçulmanas, até hoje, não deixam que os adoradores entrem antes de remover os sapatos. Pessoas do mundo ocidental têm um costume similar. Tiram o chapéu como ato de respeito e adoração.

Porque o lugar em que estás, é terra santa – Ele foi consagrado pela presença de Deus. Tinha sido separado para um propósito sagrado.

7.34 –

Vi, com efeito, o sofrimento do meu povo no Egito – O hebraico, em Êxodo, diz: "vendo, tenho visto". Uma repetição como esta era o método hebraico regular para ênfase. Deus tem consciência do que acontece no seu mundo, não só de nações inteiras, mas dos indivíduos. Ele tinha observado o tratamento cruel que os israelitas estavam recebendo, desde que havia ocorrido a mudança de governo.

Ouvi o seu gemido – Seus gritos de dor e angústia, por causa da opressão, foram continuamente ouvidos por Deus.

E desci para libertá-lo – Isso é dito de acordo com as concepções humanas. Quando Deus se move num mundo invisível, com frequência há repercussões em nosso mundo físico. Neste caso, Deus estava entrando em ação, e logo seu povo seria libertado do Egito.

Vem agora e eu te enviarei ao Egito – Temos aqui um resumo conciso do que é expresso em muito maior detalhe em Êxodo 3.7-10.

7.35 –

A este Moisés, a quem negaram reconhecer – Isto é, eles rejeitaram a liderança de Moisés quando ele se apresentou pela primeira vez a eles como líder 40 anos antes. No grego, quatro versículos seguidos, 35-38, começam com o pronome demonstrativo "Este (homem)". Esta indicação repetida de Moisés é um meio enfático de Estêvão ressaltar seu ponto de contraste entre a sua missão divina e a rejeição dele por parte deles. Estêvão introduz e se demora no assunto de sua rejeição de Moisés a fim de, talvez, enfatizar o ponto de que esta tinha sido sempre a natureza da nação judaica. É uma preparação para sua denúncia contra eles no final da sua defesa[65].

Dizendo: Quem te constituiu autoridade e juiz? – Veja o versículo 27.

A este enviou Deus como chefe e libertador – Um líder militar, ou governador em assuntos civis, é o que significa "chefe" aqui. Redentor é um aspecto da palavra "libertador". O termo parece ter sido escolhido por Estêvão para enfatizar o paralelo que existe entre a obra de Moisés e a obra de Cristo. Num sentido ainda maior do que Moisés, Cristo foi também feito "chefe" e "libertador".

Com a assistência do Anjo que lhe apareceu na sarça – Sob a direção e ajuda desse anjo, Moisés pôde livrar os hebreus do cativeiro egípcio. O conselho deve ter visto o paralelo su-

---

[65] Veja as acusações de Estêvão registradas em Atos 7.52-53.

gerido pelas palavras de Estêvão. Seus pais haviam rejeitado Moisés embora ele tivesse sido enviado por Deus; da mesma forma rejeitaram Jesus, embora tivesse sido enviado por Deus para livrá-los. E aqueles membros do Sinédrio estavam no processo de rejeitar outro mensageiro e mensagem enviado do céu.

7.36 –

Este os tirou, fazendo prodígios e sinais na terra do Egito – De volta a Atos 2.22, aprendemos que essas palavras todas se referem a milagres. Estêvão provavelmente tinha em mente aqui as dez pragas. O salmo 78.12 fala do distrito ao redor da cidade de Zoã (mais tarde chamada Tanis pelos gregos) como sendo o lugar específico onde se realizaram esses milagres.

Assim como no Mar Vermelho – Os eventos sugeridos por Estêvão são a separação das águas no Mar Vermelho para que os israelitas pudessem ser conduzidos ao outro lado em segurança, e a destruição dos egípcios que tentaram segui-los[66]. Vale a pena notar que o nome familiar ("Mar Vermelho") que chegou até nós, não vem do hebraico mas da LXX. Os viajantes gregos da época de Heródoto chamaram essa massa específica de água de "Mar Vermelho" (*Mar Erytherano*). O hebraico diz: *yam suph* "Mar de Sargaços" ou "Mar Pantanoso". O estudante deve estar ciente das tentativas dos críticos modernos de negar o milagre, enfatizando que o lugar em que eles passaram era raso e pantanoso, um "mar de ervas daninhas". Isto nega a clara afirmativa de Estêvão ("prodígios e sinais"); e nega a declaração cristalina em Êxodo de que a águas se dividiram "qual muro à sua direita e à sua esquerda" (14.22), e tinha profundidade suficiente para afogar os egípcios que os perseguiam[67]. Por que aquela massa de água foi chamada de "Mar de Sargaços" ou "Mar Vermelho" é um problema insolúvel até agora. Alguns se referem à cor da costa. Outros às hastes dos papiros que são abundantes nas regiões próximas.

E no deserto, durante quarenta anos – Não só no Egito e no Mar Vermelho, mas também no deserto, durante sua jornada de 40 anos em direção à terra prometida, milagres foram realizados. Alguns dos milagres foram: provisão diária de maná; codornizes para servir de carne ocasionalmente; água da rocha para beber; livramento de serpentes venenosas, etc. A roupa deles não se gastava, nem seus pés inchavam[68].

7.37 –

Foi Moisés quem disse aos filhos de Israel – O discurso de Moisés que Estêvão vai citar está registrado em Deuteronômio 18.15-18[69]. Se os judeus tivessem realmente sentido a reverência que professavam em relação ao Moisés, teriam dado alegremente as boas vindas ao Profeta a quem Moisés dirigiu sua atenção.

Deus vos suscitará dentre vossos irmãos um profeta semelhante a mim – Como notamos, Pedro apelou para esta passagem de Deuteronômio em um de seus primeiros sermões. Os cristãos primitivos, por inspiração, a aplicaram a Cristo; e o Sinédrio deveria estar familiarizado com esta aplicação messiânica da passagem. Estêvão fez referência à predição de Moisés a fim de mostrar a razão de sua crença em Jesus. Em lugar de blasfemar contra Moisés, Estêvão estava mostrando o maior respeito pelos ensinos dele. O Sinédrio (em sua rejeição de Jesus como o Profeta),é que está se opondo a Moisés, e não Estêvão!

---

[66] Veja Êxodo 14.
[67] Este escritor ainda gosta de identificar o lugar da travessia como sendo o braço noroeste do Mar Vermelho (Golfo de Suez), uma localização preferida por J. W: McGarvey *Lands of the Bible* (Cincinnati: Standard Publishing Co., n.d.), p. 438ss. Ele prefere este como o local provável, em vez dos Grandes Lagos Amargos ou Lago Timsah, sendo este último defendido no *Zodervan Pictorial Bible Dictionary*, p. 709.
[68] Veja esses milagres documentados em Êxodo 16 e nos capítulos seguintes, e em Deuteronômio 8.4.
[69] Esta predição de Moisés já foi comentada em Atos 3.22.

7.38 –

É este Moisés quem esteve na congregação no deserto – Note a leitura à margem que é "igreja" ou "assembléia". O grego é *ekklesia*, palavra às vezes traduzida como "igreja"[70]. Este versículo não deve ser usado para mostrar que a igreja como a conhecemos agora já existia nos dias de Moisés. Os hebreus eram de fato um "povo chamado para fora", tendo sido chamados para fora do Egito. Mas a igreja de Cristo não existia na época do Antigo Testamento, como se depreende do uso do futuro nas palavras de Jesus em Cesaréia de Filipe, quando predisse: "edific*arei* a minha igreja . . ."[71]. A NASB ajuda a impedir que o eleitor tenha qualquer impressão errada, ao usar a palavra "congregação" aqui para *ekklesia*, em lugar de igreja. (Também a SBB N.T.).

Como o Anjo que lhe falava no monte Sinai – Alguns entendem que Estêvão se referia ao mesmo anjo do Senhor que apareceu a Moisés antes do Êxodo (Atos 7.30). Outros acham que ele se referia ao anjo através de quem a Lei foi dada (Atos 7.53). Como observamos antes, Estêvão está fazendo uma recapitulação cronológica da história dos judeus, portanto neste lugar o vemos como falando do anjo que tinha algo a ver com a entrega da Lei no Monte Sinai.

E com os nossos pais – A construção grega mostra que Moisés é que estava com os pais, e não o anjo. 1 Coríntios 10.1ss conta como Cristo estava com os hebreus em sua peregrinação no deserto; e alguns tentam colocar essa passagem junta com esta de Estêvão, tentando mostrar que o anjo de Jeová não era outro senão Cristo. Mas Estêvão não esta falando de um anjo que se achava com os nossos pais. Era Moisés ("este homem") que estava com eles.

O qual recebeu palavras vivas para no-las transmitir – Um "oráculo" ("palavras vivas") é uma mensagem inspirada de uma divindade. Eram chamados de oráculos vivos ("palavras vivas" na SBB), porque a obediência a eles significava vida[72]. Não se tratava de palavras mortais que morreriam com Moisés, mas tinham uma vitalidade e força permanentes para durar séculos após a sua morte, até que uma nova aliança tomasse o seu lugar. Moisés subiu a montanha, enquanto os hebreus esperavam na sua base. Enquanto esteve ali, Deus deu a Moisés os Dez Mandamentos, e as outras leis e mandamentos que compõem a Lei de Moisés. Essas coisas recebidas por Moisés são o que ele deveria transmitir aos hebreus ao voltar para o acampamento onde eles estavam.

7.39 –

A quem nossos pais não quiseram obedecer – Estêvão está provavelmente recapitulando aqui o que podemos ler em Êxodo 32.1-23. Desde que Moisés ficou no monte mais tempo do que os hebreus esperavam que demorasse, eles pediram a Arão que fosse seu líder. Rejeitaram então Moisés, sugere Estêvão, do mesmo modo que o Sinédrio rejeitava agora Cristo, mesmo depois dele ter provado ser seu redentor de um cativeiro pior que o Egito.

Antes o repeliram e nos seus corações voltaram para o Egito – Começaram a arrepender-se de ter deixado o Egito, e desejaram novamente os confortos que tinham naquela terra, como sendo preferível à privação que experimentavam no deserto[73]. Acreditamos que não estavam realmente desejosos de voltar a uma vida de servidão; mas ansiavam por alguns dos confrontos humanos que haviam conhecido. Até mesmo a idolatria dos Egípcios teve uma certa influência sobre a moralidade e os hábitos dos hebreus. Não sabendo como adorar corretamente Jeová, e tendo familiaridade com todos os deuses do Egito, eles imitaram as idolatrias dos Egípcios.

---

[70] Compare o que é dito sobre o uso de *ekklesia* nos comentários sobre Atos 5.11.
[71] Mateus 16.18.
[72] Levítico 18.5; Deuteronômio 4.40; Lucas 10. 28.
[73] Números 11. 5.

7.40 –

Dizendo a Arão: Faze-nos deuses que vão adiante de nos – Os hebreus pediram a Arão que fizesse ídolos para que adorassem. A palavra "deuses" é *elohim* (forma plural) no hebraico; a qual, porém, é regulamente traduzida como se fosse singular quando se refere a Jeová. Mas é traduzida como plural quando fala dos deuses dos pagãos. O discurso de Estêvão aqui segue a LXX de Êxodo 32.4, que tem forma plural. "Que vão adiante de nós" parece refletir a prática pagã de levar seus ídolos na frente das colunas do exército em marcha.

Porque, quanto a este Moisés, que nos tirou da terra do Egito, não sabemos o que lhe aconteceu – Moisés ficou no alto do monte 40 dias, e o povo pensou que talvez estivesse morto. Eles supunham que não podiam esperar mais qualquer orientação da parte dele.

7.41 –

Naqueles dias fizeram um bezerro – Eles obrigaram Arão a fazer o ídolo[74]. Foi feito dos brincos e ornamentos de ouro que haviam levado do Egito. A razão de terem feito um animal *de ouro* tem sido explicada de várias formas. Boles escreveu:

> Julga-se que fizeram um "bezerro" de ouro porque estavam acostumados a ver os egípcios adorarem o boi Apis em Mênfis como símbolo de Osíris, o sol. Os egípcios tinham um outro boi sagrado, Mnevis, em Heliópolis[75].

Jacobsen sugere que Arão tentou fazer uma semelhança visível de um dos anjos (lembre-se que alguns querubins se parecem com bois, Ezequiel 1.4-28; 10.1-22; Apocalipse 4.6-11) que tinha visto ao subir o Monte Sinai com Moisés e outros (Êxodo 24.9, 10); ou tentava fazer uma imitação do anjo que os guiaria como prometido (Êxodo 23.20-24)[76].

E ofereceram sacrifício ao ídolo – Se esta adoração do ídolo foi semelhante de alguma forma à adoração de ídolos na atualidade, um animal foi morto, assado, e serviu de banquete, como parte do culto ao ídolo.

Alegrando-se com as obras das suas mãos – O tempo "alegrando-se" expressa a frequência ou continuação do pecado. Eles se alegraram com o bezerro que fizeram, como se estivessem adorando a Jeová. A idolatria é tão insensata[77]. Devemos, porém, nos lembrar que fazia muito tempo que Deus não revelava aos homens a sua vontade. Tudo o que aquelas pessoas tinham para guiar sua vida era a tradição oral, transmitida por seus antepassados. Com o correr do tempo, tais homens se lembravam cada vez menos do verdadeiro Deus e de como adorá-lo, e inventavam mais e mais suas próprias modalidades (muitas vezes tentados e instigados pelo Diabo). Os israelitas dançaram ao redor do ídolo[78], e talvez cedessem à sensualidade, como indicado por "e levantou-se para divertir-se" em 1 Coríntios 10.7.

7.42 –

Mas Deus se afastou – Isto é, Deus virou o rosto para eles. Algumas traduções mais antigas interpretam esta palavra "desistiu deles" – uma expressão que indica que Deus retirou sua ajuda graciosa, permitiu que o castigo adequado fosse aplicado, e que eles se entregassem ainda mais à degradação do que teriam feito de outro modo.[79]

E os entregou ao culto da milícia celestial – O sol, a lua e as estrelas são a "milícia celestial". A adoração das estrelas, sabeísmo foi uma das primeiras formas de idolatria[80]. A astrologia é uma forma antiga de adoração pagã. Deus permitiu que eles se tornassem adoradores dos pla-

---

[74] Êxodo 32.1-4. [75] Boles, *op. cit.*, p. 113.
[76] William Jacobsen, "Commentary on Acts", no *Bible Commentary* editado por F. C. Cook (New York: Charles Scribners Sons, 1886), p. 402.
[77] Isaías 44.9- 20. [78] Êxodo 32.19.
[79] Veja Romanos 1.24, 26, 28. [80] Jó 31.26-28.

7.42 A Igreja Em Jerusalém

netas – era um castigo pela sua rejeição dEle. Na verdade, existe um sentido permissivo (Deus permitiu que seguissem sua própria vontade), privativo (Deus removeu sua ajuda graciosa), e judicial (o castigo adequado pelo seu pecado foi aplicado) nas palavras "Deus se afastou".

Como está escrito no livro dos profetas – A citação seguinte é de Amós 5.25, 26. Os doze profetas menores eram geralmente incluídos em um livro (um rolo). Josefo contou os doze como um só livro quando falou do cânon do Antigo Testamento como tendo 22 livros[81]. Fazendo uso de linguagem empregada regulamente no primeiro século, Estêvão fala do livro contendo as várias profecias, Jonas, Oseias, Miqueias, etc.

Ó casa de Israel, porventura me oferecestes vítimas e sacrifícios no deserto pelo espaço de quarenta anos – Os judeus certamente mataram os animais prescritos na Lei de Moisés, e nos dias prescritos. Fizeram isto através de todos aqueles anos de peregrinação no deserto. Mas eles não tinham o coração e a atitude certos na sua adoração. Embora mantivessem geralmente a forma do culto, com frequência se esqueciam de Deus e ofereciam adoração a ídolos, anulando assim os sacrifícios que estavam ostensivamente fazendo a Deus. O número redondo "quarenta" é usado aqui por Estêvão, como em Números 14.33, 34 para os 38 e meio anos exatos[82].

7.43 –

E acaso não levantastes o tabernáculo de Moloque – (Observação: O inglês diz: "E acaso não levastes o tabernáculo de Moloque" em lugar de "levantastes" como na SBB; portanto, a explicação que se segue é aplicável a "levavam".) "Levastes" poderia significar que levaram o tabernáculo de Moloque com eles quando viajaram. Ou poderia significar que o "levantaram" nos lugares em que paravam, a fim de ter onde adorar Moleque. A palavra "tabernáculo" significa uma "tenda", mas é também aplicada a um pequeno recipiente em que a imagem era carregada. Os ídolos costumavam ser levados para onde fossem, pois pensavam que isso serviria de uma espécie de "fetiche de boa sorte", um talismã ou amuleto para defendê-los do mal. "Moloque" vem do termo hebraico que significa "rei". Moloque, Rei, Baal, e Senhor eram todos nomes para o deus-sol adorado pelos pagãos, especialmente os amonitas, que ofereciam sacrifícios humanos a este deus. A imagem deste ídolo, feita de bronze, se assemelhava a um boi sentado nas pernas traseiras com as dianteiras estendidas para formar uma espécie de plataforma. Nesta plataforma, uma vez que a estátua tivesse sido aquecida até o ponto de brasa, crianças eram colocadas para fritar até morrer. Parte do culto consistia nos sacerdotes baterem tambores e címbalos para amortecer os gritos da criança queimando.

E a estrela do deus Renfã – Não se sabe ao certo qual estrela estava sendo adorada. Em Amós 5.26, o nome é dado como Quium em hebraico, e como Rompha (Renfã ou Raiphã) na LXX. A explicação mais satisfatória parece ser que Renfã é o nome copta da estrela, enquanto Quium era o nome hebraico ou árabe. A estrela é geralmente tida como o planeta Saturno. Tanto Moloque como Renfã eram formas da astrologia antiga – um substituto para a adoração do Deus verdadeiro.

Figuras que fizestes para as adorar? – Os israelitas fizeram pequenas imagens dos deuses. A mesma palavra "figuras" é usada por Josefo para as imagens de Labão, que foram roubadas por Raquel[83].

Por isso vos desterrarei para além da Babilônia – Isto faz ainda parte da citação de Amós 5 que Estêvão estava usando em sua defesa. Onde Estêvão diz "além da Babilônia", o hebraico diz "além de Damasco". Amós se referia ao cativeiro de Israel na Assíria (e não ao de Judá na Babilônia) quando predisse que seriam levados por causa de seu pecado e idolatria. Por-

---

[81] Josefo, *Contra Ápio* I. 8.
[82] Veja também Atos 13.18.
[83] *Antiguidades*, I. 19. 10; Gênesis 31.19.

que Estêvão diz "além da Babilônia", alguns supõem que neste ponto ele não estava mais citando Amós, mas Jeremias 20.4,5, que fala do cativeiro de Judá na Babilônia. Outros ainda afirmam que "além de Damasco" para a mente judia significava ir para a Babilônia, e Estêvão está simplesmente fazendo um comentário inspirado sobre o que o hebraico de Amós queria dizer.

O que esta seção, "O Caso de Israel no Deserto", tem a ver com a resposta às acusações contra Estêvão? A ênfase nesta seção estava sobre a Lei. Os que não guardavam a Lei eram punidos. Estêvão indica seu horror e tristeza pelo fato de a Lei não ser obedecida, e sua aprovação do castigo divino que acompanhava a quebra da Lei. Ele também salienta que a Lei aguardava a sua própria anulação (v. 37).

4. *O Caso do Tabernáculo e do Templo (ênfase sobre o Templo). 7.44-50*

7.44 –

O tabernáculo do testemunho estava entre nossos pais no deserto – Era chamado de tabernáculo do testemunho[84] porque: 1) era onde o símbolo visível da presença de Deus (a Shekinah) pousava; 2) as duas tábuas de pedra da Lei eram guardadas ali, na arca da aliança; e 3) era a evidência visível de que Deus havia revelado como Ele queria que os homens adorassem.

Estêvão vai argumentar agora que Deus não é necessariamente adorado em um lugar específico com exclusão de todos os demais lugares no mundo. Seu argumento é este: o lugar de adoração nos dias do Antigo Testamento era o tabernáculo; mas quando o tabernáculo foi mudado, o lugar de adoração também mudou. Estêvão está se preparando para mostrar que os líderes religiosos foram aqueles que se afastaram dos costumes de Moisés. Responde agora às acusações de que ele falou contra o templo. Ele admitiu e confirmou que a aprovação divina havia sido dada ao tabernáculo e ao templo. O que negava era que essa sanção envolvesse perpetuidade.

Como determinara [a ele] aquele que disse a Moisés – O primeiro lugar de adoração dos hebreus não era o templo; nem foi erigido em Jerusalém, mas no deserto segundo ordem específica de Deus. Esta ordem foi dada a Moisés enquanto ele estava nas encostas de Monte Sinai. (A SBB não contém as palavras "a ele" como no inglês – N.T.).

Que o fizesse segundo o modelo que tinha visto – Enquanto estava no Monte Sinai, um modelo foi mostrado a Moisés. Ele devia seguir o modelo (como se segue uma planta de construção) enquanto orientava a construção da tenda[85]. A palavra traduzida como "modelo" aqui é "figuras" no versículo 43. Existe uma boa possibilidade de Moisés ter tido uma visão do Céu como ele parece agora[86], e o tabernáculo que deveria erguer seria um pequeno modelo da realidade. Desde que Deus mostrou a Moisés o "modelo" a ser seguido, essa era uma evidência de que o tabernáculo teve a aprovação de Deus. Estêvão não iria falar contra isso.

7.45 –

O qual também nossos pais, com Josué, o levaram – A versão do Rei Tiago diz "Jesus" onde a ASV e a NASB (também a SBB) dizem "Josué". "Jesus" é a maneira grega de soletrar o nome hebraico "Josué". Assim sendo, no Novo Testamento o tradutor deve ter cuidado para distinguir entre Jesus e Josué. O contexto indica que Josué (o líder do Antigo Testamento) é a pessoa pretendida, e não nosso Senhor.

Tendo-o recebido, o levaram – Nenhuma pessoa da geração que saiu do Egito, e que participou na construção e dedicação do tabernáculo, estava viva quando os filhos de Israel finalmente entraram na terra prometida, exceto Josué e Calebe[87]. Uma nova geração estava de posse do tabernáculo quando chegou a ocasião de entrar em Canaã, por isso é dito "recebido por sua vez".

---

[84] Este é o título encontrado na LXX de Números 9.15; 17.7.
[85] Êxodo 25.9, 40; 26.30.
[86] Apocalipse 4.1- 8.1 descreve o Céu como aparece agora, e existem muitos aspectos semelhantes aos do tabernáculo construído por Moisés.
[87] Números 14.22-24; 32.11, 12.

Quando tomaram posse das nações que Deus expulsou da presença deles – Depois da morte de Moisés e de Josué torna-se líder dos filhos de Israel, eles cruzaram o Rio Jordão e começaram a conquistar a terra já habitada por várias nações. Deus lhes deu vitória sobre esses povos, e a terra prometida a Abraão 400 anos antes passou então a pertencer aos descendentes deste. A mesma palavra no original é algumas vezes traduzida "nações" e outras "gentios". As "nações" que foram expulsas aqui são os cananeus, heveus, amorreus, ferezeus, heteus, girgaseus e jebuseus[88].

Até aos dias de Davi – Isto pode indicar que Deus continuou a expulsar as nações até os dias de Davi[89], ou que o tabernáculo ficou na posse dos judeus e era o lugar designado para a adoração até a época de Davi.

7.46 –

Este [Davi] achou graça diante de Deus – Isto é, a aprovação e ajuda de Deus foram regulamente concedidas a Davi. No primeiros anos de sua vida, com o auxílio de Deus, ele venceu Golias, o leão e o urso, e os inimigos de Israel. Davi foi libertado das mãos de Saul e da má intenção de outros.

E lhe suplicou a faculdade de prover morada para o Deus de Jacó – Davi pediu permissão para preparar uma habitação mais permanente para a arca da aliança do que o tabernáculo (uma estrutura que podia ser transportada de lugar em lugar). Davi pensou em construir uma casa permanente, onde a Arca pudesse ser depositada[90]. "Prover" parece implicar que o local da construção ficou a critério do homem, mas não foi assim. Deus escolheu até o lugar[91].

Traçamos novamente, embora ainda na forma de narrativa, uma reposta indireta às acusações feitas contra Estêvão. Ele mostra que o templo foi planejado pelo homem segundo o coração de Deus (i. e., Davi), mas não foi construído por ele. Estêvão talvez esteja sugerindo que se o templo tivesse sido tão importante quanto os judeus afirmavam, Deus teria permitido que Davi o construísse. Afinal de contas, Davi foi aquele que "havia encontrado favor diante de Deus"! Se aquela construção era ou não o lugar da adoração final e perfeita tinha de ser ainda demonstrado.

7.47 –

Mas foi Salomão quem lhe edificou a casa – Deus não atendeu o pedido de Davi para construir o edifício mais permanente, por ser ele um guerreiro[92]. Davi teve permissão para preparar e ajuntar os materiais para o templo, mas Salomão é que veio a construí-lo[93].

7.48 –

Entretanto – Estêvão foi acusado de falar contra o templo. Ele mostrou o devido respeito pelo mesmo, declarando que tinha sido construído segundo a ordem de Deus. Mas continua, mostrando que Deus não precisa de tal templo. O Céu é o seu trono; o universo o lugar de sua habitação. O templo poderia ser então destruído sem prejudicar a Deus ou sua adoração. A verdade apresentada por Estêvão é que Deus não fica confiando em sua adoração a qualquer era, povo, ou nação.

Não habita o Altíssimo em casas feitas por mãos humanas – A palavra "Altíssimo" é simplesmente outro dos muitos nomes de Deus. Esta mesma ideia (sobre onde Deus habita) foi ressaltada por Salomão quando da dedicação do templo[94]. O argumento de Estêvão aqui é um eco do ensino de Jesus durante sua conversa com a mulher junto ao poço[95]. É interessante ver como Paulo (que estava provavelmente ouvindo a defesa de Estêvão) pôde usar estas mesmas

---

[88] Josué 24.11. [89] 2 Samuel 5.6; 1 Crônicas 11.6.
[90] "Morada" é uma tradução de *skenōma*, palavra que implica em maior permanência do que "tabernáculo" (skene), 2 Samuel 17; 1 Crônicas 17.1-12; 22.7.
[91] 2 Samuel 17.2; 24.18; 1 Crônicas 21.26; 22.1.
[92] 1 Crônicas 22.8. [93] 1 Crônicas 22; 1 Reis 6.
[94] 1 Reis 8.27; 2 Crônicas 6.18. [95] João 4.21-23.

palavras (que foram originalmente aplicadas ao templo de Deus em Israel) e mostrar como elas têm força contra os templos de Zeus e Atene[96].

Como diz o profeta – A citação que se segue é de Isaías 66.1, 2. A ideia que Estêvão procura provar através de Isaías, tinha sido pronunciada pelo próprio Salomão em sua oração de dedicação na ocasião da conclusão da construção do templo. Mas Estêvão passa ao que, para seus ouvintes, poderia ser considerada uma autoridade superior – ao grande profeta Isaías. O Sinédrio conhecia suficientemente o Antigo Testamento para se lembrar de que Isaías havia terminado sua missão com o pronunciamento da verdade de que, qualquer fosse a glória e grandeza que pudessem estar ligadas ao templo de Jerusalém, a oração do homem "aflito e abatido de espírito" era igualmente aceitável onde quer que fosse oferecida. Isto também tem relação às acusações feitas contra Estêvão, de blasfemar contra o templo.

7.49 –

O céu é o meu trono – Os versículos 49 e 50 são a declaração de Isaías sobre a habitação de Deus. Deus é descrito como sendo tão imenso que o universo inteiro é necessário para ele sentar-se nele.

E a terra o estrado dos meus pés – Jeová não pode ficar confinado a um edifício material, quando é tão vasto que o universo é seu assento, e a terra um simples estrado para os seus pés. Se o universo feito por Deus não podia contê-lo, quanto menos esse templo construído por mãos humanas.

Que casa me edificareis, diz o Senhor – Que casa ou templo pode ser suficientemente grande, ou magnificente, para ser a habitação daquele que fez todas as coisas?

Ou qual é o lugar do meu repouso? – Isto é, onde existe um lugar adequado para Deus repousar, como um homem que senta e descansa no conforto de seu lar?

7.50 –

Não foi, porventura, a minha mão que fez todas estas coisas? – Quantas vezes as Escrituras confirmam que Deus criou este mundo, este universo.

O que esta seção, "O Caso do Tabernáculo e do Templo", tem a ver com a resposta às acusações feitas contra Estêvão? A ênfase foi no templo. Em vez de admitir ou negar formalmente a acusação, Estêvão não mediu esforços para explicar cuidadosamente qual o seu ensino sobre o templo. Fazia parte da revelação de Deus a um povo que tinha saído há poucos anos de um ambiente de idolatria. O tabernáculo serviu como lugar de adoração, mas foi substituído pelo templo. E desde que até o construtor e os adoradores no templo reconheceram que, por mais grandioso que fosse, ele não era absolutamente a habitação real de Deus. Ele mostra que o templo não foi a revelação final da vontade de Deus sobre como os homens devem adorar. Como, então, poderia ser chamado blasfêmia se ele, em harmonia com os profetas do Antigo Testamento, demonstra que existe um meio melhor de adorar que a adoração realizada no templo?

5. *A Aplicação. 7.51-53*

7.51 –

Homens de dura cerviz e incircuncisos de coração e de ouvidos – A defesa de Estêvão tem toda aparência de ter sido interrompida. Há uma repentina mudança de tom, do argumento calmo que ele esteve fazendo, para a acusação tão forte para os ouvidos do Sinédrio como "herege" ou "infiel" seria hoje. Interpretaríamos deste modo o ocorrido. O Sinédrio observou a aplicação geral da defesa de Estêvão e enraiveceu-se com ela. Cada vez mais, por seus atos e expressões, e talvez até por gritos contra Estêvão, eles mostraram sua tendência a não se deixarem influenciar pelos argumentos dele. Em justa indignação Estêvão se dirige a eles com a linguagem

---

[96] Atos 17.24.

deste versículo. "Dura cerviz" é uma figura tirada de um animal obstinado, que não se submete ao jugo ou as rédeas. É um termo já aplicado antes aos pecados de Israel[97]. Ao aplicar esta expressão aos seus ouvintes, Estêvão usava uma linguagem idêntica à de Moisés quando transmitiu a reprovação de Deus a Israel. Considerando que os membros do Sinédrio professam estar ao lado de Moisés contra Estêvão, isto deve ter tornado as palavras dele duplamente mordazes para os mesmos.

A circuncisão era o sinal de ser judeu – de reconhecimento da autoridade das leis de Moisés. A expressão "incircuncisos de coração" indica então aqueles que não estavam dispostos a reconhecer essa Lei ou submeter-se a ela.

> Por causa do sentimento com que os judeus passaram a considerar todos os incircuncisos, o termo era usado por eles como um tipo de reprovação e desprezo. Moisés enfatizou sua falta de eloquência ao falar de seus "lábios incircuncisos" (Êxodo 6.12, 13 – IBB); e destaca a apostasia de Israel por ter o "coração incircunciso" (Levítico 36.41). Davi denunciou Golias como "incircunciso filisteu" (1 Samuel 17.26); enquanto Jeremias diz sobre o povo: "Eis que os seus ouvidos estão incircuncisos, e não podem ouvir" (Jeremias 6.10). Ezequiel fala do povo de Elão como "incircunciso de coração e incircuncisos de carne" (Ezequiel 44.7, 9). Ao adotar este uso da Escritura, Estêvão denuncia seus juízes nos termos lançados contra as nações pagãs e a apóstata Israel por Moisés e os profetas. Nenhuma palavra poderia ter sido mais severa na avaliação deles, e nenhuma mais justa[98].

"Incircuncisos de ouvido" significa que não estavam dispostos a ouvir o que Deus dizia. Seria bom chamar a atenção para o fato de haver entre nosso próprio povo uma condição de não-batismo entre os batizados. Não poderia esta acusação ser feita a muitos em nosso tempo que não são batizados em seu coração e ouvidos? O batismo deles foi apenas carnal. Eles não conhecem a verdade, e além disso, não querem ouvir a verdade. Isso é demonstrado em muitas fases de suas vidas. Assim sendo, antes de sermos demasiado severos em nossa condenação do Sinédrio a quem Estêvão falou, devemos examinar cuidadosamente nossos próprios corações e vidas!

Vós sempre resistis ao Espírito Santo – O Espirito Santo estava ativo nos dias do Antigo Testamento. Ele ajudou a revelar e inspirar as mensagens dadas através de Moisés, dos profetas e do Salvador; e, nos tempos do Novo Testamento, dos apóstolos e profetas. Eles e seus pais se opuseram a todos estes, insiste Estêvão. Essa oposição não é apenas a homens, mas também ao Espírito Santo.

Assim como fizeram vossos pais, também vós o fazeis – José, o Salvador de seus irmãos divinamente escolhido, tinha sido vendido ao Egito. Moisés, divinamente escolhido para livrar Israel do cativeiro, foi a princípio rejeitado por eles, e tornou-se um fugitivo na terra de Midiã. Depois disso, após levá-los do Egito, recebeu nova rejeição por parte deles. Todos os profetas tiveram um tratamento similar. Seus pais resistiram ao Espírito Santo e perseguiram os mensageiros divinamente designados. Agora também, justamente aquelas pessoas diante de quem seu julgamento estava sendo realizado, haviam rejeitado o Salvador, o Messias, e se opunham violentamente aos mensageiros que haviam sido enviados para compartilhar com eles as boas novas[99].

7.52 –

Qual dos profetas vossos pais não perseguiram? – Ao colocar sua acusação na forma de uma pergunta, Estêvão declara imperativamente que eles haviam perseguido *todos* os profetas. Era característico da nação judaica perseguir os profetas e mensageiros que lhe eram enviados por Deus. Ao fazer está denuncia, Estêvão estava simplesmente repetindo as palavras do Senhor[100].

---

[97] Êxodo 33.3, 5; 34.9.
[98] McGarvey, *op. cit.*, p. 130.
[99] Veja Atos 4.21; 5.23, 40; e a perseguição presente de Estêvão.
[100] Compare Mateus 21.33; 5.12; Lucas 13.34.

Eles mataram os que anteriormente anunciavam a vinda do Justo – Estêvão lembra a seus juízes que os pais deles haviam matado aqueles profetas cuja principal mensagem era a vinda do Messias. Sua ofensa aumentava muito pelo fato de matarem justamente os mensageiros que anunciavam a maior bênção que a nação jamais receberia. "O Justo" é o Messias. Este nome para ao Messias, sugerido possivelmente por Isaías 53.11, aparece em duas outras passagens em Atos (3.14; 22.14) e em Tiago 5.6. Essas passagens são todas dirigidas aos judeus que entendiam que o título era um nome dado ao Messias. Existe uma acusação implícita contra os juízes que, da mesma forma que os pais deles tinham perseguido e matado os profetas, eles continuavam perseguindo os profetas enviados por Deus.

Do qual vós agora vos tornastes traidores e assassinos – Ao usar o nome de "Justo" para Jesus, e ao mesmo tempo falar de como eles o haviam traído e assinado, Estêvão está acusando o Sinédrio de assassinar um homem inocente. Mais do que isso, de assassinar o único "Justo" do mundo. Foram além de seus pais na culpa porque negaram (pense em como empregaram Judas para trair Jesus) e assassinaram o próprio Messias. Talvez Estêvão pensasse na persistência dos líderes religiosos ao insistirem muitas vezes com Pilatos para pronunciar a sentença de morte. Eles não foram apenas acessórios, mas instrumentos principais na morte de Jesus.

7.53 –

Vós que recebestes a lei por ministério de anjos – A "lei" é a Lei de Moisés (a lei que afirmavam estar observando; a lei que acusaram Estêvão de blasfemar). Alguns pensam que "por ministério de anjos" significa que anjos estavam presentes quando Deus deu essa Lei através de Moisés[101]. Outros acreditam que isto significa que anjos foram os instrumentos através de quem a Lei foi dada a Moisés.[102] Ainda outros creem que deveríamos traduzir a palavra como "mensageiros" e entendê-la com referindo-se a mensageiros humanos: Moisés, Arão e Josué. Existe ênfase no termo "vós". Se alguém matasse Cristo acidentalmente, isso talvez não fosse tão mau. Mas vós – que tínheis a Lei – cometeste um terrível crime ao matar Cristo.

E não a guardastes – Os que haviam acusado Estêvão de blasfemar contra a Lei estão agora sendo acusados por ele de fazerem a mesma coisa, e de perseguir os discípulos de Cristo. Em vez deles julgarem Estêvão, este é que os está julgando. Tem sido sugerido que um bom título para a defesa de Estêvão seria "A História se Repete". Pode ser visto que como o povo judeu respondeu negativamente à vontade de Deus no passado; assim agora esses judeus em Jerusalém, representados pelo Sinédrio, estão respondendo. A história é mostrada como se repetindo através de todo o discurso de Estêvão. O ponto é: os judeus sempre resistiram ao Espírito Santo, e novamente estão fazendo isso.

Como Lucas conhecia e texto do discurso de Estêvão? Ele pode tê-lo recebido de Paulo (Paulo com certeza quase absoluta estava presente); pode também tê-lo conhecido através de revelação e reproduzido-o por inspiração.

T. ESTÊVÃO APEDREJADO ATÉ A MORTE. 7.54-60

7.54 –

Ouvindo eles isto – O que havia começado como julgamento ordeiro (testemunhas, embora falsas, foram chamadas) degenera agora em violência de turba.

Enfureciam-se nos seus corações – Compare os comentários sobre uma expressão semelhante em Atos 5.32. Eles ficaram excessivamente enraivecidos pelas acusações de Estêvão. Devemos notar que este não foi um caso de um pregador "atacando os pecadores". Vemos Estêvão usando medidas drásticas num esforço de ganhar o Sinédrio para o Senhor.

---

[101] Salmo 68.17; Deuteronômio 13.2.
[102] Compare Hebreus 2.2; Gálatas 3.19.

E rilhavam os dentes contra ele – Quando os homens se zangam demais, eles fecham os punhos, rilham os dentes e os mostram numa tentativa de transmitir ao objeto de sua fúria o fato de sua irritação. Como um cão zangado, mostraram os dentes com raiva para Estêvão.

7.55 –

Mas Estêvão, cheio do Espírito Santo – Esta expressão "cheio do Espírito Santo" já foi comentada em Atos[103]. O caráter permanente dos dotes espirituais de Estêvão é fortemente indicado pelo uso de *huparchon* ("estando") em lugar de *on*. Um enchimento especial para suprir esta emergência teria sido provavelmente expressa por *genomenon*.

Fitou os olhos no céu – Quando alguém está em circunstâncias extremas, olha automaticamente para o céu, como se implorando a ajuda, proteção ou encorajamento celestiais. Estêvão se encontra nestas circunstâncias. Ele tinha consciência que sua última declaração havia provocado uma resposta que tornava impossível qualquer segurança ou justiça por parte de Sinédrio em relação a ele. O que Estêvão vê ao levantar os olhos para o céu foi mais do que é permitido à maioria dos mortais ver em tais ocasiões.

E viu a glória de Deus – A palavra "glória" é com frequência usada para a Shekinah, como notamos antes em nosso estudo do discurso de Estêvão[104]. Sempre que foi dado um vislumbre do trono celestial aos homens mortais, e eles tentam então contar-nos o que viram, Aquele que ocupa o trono do universo é raras vezes descrito, exceto que o que veem é um esplendor, uma luz uma esfera brilhante cercando e emanando dAquele que se assenta no trono[105]. Esta esfera de luz é o que Estêvão viu e chama de "glória".

E Jesus, que estava à sua direita – Estêvão viu Cristo em sua humanidade gloriosa, e Jesus estava numa posição exaltada[106]. O fato de Jesus estar de pé pode ser provavelmente compreendido como expressando sua disposição de sustentar e acolher a chegada de Estêvão ao lar.

Em Atos 2.34, Jesus é descrito como sentado à destra de Deus. O mesmo pensamento é incluído em Mateus 26.64; Marcos 16.19; Efésios 1,20; Colossenses 3.1; e Hebreus 1.3. Muitas interpretações já foram dadas a esta expressão "de pé" (a SBB não contém expressão – N.T.). Alguns acham que Jesus, pelo seu grande interesse na morte do primeiro mártir, ficou de pé para estimulá-lo à vitória. Outros consideram Jesus como sujeito ao Pai, e de pé para cumprir as ordens do Pai[107].

7.56 –

E disse: Eis que vejo os céus abertos – Estêvão fala como se os céus se tivessem partido e seus olhos penetrado para além, ao terceiro céu onde Deus habita. É provável que o que Estêvão viu fosse visível apenas ao olhar espiritual e não aos olhos físicos. Desde que nenhum membro do Sinédrio (no que diz o registro) viu os céus abertos, as palavras que declararam o que Estêvão viu pareciam apenas uma agravação da culpa da qual eles já o consideravam culpado.

E o Filho do homem em pé à destra de Deus – Este é o único dos três lugares fora dos Evangelhos em que o título "Filho do homem" é usado com referência a Jesus, sendo portanto um assunto especial a ser notado aqui. Este título que Jesus utilizou tantas vezes ao falar de si mesmo[108], era um título messiânico reconhecido[109]. O uso do título por Estêvão aqui é uma daquelas pequenas confirmações da verdade do registro evangélico, pois Estêvão fez sua defesa alguns anos antes de qualquer dos Evangelhos ter sido escrito. Além disso, todas as aparentes incorreções e contradições são diferentes do que poderíamos esperar encontrar se Lucas tivesse

---

[103] Veja Atos 6.6 e 8.6.
[105] Apocalipse 4.2, 3; 1 Timóteo 6.16.
[107] Dale, *op. cit.*, p. 90.
[104] Atos 7.2.
[106] Veja Atos 2.25.
[108] Veja Mateus 8.20, etc.

[109] Apocalipse 1.13 e 14.14 são as outras duas ocorrências no Novo Testamento deste título fora dos Evangelhos. Veja Guldenhuys, "Commentary on Luke", na série do *New International Critical Commentary* (Grand Rapids: Eerdmans, 1951), p. 352,353.

simplesmente preparado o discurso e o colocado na boca de Estêvão. Assim sendo, a ocorrência do título messiânico aqui é evidência em favor da veracidade da narrativa do evangelho, pois mostra eu era um título familiar ao povo e ao Sinédrio já naquela época tão cedo. E será que alguns dos membros do Sinédrio se lembrariam de que o próprio Jesus havia dito palavras similares quando foi julgado diante daquele mesmo grupo[110]?

7.57 –

Eles, porém, clamando em alta voz – Eles quem? O povo ou os componentes do Sinédrio[111]? Provavelmente os membros do Sinédrio. Palavras como aquelas proferidas por Estêvão sobre o Filho do homem haviam sido condenadas como blasfêmia quando Jesus as disse, e o Sinédrio iria considerá-las simplesmente como repetição da blasfêmia. Elas ofendiam por proclamarem que Jesus era igual a Deus; e no caso de Estêvão, ainda maior pois proclamavam Jesus como Senhor ressurreto e exaltado (de outra forma como poderia estar à destra de Deus?).

Taparam os ouvidos – Eles indicaram assim que não queriam ouvir mais blasfêmias. Seu desejo era impedir que as palavras malignas, como que julgavam estar ouvindo, fossem repetidas.

E unânimes arremeteram contra ele – A cena tornou-se agora um tumulto, motim, turba em massa. Estêvão não está mais tendo um julgamento justo, caso tivesse sido justo no início. Isto é pura violência! Toda restrição tem sido removida, e o ultraje vergonhoso está prestes a ocorrer, fazendo de Estêvão o primeiro mártir da causa de Cristo.

7.58 –

E, lançando-o fora da cidade – Isto estava de acordo com a Lei de Moisés. Levítico 24.14 dá instruções para levar para fora do arraial quem devia ser morto por apedrejamento.

O apedrejaram – Este era o castigo indicado para os casos de blasfêmia[112]. O verbo grego no imperfeito poderia enfatizar o início da ação, como os tradutores da NASB a explicaram. Ou talvez descrevesse uma ação contínua; depois de lançar contra ele pedras grandes corriam, pegando de novo as pedras e atirando-as várias vezes sobre Estêvão.

As testemunhas – Neste caso, as testemunhas teriam sido as falsas testemunhas que depuseram contra Estêvão no julgamento[113]. A Lei exigia que as testemunhas de um caso deveriam ser as primeiras a jogar pedras na pessoa condenada. A intenção de tal exigência era desencorajar falsas acusações, pois se o acusado fosse considerado culpado, os acusadores sabiam que teriam de executar a sentença. Depois das testemunhas terem atirados as primeiras pedras, o restante fariam o mesmo.

Deixaram suas vestes aos pés – Eles tiraram as roupas externas, aqueles mantos longos e flutuantes, a fim de poder fazer livre uso dos braços. Sua ação é mais do que um simples: "Olhe, segure o meu casaco!" Paulo estava aceitando responsabilidade pelos atos daquele dia. Se as autoridades romanas chamassem os judeus para prestar contas dos incidentes daquele dia, Paulo estava aceitando a responsabilidade pessoal pelos mesmos.

De um jovem, chamado Saulo – Pelo modo de contar dos judeus, um jovem era qualquer pessoa entre as idades de 24 a 40 anos[114]. O principal personagem da última metade do livro de Atos é representado aqui.

---

[110] Mateus 26.64, 65.

[111] Nos comentários sobre Atos 7. 2 pesamos as duas possibilidades relativas à composição da audiência para este julgamento.

[112] Levítico 24.16 e João 10.31.

[113] Atos 6.13.

[114] Philo dá as idades de 21 a 28 para "jovem", mas todas as demais autoridades dão essa fase como inferior a 40 anos. Crisóstomo nos *Sermons on Peter end Paul* (Sermões sobre Pedro e Paulo) dá a idade de Paulo como sendo 35 anos.

Havia pelo menos um na audiência sobre quem, como temos razão de crer, a impressão feita por todo este procedimento foi profunda e duradoura. Saulo jamais se esqueceu dele; mas muitos anos depois, carregando o peso dos anos, fez uma menção triste da cena, Atos 22.19, 20; 1 Timóteo 1.2-17[115].

7.59 –

E apedrejavam a Estêvão – (Eles continuaram a apedrejar Estêvão, no original inglês N.T.). Acreditamos que a NASB desta vez acertou com o verbo no imperfeito. À medida que o apedrejamento continua, Estêvão oferece sua oração memorável. Os judeus tinham o direito da pena capital? O que eles estavam fazendo era legal? Não, pois os romanos haviam tirado deles a autoridade de executar prisioneiros, exceto no caso de violação dos pátios do templo. Mas este era um motim, e tais ações são ilegais, pois geralmente desconsideram a autoridade estabelecida. O Sinédrio sequer fez votação neste caso? Boles, por exemplo, pensa que fizeram. A maioria dos escritores pensa que não. Na "precipitação" do versículo 57, eles não tomaram tempo para fazer uma votação formal.

Que invocava (o Senhor) – Isto é, Estêvão orava enquanto eles o apedrejavam. Sua oração era dirigida a Jesus. Estêvão, cheio do Espírito Santo, sabia muito bem a quem era correto dirigir uma oração. Temos aqui no Novo Testamento um exemplo de que Plínio, muitos anos mais tarde, nos diz que os cristãos faziam, a saber, eles dirigiam suas orações "a Cristo como Deus"[116].

E dizia: Senhor Jesus, recebe o meu espírito! – Esta oração se parece muito com aquela feita por Jesus na cruz – "Pai, nas tuas mãos entrego o meu espírito[117]!" "Recebe" – isto é, recebe-o para ti mesmo; leva-o para onde tu vives no céu.

7.60 –

Então, ajoelhando-se – Isto parece ser algo que Estêvão fez voluntariamente. Ele escolheu morrer nessa posição, enquanto orava.

Clamou em alta voz – Note a mudança de postura, e a altura do grito, mesmo depois de o terem apedrejado durante algum tempo.

Senhor, não lhes imputes este pecado – Isto é, perdoe-os. A oração de Jesus na cruz também se assemelhou bastante a esta[118]. A semelhança com a oração de Jesus dificilmente parece ter sido acidental. Ou Estêvão testemunhou a crucificação de Cristo, ou as palavras ditas na cruz foram largamente divulgadas quando os primeiros pregadores recapitularam a morte de Cristo[119].

Com estas palavras adormeceu – Está é a maneira usual de descrever a morte dos santos na Bíblia. A morte é simplesmente como o sono. Tais passagens que falam da morte como "adormecer" não devem ser entendidas como ensinamento que a morte seja um estado de inconsciência (a teoria do sono da alma). Lucas 16.19ss; Apocalipse 6.9ss; e Hebreus 12.1ss mostram que as almas dos mortos tem consciência da sua própria condição, e o que acontece no mundo que deixaram. O que adormece é o corpo, não a alma.

---

[115] McGarvey, *op. cit.*, p. 133.
[116] *Epístola* X. 97.
[117] Lucas 23.46.
[118] Lucas 23.34.
[119] Conybeare and Howson, *Life and Epistles of St. Paul*, Vol. I, p. 82, atribuem a conversão de Paul à oração de Estêvão. Veja também os *Sermões* de Agostinho, páginas 314-318.

Desenho de Horace Knowles da British and Foreign Bible Society

ESTUDO ESPECIAL Nº 13
Dificuldades em Atos 7

Nas notas exegéticas dos versículos de abertura de Atos 7, tem sido observado que alguns críticos acusam Estêvão de cometer vários erros graves. O propósito deste estudo é examinar os erros alegados, e também as soluções sugeridas.

I. SUPOSTO ERRO NÚMERO UM – ATOS 7.4

O problema: Parece que Estêvão faz o Antigo Testamento contradizer-se. Abraão deixou Harã quando seu pai morreu, diz Estêvão. Gênesis 11.26, no entanto, parece dizer (à primeira vista) que Terá tinha 70 anos quando Abraão nasceu. Além disso, há uma declaração em Gênesis 12.4 no sentido de que Abraão tinha 75 anos quando partiu de Harã. Se somarmos esses dois números, Terá teria 145 anos quando morreu. Todavia, e aqui surge a aparente contradição, Gênesis 11.32 nos conta que Terá tinha 205 anos ao morrer em Harã. Como explicar esta aparente discrepância?

Soluções propostas para o problema:

(1) Alguns sugerem que erros são comuns no registro de números. É provável que esses foram cometidos pelos copistas. Nota-se que o Pentateuco Samaritano registra em Gênesis 11.32 a idade de Terá como 145 anos quando morreu. (Mas as Escrituras hebraicas registram uniformemente 205).

(2) Alguns sugerem que Abraão realmente deixou Harã sessenta anos antes da morte de seu pai. Neste ponto surge a especulação de que Estêvão está falando na verdade da morte espiritual de Terá e não a física, i.e., que Abraão foi chamado para deixar Harã e seus parentes quando eles caíram na idolatria.

(3) Todo o cálculo e a suposta discrepância resultante dependem da exatidão dos números iniciais. Gênesis 11.26, na verdade, diz apenas que Terá chegou aos 70 anos antes de ter filhos – os filhos sendo Abraão, Naor e Harã. Não há, no entanto, razão para afirmar que Abraão foi o primogênito de Terá, só por ter sido mencionado em primeiro lugar. Não é dito em lugar algum que Abraão era o era o filho mais velho. Por que, então, ele foi mencionado primeiro, se não é o mais velho? Talvez por ser o filho mais importante. Ele poderia ter sido citado primeiro porque o povo escolhido descendeu dele. Existem outros exemplos em que outros filhos são mencionados antes do filho mais velho. Em Gênesis 5.32 os três filhos de Noé (Sem, Cão e Jafé) não são listados na ordem de idade. Jafé era o mais velho dos três, Gênesis 10.21. Todavia, o nome de Sem, o mais jovem, aparece primeiro na lista dos filhos de Noé, Gênesis 9.18; 10.21. O nome de Isaque tem precedência sobre o de Ismael, 1 Crônicas 1.28. Judá é colocado primeiro na lista dos filhos de Jacó, 1 Crônicas 4.1; 5.1, 2. E, do mesmo modo, Moisés é citado antes de seu irmão mais velho, Arão. O fato de um filho ser mencionado primeiro não é prova de que seja o mais velho. Ainda mais, existe evidência que Abraão não foi o filho mais velho. (a) A não ser que suponhamos que eles eram trigêmeos, não podemos afirmar que Terá tivesse apenas 70 anos quando os três nasceram. (b) Harã era aparentemente o filho mais velho, pois a esposa de Naor era filha de Harã; e o filho de Harã, Ló, tinha cerca da mesma idade que Abraão, segundo se deduz pela história posterior de ambos. (c) o filho de Abraão, Isaque, casou-se com a neta do irmão de Abraão, Naor (o nome dela era Rebeca).

Em outras palavras, o autor de Gênesis, com o objetivo de resumir ao máximo, dá apenas a idade do pai no nascimento do filho mais velho; e, ao fazer isso, menciona o nascimento dos outros filhos, sem pretender dar a impressão de que todos nasceram ao mesmo tempo.

Podemos confiar em Estêvão quando ele diz que Deus removeu Abraão de Harã, levando-o para Canaã, depois da morte de Terá. Caso seja assim, então a idade de Terá quando Abraão nasceu era 130 anos (205 menos 75 = 130).

Alford objeta a esta conclusão nos seguintes termos: "Terá, no curso da natureza, gera seu filho Abraão aos 130 anos; todavia, este mesmo Abraão considera incrível que ele pudesse gerar um filho aos 99 (Gên. 17.1, 17); no nascimento de Isaque, em desacordo com o curso da natureza, são baseados os argumentos e consequências mais importantes da Escritura (cf. Rom. 4.17-21; Heb. 11.11, 12)"[1]. Nós replicamos: o autor erudito esquece que "no curso da natureza" esse mesmo Abraão, muito depois dos 99 anos, e aparentemente após a morte de Sara, quando tinha 137 anos, tomou uma esposa mais jovem e gerou mais seis filhos, os filhos de Quetura (Gênesis 25.1; 24.1-4). A incredulidade de Abrão, então, no que se refere à sua pessoa, dependia em grande parte do fato de que se achava vivendo já há 13 anos com uma jovem concubina, Hagar, desde o nascimento de Ismael, e ela não lhe havia dado outro filho (Gênesis 17.24, 25). Além disso, o novo Testamento nos diz que Sara era estéril, Romanos 4.19.

Assim sendo, quando a evidência é examinada, descobrimos que os críticos modernos não estão justificados em acusar Estêvão de cometer um erro.

II. SUPOSTO ERRO NÚMERO DOIS – ATOS 7.6

O problema: as palavras de Estêvão são interpretadas para fazer com que ele diga que o cativeiro no Egito durou 400 anos (e alguns textos parecem concordar com isto, entre eles Gênesis 15.13, 14 segundo a interpretação tradicional, e Êxodo 12.40 no texto massorético). Todavia, existe considerável evidência de que o cativeiro não durou mais que 215 anos. Estêvão está certo ou errado ou a interpretação tradicional esta errada?

A evidência para um cativeiro de 215 anos:

(1) Josefo diz que os israelitas deixaram o Egito 430 anos depois que Abraão chegou a Canaã, mas 215 depois de Jacó mudar-se para o Egito[2].

(2) Em Gálatas 3.17, Paulo diz que se passaram 430 anos desde a época da promessa feita a Abraão até o Êxodo e a entrega da Lei no Sinai. 215 desses anos teriam se passado desde que a promessa foi feita até a entrada no Egito. (Isaque nasceu 25 anos depois da promessa dada, Gênesis 12.4 e 21.5; Jacó nasceu quando Isaque tinha 60 anos, Gênesis 25.26: e Jacó tinha 130 quando entrou no Egito, Gênesis 47.9. Some esses números: 25 + 60 + 130, e você obtém 215).

(3) A exatidão do texto hebraico em Êxodo 12.40 tem sido posta em dúvida. A LXX, segundo o códice Vaticano, insere "e na terra de Canaã", de modo que o versículo inteiro faz com que a estada no Egito e em Canaã não passe de 430 anos. Uma leitura similar (embora não palavra por palavra) é encontrada no códice alexandrino, na versão copta, e no Pentateuco Samaritano (este último diz: "na terra de Canaã e na terra do Egito").

(4) As listagens genealógicas causam dificuldades se o período de tempo for mais de 215 anos. É dito que pelo relato dado por Moisés da vida de certas pessoas, parece certo que o tempo que passaram no Egito não foi de 400 anos. Por exemplo, (a) com base em Gênesis 46.8, 11, parece que Coate nasceu quando Jacó foi para o Egito. Coate viveu 133 anos, Êxodo 6.18. Anrão filho de Coate, e pai de Moisés, viveu 137 anos, Êxodo 6.20. Moisés tinha 80 anos quando foi enviado a Faraó, Êxodo 7.7. O período INTEIRO incluía então, contando o tempo que cada pai viveu DEPOIS que seu filho nasceu, apenas 350 anos. Ou, de novo, (b) Alford calcula que Levi viveu no Egito cerca de 88 anos. É expressamente declarado (Números 26.59) que Joquebede era descendente de Levi, e deve ter nascido portanto durante os 88 anos a partir da entrada no Egito. Moisés tinha 80 por ocasião do Êxodo. Se tivermos "x" como a idade de Joquebede quando Moisés nasceu, então 88 mais 80 mais "x", é equivalente à duração do cativeiro no Egito, ("x" teria de ser 232 se o cativeiro fosse de 400 anos de duração, ou 262 se fosse de 430 anos. É duvidoso que Joquebede tivesse 232 ou 262 anos quando Moisés nasceu). Se a permanência no Egito fosse de apenas 215 anos, então Joquebede teria cerca de 47 anos quando Moisés nasceu.

Por outro lado, existe forte evidência para um cativeiro de 400 anos:

---

[1] Henry Alford, " Acts" no *Alford's Greek Testament* (London: Rivingtons, 1871), Vol. II, p. 68, 69.
[2] *Antiguidades* II. 15.2.

(1) Tanto Gênesis 15.13, 14 e Atos 7.6 – segundo a interpretação tradicional – falam de um cativeiro de 400 anos. A terminologia em ambos os lugares parece aplicar-se ao Egito e não a Canaã, pois os patriarcas não foram escravizados ou aflitos em Canaã.

(2) A expressão "quarta geração" em Gênesis 15.16 é aceita como sendo idêntica ao período de tempo precedente ("400 anos" dos versículos 13, 14). Gesênio e outros eruditos de hebraico consideram o termo como equivalente a um século. Leupold escreve, ". . . vemos que a palavra aplica cem anos a uma geração. Tal cálculo, segundo o capítulo onze, não está desproporcional, especialmente se considerarmos que o próprio Abraão viveu até aos 175 anos[3]". Gesênio diz: ". . . pela longevidade dos patriarcas, em sua época (uma geração) era calculada como cem (anos); e da mesma maneira entre os romanos, a palavra *seculum* originalmente significava uma geração, e foi mais tarde aplicada a um século . . .[4]"

(3) Se o texto hebraico de Êxodo 12.40 for aceito como se encontra (e apenas um manuscrito hebraico tarde diverge na leitura), ele fixa a duração do cativeiro em 430 anos. As versões Vulgata e Siríaca, e o Targum de Onkelos concordam com o texto hebraico de Êxodo 12.40.

(4) Existe alguma evidência de que as listas genealógicas não sejam completas, Considere que no primeiro censo havia 8.600 coatitas do sexo masculino, Números 3.28. Coate era filho de Levi, e avô de Moisés. Coate teve quatro filhos, Êxodo 6 e 1 Crônicas 6. Um desses filhos era Anrão, que por sua vez teve dois filhos e seis netos, segundo os registros bíblicos. Para alcançar o total de 8.600, devemos crer que os outros três filhos de Coate tiveram uma média de 2.866 descendentes do sexo masculino, ou devemos reconhecer que as genealogias são abreviadas (compare Mateus 1)?

(5) Alega-se haver ainda um problema com a idade, mesmo que seja aceito o cativeiro de 215 anos. A nota do cônego Cook diz: ". . . para aceitar 215 anos (para a duração) é necessário supor que Levi tinha 95 anos quando Joquebede nasceu, e que Joquebede tinha 85 anos quando se tornou mãe de Moisés. Isto . . . envolve dois milagres, para os quais não existe autoridade nas Escrituras[5]". Se aceitarmos os cálculos de Cook (e as idades deles poderiam ser assim calculadas), não haveria certamente dois milagres, pois acabamos de ver (acima, sob "Suposto Erro N° 1), que Terá gerou um filho aos 130 anos, e Abraão gerou seis filhos depois dos 137! Se aceitássemos a sugestão de Alford de que Joquebede tinha 47 anos quando Moisés nasceu, Levi estaria com 130 quando Joquebede nasceu, e mesmo isto não seria milagroso! Somos levados então a concluir que não existem os problemas de idade com o cativeiro de 215 anos que encontramos com o de 400 anos.

(6) Josefo fala duas vezes de um cativeiro de 400 anos[6], e isto é aproveitado para mostrar que muitos em sua época acreditavam que o cativeiro tinha sido longo e não curto. (Mas já foi mostrado acima que Josefo também fala do período de 215 anos – portanto, o máximo que se pode dizer é que Josefo dá evidência de que em sua época ambas as opiniões eram aceitas – assim como acontece hoje).

(7) Afirma-se que Paulo pode ser harmonizado com a ideia de um cativeiro de 400 anos, embora ele declare expressamente que se passaram 430 anos desde a promessa feita a Abraão até o Êxodo (um cálculo que faria o cativeiro propriamente dito não ter mais de 215 anos de duração). Sugere-se que Paulo está citando simplesmente a LXX de Êxodo 12.40, ao escrever aos Gálatas (3.17). A LXX, como será lembrado, favorece o cativeiro de 215 anos; e Paulo simplesmente citou-a, em lugar da versão hebraica, o que teria surpreendido e confundido seus leitores desde que seria um número de anos diferente daquele que estavam acostumados a encontrar em sua Bíblia grega, embora uma citação do hebraico viesse a acrescentar força ao seu argumento.

Soluções propostas para o problema:

(1) Um grande número de comentaristas decide a favor da leitura hebraica de Êxodo 12.40, e portanto rejeita a leitura da LXX; a declaração de Paulo em Gálatas é também tida como uma

---

[3] H. C. Leupold, *Exposition of Genesis* (Columbus, O., The Wartburg Press, 1942), p. 486.
[4] *Hebrew-English Lexicon to the Old Testament* de Gesênsio, traduzido pôr S.P. Tregelles (Grand Rapids: Eerdmans, 1952), p. 194.
[5] F. C. Cook, "Commentary on Exodus" no *The Bible Commentary* (London: John Murray, 1871), Volume II, p.301.
[6] *Antiguidades* II. 9.1; *Guerras* V.9.4.

forma deliberada de reduzir a duração do cativeiro. Essa argumentação na verdade se baseia na passagem de Gênesis 15 e interpreta todas as passagens de acordo com a mesma, sendo o resultado um cativeiro de 400 anos.

(2) Alguns escritores têm recentemente questionado a interpretação tradicional dada a Gênesis 15.13ss. Eles começam com a suposição de que Paulo está certo em atribuir um período de 430 anos a partir da promessa até a entrega da Lei no Sinai, e interpretam todas as passagens do Antigo Testamento nessa conformidade. Tal abordagem sugere que a LXX de Êxodo 12.40 está correta. A única passagem-problema que permanece é a de Gênesis 15, que deve ser interpretada de maneira a harmonizar-se com um cativeiro de 215 anos. Atkinson escreveu então nesse teor: "Como iremos então considerar os 430 anos deste versículo? Parece difícil tomar as palavras 'em terra' como referindo-se a qualquer coisa maior que o Egito... O sentido das palavras 'quatrocentos anos' parece ser: 'e irão afligi-los até um tempo determinado, que é quatrocentos anos a partir de agora'"[7]. 400 anos a partir da data em que Deus estava falando a Abraão incluiria um cativeiro de apenas 215 anos. Atkinson está simplesmente interpretando Gênesis 15.13, 14 segundo o modo como Estêvão citou a passagem em Atos 7.6; e de acordo com a cronologia de Paulo em Gálatas 3.17, este é provavelmente o modo certo de compreender o material!

Em qualquer caso, Estêvão estava apenas citando a leitura do Antigo Testamento, e não deve ser acusado de erro, quando o erro talvez seja simplesmente em nossas interpretações de certas passagens relevantes. Além disso, deve ser notado que se o período teve realmente uma duração de 430 anos, então o número 400 (encontrado em Gênesis 15 e citado por Estêvão) não passa de um número arredondado, não constituindo na verdade um erro de 30 anos.

III – SUPOSTO ERRO NÚMERO TRÊS – ATOS 7.14

O problema: É dito que Estêvão cometeu seu terceiro erro ao afirmar que a família de Jacó tinha 75 membros, enquanto o texto de Gênesis 46.27 cita 70, incluindo os dois que haviam morrido em Canaã antes de descerem para o Egito.

A solução: Muitas conjeturas têm sido apresentadas para justificar a diferença, enquanto a resposta mais lógica tem sido frequentemente ignorada. Estêvão era um helenista, e estando familiarizado com a LXX, citou a leitura da mesma. A LXX em Gênesis 46.27. diz: " Todas as almas da casa de Jacó que foram para o Egito com ele, eram 75 almas". A LXX arranjou essas cinco pessoas extras (acima do texto em hebraico) dando os nomes de dois filhos de Manassés, dois de Efraim, e um neto de Efraim, no versículo 20 de Gênesis 46.

Quando é examinado o número total de pessoas que desceram para o Egito, logo se torna claro que existe uma grande diferença no método de calcular o total. Josefo dá o total de 70[8]. Philo, incluindo três filhos de Efraim e um filho e neto de Manassés, dá o número como sendo 75[9].

Antes de acusar a LXX de apresentar uma soma incorreta, deve ser observado que o hebraico não é também exatamente correto no seu total. O número real de pessoas vivas que entraram no Egito era 68!

IV. SUPOSTO ERRO NÚMERO QUATRO – ATOS 7.16

O problema: Estêvão parece dizer (em "e foram transportados para Siquém") que Jacó foi levado a Siquém e ali sepultado, enquanto na verdade José e seus irmãos enterraram Jacó no campo de Macpela, Gênesis 50.13.

A solução: McGarvey argumenta que o sujeito do verbo "foram transportados" é "nossos pais" e que não há referência a Jacó sendo levado para Siquém e sepultado ali[10]. Em Josué 24.32 é expressamente declarado que os ossos de José foram levados pelos israelitas quando entraram

---

[7] Basil F. C. Atkinson, "Genesis" em *The Pocket Commentary of the Bible* (Chicago: Moody Press, 1957), p.145.
[8] *Antiguidades* II. 7.4.; IX. 3; VI. 5.6.
[9] *De Migratione Abrahami*, 36.   [10] McGarvey, *op. cit.*, p.121.

na terra de Canaã e enterrados em Siquém. Estêvão então está nos dizendo que os ossos de todos os dos doze patriarcas foram sepultados segundo o exemplo de José. Jerônimo concorda com essa interpretação[11].

O fato de Josefo[12] e também *Jubileus* (46.9) relatarem o sepultamento dos filhos de Jacó (exceto José) em Hebrom, e não Siquém, complica o ponto. A mesma tradição parece apoiar o *Testament of the Twelve Patriarchs* (Testamento dos Doze Patriarcas). Hervey rejeita o testemunho de Josefo e dos demais com base no fato de não existirem túmulos dos patriarcas em Hebrom, salvo o de José; e a ideia de ter uma tumba dele em Hebrom é completamente contraditória ao registro do Antigo Testamento[13].

V. SUPOSTO ERRO NÚMERO CINCO – ATOS 7.16

O problema: Estêvão falou do sepulcro "que Abraão ali comprara . . . aos filhos de Emor" em Siquém. O problema é este: Quem comprou na verdade o túmulo? Gênesis 33.19 e Josué 24.32 indicam que a compra desse túmulo em Siquém foi feita pôr Jacó, e não Abraão.

Várias soluções são oferecidas para o problema:

(1) Alguns sugerem que existe aqui evidentemente um erro de escriba. Algum escriba, familiarizado com a história da compra da caverna de Macpela por Abraão em Hebrom, confundiu a compra do sepulcro em Siquém por Jacó, e em lugar de escrever o nome deste como deveria aqui, escreveu Abraão. O escriba, e não Estêvão, cometeu realmente o erro.

(2) Uma segunda sugestão está de acordo com Gênesis 12.6. Abraão esteve em Siquém muito tempo antes de Jacó. É sugerido que talvez Abraão tenha comprado esse túmulo nessa época, e que Estêvão se refere a essa compra. Depois de Abraão deixar Canaã, o túmulo foi retomado por estrangeiros, e re-comprado novamente por Jacó quando voltaram à terra prometida. Esta última seria a compra referida em Gênesis 33.19.

CONCLUSÃO

Seis erros são atribuídos a Estêvão nos primeiros dezesseis versículos de Atos 7. Em face de todas essas acusações contra a defesa de Estêvão, é importante lembrar que ele não foi acusado de erro por aqueles a quem falava. Nem por qualquer dos amigos ou inimigos do cristianismo na igreja primitiva.

Não temos em alguns casos material suficiente para julgar se Estêvão cometeu quaisquer erros. Além disso, uma resposta bastante óbvia pode ser dada para qualquer suposto erro cometido por Estêvão.

O único erro que ele cometeu, do ponto de vista do Sinédrio, foi o de acusá-los de matar Jesus. O resultado disto foi o apedrejamento dele como blasfemo!

[11] *Epistol.* 86.   [12] *Antiguidades* II.8.2.   [13] Hervey, *op. cit.*, p.217.

Soldados Romanos

Desenho de Horace Knowles
da British and Foreign Bible Society

2

NA JUDÉIA E SAMARIA

PARTE DOIS:
A IGREJA NA JUDÉIA E SAMARIA
Atos 8.1 – 12.25
CAPÍTULO OITO

A. DISPERSÃO DA IGREJA DE JERUSALÉM. 8.1-4

8.1 –

E Saulo consentia na sua morte – A primeira cláusula deste versículo, concluindo o relato do capítulo 7, deveria ter sido incluída no mesmo. A NASB começa o novo parágrafo na metade do versículo 1 onde se inicia o novo pensamento[1]. Paulo, por ser um judeu dedicado, acreditava que a sentença imposta no caso de Estêvão era justa, pois esse era o ensino contido na Lei de Moisés. Moisés havia ensinado que quem quer que ensinasse os homens a ignorarem a Lei deveria ser executado[2]. A mesma frase usada aqui por Lucas quanto ao sentimento de Paulo no assunto é empregada pelo próprio Paulo em seu discurso na escada da fortaleza, no final da terceira viagem missionária[3].

Naquele dia levantou-se grande perseguição contra a igreja em Jerusalém – As palavras "Naquele dia" são o início da segunda principal divisão do livro de Atos. O dia em que Estêvão foi morto viu iniciar-se a primeira de várias ondas de perseguição que varreram a igreja. O tumulto não se acalmou depois da morte de Estêvão. Os perseguidores foram em busca de outros a serem" disciplinados" até que rejeitassem a nova heresia, ou fossem mortos! Fica claro pelo registro seguinte que esta perseguição envolveu muito sofrimento, prisões, confisco de bens e propriedades, os crentes sendo "expostos como em espetáculo, tanto de opróbrio, quanto de tribulação"[4], e até a morte para muitos.

E todos, exceto os apóstolos, foram dispersos – Esta "dispersão" é um ponto-chave no tempo, em relação à história que Lucas está escrevendo. Ele voltará ao mesmo várias vezes[5], para ressaltar vários aspectos da história da igreja, cada um deles iniciado por esta perseguição. Que parte da igreja foi dispersa – só os helenistas ou toda a congregação, helenistas e hebreus? A palavra "todos" nem sempre é absoluta nas Escrituras; portanto, se fizéssemos com que significasse "todos os helenistas", não estaríamos deturpando a Escritura. (A SBB não contém a palavra "todos – N.T.). Todavia, o contexto tem aqui uma conotação universal, e a única razão para hesitarmos em tomá-lo literalmente é que mais tarde no livro de Atos encontramos ainda uma igreja em Jerusalém[6]. Como é possível terem sido todos dispersos? Provavelmente devemos supor que os apóstolos que ficaram quando a igreja foi dispersa fizeram mais convertidos, e esses novos convertidos formaram a igreja que encontramos nessas passagens posteriores em Atos.

---

[1] Compare a explicação dada em Atos 2.1 relativa à divisão original de nossa Bíblia em capítulos e versículos.

[2] Deuteronômio 13.7-10. Estêvão não é na verdade culpado de fazer com que os judeus se voltassem para "outro deus", mas foi assim que Paulo considerou a questão na época e consentiu inteiramente com o apedrejamento dele.

[3] Atos 22.20.

[4] Hebreus 10.33, 34.

[5] Atos 8.4; 9.1; 9.31; 11.19.

[6] Atos 9.26; 11.2; 12.1, 5; 15.1ss.

8.1 A IGREJA NA JUDÉIA E SAMARIA

Pelas regiões da Judéia e Samaria – As cidades judias das vizinhanças, Hebrom, Gaza, Lida e Jope, se tornaram lugares de refugio[7]. Em Samaria eles seriam acolhidos simplesmente porque estavam sendo perseguidos pelos líderes religiosos judeus. Jesus havia dito que o evangelho deveria ser levado de Jerusalém à Judéia e Samaria, e depois para os confins da terra[8]. Alguns têm sugerido que uma razão para Deus permitir esta perseguição foi o fato de que os primeiros cristãos se acomodaram em Jerusalém, e ao serem perseguidos tiveram de deixar o ninho e exercitar sua força e talentos. Antes que aceitemos decididamente esta explicação, devemos considerar a possibilidade de que antes de um trabalho missionário poder ser iniciado em outro lugar (Judéia e Samaria) seria necessário haver um fundamento (Jerusalém). Uma vez feito isto, estaremos então prontos para espalhar-se para outros lugares.

Exceto os apóstolos – Por que os apóstolos não fugiram, não se sabe. Várias especulações têm sido feitas. Alguns sugerem que a vida dos apóstolos não corria perigo. O Sinédrio percebeu que não conseguiria aniquilar a igreja perseguindo os seus líderes, e voltou-se então para os membros individuais. Afinal de contas, é bem difícil ter uma igreja quando a única pessoa na congregação é o pregador! Outros sugerem que a obra dos apóstolos não foi ainda completada na cidade de Jerusalém; isto é, os apóstolos ficaram para converter mais moradores da cidade. Jerusalém era o verdadeiro centro das atividades – o povo visitando para as festas – os apóstolos então enfrentaram o perigo para ficar e pregar Cristo. Clemente de Alexandria[9] registra uma tradição, assim como Eusébio[10], de que o Senhor tinha ordenado aos apóstolos que permanecessem em Jerusalém durante doze anos, dando seu testemunho, para que ninguém pudesse dizer: "Não ouvimos", e só depois dessa data eles deveriam ir para outros lugares do mundo com a mensagem. Uma terceira sugestão é que o Sinédrio aceitou o conselho de Gamaliel, e não perturbou mais os apóstolos. Outra sugestão, que pode ou não ser verdadeira, é que a perseguição que agora assolava a igreja parece ter sido dirigida especialmente contra aqueles helenistas como Estêvão, que mesmo antes de sua conversão haviam mostrado frieza para com as "tradições" dos fariseus, e que depois da sua conversão deram ainda menos atenção aos costumes deles. Parte desta sugestão é também a ideia de que os apóstolos não haviam ainda se afastado de muitas das práticas judaicas, desde que continuavam a adorar regularmente no templo, evitando tudo que era comum e impuro, e rejeitando a companhia íntima dos gentios[11]. Ainda outra sugestão é que o Sinédrio temeu fazer mal a eles por causa dos milagres operados pelos apóstolos e sua grande popularidade aos olhos do povo.

8.2 –

Alguns homens piedosos – Tem sido afirmado às vezes que se tratava de prosélitos do judaísmo. Talvez, mas a palavra usada aqui é *eulabēs*[12], enquanto a palavra empregada por Lucas ao referir-se a tais prosélitos é geralmente *sebomenē*[13]. Ao eliminar a ideia de que prosélitos da porta sepultaram Estêvão, temos de escolher entre os judeus ou cristãos piedosos. Contra a hipótese de que cristãos sepultaram Estêvão é que os cristãos estavam sendo perseguidos e dispersos. Lucas não teria também empregado "crentes" ou "irmãos" neste caso se quisesse dizer que cristãos enterraram Estêvão? Em favor da ideia de que judeus piedosos sepultaram Estêvão nos lembramos do grande respeito que o povo tinha pelos cristãos, conforme Lucas registrou antes. Além disso, o termo "piedosos" foi usado por Lucas para judeus consagrados como Simeão[14], a multidão de judeus que havia viajado distâncias consideráveis para estar presente no dia de Pentecostes[15], e o pregador Ananias[16]. Mais um ponto que favorece os judeus piedosos é o fato de existir uma tradição antiga, já citada[17], de que Nicodemos e Gamaliel participaram ativamente

---

[7] O fato de que os cristãos em fuga foram acolhidos nas cidades da Judéia reflete a boa vontade resultante das curas realizadas sobre os doentes que haviam sido levados antes a Jerusalém (Atos 5.16)?
[8] Atos 1.8.   [9] *Stromata*, VI. 5.43.   [10] *Church History*, V.13.   [11] Atos 10.14, 28.
[12] Lucas usou a mesma palavra em Atos 2.5.
[13] Atos 13.43, 50; 16.14; 17.4; 18.7.   [14] Lucas 2.25.   [15] Atos 2.5.
[16] Atos 22.12.   [17] Veja nota de rodapé nº 58 no capítulo 5.

do sepultamento de Estêvão. Por outro lado, a igreja não teria sido dispersa tão rapidamente que os judeus se vissem obrigados a sepultar o corpo de Estêvão.

Sepultaram a Estêvão – O fato de que esses homens piedosos enterrarem o corpo de Estêvão equivale a uma confissão de sua fé de que ele era inocente. No geral, quando alguém era apedrejado até a morte por acusação de blasfêmia, não recebia honras fúnebres, mas seria sepultado como" se sepulta um jumento"[18].

E fizeram grande pranto sobre ele – Tais lamentações eram coisa comum entre os judeus por ocasião de um funeral[19]. O serviço fúnebre dos judeus era muito interessante, muito formal e largamente anunciado. Esta parece ser a descrição do fato de que o corpo de Estêvão foi adequadamente preparado para o sepultamento, e os dias de luto e pranto observados[20].

8.3 –

Saulo, porém, assolava a igreja – O verbo usado aqui por Lucas dá uma ideia viva da situação através de palavras. É o termo usado para falar da devastação provocada por animais selvagens (leões, lobos, etc.). Lucas nos conta que Paulo atacou a igreja como uma fera selvagem. O tempo do verbo indica ação contínua. Ele foi autorizado pelos principais sacerdotes, como ele mesmo nos conta[21]. Paulo estava atuando como agente deles na perseguição dos cristãos.

Entrando pelas casas – A linguagem transmite a ideia de uma busca de casa em casa, buscando os que eram conhecidos ou suspeitos de serem cristãos. Os que foram encontrados eram arrastados para a prisão, como as frases seguintes indicam.

E arrastando homens e mulheres – O fato de mulheres serem incluídas como vítimas da perseguição é uma prova enfática da violência e ódio de Paulo. Até a II Guerra Mundial com seu conceito de "guerra total", as mulheres não eram geralmente vítimas do conflito entre os homens. Desde então, o homem do século XX não fica surpreso ao ouvir que mulheres e crianças inocentes foram vítimas da violência insensata. Em vista deste último fato, não devemos inserir no contexto do primeiro século as atitudes do homem do século XX; caso contrário, estaremos interpretando mal o que a Palavra de Deus está procurando dizer-nos.

Encerrava-os no cárcere – No mundo do primeiro século, os homens eram presos para aguardar julgamento. Os antigos não davam sentenças de prisão, como fazem os tribunais hoje. Naqueles dias, quando o julgamento terminava, o prisioneiro era libertado, açoitado e libertado, ou executado. É interessante notar a decisão firme de Paulo em sua oposição à igreja durante esta parte de sua vida. Mais tarde, após sua conversão, o veremos igualmente zeloso e decidido a promover a causa de Cristo. Isto é típico do cristianismo do Novo Testamento. Se você conseguir converter um denominacionalista ou alguém zeloso em seu paganismo ao cristianismo simples do Novo Testamento, ele se tornará tão zeloso, talvez até mais, pela causa de Cristo segundo o Novo Testamento quanto era em seu denominacionalismo antes. Muitas vezes tais pessoas, que são completamente convertidas dessa forma, se tornam os cristãos mais fortes, justamente como aconteceu com Paulo.

8.4 –

Entrementes, os que foram dispersos – A palavra empregada por Lucas para "dispersos" vem da mesma raiz de Dispersão ou Diáspora. Mas existe uma diferença. A Diáspora dos judeus não havia resultado em evangelização; a dispersão da igreja resultou em evangelismo. A história de Lucas mostrará que esses cristãos dispersos, fugindo da perseguição, compartilhavam as Boas Novas na Judéia, Samaria, Galiléia e ainda mais longe[22].

---

[18] Jeremias 22.19.   [19] Gênesis 50.9, 10; 1 Macabeus 2.70; 4.39; 9.20.
[20] Veja ao artigos sobre "Mourning" (Luto) no *Zondervan Pictorial Bible Dictionary*, p.561, onde o luto e a lamentação são mostrados como durando uma semana ou mais nos funerais judaicos.
[21] Atos 26.10.   [22] Atos 9.31; 11.19.

8.4 A IGREJA NA JUDÉIA E SAMARIA

Iam por toda parte pregando a palavra – A palavra grega é "evangelizando", ou anunciando as boas novas da mensagem da misericórdia de Deus.

As pessoas que faziam esta evangelização não eram presbíteros, diáconos e pregadores, mas discípulos, grandes exércitos deles, buscando um refúgio da devastação provocada por Paulo. Ao encontrarem lugares para dormir ou ficar por alguns dias, teriam de expor o propósito de sua dificuldade e fuga. Ao fazer isso, eles iam por toda parte contando as más novas de sua perseguição e as boas novas da salvação em Cristo[23].

Barnes, ao comentar sobre este versículo, tenta defender a distinção denominacional entre "clero" e "laicidade". Segundo essa ideia, um homem precisa ser ordenado para tornar-se um professor público, ministrar o batismo e fundar congregações. Mas tal teoria não se harmoniza certamente com Atos 8.4, pois a pregação aqui referida era sem dúvida tanto aplicada ao ensino público como particular – tendo este último a participação de mulheres assim como homens, sugere McGarvey[24]. E este fato deve ser informado: não é possível pregar as boas novas sem falar ao indivíduo sobre a necessidade e lugar do batismo (e administrando-o aos crentes arrependidos que se apresentarem)[25].

Até que o amor de Cristo e o evangelho de Cristo encham de tal forma o coração do membro da igreja, levando-o a sair para proclamar a Palavra – até que fique tão convencido pelo evangelho que aja desse modo, a igreja jamais chegará ao auge do sucesso que Cristo pretendia para ela. Essa é uma obrigação que cabe a todo cristão – proclamar a Palavra, da maneira que puder. Alguns tentam fugir desta responsabilidade, dizendo: "Não posso fazer nada", ou, "Não sei o que dizer". Ficamos imaginando como poderiam ter-se tornado cristãos se todos se portassem e falassem desse modo. Eles jamais teriam ouvido a Palavra, e jamais teriam chegado a Cristo, se todos os homens tivessem essa atitude. Quando alguém diz: "Não posso" ou "O que vou dizer?", está admitindo sua ignorância do plano da salvação. Está admitindo sua ignorância de como ele mesmo se tornou cristão.

O axioma: "O sangue dos mártires é a semente da igreja" era verdadeiro desde o início. A tentativa de eliminar a nova fé ajudou a ampliar seu campo de ação, e fez com que ultrapassasse os limites aos quais poderia ter ficado confinada por um período muito mais longo, de outra maneira.

B. A OBRA DE FILIPE. 8.5-40

1. *Filipe em Samaria. 8.5-13*

8.5 –

Filipe – Este é o diácono Filipe (Atos 6), e não o apóstolo Filipe, pois os apóstolos permaneceram em Jerusalém, segundo Lucas nos informa. O plano de Lucas é seguir as viagens de Filipe e descrever sua obra evangelística, depois a de Pedro[26], e então a dos outros. A necessidade de Filipe funcionar como "diácono" talvez terminasse com a dispersão da igreja de Jerusalém. Ao deixar Jerusalém, ele se torna um evangelista, título pelo qual é chamado em Atos 21.8. Não parece ter havido uma comissão especial a fim de tornar-se um evangelista. Ele simplesmente começou a evangelizar, por ter visto uma necessidade que podia satisfazer.

Descendo à cidade de Samaria – Houve no passado uma dúvida (por causa da ausência do artigo em alguns manuscritos) se ele foi para *A cidade* de Samaria, ou para a região de Samaria (*Uma cidade* de Samaria). A questão do artigo foi resolvida com a descoberta do Códice Sinaítico em 1850, que reforçou a evidência já conhecida do Códice Alexandrino e Códice Vaticano, e

---

[23] Dale, *op. cit.*, p.91.
[24] McGarvey, *op. cit.*, p.134.
[25] Veja notas em Atos 8.35.
[26] A seção da história de Lucas sobre Pedro começa em 9.32, e seu registro de outros é encontrado em 11.19ss.

prevaleceu sobre toda evidência para a omissão do artigo. O artigo definido "a" goza de integridade, e a leitura da NASB é exata. O estudante deve localizar num mapa a cidade de Samaria no país de Samaria. Em alguns mapas ela será chamada de Sebaste, nome dado à cidade por Herodes, depois de tê-la fortificado[27].

Anunciava-lhes a Cristo – Ele estava pregando que o Messias tinha chegado. O tempo do verbo implica em ação contínua estendendo-se, talvez, por semanas e meses. Os samaritanos eram um povo misto, resultando de casamentos entre israelitas pobres e os estrangeiros re-colocados anos antes, quando a Assíria conquistou o mundo. Em parte devido ao seu sangue misto, existia animosidade entre os judeus e os samaritanos[28]. Esta informação sobre os samaritanos talvez ajude a explicar por que Deus usou um helenista para evangelizar a região. Ele seria melhor acolhido do que um hebreu.

8.6 –

As multidões atendiam, unânimes, às coisas que Filipe dizia –"Atendiam" aqui é a mesma palavra traduzida em Atos 16.14, "atender". No idioma moderno diríamos que multidões de samaritanos estavam respondendo ao convite oferecido no evangelho.

Ouvindo-as e vendo os sinais que ele operava – O tempo do verbo é outro imperfeito, indicando ação contínua. Filipe continuou operando milagres. Ele confirmou a mensagem que pregava mediante obras milagrosas (chamadas "sinais"). Filipe tinha o poder de operar milagres. Isto nos faz lembrar do que Atos 6.6 disse com respeito à imposição de mãos dos apóstolos (não se tratava de um simples serviço de ordenação, mas da transmissão de dons espirituais). Vários versículos do Novo Testamento mostram que os milagres operados através de homens como Filipe tinham o propósito de confirmar a mensagem que eles pregavam[29].

8.7 –

Pois os espíritos imundos de muitos possessos saíam gritando em alta voz – "Espíritos imundos" são seres já apresentados por Lucas aos seus leitores[30]. Esses demônios faziam com que as pessoas em quem habitavam gritassem (de dor?) quando saíam delas. A gritaria com a saída dos demônios atraiu sem dúvida a atenção da multidão para o aflito que tinha sido curado. O grito pode ter sido causado pelo desejo do demônio de ferir pelo menos mais uma vez aquele em quem havia residido.

E muitos paralíticos e coxos foram curados – O estudante deveria observar que a possessão demoníaca aqui é claramente distinguida da enfermidade física. Sob o nome geral "paralisia", foram incluídas várias moléstias: incapacitados, debilitados, e paralisados (em vista da falha dos nervos em corresponder às mensagens enviadas do cérebro). Sobre a palavra "coxos", veja notas em Atos 3.2.

8.8 –

E houve grande alegria naquela cidade – Você vê motivos para a alegria no contexto? Houve alegria porque tantas pessoas antes doentes e paralíticas se curaram. Houve alegria porque a velha submissão aos demônios que costumavam sofrer tinha desaparecido. Houve alegria porque os pecados foram perdoados quando aqueles samaritanos responderam ao convite.

---

[27] Josefo, *Antiguidades* XV. 8.5. Nos tempos intertestamentários a cidade havia sido reduzida a ruínas por Hircano (*Antiguidades*, XIII. 10.3).

[28] João 4.9. Veja o artigo sobre os "Samaritanos" no *Zondervan Pictorial Bible Dictionary*, p.746.

[29] Passagens no Novo Testamento que mostram a natureza dos milagres como sendo evidência são João 3.2; 20.30, 31; Marcos 16.17-20; Hebreus 2.3, 4, entre outras.

[30] Veja notas em Atos 5.16 com respeito a "espíritos imundos".

8.9 –

Ora, havia certo homem, chamado Simão – Os pais da igreja primitiva escreveram muito sobre este homem, alguns de seus relatos sendo altamente imaginativos; mas nada se sabe com certeza sobre ele além do que Lucas nos conta neste ponto. Lucas nada diz sobre a vida dele antes de sua chegada em Samaria. O homem é conhecido como "Simão Mago" e "Simão o feiticeiro"[31]. O nome "Simão" é entendido como sugerindo que era de origem judia ou samaritana[32].

Que [antes] – Isto é, antes de Filipe chegar a Samaria. Segundo o costume de Lucas de apresentar uma verdade geral e depois ilustrá-la, compreendemos que o parágrafo sobre Simão é uma ilustração da verdade que Lucas acabou de apresentar nos versículos 6, 7. (A SBB não contém a palavra *antes*. A IBB diz: ". . . Simão, que anteriormente exercera . . ." – N. Trad.).

Ali praticava a mágica, iludindo o povo de Samaria – "Mágica" tem a ver com *poder* acima de e além do que é humano, poder derivativo da ajuda de demônios[33]. Algumas traduções mais antiga usam "feiticeiro" neste ponto, e esse era um termo adequado, mas é apenas um aspecto da "mágica". Tanto a magia branca como a magia negra, de conhecimento popular, fazem parte do mundo do ocultismo geralmente chamado de "mágica". A prática da feitiçaria sempre tem sido um substituto para a religião divinamente revelada. Incluídas nela, algumas mais e outras menos, estão todas estas práticas de ocultismo – astrologia, leitura da sorte, espiritismo (suposta comunicação com a alma de mortos), psicocinética, projeção astral e muitas outras – todas elas expressamente proibidas aos judeus sob pena de morte[34]. Desde que este parágrafo sobre o mágico Simão mostra claramente que a "mágica" é inferior ao verdadeiro cristianismo, o cristão deve recusar participação em coisas desse tipo: levitação, hipnose com fins de ocultismo, leitura da sorte, ou comunicação com mortos (sessões), tabuleiros ou ouija, e outros[35]. A palavra traduzida como "iludindo" pode ser interpretada como "estar fora de si" e é exatamente isto que significa envolver-se no ocultismo. O juízo do homem tem sido confundida pelo Diabo; caso contrário ele não se envolveria.

Insinuando ser ele grande vulto – Simão se gabava e fingia ser "grande". O versículo seguinte define a natureza das afirmações com mais clareza; pelo menos diz o que os samaritanos julgavam que ele fosse, e as ideias deles com toda probabilidade refletiam o que ele mesmo afirmava. Segundo Ireneu[36], Simão afirmava combinar em si as três pessoas da trindade, alegando que aparecia aos judeus como o Filho, aos samaritanos como o Pai, e entre os gentios como o Espírito Santo. Estaria ele declarando ter sido reencarnado várias vezes, uma doutrina comumente encontrada no ocultismo?

8.10 –

Ao qual todos davam ouvidos, do menor ao maior – Ele enganou a muitos, tanto o povo comum como os líderes da comunidade.

---

[31] Ele é chamado "o feiticeiro" por causa de suas práticas antes de tornar-se cristão. Ele é chamado "Mago" porque afirmava ser um "grande personagem", ou porque "Mago" era o termo comum para os que praticavam artes mágicas.

[32] Parte da informação encontrada na Literatura Cristã Primitiva sobre Simão o Mágico é incluída depois dos comentários sobre o versículo 24.

[33] Sobre a mágica, encontramos mais informações no estudo especial no fim do capítulo 19, intitulado " O Mundo do Ocultismo".

[34] Várias passagens do Antigo Testamento proíbem especificamente o envolvimento com o ocultismo, a maioria das quais é citada num estudo especial no fim do capítulo 19. Mas para o momento, passagens como "A feiticeira (médium) não deixarás viver" (Êxodo 22.18) e Deuteronômio 18.10, 11, assim como Jeremias 27.9 e 29.8, devem ser consultadas.

[35] O mesmo pensamento relativo à atitude cristã quanto ao ocultismo é ainda mais enfatizada em Atos 19, onde é mostrado tratar-se de um pecado que os cristãos confessam e repudiam completamente.

[36] *Contra Heresias*, I .23. 1.

Dizendo: Este homem é o poder de Deus, chamado o Grande Poder – "Poder" é o nome de uma ordem de anjos, quer bons ou demoníacos[37]. Assim sendo, alguns têm sugerido que Simão estava alegando ser um anjo que havia se encarnado. Conforme a leitura da ASV, "ele é esse poder (anjo) de Deus chamado Grande (i.e., um arcanjo)".

8.11 –

Aderiram a ele – O tempo do verbo descreve algo que se repetia muitas vezes ao longo de um período de tempo. A mesma palavra foi usada aqui nos versículos 10 e 11 sobre a reação do povo a Simão, que foi usada no versículo 6 sobre a reação ao evangelho. Existe uma parcela de verdade no ditado que tanto Deus como o Diabo apelam ao homem da mesma maneira: quando ele responde a Deus, é chamada fé; quando ele responde ao diabo, é chamado de pecado.

Porque havia muito – Talvez durante cinco a sete anos. No ano 27 A.D., Jesus esteve em Sicar, que fica perto da cidade de Samaria[38]. Existe a possibilidade de Simão o mágico ter chegado naquela região pouco depois de Jesus ter ido embora, e encontrando o povo ainda sob a influência da visita do Mestre, ele tirou partido dos sentimentos exaltados deles para alcançar seus próprios objetivos.

Os iludira com mágicas – É preciso ter de novo em mente que as artes mágicas (o mundo do oculto) são um meio usado para confundir o bom senso do homem. Tal convicção irá ajudar muito os homens do século XX a não se envolverem nas artes mágicas. Elas podem parecer inocentes de início, mas no final não passam de escravidão absoluta ao Diabo, um fim de fato terrível! Leitor, devemos cuidar para não sermos também "iludidos" e responder ao canto de sereia do maligno.

8.12 –

Quando, porém, deram crédito a Felipe, que os evangelizava a respeito do reino de Deus – Lucas já nos disse que os samaritanos "atenderam" (responderam) ao que Felipe disse. Ele agora detalha o que fizeram ao atender e se tornarem súditos do reino de Deus (a igreja)[39].

E do nome de Jesus Cristo – A pregação de Felipe incluiu a recapitulação da missão redentora e da obra de Jesus Cristo, sua morte, ressurreição e exaltação.

Iam sendo batizados, assim homens como mulheres – Um tópico ao qual estamos dando especial atenção na primeira parte de Atos é: o que as pessoas faziam para se tornarem cristãs? Vemos aqui, como em Atos 2.38-41, que quando os homens passam a crer, são batizados. Repetidas vezes em Atos, quando encontramos um caso de conversão, Lucas nos diz que os crentes foram batizados. Batizar alguém faz parte do discipulado da pessoa[40]. O tempo do verbo aqui aponta para uma procissão contínua de convertidos indo para o batistério. Quando Lucas nos informa que mulheres estavam incluídas, pensamos na mulher samaritana (João 4.7), e ficamos imaginando se era uma delas.

8.13 –

O próprio Simão abraçou a fé – Um líder da Reforma, João Calvino, exerceu grande influência sobre as ideias do mundo religioso protestante do século XX. Uma de suas cinco doutrinas principais chama se de "a doutrina da segurança eterna", popularmente chamada "uma

---

[37] Efésios 1.21.
[38] João 4.
[39] Veja notas em Atos 1.3, 6 e o Estudo Especial N° 1 no final do capítulo 1, onde são dadas notas explicativas sobre o "reino de Deus".
[40] As palavras "batizando" e "ensinando" seguindo à ordem para "fazer discípulos" em Mateus 28.18-20 são particípios circunstanciais, e sugerem que os discípulos são feitos através do batismo e do ensino.

vez salvo, sempre salvo"[41]. Os comentaristas influenciados pelos conceitos de Calvino têm verdadeira dificuldade com este parágrafo sobre Simão, o mágico, pois é uma das várias passagens do Novo Testamento diametralmente opostas à doutrina da segurança eterna como proposto por Calvino. Barnes, por exemplo, nos explica que Simão não tinha uma fé salvadora (embora Lucas escreva que "Simão TAMBÉM abraçou a fé). Barnes quer que acreditemos que tudo que Simão tinha era uma crença imperfeita sobre Jesus ser um operador de milagres e ter ressuscitado dentre os mortos. Mas ele não foi realmente salvo, desde que Pedro diz claramente mais tarde que não era um cristão ("não tens parte nem sorte neste ministério"). O argumento da segurança eterna vacila francamente em Atos 8.13. Lucas mostra claramente através do uso de "próprio" (*kai*, também, até) que não havia diferença entre a fé possuída por Simão e a dos outros cristãos em Samaria. Ele creu na mesma coisa que os outros creram, e foi batizado exatamente como os demais foram. Ele não só teve o tipo de fé que o motivou à ação e obediência, como continuou na companhia do pregador Filipe.

E, tendo sido batizado, acompanhava a Felipe de perto – Era costume dos discípulos permanecerem com seus professores. Os novos convertidos, permanecendo assim com seus mestres por algum tempo, seriam treinados para o ministério numa espécie de programa de aprendizado.

Observando extasiado os sinais e grandes milagres praticados – Ele ficou pasmado por Filipe poder REALMENTE realizar milagres tão mais portentosos do que ele mesmo alegava ser capaz de realizar. O poder de Filipe (o Espírito Santo) era maior do que aquele que Simão havia exercido (demoníaco) sobre outros. Lucas já nos contou sobre os milagres contínuos de Filipe em 8.6, 7.

2. *Pedro e João em Samaria. 8.14-25*

8.14 –

Ouvindo os apóstolos, que estavam em Jerusalém, que Samaria recebera a palavra de Deus – Os apóstolos se mantinham ainda em Jerusalém (Atos 8.1) embora a igreja tivesse sido espalhada. Chegaram notícias a Jerusalém de que a colheita havia ocorrido em Samaria. A frase "palavra de Deus" é empregada por Lucas para o evangelho de Cristo em toda a sua substância.

Enviaram-lhe Pedro e João – Os apóstolos ("eles enviaram") indicaram dois dentre eles para ir a Samaria. Isto mostra quase conclusivamente que não havia um chefe em seu meio, ninguém agindo como papa. Eles agiam como iguais em autoridade, sob Cristo. Os dois homens enviados haviam visitado Samaria antes. João tinha sido aquele que sugeriu chamar fogo do céu sobre uma cidade samaritana[42]. O propósito da visita deles é indicado através de seus atos, como registrado nos versículos seguintes.

8.15 –

Os quais, descendo para lá – Estes são os termos usuais para quem saía de Jerusalém, pois o viajante tinha de descer, não importa qual direção que tivesse de seguir ao deixar Jerusalém. Samaria fica ao norte de Jerusalém, estando mesmo assim "abaixo" de Jerusalém.

---

[41] Alguém fez um pequeno acróstico para ajudar a gravar os cinco pontos do calvinismo. Cada letra da palavra TULIP em inglês indica um ponto. **T** = **T**otal depravity (depravação total); **U** = **U**nconditional election (eleição incondicional); **L** = **L**imited atonement (expiação limitada); **I** = **I**rresistable grace (graça irresistível); e **P** = **P**erseverance of the saints (perseverança dos santos) — o que chamamos de "segurança eterna". O estudante deve estar familiarizado com cada um desses termos e saber que nenhuma dessas ideias é bíblica, pelo menos na forma ensinada por Calvino. A razão para a necessidade de conhecer esses conceitos é que todo membro que rende culto na tradição Reformada acredita neles e precisará ser ensinado caso seja levado a pôr de lado suas ideias denominacionais.

[42] João 4.1ss, e Lucas 9.5.

Oraram por eles – A concessão dos dons espirituais não ficava a critério dos apóstolos; eles oravam antes. A restrição da transmissão desses dons aos apóstolos é uma forte evidência presuntiva a favor da ideia de que os poderes milagrosos cessaram com a geração sobre a qual os apóstolos impuseram as mãos. Romanos 1.1 é um exemplo similar, na opinião deste escritor, dos dons espirituais serem transmitidos apenas pelos apóstolos.

Para que recebessem o Espírito Santo – A referência é a dons espirituais, tais como falar em línguas, operar milagres, etc.[43]

8.16 –

Porquanto não havia ainda descido sobre nenhum deles – A NASB é superior à ASV aqui, que usa o gênero neutro para o Espírito Santo (o que não acontece em português – N. Trad.). O Espírito Santo é uma pessoa, e o pronome apropriado é portanto "Ele". A palavra "descer" pode exprimir a ideia do advento súbito de poderes *especiais*, quer a medida batismal (como em Atos 10.44; 11.15), ou a chamada de dons espirituais (Atos 19.6 tem a leitura "desceu" em lugar de "veio" em alguns manuscritos). (A SBB inclui "veio" – N. Trad.).

Mas somente haviam sido batizados em o nome do Senhor Jesus – Esta é a maneira de Lucas contar-nos que eles receberam o dom da habitação interior do Espírito Santo (que é concedido regularmente quando o crente arrependido é batizado)[44]. Eles já tinham alguma medida do Espírito Santo, mas a chamada "dons espirituais "não haviam ainda recebido, conforme afirma Lucas.

Então lhes impunham as mãos – Embora Lucas use a palavra "descer" neste contexto, como o faz em Atos 10 no caso de Cornélio, não parece que a medida do Espírito recebida em ambos os casos seja a mesma. Não houve imposição de mãos no Pentecostes[45], nem no caso de Cornélio[46], sendo ambos chamados de "batismo com o Espírito Santo". O que os samaritanos receberam parece ser diferente. Ao que tudo indica, o Espírito Santo dado pela imposição das mãos dos apóstolos não era uma medida do Espírito Santo tão grande quanto a medida batismal do Espírito Santo[47]. Que os dons espirituais constituíam uma medida do Espírito transmitida pela imposição das mãos dos apóstolos já foi indicado em Atos 6.6. Portanto, é isto que cremos que Lucas está dizendo que os samaritanos receberam. Quantos cristãos samaritanos receberem dons espirituais não é declarado. Fica evidente que não foi concedido para todos, pois eles não impuseram as mãos sobre Simão. Talvez tivessem feito isso sobre alguns dos irmãos que seriam então nomeados para lugares de liderança e ensino na igreja samaritana.

E recebiam estes o Espírito Santo – Tanto o verbo "impunham" como "recebiam" estão no imperfeito em grego, o que implica a repetição dos atos, e a recepção do Espírito Santo em vários casos; enquanto "oraram" no versículo 15 se encontra no tempo aoristo, indicando um único ato. Esta passagem não se harmoniza com certas práticas modernas, em que toda vez em que há imposição de mãos para que alguns recebam o que é chamado de "batismo no Espírito Santo", há também um período de oração pelo líder do grupo de estudo carismático. As igrejas que praticam um rito chamado "confirmação" apelam para esta passagem (além de Hebreus 6.2 e Atos 19.6) como um prova textual autorizando o rito. Mas a prática não encontra apóio nessas ou em outras passagens de Atos[48].

---

[43] O contexto limita nossa explicação do v.15 a "dons espirituais". Nem o batismo com o Espírito Santo nem o dom da habitação interior foram acompanhados de oração para recebê-los.

[44] Veja o versículo 12 e Atos 2.38. [45] Atos 2.4, 33. [46] Atos 10.44.

[47] Em 1 Coríntios 12, é indicado que cada pessoa só possuía geralmente um único dom milagroso, enquanto os apóstolos podiam operar diversos fenômenos diferentes.

[48] Este versículo não deve ser citado como evidência de que o rito chamado confirmação se reporta aos tempos apostólicos. Onde se encontra algo similar à aspersão de crianças em Atos, seguida doze ou mais anos depois pelo rito da confirmação que se supõe conferir o dom da habitação interior do Espírito Santo? Compare as notas em Atos 14.22.

8.18 –

Vendo, porém, Simão que, pelo fato de imporem os apóstolos as mãos, era concedido o Espírito [Santo] – O fato de Simão poder ver algo é uma forte indicação de que o resultado dos samaritanos terem recebido o Espírito era algo extraordinário e visível, ou seja, milagroso. Quando as mãos dos apóstolos eram impostas sobre os crentes, o resultado era a transmissão de dons espirituais; e os efeitos desses dons eram visíveis.

Esta passagem tem efeito considerável sobre a questão de haver ou não "curas pela fé" hoje, pessoas exercendo os mesmos poderes que existiam na igreja apostólica.

> O propósito da visita de Pedro e João a Samaria deve ser encontrado no que fizeram ao chegar. Filipe, que não era apóstolo, tinha poder para realizar milagres, mas evidentemente não tinha poder para transmitir essa habilidade a outros. Se tivesse possuído tal poder, seria desnecessária que Pedro e João fizessem a viagem para transmitir o poder. Era o propósito de Cristo e seus apóstolos estabelecer em cada comunidade a obra de divulgação do Evangelho. A fim de realizar esta tarefa, foi necessário haver "diversos dons" para o desempenho e aperfeiçoamento do corpo de Cristo (1 Coríntios 12.4-11 e Efésios 4.11-16). Em cada congregação, esses líderes capacitados cuidavam do trabalho e difundiram a Palavra. Um tinha o dom da "palavra de sabedoria", que era talvez a habilidade de apresentar a Palavra de Deus e o plano da salvação através da orientação do Espírito Santo (pois não tinham ainda o Novo Testamento escrito para guiá-los). Outro líder possuía o dom do conhecimento. Outro tinha o dom de cura, a fim de provar o poder de Deus e estender misericórdia aos que sofriam. Outros ainda foram capacitados a falar na língua necessária para os de outras línguas. Alguns podiam discernir os espíritos, ou dizer se o que estava sendo ensinado era verdadeiro ou falso. A posse de todos esses dons habilitava os obreiros a proteger os novos rebanhos até que a palavra revelada fosse escrita pelos apóstolos e apresentada às congregações para guiá-las. Se tivessem possuído o Novo Testamento naquela época, como o temos agora, esses dons especiais teriam sido desnecessários. Depois da morte dos apóstolos e daqueles sobre quem haviam imposto as mãos para concessão de dons especiais, o poder de operar milagres cessou. Nessa ocasião os milagres que haviam sido realizados foram incluídos em sua Palavra revelada. O Novo Testamento tinha sido então completado; e cada congregação possuía a Palavra escrita para guiá-la no ensino e transmissão da história da Cristo. Os milagres estabeleceram a obra e a Palavra. Uma vez estabelecidas, cessou a necessidade dos poderes e dons especiais[49].

Não se deve esperar que alguém receba poderes milagrosos por ocasião de seu batismo. Esses homens em Samaria não receberam. Os poderes milagrosos não acompanham o batismo em Cristo. Eles não estão envolvidos no dom da habitação interior do Espírito que recebemos ao sermos batizados.

Ofereceu-lhes dinheiro – Antes do cristianismo chegar a Samaria, Simão havia exercido uma grande influência sobre os samaritanos. O homem que se utiliza do ocultismo para obter poder para si tem dificuldade em afastar o desejo de continuar sendo importante. Era provavelmente isto que estava por trás do seu desejo do poder para transmitir o Espírito Santo. Sua influência aumentaria e se perpetuaria. A ideia de que tal conhecimento pudesse ser comprado, também teria origem em sua história de ocultismo. Era costume da época, que os encantadores noviços comprassem os segredos da magia dos seus antigos mestres na arte mágica. Simão considerava evidentemente os apóstolos como "encantadores", cujos conhecimentos eram superiores aos dele; e segundo o costume daqueles dias, pensou que pudesse obtê-lo deles da mesma forma que havia obtido seu conhecimento de magia anterior por parte de outros, isto é, comprando-o.

8.19 –

Propondo: Concedei-me também a mim este poder – Ele está pedindo o conhecimento necessário para poder realizar as mesmas coisas que os apóstolos. À luz do contexto, os comen-

---

[49] Dale, *op. cit.* p.93, 94.

taristas que julgam que Simão pediu o dom da habitação interior do Espírito Santo certamente erraram o sentido. Simão quer ser um "encantador-mestre", como pensa que os apóstolos são.

Para que aquele sobre quem eu impuser as mãos, receba o Espírito Santo – Com base no ato de Simão tentar adquirir este conhecimento sobre o Espírito Santo, derivamos nossa palavra "simonia", que é a compra e venda de posições ou cargos nas hierarquias das igrejas denominacionais.

8.20 –

Pedro, porém, lhe respondeu: O teu dinheiro seja contigo para perdição – Esta declaração bastante surpreendente expressa o horror e indignação de Pedro diante da oferta vil de Simão[50].

Pois julgaste adquirir por meio dele o dom de Deus – A medida do Espírito chamada dons espirituais é denominada aqui "dom de Deus". Qualquer medida do Espírito recebida pelo cristão, que fosse um apóstolo e recebesse a medida batismal, ou um crente que recebesse o dom da habitação interior, ou algum dom espiritual, o que recebeu era um dom de Deus.

8.21 –

Não tens parte nem sorte neste ministério – Barnes (*in loc.*) pensa que "neste ministério" se refere à "religião cristã". Ele diz que Simão não era cristão[51] (o leitor irá lembrar-se de que Barnes é um escritor de tradição calvinista, que tenta defender regularmente a doutrina da segurança eterna). Vimos nos versículos acima que Simão fazia parte do corpo de Cristo da mesma forma que os outros crentes batizados em Samaria. "Este ministério", no contexto, é a capacidade de transmitir poderes sobrenaturais do Espírito Santo pela imposição de mãos, como os apóstolos tinham acabado de fazer em Samaria.

Porque o teu coração não é reto diante de Deus – "Coração" no geral indica os pensamentos do homem; mas aqui, ao que parece, fala dos motivos ou princípios de conduta de Simão. *Euthus* (traduzido "reto") tem tanto o sentido de "ser como deveria ser" e "direto, sincero". Esta é a razão porque julgamos que "coração" aqui é uma referência aos motivos. Pedro não precisava sondar milagrosamente o coração de Simão para saber isso. "A boca fala do que está cheio o coração". Mesmo que seu coração fosse reto, ele ainda não teria parte na concessão dos dons espirituais. Atos 8.18 e 19.1-7 indicam que só os apóstolos podiam transmitir os dons, e Simão dificilmente se qualificaria como apóstolo. "Diante de Deus" significa que Deus é capaz de ver e julgar os motivos dele, e vê que não são certos.

8.22 –

Arrepende-te, pois, da tua maldade, e roga ao Senhor – Temos aqui a segunda lei do perdão – a lei do perdão para o cristão que erra. Quando o cristão peca, como é perdoado? Deve ser batizado novamente para o perdão de seus pecados? Segundo esta passagem, quando o cristão peca, ele é mandado arrepender-se e orar pedindo perdão. "Roga ao Senhor" em alguns manuscritos foi alterado para "Ora a Deus", mas os melhores manuscritos contêm a leitura equivalente à da NASB. "Senhor" ou tem o sentido da palavra no Antigo Testamento (uma referência a Deus) ou, como se dá frequentemente no Novo Testamento, é uma referência a Cristo.

Talvez que te seja perdoado o intento do coração – "Talvez?" Pedro não alude ao pecado imperdoável, como vários comentaristas supõem[52], pois ele sabia muito bem qual é esse pecado (Marcos 3.28-30); e teria sabido que Simão não tinha cometido *esse* pecado. Muitos escritores

---

[50] Os pais da igreja primitiva entenderam as palavras de Pedro como uma predição do que aconteceria a Simão no futuro. Acreditamos que nossos tradutores estão certos quando tomam suas palavras como uma imprecação.

[51] Barnes, *op. cit.*, p.142.

[52] Pumptre, Alford, e outros fazem comentários similares.

pensam que "talvez" indique alguma dúvida quanto a Simão poder ser perdoado[53]. Mas se o Deus que prometeu é fiel – e Ele prometeu perdoar nossos pecados se satisfazermos certas condições – "talvez" não pode indicar tal dúvida. Se houver qualquer dúvida expressa por esta linguagem, é dúvida quanto a se Simão iria arrepender-se. "Intento do coração" fala do desejo egoísta de Simão ter capacidade de enganar as pessoas a fim de continuar em sua posição de poder e influência sobre elas.

8.23 –

Pois vejo que estás em fel de amargura – Pedro podia ver isso observando a oferta feita por Simão. Sua oferta havia mostrado um estado mental completamente contrário ao verdadeiro cristianismo[54]. O *Lexicon* de Thayer diz que "fel de amargura" significa "extrema perversidade". "Fel" é uma palavra usada para "bílis", aquele líquido amarelo – esverdeado que é secretado pelo fígado.

Os antigos consideravam que o fel de cobras nocivas era a fonte do seu veneno, e Pedro adverte Simão que, a não ser que se arrependa ele irá piorar cada vez mais até que se torne inteiramente venenoso[55].

E laço de iniquidade — Você está preso na iniquidade, diz Pedro. Mesmo depois do indivíduo tornar-se cristão é possível voltar a servir o velho mestre (pecado)[56]. Simão, pelo arrependimento, necessitava oferecer-se a Deus, ser servo dele, a fim de quebrar as algemas que o prendiam. Esta expressão usada por Pedro talvez se baseie em Isaías 58.6.

8.24 –

Respondendo, porém, Simão lhes pediu – Barnes sugere que Simão está pedindo hipocriticamente que Pedro ore a seu favor. Este autor pensa que Simão foi sincero em seu pedido, por ter percebido o perigo em que se encontrava. Parece que ele foi levado ao arrependimento pelas palavras de Pedro, e está solicitando a este que ore por ele, como se a sua própria oração não fosse suficiente para conseguir perdão.

Rogai vós por mim ao Senhor – Esta é uma ênfase nas palavras de Simão ao suplicar, "vocês orem por mim (também)!" A oração por outros é eficaz, especialmente quando as pessoas estão também orando por suas próprias necessidades.

Raras vezes hoje as pessoas pedem que outros orem por elas. Paulo disse: Irmãos, orai por nós"(1 Tessalonicenses 5.25; 2 Tessalonicenses 3.1; e Hebreus 13.18). No passado, os cristãos muitas vezes se cumprimentavam e pediam que os irmãos orassem por eles[57].

Para que nada do que dissestes sobrevenha a mim – "Dissestes" sendo plural, faz com que compreendamos que o consentimento de João com a avaliação que Pedro fez da situação deve ter sido claramente mostrado.

Neste ponto, Simão desaparece da história de Atos, e este parece ser então o momento adequado de expor brevemente as tradições posteriores sobre ele. Nessas tradições ele ocupa um lugar bem mais importante que na narrativa de Lucas. Ele se torna quase um herói da heresia. A tradição conta que nasceu em Gitom, na Samaria[58], e foi educado em Alexandra, onde aprendeu a linguagem do gnosticismo místico de Disiteu[59]. A tradição afirma também que Simão tinha

---

[53] Barnes, *op. cit.*, p.143.
[54] A expressão de Pedro pode ter sido sugerida por Deuteronômio 29.18.
[55] Boles, *op. cit.*, p.131.
[56] Romanos 6.16.
[57] Dale, *op. cit.*, p.95.
[58] Justino Mártir, *Apologia*, I.26.
[59] Pseudo-Clementino, *Homilies*, II. c. 22; A*post. Constit.* VI. 8.

sido por pouco tempo discípulo de João Batista[60]. Diz-se que assassinou um menino, a fim de que a alma de sua vítima pudesse tornar-se seu espírito familiar, e dar-lhe percepção do futuro[61]. Conta-se também que uma mulher de grande beleza o acompanhava. Seu nome era Luna ou Helena, e ele a apresentava como uma espécie de encarnação da sabedoria ou pensamento de Deus[62]. Ele se identificava com o prometido Paracleto e o Cristo, e tomou o nome de "Aquele que está de pé", como indicativo de poder divino[63]. Ele gabou-se que poderia transformar a si mesmo e a outros na forma de animais irracionais; que podia fazer as estátuas falarem[64]. A tradição afirma, outrossim, que depois do episódio relatado aqui em Atos, Simão seguiu para Cesaréia; o apóstolo Tiago (Gálatas 1.19), irmão do Senhor, enviou Pedro para lá a fim de confrontá-lo num debate sobre vários pontos doutrinários. De Cesaréia, Simão viajou para Tiro, Trípoli e Roma, onde foi adorado por seus seguidores. Um altar foi visto ali por Justino Mártir contendo esta inscrição: "SIMONI DEO SANCTO"[65]. Pedro seguiu-o e os dois se encontraram novamente face a face na cidade imperial, durante o reinado de Cláudio[66]. Segundo uma lenda, Simão ofereceu provar a sua divindade, voando pelo ar, confiante em que os demônios que o ajudavam iriam sustentá-lo; mas através das orações de Pedro, ele caiu, e seus ossos se quebraram, e por isso suicidou-se[67]. Outra lenda o representa como sendo sepultado vivo a seu próprio pedido, a fim de poder mostrar seu poder, ressuscitando dentre os mortos no terceiro dia, e assim acabou morrendo (não conseguiu sair do túmulo)[68].

8.25 –

Eles, porém, havendo testificado e falado a palavra do Senhor – Esta declaração sumária de Lucas envolve uma estada de certa duração, longo o bastante para fortalecer e organizar uma congregação de discípulos, edificando sobre o trabalho já feito por Filipe.

Voltaram para Jerusalém – Os apóstolos, Pedro e João, foram os que voltaram para Jerusalém.

E evangelizavam muitas aldeias dos samaritanos – A viagem de volta para Jerusalém evidentemente levou muitos dias. Quando chegaram a Samaria, Pedro e João parecem ter ido diretamente de Jerusalém para o lugar onde Filipe pregava. No seu retorno a Jerusalém, eles viajaram sem pressa e pregaram em muitos povoados e cidades: Veremos mais tarde, que o apóstolo Paulo re-visitou as cidades onde tinha pregado anteriormente, a fim de estabelecer e fortalecer os discípulos na fé. Talvez Pedro e João estejam fazendo exatamente isso nos povoados onde Filipe e outros (lembre-se dos que foram dispersos pela perseguição) haviam começado congregações.

As cortinas se fecham no final desta narrativa sobre os cristãos de Samaria, e sabemos muito pouco de sua historia posterior. Um vislumbre que temos deles é de especial interesse. Quando Paulo e Barnabé subiram a Jerusalém (depois da primeira viagem missionária) para a Conferência de Jerusalém, eles "atravessaram as províncias da Fenícia e Samaria"[69]. Os samaritanos ficaram alegres ao ouvir falar da conversão dos gentios. Uma outra nota sobre a igreja em Samaria está no fato da terra natal de Justino Mártir ser Samaria.

---

[60] *Homilies*, II. c 23.
[61] *Homilies*, II. c. 26; Pseudo-Clementino *Recognitions*, II. 9.
[62] Justino Mártir, *Apologia*, I.56.
[63] *Recognitions*, II. 7.
[64] *Homilies*, IV. c.4; *Recognitions*, II. 9; III. 6.

[65] Justino Mártir, *Apologia*, I. 56. Um altar, agora no Museu Vaticano, foi descoberto em Roma em 1574, na ilha no Rio Tibre, com a inscrição semoni sanc o deo fidio. Os arqueólogos concordam, porém, que este altar era dedicado ao Hércules Sabino, conhecido como Semo Sancus; muitos comentaristas pensam que Justino pode ter visto este altar ou outro semelhante, e na sua ignorância da mitologia italiana imaginasse ter sido consagrado ao feiticeiro de Samaria, por nome Simão. Sua declaração é repetida por Tertuliano (*Apol.* c. 13) e por Ireneu (*Adv. Heresies*, I. 20).

[66] Note que a tradição diz "Cláudio"! É duvidoso que Pedro estivesse em Roma já no reinado de Cláudio. Um estudo especial no fim do capítulo 12 tratará deste assunto em mais detalhes.

[67] *Apost. Constitutions* II. 14; VI. 9.
[68] Ireneu, *Adver. Heresies*, VI. 20.
[69] Atos 15.3.

8.25 A IGREJA NA JUDÉIA E SAMARIA

Com exceção de Atos 12.2, esta é a última menção do apóstolo João no livro de Atos. Sabemos, através de Gálatas 2.9, que ele ainda estava em Jerusalém por ocasião da Conferência de Jerusalém. Ele provavelmente não saiu da Palestina até depois do período coberto por Atos. Não existe evidência de João ter estado na Ásia Menor durante a vida de Pedro ou Paulo, mas há evidência considerável para o seu ministério ali nos últimos anos do primeiro século, inclusive tradições sobre a escrita do quarto evangelho, as três epístolas que levam o seu nome, e o livro do Apocalipse.

3. *Filipe e o eunuco, 8.26-40*

8.26 –

Um anjo do Senhor falou a Filipe, dizendo – O tempo dos verbos no versículo precedente e aqui implica que os eventos que se seguem combinaram com a viagem de Pedro e João através de Samaria. Algumas traduções modernas dizem "*o* anjo do Senhor"[70]; mas há mais probabilidade de que a NASB tenha a leitura certa ao dizer "*um* anjo do Senhor" (como na SBB – N.T.), isto é, um dos muitos mensageiros que Deus usa de tempos a tempos para revelar sua vontade aos homens.

Dispõe-te e vai para a banda do Sul – A congregação em Samaria tinha sido dotada de dons espirituais, de modo a ter uma liderança inspirada. Dessa forma, homens como os apóstolos ou Filipe não se faziam mais necessários ali. Eles ficaram livres para ir para outro campo de trabalho. "Sul" significa "sul da cidade de Samaria", onde Filipe se encontrava quando o anjo lhe apareceu. Estamos entrando no estudo do parágrafo da conversão do Eunuco Etíope. Merece atenção especial por ser uma das chamadas "conversões-modelo" no livro de Atos. Todas as conversões seguem um certo modelo, sendo este claramente delineado nos versículos seguintes, o que os torna especialmente úteis hoje, quando queremos ensinar a alguém o que deve fazer para ser salvo.

No caminho que desce de Jerusalém a Gaza – Ao dirigir-se para o lugar onde encontraria o etíope, Filipe viajaria pela "estrada do cume", que passa a oeste de Jerusalém e cruza com a estrada Jerusalém-Gaza em ponto a sudoeste da cidade de Jerusalém. Os antigos comentários discutem muito e se confundem com relação a esta estrada. Muitos deles foram escritos antes das recentes explorações completas da região. A arqueologia tem mostrado haver uma estrada construída pelos romanos que levava da extremidade sudoeste de Jerusalém numa direção ocidental e para o sul até Gaza, alguns vestígios da qual são ainda visíveis; embora a mesma seja em sua maior parte intransitável para os veículos modernos. McGarvey descreve os vestígios da estrada, que ele mesmo percorreu há cerca de 100 anos.

A uma distância de oito ou nove quilômetros de Jerusalém, a estrada começa a descer do cume central, o qual seguiu até ali, através de uma ravina acidentada e estreita, conhecida no Antigo Testamento como Vale de Elá. Depois de atravessar este vale, alguns quilômetros para o sul, a estrada vira para o oeste e sobe através de outro leito de rio, i.e., córrego ("Wadi") até o nível da Planície Filistina, a qual segue durante o resto do caminho para Gaza[71].

Gaza é uma das cidades mais velhas do mundo (Gênesis 10.19). Os viajantes que saíam do Egito ou se dirigiam para lá, costumavam suprir-se de provisões ali (quase da mesma forma que os pioneiros que iam para o oeste, para a Califórnia e Oregon, costumavam obter suprimentos em St. Joseph, Missouri). Josué não pôde conquistá-la[72]. A cidade fazia parte da herança de Judá, mas

---

[70] Compare os comentários sobre Atos 7.30 relativos à importância do nome "o anjo do Senhor".
[71] Para mais detalhes, veja o *Commentary on Acts* de McGarvey, páginas 150, 151, ou seu *Lands of the Bible*, p. 246. Nos dias de hoje, os visitantes à Terra Santa são levados a crer que o eunuco viajou na direção de Hebrom, ao sul, e então para o ocidente, para Gaza. Mas veja notas em Atos 8.36.
[72] Josué 10.41.

nem mesmo essa tribo guerreira conseguiu vencê-la[73]. Gaza passou para as mãos dos filisteus, e tornou-se uma de suas principais cidades[74]. Cerca do ano 300 a C, Alexandre o Grande levou cinco meses de sítio para tomá-la; e quando finalmente a subjugou, ele não destruiu Gaza. Por ocasião das viagens do eunuco ela era então uma cidade próspero[75].

Este [caminho] se acha deserto – Veja a leitura à margem: "Esta cidade está deserta". Ambas são traduções possíveis, e qual é a correta depende de se essas são as palavras do anjo que fala a Filipe, ou se são um comentário de Lucas. "Deserto" significa "desabitado". Talvez Lucas esteja dizendo a seus leitores que a cidade de Gaza se encontra desabitada. Caso positivo, isso significa que o livro de Atos foi escrito depois da cidade ter sido devastada durante a guerra judia (65 A.D.). Se forem palavras do anjo, ele está dizendo então a Filipe que vá para a estrada Jerusalém-Gaza que passa por áreas despovoadas (ou seja, outro caminho em vez do que passava por Hebrom). Parece melhor entender esta nota parentética como parte das instruções do anjo a Filipe. Era "deserto" no sentido de despovoado, e não no sentido de não haver água ali. Muitos têm afirmado (antes de ser conhecida a geografia da Palestina) que o eunuco não podia ser imerso porque se achava numa região seca e árida, onde não existia água. Mas este é um equívoco com relação à palavra "deserto"[76].

Ele se levantou e foi – Seria necessária fé por parte de Filipe, para deixar o campo promissor de Samaria e ir para uma estrada que nem sequer passava por quaisquer povoados em todo o seu comprimento de Jerusalém até Gaza. Mas Deus tinha falado, e foi embora!

8.27 –

Eis que um etíope, eunuco – A Etiópia era um dos grandes reinos da África. Ela ficava ao Sul do Egito, no Rio Nilo. Fazia fronteira ao norte com o Egito, a leste com o Mar Vermelho e Oceano Índico, ao Sul com as regiões (então) desconhecidas do interior da África, e a oeste com a Líbia e os grandes desertos da Líbia. Este reino se situava ao norte da região conhecida hoje como Etiópia. A Etiópia dos tempos do Novo Testamento se estendia da moderna Aswan à moderna Khartoum, e as cidades principais eram Maroe (a Seba do Antigo Testamento) e Nafta.

"Eunuco" é tomado por alguns comentaristas como não significando mais que "oficial encarregado da casa de um soberano" ou "oficial do palácio", que é, de fato, o sentido etimológico estrito da palavra. Todavia, o uso do termo em Mateus 19.12 e também nos escritores gregos de um modo geral, favorece o sentido literal da palavra aqui, um homem emasculado e que havia se tornado impotente. Eunucos eram comumente empregados para o atendimento e supervisão das mulheres da corte do rei nos países orientais.

Alto oficial de Candace, rainha dos etíopes – Diz-se que "Candace" é o nome comum dado a todas as rainhas da Etiópia (assim como "Faraó" era o nome ou título dinástico para os reis do Egito)[77]. Os eunucos muitas vezes alcançavam altas posições e grande autoridade[78]. A posição deste etíope é explicada mais tarde no versículo; ele era o tesoureiro em sua terra.

O qual era superintendente de todo o seu tesouro – Esta seria uma posição de grande confiança e responsabilidade. Em vista da palavra traduzida "tesouro" (*gaza*) ser a mesma que para o nome da cidade (Gaza), alguns fazem um jogo de palavras aqui. Falam do homem na parábola de Mateus 13.44, que encontrou um tesouro no campo e vendeu tudo o que tinha para

---

[73] Josué 15.47.
[74] Juízes 16.21; 1 Samuel 6.17.
[75] Josefo, *Antiguidades*, XIII. 13. 3; XIV. 5. 3; XV. 7. 8.
[76] É verdade que "deserto" (erēmos) poderia referir-se a uma região arenosa, rochosa, como o deserto da Judéia ou da Arábia, ou até mesmo o Neguebe ao sul da Palestina; mas este não parece ser o sentido aqui em Atos 8.
[77] Veja Strabo, *Geography*, XVII, p. 820; Plínio, IV. 35; Dion Cass. LIV. 5; Eusébio, *Church History*, II. 1.
[78] Exemplos de eunucos subindo a altas posições são o capitão da guarda do Faraó, e seu copeiro-chefe e padeiro-chefe, Gênesis 37.36; 40.2, 7.

8.27 A Igreja na Judéia e Samaria

comprar o campo. Assim este etíope, encarregado de um tesouro, e se dirigindo para uma cidade cujo nome significa "tesouro", descobre um tesouro mais valioso que todos os demais.

Que viera adorar em Jerusalém – O etíope era então um judeu ou um prosélito. Se era prosélito, seria um prosélito da justiça[79]. Este deve ser o caso, pois seu batismo não representou a admissão de um gentio na igreja, como aconteceu com Cornélio. Muitos que acreditam ser ele um prosélito, têm também convicções definidas de que tratava de um Negro[80]. A palavra "Etiópia" significa "semblante queimado". Mas seria difícil mostrar de modo positivo que o etíope era negro.

É possível que o homem fosse judeu. Havia uma colônia judia na Etiópia. Parece haver razão para crer que nos dias de Manassés, quem (segundo a declaração na narrativa de Aristeias quanto à tradução LXX) formou uma aliança com Psamético, rei do Egito, um grupo considerável de judeus foi enviado para proteger os postos avançados do reino. Os judeus haviam morado então na Etiópia durante alguns séculos, e considerando a tendência judaica para perícia em manejar dinheiro, não é fora de propósito que um deles se tornasse oficial do governo no departamento do tesouro. O Antigo Testamento previa a admissão de etíopes entre os cidadãos de Sião[81], e a conversão do eunuco foi o início do cumprimento desta profecia.

Este homem havia feito uma viagem muito longa a Jerusalém para adorar. Há uma probabilidade de que tivesse estado em Jerusalém durante uma das grandes festas de peregrinação, talvez o Pentecostes (34 A. D.?). Durante os dias de Moisés (Deuteronômio 23.1), os eunucos eram excluídos dos serviços de adoração do tabernáculo, mas a remoção desta proibição é anunciada em Isaías 56.3ss e Jeremias 38.7.

8.28 –

Estava de volta – Ele retornava à Etiópia, depois de ter ido a Jerusalém para adorar.

E, assentado no seu carro – A forma exata deste veículo não é conhecida. Poderia ter rodas, ou talvez fosse uma liteira (palanquim).

Vinha lendo o profeta Isaías – O etíope estava fazendo, enquanto viajava, justamente o que é ensinado em Deuteronômio 6.7 Ele lia a Palavra de Deus. Existe a possibilidade de que acabasse de comprar este manuscrito durante sua visita a Jerusalém, e estivesse lendo os maravilhosas pronunciamentos pela primeira vez em sua própria cópia de Isaías. Era uma cópia da versão Septuaginta. Segundo o costume da maioria das nações orientais, onde a leitura silenciosa é quase desconhecida, o etíope lia em voz alta (veja o versículo 30).

8.29 –

Então disse o Espírito a Filipe – O Espírito Santo é evidentemente mencionado aqui. O Espírito falou a Filipe, e não ao etíope. Esta é uma ideia significativa. Existem muitos hoje que pensam que a conversão é feita mediante uma ação direta do Espírito Santo sobre o coração (mente) do pecador não convertido. Este tipo de noção não tem precedente nem exemplo nas Escrituras, além do único incidente envolvendo Cornélio, que é um caso especial e será discutido mais tarde. O Espírito está operando aqui através do evangelista. O Espírito Santo opera através da Palavra na conversão, e não diretamente sobre o coração, em separado da Palavra. De passagem, temos também aqui uma das evidências da personalidade do Espírito Santo, a saber, sua capacidade de falar.

---

[79] Veja notas em Atos 2.10 sobre os dois tipos de prosélito. Alguns escritores primitivos, Eusébio (*Church History*, II. 1) entre eles, falam do Eunuco como sendo o primeiro convertido entre os gentios (i.e., ele não era nem prosélito nem judeu). Esta opinião não parece ser correta, pois não houve controvérsia sobre a sua aceitação, como ocorreu no caso de Cornélio, Atos 11.

[80] Dale, *op. cit.*, p. 97, nota que em Nova Iorque existe hoje uma seita de judeus negros composta de uns 3.000 membros que ensinam que os negros são na verdade hebreus da Etiópia. Eles ensinam até que Adão era negro.

[81] Sofonias 3.10; Jeremias 38.7-13; 39.16-18; Salmos 87.4; 88.31.

Só Deus poderia planejar um encontro como este. Foi necessário que Deus tirasse Filipe do trabalho em Samaria antes que o eunuco saísse de Jerusalém. Foi necessário que Deus determinasse adequadamente a chegada de Filipe, de modo que o eunuco estivesse lendo essa passagem específica. Filipe deve ter deixado Samaria pelo menos na véspera do dia em que o eunuco etíope partiu de Jerusalém. O Senhor sabia o tempo que o etíope levaria para chegar ao ponto em que Filipe se aproximou dele e quanto tempo seria necessário para Filipe chegar a esse ponto.

Aproxima-te desse carro, e acompanha-o – "Acompanhar" é uma palavra que significa "grudar-se a"[82]. O Espírito quer evidentemente que Filipe ande (ou corra) ao lado do carro, e se mantenha nessa posição.

8.30 –

Correndo Filipe – O que isto indica? Alguns acham que demonstra o fato de que ele estava atrás, tendo de correr para alcançar o carro[83]. Outros pensam que a corrida de Filipe mostra seu desejo de pregar. Pense na impressão que o etíope deve ter tido. Eis um homem correndo ao lado do carro, e sua primeiras palavras são: "Compreendes o que vens lendo?" ("Vim correndo para ajudá-lo, caso deseje ajuda.")

Ouviu-o ler o profeta Isaías – O etíope devia estar lendo em voz alta. A leitura nos tempos antigos era invariavelmente feita em voz alta. Em suas *Confissões*, Agostinho menciona como digno de nota que Ambrósio de Milão lia silenciosamente[84].

E perguntou: Compreendes o que vens lendo? – Umas das primeiras coisas a ser feita sempre que se encontra um candidato, é descobrir onde se posiciona na estrada da salvação. Por meio desta pergunta Filipe pode aprender onde o etíope se acha espiritualmente.

Considerando as posições relativas das partes, a pergunta de Filipe: "Compreendes o que vens lendo?" nos parece um tanto abrupta, caso não seja um método impertinente de apresentar-se ao tesoureiro. Tratava-se, porém, de uma pergunta adequada e sabiamente proposta. Filipe não conhecia ainda o homem; ele não sabia se deveria abordá-lo como um discípulo companheiro ou como um incrédulo. Sabia que se fosse incrédulo não teria conhecimento para entender o significado da conhecida predição que estava lendo, uma das profecias mais claras em todos os profetas, relativa aos sofrimentos de Cristo. (Os judeus, sem vontade de aplicá-la a Cristo, por esperarem que este fosse um grande rei terreno, não sabiam o que fazer com ela.) Por outro lado, Filipe sabia que se o homem fosse crente, a passagem ficaria indiscutivelmente clara para ele. O propósito da pergunta era, então, esclarecer a posição religiosa desse homem, de modo a determinar como proceder com ele daí por diante[85].

Este é um dos versículos usados pela Igreja Romana para provar que o único intérprete infalível da Escritura é a igreja (e a hierarquia romana em especial). Além disso, é dito que o homem comum não pode ler e entender por si mesmo as Escrituras. O etíope não precisou de ajuda de um eclesiástico? diz o argumento romano. Tomlinson menciona várias passagens (entre elas Atos 17.11; 1 Pedro 2.2; 2 Pedro 1.19; Apocalipse 1.3) mostrando que as Escrituras são para todos, podendo ser compreendidas por qualquer pessoa espiritual[86]. 1 Coríntios 2.14-16 indica que o Espírito Santo ajuda o "cristão comum" a entender as Escrituras. A iluminação ali mencionada não é só para os líderes eclesiásticos. Uma discussão detalhada da interpretação se encontra na obra *Biblical Hermeneutics* ("Hermenêutica Bíblica") de M. S. Terry[87]. Uma outra coisa não deve

---

[82] A mesma palavra foi usada em Atos 5.13.
[83] McGarvey, *op. cit.*, p.153, fala do carro como estando a certa distância na frente, quase pronto para desaparecer de vista.
[84] Agostinho, *Confissões*, VI. 3.
[85] McGarvey, *op. cit.*, p.153, 154.
[86] Lee G. Tomlinson, *Churches of Today* (Nashville: Gospel Advocate Co., 1955), p.18.
[87] Milton S. Terry, *Biblical Hermeneutics* (Grand Rapids, Mich.: Zondervan, n.d.), p.151 ss.

ser esquecida. A interpretação do Antigo Testamento por um pregador cristão guiado pelo Espírito Santo é consideravelmente diferente da interpretação da Nova Aliança para satisfazer o dogma romano.

8.31 –

Ele respondeu: Como poderei entender, se alguém não me explicar? Com essas palavras, o etíope reconhece sua necessidade de ajuda. É uma evidência de um estado de mente humilde, alguém desejoso de ser ensinado. É também um reconhecimento de que a passagem lida não se harmonizava com a ideia comum dos judeus de um Messias conquistador. Ele teve dificuldade em entender como a descrição de humilhação e condenação poderia ser reconciliada com as ideias judaicas de um príncipe conquistador.

E convidou Filipe a subir e a sentar-se junto a ele – Pensamos agora no carro seguindo pela estrada, com Filipe e o etíope lendo atentamente e comentando a passagem bíblica de Isaías.

8.32 –

Ora, a passagem da Escritura que estava lendo era esta – A citação prestes a ser feita é da versão Septuaginta de Isaías 53.7, 8. Ela é de uma seção de Isaías em que são encontrados os chamados "Poemas do Servo Sofredor". Existem cinco deles, todos descrevendo a obra do Messias vindouro.

Foi levado como ovelha ao matadouro – Isaías cita a pessoa do Messias, descrevendo-o como sendo levado por outros para ser morto. A referência é à crucificação.

E como um cordeiro, mudo perante o seu tosquiador – Isto é, paciente, parado, não resistindo.

Assim ele não abre a sua boca – Jesus não se queixou nem gritou palavras ásperas contra seus atormentadores. Ele cedeu pacientemente a tudo que lhe faziam. Cada uma das frases da profecia de Isaías se refere a algum evento ou atitude durante a paixão de Jesus. Filipe podia tomar cada uma das frases de Isaías e mostrar que o previsto pelo profeta foi exatamente cumprido; ou seja, paciência silenciosa do Sofredor; sua vida e obra anteriores; as provas que ambas haviam dado de que Ele não era outro senão Aquele que alegava ser – o Cristo, o Filho de Deus.

8.33 –

Na sua humilhação lhe negaram justiça – O hebraico diz: "Ele foi tirado da prisão e do juízo". Não há muita diferença entre o hebraico para "prisão" e para "humilhação", como o último termo foi compreendido pelos tradutores da LXX. O texto trata da ocasião, durante o julgamento de Jesus, em que Ele não tinha ninguém para falar em sua defesa, nenhum amigo no tribunal. E "justiça" negada significa que a justiça, uma sentença justa, lhe foi negada. Jesus foi condenado cruelmente depois de um julgamento injusto.

Quem lhe poderá descrever a geração? – Em vista do hebraico de Isaías ficar sujeito a tantas explicações diferentes, diversas interpretações forma dadas a esta frase. De fato, o mesmo é verdade sobre cada uma das frases no Poema do Servo Sofredor. Loth o traduz: "Seu estilo de vida quem descreveria?", referindo-se, segundo supõe, ao fato de que ao ser condenado um prisioneiro e levado para a morte, era costume fazer uma proclamação com estas palavras: "Quem souber algo a respeito da sua inocência, que se apresente e faça uma declaração"[88]. Outro escritor ligou esta pergunta à sua divindade, ou sua geração divina, insinuando que ninguém poderia explicar o mistério de sua geração eterna[89]. Meyer viu na frase uma referência à sua posteridade

---

[88] Barnes, *op. cit.*, p.148. Este comentário é baseado na *Gemara* babilônica, uma obra judaica escrita mais ou menos 200 anos depois de Cristo. Ela conta como antes da morte de Jesus, esta proclamação pedindo que um defensor se apresentasse foi feita durante 40 dias, mas ninguém se apresentou. Soa suspeitosamente como uma tentativa dos judeus para livrar-se da culpa de que os pregadores cristãos lhes acusavam, culpando-os diretamente pela crucificação de Jesus.

[89] João Calvino, *The Gospel According to Isaiah* (Grand Rapids: Eerdmans, 1953), p.71.

espiritual: "Quem pode declarar (quem pode contar) sua descendência espiritual?"[90]. Outra explicação ainda foi: "Quem pode descrever o caráter e perversidade da geração em que Ele viveu – o enorme crime da época, ao condena-lo à morte?"[91]. Finalmente, outra sugestão é: "Quem irá defende-lo, declarando quem Ele é? Quem se apresentará ao tribunal a seu favor? Quem irá vindicá-lo?" – significando que no seu julgamento todos iriam abandona-lo, e que não haveria ninguém para defendê-lo[92].

Porque da terra a sua vida é tirada – O hebraico não admite qualquer outro sentido além do Sofredor ter sido enviado apressadamente para a morte violenta. O fato de que ao ser assim tirado da terra o Sofredor foi exaltado aos céus, embora verdadeiro em si, não pode ser encontrado nas palavras desta frase da profecia. Seriam necessárias muitas páginas para dar uma explicação detalhada e crítica de cada uma das frases da profecia de Isaías, e isso está além da necessidade deste comentário. Todavia, não é difícil imaginar Filipe apontando para as palavras do contexto e descrevendo plenamente, não só o sofrimento de Jesus, mas seu propósito, a saber, expiação e redenção, como apresentado na predição maravilhosa de Isaías.

8.34 –

Então o eunuco disse a Filipe: Peço-te que me expliques a quem se refere o profeta. Fala de si mesmo ou de algum outro? – Esta era uma pergunta muito natural, pois não há nada no livro de Isaías que determine a quem a referência é feita. Na verdade, muitos dos judeus consideravam os Poemas de Servo Sofredor como uma referência ao Messias, mas muitos outros não[93]. As respostas dadas a esta pergunta nos tempos modernos têm sido inúmeras, especialmente quando os incrédulos tentam respondê-la. Mas Filipe não teve dificuldade, nem hesitou entre várias respostas alternativas. O próprio Isaías talvez não soubesse (1 Pedro 1.11), mas agora que a profecia havia se cumprido, Filipe sabia que se referia a Jesus; e ele começou então com esta passagem como um pano de fundo e contou ao etíope as boas novas sobre Jesus.

8.35 –

Então Filipe explicou – Esta frase, quando ocorre no Novo Testamento[94], sugere algo como um discurso pronto (uma espécie de sermão-modelo com certos pontos sendo enfatizados, sempre que esta passagem da Escritura era explicada), ou chama atenção para a importância do que estava para ser dito.

E, começando por esta passagem da Escritura – Um evangelista pessoal logo percebe até que ponto o candidato compreende as Escrituras. Ele usa a seguir esse entendimento como uma base para introduzir maior compreensão na mente do candidato, até que seja levado à completa obediência. Filipe, com suas perguntas e através das respostas do etíope, aprendeu em que ponto este se achava, e agora usa a passagem de Isaías para ensinar-lhe o que é exigido para a sua salvação.

Anunciou-lhe a Jesus – Este era justamente o tema do texto de Isaías. Esse texto contava tudo sobre Jesus – sua vida, morte, exaltação e o início da Igreja. Filipe mostrou ao etíope que Jesus de Nazaré correspondia exatamente à descrição feita por Isaías anos antes, e portanto o profeta deveria estar se referindo a Jesus de Nazaré. Neste século, nós poderíamos usar também algumas passagens do Antigo Testamento ao ensinar pessoas sobre Jesus; mas temos uma fonte muito mais confiável de verdade no Novo Testamento, e seria sábio confiar mais nela do que nas Escrituras do Antigo Testamento no trabalho do evangelismo pessoal. Mas numa época em que as únicas passagens escritas eram os rolos do Antigo Testamento, não havia passagem mais apropriada como texto sobre Jesus do que a de Isaías 53.

---

[90] H. A. W. Meyer, *Critical and Exegetical Handbook to the Acts of Apostles* (New York: Funk and Wagnalls, 1883), p.176.
[91] Barnes, *op. cit.*, p.148.   [92] *Ibid.*
[93] Veja Bruce, *op. cit.*, p.193, onde as atitudes judaicas são explicadas e documentadas.
[94] Atos 10.34; 17.14.

8.36 –

Seguindo eles caminho fora, chegando a um certo lugar onde havia água – Num versículo anterior notamos o problema de identificar a estrada exata em que o etíope viajava. Ligada a este problema de qual era a estrada está a identificação do curso de água a que chegaram. Eusébio e Jerônimo afirmaram que a "água" era a fonte de Bethsoron, que ficava a 32 km ao sul de Jerusalém e 3 km de Hebrom, na estrada mais movimentada que vai de Jerusalém a Gaza. Tal identificação parece oposta ao caminho "deserto" no versículo 26. McGarvey, que percorreu a antiga estrada romana, que não passava por quaisquer povoados durante toda a distância de Jerusalém a Gaza, faz esta identificação da "água" a que o carro chegou:

> A primeira água natural que encontrariam (a não ser que fosse uma fonte ou piscina à beira do caminho) seria o riacho que corre pelo vale de Elá. É uma córrego que vem de montanha, que seca no verão, mas flui com uma corrente forte no inverno e primavera. Se o carro já tivesse cruzado o vale de Elá quando o eunuco pediu o batismo, existe um outro córrego na planície de Filístia, agora chamada de Wady el-Hasy, onde o batismo poderia ter tido lugar. Trata-se de uma corrente perene e adequada para batizar a qualquer época do ano. Havia também inúmeros piscinas na região. Eles têm uma estação em que não chove durante sete meses do ano; e os habitantes seriam obrigados a fazer provisão de água para o gado e para irrigar as plantações de verão – e nenhum país jamais esteve tão bem suprido neste sentido quanto a Judéia[95].

Disse o eunuco: Eis aqui água, que impede que seja eu batizado? – Pregar a Jesus deve incluir instrução sobre o que fazer para tornar-se cristão. Uma pergunta expressando o desejo de ser imerso não teria ocorrido ao etíope, a não ser que tivesse sido anteriormente instruído sobre o mandamento do batismo. Existe uma lição a ser aprendida por meio desta passagem que precisa ser ouvida hoje:

> Nenhum pregador inspirado do evangelho jamais pregou a Jesus sem pregar o batismo ordenado por Jesus; nenhum pregador do evangelho pode pregar a Jesus hoje sem pregar o mandamento para que a pessoa seja batizada[96].

Filipe perguntou ao etíope: "Compreendes o que vens lendo?" Pela resposta recebida, ele pôde determinar as necessidades do eunuco em relação ao Evangelho. Quando o eunuco respondeu da forma que o fez, ele mostrou que nada sabia de Jesus como o Messias prometido. Ele certamente não havia aprendido também nada definido com respeito ao batismo ordenado por Jesus; somos então forçados a concluir que o etíope pediu o batismo segundo o que tinha aprendido através da pregação de Filipe. O conceito de que ele aprendeu sobre o batismo pelas palavras: "Assim borrifará muitas nações" (Isaías 52.15) é proposto por alguns que ensinam (num esforço para provar a validade da aspersão). Mas essa opinião não é aceita por qualquer dos comentaristas críticos, e mostra-se não haver muito a recomendá-la quando se sabe que a LXX, que o eunuco lia, diz "admiração" neste ponto em lugar de "borrifará". (A SBB também tem "causará admiração" – N. T.) Filipe deve ter dito ao eunuco, como Pedro afirmou aos seus ouvintes em Jerusalém no dia de Pentecostes, que a resposta apropriada para tão boas novas era o arrependimento e o batismo para remissão de pecados e a recepção do Espírito Santo.

Quando Filipe pregou Jesus, ele também pregou o batismo, pois o eunuco pediu para recebê-lo. Não apenas isso, mas o eunuco compreendeu que deveria ser um batismo em água. "Eis aqui água! Que impede que seja eu batizado?" disse ele. Não se tratava de um batismo pelo Espírito no corpo de Cristo, que Filipe pregou. O pregador inspirado pregou uma mensagem diferente da de muitos dos pregadores de hoje que pregam apenas um batismo espiritual (no esforço de evitar o impacto das passagens que falam do batismo como sendo necessário para a salvação). O

---

[95] McGarvey, *op. cit.*, p.157.
[96] Boles, *op. cit.*, p.138.

pedido do etíope para ser batizado foi equivalente a uma confissão de ter aceito todas as instruções dadas por Filipe.

[Filipe respondeu: É lícito, se crês de todo o coração – Observe que na New American Standard Bible este versículo está à margem. Na ASV mais antiga encontra-se na nota de rodapé. Por que temos notas desse tipo em nossas Bíblias? As notas de rodapé e/ou as notas à margem frequentemente indicam uma variante na leitura dos principais manuscritos que são a base de nossas traduções das Escrituras. Com frequência, onde as leituras divergentes são quase igualmente apoiadas nos manuscritos antigos, os tradutores votavam quanto à leitura a ser incorporada no texto. Se a maioria dos votos quanto a uma leitura fosse apenas um ou dois além da metade dos votantes, a opinião da minoria era incluída na forma de uma nota de rodapé. Outra razão para as notas de rodapé é mostrar que os versículos e frases que se tornaram muito familiares para nós (em vista de nossa familiaridade com a KJV), não têm na verdade evidência suficiente para sustentar sua inclusão no texto de nossas versões modernas. Os eruditos textuais concordam praticamente que Atos 8.37 é uma interpolação. Isto é, não fazia parte da cópia original de Atos, mas foi bem cedo incluído na margem das cópias feitas do original. Mais tarde, foi transcrito como parte do texto original. Evidência de que Atos 8.37 não se achava no autógrafo original é vista no fato de os seguintes manuscritos não o incluírem: *Aleph*, A, B, C, G, H, P[46]. Caso seja uma interpolação, é bem antiga. Foi encontrada num texto usado por Ireneu (que viveu de 170 a 210 A .D)[97]. Cipriano (200-258 A.D.) também tinha conhecimento da leitura do versículo 37[98]. O versículo foi introduzido por Erasmo nos textos gregos modernos impressos, que julgava que tinha sido omitido mediante erro de algum escriba e que pertencia originalmente ao texto de Lucas. Foi incluído na KJV baseado no texto de Erasmo.

Mesmo que o versículo seja uma interpolação, devendo ser deixado de lado, isso não muda de forma alguma o ensino; nada é acrescentado pela retenção do versículo no que se refere à doutrina, e nada certamente se perde com a sua omissão. O mesmo pensamento, a ideia da confissão da crença em Cristo, pode ser encontrado em Mateus 10.32 e Romanos 10.9. Alguns insistem que a passagem em Mateus fala de uma confissão por toda a vida, em lugar de ser apenas um dos passos da salvação. Mas Romanos 10.9 fala provavelmente da salvação inicial, e 1 Timóteo 6.12, 13 certamente faz isso. O que os escribas primitivos escreveram na margem de Atos 8 foi simplesmente um reflexo do que era praticado na época em que acrescentaram a nota. Havia um passo da salvação chamado "confissão". Quais eram exatamente as palavras quando esta confissão se fazia não é especificamente declarado, mas tinha a ver com fé em quem Jesus era, a saber, o Cristo, o Filho do Deus vivo[99]. Mais evidência de que nenhuma doutrina é perdida caso Atos 8.37 não seja incluído é vista em outra área além da confissão. Quando o versículo é incluído, ele declara a necessidade da fé precedendo o batismo; mas essa ideia é também ensinada em Marcos 16.16ss. Quando o versículo é omitido, o desejo do etíope de cumprir com as condições da salvação é uma evidência da sua fé. Ele é um crente, e portanto um candidato adequado para a imersão. Assim sendo, não se perde qualquer ponto de doutrina, mesmo que concordemos com os eruditos textuais que dizem que o versículo não goza de integridade.

E, respondendo ele, disse: Creio que Jesus Cristo é o Filho de Deus] – Esta declaração resume sem dúvida todas as instruções dadas por Fililpe ao etíope; e pela sua confissão ele está expressando suas próprias convicções sobre Jesus, agora que foi ensinado. Uma afirmativa como essa inclui tudo o que é preciso saber sobre Cristo; ela inclui tudo o que alguém jamais irá aprender sobre Cristo, embora a pessoa não reconheça alguns dos aspectos inclusos nela na ocasião em que faz tal confissão. Como afirmamos acima, havia uma prática de fazer confissão de fé em

---

[97] *Contra Heresias*, II. 12. 8.
[98] *Testemunhos*, III. 43.
[99] Mateus 16.16 dá o exemplo da confissão feita por Pedro, e as palavras de Jesus no sentido de que essa confissão seria a "rocha" em que a igreja fosse edificada, implicando assim que outros fariam uma confissão similar. 1 Timóteo 6.12, 13 fala da confissão que Jesus fez perante Pilatos (Quando lhe perguntaram se era o Cristo, ele disse, " Eu sou!"), sendo o exemplo seguido por Timóteo na sua conversão.

[8.37] A IGREJA NA JUDÉIA E SAMARIA

Jesus no processo de conversão. Antes de o indivíduo ser admitido à comunhão cristã pelo batismo, ele fazia uma confissão pública de sua nova fé, provavelmente em resposta a alguma pergunta definida feita sobre a sua crença[100]. Hoje em dia, algum tipo de confissão é necessário para que o evangelista saiba que o candidato está apto para o batismo, assim como tal indicação era necessária nos primeiros dias da igreja.

8.38 –

Então mandou parar o carro – O etíope tinha evidentemente um cocheiro (ou alguns carregadores de liteira), desde que ordenou que o carro parasse.

Ambos desceram à água – O significado principal do termo grego *eis* é "para dentro" – se Barnes não tivesse preconceito a favor da aspersão, ele não teria seu longo discurso neste ponto, tentando provar o contrário. Este versículo, juntamente com Atos 2.38, tem sido há muito tempo um problema para os que insistem que aspersão, ou derramamento, é tão válido quanto a imersão. Tentativas de fugir à força desta passagem variam de um pedobatista para outro.

> Alguém insiste que o problema está na palavra "ambos". Se for imersão, então "ambos" teriam de ser submergidos na água, afirma ele. Outro aborda o problema através da palavra "à (para dentro)". Ele argumenta que o mesmo termo em João 11.38 pode significar apenas "até" e não "para dentro de", e portanto, Atos 8.38 não diz nada além de que eles foram para "perto" da água[101].

A preposição grega poderia significar simplesmente "junto da água", mas a universalidade da imersão na prática da igreja primitiva apóia a tradução que chegou até nós. Apesar dos muitos subterfúgios, não é possível evitar a ideia de que o batismo é semelhante a um sepultamento e uma ressurreição[102]. (A SBB não contém a segunda parte do versículo, "tanto Fililpe como o eunuco" como a IBB, de onde foi tirado o texto acima – N.T.).

E Filipe batizou o eunuco – Isto é, Fililpe batizou o etíope (texto da IBB – N.T.). O etíope teria colocado na margem suas vestes externas, descido até que a água lhe chegasse ao peito, e sido então mergulhado na água "em nome do Senhor Jesus". Nenhuma outra forma de batismo, exceto imersão, foi praticada durante 200 anos ou mais na igreja primitiva[103].

Nestes dias em que pregadores que ensinam a "fé somente" apelam para a atenção dos homens do mundo, dizendo, "Creia apenas! Esse é o caminho da salvação!", ajuda muito lembrar-se de que a doutrina da "fé somente" não é mais velho do que Martinho Lutero. Antes de Lutero escrever a palavra *sola* (termo latino para "somente") na margem de sua Bíblia em Romanos 3.28 (fazendo com que dissesse: "o homem é justificado pela fé *somente*"), ninguém jamais ensinou *fides sola* (fé somente). Nem mesmo Lutero pretendia excluir o batismo quando ensinou "fé somente". Os pregadores modernos da fé somente têm pervertido o sentido das palavras de Lutero. Ele estava combatendo a ideia das obras meritórias que encontrou no sistema Católico Romano de penitência e indulgência. Lutero não estava tentando excluir coisas incluídas pela Bíblia na chamada "obediência da fé".

8.39 –

Quando saíram da água – O significado principal da palavra *ek* é "fora de" – e não há razão para não interpretá-la assim aqui. Eles desceram à água antes do batismo, e saíram dela depois.

O Espírito do Senhor arrebatou a Filipe – Um manuscrito, o Códice Alexandrino, diz: "E o Espírito do Senhor caiu sobre o eunuco, mas o anjo do Senhor arrebatou Filipe". Esta alteração foi evidentemente feita por causa do sentimento de que sem mais ajuda (dons espirituais, ajuda

---

[100] Oscar Cullman, *The Earliest Christian Confessions* (Trad. em Ing. por J. K. S. Reid, London, 1949) p. 101.
[101] Dale, *op. cit.*, p.99.
[102] Romanos 6.4; Colossenses 2.12.
[103] Moses E. Lard, *Commentary on Romans* (Nashville, Tenn.: Gospel Advocate Co., 1914), p. 198ss.

milagrosa), o eunuco não teria permanecido cristão por muito tempo. Podemos responder que não havia absolutamente necessidade de mais instrução de outro ser humano para alguém como o etíope que tinha a Palavra do Senhor nas mãos e o Espírito habitando em sua vida. Todavia, sem um Novo Testamento para estudar, a sua fé ficaria grandemente limitada.

Com a palavra "arrebatou" alguns imaginam um transporte milagroso de Fililpe da presença do etíope, semelhante ao de Elias, que foi levantado e levado até não ser visto[104]. Outros pensam que o Espírito tenha falado a Filipe, como antes, ordenando que fosse para outro lugar[105].

Não o vendo mais o eunuco; e este foi seguindo o seu caminho, cheio de júbilo – Note que o júbilo vem depois da obediência. Se houver quaisquer sentimentos (experiências) ligados à salvação, eles seguem, e não precedem, o tornar-se cristão. O júbilo dele brotou do fato de que seus pecados foram perdoados através da sua fé obediente.

É impossível que Filipe não tivesse ensinado a ele, como Pedro fez com seus convertidos, a ligação da remissão de pecados com o arrependimento e batismo. Agora que havia cumprido as condições de perdão, ele se alegra na experiência do mesmo[106].

Ireneu diz que ele se tornou um missionário para os etíopes. Eusébio e Jerônimo concordam com isto[107].

O eunuco continuou sua viagem de volta à Etiópia. Deve ser notado que o Espírito não teria dirigido Filipe à conversão do eunuco, se não fosse com o propósito de uma obra ainda maior de salvação de almas em outro país. O eunuco era homem de grande influência, e, sem dúvida, de grande capacidade. A sua conversão tornou possível que ele levasse as boas novas a milhares em sua pátria[108].

Durante várias centenas de anos encontramos uma igreja forte na Etiópia (embora nossos registros sobre a Igreja etíope só se reportem até o quarto século). A falta de mais instruções sobre a religião cristã deixou sua marca na igreja etíope. Essa igreja, através da sua história, foi a mais fortemente inclinada ao judaísmo, em sua adoração e modo de pensar, dentre todas as comunidades cristãs[109].

O longo parágrafo de McGarvey sobre esta conversão-modelo merece nossa atenção. Ele escreveu:

> Nosso conceito deste caso de conversão não ficará completo se deixarmos de observá-lo de um outro ponto de vista que o relato nos permite. Se um amigo tivesse encontrado o eunuco depois dele deixar Filipe, e perguntado a razão da alegria tão manifesta em seu semblante, a explicação teria apresentado os fatos da conversão deste ponto de vista, em lugar daquele do historiador. Ele não teria iniciado a história, como faz o nosso autor, com a visita do anjo a Filipe; pois nada sabia disso. Não teria mencionado a ordem do Espírito Santo: "Aproxima-te desse carro"; já que também ignorava isso. Mas a sua história seria a seguinte: Eu fui adorar em Jerusalém. No caminho de volta para casa, no meu carro, abri o livro de Isaías e comecei a ler. Encontrei a passagem tão enigmática aos nossos escribas, em que o profeta fala da humilhação e morte de alguém pelo bem do mundo. Eu me esforçava para determinar sobre quem o profeta escreveu essas palavras, quando subitamente apareceu correndo ao lado do carro um homem a pé, que perguntou: "Compreendes o que vens lendo?" Seu modo indicava que ele o

---

[104] 1 Reis 18.12 e 2 Reis 2.11.

[105] Certos ocultistas se comprazem em indicar passagens como esta que estamos estudando, como prova de que estão fazendo o mesmo que era feito na Bíblia, e argumentando com base na semelhança, que seus atos não devem ser criticados nem condenados. A prática ocultista " apport" é a indicada nesta passagem; mas existe uma diferença considerável entre o Espírito de Deus que age aqui, e os maus espíritos que ajudam o ocultista. Os dois não são o mesmo!

[106] McGarvey, *op. cit.*, p.161.

[107] *Adv. Heresies*, III. 12.8.

[108] Dale, *op. cit.*, p.100.

[109] Arthur P. Stanley, *Lectures on the History of the Eastern Church* (London: John Murray, 1884), p.12.

compreendia, e pareceu providencial sua presença no justo momento em que eu necessitava de sua ajuda. Convidei-o para sentar-se ao meu lado. Mostrei a passagem, e falei sobre a minha dificuldade. Em pouco tempo ele tornou bem claro para mim que o trecho se referia ao longamente esperado Messias; e que esse grandioso personagem, em lugar de reinar aqui na terra, como nossos escribas nos ensinam, deveria morrer como sacrifício pelos nossos pecados; ressuscitar dos mortos e subir aos céus de onde veio, para estabelecer seu reino sobre homens e anjos. Ele me convenceu da verdade de tudo isto, e me mostrou que através do sangue desse homem, pela fé nele, arrependimento e batismo em seu nome, recebemos a remissão de pecados que a Lei não nos pôde dar. Enquanto ainda falava comigo sobre essas boas novas de grande alegria, chegamos a um lugar onde havia água, e pedi o batismo que ele havia me ensinado. Ele me batizou, e depois foi embora tão repentinamente como veio; mas continuei meu caminho rejubilando-me no perdão de pecados, e na esperança assegurada da vida eterna. – Essa foi a experiência desse homem até o momento em que a cortina da história cai e o oculta de nossa vista. Felizmente, enquanto perdemos a vista dele, os sons que chegam até nós são notas de alegria, e podemos esperar encontrá-lo no ponto em que todas as nossas jornadas terminam, e rejubilar-nos com ele para sempre. Sua fé imediata e sua obediência pronta dão evidência de um caráter tal que cremos que ele irá levar em sua companhia muitos feixes na grande ceifa[110].

8.40 –

Mas Fililpe veio a achar-se em Azoto – Azoto é a Asdode do Antigo Testamento. Ela era naquela época a capital de um dos cinco estados filisteus e o centro principal da adoração de Dagom. Azoto resistiu certa vez a um cerco de 29 anos do Faraó Psamético do Egito[111]. A cidade tinha sido destruída na época dos Macabeus[112], e foi reconstruída por Gabino em 55 a. C[113]. Ela se encontra junto ao Mar Mediterrâneo, cerca de 32 km ao norte de Gaza e 56 km de Jerusalém. Embora a NASB seja no geral excelente em sua interpretação dos tempos de verbos, parece que o tratamento do verbo "achar-se" aqui é falha. No original é um verbo aoristo passivo, e a tentativa da NASB para traduzi-la como se fosse um verbo de voz medial é altamente suspeita. Filipe "foi encontrado" é a interpretação certa. Alguns escritores dão ênfase à palavra "achar-se" como se fosse prova de um transporte milagroso, afastando-o do eunuco. Todavia, não parece haver nada além de um contraste no texto. O eunuco seguiu viagem para a Etiópia, enquanto Filipe pregou a seguir em Azoto. Em anos posteriores existiu uma igreja em Azoto, pois um bispo de Azoto esteve presente nos concílios de Niceia e Calcedônia.

E, passando além, evangelizava todas as cidades – Azoto distava cerca de 96 km de Cesaréia. As planícies da Filístia e Sarom fazem parte dessa área, assim como muitas cidades, inclusive Lida e Jope. Talvez possamos traçar alguns dos efeitos da obra evangelística de Filipe ao aparecerem mais tarde em Atos igrejas vigorosas nessas duas cidades[114]. Esse campo evangelístico bastava para ocupar muitos anos do tempo de Filipe. Além de Lida e Jope, outras cidades importantes eram Ascalom, Arimateia e Antipátride.

Até chegar a Cesaréia – Atos 21.8 parece indicar que Filipe estabeleceu-se em Cesaréia e permaneceu ali como evangelista mais de 20 anos. Em Atos 10.1 encontram-se notas sobre a história de Cesaréia.

---

[110] McGarvey, *op. cit.*, p.162-163.
[111] *Herod* II. 157.
[112] 1 Macabeus 5.68; 10.77-85.
[113] Josefo, *Antiguidades*, XIV. 5. 3.
[114] Atos 9.32, 36.

CAPÍTULO NOVE

C. UMA CONCORDÂNCIA DOS PRIMEIROS ANOS DA VIDA DE PAULO.
9.1-30 22.3-21 26.4-20 Gálatas 1.11-21

1. *A juventude de Paulo.*

Paulo era judeu, nascido de descendentes de Benjamim. Em Filipenses 3.5 ele escreve a respeito de si mesmo: **Circuncidado ao oitavo dia, da linhagem de Israel, da tribo de Benjamim, hebreu de hebreus; quanto à lei, fariseu.**

Ele era filho de fariseu. De fato, seus ancestrais durante várias gerações haviam sido fariseus[1]. Seria necessário ser fariseu de nascimento para que um homem fosse considerado fariseu? Não. O homem tinha de ser saduceu de nascimento? Sim! Os saduceus eram uma família sacerdotal. Eles moravam em Jerusalém, onde estava o templo. Todavia, os fariseus estavam espalhados pelo mundo, onde no geral eram os que ensinavam nas sinagogas. Foi assim que Jesus encontrou os fariseus por toda parte do país, mas os saduceus somente quando estava perto de Jerusalém. Um homem se tornava fariseu pela fé e educação, e não por nascimento. Não é de todo improvável que o pai de Saulo fosse um líder religioso dos judeus de Tarso. Por ser fariseu, o pai de Saulo pode muito bem ter sido o chefe da sinagoga de Tarso.

Duas vezes nas epístolas Paulo se diz "hebreu de hebreus". Ele nasceu de pais judeus; não foram prosélitos da religião judaica (i.e., não descendiam de gentios). Ele era um verdadeiro hebreu, de pais hebreus, de uma longa linhagem de hebreus na verdade. "Circuncidado ao oitavo dia" distingue Paulo dos edomitas que eram circuncidados aos 13 anos e dos prosélitos que eram circuncidados na idade em que se convertiam ao judaísmo.

Paulo nasceu em Tarso da Cilícia[2]. Tarso era na época um centro da cultura grega, quase competindo com Atenas e Alexandria; e em vista de sua localização num rio navegável (o Cidno) e próximo às passagens nas montanhas que levavam ao interior da Ásia Menor ao norte, e da Síria a leste, a cidade era o centro de comércio intenso.

Como eram as escolas que um rapaz frequentaria? Nas escolas gregas os professores eram peripatéticos, e enfatizavam a filosofia grega. Eles davam aulas aos alunos nas varandas, no mercado, ou em lugares apartados nas ruas. Os estudantes andavam de cá para lá no lugar de encontro, sendo ensinados e recitando a lição do dia. A escola judaica era um dos dois recintos no prédio da sinagoga, e o chefe da sinagoga fazia as vezes de professor.

Aos 6 anos, os meninos judeus começavam a estudar o Pentateuco, a escrever e aprender aritmética. Aos 10, a Mishna era acrescentada ao currículo. A Mishna se encontrava na forma oral nos dias de Paulo, e o professor recitava a lição para o aluno. A seguir, o aluno repetia a lição ao pé da letra para o professor. Os rabinos tinham um ditado que dizia, "o bom aluno é como uma cisterna que não vaza". Aos 15 anos acrescentavam a *Gemara*, um desenvolvimento posterior e mais extensivo da Midrash, que fazia parte da Mishna; continha as discussões dos rabinos através dos séculos.

Paulo teve uma *educação judia ou grega,* ou ambas? Vários argumentos têm sido apresentados no sentido de que teve uma educação grega. Paulo demonstra um conhecimento superior do grego, especialmente em seu estilo grego polido nas suas cartas. (Mas, mesmo no sistema educacional judeu fora da Palestina, as crianças aprendiam o grego.) Seus exemplos e ilustrações refletem um fundo grego.

---

[1] Atos 23.6.
[2] Atos 22.3.

Capítulo 9 A IGREJA NA JUDÉIA E SAMARIA

Note o contraste entre as ilustrações de Jesus e as de Paulo. Jesus usou ilustrações da vida campestre – lavrador, pastor, vinha. Paulo emprega ilustrações do mundo grego – corridas, lutas de boxe, figuras militares, construtores, devedores, escravos, etc. Um último argumento a favor da educação grega de Paulo é encontrado no fato de que citou os poetas gregos[3]. Por outro lado, é possível defender a ideia de que Paulo teve uma educação judaica. Ele menciona seu ambiente e educação judaicos[4], mas jamais se refere a qualquer ambiente grego. Como é natural, este argumento enfraquece um tanto quando vemos que ao mencionar suas origens, Paulo está falando a judeus com preconceitos contra os gregos e helenistas. O fato de Paulo estar familiarizado com o teatro não prova necessariamente que ele teve uma educação grega. Havia um teatro em Tarso. Se for escolher entre Paulo ter sido educado na escola pública ou paroquial, este autor escolheria a escola paroquial como sendo o tipo frequentado por Paulo (o pai dele ser o professor poderia ter bastante peso neste ponto). Todavia, parece que Paulo foi educado tanto na escola pública como paroquial. Em épocas posteriores, os cristãos enviavam seus filhos às escolas públicas para aprender matemática, retórica, ciência, etc., mas tinham suas próprias escolas paroquiais para ensinar a Bíblia. No caso de Paulo, parece que ele frequentou então tanto a escola judaica (para estudar a Lei, os Profetas e tudo que pertencia à religião), quanto as escolas públicas (para sua educação secular).

Além da instrução religiosa, *todo menino judeu aprendia uma profissão* ou ofício. Paulo foi instruído na arte de fazer tendas[5]. O pelo de cabra usado para confecção de roupas rústicas e pano de tendas era produzido em grandes quantidades nas montanhas da Cilícia, e o artigo manufaturado recebeu o nome de kilikion (Lat., *cilicium*), devido ao nome da província. O fato de Paulo ter recebido mais tarde a educação intelectual dispendiosa prova que seu pai lhe deu essa profissão obedecendo o conceito judeu de que alguma forma de trabalho manual fazia parte importante da educação de menino, e não por necessidade. No Talmude, Gamaliel é citado como dizendo: "O conhecimento de qualquer tipo, desacompanhado de um ofício, acaba em nada, mas leva ao pecado". O Rabi Meir é mencionado como tendo dito; "Que o homem sempre ensine seus filhos ofícios puros e fáceis", e o Rabi Judá: "Não ensinar um ofício ao filho é como ensinar-lhe a roubar"[6]. O conhecimento deste ofício por parte de Paulo prestou-lhe grande serviço em seu ministério anos mais tarde[7].

Paulo era também *cidadão romano*[8]. Em que ocasião e por qual serviço a cidadania romana foi conferida a um dos ancestrais de Paulo não sabemos; mas sabemos isto: antes de seu nascimento seu pai já possuía este cobiçado privilégio. Havia várias maneiras de obter a cidadania romana. O indivíduo poderia nascer numa colônia romana (todos os habitantes da cidade recebiam o privilégio por algum serviço ao imperador). Era possível comprar a cidadania. Ou a pessoa poderia ter pais romanos.

2. *Paulo em Jerusalém*

Em Atos 22.3 e 26.4, Paulo nos conta que ele foi *criado em Jerusalém*. Conybeare e Howson, em sua obra, *Life and Epistles of St. Paul* ("Vida e Epistolas de São Paulo"), reconstituíram a viagem e os cenários e pensamentos que bem poderiam ter enchido a mente de Paulo ao fazer sua primeira visita à Terra Santa. Não se pode determinar qual a idade em que Paulo chegou a Jerusalém, com qualquer grau de certeza. Boles sugere: "Paulo provavelmente morou em Tarso até os onze anos, e não mais que treze, desde que os pais judeus colocavam seus filhos no treinamento aos doze anos"[9]. Outros sugerem que ele era apenas um menino de seis ou sete anos quando chegou a Jerusalém. Outros ainda sugerem que tinha 15 ou 18 anos quando foi ali estudar. Não é provável que Paulo estivesse em Jerusalém na época da crucificação de Jesus, ou vários anos

---

[3] Atos 17.28; 1 Coríntios 15.53; Tito 1.12.
[4] Atos 22.3.   [5] Atos 18.3.
[6] F. W. Farrar, *Life and Work of Paul* (New York: E.P.Dutton & Co., 1.880), p.14, nota 1.
[7] Atos 18.3; 20.34; 1 Tessalonicenses 2.9.
[8] Atos 22.28.   [9] Boles, *op. cit.*, p.351.

antes disso. Se ele tivesse conhecido Jesus durante seu ministério terreno, é inexplicável que em todos os seus discursos e epístolas não tivesse feito qualquer alusão a um conhecimento pessoal dos eventos da vida de Jesus. A passagem em 2 Coríntios 5.16 evidentemente não significa que Paulo tivesse visto Jesus durante o seu ministério na terra. No contexto, essa passagem parece estar dizendo que antes (antes da sua conversão) Paulo costumava esperar um Messias que satisfizesse seus planos e expectativas materiais, mas agora ele não tinha mais essa visão do Messias.

Em Jerusalém, Paulo estudou **aos pés de Gamaliel**[10]. O estudante deve rever as notas sobre Gamaliel, encontradas nos Estudos Introdutórios e em Atos 5.34. A frase "sentar-se aos pés de alguém", expressa a condição de um discípulo, aprendiz, ou aluno. É provável que tivesse origem no fato de que os estudantes ocuparam um lugar mais baixo que o professor. Ser aluno de Gamaliel equivalia a fazer a faculdade em Jerusalém. Que tipo de aluno era Paulo? Em Gálatas 1.14 ele mesmo afirma que superava a muitos de sua idade. Não é de todo improvável que Paulo se distinguisse na escola de Gamaliel por seu zelo na religião judaica. Poderíamos chamá-lo de melhor aluno da classe.

Seu *currículo de estudos* em Jerusalém teria sido variado. (1). Ele foi instruído **rigorosamente segundo a lei de nossos antepassados**[11]. "Rigorosamente" significa rigor e severidade absolutos nessa instrução. Não foram poupados esforços para que ele compreendesse e praticasse a Lei de Moisés. A Lei é chamada de "lei de nossos antepassados", por ter sido recebida pelos pais e transmitida por eles oralmente. É também possível que este termo também inclua o estudo dos Profetas da época do Antigo Testamento. (2) Ele foi instruído **nas doutrinas (tradições) dos fariseus**[12]. Lembre-se, um homem se tornava fariseu por escolha e pela instrução[13]. Josefo nos conta "que os fariseus transmitiram ao povo inúmeras observâncias pela sucessão (tradição oral) de seus pais, as quais não estão escritas na Lei de Moisés"[14]. Todas essas mais de 600 regras faziam parte dos estudos de Paulo. (3) Ele foi instruído **na religião dos judeus**[15].

Gálatas 1.14 nos diz que Paulo, **quanto ao judaísmo, avantajava-se a muitos da sua idade.** Por ocasião da morte de Estêvão, Paulo deveria ter pelo menos 30 anos, e talvez tivesse saído da escola de Gamaliel há oito ou dez anos. A suposição de que voltou a Tarso antes do início do ministério de João Batista, tendo retornado a Jerusalém depois da ascensão de Jesus, concorda com todos os fatos conhecidos a respeito. "Avantajava-se" pode significar que ele ganhou o favor do sumo sacerdote e do Sinédrio mais depressa do que os outros da sua idade, até chegando ao ponto de, antes de alcançar a idade da maturidade (40), ser-lhe concedida uma posição responsável (perseguidor-chefe da igreja).

Em anos posteriores, Paulo pôde fazer um retrospecto daquele período e pensar em si mesmo como **servindo a Deus fervorosamente de noite e de dia**[16]. Ele era zeloso na causa de Deus. Ardia constantemente de zelo pela causa de Deus e sua Lei. Esse zelo se manifestava não só pela obediência escrupulosa às suas formas e cerimônias, mas na perseguição a todos que se opusessem à Lei. "Servindo a Deus" fala das ordenanças e observâncias do templo. "Dia e noite" expressa devoção constante e intensa. Ele comparecia a todas as reuniões do templo. Era homem consciencioso e muito religioso.

Ele fez *muitas coisas contra Jesus de Nazaré*. Em Atos 26.9 é registrado: **A mim me parecia que muitas coisas devia eu praticar contra o nome de Jesus, o Nazareno.** Paulo julgava ser sua obrigação acabar com o cristianismo. Ele achava que devia a seu país, sua religião, seu Deus, opor-se de todos os modos às afirmações de Jesus de Nazaré como sendo o Messias. Algumas das coisas que Paulo fez são explicadas em Atos 9.1ss.

Atos 9.1 nos informa que mesmo depois de algum tempo ter passado após a morte de Estêvão, Paulo **ainda estava respirando ameaças e morte contra os discípulos do Senhor.** "Ainda" nos faz lembrar-nos do registro em Atos 7.58 e 8.1-3. Não temos indicação quanto à

---

[10] Atos 22.3.   [11] Atos 22.3.   [12] Atos 26.5; Gálatas 1.14.
[13] Veja o Estudo Especial Nº 9 para explicação sobre as doutrinas dos fariseus.
[14] *Antiguidades*, XIII. 10. 6.   [15] Gálatas 1.14.   [16] Atos 22.3; 26.7.

duração dos eventos em Samaria e da missão de Filipe, mas a perseguição continuou durante todo esse intervalo.

Quando a igreja de Jerusalém foi dispersa, Saulo sem dúvida pensou que havia destruído efetivamente a seita odiada. Mas logo começaram a chegar notícias de várias partes de que os discípulos dispersos estavam estabelecendo congregações em todo lugar. Alguém menos persistente que Paulo poderia ter desistido de ter sucesso em suprimir uma fé que havia até então expandida através dos ataques feitos contra ela, e que parecia ganhar nova vida através da aparente destruição, mas ele possuía uma vontade que se firmava cada vez mais, à medida que os obstáculos se multiplicavam[17].

A igreja de Jerusalém foi dispersa, mas Paulo não se satisfez com isso. O verbo "respirando" expressa uma emoção profunda, agitada, como os homens respiram rápida e violentamente sob tal sentimento. Cada vez que Saulo respirava, ele sentia ânimo para perseguir os discípulos de Cristo. Cada vez que respirava, parecia pronunciar novas ameaças contra os seguidores de Cristo. A palavra "morte" contém a ideia de que ele desejava intensamente matar o maior número de cristãos que pudesse, pensando estar prestando um serviço a Deus com isso.

Sob as ordens de Paulo, seus seguidores **prendiam e metiam em cárceres, homens e mulheres**[18]. O verbo "encerrar" em 26.10 fala de "fechar como a porta de uma armadilha". As perseguições de Paulo eram de tal natureza que ele não mostrou misericórdia, nem mesmo para com as mulheres. Note que cristãos vivos são chamados "santos" em 26.10[19].

Uma coisa que Paulo fez foi tentar fazer com que os cristãos presos blasfemassem[20]. O tempo do verbo "obrigando-os até a blasfemar", implica que o esforço foi repetido. Ele fez o que podia para obrigar os cristãos a dizerem que não criam mais que Jesus era o Messias, mas um impostor. Ou talvez signifique que tentou levar aos cristãos a pronunciarem palavras que podiam ser chamadas de "blasfêmia" pelos judeus, como aconteceu no caso de Estêvão[21], porque o Sinédrio podia sentenciar à morte quem quer que fosse culpado de blasfêmia.

Persegui este caminho até à morte, ele nos diz em 22.4. A palavra "caminho" é usada muitas vezes por Lucas como um título ou designação do cristianismo. Temos aqui a primeira ocorrência de um termo que parece ter sido usado familiarmente como um sinônimo para os seguidores de Cristo[22]. Ele pode ter originado nas palavras de Cristo, afirmando ser o "Caminho", assim como a verdade e a vida[23]; ou em sua linguagem sobre o caminho estreito e apertado que leva à vida[24], ou talvez na profecia de Isaías citada por João Batista, sobre preparar o caminho do Senhor[25]. Antes da aceitação geral do termo "cristão", ele servia como uma designação conveniente e neutra da qual os seguidores de Cristo podiam fazer uso para designar a si mesmos, sendo também empregada por outros que quisessem falar dos seguidores de Cristo. Para este autor, é duvidoso que Paulo tivesse matado pessoalmente quaisquer cristãos; mas sim que ele os enviou para a prisão, da qual seriam tirados, julgados e sentenciados.

Quando os cristãos eram mortos, Paulo dava seu voto contra eles. Ele relata sobre esses casos: **Contra estes dava o meu voto, quando os matavam**[26]. Não há registro de qualquer cristão sendo morto, exceto Estêvão. Não é porém improvável supor que o ocorrido com Estêvão no início, viesse também a suceder em outros casos. Os termos gregos (*katēnegka psēphon*) para "voto", significam literalmente "Lancei minha pedrinha". Os gregos da antiguidade (e também o Sinédrio?) usavam pedrinhas brancas para absolvição, e pretas para condenação. Eles jogavam literalmente as pedrinhas numa urna. Por causa desta declaração, muitos acham que Paulo fosse

---

[17] McGarvey, *op. cit.*, p. 168.
[18] Atos 22.4; 26.10.
[19] Veja notas em Atos 9.14 sobre "santos".
[20] Atos 26.11.
[21] Atos 6.13ss.
[22] Atos 19.9, 23; 22.4; 24.14, 22.
[23] João 14.6.
[24] Mateus 7.13.
[25] Isaías 40.3; Mateus 3.3; Marcos 1.3.
[26] Atos 26.10.
[27] Para ser membro do Sinédrio o homem precisava ser casado e ter pelo menos 40 anos de idade. Se Paulo fosse membro do Sinédrio, era casado na ocasião, mas deve então estar divorciado (sua desposa judia divorciando-se dele porque se tornou cristão?) ou viúvo na época em que escreveu 1 Coríntios 7.7ss, pois não era casado nessa época.

membro do Sinédrio, e realmente votava com eles[27]. Todavia, é possível tomar esta linguagem no sentido figurado, significando "dei minha aprovação para as ações", sem significar que fosse realmente membro votante do Sinédrio. Talvez não haja possibilidade de determinar se Paulo era ou não membro do tribunal, mas este escritor se inclina para a negativa. Quando ele estava guardando as vestes por ocasião da morte de Estêvão, era ainda jovem, i.e., com menos de 40 anos, e assim não seria qualificado para ser membro do Sinédrio, a não ser que tivesse realmente se avantajado sobre os de sua idade!

No decorrer das muitas coisas feitas em oposição a Jesus de Nazaré, *ele levou a perseguição para muitas cidades estrangeiras*[28]. As palavras de Paulo parecem implicar que Damasco é simplesmente uma das cidades fora da Judéia para onde levou a perseguição. Ao encontrar cristãos em qualquer dessas cidades, eles eram castigados nas sinagogas[29] ou levados presos para Jerusalém para serem castigados[30]. O fato de levar os cristãos a Jerusalém implicava que a ofensa, desde que era contra o Santo Lugar e contra a Lei, ficava além da jurisdição das cortes locais que se reuniam nos prédios das sinagogas, devendo ser reservada para o Sinédrio. Depois de um julgamento perante o Sinédrio, o prisioneiro era libertado, chicoteado e libertado, ou morto.

Em sua ida a essas cidades estrangeiras, quando chegou a vez de Damasco, Paulo dirigiu-se ao sumo sacerdote (e o Sinédrio) para pedir cartas[31]. "Dirigiu-se" indica que Paulo apresentou-se voluntariamente para a missão. Se nossa cronologia estiver correta (veja Estudos Introdutórios) e o ano for cerca de 34 ou 35 A. D., então o sumo sacerdote era José Caifás[32]. As cartas foram escritas e assinadas em nome e pela autoridade do Sinédrio. O sumo sacerdote, como presidente do conselho, as assinou; mas a autoridade do conselho dava respaldo às cartas.

Ele recebeu as cartas (autoridade)[33]. Elas serviam de credenciais, implicando uma comissão para Paulo, de que ele tinha o direito de pedir ajuda dos destinatários para desentocar os cristãos e levá-los de volta a Jerusalém, a fim de submetê-los a julgamento e castigo. As cartas equivaliam a mandados de prisão para os cristãos.

As cartas eram dirigidas às sinagogas de Damasco[34]. A cidade de Damasco ficava a cerca de 190 km a nordeste de Jerusalém. Uma das cidades mais antigas do mundo, Damasco foi a capital antiga da Síria[35]. Foi capturada e colocada sob o domínio de Roma por Pompeu, 64 a.C.[36]. As muitas sinagogas em Damasco, indicadas em Atos 9.2, sugerem que a cidade continha uma vultuosa população judia. Os judeus eram tão numerosos em Damasco que 10.000, desarmados e presos num ginásio, foram mortos em uma hora, e 18.000, com suas mulheres e famílias, pereceram num massacre durante o reinado de Nero[37]. A população judia nessa época é calculada em 40.000, com cerca de 30 a 40 sinagogas. Júlio César e Augusto haviam concedido ao sumo sacerdote e ao Sinédrio jurisdição sobre os judeus em cidades estrangeiras, assim como em Jerusalém. O cristianismo deve ter avançado muito em Damasco, para que essa perseguição pudesse efetuar-se. Não se sabe quem pregava ali o evangelho. Houve alguns presentes no dia de Pentecostes? Alguns dos judeus perseguidos em Jerusalém fugiram para Damasco e pregaram durante a fuga?

3. *A Viagem de Paulo a Damasco*

Paulo seguiu para Damasco levando *autorização e uma comissão dos principais sacerdotes*[38]. Não sabemos o método de viagem usado por Paulo para sua jornada a Damasco. Artistas o pintam a cavalo, sobre um camelo, ou de carro. Mas o fato de ter sido levado pela mão a Damasco, depois do Senhor ter-lhe aparecido, indica que provavelmente seu grupo estava a pé. Havia diversas estradas que Paulo poderia ter tomado para a viagem. Uma delas era a Via Maris, a trilha de ca-

---

[28] Atos 26.11.
[29] Atos 26.11.
[30] Atos 9.2; 22.5.
[31] Atos 9.1, 2; 22.5; 26.10.
[32] Barnes dá um nome diferente para o sumo sacerdote, mas parece que a sua cronologia, que é diferente da deste escritor, está errada.
[33] Atos 26.10.
[34] Atos 9.2.
[35] 2 Samuel 8.6; Isaías 7.8.
[36] Josefo, *Antiguidades*, XIV, 2. 3.
[37] Josefo, *Guerras*, II. 20. 20; *Antiguidades*, VII. 8. 7.
[38] Atos 26.12.

ravanas que levava do Egito a Damasco e acompanhava a linha costeira da Palestina até desviar-se na direção leste para cruzar o Rio Jordão, num ponto ao norte do Mar da Galiléia. Para chegar a essa estrada, Paulo teria que seguir primeiro para o oeste de Jerusalém em direção ao Mar, até alcançar a interseção com a estrada. Uma segunda estrada, o Caminho dos Patriarcas, levava ao norte de Jerusalém, através de Neápolis, cruzando o Jordão ao sul do Mar da Galiléia, atravessando Gergesa e seguindo em direção ao nordeste para a cidade de Damasco. Uma terceira rota possível seria a estrada que ficava a leste do Vale do Jordão, pela qual os peregrinos galileus algumas vezes viajavam para evitar Samaria[39].

Paulo e seus companheiros *se aproximaram de Damasco, quase ao meio dia*[40]. Supondo que não houvesse interrupção na viagem, a chegada a Damasco se daria cinco a sete dias depois da partida de Jerusalém.

Repentinamente *uma luz do céu, mais resplandecente que o sol,* brilhou ao redor dele e dos que o acompanhavam[41]. A luz precisaria ter um brilho intenso para ser mais brilhante que o sol do meio dia no deserto da Síria. Isto não parece ter sido um relâmpago, como alguns comentaristas têm sugerido como parte de uma tentativa de explicar tudo sob um ponto de vista naturalista. Nada na narrativa sugere a ideia de uma tempestade súbita. Em tal caso, o escurecimento gradual e as nuvens negras em formação teriam preparado o viajante para o relâmpago. É de fato bastante artificial supor que Paulo tomou o barulho do trovão como sendo a voz de Jesus que lhe falava, e "luz" (*phōs*) jamais é usado para relâmpago. A sugestão naturalista de que Paulo foi atingido por um raio não se ajusta ao registro.

> Alguns poucos eruditos radicais tentam fazer com que a conversão de Saulo não passe de uma insolação, dizendo que no calor de sua ira e no calor do deserto ele sofreu um derrame! Pelo contrário, a maioria dos homens imparciais considera a conversão dele um dos milagres mais maravilhosos de toda a revelação. É uma das maiores provas da ressurreição de Jesus Cristo, pois a conversão de Paulo não pode ser explicada em separado da ressurreição de Cristo[42].

Não se tratava de insolação – era uma luz milagrosa, mais brilhante que o sol. Se os homens quiserem negar a ressurreição, encontrando uma resposta naturalista para a grande mudança em Paulo, eles terão de apresentar uma hipótese melhor que qualquer uma avançada até agora.

Caíram todos do grupo por terra[43]. A luz era de tal natureza que ao brilhar sobre eles, fez com que caíssem no chão. Os companheiros de Paulo, devido ao seu propósito, seriam valentes demais para se enervarem sem motivo adequado. Esta é outra indicação de que Paulo não sofreu um ataque de insolação. Se ele só sofreu isso, como explicar o fato de que TODOS caíram?

Uma voz falou a Paulo em língua hebraica[44] – Só sabemos que a voz falou em hebraico através do discurso feito por Paulo a Agripa e Festo. Quando o apóstolo fala outro idioma além do hebreu (como o faria diante da assembléia em Cesaréia), ele nos conta em que língua falou. A "língua hebraica" pode ser o aramaico ou o hebraico puro, pois a única palavra grega é usada para ambos. A voz disse: **Saulo, Saulo, por que me persegues?** A ordem das palavras na pergunta de Jesus mostra ênfase no "me". "Me – por que persegues a mim"? A repetição do seu nome chamaria a atenção de Paulo. A forma interrogativa peculiar "por que" implica em "por que razão?". O Senhor não lhe havia feito qualquer mal, não o havia provocado. Por que razão, então, Paulo estava agindo daquela forma? Cristo e seu povo são um só[45]. Persegui-los, como Paulo fazia, é então perseguir a Ele[46]. Jesus continuou se dirigindo a Paulo com a pergunta:

---

[39] A Estrada dos Reis, uma estrada que atravessava as terras mais altas a leste do Rio Jordão, talvez esteja muito a leste para ser um caminho possível para Damasco.
[40] Atos 22.6 ; 26.13.
[41] Atos 9.3; 22.6; 26.13.
[42] Dale, *op. cit.*, p.101.
[43] Atos 9.4; 22.7; 26.14.
[44] Atos 9.4; 22.7; 26.14.
[45] João 15.1-6.
[46] Mateus 25.40, 45.
[47] As palavras são genuínas em Atos 26.14, embora provavelmente uma explicação em Atos 9.5 e 22.7.
[48] Barnes, *op. cit.*, p.156.

"Dura coisa é recalcitrares contra os aguilhões?"[47] Esta é evidentemente uma expressão proverbial, como mostra Barnes[48], citando os escritores gregos e latinos que em muitos lugares usaram uma expressão similar. O aguilhão era de boi, um instrumento agudo de ferro ajustado à ponta de uma vara pesada, que serve para obrigar o boi a andar. A outra extremidade da vara de 2 metros era achatada, servindo para limpar a relha do arado. Também podia ser usado como uma arma formidável[49]. A expressão "recalcitrar contra os aguilhões" é derivada da ação de um boi teimoso e obstinado escoiceando o aguilhão. Como o boi não tirava qualquer proveito do seu esforço e não feria ninguém além dele mesmo, a ideia é a de uma disposição obstinada e um comportamento refratário, resistindo à autoridade daquele que tem o direito de mandar, e se opondo à orientação da Providência; prejudicando justamente a pessoa que resiste. Contra o que Paulo escoiceava? Não era uma consciência torturada! O fato de que ele pensava que estava servindo a Deus deve impedir que interpretemos o comentário sobre recalcitrar contra o aguilhão como se referindo às aguilhoadas da consciência[50]. Paulo torna claro que ele agiu de boa consciência, mesmo em meio à sua oposição aos cristãos[51].

Contra o que lutava então? Uma explicação popular tem sido que ele estava resistindo à graça em seu esforço de guardar a Lei de Moisés. Em seu empenho em fazer que os homens obedecessem à letra da Lei, ele combatia a graça de Deus revelada em Cristo. E quanto mais escoiceia (persegue), tanto mais a igreja cresce!

E a resposta de Paulo foi: **"Quem és tu, Senhor?"**[52] O termo grego *kurios* deveria ser traduzido como "Senhor" (ser supremo) ou "Senhor" (tratamento respeitoso) neste versículo? Qualquer deles é uma tradução apropriada[53]. A opinião geral dos comentaristas é que a tradução deveria ser "senhor" (tratamento respeitoso); "Quem es tu senhor?" Argumenta-se que Paulo evidentemente não sabia ainda que o Senhor Jesus é quem lhe falava. Ele ouviu a voz de um homem; ouviu seu próprio nome chamado; mas não tinha certeza sobre quem estava falando com ele. Paulo parece estar dizendo: "De quem é a voz que ouço?" "Quem fala comigo?"

Paulo é então informado que *Jesus se revelava a ele*[54]. **Eu sou Jesus, o Nazareno, a quem tu persegues**, foi a resposta à pergunta de Paulo. Fica claro aqui que o Senhor apareceu pessoalmente a Paulo. Ele realmente viu o Senhor ressurreto[55].

É impossível para nós, familiarizados com a história do Cristo ressurreto desde a infância, compreender plenamente os pensamentos e sentimentos que passaram pela alma de Saulo ao ouvir essas palavras. Até aquele momento ele havia considerado Jesus como um impostor, amaldiçoado por Deus e os homens, e seus seguidores merecedores da morte por blasfêmia. Mas agora, esse ser odiado é subitamente revelado a ele numa chama de glória divina. A evidência dos olhos e ouvidos não pode ser posta em dúvida! Jesus está ali, com a luz do céu e a glória de Deus ao seu redor, e Ele diz, "Sou Jesus". Estêvão estava então certo, e derramei sangue inocente. "Desventurado homem que sou! Quem me livrará do corpo desta morte?"[56]

Deve ser notado também novamente que Paulo não perseguia somente os cristãos. O que era feito a eles, o Senhor contava como ofensa pessoal. Deve ser enfatizado novamente que Paulo viu o Senhor ressurreto. Jesus não apareceu a Paulo para convertê-lo, mas para qualificá-lo para ser apóstolo (veja abaixo).

Depois de se levantarem do chão, *os companheiros de viagem de Paulo ficaram emudecidos*[57]. Quem eram esses homens com Paulo? Alguns pensam que eram soldados judeus. É possível que fizessem parte da guarda do templo, que tinham recebido ordens para viajar com Paulo. Também é sugerido que se eram soldados romanos. Veremos que os acompanhantes de Paulo ouviram a voz,

---

[49] Juízes 3.31; 1 Samuel 13.19, 21.
[50] Veja Atos 26.9.
[51] Atos 23.1; 1 Timóteo 1.13; 2 Timóteo 1.3.
[52] Atos 9.5.
[53] Veja João 4.15.
[54] Gálatas 1.12; Atos 9.5; 22.8; 26.15.
[55] 1 Coríntios 9.1; 15.8.
[56] McGarvey, *op. cit.*, p.171.
[57] Atos 9.7.
[58] Seria possível até para os judeus ouvirem uma voz falando em hebraico e não entenderem. Os que cercavam a cruz quando Jesus foi crucificado não compreenderam quando ele falou em hebraico, Marcos 15.34. O fato de que os viajantes não entenderam a voz que falava a Paulo, não prova de modo algum que fossem romanos ou judeus.

mas não entenderam o que foi dito – com base nisto afirma-se que eram romanos; caso contrário entenderiam o que a voz dizia em hebraico[58]. Uma terceira sugestão é que os companheiros de Paulo fossem apenas viajantes ocasionais. Uma sugestão final é que eles fossem membros da sinagoga dos helenistas que se ofereceram para ajudar no extermínio dos cristãos. Não há contradição no registro, pois Lucas nos diz em uma passagem que todos *caíram* no chão ao aparecer a luz, enquanto aqui ele nos diz que emudeceram (*ficaram de pé* mudos – no original inglês. N.T.). Em Atos 26.14, a narrativa se refere ao efeito imediato do aparecimento da luz. Todos foram impelidos juntos para o chão. Isto ocorreu antes que a voz falasse a Paulo. Aqui em Atos 9.7, o historiador está falando do que ocorreu depois do primeiro susto. Não é improvável que eles se levantassem imediatamente, e observassem a cena espantados e silenciosos. A palavra emudecidos (*enneoi*) denota aqueles que ficam tão atônitos ou estupefatos que não conseguem falar. Eles viram a luz, mas não ficaram cegos como Paulo[59]. Tinham ouvido a voz do Senhor, mas não compreenderam as palavras ditas a Paulo[60]. Um caso similar ocorre em João 12.28, 29, quando a voz de Deus veio do céu para Jesus. "A multidão, pois, que ali estava, tendo ouvido a voz, dizia ter havido um trovão." Eles ouviram o som, o ruído – não distinguiram as palavras dirigidas a Jesus. O mesmo acontece aqui no caso da voz que falou a Paulo.

Ele agora quer saber do Senhor o que é esperado dele. Pergunta: **"Que farei, Senhor?"**[61] Barnes, errando em pensar que a conversão de Paulo foi instantânea, interpreta esta pergunta dele como significando: "Agora que fui convertido, o que devo fazer de minha vida?"[62] É melhor compreender que Paulo está perguntando: "O que devo fazer para ser salvo?" A experiência na estrada foi o ponto crítico na vida de Paulo, mas não o tornou cristão. Ele estava subjugado, mas não salvo. A entrega da vontade humana de forma alguma resolve o caso. Até Paulo compreendeu que havia algo a ser feito além de reconhecer o fato da presença e poder de Cristo. Além disso, Jesus vai dizer-lhe que siga para a cidade, e ali lhe diriam o que fazer para ser salvo. Paulo deve ouvir o Evangelho, que é o poder de Deus para a salvação. Ele recebe instruções para ir a Damasco, e lá lhe ensinariam o que fazer. Jesus não apareceu a Paulo para fazer dele um cristão. Esta tarefa seria realizada por homens. Jesus enviou-lhe um agente humano em Damasco, Ananias, para pôr em prática o plano de salvação.

O Senhor respondeu à pergunta de Paulo com estas palavras: **Levanta-te, e entra na cidade, onde te dirão o que te convém fazer**[63]. Paulo não foi convertido na estrada de Damasco, mas em Damasco, através da pregação e obediência ao Evangelho. A fé vem pela pregação da Palavra de Deus, e não mediante aparições pessoais de Jesus.

Cristo apareceu a Paulo pelas seguintes razões: (1) Para fazer dele um ministro e testemunha das coisas que seriam subsequentemente reveladas a ele por Deus, e (2) para qualificá-lo para ser um apóstolo aos gentios. Vamos examinar essas duas razões em detalhe.

Primeiro, Atos 26.16 diz: **Por isto te apareci para te constituir ministro e testemunha, tanto das coisas em que me viste como daquelas pelas quais te aparecerei ainda.** "Por isto" – não para vingar-se da sua hostilidade ao Evangelho, mas com o propósito que seria logo depois explicado. "Constituir" é um termo que tem a conotação de "escolhido de antemão". "Ministro", como usado aqui, significa um servo através de quem o Evangelho é anunciado. Uma "testemunha" conta o que sabe, o que experimentou pessoalmente. Jesus prometeu

---

[59] Atos 22.9.
[60] Nos Estudos Introdutórios, pp. xxvi e xxvii, é explicada a suposta contradição nesses dois versículos, Atos 9.7 e 22.9.
[61] Atos 22.10.
[62] *A conversão é um processo – não instantâneo*. A semente foi plantada no coração de Paulo pela discussão com Estêvão, e pela aparência de Estêvão ao morrer. Paulo ficou impressionado e pensou seriamente sobre a morte de Estêvão. O fato de Paulo não ter sido ainda convertido será visto claramente logo que se compreenda que a conversão não se completa senão através da obediência no batismo. O batismo é o ponto em que ocorre uma mudança de estado; veja Romanos 6.1ss.
[63] Atos 9.6; 22.10; 26.16.
[64] Atos 18.9; 22.18; 23.11; 2 Coríntios 12.1-7.

aqui revelar-se ainda mais a Paulo, e este recebeu mais tarde novas revelações da pessoa e obra de Cristo, e de seus propósitos e sua vontade[64]. É provável que muitas dessas revelações ocorressem enquanto Paulo se achava na Arábia. Veja Gálatas 1.12ss, que nos diz que Paulo não recebeu seu evangelho por meio de homens, mas mediante revelações – e a implicação é que o tempo gasto na terra da Arábia foi aquele em que recebeu essas revelações.

Vamos examinar agora a segunda razão. Antes que alguém pudesse ser apóstolo, seria necessário ter visto o Senhor ressurreto[65]. Deveria ser também uma testemunha do ministério terreno de Jesus. Talvez as revelações dadas na Arábia satisfizessem esta qualificação no caso de Paulo[66]. Repetimos, Jesus não apareceu a Paulo para salvá-lo. Se tivesse aparecido para torná-lo cristão, Ele estaria na verdade dizendo que sua morte e ressurreição proclamada pela boca de testemunhas dignas de confiança não poderiam salvar um pecador como Paulo. Isto seria contrário a Romanos 1.16, 17, que afirma que através de toda esta era da Igreja, o Evangelho é o poder de Deus para a salvação. Esta segunda razão para Jesus aparecer a Paulo é declarada mais detalhadamente em Atos 26.17, 18: **Livrando-te do povo e dos gentios, para os quais eu te envio, para lhes abrir os olhos e convertê-los das trevas para a luz e da potestade de Satanás para Deus, a fim de que recebam eles remissão de pecados e herança entre os que são santificados pela fé em mim.** "Livrando" vem do grego *echairoumenos* que significa tanto "escolher, selecionar" alguém dentre muitos, como "resgatar, livrar". O "povo" é o povo judaico (a adição de "judaico" em itálico na NASB é uma interpretação correta). Se a palavra for traduzida "livrando", então a ideia é que Deus resgataria Paulo quando ele fosse perseguido pelos judeus. Mas se for traduzida "escolher", então a ideia é que Deus escolheu Paulo dentre os judeus com um propósito especial. "Livrando" é provavelmente o termo certo, pois o resto do versículo parece dizer que Paulo seria também livrado dos gentios quando perseguido por eles. De fato, a palavra ocorre outras quatro vezes em Atos, sendo sempre traduzida como "livrar". É difícil também ver de que forma "escolher" poderia ser usado com os gentios; traduzimos então a palavra como "livrar" e vemos que são prometidos a Paulo sofrimentos, perigos e perseguições se ele se tornar o ministro que Cristo deseja que seja. As palavras "gentios, para os quais te envio" são a comissão de Paulo junto aos gentios, e ele fala mais tarde de si mesmo como apóstolo para os gentios. "Para lhes abrir os olhos" significa instruí-los[67], ajudá-los a ver a verdade de Deus. A ignorância é representada pelos olhos fechados, e a instrução do Evangelho pela abertura dos olhos. A pregação de Paulo iria ajudar os gentios a se voltarem das trevas do paganismo e pecado, para a luz e pureza do evangelho. "Trevas" na Bíblia é muitas vezes um símbolo de pecado e ignorância, e as nações pagãs (idólatras) são frequentemente representadas como estando nas trevas[68]. Além disso, os gentios são descritos como estando sob o domínio do diabo[69]. A Bíblia nos conta que o diabo é o príncipe deste século, o príncipe das trevas deste mundo, o príncipe das potestades do ar, etc. O mundo pagão, que jazia no pecado e na superstição, é representado como estando sob seu controle[70]. Jesus diz agora que Paulo será o emissário através de quem eles aprenderão e receberão perdão de pecados. Aprendemos sobre o "perdão de pecados" em Atos 2.38 – o perdão é concedido quando o indivíduo obedece à palavra pregada. A "herança" que receberiam através dos esforços de Paulo era o direito de herdar, ou quinhão – isto é, iriam fazer jus aos privilégios e favores que pertencem aos filhos de Deus. Os "santificados" na ocasião em que Jesus falava a Paulo eram todos judeus. Só judeus faziam parte da igreja quando Paulo foi convertido. Os gentios igualmente, Paulo está sendo informado, deverão par-

---

[65] Atos 1.22.
[66] Veja 1 Coríntios 1.23. Paulo tinha conhecimento detalhado sobre a instituição da Ceia do Senhor, e ele obteve sua informação diretamente do Senhor.
[67] Atos 7.10, 34; 12.11; 23.27.
[68] Mateus 4.16; João 8.12; Romanos 2.14.
[69] Compare Colossenses 1.13 e 1 Pedro 2.9.
[70] João 12.31; 2 Coríntios 4.4; Efésios 2.2.
[71] Efésios 1.3 apresenta esta ideia de herança conjunta em maiores detalhes.

ticipar das bênçãos da igreja e do céu, juntamente com os judeus que já foram santificados[71]. E, finalmente, Jesus diz a Paulo que essas bênçãos e perdão são condicionados à "fé nele".

Depois de levantar-se do chão, e ter descoberto que estava *cego, Paulo foi guiado pela mão a Damasco*[72]. Este autor discorda de Barnes neste ponto. Barnes não parece pensar que a cegueira fosse milagrosa, mas segundo o registro de Lucas esse parece ser o caso! Deus fez com que Paulo ficasse cego. Não foram as suas tentativas para olhar para a luz o mais tempo possível que o cegaram, uma vez terminada a aparição de Jesus.

> Saulo neste momento apresenta uma figura triste e patética. Saulo, o orgulhoso perseguidor, revestido da autoridade do Sinédrio, se torna agora o convicto, cego e indefeso, alguém que tem de ser levado para Damasco a fim de aguardar novas instruções[73].

A missão que o fez partir de Jerusalém para Damasco é abandonada, e as cartas às sinagogas não são entregues.

4. A Conversão de Paulo em Damasco.

Paulo esteve três dias sem ver, durante os quais nada comeu nem bebeu[74]. Os três dias provavelmente devem ser compreendidos, segundo o método judeu de calcular o tempo, como incluindo o resto do dia em que chegou, o dia seguinte inteiro, e parte do outro dia até a chegada de Ananias. Ele não comeu nem bebeu, provavelmente por achar-se esmagado pelos seus pecados e portanto não pensou em quaisquer necessidades físicas[75]. Quando alguém é quebrantado pelos seus erros e o caminho do dever não está claro, o jejum é algo natural que se segue. Atos 9.11 nos diz que Paulo passou grande parte deste período de três dias em oração.

> Saulo não pertencia mais a si mesmo, ele então orava pedindo maiores esclarecimentos e orientação. Ele não orava para "conseguir religião", pois a religião é algo que alguém faz, não algo que ele consegue! (Veja Tiago 1.27). Ele sofria em tristeza com os erros do passado, e aguardava em oração ao Deus em que sempre havia confiado pelas instruções que Jesus tinha avisado que receberia em Damasco[76].

Um certo discípulo chamado *Ananias morava em Damasco*[77]. Só o conhecemos como "um discípulo", mas ele deve ter sido um obreiro forte e talvez um líder na igreja de Damasco. Lucas não nos diz quando Ananias tornou-se cristão. Talvez seja um dos convertidos no primeiro Pentecostes (Atos 2). Ananias fala sobre a carreira de Paulo como perseguidor em Jerusalém por ouvir dizer, pelo que inferimos que não era um dos que fugiram de Jerusalém devido à perseguição havida após a morte de Estêvão. Ele já deveria ser cristão antes disso. A descrição especial de Ananias em Atos 22 foi evidentemente dada para aplacar os ouvintes do discurso de Paulo. Ananias é chamado nessa ocasião de **piedoso conforme a lei, tendo bom testemunho de todos os judeus que moravam** em Damasco. Em anos anteriores, Ananias talvez fosse um dos 70 enviados por Jesus, mas isto não pode ser provado[78]. Ananias quem quer fosse um discípulo "não oficial", isto é, não era um evangelista, presbítero, ou diácono. Se for esse o caso, temos então aqui um exemplo de batismo realizado por mãos não oficiais. Isso mostraria que a validade da ordenança não depende absolutamente de sua ministração por um oficial (ordenado) da igreja. Todavia, talvez seja melhor considerar Ananias como um líder da igreja em Damasco. Ele pode ter muito bem constado da lista de cristãos conhecidos e que seriam castigados ou levados em algemas por Paulo, para a cidade de Jerusalém, se não fosse o acontecido na estrada de Damasco. A sabedoria de Deus pode ser vista na escolha de Ananias como emissário para levar a Paulo a

---

[72] Atos 9.8; 22.11.   [73] Boles, *op. cit.*, p.144.   [74] Atos 9.9.
[75] O estudante deve notar aqui a perplexidade dos comentaristas denominacionais que acreditam que Paulo foi convertido na estrada de Damasco. Se isso aconteceu, por que ele continua esmagado? Vimos no caso do eunuco etíope, que quando alguém é convertido, ele segue caminho jubiloso. A única que podemos extrair das ações de Paulo é que ele não é ainda um cristão. Ele continua em seus pecados. E o relato de Atos 22.16 indica ser esse o caso.
[76] Dale, *op. cit.*, p.104.   [77] Atos 9.10; 22.12.   [78] Lucas 10.1-24.

mensagem do Evangelho – um homem respeitado pelos judeus, que ajudaria a impedir que surgisse uma brecha desnecessária entre os judeus não convertidos e os convertidos. Alguém como Ananias não iria provavelmente ligar-se a um blasfemador profano, nem receberia o perseguidor arrependido exceto através de evidência de que a mudança era aprovada por Deus.

Jesus apareceu a Ananias numa visão, e chamou-o pelo nome[79]. Atos 9.10-16 indica que foi Jesus quem apareceu a Ananias. Lucas a princípio identifica aquele que apareceu na visão simplesmente como "o Senhor". Em resposta ao chamado do Senhor, Ananias disse: **"Eis-me aqui Senhor"**.

O Senhor disse a Ananias que fosse à casa de Judas e fizesse Paulo recuperar a vista. Lemos em Atos 9.11: **Dispõe-te, e vai à rua que se chama Direita e, na casa de Judas, procura por Saulo, apelidado de Tarso; pois ele está orando.** Barnes dá uma descrição da cidade de Damasco; mas devemos nos lembrar de que as coisas não são como eram, pois a cidade foi capturada e saqueada e pilhada muitas vezes desde a visita de Paulo. O termo grego "rua" significa uma viela estreita (como em Lucas 14.21). Não é o termo para "via pública larga" que encontramos em Atos 5.15[80]. Nada mais se sabe sobre o Judas com quem Paulo se hospedava. Ele pode ter sido um dos cristãos, ou alguém que iria receber as cartas de Paulo. "Ele está orando" nos dá uma boa indicação da maneira como Paulo passou os três dias. É duvidoso que as palavras sugiram que jamais havia orado antes. Ele teve uma educação judia rígida, era um fariseu estrito, um fariseu que observava todas as regras. Deveria ser um homem de oração[81]. Paulo tinha orado antes, mas o conteúdo de sua oração é agora diferente. Sobre o que Paulo orava naqueles três dias? Calculando a essência de sua oração pela resposta recebida, podemos pensar que Paulo pedia perdão pelo seu passado, luz e sabedoria para o futuro, forças para realizar a obra para a qual havia sido chamado, e intercessão por aqueles a quem havia perseguido antes até a morte. De qualquer modo, Paulo não era mais o fariseu perseguidor; e Ananias não precisava temer a viagem até a rua Direita, e bater na casa de Judas, onde Paulo se achava em oração.

As instruções de Jesus a Ananias continuam: **E viu entrar um homem, chamado Ananias, e impor-lhe as mãos, para que recuperasse a vista**[82]. Isto nos conta que enquanto Paulo orava durante aqueles três dias ele teve uma visão – uma visão do pregador Ananias indo visitá-lo. Ou talvez a visão fosse simultânea com a de Ananias; i.e., Jesus apareceu a Paulo e Ananias ao mesmo tempo. De qualquer modo, Paulo teve a resposta à sua oração – Ananias iria vê-lo, colocar as mãos sobre ele e restaurar-lhe a vista. Sem dúvida Ananias foi um daqueles sobre quem os apóstolos haviam imposto as mãos (a fim de transmitir-lhe dons espirituais), tendo assim poder para corrigir a cegueira de Paulo.

Lucas registra em Atos 9.13, 14 qual foi a resposta de Ananias a Jesus. **Senhor, de muitos tenho ouvido a respeito desse homem, quantos males tem feito aos teus santos em Jerusalém; e para aqui trouxe autorização dos principais sacerdotes para prender a todos os que invocam o teu nome.** No grego existe um "porém" – "Ananias, porém respondeu (como em português" – SBB). Ananias não queria qualquer envolvimento com Paulo! Os "muitos" de quem Ananias tinha ouvido sobre as atividades de perseguição de Paulo deveriam ser provavelmente fugitivos que tinham fugido de Jerusalém e se refugiaram em Damasco. As palavras são interessantes, pois mostram a duração e intensidade da perseguição liderada por Paulo. Ela foi tão intensa que notícias da mesma haviam se espalhado por toda parte. Atos 9.13 é a primeira vez em que a palavra "santo" é usada. Foi um termo que veio a tornar-se o nome

---

[79] Atos 9.10. Não podemos dizer exatamente qual a natureza das "visões" mencionadas várias vezes em Atos (2.17; 9.10, 12; 10.3, 17, 19; 11.5; 12.9; 16.9, 10; 18.9; 26.19), mas veja a obra de Kittel: *Theological Wordbook of the New Testament*, Vol. 5, p.350-52, 371-72.

[80] Não existe mais a rua "Direita" em Damasco, exceto uma chamada desse modo pelos cristãos. Ela corta a cidade na direção leste-oeste, tendo cerca de mil e seiscentos metros de comprimento. A casa tradicional de Judas, que é mostrada aos visitantes à cidade, não se encontra na mesma.

[81] Alguns sugerem, por causa de seu passado farisaico, que as orações de Paulo, antes de seu encontro com Jesus, podem ter sido como as do orgulhoso fariseu que Jesus usou como um exemplo de como não se deve orar, Lucas 18.10.

[82] Atos 9.12.

comum para os cristãos ainda vivos na terra (note: isto contraria a doutrina Romana da canonização de pessoas mortas como santos). Os cristãos são chamados santos porque são santificados, ou consagrados a Deus. Como o povo de Damasco sabia o propósito da visita de Paulo? Talvez mensageiros corredores tivessem divulgado a notícia de que o grande perseguidor estava a caminho de Damasco. É bem possível que homens como José de Arimateia e Nicodemos (identificados como membros do Sinédrio durante o ministério de Jesus) deixassem vazar a informação para que o povo ficasse advertido. Em Atos 2.21 a expressão: "todo aquele que invocar o nome do Senhor" foi explicada como significando orar ao Senhor Jesus, ou total obediência a Ele.

Jesus responde à objeção de Ananias em procurar Paulo: **Vai, porque este é para mim um instrumento escolhido para levar o meu nome perante os gentios e reis, bem como perante os filhos de Israel; pois eu lhe mostrarei quanto lhe importa sofrer pelo meu nome**[83]. Essa é frequentemente a única resposta que obtemos à sugestão de nossas dúvidas e hesitações sobre o dever. Ananias, como todos os outros que ousaram objetar contra uma ordem de Deus, descobriu que Ele não atende a tal argumento. McGarvey tem um parágrafo excelente sobre "instrumento escolhido".

> Jesus compara Saulo a um escrínio cuidadosamente escolhido, em que uma jóia rica suficiente que poderia ser ofertada a um rei foi depositada. Os joalheiros sempre guardam suas pedras mais valiosas em estojos de valor correspondente. Assim, quando Jesus está prestes a enviar seu nome aos reis e grandes da terra, Ele escolhe esse Saulo perseguidor como o recipiente mais adequado para guardá-lo. A escolha pareceu muito surpreendente a Ananias; mas os eventos posteriores provaram a sua sabedoria. Muito tempo depois, o próprio Saulo empregou a mesma figura de retórica, tomando-a sem dúvida dos lábios de Ananias. Mas ele a modificou materialmente, dizendo: "Temos, porém, este tesouro em vasos de barro, para que a excelência do poder seja de Deus e não de nós. (2 Co 4.6,7)[84]

Jesus escolheu Paulo para serviço, antes que ele escolhesse Jesus como seu Senhor. A palavra "escolhido" (a mesma palavra é frequentemente traduzida "eleito") tornou-se mais tarde importante no ensino de Paulo. Paulo, o instrumento escolhido, deve comunicar conhecimento sobre Jesus e o caminho da salvação aos gentios, reis e judeus, é dito a Ananias. Paulo veio a ser conhecido como o apóstolo aos gentios[85], e ele pregou a reis[86], e também a judeus[87]. Onde quer que fosse, Paulo pregava o evangelho primeiro aos judeus, depois aos gentios. Ele havia feito outros sofrerem por causa de Cristo; ele os perseguia até a morte; deveria agora sofrer como fez a outros, diz Jesus a Ananias. Esta predição foi plenamente cumprida[88].

Depois de terminada a visão, de acordo com as ordens de Jesus, *Ananias foi procurar Paulo*. Sua missão era dupla: restaurar a vista de Paulo e fazer com que ele recebesse o Espírito Santo. Atos 9.17 diz: **Então Ananias foi e, entrando na casa, impôs sobre ele as mãos, dizendo: Saulo, irmão, o Senhor me enviou, a saber, o próprio Jesus que te apareceu no caminho por onde vinhas, para que recuperes a vista e fiques cheio do Espírito Santo.** O uso da palavra "irmão" por Ananias tem provocado algum comentário. Barnes pensa ser esta uma expressão reconhecendo Paulo como companheiro cristão[89]; mas isto não parece ser correto, porque Paulo não havia sido ainda imerso para remissão de seus pecados. "Irmão" não deve ser, portanto, mais que um termo carinhoso com o propósito de acalmar os temores de Paulo. Este não foi convertido até ser batizado em Cristo (como ele próprio ensinou ser verdade em todos os casos de conversão, Romanos 6.3, 4,), e o indivíduo não deveria ser chamado cristão antes de ser convertido. (Lembre-se da frase: "chamar as coisas bíblicas por nomes bíblicos".) Assim sendo, como Paulo não tinha sido ainda batizado em Cristo quando Ananias o chamou de "irmão" pela

---

[83] Atos 9.15, 16.
[84] McGarvey, *op. cit.*, p.176.
[85] Romanos 11.13; 15.16; Gálatas 2.8.
[86] Atos 25.23; 26.32; 27.24; 2 Timóteo 4.16.
[87] Atos 9.20-22; 13.46; 28.17.
[88] Atos 20.23; 2 Coríntios 11.23-27; 2 Timóteo 1.11, 12.
[89] Barnes, *op. cit.*, p.161.

primeira vez, essa dificilmente poderia ser "uma expressão reconhecendo Paulo como um companheiro cristão". Devemos notar cuidadosamente, a seguir, que Ananias fornece nova evidência de Paulo ter visto realmente o Senhor ressurreto na estrada de Damasco. "Jesus que te apareceu...", diz Ananias.

A primeira missão de Ananias junto a Paulo foi cumprida, pois lemos: **Imediatamente lhe caíram dos olhos como que umas escamas, e tornou a ver**[90]. Anos depois, Paulo recapitula o incidente nestas palavras: **Nessa mesma hora recobrei a vista e olhei para ele**[91]. O termo traduzido "escamas" é *lepides*, originário de um verbo que significa "descascar". Lucas não diz que "escamas" reais caíram de seus olhos, mas pareceu a Paulo que algo era descascado deles. Esta foi uma cura milagrosa, assim como a cegueira foi milagrosamente provocada. Alguns sugerem que isso deixou um defeito permanente na vista de Paulo, e alguns até apelam para Gálatas 4.15 como evidência de que a visão de Paulo era fraca. Mas se houve um defeito após a cura, é o único caso no registro bíblico em que uma pessoa milagrosamente curada ficou com quaisquer efeitos secundários ou defeitos. Existem certamente outras maneiras de explicar as letras grandes na escrita de Paulo na carta aos Gálatas (Gálatas 6.11) e a disposição dos gálatas de arrancar seus próprios olhos e oferecê-los a Paulo, além de atribuir isso a uma visão defeituosa.

A segunda parte da missão de Ananias para Paulo era fazer com que este recebesse o Espírito Santo. Ananias disse o seguinte: **O Senhor (Jesus) me enviou... para que... fiques cheio do Espírito Santo**. Isto se refere ao batismo com o Espírito Santo (como em Atos 2.4) ? Barnes pensa que sim, mas ele deixa de distinguir entre o dom interior do Espírito Santo e o batismo do Espírito Santo. Ananias está aparentemente falando do dom interior do Espírito Santo (como em Atos 2.38). Aprendemos no primeiro sermão registrado de Pedro, que todos os que se arrependeram e foram batizados receberam o Espírito Santo. Agora, imediatamente depois de restaurar a vista a Paulo, Ananias pregou o evangelho a ele e instou para que fosse batizado "para lavar seus pecados". De fato, aqui em Atos 9.18, logo após dizer que ele recebeu de volta a visão, Lucas nos diz que Paulo foi batizado. O paralelo entre os versículos 17 e 18 é muito elucidativo. No versículo 17, Ananias diz: "recuperes a vista e fiques cheio do Espírito Santo". A seguir, no versículo 18, Lucas nos conta que isso aconteceu; mas em vez de afirmar tal coisa em palavras, como poderíamos esperar (ele recuperou a vista e ficou cheio do Espírito Santo), ele escreve: "tornou a ver e foi batizado". Com isto, Lucas diz certamente que o batismo de Paulo estava de alguma forma ligado com o fato de ficar cheio com o Espírito![92]

Antes de Paulo chegar a uma fé obediente e receber o Espírito Santo, ele deve ouvir o Evangelho (o mesmo processo a que qualquer indivíduo é submetido ao tornar-se cristão), pois a fé vem pela pregação da palavra de Deus (Romanos 10.17). Ananias pregou, portanto a Paulo, terminando a mensagem dizendo que fosse batizado, conforme registrado em Atos 22.14-16. Disse ele: **O Deus de nossos pais de antemão te escolheu para conheceres a sua vontade, ver o Justo e ouvir uma voz da sua própria boca.** "Escolheu" tem sido explicado como "escolher antecipadamente" em notas em Atos 26.16 anteriormente neste estudo. A "vontade" de Deus seria o plano da salvação, ou, talvez, os planos de Deus para a vida futura de Paulo aqui na terra, que Paulo seria um instrumento escolhido para os gentios. "O Justo" que ele veria seria o Cristo. Como Paulo deveria ser um apóstolo, e a função peculiar do apóstolo era dar testemunho da pessoa e obras do Senhor ressurreto, seria necessário que ele visse o Senhor ressurreto, para que pudesse ser assim uma testemunha competente da sua ressurreição. Quando Ananias fala de Paulo "ouvir uma voz da sua própria boca", ele quer dizer que Paulo deveria ouvir e obedecer as ordens de Cristo. Ananias depois continuou: **porque terás de ser sua testemunha diante de todos os homens, das coisas que tens visto e ouvido.** As palavras que Ananias fala agora a Paulo são as próprias palavras ditas por Jesus a ele. Elas se assemelham ao que Jesus havia dito a Paulo na estrada de Damasco[93]. A única maneira de Ananias poder repetir tal lin-

---

[90] Atos 9.18. [91] Atos 22.13.
[92] Veja este problema discutido em detalhe no *Commentary on Acts* de McGarvey, p.177,178.
[93] Atos 26.16.

guagem, conforme Paulo saberia, era que ele tinha sido instruído divinamente com respeito ao caso dele. O fato de que Paulo seria uma "testemunha" é exatamente idêntico à comissão dada aos doze (Atos 1.8), e colocava Paulo no mesmo nível que eles. O que Paulo havia visto e ouvido, a fim de dar testemunho? Havia a prova de sua própria missão divina aos gentios que ele mesmo havia experimentado. Havia a prova inescapável da ressurreição de Jesus dentre os mortos (Paulo não tinha visto o Senhor ressurreto?), que também servia para mostrar que Jesus era o Messias dos profetas do Antigo Testamento. Ananias concluiu sua exortação a Paulo, dizendo: **E agora, por que te demoras? Levanta-te, recebe o batismo e lava os teus pecados, invocando o nome dele.** Por que esperar mais tempo, pergunta Ananias. Você crê em Jesus como o Cristo (prova da crença de Paulo fica manifesta no fato de que não está realizando a perseguição que pretendia); arrependeu-se de seus pecados (três dias em oração e jejum); você é um candidato adequado ao batismo. Por que esperar mais tempo para receber o perdão de seus pecados? "Recebe o batismo" significa literalmente "faça-se batizar ", i.e., permita que alguém mergulhe você (na voz medial no grego). O batismo está ligado à lavagem dos pecados. Este versículo indica enfaticamente que os pecados do homem não são esquecidos por Deus até que ele obedeça através do batismo. Os pecados dos homens são lavados (perdoados) não antes, mas por ocasião do batismo. Esta é mais evidência, caso necessário, de que Paulo não foi salvo na estrada de Damasco. O homem não é salvo até que seus pecados sejam perdoados. Paulo ainda tinha seus pecados três dias após sua experiência na estrada de Damasco, como podemos ver pelo fato de que o pregador está aqui lhe dizendo como tê-los agora perdoados. Note também que o pregador instruiu Paulo para orar enquanto estava sendo batizado ("invocando o nome dele"). Uma oração pedindo perdão é evidentemente o propósito.

Paulo obedeceu o pregador. Atos 9.18 nos conta: **levantou-se e foi batizado.** O lugar em que ele foi imerso não é especificado por Lucas, mas o rio Abana corre através de Damasco, e seria o lugar provável para a realização do batismo[94]. Ananias provavelmente foi quem imergiu Paulo, a fim de que seus pecados fossem perdoados. Agora a parte do Espírito Santo na visita de Ananias foi cumprida, pois o dom da habitação interior do Espírito Santo estava ligado com o batismo para o perdão de pecados (Atos 2.38).

E depois de ter-se alimentado, sentiu-se fortalecido[95]. Durante os três dias que se seguiram ao aparecimento de Jesus na estrada de Damasco, Paulo não havia comido nada, por estar sentindo o peso esmagador de seus pecados. O fato de comer depois do batismo sugere que a sensação de peso e remorso desapareceu – isto concorda com a promessa de perdão dos pecados no batismo.

Paulo, agora um cristão, passou alguns dias com os cristãos de Damasco, pregando também Jesus nas sinagogas lá[96]. Lucas faz o seguinte registro: **Então permaneceu em Damasco alguns dias com os discípulos.** Ananias não era e único cristão em Damasco. A seção em que vamos entrar agora causa problemas para os que tentam harmonizar a vida de Paulo. Usando Gálatas 1.16 e a palavra "logo" (Atos 9.20), Lightfoot pensa que Paulo partiu para a Arábia imediatamente após a sua conversão, e coloca assim este parágrafo sobre a pregação de Paulo nas sinagogas numa época posterior à sua volta daquele país. Meyer situa a partida de Paulo para a Arábia depois dos "alguns dias" de Atos 9.19, e também depois da pregação de Cristo feita por ele nas sinagogas de Damasco (versículo 20). Este autor se inclina a concordar com Meyer. No versículo 23, onde Lucas diz "muitos dias" é o ponto lógico no relato de Atos para os três anos de Paulo na Arábia (Gálatas 1.17). Se esta última ideia for correta, então Atos 9.12-22 nos diz que por algum tempo (um mês aproximadamente após a sua conversão) Paulo tem comunhão com os cristãos em Damasco. **E logo pregava nas sinagogas a Jesus, afirmando que "este é o Filho de Deus".** Notamos antes nestes comentários a pluralidade das sinagogas em Damasco. Paulo visita

---

[94] J. W. McGarvey, *Lands of the Bible*, p. 551-558 discorre sobre os rios e reservatórios de Damasco.
[95] Atos 9.19. [96] Atos 9.19-22.
[97] "Filho de Deus" como título para Jesus, é usado por Lucas somente aqui em Atos. Essa era a designação do Messias recebida geralmente pelos judeus, João 1.49.

várias delas durante as reuniões de sábado, e em cada uma delas fala sobre Jesus ser o Filho de Deus[97]. Como Paulo chegou a ser convidado? Era costume convidar os visitantes distintos para dirigir-se à assembléia de fiéis reunidos[98]. Alguns opinam que Paulo a esta altura já estava falando por inspiração do Espírito Santo[99]. Talvez estivesse, mas Paulo poderia ter pregado nesta conjuntura sem ser inspirado. O que poderia dizer? Poderia fazer referencia aos profetas do Antigo Testamento que havia estudado. Poderia repetir os sermões pregados por Estêvão[100]. Poderia bem dar testemunho da ressurreição e glorificação de Jesus de Nazaré. E se alguém em Damasco duvidasse da veracidade de Paulo, bastaria perguntar a seus companheiros de viagem sobre a realidade da luz que os havia jogado ao solo. Sua cegueira física (talvez melhor conhecida dos judeus de que dos cristãos, caso o Judas em cuja casa ficou fosse judeu) não foi com certeza resultado da imaginação. Paulo tinha condições de pregar sermões poderosos conforme sua experiência pessoal – sem precisar da ajuda da inspiração do Espírito Santo. Nessa ocasião ele não conhecia naturalmente todos os fatos do Evangelho (muitos dos quais iria aprender durante sua permanência na Arábia). Mas, mesmo sem essas revelações posteriores, Paulo sabia o suficiente para pregar com poder, e ele faz um esforço intenso para converter os judeus de Damasco à fé.

A *reação dos ouvintes judeus* aos sermões de Paulo é agora documentada. **Ora, todos os que o ouviam estavam atônitos, e diziam: Não é este o que exterminava em Jerusalém aos que invocavam o nome de Jesus, e para aqui veio precisamente com o fim de os levar amarrados aos principais sacerdotes**[101]? Isto foi perguntado pelos judeus que ouviram a sua pregação, e não pelos cristãos, cujas perguntas a respeito dele já haviam sido respondidas, caso contrário, não lhe teriam dado as boas vindas em seu meio. Os adoradores nas sinagogas ficaram pasmos com a mudança repentina e completa do antigo perseguidor. De alguma forma, conforme este versículo, o setor judeu de Damasco tinha conhecido a razão de Paulo ter deixado Jerusalém e seguido para a sua cidade. O motivo da chegada dele foi compartilhado com a população judia pelos acompanhantes de Paulo? Ele pretendia destruir a igreja, se possível. E agora está pregando a favor de Cristo e sua igreja! Espantoso!

Saulo, porém, mais e mais se fortalecia e confundia os judeus que moravam em Damasco, demonstrando que Jesus é o Cristo[102]. A pregação de Paulo, que se tornava cada vez melhor, iria necessariamente provocar oposição por parte daqueles que não haviam aceitado Cristo. Paulo daria as razões para a sua transformação, os motivos para crer que Jesus era o Messias, o Filho de Deus. Enquanto fazia isso, a oposição cresceria contra ele, e Paulo teria necessariamente de "se fortalecer", caso fosse convincente e demonstrasse que não tinha dúvidas sobre Jesus ser o Cristo. Lucas nos diz que Paulo "confundia" os judeus. Esta é uma tradução da palavra *sunchuno*, e significa que Paulo levou a melhor sobre eles na discussão sobre as Escrituras do Antigo Testamento e da identidade de Jesus como o Messias longamente esperado. O termo pode também significar "tumulto" ou "excitação", sendo então possível que Paulo, com a sua pregação em Damasco, fez o mesmo que Estêvão ao pregar nas sinagogas de Jerusalém. Os judeus incrédulos não puderam responder aos seus argumentos, levantando-se então contra ele. A frase, "demonstrando que Jesus é o Cristo" é instrutiva. "Demonstrando" vem do verbo *sumbibazo* que significa unir, comparar, juntar as coisas. O que Paulo fez foi comparar as profecias do Antigo Testamento com os fatos da vida de Jesus. A seguir ele extrairia a indiscutível conclusão de que

---

[98] Lembre-se como Jesus foi o orador na sinagoga de Nazaré, Lucas 4.14ss. Para outras informações veja o estudo especial, "A Sinagoga e Seus Serviços", no final do capítulo 13.

[99] Paulo foi sem dúvida batizado com o Espírito Santo – uma medida do Espírito que capacitaria e qualificaria um homem para fazer o trabalho de apóstolo – mas não sabemos em que ponto exato de sua vida. A ideia deste escritor, com base nos registros, é que isso ocorreu enquanto ele se encontrava na Arábia.

[100] Paulo, como estudante, teria desenvolvido sua capacidade de memorizar enquanto um orador falava. Além disso, é difícil esquecer-se dos argumentos feitos por outros, que não se consegue responder. Paulo teria se lembrando das pregações ouvidas de Estêvão e outros.

[101] Atos 9.21. Lucas já nos contou sobre as tentativas de Paulo para destruir a Igreja em Atos 8.3, embora a palavra usada ali seja diferente desta.

[102] Atos 9.22.

Jesus deve ser o Messias prometido; caso contrário, como poderia ser justificado o perfeito acordo entre ambos?

5. *Paulo na Arábia*

Paulo seguiu para a Arábia e permaneceu ali cerca de três anos, ele mesmo nos conta em Gálatas 1.17, 18. Incluímos esta interrupção na vida de Paulo na narrativa de Atos 9.23, onde Lucas nos diz que "decorreram muitos dias"[103]. A capital da Arábia seria a cidade de "rochas vermelhas" de Petra. Alguns pensam que Paulo foi para ali, mas o local exato é discutido. Lightfoot sugere El Belka (a nordeste do Mar Morto), ou a região vizinha a Damasco, ou a região junto ao Monte Sinai[104].

Por que Paulo foi para a Arábia? A hipótese de que a viagem de Paulo para a Arábia não teve o propósito de pregação, mas o de refletir sobre o seu novo relacionamento com Cristo e pensar claramente sobre qual seria a sua nova teologia (embora adotada por Alford, Lightfoot, Farrar, etc.) talvez não seja a verdade inteira. Não devemos pensar em Paulo como forjando e martelando sua própria teologia mediante puro poder mental. Justamente nessa época ele estava recebendo revelações de Deus que determinaram a sua teologia. Gálatas 1.11ss, em que Paulo nos conta sobre a viagem à Arábia, contém essa tese, no sentido de não ter recebido o Evangelho através de homens, mas por revelação direta de Deus. A implicação é que muitas das revelações recebidas por ele sobre Jesus ocorreram enquanto se achava na Arábia.

Também é bem possível que Paulo passasse grande parte do tempo de sua permanência ali pregando e evangelizando.

6. *Paulo de volta a Damasco*

Ao voltar da Arábia para Damasco, Paulo pregou de novo nas sinagogas que Jesus é o Cristo[105].

Os judeus deliberaram para matar Paulo, mas a conspiração deles chegou aos ouvidos dele[106]. Eles prepararam um esquema para prender e matar Paulo. Ele era um pregador poderoso antes de sua viagem à Arábia; e agora, com mais conhecimento sobre Jesus como resultado de todas essas revelações, sua habilidade e sucesso teriam enfurecido os judeus. Eles não sabiam de outra maneira de silenciá-lo e livrar-se dos efeitos de seus argumentos e influência além de matá-lo. Como no caso de Estêvão, os judeus não conseguiram resistir aos argumentos do pregador de Deus, e recorreram à perseguição, violência e intimidação.

O governador da cidade, sob Aretas, *montou guarda,* para prender Paulo[107]. Nessa época da história, as cidades eram cercadas por altos muros, com portões, através dos quais os homens e animais podiam entrar e sair da cidade. Como não sabiam que Paulo teve conhecimento da emboscada, os inimigos pensavam que algum dia ele tentaria deixar a cidade por um desses portões. Colocaram então guardas para interceptá-lo. Se, como sugerimos nos Estudos Introdutórios, Aretas acabava de capturar Damasco, é possível que o governador nomeado por ele fosse judeu. Isto explicaria como o governador tomaria parte nas intrigas dos judeus da cidade. Se não fosse judeu, os que o eram poderiam muito bem afirmar que Paulo era um criminoso e exigir sua captura; portanto, seria fornecida uma guarda que os ajudasse nesse propósito. A data dessas atividades, como mostrado nos Estudos Introdutórios, não pode ter sido antes de 37 A.D.

---

[103] Nos Estudos Introdutórios datamos a conversão de Paulo três anos completos antes de sua fuga de Damasco em 37 A.D. É possível que o intervalo entre sua conversão e sua fuga fosse menor que três anos, pois segundo a contagem judia, uma parte do ano em que ele foi convertido, um ano inteiro, e uma parte daquele em que fugiu, seriam "três anos". Desde que "três anos" poderiam ser na verdade pouco mais de 18 meses, a conversão de Paulo poderia ser datada de 35 ou 36 A.D., em lugar de 34 A.D., como datado por nós.

[104] J. B. Lightfoot, *The Epistle of Paul to the Galatians* (Grand Rapids: Zondervan, 1957), p. 87ss.

[105] Gálatas 1.17; Atos 9.33.

[106] Atos 9.23, 24.

[107] 2 Coríntios 11.32.

[108] Atos 9.25.

Paulo ficou sabendo da conspiração e, por sua vez, evidentemente comunicou a notícia *aos discípulos que o ajudaram a fugir da cidade* certa noite. **Seus discípulos tomaram-no de noite e, colocando-o num cesto, desceram-no pela muralha**[108]. "Seus discípulos" seriam aqueles que se tornaram cristãos através da sua pregação. O termo grego traduzido como "cesto" é geralmente usado para indicar o cesto em que transportavam comida[109]. Era uma cesta de vime ou de corda. Cordas seriam atadas ao cesto, e seria baixado pela abertura no muro, até o chão, com Paulo dentro[110]. Ele evitou assim os homens colocados nos portões para prendê-lo.

7. Paulo de novo em Jerusalém

Cerca de três anos após sua conversão, *Paulo volta a Jerusalém*, havendo escapado da morte em Damasco[111]. Imagine a viagem de Damasco a Jerusalém.

Cedo na viagem noturna, ele passou pelo lugar onde Jesus lhe havia aparecido. Não vamos tentar descrever suas emoções quando os muros de Jerusalém e as ameias do templo surgiram mais uma vez diante de seus olhos. Ao aproximar-se da cidade, ele viu o local da crucificação; e talvez tivesse passado perto do lugar onde apedrejaram Estêvão, e onde ele próprio consentiu na sua morte. Ele estava prestes a encontrar-se de novo, nas ruas e na sinagoga, com seus velhos aliados a quem havia desertado, e alguns dos discípulos a quem havia perseguido. Deixamos à imaginação do leitor o tumulto de suas emoções, e sua descrição às páginas de escritores mais volumosos (tais como Conybeare e Howson, ou Farrar) enquanto seguimos o relato feito por Lucas sobre sua recepção entre os discípulos em Jerusalém[112].

Uma vez chegando a Jerusalém, **Paulo procurou juntar-se com os discípulos; todos, porém, o temiam, não acreditando que ele fosse discípulo**[113]. O verbo "juntar" é regularmente usado em relação a uma amizade forte e íntima[114]. Paulo buscava, na linguagem moderna, plena comunhão com os discípulos. Ele queria que o aceitassem, desejando sentir que pertencia ao seu grupo. Os cristãos, porém, tinham dúvidas por várias razões: eles se lembravam da sua antiga violência contra eles. Ele tinha ficado ausente por três anos. Haviam ouvido falar dele nesse período? Mesmo que tivessem ouvido boatos sobre a sua conversão, não poderiam continuar suspeitosos? A fuga dele tinha sido apressada demais; de outro modo poderia ter obtido cartas de recomendação dos irmãos de Damasco para a igreja de Jerusalém.

Tendo se tornado seu amigo, Barnabé *apresentou-o a Pedro e Tiago*, contando-lhes como tinha sido convertido em Damasco[115]. Por que Barnabé mostrou esse interesse especial em Paulo? Existe a possibilidade de que eles já se conhecerem através de uma associação anterior? Desde que Barnabé era da ilha de Chipre (Chipre era considerada parte da província da Cilícia), talvez ambos tivessem frequentado a Universidade de Tarso na mesma época, no passado. Ou quem sabe Barnabé tinha afinidades com Paulo, desde que ambos cresceram na mesma província fora da Palestina. Talvez seja melhor considerar as atitudes amigáveis de Barnabé como fazendo parte de sua natureza (ele era o filho da exortação, ou consolação, segundo outra tradução, Atos 4.36). Gálatas 1.18, 19 nos conta que os únicos apóstolos que se achavam em Jerusalém na ocasião eram Pedro e Tiago, o irmão do Senhor. Os outros apóstolos podem ter estado ausentes em viagens de pregação, como a que Pedro e João fizeram (Atos 8).

Ao apresentar Paulo aos cristãos, Barnabé **contou-lhes como ele vira o Senhor no caminho, e que este lhe falara, e como em Damasco pregara ousadamente em nome de Jesus**[116]. Isto parece indicar que os apóstolos em Jerusalém não tinham sabido ainda da con-

---

[109] A mesma palavra, *spuris*, é usada no relato em que os 4.000 são alimentados, Mateus 15.37; 16.10.

[110] 2 Coríntios 11.33. Um pregador, por causa da sua familiaridade com os costumes modernos em algumas cidades orientais, sugere que Paulo foi descido num cesto de lixo. As pessoas colocavam o lixo em cestos, esperando que fosse removido na manhã seguinte. Assim sendo, ninguém suspeitaria de um cesto sendo descido ao lado de um muro, e quando estivesse suficientemente escuro, Paulo poderia sair do cesto para a estrada.

[111] Gálatas 1.18; Atos 9.26.   [112] McGarvey, *op. cit.*, p.187.   [113] Atos 9.26.

[114] Cf. Atos 10.28; Mateus 19.5; Lucas 15.15; 1 Coríntios 6.16.

[115] Atos 9.27; Gálatas 1.19.   [116] Atos 9.27.

Capítulo 9   A IGREJA NA JUDÉIA E SAMARIA

versão de Paulo. Ou talvez tivessem ouvido rumores, e ficaram agora conhecendo os fatos do caso. Como Barnabé sabia o que havia acontecido, não nos é informado. Ele teria pedido detalhes a Paul, e sabia pelo dom de discernimento de espíritos que Paulo estava falando a verdade?

Paulo ficou em Jerusalém 15 dias, conhecendo Pedro, e também evangelizando com os apóstolos Pedro e Tiago[117]. Paulo foi aceito por eles como amigo e reconhecido como um companheiro cristão e apóstolo (ele havia sido chamado como apóstolo aos gentios). Seria necessário bastante espírito de perdão por parte de muitos que haviam perdido entes queridos nas perseguições dele e para acolher esse homem em seu meio. Quanto à expressão "entrando e saindo" encontrada em Atos 9.28 (descrevendo as atividades de Paulo enquanto ficou esses 15 dias em Jerusalém), veja notas em Atos 1.21. É uma frase que denota companheirismo constante. (O texto grego diz "entrando e saíndo.)

O ex-perseguidor também pregou ousadamente em nome de Jesus, e discutiu com os judeus helenistas (na sinagoga deles?)[118]. Paulo parece estar exatamente na mesma sinagoga em que tinha discutido com Estêvão. Apenas poucos anos antes ele havia defendido a mesma posição que seus ouvintes defendiam agora, e havia tentado refutar os mesmos argumentos que agora apoiava. Paulo está procurando desfazer o mal que havia feito, pregando a eles a fé que então rejeitava, num esforço para ganhá-los para Cristo.

Os judeus helenistas agora tentam matar Paulo[119]. Ele não podia pregar Jesus como o Messias àqueles judeus sem antagonizá-los. Não recuou, mas falou ousadamente a eles como fez Estêvão. Eles resistiram aos seus ensinos, e procuraram matá-lo, da mesma forma que haviam feito com Estêvão. Duas vezes num período de poucas semanas, primeiro em Damasco e agora em Jerusalém, a vida de Paulo estava em perigo.

Agora, ao mesmo tempo em que os judeus estavam completando os detalhes de sua nova conspiração contra a vida de Paulo, *ele subiu ao templo para orar, e o Senhor apareceu-lhe ali, dizendo que fugisse de Jerusalém*[120]. O próprio Paulo diz o seguinte: **Enquanto orava no templo, sobreveio-me em êxtase.** Um êxtase deve ter sido algo semelhante a uma visão[121]. Seria provavelmente uma das horas de oração dos judeus quando Paulo estava no templo como registrado aqui. Ele contínua: **E vi o Senhor dizendo-me: "Apressaste, e sai logo de Jerusalém, porque não aceitarão o teu testemunho a meu respeito.** Jesus se refere provavelmente aos judeus helenistas. Paulo tenta discutir com o Senhor: **"Senhor, eles bem sabem que encerrava em prisão e, nas sinagogas, açoitava os que criam em ti. Quando se derramava o sangue de Estêvão, tua testemunha, eu também estava presente, consentia nisso e até guardei as vestes dos que o matavam."** Paulo está dizendo que a mudança visível em sua vida deveria ser uma evidência para os judeus de que Jesus é realmente o Messias; caso contrário ele não teria mudado tão radicalmente. Paulo estava convencido de que os judeus lhe dariam atenção, caso Jesus permitisse que ficasse ali e pregasse. Com respeito às atividades de Paulo na morte de Estêvão, veja os comentários sobre Atos 7.58. Do mesmo modo que Jesus não ouvia o argumento de Ananias, Ele não aceita agora a sugestão de Paulo. **Mas ele me disse: "Vai, porque eu te enviarei para longe aos gentios."** "Vai" porque sua vida corre perigo aqui, e tenho planos para você em outro lugar. Nos anos seguintes, Paulo viajaria extensamente pelas terras habitadas pelos gentios. Uma grande parte de seu ministério desenvolveu-se em países remotos e nas regiões mais distantes então conhecidas.

---

[117] Gálatas 1.18, 19; Atos 9.28. O verbo em Gálatas, "avistar-se", está de acordo com a ênfase de Paulo nesse livro, de que ele recebeu o seu evangelho por meio de revelação, e não através de homens, pois o verbo significa conhecer alguém, e não obter informação de alguém.

[118] Atos 9.29. O termo "discutia" é o mesmo comentado em Atos 6.9.

[119] Atos 9.29.

[120] Atos 22.17-21.

[121] Compare Atos 10.10, 17. Barnes parece ter errado ao sugerir que Paulo foi levado nesta ocasião ao terceiro céu. Esse evento teve lugar cerca de 14 nos antes de 2 Coríntios 12.1-5 ter sido escrito, i.e., cerca de 44 A.D. Se o arrebatamento para o terceiro céu teve lugar cerca de 44 A.D., aconteceu perto do início da primeira viagem missionária, e uns sete anos após os acontecimentos registrados aqui em Atos 9.

8. Paulo em Tarso e Antioquia

Quando Paulo contou o que tinha ocorrido no templo, *os irmãos o acompanharam a Cesaréia*, e o enviaram dali para Tarso. Atos 9.30 diz: **Tendo, porém, isto chegado ao conhecimento dos irmãos, levaram-no até Cesaréia, e dali o enviaram para Tarso.** Embora hesitantes a princípio, graças ao trabalho de Barnabé, Paulo foi aceito como irmão pela igreja de Jerusalém. Isto fica evidente pelo fato de que ao precisar de ajuda para escapar, eles o socorrem na medida do possível. A palavra traduzida como "levaram-no" ou significa que eles o acompanharam até Cesaréia, ou que lhe deram as provisões necessárias para a viagem. Cesaréia era a principal cidade portuária da região, desde que foi construída por Herodes o Grande. O fato de ter ido até um porto sugere que viajou de navio para Tarso[122]. Eventos subsequentes na vida de Paulo nos levam a entender que seus pais não o aceitaram quando chegou a Tarso, mas o deserdaram ao descobrir que havia se tornado cristão[123].

Paulo será visto a seguir em Antioquia, onde é levado por Barnabé para ajudar na obra evangelístic[124]. Se nossa cronologia for correta, Paulo foi convertido cerca de 34 A.D. A próxima vez em que o vemos é 37 A.D., ao voltar da Arábia para Damasco, de onde teve de fugir para salvar a vida. Dali seguiu para Jerusalém, de onde viu-se também obrigado a fugir. Nós o vemos outra vez cerca de 40 ou 42 A.D., quando aparece em Antioquia da Síria. Não sabemos muito sobre esses anos de silêncio entre 37 e 42 A.D. Os escritores que sugerem que esse tempo foi gasto na transição de uma maneira de vida para outra – do judaísmo para o cristianismo, com certeza estão errados. Duvidamos que tivesse de forjar e moldar sua nova teologia, e que ela estivesse num processo de mudança e aperfeiçoamento durante todos esses anos. Estaria mais de acordo com o zelo e convicções de Paulo dizer que ele enfrentou os anos mais difíceis de sua vida durante esse período quase silencioso. Mais tarde, ele oferece um registro curto de seus sofrimentos, e poucos deles são transcritos no livro de Atos[125]. Das coisas recapituladas nesse registro, sabemos de apenas um naufrágio, mas ele havia estado em três outros sobre os quais nada sabemos. Quando e onde passou um dia e uma noite no oceano antes de ser resgatado? Sabemos de uma das vezes que foi açoitado, mas ele fala de cinco. Onde e quando ele quase se afogou ao cruzar rios? Seguindo a sequência natural de pensamentos, seria de esperar que sua mudança dos anos de seu treinamento no judaísmo para a pregação de Cristo teriam provocado os piores anos de oposição e sofrimento. Seria de esperar que amigos de infância, membros da família, e judeus piedosos das centenas de sinagogas no território próximo a Tarso tivessem se mostrado amargos e lhe causassem muito sofrimento nos anos que passou ali. Seria também normal que Paulo fizesse de Tarso sua sede para evangelizar na Cilícia e na Síria. E há evidência de que Paulo fez realmente de Tarso um centro da obra evangelística; Gálatas 1.21 é uma passagem. E em Atos 15.41, encontramos menção de igrejas já organizadas nessa área, as quais não foram fundadas durante o que chamamos de "primeira viagem missionária" de Paulo e Barnabé, e que devem ter sido portanto implantadas por Paulo durante esses "anos de silêncio". O chamado de Barnabé para que fosse ter com a igreja de Antioquia (Atos 11.25), onde tantos gentios haviam aceito Cristo, estaria de acordo com o trabalho que vinha executando.

---

[122] Alguns pensam que Paulo chegou a Cesaréia e depois seguiu pela estrada Via Maris, na direção de Tarso, ao norte. Sugerem isso por causa de ordem das palavras em Gálatas 1.21: "Síria e Cilícia". Esta seria a ordem em que alguém chegaria às províncias se estivesse andando a pé, saindo de Cesaréia e seguindo para o norte.

[123] Filipenses 3.8. Embora tivesse sofrido a perda de tudo, ainda tinha uma irmã em Jerusalém, que deveria ser sua amiga. De qualquer forma, o filho dela era amigo de Paulo, Atos 23.16. Talvez seja excessivo dizer que Paulo foi deserdado e encontrar uma prova disso em Filipenses 3.8, todavia esse é o sentido natural que o versículo sugere.

[124] Atos 11.22-26; Gálatas 1.21-24.

[125] Veja o registro em 2 Coríntios 11.24-32, onde são citados os sofrimentos dele.

D. OUTRO PERÍODO DE CRESCIMENTO PACÍFICO. 9.31-43

1. *Edificação da Igreja. 9.31*

9.31 –

A igreja, na verdade, tinha paz por toda a Judéia, Galiléia e Samaria – Algumas versões dizem as "igrejas" (veja a KJV), e outras "igreja"; nos melhores manuscritos o grego está no singular. Nessa época havia congregações dispersas por toda a Judéia, Galiléia e Samaria, mas todas as igrejas juntas numa determinada área geográfica formam a igreja, desde que todas as congregações não passam de "membros" do corpo de Cristo. Essas três províncias formavam a terra da Palestina. A fundação da igreja na Galiléia não foi mencionada expressamente por Lucas antes disto; não há, porém, improbabilidade em supor que cristãos haviam viajado por aquela região e pregado o evangelho (como Atos 8.4 sugere).

Eles gozavam paz porque as perseguições contra a igreja cessaram pela primeira vez desde a morte de Estêvão. Havia várias razões para isso. Os perseguidores (pelo menos o líder deles) estavam exaustos. E a situação política na Palestina talvez influísse também grandemente para o fim da oposição à igreja. Calígula tornou-se imperador em 37 A.D. Em 39 ou 40 A.D., Petrônio foi nomeado governador da Síria, e Calígula ordenou que ele levantasse uma estátua do imperador no templo de Jerusalém. Josefo nos conta a respeito:

Calígula ordenou que Petrônio seguisse com um exército para Jerusalém, a fim de colocar sua estátua no templo lá. Ele deu ordens, caso os judeus se opusessem, a mandar matar todos os que resistissem, e escravizar o resto da nação. Petrônio marchou então de Antioquia para a Judéia com três legiões e um grande grupo de auxiliadores obtido na Síria. Todos ficaram então consternados; o exército tendo chegado até Ptolemaida. [Ele descreve os judeus] como abandonando suas cidades, povoados e zona rural, indo até Petrônio na Fenícia, tanto homens como mulheres, velhos, jovens, pessoas de meia idade; e lançando-se no chão diante de Petrônio, chorando e lamentando[126].

Os judeus tiveram de usar todas as energias para impedir esta forma de idolatria, tendo então pouco tempo para dar atenção à igreja. Só depois do assassinato do imperador Calígula em 41 A.D. é que ficaram livres dessa ameaça. A perseguição da igreja vai, porém, começar de novo (Atos 12.1).

Edificando-se – Jacobson acredita que esta palavra significa que líderes tais como presbíteros e diáconos foram eleitos e começaram suas funções. Talvez seja assim, desde que encontramos presbíteros (Atos 11.30) embora eles não tenham sido especificamente mencionados antes. No entanto, talvez não signifique nada além de que a igreja experimentou um crescimento ordeiro e contínuo, tanto em números como em santidade de vida.

E caminhando no temor do Senhor – "Caminhando" tem o sentido de "vivendo". A palavra é usada muitas vezes para indicar o comportamento e estilo de vida cristão. A ilustração é de viajantes que vão para um lugar e andam no caminho certo, para alcançá-lo. Os cristãos, num certo sentido, são viajantes para uma outra pátria, uma pátria celestial. E o caminho reto para eles é andar "no temor do Senhor", i.e., reverenciá-lo e obedecer totalmente aos seus mandamentos.

E, no conforto do Espírito Santo – O Espírito Santo, o Consolador, havia sido prometido à Igreja, e nós o vemos aqui atuando. Veja notas em Atos 4.36, onde foi notado que esta palavra "consolo" inclui também ideias de conselho e de exortação. O significado da frase, então, é que as palavras de conselho e encorajamento provenientes do Espírito Santo enquanto falava através dos profetas do Novo Testamento, foram os principais agentes na expansão da igreja.

Crescia em número – Isto parece envolver tanto um aumento no número de lugares para onde o evangelho foi levado com sucesso, como um aumento no número de crentes nos lugares

---
[126] Josefo, *Antiguidades*, XVIII.8. 7-9.

onde o evangelho tinha sido anteriormente pregado. As razões do crescimento – os cristãos estavam andando no temor do Senhor, e o consolo do Espírito Santo!

2. *Pedro cura Enéias em Lida. 9.32-35*

9.32 –

Passando Pedro por toda parte – "Toda parte" seria a Galiléia, Samaria e Judéia, as regiões onde a igreja tinha paz, como acabamos de citar. Pedro parece ter ficado em Jerusalém através dos períodos de perseguição. Ele agora visita as igrejas em toda a área, e nessas visitas está cumprindo o encargo que Jesus lhe deu naquela manhã na praia do mar da Galiléia[127].

Desceu também aos santos que habitavam em Lida – Os santos são os cristãos, como aprendemos em Atos 9.13. Talvez essas pessoas sejam cristãos como resultado do trabalho evangelístico de Filipe[128], ou chegaram ali como refugiados[129]. A cidade de Lida ficava localizada na estrada que ia de Jerusalém para Cesaréia, cerca de 32 km ao noroeste de Jerusalém e uns 17 km a sudeste de Jope. O estudante deve localizar a cidade num mapa. No Antigo Testamento, ela era chamada Lode, conforme seu nome na moderna Israel. Uma igreja floresceu ali durante anos[130].

9.33 –

Encontrou ali certo homem, chamado Enéias – Este é um nome grego, e Enéias era provavelmente um helenista[131].

Que havia oito anos jazia de cama, pois era paralítico – A palavra para "cama" já foi explicada nas notas em Atos 5.15, como referência aos pequenos catres usados pelos pobres. Um paralítico não tinha condições de ganhar seu sustento, e vivia provavelmente em grande pobreza, o que aumentaria seu sofrimento.

9.34 –

Disse-lhe Pedro: Enéias, Jesus Cristo te cura! – Pedro não afirmou possuir poder para curar por si mesmo. Compare Atos 3.6.

Levanta-te, e arruma o teu leito – Isto mostraria que sua cura foi completa. Ele recebeu ordens para levantar-se do catre e arranjá-lo da forma como as camas eram arrumadas quando não estavam em uso durante o dia. Foi-lhe ordenado que fizesse o que outros tiveram de fazer em seu lugar durante oito anos. Será que Pedro lembrou-se da ocasião em que quatro homens levaram um paralítico até Jesus em Cafarnaum, e como Jesus havia ordenado ao homem: "Levanta-te, toma o teu leito e vai para tua casa"[132]?

Ele imediatamente se levantou – Não deixe de ver que temos aqui outro exemplo de cura instantânea. As curas na Bíblia eram regularmente imediatas.

9.35 –

Viram-no todos os habitantes de Lida – "Todos" não é um absoluto, provavelmente, mas fala da maior parte da população.

---

[127] João 21.15-17. Veja as instruções para pastorear suas ovelhas e apascentar seus cordeiros.
[128] Atos 8.40.
[129] Atos 8.4.
[130] Um bispo de Lida esteve presente no Concílio de Nicéia em 325 A.D., e outro compareceu ao concílio de Constantinopla em 451 A.D. Durante algum tempo os romanos chamaram a cidade de "Dióspolis" (cidade de Zeus). Um concílio da igreja foi realizado ali em 415 A.D., no qual Pelágio foi absolvido da acusação de heresia, e Jerônimo depois disso comentou sobre "aquele miserável sínodo de Dióspolis".
[131] Quanto valor pode ser baseado no fato de um nome grego foi discutido antes na nota nº 27 do capítulo cinco.
[132] Marcos 2.1-11.

9.35 A IGREJA NA JUDÉIA E SAMARIA

E Sarona – Sarona era a planície costeira, com cerca de 48 Km de extensão, desde o Monte Carmelo no norte até Jope no sul[133].

Os quais se converteram ao Senhor – O milagre iria chamar sua atenção e validar a mensagem da salvação pregada por Pedro e os outros cristãos. Enéias havia sido paralisado durante tempo suficiente para que o milagre impressionasse mais. Na palavra "converteram" Lucas nos diz que eles ouviram o evangelho, arrependeram-se de seus pecados e foram batizados em Cristo, tornando-se assim parte da igreja[134].

3. Pedro ressuscita Dorcas em Jope. 9.36-43

9.36 –

Havia em Jope uma discípula – Jope era uma cidade portuária situada na costa do Mar Mediterrâneo, cerca de 48 km ao sul de Cesaréia, e cerca de 56 Km a noroeste de Jerusalém. Ela servia de porto marítimo para Jerusalém nos dias do Antigo Testamento[135], até ser suplantada pelo porto de Cesaréia, construído por Herodes o Grande. Esta é a primeira referência a Jope nas Escrituras desde Jonas 1.3. A cidade foi destruída duas vezes pelos romanos, e depois reconstruída[136]. Como em Lida, há evidência de que a igreja continuou nessa cidade através dos anos, pois um bispo da mesma esteve presente no concílio de Éfeso em 431 A.D.

Por nome Tabita, nome este que traduzido quer dizer Dorcas – Tabita é o nome aramaico, Dorcas o grego. Ambas as palavras significam "antílope, gazela". Não era incomum no oriente dar às filhas o nome de animais belos. "Nada é dito sobre um marido; por isso infere-se que ela não era casada", escreve Boles[137]. Na verdade, não há qualquer insinuação de sua idade ou condição de vida. O fato de encontrar-se entre as viúvas, poderia implicar que também fosse viúva. Ela é a primeira mulher citada pelo nome em Atos desde Safira, Atos 5.1ss.

Era ela notável pelas boas obras e esmolas que fazia – Num momento as mulheres irão mostrar túnicas e vestidos a Pedro, feitos por Dorcas. Talvez ela fosse uma costureira que fazia roupas para os pobres e viúvas como seu serviço cristão. "Notável" mostra que a vida dela era caracterizada em grande parte por esses atos de bondade e caridade em relação aos pobres.

Que fazia [continuamente] – O tempo do verbo é o imperfeito, sugerindo que ela tinha por hábito de praticar esses atos de bondade. Em muitas congregações existem mulheres bondosas como Dorcas que parecem saber agir caridosamente no momento exato. Que bênção uma mulher como essa é para a congregação, e que perda é sentida quando ela morre. (Obs.: Na Bíblia da SBB não consta a palavra "continuamente".)

9.37 –

Ora, aconteceu naqueles dias que ela adoeceu e veio a morrer – Dorcas ficou doente e morreu "naqueles dias" em que Pedro se achava em Lida. Lucas não nos conta qual a doença de que ela sofria e morreu. Talvez (julgando pelo resultado, versículo 42) se tratasse de uma daquelas enfermidades que dão glória a Deus.

E depois de a lavarem – Entre a maioria dos povos é costume lavar o corpo antes de ser sepultado ou queimado. Eles aparentemente não terminaram os preparativos costumeiros que teriam sido geralmente feitos para o enterro, porque pensaram numa outra coisa além do enterro.

---

[133] Isaías 33.9; 35.2.
[134] Veja Atos 3.19 para comentários sobre a palavra "converter". "Converteram-se ao Senhor (Jesus)" é a expressão geralmente usada para os convertidos do judaísmo para o cristianismo (compare 2 Coríntios 3.16; mas veja as notas em Atos 11.21). "Converter-se a Deus" é a expressão regular para as conversões dentre os gentios (Atos 15.19; 1 Tessalonicenses 1.9).
[135] 2 Crônicas 2.16.
[136] Josefo, *Guerras*, II. 18. 10; III .9. 2.
[137] Boles, op.cit., p.156.

Puseram-na no cenáculo – Nos comentários sobre o sepultamento rápido de Ananias e Safira, notamos a razão para tais enterros apressados. A decomposição se inicia rapidamente nos climas quentes. O fato de Dorcas não ser enterrada de imediato evidencia a convicção de que Pedro poderia, com a ajuda de Deus, ressuscitá-la dentre os mortos.

9.38 –

Como Lida era perto de Jope – Veja comentários no versículo 32. Havia apenas cerca de 15 a 19 km de distância entre as cidades. Se Pedro fosse chamado, ele poderia chegar antes que o corpo se decompusesse excessivamente.

Ouvindo os discípulos que Pedro estava ali – Mais uma vez indagamos em relação a esses discípulos o mesmo que perguntamos sobre os discípulos em outras cidades: serão eles o resultado da obra evangelística de Filipe?[138]

Enviaram-lhe dois homens – Por que enviaram esses homens a Pedro? Por desejarem que Pedro fosse simplesmente para consolá-los? Que consolo poderia proporcionar-lhes que já não estivesse incluído no evangelho que lhes havia sido pregado? Eles aparentemente esperavam que Pedro a ressuscitasse dentre os mortos. Outros mortos haviam sido ressuscitados por Pedro? Não existe registro a respeito, mas é provável que alguns tivessem sido, caso contrário, de onde surgiu a convicção de que ele poderia ajudar no caso de Dorcas?

Que lhe pedissem: Não demores em vir ter conosco – Eles foram muito insistentes em seu pedido para que Pedro fosse imediatamente, desde que o enterro teria de ser feito no dia seguinte, o mais tardar.

9.39 –

Pedro atendeu e foi com eles – Ficamos imaginando como os apóstolos sabiam se poderiam operar um milagre em um caso determinado? Pedro sabia, quando saiu com os mensageiros, que iria ressuscitar a mulher morta.

Tendo chegado, conduziram-no para o cenáculo – Pedro estava com Jesus quando Ele entrou no quarto onde se encontrava o corpo da filha de Jairo. Podemos pensar que Pedro pediu para ser levado ao lugar em que jazia o corpo de Dorcas.

E todas as viúvas o cercaram, chorando – Essas viúvas foram provavelmente ajudadas pela bondade de Dorcas. Ou haviam colaborado com ela nas boas obras que marcaram sua vida. A linguagem de Lucas aqui parece insinuar algum tipo de organização ou administração de caridade semelhante à encontrada em Jerusalém em Atos 6. Muito provavelmente vemos o trabalho do evangelista Filipe, que foi um dos escolhidos para atender as viúvas de Jerusalém. As viúvas estavam realmente "chorando", mas não se trata de qualquer "grande lamentação" que caracterizava as casas judias por ocasião de alguma morte na família. Crisóstomo estava certo quando sugeriu que a morte havia passado a ser considerada com mais calma à luz da ressurreição de Jesus e a esperança abençoada do crente em ser ressuscitado para estar com Jesus? Veja 1 Tessalonicenses 4.13-18.

E mostrando-lhe túnicas e vestidos que Dorcas fizera enquanto estava com elas – Elas haviam perdido uma benfeitora, uma colaboradora. Era, portanto, muito natural que lembrassem suas obras de bondade e caridade, expressando sua gratidão ao enumerar as provas de sua benevolência. O quadro deve ter sido muito vivo e patético: o corpo prostrado de Dorcas, jazendo frio e rígido na morte, e as viúvas chorando de tristeza pela perda de sua amiga e irmã. Pedro com certeza sentiu forte emoção. "Túnicas" (*chitōnas*) é o termo que indicava uma "roupa de baixo como uma camisa"; e "vestidos" (*himatia*) significava "o traje externo, o manto". Essas viúvas usavam as roupas feitas por Dorcas (o verbo "mostrar" está na voz medial)? Ou elas mostravam as roupas que haviam ajudado a fazer enquanto ela ainda vivia?

---

[138] Veja Atos 9.32; 8.4, 40.

9.40 –

Mas Pedro, tendo feito sair a todos – Isto é, sair do quarto. Como sugerimos antes, achamos que Pedro deve ter lembrado o que Jesus fez ao chegarem à casa de Jairo para ressuscitar a filha deste[139]. Não é explicado por que ele fez isso. Talvez o motivo fosse não desejar parecer que estivesse buscando publicidade ou fama pessoal.

Pondo-se de joelhos, orou – Encontramos orações oferecidas em todo tipo de postura no Novo Testamento. Como explicado nos comentários de Atos 2.42, a posição não importa, e sim a atitude do coração. Pelo que Pedro orou? Ele orava para que o Senhor lhe desse capacidade, a fim de operar esse milagre?

E voltando-se para o corpo, disse: Tabita, levanta-te – Isto é, depois de terminada a oração, Pedro voltou-se e dirigiu-se ao corpo com as palavras: "Tabita, levanta-te!" *"Tabitha cumi!"* – Jesus havia dito *"Talitha cumi!"* ("Menina, levanta-te!")[140]. Em Jope, usando praticamente as mesmas palavras de Jesus, Pedro chamou Dorcas de volta à vida. Ele deve ter-se sentido confiante de que sua oração foi respondida. O uso do nome aramaico dela tem sido tomado como uma indicação de que Pedro estava falando nessa língua.

Ela abriu os olhos e, vendo a Pedro, sentou-se – Ela o reconheceu, ou ele não passava de um estranho? Não sabemos. Ela levantou-se como faz alguém que acorda de um sono.

9.41 –

Ele, dando-lhe a mão, levantou-a – Pedro oferece a mão para encorajá-la a esforçar-se para sair do leito.

E chamado os santos, especialmente as viúvas, apresentou-a viva – É quase como se Pedro estivesse apresentando pessoas que não se conhecessem. Ele tem de apresentá-la a eles, a fim de vencer a sua hesitação. Ela estava viva quando, alguns momentos antes, tinha estado morta.

> A narrativa termina aqui, como deveria; pois nem a pena de Lucas poderia descrever a cena que se seguiu. Se a restauração de uma santa ao pequeno grupo que tinha deixado é indescritível, o que diremos ou pensaremos daquela hora em que todos os santos mortos ressuscitarão em glória e saudarão uns aos outros nas praias da vida?[141]

9.42 –

Isto se tornou conhecido por toda Jope, e muitos creram no Senhor – No decorrer de todo o livro de Atos, Lucas enfatiza repetidamente que o propósito do milagre é dar credibilidade à mensagem. Aqui, quando a passagem é confirmada pela ressurreição de Dorcas, uma multidão de pessoas passa a crer. Lucas nos conta muitas vezes sobre pessoas que se tornam crentes logo após descrever um dos milagre realizados por Deus através dos apóstolos ou dos crentes que possuíam dons espirituais.

9.43 –

Pedro ficou em Jope muitos dias – Se "muitos dias" em Atos 9.23 é a expressão de Lucas para os três anos que Paulo passou na Arábia, talvez possamos imaginar Pedro permanecendo vários anos em Jope. Houve um número de possíveis candidatos à conversão que exigisse a permanência de Pedro tanto tempo em Jope? Ou Filipe havia ganho tantos que foi preciso esse tanto de tempo para Pedro ministrar entre eles até que fossem edificados na fé? O término dos "muitos dias" nos leva a uma época não muito distante de 40 A.D., como mostra o capítulo seguinte de Atos.

---

[139] Marcos 5.40; Lucas 8.54.
[140] Marcos 5.41.
[141] McGarvey, op.cit., p. 197.

Em casa de um curtidor, chamado Simão – Um curtidor é, naturalmente, uma pessoa que transforma peles em couro. Em vista de trabalhar com sepulcros, carcaças e peles de animais mortos, o curtidor corria o risco de tornar-se cerimonialmente impuro. Esse era um ofício que o judeu mais rígido evitava. Em Atos 10.6 ficamos sabendo que a casa de Simão ficava à beira-mar. As oficinas dos curtidores, por exigência legal, tinham de ficar a uma distância de 25 m dos muros de qualquer cidade. Se um curtidor, prestes a casar-se, ocultasse seu ofício de sua noiva até depois do casamento, o contrato de núpcias ficava automaticamente cancelado. Desde que a casa de um curtidor era tão repulsiva para o judeu rigoroso, é possível que Pedro já estivesse gradualmente se livrando de seus antigos preconceitos judeus. Sua estadia com Simão, o curtidor, irá ajudar a prepará-lo para a visão e experiência que vai ser relatada no capítulo seguinte.

Uma cidade da Judéia.

CAPÍTULO DEZ

E. A CONVERSÃO DO PRIMEIRO GENTIO (CORNÉLIO) AO CRISTIANISMO. 10.1-11.18

1. *Pedro em Cesaréia. 10.1-48*
    a. Cornélio manda chamar Pedro em Jope. 10.1-8

10.1 –

Morava – Este capítulo inicia uma parte muito importante da história do cristianismo. A avaliação da importância da conversão de Cornélio por parte de Lucas é mostrada pelo espaço dado a ela. O relato é feito em mais detalhes, sendo também mais longo, do que o de milhares em Jerusalém. Antes disto, o evangelho só havia sido pregado aos judeus. E assim foi como Deus planejou, pois Ele tinha passado séculos preparando o povo escolhido para a vinda do Messias. Mas o Evangelho de Cristo tinha como objeto todas as nações. Os profetas do Antigo Testamento haviam predito a inclusão dos gentios numa relação de aliança com Deus[1], e Jesus havia ensinado claramente que as suas boas novas eram tanto para os gentios como para os judeus. A Grande Comissão falou de pregar a toda criatura[2]. Poucos dias antes de sua ascensão, Jesus se referiu ao testemunho dos apóstolos como sendo "até os confins da terra". Deus está agora pronto para revelar plenamente seu propósito de incluir os gentios, e o caso de Cornélio é a ocasião em que o faz.

Vale a pena notar que Deus escolheu Pedro para o propósito de pregar o evangelho primeiro aos gentios. Isto se harmoniza com os eventos em Cesaréia de Filipe – onde, depois de fazer a boa confissão de Cristo, foi dito a Pedro que lhe seriam dadas as chaves do reino3. Pedro fez uso dessas chaves em benefício dos judeus no dia de Pentecostes. Ele está agora prestes a usá-las para abrir a porta da igreja para os gentios.

Do que se segue nos próximos capítulos de Atos, fica claro que a conversão de Cornélio abriu a porta da oportunidade para a salvação aos gentios, tornando possível que o apóstolo Paulo marchasse através da Europa com o Evangelho, convertendo inúmeros gentios. Quando o Senhor mandou que Paulo saísse de Jerusalém, Ele disse que o enviaria "para longe aos gentios", mas até então nenhum gentio incircunciso tinha sido admitido na igreja. Lucas vai mostrar agora como Pedro abriu a porta do reino para a sua admissão.

Em Cesaréia um homem, de nome Cornélio – Cesaréia na época era a cidade mais proeminente da Palestina, sendo virtualmente a capital[4]. Ela foi construída por Herodes, o Grande como porto marítimo, recebendo esse nome em homenagem a César Augusto. Cesaréia era na ocasião a residência usual do governador romano da Judéia, e consequentemente, uma guarnição de soldados se encontrava ali. Cornélio é um nome latino, e mostra que o homem provavelmente era romano. A população de Cesaréia era mista, alguns judeus, mas em sua maior parte gentios. Um massacre nas ruas de 20.000 membros da seção judaica foi um dos primeiros incidentes da guerra que levou à destruição de Jerusalém em 70 A.D.[5]

---

[1] Paulo faz referências a alguns pronunciamentos proféticos sobre a inclusão dos gentios em Romanos 9.24ss.
[2] Marcos 16.16.
[3] Mateus 16.18, 19.
[4] Tácito, *Historia*, II. 29; Josefo, *Antiguidades*, XIV. 8. 2. Cesaréia tinha um excelente porto protegido por um quebra-mar construído por Herodes a um alto preço. Ruínas extensas cobrem hoje a maior área de qualquer cidade da Palestina visitada pelo autor.
[5] Josefo, *Guerras*, XX. 18. 1.

Centurião da coorte, chamada a italiana – Ele era comandante de uma "centúria" no exército romano, isto é, tinha 100 homens sob as suas ordens. A "coorte" era composta de seis a dez centúrias, e uma legião romana se compunha de seis coortes mais 150 cavaleiros. Ele não comandava a coorte inteira, mas apenas um pequeno segmento dela[6]. A coorte inteira era composta de soldados da Itália (algumas coortes se compunham de soldados nascidos e recrutados nas províncias). Esta coorte era uma das melhores de Roma; e, desde que os soldados eram todos italianos cuja lealdade estava acima de qualquer suspeita, talvez fossem os guardas pessoais do governador.

10.2 –

Piedoso – A palavra traduzida como "piedoso" (*eusebēs*) aqui não é a mesma empregada por Lucas em Atos 2.5 e 8.2. Este termo parece ter sido usado por Lucas para indicar aquele tipo especial de devoção a Deus que seria encontrado nos prosélitos da porta[7].

E temente a Deus – Muitos homens no primeiro século estavam completamente insatisfeitos com suas religiões e deuses pagãos. Muitos buscavam algo melhor que a idolatria que haviam aprendido de seus pais. Talvez fosse isso que tivesse levado Cornélio a tornar-se um prosélito da porta. Que ele era um prosélito desse tipo fica implícito pelo fato de estar guardando as horas de oração judaicas[8]. Enquanto se achava estacionado na Palestina, julgamos que viesse a interessar-se pela religião judia e aprendesse a reverenciar a Deus.

Com toda a sua casa – Fica implícito que Cornélio havia ensinado e influenciado sua família e servos, instruindo-os no temor de Deus. Não satisfeito com a descoberta de uma verdade superior para si mesmo, ele procurou compartilhá-la com os que se achavam sob a sua influência direta.

E que fazia muitas esmolas ao povo – Esta é a segunda vez nos versículos recentes em Atos que a NASB inclui a palavra *judeu* em itálico, onde o grego diz simplesmente "povo" (*laos*). (Como na SBB – N.T.). Um dos sentidos principais da palavra grega, porém, é o seu uso para designar o povo *judeu*, e os tradutores não ultrapassaram então o que o original sugere. Encontrar um soldado da ocupação que fosse liberal em sua caridade para com os povos ocupados deve ter sido um contraste surpreendente com a prática usual dos soldados romanos, pois havia um ódio e desprezo especial mútuos entre os judeus e romanos.

E de contínuo orava a Deus – Aprendemos nos versículos 3 e 30 que ele observava as horas de oração dos judeus. A pergunta que frequentemente requer uma resposta se refere a quais orações de um pecador são ouvidas por Deus. Talvez as orações de Cornélio nos ajudarão a saber a resposta para essa pergunta. Se o que aconteceu pode ser considerado como uma resposta às suas orações, podemos acreditar então que ele orava pedindo orientação e ajuda para saber o que deveria fazer para que seus pecados fossem perdoados. O que Deus fez no caso de Cornélio deve servir como um encorajamento para os pecadores que procuram hoje um perdão semelhante.

Não devemos deixar de observar que esta é a oração de um homem que ainda não se convertcu inteiramente a Cristo, e que essa oração foi respondida. Mas como é diferente a resposta que as pessoas em condições espirituais semelhantes são ensinadas a esperar em nossos dias. O anjo não o informa que seus pecados foram perdoados, nem o anjo o deixa rejubilando-se pelo perdão de pecados por ter-lhe sido assegurado que suas orações foram ouvidas. Em lugar disso, é-lhe dito para chamar um homem que lhe ensinará o que ele deve fazer para ser salvo. Se orações similares fossem respondidas hoje, quem pode duvidar que o mesmo Deus responderia

---

[6] Alguns se aventuraram a sugerir que Cornélio tivesse sido o centurião encarregado da crucificação de Jesus, que exclamou: "Verdadeiramente este homem era Filho de Deus"; mas a opinião não pode ser provada.

[7] Veja comentários em Atos 2.10 para uma explicação de "prosélito da porta" e "prosélito de justiça".

[8] Cornélio não é um prosélito da justiça, pois Pedro compreendeu ser ele um estrangeiro (Atos 10.28), e o resto dos judeus sabia que Cornélio não era considerado como sendo um deles (Atos 11.3).

10.3 –

Esse homem observou claramente durante uma visão – Ele teve uma visão enquanto orava (versículo 30)[10]. A visão era apenas uma das diferentes maneiras em que Deus se revelava aos homens. Lightfoot cita, além das visões, estes diferentes meios: sonhos, aparições enquanto acordados, visões enquanto adormecidos, uma voz do céu, Urim e Tumim, inspiração (revelação auricular), e uma espécie de arrebatamento ou êxtase, como citado em Gênesis 2.21, 2 Coríntios 12.2 e Apocalipse 1.10.[11] O advérbio "claramente" parece ter sido acrescentado para distinguir esta visão daquelas que a pessoa tem quando adormecida, e para diferenciá-la de um transe, Atos 10.10. (Êxtase em português – N.T.).

Cerca da hora nona do dia – Isto é, três horas da tarde, uma das horas regulares de oração[12]. Esta era a hora usual do sacrifício oferecido ao anoitecer entre os judeus.

Um anjo de Deus, que se aproximou dele e lhe disse: Cornélio! – Veja Atos 1.10, 11 para notas sobre anjos. Este anjo se mostrou em forma humana, versículo 30.

10.4 –

Este, fixando nele os olhos – Cornélio deu ao anjo a atenção necessária para confirmar que o se via diante dele era mais que um homem.

E possuído de temor – Alarmado com o caráter súbito e inesperado da visão. Os homens sempre ficaram alarmados com a visita de mensageiros celestiais.

Perguntou: Que é Senhor? – Com essas palavras, Cornélio dá expressão aos seus sentimentos de surpresa e alarme. *Kurios* (como em Atos 9.5) pode ser traduzido "Senhor" (ser supremo) ou "Senhor" (tratamento respeitoso). Boles diz que "Senhor" (ser supremo) está correto. Ele escreve: "Parece que Cornélio reconheceu o anjo como um mensageiro de Deus: portanto, se dirigiu a ele como 'Senhor'" (ser supremo)[13]. Outros acham que o "Senhor" (tratamento respeitoso) seria melhor, desde que não há evidência de que Cornélio considerava o personagem como vindo de Deus. No pensamento grego a palavra exprime respeito, e isto parece ser tudo que Cornélio queria dizer. Em resposta à pergunta de Cornélio, o anjo revela a sua missão.

E o anjo lhe disse: As tuas orações e as tuas esmolas subiram para memória diante de Deus – A palavra "memória" foi usada no Antigo Testamento com relação a um sacrifício de vegetais queimado no altar juntamente com franquincenso (olíbano), o qual produzia uma fumaça doce e aromática que subia aos céus e, por assim dizer, chamava a atenção de Deus e recomendava a Ele as orações do adorador. Outro significado de "memória" (ou "memorial") é "aquilo pelo qual a lembrança de qualquer pessoa ou coisa é preservada". As orações e esmolas desse soldado romano haviam sido observadas por Deus, e Deus não havia se esquecido dele. O anjo está dizendo que as orações de Cornélio foram ouvidas, e uma resposta para elas estava agora a caminho.

Deve ser observado através deste parágrafo da palavra de Deus que a moralidade não salva!

À primeira vista poderia parecer estranho que um homem cujo caráter é tal como o que acabou de ser descrito, necessite de conversão. Existem muitos indivíduos em nossos dias que não podem receber esses elogios, no entanto, eles se gabam de que suas perspectivas de salvação

---

[9] McGarvey, *op. cit.*, p. 201.
[10] Em Atos 9.10 se encontram notas relativas a visões.
[11] Citado por Dale, *op. cit.*, p.112.
[12] Veja notas em Atos 3.1 sobre as horas de oração dos judeus.
[13] Boles, *op. cit.*, p. 161.

final são boas. São honestos e corretos em seus tratos com os homens, bons maridos e pais, generosos com o próximo e bondosos com os pobres; o que têm a temer às mãos de um Deus misericordioso? Mas Cornélio era tudo isso, sendo também um homem piedoso e de oração – todavia, foi-lhe necessário ouvir palavras pelas quais pudesse ser salvo (Atos 11.14). Os homens de hoje, cheios de justiça própria, devem estar enganando a si mesmos. Eles se esquecem que, embora estejam desempenhando de maneira meritória suas obrigações com seus semelhantes, estão negligenciando as obrigações muito superiores de render serviço direto a Deus, observando seus mandamentos. O mais indesculpável de todos os pecados é a recusa em render a Deus, nosso Criador e Redentor, a homenagem que lhe é devida[14].

Embora o anjo tivesse falado a Cornélio, e embora Deus tivesse ouvido as orações dele, ainda assim era necessário que ouvisse palavras pronunciadas pelos lábios de um homem, antes que pudesse ser salvo. Devemos observar a continuação da narrativa de Lucas, para ver quais as palavras ditas e o que continham de tão necessário.

10.5 –

Agora envia mensageiros a Jope, e manda chamar Simão, que tem por sobrenome Pedro – Veja Atos 11.14, onde aprendemos que o anjo também explicou a Cornélio que Pedro "te dirá palavras mediante as quais serás salvo". A doutrina da operação direta do Espírito Santo no coração do pecador para salvá-lo é certamente suspeita de acordo com o que foi feito no caso de Cornélio. Nessa ocasião, em vez da operação direta, vemos o envolvimento de um agente humano. Alguém tem de levar a Palavra (a fé vem pela pregação da Palavra de Deus), a fim de que o pecador tenha em que crer. O evangelista Filipe já estava provavelmente morando em Cesaréia[15]. Por que não foi dito a Cornélio que entrasse em contato com ele? Por que chamar Pedro? Como indicado acima, Pedro tem as "chaves do reino dos céus". Portanto, ele é o que deve compartilhar os termos do perdão com os gentios, assim como fez com os judeus no dia de Pentecostes. O "Simão", que Cornélio deve chamar é aquele chamado Pedro, e não o "curtidor".

10.6 –

Ele está hospedado com Simão, o curtidor – Um anjo pode participar da salvação de um homem. Um deles fez isso no caso de Cornélio. Vamos ver o que foi que o anjo fez.

> É interessante e instrutivo observar que temos aqui outro exemplo da intervenção de um anjo para obter a conversão de um homem. Ao comparar a obra do anjo neste caso com a do que apareceu na história do eunuco (Atos 8.26), observamos que embora o último tivesse aparecido ao pregador, e o primeiro à pessoa convertida, ambos surgiram essencialmente com o mesmo propósito; isto é, fazer o pregador e o candidato à conversão se encontrarem face a face. Aprendemos assim que as intervenções sobrenaturais jamais superam a obra indispensável do agente humano. Mesmo quando o próprio Senhor, como no caso da conversão de Saulo, apareceu ao pecador, a agência humana continuou indispensável; e o Senhor mesmo instruiu Ananias para procurar Saulo, que ainda não estava perdoado. Esses fatos precisam ser urgentemente enfatizados numa era como a nossa em que eles são totalmente ignorados pela maioria dos professores de religião[16].

Cuja residência está situada à beira-mar – O processo de curtir peles exige uma quantidade considerável de água para levar embora a sujeira produzida na operação de preparo das peles. Os curtidores, portanto, residiam geralmente junto aos rios ou outros grandes reservatórios de água.

---

[14] McGarvey, *op. cit.*, p. 198.
[15] Atos 8.40.
[16] McGarvey, *op. cit.*, p. 201.

10.7 –

Logo que se retirou o anjo que lhe falava – A visão de Cornélio terminou aparentemente com a partida do anjo, indo embora, andando como um homem o faria, em lugar de apenas desaparecendo como Jesus fez algumas vezes no final de suas aparições depois de ressuscitado.

Chamou a dois dos seus domésticos e a um soldado piedoso dos que estavam no seu serviço – Os oficiais do exército, quase sempre tiveram a seu serviço, homens de patente inferior. Esses homens cozinham, limpam, servem de motorista e de mensageiro. Além do soldado piedoso (note que a vida militar não impede a religião pessoal) que o servia, Cornélio tinha também alguns escravos (leitura à margem, "escravos domésticos") providenciados para ele dentre os povos conquistados e que eram agora dominados pelos romanos. Pode ser que o soldado tivesse sido influenciado para adorar o Deus vivo e verdadeiro através do exemplo do seu oficial comandante. Sobre a palavra "piedoso" veja notas em Atos 10.2.

10.8 –

E, havendo-lhes contado tudo – Cornélio contou-lhes o que o anjo lhe havia dito.

Enviou-os a Jope – "Tem sido comentado que Jonas foi enviado de Jope para Nínive, a fim de pregar aos gentios, e que desse mesmo lugar Pedro foi enviado para pregar aos gentios em Cesaréia."[17] Talvez já fosse o fim da tarde, mas Cornélio estava ansioso para saber mais sobre como ser salvo. Ele despacha os mensageiros imediatamente.

 b. Pedro tem uma visão sobre coisas limpas e imundas. 10.9-16

10.9 –

No dia seguinte, indo eles de caminho e estando já perto da cidade – A distância de Cesaréia a Jope é de 48 km aproximadamente, e a viagem levaria então um dia inteiro. De fato, para poderem chegar ao meio-dia do dia seguinte à sua partida de Cesaréia, os mensageiros teriam de viajar quase a noite toda.

Subiu Pedro ao eirado – Para os leitores que raramente veem uma casa de teto plano, é útil lembrar-se de que as casas na Palestina eram geralmente construídas com tetos planos, havendo uma escada que levava ao teto. O teto servia naquele país ao mesmo propósito que as varandas e pátios servem para nós no verão. Ao redor do teto existia um parapeito (Deuteronômio 22.8), construído por razões de segurança. Uma vez que estivesse em seu telhado, a pessoa podia ter privacidade, pois no geral ficava escondida dos olhos do público pelo parapeito.

Por volta da hora sexta, a fim de orar – A hora é cerca do meio-dia, a hora regular de oração para o judeu piedoso[18].

10.10 –

Estando com fome, quis comer – O termo grego traduzido como "com fome" é *prospeinos*, e significa "com muita fome". A primeira refeição regular do dia estava cerca de duas horas atrasada, e Pedro começa a notar sua fome. Em Lucas 14.12 encontramos as palavras "*almoço*" e "*ceia*", que eram os nomes das duas refeições que compunham no geral a dieta dos judeus, gregos e romanos no mundo do primeiro século. A primeira era feita cerca das 10 ou 11 da manhã, e consistia de frutas, leite, queijo, etc. A refeição principal era então tomada cerca das 6 ou 7 da noite.

Mas, enquanto lhe preparavam a comida, sobreveio-lhe um êxtase – O grego diz que um êxtase (*ekstasis*) caiu sobre ele. No grego clássico, *ekstasis* tem o sentido de frenesi, muitas vezes produzido por meios artificiais, como a concentração da mente em alguma ideia abstrata ou palavra

---

[17] Adam Clarke, *Commentary on the Whole Bible* (New York: W. and P. C. Smith, 1823) Vol. 5, p. 771.
[18] Veja notas em Atos 3.1 relativas às horas de oração dos judeus.

significativa, ou por girar em círculos, ou pela música ou dança furiosa. Neste sentido artificial, a atividade intelectual é supostamente aumentada porque a mente se deixa dominar pela excitação emocional; e o controle da vontade é mantido temporariamente em suspenso. O transe de Pedro não foi induzido artificialmente. Ele não tentou chegar até essa condição. Ela veio sobre ele. Seus sentidos ficaram parcialmente suspensos (por algum tempo ele se esqueceu de sua fome e tudo que o rodeava), enquanto concentrava sua atenção no objeto que descia do céu. Os sentidos de Pedro não foram suspensos a ponto de que ele não mais soubesse o que é certo ou errado, versículo 14.

10.11 –

Então viu o céu aberto – Compare o que é dito em Atos 7.56. Foi quase como se uma porta corrediça fosse empurrada no céu, fazendo surgir uma espécie de alçapão através do qual o objeto pudesse ser descido do alto.

E descendo um objeto como se fosse um grande lençol – Não era realmente um lençol, mas parecia um lençol.

O qual era baixado à terra, pelas quatro pontas – Imaginamos que o "lençol" tinha "cordas" atadas nas quatro pontas, pelas quais parecia a Pedro que era descido através da abertura no firmamento. O termo grego traduzido como "pontas" é a palavra normalmente traduzida "início". A palavra tinha um sentido fluido, parecido com a nossa palavra "extremidades", e portanto a tradução "pontas" dá a ideia.

10.12 –

Contendo toda a sorte de quadrúpedes – O ponto principal da visão é que uma lei peculiar à Lei de Moisés vai ser posta em dúvida. O propósito era ensinar a Pedro uma lição importante com respeito à apresentação do Evangelho a todas as nações. Certas distinções que costumavam ser verdadeiras não mais se aplicam. A classificação (quadrúpedes) incluiria ovelhas, bois, porcos, coelhos, e animais selvagens de todos os tipos.

Répteis da terra – Cobras, lagartos, etc.

E aves do céu – Havia uma mistura de animais puros e impuros. Levítico 11 e Deuteronômio 14 dão as regras usadas no Antigo Testamento para diferenciar entre as duas classes.

Uma distinção geral entre carne pura e impura era feita pelas nações da antiguidade. Alguns animais eram reconhecidos como adequados para comer e sacrificar, enquanto que outros não. Quando Deus deu a Lei no Sinai, tal distinção continuou. Os animais impuros se classificavam como segue:

1) Animais que não têm unhas fendidas e ruminam (Levítico 11.3, 4), incluindo todo animal que anda nos quatro pés (v.27). Esta limitação permite então na categoria dos "puros" somente animais da classe do boi, ovelha, cabra, veado e gazela (Deuteronômio 14.4, 5). Ela exclui, entre outros animais, todas as bestas carnívoras. Elas comem sangue e carniça, sendo então intoleráveis para os israelitas.

2) Insetos que voam, mas que não tenham além das quatro pernas, duas pernas traseiras para saltar (Levítico 11.20-23). Todos os insetos eram, portanto, impuros, exceto o gafanhoto.

3) Pássaros carnívoros, dos quais 20 ou 21 são especialmente citados (Levítico 11.13-19); Deuteronômio 14.12-18). A enumeração incluía o morcego como imundo, pois era classificado como ave.

4) Todos os que na água não tivessem barbatanas e escamas (Levítico 11.9, 10). Esta proibição deixava para uso as variedades mais salubres de peixe encontradas nas águas da Palestina. Eram excluídas as enguias e os animais aquáticos que não são peixes, tais como os caranguejos.

Os animais das categorias acima eram impuros sob quaisquer circunstâncias. Mas até a carne de animais puros também podia tornar-se impura. A lei proibia comer coisas sacrificadas a ídolos, estranguladas, ou que tivessem morte natural, ou fossem mortas por um animal selvagem ou ave de rapina. O sangue e a gordura das aves e animais eram sagrados para o Senhor. Ninguém podia comer sangue, Levítico 17.10-14.

O transgressor das leis relativas aos animais impuros ficava imundo até a tarde, Levítico 11.24, 40; 17.15.

10.13 –

E ouviu-se uma voz que se dirigia a ele: Levanta-te, Pedro; mata e come – Pedro é agora lembrado da fome que sentia antes do êxtase. Aqui está o meio de satisfazer sua fome. Ele é instruído para matar e comer qualquer dos animais ou aves que estiver vendo, sem fazer qualquer distinção entre puros e impuros como tem feito durante toda a sua vida. Isto implicaria que a Lei de Moisés relativa à diferença entre carnes puras e impuras foi cancelada. Alguns pensam que a palavra "levanta-te" se refere a ficar de pé, depois de estar ajoelhado (ele estava orando), mas este não é o único significado possível do termo. Pode sugerir simplesmente passar a agir depois de um período de inação.

10.14 –

Mas Pedro replicou: De modo nenhum, Senhor – Pedro é sempre um homem pronto a agir e pronto a falar. Ele mostra sua característica usual aqui. Embora estivesse em transe, continuava sabendo o que era certo e errado. Seu sentimento sobre este assunto é tão forte que está disposto a contrariar o que o Senhor ordenou. Típico de Pedro!

Porque jamais comi coisa alguma comum e imunda – Já explicamos a distinção que os judeus faziam entre carne pura e impura. Em defesa de sua hesitação em obedecer à ordem do Senhor, Pedro alega que deve continuar a seguir a Lei do Antigo Testamento, como sempre o tinha feito durante a vida toda. "Comum" era um termo aplicado a coisas que os gentios faziam livremente. É o oposto de "sagrado" e indicava o que era de uso comum entre os pagãos. A mesma palavra é traduzida "impuras" em Marcos 7.2. "Imunda" está ligada às coisas que tornariam o indivíduo cerimonialmente contaminado. Para ele, parecia haver uma contradição entre a Lei e a ordem que acabava de receber na visão. Pode estar num êxtase, mas sabe o que a Lei requer, e insiste que fará isso.

10.15 –

Segunda vez a voz lhe falou: Ao que Deus purificou não consideres comum – Se Deus lhe ordenou fazer algo, essa coisa não pode ser considerada errada. Deus "purificou" todas aquelas carnes ao declará-las puras[19]. Uma porção de pensamentos deve ter começado a passar pela mente de Pedro. Se a distinção entre carnes limpas e imundas tiver sido abolida agora, que outras partes da Lei foram também abolidas? – ele talvez pensasse[20].

10.16 –

Sucedeu isto por três vezes – O que foi feito três vezes? Quer dizer que toda a visão e as respostas um para o outro foram repetidas três vezes? Pela última parte do versículo, parece que o lençol foi descido apenas uma vez, e depois de concluída a lição para Pedro, levado de volta ao céu. Diríamos então que a ordem para matar e comer é que foi repetida três vezes. Talvez Pedro ficasse em silêncio quando o Senhor falou a segunda e terceira vez.

E logo aquele objeto foi recolhido ao céu – Tudo isto faz ainda parte da visão que Pedro está vendo durante seu êxtase. Quando a lição foi suficientemente gravada na mente de Pedro, a visão terminou.

---

[19] I Timóteo 4.4; Tito 1.15.
[20] Será esta a primeira vez que foi revelado aos apóstolos que o Antigo Testamento não é mais obrigatório como um código da vontade de Deus, pelo qual os homens deveriam viver?

c. Os mensageiros de Cornélio encontram Pedro em Jope. 10.17-23a

10.17 –

Enquanto Pedro estava perplexo – Significa que ao sair do transe, a mente de Pedro estava cheia de perguntas sobre o sentido da visão e a afirmativa de todas as carnes terem sido purificadas.

Sobre qual seria o significado da visão – Em sua providência, Deus está operando no momento exato. A visão e os movimentos dos mensageiros despachados por Cornélio mostram a mesma coincidência que o chamado de Filipe em relação à viagem do etíope (Atos 8.26, 27).

Eis que os homens enviados da parte de Cornélio, tendo perguntado pela casa de Simão – Ao chegarem a Jope, os mensageiros tiveram de pedir informação sobre como chegar à casa do curtidor onde Pedro se encontrava.

Pararam junto à porta – A palavra traduzida como "porta" se refere ao alpendre ou entrada principal da casa no Oriente. Se refere mais a uma porta do que a um portão, no sentido que damos a este[21]. Os mensageiros de Cornélio chegam justamente quando Pedro está refletindo sobre as implicações mais amplas da visão. A pergunta deles ajudará a resolver as dúvidas dele.

10.18 –

E, chamando, indagavam se estava ali hospedado Simão, por sobrenome Pedro – Eles provavelmente chamaram o servo que tomava conta da porta. Compare Atos 12.13 e João 18.16, 17.

10.19 –

Enquanto meditava Pedro acerca da visão – Na mesma hora em que os homens estavam batendo e inquirindo na porta, o Espírito Santo comunicava uma mensagem a Pedro.

Disse-lhe o Espírito: Estão aí dois homens que te procuram – "Espírito" aqui é o Espírito Santo[22]. Pedro não se acha mais em transe. Exatamente como o Espírito Santo se comunicou com o "entendimento" dos apóstolos não é declarado ou explicado em lugar algum das Escrituras. Pedro não tinha ouvido o que os mensageiros disseram ao pedirem informações na porta.

10.20 –

Levanta-te, pois, desce – O Espírito dá instruções para que Pedro desça a escada que ia do teto até o alpendre.

E vai com eles nada duvidando – Esta ordem parece especialmente dirigida às perguntas perplexas de Pedro. Acabou de lhe ser mostrado que coisas que costumavam ser "imundas" são agora puras. Acompanhar gentios numa viagem não irá contaminar você, Pedro. Talvez por algum tempo Pedro não soubesse qual o seu destino exato, mas deveria confiar na Mão que o guiava. A expressão "nada duvidando" é traduzida "sem vacilar" em Romanos 4.20; 14-23, e "sem duvidar" em Tiago 1.6. (A SBB usa o verbo "duvidar" nas três passagens – N.T.).

Porque eu os enviei – O "eu" é enfático no grego. O Espírito Santo, através da mensagem do anjo a Cornélio, é o motivo real para os mensageiros baterem na porta.

10.21 –

E descendo Pedro para junto dos homens, disse: Aqui me tendes, sou eu a quem buscais? – Pedro se identifica e diz saber que estavam à sua procura, antes que tenham oportunidade de contar-lhe que era aquele a quem buscavam.

---

[21] Veja uma discrição típica de uma casa de melhor classe no primeiro século em Atos 12.13.
[22] Atos 8.29.

A que viestes? – Ele sabe que tem de acompanhá-los, mas Pedro tenta descobrir o que deve fazer depois de acompanhá-los para onde querem que vá.

10.22 –

Então disseram: O centurião Cornélio, homem reto e temente a Deus – A palavra "reto" nos diz que Cornélio era alguém que observava as leis de Deus como encontradas no Antigo Testamento (mas não diz que era perfeito, sem pecado). As outras designações (centurião, temente a Deus) foram explicadas em notas anteriores no capítulo 10.

E tendo bom testemunho de toda a nação judaica – Cornélio era respeitado até pelos povos ocupados. Isto pode ter sido dito para encorajar Pedro a fazer a visita, pois Cornélio era o tipo de homem que até os judeus piedosos iriam respeitar.

Foi instruído por um santo anjo para chamar-te a sua casa e ouvir as tuas palavras – Estamos ainda aguardando para ouvir aquelas "palavras pelas quais os homens podem ser salvos" que o anjo prometeu a Cornélio, que Pedro falaria. Pedro tinha uma mensagem de Deus para Cornélio. Pedro tinha o evangelho do poder de Deus para salvar, e Cornélio não havia sido salvo. Assim sendo, ele precisava ouvir a mensagem que Pedro tinha para ele.

10.23a –

Pedro, pois, convidando-os a entrar, hospedou-os – Os mensageiros tinham viajado quase 24 horas. Depois de descansar parte do dia e a noite inteira, estarão prontos para voltar, com Pedro em sua companhia. Se a casa é de Simão, o curtidor, por que Pedro está se ocupando com a hospedagem deles? Se supusermos que Simão, o curtidor, era judeu, poderíamos supor que hesitasse em alojar gentios. Podemos supor sem dificuldade que os três mensageiros eram gentios. Pedro cuida para que tenham um lugar onde passar a noite. Ele arranja as coisas com o curtidor Simão.

Segundo os tradutores da *New American Standard Version*, o parágrafo deveria terminar aqui. O Novo Testamento foi dividido em versículos por Robert Stephen em 1551 A.D., e a divisão feita por ele tem sido observada desde essa época. Mas, da mesma forma que ocorreu com a divisão anterior em capítulos, foram feitas algumas escolhas infelizes. Teria sido melhor ter incluído então o versículo 23a com o material do parágrafo precedente.

    d. Pedro encontra Cornélio. 10.23b – 33

No dia seguinte levantou-se e partiu com eles – A viagem levará um dia e parte do próximo, antes de chegarem de volta a Cesaréia.

Também alguns irmãos dos que habitavam em Jope foram na sua companhia – Tratava-se de irmãos em Cristo. Havia seis deles[23]. Talvez devamos considerar comum que os primeiros cristãos acompanhassem os apóstolos em suas viagens[24]. Por outro lado, Pedro pode ter pedido a esses homens que o acompanhassem a Cesaréia. Ele ia para a casa de um gentio, levar-lhe uma mensagem. Por conhecer a animosidade dos judeus rigorosos contra a associação íntima com gentios, Pedro considera bom levar algumas testemunhas. Se seus atos forem postos em dúvida, ele terá testemunho adequado para explicar a razão de seu comportamento[25]. Ele provavelmente informou-lhes da mensagem que os servos de Cornélio haviam trazido e da visão que ele teve, assim como o que o Espírito Santo lhe havia dito.

10.24 –

No dia imediato entrou em Cesaréia – Como notado antes, a viagem de volta parece ter tomado a maior parte de dois dias.

---

[23] Atos 11.12.
[24] Veja Atos 9.30.
[25] Deuteronômio 17.6; 19.15.

Cornélio estava esperando por eles, tendo reunido seus parentes e amigos íntimos – Cornélio saberia aproximadamente quanto levaria a seus mensageiros para chegarem a Jope e voltarem com Pedro. Ele tem uma audiência pronta e esperando pelo pregador. Alguns companheiros italianos (parentes) e alguns amigos íntimos (italianos? ou judeus?) foram incluídos. Com certeza haviam sido convidados porque Cornélio sabia de seu interesse no mesmo assunto em relação ao qual havia mandado chamar Pedro.

10.25 –

Aconteceu que, indo Pedro a entrar, lhe saiu Cornélio ao encontro e, prostrando-se-lhe aos pés, o adorou – Cornélio encontrou Pedro nos limites da cidade, ou devemos considerar o que Lucas registra a seguir como tendo lugar na porta da casa de Cornélio? Provavelmente esta última. Imagine o comandante de 100 homens, em uniforme completo, inclinando-se diante de Pedro. Nos países orientais era costume que as pessoas se prostrassem no solo diante de homens de posição e honra. Cornélio teria primeiro se ajoelhado, e depois se inclinado para a frente até que sua testa tocasse o solo. A palavra traduzida "adorou" (*proskuneo*) é aquela que significa que Cornélio se inclinou perante Pedro num ato de extrema homenagem. É possível, mediante esse ato, expressar adoração a Deus[26], mas o conhecimento que Cornélio tinha do Deus verdadeiro nos impede julgar que ele considerasse Pedro uma divindade.

10.26 –

Mas Pedro o levantou – Isto é, Pedro abaixou-se e ajudou Cornélio a ficar de pé.

Dizendo: Ergue-te, que eu também sou homem – O que quer que estivesse na mente de Cornélio ao prostrar-se diante de Pedro, foi considerado por este como um ato expressando homenagem que deveria ser prestada somente a Deus. Como a atitude de Pedro foi diferente daquela de muitos papas modernos (e homens menos importantes também). Quantos homens gostam de ver seus semelhantes inclinados à sua frente. Cada um de nós deve ter cuidado com seus desejos e motivos íntimos! Só Deus e Jesus, o Filho de Deus, são dignos de adoração (veja Apocalipse 22.8, 9).

10.27 –

Falando com ele, entrou, encontrando muitos reunidos ali – Pedro e Cornélio estão entrando na casa, depois de primeiro ter encontrado Pedro na porta (veja notas no versículo 25). Eles conversam enquanto Cornélio o conduz para onde seus parentes e amigos íntimos se acham reunidos.

10.28 –

A quem se dirigiu, dizendo: Vós bem sabeis que é proibido – Pedro provavelmente fala em grego, que era uma língua conhecida em Jope e Cesaréia, assim como em outras cidades costeiras da Palestina. "Proibido" é uma tradução de *athemitos*, que significa contrário ao costume ou lei, uma violação de um modo estabelecido de fazer as coisas.

A um judeu ajuntar-se ou mesmo aproximar-se a alguém de outra raça – Quando Pedro diz "estrangeiro" (alguém de outra raça), ele emprega uma palavra (*allophulos*), cuidadosa e bondosamente escolhida para evitar o uso de "gentio". Não existe uma tal delicadeza de sentimentos em Atos 10.45 ou 11.3. A segregação social que Pedro afirma aqui ser "proibida" não foi ordenada explicitamente por Moisés; mas parecia implícita em sua Lei, sendo essa o entendimento comum entre os judeus. Moisés proibiu realmente o casamento misto com as nações pagãs na terra de Canaã, e instituiu em que os israelitas não participassem de suas práticas idólatras[27]. Esta proibição foi estendida pelos judeus (especialmente como os fariseus interpretavam o Antigo Testamento) às atividades sociais de todo o tipo, julgando que não deveriam ter relações

---

[26] João 12.20; Atos 8.27.
[27] Levítico 18.24-30; Deuteronômio 7.3-12; Esdras 9.11, 12.

amistosas nem transações comerciais com os gentios. O judeu rigoroso não entrava na casa de um gentio, não se assentava no mesmo sofá, nem comia ou bebia da mesma vasilha[28]. Deus não havia ordenado essa segregação, da forma interpretada pelos judeus; mas Pedro tinha sido ensinado de tal modo que sente constrangimento ao entrar no ambiente estranho, e passa a explicar por que a sua conduta é diferente daquela geralmente esperada do judeu.

Mas Deus me demonstrou que a nenhum homem considerasse comum ou imundo – Deus havia mostrado isso a Pedro na visão, versículos 11, 12. Pedro pelo menos havia aprendido aquilo que a visão tinha como propósito ensinar. Se Deus diz que é certo associar-se com as pessoas, Pedro aceita então a ideia! Mais tarde, Pedro vai aprender que se trata de mais do que uma simples associação. Aprenderá que homem algum deve ser excluído da oportunidade de salvação, quer escravo ou livre, judeu ou gentio. Só o pecado separava o homem de Deus, e o homem do homem. À medida que o Evangelho fosse pregado a todos, as barreiras entre homens e Deus e homens e homens (como entre os judeus e os gentios) foram derrubadas.

10.29 –

Por isso, uma vez chamado, vim sem vacilar – Deus havia dito a Pedro que acompanhasse os mensageiros de Cornélio sem quaisquer dúvidas. Assim sendo, sem qualquer hesitação ou relutância, sem dizer nada sobre tal ideia (como ele provavelmente teria feito se não fosse pela visão), Pedro obedeceu imediatamente quando os mensageiros chegaram para convidá-lo a ir à casa de Cornélio em Cesaréia.

Pergunto, pois, por que razão me mandastes chamar? – O propósito principal do chamado de Cornélio tinha sido comunicado a Pedro pelos mensageiros, versículo 22. Eles disseram que Pedro devia transmitir uma mensagem a Cornélio. Que mensagem Pedro deveria pregar? Ele pede que Cornélio explique melhor o que o anjo lhe instruiu a fazer ao ordenar que mandasse chamar Pedro.

10.30 –

Respondeu-lhe Cornélio: Faz hoje quatro dias – Quatro dias, ou partes de quatro dias diferentes, passaram entre a visita do anjo a Cornélio e a chegada de Pedro a Cesaréia. No primeiro dia o anjo apareceu a Cornélio, e os mensageiros foram enviados. No segundo, os mensageiros chegaram a Jope, cerca do meio-dia. No terceiro, Pedro e os demais partiram para a cidade de Cesaréia. No quarto, eles chegaram à casa de Cornélio.

Que, por volta desta hora – A hora nona, três da tarde[29]. Pedro chegou à casa de Cornélio às três da tarde, a mesma hora em que Cornélio recebeu a visão para chamar Pedro.

Estava eu observando em minha casa a hora nona de oração – Veja os comentários do versículo 3.

E eis que se apresentou diante de mim um varão de vestes resplandecentes – O anjo tinha a aparência de homem. Sobre as vestes do anjo, veja notas em Atos 1.10, 11.

10.31 –

E disse, Cornélio, a tua oração foi ouvida, e as tuas esmolas lembradas na presença de Deus – Veja notas no versículo 4. O uso do singular aqui ("oração") sugere que o objeto de todas as suas orações foi sempre o mesmo. Deve ter sido, na natureza do caso, uma oração pedindo ajuda para conhecer a verdade sobre Deus e a salvação.

10.32 –

Manda, pois, alguém a Jope a chamar Simão, por sobrenome Pedro; acha-se este hospedado em casa de Simão, o curtidor, à beira-mar – Veja Atos 11.14, onde ficamos

---

[28] Compare Marcos 7.3, 4.
[29] Leia a respeito da hora de oração em Atos 10.3.

sabendo que Pedro diria "palavras mediante as quais serás salvo". Estamos ainda esperando que essas palavras sejam ditas, as quais ajudariam a salvar Cornélio. Simão tinha recebido o nome de "Pedro" da primeira vez em que encontrou Jesus, João 1.41, 42.

10.33 –

Portanto, sem demora, mandei chamar-te, e fizeste bem em vir – Esta é uma expressão de agradecimento sincero, e não de simples aprovação dos atos de Pedro[30]. Cornélio não se ofendeu com a tentativa da explicação de Pedro quanto à diferença entre seu comportamento e o da maioria dos judeus, no que dizia respeito a associar-se com os gentios. Ele simplesmente expressa seus sentimentos de gratidão a Pedro e por ele ter feito o esforço para ir vê-lo.

Agora, pois, estamos todos aqui, na presença de Deus – Cornélio expressa sua crença de que Deus podia ver o que faziam, e que tinha a Sua aprovação. Cornélio e os de sua casa queriam fazer o que era agradável a Deus; e desde que estavam convencidos de sua aprovação, se encontravam prontos para ouvir as suas instruções, dadas através da boca de Pedro, seu porta-voz.

Prontos para ouvir tudo o que te foi ordenado da parte do Senhor – Apesar de ter boa moral e de ter tido uma visão da visita de um anjo, Cornélio estava consciente de que continuava com o peso da culpa e pecado, do qual buscava alívio. Da mesma forma, seus parentes e amigos íntimos também buscavam a salvação. Ele anima Pedro a prosseguir com a mensagem, através da qual aprenderia o que devia fazer para ser salvo.

    e. O sermão de Pedro. 10.34-43

10.34 –

Então falou Pedro, dizendo – Esta expressão "falou" ("abrindo a boca") foi explicada nas notas em Atos 8.35. Certas coisas sobre este sermão exigem nossa atenção. Existe alguma referência sobre passagens do Antigo Testamento, mesmo que ele esteja falando a uma audiência de gentios[31], embora sua familiaridade com as Escrituras seja provavelmente devida ao fato de se terem tornado prosélitos da porta. O sermão enfatiza a vida de Jesus, Seu ministério, crucificação, ressurreição, aparições, e sua ordem para que as testemunhas proclamem a verdade sobre Ele. Jesus não é apresentado simplesmente como o Messias dos judeus, mas como o Senhor de todos[32] e Juiz de todos[33].

Reconheço por verdade [agora] – O verbo está no presente, e poderia sugerir: "Estou começando a compreender". Se Deus ouviu a oração de Cornélio, enviou-lhe um anjo e uma lição objetiva a Pedro, Ele não deve fazer então acepção de pessoas. (A palavra "agora" não consta na Bíblia da SBB – N.T.).

Que Deus não faz acepção de pessoas – A pessoa que faz acepção julga com base nas circunstâncias externas (tais como posição, família, bens), em lugar de julgar o homem pelos seus méritos intrínsecos. Os judeus supunham que por serem filhos de Abraão tinham o favor especial de Deus. Quando o Messias viesse, ele estenderia a oferta da salvação aos judeus e não a homens de outras nações, pensavam eles. Pedro diz aqui que está aprendendo o erro do pensamento judeu, e passou a entender que o homem não é aceito apenas por ser judeu, nem é excluído somente por ser gentio. Esta imparcialidade ficou evidente em Jesus, sendo até reconhecida pelos seus inimigos[34]. Jesus deu nisto um exemplo perfeito do Pai. A mesma doutrina, de que Deus é imparcial, se encontra explicitamente declarada em outros pontos do Novo Testamento[35]. Tanto o judeu como o gentio têm igual acesso aos privilégios e bênçãos da Nova Aliança.

---

[30] Paulo, em Filipenses 4.14, usa a mesma expressão de gratidão e agradecimento sinceros.
[31] Pedro faz referência a "todos os profetas", Atos 10.43.
[32] Atos 10.36.   [33] Atos 10.42.   [34] Mateus 22.16; Lucas 20.21.
[35] Romanos 2.11; Efésios 6.9; Colossenses 3.25.

10.35 –

Pelo contrário – Em vez do que Pedro costumava pensar, está se tornando claro agora que é mais importante para Deus aquilo que o homem crê e faz, do que a linhagem de seus ancestrais ou o lugar de seu nascimento.

Em qualquer nação – Entre todos os povos, quer de descendência judia ou gentia.

Aquele que o teme – Parece que Pedro continua resumindo em seu relato as coisas que está aprendendo através do caso de Cornélio, quanto a quem será aceito para receber mais instruções sobre a salvação. Cornélio era "temente a Deus", sendo este um grande ponto a seu favor ao orar pedindo ajuda para saber o que fazer para ser salvo. Ser descendente de Abraão, ou possuir privilégios externos como a Lei, não são as condições que preparam o indivíduo para receber salvação através de Cristo, tanto quanto ter uma atitude reta de coração. A reverência por Deus, que leva o homem a cumprir seu dever para com Deus, é a atitude que abre o coração humano para a mensagem da salvação[36].

E faz o que é justo – Cornélio continua em cena. Lembra-se das esmolas que ele deu aos povos cativos sobre os quais seus soldados eram as tropas de ocupação? Esta palavra parece referir-se ao comportamento do homem em relação a seu semelhante. Lembre-se também que Cornélio compartilhou seu conhecimento limitado de Deus com seus parentes e amigos íntimos, e até com alguns de suas tropas. O homem que deseja fazer o que é certo irá mostrar-se receptivo ao Evangelho quando tiver oportunidade.

Lhe é aceitável – É capaz de tornar-se cristão quando lhe for concedida a oportunidade, é o que Pedro está dizendo. Não diz que o indivíduo tem a salvação sem tornar-se cristão. Cornélio não teve! Temer a Deus e fazer o que é justo colocam o homem numa condição favorável para receber a salvação que pode ser alcançada através de Cristo. Desde que Cornélio se acha nessa condição, Pedro irá explicar-lhe a mensagem da salvação.

10.36 –

Esta é a palavra que Deus enviou aos filhos de Israel – A estrutura da sentença tem sido difícil para o tradutor e comentarista. Os versículos 35, 36 e 37 começam com o caso acusativo (um objeto do verbo), e o único verbo é "vós conheceis" no versículo 37. Alguns têm tentado fazer do acusativo aqui no versículo 36 um objeto do verbo "reconheço" no versículo 34. A NASB faz uma pausa no final do versículo 36, e começa de novo o pensamento no versículo 37, como se o versículo 37 explicasse o que é a "palavra" que Pedro mencionou no versículo 36. Isto seria mais fácil de aceitar se não houvesse termos gregos diferentes para "palavra" nesses dois versículos. O versículo 36 diz *logos* ("palavra") e o versículo 37 tem *hrema* ("palavra", "coisa"). Este autor considera o versículo 36 como uma introdução à "doutrina" que ele vai pregar. Pedro está dizendo assim: "Vou ensinar-lhes a palavra (doutrina) necessária para vocês crerem, caso desejam ser salvos". O "Ele" que enviou é Deus. (A SBB contém a palavra Deus em seu texto – N.T.). As boas novas, a mensagem, a doutrina, a palavra, foram enviadas por Deus primeiramente aos judeus.

Anunciando-lhes o evangelho da paz, por meio de Jesus Cristo – Pedro diz que Deus estava pregando através do ministério de Jesus Cristo. E qual era a mensagem de Deus? As boas novas da paz! "Paz" algumas vezes se refere à ausência de inimizade entre os homens, e em Jesus o muro que dividia os judeus e gentios tem sido derrubado[37]. A palavra é também empregada para designar o fato de ter havido uma reconciliação com Deus, efetuada para nós por Jesus Cristo, e assim a inimizade entre o homem e Deus é removida. Um terceiro significado da palavra "paz" é designar a serenidade e calma de sentimentos do homem remido, a tranquilidade de

---

[36] Pedro não está dizendo, como alguns supõem, que o caminho da salvação em Cristo para os gentios é tornar-se primeiro um prosélito (temente a Deus) da religião judia.
[37] Veja Efésios 2.14.

alma por saber que seus pecados estão perdoados. Se fôssemos forçados a escolher um dos três significados aqui, daríamos preferência ao segundo; mas não vemos razão para limitar o sentido em um único significado possível de "paz".

Este é o Senhor de todos – Esta declaração entre parênteses diz a Cornélio alguma coisa sobre Jesus. (A SBB não inclui o parênteses – N.T.). Ele é o Senhor de todos os homens. Para que Cornélio não pensasse que Jesus era apenas um profeta ou mestre judeu, Pedro mostra que Ele é soberano e rei de todos os homens, tanto judeus como gentios. E desde que Ele é Senhor de todos, Pedro considerou apropriado pregar o evangelho tanto a um como a outro. Todos podem ter acesso à paz, pois Cristo é o Salvador de todos.

10.37 –

Vós conheceis a palavra – Pedro diz: Vocês conhecem a vida de Cristo, a mensagem que pregou, os milagres que operou. O vocábulo grego traduzido "palavra" é *hrema*, palavra que enfatiza o conteúdo ou o tema da mensagem.

Que se divulgou por toda a Judéia – O início do ministério de Jesus é registrado apenas no Evangelho de João (capítulos 2, 3), mas Pedro estava lá e pode falar em primeira mão. Durou cerca de oito meses, e a fama de Jesus se espalhou por causa dos seus milagres e pregação. A divulgação foi tanta que Pedro pode aludir a algum conhecimento da mesma possuído até por esse soldado romano.

Tendo começado desde a Galiléia – O primeiro milagre de Jesus se realizou em Caná da Galiléia. Seu ministério teve início na Galiléia (depois do seu batismo e tentação) e durou alguns dias antes que fosse a Jerusalém para a primeira Páscoa e a primeira purificação do templo[38]. A Galiléia não ficava distante da Cesaréia. Cornélio provavelmente tinha ouvido então o que havia acontecido ali, assim como o ocorrido na Judéia.

Depois do batismo que João pregou – Jesus começou seu ministério público depois de João Batista ter feito grande parte de sua obra de preparação. Com essas palavras, Pedro lembra Cornélio do ministério e mensagem de João o batizador. É interessante notar que Marcos (que, segundo muitos autores cristãos primitivos, escreveu o que Pedro pregou), ao fazer seu Evangelho, segue a ordem do sermão de Pedro neste ponto. Marcos começou com o batismo de João, e nos leva até as aparições de Jesus após a ressurreição. É isto exatamente que Pedro faz aqui ao pregar a Cornélio.

10.38 –

Vocês sabem sobre Jesus de Nazaré – Esta é a terceira das frases acusativas iniciadas no versículo 36. A coorte italiana deve ter ficado estacionada em Cesaréia um bom tempo para que Pedro possa dizer: "Vocês conhecem a respeito do ministério preparatório de João Batista e sobre o início do ministério de Jesus na Galiléia e Judéia". Essas coisas haviam acontecido mais de doze anos antes. (Esta frase não está incluída na leitura da SBB – N.T.).

Como Deus ungiu a Jesus de Nazaré com o Espírito Santo e poder – A referência é à ocasião do batismo de Jesus, quando o Espírito de Deus desceu sobre ele na forma de pomba[39]. Jesus foi desse modo separado para a obra do Messias. O poder que Deus deu a Jesus nessa hora foi o poder de curar os doentes, ressuscitar os mortos, etc.[40]

O qual andou por toda a parte, fazendo o bem – Este é um bom resumo do ministério de Jesus. Ele procurou meios de ser útil às pessoas, e depois deu de Si mesmo para ajudar.

---

[38] Este ministério inicial de Jesus está registrado em João 1-3.

[39] Lucas 3.22; Mateus 3.16, 17; João 3.34.

[40] O estudante deve ter cuidado neste ponto para manter sua linguagem explícita, para não ser acusado de crer na "heresia da Adoção" (Adoptionist heresy).

E curando a todos os oprimidos do diabo – Isto é, expelindo demônios. Os endemoninhados[41], na linguagem deste versículo, eram oprimidos do diabo[42].

Porque Deus era com ele – Isto é dado como a razão para Jesus poder fazer o bem e ajudar os oprimidos pelo diabo. Deus o aprovava e colaborava graciosamente com Ele[43]. Os milagres de Jesus eram tais que os homens podiam perceber facilmente que Deus estava com Ele, e dava evidência que havia sido Ele mesmo que tinha enviado Jesus. O professor Dale nos faz voltar e refletir sobre o que acabamos de ler, quando ele nos lembra que Pedro apresentou os três membros da divindade.

> Pedro apresentou aqui cada um dos membros da Divindade. Deus ungiu ou separou Jesus para a obra que deveria fazer, e concedeu a Ele o poder do Espírito Santo. Assim sendo, na obra da redenção, os três estão presentes – Deus Pai, Deus o Filho e Deus o Espírito Santo[44].

10.39 –

E nós somos testemunhas de tudo o que ele fez – Nós apóstolos; isto é, Jesus tinha feito dos apóstolos suas testemunhas, Atos 1.8.

Na terra dos judeus – Pedro falava em Cesaréia, e parece estar se referindo ao ministério de Jesus na Judéia. Houve um primeiro ministério na Judéia sobre o qual Pedro falou antes, e um ministério posterior na Judéia (de outubro a dezembro, 29 A.D.), sobre o qual Pedro faz agora referência[45].

E em Jerusalém – Esta nota nos lembra do que foi chamado de semana-clímax do ministério terreno de Jesus. No domingo dessa semana houve a entrada triunfal, na segunda-feira a segunda purificação do templo, na terça o grande dia das perguntas, e a quinta-feira testemunhou a instituição da Ceia do Senhor e a agonia do Senhor no jardim.

Ao qual também tiraram a vida, pendurando-o no madeiro – O plural é uma referência aos judeus. (Não permita que nenhum judeu moderno lhe diga que os judeus não foram culpados e responsáveis pela morte de Cristo. Eles foram tão culpados quanto os romanos que executaram a crucificação). "Madeiro" ("cruz") representa a palavra *xulon*, "árvore". A palavra nos diz que a cruz foi feita de troncos toscos.

10.40 –

A este ressuscitou Deus no terceiro dia – Como fez no sermão registrado em Atos 3.13ss, Pedro contrasta novamente o que povo fez a Jesus e o que Deus fez por Ele. O povo o matou numa cruz. Deus o ressuscitou dentre os mortos.

E concedeu que fosse manifesto – Pense em todas as aparições pós-ressurreição de Jesus. Cf. Atos 1.3. De tempos a tempos, através dos 40 dias entre a sua ressurreição e ascensão, Ele tornou-se visível aos olhos humanos deles.

---

[41] "Oprimidos" é *katadunasteuo*, oprimir, explorar, dominar, tiranizar. Veja Tiago 2.6. É uma palavra diferente daquela geralmente usada para expressar a possessão demoníaca. A palavra comum é daimonizomai.

[42] Em vista deste termo usado por Lucas ser incomum, alguns comentaristas supõem tratar-se de algo mais que possessão demoníaca. Alguns crêem que toda doença é obra direta ou indireta do grande inimigo, o Diabo. Lucas 13.11 e 2 Coríntios 12.7 são outras passagens apresentadas para provar isto. Esses comentaristas acreditam que Pedro está falando de curar doenças, em vez de expulsar demônios. Seja como for que este versículo é entendido, deve ser enfatizado outra vez, que a Bíblia faz distinção entre doença e possessão demoníaca, e nem toda doença pode ser curada simplesmente exorcizando um demônio.

[43] Veja notas em Atos 14.7 sobre a expressão "com ele", que neste caso é *met' autou*.

[44] Dale, *op. cit.*, p. 118.

[45] O ministério posterior na Judéia está registrado em João 7.11 até 10.39, e em Lucas 10.1 até 13.21.

10.41 –

Não a todo o povo – Jesus não apareceu a todo o povo judeu que o tinha visto durante seu ministério terreno. Não era necessário que eles todos o vissem para estabelecer a verdade de sua ressurreição. Ele porém se mostrou a mais de 500 pessoas,[46] mas as aparições ficaram limitadas basicamente aos apóstolos. Se até os apóstolos tiveram de ser convencidos, tiveram de tocar e falar, o que teria acontecido se Jesus aparecesse a grandes multidões? A exatidão do conhecimento é que importava, e não uma variedade de testes. Quem estaria melhor preparado do que os doze que haviam passado muitas horas íntimas com Jesus?

Mas às testemunhas que foram anteriormente escolhidas por Deus – Os incrédulos fazem disto um motivo de objeção à narrativa de Lucas. Lucas diz que os apóstolos foram escolhidos por Deus – enquanto as narrativas do evangelho nos afirmam que Jesus escolheu seus apóstolos. Mas não há contradição, porque no versículo 36 aprendamos especificamente que Deus operava através de Jesus! Escolhidos "antes" do que? Antes de morte e ressurreição de Jesus.

Isto é, a nós que comemos e bebemos com ele, depois que ressurgiu dentre os mortos – As testemunhas escolhidas não foram enganadas quanto à ressurreição. Elas comeram e beberam com o Senhor ressurreto[47], Jesus, ao comer e beber com os discípulos, forneceu a prova mais clara de que havia verdadeiramente ressuscitado. Não se tratava de um fantasma ou aparição que os discípulos viram.

10.42 –

E nos mandou pregar ao povo – Veja a Grande Comissão para esta ordem[48]. Os apóstolos deveriam pregar não apenas aos judeus, mas a toda a criação. E Cornélio, você está incluído nessa comissão. É por isso que estou lhe falando sobre as boas novas da salvação a todos os homens em Cristo Jesus.

E testificar que ele é quem foi constituído por Deus – Pedro explica ainda que sua comissão é dar testemunho de que Cristo foi designado por Deus para ser o juiz final.

Juiz de vivos e de mortos – Numa declaração surpreendente similar, Paulo também fala de Jesus como juiz em vista de sua ressurreição dos mortos[49]. O momento futuro que Pedro tem em mente é o Dia do Grande Julgamento[50]. A Bíblia parece apresentar um quadro de um juízo universal, quando todos os homens ficarão diante do juiz do universo para receber recompensa ou castigo pelos feitos do corpo. Todos os que tiverem vivido nesta terra estarão lá; os que ainda estiverem vivos quando Ele voltar, e os que tiverem morrido antes de sua volta. Ao mencionar especialmente os justos, Paulo mostra que aqueles (em Cristo) que estiverem vivos na terra quando Jesus voltar serão arrebatados para se encontrarem com o Senhor nos ares, sem passar pela morte. Em vez disso, serão transformados nos seus corpos glorificados, uma mudança que os tornará como os que morreram mas ressurgiram dos mortos em corpos ressurretos[51], sendo depois arrebatados para o encontro com o Senhor. Nos seus corpos ressurretos, tanto santo como pecador irão ficar diante de Jesus para serem julgados. O fato de Jesus ser o futuro juiz é uma afirmação surpreendente, feita por Pedro, em relação a Ele. Pedro havia vivido nos termos mais íntimos com Jesus durante o seu ministério, ele tinha visto muitas de suas esperanças desfeitas quando Jesus foi crucificado, e agora afirma que Jesus foi designado por Deus para ser Juiz de todos. Só se Jesus tiver ressuscitado dos mortos e for Senhor de tudo é que Pedro pode estar dizendo a ver-

---

[46] 1 Coríntios 15.6.
[47] João 21.12, 13; Lucas 24.30, 42.
[48] Mateus 28.18-20; Marcos 16.15,16.
[49] Atos 17.31.
[50] Apocalipse 20.11ss; Mateus 25.31ss; 2 Coríntios 5.10
[51] 1 Tessalonicenses 4.16, 17. Com respeito ao novo corpo, veja o discurso de Paulo em 1 Coríntios 15.35ss.

dade. A mudança espantosa ocorrida com Pedro é uma evidência da verdade da ressurreição e do juízo vindouro!

10.43 –

Dele todos os profetas dão testemunho – Nos sermões de Pedro, tanto em Atos 2 como 3, fomos lembrados de como Jesus explicou as profecias do Antigo Testamento que se referiam ao seu sofrimento, morte e exaltação[52]. O apelo de Pedro aos profetas pode sugerir que Cornélio e seus hóspedes tivessem um certo conhecimento das Escrituras do Antigo Testamento.

De que, por meio de seu nome, todo o que nele crê – Este é um bom versículo para mostrar a falsidade da teoria premilenar (ou dispensacional) moderna, no sentido de que os profetas do Antigo Testamento não previram a era da Igreja. O Antigo Testamento não só previu o Messias e sua obra expiatória, mas também explicou que os crentes nEle seriam "justificados pela fé". Habacuque 2.4 é um exemplo. Nem Habacuque nem Pedro indicam "fé somente". A crença bíblica inclui obediência aos mandamentos de Deus – um compromisso da vida inteira. "Todo o que nele crê" inclui tanto gentios como judeus[53].

Recebe remissão de pecados – A *American Standard Version* diz "*receberá* remissão de pecados". Os tempos dos verbos são tais que "crer" e "receber" são simultâneos. O perdão de pecados está condicionado à fé obediente[54]. Essas são as palavras que Cornélio e seus amigos têm esperado ansiosamente para ouvir. Não é pela submissão aos requisitos da Lei de Moisés, não é pela circuncisão e tudo o que está implícito nela, mas a fé em Cristo é o meio ordenado por Deus para a remissão de pecados[55].

f. Os resultados. 10.44-48

10.44 –

Ainda Pedro falava essas coisas – Pedro foi aparentemente interrompido. E se interpretarmos corretamente a situação, o que acontece a seguir é em benefício de Pedro. Ele já expressou o fato de estar aprendendo que Deus não faz acepção de pessoas. Isto foi depois de ter sabido que Deus havia enviado um anjo a Cornélio e depois de ele mesmo ter tido uma visão no eirado em Jope. Os mensageiros disseram a Pedro que deveria pregar quando chegasse à casa de Cornélio. Ao chegar, porém, ele pede mais informações a Cornélio sobre o que deveria pregar, como se não pudesse crer no que estava ouvindo. Quando Cornélio explicou sua visão e o motivo para chamar Pedro, este entende que não tem alternativa senão pregar o evangelho da paz a esses gentios reunidos na casa de Cornélio. O que Pedro parece estar pensando no momento em que foi interrompido era isto – "Eu lhes disse o que deveriam fazer para que seus pecados sejam perdoados. O que acontecerá, no entanto, se alguns deles quiserem obedecer o evangelho? Devo encorajá-los? Não sei o que fazer. Estou em dificuldades". É possível imaginar o conflito em sua

---

[52] Foram feitos comentários extensos em Atos 3.24 sobre as predições relativas ao Messias, feitas pelos profetas do Antigo Testamento.

[53] Romanos 10.11-13.

[54] Talvez precise ser dita uma palavra a respeito da expressão "fé obediente". Ela é usada deliberadamente para mostrar que a fé que salva, na Bíblia, não é a "fé somente", um simples consentimento mental. As pessoas da época do Novo Testamento sabiam disto, mas a ideia está encontrando obstáculos atualmente. Duas linhas de pensamento ajudarão o leitor a ver que a fé que salva é a fé obediente. Pedro em breve irá insistir que os ouvintes de seu sermão sejam imersos. Assim como no caso do etíope, a pregação de Jesus aqui e uma resposta apropriada a essa pregação inclui imersão para o perdão de pecados. A segunda linha de argumentação é um pouco mais técnica. Leon Morris sugeriu que o fato que a palavra "crer" é seguida por duas construções diferentes no grego é significativo. Quando é seguido por um caso dativo simples, ela se refere ao que chamamos de "consentimento mental". Quando é seguida por *eis* e o caso acusativo, denota o que chamamos de "fé obediente". A construção aqui em Atos 10.43 é eis e o acusativo, sendo portanto indicada uma fé obediente. (Leon Morris, *The Gospel According to John* (Grand Rapids: Eerdmans, 1971) New International Critical Commentary, p. 335-337).

[55] Em Atos 2.38 a frase "remissão de pecados" foi explicada.

mente. Ele percebe que Deus não faz distinção entre pessoas. Qualquer um pode ter oportunidade para crer e obedecer. Todavia, as antigas reservas de sua formação judia continuam. Do mesmo modo em que Deus está levando-o para esta nova verdade, Deus ajuda agora seu mensageiro nesta conjuntura. O Espírito Santo é enviado sobre esses gentios, e a pergunta na mente de Pedro está respondida. Se Deus dá tal evidência de que aceita esses homens, qual a razão de esperar mais tempo para encorajá-los a aceitar o convite para se tornarem cristãos?

Quando caiu o Espírito Santo sobre todos os que ouviam a palavra – Os incluídos são Cornélio, seus parentes e amigos íntimos[56]. Este é um segundo exemplo em Atos onde nos é dito especificamente tratar-se de um caso de batismo com o Espírito Santo[57]. Isto *não* parece ser comparável ao "dom" do Espírito Santo de Atos 2.38, pois este é conferido quando o crente arrependido é imerso para perdão de seus pecados; e aqueles homens na casa de Cornélio em Cesaréia não foram ainda imersos assim[58]. O Espírito Santo também não veio, neste caso, mediante a imposição das mãos de um apóstolo, sugerindo não tratar-se do que chamamos de "dons espirituais". No caso de Cornélio, o Espírito Santo veio como fez no dia de Pentecostes, Atos 11.15 nos diz.

Na hora oportuna, Pedro terá de explicar sua "associação" com esses gentios (Cornélio e seus amigos) para os cristãos em Jerusalém. Nessa defesa Pedro baseará todo o caso na intervenção de Deus e suas diretrizes claras em toda a questão. O início foi a visão do lençol dada a Pedro, e as palavras do Espírito para ir sem duvidar de nada. Houve também a aparição do anjo a Cornélio. Mas o argumento final e conclusivo de Pedro se baseia no fato de que o Espírito Santo veio sobre Cornélio e seus amigos[59]. Pedro mostra claramente que ele considerava o acontecido como uma prova nítida da parte de Deus de que os gentios deveriam ser admitidos às mesmas bênçãos da salvação que haviam sido concedidas aos judeus.

10.45 –

E os fiéis que eram da circuncisão, que vieram com Pedro, admiraram-se – O batismo com o Espírito Santo caindo sobre qualquer pessoa além dos apóstolos de Cristo era uma exceção à norma. Isto é mostrado pela surpresa de Pedro e seus companheiros judeus[60]. O que surpreendia realmente, no entanto, é que os gentios (!) recebessem tal dom. Os "fiéis da circuncisão" eram os cristãos de procedência judia que haviam acompanhado Pedro de Jope a Cesaréia[61].

Se Pedro tivesse terminado seu discurso, prometendo-lhes a habitação interior do Espírito Santo nos termos estabelecidos em Pentecostes, e os batizasse, esse irmãos teriam aceitado como coisa natural terem recebido o dom da habitação interior do Espírito Santo, Atos 2.38. E se, depois disto, Pedro tivesse imposto as mãos sobre eles e transmitido o dom milagroso do Espírito Santo, como no caso dos samaritanos, eles não teriam ficado grandemente surpresos. As considerações que causaram o espanto foram: primeiro, que o Espírito Santo fosse "derramado" sobre eles diretamente por Deus, como nunca antes havia acontecido, a não ser sobre os apóstolos; e, segundo, que este dom incomum fosse concedido a gentios[62].

Porque também sobre os gentios foi derramado o dom do Espírito Santo – Joel havia predito que Deus "derramaria do seu Espírito sobre toda a carne", e isto tem acontecido agora[63]. Existem várias passagens que falam do "batismo" como tendo lugar na salvação da pessoa, mas

---

[56] Atos 10.27.
[57] Veja Atos 10.47; 11.11-17; e 15.8. Note especialmente a passagem em Atos 11.15-17, onde fica muito claro que o ocorrido foi um exemplo do batismo com o Espírito Santo.
[58] Veja Atos 10.48. [59] Atos 11.17.
[60] Para mais informações, consulte o estudo especial no fim do capítulo 2, intitulado "A Pessoa e Obra do Espírito Santo".
[61] Atos 10.23. [62] McGarvey, *op. cit.*, p. 213.
[63] Veja notas em Atos 2.17 onde a profecia de Joel é comentada.

as passagens não especificam se o batismo é em água, ou em quê. Em vista disso, e num esforço para provar que o batismo em água não é essencial à salvação, alguns adeptos do conceito "fé somente" tentam usar este versículo para provar que o batismo essencial é o "batismo com o Espírito Santo". McGarvey, há muito tempo, respondeu eficazmente este desvio do claro ensino bíblico:

> O batismo de Cornélio e seus amigos no Espírito Santo, antes do batismo em água, tem sido apresentado como evidência de que a remissão de pecados ocorre antes do batismo em água. Mas em todo outro caso de um dom milagroso, a remissão de pecados precedeu a concessão da medida milagrosa do Espírito. Isto aconteceu com os apóstolos no Pentecostes, pois eles tinham sido aceitos muito antes como discípulos de Cristo. Foi verdade no caso dos samaritanos, pois eles haviam sido batizados por Filipe antes que os apóstolos lhes enviassem Pedro e João para transmitir o dom miraculoso. Foi verdade no que diz respeito aos doze discípulos em Éfeso, a quem Paulo concedeu dons espirituais depois de batizá-los, Atos 19.1-7. Foi verdade quanto a todos na igreja de Corinto que receberam dons [espirituais] similares, 1 Coríntios 1.4-7; 12.1-7. Em nenhum desses casos a remissão de pecados esteve ligada à concessão dos dons espirituais, ou ao batismo do Espírito Santo – não podendo então ser suposto isto na presente instância... Este incidente na conversão de Cornélio não pode de forma alguma ser considerado como um precedente para as eras posteriores; pois tratou-se certamente de um milagre, e milagres não são agora operados [pelo menos não como aqueles sobre os quais lemos nas Escrituras, operados diretamente por Deus][64].

10.46 –

Pois os ouviam falando em línguas – Esta foi uma forma pela qual os fiéis da circuncisão que estavam com Pedro puderam verificar que o Espírito Santo tinha sido derramado sobre os gentios. Assim como no dia de Pentecostes (Atos 2) quando homens foram batizados com o Espírito Santo, eles falaram em línguas estrangeiras; assim a mesma manifestação ocorre no caso de Cornélio e seus amigos[65].

E engrandecendo a Deus – Em suas "línguas" eles estavam exaltando a Deus, declarando como Ele é grande e maravilhoso. Que língua estrangeira Cornélio e seus amigos estavam falando? Talvez esses romanos estivessem falando hebraico. Foi assim que os homens com Pedro reconheceram o conteúdo do que os gentios diziam ao falar em línguas. Uma pergunta frequentemente feita é: por quanto tempo o batismo com o Espírito e as línguas continuaram na vida de Cornélio? Talvez o prof. Dale dê uma resposta satisfatória:

> Não há registro de que alguém da casa de Cornélio possuísse poderes milagrosos depois de ter sido completado o propósito da vinda do Espírito sobre eles. Uma vez que a finalidade do milagre (convencer Pedro) fosse alcançada, não era necessário que os poderes milagrosos do Espírito continuassem sendo demonstrado neles[66].

Então perguntou Pedro – Antes de ser interrompido, Pedro havia explicado a parte de Deus na salvação (a obra expiatória de Jesus), e tinha começado uma explicação da resposta do homem (fé obediente). Uma vez passada a surpresa inicial, Pedro continua sua declaração do que está envolvido na resposta apropriada do homem. A interrupção possibilitou que falasse com maior confiança aos ouvintes, do que teria sem ela.

---

[64] McGarvey, *op. cit.*, p. 215-216.
[65] Alguns intérpretes modernos insistem que as "línguas" no caso de Cornélio foram diferentes daquelas do Pentecostes. Enquanto em Atos 2, as línguas eram estrangeiras, afirma-se que em Atos 10, Lucas está descrevendo "louvor extático jubiloso". Mas Atos 10.47 e 11.17 nos dizem que se tratava do "mesmo dom" que o de Pentecostes, e isto deve implicar que era a mesma evidência, a saber, línguas estrangeiras em ambos os casos.
[66] Dale, *op. cit.*, p. 121.

10.47 –

Porventura pode alguém recusar a água, para que não sejam batizados – A pergunta parece dirigida aos seis cristãos judeus que haviam acompanhado Pedro. Não fica claro que eles têm direito ao privilégio de serem imersos em Cristo para remissão de pecados, e se tornarem assim parte de Igreja? Os que praticam a aspersão (como um substituto para a imersão ordenada por Jesus) tentam encontrar reforço nessas palavras de Pedro. Um autor sugere até que o pregador estava pedindo que um pouco de água (suficiente para aspergir) fosse trazida à sua presença! Mas a pergunta de Pedro não sugere absolutamente aspersão. Ele está falando sobre "*a* água" (a conhecida água do batismo para remissão de pecados), e está perguntando se alguém irá opor-se à vontade manifesta de Deus neste caso, insistindo que seria errado imergir esses gentios.

Vamos nos lembrar agora do fato de que Cornélio havia sido orientado para chamar Pedro, a fim de ouvir palavras pelas quais ele e toda a sua casa seriam salvos, 11.14. Pedro chegou e pronunciou essas palavras. Ele falou do Cristo ao grupo, em quem agora creem. Ele ordenou que fossem batizados, e no versículo seguinte veremos que isso foi feito. O que faltava ao piedoso, generoso Cornélio, homem de oração, para tornar-se cristão foi agora suprido, e nada é exigido dele além de crer em Cristo e ser batizado[67].

Quem desejasse hoje ouvir palavras sobre o caminho da salvação deveria ouvir estas mesmas palavras.

Estes que, assim como nós, receberam o Espírito Santo? – Pedro reconhece que o que foi derramado sobre Cornélio e seus amigos é a mesma coisa que aconteceu com os apóstolos no Pentecostes. Alguns escritores neo-pentecostais neste século têm tentado usar este versículo para provar que todo cristão recebe o batismo com o Espírito Santo. A tentativa é baseada na explicação da palavra "nós" como sendo os *seis cristãos judeus*, em vez de "nós apóstolos". É claro pelo que é dito em Atos 11.15, que o que Pedro tem em mente é "nós apóstolos", e se significa "nós apóstolos", os intérpretes pentecostais terão que procurar em outra lugar a comprovação de sua doutrina peculiar.

10.48 –

E ordenou que fossem batizados – Não se sabe por que o próprio Pedro não os batizou. Talvez a razão fosse a mesma de Paulo, deixando de batizar pessoalmente muitos em Corinto – para impedir inveja futura e orgulho partidário[68]. Os seis cristãos judeus presentes poderiam batizar esse grupo de crentes gentios em pouco tempo. Este parece ser um caso definido de membros não oficiais da Igreja realizando o batismo[69]. Sublinhe a palavra "ordenou". Pedro, o apóstolo inspirado, *ordenou* o batismo. Depois de batizados com o Espírito Santo, eles devem ser também batizados em água, mediante ordem apostólica. Existe, portanto, uma distinção entre o batismo em água e o no Espírito. Os que dizem que só existe um batismo que coloca o indivíduo no reino, e que esse é o batismo pelo Espírito, não estão apresentando a Escritura em seus termos apropriados. Eles não harmonizaram todas as passagens ligadas ao assunto[70]. A maioria das pes-

---

[67] McGarvey, *op. cit.*, p. 217-218.
[68] 1 Coríntios 1.14-17.
[69] Os escritores denominacionais têm dificuldade aqui, por se tratar evidentemente da administração não oficial da ordenança do batismo. Os que insistem que apenas os "líderes oficiais da igreja" devem ministrar as ordenanças, sugerem que o evangelista Filipe foi quem recebeu ordem para batizar Cornélio. Ou alguns dos líderes da congregação já existente de cristãos judeus em Cesaréia receberam ordem para batizar os primeiros convertidos gentios. Eles são obrigados a fazer isso, embora o registro praticamente proíba a presença de qualquer outra pessoa além de Pedro e os seis irmãos de Jope, mais Cornélio, seus parentes e amigos íntimos.
[70] 1 Coríntios 12.13 diz: "em um só Espírito, todos nós fomos batizados em um corpo". Este versículo deve ser harmonizado com outras passagens que falam sobre o batismo no corpo de Cristo. Os que insistem que significa que o "batismo do Espírito" coloca o indivíduo na igreja, não conseguem fazer o versículo harmonizar-se com as instruções de Pedro e sua ordem para o batismo em água depois do batismo do Espírito, no caso de Cornélio. Só se entendermos

(Continua na página 306.)

soas que afirmam hoje que é um batismo do Espírito que as integra no corpo de Cristo, se recusam a ser imersas em água por pensarem que já são cristãs. O batismo em água não seria então essencial para a sua salvação! Realmente! Nem Cornélio, nem Pedro, nem qualquer outro pregador inspirado jamais indicou que a imersão de um crente arrependido não fosse essencial, mas apenas um extra opcional, para a sua salvação! Como isso diverge do pregador moderno que prega a doutrina da "fé somente"! Se é necessário obedecer ao que Jesus e os apóstolos ordenaram (e eles ordenaram imersão), então a imersão é absolutamente essencial como uma das condições da salvação.

Em nome de Jesus Cristo – No registro da Grande Comissão em Mateus, Jesus deu a fórmula batismal como sendo "em nome do Pai e do Filho e do Espírito Santo". Alguém pergunta: Por que a fórmula aqui e em outros pontos de Atos é "em nome de Jesus"[71], enquanto na Comissão é em nome dos três membros da Divindade? Várias tentativas têm sido feitas para explicar esta discrepância aparente. Alguns sugerem que batizar em nome de uma das pessoas da Divindade necessariamente envolve as outras duas. Alguns opinam que Lucas aqui em Atos simplesmente dá uma abreviação da fórmula mais longa usada em outras ocasiões. Outra sugestão que possui algum mérito pressupõe que a pessoa sendo instruída fez a diferença na fórmula usada. As palavras de Mateus 28 deveriam ser usadas para o convertido do paganismo, que estava "sem Deus no mundo, não conhecendo o Pai, o Filho, ou o Espírito Santo". Para os convertidos do judaísmo, ou aqueles que antes tinham sido prosélitos do judaísmo, bastava a declaração distinta de sua fé em Jesus como o Cristo, o Filho de Deus, acrescentada à sua crença anterior no Pai e no Espírito Santo.

E, naturalmente, os críticos negativos têm uma sugestão. Eles dizem: "À medida que os anos passaram, a fórmula alongou-se (aumentando de 'em nome de Jesus' para 'em nome do Pai, do Filho e do Espírito Santo')". Isto lembra a teoria da evolução que os críticos parecem estar sempre tentando forçar sobre o registro inspirado. As palavras de Jesus, como registradas por Mateus, foram ditas dez anos *antes* das palavras de Pedro a Cornélio – isto é, a fórmula mais comprida foi pronunciada primeiro. Desde que Pedro usou a fórmula mais curta dentro de 15 dias após Jesus ter falado a mais longa (compare Atos 2.38 com Mateus 28.19), podemos certamente ver que não existe discrepância entre as duas fórmulas, não importa como a diferença venha a ser explicada.

Então lhe pediram que permanecesse com eles por alguns dias – Cornélio e seus amigos suplicaram a Pedro que ficasse com eles por alguns dias, e Pedro concordou. Os dias, podemos supor, foram passados ensinando – ensinando-lhes a observar todas as coisas que Cristo havia ordenado aos discípulos imersos. Pedro está vivendo com os gentios, comendo os seus alimentos, bebendo e dormindo ali (Atos 11.3). A visão do eirado, ensinando-lhe que a distinção entre carne limpa e imunda não era mais obrigatória; com certeza ajudou Pedro a viver como os gentios. Eles eram irmãos em Cristo. A parede divisória havia sido derrubada. Judeus e gentios eram um só.

Agora que Deus teve o cuidado de tornar perfeitamente clara a sua vontade sobre a pregação aos gentios, o caminho está preparado para Paulo começar seu ministério como apóstolo aos gentios. Antes da conversão de Cornélio, ele teria enfrentado obstáculos quase insuperáveis, não só dos judeus incrédulos como de seus companheiros cristãos de procedência judia. Mesmo depois que Deus esclareceu que Ele havia acolhido os crentes arrependidos dentre os gentios, Paulo ainda encontra obstáculos consideráveis a serem vencidos, ao levar o evangelho aos limites ocidentais do império romano. No entanto, ele terá agora alguma ajuda para superá-los, já que Pedro, Tiago e João o apóiam em seu trabalho evangelístico entre os gentios[72].

---

[70] *(Continuação da página 305.)*
1 Coríntios como significando "pela agência do Espírito os homens são levados (convencidos do seu pecado) ao ponto de pedir o batismo (na água), para entrar no corpo de Cristo", é que podemos harmonizá-lo com Atos 10. Se for essa a interpretação correta, não restam versículos que possam ser utilizados para provar que existe um "batismo do Espírito" que coloca o homem no corpo de Cristo!

[71] Atos 2.38; 19.5.

[72] Atos 15.1ss; Gálatas 2.1ss.

CAPÍTULO ONZE

2. Pedro Defende em Jerusalém sua Pregação aos Gentios. 11.1-18

11.1 –

Chegou ao conhecimento dos apóstolos e dos irmãos que estavam na Judéia – Em Atos 8.1 Lucas nos disse que os apóstolos ficaram em Jerusalém, embora a igreja fosse dispersa pela perseguição surgida na época da morte de Estêvão. Os "irmãos que estavam na Judéia" seriam muitos dos que foram dispersos por essa perseguição. "Em toda a Judéia" é a tradução correta, e somos informados do fato pelas notícias do ocorrido na casa de Cornélio terem se espalhado como um incêndio através de todo o comprimento e largura da Judéia. Os cristãos estavam comentando o assunto.

Que também os gentios haviam recebido a palavra de Deus – "Também os gentios" – i. é., do mesmo modo que os samaritanos! Cornélio e seus amigos representavam os gentios em geral, e seu batismo e acolhida na comunhão da igreja era um precedente. "Recebido a palavra" é equivalente a fé e obediência. Não sabemos quanto tempo depois da conversão de Cornélio e sua casa foi que as notícias chegaram a Jerusalém, mas o contexto sugere que foi enquanto Pedro ainda se achava na casa de Cornélio em Cesaréia.

11.2 –

Quando Pedro subiu a Jerusalém – Ele foi chamado pela Igreja, ou subiu voluntariamente depois de concluir seu ministério em Cesaréia?[1] Os seis irmãos de Jope o acompanharam[2].

Os que eram da circuncisão – Supomos que as pessoas que indagaram Pedro fossem convertidos ao cristianismo em Jerusalém e cercanias, desde a época em que a congregação original tinha sido dispersa seis anos antes. Eles são convertidos de procedência judia. Parece ficar implícito que alguns dos apóstolos que continuavam em Jerusalém participaram das críticas. Pelo menos, caso tivessem demonstrado aprovar as ações de Pedro, teria havido uma oposição menor por parte dos crentes circuncidados que estão fazendo a queixa. Alguns comentaristas sugerem que estes oponentes de Pedro são aqueles que eventualmente se transformaram no *partido judaizante* extremado que, no futuro, iria opor-se tão violentamente ao ministério de Paulo entre os gentios, como registrado em Atos 15 e Gálatas 2, assim como em outras passagens. Se não forem as mesmas pessoas envolvidas, contudo, os princípios são os mesmos que iriam motivar sua oposição ao evangelho.

O arguiram – Esses homens se separaram de Pedro num estado de ânimo hostil; se opuseram, discutiram, contenderam, ou acusaram Pedro de estar em falta. O tempo do verbo implica discussão contínua ou repetida. Deve ser lembrado que os cristãos que estavam desafiando Pedro em Jerusalém estavam passando pela mesma dificuldade que ele havia passado, e não haviam recebido quaisquer visões para ajudá-los a mudar e adaptar suas atitudes e modo de pensar como aconteceu com ele. Barnes salienta o problema causado por esta passagem para aqueles que gostariam de imaginar Pedro como sendo o primeiro papa.

---

[1] O texto Ocidental diz: "Pedro, portanto, depois de bastante tempo, quis viajar para Jerusalém. Ele chamou os irmãos e os estabeleceu mais firmemente, em seguida partiu pregando muitas mensagens e ensinando pelas regiões. Quando chegou em (Jerusalém), ele anunciou-lhes a graça de Deus (no caso de Cornélio), mas os irmãos da circuncisão discutiram com ele . . .".

[2] Atos 11.12.

11.2 A Igreja na Judéia e Samaria

Esta é uma das circunstâncias que mostram conclusivamente que os apóstolos e cristãos primitivos não consideravam Pedro como tendo qualquer *supremacia* específica sobre a igreja, ou como sendo o *vigário* de Cristo na terra em qualquer sentido especial. Se tivessem julgado que possuía a autoridade conferida a ele pelos católicos romanos, com toda a certeza teriam se submetido imediatamente ao que ele julgasse adequado fazer. Mas os cristãos primitivos não tinham esse conceito da autoridade dele. Esta reivindicação para Pedro não é oposta apenas nesta passagem, mas em toda parte do novo Testamento[3].

11.3 –

Dizendo: Entraste em casa de homens incircuncisos, e comeste com eles – A nota à margem diz: "entraste na casa de homens incircuncisos" (Como na SBB, enquanto o original inglês contém a leitura: "Foste a homens incircuncisos" – N.T.). Os cristãos judeus não se queixaram tanto das instruções dadas a Cornélio, nem do seu batismo, mas da violação das regras cerimoniais por parte de Pedro. Aprendemos nas notas sobre Atos 10.28 que essas regras não se baseavam na Lei de Moisés, e sim na tradição humana. A queixa quanto a comer habitualmente com os gentios deve ser entendida como uma reclamação sobre o ato de Pedro, comendo alimento "imundo"[4].

11.4 –

Então Pedro passou a fazer-lhes uma exposição por ordem, dizendo – Pedro está explicando que costumava ter preconceitos baseadas em tradições humanas como acontece com eles, e como esses preconceitos foram vencidos. Ele explica sobre a visão que teve e o que Deus fez para Cornélio. Assim como Pedro foi levado passo a passo à sua nova compreensão, ele tenta agora levar seus oponentes a entenderem.

11.5 –

Eu estava na cidade de Jope orando e, num êxtase, tive uma visão em que observei descer um objeto como se fosse um grande lençol baixado do céu pelas quatro pontas – Para um comentário detalhado de Atos 11.5-15, veja notas em Atos 10.9-48. Vamos nos limitar aqui a alguns detalhes que não foram dados no capítulo 10. Ellicott sugeriu uma explicação para a repetição quase verbal encontrada neste ponto do capítulo 11. Ele sugere que Lucas, ao investigar as testemunhas oculares, obteve a informação do capítulo 10 tanto de Pedro como das pessoas de Cesaréia, e as deste capítulo de pessoas em Jerusalém. A concordância entre as duas fontes confirma a verdade do relato.

E vindo até perto de mim – Esta é uma descrição mais viva do que a de Atos 10.11. O objeto em forma de lençol foi baixado do céu, descendo até Pedro.

11.6 –

E, fitando para dentro dele os olhos – Pedro conta aqui o que estava se passando em sua mente enquanto olhava o objeto que vinha em sua direção.

Vi quadrúpedes da terra, feras, répteis, e aves do céu –

11.7 –

Ouvi também uma voz que me dizia: Levanta-te Pedro; mata e come –

11.8 –

Ao que me respondi: De nenhum modo, Senhor; porque jamais entrou em minha boca qualquer coisa comum ou imunda –

---

[3] Barnes, *op. cit.*, p.180-183.
[4] Veja Atos 10.13, 14, e compare a atitude dos fariseus em relação a Jesus quando Ele quebrou suas regras tradicionais, Lucas 15.1, 2.

11.9 –
Segunda vez falou a voz do céu: Ao que Deus purificou não consideres comum –

11.10 –
Isto sucedeu por três vezes, e de novo tudo se recolheu para o céu – Existe outro toque de vivacidade aqui. "Recolheu" expressa um movimento rápido para cima.

11.11 –
E eis que na mesma hora pararam, junto da casa em que estávamos, três homens enviados de Cesaréia para se encontrarem comigo –

11.12 –
Então o Espírito me disse que eu fosse com eles, sem hesitar – O verbo traduzido "sem hesitar" é o mesmo verbo traduzido "arguiram" no versículo 2. Pedro, guiado pelo Espírito Santo, não levantou oposição como fizeram os cristãos judeus.

Foram comigo também estes seis irmãos – Aprendemos aqui que os seis que acompanharam Pedro de Jope a Cesaréia foram igualmente com ele para Jerusalém. Talvez tenhamos aprendido agora o propósito que levou Pedro a fazer-se acompanhar por esses irmãos até Cesaréia. Eles deveriam ser testemunhas do que havia sido feito.

E entramos na casa daquele homem – Não apenas Pedro, mas os seis irmãos tinham quebrado também as regras tradicionais, pois haviam sido instruídos nesse sentido, sem hesitações íntimas sobre seus atos. É implícito que os seis irmãos aprenderam com as instruções de Pedro. Os irmãos de Jerusalém poderão aprender também?

11.13 –
E ele nos contou como vira o anjo em pé em sua casa, e que lhe dissera: Envia a Jope e manda chamar Simão, por sobrenome Pedro – O grego diz "*o* anjo", aquele apresentado em Atos 10.3. A linguagem usada por Pedro sugere que as circunstâncias da conversão de Cornélio eram bem conhecidas em Jerusalém[5]. Pedro diz "o anjo", como se eles já estivessem sabendo da aparição do anjo a Cornélio.

11.14 –
O qual te dirá palavras mediante as quais serás salvo, tu e toda a tua casa – Essas palavras não são encontradas no relato do discurso do anjo em Atos 10, mas ficam implícitas. Cornélio havia orado, pedindo para ter conhecimento de como poderia ser salvo. Quando o anjo lhe disse para chamar Pedro em Jope, a implicação é que Pedro iria transmitir essa informação quando chegasse.

11.15 –
Quando, porém, comecei a falar – Pedro já tinha falado bastante (Atos 10.34-44) quando o Espírito Santo desceu sobre Cornélio e seus amigos. Esta narrativa mostra que nossa sugestão sobre Pedro ter sido interrompido com a chegada do Espírito estava correta, pois Pedro diz aqui que apenas havia começado sua mensagem, e planejava dizer muito mais.

Caiu o Espírito Santo sobre eles, como também sobre nós no princípio – A referência na palavra "princípio" é ao dia de Pentecostes, Atos 2; e o "nós" é limitado aos apóstolos[6]. Existe uma forte implicação de que não houve recebimento comum do batismo com o Espírito Santo desde o Pentecostes, pois se fosse algo esperado que todos os cristãos recebessem, e de fato rece-

---

[5] Compare Atos 11.1.

[6] Bem poucos daqueles a quem Pedro está explicando seus atos deveriam ter estado presentes no dia de Pentecostes, pois a congregação original em Jerusalém foi dispersa. Assim sendo, a referência parece estar limitada aos apóstolos.

beram, Pedro poderia ter simplesmente falado sobre os inúmeros outros incidentes, e não teria de retroceder até o Pentecostes para um exemplo. A inferência pode ser também extraída de que o "batismo do Espírito Santo" não era o que convertia as pessoas, pois, para provar o seu ponto, Pedro poderia ter mostrado que a conversão de Cornélio era semelhante ao caso de qualquer outra pessoa que se entregasse a Cristo.

11.16 –

Então me lembrei da palavra do Senhor, como disse: João, na verdade, batizou com água, mas vós sereis batizados com o Espírito Santo – Veja Atos 1.5. É aqui que ficamos sabendo com certeza que o ocorrido na casa de Cornélio foi o batismo com o Espírito Santo como no dia de Pentecostes, e não alguma outra medida do Espírito.

11.17 –

Pois se Deus lhes concedeu o mesmo dom que a nós nos outorgou – O "dom" é o batismo com o Espírito Santo. "Nós" se refere a "nós, apóstolos".

Quando cremos no Senhor Jesus – A palavra "cremos" é um particípio aoristo em grego e provavelmente sugere que a fé precedeu a concessão do Espírito aos apóstolos. Mas o ponto real é que em cada caso o Espírito foi concedido quando existia fé, e não como resultado de circuncisão ou incircuncisão!

Quem era eu – Que direito eu tinha para opor-me à vontade manifesta de Deus? Ele estava me mostrando que os gentios deveriam ser acolhidos na comunidade de crentes. Não hesitei mais em oferecer o convite, ou permanecer com eles, mesmo que tinham sido gentios! Nem vacilei em comer e associar-me com eles, como com qualquer irmão ou irmã em Cristo. Pedro chegou aqui ao ponto de sua explicação que estava tentando alcançar. Ele e outros cristãos judeus não podiam recusar-se a "aceitar" aqueles a quem Deus havia aceitado.

Para que pudesse resistir a Deus? – Pedro está dizendo que opor-se ao que foi feito, como seus opositores em Jerusalém estavam fazendo, seria uma tentativa de oposição ou resistência a Deus. Quem quer fazer isso? A apresentação de Pedro leva os outros apóstolos e cristãos em Jerusalém a retirar sua oposição a Pedro e a começar a tecer elogios à sua atitude, rejubilando-se com ele na conversão dos gentios.

11.18 –

E, ouvindo eles estas coisas, apaziguaram-se e glorificaram a Deus – Eles ficaram convencidos, como tinha acontecido com Pedro, pelas indicações manifestas da vontade de Deus. A diferença de tempo nos dois verbos gregos implica que eles primeiro se aquietaram (i.e. deixaram de discutir com Pedro), e depois começaram a louvar continuamente.

Dizendo: Logo também aos gentios foi por Deus concedido o arrependimento para a vida – Como antes nesta passagem, "também aos gentios", significa para os gentios, assim como para os samaritanos e judeus. "Arrependimento" no grego é precedido por um artigo, como na NASB. (Também na SBB – N.T.). Talvez seja um artigo de referência prévia, reportando ao arrependimento que Jesus havia ordenado que os Doze pregassem[7]. Veja Atos 5.31 para uma explicação de "conceder arrependimento", onde a mesma ideia ocorre. Os irmãos de Jerusalém perceberam agora a verdade de que a porta da salvação e confraternização está aberta para o mundo inteiro. Os fatos apresentados por Pedro tiveram o mesmo efeito na mente dos opositores que haviam tido sobre a de Pedro.

Deve ser dada atenção a uma declaração significativa de McGarvey relativa à maneira como o Espírito Santo guia os homens a toda a verdade. O modo como a igreja foi levada a compreender a possibilidade de aceitação dos gentios é um bom exemplo de como o Espírito guia.

---

[7] Lucas 24.47.

Nesta seção da história temos um exemplo notável de um dos meios em que os apóstolos foram guiados a toda a verdade, segundo a promessa do Senhor (João 16.13). Pedro não sabia por inspiração que os incircuncisos deveriam ser admitidos ao batismo; nem os outros apóstolos, depois de Pedro ter batizado alguns incircuncisos, sabiam por inspiração que ele tinha agido direito.

Como é natural, o Espírito Santo poderia ter iluminado a mente de todos eles internamente a este respeito, como em qualquer outro tópico; mas Ele preferiu, em vez disso, adotar um método diferente. Mediante visões dirigidas aos olhos, uma voz adaptada ao ouvido, uma mensagem que lhe foi enviada através da ordem do anjo, reforçada por uma única ordem do Espírito Santo – Pedro foi guiado a esta nova verdade; e pelo relato verbal do mesmo aos irmãos, estes foram levados à mesma iluminação. Estes vieram a ser convencidos pelos mesmos fatos que haviam convencido Pedro. A única diferença foi que os fatos chegaram a Pedro mediante revelação direta, enquanto os outros souberam através da narrativa minuciosa do apóstolo

Exatamente deste modo o poder de todos os fatos bíblicos alcança a mente e o coração dos homens hoje, e é assim que o Espírito Santo opera em nós através da Palavra[8].

Será importante lembrar-nos deste parágrafo que acabamos de estudar em Atos quando chegarmos ao capítulo 15: as dificuldades de Paulo com os judaizantes. Pedro foi escolhido para dar o primeiro passo na admissão dos gentios com plenos direitos na comunidade cristã (sem forçá-los a observar a Lei de Moisés), e esta atitude estava também sendo diretamente orientada pelo Espírito Santo. Além do mais, a acolhida dos gentios recebeu a aprovação dos apóstolos e dos outros membros da igreja de Jerusalém, a ponto de louvarem a Deus por isso. Os judaizantes, ao se oporem então a Paulo, estavam agindo contra a própria igreja da qual alegavam derivar sua autoridade, e contra os próprios apóstolos que afirmavam tê-los enviado[9].

F. A IGREJA ESTABELECIDA EM ANTIOQUIA. 11.19-26

1. *Início da Obra em Antioquia. 11.19-21*

11.19 –

Então os que foram dispersos por causa da tribulação que sobreveio a Estêvão –
Uma parte nova e importante da história da igreja começa com essas palavras. A conversão de Cornélio abre aos pregadores do evangelho as esplêndidas possibilidades de converter todo o mundo gentio a Cristo. Até este ponto, o registro de Lucas mostra que o evangelho foi pregado principalmente aos judeus e prosélitos. A partir daqui, Atos se concentra nos esforços feitos para converter os gentios. Com respeito à dispersão da igreja pela perseguição que se seguiu à morte de Estêvão, veja notas em Atos 8.1ss. O historiador Lucas está analisando aqui outro fio da história que começou em 8.1[10]. Em alguns dos capítulos anteriores ele nos mostrou Filipe descendo para Samaria, Saulo para Damasco, Pedro para Jope e Cesaréia, e veremos agora os discípulos viajando para Antioquia.

---

[8] McGarvey, *op. cit.*, p.221.

[9] Os judaizantes que encontramos mais tarde em Atos parecem pertencer a um novo grupo distinto daquele a quem Pedro apresenta sua defesa. Paulo irá chamá-los de falsos irmãos, que entraram na igreja sob falsos pretextos. É duvidoso que qualquer dos presentes, quando Pedro apresentou a conversão dos gentios, estivesse nessa categoria. Essa entrada dos falsos irmãos na congregação parece ter sido um evento posterior.

Um outro assunto deve receber atenção, embora breve. Alguns têm afirmado que Pedro começou a perder sua influência na igreja de Jerusalém após sua associação com os gentios, e isto deu oportunidade a Tiago, o irmão do Senhor, para tornar-se o líder reconhecido do elemento judeu da igreja. Se houve alguma coisa que interferiu na influência de Pedro, foi o fato de que estava cada vez mais tempo ausente de Jerusalém em viagens evangelísticas, deixando a igreja dali sob a direção de outros.

[10] Existe uma variação nos manuscritos aqui. Alguns dizem "nos dias de Estêvão" e outros "contra Estêvão". A NASB toma adequadamente uma posição intermediária entre essas duas ideias com sua leitura "em relação a Estêvão".

Se espalharam até à Fenícia, Chipre – O aluno deve localizar esses lugares num mapa. A Fenícia, com 193 Km de comprimento e 24 km de largura, ficava localizada ao norte da Palestina entre as costas do Mar Mediterrâneo e as vertentes das montanhas do Líbano. Suas principais cidades eram Tiro, Sidom e Trípoli. Ela fazia parte da província romana da Síria. A pregação desses cristãos (enquanto estavam sendo dispersos) na Fenícia, sugere a origem das igrejas que serão visitadas por Paulo mais tarde no livro de Atos[11]. Chipre é uma ilha situada na costa sul da Ásia Menor, no Mar Mediterrâneo[12]. É provável que essas pessoas que evangelizaram em Chipre, tivessem preparado o terreno para o trabalho de Paulo e Barnabé, Atos 13.4.

E Antioquia – Havia pelo menos cinco cidades diferentes com este nome no mundo do Novo Testamento, todas construídas pelos selêucidas e assim chamadas em homenagem a Antíoco, o Grande. Encontramos duas delas no Novo Testamento, uma situada na Pisídia na Ásia Menor[13], e a outra, aqui mencionada, ficava na Síria nas margens do rio Orontes, perto da junção das cadeias de montanhas do Líbano e Tauros. (O estudante deve novamente consultar um mapa e localizar esses lugares.) Para distinguir esta cidade das outras do mesmo nome, esta era chamada de "Antioquia da Síria" ou "Antioquia sobre o Orontes". Antes da conquista do mundo pelos gregos, Damasco era considerada a capital da Síria, mas os gregos queriam ficar mais próximos do Mediterrâneo e da Ásia Menor. Antioquia ficava distante do seu porto marítimo de Selêucia, cerca de 24 km, para o interior. A cidade cresceu por causa do comércio que passava através dela. Josefo a chama de terceira maior cidade do império romano[14]. Todos os diversos elementos da vida de uma cidade antiga podiam ser encontrados em Antioquia. A população era mista, e a cidade dividida em "quarteirões", inclusive sírio, grego, romano e judaico[15]. Uma estrada pavimentada de 8 km seguia para o sul, da cidade até o perverso subúrbio de Dafne, onde bosques, templos, fontes e banhos atraíam o povo. Os bosques de Dafne eram mal afamados pela sua grosseira sensualidade[16]. A cidade era conhecida por seus inúmeros banhos públicos e privados, seu aquecimento central, encanamento e esgotos sanitários, e especialmente por seu sistema de iluminação. Era descrita como "uma cidade onde o brilho das luzes à noite se iguala geralmente ao resplendor do dia"[17]. Herodes, o Grande, havia procurado agradar os judeus que ali residiam, construindo uma colunata de mármore em todo o comprimento de uma das principais ruas da cidade. Antioquia era uma cidade livre, isto é, todos os que nela nasciam, até os judeus, eram considerados cidadãos romanos. Anos antes dos romanos, Selêuco Nicator havia conferido ao povo o direito de cidadania, e o direito de adorar segundo seus próprios costumes sem ser molestado. Quando os romanos conquistaram a região, esses privilégios foram mantidos. Assim sendo, essa cidade, onde a possibilidade de influência e comunicação com Roma eram maiores do que em Jerusalém[18], e onde as influências aviltantes e tentadoras do paganismo eram mais fortes que na Judéia, está prestes a passar pela experiência transformadora de vida do Evangelho; e irá tornar-se o centro da atividade evangelística dos cristãos nos anos posteriores.

Não anunciando a ninguém a palavra, senão somente aos judeus – Este versículo fala aparentemente de um período anterior à conversão de Cornélio (embora após a perseguição que

---

[11] Atos 15.3; 21.3, 7; 27.3.
[12] Veja 4.36 para informação sobre Chipre.
[13] Atos 13.14.
[14] Josefo, *Guerras*, III. 2. 4.
[15] Josefo, *Antiguidades*, XII. 3. 1; *Guerras* VII. 3. 13.
[16] O culto nos bosques de Dafne era similar em suas principais características à adoração de Diana dos Efésios, isto é, tinha toda a sensualidade da feitiçaria. Uma festa anual, conhecida como Maiuma, era realizada, na qual as sacerdotisas-prostitutas, completamente despidas, entregavam-se a orgias lascivas nas águas do lago.
[17] A. Marcellinus, *Constantius et Gallus*, XIV 1. 9.
[18] Antioquia tinha influência e comunicação com Roma porque o Prefeito ou Presidente da província romana da Síria mantinha sua sede na cidade de Antioquia. Artistas e escritores haviam levado para Roma a fama e os vícios de Antioquia, de modo que um satirista romano queixou-se de que o Orontes sírio havia poluído o rio Tibre com as águas contaminadas da luxúria e do vício. *Satire*, III. 62-64.

surgiu por causa de Estêvão). Esse homens que foram a Antioquia estavam seguindo o costume dos apóstolos, que por muitos anos pregaram somente aos judeus. Lucas está simplesmente retrocedendo e narrando o que aconteceu antes da conversão de Cornélio. Quando a igreja foi dispersa (Atos 8.1), alguns chegaram até Antioquia sobre o Orontes; e eles iam pregando (Atos 8.4). No curso da história da igreja em Antioquia, a conversão de Cornélio deve ser situada entre 11.19 e 11.20.

11.20 –

Alguns deles, porém, que eram de Chipre e de Cirene – "Alguns deles", i.e., os que haviam sido dispersos. Essas pessoas eram nativas de Chipre e Cirene[19]. O fato de serem os pregadores que falaram pela primeira vez aos gregos de Antioquia serem de Chipre e de Cirene, sugere a probabilidade de que haviam pregado anteriormente em suas próprias cidades, antes de seguirem para uma "viagem missionária" até Antioquia. Eles tiveram bastante tempo para fazer isso nos cinco ou seis anos desde a morte de Estêvão.

E que foram até Antioquia – Antioquia da Síria.

Falavam também aos gregos – Parece haver um contraste aqui com os que pregaram o evangelho "somente aos judeus" (versículo 19). Portanto, o significado de "gregos" deve ser "gentios" e não simplesmente "judeus helenistas"[20]. Por que esses homens não têm preconceito contra os gentios? Alguns pensam que seja devido à sua procedência helenista, pois eram nativos de outras terras, fora da Palestina. Este escritor acha muito mais provável que as notícias da conversão de Cornélio (o gentio) por Pedro, e a aprovação dos de Jerusalém, tivessem chegado aos ouvidos desses pregadores.

Parece que esses homens chegaram a Antioquia depois daqueles que falaram apenas aos judeus. Fica claramente implícito que algo havia acontecido nesse meio tempo para provocar a mudança. Que evento seria esse, salvo a conversão de Cornélio, que Lucas acabou de relatar? Assim sendo, enquanto o trabalho de Pedro abriu o caminho, esta obra em Antioquia foi a primeira invasão vigorosa do mundo gentio pelas forças avançadas do exército do Senhor[21]

Qual a data provável para a ida desses homens a Antioquia a fim de pregar aos gregos? É depois de Cornélio e algum tempo antes da morte de Herodes (44 A.D.), conforme relatado no capítulo 12. Será possível datá-la com mais exatidão? Aprendemos no versículo 26 que Paulo e Barnabé trabalharam juntos durante um ano inteiro antes da morte de Herodes. Barnabé deve então ter levado Paulo a Antioquia no ano 43 A.D. Os versículos 22-25 mostram que Barnabé estava há pouco tempo em Antioquia muito tempo quando foi pedir a Paulo para que fosse ajudá-lo. Podemos então inferir que Barnabé foi talvez enviado de Jerusalém em fins de 42 A.D. Como isso aconteceu provavelmente tão logo eles ouviram a respeito do bem-sucedido trabalho evangelístico entre os gregos de Antioquia, podemos concluir que a pregação aos gregos começou em fins de 41 ou início de 42 A.D. Desde que o batismo de Cornélio ocorreu antes da pregação aos gregos em Antioquia, essa conversão de Cornélio deve ter ocorrido em 40 ou 41 A.D.

Anunciando-lhes o evangelho do Senhor Jesus – Veja Atos 8.35, 36 para saber o que "anunciar Jesus" inclui. A leitura à margem é "pregando as boas novas do Senhor Jesus". O conteúdo da pregação tinha a ver com o fato de Jesus ser Senhor. Para os judeus havia sido pregado que Jesus é o Messias. Para esses gregos a ênfase se concentra mais no senhorio de Jesus.

---

[19] Com relação a esses lugares, veja notas em Atos 2.10 e 4.36.
[20] Existe uma variação de manuscrito neste ponto. Alguns dos manuscritos mais recentes, seguidos pela KJV, dizem helenistas, traduzido *"helenistas"* (veja notas em Atos 6.1 para uma explicação deste termo). Alguns dos manuscritos mais antigos e muitos dos pais da igreja primitiva contêm a leitura, seguida pela ASV e NASB, *hellenas*, que é apropriadamente traduzida "gregos", referindo-se aos gentios. Este é um lugar em que o contexto ajuda a decidir entre as leituras variantes, e o contexto parece exigir "gregos". (Como na SBB – N.T.)
[21] McGarvey, *op. cit.*, p.223.

11.21 –

A mão do Senhor estava com eles – Isto significa que Deus abençoou o trabalho deles? Ou significa que estavam operando milagres?[22]

E muitos, crendo, se converteram ao Senhor – Note outra vez que "converter-se ao Senhor" é algo que se segue ao ato de crer. A expressão denota a conversão das pessoas de Antioquia do paganismo ao cristianismo[23]. Ele bem poderia ter dito: "um grande número dos que creram foram batizados" – pois em Atos 3.19 aprendemos que o batismo é o ponto crítico em que o homem entra em Cristo. Esta conversão ao Senhor é o resultado da pregação dos evangelistas e do fato de que a mão do Senhor estava com eles. Existe agora em Antioquia uma igreja composta de convertidos de procedência judia e grega, e esta igreja se torna então o trampolim para os esforços evangelísticos em direção a todo o mundo gentio.

2. A Igreja de Jerusalém Envia Barnabé a Antioquia, 11.22-24

11.22 –

A notícia a respeito deles chegou aos ouvidos da igreja que estava em Jerusalém – "A respeito deles" inclui notícias sobre os pregadores e os convertidos. O estabelecimento de uma congregação composta de judeus e gregos numa cidade gentia tão grande quanto Antioquia era uma enorme vitória para o Senhor. As boas notícias iriam naturalmente espalhar-se e os irmãos de Jerusalém ouviriam falar do progresso do evangelho.

E enviaram Barnabé até Antioquia – Barnabé foi apresentado em Atos 4.36, 37. Não é difícil supor por que Barnabé foi escolhido. Em primeiro lugar estava seu dom especial de exortação, justamente o que era necessário aos novos cristãos. A seguir vinha o fato de que era do mesmo país que os pregadores que faziam tão excelente trabalho em Antioquia, e isto certamente os ajudaria no entrosamento mútuo, enquanto colaboravam na obra de evangelismo. Não é igualmente difícil descobrir a razão pela qual a igreja de Jerusalém enviou Barnabé a Antioquia. Não devemos considerar a viagem de Barnabé como uma espécie de investigação, como se os cristãos de Jerusalém tivessem suspeitas sobre o que ocorria em Antioquia. Se podem louvar o Senhor pela conversão de Cornélio, não devem ser tidos como desconfiados, mas como colaborando sinceramente com o ministério em Antioquia. Devemos provavelmente considerar esta delegação de Barnabé para Antioquia como um esforço da igreja de Jerusalém para expressar sua "associação" com a obra evangelística em Antioquia[24]. O fato de que o texto grego diz "até Antioquia" confirma que esta explicação se inclina na direção certa. A linguagem implica que Barnabé deveria visitar no caminho quase todos os lugares em que o evangelho tinha sido pregado, fazendo o que pudesse para ajudar. Qualquer ideia de que a igreja de Jerusalém estava tentando (como uma hierarquia eclesiástica) controlar todas as outras igrejas, deve ser rejeitada.

É preciso notar que a igreja de Jerusalém não enviou Barnabé a Antioquia com ordens para fazer um relatório à assim chamada "sede". Não existe sugestão de terem sequer dado a ele instruções sobre o que fazer ao chegar a Antioquia. Eles disseram que deveria ir até Antioquia, mas ele seguiu à Cilícia e achou Saulo para o trabalho em Antioquia. Não houve esforço no sentido de dirigir o trabalho em outros lugares por parte de Jerusalém [exceto na medida em que os apóstolos, que eram os administradores de toda a igreja sob Cristo, dessem diretrizes][25].

---

[22] A expressão "mão do Senhor" pode referir-se à bênção ou castigo Deus sobre os homens envolvidos. Quando "mão do Senhor" é seguida da preposição grega *meta* (como aqui), significa que a mão de Deus está abençoando. Se a "mão do Senhor" for seguida de *epi* (como em Atos 13.11), significa que a mão de Deus está castigando.

[23] A expressão "se converteram ao Senhor" já foi explicada nas notas em Atos 3.19 e 9.35.

[24] É útil refletir sobre a pergunta: "Como mostramos nossa "comunhão" quando ocorre um reavivamento numa comunidade vizinha? Ela é feita visitando simplesmente a reunião uma noite durante a semana dos trabalhos evangelísticos? Por que não enviar alguns obreiros da nossa congregação para ajudá-los a visitar e ensinar os interessados sobre o caminho da salvação? Que o envio de Barnabé pela igreja de Jerusalém seja um exemplo a ser imitado por nós!".

[25] Dale, *op. cit.*, p.128.

11.23 –

Tendo ele chegado e, vendo a graça de Deus – O que ele viu? Viu que Deus havia operado graciosamente, atraindo almas para a esfera da redenção em Cristo. Viu as vidas dos homens transformadas pelo poder do Evangelho. "Graça" é um termo abrangente nas Escrituras. Expressa "tudo o que Deus faz para salvar o indivíduo", incluindo a vinda do Salvador ao mundo, a abertura do caminho da salvação para um povo que não a merecia, o chamado de homens para serem pregadores do evangelho, a ida de um pregador ao candidato, a obra do Espírito Santo enquanto ele (através da Palavra) convence os homens do seu pecado e necessidade de um Salvador, assim como tudo que Deus faz para ajudar os santos a perseverarem na fé, uma vez aceita. Quando todas as nuanças de significado são conhecidas, desde "favor" até "graça", as possibilidades do que Barnabé testemunhou são quase infinitas.

À luz das dificuldades em conseguir que Pedro e o partido da circuncisão pregassem aos gentios, parece que Lucas usa "graça" para indicar o oposto do espírito de legalismo tão comum aos judeus. Ele também incluiu na palavra "graça" uma demonstração do amor de Deus ao estender a sua misericórdia e salvação àqueles que não pertenciam ao judaísmo[26].

Alegrou-se – O louvor de agradecimento, ofertado antes em Jerusalém pela conversão de Cornélio, continua agora quando observa os resultados da pregação do Evangelho aos gentios em Antioquia.

E exortava a todos – Os novos convertidos de Antioquia ficariam expostos a inúmeras tentações em sua tremendamente perversa cidade de Antioquia. O tempo do verbo implica em ação contínua durante um período de tempo, e o verbo grego procede da mesma raiz que aquele do qual o pregador Barnabé tirou o seu nome, "filho de exortação"[27]. Lucas está nos dizendo que Barnabé fazia jus ao seu nome.

A que, com firmeza de coração, permanecessem no Senhor – O cristão deve ter um coração decidido, uma determinação fixa e estabelecida. Barnabé instou com eles para fazer da fidelidade ao Senhor o seu propósito na vida. O grego tem um artigo definido: "*O* coração firme", isto é, *a* determinação que a vida cristã exige. A palavra "permanecessem" fala de "ficar colado em". Ficar próximo de Cristo deve ser o objetivo de vida de todo cristão. As tentações de uma sociedade moralmente perversa só podem ser vencidas desta forma.

11.24 –

Porque era um homem bom – Este versículo é provavelmente considerado como justificativa para a escolha de Barnabé para a tarefa. Tratava-se de um homem que regularmente ia além daquilo que requeriam dele[28]. Havia um encanto e generosidade, uma simpatia e bondade nesse homem que o adequavam especialmente para a missão que deveria realizar nessa congregação mista de Antioquia. Palavras de louvor como esta são comparativamente raras no livro de Atos, e podemos talvez pensar nelas como expressando a estima pessoal de Lucas por Barnabé. Este louvor nos ajudará a não formar uma opinião errada dele, quando lermos em 15.39 sobre a lamentável discussao entre ele e Paulo.

Cheio do Espírito Santo e de fé – A mesma linguagem foi usada para Estêvão, Atos 6.3, 5. "Cheio do Espírito Santo" aqui provavelmente significa que sua vida estava cheia do fruto do Espírito (Gálatas 5.22ss), embora alguns acreditem que significa que ele possuía o poder de operar

---

[26] Ibid, p.129.
[27] Veja notas em Atos 4.36.
[28] Em Romanos 5.7, Paulo faz uma distinção entre um "homem justo" e um "homem bom", na qual é geralmente explicado que o homem justo faz o que é exigido dele, enquanto o homem bom vai além do que é esperado dele. Este é o pano de fundo dos comentários no texto sobre Barnabé ser um "homem bom".

milagres e falar por inspiração[29]. "Cheio de fé" parece significar que ele era um homem com um bom conhecimento das doutrinas de Cristo, alguém com convicções sólidas[30].

E muita gente se uniu ao Senhor – Como mostra a leitura à margem, o grego diz literalmente "grandes multidões". "Se uniu ao Senhor" (margem: "acrescentada ao Senhor") significa que eles se tornaram cristãos. Em vista de Barnabé exortá-los continuamente a serem fiéis a Cristo e por tratar-se de um indivíduo tão simpático, o resultado foi que multidões se tornaram cristãs[31]. A nota de Lucas sobre o crescimento da congregação significa que houve um grande aumento em número, além daquele já enumerado em Atos 11.21. Com a bênção de Deus acompanhando, quanto mais obreiros houver, tanto mais convertidos haverá.

3. Barnabé Leva Paulo para Antioquia. 11.25, 26

11.25 –

E partiu Barnabé para Tarso – Veja notas em Atos 9.30.

À procura de Paulo – O grego, *anazētēsai*, indica que Barnabé teve alguma dificuldade em localizar Paulo. Ele foi obrigado a "caçá-lo". Lucas não especifica a razão de Barnabé procurar Paulo, mas entendemos isso pelo contexto. Havia necessidade de mais obreiros para pastorear a "muita gente" que havia sido convertida. Barnabé conhecia Paulo. Já havia se responsabilizado por ele, e o havia apresentado à igreja de Jerusalém depois de sua conversão[32]. Barnabé deveria saber que o ministério futuro de Paulo seria o de apóstolo para os gentios. Ele se encontrava nas vizinhanças, e havia gentios em Antioquia que precisavam da sua atenção. Por que não chamá-lo? Seu trabalho pode ter sido limitado aos judeus antes, mas chegou a hora de entrar em seu ministério evangelístico no campo mais amplo dos "confins da terra".

11.26 –

Tendo-o encontrado, levou-o para Antioquia – Quantas coisas eles deveriam ter para conversar – tudo o que tinha ocorrido a cada um desde que se despediram cinco ou seis anos antes. O texto Ocidental indica que Barnabé teve alguma dificuldade em convencer Paulo a juntar-se ao trabalho em Antioquia. Talvez isso tivesse ocorrido. Mas Paulo atende ao pedido, e o ministério progride.

E por todo um ano – Antioquia era uma cidade grande, e um número considerável de pessoas se tornaram cristãs, exigindo maior conhecimento da doutrina. Este é um exemplo de "ministério localizado", pois esses homens passaram um ano ensinando melhor os que já eram cristãos. Paulo irá passar mais tarde um ano e meio em Corinto, e três anos em Éfeso[33]. O evangelismo do Novo Testamento não ficava limitado a uma ou duas semanas de ensino através de um evangelista itinerante uma vez por ano!

Se reuniram naquela igreja – "Reuniram" é um infinitivo aoristo passivo no grego, e isto tem causado alguma dificuldade. Ele sugere que "eles (Paulo e Barnabé) foram reunidos (por outrem; a orientação do Espírito Santo?) na assembléia". Trata-se provavelmente de se reunirem para adorar, e diz que os professores Paulo e Barnabé foram acolhidos hospitaleiramente pela

---

[29] Barnabé tinha tais poderes, na sua qualidade de apóstolo (Atos 14.14); mas este não parece ser o versículo adequado para demonstrar que ele possuía esses poderes.

[30] "Fé" no Novo Testamento pode referir-se ou a um conjunto de doutrinas (como em Judas 3 e Atos 6.7), ou às convicções pessoais de alguém (como em Atos 3.16 e Atos 6.5). Em pontos como este, quando não é fácil saber qual o sentido, os comentários apresentam ambas as possibilidades.

[31] Quando as pessoas eram acrescentadas ao Senhor, eram igualmente acrescentadas à igreja. E foram acrescentadas ao ouvirem o Evangelho, crerem, se arrependerem de seus pecados e serem batizadas em Cristo. Esta é a maneira regular pela qual as pessoas são acrescentadas ao Senhor (Gálatas 3.26, 27; Efésios 1.7; Romanos 6.3ss).

[32] Atos 9.27 mostra que Barnabé conhecia vários detalhes da conversão de Paulo ao apresentá-lo aos irmãos de Jerusalém.

[33] Atos 18.11; 20.31.

congregação. "Naquela igreja" (na igreja, grego) não se refere a prédios de igreja. Estes não foram construídos até o segundo século. Os primeiros prédios de igreja conhecidos foram em Edessa, Arbella, e vizinhanças, por volta do ano 200 A.D. Arbella fica na Assíria, perto de Nínive, e Edessa se localiza a cerca de 65 km ao norte de Harã na Mesopotâmia. A linguagem descreve os cristãos se reunindo regularmente como congregação, uma assembléia, para a adoração e estudo.

E ensinaram numerosa multidão – Este é um infinitivo aoristo ativo, e conta o que Paulo e Barnabé fizeram. Estes ensinos são feitos seja durante a "reunião" dos irmãos; ou se houver um contraste com a frase anterior que falou da assembléia pública, então o ensinamento aqui seria aquele de casa em casa para os já convertidos. A mesma "numerosa multidão" que já havia sido conquistada antes para Cristo, está sendo agora firmada e estabelecida em "todas as coisas que Jesus ordenou"[34].

Em Antioquia foram os discípulos pela primeira vez chamados cristãos – Esta última parte do versículo poderia muito bem ter sido traduzida "e (eles) chamaram os discípulos de cristãos primeiro em Antioquia", mas falaremos mais disto em breve. Até essa época, os que passavam a crer em Cristo eram designados como "crentes", "discípulos", "santos", "irmãos", "os do Caminho". O grego *chrematizo* ("chamar") é quase sempre usado no Novo Testamento para indicar "chamado divinamente"[35]. De fato, a única vez em que poderia ter outro significado além desse, o contexto deixa isso implícito[36]. É importante notar que a palavra é um infinitivo aoristo, e está na voz *ativa*[37]. As traduções inglesas (KJV, ASV, NASB, etc.) que traduzem como se fosse um infinitivo na voz passiva não estão corretas. Uma outra nota técnica é exigida. Ambos os termos "discípulos" e "cristãos" se encontram no caso acusativo. Se o infinitivo estivesse na voz passiva, as traduções inglesas aludidas acima seriam justificáveis, pois existe uma pequena regra na gramática grega que afirma que em declarações indiretas (como a que temos aqui), "O sujeito do infinitivo está no acusativo". Mas com um infinitivo ativo, a tradução da NASB é duvidosa; iríamos então entender que temos um "acusativo duplo" aqui, portanto o traduzimos "eles chamaram os discípulos de cristãos primeiro em Antioquia".

De modo geral, os comentaristas que ignoraram o texto grego, e basearam seus comentários sobre as traduções inglesas, têm feito algumas conjeturas quanto à origem do nome "cristão". Alguns sugerem que os gentios fora da igreja, sem más intenções, deram esse nome aos discípulos para distingui-los dos judeus que continuavam aderindo à Lei. Tal explicação, no entanto, não concorda com a ideia do verbo de que este nome é "chamado divinamente". Outros sugerem que os inimigos de Cristo deram esse nome aos seguidores dele por motivo de escárnio e difamação. Fica, porém, evidente pelo Novo Testamento que não se trata de um termo de reprovação, pelo menos nos dois outros pontos em que ocorre na Escritura[38]. Não há nada de desonroso no nome cristão[39]. Além disso, esta segunda sugestão não confere a *chrematizo* seu sentido regular. Uma terceira tentativa de explicação da origem do nome é a sugestão de que os próprios discípulos adotaram o nome por ser um título e descrição apropriados para todos os que seguem fielmente a Cristo. Isto não concorda, entretanto, com a conotação encontrada regularmente na palavra "chamado", que indica um nome dado divinamente.

Pelas sugestões supracitadas, aceitamos que o nome foi dado por inspiração divina (através de Barnabé e Paulo). Como indicado acima, a palavra "chamado" é um infinitivo, e deve então apoiar-se no verbo principal da sentença. Na verdade, o único verbo finito (de ligação) na sentença é o traduzido "e aconteceu" (Na SBB não existe este verbo; a frase diz apenas "E por todo

---

[34] Mateus 28.20; Atos 2.42.
[35] Mateus 2.12; Lucas 2.26; Atos 10.22; Hebreus 8.5; 11.7; 12.25.
[36] Romanos 7.3.
[37] *Harper's Analytical Greek Lexicon* (New York: Harper and Brothers, n.d.), p. 438.
[38] Atos 26.38; 1 Pedro 4.16.
[39] Fora do Novo Testamento encontramos o termo "cristão" em Josefo (*Antiguidades*, XVIII. 3. 3), Plínio, o Moço (*Letters*, 10. 96), Tácito (*Annals*, XV. 44), e Suetônio (*Life of Nero*, XVI. 2; *Life of Claudius*, XVIII. 2).

um ano . . ." – N.T.). Todas as outras formas verbais nesta passagem são infinitivos. "Reuniram-se"; "ensinaram" e "chamados" são infinitivos no grego. Os que estão agindo em todos esses infinitivos são "eles" (Paulo e Barnabé). Uma boa tradução literal da sentença seria: "E aconteceu a eles também durante um ano inteiro se reunirem com a igreja e ensinarem uma multidão considerável, e chamarem primeiro em Antioquia os discípulos de cristãos". A ideia de Paulo e Barnabé serem aqueles que chamaram os discípulos de cristãos faz justiça ao "chamado divino" na palavra chamar, e faz justiça ao infinitivo ativo.

De passagem, não é provavelmente correto apelar para Isaías 62.2 como sendo uma predição do nome "cristão" ser dado ao povo de Deus. O capítulo 62 de Isaías contém seis nomes novos. Assim sendo, de acordo, com o contexto de Isaías 62.2, duvidamos que seja apropriado recorrer ao mesmo como se fosse uma predição do nome específico "cristão".

Da mesma forma, neste ponto, cabe perfeitamente uma referência ao nome para a igreja. Deveria ser "Igreja Cristã" ou "Igreja de Cristo"? Esta é outra situação em que devemos ter cuidado para não construir uma doutrina sobre uma tradução particular, seja a Versão do Rei Tiago (KJV) ou a *American Standard Version*, ou qualquer outra. Na língua grega, a maneira mais comum de indicar propriedade ou posse era usar o caso genitivo de um substantivo. Por exemplo, se você quisesse mostrar que Cristo possuía algo, colocaria "Cristo" no caso genitivo. Todavia, em inglês, existem três maneiras de expressar a ideia de propriedade ou posse. No primeiro caso acrescentamos um apóstrofo e um "s" (Plato´s philosophy), no segundo usamos "de" (Filosofia de Platão), e no terceiro (filosofia platônica). Em um dos casos usamos um apóstrofe e um "s", em outro usamos "de" e no outro usamos "ica". A mesma ideia foi expressa em todos os casos. Como traduziremos a construção grega que mostra propriedade ou posse? (Como traduziremos *ekklesia christou* estando *christou* no caso genitivo?) Podemos usar um apóstrofo e um "s" (em inglês "Christ´s church"), ou usar "de" (igreja de Cristo), ou ainda "-ã" (igreja Cristã) – e em cada caso expressamos exatamente a mesma ideia – que Cristo é proprietário da igreja, ou a igreja pertence inteiramente a ele. A fim de nos ajudar a ver que qualquer dessas traduções é apropriada, basta examinar as versões em Romanos 16.16. A ASV diz: "igrejas de Cristo". A New English Bible contém a leitura "congregações de Cristo". O Authentic New Testament diz: "as comunidades cristãs". Devemos estar bem certos de não sermos responsáveis pela divisão de congregações (como aconteceu no passado, aqui em Missouri e em outros estados dos EUA) a respeito de nomes usados, caso o nome sendo usado seja bíblico!

Finalmente, é lamentável que o denominacionalismo tenha dividido e separado o povo de Deus, a ponto de ser necessário gastar tempo falando sobre a "designação" pela qual seremos chamados. Deus nos ajude a trabalhar em favor da unidade dos crentes pela qual Cristo orou, para que possamos falar da "igreja" – e com isso todos saibam que estamos nos referindo às pessoas por quem Cristo morreu e ressuscitou, um povo "chamado para fora" do mundo e para o serviço do Filho.

G. A FOME NA JUDÉIA E O AUXÍLIO DE ANTIOQUIA. 11.27-30

11.27 –

Naqueles dias – Durante os dias em que Barnabé e Paulo estavam trabalhando em Antioquia, Atos 11.26.

Desceram alguns profetas de Jerusalém para Antioquia – A palavra "profeta" fala do homem que pregava por inspiração, sem levar em conta o conteúdo da mensagem por ele transmitida[40]. A primeira menção feita por Lucas sobre o dom espiritual da profecia entre os cristãos é esta, mas Ágabo e seus companheiros já ser bastante conhecidos "como profetas". "Profeta" era um dos cargos temporários na igreja primitiva[41]. A missão desses profetas tinha evidentemente

---

[40] Veja Atos 2.17 para detalhes sobre "profeta" e "profecia".
[41] Veja notas em Atos 15.32.

o propósito de ajudar o trabalho crescente em Antioquia, e mostrar que a igreja de Jerusalém aprovava inteiramente o mesmo e desejava ajudar.

11.28 –

E, apresentando-se um deles, chamado Ágabo – Este homem é citado em outro ponto do Novo Testamento. Em Atos 21.10, 11, é ele quem prediz que Paulo seria entregue nas mãos dos gentios ao chegar a Jerusalém no final da terceira viagem missionária. A mensagem de Ágabo foi provavelmente pronunciada numa assembléia pública dos cristãos. De fato, o texto Ocidental diz que Ágabo desceu de Jerusalém, "e quando nos reunimos ao seu redor, ele começou a indicar..."[42]

Dava a entender, pelo Espírito – Ele fez sua predição sobre a fome iminente, mediante a revelação e inspiração do Espírito Santo[43].

Que estava para vir grande fome – Fome é a falta de alimento, geralmente resultante da falta de chuva na época do crescimento, de modo que as colheitas ficam perdidas, ou da recusa deliberada de um exército atacante em permitir a entrada de alimento numa cidade sitiada. A primeira foi a causa da fome prevista por Ágabo.

Por todo o mundo – O termo grego é *oikoumenē*, referindo-se usualmente a "todo o mundo habitado" – i.é, todo o império romano. Muitos comentaristas, porém, tentam limitar a palavra aqui apenas à Palestina, desde que o versículo seguinte menciona enviar uma oferta à Judéia. Se fosse uma fome mundial, argumentam, os próprios habitantes de Antioquia não necessitariam de ajuda, em lugar de poderem enviar ajuda? Em resposta, é possível tratar-se de um caso semelhante ao de José, em que o povo, tendo sido advertido antecipadamente, se preparou para a fome que viria, não só para si mesmo, mas também para outros.

A qual sobreveio nos dias de Cláudio – Esta é uma nota de Lucas, muito depois da ocorrência, de que a previsão se realizou. Lucas está escrevendo sua história após o evento predito ter ocorrido, sendo natural registrar de passagem seu cumprimento.

Cláudio foi o imperador de Roma entre 41 a 54 A.D.[44] Seu reinado teve fim quando uma de suas mulheres o envenenou: Agripina, que desejava que seu filho Nero se tornasse imperador. Durante o reinado de Cláudio, ocorreram nada menos que quatro fomes. Em 42 ou 43 A.D. houve uma fome severa em Roma[45]. Em 50 A.D. a Grécia passou por uma terrível fome[46]. Em 51 A.D., a fome se repetiu em Roma[47]. Uma quarta fome é mencionada como tendo ocorrido na Judéia, em 45 A.D., quando Cúspio Fado era governador[48]. Qual dessas fomes deve ser identificada com a predita por Ágabo? Talvez seja a mesma mencionada por Josefo. Caso positivo, a ajuda foi dada no momento em que a fome estava para começar. Alguns duvidam de que a fome

---

[42] Eruditos cujo trabalho na vida é reproduzir para nós um texto grego do Novo Testamento similar aos autógrafos que não existem mais, geralmente dividem as cópias antigas do Novo Testamento em famílias. Essas são muitas vezes chamadas de famílias Alexandrina, Oriental e Ocidental. Nossos textos gregos se assemelham mais às duas primeiras, e a família Ocidental é quase sempre rejeitada quando difere substancialmente das outras duas. Todavia, alguns eruditos creem que em muitos lugares em Lucas-Atos, o texto Ocidental é mais semelhante aos autógrafos; e neste ponto, se isso fosse verdade, teríamos alguma evidência de que Lucas nasceu em Antioquia, pois observe que ele escreve "nós" – "e quando nos reunimos ao seu redor." Compare notas em Atos 16.10.

[43] Com respeito à revelação e inspiração, veja o Estudo Especial N° 5 no final das notas no capítulo 2.

[44] A nota sobre datação aqui lança alguma luz sobre a exatidão das datas sugeridas, mencionadas acima em Atos 11.20.

[45] Dion Cássio, LX, 11; Suetônio, *Life of Claudius*, XVIII.

[46] Eusébio, *Chronicon*, p.204.

[47] Tácito, *Annals*, XII. 43.

[48] Josefo, *Antiguidades*, XX. 5, escreve: "Uma fome os assolou na época (no reinado de Cláudio), e muitas pessoas morreram por falta do que era necessário para obter alimento. Então Helena (rainha de Adiabene) enviou alguns de seus servos a Alexandria com dinheiro para comprar uma grande quantidade de milho, e outros a Chipre para buscar um carregamento de figos secos".

descrita por Josefo deva ser identificada com a de Ágabo, pois ela ocorreu depois da morte de Herodes Agripa, enquanto nos versículos seguintes de Atos, Herodes Agripa continua vivo quando Paulo e Barnabé chegam com a ajuda para a fome. Alguns autores acreditam que a nota de Lucas sobre a data do cumprimento da predição infere que esta predição foi feita no último ano do reinado do imperador Calígula, cumprindo-se então nos dias de Cláudio.

11.29 –

Os discípulos, cada um conforme as suas posses – Os "discípulos" são os cristãos em Antioquia – quer de procedência judia ou gentia. Esta é uma excelente evidência da natureza da mordomia cristã. Uma vez conhecedores da necessidade (através de Ágabo), todos os discípulos que tinham meios participaram da contribuição. Eles estão provavelmente dando uma oferta proporcional, e.g, dando conforme prosperaram. Quando a pessoa tinha posses, ofertava muito; caso contrário, dava o pouco que podia. Eles contribuíram segundo suas posses[49].

Resolveram enviar socorro aos irmãos – Note que não é algo feito por poucos. "Cada um" se envolveu. Esta fome iminente dá à igreja de Antioquia uma oportunidade de "confraternizar-se" com a igreja de Jerusalém. Jerusalém havia enviado professores e profetas para ajudar os irmãos em Antioquia. Agora, os de Antioquia têm oportunidade para ajudar seus irmãos na fé em Jerusalém. A obrigação de aliviar as necessidades temporais daqueles de quem bênçãos espirituais importantes são recebidas, é enfatizada repetidamente no Novo Testamento[50].

Que moravam na Judéia – A referência parece ser a Jerusalém em particular. Veja Atos 12.25, onde Jerusalém é especificamente mencionada. Talvez as congregações dispersas através de toda a Judéia tivessem recebido também os benefícios da demonstração de amor cristão dos irmãos de Antioquia.

11.30 –

O que eles, com efeito, fizeram, enviando-os aos presbíteros – Esta é a primeira indicação que temos no livro de Atos de que havia "presbíteros" na igreja do Novo Testamento[51]. Em Atos 20.17, 28 e Tito 1.5, 7, aprendemos que "presbíteros" e "bispos" eram apenas títulos diferentes para o mesmo cargo. Os presbíteros eram os líderes espirituais da congregação, e a oferta benevolente foi entregue a eles. Por sua vez, eles tinham a responsabilidade de entregá-la aos cristãos necessitados.

> A maneira como os presbíteros das igrejas na Judéia são mencionados aqui, sem aviso prévio de sua designação, mostra o caráter elíptico da narrativa de Lucas, em vista de ter escrito depois das igrejas já estarem completamente organizadas, e todos os líderes e seus deveres terem se tornado bastante conhecidos. Os presbíteros, por serem os administradores (supervisores) das congregações, eram as pessoas apropriadas para receber as ofertas, e providenciar a distribuição adequada das mesmas aos necessitados[52].

Por intermédio de Barnabé e de Saulo – Esta visita de Paulo a Jerusalém não é narrada em Gálatas 1.18 e 2.1 porque Paulo não encontrou qualquer dos apóstolos[53]. A ordem em que o nome de Barnabé e Saulo aparece aqui é digna de nota. Sem qualquer possibilidade de dúvida, no que dizia respeito à igreja de Antioquia, Barnabé era o mais proeminente dos dois homens ao ministério em que se achavam envolvidos no momento. A ordem dos seus nomes é a única

---

[49] Esta é outra indicação de que a comunhão de bens (Atos 2.44, 45; 4.32), não era um comunismo absoluto.
[50] Romanos 15.25-27; 1 Coríntios 9.13, 14; 16.1, 2; 2 Coríntios 9.1, 2; Gálatas 2.10.
[51] Mas veja notas sobre "edificando" em Atos 9.31.
[52] McGarvey, *op. cit.*, p.230-31.
[53] Veja "The Relationship of Galatians 2.1-10 and Acts 15.1-33: Two Neglected Arguments", por Robert H. Stein, no *Journal of the Evangelical Theological Society*, Vol. XVII, Nº 4 (Fall, 1974), p. 17ff, para algumas outras tentativas de harmonizar as visitas de Paulo a Jerusalém. Concordo com o escritor, que haverá menos problemas se harmonizarmos Gálatas 2 com Atos 15, em vez de tentar harmonizar Gálatas 2 com Atos 11.

coisa em que se baseia essa declaração; mas devemos nos lembrar de que foi Barnabé quem chegou primeiro a Antioquia, se dedicou ao trabalho, e depois foi a Tarso buscar Paulo. Ele levou Paulo de volta a Antioquia, para trabalhar ali; e é então "Barnabé e Saulo" e não "Saulo e Barnabé". Nesta ocasião, Barnabé é o líder deste ministério conjunto. A igreja de Antioquia confiou nestes homens para entregarem todo o dinheiro arrecadado para a ajuda aos necessitados em Jerusalém e na Judéia.

Desenho de Horace Knowles
da British and Foreign Bible Society

CAPÍTULO DOZE

H. PERSEGUIÇÃO DA IGREJA PELO GOVERNO CIVIL. 12.1-25

1. *Tiago Decapitado e Pedro Preso. 12.1-11*

12.1 –

Por aquele tempo – Talvez o tempo referido seja o tempo da fome, predita por Ágabo, ou, quem sabe, a época em que Paulo e Barnabé foram para Jerusalém. A data é próxima do ano 44 A.D.[1]

Mandou o rei Herodes – Herodes Agripa I é o homem sobre quem Lucas escreve. Ele só aparece aqui em Atos 12 nas páginas do Novo Testamento. Herodes nasceu cerca de 10 a.C., sendo filho de Aristóbulo e Berenice, e portanto neto de Herodes o Grande e irmão de Herodias, que pediu a cabeça de João Batista. Ele recebeu esse nome em homenagem ao estadista romano, primeiro ministro de César Augusto. Quando tinha cerca de quatro anos, seu pai foi assassinado pelo seu avô (Herodes, o Grande, suspeitava que Aristóbulo estivesse conspirando para tomar-lhe o trono), e Herodes Agripa I foi enviado a Roma, primeiro talvez como refém e em parte para afastá-lo das intrigas na Palestina. Ele foi, portanto, educado em Roma, e tornou-se ali amigo íntimo de Gaio (o sobrinho-neto do imperador Tibério), que mais tarde ficou conhecido na história imperial como imperador Calígula. Depois do casamento de seu tio Herodes Antipas com sua irmã Herodias, Herodes Agripa I passou a reinar na cidade de Tiberíades, mas logo entrou em conflito com o tetrarca e voltou para Roma. Ali caiu no desagrado do imperador Tibério por ter dito impensadamente perto de outros que gostaria que seu amigo de infância, Calígula, pudesse tornar-se rapidamente imperador. Tibério mandou lançá-lo na prisão, onde permaneceu até a morte deste em 37 A.D. Quando Calígula subiu ao trono, conferiu inúmeras honras a seu amigo Herodes Agripa I, deu-lhe as tetrarquias administradas antes por Filipe e Lisânias, e concedeu-lhe o título de Rei. Sua irmã Herodias, cheia de ambição invejosa, insistiu com seu marido Antipas para ir a Roma e reclamar igual honra. Mas ele caiu no desagrado de Calígula, e foi banido para Lugdunum na Gália (França), onde sua mulher o acompanhou. A tetrarquia de Antipas passou então também a Herodes Agripa I. Houve uma época no reinado de Calígula em que ele resolveu mandar erigir uma estátua sua no templo de Jerusalém. Agripa I prestou um serviço essencial ao povo judeu, exercendo toda a sua influência para impedir o imperador de colocar em prática tal decisão.

Ao morrer Calígula, Herodes Agripa I apoiou as reivindicações de Cláudio para ser o novo imperador. Quando isto aconteceu, Cláudio compensou Agripa confirmando-o em seu reino. Cláudio tornou-se imperador no início de 41 A.D., e acrescentou a Judéia e Samaria às terras que já eram governadas por Agripa I. Os termos da confirmação de Agripa I por Cláudio fizeram deste um soberano independente no que se referia a qualquer governador provincial romano. Quando Agripa, recém-confirmado como rei da Judéia, chegou lá, ele se apresentou ao povo judeu como um adorador devoto, quase farisaico em sua piedade. Ele obteve o favor de seus novos súditos juntando-se ao grupo de nazireus quando iam ao templo oferecer sacrifícios ao completarem seus votos[2]. Os três últimos anos de sua vida são cobertos pelos eventos em Atos 12[3].

---

[1] Compare Atos 12.21, 25.
[2] Josefo, *Antiguidades*, XIX. 7. 3.
[3] Veja o registro do reinado de Herodes Agripa sobre toda a terra da Judéia no breve parágrafo a respeito dele nos Estudos Introdutórios.

A perseguição da igreja por Herodes Agripa I talvez fosse parte de sua tentativa de alcançar o favor de seus novos súditos na Judéia. Podemos supor que ao chegar à Judéia, ele encontrou muita hostilidade popular contra os cristãos, talvez causada pela nova decisão tomada quanto à admissão dos gentios (lembre-se que até os cristãos hesitaram em aceitar isto, só consentindo a partir do momento em que Pedro explicou-lhes como Deus o havia guiado no assunto). Talvez a oposição aos cristãos fosse também estimulada pela aristocracia dos saduceus, que Agripa I estava ansioso para agradar. Podemos imaginar que Agripa considerasse boa política obter o agrado tanto dos saduceus como dos fariseus, tornando-se instrumento de sua oposição aos atos e crença dos cristãos.

Prender alguns da igreja para os maltratar – "Prender alguns" é a mesma expressão usada em Atos 4.3 e 5.18 para indicar o ato de prender em que os prisioneiros são tratados brutalmente. Essas primeiras perseguições eram de natureza religiosa, instigadas pelos saduceus. Desta vez a perseguição é incitada por um governante civil. Mais de oito anos se passaram após a morte de Estêvão e a última perseguição, mas os discípulos não eram bem aceitos por saduceus ou fariseus. Agora que a situação política não exige que os judeus protejam seus interesses contra Roma, eles podem instigar nova oposição aos cristãos. Dois dos membros da igreja "maltratados" foram imediatamente destacados por Lucas, embora seja provável que mais de dois estivessem envolvidos.

12.2 –

Fazendo passar ao fio da espada a Tiago, irmão de João – Este era o filho de Zebedeu, um dos doze apóstolos originais. Foi o primeiro apóstolo martirizado. Num calendário primitivo dos mártires cristãos, as mortes de Tiago e João foram marcadas no mesmo dia, 27 de dezembro. Este fato, além das palavras de Jesus (Marcos 10.37-39), levou alguns a concluir que João também morreu às mãos de Herodes Agripa I. Mas trata-se de uma tradição evidentemente errada. Por exemplo, sete anos mais tarde quando Paulo visitou Jerusalém para a Conferência, João se achava ainda vivo na época[4]. A verdade é que João viveu mais tempo do que qualquer dos apóstolos escolhidos por Jesus, morrendo no final do século em Éfeso. Lucas nada nos contou sobre a obra de Tiago; mas podemos supor que estivesse evangelizando intensamente, pois seria difícil pensar sobre uma razão para Herodes ou os judeus fazerem dele o alvo principal desta perseguição, se não fosse esse o caso.

Ao fio da espada – Ao ser morto com uma espada, um homem ou era decapitado ou atravessado pela lâmina. Se este apóstolo tivesse sido julgado pelo Sinédrio sob acusação de blasfêmia e heresia, a sentença teria sido morte por apedrejamento, como no caso de Estêvão. A execução pela espada, como aconteceu com João Batista, mostrou que a sentença foi pronunciada por um governante civil (adotando modalidades de punição romanas). Os judeus consideravam a morte pela espada como a morte mais ignominiosa da pena capital. Eusébio, frequentemente chamado de Pai da História da Igreja, escreveu uma narrativa tocante da morte de Tiago, como relatada originalmente por Clemente de Alexandria. Ele conta como o soldado que levou Tiago ao tribunal ficou tão impressionado com o testemunho dele que se comoveu e confessou ser também cristão. Ele e Tiago foram então levados para morrer juntos. A caminho da execução, o soldado pediu a Tiago que o perdoasse. Tiago refletiu um pouco, perdoou-o e beijou-o, dizendo, "A paz seja contigo". Ambos foram então decapitados ao mesmo tempo[5].

Este é o único dos Doze cuja morte foi registrada no Novo Testamento, e como o registro é extremamente breve em comparação com os detalhes da morte de Estêvão!

A morte de Tiago, o primeiro apóstolo a sofrer martírio, deve ter sido uma fonte de tristeza indescritível para a igreja de Jerusalém. Para um historiador, não inspirado, ela teria fornecido assunto para muitas páginas eloquentes. O que pensaremos de Lucas, então, como escritor,

---

[4] Atos 15.1ss. e Gálatas 2.1ss., especialmente Gálatas 2.9.
[5] *Church History* (História da Igreja), II. 9.

dispondo dela numa sentença de sete palavras em grego? Existe certamente aqui uma indicação de algum impedimento sobrenatural sobre os impulsos do escritor, e o relato se explica apenas pela sua inspiração[6].

12.3 –

Vendo ser isto agradável aos judeus – Lucas nos informa que os motivos de Herodes não passavam de expediente político. Ele não tinha na verdade qualquer fanatismo anticristão, nem estava particularmente interessado na justiça ou proteção dos inocentes. Sempre que um oficial civil age simplesmente para promover sua popularidade, ele não está desempenhando seus deveres corretamente. Mas essa era uma atitude comum aos Herodes. Eles eram designados pelo imperador romano, e o governo estrangeiro nem sempre era bem aceito pelos judeus. Portanto, a fim de assegurar a maior colaboração possível por parte dos povos conquistados, era necessário para eles conquistar o favor dos judeus.

Prosseguiu, prendendo também a Pedro – Pedro era um dos apóstolos de Cristo, assim como Tiago. Era um líder da igreja. Ele seria um alvo especial desta perseguição se fosse instigada pela aceitação dos gentios em sua comunhão, sem exigir deles todos os antigos costumes e proibições judias, pois foi Pedro quem visitou a casa de Cornélio e lhe pregou o Evangelho. Foi ele quem instruiu os cristãos para agirem da mesma forma, ao defender suas ações diante dos irmãos em Jerusalém. Tais atos iriam apenas enfurecer os judeus fanáticos. Quando Pedro foi preso, será que pensou ter chegado a hora da predição de Jesus sobre a maneira da sua morte ser cumprida?[7]

E eram os dias dos pães asmos – Isto se refere à Festa da Páscoa[8], e dos sete dias que se seguiam imediatamente a essa festa, quando os judeus tinham ordem para comer pão sem fermento[9]. Por que essa data especial foi escolhida para a prisão de Pedro? Durante a Páscoa haveria um número maior de judeus em Jerusalém do que em outros dias. Isto significava, para Herodes, que mais pessoas veriam o seu "zelo pela Lei", e isso ajudaria a sua popularidade junto ao povo sobre quem tinha sido designado para reinar.

12.4 –

Tendo-o feito prender, lançou-o no cárcere – Depois de ser preso, Pedro foi lançado na prisão; pois, durante os dias da festa, seria considerado impróprio ocupar-se com o julgamento e execução de um suposto criminoso. Se Herodes está tentando mostrar aos judeus a sua piedade, deve gastar seu tempo nas atividades religiosas, em lugar de empregá-lo em deveres civis que profanariam os festejos. Pedro deve ficar então em custódia até que a semana da Páscoa termine. Na prisão, durante esses dias, Pedro teria pensado em como Jesus havia sido colocado em custódia nessa mesma época, alguns anos antes?

Entregando-o a quatro escoltas de quatro soldados cada uma, para o guardarem – Cada uma das "escoltas" era composta de quatro homens. Esses 16 soldados, em conjunto, tinham a responsabilidade de guardar o prisioneiro 24 horas por dia. A noite era dividida em quatro períodos de guarda, de três horas cada[10]. Não temos condições de saber se cada escolta de soldados ficava de guarda doze horas, ou seis horas, antes de ser substituída pela seguinte. Quando cada escolta estava de guarda, dois dentre os quatro ficavam na cela com Pedro (versículo 6), e dois de sentinela diante da porta da prisão. Se for perguntado por que essas medidas de segurança foram tomadas para este prisioneiro, deve ser lembrado que esta era a terceira vez que Pedro tinha sido preso. Da última vez ele escapou através de circunstâncias aparentemente misteriosas para as autoridades[11]. Estas estão tentando certificar-se então de que o prisioneiro não escape.

---

[6] McGarvey, *op. cit.*, p.232.   [7] João 21.18.
[8] "Páscoa" foi explicado nos comentários em Atos 2.1.
[9] Êxodo 12.15-18.
[10] Os "períodos de guarda" da noite são citados em Marcos 13.35.
[11] Atos 4.3; 5.18.

Tencionando depois da Páscoa – Um problema enfrentado pelo tradutor é encontrar uma palavra na língua da tradução que ajude o leitor a ter uma ideia correta do que foi dito no original. Neste ponto, a Versão do Rei Tiago (KJV) tem a leitura "após Easter" (Easter é o nome em inglês do domingo após a páscoa.) O grego diz simplesmente: "depois da Páscoa", não havendo necessidade dos tradutores da KJV usarem "Easter" neste ponto quando em outros trechos eles traduziram o mesmo termo grego como "Páscoa", e esperaram que o leitor familiarizado com a nomenclatura do Antigo Testamento compreendesse.

Qual então o motivo desta tradução na KJV? Uma das instruções dadas aos tradutores por Tiago, Rei da Inglaterra, era que não deveriam mudar qualquer dos termos aceitos encontrados na Bíblia dos Bispos (que foi praticamente a base para a KJV). Antes dessa versão, Tyndale e Coverdale haviam usado a palavra "Easter" neste lugar. Portanto, ela havia se tornado uma interpretação "comum" deste versículo antes de ser incorporada na KJV.

O uso de "Easter" na KJV tem levado alguns a suporem que a igreja primitiva, nos dias de Herodes, já estava realizando reuniões especiais de celebração na época "Easter". De fato, porém, nenhum festival era observado como "Easter" na igreja primitiva, e não foi por vários séculos[12]. Durante o período do Novo Testamento, os cristãos não celebraram com uma reunião ou culto especial em honra da ressurreição num dia particular do ano, como é costume em muitos lugares hoje. Eles celebravam a ressurreição de Cristo a cada Dia do Senhor, observando a Ceia do Senhor e rendendo culto de adoração.

Queremos incluir aqui uma palavra sobre a observação de dias especiais no calendário da igreja, incluindo as ênfases pré-Páscoa e pré-Natal, grandemente promovidas e programadas. O que deve ser examinado é o motivo dos programas especiais feitos nesses dias e não em outros. Não há certamente nada de errado em fazer nossos filhos pequenos decorarem passagens e repeti-las para a congregação. Não há com certeza qualquer mal algum em pregar um bom sermão evangélico sobre o nascimento de Cristo na época do "Natal", ou sobre a ressurreição de Cristo na época da "Páscoa". Mas, por que ter cultos especiais somente nesses períodos do ano? Estaremos fazendo apenas o que o restante do mundo religioso faz (e, lembre-se, muitos dos dias especiais foram herdados da igreja católica romana depois de anos de desenvolvimento evolutivo e tradicional), porque temos crescido tão pouco espiritualmente que não conhecemos um meio melhor? Tais métodos, como a observância de dias especiais, ficam na esfera da opinião; portanto, o que este escritor pede é que nossos motivos e métodos não nos afastem lentamente das práticas e ênfases simples do Novo Testamento.

(A nota nº. 12 no final do capítulo explica a diferença entre "Easter" e "Páscoa" – N. Trad.).

Apresentá-lo ao povo – Herodes está aparentemente planejando um julgamento e execução públicos. Isso faz parte de um esforço cuidadosamente programado para obter o favor do povo.

12.5 –

Pedro, pois, estava guardado no cárcere – As coisas nem sempre acontecem conforme os planos dos homens, especialmente quando Deus não está incluído neles. Herodes tencionava executar Pedro logo que a semana da Páscoa terminasse. O que aconteceu, porém, é que sua própria morte estava mais próxima que a de Pedro. O apóstolo foi mantido na prisão, e os dias da semana se passaram, até a última noite da semana pascal.

Mas havia oração incessante a Deus por parte da igreja a favor dele – O adjetivo "incessante" implica tanto intensidade como continuidade[13]. O tempo do verbo mostra que en-

---

[12] Dale, *op. cit.*, p.138, nos lembra que a palavra "Easter" é de origem anglo-saxônica. "Os anglo-saxões tinham uma festa da primavera, em cujas celebrações ofereciam sacrifício à deusa teutônica Estera (ou Eastre). Ela era a deusa da luz e da primavera, sendo o sacrifício e festival observado portanto em Abril; e por coincidência a época da festa correspondia aproximadamente com a data da ressurreição de Cristo. Cerca do Século VIII, o nome Easter foi transferido para a festa cristã que já estava sendo observada há mais ou menos 300 anos em honra da ressurreição de Cristo. (Na Bíblia em português só é usado o termo "Páscoa" e não "Easter" – N. Trad.).

[13] A mesma palavra é empregada em 1 Pedro 4.8.

quanto Pedro era mantido preso, a igreja continuava orando por ele. O quadro que se nos apresenta é que os membros da congregação continuaram a se reunir, apesar da perseguição, talvez na casa de Maria (versículo 12), para enviar orações ao trono de Deus, dia e noite.

12.6 –

Quando Herodes estava para apresentà-lo, naquela mesma noite – Trata-se da noite que precedeu o dia da execução de Pedro. Seria a noite de sábado. A semana da Páscoa terminaria às seis horas da tarde de sábado. Pedro poderia ser morto na manhã de domingo sem profanar os serviços da semana dos pães asmos.

Pedro dormia – É difícil dormir tranquilamente quando a mente está preocupada, ou quando a consciência censura algum pecado conhecido e não confessado. Alguns estudos contemporâneos sobre a morte chegam até a sugerir que existem vários estágios que o homem atravessa ao saber que sua hora é chegada, estágios que variam desde a rebelião até a aceitação do fato[14]. O sono calmo de Pedro, apesar de sua execução no dia seguinte estar próxima, sugere que ele não tem medo de morrer, pois Jesus transformou o significado da morte através da sua ressurreição. Sugere também que sua consciência está em paz porque Pedro se acha coberto pelo sangue de Cristo. Pedro estava preparado para entrar no estado intermediário e encontrar-se novamente com Jesus, caso fosse isso que o amanhã trouxesse.

Entre dois soldados, acorrentado com duas cadeias – Pedro estava acorrentado aos dois, um braço preso ao do primeiro soldado e outro ao do segundo. Fica implícito que os dois soldados, um de cada lado de Pedro, também dormiam como o prisioneiro? Essa é a razão de não darem alarme quando o preso vai embora?

E sentinelas à porta guardavam o cárcere – Dois soldados da escolta de quatro homens se encontravam estacionados na porta da cela em que Pedro se achava preso (ou, um estava na porta e o outro no começo do túnel que levava para a cela interior em que Pedro tinha sido colocado), versículo 10. Deus tem poder para livrar, não obstante as precauções tomadas pelos homens – soldados, prisão, cadeias, portões de ferro. A sabedoria de Deus ultrapassa de tal forma a dos homens que Ele pode vencer até os mais engenhosos planos deles.

12.7 –

Eis, porém, que sobreveio um anjo do Senhor – O anjo é descrito como descendo subitamente do céu para o aposento, ou uma vez na cela tornando-se repentinamente visível, tendo entrado de forma invisível. Esse é o termo regular usado para as aparições angélicas[15], sendo igualmente empregado quando o Senhor apareceu a Paulo[16]. Alguma informação sobre anjos foi dada em Atos 1.10.[17]

E uma luz iluminou a prisão – Não se trata de um relâmpago. Luz, esplendor e roupas brilhantes são geralmente representados como acompanhando os seres celestiais quando eles visitam a terra[18]. Quer o brilho tenha sido visto apenas por Pedro, ou também pelos soldados, não é declarado. A luz não acordou Pedro, e o anjo teve então de despertá-lo.

E, tocando ele o lado de Pedro, o despertou, dizendo: Levanta-te depressa – Quase sempre é preciso sacudir bastante uma pessoa para tirá-la de um sono profundo. É isto que o anjo tem de fazer para acordar Pedro. Os guardas acorrentados a Pedro estão atordoados ou adormecidos? Na ressurreição de Jesus, os guardas ficaram atordoados[19], e alguns pensam que

---

[14] Elizabeth Kubler-Ross, *Questions on Death and Dying* (New York: Collier-Macmillan Co., 1974), p.1-38.
[15] Lucas 2.9; 24.4.
[16] Atos 23.11.
[17] Veja também a discussão na nota de rodapé no. 60 no cap. 7.
[18] Lucas 2.9; 24.4; Marcos 9.3.
[19] Mateus 28.4.

algo semelhante aconteceu com os guardas que ladeavam Pedro e estavam do lado de fora. Na ausência de qualquer termo específico sobre o estado deles, alguns insistem que os de dentro dormiam junto com Pedro. É verdade que os guardas de serviço – como os que estavam no corredor fora da cela – poderiam ser executados por dormirem em seus postos. Mas a situação dos de dentro era um pouco diferente

Então as cadeias caíram-lhe das mãos – A remoção das cadeias foi milagrosa. A sugestão que Manaém[20], ou outro agente humano, esgueirou-se e libertou Pedro, é visto como sendo demasiado absurdo para ser considerado, de acordo com esta frase; embora a palavra traduzida "anjo" possa ser entendida como "mensageiro" e falar assim de um ser humano e não angelical. Não satisfaz todos os requisitos do texto, bem como a sugestão de que a "luz" na cela fosse um relâmpago. Seria um relâmpago de fato estranho que tirasse as cadeias de Pedro sem perturbar os soldados acorrentados a ele de cada lado, e que ao mesmo tempo permitisse que se levantasse, colocasse as sandálias e roupas de cima, e saísse da prisão. Uma força natural que pudesse remover as cadeias dos braços de um homem normalmente aplicaria um golpe fatal ao mesmo!

12.8 –

Disse-lhe o anjo: Cinge-te – Ao deitar-se para dormir, as pessoas do primeiro século naturalmente punham de lado suas roupas de cima (ou as usavam como coberta), afrouxavam o cinto que prendia a roupa de baixo à cintura, e tiravam as sandálias. Pedro recebeu ordem para fechar o cinto e colocar a roupa de cima, isto é, vestir-se e ficar pronto para sair. Pedro sabia agora que a época de ser cingido por outrem (João 21.18) ainda não havia chegado.

E calça as tuas sandálias – O grego *sandalion* ocorre somente aqui e em Marcos 6.9 no Novo Testamento. Ele significa geralmente sapatos usados pelos pobres, uma sola de madeira ou couro, presa ao pé por meio de tiras.

E ele assim o fez – Pedro está seguindo fielmente as instruções do anjo.

Disse-lhe mais: Põe a tua capa, e segue-me – Pedro recebe agora ordem para colocar sua veste externa ao redor dos ombros. Era uma peça grande de pano, quase quadrada, que punham de lado ou usavam como coberta ao dormir. O anjo caminha então para a liberdade, e Pedro o segue de perto.

12.9 –

Então, saindo, o seguia, não sabendo que era real o que se fazia por meio do anjo; parecia-lhe antes uma visão – Sobre "visão", veja notas em Atos 9.10. Pedro talvez tenha tido a sensação proverbial: "Não me belisque, eu posso estar sonhando". É sugerido que ao ser atingido pelo ar fresco da noite, ele acordou de todo; e somente então compreendeu, pela primeira vez, que era mais que um sonho o que estava lhe acontecendo.

12.10 –

Depois de terem passado a primeira e a segunda sentinela – Os soldados que ficavam fora da cela se achavam aparentemente posicionados a intervalos na entrada da prisão. Esses guardas foram ultrapassados em silêncio. É provável que tenha ocorrido algo semelhante ao dos discípulos no caminho de Emaús, cujos olhos foram "impedidos" (Lucas 24.16), de modo que as sentinelas não perceberam a situação – desse modo, a fuga de Pedro foi facilitada.

Chegaram ao portão de ferro que dava para a cidade – Talvez o sentido seja que a prisão ficava fora dos muros da cidade, um lugar como a torre Antônia. Haveria uma porta separando o quartel da calçada e ela se abriria para uma plataforma elevada acima do pavimento.

O qual se lhes abriu automaticamente – O termo grego é *automatē* – automaticamente (como na SBB – N.T.). Não foi usada chave, nem qualquer espécie de força, tal como um aríete

---

[20] Atos 13.1.

12.10 A IGREJA NA JUDÉIA E SAMARIA

ou pontapé. Ao se aproximarem, o portão se abriu sozinho dando entrada na cidade. Quando pensamos em como esses portões de defesa seriam trancados à noite, o fato de abrir-se por si mesmo é evidentemente milagroso. Se simples mortais podem inventar portas que abrem automaticamente como nos supermercados e grandes lojas, Deus com certeza podia fazer com que uma porta fechada se abrisse quando o mensageiro celestial e Pedro se aproximaram dela.

E, saindo, enveredaram por uma rua – O anjo acompanhou Pedro durante um quarteirão após terem deixado a porta da prisão. A palavra "rua" é aquela que fala das ruas estreitas da cidade. O Códice Beza[21] nos conta que depois de terem passado pelo portão aberto, "desceram sete degraus" e então atravessaram as ruas da cidade. Isto se ajustaria ao que conhecemos da torre Antônia; portanto, a prisão em que Pedro foi detido ficava no interior dessa fortaleza com toda probabilidade.

E logo adiante o anjo se apartou dele – O anjo permaneceu com Pedro até que não houvesse mais necessidade da ajuda sobrenatural que havia dispensado para tirar Pedro da prisão. O mensageiro divino havia efetuado seu resgate completo. Pedro pode agora agir sozinho, de um modo humano e natural.

12.11 –

Então Pedro, caindo em si – Essas palavras contêm um tom de lembrança, como se Lucas tivesse ouvido esses detalhes do próprio Pedro. Lá está ele, à noite, livre, parado na rua. Reflete por um momento sobre a situação. Não é um sonho! Tudo aconteceu realmente, e ele está fora da prisão, em liberdade.

Disse: Agora sei verdadeiramente que o Senhor enviou o seu anjo – Devemos provavelmente interpretar "Senhor" como uma referência a Jeová e não a Cristo. Assim como fez anteriormente (Atos 5.19), Deus enviou um anjo para livrá-lo. Ao refletir sobre todo o acontecido, Pedro se convence de que o ser era um anjo, e que ele foi libertado pelo socorro divino.

E me livrou da mão de Herodes e de toda a expectativa do povo judaico – Vemos aqui que Pedro sabia, como pressuposto em nossas notas anteriores, o que o futuro reservava para ele. Estava na prisão, aguardando ser executado. Pedro reconheceu também que o desejo de popularidade de Herodes e a vontade sincera dos judeus não convertidos de exterminar o cristianismo, foram os principais motivos para a sua morte iminente. Esse grande número de judeus presentes em Jerusalém durante a semana da Páscoa, estavam falando sobre a morte de Pedro e esperando pela mesma.

2. *Pedro Deixa a Cidade, e os Guardas são Mortos. 12.12-19*

12.12 –

Considerando ele a sua situação (Ao compreender isso – no original inglês) – A *American Standard Version* provavelmente tem uma tradução melhor aqui ao usar o verbo "considerar", pois a palavra parece incluir uma consideração do futuro. Pedro examina rapidamente a situação como um todo, pesando as possibilidades do que deveria fazer. O apóstolo Tiago já tinha sido morto. Muitos membros da igreja sofriam maus tratos. Ele mesmo havia estado à beira de uma sentença e execução por ordem de Herodes. Em poucas horas a luz do dia provocaria a mudança da guarda, fazendo soar o alarme quando percebessem que o prisioneiro havia escapado. Se não quisesse ser preso de novo, tinha de agir prontamente.

Resolveu ir à casa de Maria, mãe de João – Esta casa parece ser um ponto de reunião regular dos cristãos. É muito possível ter sido nela que Jesus instituiu a Ceia do Senhor, e que tenha sido um centro de atividades desde o Pentecostes. Caso positivo, parece tratar-se de uma família de cristãos que permaneceu em Jerusalém apesar da perseguição que dispersou tantos outros (Atos 8.1ss.).

---

[21] Veja notas mais adiante em Atos 12.10 sobre a frase adicional encontrada no Códice Beza.

Cognominado Marcos – Este é o jovem que fugiu desnudo, deixando o lençol que o cobria, na noite em que Jesus foi detido e levado para ser julgado[22]. Foi ele quem mais tarde escreveu um segundo evangelho, registrando o que Pedro costumava pregar[23]. Marcos é o seu nome latino; João o nome hebreu. Pedro chama Marcos de "meu filho"[24], uma expressão que significa provavelmente que Pedro levou Marcos a tornar-se cristão. Marcos é nomeado com frequência, mais tarde, no Novo Testamento ao acompanhar Paulo, Barnabé e Pedro em suas viagens missionárias[25]. Em Colossenses 4.10, é chamado de primo de Barnabé[26].

Onde muitas pessoas estavam congregadas e oravam – A implicação pode ser que este não era senão um dos muitos "grupos domésticos de oração" em Jerusalém e suas cercanias. Pode ter havido outros grupos em toda Jerusalém reunindo-se para orar, pois Tiago e outros não se encontravam presentes. O versículo 25 indica que Paulo e Barnabé estavam incluídos no grupo reunido na casa de Maria para orar? Acreditamos que sim.

Podemos imaginar que fosse depois da meia-noite quando Pedro chegou na casa de Maria. Se ele fugiu antes da meia-noite, sua ausência teria sido notada antes do raiar do dia. Quando chegou na casa, os irmãos tinham estado orando. Pelo que oravam? O contraste com o versículo 5 poderia parecer indicar, à primeira vista, que estavam orando pela libertação de Pedro. Mas Jesus havia ensinado seus seguidores a orarem crendo ter recebido o que pediram, e isto pode significar que não estiveram orando pela libertação de Pedro. Caso contrário, não ficariam surpresos quando ele apareceu à sua porta.

Podemos supor com segurança o tema de suas orações. Cada um corria perigo de vida às mãos de Herodes. A tristeza tomou conta deles com a perda de seu amado líder, Tiago. A incerteza e o temor os aguardavam com Pedro na prisão, esperando a morte . . . Eles estavam conversando com o Pai no céu sobre as suas dificuldades. É mais provável que pedissem em oração para que Pedro tivesse fé e coragem na hora da morte, em lugar de suplicarem que ele fosse libertado. Sem dúvida pediram sabedoria para decidir o que eles mesmo deveriam fazer, para onde deviam fugir, ou se deveriam ficar e morrer pela sua fé[27].

12.13 –

Quando ele bateu ao postigo do portão – A planta da casa de uma família da classe média ou alta, como esta família certamente devia ter sido, seria mais ou menos assim:

Pedro, de pé, aqui no portão, ou porta, que abre para a varanda, quando ele bate.

Imagine o que se passou na cabeça dos irmãos reunidos lá dentro quando ouviram a batida na porta, do lado de fora da passagem (varanda) que leva do pátio interno para a rua! Terão os perseguidores vindo a este conhecido lugar de reunião dos cristãos para levar ainda outros para a prisão e a morte?

---

[22] Marcos 14.51.
[23] Eusébio, *Church History*, III. 39.
[24] 1 Pedro 5.13.
[25] Atos 12.25; 13.5; 15.39; 2 Timóteo 4.11; 1 Pedro 5.13.
[26] O termo grego *anepsios* significa "primo em primeiro grau" e não "filho da irmã" conforme a leitura da KJV.
[27] Dale, *op. cit.*, p.243.

Veio uma criada, chamada Rode, ver quem era – Nós a imaginamos como tendo 12 ou 13 anos. O serviço de atender à porta era geralmente atribuído a uma jovem escrava[28]. As visitas, ao chegarem à porta, gritavam. Se a escrava reconhecia a voz, ela destrancava a porta e permitia a entrada das pessoas. Caso negativo, ia buscar um dos homens da casa, que por sua vez admitia ou despedia a visita, conforme o caso exigia. "Rode" é um nome grego significando "uma rosa". Não era incomum dar nomes de flores às meninas (por exemplo, Susana, lírio; Tamar, palmeira). "Ver quem era" é um idiotismo grego, significando que ela foi atender quem chamava à porta.

12.14 –

Reconhecendo a voz de Pedro – Pedro já havia visitado a casa antes, desde que sua voz era conhecida da escrava. Pedro deve ter gritado: "Depressa, abra a porta!"

Tão alegre ficou, que nem o fez entrar – Naquela hora da noite, numa situação em que temiam o que os judeus poderiam fazer, a porta estaria fechada e trancada. O grego diz: "a alegria", isto é, a alegria que sentiu ao ouvir a voz de Pedro. Ela fica tão ansiosa para transmitir as boas notícias que não tem a presença de espírito suficiente para abrir a porta para quem estava esperando do lado de fora.

Mas voltou correndo para anunciar que Pedro estava junto do portão – Rode sabia então a favor de quem as pessoas reunidas na casa estavam orando. Era Pedro! Em sua alegria, ela correu da entrada para o interior da casa, a fim de contar as últimas notícias sobre aquele por quem oravam.

12.15 –

Eles lhe disseram: Estás louca. – A expressão não deve ser tomada literalmente, mas em sentido coloquial. Eles aparentemente não estavam orando pela libertação de Pedro, pois isso era tão inesperada, que quando ela afirmou que ele estava lá fora, acusaram Rode de estar louca.

Ela, porém, persistia em afirmar que assim era – Com um semblante positivo e um tom confiante de voz, Rode insiste repetidamente que Pedro realmente se encontra na porta!

Então disseram: É o seu anjo – O povo judeu acreditava que todo o israelita tinha um anjo da guarda[29]. Segundo essas ideias judias, eles deveriam estar supondo que o anjo da guarda de Pedro havia aparecido em forma humana (semelhante a Pedro), e estava falando com a voz dele, a qual também tinha assumido. Não fica claro por que julgaram que o anjo de Pedro havia ido visitá-los. Alguns supõem que eles imaginassem que o anjo tinha vindo anunciar algo a respeito de Pedro, a fim de motivá-los a orar mais a favor dele. Outros supõem que eles pensaram que sua presença na porta significasse que Pedro já tivesse morrido. Nesse caso, não mais precisando ocupar-se em proteger Pedro, ele estava livre para apresentar-se na porta. O que temos aqui é evidentemente uma antiga crença judaica mantida por esses cristãos, da mesma forma que as pessoas continuam hoje com seus velhos conceitos muito depois de se tornarem cristãs. Algumas vezes essas ideias estão certas e outras muito erradas.

Assim sendo, algumas palavras sobre a questão dos anjos da guarda devem ser ditas neste ponto. As seguintes ideias são sugeridas na Palavra. (1) *Os anjos cuidam dos recém-convertidos.* As palavras do nosso Senhor sobre os anjos e os pequeninos podem ter admitidamente um duplo sentido[30]. Será que existe uma referência a crianças, ou recém-nascidos em Cristo? Não podemos considerar ambas as coisas? Cristo não tinha ainda nos braços a criancinha que usou para ilustrar a humildade[31], e para advertir sobre ofensas futuras?[32] A Bíblia confirma a proteção definida e especial dos anjos para os jovens e os adultos[33]. Na passagem de Mateus é acrescentado o fato

---

[28] Compare Mateus 26.69, 71.
[29] Alfred Edersheim, *The Life and Times of Jesus the Messiah* (Grand Rapids: Eerdmans, 1947), Vol. II, p.748-55, especialmente p.752.
[30] Mateus 18.10.
[31] Mateus 18.1-6.
[32] Mateus 18.7-9.
[33] Salmos 34.7; 91.11; Hebreus 1.14.

que aqueles que são encarregados de guardar os pequeninos estão entre os mais nobres do exército celestial, e são como os anjos da Presença, que, como Gabriel, ficam diante da face de Deus e se rejubilam na visão beatífica[34]. Então, as palavras em Mateus referem-se a crianças. Todavia, interpretadas de acordo com o que se segue mais tarde no mesmo capítulo de Mateus[35], as palavras de Cristo parecem ter uma aplicação mais ampla e incluem os jovens na fé assim como os jovens na idade. O caminho para os que são crianças na fé está cercado de perigos e provações, mas eles têm guardas celestiais para protegê-los. O texto também ensina a representação celestial dos remidos enquanto estão ainda vivendo na terra, e uma advertência divina é dada para não menosprezar tal representação. Que cortesia, cuidado e afeto os companheiros santos devem manifestar em relação àqueles que são motivo de tal interesse e representação angelicais contínuos. Quão consoladora é esta mediação ativa diária e incessante dos anjos mais nobres, designados pelo Salvador para cuidar dos que são seus. (2) Talvez *anjos ajudem na resposta às orações dos santos*. É evidente que os anjos exercem alguma função particular na apresentação das orações dos crentes, incensadas pelos méritos de Cristo (o único Mediador), diante de Deus[36]. Os seres angélicos estão também associados com a resposta às orações no Antigo Testamento. Daniel, perplexo com as visões divinas, orou para compreendê-las; e um dos espíritos ministradores lhe assegurou que receberia sabedoria[37]. O rei Ezequias ora, e um anjo destrui os assírios[38]. Os anjos estão de alguma forma ligados às respostas às orações no Novo Testamento. Cornélio ora, e um anjo ordena que mande chamar Pedro[39]. Este escritor acredita que a atividade deles não é menos real hoje, assim como João 1.51 sugere que era verdade no caso de um dos apóstolos antes de ter encontrado Jesus. (3) O que deve ficar claro é que *não devemos orar aos anjos*, já que isso é proibido várias vezes no Novo Testamento[40]. "Quando enviamos uma oferta ao rei, o mensageiro do rei não deve apropriar-se do que é devido ao soberano." Os próprios anjos são adoradores, e não seres a quem se deve dirigir orações. (4) *Não precisamos chegar aos extremos* nos pontos onde encontramos apenas vislumbres das atividades do mundo invisível. Mas é preciso cuidado para não deixar-se influenciar pela mentalidade da era em que vivemos, onde tende a ser negado que o céu tenha qualquer interesse ou influência ativa nos assuntos humanos. Deus exerce uma presença ativa neste mundo, e (conforme diz a Bíblia) o mesmo acontece com os anjos de Deus!

12.16 –

Entretanto Pedro continuava batendo – Quais deveriam ser os pensamentos de Pedro, parado ali na rua por alguns minutos, batendo e chamando continuamente, enquanto as pessoas lá dentro discutiam com Rode? E se um soldado romano ou outra pessoa tivesse aparecido? Ele poderia voltar imediatamente à prisão!

Então eles abriram, viram-no e ficaram atônitos – Os que estavam na casa finalmente foram abrir a porta para certificar-se por si mesmos. E lá estava Pedro em carne e osso! Que surpresa! Como você saiu da prisão, e como chegou até aqui? O entusiasmo leva todos a fazerem perguntas ao mesmo tempo.

12.17 –

Ele, porém, fazendo-lhes sinal com a mão para que se calassem – O orador que deseja silenciar os ouvintes para que possam ouvi-lo, frequentemente sacode a mão (com a palma voltada para o povo) de cima para baixo, indicando assim o desejo de silêncio. Podemos praticamente imaginar Pedro também falando "Shhh!" enquanto pede para acabarem com o barulho. Muito ruído naquela hora da noite poderia alertar os judeus das vizinhanças, que chamariam as autoridades, e então seria a prisão, não apenas para Pedro, mas talvez também para os demais.

Contou-lhes como o Senhor o tirara da prisão – Veja os versículos 6 a 10 onde tudo foi descrito.

---

[34] Lucas 1.19.　　　[35] Mateus 18.11-14.　　　[36] Apocalipse 8.3, 4; 5.8.
[37] Daniel 10.12, 14.　　　[38] Isaías 37.36.　　　[39] Atos 10.2, 3.
[40] Apocalipse 19.10; 22.8, 9; Colossenses 2.18.

E acrescentou: Anunciai isto a Tiago e aos irmãos – O Tiago nomeado aqui era provavelmente aquele que veio mais tarde a ser um líder na Conferência de Jerusalém, e parece liderar o trabalho na congregação dessa cidade. Paulo o identifica como o irmão do Senhor, e como um "apóstolo" em Gálatas 1.19.[41] Quem eram os irmãos? Talvez se trate de uma referência aos apóstolos. Talvez seja uma referência aos outros membros da igreja de Jerusalém que não se acham presentes na casa de Maria, mas que podem ter-se reunido naquela noite em grupos nas casas por toda a cidade. Pelo menos, Tiago e alguns dos outros cristãos não estão na casa de Maria.

E, saindo, retirou-se para outro lugar – É possível que a casa de Maria como lugar de reunião dos cristãos fosse um fato muito conhecido para que Pedro pudesse ficar ali e escapar de Herodes. Não se sabe ao certo para onde Pedro foi, embora a palavra traduzida como "saindo" pareça significar que ele "saiu" de Jerusalém. Alguns pensam que viajou para Ásia Menor (1 Pedro 1.1) ou para a Grécia (1 Coríntios 9.5), e trabalhou ali pelo resto da vida para Cristo. Pedro evangelizou realmente nesses dois lugares, mas não assim tão cedo, na opinião deste autor. Outra ideia é que Pedro pregou entre os judeus não convertidos na Palestina, apenas saindo de Jerusalém por pouco tempo, a fim de escapar da perseguição. Sabemos que ele voltou, pois se encontrava ali na Conferência de Jerusalém, sete anos depois desta fuga[42]. A perseguição vai acabar, e haverá menos perigo para Pedro, uma vez que Herodes Agripa I está morto. Pedro pode então voltar a Jerusalém para a Conferência. Uma terceira ideia, mantida por alguns católicos-romanos, é que Pedro foi para Roma. Veja a discussão deste parecer no Estudo Especial Nº 14, "Pedro Esteve Mesmo em Roma?" no final deste capítulo.

12.18 –

Sendo já dia – O fato de que a ausência de Pedro não foi descoberta até a madrugada nos faz crer que os soldados trabalhavam em turnos de seis horas, e que a fuga de Pedro realizou-se após a meia-noite. De outro modo a ausência dele seria descoberta antes do amanhecer[43].

Houve não pouco alvoroço entre os soldados sobre o que teria acontecido a Pedro – É difícil encontrar uma palavra inglesa para transmitir a ideia por trás do termo traduzido como "alvoroço". Todo mundo corria de lá para cá, procurando freneticamente o prisioneiro sumido. Centenas de perguntas ferviam em suas mentes, e tinham medo do que poderia acontecer em breve a eles. A lei romana exigia que os guardas sofressem o mesmo castigo que o prisioneiro teria recebido, caso este escapasse[44]. Não é possível traduzir muito bem a última parte do versículo, pois ele representa a perplexidade de um dos soldados que pergunta "o que aconteceu então a ele?" Procuramos em toda a parte!

12.19 –

Herodes, tendo-o procurado e não o achando – Herodes poderia ter sido motivado (como foram Nabucodonosor e Dario, pela preservação milagrosa dos homens de Deus na fornalha e na cova dos leões) a tornar-se um adorador de Deus verdadeiro. Ele poderia ter-se lembrado do fracasso da tentativa de seu avô em fazer dos magos do oriente instrumentos para a descoberta e destruição do Menino Jesus em Belém. A informação obtida ao procurar por Pedro deveria persuadi-lo a fixar os olhos em Deus. Mas não o fez! Talvez o orgulho mantivesse sua rebelião contra Deus.

---

[41] Os escritores que tentam identificar este homem como Tiago, filho de Alfeu (um dos doze apóstolos originais) estão evidentemente enganados. Veja a discussão deste problema no estudo especial sobre os irmãos do Senhor no final do Capítulo 1, e também as notas em Atos 1.14.

[42] Atos 15.7.

[43] É possível que Pedro não tenha escapado até a quarta vigília da noite, isto é, entre 3 e 6 da madrugada. Se isto for verdade, devemos então pensar num período de oração bem mais prolongado antes que a chegada de Pedro o interrompa, e devemos considerar uma pressa muito maior por parte de Pedro, para escapar de Jerusalém antes do amanhecer.

[44] *Cod. Just.* IX. 4.4.

Submetendo as sentinelas a inquérito – A palavra "examinar" ("submeter a inquérito") é o termo comum usado para uma investigação judicial, um interrogatório. É como se o esquadrão de soldados fosse submetido a uma corte marcial em que se sujeitassem a um interrogatório completo sobre a fuga do prisioneiro. Os que faziam o inquérito, inclusive Herodes, deveriam ter ficado sabendo depois dele que um outro milagre tinha libertado Pedro.

Quando os que se achavam na frente do portão foram examinados, podemos ver que a única resposta que poderiam dar era: "Ficamos em nosso posto a noite inteira; permanecemos acordados, e ninguém entrou nem saiu pelo portão!" Quando o homem que guardava a chave do portão de ferro foi chamado, ele disse com verdade que ela não havia saído de sua mão, nem havia sido colocada na fechadura. Os dois guardas que ficavam entre a porta externa e a cela de Pedro tinham certeza de que ninguém tinha passado por eles durante a noite. E os dois a quem Pedro havia estado acorrentado só poderiam ter dito: "Quando adormecemos ele estava ali bem preso, e quando acordamos tinha desaparecido, e isso é tudo o que sabemos." Como é natural, nenhuma dessas declarações teria possibilidade de ser verdadeira caso não tivesse ocorrido um estupendo milagre. Não havia absolutamente outra alternativa, senão admitir o milagre, ou dizer que todos os soldados haviam conspirado para libertar voluntariamente o prisioneiro. A última conclusão do dilema não podia ser aceita por qualquer homem em perfeito juízo, desde que os soldados sabiam perfeitamente que iriam pagar com a vida o preço dessa libertação. Ao que tudo indica, portanto, é impossível acreditar que Herodes tivesse dúvidas quanto à realidade do milagre, ou da veracidade dos soldados. Mas ele estava decidido a não admitir o milagre, e preferiu deliberadamente o assassinato de vários soldados inocentes[45].

Ordenou que fossem justiçadas – As sentinelas foram mortas, como exigia a lei romana, por terem falhado em manter Pedro na prisão. Alguns escritores julgam que os dezesseis foram mortos, outros que só os quatro de guarda quando o prisioneiro escapou foram executados. Não parece ficar implícito que novas buscas tivessem sido levadas a efeito para achar Pedro, uma vez completada a corte marcial dos soldados. Será esta uma admissão tácita por parte de Herodes de que ele sabia que a mão de Deus estava agindo na libertação do homem cuja vida ele havia planejado tirar?

E, descendo da Judéia para Cesaréia – Não se sabe se Herodes saiu de Jerusalém logo depois da fuga de Pedro. Esta viagem de Herodes é descrita por Josefo. Ele nos conta que foi depois de Herodes ter reinado sobre a Judéia durante três anos, o que estabeleceria a data como sendo 44 A.D.[46]

Passou ali algum tempo – Isto é, até sua morte, que ocorreu nessa visita a Cesaréia. Ele aparentemente não causou novas perseguições contra Pedro ou contra a igreja cristã.

3. *A morte de Herodes e a Volta de Barnabé e Paulo. 12.20-25*

12.20 –

Ora, havia séria divergência entre Herodes e os habitantes de Tiro e de Sidom – O termo grego traduzido "séria divergência" significa raiva suficiente para planejar uma guerra contra eles. Herodes planejava a guerra para extravasar sua zanga. Não sabemos a causa do problema. Tiro e Sidom faziam parte da província romana da Síria, e não estavam portanto em seu "reino" (como concedido por Roma). Travar guerra contra eles seria muito perigoso, devendo a sua ira ser realmente extrema, para arriscar enraivecer Roma. Alguns sugerem que em vista de Tiro e Sidom serem portos marítimos, eles devem ter colocado certas sanções econômicas sobre as mercadorias das terras de Herodes que passavam pelos portos, e que foi isso que tanto enfureceu o rei. Ele fez com que os dois portos ficassem sabendo, em termos perfeitamente definidos, o tamanho de sua zanga!

---

[45] McGarvey, *op. cit.*, p.239.
[46] Josefo, *Antiguidades*, XIX. 8. 2.

Porém estes, de comum acordo, se apresentavam a ele – Temendo que ele cumprisse suas ameaças, as duas cidades se juntaram e enviaram alguns embaixadores a Herodes. Os embaixadores representavam ambas as cidades.

E, depois de alcançar o favor de Blasto, camarista do rei – "Blasto" é um nome romano, e pode sugerir que Herodes, em seu esforço de imitar os hábitos romanos, tenha escolhido um romano para seu ajudante e confidente. É provável que os embaixadores de Tiro e Sidom subornassem Blasto, a fim de obter a amizade dele. "Camarista" indica um oficial encarregado da câmara do rei.

Pediram reconciliação – Eles haviam solicitado uma audiência com Herodes. Foi para isso que subornaram Blasto, para obter a audiência desejada. Herodes a concedeu, e os embaixadores estavam pedindo que ele abandonasse seus planos de guerrear contra suas cidades.

Porque a sua terra se abastecia do país do rei – Tiro e Sidom eram muito populosas, e não havia terra fértil suficiente nas proximidades para produzir alimentos para todo o povo. Assim sendo, essas cidades dependiam da Galiléia para as suas provisões de alimento[47]. A Galiléia, no entanto, pertencia ao reino de Herodes, e se este atacasse realmente como ameaçava, muitas pessoas morreriam de fome. Tiro e Sidom estão se rendendo às exigências de Herodes.

12.21 –

Em dia designado – Josefo nos conta que este foi o segundo dia dos esportes e jogos realizados em Cesaréia, por insistência de Herodes, em honra de Cláudio César[48]. A festa em homenagem a Cláudio era comemorada todos os anos, a partir de 1º de agosto. A de 44 A.D. poderia ter incluído agradecimento especial pela volta recente de Cláudio da Bretanha em segurança.

Herodes, vestido de traje real – Josefo narra que ele vestia um traje de tecido prata, como Calígula começava usar nos banquetes e jogos em Roma. O traje tinha um brilho ofuscante quando os raios do sol da manhã se refletiam nele.

Assentado no trono – A nota à margem diz "no assento do juízo". Josefo afirma que ficava no teatro de Cesaréia construído por Herodes o Grande. Agripa se encontrava em seu camarote especial no teatro, um pouco elevado, bem no meio da multidão.

Dirigiu-lhes a palavra – Nem Lucas nem Josefo nos dizem qual o assunto do discurso de Herodes. Alguns sugerem pelo contexto aqui em Atos que Herodes anunciava o acordo com Tiro e Sidom, o que fez a multidão aplaudir jubilosa ao saber que paz fora restaurada entre os dois países. Mas a verdade é que não sabemos ao certo o que ele disse que pudesse fazer o povo ter essa reação. Talvez o povo estivesse imitando o tipo de aplauso geralmente concedido a César quando ele se vestia e aparecia em público como Herodes fez. César era frequentemente aplaudido como um deus.

12.22 –

E o povo clamava: É a voz de um deus, e não de um homem – Era um clamor em alta voz, por causa das palavras de Herodes. O tempo do verbo mostra que eles continuaram aplaudindo. A fascinação do traje e o discurso feito, concederam a Herodes a Herodes o tipo de fascinação que ele ansiava receber por parte do povo. Não imaginamos os judeus se juntando a esta aclamação. Ela deve ter sido feita pelos gentios que compareceram ao teatro em honra a César[49].

---

[47] 1 Reis 5.8-11; 2 Crônicas 2.10; Esdras 3.7; Ezequiel 27.17.

[48] Josefo, *Antiguidades*, XIX. 8.2. Na realidade, a ocasião desta festa é incerta. Alguns sugeriram tratar-se da comemoração do aniversário de Cláudio. Outros sugeriram ser uma festa em honra da sua volta da Bretanha. Outros ainda a chamaram de *Quinquennalia*, instituído por Herodes o Grande em honra de César Augusto em 12 A.C., e celebrada a cada cinco anos em honra de quem fosse o César reinante.

[49] O termo traduzido povo é *demos*, uma palavra diferente da usada por Lucas quando se refere ao "povo judeu" (cuja palavra é *laos*).

12.23 –

No mesmo instante um anjo do Senhor o feriu – Epidemias e até morte enviadas como castigo sobre as pessoas por causa de seus pecados, são muitas vezes atribuídas à atividade de um anjo[50]. Não devemos considerar tal linguagem como sendo apenas superstição de pessoas ignorantes. Pelo contrário, deveríamos crer que tais coisas ainda acontecem no mundo invisível! A doença que provocou a Morte de Herodes foi um castigo divino por não ter censurado a multidão quando lhe fizeram sua homenagem sacrílega[51].

Por ele não haver dado glória a Deus – Josefo diz expressamente que o rei não repreendeu nem rejeitou a adulação deles. Ele tinha sangue judeu suficientemente e conhecimento suficiente da Lei de Moisés, para não permitir que o povo agisse daquela maneira. Pode haver mais no trecho do que uma simples sugestão de culpa de Herodes por estar disposto a receber o tipo de adoração que só é devido a Deus. No antigo Testamento, as palavras "dar glória a Deus" eram no geral ligadas à confissão de pecado[52].

E, comido de vermes – Segundo os léxicos gregos clássicos, sob a palavra *skõlex*, esses vermes intestinais eram iguais em tamanho e aparência ao que chamamos de lombrigas (veja Ascarídeos no dicionário). Josefo conta como Herodes sentiu uma terrível dor no abdômen enquanto discursava para a multidão. Ele caiu em seu camarote no teatro e foi carregado para fora, agonizante. O rei durou mais cinco dias antes de morrer[53].

Expirou – A frase grega traduzida "expirou" é a mesma traduzida como "deu seu último suspiro" em Atos 5.5 (A SBB diz "expirou" também neste versículo – N.T.). Sua alma deixou o corpo. Herodes Agripa I morreu, conforme Josefo, "no 54º. ano de sua vida, sendo o sétimo ano de seu reinado"[54]. O ano é 44 A.D., e a partir disto podemos datar a morte de Tiago como pouco antes da Páscoa (Maio 1, 44 A.D.), e a libertação de Pedro cerca de uma semana mais tarde. O filho de Agripa, Herodes Agripa II, só tinha 17 anos quando o pai morreu e a Judéia passou então às mãos de um governador, Cúspio Fado, cuja impopularidade junto às autoridades judias deu aos cristãos uma trégua temporária da perseguição.

12.24 –

Entretanto a palavra do Senhor crescia e se multiplicava – O versículo começa com a palavra "Entretanto", marcando um contraste. A perseguição tencionara retardar ou destruir a igreja, *mas* em vez disso, o perseguidor é retardado e destruído. E a igreja continua a crescer. Ela cresce apesar de todos os obstáculos. Os tempos do verbo indicam expansão contínua. A pregação do evangelho resulta em numerosas conversões. A morte providencial de Herodes, logo depois de sua tentativa de perseguir a igreja e a execução de Tiago, sob sua ordem, talvez tenha deixado uma grande impressão na mente do povo, o que fez com que levassem a sério o evangelho. O

---

[50] 2 Samuel 24.16 e 1 Crônicas 21.12 ss.; 2 Crônicas 32.21.

[51] Eusébio cita tanto a passagem de Atos como a encontrada em Josefo (*Church History*, II. 10). Josefo nos diz que enquanto o povo gritava palavras de elogio, Herodes levantou os olhos e viu uma coruja pousada numa corda. Ele reconheceu-a como um mau presságio, cumprindo uma predição que lhe fora feita por um companheiro de prisão em Roma. Eusébio falou de "um anjo sentado sobre a sua cabeça", e foi severamente criticado por isso. Além da explicação possível encontrada na nota de rodapé de Schaff, neste ponto em Eusébio, gostaríamos de acrescentar esta: a palavra "anjo" poderia ser traduzida "mensageiro" e nesse sentido a coruja talvez fosse considerada por Herodes como um "mensageiro" do mal, não havendo assim qualquer contradição.

[52] Compare Josué 7.19; João 9.24.

[53] Desde que os homens tentaram explicar toda a Bíblia de um ponto de vista naturalista (uma tarefa impossível), explicações naturais foram aplicadas a todos os milagres bíblicos. No caso da morte de Herodes, foi sugerido que ele sofria na verdade de apendicite e o apêndice supurou! Parece a este autor que a descrição sobre a morte de Herodes inclui mais que um caso de apendicite! A doença específica que acometeu Herodes foi a causa da morte de outros homens. Entre os que podem ser citados estão Feretime de Cirene (*Herod.* IV. 205), Antíoco o Grande (2 Mac. 9.2, Herodes o grande (Josefo, *Antiguidades*, XVII. 6.5), e Maximino (*Latantius, De mort. Persecut.* c.33).

[54] *Antiguidades*, XIX. 8.2.

uso dessas declarações sobre o crescimento da igreja feito por Lucas, como Já observado antes, é um indício de que ele está prestes a mudar de assunto.

12.25 –

Barnabé e Saulo ... voltaram de Jerusalém – Os nomes continuam nesta ordem porque Barnabé é reconhecido como o mais importante dos dois. Em vista de lermos sobre a morte de Tiago, a prisão e libertação de Pedro, a morte dolorosa e terrível de Herodes Agripa, entre as declarações de Lucas a respeito da chegada e partida de Barnabé e Paulo de Jerusalém, acreditamos que Lucas esteja dizendo que esses eventos ocorreram no intervalo entre os mesmos.

Cumprida a sua missão – Eles haviam ido a Jerusalém para entregar os donativos recebidos em Antioquia. Agora estão voltando para Antioquia de onde haviam partido, Atos 11.30. A palavra traduzida como "missão" é *diakonos*, a mesma traduzida como "socorro" em Atos 11.29. Em vista do uso desse termo específico, Ramsay acredita que Barnabé e Paulo ficaram vários anos em Jerusalém. Eles chegaram provavelmente na ocasião em que a fome estava começando (fins de 44 ou início de 45 A.D.), e depois ficaram para administrar da melhor maneira possível, quando a fome recruscedeu em fins de 46 e começo de 47 A.D. Se isto for verdade, poderíamos mudar as datas da primeira viagem missionária de 44-48 A.D. (como dado na Cronologia da Era Apostólica nos Estudos Introdutórios deste livro) para uma data mais tardia, digamos, 48 ou 50 A.D. Ramsay, porém, pode estar valorizando demais a palavra *Diakonos*, pois ela não envolve necessariamente a ministração pessoal que lhe atribui. Em Romanos 15.31, a oferta levada por Paulo a Jerusalém em outra ocasião, foi chamada *diakonos* e não houve ministração pessoal na distribuição desses fundos.

Levando também consigo a João, apelidado Marcos – "Levando consigo" é uma palavra que indica uma certa subordinação. A escolha é provavelmente explicada em parte pelo seu parentesco com Barnabé (veja notas em Atos 12.12).

Apresentamos Atos sob três títulos especiais. Os dois primeiros foram agora completados. A igreja foi estabelecida em Jerusalém, Judéia e Samaria, assim como em Antioquia! Houve escolha de presbíteros e diáconos para servirem a nível local. Os problemas internos e as perseguições (religiosas e civis) externas a testaram, resultando apenas em um crescimento maior. Milhares aceitaram Cristo dentre o povo judeu, prosélitos, assim como pessoas de procedência gentia! Daniel predissera que a igreja começaria pequena e cresceria até encher a terra inteira[55]. Chegou a hora da igreja avançar para além da província romana da Síria. Há ainda a Ásia Menor, a Europa e Roma, capital do império romano! Cidades pagãs fervilhantes de almas precisam ser conquistadas para Cristo.

A Parte Três, que estamos prestes a começar, e que cobre a última metade do livro de Atos, contará a história desta conquista. O principal personagem desta seção, mencionado por Lucas, é o apóstolo Paulo. A Palestina e Jerusalém ficam pano de fundo, exceto por algumas breves visitas feitas a essa região entre as viagens para outros lugares. A evangelização do mundo terá prosseguimento agora de Antioquia sobre o Orontes, e não de Jerusalém.

---

[55] Daniel 2.44.

ESTUDO ESPECIAL Nº 14
Pedro Esteve Algum Dia em Roma?

A igreja romana ensina que Pedro residiu em Roma durante mais de 25 anos, de 42 a 67 A.D., e que se tornou o primeiro papa. A base para suas alegações de uma estadia de 25 anos em Roma se encontra apenas na tradição.

I. ESTABELECIDA A TRADIÇÃO

O Abade Fouard, em seu livro *Saint Peter* ("São Pedro"), cuja obra tem o Imprimatur do Cardeal Gibbons, declara:

> Existe uma tradição venerável no sentido de que no mesmo ano que fugiu das garras de Herodes, Pedro chegou a Roma e estabeleceu ali a Sé Apostólica, onde permaneceria para sempre[1].

Num "Apêndice", Fouard confirma que esta tradição é aceita como "digna de confiança" pela igreja católica romana. Ele diz:

> A tradição que declara a chegada de São Pedro a Roma no ano 42 (A.D.) foi-nos transmitida por autoridades fidedignas, geralmente muito exatas; além disso, ela se harmoniza tão bem com o que sabemos sobre os primeiros anos da igreja, que não temos necessidade de hesitar em adotá-la[2].

Fouard também diz que o primeiro historiador da igreja a mencionar a ida de Pedro a Roma é Eusébio[3], que escreveu cerca de 325 A.D. Eusébio diz simplesmente que Deus, em sua providência, levou Pedro a Roma durante o reinado de Cláudio. Jerônimo, cerca de 400 A.D., repetiu a tradição, quando escreveu:

> Simão Pedro chegou a Roma no segundo ano de Cláudio, e ocupou ali a cadeira sacerdotal durante 25 anos, até o último ano de Nero[4].

É verdade que Eusébio fala da ida de Pedro a Roma no reinado do imperador Cláudio (comentaremos sobre isto logo adiante), mas ele nada diz sobre Pedro ser bispo de Roma durante 25 anos. William Cave, em seu livro *Lives of the Apostles* ("Vidas dos Apóstolos"), escreveu:

> Não pode ser negado que na tradução de São Jerônimo é dito expressamente que ele (Pedro) continuou a ser bispo dessa cidade por vinte e cinco anos. Mas fica *evidente* que este *acréscimo* foi *dele* que provavelmente descreveu as coisas conforme relatadas em sua época, *não havendo qualquer menção disso na cópia grega de Eusébio*[5].

Jerônimo reconhece no prefácio de *Lives* que ele depende até certo ponto dos escritos de Eusébio Panfílio, mas não encontrou qualquer declaração de uma permanência de Pedro em Roma por 25 anos em Eusébio. A adição do próprio Jerônimo, e não a história de Eusébio, é a base usada pela igreja romana para a sua doutrina há séculos!

---

[1] Henri Constant Fouard, *St. Peter and the First Years of Christianity* (New York: Longman, Green & Co., 1927), p. 248.
[2] *Op. cit.*, p. 406, 407.
[3] Eusébio, *Church History*, II. 14.6.
[4] Jerônimo, *Lives of Illustrious Men*, capítulo I.
[5] William Cave, *Lives of the Apostles* (London: Oxford University Press, 1840), p. 170.

Philip Schaff, no Volume I dos *Nicene and Post-Nicene Fathers* (Pais Nicenos e Pós-Nicenos), escreveu uma nota relativa à declaração de Eusébio no sentido de Pedro ter chegado a Roma já no reinado de Cláudio.

Embora possamos aceitar como verdadeiro que ele visitou realmente Roma e que morreu ali, não é menos certo que não chegou à cidade até fins do reinado de Nero. A tradição de que foi durante 25 anos bispo de Roma é registrada pela primeira vez por Jerônimo, e desde então tem sido quase universalmente aceita pela igreja católica romana, embora em anos recentes eruditos muito mais sinceros dessa comunidade reconhecem que o episcopado de tão longa duração ali não passa de ficção. A tradição sem dúvida surgiu da afirmativa de Justino Mártir (Apology, I.26) de que Simão o Mago foi a Roma no reinado de Cláudio. A tradição, na época de Eusébio, geralmente ligava as visitas de Simão e Pedro a Roma. Consequentemente, Eusébio, aceitando a data mais antiga para a chegada de Simão a Roma, atribuiu naturalmente a mesma data para a visita de Pedro, embora Justino não mencione Pedro juntamente com Simão na passagem citada por Eusébio. A suposição de que Pedro passou a residir em Roma durante o reinado de Cláudio contradiz tudo o que sabemos da vida posterior de Pedro através do Novo Testamento e de outros escritores primitivos... Desde que a maioria dos relatos coloca a visita de Simão o Mago a Roma no reinado de Nero, eles o fazem seguir Pedro ali (como o havia seguido em toda parte, opondo-se a ele e o atacando), em lugar de precedê-lo, como faz Eusébio. Eusébio segue Justino ao dar a data mais antiga para a visita de Simão a Roma; mas ele vai além, ao registrar o encontro do mago com Pedro ali, que nem Justino nem Ireneu mencionam. A data mais antiga para a visita de Simão é sem dúvida aquela dada pela tradição mais remota. Mais tarde, quando Pedro e Paulo foram tão proeminentemente ligados ao reino de Nero, a visita de Simão foi retardada para sincronizar-se com a presença dos dois apóstolos na cidade. Uma descrição do encontro de Simão com Pedro em Roma é dada primeiro por Hipólito (VI. 15); mais tarde por Arnóbio (II. 12), que não descreve o encontro, pelo *Ap. Const.*, *Recognitions and Homilies* e os *Acts of the Apostles Peter and Paul*, de Clementino. É impossível determinar a fonte de informação de Eusébio. Nem Justino, Ireneu ou Tertuliano a mencionam. Hipólito, Arnóbio e o *Ap. Const.* fornecem um excesso de informação, pois relatam sua morte, que Eusébio não segue. Quanto a isto, poderia ser porém dito que esses registros são tão conflitantes que Eusébio pode tê-los omitido inteiramente, embora registrando o encontro. Todavia, se tivesse lido Hipólito, dificilmente teria ignorado completamente seu relato interessante. Arnóbio e Tertuliano, que escreveram em latim, não foram lidos por ele, e os Clementinos provavelmente foram escritos muito depois do tempo para ele. De qualquer modo, não podem ter sido a fonte do seu relato, que difere inteiramente dos relatos deles. É muito provável, portanto, que ele tenha seguido Justino e Ireneu até onde chegaram, e registrou o encontro com Pedro em Roma como um fato amplamente aceito em seus dias, para o qual não necessitava de autorização escrita...[6]

Um estudo da literatura pertinente aos primeiros séculos da antiguidade nos leva a esta conclusão: a tradição que coloca Pedro em Roma já em 42 A.D. se apóia num alicerce bem fraco, apesar das afirmações de "confiabilidade" que alguns defensores atribuem à mesma.

II. VERSÕES CATÓLICAS DA BÍBLIA

O que as versões católico-romanas da Bíblia deixam implícito na questão de Pedro ter permanecido ou não em Roma durante 25 anos?

A Versão Douay, 1609 A.D., contém uma nota de rodapé sobre I Pedro que diz: "Ele escreveu-a de Roma... cerca de 15 anos após a ascensão do Senhor" (i.e., 45-48 A.D.). Esta nota introdutória concordaria com a ideia de que Pedro chegou a Roma em 42 A.D. Todavia, uma nota no índice tenderia a negar uma estada de 25 anos em Roma para Pedro. A nota deve ser entendida como sugerindo que Pedro ficou ausente de Roma durante alguns anos depois de ter escrito

---

[6] Eusébio, *ibid.*

I Pedro, e depois voltou antes de escrever 2 Pedro. A nota diz (na mesmíssima versão): "A.D. 68. São Pedro escreveu sua segunda Epístola cerca dessa data. Mais ou menos nessa época São Pedro e São Paulo chegaram a Roma. Não muito depois, foram ambos colocados na prisão e sofreram martírio".

Um pronunciamento mais recente sobre o assunto é encontrado na edição "Confraternity" da Challoner Rheims (uma tradução católica oficial publicada em 1950). Ela contém nota sobre I Pedro: "Parece muito provável ter sido escrita no final de 63 A.D. ou no início de 64 A.D." Devemos ter cuidado para não presumir demais da leitura quanto à diferença entre as notas introdutórias das duas versões, mas não poderia ser dito que a mudança nas palavras é uma evidência da incerteza, até mesmo entre os eruditos católicos, de que Pedro viveu em Roma durante 25 anos?

III. EVIDÊNCIA DO NOVO TESTAMENTO

O que o Novo Testamento deixa implícito sobre a questão de Pedro ter ou não ido para Roma, depois de fugir de Jerusalém (Atos 12.17), e permanecer ali por 25 anos? Lembre-se que a data dada para a chegada de Pedro em Roma é de 42 A.D.

Em primeiro lugar, é duvidoso que devamos datar a fuga de Pedro da perseguição de Herodes, já em 42 A.D. Herodes morreu em 44 A.D., e certamente Barnabé e Saulo não ficaram ausentes de Antioquia dois anos ou mais, ao levarem a oferta dos cristãos dali para Jerusalém. Ao que parece, o dogma romano coloca Pedro em Roma dois anos antes dele partir de Jerusalém.

Lembre-se, a nota na Versão Douay diz que Pedro escreveu sua primeira carta de Roma em 48 A.D. Mas, segundo Atos 15, Pedro estava em Jerusalém para a Conferência no ano 51 A.D. E encontramos pouca evidência em Atos de que tivesse estado em Roma antes disso!

Em algum ponto entre os anos 50 e 52, encontramos Pedro em Antioquia, Gálatas 2.11ss.

Paulo escreveu I Coríntios em 57 ou 58 A.D., e esta carta indica que Pedro realizou uma cruzada evangelística em Corinto (I Coríntios 1.12; 9.5), e tinha de estar ali depois do início da igreja em c.52 A.D.

A carta aos Romanos foi escrita por Paulo na primavera de 58 A.D., na cidade de Corinto. Se Pedro se achava então em Roma com os demais santos, por que Paulo não citou seu nome com os dos discípulos a quem enviou saudações nos capítulos 15 e 16? A razão é que Pedro ainda não havia estado em Roma, nem se encontrava ali quando a carta à igreja romana foi escrita. Segundo Romanos 15.20, Paulo desejava visitar Roma, todavia afirma que jamais edificou sobre o trabalho de outro apóstolo. Pedro não esteve em Roma antes de 58 A.D. Ele não havia trabalhado em Roma quando Paulo escreveu aos Romanos.

Paulo chegou a Roma em 61 A.D. como prisioneiro. Atos 28.30 nos conta que ele permaneceu ali por dois anos. Em vista de seus acusadores não comparecerem, ele foi libertado cerca de 63 A.D. Durante sua primeira prisão em Roma ele escreveu quatro ou cinco epístolas (Efésios, Filipenses, Colossenses, Filemom, e talvez Hebreus). Pedro não é mencionado em qualquer delas. Em Colossenses 4.11, Paulo se refere a vários de seus amigos em Roma, e conclui a lista dizendo: "Os quais são os ÚNICOS da circuncisão que cooperam pessoalmente comigo pelo reino de Deus". Pedro não é mencionado. Ele não se acha em Roma em 63 A.D.

Depois de sua libertação, Paulo visitou novamente as igrejas da Ásia. I Timóteo e Tito foram escritas nessa época.

O apóstolo foi preso outra vez em 66 ou 67 A.D. Durante este segundo período de prisão em Roma, ele escreveu 2 Timóteo, provavelmente no outono de 67 A.D. 2 Timóteo 4.11 diz: "Somente Lucas está comigo". Pedro não estava ainda ali.

O Novo Testamento apresenta então considerável evidência de que Pedro não viveu em Roma durante 25 anos.

IV. A TRADIÇÃO RELATIVA À MORTE DE PEDRO EM ROMA

A tradição de que Pedro sofreu martírio em Roma é tão antiga e universal quanto a relativa a Paulo. Mas devido às inúmeras falsidades que se misturaram à tradição original até fins do segundo século, o todo é rejeitado como falso por alguns críticos modernos, que chegam a negar a presença de Pedro em Roma. Esta negação é especialmente encontrada naqueles autores que se esforçam ao extremo em suas tentativas de mostrar que Pedro não poderia de modo algum ter sido papa (pois, argumentam que ele nunca chegou sequer a Roma).

A tradição é, porém, forte demais para ser desprezada, e não existe absolutamente qualquer traço de uma tradição conflitante. Podemos supor, portanto, que é muitíssimo provável que Pedro esteve em Roma e sofreu martírio nessa cidade. Seu martírio é claramente referido em João 21.18, embora não seja especificado o lugar do mesmo.

A primeira testemunha extra-bíblica neste assunto é Clemente de Roma[7]. Ele também não especifica o local do martírio, mas supõe evidentemente que era um lugar bem conhecido. De fato, é impossível que a primeira igreja pudesse ter conhecimento das mortes de Pedro e Paulo sem saber onde haviam morrido. Não há em nenhum dos casos qualquer tradição contrária.

Inácio liga Paulo e Pedro de maneira especial com a igreja romana, o que parece implicar claramente que Pedro havia estado em Roma[8].

Papias, escrevendo cerca de 120 A.D., dá testemunho da estadia do apóstolo em Roma[9].

Dionísio de Corinto, escrevendo cerca de 170 A.D., fala de Pedro e Paulo juntos em Roma, e oferece Gaio de Roma (c. 120 A.D.) como uma testemunha do fato. Ele também fala que Pedro sofreu ali o martírio[10].

Ireneu (c. 180 A.D.) afirma que Pedro e Paulo fundaram juntos (o grego é *themelioō*, "estabelecer, fortalecer") a igreja de Roma[11].

Clemente de Alexandria (190 A.D.) conta que Pedro pregou publicamente a palavra em Roma[12].

Orígenes, escrevendo cerca de 200 A.D., relata que "Pedro parece ter pregado através do Ponto, Galácia, Bitínia, Capadócia, e Ásia, para os judeus da dispersão; e tendo finalmente ido a Roma foi crucificado de cabeça para baixo, conforme havia pedido pessoalmente para sofrer dessa maneira"[13]. Também é atribuído a Orígenes o início da tradição Quo Vadis, Domine? ("Onde vais, Senhor?")[14]

Eusébio, escrevendo cerca de 325 A.D., nos conta que Pedro e Paulo tiveram um martírio comum em Roma, Pedro sendo crucificado[15]. Ele também dá o ano décimo-quarto do reinado de Nero (outubro de 67 A.D. a outubro de 68 A.D.) como sendo o ano da morte do apóstolo[16].

Tertuliano (cerca de 200 A.D.) escreveu sobre Roma: "Quão feliz é a sua igreja, cuja doutrina foi promulgada em sua íntegra pelos apóstolos, à custa da própria vida; na qual os sofrimentos de Pedro se assemelharam aos do Senhor, na qual Paulo conquista sua coroa ao morrer como João"[17].

---

[7] Clemente de Roma., *Ad Cor.* 5.
[8] Inácio, *Ad Rom.*, chap. 4.
[9] Eusébio, *op. cit.* III. 39, 15, 16; II. 15.2.
[10] Dionísio é citado por Eusébio, *op. cit.*, II 25.8.
[11] Ireneu, Against Heresies, III. 1.1.
[12] Eusébio, *op. cit.*, VI 14.6.
[13] Orígenes é citado por Eusébio, *op. cit.*, III. 1.
[14] A lenda é encontrada em detalhe em um "Atos de Pedro" gnóstico. Veja detalhes ao artigo de F. H. Chase "Peter (Simon)" no Volume III do *Hastings Dictionary of the Bible*, p 773,774. Esse artigo mostra como é superficial a afirmação de que a lenda se baseia nos escritos de Orígenes.
[15] Eusébio, *Church History*, II. 25.5.
[16] Eusébio, *Chronicon*; Jerome, *Lives of Illustrious Men*, cap. I.
[17] Tertuliano, *The Prescription Against Heretics*, cap. 36.

Lactâncio (300 A.D.) dá o mesmo testemunho. "Pedro chegou a Roma quando Nero era imperador . . . Nero . . . tendo em primeiro lugar perseguido os servos de Deus, crucificou Pedro, e matou Paulo,"[18]

Eusébio, em sua obra Demonstration (Lib. III) escreve: "Pedro foi crucificado em Roma de cabeça para baixo; e Paulo decapitado".

Não é preciso continuar com os testemunhos. Jerônimo, Sulpício Severo, Atanásio, Crisóstomo e outros, atestam a mesma coisa.

Deve ser notado que todos os escritores antigos falam do martírio de Pedro como um fato. E se ele teve esse tipo de morte, deve ter sido em Roma. Nenhum outro lugar é sequer mencionado, apesar das igrejas estarem sempre desejosas de reivindicar mártires ilustres. Os relatos demasiadamente a favor de Roma se reportam a uma data remota, até mesmo ao início do segundo século. Jamais houve dúvida de que Pedro tivesse sofrido em Roma até os dias dos valdenses, quando as pretensões da igreja católica romana levaram os primeiros protestantes a adotarem um ponto de vista extremado.

CONCLUSÃO

Pedro visitou Roma nos últimos anos de sua vida. Parece que o apóstolo chegou à cidade cerca do ano 67 A.D. (depois de 2 Timóteo ter sido escrita).

Acreditamos que ele escreveu as duas cartas a Timóteo no Novo Testamento durante uma curta permanência na cidade.

Enquanto se achava em Roma, os soldados de Nero o prenderam, e ele veio a ser martirizado em 68 A.D.

---

[18] Lactâncio, *On the Manner in Which the Persecutors Died*, cap. 2.

Desenho de Horace Knowles
da British and Foreign Bible Society

3

Nos Confins da Terra

PARTE TRÊS:
A IGREJA NOS CONFINS DA TERRA
Atos 13.1 – 28.31
CAPÍTULO TREZE

A. PRIMEIRA VIAGEM MISSIONÁRIA. 13.1 – 14.28

1. *Em Antioquia da Síria. 13.1-3*

13.1 –

Havia em Antioquia – Aqui começa a parte três desta história, e o tema principal é a atuação de Paulo. Antioquia se torna o centro do qual o evangelho se espalhou. A cidade ficava situada geograficamente em algumas das principais rotas de comércio, pela terra e pelo mar. Quanto às viagens missionárias, o estudante deve conhecê-las bem para citar as cidades visitadas, em ordem, e saber um resumo do que aconteceu em cada uma delas assim como as referências bíblicas ligadas a cada viagem – para as três viagens missionárias e a viagem a Roma. O estudante deve conhecer também os companheiros de Paulo nas viagens, e fatos como em que ocasião Timóteo entrou em cena, e Lucas, etc. Essa informação será de grande utilidade quando se trata de determinar o tempo e o lugar em que muitas das epístolas do Novo Testamento foram escritas.

Na igreja de Antioquia – Havia várias congregações nessa cidade de meio milhão de habitantes, ou apenas uma grande congregação? O fato de "igreja" estar no singular poderia indicar qualquer dessas coisas. Veja notas em Atos 11.19ss para o início e progresso da igreja em Antioquia. Lembre-se de que "muitas pessoas" foram convertidas antes da chegada de Barnabé, e "um número considerável" foi acrescentado depois dele chegar.

Profetas e mestres – Lucas já mencionou a seus leitores o cargo de "profeta"[1]. Talvez alguns dos profetas que foram de Jerusalém para Antioquia (sendo Ágabo um deles) sejam citados neste versículo. Quais dos homens mencionados são profetas, e quais são mestres, não se sabe. É possível que todos ocupassem ambas as posições; ou mais provavelmente, os que são depois chamados de apóstolos tivessem os dois cargos, e os outros homens espiritualmente dotados só ocupassem um cargo.

Os "mestres são mencionados várias vezes no Novo Testamento[2]. Tratava-se evidentemente de um cargo temporário na igreja do Novo Testamento, da mesma forma que as posições de apóstolo e profeta eram temporárias. Os dois cargos não são necessariamente idênticos, desde que alguma distinção é feita tanto aqui em Atos 13 e Efésios 4.11. Pode ser dito que todos os profetas eram mestres, mas nem todos os mestres eram profetas. Ao que parece, o profeta possuía uma medida superior e maior do Espírito, mas deve ser lembrado que "mestre" era sem dúvida um dos dons espirituais[3].

---

[1] Veja os comentários em Atos 2.17, 11.27, 15.32.

[2] 1 Coríntios 12.28, 29; Efésios 4.11; 2 Pedro 2.1. Na passagem de Efésios, os presbíteros é que são designados pelo termo duplo "pastores e mestres", como fica evidente na construção grega onde os dois termos ligados por "e" só tem um artigo.

[3] 1 Coríntios 12.28.

Barnabé – Este homem já ocupou um lugar de destaque na história de Lucas. Veja Atos 4.35, 36 e 11.22ss.

Simeão por sobrenome Níger – Níger é um nome latino significando negro, e o título evidentemente aludia à sua cor. Parece que ele era negro. Nada mais se sabe sobre ele além do que dito aqui por Lucas, embora alguns tenham tentado identificá-lo com Simão de Cirene, que levou a cruz por Jesus[4]. Pensamos estar mais em harmonia com as ideias dos antigos dizer que este título foi dado a Simão para distingui-lo dos outros Simões no Novo Testamento.

Lúcio de Cirene – Cirene era um lugar na África do norte[5]. Lúcio não deve ser confundido com Lucas, que mais tarde se tornou companheiro de Paulo e autor do livro de Atos e do terceiro evangelho[6]. Lúcio, que parece ser a mesma pessoa que estava na companhia de Paulo quando a carta aos romanos foi escrita[7], era um judeu, enquanto Lucas era gentio[8]. Desde que homens de Cirene eram alguns dos evangelistas originais em Antioquia, surgiu a sugestão de que Lúcio talvez fosse um deles.

Manaém, colaço de Herodes o tetrarca – "Manaém" é a maneira grega de escrever o nome judaico Menaém[9], e indica que ele talvez fosse um menino judeu intimamente ligado com a casa de Herodes. O tetrarca Herodes é Herodes Antipas, tetrarca da Galiléia e Peréia, que a essa altura da história da igreja havia sido banido para a Gália[10]. A palavra *suntrophos* (traduzida aqui "colaço", "irmão de criação" na ASV) é um termo cujo significado continua bastante indefinido no que tange ao nosso conhecimento. Ela pode indicar que ambos cresceram juntos, ou talvez seja até um título da corte. Manaém estava ligado à família herodiana, e por ter quase a mesma idade que Herodes Antipas, tinha sido educado em Roma junto com ele e Arquelau[11]. Ficamos imaginando se Lucas, ao pesquisar os fatos registrados em seu evangelho, ficou conhecendo através de Manaém os pensamentos e palavras de Herodes com relação a João Batista e Jesus registradas em Lucas 9.7-9. Que comentário sobre os métodos misteriosos das operações de Deus – que um desses meninos alcançasse honra divina como líder cristão, enquanto o outro viria a ser conhecido por seu comportamento vergonhoso na morte de João Batista e no julgamento de Jesus!

E Saulo – Este que vem a tornar-se a principal figura no restante do livro de Atos pode ser citado aqui por último porque todos os outros eram membros mais antigos da igreja de Antioquia.

13.2 –

E, servindo eles ao Senhor, e jejuando – "Eles" parece uma referência aos profetas e mestres, em lugar de toda a congregação, desde que profetas e mestres é o antecedente mais próximo. "Servindo" (ministrando) é uma palavra muito discutida pelos comentaristas católicos e protestantes. No grego ela é *leitourgeo*, vocábulo usado regularmente no Antigo Testamento (LXX) e no

---

[4] Marcos 15.21.
[5] Atos 2.10; 11.20.
[6] As razões avançadas por alguns para identificar Lúcio e Lucas são: (1) o fato de existir uma escola de medicina fluorescente em Cirene, e Lucas ser médio, e (2) os inúmeros detalhes aqui em Atos 13 sugerem que o autor estava presente pessoalmente em Antioquia nesse período.
[7] Romanos 16.21.
[8] Em Colossenses 4.10-14, Lucas foi claramente distinguido de "aqueles da circuncisão".
[9] Não confunda Manaém com o Menaém do Antigo Testamento, 2 Reis 15.14-22. Josefo nos diz que quando Herodes o Grande não passava de um jovem, sua grandeza futura foi predita por um profeta essênio cujo nome era Menaém ou Manaém. Quando a predição cumpriu-se, ele procurou honrar o profeta. É possível que o Manaém que cresceu com os filhos de Herodes fosse filho ou neto do essênio, e o rapazinho passou a fazer parte da casa de Herodes como parte da honra dada ao velho profeta. (Josefo, *Antiguidades*, XV 10.5).
[10] Não confunda o tetrarca com Herodes Agripa I, cuja morte acaba de ser registrada em Atos 12. Compare notas em Atos 12.1 e sob o Tetrarca Herodes nos Estudos Introdutórios, com respeito ao exílio na Gália.
[11] Josefo, *Antiguidades*, XVII 1. 3.

Novo Testamento sobre o trabalho dos sacerdotes e levitas no templo[12]. Fica fácil ver então que a Igreja Romana está interessada na palavra como sendo uma das provas textuais para o seu sacerdócio[13], e alguns protestantes se interessam por ela como uma prova textual no sentido de que apenas clérigos ordenados podem oficiar cultos de adoração. Como iremos desembaraçar esse problema complexo? Primeiro, pode ser notado que a palavra não fica limitada aos cultos (reuniões) de adoração[14], seja no Novo Testamento ou na literatura cristã primitiva. Segundo, embora seja verdade que a nossa palavra "liturgia" (que tem uma referência especial à Ceia do Senhor, chamada "comunhão em inglês – N. T.) deriva desse termo grego, devemos nos lembrar de que tal uso não pertence ao período do Novo Testamento, mas a práticas eclesiásticas posteriores. Assim sendo, mesmo que Atos 13 fale de um culto (reunião) de adoração, falta ainda muito para demonstrar que só clérigos ordenados podem celebrar a Ceia do Senhor, desde que "liturgia" não veio a significar exclusivamente a Ceia do Senhor senão muito mais tarde. Terceiro, desde que Paulo emprega a palavra "ministério" para referir-se à provisão das necessidades de alguém[15], pode ser que Lucas esteja nos dizendo que havia um ministério de ajuda aos pobres em Antioquia similar ao de Jerusalém, Atos 6, mas administrado desta vez pelos profetas e mestres. Desse modo chegamos à conclusão de que a palavra (que é um particípio presente, indicando ação contínua durante um certo período de tempo) pode referir-se ou à liderança dos cultos (reuniões) públicos de adoração ou ao suprimento diário das necessidades dos santos, quer mediante oração, instrução relativa ao caminho da salvação, edificação dos santos, ou ajudando as viúvas e órfãos.

"Jejuando" é também um particípio presente, indicando jejum contínuo. Alguns fazem a sugestão de que os cristãos estavam observando o jejum dos judeus, duas vezes por semana[16]. Mas se os irmãos de Antioquia eram quase todos de procedência gentia (Atos 11.20, 24), isso não é provável. Outros apelaram para a *Didaquê* para uma explicação, onde é ensinado que os cristãos deveriam observar dois jejuns por semana, na quarta e sexta-feira (o dia da Traição e da Crucificação), e que antes do batismo tanto o candidato como quem batiza deveriam jejuar[17]. Os que percebem uma referência à Ceia do Senhor na palavra anterior falam imediatamente de uma "comunhão de jejum" neste ponto[18]. Outros sugerem que eram tão ocupados, que simplesmente comiam em meio às suas tarefas, ou então não tinham absolutamente tempo para comer enquanto andavam por toda parte ensinando, edificando e fazendo obras de caridade.

Disse o Espírito Santo – Esta parece ter sido uma revelação direta. Talvez a mensagem fosse comunicada através de um dos profetas e/ou mestres.

Separai-me agora a Barnabé e a Saulo – O grego contém uma pequena partícula que não é traduzida em nossas versões. Ela pode indicar que a ordem para separar esses homens veio como resposta a uma oração especial, ou ressaltar a urgência e importância da ordem. Esta deve ser posta em prática imediatamente. Os missionários devem ser separados mediante um ato formal, em uma das reuniões públicas, através da imposição de mãos. Quando Barnabé e Paulo tiverem partido de Antioquia, a igreja dali ficará sob a liderança capaz dos profetas e mestres remanescentes, assim como aconteceu sem dúvida na ausência de ambos, quando viajaram para Jerusalém em sua missão de ajuda. Observe que Barnabé continua sendo mencionado antes de Paulo, mostrando que ele é ainda considerado como líder. Existe também um princípio missionário sugerido aqui – os melhores pregadores disponíveis são escolhidos como missionários. Por

---

[12] Deuteronômio 10.8; Êxodo 29.30; Números 16.19; Hebreus 10.11.
[13] Romanos 15.16 é outro texto usado pela Igreja Romana Católica num esforço para justificar a ideia de um sacerdócio com base no Novo Testamento. Usar Romanos 15.16 nesse sentido é claramente um abuso do que Paulo escreveu.
[14] Arndt-Gingrich, *Greek English Lexicon of the New Testament* (Chicago: University of Chicago Press, 1957), p. 471, 472.
[15] Filipenses 2.30.
[16] Lucas 18.12.
[17] *Didaquê* VIII. 1; VII. 14.
[18] Mateus 26.26-28 tem peso considerável na questão de jejuar ou não na Ceia do Senhor.

13.2   A Igreja nos Confins da Terra

que não permitir que um indivíduo ganhe experiência no ensino e trato com as pessoas? Caso o Espírito o guie mais tarde para o campo missionário, as igrejas irão sustentá-lo com confiança.

Para a obra a que os tenho chamado – Esta passagem não entra em conflito com a ideia de Paulo já ter sido chamado como apóstolo. De fato, ela se harmoniza com a mesma. Ele foi chamado antes, diz o Espírito; agora vai lançar-se nesta obra. Não sabemos quando Barnabé foi chamado para ser apóstolo (ele é chamado de apóstolo em Atos 14.4, 14), mas Paulo foi chamado cerca de dez anos antes disso[19].

13.3 –

Então, jejuando – "Então" parece indicar um ato novo e especial de jejum e oração. O jejum no Novo Testamento é de natureza voluntária. Qual o sujeito desta sentença? É a igreja inteira, ou só os profetas e mestres que são envolvidos? Parece que se trata de toda a congregação envolvida num jejum voluntário, ao se prepararem solenemente para esta nova missão aos confins da terra.

E orando – Eles provavelmente estão orando para obter mais orientação do Senhor, e também uma bênção para Paulo e Barnabé ao seguirem para o campo de trabalho.

E impondo sobre eles as mãos – Quem impôs as mãos sobre Barnabé e Paulo? Talvez fossem os três outros profetas e mestres mencionados no versículo 1. Talvez a congregação toda estivesse presente, e os líderes, como representantes da igreja, impuserem as mãos sobre os dois que estavam sendo separados.

O que foi transmitido por essa imposição de mãos? Não foram certamente os dons espirituais, pois tanto Barnabé quanto Paulo já os possuíam. Além disso, os homens que estão impondo as mãos não são apóstolos; portanto, não se trata de transmissão de dons espirituais. Outros pensam que esta foi a ordenação oficial deles para o ministério, mas ambos já haviam estado envolvidos nesse trabalho antes. Concluímos que o propósito do jejum, oração e imposição de mãos, está claramente indicado no contexto; é o meio de "separar" esses homens para a tarefa que deveriam desempenhar. Esta seria uma forma solene de demonstrar à igreja a seriedade e importância dos deveres a serem cumpridos. Ao compartilhar da cerimônia, a igreja implorava as bênçãos de Deus sobre os missionários e indicava também seu apoio e encorajamento da obra missionária proposta.

O que a igreja da Antioquia fez foi um precedente das cerimônias de ordenação atuais? Isto é, jejum, oração e imposição de mãos são aspectos essenciais do serviço de ordenação de pregadores e outros oficiais da igreja? Esta questão já foi discutida no estudo especial sobre escolha de presbíteros e diáconos[20]. Cada um desses elementos tem um valor e um lugar hoje, se feitos voluntariamente pelo candidato e pela igreja.

Os despediram – A igreja, representada pelos seus líderes, sob a direção do Espírito Santo, os enviou.

No século V, João de Antioquia (também conhecido como Crisóstomo), escreveu: "Muitos não têm conhecimento da existência do Livro de Atos"[21]. Há pouco mais de cem anos, outro João (este em Lexington, Kentucky, também conhecido como J. W. McGarvey) escreveu sobre a Livro de Atos, também lamentando que ele não fosse melhor conhecido. Se outro João, em nosso século, escrevesse um comentário sobre o livro de Atos, ele estaria justificado ao repetir a mesma coisa: o livro não é bem conhecido. É verdade, no entanto, que as Igrejas Cristãs têm enfatizado

---

[19] Atos 26.16-18. Lightfoot mostrou em seu comentário sobre *Gálatas* (Grand Rapids: Zondervan, 1957), p. 95ss, que no Novo Testamento o termo "apóstolo" jamais é aplicado a alguém que não pudesse satisfazer perfeitamente as qualificações de um apóstolo, como dadas em Atos 1.22. Barnabé foi chamado para ser apóstolo de Cristo, algum tempo antes desta ordem de separá-lo para o trabalho. O chamado talvez tenha ocorrido anos antes, como no caso de Paulo, ou simplesmente com algumas semanas de antecedência.

[20] Veja o Estudo Especial N° 12 no final do capítulo 6.

[21] Crisóstomo, *Homily on Acts*, I.

uma mensagem distinta no livro de Atos, ou seja, o que é preciso fazer para ser salvo. Esta mensagem da salvação não deve ser negligenciada, mas lamentamos o fato de que muitos de nossos homens têm deixado de perceber uma outra mensagem no livro de Atos – uma mensagem que é tão fortemente ressaltada – a ênfase missionária. O livro de Atos não responde apenas a pergunta: "O que devo fazer para ser salvo?" mas tem sido chamado de Manual Missionário Inspirado, pois oferece tanto a mensagem do missionário cristão como os métodos usados por ele. Ambos foram inspirados pelo Espírito Santo. Nossa mensagem será a mesma. Os métodos que empregamos podem ser os mesmos, caso o Espírito Santo nos oriente nesse sentido.

Agora, quem está envolvido neste programa missionário em Atos 13? Eis uma viagem evangélica prestes a começar, e quem toma as decisões nesse caso? Quem está por trás desses missionários, ou evangelistas, quando seguem viagem? A igreja de Antioquia é a única envolvida nesta atividade missionária. Os apóstolos em Jerusalém não tiveram absolutamente nada a ver, até o ponto em que podemos saber. Eles não foram os instigadores da mesma. A igreja, os profetas, os mestres e as palavras do Espírito Santo são mencionados. Se existe alguém por trás do esforço missionário, será então Deus, enquanto guia a igreja através do seu Espírito. Isto nos leva ao segundo método do evangelismo do Novo Testamento. O primeiro foi ilustrado na vida de Felipe, no fato de que simplesmente partiu para pregar o Evangelho, seguindo para Samaria. Ninguém o enviou; nenhuma sociedade missionária estava por trás dele; nenhum órgão missionário lhe deu seu selo oficial de aprovação; ele simplesmente foi pregar o evangelho em Samaria por ter visto uma necessidade. Nós temos, também hoje, cristãos que se encarregam de evangelizar onde quer que vejam uma necessidade que podem satisfazer. O segundo método, que vemos aqui no capítulo 13 de Atos, é a igreja enviando missionários, conforme orientação do Espírito Santo. Temos a Igreja numa determinada cidade enviando dois de seus membros como missionários. Uma repetição disto hoje seria a congregação local que sustenta seu próprio missionário, um elo vivo[22].

2. *Em Selêucia. 13.4*

13.4 –

Enviados, pois, pelo Espírito Santo – "As viagens iniciadas agora por Paulo e Barnabé são as mais momentosas já empreendidas."[23] Elas moldaram a história do mundo. Não é possível enfatizar demasiadamente o fato de que o próprio Espírito Santo tenha dito que isso devia ser feito. Sem dúvida muitos de nós crescemos em comunidades onde existem membros da igreja, e com certeza os de fora da igreja, que dirão: "Não devemos realizar qualquer obra missionária até que tenhamos convertido os Estados Unidos (nossa própria cidade)". Se esse princípio fosse seguido, o evangelho não teria ultrapassado os muros da cidade de Jerusalém. Sob esse princípio, você e eu não estaríamos reunidos hoje, em nome de Jesus, estudando a Palavra. Pelo contrário, estaríamos nos curvando diante de algum pedaço de madeira ou de pedra e o chamando de nosso deus! Devemos então alegrar-nos pelo fato de que a igreja do Novo Testamento não seguiu o raciocínio falso de muitos em nossos dias. Certo que o Evangelho deve ser pregado primeiro em Jerusalém, mas existem sempre aqueles que não aceitarão, mesmo que tenham oportunidade para isso. Quando isto é feito, é hora de levar o Evangelho a outra parte, como nos ensina aqui o Espírito Santo.

Devemos compreender que o primeiro trabalho da igreja é evangelismo, e a tarefa do pregador não termina quando ele evangeliza a comunidade que serve. É necessário que faça os irmãos compreenderem que Jesus disse: "Preguem o evangelho a todas as nações". Ele pode ter que

---

[22] Existe alguma dúvida sobre a Igreja de Antioquia ter ou não dado sustento financeiro à obra missionário de Barnabé e Paulo (compare Filipenses 4.15, que mostra que na segunda viagem missionária, só Filipos o sustentou enquanto estava na Macedônia); mesmo assim, havia um interesse vital na obra missionária que esses dois homens saíram para empreender, e os missionários retornam regularmente e fazem um relatório quando suas viagens terminam.

[23] McGarvey, *op. cit.*, p. 5. (Note que a obra de McGarvey sobre Atos é dividida em duas partes, e a partir do capítulo 13 os números das páginas começam de novo com "um").

tomar a liderança em apresentar o trabalho das missões, orar por elas, convidar os missionários para pregarem na igreja que serve. Um professor de faculdade bíblica não se orgulha de qualquer pregador que saia da sua escola – como pregador diplomado ou estudante – e tenha de desculpar-se com um missionário querendo visitar, dizendo: "Não iniciamos um programa missionário ainda; eles não estão prontos para isso". Se não estiverem prontos para isso, não estão prontos para nada! O pregador que fica três anos num cargo sem iniciar algum tipo de programa missionário prejudica bastante sua posição.

"Enviados pelo Espírito Santo", diz Lucas. Essas palavras podem ser apenas um resumo do que havia sido afirmado antes; mas o verbo usado, *ekpempo*, denota geralmente conduta pessoal, e pode significar que o Espírito Santo está guiando os apóstolos no seu caminho. Caso positivo, devemos pensar numa nova revelação sendo feita a eles, orientando-os quanto a onde servir[24]; sendo essa revelação feita depois deles terem sido "separados" pela congregação.

Desceram a Selêucia – Selêucia foi fundada em 300 a.C. por Seleuco I Nicator, para providenciar um porto marítimo para Antioquia da Síria. Esta cidade ficava situada perto da foz do rio Orontes, onde deságua no Mediterrâneo. A distância de Antioquia a Selêucia por barco era de 66 km, enquanto por terra era de 26 km[25]. Ela recebia frequentemente o nome de "Selêucia junto ao Mar", para distingui-la de outras cidades do mesmo nome, e servia como base naval nos tempos do império romano. O estudante deve localizar a cidade no mapa.

E dali navegaram para Chipre – Desde que César Augusto havia arrendado as minas de cobre de Chipre a Herodes o Grande, um número considerável de judeus havia se mudado para Chipre, para trabalhar ali. Barnabé nasceu nessa ilha, e conhecia as condições da mesma. Algum trabalho evangelístico já tinha sido feito[26]. A igreja de Antioquia foi originalmente plantada, em parte, por homens de Chipre[27]. Podemos ver nesses fatos várias razões para o espírito ter escolhido Chipre como um ponto de trabalho missionário.

3. *Em Salamina. 13.5*

13.5 –

Chegados a Salamina – Esta era a maior cidade da ilha, tendo sido a antiga capital grega da mesma. Ficava localizada na região sudeste (não deixe de consultar um mapa), e poucas horas de barco em tempo favorável levariam os missionários do porto de Selêucia para o de Salamina, que era um porto esplêndido nos dias do Novo Testamento. O povo de Salamina necessitava da salvação oferecida no Evangelho, quer judeus, ou cipriotas nativos, que em sua maioria adoravam Afrodite, e cuja adoração incluía sacrifícios humanos[28].

Anunciavam a palavra de Deus nas sinagogas judaicas – A colônia judia em Salamina deve ter sido grande, desde que é feita menção de "sinagogas" (plural).[29] Eles estavam aparentemente nessa cidade durante algumas semanas, visitando uma sinagoga diferente a cada semana ou duas. Os apóstolos pregavam sempre primeiro aos judeus, antes de irem para os gentios, pois Deus assim o havia ordenado![30] Lucas silencia inteiramente com respeito ao sucesso da pregação em Salamina, e McGarvey conclui disto que não foi grande.

Tinham também João como auxiliar – Este é o João Marcos apresentado em Atos 12.12. A palavra traduzida "auxiliar" é aquela geralmente interpretada como "diácono" ou "ministro", e qualquer delas daria uma ideia dos deveres de Marcos. Ele pode ter ajudado em tarefas tais

---

[24] Veja como o Espírito Santo guiou os missionários em Atos 16.6, 7.
[25] O rio não era navegável para os barcos construídos para viagens marítimas, por causa de suas muitas corredeiras.
[26] Atos 11.19.   [27] Atos 11.20.
[28] Segundo Lactântio, sacrifícios humanos eram oferecidos ali periodicamente até os dias de Adriano. *Div. Instit.* I. 21.
[29] Com respeito à sinagoga e suas reuniões, veja notas em Atos 13.15, e o Estudo Especial N° 15 no final deste capítulo.
[30] Veja Romanos 1.16 e Atos 13.46.

como transporte da bagagem, batismo dos convertidos, providências necessárias para o conforto dos apóstolos, qualquer coisa que deixasse estes livres para a obra de evangelização. Outra sugestão atraente é que a tarefa de Marcos era treinar os convertidos depois que fossem ganhos, pois Lucas usa a mesma palavra sobre Marcos que emprega em Lucas 1.2 para aqueles cujo dever era dar seu relato de testemunha ocular sobre a vida de Jesus (Marcos tinha visto parte do ministério terreno de Jesus, mas não todo ele).

4. *Em Pafos. 13.6-12*

13.6 –

Havendo atravessado toda a ilha até Pafos – O comprimento da ilha inteira era de quase 240km, mas a distância de Salamina a Pafos não passava de 160km. Eles evangelizavam durante a viagem? Conybeare e Howson pensam que não, pois se Paulo seguiu seu hábito posterior, eles poderiam ter evangelizado só os centros mais populosos, permitindo-lhes assim que evangelizassem também as regiões vizinhas. Por outro lado, Ramsay pensa que o verbo "atravessado" seja um termo técnico em Atos, significando "passar por um país como missionário"[31]. Pafos ficava na extremidade ocidental da ilha, e servia como a capital romana da mesma. A cidade tinha um pequeno porto, que não oferecia às vezes abrigo contra os ventos prevalecentes. Havia ali um templo famoso para a adoração de Afrodita (Vênus). O culto era notório pela licenciosidade das prostitutas sacerdotisas que serviam no templo. Eles também precisavam do evangelho!

Encontraram certo judeu, mágico – Com respeito a "mágico" ou "feiticeiro", veja os comentários em Atos 8.9. A palavra é *Magos*, a mesma traduzida "magos" em Mateus 2.1, mas é evidentemente usada aqui no seu sentido mau[32]. Deve ser chamada atenção para o fato de que o mágico ou vidente não era aprovado nem no Antigo nem no Novo Testamento. O Antigo Testamento ordenava que todos os feiticeiros e mágicos fossem expulsos da terra, matando-os! Isso deveria certamente indicar para nós que o cristão não deve absolutamente envolver-se com qualquer médium espiritualista, adivinho, astrólogo, ou pessoa desse tipo. Quem faz isso, parece revelar ter perdido a fé no Senhor Jesus Cristo, e na sua Palavra, como todo-suficiente para governar e dirigir sua vida. Portanto, cristãos, não sejam tentados a PECAR consultando um adivinho para que leia a sua sorte. (Sublinhe a palavra "PECAR" pois é exatamente isso que o cristão faz ao agir desse modo, segundo tudo indica.

Falso Profeta – Como muitos ocultistas do século XX, este servo do diabo se fingia ser um profeta de Deus. Lucas diz que suas afirmações eram falsas! Do mesmo modo seriam as alegações dos mágicos de hoje, caso afirmem serem profetas de Deus.[33]

De nome Barjesus – Este nome é patronímico. "Bar" significa "filho de" em siríaco. "Jesus" ou "Josué" era um nome comum entre os judeus. Certos pessoas judias alegavam, que além dos seus livros sagrados recebidos de Jeová, alguns livros (procedentes de Salomão) continham informação sobre encantamentos e magia e como pô-los em prática. Talvez Barjesus possua alguns deles em sua biblioteca.

13.7 –

O qual estava com o procônsul Sérgio Paulo – A ilha de Chipre mudava sempre, sendo às vezes governada por um procônsul e outras por um governador[34]. Strabo (*xiv*) nos conta que a ilha originalmente era uma província imperial, mas em 22 a.C. ela foi transferida por Augusto para o Senado[35]. Sob Adriano (Hadrian) ela tinha um governador, e novamente um procônsul

---

[31] William Ramsay, *St Paul the Traveller and Roman Citizen* (Grand Rapids: Baker Book House, 1960), p.72, 384.
[32] O termo tinha uma conotação negativa já nos dias de Sófocles (*Oed. Rex.* 387).
[33] Para mais informações sobre o assunto, veja o estudo especial no final do capítulo 19.
[34] Na página *xii* dos Estudos Introdutórios, explicamos a natureza dos cargos de procônsul e governador.
[35] Dio Cássio, LIII. 12; LIV. 4.

13.7

nos dias de Severo. Os céticos discutiram por muito tempo que havia um erro na Bíblia onde Lucas chama Sérgio de procônsul. Ele deveria tê-lo chamado de governador, insistiam. Nos anos depois que os céticos atacaram pela primeira vez a historicidade de Lucas, moedas e inscrições da época de Cláudio foram encontradas em Curio e Citio, em que o título de Procônsul é dado a Comínio Proclo, Júlio Corduo e L. Annus Basso, que devem ter sido os sucessores imediatos de Sérgio Paulo. Mais tarde ainda, em Soli, foi descoberta uma moeda com a inscrição "Paulo o Procônsul", e a veracidade de Lucas fica assim novamente confirmada[36]. Alguns sugeriram que o procônsul de Chipre é o mesmo homem conhecido como Lúcio Sérgio Paulo, um comissário encarregado das ruas de Roma durante o reinado de Cláudio.

Que era homem inteligente – O termo grego é difícil de traduzir, pois contém as múltiplas ideias de "criterioso, culto, desejoso de determinar a verdade". Ele pode até implicar que o procônsul estava insatisfeito com sua religião natural. Para não sermos enganados por esta declaração, devemos lembrar

> ... que estadistas e generais daquela época tinham o hábito de consultar oráculos e áugures sobre todos os assuntos importantes, e de manter a seu lado alguém reputado como capaz de interpretar os sinais do bem e do mal previstos. [Não o chamaríamos de muito inteligente, pelo fato de fazer-se acompanhar por um falso profeta. Mas como tinha havido profetas verdadeiros entre os judeus], Paulo demonstrou certo bom censo em confiar num assim-chamado profeta dessa nação, em lugar de um de uma nação pagã. Quando os dois judeus chegaram a Pafos, afirmando levar revelações recentes do Deus de Israel, o mesmo bom senso o levou a chamar Barnabé e Saulo[37].

Este, tendo chamado Barnabé e Saulo – É provável que eles tivessem pregado em Pafos, e que o conhecimento da sua pregação tivesse chegado aos ouvidos do procônsul, que teria necessidade de saber o que estava acontecendo na terra por ele governada.

Diligenciava para ouvir a palavra de Deus – O verbo, *epizēteo*, no grego clássico, significa "fazer perguntas a" alguém. Sérgio Paulo fez várias perguntas aos pregadores, a fim de descobrir qual era o conteúdo da mensagem deles? Será ele simplesmente um tanto supersticioso, pensando que esse homens podem predizer seu futuro (como poderia fazer qualquer adivinho), ou a palavra usada por Lucas, "homem inteligente", impede tal ideia? Se o termo "inteligente" inclui insatisfação com sua própria religião pagã, então o que ele queria ouvir era algo mais duradouro e satisfatório do que aquilo que conhecia. Ele estava verdadeiramente ansioso sobre a sua salvação.

13.8 –

Mas opunha-se-lhes Elimas, o mágico (porque assim se interpreta o seu nome) – Elimas é a maneira grega de escrever uma palavra árabe, seja *ulema* ("forte") ou *alim* ("sábio"). O nome nos dá uma ideia do que Bar-Jesus afirmava ser[38].

Opunha-se-lhes – Ele resistiu aos mensageiros de Deus. Terá ele tentado algum encanto ou feitiço, ou simplesmente pronunciou meias verdades sobre a mensagem cristã?[39] O que quer que tenha feito, foi certamente motivado pela certeza de que perderia o emprego se Barnabé e Paulo conseguissem influenciar o procônsul. O diabo sempre encontra um meio de fazer com que seus servos se oponham ao Evangelho. O motivo para o qual apela é geralmente o interesse próprio, como aconteceu no caso de Elimas.

---

[36] Luigi Palma DeCesnola, *Cyprus, Its Ancient Cities, Tombs & Temples* (London, 1877), p. 425.
[37] McGarvey, *op. cit.*, p. 8.
[38] Observe que "Elimas" é uma tradução da palavra "mágico", e não do nome Bar-Jesus.
[39] A mesma palavra é usada em 2 Timóteo 3.8 dos mágicos que "resistiram" a Moisés. O que eles fizeram pode dar uma ideia do que Elimas estava fazendo em sua tentativa de influenciar Sérgio Paulo.

Procurando afastar da fé o procônsul – Ele estava procurando impedir que Sérgio Paulo se tornasse cristão. "Fé" significa aqui a religião cristã ou o conjunto de doutrinas que os cristãos aceitam, que não só aponta na direção certa, como também salienta o erro da magia e feitiçaria.

13.9 –

Todavia Saulo, também chamado Paulo – Esta é a última vez em Atos que Lucas chama o apóstolo pelo nome de "Saulo" (salvo quando é feita referência à sua vida anterior, Atos 22.7 e 26.14). Não sabemos muito sobre as razões ou a data da mudança de nome. Tudo o que podemos fazer é resumir algumas das sugestões.

Quando o nome Saulo passou a ser Paulo? (1) Talvez seus pais lhe tenham dado dois nomes, um hebreu (por causa do rei Saul do Antigo Testamento), e outro um nome gentílico (Paulus, significa em latim, "pequeno, anão"). (2) Talvez o próprio Paulo assumisse o nome latino como sendo apropriado segundo sua avaliação pessoal, pois ele frequentemente afirmava ser menor que os outros apóstolos. (3) É possível que sua estatura física levasse outros a dar-lhe esse apelido que pegou, embora a sugestão de que fosse baixinho não pareça harmonizar-se com o que é dito sobre ele em Atos 14.12. (4) Talvez o nome de seu primeiro convertido ilustre, Sérgio Paulo, fosse dado a Saulo para comemorar o acontecido na ilha de Chipre[40].

Ligada à pergunta de quando o seu nome foi mudado está também a indagação do motivo: Por quê? (1) Foakes-Jackson sugere que a razão da mudança é ser este o início da "fonte paulina" da narrativa de Atos[41]. Respondemos não existir indicação de que Atos seja apenas uma compilação das obras de diferentes autores. Rejeitamos esta conclusão da crítica negativa moderna. (2) Jerônimo e Agostinho adiantaram a ideia de que membros do grupo missionário mudaram o nome de Paulo, em vista da maneira excepcionalmente ousada e surpreendente como Elimas foi silenciado e Sérgio Paulo convencido da verdade do Evangelho. A mudança foi supostamente feita com facilidade, desde que seria preciso mudar apenas uma letra, transformando "Saulo" em "Paulo". Assim sendo, desde que todos lhe haviam dado o novo nome, Paulo viu-se naturalmente compelido a adotá-lo, como faz em todas as suas epístolas. (3) A melhor sugestão talvez seja a de Paulo ter adotado pessoalmente o nome gentílico (aquele que seus pais lhe haviam dado) por estar agora trabalhando entre gregos e romanos. Faz parte da sua decisão de tornar-se tudo para todos, a fim de ganhar mais dentre eles.

Cheio do Espírito Santo – Duas explicações diferentes têm sido dadas para o particípio aoristo "cheio"[42]. A palavra "cheio" é algumas vezes empregada para indicar o batismo com o Espírito Santo, como em Atos 2.1ss. Este versículo, portanto, poderia estar dizendo: "Antes do acontecimento em Atos 13.9ss, Paulo tinha sido enchido (batizado) com o Espírito Santo, e como resultado desta capacitação no passado teve condição para castigar Elimas como será descrito adiante". Outra explicação se baseia no fato de que o tempo aoristo indica um ato de uma só vez. O particípio é tido então como implicando uma vinda repentina de poder espiritual especialmente para o que vai ser feito a Elimas. A partir disto, é também sugerido que esses dons não eram coisas permanentes, mas que os apóstolos e indivíduos espiritualmente dotados recebiam os poderes quando havia necessidade deles. É possível que as duas ideias apresentadas para explicar este versículo sejam verdadeiras, a saber, que o indivíduo batizado com o Espírito Santo recebia poder de tempos a tempos segundo necessário. Neste caso, o Espírito capacitou Paulo para detectar o pecado de Elimas, pronunciar o juízo divino e infligir o castigo.

---

[40] Vários pontos nos levam a rejeitar esta última sugestão. Primeiro, Lucas apresenta o nome Paulo como já sendo possuído pelo homem, uma indicação de que o tinha há muito tempo. Dois, a frase deveria estar no fim do versículo 12, em vez de no versículo 9, caso deva *comemorar* a conversão de Sérgio Paulo. Finalmente, com certeza alguns se converteram pela pregação de Paulo antes deste indivíduo. Se Paulo fosse receber o nome de seu primeiro convertido ilustre, isso teria acontecido muito tempo antes.

[41] F. J Foakes-Jackson, e Kirsopp Lake, *The Beginnings of Chirstianity* (Grand Rapids: Baker Book House, 1965), Vol. IV, p. 145.

[42] O particípio aoristo indica um ato que precede a ação do verbo principal.

Fixando nele os olhos, disse – Lucas já usou antes esta frase, em Atos 1.10; 3.4; e 6.15. Alguns pensam que esta palavra seja uma das indicações no Novo Testamento de que Paulo tinha um problema na vista, não enxergando bem. Ele precisou apertar os olhos para ver Elimas. Todavia, há bem pouca evidência de que Paulo sofresse desse defeito físico[43]. O uso deste termo grego não é certamente uma prova, pois expressa igualmente o olhar fixo de pessoas que não sofriam de qualquer enfermidade visual.

13.10 –

Ó filho do diabo – Com esta acusação, Paulo diz a Elimas que ele está sob a influência do Diabo. Por analogia de raciocínio, um homem que se envolve hoje na magia como fez Elimas, seria também um instrumento do Diabo, porque estaria promovendo os desejos e propósitos dele. Alguns julgam haver um contraste deliberado entre o significado do nome hebraico do homem "filho de Jesus (Bar-Jesus)" e "filho do Diabo".

Cheio de todo o engano e de toda a malícia – "Engano" é a interpretação de *dolos*, uma palavra que significa "isca" (como a usada para apanhar peixes ou pegar animais em armadilhas). A palavra sugere que Elimas estava usando sua magia para apanhar ou enredar o procônsul, e sabia disso. "Malícia" representa o termo *hradiourgias*, que significa literalmente "facilidade de trabalhar", fazer algo com astúcia. A ideia é que os atos de mágico (levitação, telecinesia, etc.) eram feitos de maneira engenhosa, esperta, a fim de enganar e iludir o procônsul.

Inimigo de toda a justiça – "Justiça" é uma palavra geralmente usada na Bíblia para indicar a maneira de Deus salvar o homem; a qual, quando aceita, resulta numa vida justa por parte do homem. As atividades de Elimas (pelo desígnio e incentivo do diabo) são contrárias tanto à salvação do indivíduo, como a de uma vida reta.

Não cessarás de perverter os retos caminhos do Senhor? – Os mágicos que estão ainda hoje praticando suas artes ocultas pelo poder do Diabo, irão insistir em que agem pelo poder de Deus. Eles irão até apontar exemplo bíblicos que afirmam ser semelhantes aos seus feitos (como o fato de Filipe ser arrebatado da companhia do etíope é considerado um exemplo de "apport", e a aparição repentina de anjos não passa de um caso de materialização). Mais será dito a este respeito no estudo especial no fim do capítulo 19, mas deve ser cuidadosamente observado que Paulo, cheio do Espírito Santo, diz que tais reivindicações são falsas. Elas constituem na verdade uma distorção perversa ("perversão") dos caminhos do Senhor; são os métodos diabólicos de falsificar a verdade!

13.11 –

Pois agora eis aí está sobre ti a mão do Senhor – Esta expressão já foi mostrada como indicativa de castigo divino[44], na nota de rodapé em Atos 11.21. Fica aparente em 1 Timóteo 1.20 e Atos 5.1-11 que os apóstolos podiam infligir castigo mediante o poder de Deus.

E ficarás cego – Mediante esta punição súbita e milagrosa, Elimas seria intimado e humilhado, e talvez motivado a arrepender-se. Pessoas próximas, tais como o procônsul, se convenceriam de sua impostura e da verdade do Evangelho.

Não vendo o sol por algum tempo – Quem não pode ver o sol é completamente cego. Não sabemos por que este castigo específico foi escolhido, mas ficamos imaginando se Paulo se lembrou da época em que a sua própria cegueira o capacitou a enxergar muito melhor com seus olhos espirituais. "Por algum tempo" sugere que o castigo cessaria quando ele não mais se opusesse a Cristo. De acordo com a misericórdia, a sua cegueira não deveria ser permanente e final, sendo planejada como um meio de levá-lo ao arrependimento e não apenas como um castigo.

---

[43] No comentário sobre Atos 9.17, notamos uma sugestão de que Paulo enxergava mal, rejeitando-a. Os outros versículos usados para "provar" essa teoria são o "espinho na carne" de Paulo (2 Coríntios 12.7), e a passagem em Gálatas 4.15, podendo ambas ser explicadas como algo muito diferente da oftalmia crônica.

[44] Êxodo 9.3; Juízes 2.15, I Reis 18.46; I Samuel 5.6ss; Salmo 32.4; Jó 19.21; Ezequiel 1.3; Hebreus 10.31.

Existia uma tradição na igreja primitiva de que esse homem de fato veio a tornar-se cristão. Orígenes escreveu: "Paulo, com uma palavra o cego, e pela aflição o converteu à santidade"[45].

No mesmo instante caiu sobre ele névoa e escuridade – "No mesmo instante" é a frase característica de Paulo para indicar "imediatamente, na hora". A palavra "névoa" é um dos termos médicos comuns para descrever uma enfermidade visual. Hipócrates (o pai da medicina) a empregava para indicar a cegueira provocada pelo distúrbio do líquido no globo ocular, ou eles secam. "Escuridade" significa que tudo ficou negro. Nas mesmas obras médicas isso denota o estágio final da cegueira. Ele não podia mais ver, nem distinguir cores, nem luz e sombra. Está totalmente cego!

E, andando à roda, procurava quem o guiasse pela mão – Este é outro toque descritivo, pois Lucas pinta o homem como repentinamente cego e depois tropeçando pelo aposento, suplicando ajuda. O tempo do verbo ("procurava") parece indicar que ninguém se ofereceu para auxiliá-lo. O milagre é tão espantoso que os espectadores ficam completamente amedrontados, e ninguém tem a coragem sequer de oferecer-se para pegá-lo pela mão e levá-lo onde queria ir.

> Enquanto ele tateava ao redor, chamando um e outro dos amedrontados curiosos à sua volta, para que o guiasse pela mão, a falsidade e iniquidade de suas pretensões foram praticamente confessadas; e a missão divina dos apóstolos ficou assim manifesta[46].

13.12 –

Então o procônsul, vendo o que sucedera, creu – Os milagres na Bíblia tinham como objetivo confirmar a mensagem, como já indicado. O mesmo se aplica aqui. Diz-se que "a cegueira de Elimas abriu os olhos do procônsul". "Creu" é a maneira de Lucas dizer que ele se tornou cristão; ele arrependeu-se e foi batizado[47].

Maravilhado com a doutrina do Senhor – A conversão do procônsul não é apresentada como resultante apenas do milagre. Houve também a pregação da Palavra, pela qual vem a fé, como em todos os casos de conversão. O genitivo é provavelmente um genitivo objetivo, e a frase significa o ensino a respeito do Senhor, o ensinamento que tinha o Senhor Jesus como seu tema principal. A surpresa pode ter sido causada pelo fato de se espantarem ao descobrir que o Senhor realmente rejeita o ocultismo, e ordena aos homens que se afastem dele.

5. *Em Perge. 13.13*

13.13 –

E, navegando de Pafos, Paulo e seus companheiros – "Navegando" é um verbo usado aqui no seu sentido técnico de "levantar velas". "Seus companheiros" refere-se a Barnabé, João Marcos, e talvez alguns convertidos feitos recentemente durante seu trabalho missionário em Chipre, pois era comum para alguns dos convertidos ao cristianismo viajar com seus professores numa espécie de aprendizado. Os homens aprendiam desta forma para exercer o ministério na igreja primitiva. A partir deste ponto Paulo é considerado o chefe do grupo missionário, sendo daqui por diante mencionado em primeiro lugar (com duas exceções significativas)[48]. É significante de quanto Paulo se tornou de tal forma o cabeça que os demais são chamados simplesmente de "seus companheiros".

Dirigiram-se a Perge da Panfília – A Panfília era uma das províncias da Ásia Menor (a região chamada hoje de Turquia). Ela ficava ao norte de Chipre, cerca de 160 km, com a Cilícia em sua fronteira oriental, a Lícia no oeste e a Pisídia ao norte. As águas do Mediterrâneo forma-

---

[45] Adam Charke, *Commentary on the Holy Bible* (New York: W. and P. C. Smith, 1823) Vol. 5, p. 794.
[46] McGarvey, *op. cit.*, p. 9.
[47] Compare notas em Atos 8.12 e 11.21.
[48] Veja Atos 14.12 e 15.12, 25.

vam a fronteira ao sul. Perge era a capital da província. Sua localização não era na costa marítima, mas aproximadamente 11 km para o interior, às margens do rio Cesto. Havia um templo famoso de Diana numa montanha perto da cidade. Em Perge existem inúmeras ruínas gregas e romanas.

João, porém, apartando-se deles, voltou para Jerusalém – Fica claro em Atos 15.37-39 que a razão para Marcos voltar a Jerusalém não era considerada justificada por Paulo – o suficiente para que não o quisesse como companheiro em outra viagem. Várias razões são sugeridas para o comportamento de João Marcos. (Na verdade, só podemos imaginar seus motivos.) Alguns sugerem que se sentiu infeliz com o fato de Barnabé não ser mais o chefe do grupo missionário, mas sim Paulo. Outros sugerem que ele se recusou a prosseguir viagem em vista de temer os perigos futuros. Howson sugere que ele foi movido pelo medo dos salteadores que provavelmente encontrariam nas montanhas que teriam de atravessar ao seguirem para o interior, na direção da Pisídia. Ele escreve:

> Nenhuma população através da qual Paulo viajou apresentava mais "perigos de assaltos", dos quais ele mesmo fala, do que os clãs selvagens e fora da lei das terras montanhosas da Pisídia[49].

Outros sugerem que a doença (malária) era o perigo. Ramsay é de opinião que Paulo contraiu malária nas terras baixas da Panfília e decidiu ir para lugares mais altos, a fim de livrar-se dela. Justamente quando a viagem missionária se mostrou ser mais longa do que o esperado, João volta a Jerusalém. A favor da teoria de Ramsay está o fato de que Paulo lembrou os Gálatas de tê-los visitado pela primeira vez por estar doente (Gálatas 4.13-15). Outros sugerem que Marcos ficou com saudades de casa e portanto voltou. Outros ainda opinaram que as dificuldades da viagem foram a razão. Qualquer tenha sido a causa, Marcos provou mais tarde seu valor como ministro de Jesus Cristo, não só para Barnabé, mas também para Paulo[50].

6. Em Antioquia da Pisídia. 13.14-52

13.14 –

Mas eles, atravessando de Perge – Os missionários não parecem ter permanecido por muito tempo em Perge. Se Paulo ficou de fato com malária como sugere Ramsay, eles teriam saído às pressas em busca de alívio para a febre do apóstolo.

Para a Antioquia da Pisídia – Deixando Perge, viajaram ao norte cerca de 160 km até Antioquia da Pisídia, muito provavelmente seguindo uma das antigas rotas mercantes. Lucas não recapitula os perigos e dificuldades da viagem através das montanhas, mas eles certamente enfrentaram alguns dos perigos a que Paulo se refere mais tarde[51]. Existem extensas ruínas no local ainda hoje, testemunhando que Antioquia da Pisídia era uma cidade grande, na estrada principal entre Éfeso e a Cilícia. A cidade era chamada Antioquia da Pisídia para distingui-la de Antioquia da Síria e várias outras cidades que também se chamavam Antioquia (como Antioquia no Meandro, ou Antioquia da Cária); todas elas foram originalmente construídas por Seleuco I Nicator, que lhes deu o nome de seu pai Antíoco. Do planalto onde Antioquia se encontrava era possível divisar a estrada leste-oeste principal, através da região chamada hoje Turquia, sendo típico dos locais onde Seleuco geralmente fundava cidades. Ele fundava uma sempre que ela fortalecesse sua autoridade sobre as tribos nativas. Na era romana, ou seja, desde 39 a.C. para essa área, Antioquia da Pisídia foi a capital da província romana da Galácia do Sul. Em 6 a.C. ela foi transformada em colônia romana por Augusto, e os cidadãos ali nascidos a partir de então recebiam a cidadania romana e certos outros direitos. Nos anos anteriores os judeus eram considerados

---

[49] W. J Conybeare e J. S. Howson, *The Life and Epistles of St. Paul* (London: Logmans, Green, and Co., 1873), p. 130.
[50] Colossenses 4.10; 2 Timóteo 4.11.
[51] 2 Coríntios 11.26.

A Igreja nos Confins da Terra   13.16

aliados fidedignos dos selêucidas, e encontraram um lar em muitas das cidades fundadas por eles. Assim sendo, havia uma considerável população judia em Antioquia da Pisídia quando os pregadores chegaram.

Indo num sábado à sinagoga – Embora Paulo e Barnabé estivessem em missão especial para os gentios, eles aproveitaram todas as oportunidades para oferecer o evangelho primeiro aos judeus. Na linguagem de hoje, eles trabalharam primeiro com os "melhores candidatos". As palavras usadas por Lucas: "*a* sinagoga", nos levam a crer que não havia senão uma na cidade; todavia, a comunidade judia era grande ali, pois 2.000 famílias tinham sido transportadas para lá por Antíoco o Grande[52]. "No sábado" não significa necessariamente que fosse o primeiro sábado após sua chegada. Eles talvez tivessem passado algum tempo previamente em trabalho evangelístico na cidade antes deste evento crítico ocorrer.

Assentaram-se – Isto provavelmente significa que eles se sentaram como qualquer outro adorador faria, apesar de alguns terem aventado a ideia de que eles ocuparam os assentos da frente onde os rabinos geralmente se assentavam (insinuando assim que esperavam ser chamados para falar).

13.15 –

Depois da leitura da lei e dos profetas – Veja o Estudo Especial nº 15 intitulado "A Sinagoga e Seus Serviços" no final deste capítulo, além das notas em Atos 6.9 e 9.20, com respeito à sinagoga, e a leitura da Lei de Moisés e dos profetas durante os serviços de adoração no sábado.

Os chefes da sinagoga mandaram dizer-lhes – O cargo deles ("chefes da sinagoga") lhes dava autoridade para impedir que qualquer coisa inconveniente tivesse lugar durante as reuniões, e também para conduzir as reuniões, escolhendo alguém para ler as lições, alguém para fazer as orações, e alguém para pregar o sermão. No geral havia apenas um desses encarregados, mas nas grandes sinagogas talvez houvesse vários (compare Marcos 5.22).

Irmãos, se tendes alguma palavra de exortação para o povo, dizei-a – Paulo e Barnabé podem ter pedido permissão para falar; ou, por serem visitantes (é possível que já se soubesse que chegaram à cidade com uma mensagem para ser entregue, caso esse fosse o seu primeiro sábado na cidade), foram convidados a falar.

13.16 –

Paulo, levantando-se e fazendo com a mão sinal de silêncio, disse – Lucas 4.20 mostra o costume dos judeus da Palestina de se sentarem para falar a uma audiência. Era costume dos gregos e romanos ficarem de pé ao falar (Atos 17.22). Embora numa sinagoga judaica, Paulo usa o método romano ao levantar-se para dirigir a palavra aos adoradores. Ele faz o seu gesto costumeiro para prender a atenção dos ouvintes.

Varões israelitas – Judeus, ouçam! Os versículos seguintes de Atos recapitulam o primeiro sermão registrado de Paulo. Ele começa recitando muitos dos eventos na história do passado deles. Isto foi talvez sugerido pelos trechos que acabaram de ser lidos na Lei e nos Profetas, como mostraremos nos comentários sobre o versículo seguinte.

E vós outros que também temeis a Deus – Esta foi a palavra usada em Atos 10.2 para designar os prosélitos da porta. A audiência de Paulo era composta de descendentes de Abraão e de indivíduos convertidos à religião judia.

Ouvi – O sermão dirigido aos judeus quase sempre enfatizava o ponto que Jesus o Nazareno era o Messias longamente esperado. Paulo entrará em breve nesta doutrina em seu sermão na sinagoga de Antioquia. Começar com essa declaração, sem ter preparado antes um alicerce adequado, não teria adiantado nada. Sabendo que os judeus apreciavam muito ouvir a recapitulação

---

[52] William M. Ramsay, *A Historical Commentary on St Paul's Epistle to the Galatians* (Grand Rapids: Baker Book House, 1965) p.191.

da sua história, e que esse procedimento os tornaria mais receptivos ao restante da mensagem que ele pretendia transmitir, Paulo provavelmente começa com a lição Bíblica do dia, e repassa a história deles, salientando especialmente o plano divino de enviar um Salvador ao mundo. As verdades principais do sermão de Paulo são as seguintes: (1) Jesus é o cumprimento da história dos tratos de Deus com Israel. (2) Os judeus de Jerusalém o rejeitaram, mas ao crucificarem-no eles cumpriram o propósito de Deus. (3) Deus cumpriu sua promessa aos pais, ressuscitando Jesus dos mortos. (4) As bênçãos do perdão e justificação, que a Lei não podia prover, são oferecidos agora em nome de Jesus a todos os que creem.

13.17 –

O Deus deste povo de Israel – Aqui começa a parte sobre os tratos de Deus com Israel. Suas primeiras palavras: "Varões israelitas" e agora "este povo de Israel" apelariam ao orgulho nacional deles e o sentimento de serem especiais no plano de Deus. Deus tinha um propósito especial em mente para Israel quando tratou com eles e os protegeu como fez.

Escolheu nossos pais – A frase recorda o chamado de Abraão, Isaque e Jacó, e através deles o chamado desta nação para ser um povo escolhido e peculiar dEle, Deuteronômio 7.6, 7.

E exaltou o povo durante sua peregrinação na terra do Egito – Durante a peregrinação dos hebreus no Egito, eles foram "exaltados". Pense nas honrarias conferidas a José, os milagres operados a favor deles, e a multiplicação extraordinária de seu povo no Egito. A palavra "exaltou" é encontrada no grego em Isaías 1.2 (onde nossa versão inglesa de Isaías diz: "criei filhos") (Também a Bíblia em português – N.T.), sendo possível que esta declaração inicial na mensagem de Paulo seja um eco da lição do dia que acabava de ser lida da Lei e dos Profetas. Dois fatos nos levam a pensar que as palavras de Paulo sejam um eco da lição bíblica do dia: (1) existem três palavras gregas muito peculiares em Atos 13.17-19; que ocorrem também em Isaías 1 e Deuteronômio 1-3[53]; (2) essas duas passagens do Antigo Testamento constituem a lição apresentada na sinagoga no 44º sábado do ano, em alguma data em julho ou agosto[54].

Donde os tirou com braço poderoso – A expressão "braço poderoso" simboliza grande poder. A referência histórica é às pragas impostas ao Egito, a passagem pelo Mar Vermelho, e as vitórias sobre seus inimigos (Jericó, etc.).

13.18 –

E suportou-lhes os maus costumes por cerca de quarenta anos no deserto – Eles levaram cerca de quarenta anos para irem do Egito à terra de Canaã[55]. A leitura à margem aqui é: "Ele os suportou nos braços como uma ama no deserto". Existe uma variação de manuscrito neste ponto, alguns dizem *etropophoresin* (representado por "suportou") e outros *etrophophoresin* (representado por "levou como uma ama"). A primeira leitura tem maior apoio, mas a última se ajusta ao contexto por causa de sua conotação conciliatória[56]. "Suportar" sugere que o comportamento dos israelitas no deserto chegou a aborrecer a Deus, mas Ele mesmo assim os alimentou com maná e cuidou deles durante as peregrinações no deserto.

---

[53] As três palavras são "engrandeci", "suportou" e "distribui como herança". A primeira ocorre em Isaías 1.2, e a segunda e a terceira em Deuteronômio 1.21 e 3.28.
[54] Deve ser lembrado que o calendário dos lecionários (leituras bíblicas para os vários sábados) foi assentado por escrito várias centenas de anos depois dos dias de Paulo. Não pode ser determinada a exatidão com que o calendário escrito representa a prática na época de Paulo, além da probabilidade de que o escrito foi simplesmente uma tentativa de tornar permanente o que havia sido estabelecido há muito como prática.
[55] Êxodo 16.35; Números 33.38, e veja comentários em Atos 7.42.
[56] R. J. Knowling, "Acts" no *Expositor's Greek Testament* (Grand Rapids: Eerdmans, 1967), Vol. II. p. 292, contém uma boa discussão do problema textual envolvido aqui.

13.19 –

E, havendo destruído sete nações na terra de Canaã – "Destruído" equivale a subjugá-las, acabar como elas como nações, expulsá-las da soberania. Como mostra o relato do Antigo Testamento sobre a conquista da terra prometida, os israelitas não mataram cada indivíduo dessas sete nações pois muitos foram deixados na terra. As sete nações eram os heteus, os girgaseus, os amorreus, os cananeus, os ferezeus, os heveus e os jebuseus[57]. A região inteira era chamada pelo nome (Canaã) de uma das principais nações.

Deu-lhes essa terra por herança – Os manuscritos que apóiam a versão do Rei Tiago (KJV) falam da "distribuição da terra por sorte", como registrado em Josué 14 e 15. Todavia, os melhores manuscritos que apóiam a American Standard Version não falam de "distribuir a terra por sorte", mas "ele distribuiu como herança". Segundo comentários anteriores, esta é a terceira das palavras que Paulo pode ter escolhido ao usar a leitura da passagem do dia na abertura do seu sermão.

13.20 –

Vencidos cerca de quatrocentos e cinquenta anos – Esta passagem tem causado muitos problemas para os comentaristas, especialmente aqueles que comentam sobre o texto da Versão do Rei Tiago (KJV). A dificuldade tem sido reconciliar Atos 13.19 (conforme a KJV) com 1 Reis 6.1. Em resumo, o problema é este: de acordo com 1 Reis, Salomão começou a construir o templo *480 anos depois do êxodo* do Egito – mais o sermão de Paulo (conforme 13.20 na KJV) faz com que ele tivesse começado a construção *573 anos depois do êxodo*[58].

Uma solução para esta alegada discrepância na Bíblia, que muitos aceitam, é dizer que Paulo empregou um sistema cronológico completamente diferente daquele do Antigo Testamento, mas que foi geralmente adotado pelos judeus eruditos de sua época. Josefo, por exemplo, dá 592 anos do êxodo até a construção o templo[59]. Mas esta solução é algo insatisfatória desde que deixa sem explicar a discrepância com 1 Reis 6.1. É claro que se não fosse por essa divergência, nada haveria de estranho no fato de Paulo seguir a mesma cronologia tradicional de Josefo, embora diferisse daquela do atual Texto Hebraico do Antigo Testamento.

Devemos observar que na New American Standard Version (como na maioria dos textos gregos modernos, e nos Códices *Aleph*, A, B, C e inúmeras versões antigas) as palavras "cerca de 450 anos" fazem parte do versículo 19 (e não do versículo 20 como na KJV). (Também na SBB – N. T.) Paulo disse então (não que o período dos Juízes durou 450 anos) que o intervalo entre a escolha de "nossos pais" (no geral datada do dia do nascimento de Isaque) e a distribuição das terras nos dias de Josué foi de 450 anos.

Está segunda explicação parece ser a correta por várias razões. Ela trata corretamente o caso dativo (*hōs etesi*, um dativo do tempo dentro do qual). Faz com que Paulo concorde em todas as suas declarações sobre a duração do cativeiro no Egito[60]. Em último lugar, a declaração de 1 Reis 6.1 – 480 anos desde o Êxodo até a construção do templo – não é contrariada pelo que Paulo diz em Atos 13.19.

Depois disto – As coisas mencionadas nos versículos 17-19.

Lhes deu juízes – Os juízes foram homens levantados de maneira extraordinária para administrar os negócios da nação, para defendê-la dos inimigos, para resolver disputas civis, etc.

Até o profeta Samuel – Samuel foi o ultimo dos juízes e o primeiro dos profetas.

---

[57] Deuteronômio 7.1; Josué 3.10; Neemias 9.8.

[58] Eles ficaram no deserto 40 anos, + 450 anos sob os juízes, + 40 anos para o reinado de Saul, + 40 anos para o de Davi, + 3 anos do reinado de Salomão antes do templo ser iniciado = um total de 573 anos.

[59] *Antiguidades*, VII, 3. 1. 65 anos se passaram nas peregrinações no deserto e na conquista feita por Josué, + 83 anos para os reinados de Saul, Davi, e os três primeiros anos de Salomão – deixando 444 anos para o período dos juízes – o que estaria razoavelmente próximo dos "cerca de 450 anos" de Paulo, aqui em Atos 13.

[60] Veja notas e o estudo especial que tratam da duração do cativeiro no Egito, incluídas em Atos 7.6.

13.21 –

Então eles pediram um rei – No processo de pedir um rei como as nações ao redor, os judeus estavam se rebelando contra a ordem do governo de Deus[61]. Deus, porém, havia previsto isso, e tinha sido vaticinado que eles teriam um rei[62].

E Deus lhes deparou Saul, filho de Quis –Veja 1 Samuel 9.1ss.

Da tribo de Benjamim – Esta era a tribo de Paulo[63]. A outra única informação sobre antecedentes tribais no Novo Testamento é no caso de Ana[64] e Barnabé[65]. Era como se Paulo estivesse dizendo: "O rei Saul era da mesmo tribo que eu!"

E isto pelo espaço de quarenta anos – A duração do reinado de Saul não é dada no Antigo Testamento. Mas existem várias linhas de pensamento que mostram ser razoável a declaração de Paulo aqui. Is-Bosete, seu filho mais moço[66], tinha 40 anos na ocasião da morte de Saul[67]; e o próprio Saul era "moço" (i.e., com menos de 40) ao ser escolhido rei[68]. Uma configuração mais definida desta declaração de Paulo é dada por Josefo que afirma ter Saul reinado 18 anos antes da morte de Samuel e 22 anos depois dela[69].

13.22 –

E, tendo tirado a este – Saul foi removido do trono por rebelar-se contra Deus ao poupar as ovelhas e bois, assim como os bens valiosos de Amaleque, além do rei Agague, quando havia recebido ordens para destruir tudo completamente[70]. Saul foi eventualmente morto numa batalha com os filisteus[71]. Alguns escritores apresentam a ideia de que "tirado a este" se refere à morte de Saul. Mas, quando nos lembramos de que Davi foi ungido rei antes da morte de Saul, parece mais provável que Paulo se referisse ao fato de Saul ter sido rejeitado como rei.

Levantou-lhes o rei Davi – Isto está registrado em I Samuel 16.1ss.

Do qual também, dando testemunho, disse – Da maneira como as palavras de Paulo são citadas aqui, são uma combinação de duas passagens, Salmo 89.20 e I Samuel 13.14. Algumas das palavras citadas foram originalmente pronunciadas pelo próprio Deus, e outras por Samuel, seu profeta, ao rei Saul.

Achei a Davi, filho de Jessé, homem segundo o meu coração, que fará toda a minha vontade – "Homem segundo o meu coração" significa simplesmente alguém que não seria rebelde e desobediente como Saul[72]. Davi faria a vontade do Senhor, em contraste com Saul, que não havia feito a vontade de Deus. Saul havia desobedecido num caso em que tinha recebido uma ordem divina específica e clara. A característica de Davi – obedecer as ordens expressas de Deus – manter a adoração de Deus, opor-se à idolatria, e buscar promover a obediência universal a Deus entre seus súditos – está especificamente registrada a respeito dele em I Reis 14.8, 9.

13.23 –

Da descendência deste – Dos descendentes de Davi, um dos seus netos da quarta geração (alguns séculos mais tarde), é a ideia.

---

[61] I Samuel 8.5; Oseias 13.10.
[62] Deuteronômio 17.14, 15.
[63] Romanos 11.1; Filipenses 3.5.
[64] Lucas 2.36.
[65] Atos 4.36.
[66] 1 Crônicas 8.33.
[67] 2 Samuel 2.10.
[68] 1 Samuel 9.2.
[69] *Antiguidades*, VI 14 .9. Existe uma variante do manuscrito em Josefo neste ponto, e alguns dizem que Saul reinou apenas dois anos depois da morte de Samuel. Os que aceitam esta como a leitura verdadeira, creem que os quarenta anos citados por Paulo incluem a época em que Samuel foi juiz sobre Israel, assim como o tempo em que Saul reinou.
[70] 1 Samuel 15.8-23.
[71] 1 Samuel 31.1-6.
[72] 1 Samuel 13.13, 14; 15.28. Quando Davi pecou se arrependeu. Saul recusou-se a isto.

Conforme a promessa – Compare com o que Pedro disse em Atos 2.30. A promessa do Messias vindouro foi frequentemente repetida durante a era do Antigo Testamento[73]. A expectativa de um rei da linhagem davídica era uma esperança viva entre os judeus do primeiro século[74]. Todavia, o prometido Filho de Davi, quando surgiu, veio como Salvador, e não como o rei terreno que muitos esperavam que o Messias fosse.

Trouxe Deus a Israel o Salvador, que é Jesus – Paulo iniciou o sermão, apelando para a lição bíblica do dia. Usando a mesma como um trampolim para repassar a história dos judeus, ele chega rapidamente a Davi. Depois passa imediatamente de Davi para o aparecimento e obra do Filho prometido de Davi, que foi todo o tempo o tema principal que Paulo tinha em mente. Paulo afirma que Deus cumpriu a promessa feita a Davi, e que o Messias já havia vindo. Ele era um Salvador e não um rei terreno, e o seu nome é Jesus. Note como "Jesus" é colocado no fim da sentença em grego, para enfatizar. Concordamos com Plumptre que os nomes de Jesus e João Batista (no versículo seguinte) não eram completamente desconhecidos, mesmo para aqueles judeus dessas regiões remotas da Pisídia. Nenhum judeu poderia ter ido a Jerusalém para celebrar uma festa nos últimos anos sem ouvir alguma coisa de um ou de outro. O tom de voz de Paulo é claramente de quem supõe que sua história já é vagamente conhecida, e ele está oferecendo maior esclarecimento.

13.24 –

Havendo João primeiro pregado – O Salvador prometido, Jesus, veio depois de João ter pregado e preparado o caminho, diz Paulo a seus ouvintes[75]. Ele indicou o final do ministério de João Batista como a época em que Jesus "veio" (i.e., entrou no seu ministério público). O judeu conhecedor das promessas messiânicas do Antigo Testamento, teria sido lembrado de Malaquias 3.1 através da palavra "manifestação". (Esta palavra se encontra na sentença abaixo – N.T.).

A todo povo de Israel, antes da manifestação dele, batismo de arrependimento – Paulo usa os próprios termos encontrados nos relatos da pregação de João Batista no Evangelho[76].

13.25 –

Mas, ao completar João a sua carreira – Quando João estava se aproximando do fim do seu ministério, ele cada vez mais desviava a atenção dos homens da sua pessoa, para o Messias. O ministério de João é chamado de "carreira" ou corrida, que deveria ser feita ou completada. O tempo do verbo "completar", implicando ação contínua, é uma das pequenas notas fora dos Evangelhos que sugere que um esboço cronológico da vida de Jesus, no qual parte do ministério de Jesus se sobrepõe ao de João, é de fato a maneira correta de harmonizar e integrar os vários relatos do Evangelho.

Dizia: Não sou quem supondes – Veja João 1.21 e Mateus 3.11. Alguns dos que foram ao Jordão para ouvir João supunham que ele fosse o Messias. Mas João corrigiu a falsa impressão deles, apontando-os para Jesus.

Mas após mim vem aquele que cujos pés não sou digno de desatar as sandálias – Cabia ao empregado da mais baixa categoria na casa desatar as sandálias e cuidar delas, quando havia convidados. Se chegasse um hóspede tão honrado que João não era digno de desamarrar sua sandálias, quem poderia ser este convidado senão o Messias?

O propósito da citação, como usada por Paulo, é que João deu um testemunho formal da vinda de alguém após ele, tão mais exaltado do que ele, que ele não era digno de prestar-lhe o

---

[73] 2 Samuel 7.12; Salmo 132.11; Isaías 11.1, 10; Jeremias 23.5, 6, 39; Zacarias. 3.8; Ezequiel. 34.23; 37.24.
[74] Veja os Salmos pseudepígrafes de Salomão, 17.23ss.
[75] Compare Mateus 3.1-11. A citação quase literal das palavras de João por Paulo mostra que ele tinha conhecimento dos detalhes do ministério de João.
[76] Mateus 3.11; Marcos 1.4; Lucas 3.3. Compare comentários feitos em Atos 1.5.

serviço inferior de desatar suas sandálias – e quem poderia ser este senão o Cristo, o Filho de Davi? Nenhuma outra conclusão poderia parecer possível aos ouvintes de Paulo. Desse modo, as palavras de João forneceram prova das duas afirmações contidas na proposição anunciada pelo apóstolo: primeiro, que o Salvador havia vindo; e segundo, que ele veio depois de João Batista ter apregoado arrependimento a todo o povo de Israel[77].

13.26 –

Irmãos, descendência de Abraão – Paulo exorta agora sua audiência a aceitar o Senhor Jesus como Messias. "Descendência de Abraão" são os judeus que podem traçar suas árvores genealógicas até Abraão, através de Isaque, o filho da promessa.

Neste ponto do seu discurso, levado talvez por alguma expressão favorável no semblante dos ouvintes, ou possivelmente por alguma aparente falta de atenção, o orador interrompe o curso de seu argumento temporariamente, e insiste com veemência sobre o interesse pessoal dos ouvintes nos assuntos de que está falando[78].

E vós outros os que temeis a Deus – Os prosélitos presentes. Como no início do sermão, também aqui, Paulo se dirige a ambos os grupos que compunham a audiência[79].

A nós nos foi enviada a palavra desta salvação – O demonstrativo "desta" implica que a salvação pregada se apoiava na obra de Jesus. A salvação prometida através de Davi se realizou, diz Paulo; e ele continua mostrando como este Jesus se tornou o Salvador do mundo – Ele morreu em Jerusalém para expiação de pecados.

13.27 –

Pois os que habitavam em Jerusalém, e as suas autoridades – "Pois" significa: "Permitiram que explique em maior detalhe o que acabei de apresentar". Se estamos corretos em sugerir que os ouvintes de Paulo estavam familiarizados, pelo menos num plano geral, com os fatos da vida de Jesus, podemos compreender então por que Paulo apresenta a crucificação de Jesus como o faz. Ele afirmou que Jesus era o Messias, com a autenticação do testemunho do próprio precursor. Agora, se Ele era então realmente o Messias, por que foi condenado à morte em Jerusalém? "E" pode ser ascendente aqui, melhor traduzido como "até". Os que vivem em Jerusalém, *até* as suas autoridades . . ."

Não conhecendo a Jesus – A "ignorância" dos homens que gritaram para que Jesus fosse crucificado é um ponto levantado por Pedro na sua pregação[80]. O fato de não terem reconhecido Jesus como Messias não removeu a sua culpa, mas diminuiu o grau dessa culpa. Os judeus não "reconheceram" Jesus como Messias porque Ele não se enquadrou na ideia preconcebida deles de como seria o Messias. Eles haviam enfatizado as profecias do Antigo Testamento que retratavam Jesus como um rei conquistador, e puseram de lado as que o mostravam como servo sofredor. Esta é a razão porque Jesus não combinava com o que eles esperavam que o Messias fosse.

Nem os ensinos dos profetas que se leem todos os sábados – O verbo "ler" é aquele que significa "ler em voz alta". Os profetas eram lidos nas sinagogas, durante os serviços de sábado[81]. Paulo apelou justamente para as próprias Escrituras em que baseou o início do seu sermão, como dando testemunho para o tipo de Messias que estava pregando, a saber, um Salvador (não um rei terreno). A noção popular resultou deles terem errado o significado das predições do Profeta relativas ao Messias vindouro.

Quando o condenaram cumpriram as profecias – Os profetas haviam predito que o Messias seria rejeitado, um homem de dores, sabendo o que é padecer. O Jesus apresentado por João Batista combina com o que foi predito sobre o Messias. O povo e as autoridades, ao crucificarem

---

[77] McGarvey, *op. cit.*, p.18.   [78] *Ibid.*   [79] Atos 13.16.
[80] Atos 13.17.   [81] Atos 13.15.

Jesus, fizeram justamente o que os profetas do Antigo Testamento tinham predito que o povo faria ao Messias.

13.28 –

E, embora não achassem nenhuma causa de morte – Não foi por não tentarem que os líderes religiosos judeus não encontraram crime algum que merecesse a pena de morte. Eles empregaram Judas como traidor, subornaram falsas testemunhas, realizaram um julgamento preliminar na esperança de que Jesus pronunciasse alguma palavra impensada que pudessem usar contra Ele. Procuraram fazer com que Jesus parecesse culpado de blasfêmia, mas não conseguiram provar a acusação mediante qualquer evidência adequada. O sumo sacerdote finalmente colocou Jesus sob juramento e lhe perguntou se era o Filho de Deus. Jesus respondeu "Eu sou"[82]! Quando foram a Pilatos, eles primeiro acusaram Jesus de praticar atos criminosos onde quer que fosse. Mas por não apresentarem dados específicos desses crimes, Pilatos ameaçou recusar o caso[83]. Eles o acusaram de instigar revolta contra Roma, e nem Pilatos nem Herodes nada verificaram de verdade nessa acusação[84]. Eles o acusaram de ser Rei, e Pilatos não encontrou nessa acusação nada que pudesse interessar Roma[85]. Eles finalmente chegaram à acusação de blasfêmia, e nem mesma esta tinha qualquer base[86]. Na ocasião do discurso de Paulo, nenhuma parte do Novo Testamento havia ainda sido escrita. Paulo mostra familiaridade com os detalhes dos julgamentos de Jesus, mas seus ouvintes talvez estejam ouvindo esses fatos pela primeira vez. Eles provavelmente sabiam que Jesus tinha sido condenado, mas os detalhes contados aqui por Paulo talvez fossem desconhecidos.

Pediram a Pilatos que ele fosse morto – Várias vezes durante os julgamentos de Jesus, Pilatos declarou não encontrar qualquer crime nele. Paulo está dizendo então, com efeito, que os líderes religiosos judeus haviam pedido a execução de um inocente. Eles preferiram a libertação de Barrabás, um assassino e revolucionário, e a crucificação de Jesus[87].

13.29 –

Depois de cumprirem tudo o que a respeito dele estava escrito – Jesus sofreu e morreu exatamente como o Antigo Testamento havia predito que aconteceria ao Messias. Nenhum osso do seu corpo foi quebrado, lançaram sortes sobre suas vestes, as palavras ditas na cruz – tudo havia sido previsto e registrado no Antigo Testamento.

Tirando-o do madeiro, puseram-no em um túmulo – Paulo mostra aqui que estava bem familiarizado com os detalhes da crucificação, morte e sepultamento. José de Arimateia e Nicodemos foram os responsáveis por pedir que o corpo lhes fosse entregue. Quando receberam autorização, o tiraram da cruz e o colocaram no túmulo novo de José[88].

Neste relato da morte e sepultamento de Jesus, a menção de o terem tirado da cruz, sem referência prévia a tê-lo pendurado na cruz, sugere ou que os ouvintes de Paulo tinham conhecimento do fato da crucificação, ou que Lucas, ao resumir, omitiu muitas das palavras de Paulo[89].

13.30 –

Mas Deus o ressuscitou dentre os mortos – Vimos repetidamente em Atos a ênfase dada pelos pregadores à ressurreição de Jesus dentre os mortos. O fato de Deus tê-lo ressuscitado é visto como evidência de que Ele aprovou o sacrifício de Jesus pelos pecados e o está colocando em posição de destaque, para que todos os homens o considerem e obedeçam[90].

---

[82] Mateus 26.59-66.
[83] João 18.30, 31.
[84] Lucas 23.14, 15.
[85] João 18.33ss.
[86] João 19.7ss.
[87] João 19.14-16.
[88] Mateus 27.56-60; João 19.38, 39. Quanto ao uso da palavra "árvore" para a cruz, veja notas em Atos 10.39.
[89] McGarvey *op. cit.* p.20.
[90] Compare comentários em Atos 2.23, 24.

13.31 –

E foi visto muitos dias pelos que – Veja comentários em Atos 1.3. Jesus apareceu durante 40 dias depois da sua ressurreição.

Com ele subiram da Galiléia para Jerusalém – O maior número de aparições pós-ressurreição foi para os apóstolos originais e as mulheres que os ajudavam com seus bens[91]. Um grande grupo havia subido em caravana para a última Páscoa do ministério de Jesus, estando então presentes em Jerusalém durante seu sofrimento e morte.

Os quais são agora as suas testemunhas perante o povo – Enquanto Paulo pregava em Antioquia da Pisídia, os apóstolos originais continuavam testemunhando em Jerusalém (e para o povo judeu[92] que vivia em outras regiões) a notícia de que Jesus é o Messias. A pregação feita por Paulo em Antioquia não era qualquer nova doutrina inventada recentemente por ele. Trata-se da mesma mensagem que os Doze ainda pregavam.

13.32 –

Nós vos anunciamos o evangelho –"Nós" pode ser uma referência a todos os apóstolos, quer Paulo ou os Doze; ou pode ser uma referência especial a Paulo e Barnabé.

Da promessa feita a nossos pais – A "promessa" aqui significa "a coisa prometida", a saber, o Messias vindouro, como prometido no Antigo Testamento. Paulo está dizendo: "Estamos aqui para contar-lhes que a promessa feita por Deus aos pais foi cumprida, e essas são as boas novas! Jesus, declarou Paulo, foi o cumprimento da promessa do Antigo Testamento; a esperança messiânica feita aos pais e cultivada e estimada por eles foi cumprida em Jesus.

13.33 –

Como Deus a cumpriu plenamente a nós, seus filhos – A palavra "cumpriu" aqui é um termo mais forte (trata-se de um verbo composto neste ponto) do que a forma no versículo 27. A implicação é que o cumprimento foi completo; nada mais havia a esperar. A ênfase principal de todas as promessas feitas se concentrava nisto, na vinda do Salvador através da linhagem de Davi. A promessa foi cumprida completamente, insiste Paulo.

Ressuscitando a Jesus – "Levantar" (o texto grego diz "levantando a Jesus" – N. T.) nem sempre significa "levantar dos mortos", como aprendemos antes em nosso estudo[93]. A palavra se refere provavelmente aqui ao aparecimento de Jesus na História, e não à sua ressurreição dentre os mortos. O versículo seguinte é que fala da sua ressurreição, e não este.

Como também está escrito no Salmo segundo – O versículo prestes a ser citado é Salmo 2.7. A leitura "no *primeiro* Salmo", conforme alguns manuscritos, é interessante. Ela mostra que em algumas cópias do Antigo Testamento, o que chamamos de primeiro Salmo era tratado como uma espécie de introdução ou prelúdio ao livro inteiro, e a numeração começava com o que é hoje o segundo Salmo. Nosso segundo Salmo era tido pelos judeus como sendo um Salmo Messiânico, e é assim que Paulo (através da inspiração) também o interpreta!

Tu és meu Filho, eu hoje te gerei – Esta expressão é aplicada a duas coisas diferentes no Novo Testamento. (1) Em Lucas 1.35, ela é aplicada à encarnação de Jesus – uma referência especial ao nascimento virgem. Jesus foi gerado por Deus. (2) Em Romanos 1.4, o Salmo é citado como sendo uma predição da ressurreição de Jesus dentre os mortos. Ao que parece, o uso feito por Paulo em Atos 13 é similar ao de Lucas, e a entrada de Jesus no mundo foi um meio de Deus cumprir a promessa feita aos pais. É contrário a todas as demais passagens usar esta palavra ("gerei") como prova de que Jesus não é um ser eterno, mas foi concebido em algum ponto da

---

[91] João 29.25. Compare notas em Atos 10.41 relativas às pessoas a quem as aparições ficaram limitadas.
[92] "Povo" aqui é *laos* em grego; a palavra é usada regularmente para o povo *judeu*, a não ser que o contexto exija uma interpretação mais ampla.
[93] Atos 3.22 e 7.37.

eternidade, anterior à criação do mundo. Essa ideia, muitas vezes chamada de "geração eterna" é estranha à doutrina de que Jesus existe há tanto tempo quanto o Pai (João 1.1).

13.34 –

E, que Deus o ressuscitou dentre os mortos – Desta vez o termo "ressuscitou" ("levantou" no texto grego – N. T.) se refere realmente à ressurreição de Jesus dentre os mortos, como o versículo e as citações extraídas do Antigo Testamento mostram claramente.

Para que jamais voltasse à corrupção – Compare o sermão de Pedro, Atos 2.27. As palavras não significam, naturalmente, que Jesus já tivesse experimentado corrupção.

Desta maneira o disse – A citação é extraída de Isaías 53.3 na LXX.

E CUMPRIREI A VOSSO FAVOR AS SANTAS E FIÉIS PROMESSAS FEITAS A DAVI – A palavra-chave nesta citação, que ajuda a compreender o ponto da mesma, é aquela que deve ser acrescentada pelos tradutores: "bênçãos". (Tradução feita pela IBB –"As santas e fiéis bênçãos de Davi vos darei" [Atos 13.34] – N.T.). Este termo é uma boa escolha porque envolvida na palavra "bênçãos" está o perdão do pecado. Essa bênção está ligada à ressurreição de Jesus, porque só na ressurreição e exaltação de Jesus tais bênçãos são ratificadas e asseguradas. No grego, os termos "santo" e "fiel" estão no plural neutro, e o substantivo precisa ser suprido. Além da ressurreição que o contexto próximo referiu, o contexto distante mencionou a promessa feita a Davi de que um de seus descendentes se sentaria no seu trono para sempre[94]. A ressurreição e ascensão também foram absolutamente necessárias para o cumprimento dessa promessa. Assim sendo, embora as palavras de Isaías não pareçam à primeira vista fazer qualquer referência à ressurreição de Jesus dentre os mortos, quando nos lembramos de que a ressurreição seria vitalmente necessária caso as bênçãos" devessem ser dadas à humanidade pecadora, podemos ver então um elo. As bênçãos são chamadas "santas" porque ajudam a tornar os homens "santos", e são chamadas "fiéis" (seguras) porque seriam com certeza cumpridas, assim como é certo que aquele que fez a promessa é fiel!

13.35 –

Por isso também diz em outro Salmo – "Por isso" representa *dioti*, e neste caso a palavra parece ser uma inferência. As bênçãos santas e seguras de Davi foram prometidas. Para que elas sejam cumpridas é preciso haver uma ressurreição do Messias após a sua morte pelo pecado. *Por isso*, é exatamente o que é predito, no Salmo 16.10 por exemplo.

NÃO PERMITIRÁS QUE O TEU SERVO VEJA CORRUPÇÃO – Veja Atos 2.27. Paulo está citando o mesmo Salmo usado por Pedro no dia de Pentecostes, e prova a mesma coisa, ou seja, a ressurreição de Jesus dentre os mortos, conforme previsto.

13.36 –

Porque, na verdade, tendo Davi – Este versículo parece ser mais explicação, mostrando que a passagem no Salmo 16 não fazia referência a Davi, e deve ser portanto uma predição sobre alguma outra pessoa. No versículo 37 é afirmado que isto não poderia referir-se de fato a ninguém senão ao Senhor Jesus.

Servido à sua própria geração conforme o desígnio de Deus – Um dos contrastes entre Davi e Cristo é declarado neste versículo. O serviço de Davi durou apenas uma geração, enquanto o de Cristo dura através de todas as gerações continuamente. Davi, anos antes, cumpriu a vontade de Deus servindo o povo – mas o Salmo não se referia a ele, diz Paulo.

Adormeceu – Ele morreu[95]. Em 1 Reis 2.10 esta mesma expressão é usada para a morte de Davi.

---

[94] 2 Samuel 7.16; Salmo 59.4, 5; 132.11, 12.
[95] Veja a explicação desta expressão nas notas em Atos 7.60.

Foi para junto de seus pais – "Ele foi sepultado" é o sentido desta frase, segundo alguns. Mas a indicação aqui envolve mais do que simplesmente "sepultado". É instrutivo observar que em alguns casos no Antigo Testamento, "ir para junto dos pais" é algo diferente do sepultamento do corpo[96]. O grego de Atos 13.36 é exatamente o mesmo usado na LXX traduzido "reunido a seu povo". Portanto, a passagem em Atos diz: "Davi morreu, e sua alma foi para o lugar dos espíritos que partiram (Sheol, Hades), e seu corpo viu corrupção"[97].

E viu corrupção – O corpo de Davi permaneceu no túmulo e voltou ao pó que era[98]. Este é o segundo ponto de contraste entre Davi e Cristo. O corpo de Davi se decompôs enquanto ficou na sepultura. O corpo de Jesus não ficou no túmulo tempo suficiente para decompor-se.

13.37 –

Porém, aquele a quem Deus ressuscitou – A saber, o Senhor Jesus.

Não viu corrupção – O corpo de Jesus foi ressuscitado antes de experimentar decomposição. Como o corpo de Davi se decompôs, e o de Jesus não, segue-se que o Salmo 16 foi uma predição sobre Jesus e não Davi, diz Paulo.

13.38 –

Tomai, pois, irmãos, conhecimento – Chegamos à conclusão extraída dos fatos anteriores – a promessa das bênçãos certas e santas de Davi sendo confirmadas pela ressurreição. Paulo irá declarar especificamente que os benefícios foram o resultado da morte e ressurreição de Jesus.

De que se vos anuncia remissão de pecados por intermédio deste – O grego aqui é muito pronunciado. "Através deste homem" é a leitura. A salvação. A salvação é obtida mediante a agência de Cristo, e só dEle. "Remissão de pecados" é a nota-chave dos pregadores do Novo Testamento. Foi o que Pedro pregou[99], e o que Paulo recebeu ordem para pregar[100]. A força do tempo do verbo ("se vos *anuncia*") enfatiza que a remissão de pecados estava, naquele exato momento, sendo proclamada. Paulo irá, nas palavras seguintes, compartilhar com sua audiência as condições desse perdão.

13.39 –

E por meio dele – Note tanto no versículo 38 como 39 a frase "através dele" ("por intermédio deste" versículo 38; "por meio dele" versículo 39). No grego, o caso genitivo no versículo 38 expressa a agência intermediária. Mediante a agência de Jesus tornou-se possível o perdão de pecados. No versículo 39, o grego está no caso dativo, sendo provavelmente um "Dativo de Esfera". A ideia é que o homem que está "em Cristo" é justificado no sentido de gozar perdão dos seus pecados, uma bênção que uma pessoa não poderia auferir se tentasse obtê-la "por meio da Lei".

> A remissão de pecados é proclamada aqui ao crente que está "em Cristo", e como aprendemos por outra expressão característica de Paulo, o crente é "batizado em Cristo", "batizado no seu corpo", Romanos 6.3; Gálatas 3.27; 1 Coríntios 12.13. Desse modo, a ligação entre remissão de pecados e batismo, que foi claramente declarada no primeiro sermão de Pedro (Atos 2.38), fica aqui implícita neste primeiro sermão registrado de Paulo[101].

Todo o que crê é justificado – Em lugar de "libertado", a leitura à margem é "justificado" (como na SBB – N.T.) "Justificado" significa ser considerado e tratado como "não culpado". O termo tem frequentemente um sentido forense, significando que o juiz (Deus neste caso) pronun-

---

[96] Compare Gênesis 49.33 e 50.13. Jacó morreu, foi recolhido ao seu povo, e depois de muito tempo foi sepultado. Veja também 2 Reis 22.20. Note também que *Deus* recolheu, mas o *homem* fez o sepultamento.

[97] Que "foi para junto de seus pais" se refere à alma e não ao corpo, pode ser visto claramente no caso de Moisés, cujo corpo não foi enterrado numa sepultura da família, em algum lugar. Veja Deuteronômio 32.50.

[98] Veja este ponto discutido mais detalhadamente em Atos 2.29-31.

[99] Atos 2.38; 5.31; 10.43.   [100] Atos 26.18.   [101] McGarvey, *op. cit.*, p.24, 25.

cia um veredito de absolvição. Eles são tratados como se não tivessem cometido ofensa. Alguns eruditos afirmam que Atos 13.39 é o livro de Gálatas e Romanos num resumo. Veja Romanos 1.17, 3.24, 25, e 4.1-8 onde a "justificação pela fé" é detalhada. Este verbo não é encontrado em qualquer outro ponto em Atos. É interessante notar, neste primeiro exemplo registrado da pregação de Paulo, a ocorrência da palavra "justificar", que, com o passar do tempo, passou a ser quase identificada com ele e sua obra.

De todas as coisas – "Todas as coisas" das quais o homem é justificado, se estiver em Cristo, incluem a culpa e castigo de todos os pecados.

Das quais vós não pudestes ser justificados pela lei de Moisés – O estudante da Bíblia irá reconhecer que o argumento de Paulo aqui, que a Lei de Moisés nada tinha a ver com a justificação do homem, é o mesmo encontrado em detalhe em Romanos 3 e 4, e no livro de Gálatas. O que Paulo pregou em Antioquia da Pisídia e o que escreveu a essas mesmas pessoas em Gálatas é essencialmente uma única coisa: a justificação só é encontrada em Cristo, e não há esperança de perdão ou salvação na tentativa de alcançar a salvação pela obediência perfeita à Lei. A Lei de Moisés possuía um padrão bem elevado de justiça, e exigia completa obediência[102]. Sacrifícios deviam ser feitos, mas eles não removiam o pecado, nem justificavam a desobediência das pessoas que ofereciam os sacrifícios[103]. O propósito da Lei era preparar as pessoas para Cristo[104]. A própria Lei indica que a salvação não está na guarda da Lei, mas numa vida de fé, como diz Habacuque 2.4, etc.: "O justo viverá pela fé". Neste ponto, deve ser acrescentado que pouco antes Paulo usou as palavras "todo o que crê" – esta fé é uma condição aberta para todos, judeus ou gentios. Todo aquele que tiver uma fé obediente em Jesus é justificado.

13.40 –

Notai, pois – A mudança repentina de tom é melhor explicada dizendo que Paulo observou, a esta altura da sua mensagem, uma expressão de censura nos semblantes e comportamento de muitos de seus ouvintes judeus.

> A razão porque Paulo não insistiu para que seus ouvintes se arrependessem e fossem batizados para estarem em Cristo e gozarem da remissão de seus pecados, como Pedro tinha feito, era porque, como veremos abaixo, ele viu que não estavam preparados para esse tipo de exortação[105].

Depois de acentuar uma verdade dos profetas do Antigo Testamento, no sentido de haver a bênção do perdão de pecados à disposição de todos os crentes obedientes mediante a obra expiatória de Cristo, Paulo ataca outro ponto, usando também as palavras dos profetas. Esses mesmos profetas falaram de um castigo severo à espera dos que deixassem de tornar-se crentes obedientes. Tomem cuidado para que esse castigo não venha sobre vocês, é a exortação de Paulo.

Que não vos sobrevenha o que está dito nos profetas – Os judeus dividiam o Antigo Testamento em três partes, chamadas a Lei, os Profetas, e o Hagiógrafo (Escritos Sagrados)[106]. Paulo passa a fazer uma citação encontrada em Habacuque 1.5. O ponto enfatizado por Habacuque é este: se os homens zombam e se recusam a obedecer quando Deus os visita, eles irão certamente perecer!

13.41 –

VEDE, Ó DESPREZADORES, MARAVILHAI-VOS E DESVANECEI – Onde Paulo diz "desprezadores", o hebreu contém "vós entre os pagãos (nações)". A mudança de uma expressão para outra foi feita pelos tradutores da LXX, e representa uma leve alteração do termo hebraico – existe na

---

[102] Romanos 7.12; Tiago 2.10. [103] Veja Hebreus 9.7-14; 10.1-4, 11.
[104] Gálatas 3.24. [105] McGarvey, op. cit., p.25.
[106] Veja notas em Atos 7.42, onde é explicado quais os livros incluídos na divisão dos "profetas" do Antigo Testamento hebreu.

verdade uma diferença de uma letra entre *baggoim* (entre os pagãos) e *bogedim* (zombadores), a mudança de *vaw* para *daleth*. Há também uma diferença na frase seguinte entre "maravilhai-vos e desvanecei" e o hebraico "admirai-vos maravilhosamente". "Desvanecei" (*aphanizo*) não é a palavra geralmente traduzida "perecer" (*appolumi*), e que se refere ao castigo eterno. Isto tem levado a várias explicações da declaração feita por Paulo sobre os judeus desprezadores "perecerem". Em suas palavras, Habacuque se referia aos juízos temporais depois de uma invasão dos caldeus. Assim sendo, alguns escritores pensam que o castigo que virá sobre a nação judaica às mãos dos romanos era o que Paulo tinha em mente[107], um castigo que sobreviria por terem rejeitado Cristo como nação. Alguns escritores pensam também nas dificuldades que os judeus enfrentariam através dos séculos por terem sido cortados e os gentios enxertados[108]. Ainda outros insistem que tal aplicação estava muito longe da situação específica a que Paulo se dirigia, e que ele ameaçava com o castigo eterno no Inferno aos que persistiam em rejeitar o Evangelho. Isto é, eles veriam os feitos de Deus, ficariam espantados, e por nada fazerem além de ficar admirados, pereceriam.

PORQUE EU REALIZO, EM VOSSOS DIAS, OBRA – O fato a que Habacuque se referia era a invasão dos caldeus. Deus interfere na história, e usou os caldeus como um instrumento de juízo e castigo sobre os judeus rebeldes. Paulo deixa então implícito que calamidades similares, tanto temporais como eternas, sobrevirão aos que rejeitarem o Messias. A entrada do Messias no mundo, sua ressurreição dos mortos e exaltação à destra do Pai, foram todos atividades de Deus. Ele estava operando uma obra, enquanto Paulo ainda pregava, na qual o perdão de pecados seria colocado à disposição dos ouvintes a quem ele se dirigia.

TAL QUE NÃO CREREIS SE ALGUÉM VO-LA CONTAR – "Não crereis" equivale a "jamais supuseram que tal coisa acontecesse. "Se alguém vo-la contar" equivale a "embora um *profeta* de Deus a tivesse predito, vocês não acreditarão". Existe uma ideia implícita de que a declaração iria conter tamanha evidência que tornaria indesculpável a sua rejeição. Os que pensam que a próxima destruição de Jerusalém é o que Paulo tinha em mente ao pronunciar esta advertência, têm o cuidado de salientar que poucos anos depois de Paulo ter proferido essas palavras na sinagoga de Antioquia, os romanos conquistaram e destruíram Jerusalém (70 A.D.), encerrando definitivamente a adoração no templo e provocando a completa dispersão da nação judaica.

13.42 –

Ao saírem eles – Existe uma grande variação nos manuscritos neste ponto. A passagem parece dizer que Paulo e Barnabé estão no processo de deixar o lugar de reunião antes de terminar a reunião (lembre-se de que a mensagem deles foi rejeitada e por isso eles terminaram o sermão com uma advertência). Quando estão saindo, alguns dos ouvintes fazem um pedido aos pregadores.

Rogaram-lhes que no sábado seguinte lhes falassem estas mesmas palavras – Em lugar de "rogaram" (que é tudo o que o grego diz, não havendo a palavra "povo" no original) (também a SBB não inclui esse termo – N.T.), alguns manuscritos contém a leitura: "os gentios continuavam a rogar . . .". Se esta for a leitura correta, então o sentido é que os judeus como um todo rejeitaram o Evangelho, mas os prosélitos presentes ("os gentios") pediram para ouvir de novo o Evangelho. A NASB contém a leitura dos melhores manuscritos, e o versículo significa então que a congregação (judeus e prosélitos) suplicou que voltassem e pregassem novamente, quando Paulo e Barnabé estavam saindo. "No sábado seguinte" (e não a leitura à margem: "na semana entre os sábados") é o sentido verdadeiro das palavras em grego, embora elas admitam, literalmente, o outro significado[109].

---

[107] Compare Mateus 24.2-28, onde o próprio Jesus previu este destino para os judeus que o rejeitassem.
[108] Romanos 11.7ss.
[109] Existe alguma evidência de que os judeus tinham uma reunião no prédio da sinagoga às segundas e terças-feiras, os dois dias da semana em que os fariseus jejuavam, Lucas 18.12.

13.43 –

Despedida a sinagoga – Paulo e Barnabé tinham deixado a reunião antes dela terminar. Uma vez terminada, e a multidão ter começado a dispersar-se, seguiu-se o incidente agora descrito.

Muitos dos judeus e dos prosélitos piedosos seguiram a Paulo e a Barnabé – Os dois pregadores estavam a caminho de sua habitação. Muitos dos que haviam rogado que pregassem de novo na semana seguinte, seguem agora Paulo e Barnabé até em casa, a fim de continuar nos apelos sinceros aos pregadores. "Prosélitos piedosos" seriam os chamados em outra parte de "prosélitos de porta"[110]. Observe a ordem em que os nomes dos missionários aparecem – Paulo e Barnabé. Paulo é agora o chefe do grupo missionário[111].

E estes, falando-lhes – Os apóstolos Paulo e Barnabé são os que falam aos adoradores que os seguiram até em casa.

Os persuadiram a perseverar na graça de Deus – O tempo do verbo indica que a "persuasão" foi feita durante um certo período de tempo, talvez a semana inteira seguinte. Esta é a terceira vez que a palavra "graça" aparece no livro de Atos[112]. Se existe um contraste intencional aqui, na maneira como o judeu comum tentava salvar-se mediante as obras da Lei, então "graça" significa a doutrina de que o perdão de pecados é obtido pela fé, e não pelas obras da Lei. Por outro lado, se o contraste for com a incredulidade de alguns na sinagoga, então "graça" indica aqui o favor de Deus; e Paulo os está encorajando a continuar crendo, para que possam manter-se na esfera do favor de Deus.

Um esboço do primeiro sermão de Paulo registrado é o seguinte:[113]

JESUS É O MESSIAS

I. PROVA DA HISTÓRIA
   a. Deus escolheu e exaltou um povo, v.17
   b. Ele os libertou do Egito, v. 17
   c. Ele lhes deu uma terra, vv. 18, 19
   d. Ele lhes concedeu juízes, v. 20
   e. A seu pedido, deu-lhes um rei, v. 20
   f. Ele removeu Saul e levantou Davi, v. 22
   g. Da descendência de Davi, veio Jesus, v. 23

II. PROVOU QUE JESUS ERA O SALVADOR
   a. Pelo testemunho de João, vv. 24, 25
   b. Pela sua rejeição, predita pela profecia, vv. 26-29
   c. Pela sua ressurreição – um fato comprovado:
     1) Por testemunhas oculares, vv. 30-32
     2) Pela Escritura, vv. 33-37

III. SEU APELO E ADVERTÊNCIA
   a. Encorajamento para crer, vv. 38, 39
   b. Advertência dos profetas, vv. 40, 41

13.44 –

No sábado seguinte – É possível (como notado acima sob "os persuadiam") que Paulo e Barnabé tivessem passado uma semana ocupada em Antioquia, ensinando e evangelizando. A notícia do que os apóstolos pregaram foi circulada por muitos dentre a multidão presente no primeiro sábado para ouvi-los, assim como pelos que ouviram durante a semana.

---

[110] Veja notas em Atos 2.10, onde as duas espécies de prosélitos são explicadas.
[111] Compare Atos 11.30 e 12.13, 25.
[112] Usos anteriores de "graça" se acham em Atos 4.33 e 11.23.
[113] Boles, *op. cit.* p. 215.

Afluiu quase toda a cidade para ouvir a palavra de Deus – As palavras "quase toda a cidade" não devem ser provavelmente tomadas literalmente, pois toda essa multidão não poderia entrar no prédio da sinagoga. Trata-se, portanto, de linguagem metafórica significando que ali se encontrava muita gente. O versículo 48 ("os gentios") parece indicar que havia outras pessoas presentes além dos judeus e prosélitos que geralmente se reuniam na sinagoga. Como os apóstolos falariam para tal multidão (numa era anterior à invenção dos sistemas de alto-falantes)? Alguém sugeriu que Paulo falou aos que estavam no interior do prédio e Barnabé aos de fora. Outro sugere que Paulo ficou na porta da sinagoga e pôde falar assim tanto aos de dentro como aos de fora. As sinagogas no geral não tinham bancos como temos em nossos prédios de culto hoje. Em tais casos, o povo se sentava sobre tapetes colocados no chão, e podiam facilmente virar o rosto para a porta, enquanto os de fora ficavam sentados do mesmo jeito no chão. O evangelho é designado aqui como "a palavra de Deus".

13.45 –

Mas os judeus, vendo as multidões, tomaram-se de inveja – Quando os oradores eram judeus, não havia tal afluência de pessoas. Portanto, eles ficaram com inveja dos novos pregadores. Se as multidões incluíam gentios, podemos compreender melhor os sentimentos amargos dos líderes religiosos.

E, blasfemando – Esta palavra poderia ser traduzida como "insultando" (veja a leitura da margem), e portanto não sabemos se estavam atacando os apóstolos (insultando) ou aviltando Jesus de Nazaré (blasfemando). Poderia ser acrescentado, quando nos lembramos que Paulo e Barnabé falaram por inspiração, que ao contradizem e blasfemarem, os judeus estavam se opondo ao Espírito Santo.

Contradiziam o que Paulo falava – A oposição dos judeus, como é natural, não precedeu a pregação de Paulo nesse dia. A ideia mental que devemos ter inclui um sermão feito por Paulo, cujo conteúdo era bem semelhante ao ensinado no sábado anterior. Devemos também pensar que durante o curso de sua pregação, ele foi repentinamente interrompido pelos líderes religiosos. Parte do tempo eles simplesmente contradizem as coisas ditas por Paulo. Parece que eles se opunham à doutrina de que Jesus era o Messias, e que salvação podia ser alcançada por todos os que cressem (e não pela observância da Lei).

13.46 –

Então Paulo e Barnabé, falando ousadamente disseram: – Falar "ousadamente" é não ter medo, expressar-se aberta e livremente. Paulo havia feito o mesmo tipo de discurso nas sinagogas de Damasco, Atos 9.27. Em lugar de silenciar, intimado, com o desprezo e zombaria dos líderes religiosos, eles falaram ainda mais destemidamente. Existem ocasiões em que é preciso coragem para declarar a verdade. Esse foi o caso da notícia prestes a ser dada.

Cumpria que a vós outros em primeiro lugar fosse pregada a palavra de Deus – Paulo falou antes do "propósito" de Deus. A necessidade de pregar primeiro aos judeus fazia também parte desse propósito[114]. A ordem divina exigia que o Evangelho fosse primeiramente oferecido aos judeus, a fim de que eles o aceitassem e por sua vez evangelizassem os gentios. Todavia, desde que rejeitaram a Palavra de Deus e julgaram-se assim indignos da vida futura, Paulo deve voltar-se então para os gentios.

Mas, posto que a rejeitais – Porque vocês rejeitam o evangelho. A mesma doutrina é ensinada em detalhes em Romanos 9-11.

E a vós mesmos vos julgais indignos da vida eterna – Eles se condenaram pela sua conduta. Paulo os havia julgado "dignos" de participarem da grande bênção do perdão de pecados e da vida eterna. Mas, em vez disso, pela sua inveja, suas interrupções intempestivas da pregação

---

[114] Compare Romanos 1.16.

dele, e sua blasfêmia, demonstraram ser realmente "indignos" da oportunidade de continuar a receber a oferta da salvação.

Eis aí que nos volvemos para os gentios – Ofereceremos o Evangelho aos gentios aqui em Antioquia da Pisídia. Enquanto permanecermos nesta cidade, vamos trabalhar principalmente com os gentios. Eles receberão Cristo![115]

13.47 –

Porque o Senhor assim no-lo determinou: – Paulo está dando uma razão para a sua ida aos gentios. Suas ações não eram arbitrários. "Senhor" aqui é uma referência ao Pai, e Paulo apela ao Antigo Testamento em vez de um mandamento de Jesus, porque os judeus talvez reconhecessem a autoridade de suas próprias Escrituras, ao passo que rejeitariam com desprezo uma ordem de Jesus de Nazaré. Isaías 49.6 é a profecia referida por Paulo. A profecia estava ligada originalmente ao Servo do Senhor; mas neste caso, Paulo diz tratar-se de um mandamento dado aos apóstolos ("o Senhor assim *no-lo* determinou", diz ele). A profecia predizia o que iria acontecer na era do Evangelho, e se Deus disse que o Evangelho iria para os gentios, Paulo considera então isso uma ordem para que se dirija aos gentios!

EU TE CONSTITUÍ PARA LUZ DOS GENTIOS – O idoso Simeão, que havia recebido a promessa de ver o Messias antes de sua morte, citou esta mesma passagem de Isaías 49 enquanto segurava nos braços o infante Jesus[116]. Jesus só falou segundo o Pai lhe concedeu que falasse, e antes de sua ascensão Ele tornou claro que seus discípulos deveriam ser testemunhas até os confins da terra. Isso incluía tanto os gentios como os judeus!

A FIM DE QUE SEJAS PARA A SALVAÇÃO ATÉ AOS CONFINS DA TERRA – "Salvação" inclui perdão de pecados, o dom da habitação interior do Espírito Santo para ajudar os homens a viverem a vida cristã, e também a preservação no estado futuro dos aflições que sobrevirão aos desobedientes. "Os confins da terra" aqui representa a mesma frase grega traduzida "a parte mais remota da terra" em Atos 1.8. (A SBB contém a leitura "até aos confins da terra" – N.T.) Gostaríamos que a NASB tivesse sido consistente, pois "confins da terra" tem uma conotação envolvendo o fim dos séculos, ou fim dos tempos, que não é provavelmente a ideia correta aqui.

13.48 –

Os gentios, ouvindo isto – Ao que parece, havia visitantes na sinagoga judaica naquele dia que não eram nem judeus nem prosélitos. Eles ouvem, através das palavras de Paulo, a notícia de que o Evangelho seria pregado a eles. Deus desde há muito havia predito isso!

Regozijaram-se e glorificavam a palavra do Senhor – Os dois verbos implicam em ação contínua. Foi mais que uma explosão momentânea de entusiasmo. Os judeus haviam ensinado que a salvação era só para eles. Parte da alegria dos gentios deve ter sido o fato de estarem ouvindo da boca de judeus uma doutrina diferente. "Palavra do Senhor"(se esta for a leitura correta; veja a nota à margem "palavra de Deus") significa provavelmente o ensino sobre o Senhor Jesus. Eles "glorificavam" esse ensino; isso indica que os gentios estão expressando o pensamento: "Que notícia maravilhosa!" "A salvação através de Jesus é possível para todos os que creem: essa é verdadeiramente uma mensagem digna do nosso maior louvor!"

E creram todos os que haviam sido destinados para a vida eterna – Esta passagem tem sido usada como evidência principal para a exatidão da doutrina calvinista da predestinação absoluta. Calvino ensinou que certas pessoas foram destinadas para serem salvas, e outras para

---

[115] Este versículo não é adequadamente explicado pelos professores bíblicos dispensacionalistas que descobrem aqui o "repúdio final" dos judeus por parte de Deus. Veja Atos 17.2; 18.5, 6, 19; 28.23.

[116] Lucas 2.25-32. Esta passagem é notável para mostrar que Paulo identificou o "Servo de Jeová" como sendo Cristo. Veja outra discussão sobre a identidade do Servo nas notas em Atos 8.34.

a perdição, sem levar em conta o que fizessem. Deus simplesmente havia decretado assim, e os homens eram salvos ou perdidos simplesmente porque Deus o havia decretado[117].

O termo grego traduzido "destinado" é *tetagmenoi*, da raiz *tasso*. Essa palavra tinha o significado primário de "pôr em ordem", "colocar numa certa ordem". Seria usada com relação ao arranjo de pelotão de soldados para uma marcha. Existem várias maneiras de determinar o sentido de um termo numa dada passagem. Uma delas é verificar como ela é usada em outra parte da Bíblia, e a outra é por apelar ao contexto para uma dica quanto à conotação exata da palavra na passagem específica que está em dúvida.

Como a palavra é usada em outros lugares do Novo Testamento? (1) Ela é traduzida "ordenarei" (ASV) ou "arranjarei" (NASB) em 1 Coríntios 11.34. (2) Só em uma outra das oito vezes em que ocorre no Novo Testamento é interpretada "destinado"; e nesse caso pode ter sido muito bem interpretada pelo seu sentido primitivo: "As autoridades que existem foram por ele estabelecidas (ordenadas, i.e., colocadas em ordem) por Deus", Romanos 13.1. (3) A palavra é várias vezes interpretada como "indicar" ou "designar", como designar um lugar (Mateus 28.16), indicar algo para ser feito (Atos 22.10), e indicar (marcar) um dia (Atos 28.23). Ao ser feito uma indicação, ordem é colocado na confusão prévia, ou falta de ordem; e o significado principal da palavra não é posto de lado mesma neste uso dela. O mesmo se aplica quando a palavra é usada em relação a um ato mental. Quando a mente tem sido confusa sobre um assunto, sem saber o que pensar, e finalmente chega a uma decisão ou propósito definitivo, os pensamentos passam da confusão para a ordem; sendo que este termo expressa perfeitamente a mudança. Compare Atos 15.2. Encontramos várias conotações diferentes incluídas na palavra, mas em cada caso existe a ideia de ordem onde antes houve algum tipo de desordem.

A seguir, vamos examinar o contexto em que a palavra aparece. Os escritores calvinistas tentam fazer com que a passagem ensine sua doutrina de eleição e predestinação incondicionais. Um escritor, por exemplo, comenta: "todos os que haviam sido destinados (por Deus) para a vida eterna; ou a quem Deus havia decretado a vida eterna, creram". Num esforço para mostrar que tal interpretação não se ajusta ao contexto, é replicado que se todos os que foram predestinados para a vida eterna creram naquele dia, então todos os demais eram perversos, condenados ao castigo eterno, e seria inútil Paulo continuar pregando a eles. Todavia, pelo contrário, a pregação adicional não foi inútil, como vemos no versículo 49.

Pelo processo da eliminação, então, somos levados a uma dentre duas escolhas possíveis da explicação desta frase difícil. O verbo "destinados" pode ser considerado como um verbo na voz medial ou passiva[118]. Se o considerarmos como um passivo, ele fala de algo que Deus fez. Assim o versículo é explicado por Knowling:

> Não existe apoio aqui para o *absolutum decretum* dos calvinistas, desde que o versículo 46 já mostrou que os judeus haviam agido voluntariamente. As palavras não representam mais que um corolário da *anagkaion* ["necessidade"] de Paulo: os judeus como nação haviam sido destinados à vida eterna – eles haviam rejeitado esta eleição; mas os que cressem entre os gentios estavam igualmente destinados por Deus à vida eterna, e foi segundo a indicação divina que os apóstolos se voltaram para eles[119].

Se tomarmos o verbo como estando na voz "medial" (em inglês), ele fala de algo que o povo fez em seu próprio benefício. Traduziríamos então: "Os que estavam *determinados* a ter a vida eterna creram". Na passagem em estudo, o contexto não faz alusão a algo feito por Deus para uma parte da audiência e não para a outra parte. Em vez disso, ele fala de dois estados mentais contrastantes entre o povo, e dois cursos de conduta consequentes. Com referência aos judeus que ouviam Paulo, é dito primeiro que estavam cheios de inveja; segundo, eles contradisseram as coisas ditas por Paulo; terceiro, eles se julgaram indignos da vida eterna. Em contraste com

---
[117] Em McGarvey, *op. cit.*, pp. 29-33, há uma boa discussão deste problema.
[118] O verbo que estamos estudando é usado na "voz medial" em Atos 20.13, e Josefo, repetidamente.
[119] R. J. Knowling, *op. cit.*, p.300.

eles, os gentios a princípio ficaram satisfeitos, depois glorificaram a palavra do Senhor; e terceiro, foram *tetagmenoi* para a vida eterna. (Se lermos "determinados, dispostos" a obter a vida eterna, caso isso seja possível, então o contraste com o estado mental dos judeus fica claro). Devemos notar que a determinação para a vida eterna, e o ato de crer, funcionam aqui como causa e efeito, ou pelo menos como antecedente e consequente. Isto não é absolutamente pouco natural ou incomum. O indivíduo que soube que é possível obter a vida eterna, e decidiu alcançá-la caso esteja em seu poder fazê-lo, é exatamente o homem que aceitará prontamente a maneira certa de obtê-la, quando esse caminho lhe for claramente indicado; enquanto o indivíduo que fica de tal forma envolvido nas coisas materiais a ponto de tornar-se indiferente à vida eterna, é justamente aquele que permitirá que o testemunho sobre como alcançá-la entre por um ouvido e saia pelo outro. Essa última interpretação parece ser a mais correta, pois deixa a responsabilidade da crença ou incredulidade, e suas consequências eternas, com o homem e não com Deus. "Creram" equivale a "fizeram uma confissão pública da sua fé"[120].

13.49 –

E divulgava-se a palavra do Senhor por toda aquela região – A mensagem sobre o Senhor Jesus foi pregada pelos apóstolos e também, podemos supor, por pequenos grupos de convertidos em outras cidades. O evangelho está sendo recebido pelos gentios, embora os judeus o tivessem rejeitado. O versículo indica claramente que Paulo e Barnabé permaneceram algum tempo na região de Antioquia. A notícia de que esta era uma "região" nos apresenta um outro fato importante da administração imperial romana. Cada província era subdividida em regiões. Havia aqui, no sul da Galácia, várias regiões, uma das quais tinha Antioquia da Pisídia como seu centro administrativo[121]. Não só em Antioquia, mas em todas as cidades e vilas ao redor, o evangelho estava sendo pregado. Veremos ser este um dos métodos de evangelizo de Paulo. Ele seguia para as grandes cidades e trabalhava ali para estabelecer uma igreja. Depois disso, à medida que os homens eram treinados, eles viajavam para as cidades vizinhas; e os cidadãos dessas cidades tinham a oportunidade para ouvir o Evangelho e serem salvos, formando novas congregações. Em pouco tempo, em cada uma dessas cidades, haveria homens que não mais prestavam sacrifícios aos seus deuses ancestrais, ou que não mais se satisfaziam com a adoração à maneira judia. Eles eram novas criaturas em Cristo Jesus, sendo Ele o objeto da sua adoração. Este foi o início das igrejas da Galácia.

13.50 –

Mas os judeus instigaram as mulheres piedosas de alta posição – "Mulheres piedosas" são provavelmente prosélitas da religião judia. O fato de serem de alta posição significa que seus maridos eram as autoridades locais, ou que as próprias mulheres mantinham posições administrativas elevadas[122]. O fato de que os líderes religiosos judeus puderam instigar essas mulheres a se oporem aos dois pregadores nos revela outro aspecto do mundo do primeiro século. Os fariseus "rodeavam o mar e a terra para fazer um prosélito"[123]. Eles achavam mais fácil conseguir prosélitos entre as mulheres, pois em muitos lugares havia um desejo sincero de uma vida mais pura e mais elevada do que a designada para a mulher na sociedade grega e romana corrupta. Havia, no entanto, um lado negativo nesse proselitismo: a confiança absoluta na orientação dos seus novos professores. Assim sendo, quando os líderes religiosos falam para as mulheres de alta posição sobre os dois pregadores que falavam contra a religião recém-adotado por elas, as mulheres logo se dispõem a lutar contra o Evangelho.

E os principais da cidade – Os principais seriam os oficiais do governo romano e os administradores dos negócios da região. Talvez através de mulheres de alta posição é que os líderes

---

[120] Atos 8.13; 11.21; Romanos 13.11.
[121] Wm. Ramsay, *St. Paul, The Traveler and Roman Citizen*, pp. 102-104, 109, 110-112.
[122] *Ibid.*, p.102; Conybeare and Howson, *op. cit.*, p.144.
[123] Mateus 23.15.

judeus conseguiram entrar em contato e influenciar as autoridades. (Existem ainda hoje casos em que o marido faz o que a mulher manda – e isso causa não poucos problemas na igreja).

E levantaram perseguição contra Paulo e Barnabé – Perto do fim da sua vida, Paulo irá lembrar-se da perseguição que sofreu em Antioquia. Foi algo que jamais seria esquecido[124]. É possível também que os pregadores não fossem os únicos a sofrer nessa perseguição. Alguns dias mais tarde, Paulo voltará a Antioquia e, enquanto encoraja os irmãos, irá também ensinar-lhes que "através de muitas tribulações, nos importa entrar no reino de Deus"[125]. Devemos entender que após os pregadores terem sido expulsos da cidade, os seus convertidos passaram a ser o alvo da perseguição por parte dos judeus?

Expulsando-os do seu território – Essa palavra é um sinônimo de "região", que ficou explicado acima no versículo 49. A expulsão foi um incidente tumultuado, quase um motim, e não um procedimento legal.

13.51 –

E estes, sacudindo contra aqueles o pó de seus pés – Este ato de Paulo e Barnabé ao deixaram a cidade, foi em obediência literal a uma das ordens de Jesus quando Ele enviou seus apóstolos em sua comissão limitada[126]. O mandamento evidentemente se tornou conhecido de Paulo e Barnabé, embora não fizessem parte do grupo a quem foi dado originalmente. Estamos aprendendo cada vez mais a respeito dos inúmeros fatos sobre o ministério de Jesus que Paulo recebeu mediante revelação[127]. Eles teriam se abaixado, tirado as sandálias e as mostrado para todos verem, sacudindo em seguida a poeira das mesmas. Que cena dramática! Este ato praticado pelos apóstolos que partiam, testemunhado sem dúvida por aqueles que acabavam de expulsá-los, não era uma atitude inútil ou infantil de ressentimento, mas teria um sentido sério para os judeus que instigavam os perseguidores. O pó das terras pagãs, em comparação com a terra de Israel, era considerado como poluído e impuro[128]. O judeu se considerava, portanto, aviltado por esse pó. Para os apóstolos, então, sacudirem o pó de qualquer cidade de suas roupas ou pés era colocar essa cidade no mesmo nível que a dos pagãos, e renunciar a quaisquer outros contatos com o povo contra quem haviam sacudido o pó. Os judeus que observavam compreenderiam que Paulo e Barnabé os estavam considerando piores do que os pagãos.

Partiram para Icônio – Esta cidade (chamada Konya nos mapas modernos) se encontrava na região da Frígia, situada próxima à fronteira entre a Frígia e a Licaônia. Em Atos 14.6 Paulo e Barnabé são descritos como fugindo de Icônio para as cidades da Licaônia – o que sugere que a fronteira da Frígia e Licaônia foi transposta em algum lugar entre Icônio e Listra. Icônio ficava a cerca de 96 km a sudeste de Antioquia da Pisídia (localize num mapa!). Várias estradas romanas se encontravam neste ponto, e Icônio era portanto um centro importante para a obra missionária. Esta região (tendo Icônio como sua capital administrativa) fazia também parte da província romana da Galácia nos tempos do Novo Testamento.

13.52 –

Os discípulos, porém, transbordavam de alegria – Os discípulos que ficaram em Antioquia da Pisídia. Alegria – por causa do perdão de pecados e da recém-encontrada paz com Deus. Um coração cheio de alegria é quase a consequência normal da conversão[129].

---

[124] 2 Timóteo 3.11.
[125] Atos 14.22.
[126] Lucas 9.5; Mateus 10.14.
[127] Compare comentários sobre Atos 13.33-38 a respeito do conhecimento do ministério terreno de Jesus por parte de Paulo.
[128] Amós 7.17; Ezequiel 14.11.
[129] Atos 8.8, 39.

E do Espírito Santo – A referência parece ser à medida do Espírito Santo chamada dons espirituais. É altamente provável que antes de deixá-los, Paulo e Barnabé tivessem imposto as mãos sobre eles e concedido os dons especiais do Espírito Santo, tais como profecia, falar em línguas, conhecimento sobrenatural, e poder para curar os doentes. Esses dons espirituais iriam guiá-los à verdade necessária até que o Novo Testamento pudesse ser escrito, e também apoiar a verdade que iriam pregar, agora que os dois missionários haviam partido.

Interior de uma Sinagoga

Desenho de Horace Knowles
da British and Foreign Bible Society.

ESTUDO ESPECIAL Nº 15
A Sinagoga e Seus Serviços

Entender a origem, organização e ordem dos serviços nas sinagoga judaica é útil para a interpretação de inúmeros versículos na Bíblia onde nos encontramos "comparecendo aos serviços do sábado".

I. SUA ORIGEM

Não lemos muito a respeito da sinagoga no Antigo Testamento (a única referência é o Salmo 74.8), o que leva os eruditos à conclusão de que a sinagoga surgiu durante o cativeiro na Babilônia.

Supõe-se que o povo, desejando um lugar de adoração (tendo Jerusalém sido destruída, e por estarem a mil e seiscentos quilômetros da Cidade Santa), estabeleceu sinagogas, ou lugares de reunião, em seu meio.

Eles prestavam culto todos os sábados na sinagoga; durante a semana, as crianças aprendiam a ler e escrever na escola que funcionava no local. O livro principal de ensino era o Antigo Testamento.

Onde quer que houvesse dez chefes de família, uma sinagoga podia ser estabelecida.

II. O PRÉDIO DA SINAGOGA

Ao que tudo indica, as sinagogas geralmente se compunham de dois compartimentos – um para oração, pregação e adoração pública; e outro para reuniões dos eruditos, para discussões relativas a questões de religião e disciplina, e com propósitos educativos. O lugar em que os judeus se reuniam para adorar tinha o nome de *Bet-ha-Cneset*, e o lugar onde era feita as palestras se chamava de *Bet-ha-Midrash*.

As sinagogas nas comunidades prósperas eram frequentemente prédios de excelente qualidade, segundo o gosto da época e do lugar; a comunidade não poupava gastos na decoração e mobiliário.

As partes essenciais da mobília da sinagoga eram uma caixa ou armário, em que guardavam os rolos da Escritura, geralmente colocada numa alcova ou recesso fechado por uma cortina do resto da sinagoga; um *bema*, ou plataforma, com uma mesa de leitura em que era posto o rolo do Pentateuco ou dos Profetas para a leitura das lições. Lâmpadas e candelabros também faziam parte da mobília da sinagoga.

III. OS OFICIAIS DA SINAGOGA

Os Anciãos. Esses chefes (Lucas 7.3) formavam o tribunal local, e nas localidades puramente judias atuam como Comitê de Administração dos negócios da sinagoga. Eles tinham o poder de excomunhão. Os anciãos eram no geral fariseus, por crença e aprendizado.

O principal. Em algumas sinagogas havia diversos desses principais (Marcos 5.22; Atos 13.15). Com toda probabilidade eram escolhidos dentre os anciãos. Cabia ao principal controlar as reuniões da sinagoga; por exemplo, quem deveria ser chamado para ler a Lei e os Profetas, e para pregar; ele devia cuidar dos debates e manter a ordem de uma modo geral.

O ministro. (ou servo) (ou servos). Tinha de cuidar da iluminação da sinagoga e manter o prédio limpo. Era ele quem manejava o açoite quando alguém da sinagoga tinha de ser castigado (Mateus 10.17; 23.24; Marcos 13.9; Atos 22.19). Um oficial assalariado era o assistente da sinagoga, o "ministro" (Lucas 4.20). O prédio da sinagoga e seu mobiliário ficavam a seu cargo, especialmente os rolos das Escrituras; às vezes ele morava no próprio prédio. Do telhado do prédio ele dava sinal ao povo para parar de trabalhar ao aproximar-se o sábado, com um toque de trombeta repetido três vezes, e da mesma forma anunciava o encerramento do dia santo. Na reunião da sinagoga o assistente tirava o rolo da Escritura da caixa e levava ao leitor; ao concluir a leitura, ele o recebia de volta (Lucas 4.20), enrolava o mesmo, e depois de levantá-lo para ser visto pela congregação, devolvia-o à caixa. Ele também indicava ao sacerdote o ponto em que devia ser pronunciada a bênção, e nos jejuns avisava os sacerdotes quando deviam soar as trombetas. Nas comunidades menores, o *Hazzan* (ministro) tinha frequentemente de desempenhar vários outros serviços. Quando não havia leitores suficientes no culto, ele devia completar o número, ou até mesmo fazer pessoalmente a leitura da lição inteira. Às vezes, também tinha de liderar a oração.

O delegado da congregação. Este cargo não era permanente, sendo escolhida a cada reunião uma pessoa para desempenhá-lo. Ela dirigia as orações. (A mesma pessoa que lia as Escrituras, deveria também ler as orações. Era necessário que fosse alguém de bom caráter).

O Intérprete. Era seu dever traduzir em aramaico as passagens da Lei e dos Profetas lidas em hebraico (cf. 1 Coríntios 14.28). Este não era também provavelmente um cargo permanente, sendo preenchido em cada reunião por alguém escolhido pelo principal.

Os esmoler. As esmolas para os pobres eram arrecadadas na sinagoga (cf. Mateus 6.2). A arrecadação era feita por duas pessoas pelo menos, e a distribuição das esmolas por três pessoas pelo menos.

IV. A ORDEM DA REUNIÃO

A reunião da sinagoga não variava muito de um sábado para outro, sendo nesta ordem:

Recitação da "Shema". Esta era uma confissão da unidade de Deus, consistindo de passagens de Deuteronômio 6.4-9; 11.13-21; Números 15.37-41. Antes e depois da recitação dessas passagens, "Bênçãos" eram pronunciadas em relação às mesmas.

Orações. As orações mais importantes eram a *Shemoneh esreh*, "dezoito eulogias", um ciclo de 18 orações. A seguinte é a primeira das dezoito: "Bendito és Tu, o Senhor nosso Deus, o Deus de nossos Pais, o Deus de Abraão, o Deus de Isaque, o Deus de Jacó; o grande, o poderoso e o terrível Deus, o Deus Altíssimo que mostra misericórdia e bondade, Que criou todas as coisas, Que se lembra das obras piedosas dos patriarcas, e em amor trará aos filhos de seus filhos um redentor por causa do teu nome: Ó Rei, Ajudador, Salvador, e Escudo! Bendito és Tu, Ó Senhor, o Escudo de Abraão". As orações do delegado eram respondidas com um "Amém" por parte da congregação.

Leitura da Lei e dos Profetas. Depois da oração, o *parasaah* i.e., o "pericope" da Lei para esse sábado, era lido; o intérprete traduzia versículo por versículo em aramaico (ou em qual fosse o idioma nativo dos adoradores). O Pentateuco inteiro estava dividido em 154 pericopes, de modo que no curso de três anos ele era lido totalmente em ordem. Depois da leitura da Lei vinha o *haphtara*, o pericope dos Profetas para esse sábado, que o intérprete não traduzia necessariamente versículo por versículo, mas em parágrafos de três versículos. (A Lei foi lida primeiro na sinagoga até 163 a.C., quando Antíoco Epifânio a proibiu. Então a leitura dos Profetas passou a substituir a leitura da Lei. Todavia, os macabeus restauraram a leitura da Lei e, depois disso, a leitura da Lei e dos Profetas continuou sendo feita).

O sermão. Depois da leitura da Lei e dos Profetas, seguia-se o sermão, que era originalmente uma exposição causística da Lei, mas que no decorrer do tempo assumiu um caráter mais devocional. Qualquer pessoa na congregação podia receber um convite do principal para pregar, ou podia pedir a ele permissão par pregar.

A bênção. Depois do sermão era pronunciada uma bênção (por um dos anciãos ou o principal), e a congregação respondia "Amém". Com isto, a multidão se dispersava e ia para suas casas.

CAPÍTULO QUATORZE

7. Em Icônio. 14.1-6

14.1 –

Em Icônio Paulo e Barnabé entraram juntos na sinagoga judaica – Sobre Icônio, veja notas em Atos 13.51. "Juntos" representa o grego *kata to auto*, e poderia significar "ao mesmo tempo" ou "do mesmo modo"[1]. Se tomarmos este último como um sentido possível aqui, poderíamos dizer que os métodos evangelísticos de Paulo haviam se tornado estabelecidos, e veremos o mesmo método usado quase em todo lugar onde foi. Primeiro ele procurava a população judia local (talvez uma sinagoga, caso houvesse), e pregava o Evangelho a essas pessoas. Alguns dos judeus passavam a crer, assim como alguns gentios. Os judeus incrédulos instigavam a oposição, e com o tempo Paulo se via obrigado a partir. Ao visitarem a sinagoga de Icônio, os missionários podiam alcançar os judeus e os prosélitos que os poriam em contato com outros gentios. Eles não foram impedidos em sua prática pela célebre perseguição que haviam acabado de sofrer em Antioquia da Pisídia.

E falaram de tal modo que veio a crer grande multidão – Somos lembrados de que Paulo conhecia as Escrituras, havia recebido revelações de Cristo, e falava por inspiração do Espírito Santo. Este é outro exemplo da doutrina ensinada em Romanos 10.17, que a "fé vem pela pregação da palavra de Cristo".

Tanto de judeus como de gregos – "Gregos" provavelmente significa aqui os prosélitos da porta, que tinham o hábito de comparecer às reuniões do Sábado na sinagoga. Se não tivessem mostrado interesse no judaísmo, não teriam sido bem-vindos na sinagoga. Se tivessem sido circuncidados, não seriam chamados "gregos". Além disso, no versículo 2 temos "gentios", que deve significar os não-judeus que não tinham qualquer envolvimento com o judaísmo. Portanto, vemos a palavra "gregos" aqui como uma referência aos prosélitos.

14.2 –

Mas os judeus incrédulos – "Incrédulos" vem do verbo grego *apeitheo*, corretamente traduzido "desobedecer" (veja a margem da NASB)[2]. Pode ser dito que os judeus mostraram uma recusa obstinada em convencer-se da verdade pregada por Paulo e Barnabé. A palavra é mais forte do que simplesmente "incrédulos" (*apistos*), e representa sua incredulidade manifestando-se na forma de rebelião. O autor gostaria de chamar a atenção dos leitores de Atos para o fato de que a Escritura afirma que, por um lado, um grande número deles passou a crer, mas, por outro lado, em contraste, é dito: "os judeus foram desobedientes". Isto nos deixa a impressão de que os que creram foram os obedientes (é a fé obediente que salva!). A única maneira de contrastar "crença"

---

[1] Nossos comentários sobre um método evangelístico estabelecido são questionados por alguns que insistem que o grego para "segundo o seu costume" (veja Atos 17.2) é diferente da expressão usada aqui em 14.1.

[2] Arndt-Gingrich declaram em suas notas léxicas sobre *apeitheo* que o significado simples "incrédulos" (em lugar do termo "desobedientes" mais forte) é discutível, desde que nem todos os eruditos o consideram apropriado. O argumento se baseia no fato de que o sentido simples não é encontrado fora de certas passagens na Bíblia e só uma vez na literatura cristã primitiva; e, mesmo nesses casos, o sentido simples não foi de forma concreta provado como sendo correto. Na opinião do autor, este é um ponto em que a teologia dos tradutores ("fé somente") coloriu seus comentários. E deve ser notado que a NASB (que foi traduzido sob os auspícios de uma fundação batista, tendendo portanto a ser "fé somente") não se mostra consistente em sua interpretação de *apeitheo*. Algumas vezes ela emprega "incrédulos" e em outras "desobedientes". Veja João 3.36; Hebreus 3.18; Romanos 11.30-32. Uma tradução consistente ajudaria muito as pessoas a entender o que a Bíblia quer dizer quando fala de "fé" e "desobediência".

e "desobediência" como acontece nesta passagem, é se a crença (que salva) for uma fé obediente. O mesmo contraste entre "fé" e "desobediência" pode ser visto em João 3.36.

Incitaram e irritaram os ânimos dos gentios – Talvez houvesse o mesmo preconceito racial que existe agora, e os judeus incrédulos tiraram proveito disso. Não sabemos que acusações foram proferidas contra os apóstolos. Mas sabemos que os judeus algumas vezes acusavam os cristãos de sedição, e outras de ensinarem uma religião ilegal. Talvez tenham usado uma dessas acusações aqui. Um aspecto marcante de quase todas as perseguições registradas em Atos é terem elas sido instigadas pelos judeus incrédulos.

Contra os irmãos [irritaram os ânimos] – A palavra poderia ter sido traduzida "exasperaram". Alguns julgam que "irmãos" seja uma referência a Paulo e Barnabé. Outros acham que o termo, que era um dos títulos pelos quais os primeiros cristãos eram conhecidos, sugere que havia se formado uma congregação em Icônio.

14.3 –

Entretanto, demoraram-se ali muito tempo – "Entretanto" se reporta tanto ao versículo um como ao versículo dois – porque multidões estavam sendo convertidas, e por haver oposição, eles permaneceram bastante tempo. "Muito tempo" é um termo relativo. Não sabemos se foi um mês, três meses ou mais ainda.

Falando ousadamente no Senhor – Eles continuaram valentemente a anunciar o Evangelho da graça de Deus, mesmo diante da oposição. É provável que não estivessem mais pregando na sinagoga, embora não tenhamos uma declaração específica nesse sentido. Quando os missionários encontraram oposição na sinagoga em Antioquia da Pisídia, eles deixaram de adorar ali, e descobriram outros lugares para pregar sobre Jesus aos gregos. Podemos supor que algo semelhante tenha ocorrido em Icônio. Houve oposição, mas ainda não foram impostas medidas forçadas para expulsá-los da cidade, como aconteceu em Antioquia. A adição das palavras "com confiança" na NASB é uma interpretação feliz, pois o grego sugere que o Senhor foi o apoio de sua pregação. Confiando nEle, os apóstolos se sentiam encorajados e continuaram pregando.

O qual confirmava a palavra da sua graça – É difícil decidir se "Senhor" na frase anterior era uma referência a Jesus ou ao Pai. Podem ser apresentados argumentos a favor de qualquer dos pontos de vista[3]. "A palavra da graça" é uma mensagem que oferece a salvação pela graça, em lugar de ser por obras da Lei, a mensagem ousadamente pregada por Paulo e Barnabé. Envolvida na graça[4] está a morte de Cristo pelo pecado e a justificação do pecador que passa a crer.

Concedendo que por mão deles se fizessem sinais e prodígios – Foi assim que o Senhor "confirmou" a pregação dos apóstolos. Ele concedeu (em resposta à oração?) que os apóstolos operassem milagres para credenciar a mensagem pregada[5].

14.4 –

Mas dividiu-se o povo da cidade – Sempre tem acontecido isto com o Evangelho. Quando ele é pregado, surge uma divisão. Jesus disse: "Não vim para trazer paz, mas espada"[6], e afirmou que iria provocar divisão entre os membros de uma mesma casa,[7] colocando filho contra pai, filha contra mãe, etc. Este é o resultado do Evangelho quando fielmente proclamado. Isso sucederá provavelmente se você anunciá-lo fielmente no lugar em que serve. Há pessoas não conver-

---

[3] Em Atos, os milagres são algumas vezes chamados de obras de Cristo, Atos 3.16; 4.30. Sendo isto verdade, "Senhor" poderia ser uma referência a Cristo. Por outro lado "Senhor" poderia ser o Pai, como visto pela comparação de Atos 4.24 e 20.32.

[4] Veja notas em Atos 11.23 sobre "graça".

[5] Veja Atos 2.22 onde esses nomes diferentes para milagres são explicados. Veja também Marcos 16.17-20, onde é dito claramente que os milagres tinham como propósito confirmar a mensagem. Compare também João 20.30, 31.

[6] Mateus 10.34.

[7] Lucas 12.53.

tidas em posições de liderança em muitas congregações, e não querem o Evangelho; nunca foram tocadas pelo seu poder, nem querem que outros sejam, e se oporão a você quando o pregar. Haverá da mesma forma pessoas de fora que irão aliar-se aos inimigos do Evangelho. Mesmo assim, este escritor acredita que as palavras de Jesus precisam ser ouvidas – "Ai de vós, quando todos vos louvarem!"[8]. Se todos falarem bem do pregador, isso poderia talvez ser uma indicação de que ele não tem sido fiel ao seu chamado para pregar a palavra com ousadia. Todavia, uma advertência é necessária neste ponto. Nem toda oposição surge por parte dos incrédulos que se opõem ao Evangelho. O pregador deve ter cuidado para não ser a sua própria pessoa (e não a sua mensagem) que provoque a oposição. Oposição porque ele foi indiferente, sem amor e descuidado em seus tratos com as pessoas é uma coisa completamente diferente da oposição sobre a qual lemos, dirigida contra Paulo e Barnabé. "Povo" evidentemente se refere aos de fora da igreja ou da sinagoga – a população pagã da cidade. As pessoas que não fazem parte da igreja numa cidade têm meios de saber o que está acontecendo na congregação, e tomam partido.

Uns eram pelos judeus; outros pelos apóstolos – Quando uma comunidade toma partidos, muitas coisas influenciam suas escolhas. Talvez tomem o mesmo partido que alguns dos seus amigos respeitados tomaram, embora nunca tenham aprendido a verdade do caso. Talvez a oposição tenha tentado parecer que os que diziam a verdade (os missionários) sejam os errados. Os enganadores fazem isso com frequência, até hoje. Talvez alguns tivessem realmente estudado o assunto e chegado a decisões inteligentes na questão. Note que Paulo e Barnabé são designados como "apóstolos" aqui pela primeira vez em Atos[9].

14.5 –

E como surgisse um tumulto – É difícil encontrar uma palavra em inglês que transmita a ideia contida no termo grego *hormē* ("tentativa"). A interpretação "assalto" da KJV é talvez forte demais, embora nos escritos intertestamentários tenha a ideia de ataque, violência[10]. Se pensarmos num plano hostil sendo formado, uma conspiração preparada, poderemos nos aproximar mais da ideia. (A SBB usa o termo "tumulto" – N.T.).

Dos gentios e judeus, associados com as suas autoridades – Os "gentios" dentre os que se aliaram aos judeus foram incluídos na conspiração. Os "judeus" incluídos seriam aqueles que se rebelaram ativamente contra o Evangelho desde o princípio (versículo 2). "Suas autoridades"[11] evidentemente significa "as autoridades judaicas", e não os oficiais municipais, desde que a forma de punição escolhida (apedrejamento) era um método judeu de execução. Imaginamos esses líderes religiosos se mantendo distantes na medida do possível, mas ao mesmo tempo instigando os que se opunham aos apóstolos.

Para os ultrajar e apedrejar – "Ultrajar" (*hubridzo*) significa maltratar alguém fisicamente, com violência. Nossa palavra "tortura" é forte demais, mas algum tipo de abuso físico antes do apedrejamento havia sido planejado. A violência deveria terminar em morte por apedrejamento, provavelmente sob a acusação de blasfêmia. A multidão estava prestes a se movimentar pelas ruas, ou talvez já se encontrasse ali quando os apóstolos perceberam o plano.

14.6 –

Sabendo-o eles – Pouco antes que a multidão hostil conseguisse executar seu plano, os apóstolos tomaram conhecimento dele. Talvez algum amigo tenha corrido antes do populacho para avisá-los. Talvez algum dos conspiradores tenha conversado sobre o assunto, antes da hora de executá-lo, e alguém escutou, e o perigo foi então levado aos cuidados dos pregadores. A mesma palavra traduzida aqui "sabendo-o" é traduzida "considerando" em 12.12. Pode ser que os após-

---

[8] Lucas 6.26.
[9] Veja notas em Atos 14.14 sobre o termo "apóstolo".
[10] 3 Macabeus 1.16, 23; 4.5.
[11] Veja o Estudo Especial Nº 15 para mais informações sobre esses oficiais da sinagoga chamados "principais".

tolos estudassem qual o melhor caminho a seguir de acordo com a informação recém-recebida, e decidiram que era melhor fugir.

Fugiram para Listra e Derbe – Listra ficava a cerca de 64 km a sudeste de Icônio, e Derbe cerca de 32 km mais para o leste. A localização de Listra foi tentativamente identificada pelos arqueólogos em 1820, e depois confirmada quando o Professor Sterrett encontrou uma inscrição em 1885. Listra tinha sido feita uma colônia romana em 6 A.D., por Augusto. Derbe ficava no canto sudoeste da região mais extrema da planície Licaônica, quase na fronteira entre a Licaônia e a Cilícia. Ela era a primeira cidade encontrada pelo viajante que atravessasse o passo montanhoso chamado de "Portais da Cilícia", ao viajar do leste em direção à Galácia do Sul. A localização de Derbe foi identificada em 1956 por Michael Ballance[12]. Ambas as cidades devem ter sido centros comerciais para toda a região; em Derbe deve ter existido uma alfândega, onde impostos sobre as mercadorias que entravam no país eram arrecadados.

Cidades da Licaônia – Em tempos passados Lucas foi acusado de cometer outro erro aqui, pois suas palavras parecem implicar que Icônio, de onde os pregadores estavam fugindo, não fica na região da Licaônia. Ramsay mostrou que Lucas está perfeitamente correto no uso de termos para esse período de tempo, pois Icônio era uma cidade da Frígia quando Paulo a visitou[13].

O comportamento de Paulo e Barnabé faz surgir a pergunta: Quando um pregador deve fugir, e quando permanecer e lutar? Vimos no segundo versículo que ao aumentar a oposição, a ousadia de Paulo e Barnabé cresceu e fez com que permanecessem ali por bastante tempo. Aprendemos agora que eles fugiram. Não é errado fugir quando sua vida está em perigo, e se ficar não tem condições de beneficiar ninguém. Não há motivo para colocar o pescoço na guilhotina a não ser que seja forçado a isso. Uma das primeiras leis da vida humana é a autopreservação. Deus espera que nos poupemos, a não ser que a verdade, a honestidade e a integridade estejam envolvidas. Certamente, se chegar o dia em que seja preciso negar Jesus ou morrer, o dever do indivíduo está muito claro. Mas sob circunstâncias semelhantes às de Icônio, quando a pessoa vê que não pode mais fazer qualquer bem, e há evidência que sua vida está em risco, é hora então de sair.

A Licaônia era uma das províncias étnicas da Ásia Menor nos dias pré-romanos. Nos tempos romanos ela foi incorporada à área chamada Galácia do Sul. Na época pré-romana era uma região mais selvagem e menos civilizada do que a Frígia[14]. Mas com a chegada dos romanos e a colonização da área, ela talvez não fosse mais tão selvagem e inculta.

E circunvizinhança – ("Região" no original inglês – N.T.). Já encontramos este termo "região" em Atos 13.49. Este versículo poderia significar exatamente o mesmo que aquele; ou seja, que enquanto Paulo trabalhava nas cidades maiores, seus ajudantes e convertidos levavam o Evangelho às vilas e cidades vizinhas. A linguagem pode também indicar que Listra e Derbe eram cidades menores do que aquelas em que Paulo normalmente trabalhava, e que ele mesmo evangelizou as circunvizinhanças, desviando-se assim (quando a ocasião o exigia) de seu método comum de evangelizar nas cidades grandes.

8. *Em Listra. 14.7-20*

14.7 –

Onde anunciavam o evangelho – Embora perseguidos, eles continuaram pregando; e quando expulsos de uma cidade, iam para outra. Faziam exatamente como Jesus ordenou ao dar instruções para uma viagem missionária anterior[15]. O grego para "anunciavam" está no imperfeito, indicando ação contínua. Havia judeus naquela região (a mãe e a avó de Timóteo, por

---

[12] Ramsay, *op. cit.*, p.111, 112.
[13] Ovídio, *Metamorphoses*, VIII. 621.
[14] M. Ballance, "The Site of Derbe, A New Inscription", *Anatolian Studies*, Vol. 7 (1957), páginas 147-151.
[15] Mateus 10.23.

exemplo), mas não parece ter existido um número suficiente de homens para formar uma sinagoga ou mesmo exercer muita influência (Timóteo, embora de mãe judia, chegou à adolescência sem ser circuncidado). Podemos, portanto, no que sabemos, imaginar Paulo e Barnabé, começando pela primeira vez seu ministério evangelístico pregando pela maior parte aos gentios. Não havia aparentemente um grupo judeu já pronto aqui, com o qual eles pudessem iniciar sua evangelização.

14.8 –

Em Listra – Como em outras cidades e povoados desta região, devemos pensar nos missionários pregando nas praças e lugares de reuniões públicas.

Não encontraram em Listra uma sinagoga judia que lhes permitisse reunir uma audiência piedosa; os missionários foram obrigados a pregar ao ar livre. As ruas estreitas comuns às cidades daquela época eram inadequadas para juntar uma multidão, mas em cada cidade havia um espaço mais ou menos desocupado junto às portas, tanto do lado interno como externo; sendo sempre esses os lugares favoritos para as multidões se reunirem. Pelo contexto abaixo (versículo 13), parece que Paulo estava se dirigindo a uma multidão no portão principal quando o seguinte incidente teve lugar[16].

Costumava estar assentado certo homem aleijado – A palavra traduzida "assentado" poderia ser "morava"[17], mas o que Lucas está contando é evidentemente que o homem costumava sentar-se na praça. Talvez fosse um mendigo, pois tais pessoas geralmente se sentavam nos lugares públicos para pedir esmolas[18]. O dr. Lucas usa o termo médico para o problema físico do homem. Ele não tinha força suficiente nos pés para andar.

Paralítico desde o seu nascimento – Este caso é bem semelhante ao do coxo curado por Pedro e João, Atos 3.1-11[19]. Como o homem na Porta Formosa, a história deste indivíduo em Listra era conhecida desde a sua infância.

O qual jamais pudera andar – O milagre, portanto, seria mais notável, desde que o homem era bastante conhecido. Alguns escritores têm comentado sobre o cuidado característico do dr. Lucas ao registrar a duração das doenças que foram milagrosamente curadas[20].

14.9 –

Esse homem ouviu falar Paulo – Como não havia sinagoga em Listra, e como a sequência tem lugar na porta da cidade, concluímos que Paulo estava falando numa reunião ao ar livre, e o aleijado era um dos ouvintes. O tempo do verbo (imperfeito no Texto Grego de Nestle) indica que ele era um ouvinte habitual da pregação de Paulo. Ele costumava ouvir, ou ouvia continuamente, a pregação. Entendemos que Paulo já havia pregado durante alguns dias no mercado junto à porta, e cada dia o aleijado estava presente. Ele tem ouvido o Evangelho da morte e ressurreição de Jesus, e da salvação que é disponível nEle.

Que, fixando nele os olhos – Isto é, Paulo olhou para o homem, talvez lendo também seu coração. Veja notas em 1.10 e 13.9 para este verbo "fixando os olhos".

---

[16] McGarvey, *op. cit.*, p. 39.
[17] Atos 18.11; Lucas 21.35; Apocalipse 14.6.
[18] Marcos 10.46.
[19] Críticos negativos têm feito ataques ao livro de Lucas de dois lados nesta passagem. (1) Eles tentam negar a autoria lucana desta seção, com base no fato de que "Listra" no versículo 8 é neutro, enquanto nos versículos 6 e 21 é feminina. Mas o mesmo ocorre em 16.1, 2, e essa passagem não é questionada. (2) Em vista deste milagre ser tão semelhante ao do capítulo três, é dito que Lucas simplesmente inventou a história. Mas nos Estudos Introdutórios onde a "segurança da fidedignidade" foi estudada, notamos que um relato paralelo deste tipo era o modo aceito de escrever uma história nos dias de Lucas. Não é evidência de que a história tinha sido inventada!
[20] Compare Atos 3.2; 9.33.

E vendo que possuía fé para ser curado – Veja Atos 3.8-10 onde discutimos a questão de ser necessária ou não a fé por parte da pessoa prestes a ser curada. Esta passagem fala de fé exercida pela pessoa que ia ser curada[21]. Mateus 9.21-29 ensina o que pode estar envolvido nesta fé – a crença de que a cura era possível, e que Paulo (com ajuda do Senhor) poderia fazer isso. Desde que a "fé vem pela pregação", a origem da crença deste homem deve ter sido alguma coisa dita por Paulo. Talvez ele tivesse falado do ministério miraculoso de Jesus, ou do poder dado por Jesus para que seus apóstolos operassem curas semelhantes como prova de sua missão divina. Não é declarado exatamente o que Paulo viu ao fixar os olhos no aleijado. Talvez ele tivesse visto uma expressão no rosto dele que evidenciou a sua fé. Ou, pelo dom do discernimento de espíritos, Paulo talvez tenha lido o coração do homem.

14.10 –

Disse-lhe em alta voz: – Paulo elevou a voz para chamar a atenção de todo o povo no mercado para a cura milagrosa.

Apruma-te direito sobre os pés – Até então os pés dele eram fracos demais para sustentá-lo. "Apruma-te" (caso devesse ficar de pé), indica que estava inteiramente curado. Sem ter havido fé por parte do homem para encorajá-lo a esforçar-se, a ordem teria sido cruel.

Ele saltou e andava – O homem obedeceu imediatamente. Como indicam os diferentes tempos do verbo, o homem saltou na mesma hora de um só pulo, e então começou e continuou a andar em volta. Observe que este milagre é outro exemplo da natureza instantânea dos milagres bíblicos. O aleijado não começou a ficar bom gradualmente. O milagre foi total e completo num instante. Para alguém que jamais aprendeu a andar, fazê-lo imediatamente é um milagre espantoso.

14.11 –

Quando as multidões viram o que Paulo fizera, gritaram – Quando as pessoas ficam excitadas, elas falam naturalmente em voz mais alta. Em toda a praça do mercado os habitantes de Listra gritam para quem quiser ouvir, que os deuses desceram para uma visita! O tempo do verbo aqui indica uma explosão súbita de vozes excitadas.

Em língua Licaônica, dizendo: – Qual era esta língua tem deixado perplexos os comentaristas. Que era um dialeto local de algum tipo, é quase tudo que podemos dizer. O fato de que os nativos estavam falando o dialeto local é apresentado por Lucas por alguma razão – talvez para explicar por que Paulo e Barnabé não fazem objeção até que veem os preparativos para o sacrifício para eles. Paulo e Barnabé aparentemente pregaram em grego, e o povo teria compreendido, pois a maioria dos povos era bilingue, sabendo grego suficiente para fazer negócios com os estrangeiros que chegassem à cidade. Era perfeitamente natural para o povo, em seu entusiasmo, voltar à sua língua nativa. O fato de que Paulo não entendeu o dialeto licaônico nos ajuda a compreender o "dom de línguas". Embora ele pudesse falar tantas línguas (1 Coríntios 14.18), não entendia todas as línguas e dialetos com que entrou em contato[22].

Os deuses, em forma de homens baixaram até nós – Toda a região em volta era idólatra. Os deuses adorados em Listra seriam os mesmos adorados em todo o mundo pagão. "Em forma de homens" significa "em forma humana". Barnes noz diz que os poemas de Homero e Virgílio estão cheios de narrativas sobre como os deuses tomaram forma humana e aprenderam sobre os assuntos humanos, ajudando os homens que vieram visitar[23]. O milagre operado por Paulo levou os habitantes de Listra a supor que os missionários fossem deuses. Estava evidentemente além da capacidade humana curar desse modo um homem, e eles não tinham outra explicação para

---

[21] Nas notas em Atos 4.9, 12, explicamos como a mesma palavra pode ser traduzida seja "curado" ou "salvo" – e qual é correto depende do contexto. Aqui "curado" (recupera a saúde) é a ideia melhor.

[22] Veja o estudo especial sobre "Falar em Línguas" no final do capítulo 2 para mais informação sobre este assunto.

[23] Barnes, *op. cit.*, p. 218.

a cura, pois era algo maior que os mágicos da época podiam fazer! Havia uma fábula entre os habitantes da Licaônia que Júpiter (Zeus) e Mercúrio (Hermes) tinham certa vez visitado aquele lugar e sido recebidos por Filemom[24]. De acordo com a mitologia, Júpiter e Mercúrio certo dia tomaram a forma de homens e foram visitar Listra. Eles andaram pelas ruas, batendo em todas as portas, mas ninguém os convidou para entrar e visitar. Finalmente chegaram à última casa da cidade, um barraco, na extremidade do depósito de lixo da cidade, a casa de Filemom e Baucis. Filemom (não o Filemom do Novo Testamento) e Baucis convidaram Júpiter e Mercúrio para visitá-los à sombra de uma velha àrvore. A seguir, os deuses mitológicos foram convidados a ficar para uma festa. Tarde da noite eles partiram da cidade, levando Filemom e Baucis em sua companhia. Quando estavam a uma distância segura, Júpiter chamou fogo sobre a cidade, e todos os que os haviam rejeitado foram mortos. Filemom e Baucis foram nomeados sacerdotes. Uma nova cidade foi construída pelos deuses, e um templo magnífico levantado. Filemom e Baucis serviram nesse templo. Depois disso, sempre que um estranho chegava à cidade, ele era bem recebido. Esta foi uma das razões porque se prestaram a render sacrifícios a Paulo e Barnabé. Pensavam que os deuses haviam voltado novamente à cidade.

14.12 –

A Barnabé chamavam Júpiter – O tempo do verbo aqui indica que depois da explosão inicial de gritos de admiração (versículo 11), eles seguiram inventando nomes para os dois pregadores. Lucas nos dá os nomes gregos dos deuses; os romanos o conheciam por Júpiter. (A SBB dá o nome romano Júpiter e não grego, Zeus).

Júpiter era o mais poderoso de todos os deuses dos antigos. Era representado como filho de Saturno e Ops, tendo sido educado numa caverna no Monte Ida, na ilha de Creta. A adoração de Júpiter era quase universal. Ele era o Amom da África, o Belo da Babilônia, o Osíris do Egito. Era geralmente chamado de pai dos deuses e dos homens. Quase sempre aparecia sentado num trono de ouro ou marfim, tendo numa das mãos um raio e na outra um cetro de cipreste. Supunha-se que seu poder abrangia os demais deuses; e tudo se sujeitava à sua vontade exceto as Parcas[25].

Crisóstomo conjeturou que Barnabé fosse um homem de grande estatura, fazendo com que o povo de Listra se lembrasse de Zeus.

E a Paulo, Mercúrio [Hermes], porque era este o principal portador da palavra – Hermes, chamado Mercúrio (como na SBB) pelos romanos, era um dos celebrados deuses da mitologia clássica.

Ele era o mensageiro dos deuses, especialmente de Júpiter; era o protetor dos viajantes e pastores; conduzia as almas dos mortos para as regiões infernais; ele *presidia sobre os oradores, declamadores,* e mercadores; era também o deus dos ladrões, batedores de carteira, e todas as pessoas desonestas. Era considerado *o deus da eloquência;* sendo leve, rápido e ágil em seus movimentos[26].

Como se sabe, Paulo tem sido descrito como baixinho; alguns dizem que tinha problemas nos olhos, talvez fosse corcunda, tivesse epilepsia, fosse calvo e tivesse o nariz curvo[27]. Mas de uma forma ou de outra, enquanto este autor o acompanha pelo império romano em sua imaginação, e vê o que Paulo fez e onde foi, parece difícil acreditar que fosse um homem raquítico, magricela, epiléptico, sofrendo dos olhos, subnutrido. Além disso, não é fácil crer que Paulo pudesse ser tido como um deus grego, conhecendo o conceito que o povo fazia de um deus (como visto nas esculturas da época), caso fosse desse tipo de espécime físico.

---

[24] Ovídio, *op. cit.*, VIII, 611-724.
[25] *Ibid.*
[26] *Ibid.*
[27] Os aspects acima foram incluídos na descrição de Paulo no lendário *Acts of Paul and Thecla.*

Em nossos dias, quando o estudo comparativo das religiões é popular, por causa de um paralelo remoto entre os registros bíblicos e as histórias fantásticas da mitologia, professores das artes liberais gostam de equiparar o Deus da Bíblia com os deuses mitológicos. É difícil entender por que esses professores atacam mais o cristianismo do que o budismo ou hinduísmo. Por que se esforçam tanto para desacreditar o cristianismo? Eles falam pouco desfavorável a Krishna – um dos deuses principais do hinduísmo – embora ele seja descrito como um deus bêbado que corre selvagemente com seu carro pelo espaço celestial. O Deus da Bíblia é bondoso e benigno, não se comparando aos deuses pagãos, todavia ele é menosprezado. Nos perguntamos a razão disso.

"Principal portador da palavra". Hermes era chamado de "soberano das palavras" pelos antigos, e as mesmas palavras traduzidos como "soberano das palavras" são as palavras usadas aqui por Lucas para descrever o motivo dos habitantes de Listra começarem a chamar Paulo de Hermes. Parece que ele havia feito a maior parte da pregação; e desde que era ofício de Hermes transmitir as mensagens dos deuses, eles julgaram que fosse Hermes.

O entusiasmo deles os levou naturalmente a falar em sua língua nativa, em vez do grego em que Paulo se dirigia a eles e que usavam como idioma adquirido. Seus gritos necessariamente silenciaram Paulo por algum tempo. Talvez, enquanto estivesse aguardando que se acalmassem, a fim de poder continuar seu sermão, ele deixou de notar que parte de multidão se afastou, alguns para buscar dois ou mais bois gordos preparados para um sacrifício a Júpiter, e outros para buscar grinaldas de flores que seriam usadas para decorar os chifres das vítimas[28].

14.13 –

O sacerdote de Júpiter [Zeus] – O Códice Beza contém a leitura "sacerdotes". Em cada um dos grandes templos da Ásia Menor vários sacerdotes prestavam serviço regular. Era tarefa do sacerdote conduzir a adoração de Zeus, oferecendo sacrifício no templo de Zeus que ficava próximo.

Cujo templo estava em frente da cidade – Cada uma das cidades antigas possuía uma divindade mitológica que adoravam e que, segundo supunham, guardava e protegia o povo que vivia nessa cidade. Zeus era essa divindade de Listra. O templo onde o adoravam ficava junto às portas principais da cidade, do lado de fora. Talvez houvesse uma estátua de Zeus dentro do templo.

Trazendo para junto das portas touros e grinaldas – No grego o termo usado é "touros" (*taurous*) (e não "bois" como no original inglês – N.T.); e provavelmente dois touros foram levados, um para ser sacrificado a cada "deus". "Grinaldas" eram coroas de flores colocadas sobre os chifres da vítima, pouco antes do sacrifício. Os sacerdotes e adoradores também se enfeitavam com essas flores. Os animais estavam sendo levados para o lugar onde Paulo e Barnabé estavam. A mesma palavra "porta" foi usada em Atos 10.17 e 12.13 para indicar a entrada de uma casa (na SBB Atos 12.13 usa *portão* – N.T.). Em vista do plural aqui, alguns falam das portas do templo de Zeus, ou das portas da cidade, em lugar de pórtico externo da casa em que os apóstolos estavam hospedados. Parece muito provável que "portas" seja uma referência à entrada para a cidade, o lugar onde os missionários realizavam suas reuniões de pregação.

Queria sacrificar juntamente com as multidões – As multidões que presenciaram o milagre deveriam estar ansiosas para seguir o sacerdote e participar da adoração dos dois deuses. O sacrifício, caso lhes fosse permitido realizá-lo, teria sido deste modo. A garganta dos touros seria cortada e o sangue recolhido num frasco. O sangue e a cauda do animal sacrificado a Zeus seriam queimados no altar no templo do ídolo, que ficava vizinho. O resto dos animais teria sido assado, e o povo festejaria então em honra dos deuses.

---

[28] McGarvey, *op. cit.*, p. 41.

14.14 –

Porém, . . . os apóstolos Barnabé e Paulo – Este é um dos poucos lugares, depois do início da primeira viagem missionária, em que o nome de Barnabé aparece primeiro. Isso indica provavelmente que nessa ocasião Barnabé recebeu as maiores honras por parte do povo, desde que julgavam que era Zeus. Assim sendo, Lucas coloca seu nome primeiro. Barnabé era "apóstolo"? A palavra apóstolo é usada em vários sentidos no Novo Testamento. Ela é usada para Cristo, o apóstolo de Deus[29]. "Apóstolo" significa "enviado", e Cristo à chamado apóstolo no sentido de ter sido enviado por Deus numa missão. Segundo, a palavra apóstolo é usado para homens especialmente comissionados por Cristo, homens como os Doze[30], Paulo[31], e talvez outros[32]. Um terceiro uso do termo é encontrado em 2 Coríntios 8.23, onde os mensageiros escolhidos pelas igrejas para levar a oferta aos santos de Jerusalém são chamados "apóstolos". Surge então a pergunta: Barnabé é chamado apóstolo no sentido de ter sido enviado numa missão pela igreja de Antioquia, ou no sentido em que os Doze o foram? Isto é, um apóstolo de Cristo, e em termos de igualdade com Paulo, Pedro e João? Desde que Paulo afirmou ser apóstolo, e em pé de igualdade, com os Doze,[33] e a palavra aqui é evidentemente usada no sentido limitado de um apóstolo *de Cristo*, nos inclinamos a crer que Barnabé era também um apóstolo *de Cristo*, e não apenas chamado apóstolo no sentido de ser um apóstolo da igreja de Antioquia[34].

Ouvindo isto – Como os apóstolos perceberam que o sacrifício prestes a realizar-se seria em honra deles, não nos é dito. Será que alguém chegou para colocar grinaldas no pescoço deles e pediu que tomassem parte nas atividades?

Rasgando as suas vestes – As roupas rasgadas eram geralmente as de baixo. As pessoas rasgavam a bainha de suas vestes, no pescoço, como expressão de repugnância pelo que estava sendo feito ou dito. Neste caso, porém, os apóstolos rasgaram as vestes externas, como mostra o uso da palavra *himatia* (em vez de *chitōn*). A prática de rasgar a roupa quando motivado por uma agitação súbita e violenta, se reporta aos dias de Jacó[35]. Esta é a última vez no Novo Testamento que lemos sobre essa prática. Por que caiu em desuso? Talvez o "domínio próprio" ensinado pelo cristianismo tivesse levado os homens a deixarem de lado esses atos. Desde que o rasgar das roupas parece ter sido um costume judeu, e como uma grande parte do Novo Testamento trata do Evangelho entre os gentios, é possível que esta seja a razão de não ouvirmos falar novamente do costume. Até que ponto um ato desses seria compreendido pela população gentia de Listra pode ser perguntada, mas a própria estranheza do mesmo pode ter atraído a atenção do povo.

Saltaram para o meio da multidão, clamando: – A multidão de Listra, junto às portas da cidade, estava com uma disposição festiva. Podemos imaginar Paulo e Barnabé correndo de uma pessoa para outra, instando que cessem seus preparativos para o sacrifício a Zeus e Hermes.

14.15 –

Senhores, por que fazeis isto? – Comparado com as palavras de saudação dos outros discursos em Atos, "Senhores" é bastante breve. Mas o momento exigia pressa, caso fossem impedir o sacrifício de ser feito. Não havia tempo para muitas palavras. A mensagem que se segue é o primeiro sermão registrado de Paulo a uma audiência inteiramente gentia. Atos 17 registra outro.

---

[29] Hebreus 3.1.
[30] Mateus 10.2.
[31] 1 Coríntios 4.9; 9.2.
[32] Romanos 16.7.
[33] Gálatas 1.1; 1 Coríntios 4.9; 9.1, 2, etc.
[34] A principal objeção quanto a chamar Barnabé de apóstolo de Cristo (em lugar de apóstolo da igreja) é a qualificação (Atos 1.22) de ter testemunhado o ministério de Cristo na terra. Não encontramos nada num sentido nem em outro. Talvez ele, como Matias, tivesse testemunhado grande parte do ministério de Jesus; ele talvez tenha visto o Senhor ressurreto, e assim, como Matias (Atos 1.15-26) tornou-se um apóstolo de Cristo.
[35] Gênesis 37.29-34.

Nós também somos homens como vós, sujeitos aos mesmos sentimentos – Paulo está dizendo: "Não somos deuses para serem adorados! Somos simples homens, como vocês". A palavra traduzida "mesmos sentimentos" pode ter várias implicações. Os deuses mitológicos não estavam sujeitos a muitos dos sentimentos que os humanos experimentam. Paulo pode estar dizendo que eles não podem ser deuses, por terem tais sentimentos humanos. Os deuses eram também considerados seres poderosos. Paulo pode estar dizendo que ele e Barnabé tinham fraquezas humanas, e não podiam portanto ser os deuses que o povo julgava que fossem. Ou, os deuses eram considerados imortais. Paulo pode estar dizendo que eles eram mortais, passíveis de sofrimento e morte, não podendo portanto ser "deuses" dignos de adoração.

E vos anunciamos o evangelho – Esta é a razão de termos vindo, não para receber adoração, mas para pregar do Evangelho do Deus vivo a vocês. Viemos para impedir a adoração idólatra, e não para encorajá-la. O Códice Beza diz: "pregar e Evangelho de o Deus a vocês", e Ramsay sugeriu que assim como Paulo iniciou sua mensagem em Atenas referindo-se ao "Deus Desconhecido" a quem adoravam, ele pode ter usado um termo "O Deus" (um termo familiar para o Grande Deus que era usado regularmente pelo povo de Listra) como ponto de partida para esta mensagem sobre o "Deus vivo".[36]

Para que destas coisas vãs vos convertais – Os ídolos são muitas vezes chamados "vaidade" ou "coisas vãs".[37] *Mataios* significa vazio, infrutífero, inútil, sem poder, carecendo de verdade. Eles não têm poder para ajudar. Quando Paulo disse "*destas* coisas vãs", ele pode ter gesticulado na direção dos animais, do templo e das flores. Quando o indivíduo se torna cristão ele deixa de adorar ídolos. A mesma palavra "convertais" é encontrada em Atos 3.19. Veja as notas ali para uma discussão do que está incluído na "conversão". Da mesma forma que Pedro usou a palavra, Paulo tinha também em mente um propósito definido para a conversão. Parece que os homens muitas vezes se inclinam a se esquecer desse propósito na conversão. Eles deviam converter-se daquelas "coisas vãs" para fazer o quê? Deviam converter-se a um Deus vivo!

Ao Deus vivo – Em 1 Tessalonicenses, Paulo disse que os convertidos de Tessalônica se haviam convertido de seus ídolos para servir a um Deus vivo. Não existe algo como vácuo espiritual! A vida do homem é sempre ocupada por algo. Se ele dissipa servindo o pecado, e depois se torna cristão, a única maneira de garantir que não voltará a servir o pecado é encher sua vida com o serviço de Cristo. Lembre-se da história do homem que tinha um demônio, Lucas 11.24-26. O demônio saiu, e enquanto estava fora, a casa foi varrida e ornamentada. Quando voltou, encontrou-a ainda vazia; e trouxe muitos outros demônios em sua companhia ao voltar! E diz-se que a última condição do homem foi pior do que a primeira. Esta é uma descrição de muitos que se tornam cristãos e jamais enchem suas vidas com serviço. Suas vidas ficam vazias no que se refere ao fruto e serviço cristão. Assim sendo, eles logo acabam envolvidos nos assuntos deste mundo e no serviço do Diabo mais do que antes. Jeová é chamado de Deus "vivo" a fim de contrastá-lo com os ídolos mudos, sem poder. O Deus pregado por Paulo vive e age realmente, quer como o Deus da natureza ou o Deus da redenção.

QUE FEZ O CÉU, A TERRA, O MAR E TUDO O QUE HÁ NELES – Que contraste entre o Deus que criou todas as coisas e o deus adorado por esses pagãos. De um lado estava o Deus que criou todas as coisas e era todo-poderoso, e do outro os deuses feitos por mãos de homens, que não tinham poder. As ideias sobre a origem do universo diferiam entre os pagãos. Alguns adoradores de Zeus acreditavam que ele era o criador[38]. O conceito de que a matéria era eterna também constituía uma doutrina largamente aceita. Qualquer dessas doutrinas seria contradita pela afirmação de Paulo de que o Deus vivo era o criador de tudo.

De passagem, queremos contrastar a pregação de Paulo aos judeus e sua pregação aos gentios.

---

[36] Wm. Ramsay, *St. Paul*, p.118.
[37] Veja Deuteronômio 32.21; 2 Reis 17.15; 1 Reis 16.13, 26; Jeremias 2.5; 8.18; Isaías 44.12ss.
[38] Veja notas em Atos 17.18, onde as crenças dos estóicos são enumeradas.

AUDIÊNCIA JUDIA | AUDIÊNCIA GENTIA

INTRODUÇÃO: Todas as aberturas dos sermões de Paulo dependem dos ouvintes a quem se dirige. Quer estivesse diante de um governador romano, ou diante dos atenienses que desconheciam o Deus vivo, ou numa sinagoga, as introduções de Paulo se adequavam ao momento. Se Paulo tivesse de defender-se ou apresentar suas credenciais, essas coisas fariam parte da introdução. Depois da introdução, os pontos principais enfatizados para as respectivas audiências geralmente seriam:

1. Os tratos de Deus com os judeus	1. A atividade criativa de Deus
2. Referências á Lei e aos Profetas	2. Relação do homem com o Criador (algumas vezes mostrada por uma referência aos poetas pagãos)
3. Jesus é o Messias (contando sua morte, sepultamento e ressurreição)	3. O arrependimento é agora exigido de todos os homens. Já se passaram os dias em que Deus perdooua a ignorância
4. Perdão através de Cristo	4. Juízo vindouro e necessidade de Jesus como Salvador pessoal.
5. Salvação universal (o Evangelho é também para os gentios)	5. A ressurreição de Jesus é uma prova de que Ele pode salvar.

Não queremos dizer com isto que Paulo só tinha dois sermões. Pelo contrário, havia certas coisas que Paulo enfatizava em cada sermão (dependendo, é claro, das necessidades dos ouvintes).

É possível aprender mais sobre a pregação de Paulo às audiências gentias mediante uma comparação de suas mensagens a esses ouvintes. Através delas podemos aprender o que é necessário enfatizar quando pregamos a pessoas semelhantes.

> Howson nota a coincidência entre a exortação aos de Listra, para que "destas coisas vãs vos convertais ao Deus vivo", e o observação de Paulo aos Tessalonicenses, de que "deixando os ídolos, vos convertestes a Deus, para servirdes o Deus vivo e verdadeiro"; entre o comentário de "nas gerações passadas Deus permitiu que os gentios andassem nos seus próprios caminhos" e sua afirmação aos atenienses de que "não levou Deus em conta os tempos da ignorância"; e finalmente, entre o argumento para provar que Deus não havia se deixado ficar sem testemunho entre os pagãos, e o de Romanos 1.20 onde ele diz: "Porque os atributos invisíveis de Deus, assim o seu eterno poder como também a sua própria divindade, claramente se reconhecem, desde o princípio do mundo, sendo percebidos por meio das coisas que foram criadas. Tais homens são por isso indesculpáveis"[39].

14.16 –

O qual nas gerações passadas – Em eras anteriores à época do Evangelho.

Permitiu que todos os povos andassem nos seus próprios caminhos – Deus consentiu que os gentios (nações) se conduzissem sem as restrições e ensinamentos de uma lei escrita (como a que deu aos judeus). Os gentios foram permitidos viver através dos séculos com apenas a tradição oral para guiá-los. Com o correr dos anos, os gentios se afastaram cada vez mais da verdade original revelada aos seus ancestrais. Mas Deus não lhes deu leis *escritas*, e enviou-lhes poucos mensageiros. Várias razões têm sido sugeridas para essa atitude tomada por Deus. Desde que Deus permitiu aos homens verem o que podiam e queriam fazer, estavam melhor preparados para receber a nova luz do Evangelho. Por que Deus não enviou o Redentor imediatamente depois que o homem caiu de sua relação íntima com Ele? Bem, Deus com certeza sabia o que estava fazendo, e teve que esperar que a hora oportuna se apresentasse. Se o Salvador tivesse vindo imediatamente ao Jardim do Éden para oferecer-se, Adão e Eva não lhe teriam dado o

---

[39] Veja Romanos 11.32.

devido valor. Em primeiro lugar, o homem tinha de aprender o que é pecado e conhecer algo das consequências do pecado (consequências para si mesmo e seus semelhantes); precisava igualmente aprender que não podia salvar a si mesmo do pecado, mas que necessitava de um Salvador. Segundo, Deus precisava de tempo para preparar a nação judia, a nação grega (língua) e a nação romana (governo), a fim de preparar o mundo para a chegada do Salvador. Lemos em Gálatas que na plenitude do tempo Deus enviou seu Filho. Os tratos de Deus com os gentios faziam parte de seu grande plano da redenção, em que todos foram "encerrados na desobediência, a fim de usar de misericórdia para com todos" (veja Romanos 11.32).

14.17 –

Contudo, não se deixou ficar sem testemunho de si mesmo – Paulo continua contando aos de Listra o que o "Deus vivo" fazia constantemente. Ele não só era criador, como também é ativo na história. Há três particípios presentes aqui no versículo 17, e eles marcam a atividade e bondade contínuas de Deus, informando-nos sobre o "testemunho" que Deus dá de Si mesmo. Embora Deus não tivesse dado aos gentios uma revelação escrita como fez para os judeus, mesmo assim deu ampla demonstração de sua existência e caráter moral.

Fazendo o bem – Deus deu evidência de Si mesmo através de atos de bondade. O particípio presente sugere que Deus estava sempre fazendo o bem. Em que aspectos específicos Ele fazia o bem será detalhado nas duas frases seguintes.

Dando-vos do céu chuvas e estações frutíferas – "Chuvas" (plural em grego) é possivelmente uma referência ás primeiras e últimas chuvas[40]. Zeus, especialmente adorado pelos habitantes de Listra, era chamado "aquele que envia a chuva" e "o doador de todos os produtos da terra". Paulo diz que não é Zeus, mas o Deus Vivo, que é responsável por enviar a chuva e os produtos da terra. Chuvas para ajudar no crescimento da safra são evidências do bem que é feito constantemente por Deus. "Estações frutíferas" são aquelas em que a colheita é abundante. Faz parte da evidência de que Deus está ativamente fazendo o bem em Seu mundo, tão poucas estações sendo infrutíferas. Logo depois do dilúvio, Deus prometeu sementeira e colheita enquanto a terra existir[41]. Deus cumpre a Sua palavra, mas o homem algumas vezes se esquece de seu Grande Benfeitor.

Enchendo os vossos corações de fartura e de alegria – "Corações" pode ser um hebraísmo indicando as próprias pessoas. Em outras palavras, nós diríamos: "enchendo vocês de comida". "Alegria" equivale a "gozo, conforto" – o conforto resultante quando os desejos e necessidades constantes do homem são supridos.

O estudo da apologética é dividido em dois campos. Um é o estudo da Teologia Natural, e o outro é o campo das Evidências da Religião Cristã. Na Teologia Natural estudamos as evidências da existência de Deus em separado do testemunho da Palavra de Deus. Um dos argumentos que usamos é o do projeto. Parece haver um propósito neste mundo ao nosso redor, e o envio da chuva e das estações frutíferas revela o propósito de Deus de cuidar de nós e suprir nossas necessidades[42]. Na área das Evidências Cristãs, são examinadas as razões para crer que a Revelação Especial de Deus (na Escritura, na Encarnação e na Ressurreição) é digna de confiança. É preciso cautela em dar o valor adequado a ambas as revelações de Deus sobre Si mesmo. A Teologia Natural fala da sabedoria, poder e cuidado providencial de Deus, mas não nos mostra seu propósito redentor ou a vontade de Deus de salvar. Só na Palavra revelada, e especialmente em Jesus, aprendemos a respeito do seu amor redentor.

---

[40] Tiago 5.7.
[41] Gênesis 8.22.
[42] Deve ser notado que quando Deus envia as chuvas, ele faz chover sobre justos (os que Ele considera justos) e sobre os injustos (os que Ele considera perdidos). Não poderia ser de outro modo. Se Deus dividisse as coisas de maneira que os pecadores fossem excluídos de algumas delas, como chuvas e colheitas, surgiria uma situação desnatural em que todos desejariam ficar do lado do Senhor. Por quê? Pela razão que o Diabo disse que Jó servia o Senhor.

14.18 –

Dizendo isto – Com os argumentos que acabam de ser registrados nos versículos 15-17.

Foi ainda com dificuldade que impediram as multidões de lhes oferecer sacrifícios – Os de Listra estavam tão convencidos pelo milagre que os deuses haviam aparecido, e tão ansiosos para homenageá-los adequadamente, que Paulo e Barnabé mal conseguiam impedi-los de continuar com o sacrifício dos animais.

14.19 –

Sobrevieram, porém, judeus de Antioquia e Icônio – Devemos supor que houve um intervalo de tempo entre os versículos 18 e 19. Podemos imaginar Paulo desempenhando seu ministério evangelístico diariamente, e no devido tempo é implantada uma congregação. Nesse intervalo, notícias daquela cena estranha em que homens quase foram adorados como deuses se espalharam rapidamente de cidade em cidade até chegar aos ouvidos dos inimigos de Paulo em Icônio e Antioquia da Pisídia. Não satisfeitos com a expulsão de Paulo e Barnabé de sua região, alguns judeus, instigados pelo ódio à mensagem do apóstolo, fizeram uma rápida viagem a Listra. Os perseguidores com frequência mostram mais zelo por uma causa perversa do que os cristãos pela causa de Cristo. Esses inimigos do Evangelho percorreram mais de 160 km para continuar sua oposição ativa a Paulo e Barnabé, e impedir os licaônicos de se envolverem nessa nova religião.

E, instigando as multidões – O termo grego aqui é "persuadido". A fim de persuadir o povo, eles podem ter argumentado que Paulo e Barnabé eram impostores. McGarvey escreveu:

> Não é difícil imaginar os relatos feitos para atrair os habitantes de Listra para a sua causa. Eles teriam dito: "Compreendemos que tenham tomado esses dois conterrâneos nossos como deuses em forma humana. Podemos dizer-lhes quem são. São judeus que vieram a Antioquia e agiram tão mal que desgostaram todos os outros judeus na cidade, fazendo com que as mulheres honradas e os principais da cidade se reunissem e os expulsassem. A seguir eles foram para Icônio e deram tanto problema que as autoridades da cidade, com a ajuda dos judeus e gentios em conjunto, se prepararam para apedrejá-los. Mas eles fugiram como ladrões e vieram para Listra. Não queremos que desgracem mais o nosso nome e nossa nação, e se nos permitirem, poremos fim á sua feitiçaria; pois é pelo poder dos maus espíritos que eles operam maravilhas entre o povo". [Eles podiam facilmente atribuir o milagre á feitiçaria, e então fazer com que os de Licaônia cressem que os apóstolos rejeitaram a adoração por medo dos deuses.] Ao ouvirem tais argumentos por parte dos conterrâneos de Paulo e Barnabé, os de Listra prontamente consentiram em que agissem como quisessem[43].

Que exemplo surpreendente da volubilidade e instabilidade dos sentimentos populares! Alguns dias ou semanas antes eles estavam prontos para adorá-los; agora deram permissão para que fossem apedrejados. Existe um caso semelhante de volubilidade em Atos 28.4, 6; e outro nos últimos dias do ministério terreno de Jesus quando os gritos de Hosana! se transformaram rapidamente em Crucifica-o!

E apedrejando a Paulo – Os judeus de fora procederam ao apedrejamento. Tinham certeza de estar castigando um blasfemador. Paulo havia vindo pregando que os homens eram salvos pela graça e não pelas obras da Lei. Isto soava para o judeu como blasfêmia contra a Lei, e eles estavam simplesmente cumprindo as exigências da Lei ao executarem tal mestre[44]. McGarvey apresentou uma sugestão vívida de como aconteceu:

> Sabendo por experiências passadas que Paulo certamente escaparia de suas mãos se fosse informado do que tramavam, eles esperavam até que aparecesse para pregar junto á porta

---

[43] McGarvey, *op. cit.*, p.45.
[44] Deuteronômio 13.10; 17.5.

como de hábito, em que ocasião correram com as pedras já preparadas, e o apedrejaram até a morte num momento. Ele caiu do lado de dentro da porta da cidade[45].

Arrastaram-no para fora da cidade – Como uma última indignidade, dois ou três dos mais rudes e fortes da multidão removeram o corpo. Agarrando-o pelas mãos e talvez pelos pés, eles o arrastaram até um lugar fora dos muros da cidade, onde seu corpo foi deixado, como a carcaça de um animal morto, ao destino que pudesse esperá-lo[46]. Desde que Listra não era uma cidade judia, os judeus não pareceram incomodar-se com o apedrejamento dentro dos muros (compare Atos 7.58), mas não iriam deixar ali o corpo.

Dando-o por morto – Ninguém, inclusive o próprio Paulo, parece saber quão perto da morte, ou de que lado dela, ele realmente estava[47]. Quatro teorias têm sido apresentadas quanto à condição de Paulo depois do apedrejamento, enquanto seu corpo contundido ficou deitado lá fora dos muros da cidade. (1) Alguns, como Barnes, dizem que Paulo não estava morto, mas apenas inconsciente. Este escritor acredita que Barnes não pode declarar, como o faz: "A probabilidade é dele ter sido atordoado por um golpe – talvez um único golpe – e se recuperado depois de algum tempo"[48]. Esta explicação parece minimizar a severidade do apedrejamento, que Paulo mais tarde, ao fazer um retrospecto de sua vida, considerou como tendo sido uma de suas maiores perseguições[49]. (2) Alguns dizem que Paulo estava apenas "simulando". Pricaeus e Wetstein supõem que Paulo fingiu-se de morto, e quando passou o perigo levantou-se e voltou á cidade[50]. Mas isto é inteiramente improvável. (3) Outros acham que ele foi gravemente ferido, porém Lóide e Eunice rapidamente fizeram os curativos necessários e ele restabeleceu-se. Mas veja esta conjetura respondida no versículo seguinte. (4) Outros compreendem que Paulo poderia estar realmente morto, e que sua alma saiu do corpo e subiu para onde ele chama de terceiro céu, onde ouviu palavras, as quais não é "lícito" ao homem proferir"[51]. Alguns duvidam que a passagem de 2 Coríntios 12.1ss se refere ao apedrejamento em Listra. É verdade que segundo a cronologia nos Estudos Introdutórios, 2 Coríntios teria como data o outono de 57 A.D. 14 anos antes disso nos levam a 43 A.D., ou seja, antes do início da primeira viagem missionária. Mas a época é suficientemente próxima, e os problemas da cronologia do Novo testamento são tantos, que não poucos comentaristas estão convencidos de que 2 Coríntios 12.3-5 e Atos 14.19 falam do mesmo evento, mesmo que 2 Coríntios 12.2 fale de alguma outra ocasião além daquela de Listra.

Só podemos conjeturar como Barnabé escapou de ser apedrejado. Supomos que os perseguidores pretendiam apedrejar ambos, mas por alguma razão Barnabé não estava presente quando atacaram Paulo. Ou talvez escolhessem Paulo por ser o líder e principal pregador do grupo missionário. Fica implícito que os assassinos tenham partido para casa na mesma hora em que supuseram que Paulo havia partido definitivamente dentre os vivos. Eles poderiam ter procurado e descoberto Barnabé, executando-o, caso decidissem ficar em Listra algum tempo após o apedrejamento de Paulo. Talvez temessem o que as autoridades romanas, acima da autoridade das autoridades da cidade, lhes fizessem, caso os chamassem para prestar contas. Acharam melhor deixar a região e "cruzar as fronteiras" antes que as autoridades tivessem tempo de agir.

14.20 –

Rodeando-o, porém, os discípulos – Este versículo é a primeira indicação do sucesso evangelístico em Listra. Este grupo de discípulos entristecidos incluía quase certamente Timóteo, que era de Listra,[52] pois este evento parece ser refletido na menção posterior de Paulo das lágrimas

---

[45] McGarvey, *ibid*.
[46] Compare notas em Atos 8.2 relativas a não haver sepultamento após o apedrejamento.
[47] 2 Coríntios 12.2, 3.   [48] Barnes, *op. cit.*, p. 221.
[49] 2 Coríntios 11.25; 2 Timóteo 3.11.
[50] Citado por Barnes. *ibid*.
[51] Com relação ao "terceiro céu", veja as notas no Estudo Especial N° 7.
[52] Atos 16.1.

de Timóteo,[53] e no fato de que Timóteo tinha observado os sofrimentos e perseguições do apóstolo nesta área[54]. Como a data do apedrejamento de Paulo ocorreu cerca do ano 47 A.D., e como Timóteo era ainda "jovem" (i.e., com menos de 40 anos de idade) na ocasião da primeira carta de Paulo para ele;[55] e desde que 1 Timóteo foi escrita cerca de 65 A.D., Timóteo não podia ter muito mais de 15 ou 18 anos quando Paulo chegou a Listra pela primeira vez. Os cristãos aparentemente concordaram com a ideia de que Paulo estava morto, caso contrário teriam curado seus ferimentos em lugar de ficar apenas ao seu redor. Não houve evidentemente meios de impedirem o ataque a Paulo, mas agora que havia terminado, haviam ido até ali, ao que parece, como o propósito de dar enterro decente ao corpo dele.[56]

Levantou-se e entrou na cidade – Seu estabelecimento rápido da morte aparente exigia algo mais do que os poderes de recuperação de um corpo limpo e energético, dominado por um espírito corajoso. Algum tipo de milagre é indicado, embora não nomeado. Ele não poderia ter-se levantado tão depressa e entrado na cidade sem a interferência de um poder milagroso. Alguns escritores falam dele sendo cuidado na casa da família de Timóteo nas horas subsequentes, mas tal fala é completamente desnecessária. O registro mostra que sua recuperação foi completa e instantânea! À primeira vista, é surpreendente que voltasse à mesma cidade. Mas os judeus que tinham instigado o ataque aparentemente haviam partido. Paulo chama Timóteo de seu "filho", indicando que ele foi provavelmente convertido ao cristianismo por Paulo. Ficamos imaginando se foi nesta conjuntura que Timóteo foi batizado; ou ele já era cristão antes do apedrejamento e recuperação milagrosa de Paulo?

No dia seguinte partiu com Barnabé para Derbe – A oposição em Listra foi tal (muitos dos habitantes queriam que o pregador fosse morto!) que seria inútil continuar pregando ali. Uma reunião com os cristãos, depois de sua suposta morte, teria porém ajudado a confirmá-los na sua fé. Feito isto, ele partiu para pregar em outro local. Derbe ficava a 32 km a sudeste[57]. Seria uma viagem de algumas horas e não sem certos riscos. Vários escritores mencionam como a viagem deve ter sido difícil para alguém machucado e dolorido depois do apedrejamento. Mas, de novo, insistimos que a cura foi completa e instantânea, sem defeitos posteriores prejudiciais. O fato de que Paulo fez a viagem logo no dia seguinte indica como o milagre foi maravilhosamente total.

9. *Em Derbe (e de volta a Listra, Icônio e Antioquia). 14.21-23.*

14.21 –

E, tendo anunciado o evangelho naquela cidade – Podemos supor que Paulo utilizou os mesmos métodos empregados em Listra ao pregar o Evangelho em Derbe durante um certo período de tempo. Desde que o início e o fim desta primeira viagem missionária são viagens por mar, e como estas não seriam feitas durante o inverno, podemos concluir que um, e provavelmente dois, invernos foram passados nas terras altas da Galácia; talvez um em Icônio e outro aqui em Derbe. Parece que eles não foram perturbados pelos judeus em Derbe como havia acontecido nos ministérios anteriores.

E feito muitos discípulos – Gaio de Derbe, um dos que mais tarde acompanharam Paulo para levar a oferta das igrejas gentias a Jerusalém,[58] foi provavelmente um dos convertidos nesta primeira viagem missionária. A congregação agora iniciada durante o ministério evangelístico de Paulo ali teve participação nessa oferta benevolente anos mais tarde.

---

[53] 2 Timóteo 1.4.
[54] 2 Timóteo 3.10, 11.
[55] 1 Timóteo 4.12.
[56] 1 Coríntios 4.17; 2 Timóteo 1.2.
[57] Veja as notas em Atos 14.6 sobre a identificação do local de Derbe.
[58] Atos 20.4.

Voltaram para Listra, e Icônio e Antioquia – Derbe ficava logo do outro lado da fronteira da Cilícia. Os missionários poderiam ter seguido para o leste, atravessando as Portas da Cilícia (a passagem através das montanhas Taurus), visitando Tarso, a cidade natal de Paulo, e completado rapidamente sua volta a Antioquia da Síria. Em vez disso decidiram voltar para uma visita às novas congregações que acabavam de iniciar em Listra, Icônio e Antioquia da Pisídia. Seria necessária bastante coragem para os apóstolos voltarem às próprias cidades onde foram perseguidos e apedrejado, mas justamente em fase do perigo, eles retornam. Por quê? Um dos pontos mais importantes do método missionário de Paulo se destaca aqui. Os homens não só devem ser ganhos para Cristo, mas os convertidos precisam ser conservados! O bem-estar das igrejas novas foi considerado mais importante do que a segurança física deles.

Tem sido indagado como os apóstolos puderam entrar outra vez nas cidades de onde haviam sido expulsos, sem despertar uma nova onda de perseguição. Talvez houvesse mais perseguição a ser enfrentada! Talvez tenha havido uma mudança de governo nessa área, e portanto as pessoas que haviam sido expulsos pudessem voltar. Talvez Paulo tenha limitado seus esforços a fortalecer os irmãos, em lugar de tentar ganhar novos convertidos, de modo que sua presença foi tolerada. Mas, outra vez, os eventos de um período de tempo considerável são comprimidos em poucas palavras por Lucas.

14.22 –

Fortalecendo as almas dos discípulos – Algumas das traduções mais antigas dizem "confirmando as almas dos discípulos". Alguns grupos religiosos têm uma ordenança que chamam de "confirmação". Segundo a teologia católica-romana, por exemplo, a graça santificadora aumenta na alma, e uma graça sacramental especial, consistindo dos sete dons do Espírito Santo, é conferida ao recebedor na confirmação. Na igreja luterana, como outro exemplo, a confirmação é um rito em lugar de um sacramento, e o recebedor o oferece como uma confirmação no seu próprio coração dos votos batismais que seus pais assumiram por ele. Estaria Paulo realizando serviços de "confirmação" nas congregações que visitava? Dificilmente!

Nesta passagem, "fortalecendo" nada tem a ver com a ideia de tornar as pessoas plenos membros da igreja. Ao continuarmos a leitura do versículo, descobrimos que elas já estavam "na fé". Estavam em Cristo; estavam na igreja; e estavam em comunhão com Deus e seu povo. A ideia moderna da confirmação (da qual os exemplos católico e luterano dados acima são típicos) é completamente injustificada, ou extremamente avançada, além do que é ensinado no Novo Testamento. Esses dois conceitos atuais se baseiam em premissas falsas – o católico-romano em uma "segunda obra da graça", e o luterano na doutrina falsa da aspersão de crianças pequenas. De fato, a palavra grega traduzida aqui "fortalecer (confirmar)" não é sequer a mesma usada mais tarde por escritores eclesiásticos quando falaram da "ordenança da confirmação".

Neste contexto, "fortalecer" (como explicado pelos particípios que seguem, ou seja, "exortando" e "mostrando") significa simplesmente que eles foram estabelecidos, fortalecidos na fé pela apresentação da verdade, pelos exemplos dos apóstolos, e pela escolha de homens como líderes espirituais nas congregações. A verdade é que estes eram recém-convertidos; estavam cercados de judeus incrédulos e idólatras declarados. Viviam em meio a muitas tentações e perigos. Os laços familiares haviam sido quebrados, assim como os sociais. Eles precisavam de estímulo, e foi isso que receberam dos missionários em sua volta. Não existe a mínima evidência de não terem sido admitidos aos plenos privilégios da filiação à igreja antes, ou que qualquer cerimônia tivesse sido realizada para confirmá-los, ou recebê-los na igreja como membros completos.

Exortando-os a permanecer firmes na fé – Este é outro ponto em Atos onde devemos escolher entre "fé" como crença pessoal, ou como um conjunto de doutrina[59]. Talvez a ultima seja a ideia correta aqui. Eles já são cristãos, e os pregadores os encorajam a permanecer assim[60].

---

[59] Compare Atos 3.16; 6.5, 7; 13.8.

[60] Em Atos 13.43 havia uma outra frase que pode ser similar. Ali os pregadores encorajaram os crentes a continuarem na graça de Deus.

E mostrando que, através de muitas tribulações – Temos as palavras exatas dos pregadores registrados aqui. Eles estão advertindo os irmãos das perseguições iminentes que recairão sobre eles. Esta é a primeira menção em Atos das "tribulações" que os crentes devem estar preparados para enfrentar[61].

Nos importa entrar no reino de Deus – "Importa" é uma tradução de *dei*, "é necessário". Deus tem determinado que seus filhos entrem no reino eterno depois de sofrer muita aflição. As Escrituras ensinam abundantemente em outros pontos que devemos sofrer com Cristo, se quisermos reinar com ele[62]. A maioria de nós não quer tribulação alguma; não queremos entrar nos lugares difíceis e apertados. Queremos a vida fácil. Queremos um prédio grande para a igreja, já comprado e pago. Queremos um campo fácil, com poucas dificuldades e praticamente sem oposição. Mas se quisermos reinar com Ele, devemos primeiro sofrer com Ele.

O uso do pronome pessoal na primeira pessoa ("nós") é sugestivo. Lucas está simplesmente registrando as palavras exatas dos pregadores, ou o próprio Lucas era um dos ouvintes? Se estiver transmitindo as palavras exatas deles, então o uso de "nós" pelos pregadores mostra como eles se incluíram com os ouvintes ao falarem. Por outro lado, muitos insistem que Paulo e Lucas já se haviam encontrado antes de os encontrarmos em Trôade na segunda viagem missionária. Talvez o "nós" aqui tenha um sentido semelhante ao de Atos 16.10ss.

Poderia parecer surpreendente notar que devemos entrar no Reino de Deus, como se ele estivesse ainda no futuro. Aprendemos que existe um sentido em que a Igreja e o reino são sinônimos[63]. A imersão do crente arrependido não o transporta para o reino do Filho? Ao se tornar cristão e participar da fé e comunhão com Deus o indivíduo não dá entrada no reino de Deus? Paulo não disse que havia transportado homens do domínio do poder das trevas para o reino do Filho? Se aqueles que estão na igreja já estão no reino, como pode ser-lhes dito que "importa entrar no reino"? Somos levados a esta conclusão: a fraseologia "reino de Deus" tem significados diferentes nas Escrituras. Existe um sentido em que os judeus dos dias do Antigo Testamento gozavam, possuíam, e estavam no reino de Deus na terra (o reino Teocrático). As Escrituras ensinam também que a igreja é a manifestação presente do reino na terra. E existe um sentido, ainda a ser cumprido, no qual você e eu entraremos no reino eterno e perfeito de Deus. É a este reino eterno, celestial, que Paulo está se referindo ao voltar às igrejas, para encorajá-las a serem fiéis até a morte. Os cristãos de Listra, Icônio e Antioquia da Pisídia foram levados a compreender que o prêmio do chamado em Cristo Jesus vale todo o sofrimento e dificuldades pelo caminho. Com esta esperança, eles foram fortalecidos para suportar quaisquer tribulações que lhes viessem.

Podemos aprender desta passagem duas coisas necessárias para todo cristão: crescer na fé, e reconhecer o fato de que precisamos de provações e tribulações para ajudar-nos a crescer.

14.23 –

E, promovendo-lhes em cada igreja a eleição de presbíteros – Várias interpretações têm sido dadas à palavra "eleição". Muitas vezes o tipo de governo favorecido pelo escritor irá colorir seus comentários sobre esta passagem. Na era presente, existem três formas de governo de igreja reconhecidas pelos tribunais: Episcopal, Presbiteriano e Congregacional. Sob a forma Episcopal (tal como na igreja católica romana, etc.), onde se acredita na sucessão apostólica, Atos 14.23 é explicado como significando que os apóstolos impuseram as mãos sobre certos candidatos num serviço de ordenação, um serviço pelo qual os candidatos são oficialmente colocados no cargo. Os escritores que favorecem a forma Presbiteriana de governo, em que presbíteros (como representantes do povo) dão as ordens e instruções, veem os apóstolos como dando direção à igreja sobre quem deveria ser escolhido como presbítero. Os escritores que favorecem a forma Congregacional de governo, em que a congregação tem voz nos assuntos da congregação, afir-

---

[61] Lucas 14.27; Mateus 5.11.
[62] 2 Timóteo 2.11, 12; 3.12.
[63] Veja as notas em Atos 1.3 e o estudo especial no fim do capítulo 1 sobre o "Reino de Deus".

mam que esta passagem sugere a escolha de presbíteros por parte do membros das congregações – a eleição sendo feita sob a supervisão dos apóstolos. Qual delas está certa, caso alguma esteja?

Qual o significado da palavra "eleição" (*cheirotonēsantes*)? Ela é composta de dois termos, "mão" e "esticar"; portanto, a palavra significa literalmente "esticar as mãos". A partir deste sentido literal, a palavra veio a significar "escolher ou designar mostrando as mãos" e finalmente, "eleger ou nomear por qualquer meio". O termo ocorre em apenas um outro ponto do Novo Testamento: 2 Coríntios 8.19, onde é aplicado a Lucas (a interpretação comum) e traduzido: "Foi também *eleito* pelas igrejas (isto é, eleito pelo sufrágio das igrejas) para ser nosso companheiro"[64].

O Novo Testamento dá poucos detalhes sobre como os *presbíteros* eram escolhidos, mas temos várias passagens que mostram como outros líderes foram escolhidos. Com relação à escolha de presbíteros existe esta passagem em Atos e a de Tito 1.5, em que o evangelista recebe instruções para "constituir (*kathistēmi*) presbíteros em cada cidade (igreja)"[65].

Em relação á escolha de outros líderes, temos Atos 1, onde as pessoas têm oportunidade de nomear alguém para substituir Judas. Também Atos 6, em que a escolha de diáconos foi feita pela congregação supervisionada pelos apóstolos,[66] sendo seguida de um serviço de "ordenação" (*kathistēmi*) conduzido pelos apóstolos. Em vista de todos esses exemplos, talvez possamos dizer com segurança que Lucas não acha necessário repetir aqui em Atos 14 os detalhes do método de eleição de homens para o presbitério, desde que ele já deu os detalhes duas vezes antes. Podemos estar razoavelmente certos de que a escolha dos presbíteros aqui em Atos 14 foi feita pela congregação sob a direção dos apóstolos que estabeleceram as qualificações.

A passagem que estamos estudando diz claramente que Paulo e Barnabé "esticaram as mãos" neste caso[67]. O que devemos provavelmente ver é um serviço de ordenação seguindo a votação congregacional, um serviço de ordenação em que Paulo e Barnabé estenderam as mãos ao impô-las sobre cada um dos homens escolhidos para serem presbíteros.

"Presbíteros em cada igreja." Igreja? Nada tem sido dito definitivamente sobre igrejas (congregações) antes deste ponto em relação à primeira viagem missionária. Mas desde que são referidas no plural, concluímos que em cada cidade onde os missionários pregaram, uma ou mais congregações foram fundadas. No que diz respeito ao ensino do Novo Testamento, não existe absolutamente conceito de salvação fora da igreja. A igreja é o corpo de Cristo, e um homem não pode ser cristão sem ser membro do Seu corpo. Assim como o peixe não pode viver fora da água, o homem não pode ser cristão sem ser membro de uma congregação local. Antes de Deus criar os seres vivos no princípio, Ele já tinha um ambiente para eles. Antes de Deus criar você como uma nova criatura, Ele tinha um ambiente preparado para você: a Igreja. Lembra-se de como os primeiros convertidos no dia do Pentecoste foram imediatamente agrupados numa congregação?[68] Tudo o que Deus criou tem de ajustar-se e corresponder ao ambiente e atmosfera feitos especialmente por Deus. Coloque alguém debaixo d'água e ele morre. Tire um peixe fora da água e ele morre. Arranque uma árvore, e quando as raízes se separam do solo, a árvore morre. Quando você se torna uma nova criatura em Cristo, seu ambiente e atmosfera é a igreja local em sua comunidade. Se afastar-se desse ambiente, você morre. Um ramo separado da vinha morre. Esses cristãos feitos na primeira viagem missionária não foram abandonados, mas reunidos em congregações locais. Há um propósito na reunião regular com os irmãos. Hebreus 10.23-25 indica que é assim para que eles possam encorajar uns aos outros ao amor e boas obras. Efésios 4 indica que o corpo deve edificar a si mesmo em amor. A vida congregacional é vitalmente importante.

---

[64] Uma forma composta do mesmo verbo aparece em Atos 10.41, sendo traduzida "escolhidas".

[65] *Kathistēmi* parece referir-se a um serviço de ordenação após uma escolha pela congregação, não excluindo de forma alguma a voz do povo na escolha.

[66] Veja o Estudo Especial Nº 12 para maiores detalhes sobre o método de escolha de líderes.

[67] "Promoveram a eleição" é um particípio plural nominativo, e Paulo e Barnabé são o sujeito deste particípio; portanto, pode-se dizer que Paulo e Barnabé são os que "estendem as mãos".

[68] Atos 2.41.

14.23   A Igreja nos Confins da Terra

De que igreja (congregação) devemos ser membros? Se houver uma congregação que não esteja ensinando o Evangelho, não esteja pregando o cristianismo do Novo Testamento, e esteja decidida a não fazê-lo, o que você está fazendo nesse meio? A Escritura diz: "Saí e separai-vos". "Onde estiverem dois ou três reunidos em meu nome, ali estou no meio deles", disse Jesus. Não são necessárias muitas pessoas para formar uma congregação. Onde pelo menos duas pessoas concordam em viver como ensina o Novo Testamento, aí você tem uma Igreja. Alguém diz que vai mudar-se para um determinado lugar; e como não existe ali uma igreja segundo o ensino do Novo Testamento, ele supõe que terá que adorar com alguma denominação. Por quê? O que se deve fazer (a não ser que possa converter toda a igreja denominacional) é começar uma Igreja em sua própria casa. Foi assim que a Igreja começou – você pode verificar isso ao ler o Novo Testamento, especialmente Atos.

"Presbíteros em cada igreja". Você reparou? Presbíteros (plural) em cada igreja (singular). Deve haver mais de um presbítero em cada congregação[69]. O Novo Testamento não conhece um presbítero reinante em congregação alguma, como encontramos em muitas de nossas igrejas hoje (um homem que, por causa do dinheiro que dá ou por ser o patriarca, é considerado o "líder" na congregação, o que ele diz é obedecido).

Em 1 Timóteo 3.6, ao dar as qualificações para o presbítero, Paulo diz que o homem nomeado não deve ser um "recém-convertido", para que não se torne arrogante. Perguntamos: Paulo desobedeceu suas próprias instruções? Esses homens em Atos 14, escolhidos para serem presbíteros, não poderiam ter sido cristãos há mais de oito meses ou um ano. Todavia, parece que Paulo não violou a qualificação de que o presbítero não fosse um recém-convertido.

> Deve ser lembrado que, embora esses discípulos estivessem na igreja havia pouco tempo, muitos deles, por seu caráter e conhecimento das Escrituras eram os frutos mais maduros da sinagoga judaica; eles precisavam apenas do conhecimento adicional que o Evangelho lhes trouxe a fim de serem modelos de sabedoria e piedade para as igrejas[70].

Os homens escolhidos talvez fossem justamente aqueles que meses antes tinham sido os líderes eleitos das sinagogas. É preciso considerar também que pela imposição de mãos os apóstolos podiam transmitir dons espirituais, os quais ajudariam a formar líderes para a congregação incipiente.

Com respeito à posição desses "presbíteros", veja notas em Atos 11.30. Esses líderes eram também chamados presbíteros e supervisores (bispos). Sua tarefa era supervisionar os trabalhos da Igreja. Note: não se encontra no Novo Testamento menção de uma "junta oficial" que supervisiona o trabalho da igreja. No Novo Testamento os presbíteros eram os chefes, os supervisores.

Mesmo depois de sua volta, Paulo e Barnabé não puderam ficar indefinidamente com as igrejas. Caso elas fossem continuar, desenvolver-se e crescer, deveriam ter uma liderança própria responsável. Assim sendo, "promoveram em cada igreja a eleição de presbíteros". A igreja moderna só recentemente tem começado a apreciar a sabedoria divina de fazer de cada congregação uma unidade local com sustento próprio. Os missionários no exterior frequentemente fizeram das igrejas pequenas colônias dos seus países de origem. Os missionários brancos, durante dois séculos, relutaram em permitir que os "nativos" pastoreassem e supervisionassem suas próprias igrejas. Os missionários têm mantido os convertidos dependentes de ajuda estrangeira, tanto no que diz respeito á liderança como as finanças, com o resultado de que a igreja diminuiu e até morreu quando, por qualquer motivo, o missionário era removido. Vamos aprender do exemplo de Paulo!

Como esta parece ter sido a primeira nomeação de presbíteros nessas igrejas da Galácia, parece implícito que nesse meio tempo os cristãos se haviam reunido, ensinando, batizado e partido o pão sem presbíteros. A nomeação de presbíteros, como Paulo e Barnabé estão fazendo, era importante para a permanência da vida da igreja, mas pode haver uma congregação sem haver tal liderança. Isto leva a pensar que não é sábio, na opinião deste autor, escolher homens para serem presbíteros ou diáconos nas congregações recém-inauguradas, especialmente quando eles não

---

[69] Tito 1.5; Atos 20.17.
[70] McGarvey, *op. cit.*, p.50.

são qualificados. Parece melhor funcionar sem presbíteros e diáconos até que alguns cresçam espiritualmente de modo a satisfazer as qualificações.

Depois de orar com jejuns – Não é fácil dizer exatamente quando ocorreu a oração e o jejum. Pode ser que fossem feitos em conjunto com a escolha dos presbíteros, assim como houve oração e jejum quando os apóstolos foram separados em Antioquia[71]. É possível que a oração e o jejum se dessem depois da nomeação dos presbíteros, quando os apóstolos estavam prestes a voltar para Antioquia da Síria. Os dois apóstolos têm sofrido bastante, esforçando-se para implantar essas novas congregações, e agora estão prontos para deixar por algum tempo a Ásia Menor. As igrejas estão sendo entregues à liderança local. O momento era solene e temível, essa a razão da oração e jejum. Podemos ouvir as orações deles ao pedirem a Deus que guiasse as novas igrejas e seus líderes recém-eleitos, e também que Ele guiasse e protegesse os apóstolos em sua viagem.

Os encomendaram ao Senhor em que haviam crido – Paulo Barnabé entregaram essas novas congregações ao cuidado a guarda do Senhor Jesus. A palavra "encomendaram" é aquela usada regularmente quando alguém confia seu dinheiro ou propriedade aos cuidados de outrem. Jesus havia prometido estar com a Igreja todos os dias, até a consumação do século[72]. Os pregadores estão confiantes de que os crentes serão guardados e ajudados pelo Cristo em quem passaram a crer.

10. *Através das Províncias da Pisídia e Panfília. 14.24*

14.24 –

Atravessando a Pisídia – Poderia significar que fizeram uma viagem missionária através da Pisídia. Ou talvez fosse um simples resumo de suas atividades desde que começaram a voltar sobre os seus passos. Poderíamos traduzir: "e depois de passarem pela Pisídia . . ."

Dirigiram-se a Panfília – Voltando pela rota pelo qual tinham ido,[73] Paulo e Barnabé seguiram em direção à costa, até chegarem à província da Panfília[74].

11. *Em Perge a Atália. 14.25*

14.25 –

E, tendo anunciado a palavra em Perge – Paulo e Barnabé pregaram aqui a caminho para o interior (Atos 13.13)? Talvez sim, talvez não. Não somos informados. Os que acreditam que Paulo contraiu malária enquanto pregava nas terras baixas da Panfília, e que foi essa a razão de João Marcos ter voltado para casa, poderiam inclinar-se a crer que houve alguma pregação aqui antes de seguirem para as terras altas. McGarvey sugere ser provável que a pregação feita aqui foi instigada pelo desejo de ocupar proveitosamente o tempo enquanto aguardavam um navio que os levasse a Antioquia da Síria.

Desceram a Atália – Atália[75] era uma cidade costeira, cerca de 25 km de Perge. Tinha o nome de seu fundador, Atalo II Filadelfo, rei de Pérgamo de 159 a 138 a. C. Ele desejava um porto tão conveniente para o comércio com a Síria e o Egito como Trôade era para as atividades comerciais através do Egeu. Seu nome moderno é Antalya. Não conseguindo aparentemente qualquer navio que os levasse até a Síria no porto de Perge, os missionários decidem descer até a costa, onde talvez fosse mais fácil encontrar a passagem em uma embarcação.

---

[71] Atos 13.2, 3.
[72] Mateus 28.20.
[73] Atos 13.14.
[74] Compare notas em Atos 13.13.
[75] Na viagem para o interior, eles haviam navegado pelo rio Cestro até Perge, flanqueando Atália.

12. *Em Antioquia (Síria). 14.26-28*

14.26 –

E dali navegaram para Antioquia – Isso é, Antioquia da Síria. Eles na verdade devem ter desembarcado em Selêucia, o porto que servia Antioquia da Síria. A viagem, ao que parece, era direta da Atália, entre Chipre e a Cilícia.

Onde tinham sido recomendados à graça de Deus – A Igreja de Antioquia havia enviado os homens nesta viagem missionária[76]. Eles estão agora voltando para casa de férias (por assim dizer). Eles tinham sido "recomendados à graça de Deus". A Igreja tinha entregue esses homens ao favor e proteção divinos durante sua perigosa viagem. A Igreja havia orado para que Deus cuidasse deles – quando Paulo e Barnabé iniciaram a jornada – e, ouso dizer, que a Igreja também orou por eles enquanto estavam ausentes. A graça de Deus foi descoberta ser suficiente[77].

Para a obra que haviam já cumprido – Esses homens haviam feito tudo o que o Espírito Santo queria que fizessem. Eles cumpriram ("realizaram" segundo a leitura à margem) a tarefa missionária para a qual o Espírito Santo os tinha chamado. (Muitas vezes, em nossas vidas, são as coisas que deixamos de fazer que nos envergonham. O que dizer de nós? Estamos cumprindo nosso ministério, ou estamos vadiando em nossa tarefa?)

14.27 –

Ali chegados – Fazia vários anos que os dois tinham deixado essa cidade para começar sua viagem. Eles estão agora de volta "em casa".

É duvidoso que a igreja de Antioquia tenha tido notícias de Paulo e Barnabé desde que os missionários deixaram Perge. Quando João Marcos voltou, ele pode ter dado informações sobre a viagem até aquela data. Ao aparecerem sem se anunciar nas ruas da cidade, depois de uma ausência de três ou quatro anos, podemos supor que foram recebidos com saudações alegres e muitas perguntas[78].

Reunida a igreja – Paulo e Barnabé tinham partido na primeira missão já enviada ao mundo pagão, e estavam tão ansiosos para contar sua história quanto os discípulos para ouvi-la. Esta reunião missionária envolveu os cristãos da cidade de Antioquia, aqueles irmãos que tinham um interesse vital no trabalho feito (como indicado em 13.3).

Relataram quantas coisas fizera Deus com eles – Contaram tudo sobre a viagem. Falaram dos milagres e outras evidências da intervenção divina na realização da viagem. "Com eles" é *met' autōn* (e não *sun autois*) e indica a graciosa cooperação de Deus com os apóstolos (compare Atos 10.38 e 15.4).

"Com eles" . . . é uma expressão interessante; ela perde parte de sua força em inglês. Posso pregar um prego "com" um martelo – mas em grego a preposição seria diferente nesse caso. Ou posso passar uma noite "com" minha família. Esta é a palavra usada aqui. Eles haviam seguido para a missão, e Deus tinha ido com eles. Enquanto estava com eles, Ele realizou seus atos maravilhosos e graciosos – atos de salvação, de cura, de cuidado com os seus, de levar adiante seu propósito redentor no mundo[79].

---

[76] Atos 12.1-4.

[77] Temos neste versículo uma nova conotação para a palavra "graça", além das já sugeridas nos comentários em Atos 4.33 e Atos 11.23.

[78] McGarvey, *op. cit.*, p. 52.

[79] William Sanford LaSor, *Church Alive* (Glendale, Calif.: Gospel Light Publications, 1972), p. 222. Cuidado com as palavras "atos de salvação", porque alguns usam essas palavras para indicar sua crença de que o homem é inteiramente passivo na salvação, uma doutrina que não é ensinada no Novo Testamento.

Deus os havia protegido e guiado na jornada. Eles devem ter narrado os perigos e sucessos, o número de pessoas convertidas e as congregações estabelecidas.

E como abrira aos gentios a porta da fé – Deus havia fornecido uma oportunidade de pregar o Evangelho aos gentios, e a pregação havia tido um sucesso maior do que nunca antes na conversão dos gentios. "Portas abertas" – uma expressão característica de Paulo[80] – fala de oportunidades abundantes e grande progresso. Note também que a porta aberta por Deus era uma porta de "fé" – e não uma porta de "Lei". A religião de Deus para os gentios exclui a Lei de Moisés – era uma porta de fé. Você já deve ter ouvido a frase: "A oração é a chave que abre a porta do céu". Isso pode ser verdade num sentido. Mas é igualmente verdade que a "FÉ é a chave que abre a porta do céu".

14.28 –

E permaneceram não pouco tempo com os discípulos – Não é possível determinar com certeza quanto tempo Paulo e Barnabé ficaram em Antioquia, e expressões como esta tornam a cronologia de Atos extremamente difícil. Não ouvimos falar mais deles até o concílio de Jerusalém no capítulo seguinte. A primeira viagem missionária provavelmente começou em 45 A.D. (logo após a morte de Herodes em 44 A.D., Atos 12). Provavelmente durou durante 47 ou 48 A.D., ou talvez 49 A.D. Como a conferência de Jerusalém foi realizada em 50 ou 51 A.D., um período de dois a quatro anos se escoa neste versículo. Não temos informações sobre o que fizeram durante esse tempo. É duvidoso que Barnes esteja certo quando introduz uma viagem ao Ilírico neste intervalo[81]. O tempo teria sido proveitosamente gasto contando a outros o que haviam aprendido em seu ministério, ajudando e ensinando a igreja, e se recuperando do trabalho intenso dos anos precedentes.

RESUMO E REVISÃO DA PRIMEIRA VIAGEM MISSIONÁRIA

O estudante deve conhecer os principais lugares visitados. Boles calculou a distância percorrida pelos missionários na primeira viagem. "Paulo e Barnabé viajaram mais de 1.900 km, e estabeleceram mais de meia dúzia de igrejas nos poucos anos que passaram nessa viajem[82]."

O Espírito Santo é o autor do primeiro empreendimento missionário entre os gentios. Não encontramos nenhuma organização ou entidade dizendo aos missionários onde deveriam ir ou dizendo à igreja quais os homens qualificados para a missão. Procuramos inutilmente qualquer coisa parecida com esse tipo de organização no Novo Testamento!

Em sua *Declaração e Discurso*, Thomas Campbell sugeriu existirem três espécies ou tipos de autoridade bíblica: uma ordem expressa de Deus, precedente apostólico aprovado, e inferência necessária[83]. A nossa convicção é que só a primeira pode ser obrigatória para todos os homens hoje. Os *métodos* usados pelo apóstolos (precedente apostólico) podem ou não ser exemplos para nós hoje, dependendo das circunstâncias e liderança do Espírito Santo.

A *mensagem* – É importante pregar a mesma mensagem que a daqueles primeiros pregadores, pois ela tem origem no coração de Deus, e é sua revelação para toda esta dispensação. O método – esperamos chegar a ver o momento em que as congregações reconheçam sua responsabilidade

---

[80] Veja 1 Coríntios 16.9; 2 Coríntios 2.12; Colossenses 4.3.

[81] Barnes, *op. cit.*, p. 224. Quer Paulo tenha ou não feita alguma vez uma viagem *até* a província do Ilírico (veja Romanos 15.19), é uma questão discutível, sobre a qual veja outros comentários em Atos 20.2.

[82] Boles, *op. cit.*, p.231.

[83] Thomas Campbell, "Declaration and Address", em *Historical Documents Advocating Christian Union* (Chicago: The Christian Century Company, 1904), p. 77ss.

14.28 A Igreja nos Confins da Terra

de enviar seus próprios missionários, sustentando-os de todas as maneiras. Em lugar de uma dúzia de congregações com um pouco de dinheiro para isto e um pouco para aquilo – cada congregação deveria estar enviando dois, três, cinco, e até dúzias de missionários. É claro que este é um ideal; mas se jamais estabelecermos um ideal, nunca faremos dele uma realidade.

Os apóstolos seguiram para as grandes cidades porque a grande maioria da população se encontrava nelas, por estarem nas estradas principais, e também por existirem nelas sinagogas judaicas que lhes davam um ponto de partida. Eles pregaram Jesus como o Cristo, estabeleceram igrejas, nomearam presbíteros em cada igreja, revisitaram as igrejas a fim de fortalecê-las na fé. Depois disso, escreveram cartas às igrejas, e mais tarde tornaram a visitá-las. A certos intervalos de tempo, os missionários apresentavam um relatório de seu trabalho à igreja que os enviou, e a outras congregações interessadas. Esse é o padrão do trabalho missionário como executado sob a orientação do Espírito Santo.

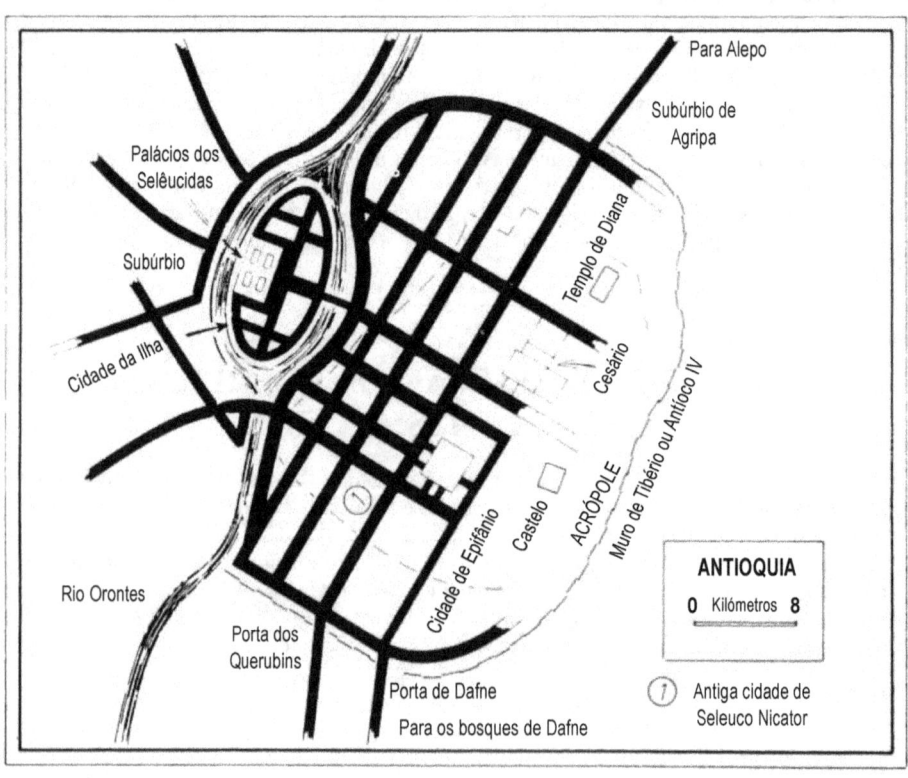

CAPÍTULO QUINZE

B. A CONFERÊNCIA EM JERUSALÉM. 15.1-35
15.1 –

Alguns indivíduos que desceram da Judeia – Tratava-se de homens que haviam sido judeus (da seita dos fariseus, versículo 5, mas foram convertidos (superficialmente?) ao cristianismo. O fato de estarem dispostos a levar a discussão aos apóstolos e presbíteros (versículo 2) mostra que alegavam ter abraçado a religião cristã. Todavia, em Gálatas 2.4 são chamados de "falsos irmãos que se entremeteram com o fim de espreitar a nossa liberdade"[1]. Foram de Jerusalém para Antioquia da Síria, e afirmavam ter sido enviados de Jerusalém pelos apóstolos[2]. É possível que tenham construído sua doutrina sobre declarações como a escrita em Tiago 2.10 que, se tirada do contexto, poderia parecer que a observância da Lei de Moisés era necessária para a salvação[3].

Ensinavam aos irmãos: – Se este ensino era feito publicamente nas reuniões de adoração ou se eles encontraram ouvintes em particular que se dispuseram a escutá-los, não sabemos. O verbo está no imperfeito, e sugere o esforço contínuo deles para impor seus ensinamentos sobre os cristãos de Antioquia. Um número suficiente de irmãos deu ouvidos aos ensinos deles, de modo que a maior parte da igreja dali ficou confusa.

Se não vos circuncidardes – Fica evidente pelo seu argumento que Paulo e Barnabé haviam dispensado este rito no que dizia respeito aos gentios convertidos. Os missionários fundaram a igreja cristã entre os gentios sobre o princípio de que as cerimônias judias tinham deixado de ser obrigatórias para o povo de Deus. Desde que a circuncisão era o teste decisivo para determinar se a pessoa obedeceria ou não a Lei de Moisés, podemos supor que as exigências dos judaizantes também incluíam a guarda das distinções do Antigo Testamento entre carnes e bebidas puras e impuras, e outros costumes peculiares dos judeus[4].

Segundo o costume de Moisés – *Ethos* ("costume") é uma palavra que quase sempre implica num costume nacional. Moisés havia ordenado que isso fosse feito, e, portanto, a nação judia praticou a circuncisão durante os séculos. Eles estavam apelando para Moisés como sua autoridade ao exigir que o ritual continuasse. Eles podem ter argumentado que a circuncisão foi dada como uma aliança eterna[5], e deve ser, portanto, mantida. Ou talvez usassem uma analogia. Se

---

[1] Para mais informações sobre esses "falsos irmãos", veja as notas de rodapé, no versículo 5. É necessário mostrar por que aceitamos a ideia de que a viagem para Jerusalém descrita em Atos 15 e a de Gálatas 2 são a mesma viagem, desde que são feitas tentativas para harmonizar Gálatas 2 seja com Atos 11.30 ou 18.22. Estas são algumas das razões: (1) a igreja primitiva considerou Atos 15 e Gálatas 2 como sendo o mesmo evento. Ireneu, *Against Heresies*, (Contra Heresias) III. 3. 3; Tertuliano, *Against Marcion* (Contra Marcion) V. 2. (2) Não é fácil colocar 14 anos, Gálatas 2.1, entre a visita de Atos 9.27 e a de Atos 11.30. (3) Se a decisão referida em Gálatas 2.9 já tivesse sido tomada em Atos 11.30, com certeza um apelo iria ser feito a ela durante o curso da discussão em Atos 15. (Veja também a nota de rodapé nº 53 no capítulo 11).

[2] Atos 15.24.

[3] Não estamos dizendo que a epístola de Tiago foi escrita tão cedo, mas o livro sem dúvida repete o que Tiago havia pregado antes do mesmo ter sido escrito. Em vez de dar uma data anterior a Tiago, cerca de 45 A.D., datamos Tiago mais tarde, cerca de 62 A.D.

[4] Compare Gálatas 2.1-9; 4.10; 5.2. O termo "judaizantes" é explicado nos comentários sobre Atos 11.3.

[5] Gênesis 17.3; mas lembre-se de que o termo "eterno" deve ser compreendido de acordo com as limitações impostas pelo contexto.

a circuncisão era uma exigência absolutamente necessária para admissão à Páscoa,[6] seria então, também, necessária para perdão de pecados, conforme esse argumento.

Não podeis ser salvos – Esses judaizantes consideravam a circuncisão (e a guarda de toda a Lei) como indispensável à salvação. Eles queriam forçar o cumprimento da Lei sobre os gentios convertidos e afirmavam que a igreja de Jerusalém os havia autorizado a ensinar assim – uma afirmação falsa (versículo 24).

Parece surpreendente que depois da conversão de Cornélio e da explicação dada por Pedro sobre ser da vontade de Deus a inclusão dos gentios, que membros da igreja de Jerusalém ensinassem as doutrinas dos judaizantes. Isso havia acontecido dez anos antes. Durante esse período houve a conversão de pessoas que não se achavam presentes naquela reunião memorável em Jerusalém, e que, portanto, não tinham como ter sido convencidas pelos argumentos fortes de Pedro. De fato (desde que Paulo os chama de "falsos irmãos que se entremeteram com o fim de espreitar nossa liberdade") há uma boa possibilidade de que eles não queriam ser convertidos pela argumentação de Pedro ou de qualquer outra pessoa. Pedro tinha sido criticado antes disso por não observar os costumes judeus ("entraste em casa de homens incircuncisos, e comeste com eles!"), e a mesma crítica ao trabalho missionário de Paulo é agora feita por esses judaizantes. Eles exigiam que os cristãos gentios seguissem as regras e regulamentos do Antigo Testamento (da mesma forma que os cristãos judeus estavam aparentemente fazendo).

15.2 –

Tendo havido, da parte de Paulo e Barnabé – Os apóstolos em Antioquia se opuseram aos professores judaizantes que chegaram de Jerusalém e estavam perturbando os irmãos de Antioquia. Paulo tinha recebido o Evangelho que pregava, através de uma revelação direta de Cristo,[7] e tinha um conhecimento correto da vontade de Deus para esta era. Ele sabia perfeitamente que o ensino sobre a circuncisão e a observância da Lei de Moisés como uma condição necessária para a salvação era um ensino falso. Como Barnabé havia aprendido a mesma verdade, seja de Paulo ou por revelação, os dois se uniram fortemente, então, para se opor às doutrinas ensinadas pelos judaizantes.

Contenda e não pequena discussão com eles – A palavra "contenda" foi usada pelos escritores clássicos gregos para expressar o maior mal de todas as sociedades políticas – discórdia e facção que os lados opostos de uma questão geralmente produzem[8]. É a mesma palavra para a "insurreição" em que Barrabás esteve envolvido[9]. "Discussão" é de *zētēseos*, e fala de um "interrogatório", um "exame conjunto", e o termo tem quase sempre um sentido depreciativo. Provavelmente devemos pensar em tudo isto ocorrendo numa reunião pública, com cada lado tentando esmagar o outro. Os judaizantes haviam apresentado doutrinas falsas. Paulo e Barnabé defendiam a fé. É errado contender e discutir? Não, quando a verdade está em jogo[10]. É do feitio de Cristo defender a verdade. Leia o capítulo 8 do evangelho de João se não acredita nisso. Paulo e Barnabé haviam evidentemente adotado o espírito de Cristo ao se oporem aos judaizantes.

[Os irmãos] resolveram que esses dois [Paulo e Barnabé] – Gálatas 2.2 nos conta que eles subiram para Jerusalém por causa de uma revelação. Não existe contradição com o que Lucas nos diz aqui. Supomos que tudo ocorreu assim: Os apóstolos não conseguiram convencer os crentes gentios em Antioquia de que os judaizantes estavam errados; mas, por causa da revelação, eles conduziram o debate de tal forma que os irmãos aceitaram a sugestão: "Se não acreditam em nós, vão para Jerusalém e perguntem aos Doze!" Os professores judaizantes de

---

[6] Êxodo 12.43-48.
[7] Gálatas 1.11, 12.
[8] Thucídides, *History of the Peloponesian War*, III .82; Aristóteles, *Politics*, V. 2.
[9] Marcos 15.7; Lucas 23.19.
[10] Judas 3 e Filipenses 1.17 são outras passagens frequentemente referidas, pois ensinam o cristão a resistir ao erro com todos os argumentos que puder extrair da Palavra.

Jerusalém afirmavam estar defendendo o rito da circuncisão (e obediência à toda a Lei de Moisés) porque haviam aprendido isso dos Doze e por ser essa a prática da igreja de Jerusalém. Paulo sabia não ser esse o caso. Os Doze não estavam ensinando isso. Mas era melhor ir até Jerusalém decidir o assunto de uma vez, não por sua própria causa, mas por aqueles que não tinham suficiente conhecimento.

Se os irmãos de Antioquia tivessem respeitado como deveriam a autoridade de um apóstolo inspirado, teriam aceitado implicitamente a decisão de Paulo sem esta missão para Jerusalém. Mas a sua familiaridade com a pessoa do apóstolo, como a dos nazarenos com Jesus, fez com que demorassem a compreender que ele falava com autoridade divina. O fato de ele não ser também um dos doze originais, talvez tenha feito com que seus pronunciamentos não parecessem ter tanta autoridade quanto os deles. Mas podemos dizer que como resultado desta missão eles aprenderam o que deveriam ter entendido desde o princípio; e nunca mais foi registrado que tivessem quaisquer dúvidas sobre os ensinamentos de Paulo depois disso[11].

A igreja de Antioquia decidiu enviar uma delegação para Jerusalém, a fim de descobrir a verdade completa sobre esse assunto. Paulo e Barnabé fizeram parte dessa delegação.

E alguns outros dentre eles – Barnes sugere que talvez houvesse representantes de ambos os lados nesta discussão – os que simpatizavam com os judaizantes e os que acreditavam em Paulo. Gálatas 2.1 conta que Tito foi um dos que Paulo levou em sua companhia. Tito não é mencionado no livro de Atos.

Subissem a Jerusalém – Por que ir a Jerusalém? Era ali que se achava a maioria dos apóstolos originais de Jesus. Os judaizantes talvez não reconhecessem a autoridade de Paulo como apóstolo (existe de fato alguma evidência em Gálatas 2.6-9 de que eles não o consideravam tanto quanto os Doze), mas reconheceriam a autoridade dos apóstolos em Jerusalém. Dos Estudos Introdutórios aprendemos que a data desta viagem para Jerusalém e a Conferência de Jerusalém é 51 A.D.

Aos apóstolos e presbíteros – Não sabemos quantos dos apóstolos originais estavam em Jerusalém na ocasião, salvo que em Gálatas 2 aprendemos que Pedro e João se encontravam ali, assim como Tiago, o irmão do Senhor (que é chamado de apóstolo,[12] mas não fazia parte dos doze originais). Podemos compreender o motivo de procurarem os apóstolos para obter informação sobre o assunto discutido. Os judaizantes haviam afirmado que os Doze estavam ensinando que a circuncisão era essencial à salvação. A autoridade dos apóstolos em Jerusalém seria reconhecida por todos, pois foram instruídos pessoalmente pelo Salvador, e tiveram a promessa da orientação sobrenatural do Espírito Santo, de modo que seu ensino deveria ser certo![13] Mas, por que a inclusão dos "presbíteros"? Por que a necessidade de pedir informação a eles? Não, ao que parece, porque fossem iguais aos apóstolos, pois não eram[14]. Mas se supusermos corretamente que os judaizantes estavam reivindicando o exemplo dos membros da igreja de Jerusalém como prova viva da exatidão da sua doutrina quanto à obrigatoriedade da circuncisão, então os presbíteros (cuja tarefa é a supervisão da vida espiritual dos irmãos) deveriam ser os interrogados sobre as práticas dos membros da igreja de Jerusalém.

Com respeito a esta questão – A questão era se a Lei de Moisés, e em particular a circuncisão, que era o teste decisivo da intenção do indivíduo de guardar a Lei, era obrigatória e necessária para a salvação. Paulo e Barnabé estavam proclamando a salvação mediante a *fé* em Cristo[15], sem mencionar a necessidade de observar a Lei de Moisés. Os judaizantes haviam dito aos seus convertidos que Paulo e Barnabé ensinavam uma falsidade que destruía a alma. Estavam os judaizantes certos em suas acusações, ou eram Paulo e Barnabé que tinham razão? Esta é a questão que devia ser resolvida na mente das pessoas.

---

[11] McGarvey, *op. cit.*, p. 55.
[12] Gálatas 1.19.
[13] João 14.26; Mateus 18.8.
[14] Efésios 4.11; 1 Coríntios 12.28.
[15] Atos 14.27.

15.3 –

Enviados, pois, e até certo ponto acompanhados pela igreja – A palavra pode indicar ou que eles receberam provisões para a viagem (ajudados financeiramente e encorajados pelas orações pedindo uma jornada segura) pelos irmãos de Antioquia, ou que alguns irmãos na verdade os acompanharam na viagem[16] (como na SBB – N.T.). Tal ato é um sinal de amor e respeito, e mostra que a simpatia da igreja de Antioquia estava com os apóstolos, e não com os judaizantes.

Atravessaram as províncias da Fenícia e Samaria – Veja Atos 11.19 e 8.5 para o registro da evangelização desses dois países que ficavam diretamente no caminho deles de Antioquia da Síria para Jerusalém. Eles teriam viajado pela costa até Ptolemaida no sul e depois cruzado a planície de Esdraelom, entrando em Samaria[17].

E, narrando a conversão dos gentios – Enquanto viajam, atravessando as várias cidades onde existem congregações, contam os resultados de sua primeira viagem missionária, e como os gentios da Ásia Menor responderam à pregação do evangelho. Devemos ver outro fator na obra missionária do primeiro século. Paulo não só fez um relatório à igreja que o havia enviado na viagem missionária[18], mas compartilhou as boas notícias com outras congregações. É bom que nossos missionários visitem outras congregações além daquelas que os sustentam. Isso pode não só ajudar o missionário em seu empreendimento, mas ele deve considerar um privilégio a oportunidade de ajudar as igrejas onde prega a terem uma visão mais voltada para as missões. Haverá muito mais benefício para a causa de Cristo do que simplesmente o que a congregação faz pelo missionário durante a sua visita.

Causaram grande alegria a todos os irmãos – Grande alegria com a notícia da extensa divulgação do Evangelho. A Fenícia e a Samaria não estavam presas a preconceitos judeus, como era o caso da Judeia. Por essa razão, podemos compreender por que se rejubilaram ao saber que Deus havia aberto a porta da fé ao mundo gentio. Observe novamente! A porta que Deus abriu era uma porta de fé e não uma porta para a Lei de Moisés. Quando os cristãos são vibrantes em seu testemunho a favor de Cristo, eles se alegram com a notícia da conversão de pecadores. O tempo do verbo sugere uma alegria contínua. Onde quer que fossem, o relato da conversão dos gentios era recebido com uma satisfação que apresentava o maior contraste possível com a estreiteza de visão e amargura dos judaizantes.

15.4 –

Tendo eles chegado a Jerusalém – A viagem de Antioquia a Jerusalém era de aproximadamente 450 km. Esta foi a terceira visita de Paulo a Jerusalém após sua conversão[19].

Foram bem recebidos pela igreja – O termo "recebidos" em grego contém a ideia de "boa acolhida" (como na SBB – N.T.). Eles foram reconhecidos como irmãos cristãos e recebidos de maneira amigável e hospitaleira, com bondade cristã. Barnabé teve boa acolhida por ter sido tão útil no início da igreja de Jerusalém. Paulo foi igualmente bem recebido. Não haveria razão para ser recebido de outra forma pela igreja, desde que ao deixar a cidade na vez anterior estava em bons termos com os irmãos[20].

---

[16] A mesma ideia de levar um amigo querido numa viagem é encontrada em Atos 21.5.
[17] Eles poderiam ter ido de barco, aportado em Cesareia ou Jope, deixando de lado tanto a Fenícia como Samaria. O roteiro que escolheram, portanto, foi uma confirmação da causa pela qual contendiam.
[18] Atos 14.27.
[19] Veja Atos 9.26 e 11.30 para as duas primeiras visitas. Não há menção da segunda visita (registrada em Atos) na carta aos Gálatas, evidentemente porque Paulo não esteve tempo suficiente com qualquer dos apóstolos para ser acusado de aprender deles a sua doutrina, quando visitou Jerusalém na época da fome.
[20] Atos 9.30; 12.25.

Pelos apóstolos e pelos presbíteros – Não sabemos quantos dos apóstolos estavam presentes. Aprendemos em Gálatas 2.9 que Pedro, João e Tiago, o irmão do Senhor, se achavam ali. Não sabemos também quantos presbíteros havia na igreja de Jerusalém. Este versículo parece sugerir que, embora os apóstolos estivessem ali com toda a sua autoridade apostólica sobre a igreja, os presbíteros de cada congregação eram considerados mesmo assim líderes nessas congregações – homens cuja função não era superada ou usurpada nem mesmo por um apóstolo.

E relataram tudo que Deus fizera com eles – Este foi o primeiro de vários encontros que compuseram a conferência de Jerusalém[21]. Ao iniciar-se a reunião, numa apresentação um tanto extensa, os apóstolos contaram, aos que se encontravam presentes em Jerusalém, sobre a emocionante viagem que haviam feito entre os gentios. Observe que Paulo e Barnabé declaram em seu relato que Deus é quem havia operado realmente "com eles"[22]. Se Deus estava atuando desse modo, seria lógico supor que ele havia aceitado os gentios sem circuncisão; e os irmãos judeus também deveriam aceitá-los do mesmo modo.

15.5 –

Insurgiram-se, entretanto, alguns da seita dos fariseus – Existe um contraste entre os versículos 3 e 5. Se, por um lado, Fenícia e Samaria ficaram felizes com as notícias da conversão dos gentios, por outro lado, alguns em Jerusalém só fizeram críticas ao saberem do que havia sido feito. Existe uma variação de manuscritos neste ponto, tornando difícil determinar qual a pessoa que fala, ou quem é exatamente identificado como envolvido na conferência. Essas talvez sejam as palavras de Paulo e Barnabé, contando o incidente em Antioquia com o aparecimento dos judaizantes. Pode ser também que as palavras sejam de Lucas, explicando o que ocorreu em seguida na conferência. Há também o problema de quem seriam os "alguns". Seriam os judaizantes que foram a Antioquia e depois voltaram a Jerusalém? Ou seriam simpatizantes dentre os irmãos que se achavam ainda em Jerusalém, de maneira a permitir que os judaizantes pudessem de fato afirmar em Antioquia terem sido enviados por pessoas de Jerusalém? Dentre essas possibilidades, supomos que sejam palavras de Lucas, e que os judaizantes são exatamente alguns dos que viajaram para Antioquia. Parece então que estes, imediatamente após a conclusão do primeiro relato maravilhoso da primeira viagem missionária, aproveitam a oportunidade para salientar o que consideram uma falta grave no ministério de Paulo e Barnabé entre os gentios.

Que haviam crido – Esses fariseus creram; eram membros da igreja de Jerusalém, tendo sido convertidos da "seita dos fariseus" ao cristianismo. Porém, há evidência considerável de que, mesmo passando a fazer parte da igreja, não deixaram para trás todas as suas antigas crenças judias. Eles podem ter crido que Jesus era de fato o Messias, mas imaginavam que fosse apenas o Messias de um judaísmo glorificado do qual os gentios estavam excluídos, a não ser que se conformassem rigidamente à Lei de Moisés.

> Depois de ter lido tanto nos capítulos anteriores de Atos com respeito à hostilidade da seita dos fariseus contra a igreja (e contra a Jesus), é surpreendente encontrar aqui alguns desse partido dentro da igreja, ocupando uma posição de certa influência. Mas não é surpresa encontrá-los do lado errado desta importante questão. Eles não conseguiram mais resistir à evidência a favor de Jesus, e tinham sido, portanto, batizados em seu nome; mantiveram-se, porém, tenazmente agarrados a algumas de suas ideias anteriores. Muito depois desse encontro, quando Paulo chegou a compreender completamente os motivos do partido judaizante [caso não os tivesse compreendido de fato por ocasião da Conferência de Jerusalém], ele escreve chamando-os de "falsos irmãos que se entremeteram com o fim de espreitar a nossa liberdade que temos em Cristo Jesus, e reduzir-nos à escravidão" (Gálatas 2.4). [Quanto a esta "liberdade em Cristo", veja as notas abaixo no versículo 31.] A partir desta sentença judicial em Gálatas sobre esses judaizantes, entendemos que depois de desistirem de destruir a igreja pela perseguição

---

[21] Veja as notas abaixo no v. 6 relativas aos vários encontros durante esta conferência.
[22] Veja comentários sobre as palavras "com eles" em Atos 14.27.

externa, eles deliberadamente confessaram Cristo e entraram na igreja com o propósito de dominá-la internamente[23].

Era propósito desses judaizantes manter a igreja sob a escravidão da Lei, impedindo assim que se modificasse profundamente o estado de coisas entre os judeus, onde predominava o partido farisaico. O zelo partidário, o prejudicial de sua antiga vida, continuava regendo seus motivos.

Dizendo: É necessário circuncidá-los – Veja isto discutido no versículo 1.

E determinar-lhes que observem a lei de Moisés – O "lhes" (eles) fala de forma geral dos gentios convertidos ao cristianismo, e não apenas de homens como Tito, que (sendo gentios) acompanharam Paulo e Barnabé à conferência. O estudante cuidadoso do Novo Testamento irá reconhecer que o ponto essencial na Conferência de Jerusalém é a relação entre a Lei e o Evangelho. McGarvey tem uma nota excelente sobre este assunto:

> A questão crucial entre Paulo e os fariseus estava ligada à perpetuação da Lei de Moisés na igreja de Deus; e o mesmo ponto tem sido debatido em diferentes fases desde essa época até hoje.
> Paulo derrotou a tentativa de impor a circuncisão à igreja, mas os judaizantes conseguiram mais tarde perpetuá-lo sob a forma de aspersão das crianças pequenas. O que os fariseus não puderam realizar abertamente, foi então alcançado através de um subterfúgio.
> Os fariseus falharam em consolidar a lei e o Evangelho, mas seus imitadores foram em grande parte bem-sucedidos ao ensinar que a igreja de Cristo teve origem na família de Abraão, e que as tribos judias e as congregações cristãs constituem uma igreja idêntica.
> A apostasia romana perpetua o sacrifício diário e o ritual pomposo do templo; os zelotes religiosos têm matado os cananeus na pessoa dos hereges modernos; cristãos professos vão à guerra sob o velho grito de batalha da "espada do Senhor e de Gideão"; os "Santos dos Últimos Dias" imitam Salomão na multiplicação de esposas; e para todas essas corrupções é encontrada autoridade nas leis e costumes da antiga Israel.
> O leitor inteligente do Novo Testamento não sabe muito bem quais desses erros está mais longe da verdade; e ele se sente obrigado a lutar com energia incansável e vigilância incessante a fim de desarraigá-los da mente dos homens[24].

Para mais informações sobre a distinção entre a Lei e o Evangelho, veja o "Sermão sobre a Lei" ("Sermon on the Law") de Alexander Campbell[25].

15.6 –

Então se reuniram os apóstolos e os presbíteros para examinar a questão – Quando comparamos a linguagem do versículo 6 com a do versículo 4, somos levados a ver que os versículos 6ss falam de uma reunião diferente daquela dos versículos 4 e 5. Nesse primeiro encontro, Paulo e Barnabé haviam declarado em detalhe a conversão dos gentios. A seguir, os judaizantes declararam sua posição, insistindo claramente em que os gentios convertidos deveriam ser circuncidados e obrigados a obedecer a Lei. Neste ponto, a reunião parece ter terminado sem mais discussões ou debates. Depois disso, o versículo 6 nos apresenta uma segunda reunião pública (cujo relato continua através do versículo 29).

Ambas as reuniões registradas por Lucas foram públicas, reuniões em que toda a igreja de Jerusalém esteve presente. Houve, porém, um encontro privado envolvendo Paulo, Barnabé e Tito de um lado, e Pedro, João e Tiago, irmão do Senhor, do outro, o qual realizou-se no intervalo entre as duas reuniões públicas. Aprendemos isto em Gálatas, onde Paulo declara o fato e dá a razão do interesse em encontrar-se com os três apóstolos que se achavam em Jerusalém.

---

[23] McGarvey, *op. cit.*, p.58, 59.
[24] *Op. cit.*, p. 59, 60.
[25] Alexander Campbell, "Sermon on the Law", *Historical Documents Advocating Christian Union*, p. 217ss.

Quatorze anos depois, subi outra vez a Jerusalém com Barnabé, levando também a Tito. Subi em obediência a uma revelação; e lhes expus o evangelho que prego entre os gentios, mas em particular aos que pareciam de maior influência, para de algum modo não correr, ou ter corrido, em vão[26].

Nessas palavras Paulo deu o motivo da entrevista. Se descobrisse que qualquer dos apóstolos originais estava do lado dos judaizantes, a influência deles superaria a sua e todos os irmãos teriam começado a observar a Lei de Moisés como uma das exigências da salvação. Toda a sua obra, então, cairia por terra. É surpreendente que alguns tenham interpretado mal as palavras de Paulo aqui. Vários comentaristas pensam que essas palavras mostram que nesse período da vida do apóstolo ele não tinha chegado a uma teologia definida, e diziam que "para de algum modo [por medo] não correr . . . em vão" significa sua incerteza quanto a estar ou não certo. Mas essa ideia não condiz absolutamente com sua declaração, repetida no capítulo anterior de Gálatas, que ele tinha recebido seu conhecimento do Evangelho mediante revelação direta (não se trata de algo lentamente forjado e desenvolvido por ele com o passar dos anos). E como recebeu o Evangelho por meio de revelação, e o pregava por inspiração, não poderia ter quaisquer dúvidas quanto ao seu conteúdo, embora como Pedro (Atos 2 e 10) e os profetas do Antigo Testamento (1 Pedro 1.10, 11), possa ter tido indagações sobre o completo significado daquilo que pregava por inspiração.

O resultado do encontro particular entre os seis homens é declarado nas seguintes palavras em Gálatas:

> E, quanto àqueles que pareciam ser de maior influência (quais tenham sido outrora, não me interessa, Deus não aceita a aparência do homem), esses, digo, que me pareciam ser alguma coisa, nada me acrescentaram; antes, pelo contrário, quando viram que o evangelho da incircuncisão me fora confiado, como a Pedro, o da circuncisão (pois aquele que operou eficazmente em Pedro para o apostolado da circuncisão, também operou eficazmente em mim, para com os gentios), e, quando conheceram a graça que me foi dada, Tiago, Cefas e João, que eram reputados colunas, me estenderam, a mim e a Barnabé, a destra de comunhão, a fim de que nós fôssemos para os gentios e eles para a circuncisão; recomendando-nos somente que nos lembrássemos dos pobres, o que também me esforcei por fazer[27].

Por este relato da entrevista em particular, parece que no momento em que os três apóstolos mais velhos ouviram a declaração de Paulo sobre o caso, deram seu completo apoio e indicaram sua aprovação, estendendo a mão direita a ele e Barnabé. As palavras "nada me acrescentaram" são também importantes, pois a questão era se os gentios tinham recebido instruções sobre todos os seus deveres. Caso negativo, os apóstolos mais velhos teriam "acrescentado alguma coisa" a Paulo e Barnabé. Teriam insistido (caso fosse obrigatório aos cristãos) que Paulo e Barnabé ensinassem os homens a guardarem a Lei.

Com base em Gálatas 2.3, parece que nesta entrevista privada a questão geral foi debatida em relação a um caso individual. Tito era gentio convertido à religião cristã, e foi levado a Jerusalém como exemplo. O que dizer então desse homem? Era salvo ou perdido? Era um crente imerso, mas não circuncidado, e não observava a Lei. O que mais seria necessário no seu caso? Observe agora o que Paulo diz! Tito não foi obrigado a circuncidar-se. Se a obediência à Lei fosse necessária para que ele permanecesse em boa posição como seguidor de Cristo, eles o teriam obrigado a submeter-se a essa exigência da Lei.

Uma coisa a mais deve ser notada antes de deixarmos esta reunião particular relatada em Gálatas 2. Com a informação em mente sobre o entendimento e acordo perfeitos entre os apóstolos, podemos compreender o propósito da segunda reunião pública. Ela não foi realizada para decidir o que deveriam crer. Isso já havia sido determinado através da revelação! O objetivo da segunda reunião pública era *fazer com que os apóstolos conseguissem que toda a igreja concordasse com eles!*

---

[26] Gálatas 2.1, 2.
[27] Gálatas 2.6-10.

Se não nos lembrarmos disto ao estudarmos os acontecimentos, iremos interpretá-los de maneira completamente errada. Voltando a Atos 15.6, início da segunda reunião pública, vemos os apóstolos liderando a discussão, tentando mostrar a todo o povo exatamente qual era a verdadeira resposta para a questão.

15.7 –

Havendo grande debate – O termo grego aqui é o mesmo traduzido "discussão" no versículo 1; e embora não seja a palavra usual para "debate" (sendo ela *suzētēsis*), é mesmo assim inusitado encontrar "interrogatório" no meio de uma sentença. Esta é a razão da NASB usar "debate" como tradução[28]. Parece que ao iniciar-se a segunda reunião pública, ambos os lados são novamente ouvidos, apresentando os pontos em questão.

> Os homens que estão errados jamais podem ser convencidos de que estão errados negando-lhes a liberdade de falar. Só depois de terem permissão para expressar-se até a última palavra, eles são capazes de ouvir imparcialmente o outro lado. Sabendo disto, ou pelo menos agindo de acordo com esse conceito, os apóstolos permitiram que os judaizantes da igreja dissessem tudo que queriam antes de dar qualquer resposta à sua posição e argumentos[29].

Quando os judaizantes não tinham mais argumentos, os apóstolos, um a um, e em uma ordem talvez predeterminada durante sua reunião particular, levantaram-se para explicar a vontade de Deus de maneira a fazer com que a igreja concordasse com sua conclusão divinamente inspirada.

Pedro tomou a palavra e lhes disse – Pedro tinha sido o primeiro apóstolo a oferecer salvação aos gentios, Atos 10.11. Seria lógico ele ser a primeira pessoa a apresentar a doutrina apostólica nesta questão. De passagem, pode ser notado que a posição de Pedro é igual à de qualquer outro apóstolo nesta reunião. Ele não se destaca, nem dá início à reunião, nem termina. Se alguém se destacou, esse foi Tiago, e não Pedro.

Irmãos, vós sabeis que desde há muito – Se "desde há muito" (literalmente "dos dias da antiguidade") refere-se à conversão de Cornélio, tinha havido então dez anos que Deus havia escolhido Pedro. É possível, porém, que Pedro esteja voltando vinte anos no pensamento, à época em que Jesus lhe falou em Cesareia de Filipe sobre as chaves do reino[30].

Deus me escolheu dentre vós – "Escolheu" está na voz medial. Deus fez isso em seu próprio benefício. O que Deus decidiu fazer é declarado especificamente pelos dois infinitivos que se seguem – os gentios devem "ouvir" e "crer" – sendo da vontade de Deus que Pedro fosse o instrumento humano na conversão dos gentios.

Para que, por meu intermédio, ouvissem os gentios a palavra do evangelho e cressem – Cornélio e seus parentes foram os primeiros gentios a serem convidados para se tornarem cristãos, e isso foi feito mediante a escolha de Deus. Lembre-se de como Ele enviou seu anjo a Cornélio, e uma visão e mensagem do Espírito a Pedro, a fim de esclarecer perfeitamente sua vontade e instruções sobre o assunto! Foi decisão de Deus fazer com que os gentios *"cressem"* – e não que guardassem a Lei, Pedro diz na conferência. "Ouvir...e crer". Como vem a fé? Por ouvir a Palavra! Descobrimos que é assim até este ponto, e assim continua através de todo o livro de Atos[31].

---

[28] Se mantivermos a palavra "interrogatório" (ASV), poderíamos, então, imaginar a abertura da segunda reunião como uma oportunidade para cada lado tentar apresentar a sua opinião, principalmente fazendo perguntas – um meio muito comum de colocar o adversário numa situação desvantajosa.
[29] McGarvey, *op. cit.*, p. 62.
[30] Mateus 16.13-20.
[31] Veja Romanos 10.17.

15.8 –

Ora, Deus que conhece os corações, lhes deu testemunho – Desde que Deus pode ler o coração dos homens[32], sabia perfeitamente se Cornélio e os que estavam em sua companhia eram crentes verdadeiros ou não. A vinda do Espírito, depois de Deus examinar seus corações, foi uma evidência de que Ele aprovou o que Pedro estava fazendo (embora este não estivesse exigindo observância da Lei por parte desses gentios).

Concedendo o Espírito Santo a eles – Veja Atos 10.45, 46.

Como também a nós nos concedera – Veja Atos 2.2-4, onde os apóstolos ("nós") receberam o batismo com o Espírito Santo.

15.9 –

E não estabeleceu distinção alguma entre nós e eles – Embora Cornélio e os outros gentios em Cesareia não tivessem sido circuncidados, e, embora não se conformassem com todas as exigências da Lei, mesmo assim Deus os aceitou.

Purificando-lhes pela fé os corações – Talvez a escolha da palavra "purificando" por Pedro, seja devida ao fato de que a questão de pureza estava por trás da disputa na Conferência. Os fariseus insistiam que a purificação se realizava através da observância da lei cerimonial e da circuncisão. A verdadeira impureza dos gentios não se achava tanto nas coisas externas, como os judeus pensavam, mas no coração; e para isso a fé, e não a circuncisão, era o remédio. Não havia distinção entre judeu e gentio no que dizia respeito aos termos do perdão de pecados. Nenhum deles era "purificado" pela obediência à Lei. Tanto o judeu como o gentio tinham de ouvir o mesmo Evangelho, crer no mesmo Evangelho, arrepender-se dos seus pecados, e ser imerso em Cristo para o perdão dos seus pecados.

15.10 –

Agora, pois, por que tentais a Deus – A criança testa os pais quando tenta desobedecer à vontade expressa deles. Os pais permitirão isso ou não? A pergunta de Pedro tem essa implicação: Por que vocês estão agindo como se Deus tivesse cometido um erro quando deu o Espírito Santo à casa de Cornélio e aceitou-os sem a circuncisão? Deus expressou a sua vontade. Vocês não estão achando que podem contradizê-la, não é? Se continuarem a argumentar pela necessidade da circuncisão, só estarão contrariando a vontade manifesta dEle, e ao opor-se deste modo só irão provocar o seu desagrado com vocês.

Pondo sobre a cerviz dos discípulos um jugo – "Jugo" é uma expressão figurada, para algo pesado e opressivo, neste caso – algo que iria prejudicar grandemente a liberdade possuída pelo indivíduo em Cristo[33]. Pedro parece ter em vista a Lei, mais do que as tradições dos fariseus, quando fala de jugo.

Que nem nossos pais puderam suportar, nem nós? – "Nossos pais" não seriam Abraão, Isaque e Jacó, que não se achavam sob a Lei, mas sim os israelitas, depois de Moisés, que viviam sob o código mosaico. Uma única pessoa cumpriu perfeitamente a Lei. Ele a cumpriu, como também a todas as suas responsabilidades. Não apenas isso, mas cumpriu todos os seus tipos e profecias. "Não vim para revogar, vim para cumprir", disse Jesus[34]. Pedro não se refere a Jesus, mas a homens, quando diz que judeu algum jamais cumpriu perfeitamente a Lei de Moisés. As palavras de Pedro são um apelo à consciência dos judeus. Eles sabiam que ela não poderia ser obedecida fielmente. Por que exigir que os gentios sejam forçados a tentar? Ora, se as pessoas não conseguiam guardar a Lei, qual o valor dela então, alguns poderiam inquirir. Esta pergunta é respondida em outro ponto do Novo Testamento. A Lei foi dada a fim de que os homens co-

---

[32] A expressão "que conhece os corações" foi usada antes por Pedro em Atos. Veja comentário em Atos 1.24.
[33] Veja Atos 15.31; Gálatas 2.4 e 5.1.
[34] Mateus 5.17.

nhecessem melhor quais as coisas que eram pecado. Definia o pecado, ajudando os homens a perceberem a enorme perversidade dele. Ela exigia obediência à vontade de Deus, mas não dava ao indivíduo ajuda para viver segundo essa vontade. Seu verdadeiro propósito era contribuir no preparo dos homens para a salvação oferecida por Jesus, porque eles estariam agudamente conscientes de seus pecados e da necessidade de perdão.

Pedro tem estabelecido agora vários pontos em sua parte da apresentação apostólica. Ele tinha sido dirigido por Deus para oferecer o Evangelho aos gentios. Era escolha de Deus que a condição fosse "fé" e não a "guarda da Lei". Deus chegou a dar evidência de seu apoio ao conceder aos gentios na casa de Cornélio o batismo com o Espírito Santo. Através de toda esta dispensação cristã, os homens (judeus ou gentios) são salvos pela fé, e insistir em outro meio é tentar a Deus. Chegamos agora à conclusão de Pedro.

15.11 –

Mas cremos – Nós, apóstolos. Esta é a nossa plena convicção, diz Pedro, falando por todos os apóstolos, a quem talvez inclua com um gesto largo do braço enquanto discursa. Ele está simplesmente reiterando o que já tinha sido pregado e reafirmado na reunião particular da véspera.

Que fomos salvos pela graça do Senhor Jesus – A salvação não deveria vir através da circuncisão ou da observância da Lei, nem mesmo para os judeus (a quem Pedro chama aqui de nós"). A esperança da salvação do judeu (e também do gentio) estava na morte e ressurreição de Cristo[35], e não em seus próprios esforços para ganhar ou merecer a salvação pelas obras da Lei.

Como também aqueles o foram – Pedro está dizendo: "Nós, judeus, somos de fato salvos da mesma forma que os gentios. Nem mesmo nós, judeus, somos salvos pela guarda da Lei. Pelo contrário, somos salvos através da graça do Senhor Jesus", da mesma maneira que os gentios. "Salvos pela Graça" – essas são as últimas palavras registradas de Pedro no livro de Atos[36]. Essas palavras deveriam ter bastado para encerrar toda a controvérsia; mas, os apóstolos sabiamente decidiram que a evidência sobre o assunto fosse multiplicada de maneira a não deixar espaço para novas controvérsias ou perguntas.

15.12 –

E toda a multidão silenciou – Toda a assembléia ficou em silêncio depois do discurso de Pedro. O silêncio é um testemunho do impacto da apresentação de Pedro. Ele havia feito suas declarações apoiado em argumentos tão fortes que nada poderia ser dito contra os mesmos.

Passando a ouvir a Barnabé e a Paulo – Depois de Pedro ter se sentado, Barnabé passou a falar, seguido de Paulo; cada um deles apresentando novas evidências da vontade de Deus sobre o assunto em pauta. Eles repetem em público o que já haviam discutido em particular na noite anterior. O verbo "passavam a ouvir" está no imperfeito, indicando que continuaram a ouvir. Ambos fizeram longas descrições de suas atividades missionárias. Barnabé falou em primeiro lugar por ser uma figura mais conhecida e aceita em Jerusalém.

Que contavam quantos sinais e prodígios – Os dois missionários narraram em detalhe todos os milagres operados na primeira viagem missionária. Essa ênfase sobre os milagres (compare notas em Atos 2.22 sobre as palavras "sinais e prodígios") era exatamente o tipo de apelo que convenceria um judeu[37].

---

[35] "Pela graça" (*dia* e o caso genitivo) neste ponto é uma expressão algo diferente do que "pela graça" em Efésios 2.8 (caso dativo). A expressão aqui em Atos fala de tudo que Jesus fez para salvar os homens. Nenhuma das passagens deve ser entendida como significando que uma "primeira obra da graça" está envolvida no preparo do coração de qualquer indivíduo, a fim de que seja receptivo ao Evangelho. Esta última ideia, tornada popular pela teologia de Calvino, é estranha ao ensino sobre a salvação no Novo Testamento.

[36] Ficamos sabendo por outras fontes alguma coisa sobre o ministério e as palavras subsequentes de Pedro – sua visita a Antioquia (Gálatas 2.11), as duas cartas que levam seu nome e sua morte em Roma.

[37] Mateus 12.38, 16.1; João 3.2; 1 Coríntios 1.22.

Deus fizera por meio deles entre os gentios – Barnabé e Paulo fazem agora o mesmo que Pedro. Eles recorrem ao que *Deus* tinha feito! Pedro havia apelado para o que o Senhor tinha feito, a fim de mostrar sua aprovação de Cornélio, embora este fosse incircunciso. Barnabé e Paulo continuam com a mesma ideia, mostrando como Deus havia indicado sua aprovação dos convertidos gentios na Ásia Menor. Os milagres operados por Deus através de Barnabé e Paulo entre aqueles gentios eram evidência de que Deus aprovava seu ministério entre essas pessoas. Igrejas haviam sido organizadas sem exigência de circuncisão, e sem requerer obediência à Lei. Desde que Deus aprovou os gentios sem a circuncisão, seguia-se então que não havia necessidade de ordenar aos gentios em parte alguma que começassem agora a guardar a Lei de Moisés.

15.13 –

Depois que eles terminaram – "Terminaram" é o mesmo verbo grego traduzido "silenciou" no versículo anterior. Até este ponto na agenda do dia, houve um debate geral em que todos que assim o desejassem podiam tomar parte. Pedro falou então do início da divulgação do Evangelho entre os gentios, e Barnabé e Paulo falaram sobre o que Deus fez a favor dos gentios através deles. A conclusão clara de tudo isto é que Deus não exige que um homem seja circuncidado ou cumpra a Lei a fim de ser salvo. Tiago fará agora a apresentação final da doutrina dos apóstolos.

Falou Tiago, dizendo – Este é Tiago, o irmão do Senhor[38]. Se esta fosse uma reunião realizada em nossos dias, diríamos que Tiago ocupava a posição de presidente da mesa, e cabia a ele resumir a apresentação inteira. Não existe evidência de que ele tivesse tomado sozinho a decisão final – uma decisão que todos os outros fossem obrigados a aprovar. A decisão apresentada por ele aqui é aquela que todos os apóstolos inspirados pelo Espírito Santo haviam sido levados a aceitar na reunião particular; mas também já antes disso, quando seguiam para onde o Espírito os guiava e pregavam o que Ele ordenou que pregassem.

Irmãos, atentai nas minhas palavras – Barnes ressalta neste ponto a sugestão de que a ação desta conferência mostra que Pedro não tinha a autoridade pretendida pelos papistas; caso contrário, sua opinião teria sido prontamente aceita. O que Tiago diz pode ser resumido sob dois pontos: (1) o que os profetas do Antigo Testamento disseram sobre a admissão dos gentios, e (2) seu critério sobre as condições a serem satisfeitas pelos convertidos gentios caso desejassem permanecer no favor de Deus.

15.14 –

Expôs Simão como Deus, primeiro visitou os gentios, a fim de constituir dentre eles um povo para o seu nome – "Simão" é a forma hebraica do nome de Pedro. É bem natural que Tiago usasse essa forma, pois ele demonstra ser inteiramente judeu em muitas de suas palavras e ações[39]. O único outro ponto em que encontramos o nome de Pedro em hebraico é quando o apóstolo faz uso dele ao assinar 2 Pedro. Tiago usa um título para esses convertidos do paganismo que os judeus haviam sempre reservado exclusivamente para si mesmos. Só eles eram o "povo", o restante da humanidade era a "nação" – os gentios. Empregando esse título, Tiago está dando a entender que os convertidos eram tanto o povo de Deus quanto Israel era[40]. "Para o seu nome" pode significar que esse povo leva o Seu nome como povo de Deus, ou que são considerados Seu povo especial.

---

[38] Veja Gálatas 1.19 e o Estudo Especial Nº 2 onde o problema da identificação de "Tiago, o irmão do Senhor" é explicado. Com respeito à posição mantida por Tiago na igreja de Jerusalém, veja as notas em Atos 21.18. É provável que este Tiago seja o autor da Epístola de Tiago, e que esse livro tenha sido escrito cerca de 62 AD., pouco antes de Tiago sofrer o martírio por apedrejamento. Josefo, *Antiguidades*. XX. 9. 1.

[39] Tiago não infringia os artigos da fé cristã, todavia, suas práticas pessoais eram suficientemente judaicas para que pessoas de Jerusalém pudessem invocar seu exemplo como um precedente para a sua adesão estrita aos costumes judaicos (Gálatas 2.12). Veja também o esforço de Tiago para conciliar os cristãos judeus em anos posteriores, Atos 21.18ss.

[40] Compare Romanos 9.24-26; 1 Pedro 2.9, 10 (onde até as frases descritivas que costumavam ser aplicadas antes exclusivamente a Israel, são agora aplicadas à Israel espiritual, a Igreja).

15.15 –

Conferem com isto as palavras dos profetas – Os judeus achavam muito importante reportar-se às Escrituras do Antigo Testamento como evidência das reivindicações feitas por alguém. Tiago cita apenas o profeta Amós. Seu uso do plural "profetas" pode ser outro exemplo de uma citação do livro dos profetas[41]. Outros profetas do Antigo Testamento haviam previsto a aceitação dos gentios como consta em Isaías 2.2-4; 49.6 e também Miqueias 4.1-4. Uma lista completa das profecias do Antigo Testamento sobre os gentios se tornarem o povo de Deus é encontrada em Romanos 15.9-11.

Como está escrito – A citação que se segue, extraída de Amós 9.11, 12, não é uma citação exata do hebraico, nem da Septuaginta. Todavia, o ponto principal da passagem que Tiago está enfatizando repousa numa cláusula encontrada na LXX e não no hebraico. Na leitura de Amós na LXX é que Tiago consegue descobrir uma prova de que, segundo os profetas, foi predito que os gentios seriam aceitos no favor de Deus.

Uma breve análise das predições de Amós pode ser útil aqui, desde que nos permitirá saber o que um judeu (familiarizado com o profeta) estaria pensando ao ouvir o apelo de Tiago a esta passagem do Antigo Testamento. Nos versículos que antecedem os citados, Amós havia predito a queda da nação judaica, inclusive a destruição da casa (tabernáculo) de Davi, cujos descendentes estavam reinando como reis na época em que Amós profetizou. Amós prediz então nos versículos citados a reconstrução da casa de Davi, ou seja, que um dos descendentes de Davi reinaria de novo como rei. A queda da nação aconteceu como predito pelo profeta. Entre essa queda e a época da qual Tiago falava, nenhum dos descendentes de Davi havia se tornado rei. Quando Jesus foi entronizado no céu, na sua ascensão, Ele começou a cumprir a profecia de Amós. Jesus reina no trono de Davi como Senhor; e uma vez que reina como Senhor, os gentios são descritos como procurando o favor do Senhor. É exatamente isso que os gentios estão fazendo desde a visita de Pedro à casa de Cornélio. O que o profeta Amós predisse, afirma Tiago, está se realizando na conversão dos gentios pelo Evangelho.

15.16 –

CUMPRIDAS ESTAS COISAS, VOLTAREI – Em Amós "cumpridas estas coisas" significa depois do castigo de Israel pelos babilônios, como previsto. "Voltarei" é uma adição de Tiago à profecia. Não existe nada no hebraico ou na LXX correspondente a isso, embora possa ser afirmado que o hebraico inclui essa ideia.

E REEDIFICAREI O TABERNÁCULO CAÍDO DE DAVI – "Tabernáculo" não é uma referência ao templo, levantado por Salomão, nem ao "tabernáculo do testemunho", obra de Moisés. A referência é aparentemente à monarquia davídica, que não era palaciana nos dias de Amós, mas, simplesmente uma cabana ou "tenda" (o vocábulo hebraico fala de uma estrutura temporária feita de galhos e ramos). A monarquia estava passando por tempos difíceis devido ao cativeiro na Babilônia. Repetimos as palavras *monarquia* davídica, pois "tabernáculo" parece ser uma figura poética para o trono de Davi em 2 Samuel 7.12. Amós está profetizando que chegaria o momento em que Deus restauraria um dos descendentes de Davi à posição de monarca reinante.

E, LEVANTANDO-O DE SUAS RUÍNAS – O hebraico diz: "fecharei as suas brechas". Quando os babilônios capturaram a cidade, prédios foram destruídos, e grandes buracos deixados abertos nos muros. Essas palavras de Amós predizem que os buracos serão consertados e fechados. Existe aqui uma referência velada ao Reino Dividido e uma sugestão de que Deus iria "murar as suas brechas"?

RESTAURÁ-LO-EI – Temos nesta passagem uma profecia messiânica em terminologia mosaica. Não se trata da cidade real de Jerusalém na Palestina ser reconstruída e restaurada, mas sim de

---

[41] Compare a explicação desta frase em Atos 13.40.

uma profecia de que, na era Messiânica, Deus levantaria um reino (ele começou no dia de Pentecostes, Atos 2), e a seguir os gentios passariam a fazer parte dele.

15.17 –

PARA QUE OS DEMAIS HOMENS BUSQUEM O SENHOR – Esta é a frase da LXX em que se articula o argumento de Tiago[42]. O hebraico diz: "para que venham a possuir o remanescente de Edom", mas basta uma pequena mudança de letras para obter "humanidade" ("*adam*") em lugar de "Edom". Os tradutores da LXX e Tiago também compreendem que Amós se referia a outros além dos judeus – i.e., aos gentios – o resto do mundo. Amós está profetizando que muitos dos que não eram judeus buscariam o Senhor depois de estabelecido o reino messiânico de Deus e do trono de Davi ser ocupado por um de seus descendentes (Cristo).

E TODOS OS GENTIOS SOBRE OS QUAIS TEM SIDO INVOCADO O MEU NOME – A leitura à margem, "chamados pelo meu nome", é mais fácil de entender, significando que os gentios seriam chamados "povo de Deus". Falta um verbo nesta frase. Suprimos "busquem o Senhor" da frase precedente, e Amós está dizendo então: "Os gentios que são chamados povo de Deus buscarão o Senhor". Esta era uma predição clara de que outras nações além de Israel seriam abençoadas por Deus. E isso sem qualquer menção à obediência delas à Lei de Moisés.

15.18 –

DIZ O SENHOR QUE FAZ ESTAS COISAS CONHECIDAS DESDE SÉCULOS – A margem dá uma variante da leitura: "que faz essas coisas que eram conhecidas desde a antiguidade". Segundo a leitura à margem, a admissão dos gentios não era uma inovação, mas parte da obra que Deus realiza agora em harmonia com os planos e propósitos formados na eternidade, antes da criação. Segundo a leitura do texto, o argumento de Tiago (nas palavras de Amós) é este: Desde que Deus predisse há muito tempo que os gentios fariam parte do reino, sem a circuncisão, não devemos, portanto, nem nos opor nem resistir a isso. Pelo contrário, devemos colocar nossas ideias em sintonia com a vontade revelada de Deus!

15.19 –

Pelo que julgo eu – Isto é, de acordo com a harmonia entre os apóstolos inspirados (como ficou evidente na reunião privada da véspera), e conforme o que Pedro e os demais mostraram hoje sobre a ação e vontade de Deus neste caso, também à luz das predições muito claras do Antigo Testamento, minha sentença inspirada é, etc. O grego aqui é enfático. Tiago está falando como presidente da reunião e, provavelmente, é por causa disto que seu nome é citado em primeiro lugar em Gálatas 2.9.

Não devemos perturbar aqueles que, dentre os gentios, se convertem a Deus – Nossa palavra "perturbar" dá bem a ideia do significado de "atrapalhar". Exigir dos cristãos gentios mais do que as coisas que vão ser citadas causaria dificuldades desnecessárias para eles. "Convertem" é particípio presente, e sugere que enquanto o concílio está se reunindo, gentios estão sendo convertidos a Cristo (veja notas em Atos 8.35 sobre "Voltar-se para Deus"). Trata-se de um processo contínuo que teve início antes da reunião do concílio e continuaria muito depois dela. Nenhum desses convertidos deve ser "perturbado" diz Tiago. Seria uma "perturbação" se as penosas restrições da Lei de Moisés fossem exigidas para a salvação.

15.20 –

Mas escrever-lhes – Tiago insiste com os líderes da igreja (v. 23) que escrevam uma carta às novas congregações de crentes gentios, explicando por escrito exatamente o que os apóstolos inspirados ensinam. Isto não deixará oportunidade para os judaizantes de novo interpretarem er-

---

[42] Tiago pode ser bastante judeu em muitas de suas práticas pessoais (veja nota 39 acima), mas não é tão judeu em seus hábitos pessoais que não possa fazer uso da tradução Septuaginta!

radamente o que os gentios precisam fazer para serem salvos, pois estes terão uma palavra específica do Senhor sobre o assunto.

Que se abstenham – "Abster" é um infinitivo presente médio, indicando que eles devem continuar se abstendo dessas coisas em seu próprio benefício. Já estavam se abstendo, e devem continuar na abstinência! Quando perguntamos: "Por que Tiago acha que os cristãos gentios devem abster-se?" levantamos um dos problemas mais difíceis de responder em todo o livro de Atos. Vamos, o mais brevemente possível, examinar algumas respostas sugeridas para esta questão.

(1) Tiago está oferecendo uma solução de acomodação para o problema discutido. A favor disto pode ser dito: (a) as quatro condições a serem estabelecidas eram as mesmas exigidas pelos fariseus para o gentio que quisesse tornar-se um prosélito da porta. Os fariseus judaizantes com certeza aceitariam os gentios na comunhão da igreja sob essas condições, desde que há anos vinham aceitando pessoas no judaísmo que cumpriam essas mesmas condições. (b) Um meio frequentemente usado de resolver disputas é dar a ambos os lados parte do que pedem e recusar a ambos os lados parte do que pedem. Os cristãos gentios haviam pedido liberdade de toda a Lei de Moisés. Os judaizantes exigiam adesão a toda a Lei. Na solução acomodatícia, cada um recebia uma parte do que havia pedido[43]. Contra a ideia de que o "julgamento" de Tiago fosse uma solução desse tipo, pode ser dito que (a) todo o caráter do decreto salienta que as exigências dos judaizantes foram rejeitadas *in toto*. Eles estavam errados em suas opiniões[44]. (b) Não podemos imaginar Tiago apelando para certas provisões na Lei de Moisés e insistindo que os cristãos devessem guardá-las. A Lei de Moisés jamais foi, e jamais será, obrigatória para os cristãos. Ela foi cancelada, pregada na cruz. Qualquer explicação dos motivos de Tiago para exigir abstenção de certas coisas porque a Lei de Moisés impõe tal abstenção, está claramente baseada numa falsa premissa.

(2) Uma segunda tentativa de explicar porque Tiago exige abstenção é que ele não está pedindo aos gentios mais o que os Mandamentos de Noé exigiam de todos os gentios. Segundo a interpretação rabínica de Gênesis, a humanidade inteira estava obrigada a observar sete Leis morais básicas: obedecer às autoridades civis, não praticar idolatria, não profanar o nome de Deus, não cometer fornicação, não matar, não furtar, não comer carne com sangue[45]. A Aliança feita com Noé ainda vigora até na era cristã, mas foi dada há tanto tempo e só transmitida entre os gentios pela tradição oral, de pai para filho. Nos anos intermediários ela acabou sendo esquecida, ignorada, e até deliberadamente mudada pelos que estavam mergulhando cada vez mais no pecado. Em vista de Tiago reconhecer que essas leis morais continuam válidas para o homem, quer judeu ou gentio, ele insiste que aos gentios, que não haviam recebido uma revelação escrita em que elas fossem incorporadas, seja dada uma agora[46].

(3) Uma terceira tentativa de explicar porque Tiago persistiu na ideia de abstenção é que as quatro áreas citadas eram aquelas em que as tentações se faziam sentir mais fortemente entre esses novos cristãos gentios que viviam em meio a uma sociedade idólatra, imoral. Tratava-se de aspectos em que eles necessitavam de advertência especial, especialmente desde que sua vida anterior não os preparava de modo algum nesse sentido, e essas tentações poderiam ser especialmente enganosas e destrutivas. Os cristãos primitivos tiveram de fato problemas com essas tentações específicas, como será mostrado nas notas sobre as frases seguintes.

---

[43] Alguns eruditos do Novo Testamento afirmam que o decreto de Jerusalém jamais é invocado pelos pregadores cristãos, desde que foi entregue às igrejas gentias fundadas antes e durante a primeira viagem missionária. Eles afirmam que ele provou ser apenas uma solução temporária, e a razão para isso é que não satisfez ninguém. É difícil aceitar este raciocínio, quando nos lembramos tratar-se de um decreto inspirado pelo Espírito Santo (Atos 15.28). Há também lugares em que os ensinos do decreto servem de base quando Paulo e João escrevem suas cartas – veja 1 Coríntios 8-10 e Apocalipse 2.14-24.

[44] Veja Atos 15.24, 25; Gálatas 2.4.

[45] "Leis de Noé", *Universal Jewish Encyclopedia*, (New York: Universal Jewish Encyclopedia Inc., 1942), VIII. p. 227, 28. Veja também *Tractate Sanhedrin*, 56 (Talmude).

[46] Contra a sugestão de Tiago ter em mente as Leis de Noé, tem sido declarado que os quatro itens especificados no decreto de Jerusalém são difíceis de harmonizar com qualquer das Leis, exceto duas das proibições de Noé.

Talvez a verdadeira razão de Tiago, por inspiração, insistir na abstenção das quatro coisas, esteja em uma combinação de (2) e (3) acima. Existem leis morais obrigatórias para os homens, e existem tentações que devem ser particularmente evitadas. Tiago queria que os novos convertidos ficassem alertas especialmente quanto a elas.

Das contaminações dos ídolos – (No original inglês: "De coisas contaminadas pelos ídolos"). Na verdade, a leitura à margem ("das poluições dos ídolos") representa melhor o grego neste versículo do que o texto da NASB. O termo "poluições" aqui é mais amplo do que o que ao final foi incluído no decreto (versículo 29). *Alisgēma* não fala apenas da contaminação da carne usada nos sacrifícios aos ídolos pagãos, mas exigiria também livrar-se dos bustos e estátuas dos deuses que costumavam ser encontrados nas casas e jardins desses convertidos. "Poluições dos ídolos" é esclarecido ainda mais no versículo 29 como sendo "coisas sacrificadas a ídolos". O que é uma "coisa sacrificada a um ídolo"? Um pagão decide que irá adorar sua divindade favorita. Ele escolhe um animal para o sacrifício, normalmente um boi. O boi foi levado ao templo pagão, onde lhe cortaram a cauda, e esta seria queimada num altar sacrificial. O resto do animal era depois assado e comido numa festa. Todos os amigos do adorador eram convidados. O que este grupo não comia era dado aos sacerdotes encarregados do templo do ídolo. Se houvesse várias festas num mesmo dia, os sacerdotes não conseguiriam comer tudo o que restava dos diversos sacrifícios de animais – sendo as sobras vendidas por eles ao açougueiro local. De fato, alguns templos de ídolos tinham um açougue ao lado, funcionando como um anexo do templo. O açougueiro, por sua vez, oferecia a carne às donas-de-casa e outros habitantes da cidade, com o lucro revertendo ao templo onde a carne foi originalmente oferecida em sacrifício ao ídolo.

O que significava, então, a frase, "abstenham-se das contaminações dos ídolos"? Paulo nos explica o sentido em 1 Coríntios 10.14-33. Ele fala ali aos coríntios que não devem ir ao templo de um ídolo para comer (veja especialmente 10.20-22). Todavia, a carne que o indivíduo comprasse no mercado podia ser comida sem preocupações (veja 10.25). Abster-se das contaminações dos ídolos significa: "Não vá ao templo de um ídolo e participe das festas ali celebradas!"

Os cristãos primitivos em alguns lugares tiveram dificuldades em viver com esta restrição. Alguns homens de Corinto reclamaram o direito de comer o que quisessem, porque o ídolo não era nada[47]. Em Pérgamo e Tiatira, cerca de 45 anos mais tarde, alguns chegaram a argumentar que era perfeitamente certo ir ao templo de um ídolo. Isso até ajudava a pessoa a ser um cristão melhor![48] A condenação de argumentos desse tipo por parte de Jesus (Apocalipse 2.14ss) mostra que Ele considera o decreto da Conferência de Jerusalém ainda obrigatório.

Bem como da incontinência – A palavra usada aqui se aplica (dependendo do contexto) a qualquer das várias formas de relações sexuais ilícitas, algumas vezes adultério, outras, incesto, casamento dentro de graus de parentesco proibidos, e algumas vezes prostituição. Trata-se realmente de um termo geral incluindo as relações pré-conjugais e extraconjugais – proibindo ambas as formas! Não existe licença sexual para os cristãos!

Os eruditos bíblicos se esforçam para explicar exatamente o que Tiago tinha em mente ao introduzir esta proibição na lista. Cada uma das formas específicas do pecado acima tem sido considerada como sendo o tópico focalizado por Tiago, mas parece melhor a este autor deixar que a proibição continue em sua forma geral, como notado no final do parágrafo anterior. Uma vez que tenhamos impressionado em nossas mentes a amplitude do termo, e que nenhuma das violações desta proibição é, na verdade, inocente (como alguns querem afirmar em nossos dias), podemos, então, estar preparados para discutir certas razões específicas porque era perfeitamente adequado para Tiago incluir este pecado particular em sua lista.

Tem sido notado que a incontinência (fornicação) é citada na lista imediatamente depois da idolatria, e alguns usam isto como uma chave para explicar o versículo. A idolatria de fato degrada o homem na área moral. Assim sendo, inclusa na "adoração" das divindades pagãs estava

---

[47] 1 Coríntios 8-10.
[48] Apocalipse 2.14, 20, 24.

uma visita a uma das prostitutas sacerdotisas do templo. Acreditava-se que o homem, ao manter relações com a sacerdotisa, identificava-se ou unia-se com o deus em cujo serviço ela era empregada. Em muitas das religiões pagãs esperava-se que cada mulher, como parte de sua devoção ao deus, fosse uma vez por ano ao templo do ídolo e se oferecesse a qualquer homem que acontecesse achar-se também ali. Não é de admirar que as mulheres do mundo antigo tivessem dificuldade com a ideia de pureza e dignidade própria, e não é de se espantar que os homens tivessem pouco respeito pelas mulheres em geral! Finalmente, ao lembrar-se de que muitos pagãos consideravam a fornicação em qualquer de suas formas como não sendo mais errada do que beber água quando se está com sede, ou comer quando se tem fome, começa a se tornar claro por que os cristãos gentios foram solicitados a tomar posição num esforço para purificar a moral da humanidade. Como havia bem poucas reclamações contra este pecado muito aviltante no mundo gentio, os cristãos necessitavam de uma palavra especial, a fim de que sua atitude moral não os fizesse perder em breve sua salvação recém-encontrada em Cristo.

Da carne de animais sufocados – Isto é, animais ou aves que não foram devidamente sangrados ao serem abatidos não deveriam ser usados como alimento. Por não ter sido fácil distinguir entre esta e a proibição seguinte, muitos escritores concordam com o texto Ocidental e omitem esta frase. De fato, o texto Ocidental é consistente, pois a frase é omitida aqui, no versículo 29 e em 21.25. No lugar da proibição omitida, o texto ocidental acrescenta a "Regra de Ouro" como um mandamento pelo qual os cristãos gentios deveriam viver. Neste caso, como no anterior, quando os comentaristas têm examinado as práticas do mundo antigo num esforço de encontrar o item especial proibido, têm encontrado dificuldades. Alguns pensam que esta regra exigiria que os cristãos comprassem sua carne e aves em um mercado em que a carne fosse *kosher* por ter sido morta de acordo com as prescrições contidas no Antigo Testamento. Isto não parece certo, pois Paulo, ao expor o decreto da Conferência Judaica, em 1 Coríntios 10, embora proíba o comparecimento ao templo do ídolo, permite aos cristãos comprarem carne em qualquer mercado, mesmo aquele ligado ao templo do ídolo. Outra ideia que obteve alguns adeptos é que as quatro proibições em foco foram feitas em relação a um contexto de adoração idólatra, incluindo feitiçaria e ocultismo. Só que, à medida que esta "religião" antiga se espalha pela América, existe evidência de que o culto envolve a retirada do coração da vítima durante o sacrifício e o consumo do mesmo enquanto ainda batendo. Quer essas práticas estivessem ou não na mente de Tiago quando ele pronunciou esta terceira proibição, as mesmas seriam inconcebíveis para o cristão de acordo com sua ordem para abster-se da carne ainda com sangue.

E do sangue – Várias interpretações têm sido dadas a esta proibição, especialmente enquanto os eruditos tentam distingui-la da anterior. Alguns afirmam que se refere à abstenção de derramar sangue (i.e., não cometer homicídio)[49]. Uma ideia melhor é que os homens não comessem ou bebessem sangue, como era comum entre os gregos e romanos. Eles frequentemente o bebiam em suas festas sacrificiais como brindes ao deus, ou ao fazer alianças ou pactos. Esta ordem iria naturalmente abolir pratos como o chouriço. Uma das práticas em muitos círculos do ocultismo é drenar o sangue das carcaças mutiladas da vítima sacrificial e bebê-lo como parte da adoração. Isto explica por que é encontrado pouco sangue junto às vítimas mutiladas. Talvez fosse isto que Tiago tivesse em mente ao insistir na propriedade desta proibição.

Mais uma vez devemos estar atentos à questão da Lei e do Evangelho. Quando se afirma que a Lei não é mais obrigatória, deve ser lembrado que existem alianças no Antigo Testamento que precedem Moisés, e que elas continuam obrigatórias. Entre estas se encontrariam as feitas com Adão, com Abraão e com Noé.

As quatro coisas de que os gentios deveriam abster-se, segundo proposto por Tiago, tornaram-se contra a lei, pelas revelações da era patriarcal, e não pela Lei mosaica. Desde o princípio

---

[49] Esta interpretação de "abstinência do sangue" está ligada ao texto Ocidental que omite a terceira proibição. Se rejeitarmos o texto Ocidental, iremos provavelmente rejeitar a interpretação de que a coisa de que devemos abster-nos é o assassinato.

se sabia pelos patriarcas que era pecado ter qualquer ligação responsável com ídolos, ou praticar a fornicação; e desde a época em que a lei foi dada à raça humana na família de Noé (Gênesis 9.4), comer sangue, e portanto, comer coisas estranguladas que ainda contivessem sangue, era errado; e assim continuará até o fim do mundo[50].

15.21 –

Porque Moisés tem, em cada cidade desde tempos antigos – Até que época os "tempos antigos" nos reportam é discutível, mas deve ser pelo menos até o tempo em que os cativeiros levaram os judeus a se espalharem entre as nações pagãs. O motivo de Tiago ter apelado para a Lei de Moisés tem sido encarado de diferentes perspectivas. Note que o versículo começa com "porque", significando que Tiago está explicando melhor alguma coisa, ou dando uma razão para algo que acabou de ser dito. Estas são algumas das diferentes interpretações:
(1) Alguns afirmam que Tiago está respondendo a uma objeção avançada pelos judaizantes, a saber, que se tal liberdade fosse concedida aos gentios, a Lei de Moisés perderia a autoridade. Na verdade, ele está assegurando que a Lei não seria desprestigiada, pois era lida todas as semanas nas reuniões da sinagoga. Esta explicação deixa de levar em conta o fato de que a Lei foi cravada na cruz, e não era mais obrigatória. (2) Outros supõem que essas palavras tivessem sido ditas num esforço de promover a paz e a harmonia entre os cristãos gentios e judeus. Se os gentios não obedecessem pelo menos a essas quatro proibições, isto tenderia a manter vivo o antagonismo entre os cristãos judeus e seus irmãos incircuncisos que estavam completamente livres da Lei de Moisés. O que se afirma é que Tiago está dizendo que os judeus se encontravam em toda parte, e seus escrúpulos deveriam ser respeitados. Pode haver alguma verdade nesta sugestão, pois é ensinado aos cristãos que procurem não servir de pedra de tropeço para outros. Todavia, este escritor se inclina a concordar com (3) a ideia de que Tiago está dando uma razão para a necessidade de escrever somente aos gentios (versículos 19 e 23), e não aos cristãos judeus. Ele afirma que os cristãos judeus têm os escritos de Moisés, e não precisam de instruções como essas. Os gentios, porém, que não têm a revelação escrita, necessitam dessas proibições[51].

Os que o pregam nas sinagogas, onde é lido todos os sábados – Veja as notas em Atos 13.15 e o Estudo Especial nº 15 sobre a Leitura da Lei e dos Profetas durante os serviços sabáticos nas sinagogas. Além da leitura da Lei, era costume oferecer uma explicação e aplicação das passagens lidas. Moisés tem então aqueles que o "pregam". Essas palavras de Tiago implicam que ele supõe que os cristãos de um ambiente judeu continuarão a adorar na sinagoga muito tempo depois da sua conversão? Provavelmente sim! Nós imaginamos que eles não só se reuniam no sábado com os judeus (que oportunidade para ensinar e dar testemunho aos judeus não convertidos!), como também partiam o pão no primeiro dia da semana[52].

15.22 –

Então pareceu bem aos apóstolos e aos presbíteros – As palavras de Tiago encerraram a conferência. A força combinada dos quatro discursos tornou a vontade de Deus tão clara que a oposição silenciou totalmente, e a única pergunta que permaneceu foi qual a melhor maneira de pôr em prática a proposta de Tiago. O fato de os "presbíteros" serem mencionados logo depois dos apóstolos não significa que tivessem igual autoridade, mas expressa sua concordância com a decisão que os apóstolos levaram os irmãos a tomar.

Com toda a igreja – A intenção desta segunda reunião pública era fazer com que a igreja concordasse com os apóstolos. Esta é uma evidência de que o objetivo foi alcançado. Tratou-se de

---

[50] McGarvey, *op. cit.*, p. 67.
[51] Esta explicação do versículo 21 não é uma contradição da ideia de que a Lei de Moisés não mais se aplica. As alianças de Adão e Noé são também registradas nos escritos de Moisés, e elas continuam válidas ainda hoje, mesmo para os judeus.
[52] Iremos observar durante o restante de Atos para ver a prática dos cristãos no que se refere ao dia de adoração. Iremos observar durante o restante de Atos para ver a prática dos cristãos no que se refere ao dia de adoração.

15.22

uma decisão unânime, incluindo até mesmo os desejos dos membros da congregação de Jerusalém – que homens fossem enviados para acompanhar Paulo e Barnabé a Antioquia e repetirem ali a decisão da igreja de Jerusalém depois do ensino pelos apóstolos. Não ficamos sabendo como a congregação expressou seu acordo com o ensino apostólico. Talvez tivessem levantado as mãos em público ou usado algum outro método de votação. Todavia, mesmo que a congregação votasse formalmente sua aprovação, não foi isso que deu ao decreto sua "autoridade". A autoridade deste estava no fato de ter sido dado pelos apóstolos dirigidos pelo Espírito Santo, e eles sempre têm sido reconhecidos como sendo os líderes universais da igreja, aqueles aprovados por Deus.

Tendo elegido homens dentre eles, enviá-los, juntamente com Paulo e Barnabé, a Antioquia: – Este foi um comportamento sábio por parte dos irmãos de Jerusalém. Evitaria as suspeitas. Se Paulo e Barnabé tivessem voltado sozinhos a Antioquia, mesmo de posse da carta, os judaizantes poderiam ter dito: "Eles forjaram a carta a fim de enganar vocês". Mas quando líderes da igreja de Jerusalém acompanharam a carta e disseram, "Ésta é de fato a verdadeira conclusão da Conferência, e a prática da Igreja de Jerusalém", não houve meios de os judaizantes anularem esse argumento. Note também que uma das coisas que pareceu bem à igreja foi enviar esses homens juntamente com a carta.

Foram Judas, chamado Barsabás – Muitos são de opinião que se trata do mesmo homem nomeado para preencher a vaga no apostolado, Atos 1.23. Mas desde que um é chamado José Barsabás e o outro Judas Barsabás, se houver alguma relação entre eles, talvez a ideia de que fossem irmãos seja a certa. A inferência natural, no caso de serem irmãos, é que o discípulo citado agora era também um dos seguidores pessoais de Jesus, assim como o escolhido para ser apóstolo.

E Silas – Este é o homem que irá acompanhar Paulo mais tarde, em sua segunda viagem missionária[53]. Ele também deve ser certamente identificado com Silvano, que foi citado por Paulo na abertura das cartas aos Tessalonicenses[54] – cartas escritas durante a segunda viagem missionária. Silas é também citado por Pedro como o tendo ajudado ao escrever 1 Pedro[55]. Ele viajou com Paulo até Corinto na segunda viagem missionária. Se Pedro chegou a Corinto depois disso (e 1 Coríntios 1.12 e 9.5 indicam que assim foi) talvez tenha sido nessa ocasião que Silas se associou com Pedro.

Homens notáveis entre os irmãos – Qual a posição exata de um "homem notável" na igreja, fica difícil descobrir. No versículo 32, esses mesmos homens são chamados "profetas". O mesmo termo traduzido "homens notáveis" aqui é traduzido "guias" em Hebreus 13.7, 17, 24 e *"principal* portador da palavra" em Atos 14.12. Se considerarmos a possibilidade de eles terem também estado entre as testemunhas pessoais do ministério terreno de Jesus, temos então uma ideia do respeito quem tinham na igreja primitiva. Eles estiveram trabalhando como líderes na igreja de Jerusalém, e foram reconhecidos como pregadores cujas mensagens eram inspiradas, e como homens que deveriam receber uma atenção especial por terem ouvido Jesus pessoalmente.

15.23 –

Escrevendo, por mão deles: – Isto é, a carta foi levada por Silas e Judas. Desde que o documento incorpora várias expressões encontradas em outra parte do Novo Testamento apenas na epístola de Tiago, podemos concluir que a carta foi escrita principalmente por ele, mas com a aprovação dos demais incluídos na assinatura. Este é um dos documentos mais antigos, ao que sabemos, escrito por um apóstolo. É possível que o Evangelho de Mateus tenha sido redigido até essa época; mas além disso, esta carta precedeu todos os Evangelhos e Epístolas do Novo Testamento. Cópias da mesma teriam circulado entre as igrejas até ter sido incorporada a Atos, depois do que seria permitido que essas cópias perecessem. O fato de que cópias da carta circularam

---

[53] Atos 15.40; 16.25, 29; 17.4, 10, 15; 2 Coríntios 1.19.
[54] 1 Tessalonicenses 1.1; 2 Tessalonicenses 1.1.
[55] 1 Pedro 5.12.

fica claro pela nota sobre os decretos da Conferência de Jerusalém serem compartilhados com todas as igrejas (Atos 16.4).

Os irmãos, tanto os apóstolos como os presbíteros – A forma apropriada de uma carta no primeiro século era esta: primeiro a assinatura, o endereço a seguir, e depois uma palavra de saudação seguida pelo corpo da carta. Esta carta, composta no final da Conferência de Jerusalém, segue o estilo formal da época. Existe uma variação de manuscrito neste versículo, com os melhores omitindo a conjunção e o artigo antes do substantivo "irmãos". Esta leitura mostra tanto os apóstolos como os presbíteros chamando-se "irmãos" dos leitores de Antioquia da Síria. A questão levada a Jerusalém punha seriamente em dúvida se os gentios eram irmãos. A abertura da carta já dá mostras de como será o restante do texto.

Aos irmãos de entre os gentios em Antioquia, Síria e Cilícia – A decisão tomada pelos apóstolos durante a segunda assembléia pública em Jerusalém afetou todos os cristãos gentios em cada país, mas só a Síria e a Cilícia são citadas por nome na carta. Talvez a menção inclua todas as regiões que tinham até então sido influenciadas pelos mestres judaizantes. Numa hipótese, Antioquia é citada em primeiro lugar por ter sido ali que a dificuldade surgiu abertamente pela primeira vez. Quando foram estabelecidas as igrejas da Cilícia? O registro de Lucas em Atos não afirma isso especificamente. Provavelmente foram fundadas por Paulo antes de sua ida a Antioquia, Atos 11.24ss. Ou pode ser que missionários de Antioquia da Síria tenham ido evangelizar na Cilícia, assim como Paulo e Barnabé foram a Chipre e a Ásia Menor. Sem levar em conta o seu fundador, os gentios convertidos eram membros dessas congregações, e as cartas são, portanto, dirigidas a eles.

Saudações – A palavra expressa literalmente o desejo, por parte do remetente, de alegria e felicidade às pessoas que receberiam a carta. Este termo específico ocorre só aqui, também em Atos 23.26, e Tiago 1.1 no Novo Testamento; esta é uma das coisas que, segundo alguns, apontam para Tiago como sendo aquele que preparou esta carta.

15.24 –

Visto sabermos – Os irmãos em Jerusalém souberam pela primeira vez a respeito dos judaizantes em Antioquia quando a delegação chegou a Jerusalém, procedente de Antioquia.

Que alguns [que saíram] de entre nós – Os judaizantes eram "membros" (veja Atos 15.1) da congregação de Jerusalém antes de empreenderem sua viagem a Antioquia.

Sem nenhuma autorização – Esses judaizantes não tinham autoridade da igreja de Jerusalém, embora evidentemente tivessem afirmado serem enviados da igreja matriz em missão oficial a Antioquia. Este parágrafo de abertura da carta remetida a Antioquia é uma negativa oficial de que os judaizantes tivessem sido autorizados ou enviados pela igreja de Jerusalém. Não podemos deixar de ficar imaginando se os judaizantes estavam presentes na assembléia em Antioquia quando esta epístola foi lida para a congregação e, caso positivo, qual teria sido a reação deles.

Vos têm perturbado com palavras – O termo "perturbado" tem várias conotações. Literalmente é usado com relação a águas "agitadas". No sentido figurado, significa instigar, transtornar, lançar em confusão, ficar agitado ou intimidado. "Palavras" aqui poderia ter a conotação de que se trata de simples palavras, que não contenham a verdadeira doutrina. Eram só palavras. Não eram a verdade. Não obstante, tais palavras podem, decididamente, ter um efeito desestabilizador na mente humana.

Transtornando as vossas almas – Este verbo não ocorre em outro ponto do Novo Testamento. No grego clássico ele significava "juntar os utensílios usados na casa – a mobília e a prata – com o propósito de levá-los embora. Queria dizer então desmanchar, derrubar. No sentido metafórico pode significar "*quebrar* um tratado" ou "*destruir* os argumentos de um oponente". Toda a vez em que a salvação do homem é posta em dúvida, e parece que a pessoa que fez a pergunta talvez esteja certa, tem um efeito muito desestabilizador na mente. Os judaizantes estavam ensinando doutrinas (o tempo do verbo aqui é o presente – é possível que ainda estivessem) que perturbavam a mente dos cristãos, deixando-os confusos e aflitos.

15.25 –

Pareceu-nos bem, chegados a pleno acordo – Isto informa outra vez que os apóstolos reuniram todos os membros da igreja na Cidade Santa para o julgamento, sobre o qual eles já tinham previamente concordado em seu encontro particular no intervalo entre as duas assembléias públicas. Aquilo que parecia bem fazer é declarado nos versículos 26-29.

Eleger homens e enviá-los a vós outros com os nossos amados Barnabé e Paulo – Os nomes dos homens escolhidos serão apresentados no versículo seguinte. A palavra "amados", além dos termos de louvor no versículo seguinte, pretendem confirmar e exaltar Barnabé e Paulo aos olhos dos que ouviram e leram a carta. Talvez "amados" seja um reflexo do que é declarado em Gálatas 2.9. A ordem na qual os missionários são citados representa provavelmente a avaliação da igreja de Jerusalém, para quem Barnabé continuava sendo o pregador mais notável dentre os dois.

15.26 –

Homens que têm exposto a vida – Fica claro aqui que os sofrimentos e escapes durante a primeira viagem missionária eram bem conhecidos em Jerusalém. Lembramo-nos que os missionários contaram "em detalhes" à conferência a respeito da primeira viagem. O fato de terem arriscado a vida é chamado à atenção dos leitores, a fim de obter, da parte deles, mais simpatia e respeito para os dois missionários.

Pelo nome do nosso Senhor Jesus Cristo – Os dois arriscaram a vida pela causa de Cristo. Este é um bom texto para um sermão. Será bem difícil que a igreja chegue ao ponto de valer muito até que seus membros estejam dispostos a imitar Paulo e Barnabé. Os pregadores também não transmitirão suficientemente e com eficiência a mensagem até que cheguem ao ponto de estarem dispostos a arriscar suas vidas pela causa de Cristo.

15.27 –

Enviamos, portanto, Judas e Silas – veja o versículo 22.

Os quais pessoalmente vos dirão também estas coisas – Oralmente, eles diriam as mesmas coisas contidas na carta. O verbo "enviar" era o que era chamado de "aoristo epistolar" – o fato já havia acontecido quando a carta finalmente foi entregue. O verbo "dirão" está no presente, sugerindo que o escritor pensa realmente em Judas e Silas como fazendo seu relato no mesmo momento em que a carta fosse recebida.

15.28 –

Pois pareceu bem ao Espírito Santo e a nós – Esta é uma alegação de que o acordo feito na conferência de Jerusalém foi inspirado. O "pleno acordo" a que chegaram, e que estavam transmitindo aos irmãos em Antioquia, não era apenas opinião de homens, mas a vontade inspirada de Deus. "A nós" parece indicar que antes da conferência de Jerusalém, havia muitos na cidade que teriam se mostrado mesquinhos em suas atitudes para com os gentios convertidos, mas foram agora ensinados de tal modo que eles também aceitarão os gentios.

Não vos impor maior encargo – "Encargo" parece ser usado no sentido de "restrições", "regras pelas quais medir o comportamento". Exigir que os gentios obedeçam a todas as restrições da Lei de Moisés teria sido excessivamente penoso, e provavelmente afastaria as pessoas do Evangelho.

Além destas coisas essenciais – As quatro restrições a serem expostas eram "essenciais" por estas razões: (1) preservar a pureza da igreja, (2) essenciais na circunstância deles – acabavam de sair do paganismo onde o conhecimento da vontade de Deus era bastante obscuro, e (3) essencial para continuarem salvos. Alguns têm insistido em que essas quatro restrições eram "essenciais" apenas para a época em que eles viviam, não sendo, absolutamente, os padrões de conduta exigidos dos cristãos no século vinte. Mas no versículo 20 mostramos a validade permanente dessas proibições. Veja também notas no versículo 31.

15.29 –

Que vos abstenhais das coisas sacrificadas a ídolos – Esta frase aqui é muito mais específica do que no versículo 20. Abster-se de coisas sacrificadas a ídolos seria possível se os homens não frequentassem as festas nos templos dos ídolos.

Bem como do sangue, da carne de animais sufocados e da incontinência – Veja estas palavras explicadas nos comentários sobre o versículo 20.

Destas coisas fareis bem se vos guardardes – Vocês estarão fazendo tudo que é necessário para permanecer em Cristo. A circuncisão ou a obediência detalhada dos regulamentos mosaicos não é requerida como uma condição para continuar na sua salvação.

Saúde – Esta palavra vem do latim, *valete* (termo usado na Vulgata para traduzir o grego). A palavra grega é uma forma do verbo *hrōnnumi* que significa "ser forte" e também "que tudo corra bem para você". Esta saudação final (como a palavra usada na abertura da carta) era a saudação grega regular. Esperaríamos exatamente isso numa missiva dirigida a gregos. Acreditamos que envolve mais do que um "Sinceramente" superficial acrescentado antes da assinatura nas cartas hoje em dia. Será que não inclui uma oração pela paz e harmonia na igreja onde quer que a carta seja lida?

15.30 –

Os que foram enviados desceram logo para Antioquia – Parece ter havido alguma despedida formal ou despacho dos que iriam para Antioquia – Barnabé, Paulo, Tito, Judas, Silas e talvez outros. O texto ocidental contém mais uma frase "em poucos dias". Se o aceitarmos, poderia expressar sua pressa em levar as boas novas a Antioquia. Eles fizeram a viagem de 480 km em poucos dias. Podemos imaginar perfeitamente que a viagem de volta passou através de Samaria e da Fenícia e que os discípulos dali ficaram alegres com o conteúdo do decreto.

E, tendo reunido a comunidade – A reunião foi da igreja em Antioquia da Síria. Podemos imaginar o entusiasmo com que esperaram pelo desenrolar e leitura da carta?

Entregaram a epístola – Se qualquer dos que haviam levantado a questão inicialmente ainda se encontravam na cidade, ficaram sem dúvida abatidos. Mas suas bocas tiveram de silenciar. Quer tenham concordado com a decisão ou se calaram apenas no momento é uma questão que não se pode determinar com certeza. A Igreja em outros lugares vai ser perpetuada pelos judaizantes durante mais de vinte anos depois disto. Mas não temos dados para determinar se dizia respeito aos mesmos homens que confundiram os irmãos em Antioquia.

15.31 –

Quando a leram – Isto indica que os apóstolos leram a carta para a congregação? Aparentemente sim.

Sobremaneira se alegraram, pelo conforto recebido – Os cristãos de Antioquia se mostram jubilosos. A salvação deles foi completa, e os que andavam afirmando que eles estavam perdidos pela falta da circuncisão tinham cometido um engano. Agora se alegram por não estarem sujeitos aos ritos e cerimônias penosos da Lei de Moisés.

O fato de não ser mais necessário aos homens obedecerem à Lei de Moisés, imediatamente sugere para nós o princípio da "Liberdade Cristã". Em vez de ter que guardar a Lei de Moisés, temos liberdade em Cristo. Isto não quer dizer que podemos nos comportar como quisermos, pois o cristão está sob a lei de Cristo[56]. O quadro abaixo ajuda a explicar este assunto.

---

[56] 1 Coríntios 9.20, 21.

OS DOIS TIPOS DE LEI NO NOVO TESTAMENTO

I. Há Leis Obrigatórias (mandamentos e exigências).
   A. Algumas são Preceitos
      (Os "farás" no Novo Testamento – certas coisas exigidas por Cristo de seu povo).
   B. Algumas são Proibições
      (Os "não farás" – não na Lei de Moisés – mas encontradas no Novo Testamento; e.g., Gálatas 5.19ss; Efésios 5.3-5; e as quatro restrições do decreto de Jerusalém).
II. Há Leis Permissivas (a esfera da Liberdade Cristã).
    O que é permitido aos cristãos fazerem nas áreas em que Cristo não deu instruções nem proibições – a esfera da Liberdade Cristã – sofre algumas limitações que servem de diretrizes para determinar a conduta aceitável.
    A. Limitadas pela lei do que é apropriado (1 Coríntios 6.12 a)
       Se o que proponho fazer pode contribuir para que meu irmão tropece, não tenho liberdade em Cristo para esse comportamento. Compare também 1 Coríntios 10 e Romanos 14.
    B. Limitadas pela lei do autocontrole (1 Coríntios 6.12b)
       Algumas coisas, usadas de certas maneiras ou até certo ponto, irão destituir a liberdade que reivindica o direito de empregá-las. Por exemplo, as Escrituras não proíbem nem obrigam ninguém a tomar café em ponto algum. Por isso, o cristão tem a "liberdade" de tomar café. Mas se isso se tornar um hábito incontrolável, perdemos a liberdade de tomá-lo. Perdemos a nossa liberdade, e nos tornamos escravos do café; desse modo é pecado tomar café.
    C. Limitadas pela lei da auto-preservação (1 Coríntios 6.19)
       Nossos corpos são templos do Espírito Santo. Não temos a liberdade de introduzir nada em nosso corpo ou fazer qualquer coisa com ele que o destrua e o torne inadequado como habitação do Espírito. Sob esta limitação, o fumo ou consumo de bebidas alcoólicas parecem ser proibidos para o cristão, embora ambos, inicialmente, estejam incluídos na esfera da liberdade.
    D. Limitadas pela Lei do Dever para com Deus (1 Coríntios 6.20)
       Devemos fazer tudo para a glória de Deus; e qualquer coisa que possa envergonhá-lo, não temos liberdade para fazer.

CONCLUSÃO: Em lugar de considerar o cristianismo como algo que nos restringe, é correto considerá-lo como nos concedendo liberdade para descobrir meios de ser úteis a outros.

A ideia de liberdade em Cristo é um princípio fundamental do cristianismo. A maneira pela qual o cristão determina questões de conduta e atividades é verificar a atividade proposta à luz dos dois tipos de lei no Novo Testamento. Por exemplo, o cristão pode dirigir um automóvel? Para encontrar a resposta a esta pergunta, verifique primeiro as Leis Obrigatórias do Novo Testamento. Existe alguma passagem que ordena ou proíbe? Então o cristão tem, sim, o direito, a liberdade de dirigir um carro – desde que não infrinja quaisquer das limitações à liberdade que existe em Cristo. Se o fato de você dirigir não levar um irmão a tropeçar, nem você a perder o seu autocontrole, etc., então, à luz do Juízo vindouro, você tem liberdade para dirigir. O direito do cristão de participar de qualquer atividade deve ser determinado de acordo com as leis do Novo Testamento ANTES de agir, pois "importa que todos nós compareçamos perante o tribunal de Cristo para que cada um receba segundo o bem ou mal que tiver feito, por meio do corpo"[57].

---

[57] 2 Coríntios 5.10.

Esta Conferência de Jerusalém (Atos 15) tem sido indicada como um precedente ou prova de que concílios da igreja podem reunir-se durante toda a era da igreja a fim de controlar a regular a vida e doutrina da igreja. Não existe a menor sugestão de que algo parecido com permanência devesse ser atribuído a esse concílio, ou que ele seria repetido periodicamente. A conclusão alcançada pela Conferência de Jerusalém foi um decreto inspirado pelo Espírito Santo e transmitido pelos apóstolos. Não seria possível duplicar tal coisa hoje. É importante observar também que este concílio de Jerusalém é constantemente citado pelos católicos como tendo sido o primeiro concílio geral, embora não se trate absolutamente de um concílio *geral*. Não é comparável de forma alguma ao concílio ecumênico Vaticano II convocado pelo Papa João XXIII em 1963. O Concílio de Jerusalém não se compunha sequer dos representantes de uma região ou província. Só se achavam presentes uma pequena delegação de Antioquia e a igreja de Jerusalém com seus líderes. Com certeza não é possível dar-lhe o nome de concílio *geral*. Finalmente, vamo-nos lembrar que este conselho decidiu uma questão de doutrina relativa às condições da salvação. Um assunto desses jamais poderia ser decidido por qualquer grupo de homens, salvo pelos apóstolos falando em nome de Cristo. Essa é uma questão já decidida por Deus, e os homens não têm autoridade para alterar ou emendar a nova aliança dada por Ele. Não permita que um denominacionalista jamais faça uso do capítulo 15 de Atos para provar que ele ou qualquer outra pessoa tem o direito de convocar uma conferência ou convenções de *delegados* que se reúnam para estabelecer pontos de doutrina ou regulamentos para a igreja.

Na verdade, porém, os cristãos podem resolver hoje seus problemas da forma como isso era feito na igreja primitiva. Não é possível duplicar a reunião de Jerusalém, pois não existem mais apóstolos vivos. Podemos, no entanto, buscar os apóstolos (seus escritos) para encontrar soluções dos nossos problemas de doutrina e organização. Devemos fazer isto se quisermos manter a igreja de hoje semelhante à igreja estabelecida pelos apóstolos.

15.32 –

Judas e Silas, que eram também profetas – "Profeta" tem sido explicado como alguém que, sob a influência do Espírito Santo, fala as palavras e pensamentos de Deus, quer relativos ao passado, ao presente ou ao futuro[58]. Algumas das diferentes funções do cargo profético podem ser listadas como segue:

a) Predizer eventos futuros. Atos 11.27, 28; 21.10, 11; 20.23

b) Distinguir entre a Palavra inspirada de Deus e o ensino de homens não-inspirados. 1 Coríntios 14.37; 1 João 2.20, 27

c) Revelar os conselhos e propósitos de Deus. Efésios 3.4, 5

d) Desvendar o significado das Sagradas Escrituras, ou dos oráculos falados de Deus. 1 Coríntios 14.1-4; Êxodo 7.1

e) Exortar, consolar, confirmar e edificar a igreja. 1 Coríntios 14.31; Atos 15.32

Em grau e dignidade, os profetas vinham logo depois dos apóstolos[59]. O cargo profético, como o apostólico, era apenas temporário[60]. Judas e Silas foram ambos apresentados em Atos 15.20.

Consolaram os irmãos com muitos conselhos e os fortaleceram – O tempo que os dois profetas passaram ensinando e pregando aos irmãos de Antioquia, mostra serem eles o oposto exato dos judaizantes. Esses homens se interessaram pessoalmente pelos irmãos, encorajando-os e fortalecendo-os,[61] justamente o efeito inverso dos judaizantes, que "transtornaram as almas dos discípulos".

---

[58] Atos 2.17; 11.27.
[59] Efésios 4.11; 1 Coríntios 12.28.
[60] 1 Coríntios 13.8; Efésios 2.20.
[61] Compare notas em Atos 14.22 sobre "fortalecer" e em Atos 4.36 sobre "encorajar" (exortação).

15.33 –

Tendo-se demorado ali por algum tempo – Dois meses? Alguns pensam que a carta aos Gálatas tenha sido escrita nesse intervalo. Mas parece que isso seria cedo demais para essa epístola. Gálatas 4.13 indica que Paulo tinha visitado os gálatas pelo menos duas vezes, e nesta ocasião (no final da conferência de Jerusalém) ele os havia visitado uma única vez[62].

Os irmãos os deixaram voltar em paz – "Em paz" é uma expressão que significa que, ao partirem, houve uma reunião especial de despedida. Eles eram benquistos pelos santos a quem haviam ministrado. Receberam deles os melhores votos de boa viagem.

Aos que os enviaram – Eles voltaram aos irmãos de Jerusalém[63].

15.34 –

[Mas pareceu bem a Silas permanecer ali] – Muitos dos manuscritos e versões antigos não contêm este versículo. Os que o incluem, apresentam diversas variantes – algumas com a leitura da ASV, e outros com a da Vulgata: "Pareceu bem a Silas permanecer, mas Judas seguiu sozinho para Jerusalém". Trata-se provavelmente de um comentário à margem, introduzido por algum escriba primitivo, que julgou necessário explicar como Silas se encontrava convenientemente à mão (versículo 40) para ser escolhido por Paulo como companheiro na segunda viagem missionária. Em vista do versículo ter autoridade discutível, muitos comentaristas opinam que Judas e Silas retornaram a Jerusalém para fazer seu relatório à Igreja dali, mas que Silas voltou logo a Antioquia, onde ele e Paulo passaram a trabalhar juntos[64].

15.35 –

Paulo e Barnabé demoraram-se em Antioquia – Não se sabe por quanto tempo. Foi provavelmente nessa ocasião que ocorreu o lamentável incidente entre Paulo e Pedro que é registrado em Gálatas 2.11-14.[65] Ao chegar a Antioquia, Pedro agiu em conflito direto com a decisão da Conferência de Jerusalém e as instruções da epístola que ele e outros escreveram à igreja de Antioquia, Gálatas 2.11. Esse decreto se referia à imposição da Lei de Moisés sobre os gentios, e o tipo de contatos sociais que deviam ser mantidos entre cristãos de várias procedências. O com-

---

[62] A passagem em Gálatas parece implicar mais do que as duas visitas que algumas das igrejas da Galácia tiveram da parte de Paulo na primeira viagem missionária, uma delas quando a igreja foi fundada, e outra quando Paulo voltou de Derbe para "fortalecer os irmãos". Acreditamos que Gálatas foi escrita a partir da terceira viagem missionária, da mesma forma que as cartas aos Coríntios e aos Romanos, desde que o seu conteúdo é tão semelhante (Paulo, a essa altura já tem visitado a Galácia em duas viagens missionárias diferentes).

[63] A KJV tem a leitura "aos apóstolos", mas existe aqui uma variação de manuscritos. A leitura melhor apoiada é a do texto da NASB (também SBB – N.T.).

[64] Não é mais difícil explicar como Silas está presente para viajar com Paulo, do que explicar a presença de Marcos para acompanhar Barnabé, quando a última menção sobre ele foi "em Jerusalém" (Atos 13.13).

[65] Não é possível ter certeza de quando Pedro dissimulou em Antioquia. Embora o relato em Gálatas pareça ser cronológico, alguns insistem que o acontecimento relatado em Gálatas 2.11-14 deve ter ocorrido antes da viagem para a conferência em Jerusalém sobre o assunto, pois não podem conceber Pedro agindo desse modo depois da realização da conferência. Outros insistem que esse evento deve ter ocorrido no final da segunda viagem missionária, como em Atos 18.22, 23. Eles acreditam que Gálatas seja cronológico em sua apresentação, mas acham difícil imaginar Pedro cometendo esse erro logo depois da conferência, como seria se colocarmos o evento entre a conferência e o início da segunda viagem missionária. Nesta data mais tardia, os judaizantes teriam tido tempo para reagrupar-se, exercendo tamanha influência que Pedro chegou a vacilar, é o que afirmam. Se aceitássemos a data mais tardia para a dissimulação de Pedro, várias coisas seguiriam. Primeiro, haveria um registro de que Paulo e Barnabé se uniram depois de sua separação no início da segunda viagem, desde que no relato de Gálatas eles estão juntos em Antioquia. Segundo, teríamos certamente de datar Gálatas a partir da terceira viagem missionária, se a dissimulação de Pedro não ocorreu até o término da segunda. De acordo com todas as possibilidades para determinar a época da dissimulação de Pedro, ainda nos inclinamos a colocá-la aqui, pouco depois da Conferência de Jerusalém, e sugerir que os atos de Pedro têm origem no desejo de agradar o segmento judeu da igreja, com o qual ele estava trabalhando especialmente. Barnabé, que também acabava de ser substituído por Paulo como líder aos olhos das igrejas gentias, pode ter sido movido pelo mesmo motivo, desde que ainda era grandemente estimado pelos cristãos judeus.

portamento de Pedro durante sua visita a Antioquia contribui para colocar uma pedra de tropeço no caminho dos irmãos dali. A liberdade que ele tinha em Cristo permitia que vivesse como judeu ou como gentio, e o apóstolo decidiu manter seus velhos costumes judaicos. Ele tinha vivido, na verdade, como um gentio na casa de Cornélio, e fez o mesmo por algum tempo em Antioquia. Mas depois da chegada de certos judeus de Jerusalém, recusou continuar vivendo com os gentios em Antioquia por mais tempo. Seu exemplo deu a impressão errada. Com seu afastamento, ele estava virtualmente dizendo aos gentios: "Vocês têm de viver como os judeus se quiserem comunhão comigo". Pedro estava sendo hipócrita, e Paulo censurou-o diante de todos. Isto é, Pedro foi repreendido numa assembléia da congregação. Paulo disse com efeito a Pedro naquela reunião da igreja: "Pelos seus atos você está afirmando (em contradição direta ao decreto de Jerusalém) aos gentios: 'Se desejam ser salvos, devem viver como os judeus'". Até Barnabé foi grandemente influenciado pela atitude de Pedro durante algum tempo.

Ensinando e pregando, com muitos outros, [também – incluído no original inglês] a palavra do Senhor – Embora não possamos impor uma tal distinção, a primeira palavra talvez fale de dar instruções adicionais aos que já eram cristãos, enquanto a última fale de compartilhar o Evangelho com aqueles que ainda não obedeceram ao mesmo. A primeira podia ser muitas vezes feita em casa, particularmente; enquanto a segunda (pregação) publicamente, embora nem mesmo esta distinção possa ser imposta. Lucas nos diz que, além de Paulo e Barnabé, havia também muitos outros ensinando e pregando em Antioquia.

C. A SEGUNDA VIAGEM MISSIONÁRIA. 15.36 – 18.22

1. *Em Antioquia (Síria). 15.36-40*

15.36 –

Alguns dias depois, disse Paulo a Barnabé: – Paulo toma a liderança na atividade missionária entre os gentios. Dos Estudos Introdutórios, lembramos o leitor que a segunda viagem missionária tem sido datada de 51-54 A. D.

Voltemos agora para visitar os irmãos por todas as cidades, nas quais anunciamos a palavra do Senhor – Paulo sugere que voltem a visitar as igrejas estabelecidas por eles na Ásia Menor na primeira viagem missionária, Atos 13, 14. "Visitar" inclui a ideia de "ajudar" ou "cuidar", como indica o seu uso em Atos 7.23 e Tiago 1.27. Vamos descobrir, à medida que prosseguirmos através dos próximos capítulos de Atos, que a segunda viagem se estendeu muito além das mais remotas igrejas que eles haviam previamente implantado. Ela levará o Evangelho à Europa.

Para ver como passam – Paulo estava ansioso para ver como as jovens igrejas estavam vivendo, e para dar-lhes quaisquer instruções de que necessitassem. Tem sido sugerido que Paulo não estava apenas interessado na condição geral das igrejas, mas também no crescimento espiritual de cada membro[66].

15.37 –

E Barnabé queria levar também a João, chamado Marcos – Alguns manuscritos têm aqui um tempo aoristo, indicando que Barnabé já havia decidido levar Marcos na viagem. Outros têm o verbo no imperfeito, indicando apenas um desejo contínuo por parte de Barnabé, em lugar de uma determinação final. A leitura correta é a última. Vemos na atitude de Barnabé a favor de Marcos aquilo que o recuperou para o ministério, assim como a intercessão anterior de Barnabé a favor de Paulo, o ajudou muito em seu relacionamento com os irmãos a quem pouco antes estava perseguindo. Barnabé e Marcos eram parentes (Colossenses 4.10), mas deve ter havido mais do que um simples parentesco no desejo de Barnabé de levar Marcos.

---

[66] Plumptre, *op. cit.*, p.250.

15.38 –

Mas Paulo não achava justo levarem – Eis aqui uma diferença de opinião. Não devemos julgar que o Espírito Santo tenha guiado qualquer desses homens, visto que se tratava de uma simples diferença de critério humano quanto ao que era conveniente na questão. Os melhores amigos algumas vezes diferem em questões de conveniência e preferência pessoal. Aprendemos agora que em tais assuntos até os homens inspirados podem ter suas divergências. A palavra "queria" usada para o desejo de Barnabé é muito mais branda do que a frase "não achava justo" de Paulo. Note o contraste entre "queria levar!" no versículo 37 e "não o levaremos!" no versículo 38.

Aquele que se afastara desde a Panfília – Veja Atos 13.13 sobre Marcos deixar os pregadores durante a primeira viagem missionária. Paulo usa aqui "apostasia" para descrever a atitude de Marcos em abandonar o grupo missionário, enquanto em Atos 13.13 é empregada uma palavra muito mais branda. Não se tratava de uma apostasia contra Cristo, mas contra a missão.

Não os acompanhando no trabalho – O "trabalho" era a pregação do Evangelho no interior da Ásia Menor, em especial nas cidades de Antioquia, Icônio, Listra e Derbe. A única razão dada por Paulo para não querer levar Marcos nesta segunda viagem foi por ele ter ido embora e voltado para casa antes de terminar a primeira viagem. Boles sugere que poderia ter havido mais coisas na questão.

Alguns pensam que o incidente entre Paulo e Pedro (Gálatas 2.11-21) era conhecido de Marcos e que este tenha ficado do lado de Pedro. Portanto, Paulo não se inclinava a levar Marcos em sua companhia. Ele teria sido um impedimento para o Evangelho entre os gentios caso os acompanhasse e exigisse que os gentios fossem circuncidados. Todavia, não sabemos mais do que é registrado aqui[67].

15.39 –

Houve entre eles tal desavença – É possível que o "filho da consolação" tenha perdido a calma na disputa sobre o seu primo, e Paulo tenha empregado palavras duras para com o seu benfeitor e amigo. Envolvida na palavra "desavença" está a ideia de irritação da mente. Não se tratava de uma separação permanente entre os dois homens; mas foi séria no momento. Barnes fez várias observações interessantes a respeito desta contenda e separação entre Paulo e Barnabé. Note as seguintes verdades que ele focaliza para nós:[68]

1) Nenhuma desculpa ou defesa da mesma é oferecida pelo escritor sagrado. Não era indubitavelmente apropriado para cristãos esse comportamento, mas nenhuma justificativa é apresentada.

2) É possível que nesta disputa Paulo estivesse certo em sua posição [sugere Barnes]. Fica claro que Paulo e Silas foram favorecidos com as orações da igreja (versículo 40). Pode haver também uma insinuação de que Barnabé partiu sem tal recomendação.

3) Esta disputa, na direção providencial de Deus, acabou fazendo avançar o Evangelho. Temos agora duas equipes evangelísticas em lugar de uma.

---

[67] Boles, *op. cit.*, p.249. Este talvez seja o ponto em que deva ser dito algo sobre a alegada divisão paulina-petrina na igreja primitiva. A reunião particular na Conferência de Jerusalém não permite tal divisão entre esses apóstolos. Eles estavam em perfeito acordo sobre os gentios e a doutrina pregada tanto a judeus como gentios. Não havia uma doutrina pregada a uns e uma outra, a outros. O final do episódio em Antioquia, quando Paulo enfrentou Pedro face a face, não permite qualquer ideia de divisão entre os dois. A teoria inteira, embora engenhosa, cai por terra devido à falta de evidência. Além disso, julgar que Marcos arruinou seu testemunho entre os gentios em vista de seus conceitos judaístas, é também difícil de aceitar. Sem qualquer evidência de uma diferença contínua de doutrina entre Pedro e Paulo que levasse Marcos a tomar partido, e com a evidência de que o ministério de Marcos foi aceitável aos gentios (mediante referências em Colossenses, Filemom, Timóteo, 1 Pedro, e literatura cristã primitiva), toda a ideia de uma suposta divisão paulina-petrina se torna inaceitável.

[68] Barnes, *op. cit.*, p.237.

4) Essas diferenças foram mais tarde reconciliadas na vida de Paulo. Barnabé é elogiado, 1 Coríntios 9.6. Há também evidência de que Paulo se reconciliou com João Marcos, Colossenses 4.10; 2 Timóteo 4.11; Filemon 24.

5) Este relato evidencia a veracidade e historicidade do registro lucano. Que falsificador ou embusteiro teria pensado em incluir este infeliz incidente, mostrando divergências entre os primeiros santos?

Que vieram a separar-se – Notamos acima que, na opinião de Barnes, Paulo tinha razão. McGarvey escreve: "Qual dos dois agiu mais sabiamente não podemos determinar agora, por desconhecimento dos motivos que levaram Marcos a voltar".[69]

Então Barnabé, levando consigo a Marcos, navegou para Chipre – Gostamos de pensar que a recusa de Paulo em levar Marcos fez com que este decidisse corrigir suas falhas. As tradições sobre o período posterior da vida de Barnabé são indignas de confiança, mas existe uma tradição no sentido de que Barnabé ministrou na ilha de Chipre até sua morte.[70]

Não obstante sua divergência e separação, eles não permitiram que a boa causa sofresse, nem deixaram de executar separadamente aquilo que Paulo havia proposto realizarem juntos; pois Barnabé, ao visitar novamente Chipre, se encontrou com vários irmãos a quem havia pregado juntamente com Paulo. Este, por sua vez, num roteiro diferente, visitou outros. A separação entre Barnabé e Paulo é a nossa separação de Barnabé, pois o seu nome não é mais mencionado em Atos. Ao nos despedirmos dele, porém, são içadas as velas que devem levá-lo através do mar, a fim de alegrar as ilhas com o conhecimento da salvação. Os incidentes posteriores de sua vida nos serão revelados quando nos sentarmos com ele no reino eterno.[71]

15.40 –

Mas Paulo, tendo escolhido a Silas, partiu – Silas voltou de Jerusalém, quem sabe acompanhado de Marcos; ou ele nem sequer foi a Jerusalém desde sua chegada a Antioquia?[72] Marcos e Silas talvez tenham sido chamados de Jerusalém, afim de juntar-se a Barnabé e Paulo respectivamente nessas viagens missionárias.

Encomendado pelos irmãos à graça do Senhor – Veja Atos 13.3 e 14.26 para uma linguagem similar. A igreja reuniu-se em oração, pedindo a Deus para guiar e cuidar de Paulo e Silas.

2. *Através da Síria e da Cilícia. 15.41*

15.41 –

E passou pela Síria e Cilícia – Paulo viajou por terra de Antioquia até a Cilícia. Pouco tem sido dito sobre igrejas nessas áreas até este ponto em Atos. Ou Paulo as fundou durante o intervalo entre sua partida de Jerusalém para Tarso (Atos 9.30) e a época em que Barnabé o levou a Antioquia (Atos 11.25, 26), ou elas foram fundadas por missionários saindo de Antioquia, como aconteceu com Paulo e Barnabé.

Confirmando as igrejas – Esta é a terceira vez que encontramos esta palavra "confirmando", e aprendemos antes que isso é feito pelo ensino e exortação.[73] Paulo deve ter compartilhado os decretos da Conferência de Jerusalém com todos esses irmãos, como faz mais tarde (Atos 16.4).

---

[69] McGarvey, *op. cit.*, p.76.
[70] A tradição sobre a morte de Barnabé é encontrada bem mais tarde no *Periodi Barnabae*.
[71] *Ibid.*
[72] Veja os versículos 33 e 34 acima, com respeito às viagens de Silas depois da Conferência de Jerusalém. Silas estava de acordo com a missão aos gentios, ele era cidadão romano (Atos 16.37), e seu ministério em Antioquia deve ter sido o lugar em que se despertou a atenção de Paulo nele.
[73] Veja Atos 14.22; 15.32. Ainda que admitamos que "fortalecendo" inclui a imposição de mãos para transmitir dons espirituais, isto fica longe do rito Episcopal de confirmação, em que se supõe que o dom da morada interior do Espírito seja dado pela imposição de mãos.

CAPÍTULO DEZESSEIS

3. *Em Derbe e Listra. 16.1-3*

16.1 –

Chegou também a Derbe e a Listra – Na verdade, tanto Paulo como Silas chegaram a essas cidades, mas só o nome de Paulo é mencionado, por ser ele a personagem dominante. "Chegou" é uma palavra usada por Lucas não apenas no sentido de chegar a um local, mas também de permanecer nele por algum tempo. A ordem em que as cidades são mencionadas é contrária à de Atos 14.6, mas isto se deve ao fato de que o grupo missionário chegou da Cilícia em vez de Antioquia da Pisídia. A rota usada parece ter sido por terra, de Antioquia da Síria até Tarso, e dali, atravessando a passagem montanhosa chamada de Portas da Cilícia, eles teriam chegado primeiro a Derbe, e depois a Listra[1]. Dois a quatro anos se haviam passado desde que Paulo havia pregado nessas cidades durante sua primeira viagem missionária.

Havia ali um discípulo chamado Timóteo – "Eis" (conforme a leitura da IBB) pode indicar ser surpreendente que fosse encontrado alguém para substituir Marcos com tanta rapidez. Isso também foi providencial. Em 14.20 indicamos que a casa de Timóteo ficava provavelmente em Listra e que nessa época Timóteo tinha cerca de vinte anos. O nome "Timóteo" significa "aquele que dá honra a Deus". Esse jovem ia tornar-se um dos mais queridos colaboradores de Paulo pelo resto de sua vida terrena.[2]

Filho de uma judia crente – 2 Timóteo 1.5 nos conta que o nome da mãe dele era Eunice. Era uma convertida ao cristianismo ("crente"). Aqui lembramos novamente ao leitor, sobre a sugestão de que mãe e filho foram convertidos durante a primeira viagem missionária[3].

Mas de pai grego – O relato de Lucas sobre o casamento de uma judia piedosa com um grego tem dado ocasião a alguma surpresa. Esdras 9.12 mostra que tais casamentos não eram legais. O judeu não podia casar-se com uma mulher de outra nação, nem dar sua filha em casamento a um gentio. O que pode ter acontecido é que o pai de Eunice, vivendo longe da Palestina onde a lei deveria ser estritamente obedecida, havia se relaxado na observação cuidadosa deste preceito (e talvez de outros?) sob a pressão constante do mundo grego que o rodeava. O pai de Timóteo evidentemente não era sequer um verdadeiro prosélito da religião judia, pois caso o fosse, teria feito circundar o filho[4].

16.2 –

Dele davam bom testemunho – "Ele" ("dele") é Timóteo, e não seu pai. No intervalo entre a primeira viagem missionária de Paulo e a conversão de Timóteo, este havia se destacado pela sua dedicação e "fé sem fingimento". Sua educação religiosa enquanto ainda vivia em casa – instruindo-o muito bem nas Escrituras do Antigo Testamento[5] – seria uma razão para seu reto comportamento que deu lugar à sua boa reputação.

---

[1] Veja notas de Atos 14.6 relativas às cidades de Derbe e Listra. Ramsay deu detalhes sobre as dificuldades de tal viagem, como descrito neste versículo, em sua obra *Pauline and Other Studies in Early Christian History* (Grand Rapids: Baker Book House, 1970), p. 273ss.

[2] 1 Coríntios 4.17; 2 Timóteo 1.2. Veja os termos de amor e afeto que Paulo usa para Timóteo.

[3] Veja Atos 14.20. Alguns afirmam que a conversão de Timóteo se deu enquanto Paulo esteve ausente de Listra; mas, desde que o apóstolo o chama de "meu filho" (1 Timóteo 1.18; 2 Timóteo 2.1), é melhor pensar que Timóteo foi convertido durante a visita de Paulo a Listra em sua primeira viagem missionária.

[4] Veja notas abaixo no versículo 3. O pai de Timóteo, que era grego, deve ter concordado com a dedicação contínua da esposa à religião judia. [5] 2 Timóteo 3.15.

Os irmãos em Listra e Icônio – O fato de ser conhecido como excelente cristão, não só em sua cidade natal como também na cidade distante de Icônio, sugere o fato de que, provavelmente, já havia estado ativo como pregador ou líder de jovens. Sua reputação inatacável deve ter sido uma das coisas que chamou a atenção de Paulo e o levou a convidá-lo para unir-se ao grupo missionário.

16.3 –

Quis Paulo que ele fosse em sua companhia – Esta foi talvez uma das ocasiões em que Paulo recebeu algumas instruções divinas sobre a missão de Timóteo[6]. Por outro lado, este pode também ser um caso de Paulo escolher um jovem promissor para treiná-lo melhor para o ministério. Os apóstolos estavam sempre à procura de jovens que pudessem receber treinamento e que continuariam o trabalho depois deles terem saído de cena[7]. À medida que o grupo missionário se movia de cidade em cidade, esses jovens, depois de treinados, permaneciam frequentemente no lugar, a fim de prestar ajuda às novas congregações que haviam acabado de ser fundadas mediante os esforços de Paulo e dos outros.

E, por isso, circuncidou-o, por causa dos judeus daqueles lugares; pois todos sabiam que seu pai era grego – A circuncisão podia ser realizada por qualquer israelita, e este versículo diz que o próprio Paulo fez isso. Poucas semanas antes ele se recusou terminantemente a circuncidar Tito[8]. Agora, ele mesmo circuncida Timóteo! Como se explica essa aparente contradição, especialmente de acordo com o decreto da Conferência de Jerusalém contra a necessidade da circuncisão para a salvação? Além disso, a atitude de Paulo para com Timóteo parece estar em conflito com as declarações feitas pelo próprio apóstolo em várias de suas epístolas, especialmente Gálatas 5.2-4. A diferença está na interpretação que outros dariam ao ato. Circuncidar Tito teria levado os homens a pensarem que Paulo também cria que a circuncisão fosse realmente necessária para a salvação. Paulo recusou-se a isso, a fim de não enganar as pessoas. Deixar de circuncidar Timóteo levaria inúmeros judeus a repudiar Paulo ou Timóteo[9], limitando assim grandemente as oportunidades para o apóstolo falar-lhes de Jesus. Desde que ninguém consideraria a circuncisão de Timóteo como um ato necessário à salvação, Paulo pôde realizá-la sem qualquer problema de inconsistência. Tudo isto se ajusta à ideia de que na era cristã, a circuncisão é uma das coisas que pertence à esfera da liberdade cristã. O fato dela ser feita ou não depende de uma das limitações ser ou não violada[10]. A conferência de Jerusalém havia tornado claro que a circuncisão nada tinha a ver com a salvação. O gentio não era obrigado a começar a praticá-la, nem o judeu deveria deixar de pô-la em prática, para ser salvo. No caso de Timóteo, Paulo estava agindo de conformidade com um princípio de conduta que observou durante toda a sua vida, ou seja, aceitar os costumes do povo entre o qual vivia, fazendo todo o possível para ganhá-lo para Cristo, exceto comprometer o evangelho[11].

"Todos sabiam que seu pai era grego" é a razão dada para a circuncisão de Timóteo. O povo em toda aquela região conhecia a descendência de Timóteo, e a grande probabilidade de não ter sido circuncidado, pelo fato de seu pai ser grego. Esta frase tem sido igualmente apresentada como evidência de que o pai de Timóteo estava morto, embora o tempo do verbo "era" não exija absolutamente essa interpretação.

---

[6] 1 Timóteo 1.18.
[7] De maneira similar, os presbíteros e os mais velhos na igreja de hoje deveriam treinar os homens jovens para continuar a obra do Senhor, 2 Timóteo 2.2.
[8] Gálatas 2.3.
[9] Os judeus teriam considerado com horror um israelita incircunciso, embora nascido de meia-descendência. Teriam considerado Paulo imundo em consequência da comunhão com um tal como Timóteo, não fosse ele circuncidado. Os habitantes de toda a região sabiam do parentesco de Timóteo e da alta probabilidade de que, por ter pai grego, não estar circuncidado.
[10] Veja notas em Atos 15.31; e compare Romanos 4.10ss e Gálatas 3.17.
[11] 1 Coríntios 9.19-23.

Em alguma oportunidade, talvez agora em que Timóteo ia juntar-se ao grupo missionário, os presbíteros da igreja impuseram suas mãos sobre ele[12]; e Paulo fez o mesmo[13].

4. Através de Icônio e de Antioquia (da Pisídia). 16.4, 5

16.4 –

Ao passar pelas cidades – Pelas cidades da Síria e Cilícia, diz Barnes. Através de Antioquia e Icônio, dizem outros escritores. Por que não juntar as duas ideias?

Entregaram aos irmãos, para que observassem, as decisões tomadas pelos apóstolos e presbíteros de Jerusalém – Paulo e Silas estão contando aos cristãos em todas as igrejas que visitam, a respeito dos decretos ordenados pela Conferência de Jerusalém[14]. Alguns afirmam que a palavra "entregaram" sugere que Paulo deixou cópias do decreto por onde passou. Uma cópia deixada em cada congregação daria aos irmãos algo a que apelar caso os judaizantes chegassem e quisessem forçar suas doutrinas sobre os irmãos. A palavra traduzida "decretos" [decisões] (*dogma*) é muito usada no Antigo Testamento com referência aos mandamentos dados por Deus[15]. O uso do termo aqui mostra a autoridade divina por trás da decisão da Conferência de Jerusalém, assim como a afirmação feita em Atos 15.28. O versículo 6 indica que os decretos não se destinavam apenas à Síria e à Galácia, embora fossem dirigidos especialmente a elas (Atos 15.23).

16.5 –

Assim as igrejas eram fortalecidas na fé e aumentavam em número dia a dia – Lucas usou a palavra "fortalecidas" para o ocorrido com o coxo na porta Formosa[16]. Existe uma sugestão de que os anos decorridos entre as visitas do apóstolo observaram um declínio na vida e testemunho de algumas dessas igrejas, que é agora remediado mediante a pregação e ensino. Em Atos 6.7 e 9.31, Lucas mencionou o crescimento das igrejas. O cristianismo tornou-se mais atraente e aceitável aos prováveis convertidos entre os gentios, agora que a Conferência de Jerusalém esclareceu que os regulamentos detalhados de Moisés não precisam ser seguidos? Os homens da atualidade frequentemente hesitam em obedecer a Jesus e envolver-se com a igreja porque temem ser obrigados a deixar de lado muitas coisas; isto é, a igreja tem uma porção de regras que limitam a liberdade. É preciso que saibam que escravidão é continuar no pecado, e a verdadeira liberdade está na obediência a Cristo. Devem também saber que Deus irá mudar as inclinações do homem, de modo que ele não mais deseje fazer algumas das coisas que fazia antes de render-se a Jesus.

5. Através da Frígia e da Galácia, em direção a Trôade. 16.6-8

16.6 –

E percorrendo a região frígio-gálata – Nos mapas que representam as viagens de Paulo, o leitor notará que alguns mostram a segunda viagem do apóstolo como uma linha reta de Antioquia da Pisídia até Trôade, enquanto em outros o traçado vai ao nordeste de Antioquia da Pisídia até o norte da Galácia, (através da Ancira, Tavio, Pessina, etc.). Qual a razão disto? Por que os mapas não concordam? Durante o primeiro século, o termo "Galácia" era empregado em dois sentidos. Os cartógrafos que adotam o velho sentido helenista traçam a viagem de Paulo pelo norte da Galácia. Os que adotam o sentido provincial romano a traçam pela Galácia do Sul.

À medida que os vários mapas são examinados, o estudante cuidadoso notará que em alguns a região chamada Galácia é mais extensa que em outros. Por quê? Da mesma forma que hoje as

---

[12] 1 Timóteo 4.4.
[13] 2 Timóteo 1.6.
[14] As "decisões" (decretos) se referem à carta preparada ao final da Conferência de Jerusalém, que contém quatro coisas das quais os cristãos devem abster-se, Atos 15.23-29.
[15] Compare Colossenses 2.14.
[16] Atos 3.7, 16.

guerras entre as nações mudam as fronteiras entre os países, e, consequentemente, os mapas também mudam, o mesmo aconteceu nos templos bíblicos. Cerca de 300 a.C., grandes hordas de galeses deixaram a França e a Alemanha, avançado para a Ásia Menor. Depois de alguns anos eles foram convidados pelo rei da Bitínia a cruzar o Helesponto e ajudá-lo numa guerra. Terminada a guerra, os galeses se recusaram a voltar para sua terra, e se instalaram na região montanhosa da Ásia Menor central. Esta região veio a ser conhecida como Galácia (i.e., a Galácia do Norte já citada). Com o passar dos anos a região foi conquistada pelos romanos (189 a.C.), vindo finalmente a tornar-se uma província romana na época de Augusto (25 a.C.). Um mapa desta região antes de 25 a.C. tem o título "A Ásia Menor no Período Helenista" e mostra vários pequenos países nessa área. Quando se tornou uma província romana, o mapa foi mudado; a partir de 25 a.C. o mapa seria chamado "Um Mapa Provincial Romano" e mostra países maiores na Ásia Menor e em menor número. Muitos dos pequenos países da época helenista foram consolidados pelos romanos em províncias maiores e em menor número. Assim sendo, os dois significados diferentes do termo "Galácia" eram estes: (1) Poderia referir-se à Galácia da época helenista, frequentemente chamada de "Galácia do Norte" ou "Galácia Geográfica" ou "Galácia Etnográfica". Ou (2) poderia referir-se a toda a província romana, incluindo o que em tempos anteriores era conhecido como Pisídia, Licaônia, e uma parte da Frígia, assim como a "Galácia do Norte".

A pergunta seguinte é: Como os escritores do Novo Testamento usam as designações geográficas em seus escritos? Paulo parece ter empregado regularmente os títulos provinciais romanos, assim como Pedro[17]. Lucas, porém, utilizou, no geral, os nomes helenistas dos lugares geográficos. Para verificar isto, compare os nomes neste versículo com um mapa helenista e com um mapa provincial romano da Ásia Menor. Note que não havia Frígia ou Mísia no mapa provincial romano. Mas aqui está a dificuldade. Lucas também fala de "Ásia" neste versículo, e um exame dos mapas mostrará que não havia uma "Ásia" na maioria dos mapas helenistas[18]!

Havendo estabelecido este fundamento, estamos prontos para tentar determinar onde Paulo foi na viagem indicada em Atos 16.6-8. Alguns dizem que ele visitou a Galácia do Norte – particularmente as cidades de Ancira, Pessina e Tavio. Muitos comentaristas também se referem ao fato de que Paulo não pretendia a princípio pregar entre esses gálatas étnicos, mas por causa de uma enfermidade ele foi obrigado a demorar-se ali[19]. A maioria dos comentaristas que julgam que Paulo visitou a Galácia do Norte, também acreditam que a epístola aos gálatas foi dirigida às igrejas da Galácia do Norte.

Outros comentaristas (com os quais concordamos) negam que Paulo tivesse visitado a Galácia do Norte (no sentido de ter pregado nas cidades de Ancira, Tavio, etc.). Esses comentaristas reconstroem a segunda viagem missionária da seguinte forma: Quando Paulo, Silas e Timóteo deixaram Listra, eles cruzaram a fronteira regional entre a Licaônia Galáctica e a Frígia Galáctica e visitaram os irmãos em Icônio e em Antioquia da Pisídia. Para onde iria a seguir? Ele planejou visitar a Ásia, mas foi proibido pelo Espírito em seu intento. Desde que não puderam seguir para o ocidente, voltaram-se para o norte, atravessando a região que era tanto frígia como gálata[20]. Logo chegaram a Dorileo (ou talvez Cotiaeo), tendo seguido a estrada romana no sentido oeste, de Antioquia da Pisídia até onde virava para o norte. Se tomarmos "defrontando Mísia" (versículo 7) como significando talvez "a fronteira oriental da Mísia", o versículo sugere que ao alcan-

---

[17] Note como os nomes geográficos são usados na saudação das cartas de Paulo, e compare também 1 Pedro 1.1.

[18] A "Ásia" aparece em alguns mapas helenistas. Antes das mudanças das províncias romanas, o nome "Ásia" era algumas vezes aplicado à terra chamada "Lídia" na maioria dos mapas helenistas. A "Lídia" era a região limitada ao norte pela Mísia e ao sul pela Cária.

[19] Em Gálatas 4.13. Lucas não menciona a doença e, portanto, não podemos colocá-la com certeza em seu registro. Alguns diriam que a doença citada em Gálatas 4.13 aconteceu durante a segunda viagem, Atos 16. Este autor concorda com os que afirmam que a doença surgiu na *primeira* viagem missionária, Atos 13, 14. Veja notas em Atos 13.13.

[20] A regra gramática de Sharp dá motivo à expressão "frígio-gálata". Essa regra mostra que as palavras (segundo o texto de Nestle) "Frígia e Galácia" não se referem a duas áreas diferentes, mas "Galácia" é uma outra descrição da região já chamada Frígia. Ambos os nomes são adjetivos no grego, descrevendo uma área que era tanto frígia (pelos padrões étnicos) como gálata (pelos padrões provinciais romanos).

çarem Dorileo (ou Cotiaeo, se encontrando ambas na fronteira oriental da Mísia), eles tentaram seguir na direção norte, sendo novamente impedidos pelo Espírito. Eles se dirigiram, então, para o ocidente, pela estrada romana, até chegarem ao mar em Trôade.

Este autor também é de opinião que a carta aos gálatas foi dirigida às igrejas da Galácia do Sul (i.e., Antioquia da Pisídia, Icônio, Listra e Derbe). Segundo Gálatas 2.5, Paulo já havia visitado *antes* da conferência de Jerusalém aqueles a quem a carta aos gálatas foi enviada! Este fato elimina a Galácia do Norte como sendo os cristãos dali os destinatários da carta aos Gálatas[21].

Tendo sido impedidos pelo Espírito Santo – Inferimos naturalmente pelo particípio aoristo que eles haviam recebido esta proibição antes de viajarem pela "região frígio-gálata". Como o Espírito os proibiu? Alguns sugerem tratar-se de uma advertência interior, um impulso induzido pelo Espírito[22]. Outros sugerem que esta foi uma mudança providencial – encontrando barreiras naturais – um rio transbordado, uma avalanche nas montanhas, alguma coisa desse tipo. Outros ainda sugerem que um profeta na igreja de Antioquia tenha transmitido essa mensagem ao grupo missionário[23]. E ainda outros sugerem que Deus tenha falado diretamente a Paulo, dando-lhe instruções para não ir a Éfeso nessa ocasião.

De pregar a palavra na Ásia – Como sugerido acima, o plano original deles havia sido provavelmente viajar para a Ásia com suas cidades populosas de Éfeso, Esmirna e Sardes. Havia grandes bairros judeus nessas cidades, e a província estava cheia de centros de adoração idólatra. De fato, tratava-se de uma área que necessitava do Evangelho. Segundo o uso de termos geográficos por parte de Lucas, a referência é aparentemente à região em que Éfeso era a cidade principal, a área chamada "Lídia" na maioria dos mapas helenistas. A restrição de pregar ali foi apenas temporária. No final desta segunda viagem, e no início da terceira, Paulo vai pregar na Ásia.

16.7 –

Defrontando Mísia – O leitor deve tomar tempo para localizar este país num mapa. A linguagem parece indicar que estavam na fronteira oriental da região.

Tentavam ir para Bitínia – Localize a Bitínia num mapa. Esta era uma província da Ásia menor, situada ao norte e leste da Mísia, confinando com o Mar Negro. Ao que sabemos, Paulo jamais pregou na Bitínia; mas o evangelho foi pregado ali bem cedo, pois uma das cartas de Pedro é dirigida aos irmãos nesta província[24]. A província em questão possuía também uma grande população judia que teria servido ao método costumeiro de Paulo de dirigir-se primeiro aos judeus, antes de ir para os gregos.

Mas o Espírito de Jesus não o permitiu – Ao dizer que esta segunda proibição foi imposta pelo "Espírito de Jesus", enquanto a anterior é atribuída ao "Espírito Santo" (versículo 6), Lucas propõe uma interessante questão teológica. Um só e o mesmo Espírito é naturalmente indicado, mas, existe qualquer importância na mudança de fraseologia?

> É possível que os métodos usados para comunicar a vontade do Espírito nas duas ocasiões fossem diferentes. Na segunda ocasião, a comunicação talvez tomasse uma forma associada de perto ao Cristo exaltado[25].

---

[21] Não há lugar na primeira viagem missionária para situar uma visita à Galácia do Norte. Caso Paulo tenha ido para ali alguma vez, teria de ser após deixar Antioquia da Pisídia na segunda viagem. Mesmo que tivéssemos de admitir que Paulo visitou a Galácia do Norte, conforme Gálatas 2.5, é ainda necessário que "Gálatas" seja uma carta dirigida às igrejas da Galácia do Sul.

[22] O Espírito parece ter realmente capacidade para colocar pensamentos na mente humana. Todavia, quando alguém fala disso como sendo a admoestação interior, alguns estão usando a linguagem em um sentido naturalista, negando a realidade objetiva de um ser pessoal como o Espírito Santo. O estudante deve observar então cuidadosamente como cada escritor define os termos que usa. Caso contrário, pode ser grandemente desviado pelas palavras astuciosas dos teólogos naturalistas.

[23] Atos 21.4 registra o caso de um profeta transmitindo uma mensagem a outros homens de Deus inspirados.

[24] 1 Pedro 1.1.   [25] Bruce, op.cit., p.327.

Pode ser também que o Espírito tenha sido especialmente enviado por Cristo para comunicar esta mensagem a Paulo[26]. A introdução do Evangelho na Europa não podia demorar mais! Jesus queria que a Europa ouvisse!

16.8 –

E, tendo contornado Mísia – Isto pode significar que eles passaram através da região sem parar em qualquer das cidades para pregar, ou contornaram a província viajando ao longo de suas fronteiras ao sul, até chegarem a Trôade.

Desceram a Trôade – Localize Trôade num mapa. Esta cidade leva o nome da antiga Tróia (a cidade afamada por causa do cavalo troiano), mas ficava realmente a cerca de 6 km ao sul do local daquela famosa cidade. Esta Trôade, chamada Trôade Alexandrina (em honra de Alexandre o Grande), tinha sido construída por Antígono, um dos sucessores de Alexandre. Era uma colônia romana e uma cidade livre. "Desceram" sugere que deixaram as terras altas, chegando à costa. Em vista dos missionários estarem viajando para o ocidente, eles estariam olhando para as águas do Mar Egeu.

   6. *Em Trôade. 16.9, 10*

16.9 –

À noite, sobreveio a Paulo uma visão – Pode imaginar os pensamentos desses homens? Eles deveriam estar se perguntando onde Deus queria que servissem. Haviam pensado na Ásia, e foram impedidos. Pensaram na Bitínia, e foram impedidos. Haviam agora chegado sem dificuldade a Trôade – mas, para onde iriam a seguir? Pregar aqui, ou em outra parte? Talvez Paulo tivesse orado ao Senhor, e a visão concedida foi em resposta a essa oração. A visão contemplada por Paulo explicou-lhe todos os impulsos e impedimentos ocorridos durante a viagem de Antioquia da Pisídia. Esta era a porta que se abriria para ele. A fé cristã deveria atravessar da Ásia para a Europa[27], e o pedido: "Passa à Macedônia e ajuda-nos!" como a história subsequente mostrou, foi um clamor de todo o mundo ocidental.

Na qual um varão macedônio estava em pé e lhe rogava – Na visão, a aparência do homem, seus trajes e linguagem, fizeram Paulo saber que era macedônio. Alguns têm sugerido que a pessoa vista por Paulo não era outra senão Lucas, que morava em Filipos (segundo a sugestão)[28]. Não existe, porém, evidência de que Lucas residia em Filipos[29]. Nos dias do Novo Testamento, havia duas províncias romanas no que é hoje a moderna Grécia – a Macedônia ao norte e a Acaia ao sul[30]. A Macedônia era um país extenso, a porção norte da atual Grécia. Essa terra ganhou proeminência pela primeira vez durante o reinado de Filipe e seu filho, Alexandre o Grande (cerca de 300 a.C.).

Dizendo: Passa à Macedônia, e ajuda-nos – Ajuda-nos – isto é, pregando o Evangelho. Este era um chamado para pregar o Evangelho numa grande província romana[31]. Ele irá ocupar a maior parte da segunda viagem missionária, implantando igrejas em algumas das principais cidades da província.

---

[26] Este título para o Espírito Santo tem considerável influência sobre o problema polêmico da procedência do Espírito Santo. Ele não procede apenas de Deus, mas também de Jesus, João 16.7.

[27] Consideramos a ida para a Macedônia como levar o Evangelho a outro continente, mas os próprios missionários provavelmente pensavam no assunto apenas como passar de uma para outra província romana.

[28] Ramsay, *St. Paul*, p.202.

[29] Veja o versículo 10 abaixo, onde a cidade natal e a história anterior de Lucas são discutidas.

[30] Veja 1 Tessalonicenses 1.7 onde ambas as "partes" da Grécia são citadas.

[31] De todas as partes da terra está chegando às igrejas um chamado similar. Aberturas do mesmo tipo para a entrada do Evangelho se apresentam por todo lado. Apelos chegam de toda parte da terra. Devemos fazer todo o possível para que o Evangelho seja divulgado.

16.10 –

Assim que teve a visão, imediatamente procuramos partir para aquele destino – "Procuramos" – Por que o "nós"? Esta é a primeira referência que Lucas faz a si mesmo como membro do grupo missionário. A partir deste ponto, enquanto Lucas permanece na equipe, o relato demonstra um vigor e exuberância que só uma testemunha ocular poderia oferecer. Ficamos imaginando como Lucas e Paulo vieram a reunir-se em Trôade. Paulo procurou os serviços do "médico amado"? Lucas já é evidentemente cristão (sua conversão não é mencionada), e uma suposição lógica é que Paulo e Lucas já se conhecessem antes deste último juntar-se ao grupo. Teriam se encontrado quando ambos estudavam na Universidade de Tarso? Ou se conheceram em Antioquia da Síria? Os escritores cristãos primitivos nos dizem que Lucas morava em Antioquia[32]. Lembre-se também da leitura "nós" no Códice Beza em Atos 11.27, e o "nós" em Atos 14.22. Se ambas essas passagens indicarem a presença de Lucas, ele estaria em Antioquia da Síria na época em que Paulo e Barnabé fundaram a igreja ali; e teriam se encontrado em algum lugar da Galácia do Sul, quando Paulo retrocedeu sobre seus passos ao concluir sua primeira viagem missionária.

As palavras de Lucas: "Deus *nos* havia chamado", implicam que Lucas era também um pregador do Evangelho, assim como Paulo e Silas, e, igualmente, que ele estava envolvido na pregação antes de juntar-se ao grupo missionário. Não existe registro de qualquer obra missionária feita por Paulo nessa ocasião em Trôade; todavia, a linguagem de 2 Coríntios 2.12 e de Atos 20.6 indica a existência de uma congregação de cristãos em Trôade. Como e quando ela começou? Podemos considerar Lucas como o fundador da igreja em Trôade. A igreja tinha sido implantada antes de Paulo ter chegado à cidade. Paulo se impressionou com a obra evangelística de Lucas e fala dele como sendo "o irmão cujo louvor no Evangelho está espalhado" ao escrever 2 Coríntios[33]. As viagens de Lucas podem ser então reconstruídas tentativamente deste modo: Ele deixou Antioquia da Síria algum tempo depois do início da primeira viagem missionária. Estava no centro da Ásia Menor quando a primeira viagem foi chegando ao fim. Nos três ou quatro anos entre aquela ocasião e a atual, ele chegou a Trôade e evangelizou ali. Junta-se então ao grupo missionário de Paulo.

Há exemplo apostólico para nos fazer acompanhar de um médico quando levamos o Evangelho a um novo campo. Ele pode fazer muito para manter os outros obreiros em condições de servir com eficiência, e pode garantir que o Evangelho seja ouvido nos lugares em que as pessoas compreendem mais suas necessidades físicas do que espirituais. Todavia, a ordem geral da evangelização deveria ser: "Cuide primeiro das necessidades espirituais, e depois das físicas"[34].

As palavras "imediatamente procuramos" apresentam a ideia de uma viagem apressada ao cais na manhã seguinte e o pedido de informações sobre o primeiro navio que partiria para algum porto da Macedônia.

Concluindo que Deus nos havia chamado para lhes anunciar o evangelho – McGarvey diz que essas palavras insinuam que Lucas foi um dos impedidos de pregar nos lugares em que pretendiam (versículos 6, 7), e que, portanto, se juntou aos missionários no interior da Ásia Menor[35]. Mas é também possível que Lucas passe a fazer parte do grupo em Trôade antes da

---

[32] Veja Eusébio, *Church History*, III.4; e Jerônimo, *Lives of Illustrious Men*, capítulo 7.

[33] 2 Coríntios 8.18. Uma sugestão diferente, mas pouco plausível, quanto à origem da igreja em Trôade, é brevemente apresentada nas notas de Atos 20.7.

[34] Desde que o Liberalismo Religioso invadiu as fileiras do Movimento da Restauração, têm havido algumas contendas quanto ao método apropriado de exercer a obra missionária. Os liberais tendem a ridicularizar e ignorar qualquer tentativa de "salvar a alma dos homens" e optaram pelo esforço simplesmente humanitário, chamando-o de "obra missionária". Existem atualmente quatro métodos diferentes de trabalho missionário amplamente usados: educacional, médico, agrícola e evangelístico. Cada um deles possui algum precedente bíblico e pode ser empregado, dependendo do lugar e da necessidade. Devemos ter cuidado para que nossa oposição a qualquer método exceto o evangelístico não seja apenas uma continuação de nossa rejeição ao Liberalismo Religioso e tudo o que ele representa.

[35] McGarvey, *op.cit.*, p. 86.

visão ter sido concedida a Paulo. "Concluindo" é o mesmo verbo traduzido "demonstrando" em Atos 9.22. Paulo deve ter contado a seus companheiros o conteúdo da visão e feito uso dela para provar que deveriam pregar na Macedônia.

7. *Através da Samotrácia e Neápolis. 16.11.*

16.11 –

Tendo, pois, navegado de Trôade, seguimos em direitura a Samotrácia – Eles se dirigiam para o noroeste, e o termo náutico "em direitura" implica em que tinham o vento a seu favor. Estariam navegando contra a corrente. Uma viagem subsequente (Atos 20.6) na direção oposta e a favor da corrente levou cinco dias; o vento que os impelia nessa viagem deve ter sido forte. O aluno deve localizar a Samotrácia num mapa. É uma ilha no mar Egeu situada na metade do caminho entre Trôade e Neápolis. Ela tem cerca de 13 km de comprimento por 10 de largura. É uma região montanhosa com alguns dos picos a 1.500m acima do nível do mar. A ilha pode ser vista de ambos os continentes, de Trôade e dos montes entre Neápolis e Filipos. Segundo os costumes de navegação na época, o grupo missionário aportava ao fim de cada dia até chegar finalmente ao seu destino. A Samotrácia foi então o término do primeiro dia de viagem. Esta pequena ilha era a sede principal das religiões misteriosas dos cabírios (só perdendo em reputação para os mistérios eleusianos), sendo concedido direito de asilo aos que se iniciavam nela. Desse modo, muitos moradores dali eram fugitivos e criminosos que tinham chegado em busca de asilo.

No dia seguinte a Neápolis – Eles chegaram a Neápolis depois de navegarem da Samotrácia na direção noroeste durante um dia. Neápolis é a moderna Kavalla, um bonito porto marítimo com dois ancoradouros. O nome grego significa "cidade nova". A vários quilômetros na direção oeste de Neápolis, os arqueólogos descobriram as ruínas de Palaeópolis (cidade velha). Neápolis servia como porto marítimo para Filipos, que ficava 19 km no interior. Restos da cidade romana são ainda visíveis – ruínas de um aqueduto, colunas e inscrições gregas e latinas – tudo atestando a antiga importância da cidade. Neápolis era lugar de desembarque costumeiro dos que se propunham viajar pela Via Egnátia, a grande estrada militar romana que se estendia cerca de 784 km através da Macedônia, ligando o Mar Adriático ao Mar Egeu. A estrada foi construída depois da conquista romana da Macedônia em 146 a.C. Perto da extremidade ocidental a estrada se bifurcava; um dos braços terminava em Dirraquio e o outro em Valona, na região que chamamos Albânia. Do outro lado do mar, oposto a Valona, em Brundísio no calcanhar da bota da Itália, a estrada continuava em direção a Roma, embora chamada de Via Ápia na Itália. Partes da Via Egnátia podem ser ainda vistas entre Neápolis e Filipos.

8. *Em Filipos. 16.12-40*

16.12 –

E dali a Filipos – Localize Filipos no mapa. A cidade havia sido reparada e adornada por Filipe da Macedônia (pai de Alexandre o Grande), e o seu nome foi mudado por Filipe de Krenides ("poços" ou "fontes") para Filipos. Em anos anteriores, Filipos foi uma cidade onde houve uma "corrida do ouro"; suas jazidas de prata e ouro foram encontradas no Monte Pangaeo que ficava próximo. Perto da cidade, durante as guerras civis dos romanos, a batalha decisiva entre Bruto e Antônio foi travada. Quinze anos depois da primeira visita de Paulo, enquanto se achava em Roma durante seu primeiro período de prisão ali, ele escreveu o livro do Novo Testamento que chamamos de Filipenses à igreja localizada nessa cidade.

Cidade da Macedônia, primeira do distrito – Toda a região da Macedônia havia sido conquistada pelos romanos sob Paulo Emílio cerca de 150 a.C. Quatro países gregos diferentes foram reunidos pelos romanos numa só província chamada Macedônia, e, portanto, nos dias do Novo Testamento, a província era composta de quatro "distritos". As palavras "primeira do distrito" oferecem alguma dificuldade, e os críticos negativistas têm alegado tratar-se de um caso de inexatidão de Lucas. A KJV diz: "a cidade *principal* do distrito", dando a impressão de que era a maior cidade do distrito em que se encontrava. Mas isto não é verdade, pois Anfípolis era a maior cidade do distrito. Outros têm sugerido que "principal" significava ser ela a capital do distrito, mas esta honra pertencia também a Anfípolis[36]. A ASV diz: "*primeira* do distrito" (como a SBB – N.T.), com o que os tradutores indicaram que Filipos era a primeira cidade encontrada depois de cruzar a fronteira da Trácia e entrar na Macedônia. A NASB anota o fato de não haver artigo definido no grego e traduz então: "uma cidade importante do distrito". *Prōte polis* aparece frequentemente nas moedas das cidades que gozavam de certos privilégios, tais como os que em breve notaremos eram gozados por Filipos. Dizer que Filipos era uma cidade "importante" do distrito é exatamente correto, e Lucas não pode ser acusado de erro aqui.

E colônia [romana] – Os gregos tinham duas palavras para "colônia" – uma designando uma colônia grega e outra uma romana[37]. A última é usada aqui, e a NASB acrescenta então corretamente a palavra "romana" ao texto. Os leitores devem ser lembrados de que uma "colônia" romana diferia da ideia moderna de colônia (tais como as treze colônias que deram origem aos Estados Unidos). A colônia romana era essencialmente uma posição militar para defesa das fronteiras, ou para manter os provinciais mais hostis em ordem. Filipos foi designada como "colônia" depois da batalha entre Bruto e Antônio[38]. Uma colônia romana gozava de três coisas: (1) *libertas* ou autogoverno, (2) *immunitas* ou imunidade do pagamento de tributo ao Imperador, e (3) *jus Italicum* ou os direitos dos que viviam na Itália – inclusive o traje, a língua, a moeda e os feriados romanos. Os filipenses tinham orgulho de sua cidadania romana, e na carta aos Filipenses existem várias referências a esse orgulho[39].

Nesta cidade permanecemos alguns dias – Alguns dos eventos ocorridos durante esses dias são registrados nos versículos seguintes.

16.13 –

Quando foi sábado – Aparentemente, vários dias se passaram antes do sábado, o primeiro sábado depois de sua chegada.

Saímos da cidade para junto do rio – Naqueles dias as cidades eram muradas para sua proteção, e as pessoas entravam e saíam através de portas nos muros[40]. Os missionários saíram por uma dessas portas, em direção ao rio. Barnes está errado quando diz: "Não se sabe que rio era esse"[41]. O rio Gangites (às vezes escrito Gargites) ficava a 1,6 km a oeste da cidade. Na planície a oeste deste rio os exércitos de Bruto e Cássio enfrentaram os de Otaviano e Antônio na batalha que decidiu o destino da República Romana. Isso ocorreu em 42 a.C., e Bruto e Cássio (responsáveis pelo assassinato de Júlio César) se suicidaram quando os exércitos de Otaviano e Antônio ganharam a batalha. Otaviano ficou mais tarde conhecido como o Imperador Augusto.

Onde nos pareceu haver um lugar de oração – Seria necessário haver pelo menos dez cabeças de família (dez homens judeus) numa comunidade para estabelecer uma sinagoga[42]. Onde o número de judeus era menor do que esse, eles frequentemente tinham um lugar de reunião junto a qualquer local onde houvesse água suficiente para as suas muitas abluções cerimoniais[43].

---

[36] As outras capitais de distrito eram Tessalônica, Pela e Pelagônia.
[37] *Apoikia* é a palavra para uma colônia grega. *Kolōnia* corresponde à colônia romana.
[38] Atos cita seis colônias romanas, mas apenas Filipos é designada como tal por Lucas. As outras são Antioquia da Pisídia, Listra, Trôade, Corinto e Ptolemaida.
[39] Filipenses 3.20; 1.27.
[40] A invenção da pólvora tornou tais muros vulneráveis.
[41] Barnes, op.cit., p.240.
[42] *Pirke Aboth* III. 7.
[43] Durante o cativeiro babilônico, os judeus se assentavam "às margens dos rios da Babilônia", Salmo 137.1; Esdras 8.15, 21. Juvenal (*Sat.* III. 11-13) lamentou o sucesso dos judeus em comprar muitos lotes de terra para uso como lugares de oração.

Tais pontos de oração às vezes não passavam de um simples círculo de pedras num bosque[44]. "Pareceu haver" tem uma conotação mais indefinida do que no grego[45]. O grego é bastante definido sobre existir realmente ali um lugar de oração, para que possamos supor que os missionários indagaram na cidade e souberam que se alguns judeus estivessem adorando, poderiam ser encontrados junto ao rio. Por trás da informação neste versículo talvez haja um fato da história contemporânea. Cláudio havia mandado que todos os judeus saíssem de Roma[46]; desde que Filipos era uma colônia, a ordem de expulsão seria provavelmente também obedecida ali. Quando os missionários fizeram perguntas, teriam sido informados: "Não há muitos judeus aqui agora, mas talvez encontre alguns se reunindo junto ao rio".

E, assentando-nos, falamos – Note que Lucas inclui a sua pessoa, juntamente com Paulo, Silas e Timóteo, como um dos pregadores. Talvez possamos imaginar os homens fazendo rodízios aos sábados. Os professores judeus habitualmente ficavam sentados ao ensinar[47].

Às mulheres que para ali tinham concorrido – Será que Lídia e várias de suas servas e amigas eram as únicas em Filipos que adoravam Deus Jeová? Como indicado acima, é possível que o decreto de Cláudio contra os judeus tivesse sido posto em prática em Filipos. Alguns comentaristas, notando que Lídia era uma prosélita da porta, sugerem que ela e algumas outras como ela, tentaram manter-se firmes em sua nova fé, embora a liderança judia masculina tivesse sido expulsa da cidade. Outros têm sugerido que os missionários falaram antes do início do serviço de adoração regular – e que havia também outros homens presentes. É bastante provável que, entre as mulheres ali reunidas, estivessem Evódia e Síntique[48], sobre quem Paulo fala que trabalharam com ele no Evangelho, e cujo afastamento uma da outra, por volta da época em que o apóstolo escreveu aos Filipenses, causou-lhe muita preocupação.

16.14 –

Certa mulher chamada Lídia – O fato de ser ela chamada de vendedora de púrpura, e não o marido, nos faz supor pelo menos que Lídia trabalhava sozinha. Se essa mulher era ou não casada, ou se havia sido casada e o marido havia morrido, não é indicado em ponto algum do texto. Lídia era um nome popular para as mulheres.

Da cidade de Tiatira – Localize a cidade num mapa. Seu nome moderno é Akhisar, e ficava na província romana da Ásia[49]. Homero nos ensina que a arte de tingir desde há muito havia tornado Tiatira famosa[50]. Inscrições encontradas em Tiatira testemunham a existência de um sindicato (ou união trabalhista) de vendedores de púrpura na cidade, e talvez Lídia pertencesse ao mesmo. Ela deveria ser uma mulher muito rica para poder continuar seu negócio tão longe de sua cidade natal. É possível que a matriz de seu negócio ficasse em Tiatira, e ela possuísse uma filial na cidade de Filipos.

Vendedora de púrpura – A púrpura era uma cor muito valiosa, obtida geralmente de moluscos. Uma pequena gota de tinta era extraída de cada peixe. Não se sabe ao certo se Lídia vendia a tinta, ou o tecido já tingido. Quanto ao tecido, quando tingido com essa tinta púrpura, era

---

[44] A palavra *proseuche* era o equivalente de "casa de oração" em hebraico. Ela pode referir-se a um edifício (Mateus 21.13; Josefo, *Vida*, 54) ou um lugar junto a um rio, como o que descrevemos.

[45] A informação técnica aqui é que se trata de um caso de discurso indireto depois do verbo *nomidzo* (pensar). "Estávamos pensando que *havia* um lugar de oração" seria uma boa tradução.

[46] 1 Coríntios 18.2. Devemos ter cuidado com nossa reconstrução aqui, pois as leis feitas para a cidade de Roma nem sempre eram aplicadas nas colônias. O que era feito nas colônias frequentemente dependia das condições locais.

[47] Mateus 5.1; Lucas 4.20, 21.

[48] Filipenses 4.2, 3.

[49] Apocalipse 2.18 mostra que uma igreja surgiu eventualmente em Tiatira, mas não foi provavelmente fundada até a terceira viagem missionária, quando "todos os habitantes da Ásia" ouviram a palavra do Senhor, Atos 19.10.

[50] *Iliad*, IV.141.

muito procurado pelos ricos, visto ser utilizado nas togas oficiais em Roma e nas colônias. O termo "púrpura real" continua sendo empregado[51].

Temente a Deus ["Que adorava a Deus" no original inglês] – Ela era aparentemente uma prosélita da porta, pois o termo grego *sebomene* (como aprendemos em Atos 13.50) significa "temente a Deus" ou prosélito da porta. Lídia poderia ter obtido seu conhecimento da religião judia em Tiatira, através dos judeus dali. Ou pode ter-se interessado por uma religião melhor que o paganismo enquanto vivia em Filipos. Ficamos imaginando por que não foi mencionada na carta que Paulo escreveu mais tarde aos Filipenses, desde que foi a primeira convertida a Cristo ali. Teria se mudado com seu negócio para outra cidade, ou (como um comentarista sugere) teria morrido nesse intervalo de tempo?

Nos escutava – O tempo do verbo indica que ela estava ouvindo a pregação de Paulo, Lucas e dos outros por algum tempo.

O Senhor lhe abriu o coração para atender – Qualquer que seja o sentido deste versículo difícil, não parece ser um exemplo do que é chamado de "primeira obra da graça"[52]. Segundo essa doutrina calvinista, o homem é inteiramente depravado em vista da herança de Adão, a ponto de não poder sequer desejar agir bem (responder ao Evangelho neste caso) até que o Espírito de Deus, através de uma ação imediata e direta sobre o coração do pecador, primeiro o torne capaz de crer. Esta operação direta no coração é conhecida como "primeira obra da graça"[53]. Foi mostrado no estudo da pessoa e obra do Espírito Santo que, na conversão, o Espírito de Deus opera através da Palavra para convencer o coração do pecador[54]. A obra do Espírito na conversão não é algo produzido diretamente no coração em separado da Palavra pregada. Devemos insistir que no caso de Lídia, Deus operou do mesmo modo que o fez em qualquer outro caso de conversão. Esta afirmativa não exclui a ideia de que Deus teve algo a ver com a conversão dessa mulher, pois foi o que aconteceu[55]. Muitos anos antes Ele havia feito uma revelação a Moisés, destinada a apontar os homens a Cristo; e Lídia havia se tornado uma prosélita dessa religião. Ele havia levado os pregadores a Filipos justamente na ocasião adequada (em vez de permitir que fossem para a Ásia ou Bitínia). Podem ter havido até circunstâncias na vida dela (teria seu marido morrido recentemente?) que na providência de Deus a tornaram mais receptiva naquele momento do que talvez tivesse sido em outros. Houve também a obra do Espírito Santo, no sentido de a convencer do pecado, quando os pregadores apresentaram o Evangelho. É dito que o coração da pessoa está fechado quando ela se recusa a ouvir e obedecer à mensagem de Deus. O coração está aberto quando a mensagem é recebida[56].

---

[51] O homem rico na história contada por Jesus usava tais roupas de púrpura, Lucas 16.19.

[52] Compare as notas em Atos 15.11 sobre "graça". O estudante observador irá perceber rapidamente que encontramos nesta passagem outro dos cinco pontos do calvinismo. Compare a nota de rodapé n° 42 no capítulo 8. O versículo que estamos agora comentando é um em que se supõe, segundo a doutrina, que se encontra parte da doutrina da "Graça Irresistível". Todo o sistema calvinista se baseia numa visão preconcebida do homem, aprendida de Agostinho, e não da Bíblia. Esta é uma das razões para rejeitá-lo. Uma das contribuições dos teólogos do Movimento de Restauração para o pensamento religioso do século vinte é terem despojado as doutrinas calvinistas de seu poder quase como de golpe sobre o pensamento humano. Essa é uma batalha que precisa ser ainda continuada pelos herdeiros do Movimento da Restauração.

[53] A doutrina de uma primeira obra de graça é sujeita a objeções por levar à conclusão de que Deus faz acepção de pessoas (o que a Bíblia diz claramente que Ele não faz!); pois se Deus dá a alguns esta graça prévia e não a dá a outros, é difícil ver algo senão parcialidade em relação a determinados indivíduos.

[54] Veja a seção que trata da obra do Espírito Santo na conversão, no estudo especial sobre o Espírito Santo no final do capítulo 2.

[55] Poderíamos dizer "a iniciativa de Deus" na salvação, se não fosse a possibilidade de sermos mal interpretados como ensinando a graça prévia. Deus sempre tomou a iniciativa em prover a oportunidade da salvação para os homens pecadores. O que discutimos é a ideia de uma obra especial do Espírito Santo diretamente sobre o coração, em separado da Palavra.

[56] Veja notas em Atos 8.6, onde temos o mesmo verbo traduzido aqui "atender".

Às coisas que Paulo dizia – Todos os missionários se envolveram no ensino com o passar das semanas, mas foi uma das mensagens de Paulo que levou finalmente Lídia a responder. As coisas das quais Paulo falava foram contadas tantas vezes por Lucas que ele não necessita repeti-las aqui. Incluído nessa pregação não estava apenas o fato sobre Jesus, mas o que era necessário para responder ao convite. Os candidatos eram sempre instruídos a crer no Evangelho, se arrepender dos seus pecados, e ser imersos para receber o perdão dos mesmos. O batismo era uma das coisas de que os missionários falavam, como pode ser visto pela maneira como Lucas nos conta a obediência de Lídia a essa ordenança. Ele diz: "Depois de ser batizada", implicando que essa era uma das coisas que tinha sido ensinada a fazer.

16.15 –

Depois de ser batizada – Ela foi batizada sem mais demora[57]. Era comum o batismo ser feito imediatamente ao crer. É bastante estranho pregar o batismo para remissão de pecados e depois adiar a imersão do crente arrependido durante dias ou até semanas – como tem sido praticado em alguns lugares recentemente. Ela foi talvez batizada no rio ao lado do qual o grupo se reunia[58]. Lídia é chamada algumas vezes de primeira convertida ao cristianismo na Europa. Ela parece ter sido a primeira pessoa convertida pelo apóstolo Paulo na Europa, mas já notamos a possibilidade da existência de cristãos em Roma vários anos antes disso[59].

Ela e toda a sua casa – A palavra parece referir-se à sua *família*, servos e outros empregados por ela em seu negócio. As lojas da época frequentemente tinham a parte comercial no andar térreo e o alojamento da família no primeiro andar. O fato de que esses membros de casa estavam presentes no lugar de oração sugere que fossem prosélitos como Lídia, ou que ela os levava especialmente para ouvir os pregadores. Os que praticam a aspersão de crianças precisam apelar para passagens como esta para "provar" que aspersão de crianças era praticado nos tempos bíblicos. Encontrar, porém, tal prova nessa passagem é na verdade ler muito mais do que está contido nas entrelinhas. Quatro casos de batismo de "famílias" são mencionados no Novo Testamento, e existe prova positiva de que em três deles nenhuma criança foi batizada. No caso de Cornélio, todos os batizados haviam falado previamente em línguas e crido[60]. No caso do carcereiro filipense, todos os que foram batizados se rejubilaram no Senhor e creram[61]. No caso de Estéfanas, "se consagraram ao serviço dos santos", depois de serem batizados[62]. Nesses três casos há ausência de crianças; sendo nós, portanto, justificados (não havendo evidência apresentada em contrário) em afirmar que o mesmo acontece com a casa de Lídia, ou seja, crianças não foram batizadas[63].

Nos rogou dizendo: Se julgais que eu sou fiel ao Senhor, entrai em minha casa, e aí ficai. E nos constrangeu a isso – Ao que parece, ela convidou várias vezes os missionários a ficarem em sua casa enquanto trabalhavam em Filipos, e que eles recusaram esses convites. Ela declarou finalmente: "Se minha fé bastou para que fosse batizada, por que não é suficiente para recebê-los como hóspedes?" Dito isto, Paulo nada mais teve a objetar, e eles foram à sua casa para ficarem. Esta é outra evidência da abastança dela, pois não seria barato providenciar alojamento e refeições para os quatro missionários.

Paulo raramente aceitava ajuda de seus convertidos enquanto se encontrava na cidade deles[64]. Ele não queria que nenhum de seus inimigos pudesse dizer que pregava apenas com a intenção de ganhar dinheiro. Até essa altura os missionários deveriam estar pagando suas próprias despesas

---

[57] Compare Atos 2.41 e 8.38.
[58] Veja as notas em Atos 16.13.
[59] Veja Estudos Introdutórios, p. *xi*, *xii*, sob comentários a respeito do "Edito de Cláudio".
[60] Atos 10.46; 15.9.
[61] Atos 16.34.
[62] 1 Coríntios 1.16 e 16.15.
[63] É claro, batismo (imersão) e aspersão são duas coisas diferentes!
[64] Atos 20.33; 2 Coríntios 12.17.

de alojamento (Paulo estaria ganhando o sustento fazendo tendas, ou Lucas praticando medicina?). Lídia cuidará agora desses gastos. A hospitalidade recebida por Pedro na casa de Cornélio e a estendida por Lídia, são dois exemplos da hospitalidade que veio a caracterizar os irmãos nos primeiros anos da igreja e que muitos dos escritores do Novo Testamento iriam encorajar[65]. Depois disso, a igreja de Filipos continuou a enviar ofertas para ajudar Paulo em seu trabalho evangelístico, e não duvidamos de que Lídia fosse um dos contribuintes generosos que participavam dessas doações (compare Filipenses 4.2, 3, 15).

16.16 –

Aconteceu que – Aparentemente, alguns dias têm decorrido após a conversão de Lídia.

Indo nós para o lugar de oração – Eles ainda estão usando o lugar junto ao rio como uma sala de aula para ensinar aos homens sobre Cristo. A maioria das traduções modernas entende o artigo antes de "oração" (o grego diz "para *a* oração"), como significando "o lugar de oração" (como na SBB – N.T.).

Nos saiu ao encontro uma jovem possessa de espírito adivinhador – As frases que se seguem indicam que a escrava estava possuída por demônio[66]. Traduzido ao pé da letra, o grego diz que era um "espírito de Piton" que a possuía. Na mitologia grega, Piton era um dragão monstruoso que vivia numa caverna no Monte Parnasso ao norte da cidade de Delfos na Grécia. Na cidade de Delfos havia um templo onde as pessoas iam para que fosse lida a sua sorte. O lugar funcionava desde há muito tempo como um centro de adoração pagã, cujos sacerdotes haviam desenvolvido um ritual elaborado, convergindo para uma sacerdotisa principal com o título de Pítia. Reis e oficiais do governo procuravam o templo para conhecer seu futuro e obter conselho sobre assuntos de política nacional; os cidadãos comuns iam procurar informação sobre casamento ou empreendimentos comerciais. O Piton supostamente lhes daria o conselho que buscavam. A coisa funcionava assim: No centro do templo de Delfos havia uma pequena abertura no chão, da qual saía uma fumaça que desviava a mente. A sacerdotisa aspirava a fumaça, sentava-se num banco de três pernas colocado em cima da abertura, e transmita de lá os "oráculos". Ao aspirar a fumaça a sacerdotisa se tornava grandemente agitada, e falava em línguas (sílabas frenéticas, extáticas), o que quer que Piton a levasse a dizer[67]. Um poeta ou sacerdote postado nas imediações "traduzia" a seguir o que a pitonisa havia dito e dava a "profecia" ao adorador que havia ido inquirir do Oráculo de Delfos.

Vamos agora ligar toda esta mitologia com a moça escrava que estava seguindo Paulo. Ela tinha o mesmo tipo de "espírito" que caracterizava a sacerdotisa de Delfos. Estava possuída por um demônio, e este parecia falar de seu interior quando fazia suas "adivinhações"[68]. Lucas não diz como ela veio a envolver-se nesse tipo de coisa. Talvez ela fosse antes uma das mulheres que predizia o futuro em um dos templos de Apolo.[69] A linguagem de Lucas se harmoniza perfeitamente com a ideia de que os demônios se apossavam e controlavam essas sacerdotisas, capacitando-as a adivinhar a sorte das pessoas.

A qual, adivinhando, dava grande lucro aos seus senhores – Havia pelo menos dois proprietários da moça (talvez a tivessem comprado num mercado de escravos), que faziam uso de seus poderes como fonte de renda. Ao que parece, estavam ganhando muito dinheiro com o

---

[65] 1 Pedro 4.9; Romanos 12.13; 1 Timóteo 5.10; 3 João 5.

[66] Veja as notas sobre a possessão demoníaca no Estudo Especial Nº 11.

[67] Na verdade, segundo a mitologia grega, Apolo (filho de Zeus) havia há muito matado o dragão, e passou a fazer ele mesmo essas revelações. Mas continuava geralmente a ser dito que as sacerdotisas eram possuídas por um espírito de Piton.

[68] Segundo Plutarco (*De Defectu Orac.* IX), parece que "Piton" é sinônimo de *eggastrimuthos* ("ventríloquo"), palavra regularmente usada para traduzir o hebraico '*ob*. Todos esses termos se referem à voz que parece vir do interior da cavidade do peito do médium através de quem o espírito familiar (demônio) fala. Veja mais detalhes deste assunto no estudo a respeito do ocultismo no final do capítulo 19.

[69] Apolo tinha templos em outros locais além de Delfos, a saber, Tebas, Delos, Claros e Pátara na Lícia.

seu infortúnio. "Adivinhação" (*manteoumai*) só é encontrado aqui no Novo Testamento, sendo significativo que na Septuaginta o termo é sempre empregado para profetas mentirosos ou adivinhações contrárias à Lei[70]. Os próprios gregos distinguiam entre adivinhação e profecia (*prophēteuo*), reconhecendo a dignidade superior da última.

16.17 –

Seguindo a Paulo e a nós – Por que ela seguia continuamente os missionários? Alguns sugerem que estava tentando promover a si mesma ou a seus donos, a fim de fazer prosperar seu negócio. Outro tem sugerido que em seu coração (quando não estava sob a influência do demônio) ela sabia que era cativa e esperava que o espírito fosse expulso caso seguisse os apóstolos. Outro ainda sugere que ela os seguia por causa do poder imperioso do espírito demoníaco, que a forçava a seguir e gritar enquanto o demônio tentava atingir aqueles homens santos através da moça possessa[71]. Antes deste incidente em Filipos, parece que existiam oportunidades extraordinárias para a divulgação do Evangelho. Os judeus não se esforçavam em perseguir os missionários, nem as autoridades civis tomaram quaisquer atitudes desfavoráveis em relação aos pregadores.

Clamava, dizendo: Estes homens são servos do Deus Altíssimo – "Clamar" é uma palavra usada regularmente para os gritos altos dos endemoninhados. "Deus Altíssimo" é também um título usado regularmente para Deus por parte dos demônios[72].

E vos anunciam o caminho da salvação – O grego diz "*Um* caminho da salvação", e é assim que deve ser traduzido, caso o versículo deva fazer algum sentido. Uma das doutrinas do ocultismo é que o cristianismo é apenas um dos muitos caminhos da salvação. É "*um* caminho" da salvação, não sendo melhor ou pior do que outros, como o budismo, maometanismo ou zoroastrianismo. Sabendo que Cristo é o *único* caminho de acesso a Deus (Atos 4.12), não é de admirar que Paulo se perturbasse com as palavras dela e agisse!

16.18 –

Isto se repetia por muitos dias – O fato de a escrava ter seguido os pregadores ao lugar de oração por muitos dias antes de ser expulso o demônio indica que o lugar de oração havia sido escolhido como ponto de reunião diária deles. É possível que não pudessem encontrar um local adequado dentro da cidade. Todos os dias, quando os missionários iam para o lugar de oração, ela os seguia através das ruas de Filipos, gritando em alta voz que aqueles homens eram servos do Deus Altíssimo e estavam proclamando um caminho de salvação.

Então Paulo, já indignado – A palavra pode incluir as mesmo tempo as várias ideias de aflição, dor e ira. Paulo sentia às vezes pena da moça. Outras vezes ficava irado com as ações do demônio. É evidente que a repetição constante desses gritos deve ter dificultado o trabalho do apóstolo, perturbando-o enquanto falava com as pessoas reunidas no lugar de oração. Os mensageiros de Deus jamais tiveram necessidade que demônios testemunhassem a seu favor. Se Paulo tivesse permitido que ela continuasse a proclamar o que o grupo de missionários fazia, as pessoas teriam começado a pensar: "São todos iguais! Os pássaros da mesma plumagem se agrupam".

Voltando-se, disse ao espírito: Em nome de Jesus Cristo eu te mando: Retira-te dela – Paulo se encaminhava para o lugar de oração, quando de repente virou e ordenou ao demônio que saísse da moça. A mesma palavra forte de ordem foi usada por Jesus quando Ele expulsou um demônio[73]. O ato de Paulo foi um exemplo da expulsão milagrosa de um demônio, um exemplo do dom espiritual da expulsão de demônios[74].

---

[70] Deuteronômio 18.10; 1 Samuel 28.9; Ezequiel 13.6; Miqueias 3.11.

[71] R. C. Trench, *Synonyms of the New Testament* (Grand Rapids: Eerdmans, 1953), p. 19ss.

[72] Lucas 4.41; 8.28; Marcos 5.7.

[73] Lucas 8.29. Veja notas em Atos 3.6 sobre a frase "em nome de", significando nada menos que o poder e existência pessoal de Jesus.

[74] Marcos 16.17ss; Atos 5.16.

E ele na mesma hora saiu – O verbo "saiu" dá a ideia de que o demônio não só saiu, mas também foi embora. A expulsão do espírito maligno seria um sinal evidente do fato de que os apóstolos eram realmente de Deus – uma prova muito melhor do que os gritos clamorosos dela haviam sido. Lucas não nos conta o que aconteceu com a moça de quem o demônio foi expulso.

> O que aconteceu com a jovem assim milagrosamente livrada da possessão demoníaca não nos é informado; mas a gratidão por tão grande livramento deve tê-la colocado sob a influência de Paulo e das boas mulheres que estavam agora colaborando ativamente com ele e que naturalmente se interessariam pelo bem-estar dela[75].

16.19 –

Vendo os seus senhores que se lhes desfizera a esperança do lucro – Foi isto que perturbou e indignou os donos dela – perda de lucro. Em lugar de ficarem alegres porque uma pessoa aflita foi curada, em vez de perceberem a presença do poder divino, eles só se interessaram pelo ganho. Uma boa parte da oposição ao Evangelho surge do fato de que, quando aceito, ele atinge muitos dos empregos desonráveis dos homens, tornando-os honestos e conscienciosos. Nas duas únicas vezes em que Lucas registra a perseguição dos missionários por gentios, o ataque tem origem numa ameaça ao bolso dos perseguidores[76]. "Se desfizera!" – Lucas faz um jogo de palavras que fica perdido para o leitor de outra língua. Ele diz que quando o espírito "saiu" (*exelthen*) os senhores viram que sua esperança de lucro "saiu" (*exelthen*).

Agarrando em Paulo e Silas – Naquela época os homens podiam prender as pessoas por eles mesmos. Não era preciso chamar a polícia, como é prática de hoje. Era uma espécie de "prisão de cidadão". Lucas e Timóteo não foram presos, por alguma razão. Ou não se destacaram tanto quanto Paulo e Silas, ou não estavam presentes na hora da prisão.

Os arrastaram para a praça, à presença das autoridades – A praça em Filipos deveria ser semelhante ao fórum romano, desde que essa era uma colônia. A cadeira do juiz, na qual as autoridades sentavam-se para administrar justiça, e da qual os oradores faziam seus discursos, estaria ali. Deveria haver alguma semelhança com a praça do palácio da justiça em muitas das nossas sedes de município. O fórum era o centro da vida social e comercial. Se as "autoridades" citadas nesta frase forem outras além dos magistrados referidos no versículo seguinte, a ideia é então esta – parece que os apóstolos foram levados primeiramente diante de autoridades de uma classe inferior (talvez funcionários da prefeitura), e depois estas os enviaram a um tribunal superior (os magistrados). Esta é a primeira perseguição por parte dos gentios. Todas as perseguições precedentes haviam sido instigadas por judeus.

16.20 –

E, levando-os aos pretores – "Pretores" representa a palavra grega *stratēgois*, sendo o título regular para o chefe de um exército, um "general". Fora do exército, o termo era conferido aos que ocupavam os mais altos postos nas colônias. O título latino deles era *duumviri* ("dois homens"). Esses indivíduos tinham poder de administrar justiça em todos os casos, exceto os mais importantes (que iam seja para o governador ou o procônsul, ou para o próprio César). Desde que Filipos era uma colônia romana, há boa possibilidade de que os magistrados tivessem sido anteriormente oficiais do exército, e, depois de aposentados, se tornassem as autoridades civis da cidade.

Disseram: Estes homens, sendo judeus, perturbam a nossa cidade – Enfatizar que os missionários eram "judeus" parece ser uma tentação de criar preconceito no tribunal antes da apresentação de qualquer evidência. (Nós somos romanos e esses judeus inferiores estão nos perturbando.) Os romanos e gregos em todo o império já desprezavam os judeus, e se o decreto

---

[75] McGarvey, *op. cit.*, p. 97.
[76] Atos 16.19 e 19.23ss.

de Cláudio, expulsando os judeus de Roma, fosse uma coisa recente, esta identificação dos missionários como judeus teria maior influência sobre os juízes. Além da acusação de serem judeus, os donos da escrava também os acusaram de perturbar a paz, e uma terceira acusação será feita no versículo seguinte.

Os magistrados romanos não julgariam questões teológicas abstratas (Atos 18.15); mas se a paz fosse perturbada ou uma seita secreta organizada, eles passariam sentença a respeito[77].

16.21 –

Propagando costumes que não podemos receber nem praticar porque somos romanos – A palavra "costumes" se refere a ritos religiosos ou formas de adoração[78]. Os proprietários da escrava acusam os apóstolos de introduzirem uma religião não autorizada pelas leis romanas. Quando os romanos conquistavam uma terra, eles permitiam ao povo conservar todas as suas religiões, e essas eram chamadas *religio licita*. Assim sendo, foi permitido aos judeus que continuassem praticando sua religião antiga, desde que não tentassem fazer prosélitos entre os romanos. A lei romana proibia a introdução de qualquer religião nova. Tais religiões eram chamadas *religio illicita*. Cícero escreveu: "Ninguém poderá ter quaisquer deuses em separado, ou novos deuses; nem irá adorar deuses estranhos privadamente, a não ser que sejam publicamente permitidos"[79]. Virgílio diz: "Os atenienses e romanos cuidavam para que ninguém introduzisse novas religiões"[80]. A religião cristã era permitida no império desde que era julgada, nos primeiros anos, como sendo apenas uma outra seita do judaísmo.

"Somos romanos" é um reflexo do orgulho dos filipenses em sua cidadania romana. "Somos cidadãos romanos", afirmaram esses donos da escrava. "E esses judeus infringiram a lei ao ensinar a sua religião". É bem provável que esses escravagistas não se importassem nem com a religião judia nem com qualquer das religiões romanas, mas a acusação feita aos missionários foi engenhosa.

16.22 –

Levantou-se a multidão, unida contra eles – Havia com certeza muita gente a negócio no fórum, e seriam elas as que se juntaram no ataque aos missionários; talvez se inflamassem com o uso desdenhoso do nome "judeus". Ao ficarem em pé em redor da cadeira do juiz, exigem um veredicto contra Paulo e Silas.

E os pretores, rasgando-lhes as vestes – Isto sempre acontecia quando o prisioneiro estava para ser açoitado com varas. Na corte romana, o criminoso era geralmente despido por completo. Cabia quase sempre aos lictores rasgarem as roupas do prisioneiro, e não aos magistrados. Todavia, neste caso, talvez por causa da fúria crescente da multidão, os próprios pretores iniciaram o castigo, rasgando violentamente todas as roupas dos missionários.

Mandaram açoitá-los com varas – Os açoites foram aplicados pelos "lictores", cujo dever era administrar o castigo ordenado pelo tribunal[81]. Não houve aparentemente uma investigação séria das acusações contra os missionários. Este espancamento foi um dos três que Paulo sofreu durante sua vida de serviço a Cristo[82]. Paulo sentiu-se grandemente humilhado com o tratamento, pois, em 1 Tessalonicenses 2.2, nos conta como foi "maltratado e ultrajado" em Filipos.

16.23 –

E, depois de lhes darem muitos açoites – Lucas parece estar nos contando que o castigo foi mais severo que o normal. É preciso explicar aqui a diferença entre os "açoites" romanos e

---

[77] Boles, *op. cit.*, p. 260.
[78] Veja Atos 6.14, onde também aparece a palavra "costumes".
[79] *De Legibus*, II. 8. [80] *Aeneid*, VIII.187.
[81] Com relação a "lictores", veja comentários adicionais em Atos 16.35.
[82] 2 Coríntios 11.25.

judeus. Os judeus empregavam um chicote de couro e não eram permitidos infligir mais do que 40 açoites[83]. Os romanos usavam uma vara (semelhante no tamanho ao cabo de uma vassoura ou enxada), não havendo limite para o número de golpes que podiam ser aplicados. Um tratamento desses deixaria o indivíduo ferido e sangrando.

Os lançaram no cárcere – Barnes dá várias razões para Paulo e Silas terem sido lançados na prisão: em parte como um castigo; em parte com a ideia de vingar-se deles mais tarde de acordo com as formas da lei.

Ordenando ao carcereiro que os guardasse com toda a segurança – Veja o versículo 27 abaixo para informação relativa à responsabilidade do carcereiro romano.

16.24 –

Este, recebendo tal ordem, levou-os para o cárcere interior – Havia geralmente na prisão romana três seções distintas: (1) a *communiora*, um recinto onde os prisioneiros tinham luz e ar fresco; (2) a *interiora*, um recinto onde os prisioneiros ficavam seguros atrás dos portões fortes de ferro com barras e cadeados, e (3) a *tullianium* ou masmorra, um lugar mal arejado e mal iluminado, algumas vezes abaixo do solo, como a prisão Mamertina em Roma, às vezes acima do solo, mas sempre um recinto de segurança máxima. Foi nessa parte do cárcere em Filipos que o carcereiro atirou os missionários. Podemos imaginá-los sendo jogados rudemente ao chão depois da porta do calabouço ser aberta. Os prisioneiros mantidos no cárcere interior eram frequentemente executados ali, ou mantidos à espera da execução. Não é necessário supor que os missionários estejam prestes a ser executados. Trata-se apenas de um caso em que o carcereiro quer certificar-se de estar cumprindo as ordens recebidas.

E lhes prendeu os pés no tronco – O grego diz: "Ele colocou os pés deles presos na madeira". O tronco significa uma armação de madeira com furos para as pernas, os braços, ou a cabeça. Esse instrumento de castigo data da época de Jeremias[84]. Alguns criminosos ficavam com as mãos, a cabeça e o pé presos, mas a linguagem aqui indica que só as pernas deles foram presas neste caso. As duas pesadas peças de madeira eram abertas, as pernas dos prisioneiros esticadas bem longe uma da outra até que os músculos começassem a doer, e, então a armação era fechada. Presos com as pernas assim abertas, eles não podiam andar, sendo forçados a ficar com as costas ou o rosto encostado ao chão. As feridas deles não haviam sido cuidadas depois dos açoites com varas. McGarvey inclui uma nota sobre isto. "A fé desses homens seria realmente heróica se não questionassem na dor o motivo por que Deus permitiu que recebessem tal recompensa pelo seu serviço fiel"[85].

16.25 –

Por volta da meia-noite – É provável que sua posição penosa e a dor dos ferimentos não os deixasse dormir. O que você faz quando não consegue dormir à noite? "Levanto-me à meia-noite para te dar graças, por causa dos teus retos juízos", escreveu o Salmista[86].

Paulo e Silas oravam e cantavam louvores a Deus – O grego aqui expressa um único ato, e não dois. "Paulo e Silas cantavam enquanto oravam". Ficamos imaginando se cantavam alguns dos salmos de oração escritos por Davi, ou se cantavam alguns dos novos hinos da igreja que ofereciam a adoração a Jesus. Incapazes de dormir, com os corpos atormentados pelo sofrimento, eles voltaram seus pensamentos para o céu buscando a graça sustentadora de Deus.

E os demais companheiros de prisão escutavam – O verbo grego "escutar" usado aqui é pouco usual e nos diz que "ouviam ansiosamente". É o modo pelo qual os homens ouvem música que faz vibrar a alma. Paulo e Silas cantavam uma oração ao Deus a cujo serviço tinham sido levados àquela cidade. Os prisioneiros prestavam atenção porque aquilo era diferente, muito

---

[83] 2 Coríntios 11.24.
[85] McGarvey, *op. cit.*, p.100.
[84] Jeremias 29.26.
[86] Salmo 119.62.

diferente dos sons que geralmente ouviam ecoando pelos corredores e celas dessa prisão! Em lugar de blasfêmias e palavrões, aqueles homens estavam ouvindo o que se comparava a um sermão cantado, enquanto Paulo e Silas invocavam a Deus.

16.26 –

De repente sobreveio tamanho terremoto – "De repente", enquanto ainda cantavam suas orações a Deus. A região era conhecida por seus frequentes terremotos; mas este não foi um acontecimento natural, por acaso. É Deus interferindo no processo, como no capítulo 4.31.

Que sacudiu os alicerces da prisão – É necessário um tremor considerável para fazer com que os alicerces dos prédios se movam e fiquem abalados.

Abriram-se todas as portas – Este é um efeito que se seguiria naturalmente após o abalo violento do terremoto. Ele foi suficientemente violento para sacudir as paredes e tirar as portas das dobradiças.

Soltaram-se as cadeias de todos – Começamos a ver aqui evidência de que algo mais do que um terremoto natural está envolvido. As cadeias que prendiam os prisioneiros se soltaram quando o tremor rachou as paredes, permitindo que os anéis e presilhas se desprendessem da argamassa e das pedras que os prendiam. Parece também claro que os troncos em que Paulo e Silas ficaram presos igualmente se abriram – e isto seria muito difícil acontecer em resultado apenas do terremoto. Podemos inferir sobre isso através do texto do v. 29, onde Paulo e Silas estão aparentemente de pé quando o carcereiro se prostra diante deles.

16.27 –

O carcereiro despertou do sono e, vendo abertas as portas do cárcere, puxando da espada – A língua grega possui vários termos para "espada". Havia a grande *romphaia* que frequentemente precisava ser segurada com as duas mãos ao ser brandida contra um oponente. Havia também a espada reta e pequena, *xiphos*, usada no combate corpo-a-corpo. Havia também a *machaira*, que é a palavra empregada aqui. Algumas vezes ela significa uma faca grande, do tipo usado para matar animais e cortar a carne. Outras vezes se refere a uma espada pequena, curva, e, talvez, de dois gumes, que podia ser brandida com uma só mão ao lutar.

Ia suicidar-se, supondo que os presos tivessem fugido – Era costume responsabilizar o carcereiro pelo cuidado com segurança dos prisioneiros, e submetê-lo ao castigo que estes teriam recebido, se permitisse sua fuga[87]. Era muito comum, até considerado coisa digna de honra ente os gregos e romanos, que o indivíduo cometesse suicídio quando ameaçado por perigos de que parecia incapaz de escapar.

16.28 –

Mas Paulo bradou-se em alta voz: – Como Paulo soube o que o carcereiro pretendia fazer? Alguns duvidam da exatidão do registro neste ponto, dizendo que Paulo não poderia ter visto o que o homem estava prestes a fazer, quando o carcereiro não conseguia enxergar o suficiente para perceber que os prisioneiros não haviam escapado. Existem várias respostas satisfatórias a esta pergunta, sem duvidar do registro de Lucas. Paulo, por ser cidadão romano, conheceria o castigo para o carcereiro cujos prisioneiros fugissem, saberia qual a "saída honrada" a usar, e poderia estar prevendo o que qualquer carcereiro estaria pensando numa hora dessas. Existe também uma boa possibilidade de que Paulo pudesse ver o que estava ocorrendo. Havia luz suficiente na área externa da prisão para que o carcereiro pudesse ver que as portas se achavam abertas. Da escuridão da prisão interior Paulo podia ver o que acontecia na área mais iluminada sem dificuldade; enquanto o carcereiro não podia enxergar a prisão anterior que estaria mergulhada na escuridão. Ou talvez o carcereiro tivesse proferido um grito mortal ao puxar a espada (e, lembre-se, as espadas em bainhas de metal fazem ruído ao serem puxadas). O termo grego

---

[87] Veja Atos 12.18, 19.

para "puxar" vem da nossa palavra "espasmo", sugerindo algo mais do que um simples desembainhar de uma espada.

Não te faças nenhum mal, que todos aqui estamos! – Esta é a evidência de que Paulo sabia o que o carcereiro pensava sobre a fuga dos prisioneiros. Paulo lhe assegura rapidamente que eles não haviam fugido. "Não te faças nenhum mal!" Será este um texto de prova contra o suicídio? Barnes diz que é[88]. Parece a este escritor que seria forçar um pouco esta declaração de Paulo, descobrindo nela um princípio geral contra o suicídio. Não existe uma proibição explícita do suicídio no Antigo[89] ou no Novo Testamento. Implicações proibitivas têm sido extraídas, no entanto, de Romanos 14.7-9, 1 Coríntios 6.19, Efésios 5.29, e de Atos 1.25, onde os atos de Judas são chamados de "iniquidade". Os pais da igreja primitiva permitiam que a pessoa tirasse a sua própria vida sob circunstâncias muito estritas; mas Agostinho negou a legitimidade desse ato em qualquer situação, argumentando que ele impedia a possibilidade do arrependimento e que, como uma espécie de homicídio, violava o sexto mandamento[90]. Tomás de Aquino afirmava tratar-se de uma usurpação do poder de Deus, "matar ou dar vida"[91]. As atitudes atuais sobre os suicídio variam. Muitos clérigos não consideram o suicídio como sendo um pecado hoje, no caso de se tratar de doença mental ou insanidade. Outros replicariam que quando o indivíduo se torna tão deprimido que venha a cometer suicídio, quase sempre chega a essa condição mental por causa do pecado em sua vida, e, portanto, Deus irá responsabilizá-lo. O cristão jamais cometerá suicídio, este segundo grupo argumentaria. A eutanásia voluntária (também chamada de "morte misericordiosa") é uma forma de suicídio, e encontra muitos defensores entre os pregadores e teólogos de nossos dias. Uma defesa vigorosa da eutanásia voluntária é feita por Joseph Fletcher em seu livro, *Morals and Medicine* ("A Moral e a Medicina") (Boston: Beacon, 1960), mas seus conceitos são mais baseados na filosofia corrente do que na Escritura. Os pontos morais em foco são discutidos por Willard L. Sperry em seu livro, *The Ethical Basis of Medical Practice* ("A Base Ética da Prática da Medicina") (New York: Harper, 1950). Veja também *Who Shall Live?* ("Quem Viverá"?) editado por Kenneth Vaux (Philadelphia: Fortress Press, 1970). Este autor é de opinião que o suicídio, na maioria dos casos, é pecado, e levará o indivíduo ao Inferno.

"Todos aqui estamos". Por que os outros presos não fugiram, ao serem libertados pelo terremoto? Alguns sugerem que eles ficaram tão atemorizados pelos violentos tremores de terra que não pensaram em fugir. Outros sugerem que não tiveram tempo para escapar antes que o carcereiro despertasse do sono (embora este julgasse que tivessem tido tempo – caso contrário, por que pensar em suicídio?). Não sabemos o motivo, mas estamos convencidos de que a mão de Deus operou. Talvez a impressão que o comportamento dos dois missionários produziu nos outros prisioneiros os impedisse de fugir enquanto havia tempo, logo depois de ficarem soltos pelo terremoto repentino.

O que aconteceu aos prisioneiros que ouviram Paulo e Silas durante o tempo de oração, à meia-noite? Só podemos imaginar. Gostaríamos de pensar que alguns foram levados a ouvir e obedecer ao Evangelho. Alguns, sem dúvida, apenas ficaram curiosos, e continuaram a viver como sempre, sem se modificar.

16.29 –

Então o carcereiro, tendo pedido uma luz – As luzes seriam tochas, trapos amarrados num pedaço de madeira, embebidos em um líquido inflamável (óleo de oliva?). Os auxiliares do carcereiro deveriam ter surgido correndo, com tochas ardentes.

Entrou precipitadamente – Talvez empunhando também uma tocha, o carcereiro salta para a escuridão da prisão interior, a fim de verificar se todos estavam ali, como Paulo havia dito. Po-

---

[88] Barnes, op.cit., p.246.
[89] Casos de suicídio no Antigo Testamento incluem Aitofel, Zimri, Sansão, Saul e Abimeleque.
[90] Agostinho, *City of God*, I.
[91] *Summa Theologica*, II-II. Q. 65, artigo 5.

demos vê-lo fazendo uma rápida investigação, só para confirmar que o apóstolo havia falado a verdade.

E, trêmulo – Barnes explica o medo com estas palavras. "Alarmado com o terremoto, surpreso pelo fato de que os prisioneiros continuaram ali, confuso com a calma de Paulo e Silas, e espantado com a prova da presença de Deus"[92]. O texto Ocidental diz que o carcereiro primeiro prendeu os outros antes de chegar tremendo onde Paulo e Silas se encontravam. Podemos concordar com a ideia ali expressa, pois a sua vida corria perigo, e ele certamente providenciaria a guarda dos presos antes de qualquer outra coisa.

Prostrou-se diante de Paulo e Silas – Este era um ato de reverência e respeito. Será que se lembrava dos gritos da escrava que dizia que aqueles homens eram servos do Deus Altíssimo? Com este ato ele se coloca à mercê desses homens, a quem havia maltratado ao atirá-los na prisão interior e prendê-los nos troncos. Não houve censura, como aconteceu em Atos 10.26. Se a homenagem fosse excessiva para um simples homem, os pregadores compreenderam o que estaria envolvido no terror do momento e encorajaram amavelmente o carcereiro a levantar-se.

16.30 –

Depois, trazendo-os para fora – O carcereiro leva os prisioneiros para fora do cárcere interior.

Disse: Senhores, que devo fazer para que seja salvo? – Não é provável que o carcereiro estivesse falando aqui de sua segurança pessoal. Ele dificilmente poderia considerar-se ainda em perigo de ser castigado pelos romanos, pois nenhum dos presos sob a sua guarda havia escapado. Nem os apóstolos compreenderam a sua pergunta como referindo-se à sua segurança física. Eles imediatamente começaram a falar-lhe sobre como encontrar a salvação da culpa e do castigo pelo pecado. A evidência é que o carcereiro se preocupava com a sua salvação eterna, espiritual. Como um romano pagão teria conhecimento dessa salvação? Ele sabia que a escrava andava gritando: "Esses homens mostram um caminho de salvação". Ele deve ter sabido que o crime de que aqueles homens eram acusados estava ligado à religião (cristianismo). Estava então, consciente (depois da expulsão do demônio e após o terremoto) de que eles se achavam sob a proteção do Deus Altíssimo e que, talvez, ele estivesse correndo o risco de sentir a ira desse Deus. Se houve um grito mortal ao desembainhar sua espada, isso indicava o fato de que não estava pronto para morrer, porque seus deuses não tinham poder para salvá-lo ou ajudá-lo depois de sua morte? Todos os eventos das últimas horas se ajustavam para mostrar-lhe sua necessidade de conhecer a mensagem que aqueles homens tinham chegado à cidade para pregar. "Senhores (*kurioi*)", diz ele, "Ajudem-me!"

16.31 –

Responderam-lhe – O plural tem importância. Paulo não era o único que ensinava. Silas também teve parte na explicação do que Deus exigia para a salvação.

Crê no Senhor Jesus, e serás salvo – Existe no grego um contraste que se perde para o leitor de outra língua. O carcereiro tinha chamado os pregadores de "senhores (*kurioi*)". Eles respondem que há um único Senhor (*kurios*). Creia nele, e terá a salvação! Os pregadores da "fé somente" se apoiam neste versículo como seu principal texto de prova. Tudo o que o homem tem de fazer para ser salvo é crer no Senhor Jesus, dizem eles. Só creia – fé somente! Realmente! Num estudo especial no fim deste capítulo, examinamos todo este assunto em detalhe. Enquanto isso, a nota de McGarvey irá bastar.

> Os que extraem dessas palavras de Paulo ao carcereiro a conclusão de que a salvação é obtida só pela fé, deixam cedo demais a prisão. Eles deveriam permanecer até ouvir tudo – até ouvirem

---

[92] Barnes, op. cit, p.246.

16.31

Paulo dizer ao homem para arrepender-se e ser batizado, até o propósito do batismo ser explicado para ele, ele ser batizado, ele passar a rejubilar-se grandemente após seu batismo[93].

A salvação prometida incluía a libertação da escravidão do pecado, a libertação da culpa do pecado, e libertação da penalidade do pecado, tanto neste mundo como no vindouro.

Tu e tua casa – A casa inclui aqui os que têm capacidade para crer; e a casa do carcereiro não pode, portanto, ser apresentada como uma prova textual para a aspersão de crianças[94]. Os pregadores estão dizendo ao carcereiro que o mesmo caminho de salvação estava aberto para os membros de sua casa, como o era para ele[95].

16.32 –

E lhe pregaram a palavra de Deus – Como a fé surge? Ela vem por ouvir, Romanos 10.17. Paulo pregou para que eles pudessem crer em algo. Eles não poderiam crer em Jesus como Salvador sem evidência.

E a todos os de sua casa – Paulo e Silas ensinaram ao carcereiro e sua casa as doutrinas fundamentais do cristianismo, que incluiriam as ordenanças (caso contrário, como e por que eles teriam sido batizados?). Temos novamente evidência de que o indivíduo não prega a Palavra do Senhor se omitir o batismo para perdão de pecados. Fica claro que a crença no Senhor Jesus exigia uma explicação. O próprio título "Senhor" indica algo sobre a posição exaltada de Jesus, da qual Ele dirige a criação de Deus. Como Ele obteve essa posição de "Senhor"? Isso exigiria uma explicação sobre a sua vida, morte e ressurreição. Os pregadores contariam que Jesus Cristo veio ao mundo para salvar os pecadores e como os homens poderiam satisfazer as condições em que essa salvação era concedida. Tudo isso estaria incluído na "palavra do Senhor" que foi pregada àquela congregação tão providencialmente reunida entre as horas da meia-noite e madrugada.

16.33 –

Naquela mesma hora da noite – Há novamente uma mudança de local. A princípio eles foram tirados da prisão interior (versículo 30), e agora os prisioneiros são levados para onde seus ferimentos poderiam ser tratados.

Cuidando deles, lavou-lhes os vergões dos açoites – Os ferimentos foram causados pelos açoites recebidos na noite anterior. Parece com isto que embora os apóstolos tivessem o dom de milagres (inclusive o da cura), eles não fizeram uso dele para aliviar seus próprios sofrimentos ou curar suas próprias feridas. Eles restauraram outros à saúde, mas não a si mesmos. Tem sido também apropriadamente salientando que esta atitude do carcereiro indica arrependimento. Ele estava triste com seus pecados e desejoso de fazer o que pudesse para confortar Paulo e Silas, para cujo sofrimento havia contribuído.

A seguir foi ele batizado, e todos os seus – Note novamente que não houve demora de vários dias para a imersão deste crente. Tendo ouvido o Evangelho, tendo crido e tendo mostrado arrependimento, ele agora é imerso. Ao satisfazer estas condições, recebeu a salvação sobre a qual havia indagado. Barnes, tentando ainda defender a aspersão, declara não haver água suficiente na prisão para que se tratasse de imersão. Mas o leitor é lembrado de que, no versículo 13, ficamos sabendo da existência de um rio perto da cidade. Nos versículos 30 e 33 existe evidência de que eles não se acham mais na prisão interior. O versículo 34 diz a seguir que eles foram para a casa do carcereiro. O ato de lavar os vergões dos prisioneiros e o de lavar os pecados

---

[93] McGarvey, *op. cit.*, p.103.
[94] Compare notas sobre a aspersão de crianças no versículo 15 acima.
[95] Não existe salvação por procuração no Novo Testamento. A salvação é um assunto individual e pessoal. Portanto, as palavras "e sua casa" não podem significar que todas as outras pessoas da casa seriam automaticamente salvas caso o carcereiro cresse. Elas também teriam de crer para serem salvas.

do carcereiro (seu batismo) não se realizou na prisão nem na casa. Não há nada na passagem que contradiga a imersão.

16.34 –

Então, levando-os para sua própria casa – O grego diz: "Ele levou-os para cima para sua casa". Sua moradia ficava no andar acima das celas? Ele não está fugindo ao seu dever de carcereiro mostrando bondade. Tinha sido encarregado de mantê-los seguros. Podia decidir como fazê-lo. Tinha o direito de compartilhar com os prisioneiros dessa forma, pois não fugiram quando tiveram oportunidade logo depois do terremoto; e ele não precisava, portanto, preocupar-se com uma tentativa de fuga a essa altura.

Lhes pôs a mesa – Os prisioneiros talvez não tivessem comido nada durante mais da metade de um dia; tendo sido evidentemente lançados na prisão sem comida. Esta é outra evidência da gratidão do carcereiro para com os pregadores.

Manifestava grande alegria – Esta é a mesma palavra usada por Lucas em 2.46 para descrever a alegria da Igreja primitiva. Eles se alegravam em fazer as coisas juntos. Assim, na casa do carcereiro, todos sentiram profunda alegria ao alimentar-se juntos. Uma das razões para a alegria no coração do carcereiro talvez seja que essa é uma das emoções produzidas pela habitação interior do Espírito Santo[96]. Além disso, havia a alegria resultante da sensação de ter recebido o perdão de pecados através da obediência ao Senhor. Observe novamente que o "sentimento" vem depois da obediência, e não antes.

E, com todos os seus, manifestava grande alegria, por terem crido em Deus – Deve ser ressaltado novamente que não houve batismo de crianças nessa casa! Esta passagem afirma claramente que cada uma das pessoas batizadas creu. Os membros da casa se tornaram crentes porque o chefe da casa providenciou para que estivessem presentes a fim de ouvirem e crerem.

16.35 –

Quando amanheceu, os pretores enviaram oficiais de justiça – A palavra traduzida "oficiais de justiça" significa literalmente, "os que tinham as varas, os lictores". Os magistrados estavam evidentemente copiando o que era feito em Roma, onde os que ocupavam cargos públicos elevados tinham subordinados que cumpriam suas ordens. Como símbolos de seu cargo eles portavam feixes de varas, com um machado entre elas, denotando o direito dos magistrados de infligir castigo corporal e capital[97]. Os missionários haviam sido açoitados no dia anterior por esses homens. Eles são agora enviados ao carcereiro com uma mensagem sobre os prisioneiros.

Com a seguinte ordem: Põe aqueles homens em liberdade – Parece implícito pelo relato nos versículos 22-24 que os pretores, assim que mandaram prender os missionários, não pretendiam soltá-los tão depressa. Lucas não nos conta o que os levou a mudar de ideia. Eles talvez tivessem sido influenciados pelo terremoto[98]; quem sabe durante a noite tivessem tido tempo para refletir que os presos tinham sido vítimas de um ato de uma turba em vez de receber justiça. Em algumas cidades, os indesejáveis são presos sob qualquer acusação insignificante e, quando libertados, ficam muito contentes em sair e ir embora. Talvez os magistrados, com a consciência pesada sobre todo o acontecido, e esperando que fosse esquecido o mais silenciosamente possível, enviaram ordem para a libertação dos prisioneiros, julgando que ficariam alegres por sair da cidade.

---

[96] Romanos 14.17.

[97] Veja a ilustração da aparência de um "fasces" (feixe de varas ao redor de um machado, carregado pelos lictores) na capa do livro.

[98] A leitura do texto Ocidental e do Siríaco H ambas dizem: "Os magistrados que se alarmaram com o terremoto, enviaram . . ."

16.36 –

Então o carcereiro comunicou a Paulo estas palavras: Os pretores ordenaram que fôsseis postos em liberdade. Agora, pois, saí e ide em paz – Depois do batismo, da refeição e da alegria, Paulo e Silas voltaram silenciosamente para a cela? Isso parece estar implícito. Podemos imaginar que o carcereiro ficou contente ao receber a mensagem dos lictores, e supôs que os prisioneiros também se alegrariam. "Ide em paz" indica a mesma afetuosa consideração pelos missionários, como no caso das palavras usadas para os profetas de Jerusalém[99].

16.37 –

Paulo, porém, lhes replicou: Sem ter havido processo formal contra nós nos açoitaram publicamente – Um açoite público era uma grande desgraça. Pior ainda, os juízes não haviam feito sequer um esforço para investigar o caso, inquirir os prisioneiros, ou permitir que eles falassem em sua própria defesa. Esta era uma violação flagrante da lei romana que os pretores eram obrigados a dispensar.

Nos recolheram ao cárcere – Paulo acusa os magistrados de três violações da justiça: (1) açoitá-los publicamente, (2) não lhes dar oportunidade de defender-se, e (3) lançá-los na prisão depois dos açoites.

Sendo nós cidadãos romanos – Paulo e Silas tinham pais judeus; mas estão afirmando aqui sua cidadania romana, com direito aos privilégios estendidos a esses cidadãos[100]. Paulo inclui Silas como sendo também cidadão romano. Isso é possível, pois a forma latina do seu nome, Silvano, sugere algum tipo de origem romana. Conforme as leis Valeriana e Porciana, era expressamente proibido açoitar um cidadão romano[101]. Essas leis tinham sido expedidas entre 500 e 200 a.C. A cidadania romana conferia certos privilégios e isenção de muitas das formas mais degradantes de castigo aplicadas aos criminosos.

Por que os missionários não invocaram sua cidadania desde o começo, para evitar serem açoitados? Sempre que era levado a julgamento, um cidadão romano podia exigir seus direitos legais, dizendo: "Sou cidadão romano". Essas palavras agiam quase como um talismã, impedindo a violência por parte dos juízes das províncias. Invocar falsamente a cidadania era um crime passível de morte[102]. Não sabemos se havia quaisquer documentos a serem apresentados como evidência, em confirmação dessa reivindicação. Paulo e Silas talvez tivessem invocado seus direitos, mas os clamores da turba impediram que fossem ouvidos. Eles talvez afirmaram sua cidadania, mas os pretores o ignoraram. Cícero relata, como um dos maiores crimes perpetrados por Verres, governador da Sicília, o de ter mandado que um cidadão romano fosse açoitado publicamente na praça de Messina, apesar do grito do prisioneiro: "Sou cidadão romano", ser a única voz falando no momento[103]. É, porém, mais do que provável, de acordo com as palavras "sem ter havido processo formal", que não tenha sido dada aos missionários sequer a oportunidade de defender-se ou afirmar sua cidadania.

Há uma certa ironia na afirmação dos apóstolos: "nós somos cidadãos romanos". Trata-se de uma repetição do discurso dos dois senhores de escravos no dia anterior, quando procuravam inflamar o tribunal e a multidão contra os pregadores. Paulo podia, ele também, apoiar-se em seus direitos de cidadão.

Querem agora, às ocultas, lançar-nos fora? – Paulo pergunta: Depois de terem feito tanto contra nós pública e injustamente, estão tentando soltar-nos em segredo? Paulo exige, pelo contrário, que os pretores reconheçam seus erros e os corrijam na medida do possível.

---

[99] Veja comentários em Atos 15.33 sobre "Ide em paz".
[100] Em Atos 9, ao estudar a juventude de Paulo, aprendemos como o indivíduo podia tornar-se um cidadão romano.
[101] Livy, *History of Rome*, IV. 9.
[102] Suetônio, *Claudius*, XXV.
[103] Cícero, *Orations*, II.5.161.

Não será assim; pelo contrário, venham eles, e pessoalmente nos ponham em liberdade – Paulo argumenta que a libertação deve ser tão pública quanto os atos injustos do dia anterior. A absolvição deve ser tão pública quanto a condenação. Parece haver um outro motivo além de insistir em que os magistrados trabalhem melhor na administração da justiça. Paulo deve ter tido a igreja filipense em mente. A desgraça pública a que foram submetidos poderia ter um efeito grave sobre a congregação e a disposição de outros para aceitarem o Evangelho. Era até possível que começasse uma perseguição dos convertidos filipenses. Para assegurar que nenhuma desonra se refletisse sobre o Evangelho, Paulo exigiu que os próprios pretores fossem soltá-los, declarando publicamente sua inocência, e escoltando-os pessoalmente para fora da prisão.

16.38 –

Os oficiais de justiça comunicaram isso aos pretores – Os lictores foram levar a notícia aos magistrados, relatando em detalhe cada uma das violações mencionadas por Paulo. Uma das violações dos direitos dos prisioneiros deixou os juízes especialmente assustados.

E estes ficaram possuídos de temor, quando souberam que se tratava de cidadãos romanos – Submeter um cidadão romano a um castigo ilegal era uma ofensa séria, severamente castigada por lei. Se os prisioneiros apresentassem queixa, os pretores podiam ser demitidos de seus cargos, jamais podendo voltar a ocupar um cargo público[104]. Em 44 A.D., por ordem do imperador Cláudio, o povo de Rodes perdeu os seus privilégios de cidadania por não terem considerado o fato de alguns dos prisioneiros que executaram por crucificação serem cidadãos romanos que, segundo a lei, estavam isentos dessa modalidade de castigo[105]. A punição podia ser ainda mais severa. Dionísio de Halicarnasso escreveu: "O castigo aplicado aos que aboliam ou transgrediam a lei Valeriana era a morte e o confisco de sua propriedade"[106].

16.39 –

Então foram ter com eles e lhes pediram desculpas – O texto Ocidental indica que os pretores levaram em sua companhia um grande número de pessoas ao tentarem corrigir os erros do dia anterior. Diante dessas pessoas teria sido humilhante para os pretores romanos adular e pedir desculpas aos prisioneiros. Mas, neste caso, isso era inevitável, a não ser que estivessem dispostos a enfrentar as autoridades superiores a quem os prisioneiros poderiam apelar. O texto Ocidental mostra os pretores alegando ignorância: "Não sabíamos a verdade a seu respeito, que eram homens justos". Tal apelo, porém, não teria sido aceito num tribunal romano; portanto, os pretores "continuaram apelando" (se desculpando, RSV) aos prisioneiros, na esperança de que não fizessem queixas.

E, relaxando-lhes a prisão, rogaram que se retirassem da cidade – O grego, cujo tempo indica ação contínua, mostra vivamente a mudança de toda a situação. Na véspera, quando rasgaram as roupas dos "judeus", eles estavam mostrando a todos a autoridade que tinham! Hoje, repetidamente, eles rogam para que deixem a cidade, talvez com medo de novos problemas. Um cidadão romano não podia ser expulso de uma cidade romana quando não havia sido condenado por algum crime. Os pretores não podem, então, exigir que Paulo e Silas vão embora. Mas as cidades nessa parte do mundo romano eram notoriamente fracas em sua capacidade de controlar a população. Se Paulo e Silas fossem tão impopulares como a multidão do dia anterior os havia feito parecer, então os magistrados não poderiam garantir a segurança deles. Os dois missionários concordam em seguir o conselho dos pretores, e deixam Filipos logo a seguir. Eles haviam realizado seu propósito principal na visita à cidade: pregaram o Evangelho a uma grande seção representativa do mundo romano – a judeus e prosélitos, a uma escrava adivinhadora, a um carcereiro romano, e a outros. Eles estabeleceram os alicerces de uma congregação florescente que irá se tornar uma das igrejas favoritas de Paulo[107].

---

[104] Cícero, *In Verrem*, V. 66; *De Republic*, II. 31.   [105] Dio Cassius, *Romaika*, Livro 60.
[106] Dionísio, *Roman Antiguidades*, II.
[107] Veja esta ideia desenvolvida em A.T. Robertson, *Paul's Joy in Christ* (Nashville, Tenn: Broadman Press, 1959).

16.40 –
Tendo-se retirado do cárcere, dirigiram-se para a casa de Lídia – Podemos imaginar como os pretores e outros cidadãos de Filipos fizeram todas as tentativas de tratar Paulo e Silas como se fossem grandes dignitários, ao escoltá-los para fora da prisão. A casa de Lídia parece ter sido um lugar de reunião para os irmãos (as congregações de cristãos se reuniam nas casas naqueles primeiros dias), assim como o lugar em que os missionários se alojaram durante a visita a Filipos.

E, vendo os irmãos, os confortaram – "Irmãos" sugere que há mais membros na igreja de Filipos do que apenas as famílias de Lídia e do carcereiro. Alguns estariam apreensivos de receber tratamento semelhante àquele dado aos pregadores no dia anterior, e talvez considerassem deixar a igreja. Paulo e os outros pregadores os encorajam a perseverar na fé cristã, sem levar em conta a oposição ou perseguição que pudessem encontrar.

Então partiram – Paulo e Silas foram os que partiram, dirigindo-se para o oeste, ao longo da estrada Egnátia. Ao que parece, Lucas ficou em Filipos (como pregador?), pois os "nós" terminam aqui e não voltam à narrativa até Atos 20.4, 5. Nas seções intermediárias, a narrativa é feita na terceira pessoa. Sob a influência de Lucas, a igreja filipense cresceu e se tornou uma igreja missionária[108]. Lucas permaneceu ali cinco anos, de 52 A.D. (Atos 16.40) a 57 ou 58 A.D. (Atos 20.4, 5). Sua permanência de cinco anos em Filipos tem considerável importância sobre a questão do ministério local[109]. Timóteo, segundo tudo indica, também ficou em Filipos durante algum tempo depois da partida de Paulo e Silas[110].

---

[108] Compare Filipenses 4.14, 15 e 2 Coríntios 11.9.
[109] Mais notas sobre o "ministério local" são dadas em Atos 11.26.
[110] Veja notas em Atos 17.15.

Antioquia da Síria

Desenho de Horace Knowles
da British and Foreign Bible Society

ESTUDO ESPECIAL Nº 16
A Fé Que Salva

Uma das diferenças fundamentais que dividem os vários grupos do mundo cristão surge da maneira em que cada um explica e define o que é envolvido na "fé" como uma condição da salvação. Os católicos, protestantes e cristãos têm cada um uma explicação diferente para o significado da fé.

Algumas passagens da Bíblia atribuem a salvação à "fé" (ou crença)[1], enquanto outras excluem especificamente as obras[2]. O que a Bíblia indica quando usa fé (crença) em passagens como "o homem é justificado pela fé" e "para que todo o que nele crê não pereça, mais tenha a vida eterna"[3]?

Nossa proposta é que a fé que salva é composta de quatro partes constituintes: conhecimento, assentimento, confiança e obediência.

I. HISTÓRIA DO PROBLEMA

A. A IGREJA PRIMITIVA

A igreja primitiva compreendeu as quatro partes que constituem a fé, mas as controvérsias surgidas fizeram com que cada parte caísse em desuso ou fosse ignorada. O problema do gnosticismo e a afirmação de Orígenes de que o conhecimento era superior à fé, levou à perda da ênfase sobre o elemento de conhecimento na fé. Em muitos círculos, a moralidade estoica com sua ênfase na autoconfiança levou a um declínio desta ideia (dependência de outrem). A seguir, a ideia de uma aproximação mística de Deus (o neoplatonismo assimilado na teologia da igreja) propiciou uma queda de ênfase no elemento da obediência. A "fé" ficou reduzida a um simples "assentimento".

B. O CATOLICISMO ROMANO

Até a época de Tomás de Aquino, Roma havia dado sua própria definição de fé. Todos os elementos exceto o "assentimento" haviam sido cancelados, e então este tinha sido redefinido como sendo um consentimento total (não o assentimento ao que o indivíduo sabe a respeito de Cristo e sua vontade) a tudo que Roma dissesse sobre Cristo e a Palavra. Além disso, simples "assentimento" não bastava para obter a salvação. O simples assentimento era a *fides informata* (fé sem configuração ou forma). A fim de obter a justificação, no pensamento romano, ela tinha de se tornar *fides formata*. E o que dava à *fides* a sua *forma*? Obras de amor (Gálatas 5.6). Roma redefinia constantemente o que compunha uma "obra de amor" ou uma "obra de caridade". Se Roma dissesse que fazer uma oferta para a construção da catedral de São Paulo resultaria no perdão de um certo número de pecados, então tal oferta era uma das "obras de caridade" que davam forma à fé, para que fosse assim considerada como fé salvadora.

C. OS REFORMADORES

Os Reformadores restauraram uma ou mais das perspectivas bíblicas da palavra "fé". Lutero insistiu que em vez de ser assentimento a Roma, tinha de ser assentimento da Bíblia. Se estivesse contida na Bíblia, ele acreditava! Os Reformadores também restauraram o elemento da confiança. Eles insistiram em que a fé não era simplesmente *fides*, mas *fiducia* (confiança). Foi em Romanos 3.28 que Lutero acrescentou a palavra *sola* ("somente"), quando insistiu que o homem

---

[1] Algumas passagens que falam de "crer" como uma condição da salvação são João 1.12, 3.14-16, 18, 36, 5.24, 6.40, 47, Atos 10.43, 13.39, 16.30-31.

[2] Algumas passagens que excluem "obras" como uma condição de salvação são Tito 3.5, Gálatas 3.11 e Romanos 4.5.

[3] Romanos 3.28; João 3.16.

é justificado pela *fides sola* (pela "fé somente"). A fim de não condenar Lutero injustamente, deve ser salientado que a causa pela qual contendia era correta. O seu *sola* era oposto ao sistema romano de dar à *fides* sua *forma* mediante obras de caridade (indulgências). Lutero estava certo em negar a doutrina romana, mas é perigoso acrescentar uma palavra ao texto a fim de provar um ponto. A contribuição de João Calvino ao pensamento protestante veio de sua ênfase sobre o elemento do conhecimento na fé. Os protestantes que herdaram sua teologia de Lutero e os outros reformadores, definem agora a fé que salva como sendo composta de três partes: conhecimento, assentimento e confiança *(fiducia)*[4].

D. O LIBERALISMO RELIGIOSO E A NEO-ORTODOXIA

Na época em que se desenvolvia um novo interesse pela ciência e dúvidas correspondentes sobre a exatidão literal da Bíblia (especialmente nos pontos em que reivindica ser sobrenatural), a "fé" foi redefinida como sendo os sentimentos religiosos do indivíduo que haviam sido postos em palavras. Em lugar de ser conhecimento aprendido pelo testemunho, e aceito e aplicado nas ações, a fé era vista como algo inteiramente subjetivo. Embora os teólogos mais contemporâneos (os neo-ortodoxos) usem linguagem que parece quase ortodoxa, eles querem dizer algo inteiramente diferente daquilo que os teólogos ortodoxos indicam quando falam de fé. Para os teólogos neo-ortodoxos, a Bíblia se torna a Palavra de Deus somente quando uma de suas passagens impressiona o leitor. Se algum tipo de reação surge em resposta a essa impressão, isso é "fé"[5].

II. DEFINIÇÕES E AUTORIDADES

Temos duas palavras: "fé" e "crença", com conotações diferentes. "Crença" é assentimento ao testemunho; "fé" inclui tanto assentimento como confiança. O tradutor da Bíblia enfrenta então um problema quando encontra as palavras para a fé/crença nas Escrituras. Que termo deverá usar? Ele tem de decidir se o escritor original dava ênfase aos primeiros estágios da fé – o elemento da *crença* – ou aos estágios posteriores da fé – os elementos da *confiança* e *obediência*.

Lightfoot mostrou que o tradutor obtém alguma ajuda tanto das línguas originais como das traduções latinas[6]. O hebreu possuía o verbo *'aman* para "crer", mas não tinha um substantivo correspondente para "fé". *'Emunah* era algumas vezes empregado como substantivo, mas significava algo mais parecido com "verdade, autenticidade" (i.e., se comparava mais à fé" do que à "crença"). O verbo grego *pisteuo* e o substantivo correspondente *pistis*, dependendo do contexto, podem ter qualquer das conotações (i.e., podem enfatizar o elemento de assentimento ou o de confiança-obediência). Assim sendo, na LXX, desde que não havia equivalente hebraico para "crença" (assentimento)", *pistis* tem sempre a conotação de "fé (confiança e obediência)"[7]. No Novo Testamento, porém, *pisteuo* e *pistis* são encontrados nos dois sentidos[8]. Quando a Bíblia foi traduzida para o latim, os tradutores enfrentaram um antigo problema. O latim possuía um verbo para *"crença* (assentimento)", *credo*, mas este verbo não tinha uma palavra que expressasse "fé (confiança e obediência)" desde que *credulus* tinha conotação má. Os eruditos latinos usaram então *fides* ou *fidelis* para esta última ideia. Essas palavras básicas dão aos tradutores alguma ajuda, embora no inglês não haja um verbo correspondente ao substantivo fé, como existe (crer) para o substantivo crença.

---

[4] Charles H. Spurgeon, "Saving Faith: What Is It?" em *Sword of the Lord*, Vol. 34, N° 8 (23 de fevereiro, 1968), diz que a fé é composta de três coisas: conhecimento, crença e confiança. Para a opinião de Wesley, veja "Saving Faith as Wesley Saw It", por John Lawson, em *Christianity Today*, Vol. VIII. N° 11 (24 de abril, 1964), p. 673.

[5] Para uma explicação mais detalhada da "fé" como definida nos círculos liberais e neo-ortodoxos, veja "faith" nas seguintes fontes: Baker Dictionary of Theology (Grand Rapids: Baker Book House, 1960); Van A. Harvey, *A Handbook of Theological Terms* (New York: Macmillan, 1964); e Bernard Ramm, *A Handbook of Contemporary Theology* (Grand Rapids: Eerdmans, 1966).

[6] J. B. Lightfoot, *The Epistle of St. Paul to the Galatians* (Grand Rapids: Zondervan, 1957), p. 154ss.

[7] Até mesmo Habacuque 2.4 é um exemplo de "fé (confiança e obediência)" em vez de "crença (assentimento)".

[8] As diferentes conotações de "crença" no Novo Testamento serão documentadas na seção seguinte deste estudo.

Estas palavras básicas nos preparam para o que encontramos nos léxicos gregos ao tentarmos encontrar o que é exatamente a "fé" que salva. Vamos observar algumas delas.

O *Greek English Lexicon of the New Testament* de Thayer dá esta definição de *pisteuo* quando usado a respeito da fé pela qual o indivíduo abraça Jesus:

> Uma convicção, cheia de confiança alegre, de que Jesus é o Messias – o autor divinamente apontado da salvação eterna no reino de Deus, em conjunto com a obediência a Cristo[9].

James M. Whiton resumiu o *Greek-English Lexicon* de Liddell e Scott, dando estes possíveis significados para *pisteuo*:

> Crer, confiar em, colocar fé em, fiar-se numa pessoa ou coisa. – 2. crer, consentir, obedecer[10].

Bultman escreveu o artigo sobre *pisteuo* no *Theological Dictionary of the New Testament* de Kittel. Depois de apresentar uma história do uso da palavra no Antigo Testamento, ele descreve seu uso no Novo Testamento.

> II. Uso Cristão Geral: 1. A continuação da tradição do Antigo Testamento e judia: a. pisteuo quanto a Crer; b. quanto a Obedecer; c. quanto a Confiar; d. quanto a Esperar; e. quanto a Fidelidade . . .[11]

Os Léxicos refletem a ideia apresentada antes neste estudo de que qualquer dos elementos de *pisteuo* (conhecimento, assentimento, confiança, obediência) pode ser enfatizado, e que o contexto ou a construção (certas frases preposicionais) em que aparece, irá frequentemente determinar o sentido exato.

III. TIPOS DE FÉ NO NOVO TESTAMENTO

A. FÉ MILAGROSA

Esta "fé milagrosa" era um acréscimo à "fé" possuída por todo cristão, sendo recebida como um dom do Espírito pela imposição das mãos de um apóstolo[12]. Era a espécie de "fé" que podia mover montanhas e figueiras[13]. Este era um dos dons espirituais transitórios que foram conferidos à igreja primitiva[14].

Deve ser notado neste ponto que, segundo a teologia de Calvino, existe uma "fé" que é dada a todo cristão. "A fé é uma graça salvadora, operada milagrosamente na alma pelo Espírito, pela qual recebemos Cristo e nos apoiamos nEle e na sua justiça somente, para obter a justificação e salvação", é um bom resumo da crença calvinista. Segundo este conceito, o homem é inteiramente passivo na conversão, sendo absolutamente incapaz de dar uma única resposta a Deus, em vista da sua depravação total. Ele não tem capacidade para crer ou arrepender-se, por estar morto no pecado, devendo, portanto, esperar até que Deus de alguma forma milagrosa lhe dê a "fé salvadora". Uma interpretação errada de Efésios 2.8 que faz com que a "fé" seja o dom de Deus, é um dos versículos-chave usados para provar que a fé que salva é um dom concedido aos homens por Deus. E. V. Zollars, em *The Great Salvation* (A Grande Salvação), mostrou que a fé que salva (distinta da fé milagrosa) vem por ouvir a Palavra de Deus, não sendo um dom de Deus operado no coração pela ação direta do Espírito (como ensinado por Calvino)[15]. George Stevens

---

[9] Joseph H. Thayer, *A Greek English Lexicon of the New Testament* (New York: American Book Company, 1889), p. 511.
[10] James M. Whiton, arranjador. *A Lexicon Abridged from Liddell and Scott's Greek English Lexicon* (New York: American Book Company, 1871), p. 561.
[11] G. Friedrich, *Theological Dictionary of the New Testament* (Grand Rapids: Eerdmans, 1968). Vol. VI, p. 174, 175.
[12] Atos 8.17, 18; 9.17; 19.6; 1 Timóteo 4.14.
[13] Mateus 21.21; 1 Coríntios 13.2; Lucas 17.6.
[14] 1 Coríntios 12.9; 13.2. Veja os estudos especiais no final do capítulo 2 sobre a "Pessoa e Obra do Espírito Santo" e "Falando em Línguas" para evidência de que os dons espirituais eram de natureza transitória.
[15] E. V. Zollars, *The Great Salvation* (Cincinnati: Standard Publishing Co., 1895), p. 93ss.

demonstrou não haver justificação bíblica para a antiga teoria da depravação total, e salienta claramente que Paulo não ensinou o calvinismo como o proclamado por João Calvino[16].

Havia uma "fé" dada por Deus nos tempos do Novo Testamento. Tratava-se de um dos "dons espirituais" e deve ser claramente distinguida da fé que salva.

B. "A FÉ" — UM CORPO DE DOUTRINA

Paulo chama Tito de filho segundo "a fé comum"[17]. O Evangelho é chamado de "a fé" cerca de trinta vezes. Entre essas trinta estão Judas 3, Atos 13.8 e Atos 14.22.

"Fé" usada neste sentido está de acordo com a definição do dicionário: "Um sistema de crença religiosa de qualquer tipo, tal como a fé judia; e especialmente o sistema de verdade ensinada por Cristo, tal como a fé cristã".

Algumas vezes "fé" é usada como significando a crença num conjunto de doutrina. O contexto e a construção especial no grego ("*a fé*") são novamente a indicação de que se trata de um corpo de doutrina na mente do escritor, em lugar do ato de crer.

C. FÉ SALVADORA

Estamos examinando sob este título a palavra "fé" como é encontrada nos versículos ligados à salvação. Como esclarecido antes na proposição, a palavra pode ter várias nuanças de significado, indo desde o simples assentimento mental até a fé no sentido mais alto e pleno.

1) A "fé" salvadora inclui *conhecimento*.

Os versículos que sugerem isto são Romanos 10.17 e Hebreus 11.6. Segundo estes versículos há algo que deve ser ouvido para que a fé possa existir; há fatos objetivos a serem cridos. Esta é outra maneira de dizer que a fé envolve um certo grau de conhecimento.

Se a "fé" possuída por alguém não inclui mais do que o conhecimento de certos fatos, a sua fé não é suficiente para a salvação. O indivíduo pode dizer que crê na existência de um Deus, e até que Cristo viveu na terra há cerca de 2000 anos. Todavia, pela sua vida diária ele mostra que não há submissão a nenhuma dessas coisas. O conhecimento de que há um Deus não afeta seus hábitos e pensamentos diários. Em vista de não reagir a esse "conhecimento" ele está perdido para sempre. Esta ilustração nos ajuda a ver que a fé que não passa de simples conhecimento intelectual não é a fé que salva.

2) A "fé" que salva inclui *assentimento mental*.

Às vezes a ideia de assentimento mental é indicada pelo verbo *pisteuo* seguido do simples caso dativo. Atos 8.12, 13 é um exemplo em que os samaritanos "creram" em Filipe (e obedeceram a seguir), e Atos 26.27 é outro exemplo em que Agripa "crê" nos profetas (embora não haja obediência). Esses são casos claros em que "crer" significa apenas assentimento mental, e não envolve confiança ou obediência[18].

Existem também casos em que apenas o verbo "crer" (sem ser seguido pelo dativo), implica somente assentimento mental. Atos 11.21 é um exemplo onde eles "creram" e depois "se converteram" ao Senhor. Atos 18.8 é outro exemplo onde Lucas nos conta que o povo ouviu, creu e foi batizado. A crença nesses casos indica assentimento mental[19]. Assim como a fé salvadora inclui o "conhecimento", devendo, porém, incluir mais do que simples conhecimento; a fé salvadora deve igualmente incluir o "assentimento mental", mas é preciso incluir também mais que isso.

Se a "fé" possuída pelo indivíduo não contiver mais do que o assentimento mental, ele não tem fé para ser salvo. Tiago 2:19 mostra isto, pois Tiago nos diz nessa passagem que os demônios

---

[16] George Barker Stevens, *The Theology of the New Testament* (New York: Scribners, 1953), p. 92ss e p. 394ss.
[17] Tito 1.4.
[18] Outras passagens que têm sido interpretadas como significando "assentimento mental" são Atos 5.14 e 13.39 (dependendo em como as passagens são traduzidas), juntamente com Atos 24.14 e 27.25.
[19] Outras passagens onde "crer" aparece, mas que o contexto indica que o assentimento mental é o pretendido, são Romanos 10.17; Marcos 16.16 e João 2.11, onde a crença dos discípulos é notada, mas passagens subsequentes mostram que ela era crescente.

"creem", mas certamente não são salvos por causa disso. O mesmo acontece com Atos 26:27, onde Agripa creu nos profetas, mas não foi salvo. Também João 12:42, onde é nos dito que muitos dos principais dos judeus creram em Jesus, mas não o confessaram por medo de serem expulsos da sinagoga. Eles concordaram com as afirmações de Jesus, e gostariam de ter confessado sua fé nEle, mas não fizeram isso. O assentimento mental não é o tipo de fé que salva. Esta passagem tem causado muitos problemas aos defensores da fé somente, que acreditam numa conversão instantânea no momento em que a pessoa tem fé. Para serem consistentes, eles teriam de admitir que essas autoridades judias foram salvas embora não confessassem Jesus[20]. Em lugar de nos forçarmos para uma posição tão absurda, se reconhecermos que "crer" algumas vezes não significa mais do que assentimento mental, e que este não basta para a salvação, poderemos harmonizar as Escrituras com muito maior facilidade.

Às vezes é feita uma tentativa para mostrar que tudo que é necessário para a salvação é o assentimento mental, apelando para isso a Romanos 4:3-5, onde Gênesis 15:6 é citado. É-nos dito que "Abraão creu no Senhor (*pisteuo* seguido pelo caso dativo) e isso lhe foi imputado como justiça". À primeira vista isto pareceria dizer que todos os versículos onde o grego tem a leitura "crer", seguida por uma palavra no caso dativo, são exemplos que devem significar que a pessoa foi salva apenas pela fé (assentimento mental). Mas deve ser lembrado que Tiago também cita Gênesis 15:6, e argumenta que a obediência de Abraão completou sua fé, de modo a ser-lhe imputada para justiça[21]. De acordo com o argumento de Tiago, devemos insistir em que a fé que salva, embora inclua assentimento mental, deve envolver outros elementos além de conhecimento e assentimento, caso deva ser "aperfeiçoada" no que diz respeito à justiça.

3) A "fé" salvadora inclui *confiança*.

A construção em grego que apresenta *pisteuo* seguido da preposição *epi* e do caso dativo parece ser a maneira em que esta ideia de confiança foi particularmente expressa. 1 Timóteo 1:16 fala de confiar em Cristo para a salvação. Romanos 9:33 e 1 Pedro 2:6 citam Isaías 28:16, e usam esta construção específica. O texto de Lucas 24:25 é um encorajamento para confiar implicitamente em tudo o que os profetas disseram. Veja também Romanos 10:11.

Assim como a fé salvadora deve incluir conhecimento e assentimento, ela deve igualmente incluir confiança. Todavia, a passagem citada por último está num contexto que mostra que a confissão e invocação do nome do Senhor são também elementos necessários à salvação. Portanto, a fim de que a "fé" possa ser salvadora, ela deve incluir mais que confiança.

4) A "fé" salvadora inclui *obediência*.

Além do fato de que os léxicos citados acima mostram que a obediência está incluída na "fé" que salva, as linhas seguintes de evidência apontam na mesma direção. (a) O fato de *pisteuo* ser seguido por uma ou outra dentre três frases preposicionais diferentes, todas as quais indicam obediência. Primeiro, encontramos a frase *eis* e o acusativo, usada 49 vezes. Atos 10:43 e 24:24 são dois exemplos deste uso, sendo que o último mostra pelo contexto que justiça, autocontrole e percepção do juízo vindouro estão incluídos na "fé em Cristo"[22]. Segundo, existe a frase *en* e o dativo. João 3.15 e 16 são versículos que devem ser estudados aqui. Em 3.15 "todo o que nele crê" é *en* e o dativo, mas no versículo 16, "todo o que nele crê" é *eis* e o acusativo. As duas frases devem ser sinônimas para que possam ser usadas intercambiavelmente por João. Outras passagens onde fica claro que *en* e o dativo falam de obediência, são Efésios 1.13 e Marcos 1.15. Terceiro, a frase preposicional *epi* e o acusativo. Todo ponto em que aparece, esta construção fala de uma fé

---

[20] Os advogados da fé-somente, por mais difícil que seja a afirmação, declaram de fato que essas autoridades eram pessoas salvas, mesmo sem terem confessado Jesus! J. B. Moody, no "Debate Harding-Moody", disse sem hesitar que as autoridades eram salvas. J. N. Hall, no "Debate Fleming-Hall", como registrado por David Lipscomb, disse: "Hall afirmou que as principais autoridades que se recusaram a confessá-lo tinham uma aparência de fé, que não é fé, ou eram salvas não obstante sua recusa em confessá-lo, como muitos agora são salvos". Jacob Ditzler, no "Debate Wilkes-Ditzler", disse que essas autoridades provavelmente exerceram uma fé verdadeira, e então, como Simão Mago, voltaram atrás. Que declarações surpreendentes os homens chegam a fazer na sua defesa de uma teoria falsa!

[21] Tiago 2.22, 23. Mais será dito sobre este assunto da justificação por fé na seção final deste estudo.

[22] Outras passagens onde esta mesma construção é usada são Atos 20.21 e Gálatas 2.16.

obediente[23]. Considere Romanos 4.5, 25 onde a fé obediente de Abraão no Senhor, em vez de confiar em suas próprias obras meritórias, foi o caminho da salvação para o pai dos fiéis.

b) O fato de haver passagens onde crença e obediência são sinônimos (ou crença e desobediência são antônimos). Se a crença que salva inclui só três elementos (conhecimento, assentimento, confiança), é difícil então explicar como *pisteuo* (crer) e *apeitho* (desobedecer) podem ser antônimos. Existem pelo menos dois textos no Novo Testamento onde "crença" e "desobediência" são contrastadas[24], e eles mostram convincentemente que a fé que salva inclui a obediência como um de seus componentes. Existe também uma passagem onde "incredulidade" e "desobediência" são sinônimos[25]. A fé que salva (o oposto de "incredulidade") deve incluir obediência (o oposto de desobediência).

c) As passagens que falam da "obediência de fé" mostram que existe uma obediência que pertence à própria essência da fé. Tal linguagem se encontra em Atos 6.7 e também duas vezes em Romanos, ajudando a saber o que é a fé que justifica o homem[26]. Pedro também fala sobre como seus leitores purificaram suas almas pela obediência à verdade[27], e através de suas cartas ele mostra a ligação íntima entre obediência e perdão[28]. Se existe uma obediência que pertence à própria essência da fé, a fé que salva deve envolver obediência ao que Deus exige.

d) Passagens em que o batismo é um componente da crença indicam que a fé que salva é uma fé obediente. Em Atos 19.1ss, quando Paulo fala aos seguidores de João Batista, sua linguagem é tal que mostra que ele tomava por certo que o batismo fazia parte da crença. Veja como ele lhes pergunta sobre a ocasião em que creram, e imediatamente os interroga sobre o seu batismo, indicando que os dois faziam parte integrante da mesma coisa. Em Atos 16.31-34, depois do carcereiro ter mostrado seu arrependimento e ser imerso, Lucas resume tudo declarando que ele "havia crido". Gálatas 3.26 e 27 mostram que o batismo está envolvido na fé pela qual Deus justifica. Veja como o versículo 27 começa com "porque", indicando que o versículo 27 é uma explicação mais detalhada de como eles são filhos de Deus mediante a "fé". Existem muitas passagens, especialmente em Atos, onde "crer" inclui tudo que foi feito (arrependimento, confissão, batismo) a fim de tornar-se cristão[29].

e) A fé salvadora tem que incluir obediência porque muitas vezes *pistis* pode ser traduzido como fidelidade[30]. A justificação é algo que acontece repetidamente na vida do homem. Deus o considera justo por causa da sua fidelidade, como no caso de Abraão, Romanos 4.24. João 3.36, referido antes, pode ser examinado de novo nesta conexão. Diz que se o homem não for fiel, ele perderá a vida eterna.

Todas estas linhas de evidência convergem para indicar fortemente que a fé que salva inclui todos os quatro elementos – conhecimento, assentimento, confiança e obediência.

IV. UMA PERGUNTA FEITA TRÊS VEZES NO NOVO TESTAMENTO

Respostas diferentes são dadas no Novo Testamento à pergunta: "O que devo fazer para ser salvo?" Como se justifica o fato de respostas diferentes serem dadas a pessoas diferentes? Se alguém quisesse saber o que fazer para ser salvo, não poderia haver um meio mais simples, mais sábio, mais certo, para responder à pergunta do que abrir o Novo Testamento e encontrar ali a resposta. Se a pergunta for encontrada 100 vezes, leia então a resposta dada a cada uma das cem, e irá descobrir a resposta bíblica e certa. Além disso, apresentaria toda a verdade do Novo

---

[23] Veja Atos 16.31; 22.19; 9.42; 11.17; e Mateus 27.42.
[24] João 3.36 e Atos 14.1, 2. A NASB não mostra ao leitor que palavras gregas diferentes estão envolvidas em João 3.36, embora mostre em Atos 14. Ficamos imaginando se isto foi feito propositalmente por tradutores da persuasão fé-somente?
[25] Hebreus 3.18, 19.   [26] Romanos 1.5 e 16.26.   [27] 1 Pedro 1.22.
[28] Veja 1 Pedro 1.2; 3.1; 4.17; 2 Pedro 1.1. (Veja também 1 Tessalonicenses 1.8 e Romanos 10.5 para outra evidência de que a obediência está envolvida na fé do indivíduo.)
[29] Atos 2.44; 4.5; 5.14; 13.12, 39, 48; 14.23; 15.7; 16.1, 34; 17.12, 34; 19.18; 21.21; 1 Timóteo 4.12.
[30] Exemplos de tais casos são Apocalipse 1.8; 13.10; Tiago 5.15; 1.6.

Testamento sobre o assunto. Mas não encontramos a pergunta 100 vezes. Ele é feita substancialmente apenas quatro vezes no Novo Testamento, e uma delas foi sob a dispensação mosaica.

A pergunta foi apresentada pela primeira vez pelo jovem rico que procurou Jesus[31]. Jesus fez uma referência aos Dez Mandamentos, pois a Lei Mosaica ainda vigorava na ocasião em que Jesus falou ao homem. Cristo não havia ainda morrido e pregado a Lei na cruz[32]. Era dever dos judeus, portanto, guardar os Dez Mandamentos. Quando o jovem respondeu que havia guardado a Lei a partir da juventude. Jesus disse: "Só uma coisa te falta; vai, vende tudo o que tens, dá-o aos pobres, e terás um tesouro no céu; então vem, e segue-me"[33]. (A Lei de Moisés não havia sido ainda cancelada, e o jovem deveria obedecê-la. Ele também precisava livrar-se das suas riquezas que o levavam a tropeçar. Além disso, recebeu ordens de seguir a Cristo, como faziam os discípulos, ficando assim melhor preparado para o trabalho no Reino vindouro.) Esta resposta não seria dada hoje, porque Jesus estava falando antes do Novo Testamento entrar em vigor[34].

A pergunta ("O que devo fazer. . .?") foi registrada e respondida três vezes no livro de Atos. Por estranho que pareça, três respostas diferentes são dadas a ela. Cada resposta foi dada pela autoridade do Espírito Santo.

Em Atos 2.38, a resposta dada é: "Arrependei-vos e cada um de vós seja batizado para remissão dos vossos pecados". Verifique os comentários de Atos 2.37, 38. Os judeus que creram na mensagem pregada por Pedro – tiveram o coração compungido – perguntaram o que fazer para serem salvos: por inspiração Pedro lhes disse o que deveriam fazer. Note também, que segundo a resposta de Pedro, a salvação requer mais que simples fé. Os judeus de Jerusalém creram na mensagem pregada a eles por Pedro. A fé (assentimento mental e confiança) era tudo que aqueles judeus precisavam para ser salvos? NÃO! Pedro lhes disse que se arrependessem e fossem batizados para receberem o perdão de seus pecados.

Depois da experiência de Paulo na estrada de Damasco, quando ele viu o Senhor ressurreto, Jesus lhe disse: "Levanta-te, e entra na cidade, onde te dirão o que te convém fazer"[35]. Havia evidentemente algo que Paulo precisava fazer. Faltava alguma coisa para ele. Não era a fé, pois estava convicto de ter visto Jesus, e a visão levou-o a crer na divindade e soberania dEle. Também não era arrependimento que faltava, pois estava tão arrependido que passou três dias jejuando e orando. Faltava algo a ele que não era fé nem arrependimento. O que era? Cristo lhe havia dito que lhe informariam o que fazer. Ananias o procurou e disse: "Levanta-te, recebe o batismo e lava os teus pecados"[36]. Esta é a segunda resposta à pergunta. Ela é um tanto diferente daquela dada no dia de Pentecostes por Pedro. Todavia, fica claro pelas instruções de Ananias que algo mais que a fé (assentimento mental e confiança) e arrependimento são necessários para salvar o homem!

A terceira menção à pergunta *"O que devo fazer...?"* em Atos encontra-se no caso do carcereiro de Filipos, e recebemos outra resposta diferente às anteriores. O carcereiro pagão recebe ordem para "Crer no Senhor Jesus"[37].

Temos três respostas diferentes para a mesma pergunta. Como explicar isso? O carcereiro era incrédulo. Recebeu ordem para crer. Eles pregaram a ele com o propósito de produzir fé. Ele então arrependeu-se e foi batizado. As pessoas no Pentecostes já tinham fé. Foi-lhes então dito que se arrependessem e fossem batizadas para perdão dos seus pecados. Paulo era um homem crente e arrependido. Recebeu então instruções para ser batizado. Essas pessoas tiveram respostas diferentes porque estavam em posições diferentes no caminho da salvação. Mas todos fizeram as mesmas coisas e viajaram pela mesma estrada. Por exemplo, alguém pergunta qual a distância para a próxima cidade, e lhe dizem que são 50 km. Ele dirige 10 km e pergunta de novo. Então lhe dizem que são 40 km. Viaja pela estrada mais 10 km e é informado que precisa andar mais 20 km. Ele recebeu uma resposta diferente cada vez que perguntou. De fato, ele

---

[31] Marcos 10.17.
[32] Colossenses 2.14.
[33] Marcos 10.21.
[34] Hebreus 9.16, 17.
[35] Atos 9.6.
[36] Atos 22.16.
[37] Atos 16.31.

recebeu três respostas diferentes para a mesma pergunta, mas todas elas estavam certas. O mesmo acontece com a pergunta *"O que devo fazer para ser salvo?"* O *incrédulo* não começou a viajar pela estrada do perdão. É-lhe dito que creia, se arrependa e seja batizado. Não é dito aos crentes que creiam, mas que se arrependam e sejam batizados. O *crente arrependido* não foi mandado a crer e arrepender-se, mas a receber o batismo e lavar os seus pecados. Todos viajaram pela mesma estrada; todos foram convertidos da mesma maneira.

Além disso, as três respostas são corretas, apenas se a fé que salva inclui obediência a mandamentos tais como arrependimento e batismo para remissão de pecados. Se a fé que salva não for composta de todos os quatro elementos, não é possível explicar satisfatoriamente as respostas diferentes.

V. JUSTIFICAÇÃO PELA FÉ[38]

Duas são as condições necessárias para uma declaração exata e completa de qualquer doutrina bíblica. Primeiro, ela deve harmonizar-se com todas as outras afirmações na Bíblia sobre o mesmo assunto. Isto é necessário para a exatidão. Segundo, ela deve oferecer uma reconciliação de todas as declarações bíblicas sobre o assunto, umas com as outras. Isto é necessário para ser completo.

Estas duas condições irão sugerir o verdadeiro método de determinar o ensino da Bíblia sobre qualquer assunto. Com frequência, no entanto, em lugar de usar este método, têm sido formadas doutrinas como resultado da oposição a algum erro, ou por deduzi-las de alguma noção preconcebida. Assim sendo, a doutrina da operação milagrosa do Espírito na conversão não é derivada de qualquer declaração clara na Bíblia, mas da teoria mantida anteriormente sobre a depravação total. A ideia popularmente ensinada de que o batismo não passa de um sinal externo de uma graça interior e nada tem, portanto, a ver com a salvação, resulta da extrema oposição à doutrina católica da "regeneração batismal". A teoria da justificação pela fé somente surgiu da oposição à doutrina católica das obras meritórias. Tal método de formar uma doutrina é sempre perigoso, e geralmente leva a conclusões incorretas, conclusões estas que contêm apenas verdade suficiente para dar-lhes uma aparência de ser bíblica.

O ponto desta seção do estudo especial é completar nosso estudo da "fé" que salva, e ao mesmo tempo testar a teoria da "fé-somente", respondendo também algumas das objeções populares à posição declarada antes neste estudo de que a fé que salva é uma fé obediente.

A fim de obter uma perspectiva clara do problema, vamos colocar lado a lado as declarações de Paulo e Tiago sobre o assunto.

> Concluímos, pois, que o homem é justificado pela fé, independentemente das obras da lei (Romanos 3.28).

> Verificais que uma pessoa é justificada por obras, e não por fé somente (Tiago 2.24).

À primeira vista existe uma contradição palpável entre estas duas afirmações. Ambas admitem que o homem é justificado pela fé; mas Paulo acrescenta "sem as obras da lei", e Tiago diz "não sem obras". Se os termos "justificado", "fé" e "obras" são usados da mesma forma em ambas as proposições, existe realmente uma contradição irreconciliável. Mas se qualquer desses termos principais é usado num sentido diferente, ambas as declarações podem então ser verdadeiras. Em vista de crermos que os dois livros são inspirados, não podemos fazer o que fez Lutero e descartar o livro de Tiago simplesmente porque ele contradizia a sua doutrina de "fé-somente". O que temos a fazer é descobrir qual dos termos é ambíguo e usado num sentido diferente.

Alguns sugerem que a ambiguidade está na palavra "fé". A fé de que Tiago fala exige o acompanhamento de obras, enquanto a de Paulo, não. A ambiguidade pode estar também no termo "justificado". Talvez um fale da salvação inicial, enquanto o outro se refere à justificação, conti-

---

[38] O material seguinte é condensado do tratado de J. W. McGarvey, material encontrado no *Lard's Quarterly*, Vol. III, Nº 2 (Janeiro., 1866).

nuada após a pessoa ter sido salva. Ou talvez a ambiguidade esteja na palavra "obras". As obras mencionadas por Tiago são necessárias à justificação, enquanto as de Paulo não são.

A primeira alternativa coloca os defensores da fé-somente em grandes problemas. No momento em que admitem que Tiago ensina haver uma fé (uma fé obediente) que justifica, eles perdem totalmente sua doutrina da salvação pela fé-somente (conhecimento, assentimento e confiança).

Um argumento elaborado é oferecido por alguns advogados da fé-somente para mostrar que a palavra "justificação" é empregada em dois sentidos diferentes. Paulo utiliza o termo com respeito à salvação inicial de Abraão, afirmam eles, enquanto Tiago o emprega para uma justificação acontecida muitos anos mais tarde, na época em que ofereceu seu filho Isaque. Isto é verdade; e se fosse tudo que Tiago diz sobre o assunto da justificação, o argumento poderia ser substanciado[39]. Mas note que Tiago faz uso de dois exemplos de pessoas justificadas por obras, e o de Raabe não tem condição de ser outra coisa além da salvação inicial (justificação). Fica assim, evidente que Paulo e Tiago estão usando "justificado" no mesmo sentido.

A terceira alternativa a que muitos escritores recorrem, tem como fim explicar esta contradição aparente entre Paulo e Tiago. Paulo e Tiago usam "obras" em dois sentidos diferentes. As de que Paulo fala são as que "anulam a fé" (Romanos 4.14). As de Tiago são aquelas em que a "fé se consumou" (Tiago 2.21, 22). Na verdade, Paulo e Tiago estão dizendo as mesmas coisas. Paulo argumenta contra o sistema de "obras meritórias"[40]. Tiago contesta a ideia de "fé-somente". Na passagem de Romanos, o contraste é entre "fé-obediente" e obras meritórias. Na passagem de Tiago o contraste é entre a "fé obediente" e "fé-somente". Ambos insistem em que a fé obediente é a condição para a justificação, em lugar das obras meritórias ou da fé-somente serem as condições.

Como aconteceu na vida de Abraão, acontece na nossa – a justificação era algo contínuo. Ele foi justificado várias vezes, como mostra claramente uma harmonia de todas as passagens que falam da sua justificação. A condição desta justificação é a fé obediente. Para o pecador incrédulo, a imersão é um dos atos de obediência requeridos para o perdão. Para o santo desviado, a confissão de seus pecados é um dos atos de obediência exigidos[41]. Como insistem Tiago e Paulo, a fé que salva, quer seja justificação inicial ou contínua, é uma fé obediente!

CONCLUSÃO

Nossa posição é que a fé que salva se compõe de quatro elementos constituintes – conhecimento, assentimento, confiança e obediência. Afirma-se ainda que só se a "fé" tiver essa definição será possível harmonizar todas as passagens na Palavra que estão ligadas à salvação.

Sugerimos mais uma vez que a própria conversão de Paulo é um exemplo perfeito da tese que estamos propondo. Escrevendo no capítulo cinco de Romanos, ele diz: "Justificados, pois, mediante a fé, tenhamos paz com Deus, por meio de nosso Senhor Jesus Cristo". Ele se inclui nesta declaração. Vamos nos lembrar agora do registro da sua conversão. Sua viagem a Damasco para perseguir os cristãos foi interrompida com a aparição do Senhor ressurreto a ele. Paulo veio a perceber sua condição de maior dos pecadores, desesperadamente necessitado de perdão e paz com Deus. Em submissão a Jesus, ele diz: "Que farei, Senhor"? e passa os três dias seguintes em oração e jejum. Seria inútil procurar um exemplo de fé mais convicta e arrependimento de coração quebrantado do que o de Paulo orando e jejuando. Se a fé salvadora inclui apenas três elementos (como afirmam os defensores da fé-somente), Paulo já deveria estar justificado e em paz com Deus. Mas isso não ocorreu! Pode haver uma demonstração mais clara da insuficiência

---

[39] Dizemos "poderia ser substanciado" em lugar de "seria", desde que seria difícil afirmar pelo que aprendemos sobre Abraão em Gênesis 11 e 12, que sua justificação inicial não aconteceu até Gênesis 15.6.

[40] Romanos 4.4 mostra que Paulo tem "obras meritórias" em mente nas palavras finais do capítulo 3. As obras meritórias são atos pelos quais o indivíduo espera obter a salvação como uma questão de dívida.

[41] 1 João 1.9 mostra que o cristão deve confessar seus pecados se quiser que um Deus fiel os perdoe.

da "fé-somente" para conseguir a justificação e a paz? Só depois da chegada do pregador Ananias e sua explicação a respeito da necessidade da imersão e de que seus pecados sejam lavados, é que ele, obedecendo ao mandamento, encontrou paz com Deus! Só quando a sua fé se tornou uma fé obediente é que ele foi justificado!

Isso acontece através de todo o livro de Atos e através de toda a dispensação cristã.

BIBLIOGRAFIA

Archer, Knowles Shaw, "A Study of Faith", *Christian Standard,* LXIX (Mar. 10, 1934), p. 161ff.

Lightfoot, J. B., *The Epistle of St. Paul to the Galatians* (Grand Rapids: Zondervan), 1957, p. 154 ff.

McGarvey, J. W., "Justification by Faith", *Lard's Quarterly,* III (Jan. 1866), p. 113 ff.

Sanday, Wm., "The Epistle to the Romans", em Ellicott's *Layman's Handy Commentary on the Bible* (Grand Rapids: Zondervan). 1957, p. 175.

Sanday, Wm., e Headlam, A. C., "Romans" no *International Critical Commentary* (Edinburgh: T & T Clark), 1895, p. 31.

Stevens, George B., *The Theology of the New Testament* (New York: Scribners), 1953.

Warfield, B. B., "Faith" em: *Hasting's Dictionary of the Bible* (New York: Scribners), 1908, Vol. I, pp. 827-838.

CAPÍTULO DEZESSETE

9. *Através de Anfípolis e Apolônia. 17.1 a*

17.1 –

Tendo passado por Anfípolis e Apolônia – Essas duas cidades ficavam na Via Egnátia entre Filipos e Tessalônica[1]. Anfípolis era a capital do distrito oriental da província da Macedônia, ficando a cerca de 53 km a oeste de Filipos. Ela obteve seu nome de Anfípolis ("em redor da cidade") pelo fato do rio Strimom praticamente rodeá-la. Antes da conquista romana a região tinha o nome de "Nove Caminhos", indicando sua situação estratégica em várias das principais estradas[2]. Apolônia ficava a cerca de 48 km mais para o ocidente, e Tessalônica outros 59 km adiante. Essas distâncias eram evidentemente tais que constituíam cada uma a viagem de um dia. Podemos imaginar Paulo e Silas passando uma noite em cada um desses lugares intermediários, e portanto notamos que a viagem foi dividida em três partes. Uma jornada de aproximadamente 50 km seria árdua para ser feita num dia por homens que haviam sido tão recentemente açoitados com varas.

10. *Em Tessalônica. 17.1b-9*

Chegaram a Tessalônica – Um porto de mar para o segundo distrito da Macedônia, Tessalônica servia de capital não só para o distrito como também para toda a província romana da Macedônia. Ela era a maior cidade da Macedônia, e devido à sua localização sempre tem sido uma cidade importante. Seu nome anterior era Terma; mas quando Filipe da Macedônia teve uma filha nascida no dia em que conquistou a Tessália, ele celebrou a vitória chamando sua filha de Tessália. Ela se casou com Cassandro, que mudou o nome de Terma para Tessalônica em homenagem à esposa.

Onde havia uma sinagoga de judeus – A construção grega poderia implicar que as coisas em Tessalônica eram diferentes daquelas encontradas pelos missionários em Anfípolis e Apolônia[3]. Havia uma sinagoga de judeus em Tessalônica e isto daria a Paulo um ponto para começar seu trabalho evangelístico entre pessoas que haviam sido preparadas para receber Cristo pelo "aio" – i.e., a Lei do Antigo Testamento[4].

17.2 –

Paulo, segundo o seu costume, foi procurá-los – O método regular de evangelização de Paulo era pregar o evangelho primeiro aos judeus[5]. Podemos aprender dos métodos de Paulo alguns métodos de evangelismo paras nossos dias. O evangelista, quer em seu país ou no exterior, terá ou preparará uma lista de candidatos, indicando quais as pessoas mais prontas para receber o Evangelho. Ele se aproximará primeiro dessas, usando seu nível presente de conhecimento para transmitir o ensino cristão e conceito de compromisso. Raramente irá ganhar todas e, no processo, provavelmente conseguirá ganhar algumas de quem não esperava receptividade. Em

---

[1] Veja informação em 16.12 sobre a Via Egnátia. A Apolônia citada aqui não é mesma da extremidade oeste da estrada.
[2] Tucídides, I. 100. Heródoto, VII. 114.
[3] Existe uma variação de manuscrito neste ponto, alguns com a leitura "a sinagoga". O uso de hopou aqui para "onde" é a base para concluir que Tessalônica diferia das outras cidades por ter uma sinagoga.
[4] Gálatas 3.24.
[5] Atos 13.14-15; Romanos 1.16. Vemos novamente que a rejeição dos judeus em Atos 13.16 se aplica apenas para pessoas naquele lugar e não para o povo judeu em geral.

algum ponto do processo talvez chegue a um ponto em que a resposta positiva diminua e oposição apareça. O obreiro sábio irá então mudar sua abordagem para tirar proveito da maior receptividade de outros, prosseguindo para colher e reunir a maior colheita possível.

E por três semanas – Esta pode ter sido a duração exata de seu trabalho na sinagoga. Nos intervalos entre os sábados, o apóstolo trabalhava, como sempre, em sua profissão de fazer tendas, para ganhar o seu sustento[6]. Pela leitura das epístolas aos Tessalonicenses (escritas logo depois de Paulo sair de Tessalônica), fica evidente que ele permaneceu na cidade muito mais do que as três semanas que falou na sinagoga[7]. Lucas não precisa contar-nos que Paulo teve de afastar-se da sinagoga e começar sua pregação em outro lugar; não necessita também dizer-nos que seus ouvintes eram predominantemente gregos. Seu ministério entre os gregos (que podemos inserir em Atos entre os versículos 3 e 4) foi na maior parte bem-sucedido, pois ele fala mais tarde da igreja em Tessalônica sendo composta na sua maioria de gentios[8].

Dissertou entre eles, acerca das Escrituras – Esta é a primeira vez que temos a palavra traduzida "dissertou" (*dialegomai*) no livro de Atos[9]. Seguida do dativo, como é o caso aqui, ela pode implicar uma conversa entre o rabino e os adoradores, como acontecia frequentemente na sinagoga[10]. "Acerca das Escrituras", sugere que Paulo estava extraindo suas provas das Escrituras; ou talvez usasse as lições das Escrituras do dia como ponto de partida. Ele tentava convencer os adoradores de que Jesus de Nazaré era o Messias, comparando a vida do Nazareno com as profecias do Antigo Testamento relativas ao Messias.

17.3 –

Expondo e demonstrando ter sido necessário que o Cristo padecesse – Ao "expor", Paulo revelava o sentido das Escrituras para seus ouvintes. Ele tornava as passagens claras e compreensíveis para os adoradores. "Demonstrando" (*paratithēmi*) nos dá a ideia de que ele estava apresentando passagens do Antigo Testamento e as usava como prova. Paulo destacava todas as passagens onde era predito que o Messias iria sofrer e ressuscitar dentre os mortos. O fato do padecimento do Messias era um lado das profecias messiânicas que os judeus não entendiam ou ignoravam. Eles atentavam apenas nos versículos que falavam do Messias como um rei glorioso, à semelhança de Davi ou Salomão, e não podiam harmonizar com esta ideia os versículos que falavam de um servo sofredor. Os versículos sobre o sofrimento do Messias eram uma pedra de tropeço para os judeus[11].

E ressurgisse dentre os mortos – As profecias da ressurreição são o Salmo 16.10, Jonas (Mateus 12.40), etc. Paulo operou milagres como prova do que dizia sobre a ressurreição[12]. Quando alguém quer hoje que sua pregação tenha conteúdo apostólico, ela deve incluir o ensino de que Jesus é o Messias, um fato provado pela sua ressurreição corporal dentre os mortos.

E que este é o Cristo, Jesus, que eu vos anuncio – Paulo chamou atenção para as predições importantes a respeito do Messias no Antigo Testamento, e depois afirmou que Jesus de Nazaré deveria ser Aquele profetizado, pois cumpriu exatamente o que fora predito sobre o Messias.

17.4 –

Alguns deles foram persuadidos – Parece que só alguns poucos judeus da sinagoga foram convertidos, poucos em comparação com a "grande multidão" de prosélitos gregos.

E unidos a Paulo e Silas – Literalmente "eles passaram para o lado de Paulo e Silas". Tornaram-se seguidores do Cristo pregado pelos missionários, e começaram a se reunir regularmente como uma congregação, tendo os missionários como professores. Eles também saíram da sinagoga.

---

[6] 1 Tessalonicenses 2.9; 2 Tessalonicenses 3.8.
[7] 1 Tessalonicenses 1.5, 9.
[8] 2 Tessalonicenses 3.4, 7, 8.
[9] Atos 6.9 e 9.29 incluem *suzēteo*.
[10] João 6.25-26; Mateus 12.9.
[11] Veja notas em Atos 3.17-18.
[12] 1 Tessalonicenses 1.5.

Bem como numerosa multidão de gregos piedosos – Os "gregos piedosos" eram prosélitos da porta[13]. Não é possível dizer se esses eram os gentios mencionados em 1 Tessalonicenses 1.9 e 2.14, ou se esses convertidos foram feitos depois de Paulo ter deixado de pregar na sinagoga, apesar de preferirmos a última ideia. Podemos pensar em Aristarco e Segundo como sendo dois dos convertidos[14].

E muitas distintas mulheres – Para uma definição de "distintas mulheres", veja as notas em Atos 13.50. Nas cidades da Macedônia, Filipos, Tessalônica e Beréia, existe uma menção específica sobre mulheres entre os convertidos. As mulheres tinham mais liberdade para tomar parte nas atividades públicas na Macedônia, do que em muitas outras partes do império romano.

17.5 –

Os judeus, porém, movidos de inveja – Os judeus, talvez os líderes da sinagoga, que não foram persuadidos pelo Evangelho, são os que mostraram inveja. Seu ciúme parece ter sido causado pelo fato de Paulo e Silas terem afastado algumas das famílias que costumavam adorar na sinagoga, além de muitos dos convertidos serem de origem grega. Veja I Tessalonicenses 2.14ss, onde a hostilidade dos judeus para com os primeiros cristãos tessalonicenses é mencionada.

Trazendo consigo alguns homens maus dentre a malandragem – "Maus" é uma tradução de *poneros*, uma palavra que sugere prazer em maltratar outros. Deveriam ser homens que não tinham empregos fixos e que ficavam vadiando na praça. Tais homens estavam sempre prontos a ganhar um dinheiro fácil e "trazendo consigo" pode indicar que o líderes judeus subornaram esses vadios para participarem da arruaça.

Ajuntando a turba, alvoroçaram a cidade – A mesma coisa havia acontecido na Galácia na primeira viagem missionária[15]. A ralé começou a percorrer as ruas, gritando em alta voz contra os missionários.

E, assaltando a casa de Jasom, procuravam trazê-los para o meio do povo – A casa de Jasom era onde os missionários estavam se alojando[16]. Não sabemos muito sobre Jasom. Ele é chamado "parente" de Paulo em Romanos 16.21, mas isto provavelmente não signifique mais do que tratar-se de um judeu (não era na verdade um parente consanguíneo de Paulo). Não é possível determinar se ele era judeu de nascimento, e mudou seu nome hebreu Josué (Jesus) para a forma grega "Jasom" (segundo o exemplo do irmão do sumo sacerdote Onias III, 2 Macabeus 4.7), ou se tinha pais helenistas que deram ao filho um nome grego[17]. A turba reunida pelos líderes judeus havia se reunido diante da casa de Jasom, pretendendo agarrar os dois missionários e entregá-los ao povo. "Trazê-los para o meio do povo" talvez não signifique mais do que dizer que os arruaceiros iriam começar imediatamente a infligir maus tratos às suas vítimas. É, porém, mais provável que a referência seja à reunião regular onde era administrado o governo da cidade. Tessalônica era uma cidade livre, e deveria ter sua própria assembléia do povo[18].

17.6 –

Porém, não os encontrando – Não ficamos sabendo se eles foram avisados, se estavam ausentes num trabalho evangelístico, ou se se achavam em seu lugar de trabalho. Alguém acaba sempre sofrendo com a ira de uma multidão desse tipo; e como não encontraram Paulo e Silas, descontaram a raiva em Jasom e alguns dos cristãos que se encontravam ali quando eles chegaram.

Arrastaram a Jasom e alguns irmãos perante as autoridades – O verbo "arrastar" indica violência ou força. Jasom e os outros crentes são maltratados no caminho para o forum onde

---

[13] Veja notas sobre "temente a Deus" em Atos 16.14.
[14] Atos 20.4.   [15] Atos 13.50.   [16] Atos 17.7.
[17] Jasom era um herói antigo dos gregos, que fez uma viagem para exploração com os argonautas.
[18] Veja notas em Atos 19.30 relativas a uma "assembleia" desse tipo. O governo nas cidades livres diferia daquele das colônias romanas como Filipos (Atos16.20).

serão julgados perante as autoridades civis. O termo grego aqui, *politarchas*, é muito incomum, não ocorrendo em nenhum outro ponto do Novo Testamento; nem, de fato, em qualquer escritor clássico. Aristóteles, cuja obra *Política* praticamente esgota a lista de todos os títulos oficiais conhecidos nas cidades gregas, nem sequer o menciona. Nesta evidência, ou falta dela, os críticos negativos costumavam dizer que Lucas cometeu um erro neste ponto de Atos; e, portanto, seu registro não é digno de confiança (implicando assim também que a doutrina da inspiração é suspeita). Mas na parte que ficava a oeste da cidade, foi encontrado um arco datado da época de Vespasiano, onde se achava gravado o nome "politarchas" e sob o mesmo os nomes de sete homens. Outras inscrições também já foram encontradas na Macedônia, cinco delas de Tessalônica, que mostram que "politarchas" era o título comum dos líderes políticos da cidade, e que Lucas estava exatamente certo e os críticos exatamente errados[19].

Clamando: Estes que têm transtornado o mundo chegaram também aqui – "Clamando" tem a conotação, "Gritando como se a casa estivesse pegando fogo". Paulo e Silas perturbaram a paz em outros lugares, acusaram eles, e agora vieram para a nossa cidade[20]. "Mundo" provavelmente se refere ao império romano.

17.7 –

Aos quais Jasom hospedou – Jasom ajudou e estimulou o crime de que Paulo e Silas são acusados, recebendo-os hospitaleiramente em sua casa. Isto talvez indique também que a igreja se reunia regularmente na casa de Jasom.

Todos estes procedem contra os decretos de César – "Todos" – Jasom e todos os irmãos que foram presos e estão diante dos "Politarchas". Os judeus provavelmente apontavam o dedo para eles ao falar. O plural "decretos" tem provocado alguma dúvida por parte dos comentaristas. Alguns apelam para o decreto de Cláudio como sendo o indicado pelos acusadores[21]. Outros apelam para uma série de decretos contra a traição. Ainda outros se lembram da lei romana que proibia a introdução de uma nova religião[22].

Afirmando ser Jesus outro rei – Esta era uma acusação que exigia a atenção dos Politarchas. Só com a permissão de Roma o nome "rei" podia ser usado em qualquer das províncias conquistadas, e mesmo assim tinha de referir-se a César[23]. As autoridades religiosas que clamavam pela morte de Jesus usaram uma acusação similar contra ele[24], e podemos imaginar os judeus de Tessalônica baseando nisso a sua acusação contra os pregadores. Eles podiam torcer deliberadamente algumas das coisas ditas pelos pregadores, e então tal denúncia teria a dose suficiente de verdade para ser acreditada. Fica claro pelas Epístolas aos Tessalonicenses que o Reino de Cristo, e especialmente sua volta como Rei, se destacava nas pregações de Paulo em Tessalônica[25]. Tais declarações podem ter facilmente fornecido o material para esta acusação de que os pregadores afirmavam haver um outro "Rei".

17.8 –

Tanto a multidão, como as autoridades, ficaram agitadas ao ouvirem estas palavras – A "multidão" seria composta daqueles que se reuniram na praça para ver o que era toda aquela agitação e gritaria, enquanto os arruaceiros arrastavam os irmãos para o tribunal. Quando ouviram as acusações, eles também se inflamaram contra os cristãos. Os cidadãos de Tessalônica

---

[19] Conybeare e Howson, *op. cit.*, p. 258; F. F. Bruce, *op. cit.*, p. 344.
[20] Alguns pregadores esclareceram este texto, dizendo que o missionário vira o mundo de cabeça para cima; foi o Diabo que o virou de cabeça para baixo.
[21] Atos 18.1-3. Compare notas em Atos 16.20.
[22] Veja notas em Atos 16.21.
[23] João 19.15; 1 Pedro 2.13, 17.
[24] Lucas 23.2; João 19.12.
[25] 1 Tessalonicenses 4.14; 5.2, 23; 2 Tessalonicenses 1.7-8; 2.1-12.

iriam temer o que os romanos poderiam fazer ao ouvirem que conspirações contra César tinham surgido na cidade. As autoridades se preocupavam com o que os romanos lhes fariam por não defenderem melhor a honra de César. Na verdade, os judeus provocaram maior agitação ao arrastarem Jasom e os outros cristãos diante do tribunal, do que aquela causada por Paulo e Silas.

17.9 –

Contudo soltaram a Jasom e aos mais, após terem recebido deles a fiança estipulada – O grego diz "eles receberam o suficiente (dinheiro?)" e parece ser um termo técnico para "fiança" ou "garantia". Jasom e os outros cristãos que tinham sido arrastados para o tribunal tiveram de dar dinheiro ou outras garantias. Só podemos concluir, pelo que acontece depois, qual foi a natureza exata da "fiança". Talvez devamos compreender que a "garantia" seria perdido se Paulo e Silas continuassem a pregar na cidade[26]. Jasom e os irmãos ficaram responsáveis, no sentido de impedir que os homens que causaram os problemas não ensinassem mais a sua doutrina em Tessalônica! Paulo e Silas poderiam voltar a pregar depois de um apedrejamento ou espancamento recebido pessoalmente por eles. Mas a coisa mudava de figura quando se tratava de seus convertidos sofrerem pela "ousadia" deles!

Contudo soltaram a Jasom e aos mais – As únicas acusações contra Jasom e os irmãos eram que tinham ajudado os pregadores. Eles próprios não foram acusados de traição, caso contrário, as autoridades não poderiam tê-los soltado tão facilmente.

11. *Em Beréia. 17.10-14*

17.10 –

E logo, durante a noite, os irmãos enviaram Paulo e Silas – Por que à noite? Para escapar com segurança dos inimigos que os arrastariam de novo aos "politarchas", se pudessem encontrá-los e capturá-los. É provável que Paulo tivesse passado mais de seis meses em Tessalônica[27]. Uma nova congregação de cristãos tinha sido implantada[28], e ele havia permanecido o suficiente na cidade para que a igreja de Filipos lhe enviasse ofertas missionárias[29], em pelo menos duas ocasiões diferentes.

Para Beréia – Beréia ficava a cerca de 80 km a sudoeste de Tessalônica. Para chegar até ela, eles poderiam ter viajado pela Via Egnátia na direção oeste até alcançarem, à luz do dia, a estrada secundária que se dirigia numa direção mais ao sul para Beréia (a moderna Voeria). Não sabemos se Timóteo acompanhava Paulo e Silas. É possível que ele continuasse com Lucas em Filipos[30].

Ali chegados, dirigiram-se à sinagoga dos judeus – Seguindo o modelo de evangelismo orientado por Deus, Paulo começa sua obra na nova cidade primeiro entre os judeus. Beréia talvez fosse uma cidade retirada, mas havia judeus em número suficiente ali para haver uma sinagoga.

17.11 –

Ora, estes de Beréia eram mais nobres que os de Tessalônica – "Estes" são os judeus de Beréia que ouvem a pregação de Paulo durante mais do que as três semanas que lhe foi permitido falar na sinagoga em Tessalônica. "Nobre" é uma palavra que frequentemente significa "bem nascido, de nascimento nobre"[31], mas aqui a palavra parece aplicar-se mais à atitude. Duas

---

[26] Crisóstomo entendeu a passagem como dizendo que Jasom e os irmãos prometeram apresentar os apóstolos diante do tribunal; e que se arriscaram ao ajudá-los a fugir.
[27] 1 Tessalonicenses 4.13-5.5; 2 Tessalonicenses 3.7-8.
[28] 1 Tessalonicenses 1.7; 2.13, 20.
[29] Filipenses 4.15-16.
[30] Veja notas em Atos 17.15 relativas às viagens de Timóteo.
[31] Compare 1 Coríntios 1.26 onde a palavra é usada para "nascimento nobre". Rackham interpreta desse modo aqui.

razões são dadas para este elogio aos judeus de Beréia: (1) eles receberam a palavra (o Evangelho), e (2) eles estudavam as Escrituras diariamente. Esta é uma das poucas ocasiões em que Paulo foi bem recebido por seus conterrâneos judeus, cuja salvação tanto desejava[32].

Pois receberam a palavra com toda a avidez – Eles ouviram o Evangelho com atenção e entusiasmo. Tinham a mente aberta, e estavam prontos a ouvir cada vez mais do que Deus tinha a dizer-lhes.

Examinando as Escrituras todos os dias – As Escrituras que estudavam eram os livros do Antigo Testamento. Ou tinham cópias dos livros em suas casas, onde podiam examinar as profecias mencionadas por Paulo, ou iam à sinagoga para estudar os rolos das Escrituras mantidos ali. O fato de ser feito diariamente sugere que Paulo passou algum tempo com eles.

Para ver se as coisas eram de fato assim – Eles comparavam as coisas pregadas por Paulo e Silas com as Escrituras. Em Tessalônica, Paulo E Silas insistiram em que o Antigo Testamento ensinava que o Messias deveria sofrer e ressuscitar dentre os mortos. As mesmas doutrinas devem ter sido provavelmente ensinadas aos judeus em Beréia, e eles começaram sua investigação pessoal das Escrituras. Pensadores têm lutado a respeito da relação correta entre a Fé e Razão. Os bereanos dão um bom exemplo a seguir[33].

17.12 –

Com isso muitos deles creram – Em resultado da pregação do Evangelho e de estudar as Escrituras, eles foram levados a se converterem à religião cristã. Em muitas cidades, a maioria dos convertidos era de origem gentia. Em Beréia é diferente. "Muitos" judeus se tornaram cristãos.

Mulheres gregas de alta posição, e não poucos homens – "Alta posição" provavelmente modifica tanto homens como mulheres. O trabalho evangelístico dos apóstolos incluía mais do que as pessoas que compareciam à sinagoga. Eis aqui gregos convertidos, cidadãos proeminentes e suas esposas[34]. Entre esses convertidos, sabemos o nome de um único, Sópatro[35], que era judeu.

17.13 –

Mas, logo que os judeus de Tessalônica souberam que a palavra de Deus era anunciada por Paulo também em Beréia – Os pregadores haviam partido de Tessalônica à noite, a fim de escapar de seus perseguidores, mas estes não se esqueciam deles. Quando souberam que muitos judeus em Beréia se haviam tornado cristãos, sua ira reacendeu-se. Desejam a todo custo silenciar os pregadores cristãos, se têm vontade de viajar 80 km para isso. Aparentemente é com referência a esses líderes judeus que Paulo escreve em 1 Tessalonicenses 2.15-16: "não agradam a Deus, e são adversários de todos os homens, a ponto de nos impedirem de falar aos gentios para que estes sejam salvos".

Foram lá – Não há possibilidade de determinar quanto tempo Paulo ficou em Beréia antes dos judeus de Tessalônica descobrirem onde estava. Mas havia estado ali o bastante para estabelecer uma congregação. O mesmo zelo maligno que caracterizou os judeus da Galácia durante a primeira viagem missionária de Paulo, surge agora contra ele nesta segunda viagem[36]. Os judeus que o prejudicaram antes, vão persegui-lo de cidade em cidade.

Excitar e perturbar o povo – A palavra traduzida aqui "excitar" é muito pitoresca – ela indica o ferver das ondas do mar quando sopradas por uma ventania. Não sabemos quais as acusações feitas pelos judeus contra Paulo, ou sequer quem escutou as denúncias. Tem sido suposto

---

[32] Romanos 9.3.
[33] Classes de Escola Dominical e Igrejas têm escolhido o nome "Beréia" para indicar seu desejo de seguir o exemplo digno estabelecido pelos judeus dessa cidade.
[34] Compare notas em Atos 13.50 sobre "mulheres piedosas" (de alta posição).
[35] Atos 20.4.   [36] Atos 14.19.

que Beréia tivesse uma população judia influente, e através desses judeus é que os líderes judaicos de Tessalônica conseguiram insuflar os sentimentos do povo contra Paulo. No caso de terem sido pronunciadas acusações contra Paulo diante da população gentia, talvez elas fossem semelhantes às proferidas em Tessalônica[37]. Note também que os judeus se concentravam em perseguir Paulo. Será que isto se deve ao fato de ele ter-se evidentemente tornado a pessoa de maior destaque no grupo missionário?

17.14

Então os irmãos promoveram, sem detença, a partida de Paulo – Os "irmãos" são os cristãos de Beréia. A fim de proteger o pregador de um dano físico e talvez a morte, eles o tiraram rapidamente da cidade. Segundo o versículo 15, alguns dos crentes de Beréia acompanharam Paulo em sua jornada.

Para os lados do mar – Quem quiser fazer um mapa das viagens de Paulo descobrirá a necessidade de tomar uma decisão neste ponto. Alguns manuscritos sugerem que Paulo pretendia seguir em direção ao mar, mas na verdade dirigiu-se por terra em direção a Atenas. A dissimulação tinha como propósito iludir os judeus que poderiam persegui-lo, segundo esta opinião. Outros manuscritos indicam que Paulo realmente foi até o porto marítimo mais próximo (Dium), e dali navegou para Atenas. De acordo com esta última leitura, "para os lados do mar" significa que Paulo, ao deixar às pressas a cidade, não teve tempo para fazer planos antecipadamente. Ele disse simplesmente aos que ficavam que se dirigia para o porto. Durante a viagem naquela direção, a cerca de 32km de distância, ele formulou seus planos de fazer a primeira parada em Atenas.

Porém Silas e Timóteo continuaram ali – Da última vez em que Timóteo foi especificamente mencionado, ele se encontrava em Filipos[38]. Este versículo o coloca em Beréia. Ao que parece, Timóteo juntou-se a Paulo durante o ministério deste em Beréia. Este versículo diz agora que Timóteo e Silas permaneceram em Beréia, enquanto Paulo fugiu em direção ao mar. Era hábito de Paulo deixar um ajudante para edificar as igrejas novas. Na ausência do apóstolo, esses dois pregadores se envolveriam nesse tipo de ministério, além de ganhar mais almas para Cristo.

12. *Em Atenas. 17.15-34*

17.15 –

Os responsáveis por Paulo levaram-no até Atenas – A distância entre Beréia e Atenas por terra era de 250 milhas romanas, ou cerca de 12 dias de viagem; mas apenas três dias por mar. Alguns dos irmãos de Beréia acompanharam Paulo, não só para demonstrar seu afeto por ele, mas talvez também para guiá-lo e protegê-lo. Supondo que Paulo viajasse de navio, ele teria descido no porto de Pireu e depois caminhado pela nova estrada, chamada Hamaxitos, que seguia para a cidade em direção ao nordeste. Ao longo desta estrada haviam sido levantado altares, a intervalos, para os deuses desconhecidos. Mascates e mercadores colocavam suas barracas junto aos portões da cidade, vendendo frutas, azeitonas, e peixe. Abrindo caminho entre eles, Paulo entraria na praça, cercada de vários lados por pórticos, pintados por artistas famosos e adornados com as estátuas mais nobres. Ali ficavam também a torre e o relógio de água de Andrônico. Ao sul do fórum se erguia o Monte de Marte e a Acrópole com o Panteão. Do lado sul da Acrópole se encontrava o teatro de Dionísio. Podemos imaginar o apóstolo subindo os degraus da Propileia e entrando na plataforma da Acrópole, onde se viu rodeado por construções que abrigavam as estátuas dos deuses. Desde a época de Alexandre o Grande e a conquista pelos romanos, Atenas não era mais a cidade politicamente poderosa que costumava ser; mas era ainda a capital cultural, filosófica e intelectual do mundo[39]. Evidências disto podiam ser vistas em toda parte; mas en-

---

[37] Atos 17.6-7   [38] Atos 16.40.
[39] Roma era o centro político, e Corinto o centro comercial do mundo romano.

quanto estava de pé na Acrópole, observando a cidade, o que Paulo realmente viu foram homens necessitados de Cristo.

E regressaram trazendo ordem a Silas e Timóteo para que o mais depressa possível fossem ter com ele – Os cristãos de Beréia que acompanharam Paulo a Atenas serviram de mensageiros para levar essa ordem a Silas e Timóteo que continuavam em Beréia. Paulo quer que se juntem a ele o mais depressa possível. Timóteo reuniu-se a Paulo enquanto este ainda se achava em Atenas, mas Silas aparentemente não chegou até que Paulo alcançasse Corinto (Paulo seguiu para Corinto depois de Atenas). Segundo 1 Tessalonicenses 3.1, 2, enquanto Paulo estava em Atenas, ele considerou oportuno ficar sozinho e enviou Timóteo a Tessalônica a fim de fortalecer os irmãos. A partir disto, reconstruímos as viagens de Timóteo. Ele deve ter-se encontrado com Paulo antes deste sair de Atenas. Ao que tudo indica, ele não havia estado antes em Tessalônica, portanto sua chegada não poria Jasom em perigo (ou iria obrigá-lo a perder sua fiança) como aconteceria com a chegada de Paulo ou Silas. Quando Paulo parte de Atenas e segue para Corinto, tanto Timóteo como Silas irão juntar-se ali a ele[40].

Partiram – Paulo é deixado sozinho em Atenas por algum tempo e irá evangelizar sozinho depois dos irmãos de Beréia retornarem. (A SBB não contém a palavra "partiram", só a IBB – N. T.).

17.16 –

Enquanto Paulo os esperava em Atenas – Não é indicado quanto tempo Paulo permaneceu em Atenas. Algum tempo seria requerido para as viagens de ida e volta a Beréia e para Timóteo concluir seu trabalho a fim de seguir para Atenas para juntar-se a Paulo. Nesse intervalo, Paulo teve muito tempo para observar a situação idólatra da cidade.

O seu espírito se revoltava – A mesma palavra foi traduzida "desavença" em Atos 15.39. Ela envolve a ideia de ferver de raiva, e o tempo imperfeito indica aqui a continuação dos sentimentos sobre a idolatria, quanto mais a observava.

Em face da idolatria dominante na cidade – O fato de que a cidade estava cheia de ídolos é fartamente testificado pelos escritores seculares antigos. Pausânias diz: "Os atenienses superavam de muito os demais em seu zelo pela religião"[41]. Luciano escreveu: "de todo lado havia altares, vítimas, templos e festivais"[42]. E Petrônio, de forma mais ou menos humorística, declara: "É mais fácil encontrar ali um deus do que um homem"[43]. Bustos de Hermes em todo o canto, estátuas e altares no pátio de cada casa, templos, pórticos e colunatas, tudo lembrava Paulo da idolatria em que aquelas pessoas chafurdavam. Ele contemplou horrorizado os Teseus, os Ilissus, os frisos de Centauros e "lapithae" no Partenon, que os homens se curvavam e adoravam as obras feitas pelas suas mãos. A beleza e forma que admiramos no Apolo, Afrodite, Mercúrio, ou no Fauno, seriam para Paulo objeto de repulsa – por serem objetos de adoração – por trás dos quais se achavam demônios[44]. Onde costumamos ver postes de iluminação, nomes de ruas, hidrantes, e caixas de correios em toda parte, Paulo viu evidências (nos ídolos e altares) da degradação em que a humanidade se afunda quando usa qualquer substituto do Diabo pela maneira de adoração real, revelada por Deus.

17.17 –

Por isso – Note a ligação! Paulo viu a enorme idolatria de Atenas. Seu espírito indignou-se! Ele começou então a falar. O que eles precisam na verdade é de Cristo.

---

[40] Atos 18.5.
[41] Pausânias, *in Attic* (parte do seu *Hellados Periegesis*), I. 24.
[42] Luciano, *The Literary Promethius*, p. 180.
[43] Petrônio Árbiter, *Petronii Arbitri Satyricon*, XVII.
[44] 1 Coríntios 10.20.

Dissertava na sinagoga entre os judeus e os gentios piedosos – Mesmo em Atenas, Paulo procurou primeiro os judeus, apesar dos ataques contra a sua vida feitos por estes nas diversas cidades que havia visitado recentemente. Ele empregou o mesmo método ("dissertava"[45]) em Atenas que aplicou em Tessalônica. Paulo tentou, semana após semana, ajudar os judeus e prosélitos a compreenderem que Jesus era o Messias predito pelos profetas do Antigo Testamento.

Também na praça todos os dias, entre os que se encontravam ali – Veja o mapa do fórum, no final deste livro, mostrando a localização ao norte do Areópago. Era uma área grande, retangular, com passeios cobertos (varandas) ao longo dos lados[46]. Templos, edifícios públicos, estátuas, fontes e monumentos enchiam a área. A cada dia, durante várias horas da manhã, o lugar fervilhava de pessoas que iam comprar ou vender. No resto do dia, os filósofos e professores procuravam uma pedra alta ou estrado de onde ensinar, ou podiam ser encontrados andando ao longo das varandas com os seus alunos. Paulo compareceu diariamente à praça, provavelmente competindo com outros mestres. Falar em praça pública não era um método novo de evangelismo para Paulo. Ele havia feito o mesmo em Listra na primeira viagem missionária. Paulo se esforça para converter aqueles judeus e pagãos ao cristianismo.

17.18 –

E alguns dos filósofos epicureus – Esta era uma das duas grandes escolas de pensamento grego no primeiro século. Os homens que seguiam as doutrinas do filósofo Epicuro, 342-270 a.C., eram chamados epicureus.

Alguns dos principais conceitos dos epicureus eram: (1) o prazer é o maior objetivo da vida. "Coma, beba e se divirta" veio a ser um resumo popular desta filosofia, embora não seja talvez um resumo adequado. Com "prazer", Epicuro queria indicar o prazer de boa qualidade (e lhe dava prazer ser generoso, bondoso e patriótico). Mas seus seguidores estabeleceram seus próprios padrões de prazer, e no geral viviam cedendo aos prazeres da carne. (2) Eles ensinavam que a matéria é eterna, e portanto negavam que o mundo tivesse sido criado por alguma divindade. (3) Eles negavam a imortalidade da alma. (4) Negavam qualquer ideia de castigo futuro, após a morte, por obras feitas nesta vida. (5) Negavam a ideia de que os deuses exercessem qualquer controle providencial sobre os assuntos humanos.

E estóicos (filósofos) – Os filósofos estóicos defendiam a teoria ensinada originalmente por Zeno de Chipre, que morreu em 264 a.C., depois de viver até os 96 anos. Em vista de dar regularmente suas aulas em uma das varandas da praça, seus seguidores eram chamados "estóicos" (da palavra grega *stoa*, que significa "varanda"). A filosofia estóica era bem conhecida em Tarso, cidade natal de Paulo. É possível citar pelo menos seis filósofos estóicos famosos procedentes de Tarso.

As doutrinas dos estóicos incluíam estas: (1) O mundo foi criado por Zeus. (2) Todas as coisas eram governadas pelas "Parcas", a quem o próprio Zeus estava sujeito. (3) A auto-negação era ensinada como contribuindo para o mais alto objetivo na vida. As paixões e afeições deviam ser suprimidas e restringidas ("sorria e aguente!"); a apatia ou indiferença ao prazer ou à dor, ou o domínio sobre todos os desejos e paixões, de modo que nenhum pudesse controlar o homem; era isso que os estóicos almejavam[47]. (4) Eles negavam a imortalidade da alma, afirmando alguns que ela existiria apenas até a destruição do universo, e outros que seria finalmente absorvida na essência divina e se tornaria parte da divindade (i.e., eles criam na transmigração das almas).

Ambos os sistemas de pensamento, epicureu e estóico, eram duas tentativas diferentes dos pagãos pré-cristãos para explicar as grandes interrogações da vida. Os filósofos pós-cristãos que

---

[45] Compare Atos 17.2.
[46] Do lado leste do fórum ficava o "pórtico pintado" onde Zeno costumava ensinar. Este pórtico era adornado com afrescos da batalha de Maratona, e tirou seu nome dessas pinturas.
[47] Os estóicos têm sido chamados de fariseus do mundo da filosofia, pois em sua apatia perderam qualquer sentimento de compaixão (comparando-se aos fariseus que em seu legalismo também tinham pouca simpatia pelos semelhantes). Josefo, *Vida*, c. 2.

ignoram a revelação de Deus não irão ter mais sucesso do que esses homens ao formularem uma perspectiva de vida, e de fato não o fizeram, embora alguns tivessem tentado.

Contendiam com ele – Em Atos 4.15 esta palavra foi traduzida "consultavam". Enquanto Paulo se dirigia ao povo na praça todos os dias; alguns paravam para discutir seu ensino com ele.

Havendo quem perguntasse: Que quer dizer esse tagarela? – "Tagarela" vem de uma palavra que significa literalmente "apanhador de sementes". Ela era aplicada pelos gregos aos pobres que depois da colheita colhiam as sementes deixadas nos campos, e depois aos homens que ficavam ao redor das lojas e mercados, apanhando os restos que caíam dos fardos de comida e se alimentando com eles. Era também o nome dado a um passarinho que pulava daqui para ali, apanhando os grãos espalhados. O termo veio a ser então aplicado aos que apanhavam pedaços de informação aqui e ali e depois procuravam passá-los adiante como sendo seus. Foram talvez os estóicos que lançaram esta crítica depreciativa a Paulo, pois Zeno, o fundador da doutrina deles, havia empregado o termo com relação a um de seus discípulos[48]. Alguns dos filósofos gregos que contenderam com Paulo o descartaram como alguém que havia apanhado bocados de filosofia aqui e ali e estava proclamando simplesmente uma filosofia sincretista[49]. A sentença não está completa no grego. Podemos completá-la desta forma: "o que esse tagarela ocioso desejaria dizer, caso pudesse expressar claramente os seus pensamentos?"

E outros: Parece pregador de estranhos deuses – Os ouvintes julgavam que Paulo estivesse apresentando duas novas divindades a serem acrescentadas ao seu panteão – deuses cuja existência Paulo estava dando-lhes conhecimento. A palavra traduzida "deuses" indica na verdade "demônios" – seres que na mitologia grega eram superiores aos homens, mas inferiores aos deuses. Eles haviam sido (na mitologia grega) exaltados a essa condição superior depois de terem sido heróis ou homens notáveis nesta vida. O termo "estranhos" é usado aqui no sentido de "estrangeiro", i.e., deuses de outro país. Os gregos adoravam muitos deuses próprios; e como criam que todo país tinha suas divindades peculiares, supunham que Paulo tinha vindo anunciar a existência desses deuses estrangeiros e até então desconhecidos para eles[50].

Pois pregava a Jesus e a ressurreição – Lucas nos dá aqui a razão para alguns dos gregos pensarem que Paulo apresentava divindades estranhas. O tempo do verbo "pregava" mostra que este era um tema sempre repetido nos sermões de Paulo aos ouvintes na praça do mercado. Isto parece indicar que os atenienses supunham que Paulo falava de duas divindades diferentes: Jesus e Ressurreição (a última uma divindade do sexo feminino, *Anastasis*[51]). Não parece haver qualquer outra explicação satisfatória do plural "divindades" na frase anterior, exceto que supunham que *anastasis* fosse o nome de alguma deusa (assim como eles tinham Compaixão, Piedade, Modéstia e Harmonia como deusas e haviam levantado altares para elas; e também para a Vergonha, Fome e Desejo). Alguns negam esta interpretação, apresentando como prova a afirmação de que Paulo dificilmente se expressaria tão obscuramente, dando lugar a esse mal-entendido. Tal negativa, porém, ignora o problema de "verbalismos" sempre presente quando um preletor fala a uma audiência. Tendem sempre a colocar sua própria interpretação nas palavras dele, em lugar de ouvir a definição dada pelo orador. O que quer que os gregos possam ter entendido, somos informados aqui sobre o conteúdo da pregação de Paulo aos ouvintes casuais no fórum. Ele enfatizou Jesus (o Salvador de Deus para o mundo) e a ressurreição (não deu tanta ênfase à ressurreição de Cristo, mas à ressurreição dos corpos mortos de todos os homens – uma ideia estranha ao pensamento grego – algo garantido pela ressurreição de Jesus).

---

[48] Diógenes Laertius, *Zeno*, c. 19.

[49] Como é natural, Paulo nega que este ensino fosse um conglomerado sincrético. Ele diz que sua mensagem lhe foi revelada por Deus, Gálatas 1.11ss.

[50] Esta foi precisamente a acusação que condenou Sócrates; a saber, que ele proclamava "divindades estranhos". Xenofonte, Memorabilia, I. 1. 1.

[51] Eles pareciam personificar a palavra "ressurreição". Isto era fácil, desde que todos os nomes antigos tinham um significado.

17.19 –

Então, tomando-o consigo, o levaram ao Areópago, dizendo – Ao que parece, Paulo foi levado à colina onde o celebrado tribunal, a corte suprema de Atenas, frequentemente realizava suas reuniões[52]. Esta colina ficava quase no meio da cidade, mas pouco resta em seu cume para ajudar-nos a determinar o seu aspecto nos dias de Paulo. Existem bancos cortados na rocha em que os juízes se sentavam. Dezesseis degraus gastos levam ao alto de um platô entre o Areópago e a Acrópole. Duas pedras no meio do lugar em que os juízes se sentavam eram destinadas ao acusador e acusado, no julgamento dos casos de assassinato. Qual era exatamente o propósito dos filósofos ao levarem Paulo para o Areópago (também chamado Monte de Marte) precisa ser extraído do contexto. Alguns sugerem que os areopagitas (juízes) simplesmente queriam um lugar tranquilo, longe da multidão e do ruído do fórum, onde pudessem ouvir o que Paulo dizia sem serem perturbados. Outros pensam que este foi um interrogatório preliminar e que se Paulo não satisfizesse os juízes, que consideravam severamente aqueles que surgiam ensinando sobre "divindades estranhas", ele teria de submeter-se a um julgamento. Embora as palavras "ao Areópago" possam significar o lugar em que a corte se reunia, ou o tribunal em si, devemos provavelmente imaginar Paulo cercado pelos juízes ("o conselho do Areópago"), desde que no final da mensagem um dos areopagitas é citado como convertido[53].

Poderemos saber que nova doutrina é essa que ensinas? – Tem sido discutido se esta foi a abertura de um julgamento formal. Ela tem algumas das formas de um julgamento, pois o versículo 20 poderia ser considerado como uma acusação. Todavia, não parece haver um acusador sentado na pedra oposta a Paulo. A maneira como a pergunta é feita ao apóstolo, poderia ser uma indagação cortês, ou talvez cheia de ironia e sarcasmo[54]. Quem sabe devamos imaginar o que está acontecendo a Paulo como uma investigação preliminar para decidir se existe qualquer razão para apresentar acusações formais contra ele, desde que em Atenas a introdução de "divindades estranhas" poderia ser uma ofensa capital[55]. Parece ficar implícito pela nota parentética (versículo 21) inserida abaixo por Lucas, que não houve uma acusação formal contra Paulo nessa ocasião.

17.20 –

Posto que nos trazes aos ouvidos coisas estranhas – "Estranhas" transmite de novo a ideia de "pertencente a um país estrangeiro"[56]. Não é exatamente a mesma palavra (aqui há a conotação de surpreendente, confuso, estranho), mas parece ser uma explicação do motivo deles desejarem saber mais sobre o seu ensino.

Queremos saber que vem a ser isso – Dê-nos mais informações, a fim de compreendermos mais claramente o que é afirmado a respeito de Jesus e da ressurreição.

17.21 –

Pois todos os de Atenas, e os estrangeiros residentes – Lucas dá aqui uma explicação entre parênteses sobre o povo de Atenas, mostrando o motivo do seu entusiasmo em ouvir o que Paulo tinha a dizer. O grego diz: "Agora todos atenienses", sem qualquer artigo, falando assim de uma característica da população inteira. 400 anos antes, Demóstenes havia reprovado os atenienses por passarem horas ociosas no fórum, inquirindo sobre as últimas novidades sobre os movimentos de Filipe da Macedônia que estava então subindo ao poder, quando em vez disso

---

[52] O "Conselho do Areópago" também realizava reuniões no Pórtico Real, do lado oeste do fórum de Atenas, como Demóstenes nos informa. (*Phillipic* I.).
[53] Atos 17.34.
[54] O grego poderia ser traduzido: "Podemos saber...", ou "Poderemos saber...".
[55] Josefo, *Contra Ápio*, II. 38, nos conta como uma certa sacerdotisa tinha sido condenada em Atenas por ter levado pessoas a adorarem divindades estranhas.
[56] Veja acima no versículo 18.

deveriam estar se preparando para a guerra. Atenas era um centro de arte, filosofia, arquitetura, ciência e literatura. Jovens estudantes de todo o império iam para ali terminar sua educação. Estes estariam incluídos entre os "estrangeiros residentes", como aconteceria com os visitantes e turistas.

De outra coisa não cuidavam senão dizer ou ouvir as últimas novidades – A explicação de Lucas mostra como os atenienses sacrificavam questões mais importantes da vida para satisfazer sua curiosidade inquieta de saber as últimas notícias[57]. Eles tinham até uma expressão: "Quais são as notícias?" em que o adjetivo estava literalmente no grau comparativo: "O que há de mais novo?" Tal atitude leva as pessoas a considerarem qualquer coisa antiga como obsoleta e de pouco valor. Ela os impele a experimentar as últimas modas passageiras e prazeres, mas nunca as deixa satisfeitas ou contentes. Os indivíduos com esse tipo de filosofia terão dificuldade em interessar-se pelo Evangelho eterno por muito tempo. A nota parentética de Lucas ajuda a explicar que aquele não foi um interrogatório formal, mas não exclui a ideia de ter sido um exame preliminar das doutrinas de Paulo. Ela também nos prepara para o fato que a resposta ao convite não foi tão grande como nas outras cidades.

17.22 –

Então Paulo, levantando-se no meio do Areópago – Fica evidente que Lucas registrou apenas um resumo ou esboço do discurso; mas isto basta para percebermos claramente o curso dos pensamentos de Paulo e a maneira como defrontou os filósofos epicureus e estóicos[58]. Os bancos em que os juízes se assentavam formavam três lados de um quadrângulo, e Paulo fica de pé no meio desses homens enquanto discursa[59].

Disse: Senhores atenienses! – Esta era a maneira usual de começar um discurso aos areopagitas. Paulo é perfeitamente respeitoso em sua linguagem, embora seu coração tivesse sido profundamente afetado pela idolatria deles.

Em tudo vos vejo acentuadamente religiosos – Onde quer que olhasse (versículo 23), ele via evidência da "religiosidade" dos atenienses[60]. Em lugar de "acentuadamente religiosos" é possível traduzir *deisidaimon* como "muito supersticiosos". Esta palavra podia ser um elogio ou uma censura – dependendo do que o orador continuasse dizendo. Ela servia para chamar a atenção. O ouvinte pensaria: "Ele nos cumprimentou ou nos estapeou?" Não é fácil expressar a força exata do termo grego por não haver um equivalente exato em nosso idioma. "Supersticiosos" talvez se incline demasiado para a reprovação; "religiosos" pende demais para o elogio. Deve ser notado de passagem que *deisidaimon* poderia ser interpretado "adorador de muitos demônios", uma expressão perfeitamente adequada para um povo pagão como os atenienses, que viviam no temor dos espíritos malignos e faziam tudo para evitar ofender os espíritos.

17.23 –

Porque passando e observando os objetos de vosso culto – "Passando" significa provavelmente "andando pelas ruas". "Observando" é um particípio presente que sugere ter ele con-

---

[57] O adjetivo traduzido como "novo" aqui, está no grau comparativo no grego, "mais novo". Os atenienses queriam ouvir a notícia mais nova que a última que até então foi nova. Muitos dos escritores antigos atestam a curiosidade insaciável dos atenienses em ouvir algo mais recente. Tucídides, *History*, III. 38; Aelian, *Various Histories*, V. 13.

[58] Pontos de vista opostos têm sido expressos no sentido de Paulo ter ou não podido fazer um discurso como o apresentado aqui. Lucas tem sido acusado de tê-lo escrito e colocá-lo na boca de Paulo. Por outro lado, estudiosos familiarizados com os clássicos têm sido os maiores defensores da autenticidade desta preleção. Veja o assunto discutido em F. F. Bruce, *op. cit.*, p. 354. Um escritor recente sobre Atos, Ernst Haenchen, afirmou que todos os discursos de Atos são composições preparadas mais tarde, e usa o do Areópago como uma das provas mais fortes de sua teoria. Toda a sua teoria falha, porém, se puder ser mostrado que Atos foi escrito antes da data de 90 A.D., à qual ele atribui o livro.

[59] Veja acima no versículo 19.

[60] Testemunhos da "religiosidade" dos atenienses, semelhantes ao de Lucas, podem ser encontrados em Josefo, *Contra Ápio*, II. 11; Pausânias, *op. cit.*, I. 17. 1; Tucídides, *op. cit.*, II. 40.

siderado várias vezes o que via. Os "objetos de culto" seriam os templos, altares, santuários e estátuas ligados à adoração dos deuses. Não significa que Paulo os tenha observado enquanto rendiam culto (como algumas tradições inglesas perecem dizer), mas que ele viu os objetos e lugares de adoração. Havia de 2.000 a 3.000 ídolos notáveis na cidade, conforme o cálculo de alguns.

Encontrei também um altar no qual está inscrito: AO DEUS DESCONHECIDO – O altar é o lugar designado para o oferecimento de um sacrifício. Onde este altar se encontrava, ou quando foi construído, tem dado ocasião a muito debate entre os expositores. Os comentaristas têm pesquisado a literatura secular para descobrir o evento histórico em que o altar foi erigido. Por exemplo, muitos se reportam á época em que Epimenides de Creta, que por ser um grande profeta foi convidado a visitar Atenas num período em que a cidade passava por uma epidemia, como uma explicação provável de sua origem[61]. Conta-se que ele soltou ovelhas na cidade, e onde quer que elas parassem, eram ali sacrificadas. Caso não houvesse um altar próximo, os atenienses sacrificavam ao deus desconhecido que deveria ser adorado naquele lugar, e quem, segundo eles, tinha poder para fazer cessar a praga se abandonasse sua ira contra os atenienses. Existem tantos motivos que podem ter levado à edificação desse altar, que é impossível fixar-se em qualquer deles com segurança. Basta saber que ele existiu[62], e correspondeu ao propósito de Paulo para provar que os atenienses temiam muito os demônios; também servindo como uma introdução (ponto de contato) para a apresentação do Deus único e verdadeiro.

Pois esse que adorais sem conhecer – Paulo vai falar de Jeová como um Deus que eles já adoravam, apenas não sabiam o seu nome. O apóstolo aponta para o anseio de adorar que encontrou nos homens, cujo anseio haviam tentado expressar em seus ídolos e templos, como uma evidência de um conhecimento obscuro e imperfeito do Deus verdadeiro. "Que" (neutro) indica que eles ignoravam ainda que Deus era uma pessoa.

É precisamente aquele que eu vos anuncio – Essas palavras contêm a resposta à calúnia de que não passava de um apanhador de grãos. Se estava explicando algo que eles admitiam não saber, dificilmente poderia ter obtido deles sua informação, não é? Paulo está dizendo: "Vocês têm um conhecimento obscuro e imperfeito do Deus que vim apresentar-lhes. Vocês admitem isso com o seu altar ao 'Deus desconhecido'. Eu O conheço! Vou contar-lhes o seu nome, seus atributos, seus esforços para salvar os homens". À medida que Paulo lhes fala sobre o Deus Vivo, note como ele ataca as principais ideias tanto dos filósofos epicureus como dos estóicos[63].

17.24 –

O Deus que fez o mundo e tudo o que nele existe – Numa cidade tão cheia de idolatria e falsas ideias sobre o que é realmente a divindade, poderia ser dito que o principal objetivo do sermão de Paulo foi convencê-los da insensatez da idolatria (versículo 29), levando-os assim ao arrependimento. "Deus" (singular) seria uma palavra que contestaria a opinião deles no sentido de haver muitos "deuses". Quando ele fala de "Deus" como criador, estaria se opondo tanto ao pensamento dos epicureus como dos estóicos, pois julgavam a matéria eterna, ou que Zeus era o criador. Paulo emprega o termo *kosmos* para o mundo, no mesmo sentido em que os filósofos o utilizavam para o universo ordenado.

Sendo ele Senhor do céu e da terra – O verbo traduzido "sendo" tem a conotação de que Deus é o Senhor *natural* do céu e da terra. Envolvido na expressão "Senhor do céu e da terra" encontra-se o conceito da providência de Deus. Ele está controlando ativamente o universo. Esta afirmação teria contrariado as crenças dos estóicos (eles criam que as Parcas governavam tudo) e as dos epicureus (que afirmavam não estarem os deuses interessados nas questões rotineiras dos homens e nações).

---

[61] Diógenes Laertius, *Epimenides*, c. 3.
[62] Pausânias, *op. cit.*, I. 4; Filostrato, *Life of Apollonius*, VI. 3.5.
[63] Será útil neste ponto reexaminar os principais dogmas ensinados pelas escolas de filosofia (v. 18 acima) e verificar então como Paulo responde a cada um deles em seu discurso.

Não habita em santuários feitos por mãos humanas – Se ele é o criador de todas as coisas e o Senhor do céu e da terra, é infinitamente superior aos deuses que habitavam em um pequeno templo construído pelos homens e ficavam limitados a um pequeno espaço. Nem mesmo o templo de Jerusalém podia conter a Deus – como Salomão reconheceu perfeitamente quando essa estrutura foi dedicada[64]. Ao falar de templos feitos por mãos humanas, Paulo poderia ter apontado para o Partenon na direção leste, e também para os templos de Apolo, Vulcano (Hephaestus), Teseu, e Ares. Deus não vive em edifícios como esses, afirma Paulo[65].

17.25 –

Nem é servido por mãos humanas, como se de alguma coisa precisasse – Os adoradores costumavam colocar ofertas de alimento diante dos ídolos dos deuses. Quando as festas nos templos dos ídolos terminavam, os adoradores deixavam comida e ofertas numa plataforma durante a noite, com a ideia de que os deuses desceriam e comeriam à vontade. Deus Jeová não precisa da ajuda de homens para existir! Nas duas últimas declarações, Paulo golpeia as falsas teorias do valor dos templos e da religião. Todas as religiões pagãs enfatizam o que o adorador deve fazer pelo deus. O cristianismo é diferente, pois enfatiza o que Deus fez e continua fazendo pelo adorador[66].

Pois ele mesmo é quem a todos dá vida, respiração e tudo mais – Jeová é a fonte da vida e, portanto, não pode depender daquela vida que Ele mesmo concedeu. Os escritores se empenham na tentativa de explicar a diferença entre "vida" e "respiração". Talvez a melhor distinção seja supor que o primeiro termo fale da vida em si, existência; enquanto o segundo se refere à continuação dessa vida (Deus fornece o oxigênio que os homens precisam para respirar, etc.). Deus preserva e sustenta, assim como é criador. Ele provê todas as coisas necessárias para a preservação da vida e respiração.

17.26 –

De um só fez toda raça humana – O registro de Gênesis diz que Deus criou Adão e depois formou Eva (de uma parte de Adão). Deste par se originaram todas as nações da terra. Esta declaração da origem da raça humana estava em contraste direto com o conceito dos atenienses de sua própria origem ser diferente da dos outros homens[67]. O orgulho nacional das várias raças (os deuses deles eram melhores que os dos outros; suas origens eram superiores às dos outros) tendiam a afastar as raças umas das outras, e levavam a uma atitude arrogante com os estrangeiros, e cruel com os escravos. Paulo ataca aqui as raízes de todas essas ideias, declarando que todos descendiam de Adão[68].

Este Deus que não pode habitar em casas feitas por mãos humanas e que é o Senhor do céu e da terra, em lugar de ser o deus de uma nação única sobre a qual preside e a qual defende das demais, na verdade criou todas as nações, fez todas elas de um único homem – e guia o destino de todas.

Este versículo concorda com a história mosaica. É interessante notar que muitas vezes, através de toda a Palavra de Deus, é afirmado que Deus criou a terra e todos que nela habitam. Negar a Criação não é negar apenas o registro de Gênesis. É negar a Escritura inteira. Negar que Deus é o criador de todos, feitos de um só, por acharmos difícil reconciliar isso com a presente diversidade de tipos humanos, é negar a afirmação das Escrituras – não por causa daquilo que sabe-

---

[64] 2 Crônicas 2.6.
[65] É evidente que esta verdade coloca a "santidade" dos prédios de igreja sob uma base completamente diversa daquela que influenciava a mente do judeu ou grego com respeito aos seus respectivos templos. Os prédios de igreja não são santos porque Deus vive neles, mas por serem separados para os atos mais elevados da congregação que os utiliza.
[66] Compare a declaração de Paulo sobre as atividades de Deus para os homens em Atos 14.16ss.
[67] Aristóteles, *Vespasion*, 1076; Cícero, *Pro Flacco*, XXVI.
[68] Veja o mesmo ponto enfocado em Romanos 5.15-19, e note como é importante para uma visão mundial correta. A negativa da criação de todos através de Adão, levaria diretamente a uma negativa do valor da obra da expiação de Cristo.

mos – mas devido ao que desconhecemos. Se soubéssemos talvez toda a história das raças da humanidade, sem dúvida conheceríamos as causas das variedades das raças e a época ou épocas em que elas passaram a existir.

Para habitar sobre toda a face da terra – Segundo o registro de Gênesis, a terra foi criada e tornada habitável antes do homem ser colocado nela. A seguir, ele recebeu a ordem de gerar filhos e encher a terra[69]. Pela sua divina providência, Deus ordenou de modo que os descendentes de Adão se alastraram por todas as terras habitáveis na face do planeta.

Havendo fixado os tempos previamente estabelecidos – Isto significa que Deus, em seu plano, havia fixado os tempos em que cada nação seria estabelecida, e a ascensão, prosperidade e queda de cada uma delas. Os diversos continentes e ilhas não foram, portanto, estabelecidos por acaso. Nações surgiram e desapareceram, não por acaso ou por causa da sobrevivência dos mais aptos – mas porque a mão de Deus operou! A partir de versículos como estes podemos formular uma filosofia divina da história.

E os limites da sua habitação – Deus interferiu na determinação de quanto território uma certa nação deveria incluir. A doutrina de Paulo está de acordo com os relatos do Antigo Testamento que ensinam que o Altíssimo havia dado às nações sua herança[70]. Mais do que os aspectos geográficos estão envolvidos (montanhas, rios e mares), que poderiam servir de barreiras para a expansão. Paulo insiste em que a providência de Deus supera todas essas barreiras naturais, assim como a guerra e a migração, quando Ele determina até que ponto as fronteiras de uma nação devem chegar. As ideias apresentadas nestas últimas frases entrariam em conflito tanto com as ideias da história dos epicureus como dos estóicos.

17.27 –

Para buscarem a Deus – A razão de Deus ter feito o que é afirmado sobre Ele no versículo 26 (colocar os homens na terra, determinar quando as nações surgem e caem), foi para que os homens buscassem a Ele. Qual o bem maior? Não é o *prazer* (como os epicureus ensinavam) nem a *apatia* (ensinada pelos estóicos), mas ele é encontrado na busca de Deus! Deus planejou tudo, para que o desejo humano por Ele fosse despertado, a fim de que os homens almejem conhecer melhor Sua existência e caráter. Todas as nações, embora vivendo em diferentes regiões e climas, têm diante de si uma evidência constante do eterno poder divino e da natureza divina[71]. Esta passagem mostra que o homem pode conhecer Deus (apesar de não ser um conhecimento salvador), estudando a natureza e os tratos de Deus com o ser humano. Deve ser também lembrado que o homem pode rejeitar a evidência a ponto de, mais cedo ou mais tarde, não poder mais encontrar Deus[72].

Se, porventura, tateando o possam achar – "Porventura" implica em que é possível encontrar Deus através da teologia natural, mas que essa busca é difícil; e mesmo quando Ele é finalmente reconhecido, o conhecimento será apenas parcial, desde que a única maneira de conhecer realmente a Deus é através da sua revelação de Si mesmo em Jesus e na Palavra. O verbo "tatear" descreve alguém apalpando no escuro (o que acontece aos que não têm a revelação em Jesus e a Palavra para ajudá-los). As partículas gregas que abrem a sentença e o verbo no optativo sugerem (uma condição de quarta classe), uma vaga esperança de conseguir satisfazer seu anseio. Os homens podem ter seu desejo de buscar a Deus despertado, ao contemplarem as suas obras, mas não chegarão a um conhecimento salvador de Deus dessa forma.

Bem que não está longe de cada um de nós – Isto parece ser dito a fim de evitar a ideia de que pela teologia natural seja possível chegar a um pleno conhecimento de Deus. Embora

---

[69] Gênesis 1.28.
[70] Deuteronômio 32.8; Jó 12.23; Salmo 115.16; Daniel 2.21.
[71] Romanos 1.19-20.
[72] Romanos 1.21ss; 2.11-15; Atos 10.34.

Deus não esteja longe de cada um de nós, é ainda como tatear no escuro, quando alguém tenta aprender sobre Ele completamente, apenas através do estudo da criação. Ao mesmo tempo, há encorajamento nas palavras, de forma que aquele que não tem uma revelação verbal não precisa desesperar de vir a conhecer um dia pelo menos sua existência e perfeições. Os epicureus deveriam ser repelidos cada vez mais por este ataque contra uma das principais proposições de todo o seu sistema. Epicuro havia ensinado que os deuses, em sua tranquilidade eterna, estavam distantes demais do homem para se preocuparem com as necessidades, tristezas ou pecados dele.

17.28 –

Pois nele vivemos, e nos movemos, e existimos – Esta é uma evidência de que Deus não está longe de cada um de nós. Ela não foi para algum lugar muito distante da sua criação. Ele se interessa por cada indivíduo no seu mundo. "Nele" provavelmente se refere ao seu sustento e provisão providenciais. Uma explicação dos três verbos nesta frase tem sido uma tarefa difícil para os comentaristas. Alguns pensam tratar-se simplesmente de uma repetição do que já foi expresso no versículo 25; i. e., a ideia de uma dependência absoluta de Deus. Outros julgam que cada um dos verbos tinha um significado filosófico definido para a audiência a quem Paulo se dirigia[73]. Uma terceira sugestão é que os três verbos falam do passado, presente e futuro. O fato de vivermos é dom dEle; o poder para nos movermos agora é dom dEle; a continuação de nossa vida é também uma dádiva dEle. Os estóicos, que eram panteístas, poderiam ter aceitado o que Paulo dizia aqui[74], mas deve ser lembrado que Paulo não era panteísta, desde que o panteísmo é na realidade uma corrupção das ideias da onipresença de Deus e da sua providência.

Como alguns dos vossos poetas têm dito – A expressão exata é encontrada nos escritos de Arato (270 a.C.)[75]; e embora não sejam as palavras exatas, mesmo assim a ideia é encontrada nos escritos de Cleanto (300-220 a.C.)[76]. Cleanto era um filósofo estóico, e o sentimento citado aqui contrastava diretamente com as crenças dos epicureus. Arato nasceu na Cilícia, o mesmo país de Paulo. Esta citação dos poetas pagãos iria imediatamente chamar a atenção dos ouvintes. Aquele não era um judeu iletrado, mas um erudito, conhecedor dos pensamentos dos grandes poetas deles[77].

Porque dele também somos geração – Podemos ter a tendência de pensar que esta citação foi introduzida acertadamente neste ponto, mas o fato de ter sido citada de memória mostra que havia ficado gravada em sua mente talvez anos antes. Este versículo é frequentemente mencionado para mostrar que Paulo tinha uma educação tanto grega quanto judia, quando jovem. A verdade que ele pretende extrair da passagem citada está no versículo seguinte[78].

---

[73] Segundo esta sugestão, "vivemos" fala de nossa vida animal; "movemos" de nossas emoções – medo, amor, ódio, e outras, em vez de movimento através do espaço; e "existimos" se refere aos nossos elementos intelectuais e volitivos.

[74] A primeira parte do versículo 28 poderia ser também uma citação de um poeta grego. Um poema de quatro linhas, algumas vezes atribuído a Epimenides de Creta, faz com que Minos diga a Zeus:

> Eles moldaram uma tumba para ti, ó Santo e Altíssimo –
> Os cretenses, sempre mentirosos, feras vis, ventres preguiçosos!
> Mas tu não estás morto; tu vives e permaneces para sempre;
> Pois em ti vivemos, nos movemos e existimos.

Existe porém, considerável dúvida sobre a autenticidade da quarta linha do poema. Veja o problema discutido em Bruce, *op. cit.*, p. 359.

[75] Arato, *Phaenomena*, V. 5.

[76] Cleanto, *Hymn to Zeus*, V.

[77] Para outras citações de poetas gregos feitas por Paulo, veja 1 Coríntios 15.33 e Tito 1.12.

[78] Desde que as palavras citadas por Paulo, em sua forma original, foram todas dirigidas a Zeus, alguns questionam a validade e força das mesmas em meio a um sermão que rejeita Zeus e todos os outros deuses pagãos e favorece Jeová. Paulo está extraindo apenas um pensamento da passagem citada, e não endossando todo o contexto em que a passagem apareceu originalmente.

17.29 –

Sendo, pois, geração de Deus – Uma consequência do conceito de filiação da divindade é imediatamente enfocado.

Não devemos pensar que a divindade é semelhante – O argumento do apóstolo é este: "Os filhos se parecem com os pais. Desde que somos filhos de Deus, é absurdo pensar que Deus é um pedaço de madeira ou pedra. Vocês não são feitos de madeira, de pedra, ou de ouro, são? De onde tiraram então a ideia de que Deus (seu pai) é um pedaço de madeira ou de pedra?" "Natureza divina" está no gênero neutro em grego, e Paulo pode usar esta expressão a fim de chegar à verdadeira natureza de Deus, superando todas as noções dos atenienses sobre os vários deuses[79].

Ao ouro, à prata, ou à pedra, trabalhados pela arte e imaginação do homem – Todos esses materiais eram usados para fazer imagens, estátuas ou templos para os deuses em Atenas. Fídias empregou profusamente o ouro em sua estátua colossal de Zeus. Minas de prata muito produtivas em Láurio (a leste de Atenas) e a pedreira de mármore no Monte Pentélico (ao norte da cidade) supriam os materiais usados nos ídolos e templos. É absurdo pensar que a fonte de toda a vida e inteligência, e também do homem, se assemelhe a um bloco inerte de madeira, pedra ou metal precioso. A última parte desta frase pode ser uma crítica de Paulo quanto à maneira em que o pensamento humano se torna a medida dos deuses nas sociedades pagãs. Da mesma forma que Xenofano, cerca de 600 anos antes, Paulo viu como os deuses são feitos à semelhança dos homens. Os trácios representavam seus deuses com olhos azuis e pele clara; os etíopes representavam seus deuses com nariz achatado e pele trigueira. A "imagem trabalhada pela arte" fala de algo esculpido.

17.30 –

Ora, não levou Deus em conta os tempos da ignorância – Os "tempos da ignorância" representavam aquele longo período, antes da pregação do Evangelho, em que os homens desconheciam o Deus verdadeiro, por não terem uma revelação escrita[80]. Em vez de "não levou em conta", a KJV diz "fechou e abriu os olhos". Esta palavra tem hoje uma conotação de conivência e tolerância de algum ato impróprio, e Deus certamente não desculpa o pecado! Este mesmo apóstolo dirá a outros ouvintes: "Todos pecaram e carecem da glória de Deus"[81]. "Não levou em conta" é o mesmo que "olhou para além". Deus, ao dar uma revelação parcial (o Antigo Testamento) apenas aos judeus, *olhou para além*, para o tempo em que a revelação de sua vontade seria completa (o Novo Testamento) e feita a todos (gentios e judeus). Não se deve julgar que aqui ou em Romanos 3.25 onde lemos "deixado impunes os pecados" dos gentios, Paulo esteja afirmando que Deus não aplicou castigo sobre os pecados dos gentios ignorantes. Romanos 1.19 é uma declaração definida e oposta. A afirmativa de Paulo é semelhante ao que Jesus disse certa vez: "Aquele, porém, que *não* soube a vontade do seu Senhor e fez coisas dignas de reprovação, *levará poucos açoites*"[82]. Em vez de chegar e eliminar imediatamente os pecadores, Deus trabalhou pacientemente até o tempo em que haveria uma revelação completa de sua vontade. Esse tempo agora chegou, insiste Paulo.

Agora, porém, notifica aos homens que todos em toda parte se arrependam – Se a ignorância abrandou os pecados deles antes, são muito menos desculpáveis agora. Não apenas os judeus, que haviam sido favorecidos com privilégios especiais, mas todos os homens, até os epicureus e estóicos, têm ordem para se arrependerem[83]. O epicureu poderia lamentar mais tarde

---

[79] O grego aqui poderia ser traduzido como "não devemos pensar...", que valeria a uma crítica; ou "não somos obrigados a pensar...", equivalendo a um apelo aos ouvintes para que reflitam sobre as novas ideias por ele apresentadas.
[80] Compare o que é dito sobre os tratos de Deus com os gentios em tempos passados em Atos 14.16.
[81] Romanos 3.23.   [82] Lucas 12.48.
[83] Com relação a "arrependimento", veja o Estudo Especial Nº 8.

alguns dos prazeres que havia buscado (pense na indigestão depois do excesso de alimento, ou uma ressaca após beber demais), mas Deus exige arrependimento! O epicureu tinha pouco tempo para sentir tristeza ou ódio do passado, ou para mudar de ideia quanto ao seu comportamento futuro. O estóico estava pronto para aceitar as consequências de seus atos com apatia serena. Cada um era dono de si mesmo, e, portanto, eles nada faziam que os levasse a se entristecerem ou se arrependerem. Nenhuma das escolas filosóficas abria muito espaço para qualquer ideia de que houvesse necessidade de arrependimento para eles.

17.31 –

Portanto estabeleceu um dia em que há de julgar o mundo com justiça – Isto é dado como um motivo para a declaração divina de que os homens precisam de arrependimento. Eles vão ser julgados; e se não forem penitentes e perdoados, serão condenados. Nem o epicureu nem o estóico tinha espaço em seu sistema para um juízo final como o anunciado por Paulo aqui. Mas o Criador disse que esse dia virá, e o agente já foi designado! "Estabeleceu um dia" talvez não signifique nada além da determinação divina de que haverá uma consumação da história, incluindo um dia de juízo. De acordo com 2 Pedro 3.12, quer o dia tenha sido fixado ou seja flexível, não importa. Todavia, o mundo inteiro, judeus e gentios, e entre eles até os epicureus e estóicos, serão julgados segundo os princípios da justiça de Deus. A ideia de que cada um deles iria ser julgado um dia diante de um Deus justo e reto, deveria ter sido um choque tremendo para os atenienses, que não possuíam tal conceito em sua religião. Eles não só não tinham ideia de um julgamento vindouro, também não concebiam um Deus justo. As divindades mitológicas eram consideradas como participando de todo pecado e fraqueza humanas, só que num grau maior. A ideia de um Deus com padrões de justiça teria sido uma novidade para aqueles pagãos.

Por meio de um varão que destinou – Deus já nomeou alguém para ser o Juiz. A identidade do homem (nós sabemos que é Jesus!) foi um tópico reservado para outro discurso (Paulo foi interrompido, de modo que não terminou sua preleção?), ou o resumo de Lucas supõe que seus leitores já sabiam quem era o Homem. Cristo foi designado pelo Pai para julgar a todos[84].

E acreditou diante de todos – Deus deu provas, evidência, que Jesus seria o Juiz. A frase grega aqui era usada no grego clássico no sentido de uma "garantia".

Ressuscitando-o dentre os mortos – Com tanta certeza quanto Jesus foi ressuscitado dentre os mortos, haverá um juízo universal. Não podemos assegurar se Paulo citou qualquer das evidências da ressurreição, ou se não houve oportunidade por ter sido interrompido. Podemos ver que Paulo pregou o Evangelho àquelas pessoas, pois nesse curto discurso ele demonstrou o fracasso da filosofia humana em responder às perguntas mais profundas do coração do homem; ele anotou o conhecimento falho que os homens tinham de Deus quando esse conhecimento não é acompanhado de revelação especial; e ele amava demais para esquecer que todos os homens pecaram e que há um juízo a ser enfrentado. Paulo pregou Jesus e a ressurreição, e os chamou ao arrependimento.

Alguém fez um esboço do sermão de Paulo assim, acrescentando até uma conclusão que nos faz parar e pensar.

O DEUS DESCONHECIDO

Introdução: Observação dos ídolos. Versículos 22b, 23
Proposição: Características do Deus Desconhecido

I. Criador de Tudo. Versículos 24-26
   a. Fez todas as coisas
   b. Senhor do céu e da terra
   c. Não habita em algum lugar específico

---

[84] Mateus 25.31ss.

d. Não é servido por mãos humanas
   e. Fez as nações
II. Acessível a todos. Versículos 27-29
   a. Nele vivemos, nos movemos e existimos
   b. Somos geração ou criação dele
   c. Lancem portanto fora esses ídolos e adorem o Deus Verdadeiro
III. Dá Salvação a Todos. Versículos 30-31
   a. Os dias da ignorância já passaram
   b. Os homens devem agora arrepender-se e voltar-se para Cristo
   c. O juízo final

Conclusão: A resposta dos homens será diferente hoje daquela época? Versículo 32
   a. Alguns rejeitaram
   b. Alguns adiaram
   c. Alguns creram

17.32 –

Quando ouviram falar de ressurreição de mortos, uns escarneceram – Alguns gregos criam na existência da alma depois da morte do corpo; mas mesmo entre os epicureus e estóicos, muitos dos seus maiores representantes negavam qualquer imortalidade para a alma. Ambos teriam também certamente rejeitado a ideia de uma ressurreição corpórea. Para os gregos, o corpo era uma prisão da alma, e eles ficavam à espera de livrar-se do corpo. Uma ressurreição, em que os corpos voltassem, não se ajustava de maneira alguma ao seu modo de pensar. Quem eram os "uns" que zombaram tem sido debatido, desde que o versículo faz contraste entre os "uns" que escarneceram e os "outros" que queriam ouvir mais. Tem sido geralmente dito que os epicureus foram os que "escarneceram", isto é, zombaram tanto com olhares e gestos como com palavras de mofa. Outras possibilidades são que foram os areopagitas que zombaram, ou talvez até os espectadores da reunião.

E outros disseram: A respeito disso te ouviremos noutra ocasião – Tem sido frequentemente afirmado que os que desejavam ouvir mais eram os estóicos, desde que parte das palavras de Paulo se assemelhavam às crenças estóicas. Alguns consideraram essa frase como um meio delicado de rejeitar o apelo de Paulo ao arrependimento. As pessoas costumam dizer: "Sei que devo obedecer a Cristo, e um dia desses farei isso". Alguns pretendem realmente cumprir a promessa, mas para outros essa é uma maneira cortês de livrar-se do pregador. No caso de Atenas, gostamos de pensar que os que falaram se comoveram com o ensino de Paulo. Ele ofereceu um meio para os pagãos ficarem livres do medo dos "muitos demônios" que os escravizavam. Nem a filosofia, nem suas divindades mitológicas, nem a astrologia, nem as novas religiões misteriosas, tinham sido capazes de libertá-los do seu cativeiro. Desejosos de ajuda, eles querem ouvir mais sobre o que Paulo tem a dizer a respeito de Jesus e a ressurreição.

17.33 –

A essa altura Paulo se retirou do meio deles – Quando começou o interrogatório, Paulo estava de pé no meio do Areópago (versículo 22). Os areopagitas se convencem de que o apóstolo não falava sobre "estranhos deuses" como alguns haviam suposto (versículos 19-20), não havendo portanto necessidade de prendê-lo para ser processado. Paulo está livre para partir, e ele se afasta da assembléia no Areópago.

17.34 –

Houve, porém, alguns homens que se agregaram a ele, e creram – Existe um contraste aqui com as reações desfavoráveis de alguns que zombaram. O verbo "agregaram" foi explicado em Atos 5.13. O verbo descreve um período de companheirismo íntimo e eles mais tarde se convertem. Devemos compreender que essas pessoas receberam mais ensinamentos, o que as levou eventualmente a crer. Por quanto tempo Paulo ficou em Atenas depois de seu discurso no Areópago não se sabe, mas foi o suficiente para ganhar vários convertidos.

Entre eles estava Dionísio, o areopagita – Não sabemos mais nada ao certo sobre este homem, além do que foi declarado aqui. A linguagem empregada indica que ele foi um dos juízes. A fim de tornar-se um areopagita, o indivíduo tinha de servir numa função elevada na magistratura, tal como a de um arconte; e então depois de aposentado, tinha que ser eleito para servir como juiz. Outra qualificação era a idade. A fim de eleger-se, o candidato deveria ter mais de 60 anos. Existem algumas tradições a respeito deste homem, que podem ou não ser verdadeiras. Eusébio atribuiu a Dionísio de Corinto a declaração de que o areopagita (também chamado Dionísio) tornou-se bispo de Atenas[85].

Uma mulher chamada Dâmaris – A presença desta mulher junto com os demais referidos na frase seguinte é tomada como evidência de que havia espectadores na reunião do Areópago. Alguns supõem que ela fosse um dos que Lucas chamou em outro ponto de "mulheres de alta posição"[86], mas a evidência disto nos manuscritos é escassa. Crisóstomo sugeriu que era a esposa de Dionísio, mas o grego não corresponde exatamente a isto (se houvesse um artigo ou pronome possessivo ligado a *gunē*, "esposa" ou "mulher", esta poderia ser a ideia certa). Ramsay sugere que ela poderia ter sido a amante (essas mulheres eram chamadas Hetairai) de um dos líderes da municipalidade ou tribunal, pois nenhuma mulher respeitável compareceria a uma reunião pública como essa em Atenas. Os dois convertidos citados por Lucas são provavelmente os únicos que teriam sido conhecidos pelos leitores imediatos de Atos (esta é a opinião usual para ele tê-los nomeado).

E com eles outros mais – Talvez Estéfanas e sua casa estivessem incluídos nesses "outros", desde que ele é citado como estando entre os primeiros convertidos na Acaia[87]. Alguns afirmam que desta vez (em Atenas) Paulo tentou aplicar a filosofia grega e descobriu que o método falhou em desviar os homens do pecado. Eles dizem que ele realmente se excedeu, mostrando seu conhecimento para aquelas pessoas eruditas, e em consequência, seu ministério em Atenas fracassou. Evidência para isto se baseia apenas numa possível interpretação de 1 Coríntios 2.1-2, onde, pouco mais tarde, ele diz que decidiu (em Corinto) nada saber entre eles senão a Jesus Cristo, e este crucificado. Este escritor rejeita este método de interpretar a passagem de Coríntios, e rejeita a ideia de Paulo ter tentado intimidar os atenienses com seu conhecimento, porque (1) Não há evidência de que Paulo estivesse procurando exibir eloquência. Esta mensagem segue o esquema geral dos sermões de Paulo às audiências gentias[88]. (2) Alguns creram. Só o Evangelho é o poder de Deus para a salvação. (3) Toda vez em que um sermão tem convertidos como resultado final (e houve pelo menos seis), ele não é um fracasso!

Alguns dizem que Paulo não fundou uma igreja em Atenas. É verdade que não permaneceu ali tanto tempo quanto em algumas das outras cidades onde igrejas foram fundadas durante suas viagens missionárias; mas onde há seis cristãos, eles se tornariam o núcleo de uma congregação. Não existem cartas dirigidas à "igreja de Atenas", mas pensamos que Paulo escreveu cartas a toda igreja que fundou? Quem jamais leu a carta de Paulo aos bereanos? Não se esqueça também que 2 Coríntios é dirigida a todos os santos em toda a Acaia", o que deve ter incluído Atenas. Paulo jamais deixou os crentes sozinhos. Eles eram sempre reunidos em congregações para a mútua edificação e encorajamento na fé.

---

[85] Eusébio, *Church History*, III. 4; IV. 23.
[86] Veja Atos 13.50; 17.4, 12.
[87] 1 Coríntios 16.15.
[88] Veja o esboço geral dado em Atos 14.15.

CAPÍTULO DEZOITO

13. *Em Corinto. 18.1-17*

18.1 –

Depois disto, deixando Paulo Atenas – Após os incidentes em Corinto, como registrado no capítulo anterior. A viagem pode ter sido por terra, ao longo do istmo de Corinto, ou por mar de Pireu até Cencreia.

Partiu para Corinto – Esta cidade ficava a cerca de 80 km ao sudoeste de Atenas, e localizava-se no estreito istmo que dividia o Peloponeso de Ática. Era a capital da província romana da Acaia, tendo sido durante anos o mais importante centro comercial do mundo antigo. Ela possuía dois portos marítimos – Lechaum, no lado ocidental no Golfo de Corinto, e Cencreia, ao leste no Golfo Sarônico. Em vista dos perigos da navegação ao redor do Peloponeso (especialmente o Cabo Malea), era costume rebocar navios e cargas através do istmo através de uma rota chamada Diolkos. Enquanto os escravos faziam esse trabalho, os marinheiros passavam sua folga em Corinto. Dessa forma, o comércio através dos dois portos havia introduzido a luxúria e o vício[1]. No ano 146 a. C. a cidade havia se revoltado contra Roma, e os romanos a arrasaram. Cem anos mais tarde, Júlio César mandou reconstruir a cidade, e em breve ela recuperou sua antiga prosperidade comercial. Paulo chegou à cidade, cuja população era parte romana e parte grega, e parte de nacionalidade mista, cerca do ano 52 A. D.[2] Ela era típica dos locais que ele escolhia para pregar o Evangelho, pois era uma encruzilhada do mundo antigo.

18.2 –

Lá encontrou certo judeu chamado Áquila – Embora fosse judeu de nascimento, parece que Áquila já havia sido convertido ao cristianismo. Os comentaristas não concordam sobre quando Áquila se tornou cristão, mas este autor acredita que ele já era crente *antes* de Paulo juntar-se com ele no trabalho de fabricar tendas. A evidência que parece apontar para isso é (1) Não há menção de Priscila e Áquila ouvirem Paulo pregar, crerem, obedecerem a Cristo mediante o batismo – como acontece no caso de Lídia, etc. Se Áquila foi um dos primeiros convertidos de Paulo na Acaia, não deveria haver referência à sua conversão na lista dos primeiros convertidos encontrada em 1 Coríntios 1.14ss[3]? (2) Um judeu incrédulo não iria provavelmente receber Paulo como sócio em seu negócio; todavia, foi exatamente isso que Áquila fez. Em virtude dessas ideias,

---

[1] Em vista da imoralidade notória de Corinto, já existia no grego clássico a palavra *korinthiazo* ("viver ou se comportar como um habitante de Corinto") que era um eufemismo para a prática da fornicação. Em todo o império, as mulheres promíscuas ou imorais eram frequentemente chamadas de "raparigas de Corinto". A razão era que no templo de Afrodite, na Acrópole de Corinto, havia mil "raparigas de Corinto" empregadas como prostitutas. A adoração de Afrodite em Corinto envolvia a prática de relações sexuais com uma dessas meretrizes. Esta adoração constituía uma grande tentação, até mesmo para os cristãos novos de Corinto, como evidenciado pela exortação de Paulo contra a mesma em 1Coríntios 5.1ss e 6.9-19.

[2] Veja os Estudos Introdutórios nas páginas xi-xii, onde discutimos a data do Édito de Cláudio e o proconsulado de Gálio na Acaia.

[3] Em resposta a esta pergunta, frequentemente é dito que Paulo só menciona pelo nome aqueles convertidos por ele que ainda viviam em Corinto na época em que escreveu 1 Coríntios. Áquila e Priscila haviam deixado Corinto e estavam com Paulo em Éfeso (1 Coríntios 16.19), e por isso, naturalmente, não eram citados, afirma-se. Em resposta, devemos notar que o mesmo versículo pode ser usado para mostrar que a igreja de Corinto conhecia Áquila e Priscila; caso contrário eles não seriam citados na carta como enviando saudações. Os irmãos de Corinto não só os conheciam, como também devem tê-los conhecido como membros antigos, o que tende a sugerir que foram alguns dos primeiros irmãos a serem encontrados em Corinto.

acreditamos que ao reunir-se a Áquila e sua mulher, Paulo pôde compartilhar com essa família recém-chegada de Roma seu pensamentos e esperanças, ainda antes de começar a pregar na sinagoga. Se Áquila já era então cristão, por que é chamado aqui de "judeu"? Uma resposta poderia ser que Lucas conta assim sua origem étnica a fim de preparar-nos para o édito de Cláudio que está prestes a introduzir. Essa é a maneira de Lucas contar-nos que esse édito afetou realmente Áquila e Priscila.

Natural do Ponto – Áquila havia nascido na província do Ponto[4]. Os judeus se tornaram muito numerosos no Ponto depois da Dispersão[5].

Recentemente chegado da Itália – Como Áquila chegou à Itália? Muitos supõem que foi levado como escravo, desde que os romanos frequentemente deportavam pessoas com habilidades especiais para Roma, a fim de serviem às classes nobres. Uma outra suposição é que depois de algum tempo Áquila passou a ser um liberto. Agora, em vista do decreto de Cláudio (veja abaixo), ele deixou Roma e a Itália e estabeleceu-se por algum tempo em Corinto.

Com Priscila, sua mulher – O nome da mulher é escrito, tanto aqui como em outro pontos dos manuscritos, de dois modos diferentes. Há "Prisca" e a forma diminutiva encontrada aqui, "Priscila".[6] O nome Prisca provavelmente indica que havia alguma ligação com a *linhagem* dos *Prisci*[7], que aparecem nos primeiros estágios da história romana. A linhagem dos Prisci havia fornecido uma longa linha de pretores e cônsules ao governo romano. Se Priscila pertencia à linhagem dos Prisci, então o casamento com o judeu Áquila seria outro exemplo da influência alcançado pelos judeus cultos sobre as classes mais altas da sociedade romana[8]. Em números versículos em que esta família é citada, o nome dela aparece em primeiro lugar[9]; o que tem provocado muita conjectura quanto à razão de ser mencionada primeiro, especialmente num mundo onde as mulheres geralmente não tinham tal proeminência. Crisóstomo defendeu a citação dela primeiro, afirmando que sua personalidade era muito forte. Outra ideia é que foi convertida primeiro. Uma terceira explicação toma como base o fato de que se tivesse uma posição social superior à do marido, seria como consequência natural ser nomeada primeiro.

Em vista de ter Cláudio decretado que todos os judeus se retirassem de Roma – O imperador romano Cláudio reinou de 41 a 54 A. D. A data exata desta ordem não é conhecida com certeza. Ela tem sido datada de 48-54 A. D., tendo sido provavelmente depois de um conflito entre os judeus sobre a questão de Jesus ser ou não o Messias[10].

Paulo aproximou-se deles – Paulo passou a viver com o casal, e (como mostra o versículo seguinte) começou a trabalhar para eles. Um judeu podia encontrar facilmente pessoas do mesmo ofício nos reuniões regulares da sinagoga e ser até mesmo convidado a hospedar-se com pessoas que já residiam na cidade.

---

[4] Veja notas em Atos 2.9 sobre a localização da província de Ponto.

[5] "Akylas" é o termo grego, "Áquila" o latino, e "Onkelos" o hebraico do mesmo nome, que significa "águia". Havia um Onkelos que talvez tivesse algo a ver com um Targum (paráfrase em aramaico) do Antigo Testamento. Houve igualmente um Áquila cerca de 139 A.D. (outro homem com o mesmo nome do parceiro de Paulo) procedente de Sinope no Ponto, que fez uma tradução do Antigo Testamento para o grego, a qual se tornou muito popular entre os judeus, ainda mais popular do que a tradução Septuaginta publicada antes dela.

[6] Tais diminutivos eram comuns. Da mesma maneira encontramos Lucila derivado de Lúcia, Domitila de Dimítia, Aticila de Ática, etc.

[7] Na Roma antiga, uma "linhagem" era um clã unido pela descendência através da linha masculina de um ancestral comum. A família possuía o mesmo nome e também uma observância religiosa em comum.

[8] Josefo, *Antiguidades*, XVIII. 3.5.

[9] Atos 18.18, 26 e regulamente por Paulo, Romanos 16.3; 2 Timóteo 4.13; mas não 1 Coríntios 16.19.

[10] Veja Estudos Introdutórios a respeito da data do édito de Cláudio, assim como explicação detalhada do relato de expulsão por causa de motins sobre um certo "Chrestus" escrita por Suetônio.

18.3 –

E, posto que eram do mesmo ofício, passou a morar com eles, e trabalhavam – "Ofício" equivale a "profissão". Áquila e Priscila possuem um pequeno (?) negócio, e Paulo é levado para morar com eles e compartilhar do trabalho. Lucas não nos conta por que Paulo estava trabalhando, mas tratava-se provavelmente da mesma razão que o apóstolo apresenta em seus escritos. Ele queria ficar livre da suspeita de interesse pessoal em seu trabalho de ensinar[11]. Paulo trabalhou muitas vezes para sustentar-se e a todo o grupo missionário, desde que as ofertas para o trabalho missionário eram poucas, salvo as de Filipos[12]. Não é vergonhoso quando um pregador trabalha para manter-se; mas quando a igreja é suficientemente grande, o pregador deve ser sustentado pelas pessoas que se beneficiam de sua liderança espiritual[13].

Pois a profissão deles era fazer tendas – Os judeus costumavam ensinar um ofício útil a seus filhos, de maneira a terem sempre um meio honesto de ganhar a vida[14]. O fato de Paulo ter aprendido uma profissão não é, então, incompatível com a comparativa opulência sugerida pela educação dispendiosa que recebeu tanto na juventude como em Jerusalém, aos pés da Gamaliel. Várias opiniões têm surgido sobre o significado do termo "fazer tendas". Têm sido feitas algumas tentativas recentes para mostrar que ele era um artista (pintor de paisagens) ou tecelão de tapeçarias. Crisóstomo o chamou de " trabalhador em couro"[15]. Mas não parece haver razão para abandonar a conotação usual da palavra, ou seja, que ele trabalhava com o tecido usado para fazer grandes tendas ou velas. Paulo poderia ter aprendido o ofício de "fazedor de tendas" na Cilícia, sua terra; que já era conhecida, como continua sendo hoje, pelos tecidos rústicos de pêlo de cabra usados nas tendas e velas. O tecido era de cor escura[16].

18.4 –

E todos os sábados discorria na sinagoga – Veja notas em Atos 17.2 sobre a palavra "discorria" ("dissertou" nesse trecho). Esta era a regra invariável de Paulo; pregava o Evangelho "primeiro aos judeus" e depois aos gentios. O apóstolo ia à sinagoga sábado após sábado, a fim de ensinar os judeus que se reuniam ali para adorar. Essa prática para evangelizar os judeus, de maneira alguma endossa o sábado judeu como o dia observado para adoração pelos cristãos.

Persuadindo tanto judeus, como gregos – Ele tenta persuadi-los a crer na sua mensagem e se tornarem cristãos. O tempo do verbo é o imperfeito, e a interpretação dos tradutores "tentando persuadir" parece ser a ideia certa ("persuadindo" na SBB – N. T.). Desde que os "gregos" são incluídos com os judeus na sinagoga, devemos entender que eram de prosélitos da porta[17]. Ver-se na necessidade de trabalhar como fazedor de tendas, quando seu alvo era evangelizar essa cidade-chave do império romano, poderia parecer nada encorajador para Paulo. Pelo estilo calmo e sem emoção de Lucas, poderíamos imaginar que os sentimentos do apóstolo estavam insensíveis a tais considerações. Mas, escrevendo aos coríntios vários anos mais tarde, ele nos conta seus sentimentos: "E foi em fraqueza, temor e grande tremor que eu estive entre vós"[18].

18.5 –

Quando Silas e Timóteo desceram da Macedônia – Eles foram ao encontro de Paulo porque ele havia enviado à Macedônia um pedido nesse sentido, com os irmãos que o acompanharam até Atenas (Atos 17.15). Aprendemos, nas notas sobre essa passagem, que Timóteo foi

---

[11] 1 Coríntios 9.15-19; 2 Coríntios 11.7-13; Atos 20.34; 2 Tessalonicenses 3.9, 10.
[12] Filipenses 4.15.
[13] 1 Coríntios 9.14; 1 Timóteo 5.17; Gálatas 6.6.
[14] Veja notas no início dos comentários do capítulo 9 sobre a juventude de Paulo.
[15] Crisóstomo, *Homilies*, IV. 5.3.
[16] Cantares 1.5; Apocalipse 6.12.
[17] Veja notas de Atos 14.1 e 17.4.
[18] 1 Coríntios 2.3.

encontrar-se com Paulo enquanto este se achava em Atenas, mas, a seguir voltou quase imediatamente a Tessalônica a fim de levar notícias recentes ao apóstolo sobre os convertidos dali. Agora Timóteo volta de Tessalônica, e Silas chega de Beréia. É neste ponto (quando Timóteo e Silas estão ambos com Paulo em Corinto), que 1 e 2 Tessalonicenses foram escritos[19]. É provável que Timóteo tenha levado 1 Tessalonicenses de volta a Tessalônica, retornando depois a Paulo com um relatório e muitas perguntas, às quais este respondeu em 2 Tessalonicenses. Supomos que Timóteo levou então essa carta a Tessalônica e permaneceu ali. Esta é a ultima vez que Silas é mencionado em Atos, embora continue a viajar com Paulo, até que algum tempo mais tarde ele se associa a Pedro[20].

Paulo se entregou totalmente à palavra – A chegada de Silas e Timóteo encorajou grandemente Paulo[21]. Parece provável que eles tenham levado ofertas em dinheiro da Macedônia para ele, o que possibilitou que deixasse por algum tempo de exercer sua profissão de fazedor de tendas para sustentar-se. Em lugar disso, pôde dedicar todo o seu tempo à pregação do Evangelho[22]. Até então ele estava trabalhando entre os judeus, instando-os a crer que Jesus era o Messias prometido. A razão por que a KJV e da NASB têm leituras diferentes neste ponto, deve-se a uma variação de manuscritos. O texto grego que fornece a leitura da KJV diz: "Paulo foi constrangido no espírito", mas a leitura mais apoiada é a traduzida "dedicado à palavra", como na NASB.

Testemunhando ao judeus que o Cristo é Jesus – A maneira como Paulo testemunhou este fato aos judeus e prosélitos na sinagoga já foi mostrada em Atos 17.3, pois supomos que os métodos de Paulo foram os mesmos na sinagoga de Corinto como tinham sido na de Tessalônica.

18.6 –

Opondo-se eles e blasfemando – A leitura de algumas das traduções mais antigas faz parecer que eles estavam "se opondo a si mesmos" (e os comentários falam de com eles estavam prejudicando mais a si mesmos do que a Paulo com sua rejeição do Evangelho); mas a construção aqui é evidentemente o chamado Genitivo Absoluto, e a NASB faz o tratamento adequado. (A tradução literal do inglês é a seguinte: "E quando eles resistiram e blasfemaram", como na NASB). "Opondo-se" é um termo militar sugerindo uma resistência organizada e sistemática. Sobre "blasfemaram" veja notas em Atos 13.45. Lucas não especifica se a blasfêmia foi contra Paulo, ou se blasfemaram Cristo, embora alguns tenham suposto que "Anátema Jesus" (1 Coríntios 12.3) seja um reflexo do que alguns em Corinto estavam dizendo.

Sacudiu Paulo as vestes e disse-lhes – Terá sido no término de uma das reuniões do sábado que Paulo tirou suas vestes externas e começou a sacudir o pó das mesmas? Esse ato seria lembrado pelos judeus muito depois da reunião acabar, pois era o tipo de coisa que o indivíduo fazia quando verificava que seus apelos à razão e consciência deles não conseguiu impressioná-los. Da mesma forma que sacudir o pó das sandálias, isto indicaria para os judeus de maneira dramática o que o apóstolo diz a seguir[23]. Ele tinha a obrigação de compartilhar com eles a mensagem de Cristo, e havia ido além do que seria razoavelmente esperando de um indivíduo com esse encargo. Avançaria mais se houvesse qualquer tipo de resposta positiva; mas desde que havia apenas oposição ativa, estava renunciado a qualquer outra associação com eles.

---

[19] Tanto Silas como Timóteo estavam com Paulo quando as cartas aos Tessalonicenses foram escritas, como mostra o primeiro versículo de cada carta.

[20] 1 Pedro 5.13. Silas permaneceu em Corinto quando Paulo partiu no final da segunda viagem, e depois juntou-se a Pedro quando este visitou Corinto numa campanha evangelística (como insinua a linguagem dos capítulos 1 e 9 de 1 Coríntios a respeito de Pedro)?

[21] Para saber o efeito da chegada de Timóteo sobre os sentimentos de Paulo, Veja 1 Tessalonicenses 3.5-8.

[22] 2 Coríntios 1.19 e 11.9; Filipenses 4.15. Alguns afirmam que 1 Coríntios 9.1ss é uma prova de que Paulo não deixou de fazer tendas durante toda a sua permanência em Corinto, mas tudo que os versículos na verdade exigem é que Paulo não tenha aceito dinheiro dos coríntios enquanto se achava entre eles. Eles não impedem que viesse a aceitar ajuda financeira de outros enquanto estava em Corinto.

[23] Compare notas em Atos 13.51.

Sobre a vossa cabeça o vosso sangue! eu dele estou limpo – Esta não era uma maldição (uma imprecação sobre eles), mas uma negação solene da responsabilidade no caso de eles perderem a salvação[24]. Paulo não tinha mais qualquer responsabilidade; ele havia pregado o Evangelho, e eles tiveram oportunidade de aceitar Jesus, mas rejeitaram. Paulo está dizendo: "Se vocês se perderem no Inferno, e provavelmente acontecerá isso, a culpa dessa destruição é sua. Vocês são a única causa da condenação que irão receber". Estou limpo – isto é, não terei culpa da sua destruição, como teria se não tivesse tentado fielmente persuadi-los. Cumpri o meu dever.

E desde agora vou para os gentios – Esta declaração de não fazer qualquer outro esforço para ganhar os judeus tem uma aplicação limitada e local, assim como as palavras semelhantes de Atos 13.46. Depois disto, Pulo irá trabalhar com seus conterrâneos judeus em outros lugares, tentando ganhá-los[25].

18.7 –

Saindo dali – Nossa imagem mental mostra Paulo, depois de sacudir suas vestes e vesti-las de novo, saindo deliberadamente do prédio da sinagoga. Ele não irá mais ensinar ali. Se os judeus quiserem ouvir, terão de ir onde Paulo estiver ensinando. Ele não mais irá à procura deles.

Entrou na casa de um homem chamado Tício Justo – "Entrou" provavelmente a convite. Gostaríamos de saber mais sobre o homem que ofereceu sua casa a Paulo. Várias sugestões prováveis têm sido oferecidas. Ele era com toda probabilidade um cidadão romano (desde que seu nome é romano), e talvez um membro da segunda ou terceira geração de uma das famílias que se estabeleceu ali quando Júlio César estava reconstruindo a cidade. Ramsay deu a atraente sugestão de que seu nome completo era Gaio Tício Justo[26], que ele era um dos primeiros convertidos de Paulo em Corinto[27], e que na sua viagem posterior a Corinto, Paulo recebeu novamente hospitalidade por parte desse homem[28]. Ele não era evidentemente o mesmo Tito levado por Paulo à Conferência de Jerusalém, e que era um dos companheiros de viagem e colaborador do apóstolo[29]. Os nomes são soletrados de forma diferente, e este homem de Corinto parece ter conhecido Paulo enquanto este estava ensinando na sinagoga de Corinto, como sugere a frase seguinte.

Que era temente a Deus – É provável que esse homem estivesse frequentando a sinagoga como prosélito da porta, sendo convertido ao cristianismo por Paulo[30]. Alguns dos esforços de Paulo para persuadir os judeus e gregos (versículo 4) produziram fruto.

A qual [casa] era contígua à sinagoga – A casa de um prosélito da porta iria oferecer muito maior acesso ao apóstolo, quer o interessado fosse judeu ou grego, do que qualquer outra. Imaginamos Paulo como morando ainda com Áquila e Priscila, mas usando a casa de Justo para ensinar e pregar[31]. Se Justo descendia de colonizadores romanos, através dele Paulo teria acesso a muitos dos romanos na cidade.

---

[24] Ezequiel 3.18ss; 33.4-8; e Atos 20.26 ensinam todas a mesma doutrina. Paulo talvez tivesse em mente as passagens de Ezequiel ao dirigir-se dessa forma aos judeus rebeldes.

[25] Atos 19.8; 28.17ss.

[26] Wm. Ramsay, *Pictures of the Apostolic Church* Grand Rapids: Baker, 1959), p. 205. Os romanos tinham geralmente três nomes: o primeiro era chamado *prenomen* e distinguia a pessoa de outras na mesma família; o segundo, *nomen* era o nome da "linhagem" (grupo); o terceiro era o *cognomen*, ou seja, o nome da família. Alguns possuíam um quarto e quinto nomes, chamados *agnomen*, que normalmente refletiam alguma característica ou realização pessoal.

[27] 1 Coríntios 1.14.

[28] Romanos 16.23.

[29] Gálatas 2.3; Tito 1.1; 2 Coríntios 2.12; 7.14; 8.16, 23.

[30] Veja notas em Atos 17.4 sobre "temente a Deus".

[31] O texto Ocidental diz que Paulo deixou também a casa de Áquila a esta altura, assim como saiu da sinagoga.

18.8 –

Mas Crispo, o principal da sinagoga, creu no Senhor – Crispo é citado em 1 Coríntios 1.14 como um dos poucos a quem Paulo batizou pessoalmente. Ele fazia o batismo apenas quando não havia auxiliares presentes, afim de que os convertidos não se enchessem de orgulho por terem sido batizados pelo grande apóstolo aos gentios[32]. Quando Paulo deixou a sinagoga, o chefe e sua família o seguiram. O versículo 17 abaixo irá mencionar o novo chefe da sinagoga, evidentemente o escolhido para substituir Crispo depois dele tornar-se cristão.

Com toda a sua casa – A família de Crispo também se tornou cristã[33]. Este é o primeiro caso registrado de conversão de uma família judia inteira.

Também muitos judeus dos Corintos, ouvindo, criam e eram batizados – Não só houve alguns convertidos dentre o bairro judeu da cidade, como somos informados aqui que houve igualmente convertidos dentre a população gentia. O tempo dos dois verbos implica num processo contínuo e diário, estendendo-se durante um longo período. O crescimento da igreja foi gradual mas contínuo.

> Esta era a ordem e os passos da conversão de todos os homens. Primeiro, o Evangelho é pregado; as pessoas o ouvem, creem nele, arrependem-se de seus pecados (o arrependimento segue-se à crença, Atos 2.38), e são batizados; estão então em Cristo e são chamadas de cristãos[34].

Podemos contar entre os convertidos a casa de Cloe[35], Quarto e Erasto, o tesoureiro da cidade[36], e muitos das classes baixas e médias da sociedade[37].

18.9 –

Teve Paulo durante a noite uma visão em que o Senhor lhe disse – "Senhor" é evidente uma referência a Jesus. Notamos a ocorrência dessas visões em cada grande crise na vida do apóstolo. Paulo havia visto o Senhor na estrada de Damasco[38], e no templo depois de seu escape de Damasco[39]. Ele agora vê Jesus mais uma vez. Haverá outras ocasiões antes de terminarmos o livro de Atos. Sobre "visão" veja as notas em Atos 9.10.

Não temas; pelo contrário, fala e não te cales – O grego proíbe a continuação de algo que está acontecendo. "Deixe de ficar com medo" é o que Jesus diz a Paulo. Já fizemos referência a 1 Coríntios 2.3, que nos conta os sentimentos de Paulo durante o início de seu ministério em Corinto. Em todo lugar onde foi, os judeus incrédulos o perturbaram e até chegarem a fazer-lhe dano físico. Isto aplica-se especialmente ao começo de seu ministério junto aos gentios. Ele supunha que a mesma coisa acontecesse em Corinto. As palavras de encorajamento de Jesus talvez até insinuem que ele tivesse pensado em falar cada vez menos. Os maiores heróis de Deus tiveram seus momentos de desânimo e desespero. Da mesma forma que Paulo está deprimido nesta conjuntura em Corinto, lembramo-nos do desânimo a certa altura da vida de Elias, e das ocasiões em que Jeremias também teve esse sentimento[40].

18.10 –

Porquanto eu estou contigo – Jesus diz essas palavras, a fim de dar a Paulo uma base para a sua confiança. Jesus está prometendo ficar perto dele, para protegê-lo e abençoá-lo. Durante algum tempo a ira dos homens seria reprimida, de modo que Paulo tivesse uma paz relativa.

---

[32] 1 Coríntios 1.15.
[33] Compare notas em Atos 10.2 e 16.15 sobre batismos de casas inteiras.
[34] Boles, op, cit., p. 289.
[35] 1 Coríntios 1.11.
[36] Romanos 16.23.
[37] 1 Coríntios 1.26.
[38] Atos 9.4-18.
[39] Atos 22.17.
[40] 1 Reis 19.4-14; Jeremias 1.6-8; 15.15-21.

E ninguém ousará fazer-te mal – Isto sugere que Paulo tinha medo que alguém estivesse buscando ou ameaçando causar-lhe dano. A resistência dos judeus poderia explodir a qualquer momento em violência furiosa ou planos deliberados de assassinato. Jesus promete aqui que iria preservar Paulo de dano através da sua providência. Alguns talvez fizessem planos para fazer-lhe mal e poderiam até tentar pô-los em prática, mas não teriam êxito. Paulo deveria ficar a salvo do perigo em Corinto.

Pois tenho muito povo nesta cidade – Esta era outra razão para Paulo pregar o Evangelho, em lugar de calar-se com medo. A declaração de Jesus deve ser tomada em sentido potencial – havia muitas pessoas nas ruas pecadoras de Corinto que obedeceriam ao Evangelho se tivessem oportunidade. Suas almas estavam ansiosas para libertar-se do pecado em que haviam caído. Elas precisavam ouvir um chamado para o arrependimento[41]. Existe um sentido em que pode ser dito que Deus toma a iniciativa na salvação dos homens. Deus tem ajudado os homens de vários modos a se prepararem para obedecer o Evangelho. Uma das coisas que um pregador faz é descobrir os que foram preparados por Deus e levá-los à plena obediência. Paulo fará isto durante os vários meses seguintes em Corinto. Ele ganhará alguns; plantará a semente em outros, e eles serão ganhos mais tarde por outros[42]

18.11 –

E ali permaneceu um ano e seis meses – Fortalecido pela segurança recebida na visão e cheio de nova confiança Paulo se dedica à evangelização da cidade. "Permaneceu" não é o termo usual para "morar" numa cidade. Tem sido traduzido "tomou seu assento", i.e., como professor. Não sabemos quanto tempo ficou ao todo em Corinto. Já se encontrava ali algum tempo antes de ser reanimado pela visão. A seguir, pôde ensinar sem ser perturbado durante um ano e meio após a visão, quando houve uma tentativa de silenciá-lo por parte dos judeus, arrastando-o diante do tribunal de Gálio. Ele permaneceu muitos dias depois de passada a agitação produzida pelos judeus. A permanência de Paulo em Corinto talvez durasse dois anos ao todo[43].

Ensinando entre eles a palavra de Deus – Isto pode significar: "ensinando de casa em casa" – evangelismo pessoal[44]. Ou, conforme McGarvey,

> A palavra "ensinando" que descreve seu trabalho, mostra que durante este longo período ele estava executando principalmente a segunda parte da Grande Comissão, "ensinando-os a guardar todas as coisas que vos tenho ordenado" (Mateus 28.20)[45].

O evangelismo de Paulo ultrapassou os limites da cidade durante esse período de tempo. Numa ocasião subsequente encontramos uma igreja em muitos dos distritos vizinhos, tais como o porto de Cencreia[46]. Note também que 2 Coríntios foi dirigida "à igreja de Deus, que está em Corinto,

---

[41] Na nota nº 42 do capítulo 8, aprendemos sobre os cinco pontos do Calvinismo, um dos quais é a eleição incondicional. Calvino usou a frase "pois tenho muito povo nesta cidade" para ajudar a provar sua ideia de que o povo de Deus são um número definido e selecionado, escolhido desde a eternidade. A linguagem de Lucas poderia concordar com tal doutrina, mas não a prova, pois concorda igualmente com a explicação dada nas notas de que ela é simplesmente possível.

[42] 1 Coríntios 3.6ss.

[43] Nas notas em Atos 11.26 e 16.40, introduzimos o assunto do Ministério Localizado. Vamos considerá-lo mais uma vez. Paulo permaneceu dois anos em Corinto e três em Éfeso. Lucas teve um ministério de cinco anos em Filipos, Atos 16.40. Filipe ministrou 20 anos em Cesaréia. Como pode alguém objetar então à permanência de um evangelista num determinado lugar por um período de tempo, sustentado por aqueles a quem ministra? Em alguns lugares Paulo permaneceu apenas o suficiente para implantar a congregação, e depois seguiu viagem. Em certos casos os judeus incrédulos o perturbaram tanto que ele teve de prosseguir viagem antes que o trabalho de implantação houvesse terminado, e outros tiveram que ser deixados para continuá-lo. Aqui em Corinto e depois em Éfeso Paulo demorou-se muito mais do que seria necessário para iniciar a congregação.

[44] Compare Atos 20.20, onde ficamos sabendo que Paulo praticou o evangelismo de casa em casa.

[45] McGarvey, *op. cit.*, p.138.

[46] Romanos 16.1.

e a todos os santos em toda a Acaia"⁴⁷, o que indica claramente uma extensão da obra evangelística para além das fronteiras da cidade de Corinto.

18.12 –

Quando, porém, Gálio era procônsul da Acaia – Gálio e seu irmão Sêneca nasceram em Córdoba, na Espanha, e seu pai os levou a Roma no reinado de Tibério. O nome verdadeiro de Gálio era Marcus Annaeus Novatus; mas depois de sua chegada a Roma foi adotado pelo retórico Lucius Junius Gallio, e tomou então o *agnomen* Gálio de seu pai adotivo. Vários escritores antigos comentam o fato de ele ter uma disposição branda e de fácil trato. Possuía grande encanto pessoal⁴⁸. Uma inscrição encontrada em Delfos o coloca em seu cargo em Corinto no ano 52 A. D.⁴⁹ A natureza do cargo de procônsul foi explicada nas páginas *xi* e *xii* dos Estudos Introdutórios. Lucas mostra novamente neste ponto sua exatidão característica no uso de títulos oficiais. A Acaia se tornou província em 27 a. C., ao ser separada da Macedônia, sendo a princípio governada por um procônsul. Em 15 A. D., Tibério a reuniu com a Acaia, e o governo passou a um legado⁵⁰. Outra mudança de governo teve lugar no mesmo ano da expulsão dos judeus de Roma por Cláudio, pois o imperador restaurou o controle da província da Acaia ao senado. Por ocasião do julgamento de Paulo, ela era portanto governada por um "procônsul" em lugar de um governador ou legado⁵¹.

Levantaram-se os judeus concordemente contra Paulo – Esta é a primeira vez que este termo especial traduzido "levantaram-se" é usado em Atos. A palavra fala de intenções hostis e talvez uma investida contra a vítima depois de cercada. Podemos imaginar Paulo sendo capturado pelos judeus hostis, depois de terem bloqueado o caminho costumeiro que fazia da casa de Áquila para seu lugar de ensino na casa de Justo, vizinha à sinagoga. A tentativa dos judeus para suprimir a pregação, que Paulo havia esperado desde que deixou a sinagoga, havia chegado afinal. Jesus havia prometido a Paulo que ele não sofreria dano. Ele não prometeu que não haveria ataque.

E o levaram ao tribunal – Ou os judeus estavam tirando proveito do gênio brando de Gálio; ou tinha havido recentemente uma mudança de homens no cargo mais elevado do governo na Acaia – e os judeus tentam aproveitar-se do homem novo e inexperiente para prejudicar Paulo. Em certos dias da semana, os oficiais romanos realizavam sessões de julgamento na praça, presidindo-as de uma plataforma elevada, chamada *bema* em grego. Esta plataforma mais alta pode ser vista ainda entre as ruínas da antiga Corinto⁵². Uma cadeira portátil, chamada *curule*, era levada à plataforma, coberta com um tecido da cor púrpura. Quando o procônsul se sentava na cadeira, o tribunal estava em sessão. Nesses dias, qualquer pessoa podia pedir ao juiz que ouvisse suas queixas. Gálio se achava sentado ali, e os judeus, tendo preconcebido seus planos, tiraram proveito da oportunidade. Este foi o julgamento mais grave que Paulo havia enfrentado. Se os politarcas de Tessalônica o encontrassem culpado, isso teria limitado suas atividades apenas dentro da jurisdição deles (i.e., em Tessalônica e seus arredores). Mas se um procônsul romano considerasse Paulo culpado, isso poderia servir como um precedente para os governadores e procônsules de outras províncias. Os judeus teriam então condições de usar isso como um meio de silenciar Paulo onde quer que fosse com o Evangelho.

---

⁴⁷ 2 Coríntios 1.1.
⁴⁸ Sêneca, *Natural Questions*, IV, Prefácio: Statius, *Silvae*, II.7.32. Sêneca, *Epistolae Morales*, CIV.
⁴⁹ Veja os Estudos Introdutórios, p. *xii*. Kirsopp Lake, *Christian Beginnings*, V. 5. p. 490ss, mostra como a inscrição pode ser datada pela sua referência a Cláudio sendo aclamado imperador pela 26ª vez pouco antes de ser escrita a carta a Gálio.
⁵⁰ Tácito, *Annals*, I. 76.
⁵¹ Suetônio, *Claudius*, c. 25.
⁵² Veja o mapa de Corinto na seção de mapas no final deste volume, e note onde o *bema*, está localizado. Atos 19.38 faz referência aos tribunais em sessão numa base regularmente programada.

18.13 –

Dizendo: Este persuade os homens a adorar a Deus, por modo contrário à lei – Que lei? Alguns comentaristas pensam que os judeus se referiam à Lei de Moisés. Outros opinam que se referiam à lei romana. Os judeus estavam dizendo: Paulo prega uma nova religião, diferente da religião judia, uma religião que as leis de Roma não reconhecem[53]. Josefo nos conta que os judeus haviam recebido permissão dos romanos para adorarem segundo a sua própria lei[54]. Deliberadamente a acusação contra Paulo é feita de maneira a ter um sentido duplo, tentando dizer a Gálio que a doutrina de Paulo introduzia algo diferente do judaísmo dos velhos tempos. O versículo 15 mostrará que Gálio percebeu que eles estavam mais interessados em defender sua própria lei do que a lei romana.

18.14 –

Ia Paulo falar – Como notado em Atos 8.35, esta frase frequentemente implica no inicio de um discurso predeterminado. A partir de discursos registrados mais tarde em Atos, podemos supor que Paulo teria arguido que o Evangelho pregado por ele não era uma inovação, mas exatamente o que os profetas judeus tinham aguardado[55]. Todavia, nesta ocasião Paulo não tem oportunidade para falar em sua própria defesa.

Quando Gálio declarou aos judeus: Se fosse, com efeito, alguma injustiça ou crime da maior gravidade, ó judeus – "Injustiça" fala de crime, atos de erros declarados, tais como roubo, assalto, ou crimes violentos. A palavra traduzida "crime" é a mesma que "engano" em Atos 13.10. Um "crime da maior gravidade" seria aquele em que alguém tentasse deliberadamente prejudicar uma pessoa com seu engano.

De razão seria atender-vos – Mesmo quando lemos estas palavras, podemos sentir a impaciência intensa de Gálio com o judeus. Agostinho nos diz que tanto Gálio como seu irmão Sêneca consideravam os judeus como uma "raça muito contaminada"[56]. Caso se tratasse de um crime que exigisse sua atenção como juiz romano, ele suportaria ouvir o caso, pois tinha sido nomeado para manter a paz e punir criminosos.

18.15 –

Mas se é questão de palavra, de nomes – Paulo era conhecido como professor, alguém que pregava a Palavra de Deus. Se a disputa era sobre ensinos e não sobre feitos, Gálio não estava interessado. "Nomes" indica que Gálio aparentemente compreendia que a controvérsia era essa – quer Jesus de Nazaré tivesse ou não o direito de usar o nome de Messias. Tendo ido de Roma para Corinto, Gálio estaria familiarizado com o "Crestus" a respeito de quem os judeus de Roma discutiam. Nas acusações contra Paulo, Gálio ouvia algumas das mesmas coisas que havia ouvido alguns anos antes em Roma. Ele não era tão "novato" como os judeus supuseram quando tentaram tirar proveito dele.

E da vossa lei – Segundo Gálio, essa era basicamente uma questão relativa à interpretação correta da Lei de Moisés e dos ritos e cerimônias por ela ordenados. O que motivava realmente os judeus, conforme ele compreendeu, era a lei judaica e não a romana. Aqueles judeus estavam procurando defender a lei judia. Gálio, por ser o executor da lei romana, não tinha interesse em aplicar uma lei (de um povo subjugado) que havia sido superada (pela lei romana).

Tratai disso vós mesmos – Resolvam esta dificuldade entre vocês. Não me peçam para envolver-me nesse assunto religioso.

---

[53] Veja Atos 16.21 com respeito às religiões legais e ilegais no império romano.
[54] Josefo, *Antiguidades*, XIV. 10.2ss.
[55] Atos 24.10ss; 26.2, são exemplos de como poderia ser um discurso predeterminado.
[56] Agostinho, *City of God*, VI.10.

Eu não quero ser juiz dessas coisas! – Existe uma ênfase acentuada no pronome pessoal grego: "Eu, de minha parte não quero ser juiz dessas coisas". Gálio não considerava os problemas da lei judaica como estando na esfera das questões que seu cargo exigia que resolvesse. Esta foi uma das poucas ocasiões em todas as experiências de Paulo, em que seus acusadores foram tratados justa e sumariamente. A decisão de Gálio foi uma espécie de marco. Ela poderia ser apontada como um precedente para outros tribunais romanos nos dez ou doze anos que se seguiram. O cristianismo seria permitido pelos romanos como uma *religio licita* – uma religião permitida – até que a atitude oficial mudasse depois do incêndio de Roma em 64 A. D.

18.16 –

E os expulsou do tribunal – Essas palavras provavelmente significam que Gálio deu a ordem a seus lictores para desocuparem o tribunal. Os judeus que não se retirassem imediatamente ficaram à mercê dos golpes das varas dos lictores.

18.17 –

Então todos agarraram a Sóstenes – Quem eram os "todos" que agarraram Sóstenes? O antecedente mais próximo (expresso) seriam os judeus. Podemos pensar numa razão para os judeus espancarem seu próprio líder da sinagoga? Veja as notas abaixo para algumas das razões sugeridas. Existe uma variação de manuscrito aqui, com alguns tendo a leitura como a da KJV: os "gregos" espancaram Sóstenes. A razão para os espectadores presentes no tribunal agrediram Sóstenes também tem recebido uma resposta plausível, conforme indicado abaixo. Uma terceira sugestão é que os lictores (subentendidos como os que desimpediram o tribunal) foram os agressores de Sóstenes.

Alguns especulam que este Sóstenes é o mesmo mencionado em 1 Coríntios 1.1, como um dos colaboradores de Paulo na pregação do Evangelho. A epístola de 1 Coríntios foi escrita cerca de cinco anos após esta cena no tribunal, sendo inteiramente possível que esse espancamento fosse o primeiro passo para Sóstenes se tornar cristão e colaborador de Paulo no ministério. Por outro lado, Sóstenes era um nome bastante comum; não podemos estar absolutamente seguros da identificação.

O principal da sinagoga – No versículo 8, outro homem foi citado como "o principal da sinagoga", a saber, Crispo. Ou Sóstenes tornou-se líder após a conversão de Crispo, ou Sóstenes e Crispo lideravam juntos (algumas das sinagogas maiores tinham vários homens chamados "principais")

E o espancavam diante do tribunal – "Espancavam" está no imperfeito, sugerindo que Sóstenes recebeu uma surra exemplar. Por que foi espancado? Isso depende de quem o espancou. Se supusermos que os judeus agrediram seu líder, devemos então pensar que ficarem zangados porque (embora agisse como porta-voz deles) ele havia apresentado tão mal o caso, que este não foi aceito pelo tribunal. Alguns supõem também que Sóstenes já estava mostrando tendência para tornar-se cristão (como 1 Coríntios 1.1 indica que fez mais tarde), e os judeus então cismam que apresentou com desinteresse a acusação contra Paulo. Se acharmos que a multidão de gregos ao redor do tribunal ao ar livre administraram o espancamento, podemos vê-la então encorajada a ventilar parte de seus sentimentos anti-semitas pelas atitudes de Gálio em relação aos judeus. Se pensarmos que os lictores ministraram o castigo, podemos pensar que Sóstenes demorou-se para deixar o tribunal – talvez até adiantando-se para apresentar seu caso em termos mais vigorosos e convincentes, e, portanto, os lictores usaram a força para silenciá-lo e fazer com que abandonasse o tribunal. A ideia de que foram os lictores que ministraram o escapamento parece ser uma explicação mais satisfatório.

Gálio todavia, não se incomodava com estas coisas – Estas palavras não devem ser interpretadas como significando que Gálio fosse indiferente quanto à religião. Bruce argumenta que esta expressão significa que Gálio fechou os olhos para a atividade violenta contra Sóstenes. Se isto for verdade, então o acontecido não era realmente legal, e teremos de procurar outros além dos lictores como tendo ministrado o espancamento. Já notamos que os escritores antigos falam de Gálio como um homem brando e amigável, um juiz reto e justo. Tais atos iriam naturalmente enojar e repelir um homem com esse caráter.

14. *Em Cencreia. 18.18*

18.18 –

Mas Paulo, havendo permanecido ali ainda muitos dias – Graças à decisão favorável de Gálio, as oportunidades de Paulo evangelizar em Corinto não foram prejudicadas pelo ataque dos judeus contra ele. Este foi um dos poucos lugares em que Paulo pôde permanecer quanto tempo quis. O grego diz que ele ficou "dias suficientes". Alguns afirmam que 2 Tessalonicenses foi escrita neste período, depois da acusação perante Gálio, mas julgamos melhor datar ambas as cartas no período de 18 meses antes da acusação (veja o versículo 5). As indicações de tempo e lugar na segunda epístola são semelhantes a 1 Tessalonicenses, e concluímos que houve um intervalo de seis meses entre a escrita das duas cartas.

Por fim, despedindo-se dos irmãos – O latim diz "fez suas despedidas". Imaginamos Paulo passando alguns momentos preciosos com cada um de seus amigos queridos, visitando a todos. Não havia razão para pressa em ir embora; todavia, Paulo geralmente deixava a cidade e a congregação recém nascida depois de uma crise como essa pela qual havia passado.

Navegou para a Síria – O versículo 22 parece indicar que Antioquia da Síria, a igreja que enviou Paulo em sua viagem missionária, era o seu destino. Ele estava voltando para fazer um relatório à igreja responsável. A época dessa viagem, como na terceira viagem missionária, era provavelmente depois da Páscoa e antes do Pentecostes[57]. Isto é, na primavera de 54 A. D. Esta era a época mais favorável do ano para viajar[58].

Levando em sua companhia Priscila e Áquila – Com respeito à prioridade dada ao nome da mulher, veja notas em 18.2[59].

Depois de ter raspado a cabeça em Cencreia, porque tomara voto – Três perguntas devem ser respondidas sobre este voto: quem o fazia; que espécie de voto foi; e qual o motivo de fazer o voto? (1) Quem fez o voto? Paulo ou Áquila? A gramática grega impossibilita afirmar absolutamente que foi Paulo e não Áquila. Argumentos no sentido que foi de fato Áquila que fez o voto incluem os seguintes: (a) a Vulgata tem essa leitura; (b) a citação de Priscila antes de Áquila, ao contrário da ordem regular de Lucas[60]. Por outro lado, os seguintes são vários dos argumentos apresentados em defesa de Paulo ter feito o voto: (a) a Versão Siríaca contém essa leitura[61]. (b) Os outros particípios da passagem têm Paulo como sujeito, então por que não este também[62]? Afirma-se que seria inteiramente irrelevante ao propósito de Lucas narrar um fato como esse

---

[57] Atos 20.3, 6.

[58] Veja notas em Atos 27.9 relativas à estação de navegação no Mediterrâneo. Em Atos 18.21 (na KJV) existe uma menção de uma festa que Paulo desejava assistir em Jerusalém, mas a leitura não é idônea. Veja isto discutido nas notas nesse ponto.

[59] Desde que Lucas nomeia Priscila em primeiro lugar aqui, mas não nos versículos 2 e 26 (segundo alguns manuscritos), tem sido levantado um argumento em virtude desta mudança no sentido de Lucas ter-se desviado de seu hábito original, a fim de tornar-se claro que *Áquila* é quem fez o voto. Veja abaixo.

[60] Nos versículos 2 e 26, Lucas nomeia Áquila em primeiro lugar, como notado na nota de rodapé nº 59, e Meyer, *op. cit.*, p. 352ss, apela para isto como prova de que Áquila foi o que fez o voto. Outros escritores que têm interpretado que foi Áquila são Grotius, Howson e Wieseler.

[61] A tradução Siríaca é mais antiga que a latina, e alguns iriam portanto confiar nela como sendo mais próxima do que a original pretendia. Agostinho, Erasmo, a maioria dos Reformadores, Bengel, Alford, Hackett, Ramsay, Hort, e talvez a maioria dos comentaristas entendem que o voto foi feito por Paulo.

[62] Na narrativa subsequente a partir dos versículos 18-25, existem nove particípios aoristos, dos quais oito se aplicam a Paulo, que é o sujeito de toda esta seção, tornando duvidoso que este ponto comentado por nós se referia a qualquer outro além de Paulo.

sobre um dos companheiros de Paulo. (d) É ainda argumentado que ninguém iria pensar em fazer de Áquila o sujeito da frase "depois de ter raspado a cabeça" se não fosse pela ideia de incompatibilidade com o cristianismo do Novo Testamento ensinado por Paulo, caso ele estivesse guardando um voto deste tipo[63].

Um "voto" é, naturalmente, uma promessa solene e voluntária feita a Deus, no sentido de desempenhar algum serviço ou algo que agrade a Ele, em troca de algum benefício esperado. Um homem poderia dedicar sua pessoa ou seus filhos ao Senhor. Ele podia dedicar qualquer parte do seu tempo ou propriedade ao serviço do Senhor. Entre os judeus, os votos não eram obrigatórios pela Lei; mas uma vez tomados, deviam ser observados sagradamente, embora em certos casos específicos houvesse a possibilidade de remir o que havia sido assim dedicado[64]. Até este ponto não encontramos nada em nosso estudo que nos levasse a rejeitar a ideia de que foi *Paulo* quem fez este voto.

Que tipo de voto era? A maioria dos escritores julga tratar-se de um voto nazireu. Em votos como esses, além daquilo que foi prometido a Deus, a pessoa que o fazia também se submetia a certas restrições auto-impostas. Inclusas nas mesmas estavam a abstinência de vinho, deixar crescer o cabelo e a barba, e não entrar em contato com qualquer corpo morto[65]. A duração de tal voto foi podia variar entre oito dias e um mês, ou um período maior, até pelo resto da vida do homem. Se fosse um voto nazireu temporário, quando ele expirasse, o cabelo devia ser raspado por um sacerdote no templo de Jerusalém e queimado no altar das ofertas queimadas, juntamente com o sacrifício de um cordeiro como uma oferta queimada, uma ovelha como sacrifício expiatório, e um carneiro com oferta de paz. Vários comentários fazem referência a uma passagem no Mishna que trata dos casos em que a pessoa que fez o voto não poder estar em Jerusalém na ocasião em que o voto expirasse. Esse homem podia cortar o cabelo bem curto (sem raspá-lo a navalha) e levá-lo consigo da próxima vez que fosse a Jerusalém, oferecendo-o ali ao mesmo tempo que oferecesse seus sacrifícios e tivesse a cabeça raspada pelo sacerdote[66].

(3) Que motivo poderia levar Paulo a fazer tal voto? Quando ele cortou o cabelo, chegou ao fim dos dias do voto, o que significa que algo acontecido antes em Corinto o levou a fazer esse voto. Alguns creem que Paulo fez uma promessa a Deus, caso Deus o livrasse dos problemas às mãos dos judeus. Deus atendeu (Gálio expulsou os acusadores do tribunal), Paulo cumpriu a promessa, e os dias do voto acabaram de expirar. Uma segunda sugestão é que Paulo amava tanto os judeus que, mesmo depois deles terem tentado destruir seu testemunho, ele fez uma coisa que os judeus reconheciam como coisa muito sagrada (tomou um voto nazireu), a fim de ganhar os judeus. Segundo esta sugestão, tratava-se de outro exemplo de Paulo agir como afirmou em 1 Coríntios 9.20; e isso deu resultado, pelo menos no caso de Sóstenes, o principal da sinagoga, que foi ganho para Cristo. Uma terceira sugestão é que não se tratava tanto de um voto de promessa mas de gratidão por ter sido resgatado por Deus de uma situação tão perigosa.

Por que Paulo faria um voto? Não foi certamente por respeito ao Antigo Testamento, como se a Lei de Moisés ainda vigorasse. Os votos são uma questão que se enquadra na esfera da liberdade cristã[67]. Não há nada contrário ao ensino do Novo Testamento quanto ao cristão fazer esse tipo de promessa solene a Deus.

---

[63] Julga-se que Paulo está aqui excessivamente envolvido na observância das cerimônias do Antigo Testamento. Ele repetidamente afirmou que o Antigo Testamento foi posto de lado. O Novo tomou o lugar do Antigo. Como pode ser então consistente se está cumprindo o voto ensinado no Antigo? Veja este mesmo problema discutido mais detalhadamente nas notas em Atos 21.23ss.

[64] Deuteronômio 23.21-23; Juízes 11.35; Eclesiastes 5.4; Salmo 66.13.

[65] Números 6.1-21.

[66] Mishna, tractate *Nazir*. Todos os argumentos contra este ser um voto nazireu estão baseados na suposição de que as passagens do Mishna são pós-apostólicos, e não seria então uma prática do primeiro século. Para verificar a diferença entre os verbos "raspado" e "cortado" (o cabelo)", veja as notas em 1Coríntios 11.6. Nos países onde era costume usar turbante, os homens raspavam a cabeça, ou cortavam bem curtos o cabelo. Só ao fazer um voto nazireu eles deixavam crescer o cabelo.

[67] Veja a explicação sobre "Liberdade Cristã" em Atos 15.31.

"Em Cencreia" nos informa que Paulo, Áquila e Priscila andaram os 13 ou 14 km de Corinto até o porto oriental que servia essa cidade. Cinco anos mais tarde, quando Paulo escreveu sua epístola aos romanos, ele conta como Febe, membro da igreja de Cencreia, tinha sido de grande ajuda para ele e muitos outros irmãos[68]. Ficamos imaginando se essa ajuda foi oferecida a Paulo e seus amigos durante esta visita a Cencreia, enquanto aguardavam um navio.

15. *Em Éfeso. 18.19-21*

18.19 –

Chegados a Éfeso – Éfeso ficava exatamente do outro lado do Mar Egeu, praticamente a leste de Cencreia, sendo uma cidade famosa na Ásia Menor. Era principalmente conhecida pelo Templo de Ártemis, geralmente considerado como uma das sete maravilhas do mundo antigo. Éfeso era capital da província romana da Ásia[69]. A cidade poderia ter sido alcançada em uma semana ou menos por mar.

Deixou-os ali – Isto é, Áquila e Priscila foram deixados em Éfeso[70]. Eles talvez transferissem seu negócio para Éfeso, e depois de estabelecê-lo, teriam também feito amizades na sinagoga. Eles eram obreiros preliminares, lançado os fundamentos para a "Cruzada aos Efésios" vindoura de Paulo[71]. O apóstolo não continuou a trabalhar com eles na fabricação de tendas.

Ele, porém, entrando na sinagoga, pregava aos judeus – Havia uma colônia de judeus em Éfeso havia mais de cem anos, pois já no tempo de Júlio César os mesmos receberam tratamento especial do governo romano[72]. Esta frase "pregava aos judeus" ("argumentava com os judeus" no inglês – N.T.), parece ser a expressão favorita de Lucas para os sermões de Paulo nas sinagogas[73]. O tempo do verbo aqui (aoristo) mostra que a pregação foi só uma vez. Paulo continua desejando a conversão do maior número possível de judeus.

18.20 –

Rogando-lhe eles que permanecesse ali mais algum tempo – Dentre todas as sinagogas visitadas por Paulo, só Beréia havia-lhe mostrado esta acolhida do Evangelho. O pedido feito era evidentemente um sinal promissor, uma garantia da obra produtiva ali, se apenas tivesse oportunidade para trabalhar a área. Ele não pode ficar agora, mas talvez possa voltar mais tarde.

Não acedeu – Paulo deve ter tido uma razão muito forte para recusar temporariamente o convite para continuar pregando na sinagoga. Lucas não nos diz, porém, qual o motivo. A melhor sugestão que encontramos é a de Paulo ter sentido que estava na hora de dar um relatório à igreja de Antioquia da Síria, antes de começar a evangelização de qualquer área ainda não evangelizada[74].

18.21 –

Mas, despedindo-se – Encontramos as palavras "despedindo-se" em Atos 18.18. Alguns manuscritos (inclusive o texto Ocidental e o Bizantino) contêm a leitura "ele despediu-se deles, dizendo, Preciso guardar a festa que se aproxima em Jerusalém". A festa em questão (embora a frase não tenha apoio suficiente dos manuscritos para gozar de integridade) seria a festa de Pentecostes. Não havia navegação no Mediterrâneo até depois da Páscoa[75], de modo que esta não poderia ser a celebração mencionada. O versículo 22 indicará que Paulo visitou realmente Jeru-

---

[68] Romanos 16.1, 2.
[69] Veja notas em Atos 19.1ss e um mapa no final do livro para mais informação sobre Éfeso.
[70] Atos 18.18, 24-26.   [71] Atos 19.1ss.
[72] Josefo, *Antiguidades*, XIV.10. 12. 25; XVI.6. 2; 4. 7.
[73] Compare Atos 17.2, 17; 18.4; 19.8, 9.
[74] Os que seguem a KJV (que tem uma leitura variante no versículo 21) pensam que havia algo na festa vindoura em Jerusalém que impeliu Paulo a desejar ir para lá em tempo.
[75] Veja notas sobre a estação propícia para a navegação em Atos 27.9.

salém, mas Lucas não nos fornece informação suficiente para determinar se havia algo nessa festa que fez que Paulo sentisse obrigado a assisti-la, como tem sido sugerido como razão para a sua recusa em atender o pedido da sinagoga de Éfeso.

Disse: Se Deus quiser, voltarei para vós outros – Paulo voltou (Atos 19.1ss) e permaneceu ali três anos (Atos 20.31). Paulo só considerava possível viajar se Deus concordasse e ajudasse. Nesta entrega de seu futuro à vontade de Deus, que era considerado com ordenando todas as coisas pelo seu controle providencial, descobrimos outro ponto em comum entre Paulo e Tiago[76].

E, embarcando, partiu de Éfeso – Embora fosse uma cidade no interior, Éfeso possuía um porto, que exigia dragagens constantes a fim de impedir que o sedimento carregado pelo rio Cayster fechasse o canal. Seria necessário um mês para navegar de Éfeso a Cesaréia. Nos capítulos 20 e 21, a viagem leva sete semanas, mas várias paradas de uma semana de duração foram feitas nessa viagem.

16. *Em Cesaréia e Jerusalém, e para Antioquia (Síria). 18.22*

18.22 –

Chegando a Cesaréia – Esta é a Cesaréia onde Filipe se estabeleceu e onde Cornélio morava[77]. Ela fica na extremidade oriental do Mar Mediterrâneo e na fronteira ocidental da Palestina.

Desembarcou, subindo a Jerusalém e, tendo saudado a igreja – Esta linguagem é geograficamente correta – Jerusalém ficava muito mais elevada do que Cesaréia. Alguns julgam que a igreja saudada foi a de Cesaréia e não a de Jerusalém, mais isto não parece certo. (O texto em inglês, como o grego, não contém a palavra Jerusalém como o português – N.T.) McGarvey é um dos que optam pela igreja de Cesaréia, e ele descreve como Paulo teria saudado a igreja que havia sido ali plantada quando Cornélio e seus amigos foram batizados. Ele defende a sua opinião com estas palavras:

> Os comentaristas em geral, confundidos pela cláusula interpolada no Textus Receptus e as versões inglesas antigas ("Old English"): "Devo guardar sem falta a festa que se realizará em Jerusalém" (21), supõem que a igreja a que Paulo subiu e saudou era a de Jerusalém; mas na ausência dessa cláusula, não há nada para justificar a conclusão. Ele desembarcou sem dúvida em Cesaréia porque o navio que tomou dirigiu-se a esse porto, e ele havia ficado contente por viajar nesse navio em vez de perder tempo esperando outro. A viagem de Cesaréia a Antioquia era curta e havia navios costeiros que faziam diariamente esse percurso[78].

Na opinião deste autor, há bem pouca dúvida de que as palavras "subindo e, tendo saudado a igreja" (segundo o texto grego) se referem à igreja de Jerusalém. As palavras "subindo" e "descendo" certamente não se ajustariam se alguém estivesse simplesmente viajando de Cesaréia para Antioquia. Elas fazem sentido se Jerusalém estiver incluída entre uma e outra. Se for verdade que o voto de Paulo era um voto nazireu, ele iria a Jerusalém para completá-lo[79]. O termo "saudado" implica em que o apóstolo expressou seu afeto e consideração por eles, pois Paulo e os homens de Jerusalém trocarem beijos santos. Os irmãos de Jerusalém, inclusive Tiago e os presbíteros, iriam expressar dessa forma uma recepção amigável a Paulo. Esta teria sido a quarta visita de Paulo a Jerusalém após a sua conversão[80].

---

[76] Tiago 4.15. Outro acordo com Tiago foi citado no estudo especial sobre "A fé que Salva", ao ser estabelecido que ambos ensinavam a necessidade da fé obediente.

[77] Veja notas em Atos 8.40 e 10.1.   [78] McGarvey, *op. cit.*, p.144, 45.

[79] Veja notas em Atos 18.18.

[80] Veja Atos 9.26; 11.30; e 15.4 para as três primeiras viagens. Se esta é uma visita à igreja de Jerusalém, e não temos motivos para duvidar que fosse, seria uma segunda viagem a Jerusalém não registrada na carta aos Gálatas, a qual (em nossa opinião) não foi ainda escrita. Mas o problema com a omissão da quarta visita a Jerusalém não é maior do que o da omissão de sua segunda visita nessa carta.

Desceu para Antioquia – "Desceu" está geograficamente correto, pois a elevação de Antioquia da Síria é muito menor que a de Jerusalém. Paulo provavelmente viajou por terra para Antioquia. Ele está voltando para dar um relatório, algo similar ao que foi feito no término da primeira viagem missionária[81]. Na sua chegada a Antioquia, não podemos duvidar que ele alegrou mais uma vez o coração dos irmãos que encomendaram ele e Silas ao favor do Senhor, contando-lhes tudo o que Deus havia feito com ele, e como havia aberto ainda mais a "porta da fé aos gentios". Não sabemos se Silas acompanhou ou não Paulo de volta a Antioquia. Se não estivesse a seu lado, Paulo teria informado o lugar onde Silas havia ficado e as razões para isso[82]. Como notado anteriormente em nosso estudo, algumas pessoas colocam a dissimulação de Pedro e a necessidade de Paulo corrigi-la em assembleia pública, neste ponto da narrativa de Atos[83]. Na opinião deste escritor esse infeliz incidente ocorreu antes da segunda viagem missionária ter começado, em lugar de aqui, no seu término.

Quando Paulo chegou a Antioquia da Síria, sua segunda viagem missionária tinha sido completada. Ela tinha-se estendido por um período de três anos, 51-54 A.D. Durante esse tempo Paulo voltou a visitar as igrejas da Galácia do Sul, e com a ajuda de alguns novos obreiros (Silas, Lucas e Timóteo) ele plantou e cultivou novas congregações nas cidades de Filipos, Tessalônica, Beréia, Atenas e Corinto. Alguns ajudantes foram deixados em Éfeso, na expectativa de um trabalho evangelístico lá. Os judeus fizeram repetidos esforços para impedir o progresso do Evangelho na maioria dessas cidades; no entanto, suas tentativas, embora pessoalmente aflitivas e algumas vezes penosas para Paulo, foram em vão. As igrejas floresceram até mesmo na sua ausência.

D. A TERCEIRA VIAGEM MISSIONÁRIA. 18.23-21.16

1. *Em Antioquia (Síria) e através das províncias da Galácia e Frígia. 18.23*

18.23 –

Havendo passado ali algum tempo – "Ali" é Antioquia da Síria. Não podemos dizer quanto tempo ele permaneceu com a igreja dali. Mas se tiver começado a terceira viagem missionária no mesmo ano que terminou a segunda, não permaneceu muito tempo em Antioquia, pois nos versículos seguintes vemos Paulo apressando-se através de vários países a fim de tirar proveito da época propícia para viajar na região montanhosa.

Saiu – Este é o início da terceira viagem missionária, provavelmente em 54 A.D. Ao que sabemos, esta foi a última visita de Paulo a Antioquia, embora tivesse sido o centro de seu ministério apostólico por tantos anos. Aos poucos, o centro do evangelismo mundial se move para o ocidente, na direção de Éfeso e Roma.

Atravessando sucessivamente a região da Galácia e Frígia – O verbo "atravessando" foi usado em Atos 13.6 para falar de uma viagem envolvendo atividade missionária. Assim significa aqui. A viagem começa com Paulo tomando por terra a estrada de Antioquia para Tarso, ao norte; e dali, através dos Portões da Cicília seguiu para os planaltos elevados da Licaônia e Pisídia, passando através de Derbe, Listra, Icônio e Antioquia da Pisídia. Fica claro pela Epístola aos Gálatas que ele encontrou nesta visita poucos traços (ou nenhum) do trabalho dos judaizantes

---

[81] Veja notas em Atos 14.27.
[82] Compare notas em Atos 18.5 relativas à vida posterior de Silas.
[83] Veja notas em Atos 15.38. Se o problema com Pedro fosse colocado aqui no término da segunda viagem, poderia ser feita uma reconstrução um tanto imaginativa. Paulo ficou ausente da cidade durante três anos; nesse intervalo os judaizantes podem ter recuperado parte de sua influência. Pedro chegou à cidade enquanto Paulo ainda se encontrava ali, e os eventos registrados em Gálatas 2.11 ocorrem. Pouco depois disso, os judaizantes perturbam as igrejas da Galácia também. Isto leva diretamente à necessidade da epístola de Paulo a esses irmãos. Tal teoria torna, porém, difícil a tentativa de reconstrução das viagens evangelísticas de Pedro, pois ela o situa ainda na Síria quando 1Coríntios parece colocá-lo na Grécia.

entre essas igrejas[84]. Mas logo depois dele ter passado por essa região, os judaizantes surgiram e perturbaram as igrejas. Quando as notícias das atividades deles chegaram até Paulo, ele escreve-lhes a carta que chamamos Gálatas. Nessa carta ele faz menção de certo abandono do primeiro amor deles, uma volta aos antigos vícios nacionais que pode ter notado durante essa visita, escrevendo uma advertência a respeito[85]. Quais as igrejas visitadas na Frígia não nos é possível dizer. Uma possível interpretação de Colossenses 2.1 poderia levar-nos a pensar que Paulo visitou nessa época as congregações do vale do rio Lycus, Colossos, Hierápolis e Laodiceia. Mas a interpretação geralmente aceita de Colossenses 2.1 é que Paulo jamais visitou esses lugares antes de escrever "Colossenses" para eles – e se isso for verdade, elas não podem ser as igrejas da Frígia que Paulo visitou no início desta terceira viagem missionária.

Confirmando todos os discípulos – Isto significa fortalecer a fé que eles tinham mediante exortação e conselhos[86]. É surpreendente como Paulo conseguia visitar sistematicamente as congregações que iniciou. Este trabalho repetido faz parte de seu método de evangelismo. Não se trata tanto de ele querer fiscalizar oficialmente todos os atos e pensamentos deles, mas de um programa de ensino e edificação para fortalecer a sua fé. Quando o indivíduo conhece as doutrinas certas, irá provavelmente praticar também o que é certo! Um conhecido missionário costumava insistir que "Homem algum tem o direito de ouvir duas vezes o Evangelho enquanto cada homem não tenha ouvido uma vez". Parece que Paulo não aprovava essa ideia, pois é a quarta vez em que ele visita alguns desses lugares. Lucas pode cobrir uma jornada de vários meses e cerca de 800 a 900 km em poucas palavras, quando não está viajando pessoalmente com o missionário. Agora que Paulo está de caminho de volta a Éfeso, o registro dos eventos ocorridos ali é atualizado (Atos 18.24ss) antes de sermos informados da chegada de Paulo naquela cidade (Atos 19.1).

2. Apolo em Éfeso e Corinto. 18.24-28

18.24 –

Nesse meio tempo chegou a Éfeso um judeu, natural de Alexandria, chamado Apolo – Alguns pensam que Apolo é abreviação de Apolônio (conforme a leitura do Códice Beza), ou de Apolodoro. O nome é soletrado "Apelles" no Códice Sinaítico, e "Apollo" na Vulgata Latina.

Alexandria era uma cidade famosa e porto do Egito, a 19 km para o interior, a partir da boca do rio Nilo. Ela foi chamada de Alexandria em homenagem a Alexandre o Grande, que a fundou em 332 a.C. Uma grande parte da população de Alexandria era composta de judeus, e uma das principais escolas hebraicas se encontrava ali, assim como uma das mais conhecidas bibliotecas de todo o mundo[87]. A construção aqui é a mesma traduzida "natural do" em Atos 18.2. Ele não só nasceu ali, mas seus antepassados nasceram nessa cidade durante algumas gerações.

Apolo chegou a Éfeso enquanto Paulo se encontrava em Antioquia da Pisídia, ou enquanto ele viajava através das regiões da Galácia e Frígia.

Homem eloquente – A palavra traduzia como "eloquente" tem sentido duplo. O grego pode indicar um homem hábil no uso das palavras (orador eloquente) ou eloquente em ideias e pensamentos (erudito). Alexandria era célebre por suas escolas, sendo provável que Apolo tivesse recebido algum treinamento nelas. Duvidamos, porém, que Apolo tivesse feito uso do método alegórico de interpretação da Escritura pelo qual Alexandria era famosa.

E poderoso nas Escrituras – Quando refletimos que o conhecimento das Escrituras tinha de ser aprendido dos manuscritos, e que estes só eram geralmente disponíveis apenas nas sina-

---

[84] Gálatas 1.6 mostra que os Gálatas só haviam começado a se desviar recentemente da verdade. Seu afastamento foi súbito.
[85] Gálatas 5.21.
[86] A mesma palavra foi usada em Atos 14.22.
[87] Veja outras notas relativas a Alexandria em Atos 6.9.

gogas, e quando nos lembramos de que a habilidade de ler era só aprendida por alguns, começamos a apreciar que grande proeza era a familiaridade de Apolo com as Escrituras. Isso provavelmente significa que ele havia memorizado grandes trechos do Antigo Testamento. Sem cair no erro do fundamentalismo, que deprecia a educação universitária, e evitando ao mesmo tempo o erro da adoração ao altar da educação superior, é bom ouvir as palavras de Dale sobre a educação moderna:

> Este era o segredo do seu poder e capacidade. Ele conhecia as Escrituras. A educação moderna manifesta uma falta triste e até trágica de aprendizado em qualquer fase das Escrituras. O ponto mais fraco no treinamento moderno cai neste exato ponto em que Apolo era "poderoso". Nos dias de hoje, o poder da pregação tem sido confundido com as exterioridades convenientes da gentileza, lustro, personalidade e posição. Mas Apolo era um pregador eficiente porque tinha compreensão das Escrituras, pureza de coração e motivos, e habilidade para proclamar a mensagem. As congregações muitas vezes escolhem seus professores da Escola Dominical com base em sua conduta, personalidade, ou graus universitários. Esses expedientes não devem ser desprezadas ou negligenciadas, mas o essencial é escolher homens e mulheres com sabedoria nas Escrituras. Inúmeros fazedores de tendas modernos na congregação podem e irão servir muito melhor como mestres da Palavra do que a chamada pessoa culta que conhece ciência mas jamais encontrou nem se entregou ao Salvador.[88]

18.25 –

Era ele instruído no caminho do Senhor – "Instruído" é a palavra comum para a instrução oral[89]. Não temos informação segura sobre quem lhe deu a instrução. Talvez fosse João Batista, ou um de seus discípulos. A frase "o caminho do Senhor" é de Isaías 40.3, e foi aplicada ao ministério de João como precursor do Messias[90]. Esta frase nos dá um vislumbre do que havia sido ensinando a Apolo; ele conhecia o papel de João nos atos redentores de Deus.

E, sendo fervoroso de espírito – "Transbordando no espírito", i. e., cheio de entusiasmo. O termo fala de seu zelo e diligência. A referência não é ao Espírito Santo, pois o Espírito Santo e seus dons são o selo da fé cristã que Apolo ainda não havia abraçado[91]. Nossos tradutores deixarem corretamente a palavra "espírito" com letra minúscula[92].

Falava e ensinava com precisão a respeito de Jesus – Ambos os verbos estão no imperfeito, o que indica ação contínua. Alguns explicam "falava" como se referindo a uma conversa particular e "ensinava" como o discurso público na sinagoga. "A respeito de Jesus" (note que os melhores manuscritos contêm a leitura "Jesus" e não "Senhor" neste lugar) nos dá outra insinuação sobre o conteúdo das crenças de Apolo. Ele sabia algo sobre o fato de *Jesus* ser o Messias, de quem João foi o precursor. Este versículo poderia sugerir que a informação de Apolo se limitava à informação que João Batista possuía sobre Jesus. Quando João foi decapitado, houve a dispersão de seus seguidores, e então talvez um deles tivesse chegado a Alexandria. Apolo aprendeu então dele o que agora ensinava[93]. Os ensinos de Apolo eram "precisos", isto é, eram corretos até onde seu conhecimento alcançava, mas estavam incompletos.

Conhecendo apenas o batismo de João – Essas palavras são interessantíssimas para nós, pois mostram um âmbito maior da influência do Batista como precursor de Jesus, do que é indi-

---

[88] Dale, *op.cit.*, p. 287.
[89] Compare Lucas 1.4, onde é dito que Teófilo tinha sido também instruído oralmente nas verdades sobre Jesus.
[90] Veja a profecia de Isaías aplicada a João Batista em Mateus 3.3 e Marcos 1.3.
[91] Veja o gráfico nos comentários sobre 1:8,"Cinco Batismos Diferentes no Novo Testamento" e o estudo especial sobre "A Pessoa e Obra do Espírito Santo", onde foi documentado que o batismo da Grande Comissão contém a promessa do Espírito que o de João não continha.
[92] Outro exemplo do uso de "espírito" do homem é Romanos 12.11.
[93] Marcos 6.17ss e especialmente o versículo 34 ("ovelhas que não têm pastor") implica que os discípulos de João foram dispersos após sua decapitação, cerca de um ano antes da crucificação de Jesus.

cado nos Evangelhos. Mesmo entre os alexandrinos havia alguns que tinham sido influenciados por ele. Alguns judeus de Alexandria, que visitaram Jerusalém por ocasião de uma das festas, ao serem informados sobre um poderoso pregador junto ao rio Jordão, teriam ido ouvir João, e ao voltarem a Alexandria divulgarem ali o que tinham ouvido? Ou será que alguns dos discípulos de João viajaram até Alexandria, assim como outros (Atos 19.1ss) chegaram até Éfeso[94]? Devemos verificar a questão sobre as convicções de Apolo. Esta passagem indica que ele não conhecia o batismo da Grande Comissão, e portanto não conhecia o dom do Espírito Santo. Podemos entender esta frase como insinuando que Apolo tinha uma noção da vida e ensinamentos de Jesus, mas não havia sido informado de sua morte, sepultamento, ressurreição, ou ascensão? Não sabia também que o arrependimento e remissão de pecados estavam sendo agora proclamados em Seu nome a todas as nações[95]. Apolo não teria aprendido ainda que a "circuncisão em si não é nada"[96], e que o templo e todas as suas ordenanças eram "antiquados e envelhecidos, estando prestes a desaparecer"[97]?

18.26 –

Ele, pois, começou a falar ousadamente na sinagoga – Qualquer que fosse o conteúdo da crença de Apolo, ele tinha a coragem de sua convicção. Lucas não nos informa a razão de Apolo ter ido a Éfeso. Seria pregar o que conhecia, ou estava em viagem de negócios? Em qualquer caso, ele visitou a sinagoga no sábado e, como Paulo tinha feito em outros comunidades, teria pedido permissão para falar ou teria sido convidado pelos anciãos para falar, desde que era um visitante.

Ouvindo-o, porém, Priscila e Áquila – Ficamos sabendo aqui que Áquila e sua mulher continuarem frequentando as reuniões da sinagoga. Sem dúvida faziam isso como parte do seu trabalho de lançar um alicerce para a chegada de Paulo, e os versículos seguintes indicam que eles ganharam alguns convertidos[98].

Tomaram-no consigo – Eles levaram Apolo para sua casa e seus corações, a fim de ensiná-lo em separado. É muito melhor corrigir alguém separadamente, do que denunciá-lo em público.

E, com mais exatidão, lhe expuseram o caminho de Deus – Eles preencheram as lacunas em seu conhecimento de Jesus, e do caminho de Deus para salvação dos homens. Se nossa reconstrução do conteúdo da doutrina de Apolo estiver correta, Áquila e Priscila teriam então informado Apolo sobre os eventos do último ano do ministério de Jesus, inclusive a semana que serviu de clímax a esse ministério: sua morte, sepultamento, ressurreição e ascensão. Ele teria aprendido a doutrina da justificação pela fé e a instituição e observação da Ceia do Senhor. Teria aprendido sobre a habitação interior do Espírito Santo que ajuda o homem a viver como cristão. Implícita na declaração anterior sobre Apolo, que conhecia "apenas o batismo de João", está a verdade de que algo substituiu o batismo de João. Priscila e Áquila não eram ignorantes a respeito deste assunto, a ponto de supor como fazem alguns professores de hoje, que não existe diferença entre os dois batismos. Não eram também tão indiferentes a ele (julgando tratar-se simplesmente de um "rito externo" como alguns modernos fazem) que não dessem grande importância à diferença.

---

[94] Alguns escritores modernos supõem que relatos breves, escritos sobre o ministério de Jesus (como o referido em Lucas 1.1-4) circularam no Egito, e através deles Apolo aprendeu sua doutrina a respeito de Jesus. Sem negar que tais relatos já estivessem circulando, parece que a palavra "instruído" nos leva a buscar algum ensino oral como a fonte da doutrina de Apolo.
[95] Se nossa reconstrução for correta, devemos então aceitar a ideia de que pouco conhecimento do Pentecostes (Atos 2) chegou a Alexandria (pelo menos até Apolo), embora egípcios estivessem presentes nessa ocasião (Atos 2.10).
[96] 1 Coríntios 7.19; Gálatas 5.6.
[97] Hebreus 8.13.
[98] Atos 18.27 fala de uma congregação de cristãos já em Éfeso, antes de Paulo chegar ali em sua terceira viagem missionária.

Apolo aprendeu que, enquanto o batismo de João não contivesse promessa do Espírito Santo, este era um dos aspectos distintos do batismo cristão; e enquanto João não batizasse em nome de ninguém, os apóstolos foram ensinados a batizar em o nome do Pai, do Filho e do Espírito Santo[99].

Depois de ficar sabendo de todos esses fatos, quem pode duvidar que Apolo tivesse sido batizado em Cristo, do mesmo modo que os seguidores do Batista a quem Paulo ensinou, como registrado em Atos 19.5?

Devemos prestar agora atenção ao fato de que o nome de Priscila aparece em primeiro lugar (nos melhores manuscritos). O mínimo que isto pode significar é que Priscila participou com o marido nessas instruções a Apolo. Ficamos sabendo assim o grau de compreensão que possuía das Escrituras, pois teve condições de ajudar esse pregador que era "poderoso nas Escrituras" a atendê-las melhor do que antes. Sua participação no ensino de Apolo lança também alguma luz sobre as proibições da mulher ensinar, registradas em 1 Timóteo 2.12 e 1 Coríntios 14.34. As atividades desta mulher tornam difícil entender essas proibições como afirmando que uma mulher jamais pode ensinar um homem.

Deve ser observado que Priscila ajudou o marido a dar instruções mais completas a Apolo. Isto ilustra a maneira em que certas mulheres fiéis foram grandes ajudantes dos apóstolos e evangelistas na divulgação do evangelho. Não deve, e não pode, porém, ser apresentado como prova de que sequer a mais eminente das auxiliares femininas tivesse tido parte na pregação pública, sem que isso venha a constituir em verdadeira manipulação fraudulenta das Escrituras[100].

18. 27 –

Querendo ele percorrer a Acaia – Lucas não menciona o nome de cidade alguma, mas como Corinto era a capital da Acaia, e 1 Coríntios 1.12 indica que Apolo esteve ali, é provável que esse fosse o seu destino. Lucas não nos informa por que ele desejava ir a Corinto. Duas razões têm sido oferecidas: (1) O Códice Beza contém uma adição neste ponto, que diz que alguns visitantes procedentes de Corinto estavam visitando Éfeso, e ao ouvirem Apolo pregar, o convidaram para ir a Corinto. Embora não faça parte do manuscrito original de Lucas, parece haver um fundo de verdade nessa afirmação. Todo o problema da busca de um pregador adequado para uma dada congregação ou comunidade é introduzido por esta explicação[101]. (2) A outra razão sugerida deixa ao desejo de Apolo a decisão de visitar Corinto, porque tinha ouvido falar do trabalho iniciado ali por Paulo através de Áquila e Priscila, e da grande oportunidade de prestar um serviço valioso.

Animaram-no os irmãos – Os cristãos de Éfeso parecem ser aqueles chamados de "irmãos" aqui. Isto aparentemente indica uma pequena congregação de cristãos que já se reunia em Éfeso, sem dúvida como resultado dos esforços de Áquila e Priscila. Desde que Apolo era poderoso nas Escrituras e é um pregador eloquente, os cristãos de Éfeso julgam que ele irá satisfazer algumas das necessidades dos irmãos de Corinto. Especialmente se continuassem suas reuniões ao lado da sinagoga, alguém que conhecesse as Escrituras e pudesse então falar eficazmente aos judeus seria particularmente indicado.

---

[99] McGarvey, *op. cit.*, p.148.
[100] *Ibid.*
[101] Mais atenção por parte dos membros de igreja de hoje deveria ser dada à escolha de um pregador para servir numa congregação já estabelecida, a fim de que a igreja conheça suas próprias necessidades, e saiba também se o pregador proposto irá satisfazer essas necessidades especiais. É necessário mais do que simplesmente convidar um homem para fazer um sermão experimental. Uma vez que os líderes de uma congregação tenham uma boa ideia de suas necessidades peculiares, eles podem visitar outra congregação (como o Códice Beza sugere que foi feito por homens de Corinto) a fim de ouvir e entrevistar um possível pregador. Quando encontrarem alguém cujas habilidades acreditem serem adequadas às suas necessidades, poderão convocá-lo.

E escreverem aos discípulos para o receberem – Esta é a primeira instância registrada do que ficaram mais tarde conhecidas tecnicamente como "cartas de recomendação" escritas de uma igreja para outra, como o propósito de apresentar o portador[102]. Nós as chamamos de "cartas das igrejas" hoje. O grupo de Corinto conheceria certamente Áquila e Priscila, e sua recomendação de Apolo teria sido bem recebida. Tais cartas, caso enviadas hoje, devem ser escrupulosamente verdadeiras. Não ajudará o bem-estar espiritual do portador descrevê-lo como um "membro muito considerado", se ele na verdade não é nada disso.

Tendo chegado – Quando Apolo chegou a Corinto ele se envolveu imediatamente no trabalho com entusiasmo e vigor. Encontramos atualmente exemplos de homens que diminuem seu zelo pela fé revelada na Bíblia, depois de obterem maior conhecimento. Mas isso não aconteceu com Apolo.

É significativo que ao receber mais esclarecimentos através de Áquila e Priscila, seu zelo não diminuísse. Ficamos então nos perguntando por que o grande avanço no conhecimento na aprendizagem moderna apagou o zelo de muitos líderes eruditos da fé cristã. É igualmente importante perguntar por que cultos e seitas que contêm meia-verdades e limitações evidentes do verdadeiro conhecimento, manifestam tamanho zelo na obra de Cristo[103]?

Auxiliou muito aqueles que mediante a graça haviam crido – Ele ajudou os coríntios, que eram evidentemente objeto do antagonismo judeu, agora que Paulo havia partido. Tem havido perseguição da nova igreja em Corinto, ou pressão para voltar à fé judia? A extensão da influência de Apolo em Corinto pode ser medida pelas referências a ele em 1 Coríntios. Alguns dos coríntios (depois do ministério de Apolo ali) irão declarar que são seguidores especialmente dele[104], mas este partidarismo não teve certamente a aprovação ou encorajamento de Apolo. Caso contrário, Paulo dificilmente teria animado esse pregador eloquente a voltar a Corinto[105]. Em vez de criticar o trabalho de Apolo (como aconteceria caso ele tivesse contribuído deliberadamente para a divisão na igreja de Corinto), o apóstolo considerava Apolo um continuador do trabalho que ele havia iniciado em Corinto[106].

As palavras "mediante a graça", em grego, admitem ser consideradas como modificando seja o verbo "auxiliou" ou o verbo "crido". Elas podem significar, que pelo fato de Deus ter ajudado Apolo (foi ele que recebeu a graça), este homem teve condições de prestar auxílio aos coríntios. Ou podem significar que em vista de Deus ter ajudado os coríntios (estes receberam a graça), Apolo pôde também prestar-lhes auxílio. Esta última explicação significaria que a graça de Deus teve algo a ver com a fé inicial dos coríntios[107].

18.28 –

Porque com grande poder convencia publicamente os judeus – O verbo grego é composto, indicando que ele os refutou inteira e completamente. O termo não significa que ele os convenceu, mas que somente anulou seus argumentos. Mediante um arrazoado forte, ele derrotou toda oposição e silenciou eficazmente os judeus. Isso foi feito em público – seja na sinagoga ou em um debate público. Apolo entrou numa discussão pública com os líderes judeus a respeito de Jesus de Nazaré ser ou não o Cristo. Antes de conhecer Cristo, Apolo já era um "homem eloquente" e "poderoso nas Escrituras"; agora que tem sido ensinado com mais exatidão sobre o caminho de Deus, seus argumentos ficaram ainda mais poderosos. Os judeus não conseguiam competir com esse pregador de Alexandria.

---

[102] Veja 2 Coríntios 3.1 e Romanos 16.1.
[103] Dale, *op.cit.*, p. 288.
[104] 1 Coríntios 1.12ss.
[105] 1 Coríntios 16.12.
[106] 1 Coríntios 3.6.
[107] Esta linguagem não deve ser explicada como parte da doutrina calvinista da "graça irresistível" ou "primeira obra da graça". Veja nota nº 42 no capítulo 8, ou comentários de Atos 16.14.

Provando por meio das Escrituras – Demonstrado pelo Antigo Testamento. Se ele tivesse memorizado as Escrituras, como sugerido antes, poderia lembrar-se da passagem exata necessária para rebater os argumentos que os judeus incrédulos pudessem levantar contra Jesus como Messias.

Que o Cristo é Jesus – Apolo insiste em que Jesus de Nazaré corresponde ao relato do Messias, como predito pelos profetas do Antigo Testamento, e deve ser portanto o Messias.

Alguém ofereceu o seguinte esboço do parágrafo que acabamos de estudar. Tem o título: "A Conversão de um Pregador".

I. Quem ele era – Versículos 24-26
   a. Homem eloquente ou erudito
   b. Poderoso nas Escrituras
   c. Tinha sido instruído no caminho do Senhor
   d. Era fervoroso
   e. Ensinou corretamente as coisas de Jesus
   f. Era ousado

II. O que lhe faltava – Versículo 25b
   a. Não tinha o Espírito Santo
   b. Não tinha perdão de pecados
   c. Não havia recebido o batismo de Jesus

III. O que ele fez – Versículos 26b-28
   a. Não se zangava
   b. Ouviu novas instruções
   c. Foi provavelmente rebatizado, como aconteceu com os outros "batistas"
   d. Pregou então toda a verdade
   e. Foi enviado com uma carta de recomendações da igreja de Éfeso para a igreja de Corinto
   f. Ajudou a igreja da Acaia

Como tem sido nossa prática para outras personalidades mencionadas em Atos, quando chegamos à última menção de um indivíduo damos uma breve sinopse do que sabemos por outras fontes sobre o que aconteceu com ele. Segundo este versículo, Apolo seguiu para Corinto e trabalhou ali, cerca de 54 A.D. Enquanto Paulo se achava em Éfeso (o apóstolo deteve-se ali mais de dois anos), Apolo voltou e exerceu um ministério nas vizinhanças de Éfeso[108]. Nós o perdemos de vista depois disso durante alguns anos, pois não há mais notícias dele em Atos. Gostaríamos de acreditar que esses anos foram preenchidos com atividades evangelísticas segundo o padrão estabelecido em Éfeso e Corinto. Perto do fim do ministério de Paulo, temos nosso último vislumbre de Apolo[109]. Ele e outro homem que conhecia profundamente a Lei de Moisés, Zenas, o advogado, estiveram juntos numa viagem missionária. Alguns comentaristas modernos atribuem a ele a autoria da carta que chamamos Hebreus, mas não existe uma evidência sólida de que Apolo a tenha escrito.

---

[108] 1 Coríntios 16.12.   [109] Tito 3.13.

Filipos

Desenho de Horace Knowles da British and Foreign Bible Society

CAPÍTULO DEZENOVE

3. *Ministério de Paulo em Éfeso. 19.1-41*
   a. Paulo corrige alguns a respeito do batismo de João. 19.1-7

19.1 –

Aconteceu que, estando Apolo em Corinto – Lucas interrompeu sua narrativa do inicio da terceira viagem missionária para contar-nos a conversão de Apolo e seu chamado a Corinto (Atos 18.24-28). Ele agora retoma o relato das viagens de Paulo.

Paulo, tendo passado pelas regiões mais altas – A última nota geográfica a respeito das viagens de Paulo o colocou na Galácia e na Frigia[1]. Lucas agora diz que ele passou por algumas "regiões mais altas". Alguns comentaristas tentam situar Paulo novamente na Galácia do Norte, da mesma forma que fizeram em Atos 16.6, procurando colocá-lo ali. Mas a primeira impressão que se obtém dessa linguagem é que ao deixar Antioquia da Pisídia, o apóstolo se dirige para Éfeso que fica ao oeste e não ao nordeste de Antioquia! Existiram duas rotas para viajar de Antioquia da Pisídia para Éfeso. Uma atravessava a região *baixa*, ao longo dos vales dos rios Lycus e Meander, passando por Colossos, Hierápolis e Laodiceia[2]. A outra rota era chamada de estrada *alta* porque levava o viajante através dos elevados planaltos do interior da Ásia Menor. Ao tomar a rota ao norte, através das regiões mais altas, Paulo teria chegado a Éfeso pelo lado norte do Monte Messogi, uma longa cadeia de montanhas entre os rios Meander e Cayster.

Chegou a Éfeso – Paulo voltou a Éfeso justamente como prometeu ao deixar Áquila e Priscila ali cerca de um ano antes[3]. Éfeso era uma das principais cidades do mundo durante a época do Novo Testamento. Havia razões políticas (era a capital provincial), econômicas (todo o comércio com o interior da Ásia Menor fluía através do ponto de Éfeso) e religiosas (o templo de Ártemis) para a sua importância. Éfeso ficava a cerca de 6 km do Mar Egeu, e possuía um porto no interior ligado ao rio Cayster. Como notado nos comentários sobre Atos 18.21, havia necessidade de dragagem constante para manter aberto o porto. No século III, quando a cidade nao conseguiu mais mantê-lo, o porto se entupiu, e a cidade morreu. Arqueólogos têm localizado alguns dos pontos principais da antiga cidade. Uma rua de mármore, com 520 metros de extensão, ligava o porto na parte oeste com o teatro para 25.000 pessoas na extremidade leste dessa via principal. O antigo fórum, inclusive as lojas dos ourives, ficava ao sul dessa rua. Um fórum novo, construído entre os dias de Paulo e o do apóstolo João, ficava ao norte dessa rua de mármore. Durante as escavações foram encontradas as edificações da prefeitura, de um estádio (cerca de 600 metros ao norte do teatro) e a Porta Magnesiana (cerca de 900 metros a sudeste do teatro). O templo de Ártemis ficava cerca de 1.600 m a nordeste do estádio[4].

E achando ali alguns discípulos – Quando Paulo chegou a Éfeso, Apolo havia cruzado o Mar Egeu em direção a Corinto. Mas pouco depois de sua chegada a Éfeso, Paulo encontrou uns 12 homens cujo conhecimento do cristianismo era tão incompleto quanto o de Apolo antes deste ter entrado em contato com Priscila e Áquila. Devemos ter cuidado com o uso da palavra "discípulos". Desde que este termo foi usado algumas vezes por Lucas como um nome para os

---

[1] Atos 18.23.
[2] Veja este mesmo problema discutido em Atos 18.23. O fato de Paulo conhecer Filemom (habitante do vale do Lycos) tem sido frequentemente proposto, contra a conclusão de que Paulo jamais visitou as igrejas neste vale. Mas, não poderia Paulo ter encontrado Filemom quando este foi a Éfeso durante o ministério de Paulo nesse cidade?
[3] Atos 18.21.
[4] Veja o mapa de Éfeso no final deste livro.

cristãos[5], alguns escritores chamam esses doze de "cristãos"[6], mas isso é impossível caso não tenham recebido o dom da habitação interior do Espírito Santo[7]. Uma explicação melhor é que eles eram discípulos de Apolo, ensinados por ele antes de ele ter recebido instruções mais completas de Áquila e Priscila[8]. A melhor sugestão talvez seja que se tratava de discípulos de João Batista, como havia acontecido com Apolo. A palavra "discípulo" significa "aprendiz", de modo que "discípulo" e cristão" não são necessariamente sinônimos[9]. Esses discípulos eram pessoas que haviam sido batizadas no batismo de João e haviam abraçado a doutrina de João sobre a proximidade da vinda do Messias[10].

Onde Áquila e Priscila se encontram? De acordo com Romanos 16.3, 4, este casal se achava de volta a Roma quando Paulo escreveu sua carta a essa igreja, no final da terceira viagem. Quando saíram de Éfeso? Foi antes da volta de Paulo ao início da terceira viagem? Ou eles ainda estavam em Éfeso por ocasião do motim de Demétrio e os ouvires? Romanos 16.4 é frequentemente harmonizado com os eventos dessa rebelião, sendo suposto que Áquila e Priscila arriscaram suas vidas para impedir que Paulo entrasse no teatro[11].

19.2 –

Perguntou-lhes: Recebestes, porventura, o Espírito Santo quando crestes? – "Quando crestes", i.e., por ocasião do seu batismo, como mostra o versículo 3. De fato, ao ser harmonizada a linguagem de Paulo nesses versículos, percebe-se que "crer" e "ser batizado" e "receber o Espírito Santo" são considerados como parte do mesmo ato.

"Recebestes o Espírito Santo"? Esta é uma passagem muito disputada, e pelo menos três opiniões principais são adiantadas numa tentativa de explicá-la. (1) Alguns pensam que Paulo tem em mente o Batismo com o Espírito Santo. A maior parte dos comentaristas que explicam desse modo este versículo, estão evidentemente confusos a respeito da natureza do batismo com o Espírito Santo[12]. Desde que apenas os apóstolos receberam o batismo do Espírito Santo (com a única exceção da casa de Cornélio), não é razoável julgar que Paulo esteja perguntando a não-apóstolos se eles tinham sido batizados do Espírito Santo. A interpretação pentecostal ou carismática desta passagem deixa muito a desejar; o mesmo acontecendo com a tentativa de Boles. Ele propõe a ideia de que a pergunta signifique: "Vocês sabiam dos eventos do Pentecostes (quando o Espírito veio) quando o evangelho de Cristo foi revelado por completo?" Mas Paulo não fez essa pergunta. A pergunta dele é esta: "*Vocês* receberam o Espírito Santo?" e não "Vocês ouviram falar sobre a vinda do Espírito?" A tentativa de Boles para resolver esta passagem difícil deixa muito a desejar.

(2) Uma segunda tentativa de explicação faz referência aos Dons Espirituais. Os exegetas (e esta pode ser a opinião majoritária) defendem esta interpretação ao notar que tais dons estão no contexto (veja o versículo 6). É explicado que Paulo tencionava conceder tais dons a esses "discípulos", caso não os possuíssem; e o apóstolo surpreendeu-se ao ver que eles sabiam tão pouco sobre o Espírito Santo. Os seguintes pontos pesam bastante contra essa interpretação. Paulo teria necessidade de perguntar se tinham esses poderes? Só um apóstolo podia concedê-los. Esses homens teriam estado algum dia com outro apóstolo?[13] Além disso, a pergunta não era quanto ao

---

[5] Compare Atos 6.1; 9.25; 11.26.
[6] McGarvey julga que esses "discípulos" devem ser identificados com os "irmãos" que deram a carta de recomendação a Apolo. Mas isto não parece provável; caso contrário, Apolo, ou Áquila e Priscila, não teriam ensinado mais exatamente a eles o caminho do Senhor?
[7] Romanos 8.9.
[8] Atos 18.25,26. A crença deles era tão semelhante à de Apolo, que seria fácil dizer que esses doze foram alunos de Apolo antes da conversão deste.
[9] Note Mateus 28.19,20. Um dos discípulos não é necessariamente um cristão, mas pode vir a tornar-se.
[10] Veja vv.3 e 4 neste capítulo.   [11] Atos 19.30.
[12] Consulte o Estudo Especial Nº 3, concernente ao batismo com o Espírito Santo.
[13] Paulo pode não ter sabido se eles haviam estado algum dia com outros apóstolos, mas evidentemente não haviam, caso contrário já teriam sido batizados em Cristo.

recebimento do Espírito Santo durante o período *posterior* ao seu batismo (quando creram), mas quanto a terem recebido o mesmo simultaneamente com a sua fé original. O grego diz: "*quando* crestes" (como na SBB—N.T.) e não "*desde* que crestes". O grego traduzido "recebestes" e "crestes" são ambos verbos no tempo aoristo, mostrando que o recebimento e a crença eram algo que teve lugar ao mesmo tempo. Os dons espirituais não eram no entanto regularmente concedidos junto com o batismo para remissão de pecados, sendo então duvidoso que "Recebestes, porventura, o Espírito Santo *quando* crestes" tenha referência aos dons espirituais.

(3) Chegamos assim à interpretação mais provavelmente correta — que Paulo está perguntando se eles receberam o dom da habitação interior do Espírito Santo. Alguns levantam objeção a esta explicação. McGarvey, por exemplo, escreveu:

> A pergunta de Paulo: "Recebestes, porventura, o Espírito Santo quando crestes" não se referia à habitação comum do Espírito; pois todos a recebem quando se arrependem e são batizados (Atos 2.38). Portanto, Paulo não poderia ter qualquer base para duvidar que tivessem recebido isso[14].

Respondemos que isto seria, na verdade, tomar por certo o ponto a ser provado. Paulo poderia estar fazendo uma de duas coisas quando levantou tal pergunta. Talvez tentasse estimular seus ouvintes ao interesse e ação ao mostrar-lhes que sua obediência foi imperfeita. Ou, poderia estar fazendo esta pergunta (do modo como Filipe perguntou ao etíope, Atos 8) a fim de saber qual a condição espiritual desses doze homens. Várias linhas de pensamento apontam para esta terceira interpretação como sendo a correta. Ela concorda com as afirmações acima de que o ato de crer e receber são simultâneos (algo que ocorria quando o indivíduo era imerso em Cristo). Esse é o dom da habitação interior! Também, tem sido sugerido que Paulo notou neles, talvez quando compareceram às reuniões da igreja (ou da sinagoga), uma falta de paz, alegria e radiância que se manifestava nos demais (os "irmãos" de 18.27). Eles haviam sido batizados com batismo do arrependimento e estavam vivendo uma vida de jejum, orações e esmolas (como ensinado pelo Batista); mas não haviam progredido para a " justiça, paz e alegria no Espírito Santo"[15]. Paulo começou então a ensinar-lhes mais exatamente sobre o caminho de Deus, como Áquila e Priscila tinham feito com Apolo.

Ao que lhe responderam: Pelo contrário, nem mesmo ouvimos que existe o Espírito Santo – Veja a nota à margem, "se o Espírito Santo é dado". Neste ponto a leitura da margem é preferível à que os tradutores da NASB colocaram no texto. A construção é a mesma (não há palavra para "dado"- apenas o uso do verbo de ligação "é") como encontrado em João 7.39, que era uma predição sobre a habitação interior do Espírito Santo. Seria difícil crer que eles jamais tivessem ouvido falar do Espírito Santo, como a NASB parece dizer (também a SBB – N.T.). Eles o teriam encontrado caso tivessem lido os livros do Antigo Testamento. Teriam ouvido João Batista referir-se a Ele[16]. Quando tais fatos são considerados, os tradutores da ASV apresentaram evidentemente a intenção real das palavras ditas pelos doze. Os doze não sabiam que o dom da habitação interior do Espírito Santo estava sendo concedido.

19.3 –

Então Paulo perguntou: Em que, pois, fostes batizados – "Pois" (*oun*) pressupõe que se tivessem sido batizados em nome de Jesus, teriam recebido o Espírito no batismo. O neutro "que" tem causado alguma dificuldade. Barnes explica seu significado como sendo "em que doutrina? O que professaram crer quando foram batizados?"[17] McGarvey pensa que significa: "em que nome foram batizados"[18], mas as suas notas aqui não são compatíveis com a sua afirmação de

---

[14] Lembre-se de que McGarvey afirmou que esses doze já eram cristãos (veja a discussão sobre "discípulos" no versículo1). Se a suposição dele a esse respeito foi falsa, e julgamos que seja, as suas notas explicando a pergunta de Paulo seriam também falsas.
[15] Romanos 14.17.
[16] Mateus 3.11; João 1.33.
[17] Barnes, *op. cit.*, p. 275.
[18] McGarvey, *ibid.*

que eles já eram cristãos. Como poderiam já ser cristãos, mas ainda precisarem ser batizados em nome de Jesus? Quando nos lembramos que em Atos 3.19 aprendemos que o batismo é o ponto de saída de um estado para outro, esta pergunta de Paulo faz sentido. Pelo batismo ele os imaginava (se fosse o batismo de João) saindo de uma vida caracterizada pela impenitência para outra onde o arrependimento era um padrão de vida, ou (se fosse o batismo da Grande Comissão) saindo de uma vida fora do corpo de Cristo para uma esfera em que a pessoa faz parte do corpo de Cristo.

Não devemos prosseguir sem chamar atenção para a crença de Paulo na necessidade do batismo para a salvação. Suas perguntas ("Recebestes, o Espírito Santo quando crestes?" e "Em que, pois, fostes batizados?") demonstram que ele não concebia crentes (homens justificados pela fé) que não tivessem sido imersos. Para o apóstolo não existiam "crentes não imersos" na comunidade. De fato, foi ele que escreveu: "porque todos quantos fostes batizados em Cristo, de Cristo vos revestistes"[19]. Neste capítulo 19 encontramos evidência de que para Paulo a fé em Jesus se torna efetiva e vital mediante a obediência através do batismo.

Responderam: No batismo de João – Com respeito ao batismo de João veja notas de Atos 1.5 e 18.25 . "Cremos no que João pregou e nos submetemos ao seu batismo para mostrar nossa fé". O batismo de João, como fica claramente implícito aqui, não continha a promessa do dom do Espírito Santo, como acontece com o batismo da Grande Comissão (Atos 2.38). O batismo de João só teve valor durante o ministério dele e talvez durante um ano após a sua morte. Durante esse tempo os discípulos de Jesus continuaram a batizar com o batismo de João[20].

19.4 –

Disse-lhes Paulo: João realizou batismo de arrependimento – O propósito da pregação de João era afastar o povo dos seus pegados e prepará-lo para a vinda do Messias (não apenas pelas suas vidas transformadas, mas fazendo com que mudassem de ideia sobre como seria o reino vindouro).

Dizendo ao povo que cressem naquele que viria depois dele – Paulo resume aqui o ponto focal da pregação de João. João falou em Alguém que vinha após ele e que era muito mais poderoso que ele[21]. João não queria fazer discípulos só para si mesmo; desejava que as pessoas cressem em Jesus[22]. Parece claramente insinuado que esses doze discípulos de João em Éfeso não haviam aceitado Jesus porque não sabiam dele, pois ao aceitarem o batismo de João tinham tomado o compromisso de receber o Messias quando este viesse.

A saber, em Jesus – Estas são palavras de Paulo, explicando o que João queria dizer. João ensinou seus seguidores a crer no Messias, caso desejassem a vida eterna; e Paulo mostra agora a esses doze que Jesus de Nazaré era aquele que viria, para quem ele apontava. Estas palavras do versículo 3 podem ser consideradas como dando apenas um resumo do que era na verdade um ensino mais completo. O ponto distinto que Paulo quer salientar é que João havia indicado, com seu próprio testemunho, que o seu batismo era temporário e preparatório, e depois da vinda do Messias algo mais seria esperado dos homens.

---

[19] Gálatas 3.27.
[20] O batismo de João continuaria válido para o indivíduo que o tivesse recebido sem nunca ouvir a pregação do evangelho, da mesma forma que a Lei era válida para o homem que jamais tivesse tido ocasião de ouvir o Evangelho (Romanos 2.12). Mas uma vez ouvindo o Evangelho, o homem deveria submeter-se ao batismo da Grande Comissão para ser salvo.
[21] Mateus 3.11; Marcos 1.7, 8; Lucas 3.16; João 1.15, 26.
[22] João 3,25ss e especialmente o versículo 36, onde João Batista disse: "Por isso quem crê no Filho tem a vida eterna; o que, todavia, se mantém rebelde contra o Filho não verá a vida, mas sobre ele permanece a ira de Deus".

19.5 –

Eles, tendo ouvido isto – Quando ouviram o que Paulo disse sobre a natureza temporária do batismo de João e a necessidade de crer em Jesus para ter a vida eterna[23].

Foram batizados em o nome do Senhor Jesus – Sobre o uso desta fórmula com relação ao batismo dos convertidos judeus, veja notas em Atos 10.48. O batismo da Grande Comissão substitui o batismo de João. Barnes conclui corretamente aqui:

> Os discípulos de João foram re-batizados, não por haver necessidade de repetição do batismo, mas por não terem sido, de fato, batizados da maneira prescrita pelo Senhor Jesus (na Grande Comissão)[24].

F. F. Bruce e J. W. McGarvey deram uma explicação inteiramente diferente da razão porque Paulo exigiu que os doze fossem batizados em nome de Jesus[25]. Ela envolve os seguintes pontos: As pessoas batizadas pessoalmente por João Batista, ou que se submeteram ao batismo de João, *antes* da morte de Jesus, não foram obrigados a submeter-se ao batismo da Grande Comissão. Os que receberam o batismo de João *depois* da morte de Cristo (como é suposto em relação aos doze aqui em Atos 19) foram obrigados a submeter-se à ordem de Jesus, desde que o batismo de João (por ser um rito do Antigo Testamento) não vigorava mais. Evidência para confirmar isto é supostamente encontrada em Atos 2.41, onde é dito que os 3.000 que foram batizados no Pentecostes foram "acrescentados a eles". Seu batismo por João, antes da morte de Cristo, era considerado como já colocando-os no corpo de Cristo, aos quais os 3.000 foram então acrescentados.

Existem vários objeções sérias a esta tentativa de explicação do motivo para Paulo ordenar o batismo dos doze em o nome de Jesus. (1) Se as pessoas já batizadas no batismo de João não precisavam submeter-se à ordem de Cristo, por que Pedro não disse no Pentecostes: "Arrependei-vos e seja batizado cada um de vós que não tenha recebido o batismo de João"? Alguns dentre os 3.000 seriam com certeza discípulos batizados de João, que obedeceram então as ordens de Pedro. (2) Parece contraditório a muitas passagens dizer que o batismo de João colocava o indivíduo no corpo de Cristo, fazendo isso ainda antes de Cristo morrer. Consulte as notas de Atos 2.41 para uma explicação melhor de "acréscimo".

Embora a sugestão de McGarvey fosse útil para responder a uma objeção padronizada à doutrina da necessidade da imersão para a salvação ("Se a imersão é tão necessária para a salvação, por que os apóstolos não foram batizados?")[26], ela deve ser rejeitada porque faz surgir mais problemas do que respostas. Parece melhor, portanto, compreender que em virtude de João Batista ter vivido sob a dispensação da Lei de Moisés (e que o que ele ordenou seria, portanto, anulado na cruz, assim como aconteceu com todas as coisas ordenadas por Moisés), todos os que receberam o seu batismo foram imersos em Cristo (isto é, se eles algum dia entraram em contato com o Evangelho pleno).

O que dizer do re-batismo hoje? Dale escreveu em excelente parágrafo em resposta a esta pergunta:

> Frequentemente jovens que estudam para o ministério julgam que seu maior conhecimento do significado do batismo pode exigir que se batizem novamente. Mas se o indivíduo fosse batizado cada vez que seu conhecimento do assunto aumentasse, ele teria de ser constantemente re-batizado. Todavia, deve existir uma base bíblica para o batismo válido; e qualquer pessoa

---

[23] Vamos mais uma vez ressaltar o que está implícito aqui, ao compararmos as declarações de Paulo sobre o ministério de João com o registro da pregação do Batista como encontrado em João 3. João 3.36 é a única passagem que registra especificamente as palavras de João aos discípulos no sentido de que deveriam "crer" em Jesus se quisessem a vida eterna. Paulo interpreta essa "crença" como incluindo o batismo, recebendo o dom do Espírito Santo. Como então alguns dizem que o batismo não é necessário para ter a ida eterna?

[24] Barnes, *op. cit.*, p. 276.

[25] McGarvey, *op. cit.*, p. 152, 53; Bruce, *op. cit.*, p.386.

[26] Se McGarvey estivesse certo, seria possível dar esta resposta quando fosse feita esta velha objeção: "Eles foram batizados (com o batismo de João), e foi também para a remissão de pecados!" (Marcos 1.4).

que aceitou Cristo sem uma compreensão básica do que estava fazendo, pode perfeitamente questionar e preocupar-se com este assunto. Parece claro que se alguém entra na igreja de Cristo com base em um batismo compreendido e aceito como desnecessário à salvação, o seu batismo seria inválido. Se um rapaz ou moça aceitasse Cristo firmando em sua própria fé, não teria motivo para duvidar; mas se o mesmo foi baseado no desejo dos pais, com pouca ou nenhuma espontaneidade da sua parte, ele deveria preocupar-se gravemente. Se foi batizado "só no nome de Jesus" e compreende que isso seja uma negação da Divindade, seu batismo seria inválido. Reduzido aos termos mais simples, um batismo válido inclui necessariamente a crença básica de que Jesus é o Cristo, o Filho do Deus vivo, o único Salvador; que Cristo ordenou verdadeiro arrependimento do pecado e obediência ao mandamento do batismo cristão, que é por imersão; e que a pessoa que faz o batismo deve realizá-lo em nome do Pai, do Filho e do Espírito Santo. O que é erradamente chamado de "re-batismo" se torna raro ao ser feita uma investigação adequado em cada caso individual[27].

19.6 –

E, impondo-lhes Paulo as mãos, veio sobre eles o Espírito Santo – Não pode haver praticamente dúvida de que a mesma coisa ocorreu com os doze discípulos em Éfeso, como aconteceu com os irmãos de Samaria, Atos 8.17.[28] O que temos aqui são dons espirituais sendo concedidos mediante a imposição das mãos de um apóstolos[29].

E tanto falavam em línguas como profetizavam – Essas duas atividades foram listadas entre os dons espirituais[30]. Os verbos estão no imperfeito, implicando no exercício contínuo dos dons.

19.7 –

Eram ao todo uns doze homens – As tentativas de explicar a razão de historiador inspirado como Lucas empregar a palavra "uns" (cerca de) têm sido inúmeras[31]. Nenhuma das especulações para esse acréscimo é muito satisfatória. Desde que o incidente com esses doze homens é mencionado antes de qualquer outra coisa, parece provável que Paulo os tenha encontrado e ensinado antes de sua visita à sinagoga (como mencionado no versículo seguinte).

b. Paulo prega na sinagoga e escola de Tirano. 19.8-10

19.8 –

Durante três meses Paulo frequentou a sinagoga – Depois de corrigir as deficiências encontrados nos doze discípulos de João, Paulo enfrenta a seguir as necessidades dos judeus e pagãos da cidade. Atenas, Corinto e Éfeso apresentavam cada uma a seu modo um problema para um pregador do Evangelho,. Atenas era um lugar em que os homens se orgulhavam de seu passado, sua cultura e realizações intelectuais. Corinto era uma cidade onde os homens que não conheciam a Deus tentavam satisfazer sua fome espiritual pela indulgência carnal. Éfeso, por outro lado, buscava nas religiões orientais algo que satisfizesse seu apetite espiritual. Cada um desses substitutos demoníacos continua sendo experimentado, e os que os usam hoje necessitam tanto de Cristo como os da antiguidade. Ele é o único que pode satisfazer. Os judeus se reuniam aos sábados na sinagoga para adorar. Como era seu costume, Paulo começa seu trabalho na cidade por aqueles que haviam sido preparados para o Evangelho através do Antigo Testamento. Ele havia visitado antes essa sinagoga, e agora, conforme prometeu, repete a visita[32].

---

[27] Dale, *op. cit.*, p. 292.
[28] Veja notas em Atos 8.17, 18.
[29] Veja o estudo sobre dons espirituais no Estudo Especial N° 3, A Pessoa e e a Obra do Espírito Santo.
[30] Compare as notas sobre o "Falar em Línguas" no Estudo Especial N° 4, e veja as notas sobre "profetizar" em Atos 2.17.
[31] As versões Siríaca, Arábica e Etíope dizem "doze" sem a adição da palavra "uns)".
[32] Atos 18.19.

Onde falava ousadamente – Ele talvez tenha pregado apenas aos sábados, mas existem alguns que julgam que ensinava diariamente os que tivessem ali se reunido. Segundo Atos 20.34, Paulo também continuou seu comércio de fabricação de tendas durante esse período. Ele teve permissão para falar mais tempo nessa sinagoga do que talvez em qualquer outro lugar, a não ser talvez Corinto. Desde que seguimos as viagens de Paulo de cidade em cidade, verificamos que de um a três sábados era o limite que os judeus toleravam a pregação do Evangelho em suas sinagogas.

Dissertando e persuadindo – Esses dois verbos têm sido usados regularmente com respeito às atividades de Paulo, enquanto ele abre as Escrituras para mostrar que Jesus é o Messias e insiste com os ouvintes para que rendam suas vidas a Ele. Nem todos foram razoáveis ou persuadidos, como mostra o versículo seguinte. Paulo teve aqui a mesma experiência que em outros lugares: alguns creram e outros não.

Com respeito ao reino de Deus – Anteriormente em Atos, Lucas nos disse que Paulo estava persuadindo os homens sobre o fato de Jesus ser o Messias. Agora se trata de persuasão "com o respeito ao reino de Deus"[33]. Há pouca diferença, pois o Senhor que subiu aos céus e foi glorificado está sentado agora como rei no trono de Davi;[34] e a igreja comprada com sangue precioso de Cristo[35] é a manifestação presente do reino de Deus na terra. Paulo compreendeu e ensinou que o reino já foi estabelecido.

19.9 –

Visto que alguns deles se mostravam empedernidos e descrentes – Ambos os verbos sugerem ações contínuas, graduais, progressivas. À medida que os judeus resistiram à verdade, eles se tornaram gradualmente mais endurecidos em relação a ela, e quanto mais endurecidos, tanto mais desobedientes. De fato, a única maneira de que o indivíduo pode recusar-se a crer em face da evidência é endurecendo o coração. Pelo exemplo do Faraó no Antigo Testamento podemos ver como o coração do homem se endurece. Em Êxodo 8.15, 32, aprendemos que o faraó endureceu seu próprio coração. Em Êxodo 7.3 e 10.1, é-nos dito que Deus endureceu o coração do Faraó. Deus apresentou sua mensagem ao Faraó através de Moisés, e operou milagres como prova, oferecendo-lhe oportunidade para o arrependimento. O Faraó rejeitou o que Deus tinha a dizer, e o resultado foi o seu endurecimento até o ponto até em que não podia responder. Outra ilustração de como os apelos de Deus operam no coração humano pode ser extraída do efeito do sol sobre várias substancias. O mesmo sol que derrete a cera endurece a argila. Tudo depende da substância sobre o qual incide. Isso acontece também com o Evangelho. Deus providenciou para que o mesmo Evangelho derreta alguns corações e endureça outros, de acordo com a substância sobre a qual opera. O homem que se deixa persuadir será amaciado e moldado à imagem de Deus. O homem que resiste ao convite acabará endurecido, e ficará mais difícil da próxima vez render-se ao convite para arrepender-se e obedecer. Aqui em Éfeso, corações foram endurecidos pela Evangelho porque os judeus se recusaram deliberadamente a crer na evidência apresentada por Paulo.

Falando mal do Caminho diante da multidão – Eles falaram mal do Evangelho, o caminho pelo qual Deus salva os homens[36]. A "multidão" é aparentemente uma referência aos não-judeus na comunidade de Éfeso. Caso positivo, os judeus incrédulos de Éfeso estão tentando fazer a mesma coisa que fizeram os de Tessalônica contra Paulo. Estão tentando soltar seu ódio contra Paulo, levantando suspeitas entre os gentios.

Apartando-se deles – Paulo não comparece mais às reuniões na sinagoga, nem tenta pregar o Evangelho ali.

Separou os discípulos – Paulo encorajou os cristãos a não se reunirem mais com os judeus na sinagoga. Ele removeu os irmãos da influência e companhia daqueles que resistiam à fé e falavam

---

[33] Veja o Estudo Especial Nº 1, "Diversas Opiniões sobre o Reino de Deus".
[34] Atos 2.33.   [35] Atos 20.28.
[36] Veja Atos 9.2 para o comentários sobre a expressão "o Caminho".

mal do Caminho. Esta é frequentemente a melhor forma de evitar as más influências. Paulo havia feito algo similar pelo menos uma vez antes disso, em Corinto[37]. Na cidade de Corinto eles usaram a casa de Justo para as suas reuniões regulares. Aqui em Éfeso, Paulo fez uso de uma escola.

Passando a discorrer diariamente na escola de Tirano – "Escola" neste ponto provavelmente indica um salão de palestras, o qual parece ter sido emprestado ou alugado por Paulo como lugar para pregar e ensinar. Professores e sofistas usavam esses salões para discursar sobre medicina, filosofia, ou retórica, e suas palestras eram feitas cedo de manhã. O texto Ocidental neste ponto mostra Paulo ensinado entre as 11 da manhã e de 16 da tarde, e isto pode refletir exatamente a vida numa cidade do primeiro século[38]. Já que Paulo nos conta que fez tendas em Éfeso, podemos pensar que ele trabalhava desde o nascer do dia até o fim da manhã nessa função; quando as aulas matinais terminavam no salão de palestras, ele começava o seu ensino do dia.

Não se sabe quem era esse Tirano. Uma opinião é que o recinto simplesmente havia recebido o nome de seu proprietário ou usuário original. Seria também razoável afirmar que ele era cristão, pois um professor de filosofia ou retórica não-convertido dificilmente emprestaria ou alugaria sua sala de aula para um pregador da nova fé. Plumptre sugere que Tirano pode ter sido um médico, desde que um médico com o nome de Tirano é citado entre os sepultados no Columbário da casa de Lívia na Via Ápia. Ele afirma ainda que desde que o nome Tirano era frequentemente dado a um escravo ou liberto, o homem mencionado em Atos poderia estar entre os judeus expulsos de Roma pelo decreto de Cláudio, talvez até compartilhando da fé que Áquila e Priscila professavam. Desse modo ele oferecia alegremente a Paulo seu salão de conferencias. Os cristãos na época não possuíam prédios de igreja, sendo então obrigados a reunir-se em qualquer lugar conveniente para a adoração pública. De acordo com este versículo, que mostra Paulo discursando diariamente, ele ensinava até nos dias em que os cultos se realizavam na sinagoga. Isto ajudaria a tornar permanente a separação efetuada.

19.10 –

Durou isto por espaço de dois anos – "Isto"– a instrução pública na escola de Tirano. Onde nosso texto diz "dois anos", diríamos "dois anos inteiros". Em Atos 20.31, Paulo fala de ter estado uns três anos em Éfeso. Os "dois anos" deste versículo são então acrescentados aos "três meses" do versículo 8, e haveria algum tempo além disto (depois da rebelião de Demétrio). Datamos a permanência de Paulo em Éfeso desde o outono de 54 A. D. até a primavera de 57 A. D. (março a junho).

Os comentários de vários escritores devem ser rejeitados neste ponto. Boles fala de uma "carta anterior" escrita por Paulo aos coríntios nessa época[39]. Em nossa opinião, a linguagem de Paulo em 1 Coríntios 5.9, da qual a ideia de uma carta anterior depende inteiramente, não se refere a correspondência prévia a 1 Coríntios, uma carta que está agora completa ou parcialmente desaparecida, mas sim aos oito primeiros versículos de 1 Coríntios 5. Acreditamos que não houve "carta anterior", e sim que o verbo em 1 Coríntios 5.9 é o chamado aoristo epistolar[40].

Alguns dos críticos negativos sugerem que as Epístolas da Prisão foram escritas por Paulo em Éfeso neste período[41]. Rejeitamos esta hipótese, e cremos que as Epístolas da Prisão foram escritas de Roma durante o primeiro encarceramento de Paulo em Roma[42].

---

[37] Atos 18.17.
[38] Ramsay, *St. Paul*, p.271, documentou o fato de que as escolas abriam ao nascer do dia, e que às onze horas os alunos eram despedidos.
[39] Essa "Carta Anterior" indica uma suposta carta escrita por Paulo aos coríntios antes da missiva chamada 1 Coríntios em nosso Novo Testamento – uma carta já perdida.
[40] Veja os estudos introdutórios nos comentários sobre 1 Coríntios para mais informações.
[41] As "Epístolas da Prisão" são Efésios, Filipenses, Colossenses e Filemom. São assim chamadas porque em cada uma delas o escritor fala que está preso enquanto escreve.
[42] Veja os estudos introdutórios nos comentários sobre as Epístolas da Prisão. A tentativa de fazer com que essas cartas tenham sido escritas fora de Roma e antes da primeira prisão em Roma, pertencem a um esforço negativo no sentido de rejeitar a autoria paulina de 1 e 2 Timóteo e Tito.

Dando ensejo a que todos os habitantes da Ásia ouvissem a palavra do Senhor – "Ásia" é a província romana da Ásia, sendo Éfeso a principal cidade. Éfeso ficava na rota principal que ia de Roma à parte oriental do império, e diversas outras estradas importantes do interior da Ásia terminavam ali. Além disso, o famoso Templo de Artemis era regularmente visitado por milhares de estrangeiros. Muitos deles teriam ouvido o evangelho e o levado para casa. A palavra do Senhor é o ensino referente ao Senhor Jesus Cristo.

Tanto judeus como gregos – Existe aqui também uma lacuna que só pode ser parcialmente preenchida por inferência ou conjetura. Éfeso tornou-se provavelmente o centro das atividades evangelísticas de Paulo, de onde seus colaboradores viajavam para as cidades vizinhas, para implantar igrejas nelas. Nos anos seguintes aos eventos registrados aqui por Lucas, encontramos igrejas em Éfeso, Laodiceia, Colossos, Hierápolis, Pérgamo, Esmirna, Tiatira, Sardes, Filadélfia, e as outras cidades e metrópoles desta província da Ásia. A Ásia tornou-se um centro de atividades cristãs durante séculos. Não existe ilustração melhor do evangelho organizado no Novo Testamento, a não ser o ministério de cinco anos de Lucas em Filipos, ou o ministério de vinte anos de Filipe em Cesaréia. O crescimento do cristianismo entre ambos os grupos da população (judeus e gregos) começou a influenciar os peregrinos que levam suas ofertas ao Templo de Artemis e levam consigo lembranças do mesmo (veja os versículos 23ss).

    c. Operação de Milagres. 19.11-20

E Deus, pelas mãos de Paulo, fazia milagres extraordinários – A frase grega é negativa, "obras de poder não comuns". Isto é um "litotes". Todos os milagres são extraordinários (isso se inclui na definição de "milagre"), mas esses eram milagres extra-especiais. Eram "extraordinários" no sentido de serem operados sem contato pessoal com o paciente, possivelmente até sem consciência da parte de Paulo. O tempo do verbo "fazia" mostra que esses milagres continuaram por algum tempo. O fato de Lucas ter escolhido este item específico para comentar, dentre todos os eventos possíveis num ministério de três anos, deve ter sido porque esses milagres extraordinários tinham o propósito de contrabalançar ao práticas mágicas tão comuns entre os efésios. Numa cidade em que "milagres" demoníacos eram coisa comum, seriam necessários milagres extraordinários para credenciar a mensagem verdadeira de Deus que Paulo transmitia.

19.12 –

A ponto de levarem aos enfermos lenços e aventais do seu uso pessoal – Esses dois substantivos de origem latina são transliterados do latim para o grego. O termo traduzido "lenços" fala de uma toalha usado para enxugar o suor da testa ou do rosto. Poderíamos chamá-la de toalha de mãos ou carneira. "Aventais" se refere ao avental curto usado ao redor da cintura pelos artesãos enquanto trabalhavam – utilizado para impedir que as roupas ficassem gastas, se rasgassem, ou sujassem. Seria comum para Paulo usar essas roupas enquanto fazia tendas. A ideia subjacente às palavras "levarem aos enfermos lenços e aventais do seu uso pessoal" é de cristãos se aproximarem de Paulo e levarem consigo as toalhas e aventais que ele estava usando. Como é natural, o poder de curar não estava nos objetos. Nunca devemos esquecer que Deus é o fonte do poder por trás dos milagres autênticos. A eficácia de tais meios se compara evidentemente à orla da veste de Jesus[43], à sombra de Pedro[44], ou lodo usado na cura do cego[45]. Existem hoje no rádio e na tv hoje, homens que insistem com os seus ouvintes para buscarem panos que foram abençoados – aparentemente tirando seu exemplo deste texto. Todavia, sustentamos que os milagres da época do Novo Testamento foram operados a fim de dar crédito aos mensageiros; e desde que os chamados operadores de milagres modernos nem sequer pregam a mensagem do Novo Testamento, suas obras são falsas ou operadas por um poder que não é o Divino.

---

[43] Mateus 9.20, 21.
[44] Atos 5.15.
[45] João 9.6.

Diante dos quais as enfermidades fugiam das suas vítimas e os espíritos malignos se retiravam – Observe que o doutor Lucas faz diferença entre doenças e possessão demoníaca, da mesma forma que em Atos 5.16. Os espíritos malignos são chamados "perniciosos" (*poneros*), isto é, procuravam prejudicar as pessoas em quem viviam[46]. As toalhas e aventais levados aos doentes levaram à cura e à expulsão de demônios. Coisa extraordinária!

19.13 –

E alguns judeus, exorcistas – A palavra traduzida "exorcistas" deriva de *orkizo*, que significa "ligar com juramento". Tal pessoa, no processo de exorcizar (expulsar) um demônio, dizia: "Conjuro-vos por Jesus" ou "por Jeová", ou por alguma outra pessoa (Abraão, Rafael, Miguel) – e isto significava: "Prendo você; saia! Você está sob o seu poder!" Essas palavras eram repetidas muitas vezes enquanto o exorcista recitava a fórmula mágica completa (encantamento, magia[47], pela qual o demônio estava sendo expulso. Observe também que esses exorcistas eram judeus. O indivíduo não precisa ser "cristão" para poder exorcizar demônios! Note agora a palavra "também" (no original inglês a frase é esta: "Mas também alguns dos exorcistas judeus"– N.T.). Ela contrasta esses exorcistas judeus com o que Paulo estava fazendo. O poder de Paulo era de Deus; os poderes dos judeus eram falsos.

Ambulantes – Entre os anos 50 e 100 A. D. havia inúmeros judeus pelo império romano, que perambulavam enganando o povo com suas mágicas. Ele iam para toda parte em que houvesse qualquer perspectiva de obter proveito financeiro com os seus exorcismos. O exorcismo era comum entre os judeus[48]; parecia haver um poder especial no uso do Nome Divino, especialmente sagrado, que só os judeus conheciam. Josefo[49] e Justino Mártir[50] fazem ambos referência a exorcismos na esfera da usa experiência.

Tentaram invocar o nome do Senhor Jesus sobre possessos de espíritos malignos – Em o nome de Jesus, Paulo havia expulsado demônios e operado milagres extraordinários. É possível que esses judeus tivessem suposto que havia o mesmo tipo de encanto ou feitiço mágico neste nome, da mesma forma que nos nomes por eles empregados. Todavia, o nome de Jesus era um encanto mais poderoso, como havia ficado evidente ao observarem os milagres autênticos de Paulo. Eles então substituíram os antigos nomes que proferiam em seus encantamentos pelo nome que ouviram Paulo pronunciar.

Dizendo: Enconjuro-vos por Jesus a quem Paulo prega – "Prendo você. Você está sob o poder do Jesus que Paulo prega". O nome Josué (Jesus) era tão comum que havia necessidade de outras especificações.

19.14 –

Os que faziam isto eram sete filhos de um judeu chamado Ceva, sumo sacerdote – A derivação do nome do pai é discutida, pensando alguns tratar-se de um nome grego e outros de um nome latino; outros ainda que era um nome hebraico. Sendo isto verdade, os comentaristas tentam saber mais a respeito dele, se concentrando na palavra "sumo sacerdote". Ela poderia significar que ele foi realmente um "sumo sacerdote" dos judeus antes disso. No entanto, não consta esse nome na lista de sumos sacerdotes judeus que conhecemos. Outros sugerem então que este título significa que ele tinha sido ou era um dos chefes dos 24 turnos de sacerdotes[51], e

---

[46] Veja notas em Atos 8.7 relativas a demônios (espíritos malignos).
[47] Veja um exemplo desse tipo de encantamento no artigo "Exorcismo" no *Hasting's Dicionary of the Bible*, Vol. I, p. 812.
[48] Mateus 12.27.
[49] Josefo, *Antiguidades*, VIII. 2.
[50] Justino Mártir, *Dialogue with Trypho*, 85; *Apology*, II. 6. Embora admitindo que um judeu poderia exorcizar um espírito malignpelo nome do Deus de Abraão, Justino se queixa de que como uma classe, os exorcistas judeus usavam os mesmos recursos supersticiosos e mágicos dos pagãos não convertidos.
[51] Veja notas em Atos 4.5.

esta parece ser a ideia mais provável. Uma terceira sugestão, porém, é que ele descendia simplesmente da linha sacerdotal[52]; e uma quarta opinião é que se tratava de um título usurpado, que ele utilizava em seu esforço decidido de enganar as pessoas. Muitos tentaram usar o nome de Jesus como parte de um juramento sobre os demônios, entre os quais achavam-se esses sete homens. Mas eles não obtiveram o mesmo resultado que Paulo, ao proferir essas palavras para expulsar demônios.

19.15 –

Mas o espírito maligno lhes respondeu – Os sete exorcistas, agora mais confiantes no seu sucesso do que antes, pois possuem um novo nome mágico a ser usado no seu encantamento, se encontram face a face com o homem possuído. Este tinha mais força física (pelo poder do demônio) do que homens normais, à semelhança do endemoninhado gadareno[53]. O demônio fala com os supostos exorcistas (seja usando as cordas vocais do homem ou falando da cavidade do peito do possesso).

Conheço a Jesus e sei quem é Paulo – "Conheço a Jesus (*ginosko*)" significa "Reconheço a autoridade de Jesus e seu poder para expulsar demônios, com o qual tenho familiaridade pela experiência pessoal". "Sei quem é Paulo (*epistamai*)" significa: "Paulo é também um grande conhecido. Seu poder para expulsar demônios me é familiar".

Mas vós, quem sois? – Lemos no grego: "Mas *vós* (enfático, e com um tom de desprezo), quem sois?" O demônio tinha reverência por Jesus e respeito por Paulo, mas apenas desprezo por esses supostos exorcistas. Pelo que acontece a seguir, aprendemos que quando alguém tenta exorcizar um demônio por meio de outro poder além do divino, o tiro pode sair pela culatra, prejudicando-o; especialmente se os demônios se zangarem com a tentativa de denominá-los.

19.16 –

E o possesso do espírito maligno saltou sobre eles – Como notado antes, os demônios conferiram força anormal ao homem a quem os sete procuravam curar. A realidade da possessão demoníaca é certamente admitida na linguagem desta frase e no versículo anterior em que o espírito maligno respondeu.

Subjugando a todos, e, de tal modo prevaleceu contra eles – (No texto "ambos" – N.T.) A tradução inglesa "ambos" parece implicar que apenas dois dos sete tentavam exorcizar o espírito maligno. Todavia, "ambos" vem do grego *amphoteroi*, e pode significar "todos"; portanto, os sete estavam evidentemente incluídos. A maioria das versões modernas (e. g., RSV, NEB, Phillips, etc.) contêm a leitura: "Subjugando a todos" (como na SBB – N.T.).

Que, desnudos e feridos, fugiram daquela casa – Lucas tem uma casa determinada em mente (ele diz "daquela casa"), mas nenhuma outra identificação é dada. Devemos então supor que se trata da casa em que vivia o possesso. "Desnudos" pode significar que perderam todas as suas roupas, ou que simplesmente perderam as vestes exteriores na luta travada, ficando apenas com as túnicas curtas. O espetáculo de sete homens nus e feridos, correndo pelas ruas de Éfeso, teria atraído atenção. O versículo seguinte mostra quanta atenção ele provocou. De passagem, este parágrafo é mencionada quanto os defensores da veracidade da Bíblia falam da "inexplicável brevidade" da narrativa. Um escritor que imaginasse a história e inventasse milagres, teria sem dúvida coroado sua narrativa fazendo Paulo entrar na residência do endemoninhado e curá-lo em flagrante contraste com o fracasso dos sete filhos de Ceva.

---

[52] Atos 4.6.
[53] Mateus 8.28; Marcos 5.3, 4.

19.17 –

Chegou este fato ao conhecimento de todos, assim judeus como gregos, habitantes de Éfeso – As notícias da ocorrência com os sete filhos de Ceva se espalharam rapidamente pela comunidade.

Veio temor sobre todos eles – O ocultismo fascina muitos em nossos dias, assim como tentativas de exorcismo. Mas o mundo dos espíritos malignos não é um brinquedo. É mortalmente sério. Os efésios aprenderam a ter um respeito saudável pelos perigos do ocultismo ao ouvirem falar do que o demônio tinha feito com os filhos de Ceva.

E o nome do Senhor Jesus era engrandecido – Os residentes de Éfeso aprenderam que o nome do Senhor ficava num nível muito diferente dos nomes que os exorcistas gostavam de empregar em seus feitiços. "Engrandecido" é um verbo no imperfeito, e sugere um crescimento contínuo da reverência profunda pelo nome do Senhor. O povo ficaria também cada vez mais convicto de que os milagres realizados por Paulo em o nome de Jesus eram genuínos, realizados para confirmar a verdade da doutrina por ele ensinada. Os ocultistas e espíritas perceberam que os pretensos milagres operados por eles eram segunda classe e que os praticantes de tais artes apenas se expunham à raiva dos espíritos malignos.

19.18 –

Muitos dos que creram – "Creram" é provavelmente usado para todo o processo da conversão, inclusive o batismo[54]. O verbo no perfeito indica que eles eram crentes já há algum tempo antes de virem confessando.

Vieram confessando – Os que se tornam cristãos frequentemente descobrem que embora tenha sido destruída a escravidão ao pecado, eles continuam tendo fortes tentações nas mesmas áreas em que costumavam pecar. Essa é, por exemplo, a razão de Paulo exortar os cristãos: "fazei morrer a vossa natureza terrena"[55], e "Não reine, portanto, o pecado em vosso corpo mortal" e "nem ofereçais cada um dos membros do seu corpo como instrumentos de iniquidade"[56]. Assim sendo, entendemos que esta passagem ensina que muitos dos primeiros convertidos de Éfeso continuaram a praticar muitas das artes ocultas em que se achavam envolvidas antes de sua conversão. Mas agora, desde que lhes sobreveio o temor, estavam prontos para renunciar a tudo que pertencesse à feitiçaria e magia[57]. O significativo exato de "confessando" é discutido, especialmente se consistia numa confissão pública ou particular. As palavras não estabelecem definitivamente se a confissão foi feita particularmente a Paulo ou algum outro cristão, ou publicamente na presença da congregação. A confissão feita a João Batista é apresentada como um exemplo desta última[58], enquanto se apela a Tiago 5.16 como evidência da primeira. Um dos passos para renunciar a Satanás e a tudo que ele representa é uma confissão verbal a um outro crente em Cristo ou a toda a congregação, quanto ao envolvimento passado com o ocultismo[59].

E denunciando publicamente as suas próprias obras – Outro passo ao afastar-se do ocultismo é expor, uma por uma, todas as suas práticas ocultistas. Deissmann mostrou que em tal contexto "práticas" ("obras" na SBB – N.T.) tem o sentido técnico de "encantamentos mágicos". Bruce nos ajuda a compreender o valor de tal revelação quando nos lembra que "segundo a teoria da magia, a potência de um encanto está ligada a seu segredo; se for divulgando, perde a eficácia[60].

---

[54] Veja o Estudo Especial N° 16.
[55] Colossenses 3.5. [56] Romanos 6.12-14.
[57] Alguns escritores interpretam esta passagem de maneira diferente. Eles pensam que os que confessaram estavam declarando as coisas secretas que faziam antes de se tornarem cristãos.
[58] Mateus 3.6.
[59] Adolf Deissmann, *Biblical Studies* (Edinburgh: T&T Clark, 1923), p.232.
[60] Bruce, *op. cit.*, p. 391.

19.19 –

Também muitos – No grego, a palavra inicial deste versículo parece sugerir um número menor do que a primeira do versículo 18. "Muitos" confessaram; "vários" queimaram seus livros. É possível que o versículo 19 se refira aos "sacerdotes" do mundo do ocultismo, enquanto o versículo 18 fala dos seus seguidores.

Dos que haviam praticado artes mágicas – "Mágica" (*perierga*) indica coisas como telecinésia, levitação, "apports", e as práticas de adivinhação e magia praticadas pela pessoa que estava tentando obter um conhecimento ou poder especial do mundo dos espíritos. Essas artes mágicas eram, por assim dizer, quase a especialidade de Éfeso. Astrólogos e mágicos enxameavam pelas ruas e havia um comércio ativo no que dizia respeito aos amuletos, encantamentos, livros de adivinhação, regras para interpretação de sonhos e coisas semelhantes. Entre os objetos comprados e vendidos deveriam estar as "Cartas Efésias", bastante conhecidas entre os antigos; algumas das quais sobreviveram até hoje[61]. Elas parecem ter consistido de certas combinações de letras ou palavras, que ao serem pronunciadas com uma determinada entonação de voz cria-se serem eficazes na expulsão de doenças ou espíritos malignos; ou que, ao serem escritas em pergaminho e usadas (como uma jóia), supunha-se funcionar como amuletos ou feitiços para proteger o usuário dos maus espíritos ou do perigo. Plutarco escreveu a respeito delas: "Os mágicos obrigam os possessos de demônio a recitar e pronunciar as *Cartas Efésias*, numa certa ordem[62]. Clemente de Alexandria também as mencionou: "Androcide, de Pitágora, diz que as Cartas Efésias, tão celebradas, pertencem à classe dos símbolos"[63].

Reunindo os seus livros – Esses livros seriam, por exemplo, os que explicavam as artes mágicas, ou continham as fórmulas ou encantamentos mágicos, receitas de filtros de amor e fórmulas para expulsar espíritos malignos. Deveriam estar também incluídos entre eles as "Bíblias" usadas nas práticas ocultas, semelhantes ao "Livro das Sombras", "O Livro dos Mortos", ou "O Livro de Vênus", ou os chamados "6º e 7º Livro de Moisés".

Os queimaram diante de todos – O tempo do verbo subentende que a "queima foi contínua; livro após livro era lançado na fogueira. O fogo durou algumas horas. Este ato nos mostra outro meio de afastar-se de todo o envolvimento como o ocultismo. Não só deve haver confissão e revelação, mas também renúncia – um afastamento completo – a destruição de amuletos, livros e toda a parafernália do misticismo. Isto não só protege contra uma recidiva por parte de quem renuncia, mas também contra a possibilidade dos itens abandonados se tornarem uma pedra de tropeço para outros.

Calculadores os seus preços – Se este cálculo foi feito pelos que participavam da atividade, ou pelos espectadores, não é dito. À medida que as pessoas laçavam seus livros no fogo, elas informavam quanto haviam gasto na compra desse material.

Achou-se que montavam a cinquenta mil denários – Que moeda a palavra traduzia como "denário" ("peça de prata" no inglês – N.T.) indica, é impossível dizer e, consequentemente, o valor exato deste incêndio não pode ser verificado. A fim de tornar o número significativo para qualquer lugar ou época, devemos notar que uma "peça de prata" era uma diária de um operário. O valor dos livros queimados equivalia a 50.000 dias de salário – uma soma enorme de dinheiro. Tais livros custavam o que pode ser chamado de preços "fantasiosos", segundo sua suposta raridade ou valor dos segredos que professam incluir. Um sinal da enfermidade da época em que vivemos é a explosão do interesse na feitiçaria e misticismo. Revistas e livros estão inundando o mercado, e as colunas de astrologia se insinuam em um número cada vez maior de jornais[64].

---

[61] Adolf Deissmann, *Light from the Ancient East* (Grand Rapids: Baker, 1965), p. 254ss. Bruce M. Metzger, "St. Paul and the Magicians", *Princeton Seminary Bulletin*, XXXVIII (1940), p. 27ss.

[62] Plutarco, *Symposiaca*, VII. 5. 4.

[63] Clemente de Alexandria, *Stromata*, V. 8.

[64] Maiores detalhes são dados no estudo especial no final deste capítulo, intitulado "O mundo do Ocultismo".

O exemplo dos efésios, que destruíram seus artigos mágicos a fim de que a palavra do Senhor pudesse ser difundida, deveria ser limitado pelos cristãos de todas as eras.

19.20 –

Assim a palavra do Senhor crescia e prevalecia poderosamente – Quanto mais desistem de suas velhas práticas de magia, tanto mais ficam preparados para aceitar outra coisa. Não existe vácuo espiritual. Os homens sempre procuram algo para agora encher seus corações. Neste caso, a verdade pregada por Paulo e confirmada pelos milagres operados por Deus através dele, encontrou abrigo nos seus corações. Este foi um dia de triunfo para Cristo e a sua palavra em Éfeso. Este versículo é uma das declarações resumidas típicas de Lucas, e uma indicação de que ele está prestes a introduzir um nova fase da obra evangelísticas de Paulo[65].

d. Os planos futuros de Paulo e os dois enviados a Corinto. 19.21, 22

19.21 –

Cumpridas estas coisas – Depois do evangelho ter sido firmemente estabelecido em Éfeso e na Ásia, a presença de Paulo não era mais tão necessária. As jovens igrejas podiam ser deixadas nas mãos dos colaboradores de Paulo e aos cuidados do Espírito Santo.

Paulo resolveu no seu espírito – Note que o texto diz "espírito" e a margem "Espírito". Numa viagem missionária anterior, o Espírito Santo dirigiu os passos de Paulo[66]. Alguns comentaristas, portanto, acreditam que o Espírito Santo influenciou Paulo a planejar sua ida a Roma[67]. Por outro lado, a palavra "espírito" foi empregada em referência à mente de Paulo em Atos 17.16; assim sendo, alguns julgam que isto significa que Paulo "resolveu em sua mente seguir para Roma[68]. McGarvey combina as duas ideias e supõe que Paulo formou esse projeto sujeito à aprovação do Espírito Santo[69].

Ir a Jerusalém – Aprendemos nas epístolas escritas por Paulo, aproximadamente nessa época que ele queria ir a Jerusalém a fim de levar a oferta das igrejas gentias aos cristãos pobres da Judéia[70].

Passando por Macedônia e Acaia – "Passando" é a expressão de Lucas para uma viagem missionária ou evangelística[71]. Paulo havia iniciado igrejas nessas duas províncias, as quais necessitavam agora de atenção e encorajamento. Lembre-se que fazia parte do método evangelístico de Paulo voltar para fortalecer e encorajar os irmãos. Várias desordens perturbavam diversas congregações, e Paulo desejava corrigi-las. Além disso, era sua intenção encerrar a coleta para os santos pobres de Jerusalém. Esta oferta deveria beneficiar não só os cristãos de Jerusalém, suprindo as suas necessidades, mas também ajudar a desenvolver a unidade entre os irmãos judeus e gentios num plano mais elevado[72].

Considerando: Depois de haver estado ali, importa-me ver também Roma – A partir deste ponto, Roma é o alvo em direção ao qual o relato se move, até que finalmente leremos em Atos 28: "e foi assim que nos dirigimos a Roma". Qual a razão de Paulo desejar ir a Roma? Ele nos conta em Romanos que abrigou durante muitos anos no coração essa ideia, mas sua obra evangelística nas áreas entre Jerusalém e Roma o impediu de fazer a viagem antes disso[73]. Essa

---

[65] Compare notas em Atos 12.24
[66] Atos 13.4; e compare Atos 16.6, 7.
[67] W. R. Walker, *Studies en Acts* (Joplin, Mo.: College Press. s.d.). Part II, p. 56.
[68] Barnes, *op. cit.*, p. 280.
[69] McGarvey, *op. cit.*, p.159.
[70] Romanos 15.25; 1 Coríntios 16.1-3; 2 Coríntios 8.9.
[71] Veja notas em Atos 13.6 para comentários sobre o verbo "passando por".
[72] 2 Coríntios 9.12-14. Compare notas em Atos 21.20.
[73] Romanos 1.15; 15.23.

passagem também nos conta que os planos futuros de Paulo incluíam a ajuda dos irmãos de Roma para enviá-lo em uma viagem missionária à Espanha[74]. Áquila e Priscila, velhos amigos de Paulo, haviam voltado para Roma; muitos conhecidos do apóstolo também haviam se mudado ali (eles são mencionados nos últimos capítulos da epístolas aos Romanos). Paulo quer muito vê-los, assim como é seu desejo pregar em Roma. Ele chegará eventualmente a essa cidade, mas de maneira muito diferente daquela que esperava.

19.22 –

Tendo enviado à Macedônia dois daquelas que lhe ministravam – Esses dois foram colaboradores como João Marcos havia sido na primeira viagem[75]. Foram enviados à Macedônia para providenciar o necessário para a oferta para Jerusalém.

Timóteo – Ele era uma escolha muito satisfatória para a tarefa que Paulo tinha em mente. Havia visitado muitas dessas igrejas na companhia de Paulo quando elas foram iniciadas[76]. Não ouvimos falar de Timóteo desde sua chegada a Corinto, após deixar a Macedônia, e de sua volta a Tessalônica com a correspondência dos tessalonicenses[77]. Ele pode ter acompanhado Paulo a Éfeso ou, mais provavelmente, juntou-se a ele durante os três anos de mistério do apóstolo nessa cidade.

E Erasto – Erasto deve ser provavelmente identificado com o Erasto que era tesoureiro da cidade de Corinto (Romanos 16.23; 2 Timóteo 4.20), embora esse nome fosse comum no mundo antigo. Tratava-se de alguém muito adequado para acompanhar Timóteo com o propósito de receber a coleta para os pobres de Jerusalém. Paulo foi bastante sensato para enviar um homem acostumado a fazer transações financeiras, como colaborador e conselheiro às igrejas envolvidas nessa campanha financeira.

Permaneceu algum tempo na Ásia – Não se sabe ao certo quanto tempo Paulo permaneceu ali depois de enviar Timóteo e Erasto em sua missão. A carta de 1 Coríntios[78] foi escrita em Éfeso após a partida de Timóteo e Erasto. Notícias desconcertantes chegaram de Corinto em seguida à viagem deles. Pessoas da casa de Cloe entregaram uma carta e deram notícias verbais[79]. Desde que um dos lugares que Timóteo deveria visitar em sua missão era Corinto, ao saber da desarmonia nessa congregação e tendo plena consciência de como seria fácil para eles prejudicarem o jovem pregador, o apóstolo adverte a igreja de Corinto a tratá-lo com bondade na sua chegada[80]. Ele também esperava que Timóteo voltasse a Éfeso, a fim de apresentar seu relatório. Quando Timóteo finalmente retornou com as notícias; aos saber que a carta de 1 Coríntios não tinha sido bem recebida, Paulo sentiu-se impelido a fazer sua VIAGEM INTERMEDIÁRIA a Corinto[81]. Ao falhar essa missão, ele voltou a Éfeso. Paulo enviou então Tito a Corinto, na esperança de que ele pudesse realizar aquilo que tanto o apóstolo como Timóteo não haviam conseguido; com instruções para que Tito fosse ao seu encontro (de Paulo) em Trôade depois de concluir suas tentativas de resolver os problemas em Corinto[82].

De acordo com 1 Coríntios 5.6-8, parece que a carta de 1 Coríntios foi escrita perto da Páscoa e Paulo pretendia permanecer em Éfeso até o Pentecostes[83]. Na sua volta da viagem intermediária a Corinto e depois de despachar Tito para essa cidade, Paulo está agora aguardando a data de sua partida para Trôade e Macedônia. 1 Coríntios 16.9 nos conta que uma grande porta havia sido aberta para a obra evangelística em Éfeso, embora houvessem também muitos adversários. Na primavera de 57 A. D., algumas semanas depois de 1 Coríntios ter sido escrita, ocorreu a rebelião encabeçada por Demétrio.

---

[74] Veja o Epílogo no final deste volume para examinar as últimas viagens de Paulo.
[75] Atos 13.5; 16.1-3.   [76] Atos 16.3; 17.14.   [77] Atos 18.5.
[78] 1 Coríntios 4.17.   [79] 1 Coríntios 1.11; 7.1.   [80] 1 Coríntios 16.10, 11.
[81] Veja a evidência desta viagem em 2 Coríntios 12.14 e 13.1 nas palavras "terceira viagem".
[82] Veja notas em Atos 20.1 para a continuação desta história.
[83] 1 Coríntios 16.8.

e. A rebelião de Demétrio e dos ouvires. 19.23-41

19.23 –

Por esse tempo – Enquanto Paulo esperava em Éfeso a chegada do Dia de Pentecostes, deu-se a festa anual regular em honra de Artemis. O Calendário Efésio tinha um mês chamado Artemísio, durante os nossos meses de março e maio, quando os adoradores de Artemis faziam uma peregrinação especial ao seu templo em Éfeso. Uma grande multidão se reunia geralmente na cidade. É possível que o motim segui-se a uma festa onde o comparecimento foi pequeno.

Houve grande alvoroço – "Alvoroço" é a mesma palavra usada em Atos 12.18, só que aqui a ideia é mais de tumulto ou motim do quem simples excitação. Os fatos detalhados da ocorrência são expostos nos versículos seguintes. Sempre tinha havido oposição ao cristianismo em Éfeso. Já notamos os "adversários" de que Paulo fala em 1 Coríntios 16.9, assim como a declaração sobre a luta com feras em Éfeso em 1 Coríntios 15.32.[84] A oposição explode de novo, à medida que Demétrio inflama os artesãos com seu discurso.

Acerca do Caminho – O "caminho"[85] é um dos nomes usados regularmente por Lucas para o cristianismo.

19.24 –

Pois um ouvires, chamado Demétrio – Esta é a explicação (veja a palavra "pois" no início do versículo) do "alvoroço". Não sabemos se o Demétrio mencionado aqui é o mesmo de 3 João 12. Tratava-se de um nome comum. Todavia, o Demétrio citado por João procedia da vizinhança de Éfeso. Ouvires (ou "prateiro" neste caso) é aquele que trabalha com metais preciosos, seja fazendo moedas, jóias, ou objetos de ouro ou prata. Ficamos sabendo a seguir o que esse ouvires específico fazia com a prata.

Que fazia de prata nichos de Diana (Artemis) – "Nichos" é *naos*, palavra frequentemente traduzida como santuário, indicando o lugar onde uma divindade habita. O que provavelmente Demétrio fazia eram pequenos modelos do santuário com a estátua da deusa em seu interior. Exemplos desses santuários feitos de terracota ou mármore têm sido encontrados por arqueólogos nas vizinhanças de Éfeso. Embora nenhum nicho de prata haja sido desenterrado até agora, a literatura extra-bíblica se refere aos mesmos.[86] Tais miniaturas eram compradas pelos adoradores de Diana (Artemis) ou por visitantes a Éfeso, e, uma vez abençoadas no templo da cidade, eram levadas para a casa e colocadas reverentemente em seus lares ou usadas como amuletos. É sabido que os pagãos em toda parte têm o hábito de carregar pequenas imagens dos seus deuses como amuletos de boa sorte. Os romanos costumavam guardar em suas casas essas imagens (chamados *penates*, ou deuses do lar). Um fato similar é mencionado já nos dias de Labão, quando Raquel roubou e levou com ela as imagens de seu pai[87]. O número enorme de adoradores que iam regularmente a Éfeso para adorar deveria constituir um comércio lucrativo desses nichos e tornar sua fabricação um empreendimento rendoso.

A Artemis dos efésios não deve ser confundida com Diana dos romanos, nem Artemis da mitologia grega. A Artemis grega era considerada filha de Zeus e irmã de Apolo[88]. Nos céus ela era Luna (a deusa da lua); na terra era Artemis (deusa da caça, com um arco na mão e roupas

---

[84] Fosse o que fosse a luta com feras, foi algo que aconteceu antes que 1 Coríntios fosse escrita, e portanto diferente do tumulto de Demétrio. Paulo foi cidadão romano; e se foi observada a lei romana, ele não poderia ser obrigado a lutar com feras reais de quatro pernas. Portanto, a maioria dos comentaristas entendem a linguagem de 1 Coríntios 15.32 como figurativa, simbolizando os oponentes violentos de Cristo. Inácio, Ep. ad. Rom.c. 3, fala do si como "lutando com feras" – a própria palavra usada por Paulo e descreve os soldados que o vigilavam em sua viagem de Antioquia a Roma como os "dez leopardos" que eram seus companheiros. Compare também 2 Coríntios 1.8-10.

[85] Veja notas em Atos 9.2 e 19.9 sobre "o Caminho".

[86] Veja "Diana", no *Hasting's Dictionary of the Bible*, I, p. 605; Deissmann, *Light*, p. 112ss.

[87] Gênesis 31.19.

[88] Compare notas em Atos 16.16.

de caça); no Hades era Proserpina. A Artemis dos efésios era uma deusa muito diferente – assemelhava-se a Cibele, a deusa mãe, que nutrira a todos, uma deusa da fertilidade[89]. Uma estátua da deusa a representa como umas figura feminina com muitos seios e os braços estendidos num gesto de boas-vindas ou convite. Da cintura para baixo suas pernas estãos envolvidas com um tecido parecido ao das múmias egípcias, coberto com fileira após fileira de cabeças de leão, veados, bois, abelhas, flores e milho. Em Éfeso a adoração de Artemis era presidida por um sumo sacerdote chamado *Megabyzos* e um grupo de sacerdotes, os *Essênios* (abelhas-macho, "King bees"). As sacerdotisas eram mais numerosas, sendo chamadas *Melissai* (abelhas-de-mel). Elas eram divididas em três classes: *Mellierai* (as que estavam prestes a se tornarem sacerdotisas), *Hierai* (sacerdotisas) e *Parierai*, (as ex-sacerdotisas). A adoração era orgiástica, acompanhada de danças frenéticas e prostituição cerimonial, assim como outras abominações em que sacrifício humano era frequentemente oferecido.

E que dava muito lucro aos artífices – Os santuários eram vendidos a um preço muito alto e na maioria das festas de Artemis os artífices que faziam os nichos lucravam bastante. Mas isso não aconteceu nesse ano, ao que parece. O termo artífices se refere à classe mais habilitada dos operários, o que chamamos de "trabalho especializado". Barnes julga que se tratava dos operários empregados por Demétrio na fabricação dos santuários[90]. Outra possibilidade é que fossem líderes sindicais das profissões mencionadas no versículo seguinte.

19.25 –

Convocando-os – Isto é, ele reuniu os homens que trabalhavam nesse oficio.

Juntamente com outros da mesma profissão – Já vimos que os nichos eram feitos de argila e mármore, assim como de prata. Os fabricantes desses tipos de santuários que não eram de prata são mencionados. "Demétrio estava organizando cada ramo do sindicato num esforço conjunto para pressionar Paulo e sua pregação[91]" Esta era uma assembléia convocada por um dos sindicatos trabalhistas da antiguidade (associação comercial). Tais sindicatos existiam entre quase todos os tipos de comércio no império romano.

Disse-lhe: Senhores, sabeis que deste oficio vem a nossa prosperidade – A palavra traduzida "oficio" é a mesma traduzida como "lucro" em Atos 16.19. Dependemos desta profissão para viver, lembrou Demétrio. Para ter uma ideia do sentimento que ele procurava inflamar, o leitor deve se lembrar da oposição feita em anos recentes à remoção do sistema de "featherbedding" (contrato de mais operários do que o necessário para o serviço, forçado pelos sindicalistas) nas estradas de ferro, ou à automação em muitas áreas.

19.26 –

E estais vendo e ouvindo que não só em Éfeso, mas em quase toda a Ásia – Menção é feito à província romana da Ásia, da qual Éfeso era a capital. Tratava-se da região que Paulo vinha evangelizando há três anos.

Este Paulo tem persuadindo e desencaminhando muita gente – As palavras de Demétrio, embora talvez evidenciado um certo alarme e exagero, são no entanto uma avaliação dos esforços de Paulo do ponto de vista de um espectador, semelhante ao comentário de Lucas (versículo 10). Em sua carta ao imperador Trajano, Plínio usa linguagem quase tão forte como essa, meio século mais tarde. Ele fala de "templos desertos", "adoração negligenciada", "quase nenhum comprador" para as vítimas dos sacrifícios, porque os cristãos converteram toda a área[92].

---

[89] A mesma divindade era adorada com o nome de Astarte na Frígia e como Astarote em Canaã. "Feitiçaria" (veja o estudo especial no fim do capítulo 19) e a forma moderna desta mesma adoração.
[90] Barnes, *op. cit.*, p.281.
[91] Dale, *op. cit.*, p. 91.
[92] Plínio, *Epistle*. X. 96.

Afirmando não serem deuses os que são feitos por mãos humanas – Veja notas em Atos 7.48 e 17.24 sobre a expressão "feitos por mãos humanas". Demétrio apresentou corretamente a pregação de Paulo quando disse que o apóstolo pregava contra a adoração idólatra deles.

19.27 –

Não somente há o perigo de a nossa profissão cair em descrédito – "Profissão" não é a mesma palavra grega do versículo 25, mas dá a ideia correta, falando do comércio em que estavam envolvidos. Havia risco de a fabricação de "santuários" na sua profissão "cair em descrédito" – e eles perderiam o emprego.

Como também o de o próprio templo da grande deusa, Diana (Artemis), ser estimado em nada – Em Atos 19.1 foi notada a localização do templo a noroeste do centro da cidade de Éfeso. Lucas parece ter reproduzido o título exato da deusa nas palavras "a grande deusa Diana (Artemis)". O templo não era considerado a moradia de Artemis, mas o ponto principal de sua adoração. Ela podia ser adorada em qualquer lugar onde um dos pequenos nichos fosse encontrado. O templo, levantado para abrigar a imagem de Artemis, foi construído e reconstruído várias vezes. Um dos edifícios foi completado no reinado de Sérvio Tullus, c.570 a. C. Ctesiphon projetou outro edifício em 540 a. C., completado por Daphnis de Mileto e um cidadão de Éfeso. Esse segundo prédio foi parcialmente destruído pelo fogo exatamente no dia em que ocorreu o envenenamento de Sócrates, em 400 a. C. Sua destruição total deu-se em 356 a. C. (dia do nascimento de Alexandre o Grande) pelo filósofo Herostrato. Este confessou, ao ser torturado, que seu único motivo era imortalizar o seu nome. A estrutura seguinte nesse mesmo local levou 220 anos para ser completada, sendo a que estava de pé nos dias de Paulo. Plínio nos dá muitas informações e respeitos do prédio[93]. Tinha 115m de comprimento e 55m de largura, sendo apoiado por 117 colunas de mármore pariano, cada uma com 18m de altura. Essas colunas foram fornecidas pelo mesmo número de príncipes, 36 delas entalhadas e as restantes finamente polidas. Ao que se supõe, cada coluna com a sua base continha 150 toneladas de mármore. O edifício inteiro era construído sobre camadas de carvão e peles recheadas de lã, como proteção contra os terremotos. As portas e o apainelamento eram fabricados de madeira de cipreste, o teto de cedro, e o interior decorado a ouro, com as estátuas mais primorosas que os artistas antigos podiam produzir. Havia quadros e esculturas dos grandes mestres da arte grega, Fídias, Policleto, Califrom e Apeles. O edifício era tão magnificente que foi dito: "Só o templo de Artemis em Éfeso é uma morada digna dos deuses", e o sol, continuava o ditado, jamais viu em seu curso algo mais deslumbrante do que o templo de Artemis dos efésios[94].

Quase o mesmo número de anos foi gasto na destruição do templo quanto na sua construção. Nero devastou esse templo, como roubou os templos de Delfos, Pérgamo e Atenas, de muitos dos seus tesouros de arte, para adornar sua Casa Dourada em Roma[95]. Trajano enviou suas portas belissimamente esculpidas como uma oferta ao templo de Bizâncio. As ruínas forneceram materiais para o prédio da igreja construído por Justiniano (o edifício é hoje chamado de Mesquita de Sta. Sofia). Os remanescentes do templo foram queimados pelos godos em 263 A. D. A ameaça pressentida por Demétrio realmente concretizou-se, por causa da pregação do evangelho de Cristo.

E ser mesmo destruída a majestade daquela que toda a Ásia e o mundo adoram – "Ásia" é novamente uma referência à província romana da Ásia. O "mundo" é o império romano, o mundo conhecido na época. Bruce publicou uma nota, afirmando haver pelo menos 33 templos em diferentes partes do mundo em que Artemis dos efésios era adorada, além de todos os lugares para onde os pequenos santuários haviam sido levados[96]. O tipo de adoração de que

---

[93] Plínio, *Natural History*, XXVI. 95.
[95] Tácito, *Annals*, XV. 45.
[94] Philo Byz., *Spect. Mund.* 7.
[96] Bruce, *op. cit.*, p. 399.

19.27

Artemis era uma forma constituiu um dos mais antigos substitutos para a religião divinamente relevada, podendo então ser dito em verdade que o mundo inteiro adorava Artemis[97].

E ser mesmo destruído a majestade (no texto inglês esta frase vem no final, portanto a divisão – N.T.) – Existe um jogo de palavras no grego – "A *grande* deusa estava em risco de ser roubada de sua *grandeza*". Demétrio previa que se Paulo e os outros pregadores não fossem silenciados, essa maravilha do mundo antigo perderia toda a sua beleza, majestade e reverência. Não haveria ninguém para fazer a manutenção do prédio, contribuir com suas ofertas para o sustento dos sacerdotes e sacerdotisas, educar as crianças empregadas nos cultos do templo, ou pagar as aposentadorias dos sacerdotes e sacerdotisas que vivessem após ter passado os 60 anos.

Boles resumiu os argumentos de Demétrio: "Ele estabeleceu dois pontos: (1) O comércio deles seria prejudicado. (2) Sua religião correria perigo"[98]. Note que em ambas as ocasiões em que Paulo confrontou o mundo do ocultismo, os adeptos ficaram preocupados com o lucro obtido das pessoas de quem se aproveitam[99].

19.28 –

Ouvindo isto – O discurso de Demétrio foi muito eficaz. Ele provavelmente discursou num lugar aberto, perto da loja em que os nichos eram fabricados.

Encheram-se de fúria – Ficaram enraivecidos, especialmente com a perspectiva de perderem o seu ganha-pão.

E clamavam: – "Eles continuaram chamando", o tempo implicando em ação contínua.

Grande é a Diana (Artemis) dos efésios! – O termo "Grande" era frequentemente aplicado a Artemis pelos adoradores. Portanto, em Xenofonte: "Conjuro-vos pela sua própria deusa, a grande Artemis dos efésios . . ."[100]. O mesmo adjetivo aparece em muitas moedas e medalhas da cidade. O clamor era provavelmente a oração usual oferecida a Artemis pelos adoradores no templo na periferia da cidade[101]. "Grande Artemis dos efésios", eles continuaram cantando repetidamente, orando para ela que os ajudasse e confirmando sua devoção a ela. Essa oração contínua provocaria sem dúvida uma exaltação das emoções e eles logo procurariam uma maneira de ventilá-la (sobre Paulo e os outros pregadores).

19.29 –

Foi a cidade tomada de confusão – Os gritos dos artífices durante a reunião foram ouvidos em outra parte no foro. Surgiu um sentimento de confusão, de algo perturbador, que se transmitiu como eletricidade de pessoa para pessoa. Havia um presságio no ar, mas eles não sabiam exatamente do que se tratava. Os artífices, ainda clamando em oração, seguiram rua fora, e outros se juntaram à multidão, sem saber ao certo o que ocorria, salvo que os líderes estavam perturbados com alguma coisa.

E todos à uma arremeteram para o teatro – "A uma" fala de um só propósito em mente. O fato de terem arrastado alguns dos ajudantes de Paulo indica que seu intento era descarregar sua fúria sobre o que julgavam ser a causa da redução dos seus salários e perda do emprego. Os teatros gregos não eram apenas lugares para apresentação de dramas e peças, mas também para reuniões políticas e assembléias públicas onde se resolviam os negócios públicos da comunidade[102]. O teatro de Éfeso, junto ao templo de Artemis, era a sua principal glória, sendo o maior teatro do mundo[103].

---

[97] Pausânias, *op. cit.*, IV. 31. 8; Xenofonte, *Anabasis*, V. 3. 4.
[98] Boles, *op. cit.*, p.308. [99] Compare Atos 16.19. [100] Xenofonte, *Ephes.* I.
[101] William Ramsay, *Historical Geography of Asia Minor* (Amsterdã: Adolf M. Hakkert, 1962), p. 410.
[102] Josefo, *Guerras*, VII. 3.3; Tácito, *History*, II. 80.
[103] Veja notas em 19.1 para mais informações sobre o teatro.

Arrebatando os macedônios Gaio e Aristarco – Gaio era um dos nomes latinos mais comuns, e três ou quatro pessoas diferentes no Novo Testamento foram chamados por esse nome: (1) o macedônio aqui citado[104], (2) Gaio de Derbe[105], (3) Gaio de Corinto, hospedeiro de Paulo, a quem este batizou pessoalmente[106], (4) Gaio a quem João dirigiu sua terceira epístola[107]. O Gaio mencionado nesta história de Lucas não é evidentemente referido em qualquer outro ponto do Novo Testamento. Aristarco era tessalonicense,[108] sendo citado na epístola a Filemom como um dos colaboradores de Paulo[109]. Ele viajou mais tarde para Roma com Paulo[110], permanecendo preso ali na companhia dele[111]. Ficamos imaginado se a multidão que corria pela rua de mármore encontrou Gaio e Aristarco por acaso, agarrando-os, ou se procuraram Paulo em seus alojamentos e como não o encontraram, na sua frustração lançaram mãos dos seus companheiros.

Companheiros de Paulo – Esses homens teriam viajado com Paulo desde a última vez que esteve na Macedônia, ou se juntaram a ele em Éfeso? Gostamos de pensar que a igreja de Tessalônica os enviou para ajudar Paulo a evangelizar a Ásia. A descrição deles como "companheiros de viagem de Paulo" indica uma atividade missionária fora dos muros de Éfeso, durante a qual viajaram com o apóstolo.

19.30 –

Querendo este (Paulo) apresentar-se ao povo – Ele provavelmente queria falar com a multidão e defender a sua causa. Outrossim, desde que seus companheiros de viagem, Gaio e Aristarco, haviam sido arrebatados pela multidão, Paulo sem dúvida não deixaria sofrer sozinhos. Ele não era um covarde; estava pronto para ajudar seus irmãos, mesmo que isso significasse a sua morte.

Não lhe permitiram os discípulos – Os membros da igreja não permitiram que ele arriscasse sua vida frente à multidão no teatro. Foi observado nas notas do versículo 21 que ao ser escrito Romanos (6 a 8 meses depois deste tumulto), Áquila e Priscila se encontravam na cidade de Roma. Não sabemos quando deixaram Éfeso, não sendo possível então afirmar se foi durante o motim ou em alguma outra ocasião que Áquila e Priscila "arriscavam a vida" por Paulo[112]. Os cristãos que restringiram Paulo, provavelmente salvaram a vida dos três homens. Paulo, pregador famoso, teria incitado a multidão a agir drasticamente caso aparecesse no teatro. 2 Coríntios 1.8, 9 parece refletir o perigo que Paulo sabia que iria encontrar caso se aventurasse a entrar no teatro.

19.31 –

Também asiarcas – Nos Estudos Introdutórios foi notado que os asiarcas eram homens procedentes de toda a província, escolhidos para superintender os jogos e festas em honra de Roma e do imperador[113]. Seus deveres os levavam de uma para outra cidade, conforme as festas ou jogos eram celebrados; às vezes em Éfeso, outras em Colofom ou Esmirna. O fato de estarem em Éfeso reforça a sugestão de que este motim teve lugar durante a festa de Artemísia.

Que eram amigos de Paulo – Essas asiarcas não eram aparentemente cristãos, mas respeitavam Paulo. Sua alta consideração por eles nos faz refletir sobre o fato de Paulo sempre tentar fazer que o cristianismo tivesse uma boa reputação na cidade. Essa reputação ajuda muito no crescimento da igreja, e pode ser obtida sem comprometer o evangelho.

---

[104] Alguns manuscritos minúsculos só consideram Aristarco como macedônio, o que permitirá identificar este Gaio com Gaio de Derbe.

[105] Atos 20.4.   [106] Romanos 16.23; 1 Coríntios 1.14.

[107] 3 João 1. Alguns acreditam que o Gaio citado por João deve ser identificado como Gaio de Corinto.

[108] Atos 20.4.   [109] Filemom 24.

[110] Veja Atos 27.2.   [111] Colossenses 4.10.

[112] Romanos 16.4.

[113] Veja os Estudos Introdutórios. p. xxxi para mais informação sobre os asiarcas.

19.31

Mandaram-lhe rogar que não se arriscasse indo ao teatro – A própria maneira de falar dos emissários dos asiarcas mostra que eles temiam pela vida de Paulo. O texto grego diz: "não se entregar no teatro", isto é, não jogue fora sua vida indo ao teatro".

19.32 –

Assim, então – As duas conjugações traduzidas "assim, então" parecem levar o relato de volta ao que estava acontecendo no teatro, depois da nota explicativa sobre o que ocorria entre o apóstolo, os discípulos, e os asiarcas, fora dele. (No texto da SBB em português não foram incluídas essas conjugações – N.T.)

Uns, pois, gritavam de uma forma, outros, de outra; porque a assembléia caíra em confusão – O tempo do verbo diz "continuaram gritando". Esta narração é suficientemente detalhada para levar os comentaristas a sugerirem que os pormenores foram contados por um dos dois homens arrastados para o teatro pelos artesãos. Aristarco vai acompanhar Paulo e Lucas até Jerusalém e depois até Roma, e Lucas poderia ter extraído dele esta informação. A confusão observada fora do teatro (versículo 29) continua a reinar dentro dele. A palavra traduzida "assembléia" é *ekklesia*, termo usado às vezes para "igreja". Mas aqui, como no versículo 39, ela se refere à reunião pública no teatro.

E na sua maior parte nem sabiam por que motivo estavam reunidos – Não se tratava de uma assembléia legal (como o escrivão da cidade teve o cuidado de salientar, versículo 39); pois se fosse, alguém estaria presidindo, e não haveria toda essa confusão quanto ao motivo de se acharem reunidos. Esta nota parece sugerir que à medida em que os artesãos caminhavam pela rua de mármore em direção ao teatro, muitas das pessoas que se encontravam na praça os acompanharam; ficando porém confusas quando se viram no teatro, imaginando o motivo daquele cortejo. Alguns talvez pensassem que havia sido convocada uma reunião dos moradores da cidade, mas ficaram sabendo pelo discurso do escrivão que isso não foi o que aconteceu.

19.33 –

Então tiraram Alexandre (O texto em inglês diz: "Alguns concluiriam que foi Alexandre"- N.T.) dentre a multidão – Não só existe uma variação de manuscrito aqui que torna o significado um tanto ambíguo, como a razão de Alexandre ter sido apresentado é na melhor das hipóteses uma conjectura. A ideia geral do parágrafo é que os ourives ficaram enraivecidos com alguém que havia ameaçado Artemis, mas quem era essa pessoa ou que foi dito, ninguém na multidão parecia saber. Quando Alexandre foi tirado dentre o povo, alguns concluiriam que ele era o motivo do problema com os ourives. Não se sabe que era esse Alexandre. Alguns tentam identificá-lo com "Alexandre, o latoeiro" que de alguma forma prejudicou muito a Paulo e a quem o apóstolo tinha excomungado juntamente com Fileto[114]. Outros sugerem que ele era um dos líderes judeus da comunidade, talvez um dos principais da sinagoga.

Impelindo-o os judeus para frente – Eles aparentemente o levaram a uma plataforma, talvez o palco do teatro, onde podia ser visto e ouvido. Qual o motivo de os judeus fazerem isso é difícil de determinar. Meyer, seguindo a leitura da versão do Rei Tiago, sugere que era um judeu cristão apresentado com intenções maliciosas pelos judeus, na esperança de que fosse sacrificado em meio ao tumulto popular[115]. Outra sugestão é que os judeus queriam ficar livres da suspeita de estarem ligados a Paulo ou seus companheiros. O Antigo Testamento ensinou os judeus a se operem à idolatria, mas Romanos 2.22 indica que eles deixavam vezes de lado a aversão que deveriam demonstrar aos ídolos, caso isso os beneficiasse. Alexandre se levanta então para dizer ao povo que não confunda todos os judeus com Paulo e os cristãos.

---

[114] 2 Timóteo 4.14. É duvidoso que os dois Alexandres sejam a mesma pessoa. Só os seus nomes e uma possível ligação de ambos com Éfeso favorecem a identificação dos dois. Contra a identificação está o fato das profissões serem diferentes (ouvires e latoeiro), além do homem excomungado por Paulo ser cristão e o que se encontrava no teatro parece que era judeu.

[115] Meyer, *op. cit.*, p. 375. A palavra "defesa" (*apologeomai*) é usada também para apoiar esta interpretação.

Este, acenando com a mão – Ele levantou a mão, pedindo silêncio ao povo, a fim de que pudesse falar e ser ouvido.

Alexandre pretendia fazer uma defesa diante da assembléia – (Esta frase não se encontra na SBB – N.T.) – Uma defesa dos judeus, parece. "Estes nada tinham a ver com a diminuição dos lucros de Demétrio; peço que não concentrem sua ira em nós; zanguem-se com os cristãos!" pode ter sido o aspecto geral que o seu discurso teria tomado.

Queria falar ao povo – Texto da SBB. Aplique aqui os comentários acima.

19.34 –

Quando, porém, reconheceram que ele era judeu – Pelas suas roupas e feições teriam percebido que ele era judeu. Não havia muita distinção entre judeus e cristãos nesse primeiro período da igreja – ambos se opunham às práticas idólatras dos pagãos, e esta demonstração confirma este fato.

Todos a uma voz gritaram por espaço de quase duas horas: Grande é a Diana (Artemis) dos efésios! – Eles gritaram isso a princípio, a fim de impedir que Alexandre falasse. A gritaria, porém, continuou para mostrar sua dedicação a Artemis. Lembre-se que eles usavam essas mesmas palavras ao invocar a ajuda de Artemis quando adoravam nos precintos do seu templo[116]. É até possível que houvesse um líder deles na plataforma comandando os gritos (como o "Sieg Heil" a um sinal da plataforma no Terceiro Reich de Hitler, ou como as demonstrações comunistas de hoje).

19.35 –

O escrivão da cidade, tendo apaziguado o povo, disse: – O comportamento da multidão preocupou especialmente o escrivão, e ele empenhou-se em acalmar as emoções e silenciar o povo. Teve afinal sucesso, e fez então um discurso à assembléia. O termo grego traduzido "escrivão da cidade" é o mesmo traduzido "escriba" nos Evangelhos. Ele era o funcionário municipal mais importante de Éfeso[117], alguém em contato com o procônsul romano e também com a assembléia legal dos cidadãos de Éfeso. Ele transmitiria os desejos e decisões dos romanos à assembléia e levaria aos oficiais romanos as decisões tomadas na assembléia. Entre seus deveres estava o preparo dos decretos oficiais, a guarda e listagem dos documentos do estado, manutenção do registros dos cidadãos e a atuação como tesoureiro de todos os fundos municipais.

Senhores, efésios: – Ao lermos o discurso deste homem, descobrimos que, como os asiarcas, ele evidentemente considerava Paulo e os cristãos com respeito. Não se mostra fanático, nem deseja participar da perseguição contra eles. Todavia, não ousa opor-se à multidão; em vez disso, ele procura acalmá-la com uma declaração em voz alta de sua devoção à religião da cidade. Ele apela para a superstição e o orgulho cívico deles.

> Uma inscrição interessante do tempo de Trajano, em um aqueduto de Éfeso, contém quase todos os termos técnicos que ocorrerem no discurso do escrivão, e confirma até esse ponto a exatidão do relatório de Lucas: "Este foi dedicado pelo leal e piedoso Conselho dos Efésios, e pelo povo que serve o templo (*neokoros*), sendo procônsul Peduceu Priscino, por decreto de Tibércio Cláudio Itálico, o escrivão do povo[118].

Quem, porventura, não sabe que a cidade de Éfeso é a guardiã do templo da grande Diana (Artemis) – A palavra traduzida aqui "guardiã do templo" (*neokoros*) não aparece em outro ponto do Novo Testamento, embora tenha sido encontrada em inscrições e em várias moedas asiáticas, uma das quais leva o nome de Nero e pode ser quase contemporânea

---

[116] Veja o versículo 28 acima.
[117] Só o procônsul, que era um oficial do governo romano, tinha uma posição mais importante em Éfeso.
[118] Plumptre, *op. cit.*, p. 328.

da visita de Paulo a Éfeso[119]. O termo é derivado de *naos* (templo) e *koreo* (varrer), mas era considerada como uma honra entre os antigos encarregar-se dos templos dos deuses e mantê-los em ordem. Éfeso podia gabar-se de ser a guardiã do templo de Artemis, assim como outras cidades podiam gabar-se do mesmo título em relação a outras divindades.

E da imagem que caiu de Júpiter (do céu no inglês – N.T.)? – A leitura à margem, "caiu de Zeus" é uma expressão intercambiável ou equilavente[120]. Qualquer coisa que caísse do céu, como um meteorito, era considerada como tendo sido enviada por Zeus, que julgavam habitar no céu. Duas explicações têm sido dadas para esta expressão. Alguns pensam que a imagem era tão antiga que ninguém sabia ao certo a sua origem. Outros acham que a imagem original adorada em Éfeso era um meteorito (que, naturalmente, teria caído do céu) com uma tal forma que para alguns se assemelhava a uma mulher com muitos seios[121].

19.36 –

Ora, não podendo isto ser contraditado – A linguagem do escrivão da cidade soa como uma aceitação oficial do sistema de adoração estabelecida na região, em lugar de qualquer devoção pessoal intensa. Tais palavras têm sido frequentemente ouvidas dos defensores de instituições que estavam quase à beira da decadência e ruína.

Convém que vos mantenhais calmos – O *primeiro argumento* que o escrivão da cidade enfatiza em seu discurso é que o tumulto popular era inútil (versículos 35, 36), inútil porque não havia ninguém que estivesse prestes a esquecer o fato de Éfeso ser a guardiã do templo de Artemis. Tal conhecimento não iria difundir-se mais em vista de encherem a praça e o teatro com gritos de devoção à sua deusa.

E nada façais precipitadamente – Atos como o incitamento dos ourives, que resultou na marcha para o teatro, eram mais emocionais do que consequências de uma reflexão cuidadosa. Seria precipitado continuar na mesma atitude que iniciou o dia, e os resultados talvez fossem diferentes dos pretendidos.

19.37 –

Porque estes homens que aqui trouxestes – O escrivão está acusando Demétrio e os artesãos (estariam eles perto da plataforma, segurando os prisioneiros todo o tempo?) de ter levado Gaio e Aristarco ao teatro, ou ele acusa toda a multidão. Note que o versículo começa com "porque" – uma explicação de algo precipitado que já foi feito.

Não são sacrílegos – Existe ênfase no grego, cuja leitura é *"esses* homens não são roubadores de templos". Há um contraste implícito, talvez entre Gaio e Aristarco de um lado e os judeus que tentaram empurrar Alexandre para a frente de outro. O "roubo de templos" é encontrado em inscrições como denotado um crime ao qual eram aplicadas as penas mais severas[122]. O escrivão da cidade está dizendo que os dois homens arrastados para o teatro não são culpados de qualquer crime que pudesse interessar a lei dos efésios[123].

Nem blasfemam contra a nossa deusa – Paulo e seus amigos pregadores não haviam usado linguagem rude, injuriosa ou baixa para falar da loucura de religiões como a da Artemis dos efésios. Eles haviam de fato se oposto à idolatria, haviam argumento contra ela; haviam realizado

---

[119] Uma fotografia desta moeda pode ser vista em Conybeare e Howson, *op. cit.*, p. 433.
[120] Horódoto, *History*, I, II, inclui "caída dos céus" como um equivalente de "caída de Zeus" (Júpiter na SBB – N.T.).
[121] Veja notas no versículo 24 sobre a forma das estátuas de Artemis encontradas pelos arqueólogos. Meteoritos haviam se tornado objetos de adoração em Tróia (o Paládio), na Sicília (Ceres), e outros lugares. Cícero , *in Verr.* V. 187; Bruce, *op. cit.*, nota 53, p. 398.
[122] John T. Wood, *Discoveries at Ephesus* (London: Longmans, Green & Co., 1877) VI. 1 (p. 14).
[123] Talvez seja útil uma explicação do texto da KJV aqui, "roubadores de igrejas" ("sacrilégios" na SBB- N.T.). Em 1600, "igrejas" era uma palavra usada para os templos pagãos com a mesma frequência que nós a utilizamos para os prédios cristãos.

milagres que mostraram ser ela inferior quando comparada ao cristianismo; haviam tentado desviar o povo da mesma. Em lugar de citar nomes e ridicularizar pelo nome, foram salientados princípios ("não serem deuses os que são feitos por mãos humanas") que destruíram os próprios alicerces de tais religiões pagãs. Existe uma grande necessidade de pregação positiva, pregação que anime e edifique os ouvintes; mas o pecado deve também ser denunciado e identificado. Deve haver cuidado então, que enquanto o pecado é denunciado, os ouvintes não se sintam abatidos e não fiquem rebaixados. Da mesma forma que Paulo indicou a seus ouvintes um caminho melhor depois de mostrar o pecado deles, nossa pregação e ensino deve dirigir os homens para a direção certa e deixá-los com um sentimento de esperança positiva e expectativa de uma vida mais abundante. A *segunda razão* do escrivão da cidade era que o tumulto popular não se justificativa (versículo 37), pois os "acusados" não eram réus de crime algum.

19.38 –

Portanto, se Demétrio e os artífices que o acompanhavam têm alguma queixa contra alguém – Aqui começa o *terceiro argumento* do escrivão da cidade: o motim popular era desnecessário (versículos 38, 39). Ele chama atenção para os canais apropriados que Demétrio e os artifícios poderiam procurar, caso tivessem alguma queixa. O escravidão aconselha que se portem como cidadãos obedientes às leis e permitam que as autoridades responsáveis tratem de quaisquer violações da lei.

Há audiências e procônsules – Os assuntos legais deveriam ser apresentados nos tribunais. Esses tribunais, como ficamos sabendo, eram costumeiramente realizados no foro[124]. Se os tribunais que se reuniam no foro não tivessem competência para ajuizar as queixas, elas poderias ser levadas a um tribunal superior. Na verdade, havia apenas um procônsul em cada província[125]. Embora na versão Siríaca "procônsul" esteja no singular, a leitura não é bem apoiada, e o escrivão da cidade falou aparentemente no plural. Vários métodos têm sido utilizados para explicar o plural. Ele tem sido interpretado como um modo coloquial de dizer "existem tribunais e juízes". Uma segunda sugestão é que o procônsul poderia ter vários subordinados que atendiam aos casos em seu lugar, e que estes eram descritos como "procônsules" desde que falavam com a autoridade do procônsul ao tomarem decisões. Uma terceira sugestão é que por uma estranha combinação de circunstâncias havia na ocasião duas pessoas investidas de autoridade proconsular em Éfeso. Marco Júnio Silano, um tetraneto de Augusto, era procônsul da Ásia quando Paulo chegou a Éfeso em 54 A. D. O imperador Nero, também tetraneto de Augusto, impelido pela mãe Agripina, logo depois de subir ao trono, mandou envenenar Silano. Dois homens, Celer e Hélio, passaram a exercer as funções do governo da província até que chegasse um novo procônsul. Assim sendo, o plural "procônsules" talvez se refira a eles[126]. O escrivão está afirmando que a queixa de Demétrio poderia ser levada diante desses juízes com a certeza de que seria ouvida e solucionada.

Que se acusem uns aos outros – Deixem que se acusem mutuamente no tribunal. As leis são equivalentes e imparciais. A justiça será feita. Demétrio e seus seguidores deveriam apresentar qualquer queixa formal que tivessem contra os acusados. Estes, por sua vez, iriam replicar; e, sendo então discutido o assunto, poderia ser dito que estavam "acusando uns aos outros".

19.39 –

Mas se alguma outra coisa pleiteais – O escrivão está reconhecendo que esses cidadãos poderiam ter um assunto de interesse público e não pessoal, em cujo caso a assembléia pública (em lugar dos tribunais ou procônsules) deveria julgar a questão.

---

[124] Veja notas em Atos 18.12 com respeito aos "tribunais" instalados no foro (praça).
[125] Veja 10. Proconsulado de Gálio na Acaia nos Estudos Introdutórios para uma descrição da posição exata de um procônsul.
[126] Tácito, *Annals*, XIII. 1.

Será decidida em assembléia regular – "Assembléia legal" é a leitura preferida em vez de "assembléia regular" (como na SBB- N.T.), pois esta última parece sugerir que as reuniões da cidade só podiam ser realizados em dias estabelecidos, enquanto, com permissão das autoridades romanas, era possível convocar reuniões para decidir assuntos especiais. Crisóstomo nos conta que a assembléia legal era programada regularmente para se realizar em três dias diferentes de cada mês[127]. Sabemos por Deissmann que as assembléias legais dos cidadãos se realizavam no teatro; decisões podiam ser ali votadas e tomadas providências sobre vários problemas cívicos e comunitários. De passagem, deve ser notado que a palavra traduzida "assembléia" é a mesma encontrada em outros pontos do Novo Testamento traduzida como "igreja". Ela significa "chamados para fora". As "assembléias legais" eram "chamadas para fora" pelo escrivão da cidade. A "igreja" é "chamada para fora" pelo Senhor.

19.40 –

Porque também corremos perigo de que por hoje sejamos acusados de sedição – Acusados; inquiridos pelo governo romano. A lei romana considerava uma ofensa capital alguém fomentar um motim. "O que instiga a multidão será punido com a morte[128]". Se os romanos pedissem uma justificativa da conduta desordenada daquele dia, poderia acarretar consequencias muito mais sérias do que a perda atribuída por Demétrio à pregação de Paulo.

Não havendo motivo algum – A assembléia não havia sido convocada de modo legal, nem o que eles estavam fazendo era adequada para tratar de queixas como as que apresentavam.

Que possamos alegar para justificar este ajuntamento (desordenado) – O escrivão da cidade usa a palavra mais desdenhosa que pode para descrever a reunião. Não era uma assembléia legal, mas uma turba reunida para aplicar a lei com as próprias mãos. Se os romanos pedissem que explicassem seus atos, não lhes seria possível dar uma razão satisfatória, perdendo então sua posição e privilégio de cidade livre. O *quarto argumento* apresentado pelo escrivão foi que o tumulto popular era perigoso.

19.41 –

E, havendo dito isto, dissolveu a assembléia – Os argumentos do escrivão arquitetaram o povo, e ele tenta a seguir dar uma aparência de assembléia legal à reunião, dissolvendo-a da maneira regular. Tal encerramento oficial serviria para proteger o ajuntamento desordenado de qualquer boato malicioso que pudesse chegar aos ouvidos dos romanos. McGarvey notou que este foi evidentemente o discurso de um homem que sabia como manipular a plebe excitada; o que, de fato, o escrivão teria de ser.

> Sua afirmação de que ninguém poderia ignorar a devoção de Éfeso à adoração de Diana, ou o fato de a imagem ter descido do céu, era uma adesão clara à causa deles. O comentário de que a indiscutível certeza desses fatos deveria acalmá-los, embora alguém pudesse contestar, foi a observação exata para produzir a calma que desejava. Prosseguindo então para a causa do distúrbio, da mesma forma que um advogado, ele ignora a verdadeira acusação contra os discípulos – a de negar que imagens feitas por mãos humanas são deuses – e declara que os homens em questão não são sacrilégios nem blasfemam contra a deusa. O fato de absolvê-los dessa acusação pareceu à maioria "que não sabia por que motivo estavam reunidos", uma justificação completa dos prisioneiros. Assim sendo, quanto aos que haviam perturbado a multidão com seus assuntos particulares, o recurso próprio era o tribunal dos procônsules. Isto foi calculado para fazer com que os sentimentos do povo se voltassem contra os ourives, por terem usado seus vizinhos como instrumentos em benefícios de sua profissão. Finalmente, o comentário sobre a ilegalidade da assembléia e sua impossibilidade de justificar o motim, era uma sugestão de perigo por parte das autoridades romanas na forma de multas que poderiam ser

---

[127] Crisóstomo, *Homily*, XLII. 2.
[128] Barnes, *op. cit.*, p. 287.

impostas sobre toda a comunidade. Isso faria todo indivíduo abastado ficar aflito para ir embora. A dissolução formal, como se a assembléia tivesse terminado sua pauta do dia e aceito uma moção para suspender os trabalhos, foi o último estratagema engenhoso do escrivão, e fez o povo espalhar-se calmamente pelas ruas em direção às suas casas[129].

[129] McGarvey, *op. cit.*, p.167,168.

Ídolos

Júpiter e Mercúrio

A Acrópole, Atenas

Desenho de Horace Knowles
da British and Foreign Bible Society

ESTUDO ESPECIAL Nº 17
O Mundo do Ocultismo

Até anos recentes a mente ocidental achava difícil crer em demônios e poderes satânicos. O Racionalismo e o Determinismo eram filosofias que tornavam difícil senão impossível a crença no sobrenatural. Agora, com o aparecimento da "igreja de Satanás" e com a crescente popularidade das práticas do ocultismo e da feitiçaria, o homem ocidental está cada vez mais inclinado a crer em algumas das verdades que a Bíblia vem ensinando há muito tempo. Existe ainda considerável ceticismo, mas é preciso observar quantos versículos bíblicos "fazem sentido" quando examinados do ponto de vista da realidade do mundo oculto, os quais pareciam absurdos quando eram feitos esforços para interpretá-los através de um conceito naturalista.

Alguns termos devem ser definidos desde o princípio. A palavra "oculto" deriva do latim *occultos*, que significa escondido, secreto ou misterioso: e ela está sempre ligada ao mundo espiritual, invisível, o mundo onde o diabo e os demônios imperam e têm influência. Vamos examinar quatro áreas: mântica, magia, espiritismo e doutrinas dos demônios, todas elas associadas ao mundo oculto. Por demônios se entende um ser espiritual criado, um dos anjos que se rebelou contra Deus antes da criação do mundo[1].

Dentre as dezenas de versículos que falam do mundo invisível, o leitor deve fazer uma pausa para refletir sobre os seguintes: (1) Marcos 5.1-20. Note a força sobre-humana do gadareno, por causa dos demônios que o possuíam, o número de demônios no homem. Quando os demônios estão sendo expulsos, um dos últimos lugares que pedem para entrar é nos porcos. (2) Lucas 11.14ss. Quando o demônio foi expulso, a casa ficou vazia, e ele então voltou para encher o vácuo espiritual. O mesmo pode acontecer aos homens hoje. Note o número de demônios nessa pessoa no final. (3) Atos 16.16ss. A adivinhação pode ser feita pelo poder dos demônios. E a jovem possessa transmitiu uma mensagem falsa, "Jesus é UM caminho de salvação" (segundo o texto grego – N. T.). O demônio foi expulso "em nome de Jesus". (4) Atos 19.16ss. Os cristãos estavam envolvidos aqui na magia, mas acabam confessando e repudiando publicamente sua prática. A religião do Senhor Jesus Cristo é absolutamente oposta à prática de magia; caso contrário, por que os irmãos de Éfeso iriam rejeitar tão completamente seu antigo estilo de vida? (5) Colossenses 1.13. Quando o indivíduo se torna cristão, ele é libertado do reino das trevas e transferido para o reino de Cristo.

É libertado da esfera de domínio de uma pessoa e introduzido na de outra. (6) Efésios 6.10-18. Os "seres" contra quem os cristãos lutam são de diferentes ordens de seres (diferentes graus de autoridade) no mundo dos demônios. Esses demônios motivam pessoas, que por sua vez criam dificuldades para os cristãos. A passagem nos informa como preparar-nos para enfrenta-los quando eles atacam.

O interesse das pessoas no ocultismo está no auge. Em alguns países do mundo, ele se tornou a religião que cresce mais rapidamente. Milhões de pessoas se acham envolvidas. Nos Estados Unidos, onde o compromisso com o cristianismo está em declínio, há evidência de que as pessoas estão aceitando um dos substitutos oferecidos pelo Diabo. A astrologia, feitiçaria, espiritismo e várias tipos de religiões orientais estão recebendo números cada vez maiores de devotos a cada dia que passa. Talvez esteja na hora para a igreja voltar a familiarizar-se com algumas das práticas dessas religiões antigas, a fim de poder reconhecer as advertências e proibições das mesmas encontradas nas paginas do Antigo e Novo Testamentos.

Existe uma suposição básica por trás de cada uma das quatro áreas do mundo invisível, isto é: os espíritos possuem o conhecimento ou poder desejado pelos homens e estão dispostos a com-

---

[1] Veja o estudo Especial Nº 11, "Demônios e Possessão Demoníaca", para obter uma informação mais detalhada sobre a identidade dos demônios.

partilhá-lo sob determinadas condições. Este conhecimento ou poder é desejado seja para a proteção contra a mal, ou para o bem-estar da pessoa.

I. MÂNTICA

Esta área do ocultismo tem a ver com a obtenção de CONHECIMENTO através dos poderes ocultos. Ela é chamada às vezes de "adivinhação[2]" ou "predição".

A. Exemplos

A divisão desta área das práticas ocultas em dois títulos principais é artificial, tendo simplesmente o propósito de resumir. Deve ficar entendido que cada um desses exemplos separados é um meio pelo qual pessoas têm tentado fazer e fazem contanto com os demônios, com o intuito de obter "conhecimento", seja do passado, do presente, ou do futuro.

1. *Métodos Impessoais de Adivinhação*

 a. Astrologia

A astrologia é uma crença antiga de que o destino do homem é determinado pelo seu horóscopo, e que o plano de sua vida será encontrado no padrão da estrelas por ocasião do seu nascimento. *Zodíaco* – os céus estão divididos em doze seções ("casas"), cada um com um título apropriado para a formação estelar ("signos"- Libra, Áries, Aquário[3], etc.) nessa casa. *Horóscopo* – um diagrama da posição das estrelas e planetas por ocasião do nascimento da pessoa. Os astrólogos afirmam que ele releva a personalidade e destino do indivíduo, assim como prediz acontecimentos nacionais[4]. A *torre de Babel* pode ter sido uma tentativa dos antigos para adorarem os "deuses" que habitam as casas nos céus[5]. A *Acupuntura*, método chinês antigo de cura, está ligada à astrologia. A agulhas de ouro e prata representam o sol e a lua. Se o sol e a lua estiverem no ponto certo, a cura é definitiva. Se o paciente acreditar na astrologia, há maior possibilidade de ficar curado.

 b. Cristalomancia

Este método de adivinhação usa uma bola de cristal, ou um reservatório de água parada, ou um espelho, em que o adivinhador olha para "ver" os eventos, quer nacionais ou pessoais, que deseja conhecer. *Nostradamus* foi um famoso vidente do século XVI. *Jeane Dixon*, que obtém suas informações de uma bola de cristal e de uma serpente que fala, é uma renomada profetisa do século XX. *Edgar Cayce*, o "profeta adormecido", fez diagnósticos e prescrições médicas enquanto se achava em transe. *Sirhan Sirhan*, nos meses que antecederam o assassinato de Robert F. Kennedy, mergulhou no ocultismo, especialmente na mântica do espelho. Sirhan estudou Sirhan num espelho, hora após hora silenciosa, dia após dia. Foi durante um de seus transes auto-induzidos que ele escreveu repentinamente "Kennedy deve morrer!"[6]

---

[2] "Adivinhação" deriva de *deus* (deus) ou *divus* (pertencendo aos deuses). Note como os números termos técnicos terminam com o sufixo "-mancia", como quiromancia e rabdomancia. Isto representa a palavra grega mantis, indicando "inspiração de um deus".

[3] Os astrólogos dividem a história em longos períodos de 2.000 anos. A era de Áries, simbolizada por um carneiro, que julgam sugerir o Deus criador, terminou cerca da ocasião do nascimento de Cristo. Seguiu-se a era de Peixes, simbolizada por um peixe, considerada uma era de sofrimento, representada pela morte de Cristo e marcada por lágrimas e dissolução. Agora, conforme a teoria, estamos no início da era de Aquário, simbolizada pelo ar, e considerada como uma espécie de novo começo espiritual, marcada pela promessa da fraternidade universal, erudição abrangente, e o despojamento de nossas inibições prejudiciais. Membros desta geração, absorvendo as ideias avançadas pelo musical hippie "Hair", rejeitam os padrões e costumes morais da geração anterior, porque (assim afirma a teoria) estamos sujeitos a novos poderes celestiais em operação, e naturalmente teremos novas regras e padrões!

[4] Um dos problemas com os horóscopos é que se dois astrólogos diferentes fizerem o mapa astral de alguém, eles irão certamente diferir, embora tenham sido supostamente preparados para a mesma pessoa e baseados na mesma matéria- prima.

[5] Wm. J. Peterson, *Those Curious New Cults* (New Canaan, Conn.: Keats, 1973), p. 15.

[6] *Time Magazine*, 4 de abril, 1969, p. 28.

Note outra vez: o poder não está nos espelhos, nas bolas de cristal, ou em qualquer outro desse objetos impessoais. Por meio deles o médium limpa sua mente, para fazer dela um veículo com o qual os demônios podem comunicar-se. O médium se torna aberto e receptivo às mensagens do mundo oculto. O que os demônios predizem, eles então procuram fazer realizar-se, e numa boa parte do tempo têm sucesso! Esta é a razão das previsões de Jeane Dixon serem corretas cerca de 70% das vezes. Em outras ocasiões, porém os demônios têm seu poder anulado por um poder superior.

c. Bibliomancia.

Este método de adivinhação é o estudo de "mensagens secretas" encontradas em livros, especialmente a Bíblia.

d. Numerologia

Numerologia é a análise do significado escondido – supostamente profético – dos números. As letras do seu nome e a data de seu nascimento fornecem o valor numérico usado para predizer o seu futuro. "Por que seus pais ficaram tão ansiosos para escolher um nome adequado para você quando nasceu?" pergunta um numerologista moderno. "Porque o seu nome representa seu destino, sendo o meio de expressão do seu caráter. Ele é a tabuleta ou planta ao longo da sua estrada para o sucesso. Seus pais sentiram isto e inconscientemente lhe deram o nome para o caráter particular que você estava destinado a expressar pelo nascimento."

e. Cartomancia

A cartomancia é a adivinhação por meio da colocação de cartas de jogar. Uma forma popular moderna são *Cartas de Tarô*, um baralho de 78 cartas que podem supostamente revelar os segredos do homem e do universo. Um baralho de cartas comuns pode ser usado pelo adivinhador e produzir os mesmos resultados.

f. Quiromancia

O grego para mão é *cheir*, e a adição de *mantis* sugere a ideia de adivinhação pela leitura das mãos. Segundo esta crença oculta, existem características inatas refletidas na mão esquerda, e características adquiridas na mão direita. São quatro as linhas principais (coração, cabeça, destino e vida), assim como sete os montes planetários na palma da mão de cada pessoa. A presença dos montes indica a presença de certos traços de personalidade, e a ausência deles indica a ausência desses traços[7].

g. Folhas de Chá

G. David Hoy, um ex-missionário batista para a América do Sul, é um dos bem-conhecidos praticantes modernos da adivinhação pelo uso de folhas de chá numa xícara. Ele acha que seu ministério de ajuda às pessoas pelo espiritismo é superior hoje ao da apresentação do evangelho puro de Cristo[8].

São também usados com o propósito de adivinhação os grãos de café, marcas deixados por insetos ao rastejarem, crescimento de plantas, e ossos (o antigo método Viking de adivinhação, chamado "Runas"). Lembre-se da história de Moby Dick, o Negro que viu sua própria morte prognosticada depois de ter atirado os ossos, ficando então sentado estoicamente à espera de que ela viesse. A coisa funciona assim na vida real!

Kreskin é outro adivinhador célebre no momento, sendo muito solicitado pelos programas de rádio e TV.

---

[7] Os sete montes significam supostamente o seguinte: Júpiter indica honra e uma disposição alegre; Saturno, prudência e portanto sucesso; Apolo, apreciação da beleza; Mercúrio, interesse científicos, industriais e comerciais; Marte, coagem; Lua, disposição sonhadora; Vênus, natureza amorosa. Ficamos imaginando a razão, desde que novos planetas foram descobertos pelos astrônomos, dos astrólogos continuarem baseando sua prática na velha crença de um universo com apenas sete planetas!

[8] Revista "Pictures", *St. Louis Post Dispatch*, 30 de abril, 1972.

h. Sortes.

O lançar da sorte (sortilégio) é outro método de adivinhação. Como no caso de vários desses métodos de adivinhação, existe um sistema genuíno, aprovado por Deus e citado na Bíblia, assim como um método ilícito, falso e proibido.

O *Urim e o Tumim* na Bíblia era uma forma legítima de adivinhação. Provérbios 16.33 dá uma ideia de como o método operava. O Urim, se lançado no colo, trazia à luz a culpa do indivíduo. O Tumim estabelecia a sua inocência. 1 Samuel 14.37 também dá ideia do *modus operandi*. Só podia ser feita uma pergunta, com duas respostas alternativas. Era prerrogativa do sacerdote lançar a sorte. Mediante o Urim e o Tumim eram resolvidas os casos criminais[9], homens eram nomeados para diversos cargos[10], a terra prometida foi dividida[11], o bode expiatório foi escolhido[12], homens foram escolhidos para servir no exército[13], sacerdotes foram escolhidos para servir[14], e os homens podiam fazer perguntas a Jeová[15]. O uso deste meio de adivinhação começou a declinar depois dos dias de Davi e o surgimento do cargo de profeta. O *Talmude* diz que não havia Urim e Turim no segundo templo[16]. Josefo afirma que ele já era obsoleto 200 anos antes de sua época[17]. No entanto, Matias foi escolhido como apóstolo pelo lançar de sortes[18].

Existem alguns métodos ilegítimos de adivinhação por sortes também incluídos na Bíblia. *Belomancia* (interpretação do futuro pelo lançar de flechas)[19] e Rabdomancia (uso de vara ou pêndulo para adivinhar)[20] são exemplos. A vara e o pêndulo têm sido usadas pelos homens para obter conhecimento do futuro desde o reinado do imperador chinês Yu, da dinastia H-Sia (2205 a. C.). Um *rabdomante* é aquele que procura objetos perdidos, escondidos, ou descobertos usando uma "varinha de condão" ou "pêndulo". Longe de serem "advertidos", ou uma simples brincadeira, uma prática simples e inocente, o uso a rabdomancia e o pêndulo frequentemente resultam em graves distúrbios mentais e psíquicos[21].

I Ching é um dos seis livros mais populares entre os jovens universitários. É o Livro Chinês das Mudanças, contento métodos e explicações de profecias e utilizando um sistema de lançar uma moeda e depois consultar o livro para orientar na decisão a se tomada.

i. Hepatoscopia e Haruspicação

Hepatoscopia é adivinhação pelo exame do fígado de um animal morto. Cada uma das várias partes do fígado, seus lóbulos, a vesícula, os canais biliares, etc., tinha um significado especial. Haruspicação é o estudo das entranhas do animal.

j. Ornitomancia

Este é o estudo da atividade dos pássaros num esforço para obter conhecimento do futuro.

k. Grafologia

Significa a análise do caráter baseada na escritura à mão, a arte de julgar o caráter, disposição e aptidões do indivíduo através da maneira como escreve.

---

[9] Acã, Josué 7.14; Jônatas, 1 Samuel 14.22; (Jonas 1.7 foi também um caso de "sortes", mas não de Urim e Tumim, que só eram lançados pelo sacerdote).
[10] 1 Samuel 10.20ss.
[11] Números 26.56ss; Josué 18.19.
[12] Levítico 16.7-10.
[13] Juízes 1.1-3; 20.9.
[14] 1 Crônicas 24.5, 7; 1 Samuel 26.13ss; Neemias 10.34ss.
[15] 1 Samuel 30.7ss; Josué 7.14-18; Juízes 20.27ss; 2 Samuel 2.1; 5.19, 23.
[16] Mishna, *Sotah*, IX. 10; *Yoma*, XXI. b.
[17] Josefo, *Antiguidades*, III. 8, 9.
[18] Atos 1.26 (Novamente, como no caso de Jonas, não foi através do Urim e Tumim).
[19] Ezequiel 21.21 mostra Nabucodonosor decidindo em que direção marchar, atirando flechas.
[20] Oseias 4.12; Ezequiel 8.17.
[21] Kurt Koch, *Christian Counseling and Occultism* (Grand Rapids: Kregel, 1972), p.81. 93.

l. Piromancia

O adivinhador contempla as chamas do fogo (em lugar de folhas de chá ou uma bola de cristal) no esforço de esvaziar a mente, a fim de que os espíritos possam comunicar-se com ele.

m. Presságios

A ideia de augúrio mediante a leitura de sinais ou presságios tem um lado legítimo, como ilustrado pela lã de Gideão[22] e pela decisão de Jônatas de atacar ou não os filisteus de acordo com as palavras que ouve deles[23].

Existem, porém, um aspecto dos augúrios que é ilícito ou insensato. Esses presságios são divididos em três classes: (1) os associados com dias e corpos celestiais – por exemplo, um eclipse num certo dia do mês; (2) os associados com aspectos do nascimento humano ou animal – uma criança nascida sem a orelha esquerda representava aflição prestes a sobrevir a terra; e (3) presságios vistos nos movimentos dos animais – um cão vindo do lado direito era um bom presságio; vindo da esquerda era um mal presságio; um corvo voando era um sinal de morte.

2. *Métodos Pessoais de Adivinhação*

Através desses métodos "pessoais" de adivinhação, não é feita qualquer simulação, mas são apenas interrogados os seres espirituais para obter a informação desejada.

a. Oniromancia

Esta é uma forma de adivinhação pela qual a pessoa pode saber através dos sonhos a vontade dos deuses. Alguns sonhos são involuntários, não sendo buscados, e por isso legítimos. Alguns desses sonhos involuntários têm sido usados por Deus para comunicar a sua vontade aos homens[24]. Os sonhos procurados deliberadamente, muitas vezes por incubação[25], a fim de receber uma mensagem dos espíritos, é que são ilegítimos e proibidos. Outros métodos para induzir sonhos são o jejum e as drogas.

b. Necromancia

Isto é supostamente o contato com as almas dos mortos, com o propósito de saber o futuro. Mais será dito sobre esta área do ocultismo sob o tópico "Espiritismo", abaixo.

c. Clariaudiência

Alguns médiuns, depois de longo envolvimento com o ocultismo, "ouvem vozes" que lhes dão informações sobre o futuro, ou até mesmo o presente, mas bem distante de onde o médium se encontra no momento.

d. Clarividência

Alguns médiuns, depois de um longo envolvimento com o ocultismo, conseguem "ver" e saber a respeito de objetos ou eventos que estão tendo o lugar longe deles, e podem informar a respeito antes do fato acontecer, ou enquanto está acontecendo. Os espíritos ajudam a pessoa a saber o que está ocorrendo.

B. A Bíblia tem Algo a dizer sobre a Mântica

A ASTROLOGIA (hebraico, ashshaph) é claramente proibida, assim como adoração de Moloque, de Saturno, do Bezerro de Ouro, e do "Exército dos Céus".

Deuteronômio 18.10, 11; 4.19; 17.2-7; 2 Reis 21.6; 2 Crônicas 33.6; Isaías 47.13; Jeremias 8.1-3; 10.2; 19.13; Daniel 1.20; 2.2, 10, 27; 5.7, 11, 15; Sofonias 1.4-6; 2 Reis 17.16; 2 Reis 23.4; Atos 7.42, 43.

---

[22] Juízes 6.36-40. [23] 1 Samuel 14.8-13.
[24] Gênesis 20.3, 6; 31.10, 11, 24; 37.6; Daniel 2.9; 7.1; Juízes 7.9-14; Mateus 1.20; 2.12; Atos 23.11 e 27.23, são alguns exemplos de revelações dadas por Deus através de sonhos.
[25] "Incubação" é o termo técnico para dormir num lugar sagrado, com a intenção da ter um sonho (uma visita do deus). Homero, *Ilíada*, XXII. 209; Cícero, *De Div.* I. 34; Heródoto IV. 72; I. 181.

A PREDIÇÃO (hebraico, *'anan*, "observar as nuvens"; e *gezar*, "vidente") é proibida. Alguns dizem que *'anan* significa "augúrio", "observação dos movimentos de animais de pássaros", enquanto *gezar* significa literalmente "cortador", i.e., dividir os céus, ou cortar animais para examinar o fígado e as entranhas.

Jeremias 27.9; Isaías 57.3 ("agoureira"); Isaías 2.6; Miqueias 5.12; Daniel 2.27; 4.7; 5.7, 11; Levítico 19.26; Deuteronômio 18.10-14; 2 Reis 21.6; 2 Crônicas 33.6.

ADIVINHAÇÃO hebraico, *qesem*; grego, *puthen*), é o conhecimento pela interrogação direta dos espíritos, sendo proibida. Isto significa a proibição da cartomancia, ornitomancia, estudo do arranjo dos resíduos numa xícara, interpretação de sonhos, rabdomancia e cristalomancia.

Deuteronômio 18.10-14; Números 22.9; 23.23; 2 Reis 17.17; Jeremias 14.14; Ezequiel 12.24;13.6-9; 21.22-29; 22.38; 1 Samuel 6.2; 15.23; Isaías 44.25; Jeremias 27.9; 29.8; Zacarias 10.2; Miqueias 3.6-11; Atos 16.16ss; e Gênesis 44.1-5.

ENCANTAMENTO (hebraico, *nachash*) parece ter algumas vezes a ideia de adivinhação e é contestado pelos homens de Deus. O termo hebraico é praticamente comparável a "cobra" e talvez indique um "encantador de cobras" ou "alguém que fascine como uma cobra", i. e., um mesmeriano ou hipnotizador. A palavra é usada em relação ao copo de adivinhação de José (Gênesis 44.1-4), e seu uso é equilavente à contemplação moderna do cristal, com o estado hipnótico induzido pelo fitar constante.

Gênesis 30.27 (o conhecimento superior de Labão é atribuído ao *nachashi);* Deuteronômio 18.10-14; Atos 19.19; 2 Reis 17.17; 21.6; 2 Crônicas 33.6; Números 23.23 e 24.1 (Balaão descobriu que o encantamento e a adivinhação eram impotentes contra o povo de Deus); 1 Reis 21.30.

HEPATOSCOPIA (hebraico, *qesem*, "dividir") é referido em Ezequiel 21.21.

RABDOMANCIA é mencionada em Oseias 4.12 e Ezequiel 8.17.

TERAFINS (hebraico, *teraphim*) eram ídolos do lar, algumas vezes quase de tamanho natural (1 Samuel 19.13, 16) e outras em miniatura (Gênesis 31.34, 35), moldados como corpos humanos ou simplesmente cabeças humanas ou bustos. Estavam envolvidos ou como adoração dos ancestrais (necromancia), ou eram usados como são usadas bolas de cristal de hoje, qualquer desses sendo um método de adivinhação.

1 Samuel 15.23 (Samuel os desaprovava); Ezequiel 21.21; Zacarias 10.2 (Zacarias os desaprovava); 2 Reis 23.24; Gênesis 31.19-35; 1 Samuel 19.13-19 ("imagens"); Juízes 17.5; 18.14-20; Oseias 3.4.

PRESSÁGIOS foram procurados pelos servos de Ben-Hadade, rei da Síria, 1 Reis 20.33.

PASSAR ATRAVÉS DO FOGO era outro meio de adivinhação, envolvendo o sacrifício de crianças. Moloque, o deus do fogo, e outras a divindades, eram adorados por certas tribos de Canaã com sacrifícios humanos. Este parece ter sido um método de obter um oráculo. (Veja Porfírio, *Apud Euseb. Praep. Ev.* IV. 64. 4 e Diod. Sic. XX.14).

2 Reis 3.27; Deuteronômio 18.10, 11; 2 Reis 21.6; 17.17; 2 Crônicas 33.6.

SONHOS (hebraico, *halom*; grego, *onar*) dos falsos profetas são objeto de advertência na Bíblia, e a incubação é claramente designada como maligna (Isaías 65.4.).

Jeremias 23.28, 32; Zacarias 10.2; (e Sirach 34.1, 2, 5, 7).

C. A Adivinhação é um Substituto para a Providência de Deus

Todo este desejo de conhecimento surge basicamente da perda da percepção do controle providencial de Deus sobre o nosso universo e nossas vidas[26]. Não tendo confiança em que um Deus amoroso cuida de nós, os homens tentam encontrar consolo no conhecimento do futuro que pode ser obtido das fontes demoníacas. Também se perdeu a percepção da soberania de Jesus. A não ser que compreendamos que nossa confissão de Jesus como "Senhor" significa acreditar que Ele está no trono do universo, ativamente fazendo as coisas aconteceram neste mundo e na vida diária dos filhos de Deus, em benefício deles), logo estaremos buscando algo para encher o vazio e podemos tentar encontrar satisfação no mundo da mântica.

II. MAGIA

Esta área do mundo oculto está associada à obtenção de PODER do mundo dos espíritos. É a área do ocultismo chamada algumas vezes de "feitiçaria" ou "bruxaria".

A. Preliminares

É difícil encontrar um termo adequado para expressar a ideia envolvida nesta parte do ocultismo. "Magica" tem algumas vezes a conotação de tirar coelhos de uma cartola, ou truques de baralho, ou "serrar alguém em dois". A ideia de chamar poderes ocultos jamais ocorre a muitos que ouvem a palavra "mágica". "Feiticeiro" ou "feitiçaria" tem sido algumas vezes usado, mas isso também gerou uma conotação de uma velhinha feia montada numa vassoura. O conceito de invocar poderes ocultos não surge em tal associação. "Bruxo" e "bruxaria" são provavelmente as melhores palavras, pois têm a conotação de buscar poder mediante a ajuda de demônios.

A fim de uma apresentação ordeira, distinguimos entre duas ou três formas de magia: branca, magia neutra, e magia negra. Existem dois problemas nesta distinção. Primeiro, o significado dos termos é mutável. Magia negra costumava significar a invocação do mal sobre os inimigos através do auxílio de espíritos malignos, maldições e palavras mágicas. Agora transformou-se em Satanismo, adoração do diabo. Segundo, a distinção poderia confundir caso deixasse a impressão de que algumas espécies de magia são boas, outras más e outras ainda indiferentes. Anton LaVey, o sumo sacerdote da Primeira Igreja de Satanás, pesquisou a bruxaria nos Estados Unidos e Inglaterra. "Não existe a 'bruxa branca'", disse ele. "A bruxaria branca é pura mitologia. Todas as bruxas recebem poder oculto, e esse poder não tem origem em Deus![27]"

Antes de introduzirmos a informação específica sobre a magia branca e negra devemos declarar que alguns dos termos listados sob uma podem estar e estão envolvidos na outra. Por exemplo, citamos encantamentos sob o tópico magia negra, mas eles fazem parte também parte das práticas regulares das chamadas bruxas brancas.

B. Exemplos

1. *Magia Branca*

a. Bruxa (o)

A bruxa ou bruxo é a pessoa que usa poderes ocultos para o que considera ser fins bons ou maus. Em algumas versões da Bíblia, tais pessoas são chamadas "adivinhos", "mágicos" ou "feiticeiros".

b. Coven

Coven equivale a "irmandade" ou "congregação", sendo uma assembléia de treze ou menos bruxos, reunidos-se frequentemente na casa de alguém. A reunião é presidida pelo Bruxo-Chefe, seja ele homem ou mulher, que é frequentemente chamado de sumo sacerdote ou sacerdotisa.

---

[26] Providência é definida como cuidado, preservação e controle exercidos por Deus sobre a sua criação, a fim de que esta cumpra o propósito para o qual foi criada.

[27] Walter R. Martin, "Witchcraft and Satanism", no *The Kingdom of the Occult* (Costa Mesa, Calif.: One Way Library, 1972), Volume I.

Os bruxos tradicionais trabalhavam vestidos de manto, mas os modernos, os Gardnarianos e Alexandrinos, trabalhavam nus.

c. Livro das Sombras

Esta é a "Bíblia" usada pelo "coven". Ela contém feitiços, cânticos, sortilégios e encantamentos. É lida em cada reunião Esbat ou Sabbat. Este livro tradicional de rituais é copiado à mão pelo bruxo-chefe depois de sua iniciação.

d. "Esbath"

Este é o nome dado às reuniões do "coven", uma ou duas por semana, um encontro quase que local. As reuniões podem incluir relatórios sobre realizações desde o último encontro (os feitiços e encantamentos funcionaram?), planejamento para a semana subsequente, e trabalho conjunto na operação de mágicas e feitiços em benefício dos outros membros do "coven".

e. Sabbas (Sábado dos Bruxos)

Existem quatro (alguns livros acrescentam mais quatro – no início de cada estação) feriados principais na religião dos bruxos, e são mais um encontro regional do que "Esbats". Os quatro dias são os seguintes: Véspera de Maio (30 de Abril)[28], Lammas (31 de Julho)[29], Halloween (31 de Outubro)[30] e Candlemas (Dia de Brígida) (2 de Fevereiro)[31]. Os Sabbats incluem cerimônias de iniciação para os novos membros, e "adoração" generalizada que quase sempre termina em orgia sexual.

f. Círculo Mágico, Altar e Instrumentos

Uma mesa com vários itens da arte mágica sobre ela é colocada no lado norte do Círculo. A faca, Athame, de cabo preto do bruxo, entalhada, é um instrumento ritual, usado para formar e dissolver o Círculo. A faca de cabo branco é usada dentro do Círculo para moldar outros instrumentos. Velas em cada ponto do compasso ao redor do Círculo são designadas como Terra, Ar, Fogo e Água. A Escada dos Bruxos, uma fieira de quarenta contas, ou uma corda com quarenta nós; um "Sistrum", uma espécie de chocalho de criança em tamanho maior, usado com fins rituais; um cálice especial para cerimônias litúrgicas; e uma vasilha para queimar incenso, também são colocados sobre a mesa.

g. Taumaturgia ("Milagres Falsos")

Desde que a ideia principal na "magia" é o poder, existem vários tipos de coisas "sobrenaturais" a serem observados. *Telecinesia* – movimento ou arranjo de objetos por seres espirituais – é uma classe dessa espécie de mágica. *Levitação* – capacidade de objetivos sólidos desafiarem as leis da gravidade e serem movidos da terra sem meios visíveis de apoio – é outra. Cadeiras se levantam do chão. Um isqueiro se levanta da mesa. A mesa sobe sem que ninguém a toque[32]. Existem outros exemplos de "falsos milagres", mas iremos citá-los sob o tópico "Espiritismo" mais adiante.

h. Amuletos

Um amuleto é um fetiche, usado como jóia, tido como possuindo certos poderes que irão proteger o usuário de males, doenças, feitiços, mordedura de cobras, veneno e outros perigos, tanto físico como espirituais. A *Ankh*, a cruz egípcia da vida, é um exemplo; o *Pentacle*, um talismã em forma de disco, representando o elemento terra entre os instrumentos de trabalho do feiticeiro; e a "lua" de mental em forma de crescente são outros.

---

[28] Este Sabbat introduz a primavera. A festa da Artemis dos Efésios, chamada *Artemísia*, era uma festa de feitiçaria, Atos 19.

[29] Este Sabbat inicia o verão.

[30] Este é o último dia do ano para os bruxos. Predições para o novo ano são feitas, desde que a esta noite é a mais propícia para entrar em contato com os espíritos com o propósito de adivinhação.

[31] Esta festa inicia o inverno.

[32] Merrill F. Unger, *Demons in the World Today* (Wheaton, Ill.: Tyndale House Publishers, 1971), p. 39, 40.

i. Talismã

Um talismã traz benefícios positivos para o usuário.

j. Fetiches ("Charms")

"Grimoire" é o nome para os livros de feitiços e procedimentos mágicos. Os "grimoires" clássicos são medievais, sendo os seguintes os mais conhecidos: A *Chave de Salomão* ("The Key of Solomom"), (título completo, *A Chave Maior do Rei Salomão*; e *Abra-Melin* (*O Livro da Magia Sagrada do Mago Abra-Melin*) – embora a tradição afirme que a *Chave de Salomão* foi compilado pelo próprio rei Salomão. Estão incluídos neles meios de afastar os espíritos malignos, assim como as moléstias causadas por eles, recitas para transformar um presságio mau em bom, encantamentos a serem sussurrados no ouvido do paciente a ser curado, e especialmente os nomes mágicos (os "tetragrammaton" sagrados, e os nomes de anjos como Rafael e Miguel) julgados especificamente poderosos quando cantados ou recitados como parte das fórmulas mágicas.

k. Cabala

Folclore hebraico baseado numa interpretação oculta da Bíblia, tida como tendo sido entregue por Deus a Adão, Abraão ou Moisés, e passada de geração a geração, este sistema hebraico antigo tem como centro a "Árvore da Vida" (Sephirot – dez esferas interligadas). Seu conceito básico envolve a teoria da descida ou subida da alma através dessas dez "esferas" para união final com Deus – i.e., reencarnação.

l. Hexagrama

A estrela de seis pontas conhecida como o Selo de Salomão (é chamada de "Estrela de Davi" nos círculos não ligados ao ocultismo) consiste de dois triângulos entrelaçados, representando o princípio do ocultismo "assim como no alto, também em baixo".

m. Pentagrama

A estrela de cinco pontas. Com uma ponta para cima, ela representa um ser humano, sendo algumas vezes usada para invocar e banir. (Nos rituais de magia negra, duas pontas de estrela ficam para cima. A cabeça de um bode geralmente fica no centro, com dois chifres apontados em desafio na direção do céu, e três pontas da estrela apontam para baixo, representando a Trindade negada.)

2. *Magia Negra*

Magia negra é a religião da adoração de Satanás. Ao Diabo é dado mais "status" do que Deus, sendo adorado através de rituais e sacrifícios (animal e humano) hediondos. Significa orar ao Diabo, buscar receber coisas dele, regatear com ele, e seguir as práticas pescritas na adoração satânica.

a. Missa Negra

A antítese da missa católica romana na magia negra, é um sacrilégio pervertido. O pão e o vinho da comunhão são tratados com desprezo – todas as referências a Deus ou Cristo são omitidos ou profanadas – são cantados hinos (algumas vezes de trás para diante) – as cruzes são invertidas, etc. A Bíblia Satânica é lida nesses serviços. A primeira Igreja de Satanás, fundada por Anton LaVey, em São Francisco, em 1966, adora com uma mulher nua sobre o altar, e o clímax da missa é quando o sumo sacerdote a penetra[33].

b. Esbath

Os "covens" satanistas geralmente realizam suas celebrações em parques ou florestas durante as noites de lua cheia. Os participantes nus seguem cerimônias rituais semelhantes à antiga religião da Artemis dos Efésios. A vítima sacrificada é às vezes uma jovem inocente sequestrada na rua[34]. Drogas – aconito, beladona e cicuta – produzem alucinações.

---

[33] Martin, *ibid.*

[34] Veja uma descrição literal disto no livro de Mike Warnke, *The Satan Seller* (Plainfield, N.J.: Logos International, 1972).

c. "Hex"

Os inimigos dos satanistas são amaldiçoados mediante um encantamento ou desejo nocivo. Enfeitiçar ou amaldiçoar geralmente envolve a invocação de poderes demoníacos. Um ritual completo, controlado por contar os nós na Escada dos Bruxos, pode ser envolvido à medida que a maldição é gradualmente efetuada.

d. Encantamento

Um canto ou canção usado nos rituais pagãos para invocar a bênção ou maldição dos deuses faz parte da cerimônia dos rituais de magia negra e branca.

e. Vodu

Este é o tipo de magia negra das Índias Ocidentais e inclui fetiches, invocação, adoração de serpentes, e feitiçaria. A adoração se realiza à noite, inclusive orações à serpente, manifestações histéricas dos sacerdotes e sacerdotisas, uma dança para a iniciação dos noviços, libertinagem desenfreada e indecência, canibalismo e sacrifício humano.

C. Maneiras de se envolver na Magia

Há quatro maneiras de envolvimento com a magia branca ou negra.

1. *Hereditariedade*

Os poderes mágicos são transmitidos pelas famílias que praticam esses rituais. O filme *O bebê de Rosemary* descreve isto. Muitas vezes a tentativa de transmitir a "habilidade" acaba em tragédias no leito de morte quando os membros não querem aceitar o dom que o indivíduo agonizante quer dar-lhes, pois a pessoa não pode descansar enquanto ele é passado a alguém. Isto é chamado de sucessão diabólica.

2. *Compromisso com o Diabo*

Este é um ritual de sangue equivalente ao batismo cristão, em que a pessoa vende sua alma ao diabo num ritual de magia negra.

3. *Experiências com o Ocultismo*

Com as livrarias cheias de livros sobre a prática, tais como o *Guia Para o Sobrenatural* ("Guide to the Supernatural"), muitos estão folheando os mesmos, levando-os para casa, fazendo suas próprias experiências, e acabando por afundar vagarosamente. Jogos de ocultismo são vendidos nas lojas de brinquedos e anunciados em catálogos de lojas importantes.

4. *Transferências Ocultas*

A transferência oculta é a equivalente na magia negra à "imposição de mãos", em que o poder passa de uma pessoa para outra.

D. A Feitiçaria é Perigosa!

Um pequeno livreto, que pode ser adquirido nas farmácias e supermercados (nos Estados Unidos), é uma guia do tipo "faça você mesmo" de mágica para as massas. A sinopse na capa diz: "Amor, magia, fetiches, encantamentos, leitura da sorte – tudo que você precisa saber para aproveitar poderes ocultos"[35]. Algumas das afirmações devem ser ouvidas, pois provêm de um livro secular e não de algum fanático religioso com fixação na Bíblia!

Na página 4 lemos esta sentença: "Embora você não precise ser feiticeiro para praticar feitiçaria, há algumas coisas de bruxo que deve fazer se quiser invocar os poderes ocultos". A seguir são dadas as regras básicas. *O que está fazendo?* Invocando forças demoníacas para obedecê-lo! Uma outra declaração diz:

> Várias influências malignas estão sempre livres na atmosfera. Não importa o que vai faça ou deixe de fazer, um dia essas forças podem resolver concentrar-se em você, ou sua família.

---

[35] Delphine C. Lyons, *Everyday Witchcraft* (New York: Dell Publishing Co., 1972).

Todavia, quando começa a praticar a feitiçaria, as possibilidades de chamar a atenção desses perturbadores da ordem aumenta grandemente[36].

Essa é uma das melhores afirmações que já li. Abra a porta, gire a maçaneta – o que entram são influências malignas. Você está convidando demônios para entrar em sua casa, e a maioria de nós dificilmente tem condições para lidar com eles. Os riscos são grandes demais!

Pense igualmente no caso de Charles Manson. O caso de Charles Manson e sua "família" teve larga publicidade quando Sharon Tate e inúmeros convidados foram encontrados assassinados com toda evidência de sadismo[37]. Ex-sentenciado, profeta auto-atribuído, chamado a si mesmo de Deus, Jesus e Satanás, rodeado pela sua comunidade que chamava de escravos de Satanás ou "a família", Manson tinha uma mentalidade parecida à do "homem de preto" medieval que, segundo se sabe, ordenava mortes sacrificiais e recompensava seus seguidores com sexo. Quando um repórter perguntou a Manson por que fazia isso, ele respondeu: "Sou o Diabo, e todas as minhas mulheres são feiticeiras". De fato, as várias influências por trás dele mostram o final lógico de tantas das tendências periféricas de nossa geração. Ilegalidade, uso de drogas, a nação oriental de que ele estava além do bem e do mal, o envolvimento na adoração satânica – tudo se combinou fatalmente nesse homem. E o levou a um horror que abalou toda a sociedade. A feitiçaria é perigosa!

E. A Bíblia Tem Algo a Dizer sobre a Magia

Lemos na KJV, "A bruxa (hebraico *kashshaph*) não deixarás viver" (Êxodo 22.18). A palavra seria melhor traduzida feiticeira como na ASV[38]. (Também na SBB – N. T.)

ADIVINHO (hebraico, *yidh'oni*, "aquele que sabe") é um mágico ou mágica, feiticeiro ou feiticeira, alguém familiarizado com o mundo invisível; alguém que possa interpretar os desvarios de um médium. Esta palavra às vezes significa a função de adivinhação do espírito maligno que habita o necromante (veja "Espiritismo" abaixo). Os adivinhos são sempre citados com desprezo nas Escrituras.

Levítico 19.31; 20.6, 27; Deuteronômio 18.10, 11; 1 Samuel 28.3, 9; 2 Reis 21.6; 23.24-26; 2 Crônicas 33.6; Isaías 8.19; 19.3.

ENCANTADOR (hebraico, *chabar*, "Aquele que lança feitiço, que liga com nós mágicos") é uma palavra que abrange o canto ou recitação de certas fórmulas mágicas, controlando o processo pelo uso da Escada dos Bruxos. Trata-se de uma prática proibida.

Atos 19.13-20 (as "Cartas Efésias" eram provavelmente as fórmulas mágicas usadas para "enfeitiçar"); Isaíass 19.3; 47.9, 12; Deuteronômio 18.11 ("encantador"); Salmo 58.5.

AMULETOS (hebraico, *kemia'*, "algo ligado a uma pessoa"; *lehashim*, "algo sussurrado ou resmungado") eram objetos que haviam sido "bentos" e depois usados como um fetiche de boa sorte. Pedras preciosas, anéis, ervas, sementes e braceletes têm sido usados desse modo. A atitude da Bíblia com relação a tais amuletos é negativa.

Isaías 3.16-26 (as mulheres usavam amuletos em forma de sol ou lua, como ainda se vê entre as moças árabes); 3.20, (a LXX tem a leitura *peridexia*, pulseiras para o braço direito); Provérbios 17.8; Eclesiastes 10.11; 2 Macabeus 12.40 (o comandante do exército ficou surpreso ao encontrar amuletos nos corpos dos soldados mortos); Gênesis 35.4 (Jacó queimou amuletos em Betel).

ENCANTAMENTOS (hebraico, *lahash*, sussurrar, resmungar, imitando o silvo da serpente) são fórmulas para encantar. Eles são citados com reprovação pela Bíblia.

Eclesiastes 10:11; Isaías 3:3; Jeremias 8:17; Salmo 58:4, 5.

---

[36] *Op. cit.*, p. 31.
[37] *Time Magazine*, 19 de junho, 1972, p.66.
[38] Veja abaixo sob "A Bíblia Tem Algo a Dizer sobre o Espiritismo", para uma explicação da palavra "feiticeiro".

RUDIMENTOS DO MUNDO (grego, stoicheia) em Colossenses 2:8, num contexto de práticas religiosas orientais que são condenadas como parte da heresia colossense, provavelmente descrevem aquilo sobre o qual Hesychius escreveu quando definiu *stoicheia* como "terra, ar, fogo, e água, dos quais os corpos são formados".

LIVROS usados nos ritos mágicos foram queimados em Éfeso (Atos 19.19), devendo ser os livros das fórmulas mágicas, e as "bíblias" utilizadas nos ritos mágicos em Éfeso.

MÁGICOS (hebraico, *chartom*) eram homens que praticavam rituais e processos do ocultismo para controlar ou influenciar o curso da natureza ou dominar as pessoas com o auxílio de forças sobrenaturais. Isso é sempre condenado. (Atenção deve ser dado aos versículos abaixo sob "feiticeiro", pois a palavra tem uma forte ligação.)

Gênesis 41.8, 24 (o faraó chamou mágicos para interpretarem os seus sonhos); Êxodo 7.11, 24 (os mágicos do Egito se opuseram a Deus, e não conseguiram operar um milagre real, Êxodo 8.18; a palavra traduzida "mágico" e *lehatim*, embrulhar, embuçar – havia algum elemento oculto ou fraude em seus feitos de magia); 8.7, 19; 9.11; Daniel 1.20 (o rei descobriu que Daniel [com o Espírito Santo] era dez vezes melhor em todos os aspectos da sabedoria e conhecimento do que todos os magos e encantadores de seu reino); 2.2, 10, 17; 4.7, 9; 5.11.

IMPOSTORES (grego, *goétes*) podem envolver o exorcismo de demônios através da magia, ou por encantamentos. A palavra se encontra em 2 Timóteo 3.13 ("sedutores" na KJV), e a ideia aparece em Apocalipse 19.20. A palavra indica que é um truque, uma decepção, algo feito para aproveitar-se das pessoas.

F. A Magia é um Substituto do Poder do Espírito Santo

Assim como a adivinhação era um substituto para a verdadeira religião, parece que a magia é também um dos substitutos usados pelo diabo. O Espírito Santo de Deus dá aos homens o poder de viver a vida cristã, o poder de dominar Satanás e o mal em suas vidas, assim como o poder de realizar coisas de valor para os seus semelhantes nesta vida. Mas quando os homens não tomam conhecimento do poder divino à sua disposição, eles buscam ansiosamente ajuda, e na sua cegueira e loucura se voltam os métodos diabólicos.

III. ESPIRITISMO

Esta área do mundo do ocultismo tem a ver com a obtenção de CONHECIMENTO e PODER dos seres espirituais. O espiritismo, algumas vezes chamado espiritualismo, tem sido definido como "uma atividade espiritual, baseada na ideia de que as pessoas podem fazer contato com os mortos, através de certos médiuns, e obter assim revelações e ajuda do além".

A . Exemplos

1. *Sessões (Necromancia)*

As sessões são reuniões em que é tentada a comunicação com o "outro lado", através de um médium; geralmente realizadas em volta de uma mesa circular num aposento mal iluminado. Alguns termos comuns devem ser identificados.

MÉDIUM – é o homem ou mulher encarregado da sessão. Ele serve como espécie de elo entre o mundo visível e o invisível. Os espíritos (demônios) parecem desejar um corpo (médium) mediante o qual operam.

ESPÍRITO CONTROLADOR – é o primeiro espírito com que o médium sempre entra em contato. O espírito controlador tem geralmente um nome e reaparece a um determinado médium durante a sua vida. O médium comunica ao espírito controlador quem está sendo chamado do outro lado.

ESPÍRITO FAMILIAR – é um termo usado pelos espiritualistas para designar o espírito de uma pessoa morta que se manifesta numa sessão. Este é na verdade um espírito maligno que personifica o morto (i. e., um espirito de "familiaridade" com o morto). Tanto o termo hebreu *obh* como o grego *engastrimuthos* contém a ideia de que o demônio fala através do médium que passou a ser dominado pelos espíritos[39]. A tragédia é que tantos espíritas acreditam realmente estar falando com a alma da pessoa morta e não aos demônios que personificam. Isto faz parte do engano do diabo.

TRANSE – é um estado de semi-consciência em que o médium genuíno entra durante a sessão. A mente fica às vezes vazia de qualquer pensamento consciente, e se torna um veículo para a comunicação dos espíritos. Os médiuns entram em transe para convidar (ou permitir) que os espíritos penetrem neles.

2. *Fenômenos produzidos pelos Espíritas*

Manifestações físicas, inclusive a telecinésia, materializações "apport" e psicografia. As *materializações* são as formas em que os seres espirituais se tornam visíveis aos seres humanos. A forma é no geral reconhecível como semelhança do indivíduo morto. O que convenceu Ben Alexander da realidade do mundo dos espíritos foi o ectoplasma (a substância da qual são feitas as materializações). Em Londres, Ben entrou em contato com um médium trombeta. Antes de reunir-se com ele numa sessão, Ben examinou o aposento em que ela deveria realizar-se. Não havia nada além de paredes nuas, não havia alçapões, apenas uma luz vermelha no teto. Eles se sentaram em volta do aposento e a sessão começou. O médium entrou em transe. Uma brisa fresca invadiu o recinto, embora as portas e janelas estivessem fechadas. Ondas de energia começaram a sair dos dedos ou abdômen do médium, ou de seu nariz e boca. Os espíritos tomavam essas ondas de energia e as moldavam em formas de pessoas, animais ou objetos[40]. A mesma forma apareceu em reunião após reunião – isto é, o ectoplasma era moldado pelos espíritos na mesma forma em cada reunião – e os que frequentavam regularmente as sessões o reconheciam e chamavam pelo nome[41]. Durante a sessão a trombeta (um objeto em forma de cone, através do qual os espíritos falam) começou a elevar-se do chão onde o médium a havia colocado. Os espíritos falavam muitas vezes aos presentes à sessão. Nessa sala de encontro eles usavam às vezes a Bíblia e oravam sobre ela, na esperança de produzir um fenômeno maior. Certa ocasião a Bíblia começou a elevar-se e bateu contra a parede. Os espiritualistas pensam que um espírito maligno tentou entrar na sessão, e outro benigno procurou expulsá-lo atirando a Bíblia contra ele. Os espíritos bons (?) prometeram que isso não aconteceria de novo, mas aconteceu, repetidamente. (Os demônios estavam atirando a Bíblia através da sala!)

"Apport" são fenômenos de objetos transportados de grandes distâncias e através de paredes sólidas pelo poder dos demônios. Walter Martin deu numerosos exemplos documentados de "apports". Um homem, com os pés e as mãos atados, está sentado numa cadeira que fica num quarto a 25m do solo. Ele se levanta da cadeira, sai pela janela, através de 2m de espaço, entra pela outra janela, e flutua de volta à cadeira. Não havia beiral entre as janelas, ele também não foi desatado durante todo o "apport". Outro exemplo é o de um médium numa estação de trens. Num dado momento ele desaparece da multidão que o rodeia, reaparecendo imediatamente em meio a uma multidão em outra estação 160 km de distância. Não passou qualquer trem, mas o telégrafo da segunda estação confirma para a primeira que ele apareceu ali[42].

A escrita espírita (psicografia) é feita inconscientemente pelo médium em transe. Uma vez passado o transe, o médium não consegue lembrar-se de ter feito a escrita. A pintura espírita é outro fenômeno que se realiza também em uma situação de transe. Os livros-texto de história em uma

---

[39] A mulher em transe pode falar com a voz masculina, se a pessoa contatada for um homem. São os demônios que falam através do médium.

[40] Ben Alexander manipulou e tocou as formas materializadas (há alguma coisa aí!") e possui fotografias deles. O irmão Alexander morreu em 19 de fevereiro de 2018 aos 97 anos. Sua página permanece ativa e tem recursos sobre o ocultismo à venda e links para os ensinamentos do YouTube que ele filmou (em inglês): espministries.com.

[41] A forma tomada pelo espírito controlador era sempre a mesma, e lembrava o Sr. Alexander da figura encapuzada que aparece nos tabuleiros Ouija.

[42] Walter R. Martin, "Pshychic Phenomena – Biblical and Otherwise", na obra *The Kingdom of the Occult*, Volume 2. J. Stafford Wright, *Man, Mind and the Spirit* (Grand Rapids: Zondervan Publishing House, 1972) cita outros casos documentados.

universidade brasileira foram escritos por um brasileiro praticamente iletrado enquanto em transe. Em outro caso, música ao estilo de Beethoven, Chopin, e Shubert foi composta e tocada por uma mulher que pouco sabe de música. Foi feito enquanto ela estava em transe. O disco desse trabalho, chamado "Uma Sessão Musical", pode ser comprado nas lojas de discos[43].

Além dos fenômenos físicos existem também no espiritismo os fenômenos psíquicos. Entre eles estão a clarividência, clairaudiência, psicometria, hiperestesia e xenoglossia.

3. Tabuleiros Ouija

Este instrumento antigo para discernir a vontade dos espíritos poderia ter sido incluído em uma das primeiras divisões do mundo do ocultismo, mas nós o reservamos até agora por ser um método de entrar em contato com os espíritos; fenômenos físicos e psíquicos frequentemente o acompanham. Trata-se de uma tábua de madeira plana, contendo cada uma das letras do alfabeto além de símbolos antigas e uma zona de "sim" e "não". Os interessados colocam as pontas dos dedos num triângulo que se move (não controlado pela pessoa) e soletra uma mensagem. O que acontece na verdade é que uma inteligência invisível toma o controle da mão e move o ponteiro. Nem sempre são necessárias duas pessoas para "trabalhar" o tabuleiro Ouija. É possível levantar os dedos ate 75mm do ponteiro, e mesmo assim seguir as letras com os dedos. A facilidade com que os tabuleiros Ouija podem ser obtidos combina com uma fascinação inerente ao noviço, para fazer deles o mais fatal dentre todos os instrumentos espiritualistas. O operador do tabuleiro é uma presa fácil para os espíritos malignos. A tragédia é que cerca de 70% de nossos jovens, até mesmo os que cresceram na igreja, já "brincaram" com esse tabuleiro. Os que já fizeram isso irão confirmar que algo invisível move o ponteiro. É perigoso convidar os espíritos a focalizar sua atenção em você.

Várias coisas acontecem quando alguém usa o tabuleiro Ouija com certa regularidade. (1) Ele está praticando "adivinhação", contra a qual a Bíblia fala em termos definidos. (2) Ele está convidado demônios a concentrarem nele sua atenção. Ele invoca forças demoníacas quando opera o tabuleiro, e a possessão temporária pode levar à obsessão permanente. (3) Ele se vê envolvido na retribuição do diabo.

B. A Retribuição do Diabo

Da mesma forma que o bêbado experimenta uma "ressaca" na manhã seguinte, a pessoa que participa de sessões e atividades com o tabuleiro Ouija irá experimentar certos efeitos subsequentes, chamados de "retribuição do Diabo". Existem vários estágios, cada um mais grave do que o outro. (1) Depressão mental. (2) Pensamentos são plantados na mente, encorajando a pessoa a cometer suicídio. (3) Clairaudiência – muitos ouvem vozes comunicando informação "secreta" a eles sobre o futuro. (4) Clarividência – ver coisas à distância, quando acontecem ou antes de acontecerem – é o passo seguinte no demonização. Cada um desses passos produz maior servidão e maior retribuição.

C. A Bíblia tem Algo a Dizer sobre o Espiritismo

CONSULTORES DE ESPÍRITOS FAMILIARES (Hebraico, *obh*; grego, *engastrimuthos*) são sempre condenados.

> Levítico 19.31; 20.6, 27 (o espírito habitava no médium); Deuteronômio 18.11; 1 Samuel 28.3, 7-9; 2 Reis 21.6; 23.24-26; 2 Crônicas 33.6; Isaías 8.19ss; 19.3; 29.4.

NECROMANCIA (Hebraico, *darash 'el ha-methim*, "invocar os espíritos dos mortos") é uma prática igualmente proibida. A palavra significa conversar com os "mortos" com a finalidade de consultar ou adivinhar.

> Deuteronômio 18.11; 1 Samuel 15.23; Ezezuiel 21.21; Zacarias 10.2; Isaías 8.19; 1 Samuel 28.7; Levítico 19.31; 1 Crônicas 10.13 (a passagem afirma que o rei Saul morreu por ter consultado um médium!).

---

[43] Walter R. Martin, "Hypnotism – Medical and Occultic" no livro *The Kingdom of the Occult*, Volume 2.

FEITIÇARIA (Grego, *pharmakeia*, "drogas") teria de ser incluída nesta categoria do espiritismo, ou sob a anterior que trata de magia.

Gálatas 5.20; Apocalipse 9.21; 18.23; 21.8; 22.15.

FEITIÇARIA (Hebraico, *kashshaph*; Grego, *magike*) envolve o que chamaríamos hoje de levitação, "apports", materializações, psicocinese, e outros. A atitude de Deus em relação aos que buscam poder sobrenatural e conhecimento da parte dos espíritos, é claramente determinado nestes versículos:

Êxodo 7.11; 22.18; Isaías 47.9, 12; Jeremias 27.9; 2 Reis 9.22 (Jezabel é condenada como feiticeira); 2 Crônicas 33.6; Deuteronômio 18.10, 11; Miqueias 5.12; Naum 3.4; Malaquias 3.5; Atos 8.9-13 (Simão, o mago, percebeu que os milagres de Satanás eram de segunda classe!); 13.8-11; 19.19 (onde o grego é *periergeia*).

D. O Espírito é um Substituto para o Poder de Ressurreição de Deus

Por ter perdido qualquer noção do que a Bíblia diz sobre a morte e o além, os homens se voltam para o espiritismo a fim de escapar do seu medo da morte, e descobrir se existe algo além. Mas o que Deus promete não é uma simples sobrevivência obscura depois da morte – ou reencarnação – mas a ressurreição para uma dimensão de vida plena e rica (1 Coríntios 15.35ss; Filipenses 3.21). Em relação a nós e a todos os entes queridos que nos antecederam, podemos saber que todos os que confiam em Cristo se foram para estar com Ele para sempre, e que a alegria e bênção recebidas estão além de qualquer expectativa nossa. Que loucura substituir a percepção do poder de ressurreição de Deus pelo espiritismo!

IV. DOUTRINAS DE DEMÔNIOS

A. Suposição Básica

O que todos os rituais religiosos [melhor – cultos?] têm em comum é o fato de seus fundadores serem homens que tiveram contato com os demônios, e certas ideias-chave falsas acabam sempre surgindo em cada um desses rituais [melhor – cultos?] e religiões.

B. Algumas Religiões Típicas

1. *Teosofia*

Este culto deu origem à moderna revolução do ocultismo. Surgiu como resultado dos ensinos de Madame Blavatsky e do Cel. Henry S. Olcott, na década de 1850. Algumas das principais doutrinas são: (1) O gnosticismo é o verdadeiro cristianismo; (2) O homem é um deus que está sendo esculpido, "uma centelha do fogo divino"; e (3) a reencarnação.

2. *Cientologia*

L. Ron Hubbard é a personalidade por trás deste novo culto. Trata-se de uma mistura de ocultismo e psicanálise do tipo "faça você mesmo". A reencarnação é uma doutrina-chave. As influências pré-natais e de uma vida anterior ("engramas") são considerados como fatores que perturbam a vida presente. Os convertidos a essa religião aprendem a eliminar essas influências de suas vidas, e assim "cruzam a ponte para a liberdade e poder totais".

3. *Eckankar*

Este é o nome dos ensinos de Paul Twitchell, pelos quais o homem pode gozar de "inclusão total com Deus". Um dos aspectos ensinados e encorajado é a viagem da alma (projeção astral) – a ideia de que a alma da pessoa pode deixar seu corpo, observar e descrever incidentes e acontecimentos a centenas de quilômetros de distância.

4. *Zen Budismo*

A forma japonesa do budismo enfatiza a maldição como um meio de contato com a divindade. O adorador medita sobre um problema paradoxal chamado *koan*. Existem cerca de 1700 tipos diferentes, (tais como "medite sobre o som de uma mão batendo palmas"). Através da meditação o adorador pode alcançar o Satori, um lampejo de consciência que o ajuda a tirar o máximo do agora. Um dos elementos que torna o Zen popular entre os jovens é sua ênfase de que não devem haver "tensões" na vida (i. e., não há razão para tornar-se ansioso, perturbando, ou envolvido em discussões sobre crenças ou atos contraditórios).

5. *Hinduísmo*

Esta religião oriental possui muitos ramos em nossa sociedade ocidental.

A CONSCIÊNCIA KRISHNA é um ramo do hinduísmo. Os professores desta religião são chamados gurus. Swami A. C. Bhaktivedanta é famoso entre eles. O objetivo do movimento é alcançar um estado de *samadhi* – uma condição permanente de consciência-de-deus extática, (sem o uso de drogas). Sankirtan – recitar o nome do Senhor Krishna, a Divindade suprema – muitas vezes, é o meio de chegar ao *samadhi*[44]. A reencarnação é uma doutrina primária da percepção de Krishna.

A IOGA é um ramo do hinduísmo. Ioga significa "união" – o alvo desta religião é estar em união com Brâmane, o espírito supremo. Existem aqui também disciplina mental, consistindo em focalizar a atenção exclusivamente sobre qualquer objeto abstrato ou concreto, com a finalidade de identificar a consciência com o objeto. A realização deste objetivo é *samadhi*. As principais iogas são: *bhakti* (ioga devocional), *dhyana* (ioga contemplativa), e *hatha* (ioga física). Os três estágios do transe da ioga são estes: *dharana* (atenção fixa), *dhyana* (contemplação), e *samadhi* (concentração). Pelo exercício ou concentração a pessoa fica em posição de convidar os espíritos. Quando ela se torna subconsciente, facas podem ser enterradas em seu rosto, ou pode deitar-se numa cama de pregos. O estágio seguinte é a influência cósmica, na qual ela pode praticar a levitação, materializações, e outros feitos mágicos.

A MEDITAÇÃO TRANSCENDENTAL é um ramo do hinduísmo. Maharishi Mahesh Yogi popularizou este tipo do hinduísmo. O adorador medita sobre o som de uma palavra (mantra) que foi dada a ele só, até que alcance o *samadhi*. A Meditação Transcendental está se tornando popular como um mecanismo de relaxamento e fuga nas sociedades Ocidentais. Segundo seus professores, não é necessário ter a fé ou crença, e o método não envolve concentração intensa ou controle do conteúdo do consciente. Se outros pensamentos entram na mente enquanto a pessoa está se concentrando em seu mantra, ela simplesmente os examina e rejeita, voltando ao mantra. Em breve entra no estado agradável e relaxando do *samadhi*.

6. *Rosicrucianismo*

O rosicrucianismo é uma fraternidade internacional (tida como sendo de origem egípcia) operada no sistema de lojas e dedicada à aplicação prática das artes e ciências aos relacionamentos humanos. Algumas das doutrinas incluem a adoção da evolução, da reencarnação, e da ideia de que os homens irão um dia tornar-se deuses.

7. *Escola Unificação do Cristianismo (Unity School of Christianity)*

A doutrina da reencarnação é um dos dogmas principais desta religião que tem como alvo a saúde, o bem-estar e a prosperidade. Os devotos viajam para Lees Summit, Missouri, E.U.A., onde fica a sede deste culto, para participarem de sessões com o fim de entrar em contato e comunicar-se com amigos e entes queridos mortos.

8. *Fé Ba'Hai*

A religião Ba'Hai é um ramo do islamismo. Jesus é considerado profeta, não sendo porém maior que Moisés ou Maomé, ou Baha'ullah. É uma religião sincretista que combina alguns dos principais dogmas de nove religiões mundiais diferentes.

---

[44] George Harrison, componente do grupo musical dos "Beatles", tornou popular uma canção com o título "Meu Doce Senhor". Não é uma música sobre Jesus, mas sobre Krishna, como pode ser percebido ao ouvir atentamente o canto que serve como fundo musical através de toda a canção.

C. Resumo das Principais Doutrinas

A partir desses exemplos é possível resumir as doutrinas de demônios que continuam aparecendo em cada uma dessas (e outras) religiões. Quase todas elas podiam ser encontradas no gnosticismo da antiguidade. (1) Deus é impessoal. Ele é um grande fogo, uma consciência cósmica, que não tem interesse pessoal no homem. (2) Jesus é um ser criado. Deus criou os anjos; os anjos criaram Jesus; Jesus criou o Diabo; o Diabo criou o mundo. (3) Dualismo. (4) Auto-salvação. Os homens salvam a si mesmos vivendo melhor desta vez do que da última. (5) Reencarnação. O melhor dos homens, Jesus, teve de fazer pelo menos trinta ciclos diferentes através da vida nesta terra, de modo que o resto de nós precisará fazer ainda mais, antes de alcançar a união do fogo divino.

D. A Bíblia Fala Sobre as Doutrinas de Demônios

Deus é apresentado como um Deus pessoal, interessado em cada uma de suas criaturas. Ele sabe o número de cabelos na cabeça dos homens (Mateus 10.30), e Pedro nos conta que Ele se importa com os homens (1 Pedro 5.7). Existe também algo de pessoal no conceito dos "nomes" dos homens serem escritos nos céus (Lucas 10.17-22).

Jesus não é um ser criado, mas nEle habita corporalmente toda a plenitude da divindade (João 1.1ss; Filipenses 2.6ss; Colossenses 1.16). Hebreus 1.2 indica que o próprio Jesus fez a criação. Ele não a entregou ao Diabo!

No que se refere à doutrina do dualismo, o Diabo não é nem co-igual, nem co-eterno com o Pai (Lucas 11.14ss; Apocalipse 20.1ss).

A Bíblia oferece a esperança da ressurreição, e não da reencarnação. A reencarnação nega a personalidade de Deus; ela possui uma doutrina pervertida do pecado (negando que Jesus "com uma única oferta aperfeiçoou para sempre quantos estão sendo santificados" (Hebreus 10.14); ela também nega o registro do Novo Testamento que coloca Jesus e João Batista vivendo na mesma época (os adeptos da reencarnação afirmam que João e Jesus eram a mesma pessoa) e que mostra Moisés e Elias aparecendo a Jesus no Monte da Transfiguração (se a mesma pessoa fosse Moisés, depois Elias, então João Batista, depois Jesus, como esta aparição de Moisés e Elias a Jesus seria possível?).

E. As Doutrinas Demoníacas são um Substituto para a Religião Revelada por Deus

Da mesma forma que as outras áreas do Mundo do Ocultismo substituíram o que é genuíno, isso também aconteceu com todas as doutrinas de demônios. Os homens são religiosos por natureza, parece, e, por mais que desejem ser religiosos, o Diabo está sempre pronto a oferecer o que é falso para substituir o verdadeiro. Se for conhecimento do futuro, ele tem a adivinhação. Se for poder, ele tem a feitiçaria. Se for conhecimento e poder, assim como informação sobre o futuro, há o espiritismo. Se o homem quer ser ainda mais religioso e devotado, existem sistemas religiosos completos que se originaram como doutrinas de demônios.

V. LIBERTAÇÃO DO OCULTISMO

A libertação dos grilhões do ocultismo desafia tanto a igreja local com o indivíduo atormentado pelo mundo do ocultismo. Cada um tem sua função a realizar e sua responsabilidade pessoal no assunto.

A Responsabilidade da Igreja

A igreja deve expor a astúcia e poder dos espíritos demoníacos e apontar o caminho para a libertação. A igreja não pode mais dar-se ao luxo de pensar que "Não existe um Diabo pessoal, nem demônios!" Os membros da igreja devem ser ensinados que os adeptos do ocultismo irão tentar defender suas práticas demoníacas apelando para passagens bíblicas como exemplos de suas artes. A ascensão de Jesus é dada como exemplo de levitação; o afastamento de Filipe, transportado para longe do etíope, é apresentado como um exemplo de "apport"; as aparições de anjos são materializações; e a oração não passa de telepatia, argumenta o ocultista. Os pais cristãos devem observar cuidadosamente os jogos e brinquedos de seus filhos. Observem suas festas para evitar possibilidades de "sessões". Vigiem para descobrir evidências de interesse na meditação. Os membros adultos devem ter cuidado com a astrologia, sessões espíritas e outras formas de práticas ocultistas. A igreja tem responsabilidade de oferecer um ministério espiritual e intelectualmente competente aos oprimidos do Diabo e seus demônios. As cartas de João e Colossenses terão de ser ensinadas aos irmãos, a fim de que eles estejam preparados para enfrentar as doutrinas demoníacas. Os membros da igreja devem evitar de pensar: "Somos cristãos, e temos conhecimento. Não vamos ser prejudicados se nos envolvermos superficialmente no ocultismo!" Essa é exatamente a atitude condenada por Paulo em 1 Coríntios 8-10. A responsabilidade da igreja também inclui levar homens perdidos a uma relação salvadora com Cristo. Este é o único meio genuíno de quebrar os grilhões do Diabo. Veja Colossenses 1.13.

B. A Responsabilidade da Pessoa Oprimida pelo Oculto

Se a pessoa oprimida pelo oculto não for cristã, ela precisa render-se a Cristo. Até que faça isso, sua escravidão aos espíritos do mundo oculto se tornará cada vez mais opressiva. Mas "Se, pois o Filho vos libertar, verdadeiramente sereis livres" (João 8.36). A confissão de Cristo como Salvador é o ponto de partida para livrar-se da condenação (Romanos 8.1ss).

Se a pessoa oprimida pelo ocultismo for cristã, deverá fazer várias coisas para livrar-se de sua escravidão ao príncipe das trevas. Atos 19.18 é a passagem que dá instruções aqui. Ele deve confessar seu pecado de envolvimento com o ocultismo. Deve contar (a um irmão cristão ou à congregação) suas práticas de ocultismo. Deve renunciar ao Diabo e a e tudo que ele representa. E deve destruir toda a sua paraférnalia do ocultismo, como os efésios que queimaram seus livros. O arrependimento e a oração podem ser também necessários, com no caso de Simão, o mágico (Atos 8). A seguir, o indivíduo liberto dos grilhões do ocultismo deve compreender que o livramento é um andar diário, assim como experiência inicial. Efésios 6.10ss dá instruções sobre a armadura necessária se você quiser estar ainda de pé quando passar o "dia mau".

CONCLUSÃO

O Diabo se esforça seriamente para derrotar os propósitos do Criador e seu Filho Jesus Cristo. O Livro de Atos registra as maneiras como os homens se opõem ao Evangelho, quer sejam religiosos (como o povo judeu que não queria obedecer), ou pagãos (como Elimas, ou os donos da jovem possessa em Filipos, ou Demétrio). Atos também mostra como o Evangelho é muito superior a todas as práticas ocultas, pois não apenas livra os homens de sua escravidão terrível, mas deixa-os sadios e puros em suas relações uns com os outros.

BIBLIOGRAFIA

Edersheim, Alfred, *Life and Times of Jesus the Messiah*, Grand Rapids: Eerdmans, 1947, Volume II, Apêndices XIII e XVI.

Godwin, John, *Occult America*, New York: Doubleday.

Koch, Kurt, *Christian Counseling and Occultism*. Grand Rapids: Kregel, 1972.

_____, *Occult Bondage and Deliverance*. Grand Rapids: Kregel, 1972.

Martin, Walter R., *The Kingdom of the Occult*. Costa Mesa, Ca.: One Way Library, 1972 (uma série de fitas cassete).

Neff, H. Richard, *Psychic Phenomena and Religion*, Philadelphia: Westminster.

Peterson, William J., *Those Curious New Cults*, New Canaan, Conn.: Keats Publishing Co., 1973.

Unger, Merrill F., *Demons in the World Today*, Wheaton, Ill.: Tyndale Publishing House, 1971.

Wilson, Colin, *The Occult, A History*, New York: Radom House, 1971.

Wright, J. Stafford, *Mind, Man and Spirits*, Grand Rapids: Zondervan, 1972.

Gardiner, M. H., Um artigo sobre a Magia Egípcia na *Hastings Encyclopedia of Religion and Etnics,* VIII., p. 262-69.

Gaster, M., Um artigo sobre a Magia Judaica na *Hastings Encyclopedia of Religion and Ethics,* VIII., p.300-305.

Veja também os artigos sobre os vários tipos de magia e adivinhação na *International Satandard Bible Encyclopedia* e no *Hastings' Dictionary of the Bible.*

CAPÍTULO VINTE

4. *De Éfeso a Trôade e Macedônia. 20.1, 2*

20.1 –

Cessado o tumulto – Paulo tinha planos de não permanecer em Éfeso depois do Pentecostes[1]. O tumulto causado por Demétrio talvez levasse Paulo a partir de Éfeso algumas semanas antes do planejado, pois era geralmente seu costume deixar uma comunidade após ocorrências desse tipo. Seus colaboradores podiam ficar e continuar o trabalho sem a oposição tremenda que todos os cristãos sofreriam caso o apóstolo continuasse em seu meio. Esses ajudantes poderiam continuar atravessando a "porta grande e oportuna", embora ela estivesse se fechando para ele.

Paulo mandou chamar os discípulos e, tendo-os confortado, despediu-se – Houve palavras de exortação e bênção na despedida, assim como um ósculo santo em todos (implícito na palavra "despediu-se"). Compare o que aconteceu mais tarde em Mileto nesta terceira viagem, Atos 20.36-38.

E partiu para a Macedônia – Lucas é de novo excessivamente sucinto ao descrever um período muito importante da vida de Paulo em pouquíssimas palavras. Através das epístolas de Paulo podemos preencher alguns detalhes. Nos comentários sobre Atos 19.22 compartilhamos certos pontos, tomando conhecimento da viagem intermediária a Corinto e a volta a Éfeso; a seguir, ficamos sabendo da missão de Tito a Corinto com instruções para levar informações a Paulo em Trôade. Ao que parece, Paulo partiu de Éfeso por terra e seguiu para Trôade. Ao que parece, Paulo partiu de Éfeso por terra e seguiu para Trôade, aguardando ali ansiosamente por Tito durante muito tempo[2]. Tito estava se esforçando para levar os coríntios ao arrependimento em alguns setores em que este se fazia necessário.[3] Ele também procurava encorajar a participação dos coríntios na oferta que estava sendo feita para os pobres da Judéia. Por alguma razão (talvez os coríntios custassem a responder à sua pregação e correção dos erros deles) Tito atrasou sua volta, e Paulo teve então de deixar Trôade e ir para a Macedônia, profundamente preocupado e esperando rever Tito a essa altura, o mais breve possível. Em vista da obstinação dos coríntios, Paulo fez uma pequena mudança de planos em seu itinerário. Seu plano original tinha sido ir primeiro a Corinto ao partir de Éfeso, seguindo para a Macedônia e voltando a Corinto, antes de navegar para a Judéia com a oferta[4]. Não desejando ser ofendido e rejeitado uma segunda vez e a fim de poupar os coríntios, Paulo revisou seus planos e viajou primeiro para a Macedônia, resolvendo visitar Corinto no caminho para a Judéia. Plummer sugeriu (e corretamente, segundo pensamos) que os inimigos de Paulo o acusaram de leviandade por ter mudado desse modo seus planos (veja 2 Coríntios 1.15ss).[5]

20.2 –

Havendo atravessado aquelas terras – "Atravessado" como já aprendemos significa uma viagem evangelística ou missionária através de uma área.[6] Em Atos 17.1 ficamos sabendo que a Macedônia se achava dividida em "distritos". Imaginamos Paulo revisitando as igrejas dessa região, Filipos, Tessalônica e Beréia. Podemos novamente examinar as epístolas de Paulo, espe-

---

[1] 1 Coríntios 16.8, 9. Compare notas em Atos 19.21.
[2] 2 Coríntios 2.12, 13.
[3] Veja informações sobre a oferta para Jerusalém nos comentários de Atos 19.20, 21.
[4] Para os planos originais de Paulo, veja 1 Coríntios 16.5, 6.
[5] Alfred Plummer, "Second Corinthians" no *International Critical Commentary* (Edinburgh: T & T Clark, 1915), p. 31ss.
[6] Veja notas em Atos 13.6.

cialmente 2 Coríntios, para preencher alguns dos detalhes. Os sentimentos de Paulo na ocasião são mencionados em 2 Coríntios 7.5: "Porque chegando nós à Macedônia, nenhum alívio tivemos; pelo contrário, em tudo fomos atribulados: lutas por fora, temores por dentro". O tão esperado Tito chegou finalmente, encontrando-se com Paulo em Tessalônica ou, como é mais provável, em Filipos. Ele chegou com notícias que em parte animaram Paulo e em parte o indignaram. Tinha havido arrependimento no setor em que ele mais desejava que se arrependessem, e isto trouxe alegria.[7] Mas alguém em Corinto o havia caluniado, rindo da impressão deixada por ele ao tratar com as pessoas pessoalmente,[8] e desprezando-o por não ter apresentado cartas de recomendação como os falsos mestres recém-chegados haviam apresentado[9]. Ao ouvir falar dos problemas que isso provocou, ele encheu-se de indignação. Com essa mescla de sentimentos (que aparecem claramente na carta, pois ela muda rapidamente de tom várias vezes), Paulo sentou-se e ditou a carta conhecida como 2 Coríntios, enviando-a por Tito e dois outros irmãos (provavelmente Lucas e Tíquico, ou Timóteo) de volta para Corinto[10]. O apóstolo resolveu então adiar sua pretendida viagem a Corinto, para dar-lhes tempo de colocar as coisas em ordem e oferecer-lhes a oportunidade de fazer uma coleta maior para Jerusalém[11]. Datamos a carta de 2 Coríntios no outono (talvez fins do verão) de 57 A.D.

Tão logo Paulo ficou um tanto aliviado de suas preocupações com os coríntios (pelo relatório de Tito e a carta subsequente de encorajamento e correção), chegaram notícias inquietantes de outra região. A julgar pelos inúmeros pensamentos paralelos entre ela e as carta de 2 Coríntios e Romanos, datamos a epístola aos gálatas deste mesmo período da vida de Paulo. Supomos que logo depois que Tito e os dois outros irmãos saíram para Corinto, chegaram notícias da Galácia de que os judaizantes haviam estado nas igrejas da região, tendo sido bem sucedidos ali. Paulo escreve então apressadamente a carta aos Gálatas numa tentativa de corrigir essa situação. Datamos Gálatas no outono de 57 A.D.

Alguns meses após sua viagem através da Macedônia, Paulo escreve de Corinto a epístola aos Romanos. Em Romanos 15.19ss, ele diz que pregou o evangelho "até o Ilírico". Alguns colocariam uma viagem ao Ilírico, na extremidade oriental da Via Inácia, na época em que ele aguardava uma oportunidade para ir a Corinto. Todavia, parece melhor acreditar que a obra de Paulo na Macedônia (que confinava com o Ilírico) é tudo o que ele mencionou em Romanos 15.19ss. Imaginamos Paulo viajando por terra através da Macedônia, parando para pregar mensagens de encorajamento aos irmãos ao longo do caminho.

Fortalecendo-os com muitas exortações – Paulo está novamente seguindo seu costume de revisitar as igrejas que fundou, a fim de dar-lhes mais instruções sobre o evangelho[12]. Sua exortação incluiria instruções para completarem a oferta que estava sendo levantada para ajudar os cristãos judeus pobres de Jerusalém. Um período de três a seis meses parece ser indicado.

Dirigiu-se para a Grécia – O termo *hellas* (Grécia) é aparentemente empregado como sinônimo de Acaia. Ele talvez visitasse os irmãos de Atenas e Cencreia. Mas a principal cidade visitada foi Corinto. Essa foi a terceira viagem de Paulo a Corinto[13]. A primeira viagem deu-se na implantação da igreja; a segunda foi a "viagem intermediária"[14].

5. *Em Corinto. 20.3*

20.3 –

Onde se demorou três meses – Os três meses que passou na Grécia, foram no inverno (janeiro a março) de 58 A.D. Durante essa época ele escreveu a epístola aos Romanos, na qual preparou a igreja para a visita que esperava fazer à sua cidade dentro em breve, e para adverti-los

---

[7] Veja 2 Coríntios 2.5ss e 6.6-12.
[8] 2 Coríntios 10.10.
[9] 2 Coríntios 3.1.
[10] 2 Coríntios 8.18, 19.
[11] 2 Coríntios 9.5.
[12] Compare Atos 15.41; 18.23; 14.22 para outros exemplos desta prática.
[13] 2 Coríntios 13.1.
[14] Veja notas em Atos 19.22.

contra os judaizantes. Enquanto escreve, ele está gozando da hospitalidade de Gaio[15]. Segundo Romanos 15.24, 25, os planos de Paulo eram de ir para Jerusalém com a oferta e depois visitar a igreja de Roma, seguindo então para a Espanha. Mas as coisas não vão acontecer exatamente como Paulo esperava.

Tendo havido uma conspiração por parte dos judeus contra ele, quando estava para embarcar rumo à Síria – Os judeus incrédulos aparentemente aguardavam uma oportunidade para assassinar Paulo; tudo indica que eles devem ter sabido de seus planos para ir a Jerusalém e começaram a imaginar um meio de executar sua trama ali, onde com toda probabilidade não falharia. McGarvey julgou que a conspiração seria levada a cabo no trecho de 12.8 km de estrada entre Corinto e Cencreia. Os judeus poderiam ter enviado alguns salteadores para roubar o dinheiro que Paulo e seus amigos levavam para Jerusalém.[16] Desde que Lucas nos informa que a conspiração ocorreu quando Paulo "estava para embarcar", muitos pensam que o atentado contra a vida do apóstolo teria sido em Cencreia, ou mais tarde, no Mar Mediterrâneo, a bordo do barco. Num porto congestionado como o de Cencreia, teriam surgido inúmeras oportunidades para executar o plano. Ou num navio cheio de peregrinos judeus que iam participar de uma de suas festas, muitos deles abertamente inimigos de Paulo, ele poderia ter sido empurrado do tombadilho durante a noite, para morrer afogado. Quando dessem pela sua falta seria tarde demais para voltar à sua procura.

Determinou voltar pela Macedônia – Antes de Paulo saber da conspiração (Lucas não menciona como foi informado), ele planejava navegar diretamente de Cencreia a Jerusalém. Podemos supor que a estação propícia à navegação estava apenas começando no Mediterrâneo, o que provocaria uma porção extra de atividades, desde que os navios que haviam permanecido no porto durante o inverno estariam ansiosos para partir. Ele muda os planos para frustrar seu complô. Vai por terra de volta à Macedônia, e seus amigos tomam um navio para Trôade. Podemos imaginar seus inimigos tomando o barco que pensavam levar Paulo, saindo do porto em direção à Judéia, e descobrindo em alto mar que sua pretendida vítima não estava sequer entre eles! Quando Paulo escreveu 1 Coríntios (cerca de um ano antes disso), ele indicou que prosseguiria com a coleta para a Judéia, apenas se ela fosse "conveniente" (i.e., uma oferta suficientemente grande para não envergonhá-lo). Ele disse à igreja: "E, quando tiver chegado, enviarei, com cartas, para levarem as vossas dádivas a Jerusalém, aqueles que aprovardes. Se convier que eu também vá, eles irão comigo"[17]. Na ocasião em que iam partir com as ofertas, Paulo viu que era "conveniente" para ele acompanhar os mensageiros de cada uma das igrejas em sua viagem à Judéia.

6. *De Corinto a Filipos e a Trôade. 20.4-6*

20.4 –

Acompanharam-no – Cada uma das congregações que participaram da coleta escolheu alguns de seus membros para levar sua parte da oferta a Jerusalém. Esses homens já haviam se encontrado com Paulo na Acaia, a fim de seguirem juntos para Jerusalém, onde Paulo iria apresentá-los e permitir que oferecessem a parte de sua igreja na oferta. Ao fazer com que cada igreja escolhesse o seu representante de entre seus membros, Paulo procurou evitar qualquer suspeita de que pretendesse embolsar o dinheiro[18]. Além disso, não havia na época cheques ou papel-moeda, e o dinheiro teria de ser carregado em moedas de ouro ou prata pelos mensageiros. Era importante que ninguém ficasse sobrecarregado, chamando a atenção dos possíveis salteadores. Levar essa oferta aos irmãos de Jerusalém era algo vital para Paulo, pois esperava que isso viesse a mostrar a união entre os irmãos, quer de origem judaica ou gentia. Na carta que escreveu aos Romanos, podemos sentir o medo de que os irmãos judeus de Jerusalém não aceitassem "cari-

---

[15] Romanos 16.22. Compare Atos 18.7, onde é sugerido que o nome completo do homem seja Gaio Tício Justo.
[16] McGarvey, op.cit., p. 176.
[17] 1 Coríntios 16.3,4.   [18] 2 Coríntios 8.20, 21.

dade", depois de ele ter-se esforçado tanto para colecionar o dinheiro[19]. Ele pediu, portanto, as orações dos irmãos em Roma para que a missão a Jerusalém fosse bem-sucedida e ajudasse a fechar a brecha entre os judeus e os gentios na igreja.

(Até a Ásia) Sópatro de Beréia, filho de Pirro – Sópatro (provavelmente uma abreviação de Sosípatro), como sugerido nas notas de Atos 17.12, era presumivelmente um dos convertidos de Paulo em Beréia. Ele se acha incluído na lista de homens enviados com Paulo, que mandaram saudações aos irmãos de Roma[20].

Aristarco e Secundo de Tessalônica – Aristarco deve ser certamente identificado como o Macedônio que a multidão agarrou em Éfeso[21]. Secundo não é conhecido muito além do que é dito aqui. McGarvey apresenta uma conjetura interessante.

> Secundo (segundo) recebeu provavelmente esse nome por ser o segundo filho; como o foram Tércio e Quarto (terceiro e quarto) por serem o terceiro e quarto filhos de seus respectivos pais, Romanos 16.22,23. Como os três estiveram com Paulo em Corinto, é possível que fossem irmãos[22].

Esses eram nomes comuns dados aos escravos que não possuíam nome de família; a forma latina de seus nomes sugere que haviam sido escravos em Roma. Se pudermos juntar toda esta informação, existe a possibilidade dessas deles serem judeus agora na situação de libertos[23]. Tal inferência poderia também explicar a razão deles desejarem enviar saudações a seus irmãos em Roma[24].

Enquanto as igrejas de Beréia e Tessalônica são representadas por mensageiros levando suas ofertas, ninguém de Filipos é nomeado; apesar dessa igreja ter mostrado sempre uma tendência missionária no correr dos anos. Em vez de acreditar que eles não tomaram parte na coleta para Jerusalém, supomos que Lucas (veja as passagens "nós" no v.5 e seguintes) levou a parte dos filipenses.

Gaio de Derbe, e Timóteo – "De Derbe" é acrescentado a fim de distinguir entre este portador da oferta e o Gaio de Atos 19.29 que era Macedônio[25]. Timóteo, como se sabe, era de Listra, e os dois estavam levando as ofertas das igrejas da Galácia.

Bem como Tíquico e Trófimo, da Ásia – O nome Tíquico significa "afortunado" (o equivalente grego de "Félix"), sendo muito comum entre os escravos e libertos. O Tíquico mencionado aqui parece ser de Éfeso. Nas Epístolas da Prisão ele é citado como companheiro de Paulo quando este ficou preso pela primeira vez em Roma[26]. Ele é mencionado de novo em Tito 3.12 como estando prestes a ser enviado a Creta, e mais tarde se achava junto a Paulo durante o segundo período de prisão do apóstolo em Roma[27]. Trófimo significa "filho de criação" ou "criança de peito", sendo também um nome comum entre os escravos e libertos. Trófimo aparece novamente em Atos 21.29, onde é descrito definitivamente como um gentio de Éfeso. Ele será a causa indireta da prisão de Paulo no término desta viagem a Jerusalém. Seu nome reaparece no período final da vida de Paulo, tendo sido deixado doente em Mileto[28].

Esses dois homens eram portadores da oferta contribuída pelas igrejas da Ásia. Quem levou a oferta dos Coríntios? Talvez fosse Tito, ou até mesmo Paulo, mas esta é apenas uma hipótese. Tito não é mencionado no livro de Atos, e poderia estar na companhia dos mensageiros, como

---

[19] Romanos 15.30-32.   [20] Romanos 16.21.   [21] Atos 19.29.
[22] McGarvey, op.cit., p. 177. O primeiro filho teria sido chamado Primo ou Primativo.
[23] Veja em notas em Atos 6.9 para uma explicação do termo "liberto".
[24] Romanos 16.22, 23.
[25] O Texto Ocidental chama Gaio de "doberiano" (uma pequena diferença na grafia), e fez então dele um macedônio, nativo de Dobero, cidade que ficava a cerca de 48 km de Filipos. Este parece ser um esforço deliberado para harmonizar este versículo com Atos 19.29.
[26] Efésios 6.21; Colossenses 4.7.
[27] 2 Timóteo 4.12.   [28] 2 Timóteo 4.20.

aconteceu em Atos 15.2ss. Ramsay sugeriu que a razão de Tito não ser citado é que ele era irmão de Lucas[29]. A última vez que soubemos de Tito ele havia sido enviado de volta a Corinto, levando 2 Coríntios[30]. Não seria impossível que ele transportasse agora a parte da oferta dos Coríntios.

20.5 –

Estes nos precederam, esperando-nos em Trôade – Existe uma variação de manuscrito no início do versículo 4 (veja a KJV que contém as palavras "até a Ásia") que tem levado os comentaristas a fazerem diversas explicações desta passagem[31]. Alguns fazem apenas dois dos mensageiros partirem na frente até Trôade[32]. Outros fazem os sete seguirem de barco para Trôade, enquanto Paulo viaja sozinho por terra para Macedônia. Outros ainda supõem que todos os mensageiros tiveram de ser avisados da mudança de planos (em lugar do encontro na Ásia, eles se reuniriam em Trôade, partindo depois juntos para Jerusalém). Quando se sabe que a frase do versículo 4 e discutível, fica mais fácil reconstruir os elementos desta jornada. Os sete vão de barco de Cencreia a Trôade. Paulo, acompanhado por Lucas e Tito, segue por terra de Corinto em direção à Macedônia e dali para Trôade. É assim que se explica o "esperando-*nos*"[33]. Indo a Trôade, os sete evitariam os inimigos que sabiam que levavam dinheiro em suas pessoas. A visita aos irmãos de Filipos daria oportunidade para receber também a oferta deles.

20.6 –

Depois dos dias dos pães asmos – Era ocasião da Páscoa. A Páscoa propriamente dita durava apenas um dia, o dia 14 do mês chamado Nisã, mas seguiam-se sete dias dos pães asmos, aqui referidos na palavra "dias". Lucas parece usar esta expressão como uma indicação cronológica do tempo, desde que era cerca desta época na primavera que o Mediterrâneo se abria de novo para a navegação[34]. Alguns supõem que Paulo estava observando a festa da Páscoa como teria feito um judeu fora da Palestina (isso ficava na esfera da liberdade, assegura-se), sendo essa a razão de sua demora em Filipos. Isto não pode ser negado categoricamente (embora pareça muito duvidoso). Em vez disso, pensamos em Paulo permanecendo ali até encontrar um meio de ir de navio para Trôade. Esta nota sobre a Páscoa nos ajuda a ver que quase um ano inteiro havia passado desde a sua saída de Éfeso (Atos 20.1), pois deixou a cidade algum tempo depois da Páscoa, e é novamente depois da Páscoa que ele deixa Filipos.

Navegamos de Filipos – O "nós" em "navegamos" mostra que em algum ponto do caminho Lucas juntou-se novamente a Paulo. Desde a fundação da igreja de Filipos cinco anos antes, Lucas tinha estado trabalhando nessa cidade, salvo por uma viagem a Corinto alguns meses antes[35]. Tendo acompanhado Paulo desde Corinto e sido encarregado pelos filipenses para levar sua parte da oferta, ele agora segue com o apóstolo em direção a Jerusalém. Eles deveriam ter ido a Neápolis, a fim de pegar um navio para Trôade.

E, em cinco dias, fomos ter com eles naquele porto – Isto é, a viagem durou até o quinto dia. Eles devem ter encontrado mau tempo. O equinócio da primavera acabava de passar, e nessa época do ano há tempestades, e ventos predominantes (os chamados ventos etésios) sopram do nordeste. Esses fatores, combinados com as fortes correntes que corriam dos Dardanelos em direção ao sul do oeste, tornavam lenta a navegação para Trôade.

---

[29] Ramsay, *St. Paul*, p. 390. [30] Compare notas em Atos 20.2.
[31] A frase "até a Ásia" é omitida nos Códices Sinaítico e Vaticano, e no excelente minúsculo 33, e várias versões antigas.
[32] Boles, *op. cit.*, p. 317; Barnes *op. cit.*, p. 288.
[33] Como indicado nas notícias anteriores, os mensageiros já haviam se reunido a Paulo em Corinto, na expectativa da partida para a Judéia. Lucas e Tito também estavam ali. O "nós" é explicável apenas se Lucas (e provavelmente Tito) viajou com Paulo de Corinto. A introdução do "nós" aqui, logo depois do nome de Timóteo, é fatal para a ideia de que as seções "nós" são da autoria de Timóteo (veja Estudos Introdutórios sob "Ataques à Autoria Lucana").
[34] 2 Coríntios 8.18, 19. Veja notas em Atos 20.2 para informação sobre as viagens da Lucas.
[35] Veja Atos 27.9 para informação sobre a estação de navegação no Mediterrâneo.

Onde passamos uma semana – Trôade havia sido visitada antes, como vimos em Atos 16.8-10 e nos comentários sobre Atos 19.22 e 20.2. Como o último desses sete dias era um domingo (o primeiro dia da semana, no versículo seguinte), Paulo deve ter chegado em Trôade na segunda-feira precedente, deixando Neápolis (o porto marítimo de Filipos) na quinta-feira anterior. Por que permaneceram na cidade uma semana inteira? Teria sido porque a embarcação ia ficar abrigada ali nesse período? Ou teria sido deliberadamente, a fim de passar o dia do Senhor com os irmãos de Trôade? A suposição de terem utilizado esse tempo para implantar uma congregação em Trôade parece soçobrar ao sabermos que ali já existia uma congregação[36]. Uma sugestão mais provável seria a de estarem realizando um "reavivamento" de uma congregação já florescente. Paulo havia estado em Trôade um ano antes "para pregar o evangelho", mas sua ansiedade com a situação em Corinto e a demora de Tito com notícias dali, prejudicaram severamente sua atividade missionária na ocasião[37]. Paulo e os outros nove (os sete nomeados no versículo 4, além de Tito e Lucas) iriam encorajar e ajudar grandemente uma congregação no período de uma semana.

7. Em Trôade. 20.7-13

20.7 –

No primeiro dia da semana – A frase traduzida aqui "primeiro dia da semana" é a maneira grega comum de designar o dia que chamamos de "domingo".

> A expressão "primeiro dia da semana" foi usada porque os judeus não tinham nomes para os dias da semana (exceto que usavam "Preparação" como um nome para o dia que chamamos sexta-feira). Eles tinham de referir-se aos dias antes ou depois do sábado. A mesma expressão (encontrada aqui em Atos 20.7) ocorre em outros pontos do Novo Testamento, e sempre com referência ao domingo. Mateus 28.1; Lucas 24.1; Marcos 16.2, 9; João 20.1, 19; 1 Coríntios 16.2[38].

Tendo estabelecido que o dia é o "domingo", temos ainda o problema de decidir se Lucas fez uso da contagem de tempo romana ou judia. Os judeus contavam o tempo de pôr-do-sol a pôr-do-sol; os romanos de meia-noite a meia-noite. Este fato tem causado muita discussão a respeito deste encontro da igreja de Trôade ter sido no sábado à noite (nosso tempo), ou no domingo (uma reunião diurna ou vespertina). Alguns têm formulado argumentos para mostrar que Lucas usou a contagem judaica e, portanto, a reunião começou sábado à noite, depois das 18 horas. Um dos argumentos é o seguinte. Parece provável que nas igrejas em grande parte organizadas segundo o padrão da sinagoga judia, contendo tantos judeus e prosélitos familiarizados com as práticas da sinagoga, que o modo judaico de contagem fosse ainda mantido. Assim sendo, como o sábado terminava ao pôr-do-sol, o primeiro dia da semana começaria no pôr-do-sol, no dia que chamamos sábado. Outro argumento é este: A inconveniência de uma reunião tão prolongada, como a reunião de uma noite inteira descrita aqui, levou à transferência da Ceia do Senhor da noite do sábado para a manhã de domingo. A conclusão deste último argumento se baseia numa premissa básica de que todas as igrejas realizavam originalmente seus cultos na noite de sábado, e, portanto, Trôade deve ter igualmente seguido essa prática. Esse talvez seja justamente o ponto a provar, pois algo pode ser dito a favor da ideia de Lucas estar usando a contagem de tempo romana, e que esta reunião em Trôade foi realizada durante o dia no domingo, ou que começou cedo na noite de domingo. Trôade ficava localizada em território gentio e deveria fazer seus programas de acordo com a contagem romana. Estamos convencidos de que Lucas fez uso da contagem de tempo dos romanos e que a reunião realizou-se no dia que chamamos domingo. A nota de Dale neste ponto é perceptiva:

---

[36] O versículo seguinte indica que já havia "irmãos" em Trôade antes desta visita. Em Atos 16.10 desenvolvemos a tese de que Lucas iniciou a igreja em Trôade antes de participar da segunda viagem missionária. Um ano antes (2 Coríntios 12, 13) Paulo havia vindo trabalhar com a igreja de Trôade; portanto, a finalidade desta permanência de sete dias não era iniciar ali uma congregação.

[37] 2 Co 2.12,13.   [38] Dale, *op. cit.*, p.303.

Quer fosse uma reunião de dianteiro, começando na manhã de domingo, ou uma reunião no sábado à noite ... Desde que todos sabiam tratar-se da última vez que Paulo planejava estar com eles, naturalmente planejariam um encontro demorado[39].

Esta é a primeira vez em Atos que encontramos referência a reuniões "no primeiro dia da semana". Existe, porém, evidência de que a adoração e confraternização no domingo têm sido desde há muito a prática dos cristãos. Quando esta passagem é comparada com o conselho dado em I Coríntios 16.2, para que contribuições fossem postas de lado no primeiro dia da semana, conclui-se apropriadamente que a igreja já havia começado a observar a festa semanal da Ressurreição em lugar de, ou em adição ao (quando os discípulos eram judeus), sábado semanal. Quando nos lembramos que as mesmas instruções dadas aos coríntios tinham sido igualmente transmitidas às igrejas da Galácia (1 Coríntios 16.1), pode ser afirmado que as igrejas da Galácia tinham também o hábito de reunir-se todas as semanas para o culto. Posteriormente surgiu a expressão "Dia do Senhor, que é sem dúvida uma referência ao domingo[40]. Os escritos que ainda subsistem, a partir de princípios do segundo século em diante, nos forçam a aceitar o fato de que o dia de adoração para os primeiros cristãos foi o domingo e isso muito antes de Constantino ter mudado oficialmente esse dia para todo o império[41].

Estando nós reunidos com o fim de partir o pão – Se aceitarmos a ideia de que este foi um encontro noturno, existe uma explicação pronta para o horário das reuniões. Os escravos que serviam patrões pagãos teriam de reunir-se para o culto seja bem cedo pela manhã, antes de começarem a jornada de trabalho, ou então bem tarde, depois de terminadas as tarefas do dia. O domingo não tinha sido estabelecido oficialmente como um feriado em que os trabalhadores ficavam livres de suas obrigações, até o decreto de Constantino em 321 A.D. "Partir o pão" nos faz lembrar de uma frase encontrada em Atos 2.42. Ela fala da Ceia do Senhor. Temos aqui, portanto, o propósito da reunião deles no primeiro dia da semana. Era para observar a Ceia do Senhor. De passagem, as pessoas que não participam da Ceia do Senhor semanalmente em nossos dias, estão se privando exatamente de um dos propósitos para sua reunião no primeiro dia da semana[42]. Barnes notou: "É provável que os apóstolos e os cristãos primitivos celebrassem a Ceia do Senhor em cada Dia do Senhor"[43]. As notas desse escritor presbiteriano estariam mais corretas se ele omitisse a palavra "provável". Quando os homens reconhecem o fato de que a salvação tem como base a morte e exaltação de Cristo, eles irão então compreender que uma das razões mais importantes para a adoração conjunta é comemorar esses atos de redenção participando do partir do pão[44]. A maioria das congregações recebem uma oferta em cada Dia do Senhor, por causa de exemplos nesse sentido contidos nas Escrituras. Se alguém pode então encontrar passagens que tratam da oferta, em número suficiente para estabelecer uma base semanal para a mesma nas reuniões de adoração em nossos dias, então devemos também observar a Ceia do Senhor semanalmente com uma parte vital da reunião de adoração, pois existem tantos trechos das Escrituras ensinando a comunhão semanal como os que ensinam a oferta semanal!

Paulo, que devia seguir de viagem no dia imediato – Alguns sugerem que o navio em que era passageiro sairia ao amanhecer. Outros, acreditando que Paulo havia contratado um barco costeiro que os levaria até Pátara (Atos 21.1,2), sugerem que ele tinha estabelecido o amanhecer do dia seguinte como hora da partida. Há ocasiões nos versículos seguintes em que parece que Paulo tinha controle completo dos movimentos do navio. É interessante notar que os favoráveis a uma reunião noturna no sábado, têm Paulo viajando no domingo – e não haveria muito erro nisso, desde que eles tratavam dos negócios do Senhor no Dia do Senhor. Não há evidência de Paulo haver jamais considerado as restrições do sábado judeu como aplicáveis ao domingo

---

[39] *Op. cit.*, p. 305.   [40] Apocalipse 1.10.
[41] Veja "A Ceia do Senhor na Igreja Apostólica" no estudo especial sobre a Ceia do Senhor no final do capítulo 20.
[42] Compare notas em Atos 2.42 sobre a importância da participação na Ceia do Senhor, pelo menos semanalmente.
[43] Barnes, *op. cit.*, p. 288.
[44] Veja o Estudo Especial Nº 18 no final deste capítulo, para mais informações sobre a Ceia do Senhor.

durante a era cristã⁴⁵. Caso se tratasse de uma reunião dominical (como julgamos ser), o apóstolo e seu grupo pretendiam então partir na manha de segunda-feira.

[Paulo] exortava-os – Este período de ensino precedeu ou seguiu a Ceia do Senhor? É possível que não fiquemos sabendo a hora exata da celebração da Ceia do Senhor nesta reunião⁴⁶. A palavra traduzida "exortava-os" é a mesma de Atos 17.2, "dissertou". Paulo respondeu a perguntas, explicou dificuldades e satisfez dúvidas na mente dos irmãos. Esta passagem é interessante por mostrar alguns dos elementos dos primeiros cultos de adoração, dando-nos também um exemplo de como a ordem em Hebreus 10.23-25 era praticada na vida real. Por meio dessas "dissertações", Paulo está encorajando os cristãos a mostrarem amor e praticar boas obras.

E prolongou o discurso até à meia-noite – Ficamos igualmente sabendo (versículo 38) que ele não esperava ver de novo esses discípulos, daí o seu desejo de transmitir-lhes todos os ensinamentos e advertências possíveis enquanto se achava na companhia deles. Bruce escreveu: "As reuniões da igreja não eram controladas pelo relógio naqueles dias, e a oportunidade de ouvir Paulo não deveria ser abreviada. Que mau fazia se pregasse até a meia-noite?"⁴⁷.

20.8 –

Havia muitas lâmpadas – O termo grego pode indicar seja "lâmpadas" ou "tochas". A maioria dos escritores fala aqui de lamparinas, como as mencionadas em Mateus 25.1. A presença de "lâmpadas suficientes" é um dos pequenos toques que sugerem não só que uma testemunha ocular está descrevendo o evento conforme sua lembrança do mesmo, mas também que se trata de uma reunião planejada, até o ponto de encarregar alguém de fornecer as lâmpadas. Os comentários têm mencionado razões para Lucas informar sobre as lâmpadas. Uma ideia é que os primeiros cristãos já estavam sendo acusados de reunir-se em segredo e de praticarem toda sorte de perversidades. Ao mencionar as lâmpadas, Lucas está refutando tal acusação⁴⁸. Embora os escritores mais recentes tenham dado tanta importância à presença das lâmpadas, não há razão para supor que o uso delas neste período inicial possuísse qualquer caráter ritual ou simbólico distinto (como se, por respeito, duas ficariam junto aos apóstolos e presbíteros, e duas ou mais junto ao pão e ao cálice na mesa do Senhor). Uma terceira sugestão é que a luz suficiente foi descrita a fim de impedir qualquer acusação de fraude quanto ao milagre da ressurreição de Êutico.

No cenáculo onde estávamos reunidos – Lemos no versículo 9 que a reunião estava sendo realizada no terceiro andar da casa. Os cenáculos eram geralmente mais amplos que os aposentos nos andares inferiores e seriam muito mais adequados para conter grande número de pessoas; ficando também mais afastados dos ruídos da rua que iriam interferir nas reuniões, se fossem muito altos.

20.9 –

Um jovem, chamado Êutico, que estava sentado numa janela – O lugar se achava evidentemente lotado, com todos os assentos ocupados. Ele sentou-se então na abertura na parede que servia de janela⁴⁹. Não se usavam vidros nas janelas naqueles dias, mas eles tinham venezianas e estas estavam evidentemente abertas. A palavra "jovem" indica uma pessoa entre 24 e 40 anos de idade.

Adormecendo profundamente – "Talvez ele tivesse trabalhado muito, desde o nascer até o pôr-do-sol, e agora naquele ambiente fechado nem as palavras do apóstolo conseguiram mantê-lo desperto⁵⁰." Os corpos amontoados no aposento logo fariam a temperatura elevar-se, e o odor

---

⁴⁵ Gálatas 4.10; Colossenses 2.16.
⁴⁶ Veja notas em Atos 20.11 para mais discussão sobre este assunto.
⁴⁷ Bruce, *op. cit.*, p. 408.
⁴⁸ Veja tais acusações em Tertuliano, Apol. c. 8.
⁴⁹ O grego é "A janela", isto é, a única no aposento.
⁵⁰ Bruce, *ibid.*

das lâmpadas queimando contribuiriam para sua sonolência. O tempo do verbo indica que ele foi ficando gradualmente com mais sono.

Trata-se de um caso de adormecer durante a adoração pública que tem alguma desculpa. A hora tardia e o comprimento da reunião, foram a desculpa. Mas embora isto seja feito com frequência hoje, como é raro haver uma boa desculpa como essa para quem adormece hoje na igreja! Nenhuma prática é mais vergonhosa, desrespeitosa e abominável do que essa tão comum de dormir na casa de Deus[51].

Durante o prolongado discurso de Paulo, vencido pelo sono – O tempo do verbo muda aqui, e os dois verbos juntos representam perfeitamente para nós o esforço de Êutico para manter-se acordado, e depois, repentinamente (tempo aoristo), caindo no sono. "Discurso" é o mesmo verbo usado no versículo 7 acima.

Caiu do terceiro andar abaixo – Ao adormecer, ele perdeu o equilíbrio e caiu da beirada da janela no chão lá embaixo. Ele despencou três andares!

E foi levantado morto – Em vista da declaração de Paulo (registrada no versículo seguinte) "a vida nele está", alguns supõem que Êutico tinha ficado apenas atordoado com a queda, mas continuava vivo. Mas o significado óbvio aqui é que a queda provocou sua morte[52]. Lucas não nos diz que ele foi levantado "*como* morto", mas diz que estava morto! Imaginamos que o médico fez um exame, e depois pronunciou o jovem como estando morto.

20.10 –

Descendo, porém, Paulo – Temos que pensar nos gritos de alarme, na corrida dos homens escada abaixo, descendo do terceiro andar, com lamparinas nas mãos, e o lamento de tristeza ao encontrar morto o jovem.

Inclinou-se sobre ele – O que Paulo fez neste caso é bem semelhante ao que foi registrado sobre Elias e Elizeu quando eles ressuscitaram mortos[53]. Paulo teria estendido o seu corpo por sobre o peito de Êutico e acompanhado este ato com oração.

E, abraçando-o, disse: não vos perturbeis, que a vida nele está – A palavra "abraçando" é uma outra descrição de "inclinou-se sobre ele"[54]. A palavra traduzida "Não vos perturbeis" proíbe choro e lamentação, que estava comum aos enlutados no oriente[55]. Não há necessidade de chorar e lamentar em voz alta, como se ele estivesse morto permanentemente. "A vida nele está" não significa evidentemente que Êutico não tivesse morrido, mas sim que ele havia voltado à vida como resultado dos esforços de Paulo. Quando Paulo disse isto, ele havia sido evidentemente assegurado da restauração milagrosa (em resposta à sua oração). A linguagem deixa claramente implícita a ideia de que Paulo ressuscitou Êutico.

20.11 –

Subindo de novo, partiu o pão – Da mesma forma que a frase "partir o pão" causou dificuldade aos comentaristas na segunda vez que apareceu em Atos 2.42ss, ela também provoca problemas em seu segundo aparecimento aqui no capítulo vinte. A pergunta é a mesma: trata-se da Ceia do Senhor ou de uma refeição comum?

Vamos examinar a primeira posição em que a referência é à Ceia do Senhor. Em primeiro lugar, o problema envolvido precisa de elucidação. Se era a Ceia do Senhor, e se a reunião estava

---

[51] Barnes, op.cit., p. 289.
[52] A morte de Acazias, rei de Israel, foi provocada por uma queda semelhante, 2 Reis 1.2, 17.
[53] 1 Reis 17.21; 2 Reis 4.34.
[54] A sugestão oferecida recentemente de que Paulo aplicou a respiração artificial não explica totalmente todos os detalhes do registro.
[55] A mesma palavra é usada em Marcos 5.38, 39 e Atos 9.39.

sendo realizada na noite de domingo, então a Ceia do Senhor não foi celebrada se não na segunda-feira, o que indica que eles não fizeram o que se reuniram para fazer no primeiro dia da semana[56]. Quais são então os argumentos de que esta frase fala da Ceia do Senhor? (1) É verdade que justamente esta linguagem em alguns versículos significa realmente a Ceia do Senhor[57]. Mas é também verdade que essas palavras indicam uma refeição comum[58]. Não é possível determinar apenas pela linguagem; todavia, ela é um ponto do argumento que aponta para a Ceia do Senhor. (2) Existe no versículo 11 um artigo acompanhando as palavras "partiu o pão" – e no geral esse artigo (o artigo de uma referência prévia) aponta para um trecho anterior onde a mesma coisa foi discutida – neste caso o partir do pão no versículo 7, que decidimos ser uma referência indubitável à Ceia do Senhor[59]. (3) Aceitando o versículo 11 como indicação da Ceia do Senhor, pode ser dito que a noite inteira foi gasta em conversação e adoração religiosas, interrompidas à meia-noite por um caso de morte e ressurreição e seguidas pela celebração da morte do Senhor que traz esperança de ressurreição para uma vida muito superior.

Examinemos agora a sugestão de que o versículo 11 não fala da Ceia do Senhor, mas trata-se de uma refeição comum (ou até uma "festa de amor"). É novamente necessário enfocar o problema. Se esta não é uma referência à Ceia do Senhor, então o registro inteiro da reunião não dá a descrição real da observância da Ceia do Senhor, embora eles tenham se reunido para isso. Os argumentos avançados para mostrar que esta era uma refeição comum são: (1) Não deveria haver problema em afirmar que a observação da Ceia do Senhor não é especificamente mencionada, pois também os outros elementos do culto de adoração não foram citados (e isso realmente é o que foi). Onde está registrado que eles orarão, cantaram, ou recolheram uma oferta? Deve ser simplesmente suposto que todos esses elementos constavam da reunião, sendo portanto suposto que eles participaram da Ceia do Senhor antes da mensagem de Paulo. (2) O fato de que o versículo 11 fala apenas de uma refeição comum parece ser demonstrado pelo fato de que foi uma coisa feito por Paulo mesmo. O verbo diz "*Ele* partiu o pão". É afirmado que, como foi o próprio Paulo que fez isso, fica evidentemente distinto da celebração da Ceia do Senhor, que era um assunto congregacional[60]. (3) O fato de que o versículo 11 fala de uma refeição comum, ou da Festa do Amor, é indicado pelo uso do verbo "provou" (*geusamenos*)[61].

Dessas duas apresentações logo se torna óbvio que qualquer seja a explicação do versículo, as dificuldades são inerentes. O uso do artigo antes de "pão" dificulta dizer que era uma refeição comum. O uso de "provou" e o fato de ser algo feito por Paulo (e não por todos) torna difícil dizer que é a Ceia do Senhor. No momento, este autor se inclina para a ideia de que esta foi uma refeição comum. Mas mesmo que fosse a Ceia do Senhor, embora observada na segunda-feira, isto não tem tanta importância, pois não há mandamento para observar a Ceia *apenas* no domingo.

E comeu – O verbo significa literalmente "provou". Os comentaristas se dividem sobre o que Paulo "provou", todas as interpretações estando ligadas à questão anterior sobre tratar-se da Ceia do Senhor ou de uma refeição comum. (1) Os que acreditam ser a Ceia do Senhor tentam explicar o uso da palavra "provou" aqui, pois ela não é usada em outro ponto sobre a Ceia do Senhor[62]. Com frequência é chamada a atenção dos leitores no sentido de o pão não ser a bolacha

---

[56] Talvez seja essa a razão de alguns fixarem uma reunião sábado à noite (versículo 7). Isso iria permitir que a Ceia do Senhor fosse celebrada no domingo e nos forçaria a afirmar que Lucas está utilizando o método judeu de contagem do tempo.

[57] Atos 2.42., 1 Coríntios 10.16.   [58] Atos 2.46.

[59] A dificuldade em fazer desta uma referência à Ceia do Senhor está em que fala de algo feito por Paulo (e não de algo que todos os membros da congregação fizeram). Será que podemos supor que só Paulo tomou a Ceia do Senhor? Não se a Ceia do Senhor era celebrada aqui como nas outra congregações.

[60] A linguagem pode ser ampliada para significar que Paulo presidio à celebração da Ceia do Senhor em Trôade? Não muito facilmente, supomos.

[61] Veja notas sobre "comeu" abaixo.

[62] A palavra geralmente usada para "comer" a Ceia do Senhor é uma das formas de *esthio* – quer *esthein*, como em 1 Coríntios 11.26-29, ou *phagein*, como em 1 Coríntios 11.20, 24.

redonda usada na Igreja Católica Romana hoje, nem em cubos como nas igrejas protestantes, mas um pão grande que cada comungante partia, tirando um pedaço. Isto seria, digamos, apenas uma "prova". (2) Alguns julgam que a ocasião para comer era a "Festa do Amor". Era na verdade costume realizar a Festa de Amor juntamente com a Ceia do Senhor[63], mas apelar para isto não afasta muitas das dificuldades apresentadas por esta passagem. A Ceia do Senhor se seguia habitualmente à Festa do Amor, e se isso aconteceu em Trôade, ela não foi então realizada até depois da meia-noite. Se for explicado que em Trôade a Ceia do Senhor se realizou antes da meia-noite, e a Festa do Amor depois, deve ser explanado por que a ordem em Trôade era diferente daquela, por exemplo, de Corinto[64]. (3) Outros pensam que a menção era à refeição ligeira citada no versículo 11 (tendo interpretado as palavras "partir o pão" de uma refeição comum). Nos inclinamos a esta última posição.

E ainda lhes falou largamente – "Falou" é um termo que implica uma conversa mais à vontade, mais familiar do que o termo usado nos versículos 7 e 9. Já passava da meia-noite quando Paulo, tendo comido alguma coisa depois de seu "discurso" interrompido pela queda de Êutico, retomou a conversa. Tais conversas sobre coisas espirituais frequentemente acontecem depois de uma refeição da igreja. As pessoas envolvidas trocam suas perguntas e respostas sobre uma bebida ou um sanduíche que jamais chega a ser comido; a refeição era apenas provada e depois esquecida no interesse dos assuntos espirituais compartilhados.

Até o romper da alva – A reunião inteira deve ter durado cerca de sete a oito horas. O sol nasce nessa época do ano entre 5 e 6 da manhã. Talvez esta reunião em Trôade fosse um exemplo das "vigílias muitas vezes" sobre as quais Paulo escreveu numa epístola anterior[65].

E assim partiu – A partida propriamente dita é descrita no versículo 13. Quando amanhece, o apóstolo e seus amigos fazem suas despedidas e se preparam para sair do cenáculo em direção ao navio.

20.12 –

Então conduziram vivo o rapaz – A American Standard Version diz: "eles *trouxeram* o rapaz". McGarvey pensa que isso significa que *levaram* o jovem até a residência dele ao sair da reunião[66]. Parece, no entanto, que se trata do rapaz ter sido levado de volta ao lugar da reunião numa condição normal, saudável[67]. É claro que o jovem havia ficado afastado dos cultos após o acidente. Seus entes queridos o levaram aos cultos e se alegram com Paulo e os outros cristãos por seu restabelecimento"[68]. Desde que os milagres na Bíblia eram instantâneos, parece duvidoso que o rapaz levasse de quatro a cinco horas para recobrar a consciência[69].

E sentiram-se grandemente confortados – Ficaram animados com o fato de ele estar vivo. Talvez também se fortalecessem com a ideia de que um milagre tinha sido operado em seu meio, confirmando assim a mensagem de Paulo.

---

[63] Veja a parte cinco do estudo sobre a Ceia do Senhor no final deste capítulo, para mais informação sobre a relação entre a Festa de Amor e a Ceia.
[64] Alguns tentam explicar esta mudança de ordem no culto, sugerindo que em Trôade a Ceia do Senhor e a Festa do Amor eram deliberadamente separadas, a fim de evitar os excessos que ocorriam em Corinto quando uma era observada imediatamente após a conclusão da outra.
[65] 2 Coríntios 11.27.
[66] McGarvey, *op. cit.*, p. 182.
[67] A palavra "vivo" aqui não tem significado se a queda não foi fatal. Este é apenas um dos indicadores na passagem de que Paulo levantou Êutico dentre os mortos.
[68] Dale, *op. cit.*, p. 314.
[69] Nenhum autor lido por este escritor trata do problema da tradução "rapaz" neste versículo, à luz do uso de "jovem" no versículo 9, salvo Rackham e Jacobsen, ambos sugerindo que "rapaz" aqui mostra que Êutico tinha menos de 24 anos. Mas não seria igualmente plausível aceitar "rapaz" num sentido secundário e "jovem" em seu sentido primário?

20.13 –

Nós, porém, prosseguindo, embarcamos e navegamos para Assôs, onde devíamos receber a Paulo – "Nós neste ponto exclui Paulo. Pouco após o amanhecer, deveria partir o navio em que eles embarcariam. Por isso os mensageiros das igrejas foram abordo. Por que Paulo ficou para trás, enquanto os outros zarparam? A ideia apresentada por Bruce é certamente fraca – para "certificar-se de que Êutico havia recuperado completamente a saúde"[70]. Os milagres não levam tempo para serem realizados no Novo Testamento. O restante deste versículo explica que Paulo desejava viajar a pé por terra; sendo esta a razão porque permaneceu quando os outros embarcaram.

Porque assim nos fora determinado – Esta é uma das expressões usadas para mostrar que Paulo tinha fretado o navio em que viajavam em direção a Jerusalém. Veja mais sobre este assunto no versículo 7 e versículo 16.

Devendo ele ir por terra – Por que Paulo decidiu, depois de passar uma noite sem dormir pregando e ensinando, sobrecarregar ainda mais seu poder de resistência andando esses 32 km? É difícil pensar em uma razão satisfatória, a não ser que essa longa caminhada fosse a maneira de Paulo "relaxar" depois de um período emocionalmente fatigante. Podemos imaginar o apóstolo passando o tempo em oração, enquanto andava sozinho pela estrada.

8. *Em Assôs e Mitilene. 20.14*

20.14 –

Quando se reuniu conosco em Assôs – Trôade e Assôs ficam em lados opostos de uma península que termina no Cabo Lecto. As duas cidades, que ficavam a uma distância de 32 km uma da outra eram ligadas por uma estrada romana. Enquanto o navio cobria os 68 km pela linha da costa, Paulo chegaria andando a Assôs. As ruínas de Assôs ficam na costa norte do Golfo de Adramítio, oposto à ilha de Lesbos. Alguns dos exemplos mais importantes da arte grega da antiguidade foram encontrados aqui, muitos dos quais se encontram num museu de Paris.

Recebemo-lo a bordo – Paulo se junta a eles em Assôs, na segunda-feira, no fim do dia.

E fomos a Mitilene – Mitilene era capital da ilha de Lesbos, localizada na costa leste da ilha. Ela podia ser alcançada em poucas horas, partindo de Assôs de navio. Segundo Ramsay e McGarvey, eles lançaram âncora no porto de Mitilene na segunda-feira à noite[71].

9. *Uma viagem a Mileto, Passando pelas Ilhas de Quios e Samos. 20.15*

20.15 –

Dali, navegando – Isto era comum no Mediterrâneo ao viajar num barco costeiro, entrar num porto e lançar âncora todas as noites, caso fosse possível.

No dia seguinte passamos defronte de Quios – A ilha de Quios fica separado do continente por um canal muito pitoresco com cerca de 8 km de largura. Na terça-feira à noite eles ancoraram num ponto próximo ao continente, do lado oposto de Quios.

No imediato tocamos em Samos – Samos é uma ilha a cerca de 80 km a sudeste de Quios. Há ruínas de uma cidade do mesmo nome na costa sudeste da ilha. Eles passaram a noite de quarta-feira em Samos; ou, caso o Texto Ocidental esteja correto, em Trogílio. Trogílio é o nome da península que se projeta do continente em direção à ilha de Samos, deixando um canal de apenas 1,5 km de largura.

E, um dia depois, chegamos a Mileto – Uma viagem curta no quarto dia, quinta-feira, os levou a Mileto, um importante porto marítimo do mundo antigo. Quanto mais o porto de Éfeso assoreava, tanto mais o de Mileto ganhava em importância comercial. Éfeso ficava cerca de 45

---

[70] Bruce, op.cit., p. 409.   [71] McGarvey, *op. cit.*, p.184.

km ao norte de Mileto. Mileto se encontrava cerca de 6 km para dentro do rio Meander. Ruínas de uma enorme teatro, traços de um aqueduto, e locais de vários templos foram ali encontrados pelos arqueólogos.

10. *Em Mileto. 20.16-38*

20.16 –

Porque Paulo já havia determinado não aportar em Éfeso – Esta expressão é apontada como mais evidência de que o navio era fretado. Paulo determina para onde ele deve ir. Por outro lado, pode ser dito que em Trôade, Paulo teve dois navios à sua escolha, um navegando para Éfeso e outro para Mileto, e preferiu o segundo pela razão prestes a ser declarada.

Não querendo demorar-se na Ásia – Várias coisas podem ser imaginadas que pudessem contribuir para uma demora maior em Éfeso do que a pretendida por Paulo. Se aparecesse ali, Demétrio e seus amigos talvez se inflamassem novamente, e quem sabe não conseguisse escapar ileso dessa vez. O prolongado ministério de Paulo em Éfeso havia resultado em inúmeras amizades, tanto na cidade como nas regiões vizinhas de Éfeso. Até que visitasse todos os que quisessem vê-lo, teria gasto tempo demasiado, impedindo que chegasse a Jerusalém na data esperada.

Porquanto se apressava com o intuito de passar o dia de Pentecoste em Jerusalém, caso lhe fosse possível – O imperfeito do verbo, "apressava", expressa o desejo de velocidade durante toda a viagem. Por que ele desejava estar em Jerusalém para o Pentecostes é fácil de supor. No capítulo dois foi sugerido que o Pentecostes era a festa que atraía o maior número de peregrinos para Jerusalém durante o ano, e isto daria a Paulo uma grande oportunidade de dar testemunho de Cristo. Ele estava planejando uma viagem da Judéia para Roma, depois de sua visita a Jerusalém. Isso dificilmente seria possível se esperasse até depois do Pentecostes para ir a Jerusalém. Só havia poucos meses propícios à navegação no Mediterrâneo depois do Pentecostes, até que fosse fechado para a estação invernosa.[72]

20.17 –

De Mileto mandou a Éfeso – Como o navio em que navegavam iria ficar ancorado no porto de Mileto durante 3 ou 4 dias, Paulo aproveitou-se dessa demora para satisfazer seu desejo de comunicar-se uma vez mais com os irmãos de Éfeso[73]. Levaria um dia para o mensageiro chegar a Éfeso e outro para a viagem de volta a Mileto dos presbíteros. Desse modo a reunião não se realizaria até o terceiro dia. Se as notas sobre os diferentes dias de navegação forem corretas, e eles aportaram em Éfeso na quinta-feira (ou até na sexta), o encontro com os presbíteros teve provavelmente lugar no domingo. Desde que Paulo se preocupava em não passar tempo demasiado nessas regiões, poderia parecer a princípio que ganharia pouco tempo se tivesse que aguardar em Mileto até que os presbíteros fossem encontrá-lo. Todavia, se o navio continuou sua viagem no quarto dia, é duvidoso que uma viagem de Paulo a Éfeso e a volta a Mileto pudessem ter sido completadas em tempo de embarcar antes da saída do navio. A maneira como fez as coisas foi a mais curta em sentido de tempo.

Chamar os presbíteros da igreja – Lucas não nos havia contado antes que a igreja de Éfeso possuía presbíteros nomeados para servir, mas também não ficamos sabendo da nomeação de presbíteros em Jerusalém[74].

Paulo não chamou o evangelista nem os diáconos. Ele mandou buscar os líderes espirituais da igreja. Se o ministro fosse a pessoa indicada, o apóstolo o teria chamado. Como isso difere do ministério profissional moderno! Hoje em dia o ministro é considerado o porta-voz da con-

---

[72] Veja notas em Atos 27.9.

[73] Alguns pensam que se o navio estivesse inteiramente à disposição de Paulo, ele teria pedido aos presbíteros que o encontrassem em Trogílio, lugar bem próximo de Efésio", Boles, *op. cit.*, p. 322.

[74] Atos 11.30. Veja notas nesse ponto e em Atos 14.23, relativas ao cargo e função dos presbíteros.

gregação. Embora isto nem sempre seja verdade, em grande parte acontece. Essa situação pode e deve ser corrigida pelos presbíteros e o ministro de cada congregação[75].

O estudioso deve observar que pela comparação dos versículos 17 e 28 neste capítulo 20, pode ser verificado que "presbítero" e "bispo" são apenas dois nomes para o mesmo cargo na igreja do Novo Testamento.

20.18 –

E quando se encontraram com ele – O discurso de Paulo é difícil de analisar ou esboçar por ser um episódio carregado de emoção. Todavia, segue-se um breve sumário dos pensamentos principais.

I. O EXEMPLO DE PAULO. Versículos 18-27
   a. Servindo com humildade e diligência. 18, 19
   b. Ensinando publicamente e em particular os essenciais da Fé. 20, 21
   c. Seus planos para o futuro. 22-25
   d. Sua afirmação de estar livre do sangue de todos os homens. 26, 27

II. A EXORTAÇÃO DE PAULO. Versículos 28-35
   a. Aceitar as responsabilidades da supervisão. 28
   b. Ficar prevenidos contra os perigos que viriam. 29-31
   c. Depender da oração e da Palavra de Deus. 32
   d. Sustentar o trabalho com as próprias mãos. 33-35

Disse-lhes: Vós bem sabeis – Há ênfase no "Vós" como se alguém em algum lugar tivesse atacado Paulo e, portanto, ele apela para o conhecimento pessoal que esses homens têm sobre ele se quiserem saber da verdade.

Este discurso se destaca entre todos os outros registrados em Atos. É o único discurso paulino feito a cristãos que Lucas registrou . . . .Assim como o sermão na sinagoga de Antioquia da Pisídia (13.16ss) é um exemplo da abordagem de Paulo às audiências na sinagoga, e seus discursos em Listra (14.15ss) e Atenas (17.22ss) são amostras de sua abordagem aos ouvintes pagãos, podemos assim dizer que o discurso em Mileto é um exemplo de seu ministério junto às audiências cristãs (líderes)[76].

Como foi que me conduzi entre vós – A palavra traduzida "entre" aqui é *meta*, sugerindo uma associação íntima enquanto se achava com eles em Éfeso. Essa associação começou uns quatro anos atrás, e todo o tempo em que trabalhou em Éfeso e na região circunjacente, esses homens puderam observar seu comportamento e ouvir suas palavras diretamente. Se havia alguém que conhecesse o estilo de vida de Paulo suficientemente para defender sua conduta contra qualquer informação depreciativa que pudesse circular a seu respeito, eles conheciam!

Em todo o tempo desde o primeiro dia em que entrei na Ásia – Para conhecer todo o ministério de Paulo na Ásia, desde os seus primeiros dias na sinagoga, esses homens que são agora presbíteros devem ter estado entre os primeiros frutos do evangelho em Éfeso. Será possível

---

[75] Dale, *op. cit.*, p. 315.
[76] Bruce, *op. cit.*, p. 412, 413. Na maior parte dos pontos do Livro de Atos em que os críticos negativos encontram material para uso em seus ataques contra a autenticidade e confiabilidade do livro, não tomamos tempo para refutar cada argumento específico. Desde que a descrição do discurso de Paulo aos presbíteros de Éfeso é especialmente atacada por aqueles que julgam que Lucas compôs esses discursos de Paulo, ou que um redator, ou até mesmo um redator antijudaico reformulou a pequena porção de material no livro que pode ser realmente atribuída a Lucas, parece apropriado neste ponto compartilhar a informação de que o Comentário de Knowling sobre Atos no *Expositor's Greek Testament*, (embora altamente erudito e portanto difícil para o leitor que está sendo introduzido a tais matérias críticas) é excelente em sua refutação das abordagens críticas de Atos do tipo padrão. F. F. Bruce tem também excelentes parágrafos de tempos a tempos.

que entre este grupo estivessem alguns dos convertidos de Áquila e Priscila, ou até alguns dos dozes discípulos de João a quem Paulo batizou?

20.19 –

Servindo ao Senhor com toda a humildade – "Servindo ao Senhor" envolve a execução dos deveres apropriados do cargo apostólico. Enquanto realizava essas tarefas, Paulo o fazia com espírito de humildade. Ele não se mostrava cheio de si, nem se gabava do que havia feito. "Humildade" é um dos termos favoritos de Paulo[77], e não foi senão depois de Jesus ter mostrado que virtude esta característica podia ser, não foi senão depois dos cristãos começarem a seguir o seu exemplo, é que os homens passaram a ver que a "humildade" representava outra coisa além de um traço inferior e vil que deveria ser evitado.

Lágrimas – Lágrimas de urgência para a aceitação da Palavra (Atos 20.31), de tristeza pela retrocesso do evangelho por parte de alguns e pelo desvio de outros. Paulo envolveu-se emocionalmente com as pessoas às quais falava sobre Jesus[78].

E provações que, pelas ciladas dos judeus, me sobrevieram – O registro anterior do ministério aos efésios mencionou apenas uma conspiração dos judeus, a de apresentar Alexandre, aparentemente para testemunhar contra Paulo diante da multidão no teatro[79]. A referência às "ciladas dos judeus" se refere naturalmente a algo por completo diverso do tumulto provocado por Demétrio e envolve sofrimento não registrado. Paulo escreveu e 2 Coríntios 11.26 (pouco depois do término de seu ministério aos efésios) sobre "perigos entre patrícios". 1 Coríntios 15.32 e 2 Coríntios 1.8-10 também falam de problemas encontrados por Paulo na Ásia. Começa a parecer que a vida do apóstolo nunca foi segura e que o ar estava pesado de conspirações contra ele.

20.20 –

Jamais deixando de vos anunciar coisa alguma proveitosa – Alguns notam que "deixando" seria um termo ouvido por Paulo enquanto viajava de navio, pois era a palavra usada para rizar ou abaixar uma vela. Paulo afirma que ele não silenciou (por medo) em qualquer ocasião em que isso pudesse detido o progresso do evangelho.

> Esta declaração mostra Paulo em contraste surpreendente com os oportunistas tão abundantes em nossos modernos púlpitos, que jamais reprovam o pecado exceto à longa distância; que nada falam além de palavras suaves sobre a corrupção na igreja; e que só se preocupam com a popularidade pessoal.

Reter a verdade que seria proveitosa para a salvação dos ouvintes, em vista de considerações sobre a popularidade ou vantagem pessoal, é tão errado quanto proclamar uma falsa doutrina!

E de vo-la ensinar publicamente – Isto indica o ensino na sinagoga e na escola de Tirano (Atos 19.9).

E também de casa em casa – Isto pode indicar evangelismo pessoal de casa em casa, ou a ideia de Paulo ensinar em diversas igrejas domésticas na região. Se a passagem for tomada como falando do evangelismo pessoal de casa em casa, Dale tem esta advertência:

> Jamais ouve um substituto para este método que funcionasse tão bem. Deve ser observado que não se tratava de simples visitas sociais. Embora visitas para contato e para travar conhecimentos sejam necessárias, o verdadeiro ensino deve ser feito com hora marcada. O trabalho pessoal mais eficaz levado a efeito hoje é realizado deste modo. Uma hora por semana gasta em ensino sistemático da Bíblia nas casas irá ganhar mais pessoas para Cristo do que os sermões

---

[77] Veja Efésios 4.2; Filipenses 2.3; Colossenses 2.18, 23; 3.12. "Humildade" só aparece novamente em 1 Pedro 5.5.
[78] Veja Atos 20.31; 1 Coríntios 2.4; Filipenses 3.18.
[79] McGarvey, *op. cit.*, p.186.

semanais. Um reavivamento do evangelismo pessoal por parte de todos os cristãos fará mais para salvar o mundo do que todos os outros métodos e meios de salvação de almas[80].

20.21 –

Testificando – A mesma palavra foi usada em Atos 2.40 e ela envolve tanto testificar a respeito de algo como falar contra os falsos conceitos dos ouvintes.

Tanto a judeus como a gregos – O mesmo evangelho estava à disposição de ambos e exigia de ambos a mesma resposta, se quisessem tornasse filhos de Deus por adoção.

O arrependimento para com Deus – Em grego a leitura é "*o* arrependimento" (como na SBB – N.T.), isto é, o arrependimento exigido deles desde que João Batista e Jesus começaram a proclamá-lo[81]. Os judeus tinham de arrepender-se porque suas vidas estavam cheias de pecado e porque não tinham as ideias certas sobre o reino de Deus, nem criam em Jesus Cristo. Os gentios também necessitavam de arrependimento. Pregando aos intelectuais gentios em Atenas, Paulo falou que Deus havia ordenado aos homens em toda parte que se arrependessem[82].

E a fé em nosso Senhor Jesus Cristo – A "fé" inclui e envolve compromisso e obediência ativos que distinguem a fé viva da morta[83].

A ordem em que Paulo menciona aqui o arrependimento para com Deus e fé no Senhor Jesus Cristo tem sido ocasião de confusão na mente de alguns, provendo um texto de prova ("prova textual") para alguns que apóiam a posição de que na conversão do pecador a Cristo, o arrependimento precede a fé. É verdade que Paulo pregou o arrependimento para com Deus antes da fé em Jesus Cristo, e que seu propósito era induzir homens a se arrependerem como preparação para a fé em Cristo... Os dois temas não foram apresentados nesta ordem por ser impossível para os homens crer em Cristo antes de se arrependerem em relação a Deus; mas, sim, porque se forem levados ao arrependimentos para com Deus em quem já creem, ficaram mentalmente muito mais abertos para ouvir o evangelho de Cristo e crer nele... Isto está muito longe de apoiar a ideia de que o arrependimento precede a fé no sentido geralmente dado a essa proposição. Esta ideia iria exigir que os homens se arrependessem em relação a Deus antes de crerem em Deus, e em relação a Cristo antes de crerem em Cristo – um absurdo evidente[84].

20.22 –

E agora, constrangido em meu espírito, vou para Jerusalém – Compare as notas em Atos 19.21 sobre "resolver no espírito". Embora esta expressão seja mais forte do que essa, nenhuma delas parece ser uma referência ao Espírito Santo. Foi por causa de sua convicção pessoal que Paulo seguia para Jerusalém. O Espírito Santo não o forçava a fazer essa viagem. Havia, porém, o constrangimento de um sentido de dever irresistível, apesar dos perigos que o aguardavam ligados à viagem[85]. Há mais evidência em Atos 21.14 de que Paulo tinha liberdade de escolha, e não que o Espírito Santo estivesse decidindo por ele aparte da sua própria vontade.

Não sabendo o que ali me acontecerá – Ele sabia que provações bem duras o esperavam ali (versículo 23), mas não sabia se as cadeias seriam diferentes do que as de Filipos, por exemplo, nem qual seria o resultado final, se morte ou vida.

---

[80] Dale, *op. cit.*, p. 327.
[81] Lucas 3.3; Marcos 1.15.
[82] Atos 17.29-31. Consulte o estudo especial sobre "Arrependimento" no final das notas no capítulo 2.
[83] Tiago 2.17. Veja também o estudo especial sobre "A Fé Salvadora" após o capítulo 16 deste comentário.
[84] McGarvey, *op. cit.*, p.187.
[85] Veja o versículo 23 abaixo.

20.23 –

Senão que o Espírito Santo, de cidade em cidade, me assegura – A frase indica predições pronunciadas pala boca de profetas, tais como a proferida mais tarde por Ágabo (Atos 21.11). Em cada cidade, Corinto, Beréia, Tessalônica, Filipos, Trôade, haviam sido ditas palavras semelhantes; das quais, embora implícitas aqui, não temos um registro separado.

Que me esperam cadeias e tribulações – Podemos supor que uma dessas predições, feita antes dele deixar Corinto, estava por trás de seu pedido em Romanos 15.31 de que os irmãos de Roma orassem pela sua libertação dos judeus desobedientes na Judéia. Tem sido corretamente salientado que esses versículos nos dão uma ideia da natureza do dom profético nos dias do Novo Testamento. Paulo não podia usar seu dom para prever o seu próprio futuro, assim como o dom de cura não podia ser usado para curar seu próprio espinho na carne.

20.24 –

Porém, em nada considero a vida preciosa para mim mesmo – Paulo tinha entregue sua vida a Cristo; ele estava agora disposto a morrer, se necessário, a fim de promover a causa de Cristo. Não considerava a vida tão valiosa, a ponto de fazê-lo fugir das cadeias e perseguições (sacrificando assim o dever) apenas para permanecer vivo.

Contanto que complete a minha carreira – Paulo diz claramente aos presbíteros de Éfeso que terminar a atividade dada a ele por Jesus era mais importante do que conservar sua vida. Quando apareceu a Paulo na estrada de Damasco, Jesus o chamou para o trabalho de sua vida e enviou-o como apóstolo aos gentios[86]. Pela graça do Senhor, Paulo iria completar a tarefa que lhe havia sido entregue[87].

E o ministério que recebi do Senhor Jesus – Veja Atos 9.15-17 com relação ao "ministério" (apostolado) recebido por ele.

Para testemunhar o evangelho da graça de Deus – Paulo foi chamado para dar testemunho das boas novas da graça de Deus disponível em Jesus Cristo; dar testemunho ao mundo agonizante das boas novas de que Deus tem misericórdia dos pecadores arrependidos.

20.25 –

Agora eu sei que todos vós, em cujo meio passei pregando o reino – "Sei" (*oida*) aqui é uma convicção baseada numa observação pessoal e seus planos para trabalhar em outra região além da parte central dos Mares Mediterrâneo e Egeu[88]. Barnes expressou isso deste modo: "não tenho esperanças de vê-los novamente. Tenho toda razão de supor que este é meu encontro final com vocês"[89]. Veja notas em Atos 1.6 e 14.22 relativas ao "reino". Não se pode praticamente duvidar de que Paulo enfatizou a presença do reino no mundo, e a presença aqui desde que Pedro usou as chaves do reino no dia de Pentecostes, cerca de 28 anos antes. Paulo lhes teria dito como os cristãos são cidadãos do reino e que "através de muita tribulação" eles poderiam entrar no reino em sua concretização perfeita no futuro[90].

Não vereis mais o meu rosto – Neste ponto, Paulo julgava muito provável que suas atividades missionárias o levassem a outras partes do mundo, de modo que não mas se encontrasse com os irmãos de Éfeso. Todavia, quando Deus finalmente operou, Paulo veio a visitar de novo esses ir-

---

[86] Veja notas em Atos 26.16ss.
[87] Compare a declaração de Paulo no fim de sua vida, 2 Timóteo 4.7.
[88] Paulo planejava desde há muito visitar Jerusalém primeiro e depois ir para Roma e Espanha, Atos 19.21; Romanos 1.15.
[89] Barnes, *op. cit.*, p. 294.
[90] Uma comparação desta frase sobre o "reino" com anterior sobre a "graça" sugere que ambas sejam sinônimos. Este é outro lugar em que Atos sugere que a doutrina do Dispensacionalismo está errada. Veja Atos 3.24.

mãos no fim de sua primeira prisão em Roma. Ele passará por Éfeso, Trôade, Mileto e Macedônia outra vez[91].

20.26 –

Portanto eu vos protesto, no dia de hoje – "Portanto" resume tudo o que ele acabou de dizer sobre o seu ministério e trabalho entre eles no passado. O termo grego traduzido aqui como "protesto" é um pouco diferente daquele do versículo 24. Este significa "chamo-os para testemunhar". Vocês sabem como trabalhei duramente para alcançar pessoas com o evangelho. Se os homens se perderem, ou se forem infiéis e se perderem novamente, apelo para o seu conhecimento da minha pessoa de que a falha não é minha. "No dia de hoje" é exatamente o dia da sua partida (ele pensava que para sempre) dessa área de serviço.

Que estou limpo do sangue de todos – Se passassem pela segunda morte, se viessem a se perder para sempre, Paulo não seria culpado. Ele havia se desempenhado do seu dever ao adverti-los e ensiná-los fielmente.[92]

Paulo havia lhes ensinado a vontade de Deus e havia os advertido da condenação daqueles que não obedecessem ao evangelho. Como uma vigia sobre o muro, ele havia avisado a todos. Assim sendo, não poderia ser acusado pela sua destruição; suas vestes estavam limpas do sangue de todos, pois os havia cientificado de seu dever e da ira vindoura (Ezequiel 3.18-21). Paulo havia declarado aqui todo o conselho de Deus como o havia feito em Corinto (Atos 18.6)[93].

20.27 –

Porque jamais deixei de vos anunciar – Desde que o versículo começa com "porque", deve ser compreendido como dando uma razão para o que acabou de ser dito no versículo anterior[94]. Ele explica o motivo de Paulo se considerar inocente caso eles se perdessem. Já vimos o verbo "deixar" no versículo 20. Paulo está repetindo: "Não recuei, não fui detido pelo medo ou pelo desejo de popularidade, nem pelo fato de que a doutrina do evangelho seja frequentemente repulsiva aos homens, deixando de declarar a vocês a mensagem completa". Quando comparamos este versículo com o que ele diz a respeito de "proveitosa" no versículo 20, somos levados a ver que o ensino de Paulo incluía tudo que tinha possibilidade de contribuir para a salvação deles.[95]

Todo o desígnio de Deus – A Epístola aos efésios (mesmo que a consideremos uma carta circular que terminou em Éfeso) possui um paralelo surpreendente com o que Paulo afirma aqui. No capítulo 1 dessa carta, Paulo fala sobre o propósito divino de Deus que fluiu através dos tempos; fala também sobre a igreja como o corpo de Cristo, e encoraja os crentes, quer judeus ou gentios, a se empenharem para manter a unidade do Espírito, a fim de que os homens não contrariem o plano feito por Deus para eles na eternidade, antes da criação. Deus tinha revelado tudo isso a Paulo, e ele, por sua vez, compartilhou com os cristãos de Éfeso seu conhecimento sobre Jesus, a salvação, o reino de Deus, e como Deus está operando através da igreja, para reconciliar todas as coisas com Ele.

---

[91] 1 Timóteo 1.3; 3.4; 4.13; 2 Timóteo 4.13, 20.
[92] A palavra traduzida "portanto" é *dioti*, só encontrada nos escritos de Lucas (em Atos ela é usada apenas em relação a Paulo, Atos 13.35; 18.10; 20.26; 22.18) e nos escritos de Paulo no Novo Testamento. Em todo este discurso do apóstolo, existem palavras e frases peculiares a ele, pequenas evidências de que não se trata de um discurso inventado e atribuído a Paulo.
[93] Boles, *op. cit.*, p.325. Se esta é uma referência a Ezequiel 3, é digna de nota como sendo um dos poucos lugares em que Ezequiel é citada no Novo Testamento.
[94] Um versículo começando com "por conseguinte" ou "portanto" dá uma conclusão baseada sobre coisas que acabaram de ser ditas nos versículos precedentes. Um versículo iniciado com "por isso" dá uma razão para, ou uma explicação de algo declarado num versículo anterior.
[95] Alguns supõem que "vós" neste lugar é enfático, implicando que Paulo poderia ensinar *a eles* coisas que não podia compartilhar com outros, porque eles eram mais receptivos.

20.28 –

Atendei por vós – Este verbo foi usado em Atos 5.35 e 8.6. Paulo está exortando os presbíteros a serem cuidadosos ou cautelosos, dando primeiro atenção à sua própria vida e fé. Todo líder tem tentações peculiares à sua posição e ligadas com os deveres de seu cargo. O ministério fiel de qualquer presbítero deve brotar de uma vida fiel. Assim sendo, a primeira preocupação deles deve ser a de firmar a sua própria fé (veja 1 Timóteo 4.16).

E por todo o rebanho – A relação entre o presbítero e a igreja (aqui chamada de "rebanho") é como a do pastor e o rebanho (1 Pedro 5.1-5). Nenhum cristão está acima de necessidade do ministério do presbítero, e nenhum é tão insignificante que seja excluído dele. Os programas pastorais são ideias valiosas ainda hoje!

Sobre o qual o Espírito Santo vos constituiu bispos – Observe que os presbíteros estão "entre" o rebanho (no original inglês a palavra é "entre" e não "sobre" – N.T.), isto é, eles também fazem parte do rebanho. A palavra traduzida "bispos" significa literalmente "considerar, observar, cuidar", e portanto supervisionar, superintender, ser um guardião. Esta é uma das indicações no Novo Testamento de que os presbíteros são os supervisores, administradores ou guardiães da igreja[96]. Em que sentido poderia ser dito que o Espírito Santo os *constituiu* bispos? Alguns encontraram evidência neste verbo "constituiu" da presença ali de um grupo de homens que não haviam sido ordenados pelos apóstolos, mas simplesmente nomeados pelo Espírito Santo. Na verdade não aprovamos a doutrina da sucessão apostólica[97], mas duvidamos que este versículo possa ser usado como prova textual de existirem ministros na igreja primitiva que não tivessem sido ordenados. O que estaria envolvido neste verbo "constituiu" seriam provavelmente as seguintes ideias: o Espírito Santo forneceu o modelo para a igreja, pelo qual homens eram escolhidos como presbíteros (pastores, bispos)[98]. Ele havia suprido também os dons espirituais que qualificaram esses homens para a tarefa.

Para pastoreardes a igreja de Deus – "Pastorear" inclui mas do que o ato de nutrir, embora isto esteja incluído. Existe igualmente o aspecto de administrar e proteger. Esta é uma das passagens no Novo Testamento (outra é 1 Timóteo 3.16) que há muito tempo provoca bastante controvérsia entre os eruditos – uma controvérsia que não foi ainda resolvida. É o seguinte: qual a leitura correta? Neste caso, o que Lucas escreveu no manuscrito original? Se foi "Deus", esta é então uma passagem do Novo Testamento que confirma que Jesus é Deus, pois ela continua dizendo como Ele (e a referência deve ser a Jesus) comprou a igreja com o seu próprio sangue. Qual é então a evidência pela qual determinar o que Lucas escreveu? Existem três leituras diferentes para este trecho. (1) Alguns manuscritos dizem "a igreja de Deus". Entre os que contém esta leitura estão os Códices Vaticano e Sinaítico, e os críticos textuais possuem uma regra declarando que quando esses dois manuscritos concordam com uma leitura, mas de 99% das vezes ela pode ser considerada como o que se encontrava no original. Outras evidências para esta leitura são as versões Vulgata e Siríaca Harcléia (Harkleian Syriac), assim como vários pais da igreja primitiva. O fato de Paulo falar em outros pontos da "igreja de Deus"[99] e nunca da "igreja do Senhor" pode ser também um argumento de que "igreja de Deus" foi o que ele disse quando se dirigiu aos presbíteros de Éfeso. Todavia, (2) alguns manuscritos antigos contêm "a igreja do Senhor", entre os quais se acham os Códices Alexandrino, Efraemi e Claromontano. Além disso, esta é a leitura encontrada nas versões egípcias do Novo Testamento, na margem da Siríaca Har-

---

[96] Os *presbíteros* são os dirigentes (supervisores). O Novo Testamento não contém nada a respeito de um comitê da igreja em que os diáconos podem vencer os presbíteros pelo voto e assim governar a igreja.

[97] Veja o parágrafo sobre "ordenação" no estudo especial "A Escolha de Presbíteros e Diáconos".

[98] "Presbítero" e "bispo" são títulos para o mesmo cargo. Isso se manteve durante todo o primeiro século e princípios do segundo. Em Clemente de Roma (Cor. XL II. 4; XL IV. 1,4,5) os termos são ainda sinônimos; o mesmo fica implícito na *Didaquê*, XV. 1. Foi em Inácio, no começo do segundo século, que os dois termos passaram a ter um sentido diferente daquele que possuíam no Novo Testamento.

[99] 1 Coríntios 1.2; 2 Coríntios 1.1; Gálatas 1.13; 1Tessalonicenses 2.14.

cléia, e também em diversos pais da igreja primitiva, entre eles Ireneu, Crisóstomo e Jerônimo. Alguns chegam até a sugerir como pode ter acontecido a mudança do original "Senhor" para "Deus". É afirmado que nos manuscritos antigos as palavras eram frequentemente abreviadas. Desse modo o nome Cristo (*christos*) é abreviado CHOS; e o nome Deus (*theos*) é abreviado THOS; o nome Senhor (*kurios*) foi abreviado KOS, de modo que o erro de uma única letra por parte de um copista levaria às variações observadas nos manuscritos. Antes de tentarmos extrair uma conclusão, deve ser observado (3) que outra leitura variante contêm "a igreja do Senhor e Deus". Os Códices Mutinense, Angélico e Porfiriano, juntamente com a maioria dos minúsculos contêm esta leitura. Desde que todos esses mais recentes são do 8º e 9º séculos e posteriores, provavelmente podemos reduzir nossas opções a um dos dois primeiros como sendo representativo do original de Lucas. No momento não parece haver razão para objetar contra a leitura da NASB. E não há certamente razão para objeção à ideia de que Paulo falou de Jesus (aquele cujo sangue foi derramado) como sendo Deus, pois certamente faz isso em Romanos 9.5 e Tito 2.13.

A qual ele comprou com o seu próprio sangue – A palavra usada aqui (comprou) ocorre apenas em um outro ponto do Novo Testamento (1 Timóteo 3.13, onde é traduzida "alcançam") e significa adequadamente "adquirir ou ganhar alguma coisa". Nesta passagem ela indica que Cristo adquiriu, ganhou, ou obteve a igreja para Si mesmo, e o preço foi o seu próprio sangue[100].

20.29 –

Eu sei que, depois da minha partida, entre vós penetrarão lobos vorazes – A oposição dos falsos mestres (Jesus falou deles como lobos no Sermão do Bom Pastor, João 10.1ss) já se evidenciava em algumas das igrejas que ele havia plantado, mas havia sido detida pela presença do apóstolo. Quando se afastasse do meio deles, os falsos mestres tiveram mais facilidade para insinuar-se. Paulo mantém a mesma ilustração que tinha usado, de um pastor e seu rebanho, ao falar agora de lobos ferozes destruindo o rebanho. Esses lobos selvagens poderiam aparecer disfarçados em ovelhas (Mateus 7.15), mas mesmo assim iriam rasgar e dividir a igreja. Não podemos dizer exatamente que grupo de falsos mestres Paulo tinha em mente. Ele talvez se referisse aos judaizantes que já estavam penetrando nas igrejas e provocando divisões, como haviam feito na Galácia. Quem sabe pensasse nos professores de doutrinas falsas e destrutivas, tais como a dos nicolaítas (Apocalipse 2.6) e dos gnósticos (contra quem João argumenta especialmente em seu evangelho e em 1 João). Esses lobos realmente dividiram a igreja em vários fragmentos, levando muitas de suas vítimas à morte espiritual. Em nossos dias o título "lobos selvagens" poderia ser perfeitamente aplicado aos modernistas, os neo-ortodoxos e neo-liberais, que negam os ensinamentos bíblicos e sobrecarregam os discípulos de Cristo com descrenças penosas. Tal termo poderia ser também apropriadamente aplicado a alguns que são infiéis com a Palavra de Deus, que buscam o ecumenismo a qualquer preço, quer esteja ou não em harmonia com a Bíblia. Paulo não hesitaria igualmente em usar a palavra para aqueles desordeiros, que procuram egoística e ambiciosamente utilizar-se igreja em proveito próprio e glória pessoal. Um presbítero tem uma tarefa tremenda, ficar vigilante contra essas pessoas, quer sejam homens ou mulheres.

Que não pouparão o rebanho – Esta expressão é provavelmente um *litotes* para "buscando destruir a igreja". Aconteceu o que Paulo previu. As Epístolas Pastorais contêm referências ao fato de que muitos haviam desviado da fé[101]. Duas dessas cartas foram escritas a Éfeso cerca de oito anos depois desta mensagem aos presbíteros de Éfeso ter sido entregue. Uma geração mais tarde, Cristo dirigirá uma carta à igreja efésia, censurando os cristãos de Éfeso por terem abandonado o seu primeiro amor[102]. A segunda carta de Pedro (escrita mais ou menos na mesma época que as Epístolas Pastorais), tratando em parte deste assunto, também fala dos falsos profetas

---

[100] F. J. A. Hort em sua obra Christian Ecclesia (London: Macmillan, 1900), pp.14 e 102, sugere que as frases usadas por Paulo indicam que ele tinha o Salmo 74.2 em mente e estava colocando novo conteúdo nesta passagem, ao aplicá-la à igreja.
[101] 1 Timóteo 1.19ss; 4.1ss; 2 Timóteo 3.1ss.
[102] Apocalipse 2.1ss.

que introduzem heresias, as quais levam à condenação quando adotadas, e que negam até o Senhor que os comprou (2 Pedro 2.1).

20.30 –

E que, dentre vós mesmos, se levantarão homens – Não só de fora, mas também dentre os membros, dentre o próprio presbitério que ouvia agora as palavras de Paulo, sairiam aqueles que iriam causar danos à igreja.

Falando coisas pervertidas – As Epístolas Pastorais fornecem novamente abundante evidência da exatidão do prognóstico de Paulo. Em poucos anos os efésios iriam ouvir Himeneu, Alexandre e Fileto dizendo que a ressurreição já havia acontecido[103], Figelo e Hermógenes terão se afastado,[104] e homens perversos e sedutores se tornariam cada vez piores,[105] resistindo à fé, como Janes e Jambres haviam resistido a Moisés.[106] Alguns até sugerem que Himeneu e alguns dos homens citados em 1 e 2 Timóteo estivessem presentes, ouvindo esta advertência de Paulo, mas sendo avisados inutilmente.

Para arrastar os discípulos atrás deles – Homens que foram antes discípulos de Cristo se tornarão apóstatas, por causa da influência dos lideres desviados, segundo Paulo declara. E se o que ocorre hoje também ocorreu naquela época, podemos dizer que a influência desses professores deixaria casas divididas e congregações fragmentadas. Inúmeros indivíduos, crianças em Cristo, ficariam desgostosos e deixariam de todo a igreja. Paulo referiu-se a duas fontes de problema em potencial para os presbíteros de Éfeso: os falsos mestres vindos de fora e as deserções de suas próprias fileiras. Seria consideravelmente mais fácil opor-se aos de fora, se não houvessem inimigos internos. O poder dos perseguidores não é tão temível quanto os planos secretos, o conflito partidário, a difamação do caráter, e as contendas provocadas por aqueles que amam e buscam o poder entre os que se dizem amigos de Cristo. Em seus comentários sobre este versículo, o Professor Dale sugeriu o seguinte princípio:

> Nenhuma congregação, faculdade bíblica ou agente humano pode estar seguro da fidelidade além de uma geração. Nem sequer uma igreja fundada por um apóstolo tinha essa garantia. Tais congregações e seus ramos caem devido à decadência interna, engano ou desvio da fé. Os líderes fiéis não devem permitir que este fato os desanime. Homens de fé sempre se levantam para defender e promover oportunidades para serviço e salvação em cada geração. Cada geração tem de salvar a si mesma. Cada indivíduo é responsável pelas instituições que ele apóia através de sua própria vida e serviço. Devemos preocupar-nos constantemente com a nossa fé para com o nosso Senhor. Apegos a pessoas ou propriedades não devem enfraquecer nem destruir nossa fidelidade a Cristo e à Sua Palavra. Os homens se corrompem e os amigos nos desapontam, mas Cristo jamais ira falha em relação a nós, nem nos abandonará[107].

20.31 –

Portanto, vigiai – Esses homens que eram os pastores, os guardiães, os supervisores do rebanho, deveriam, acima de todos os demais, servir de exemplo na vigilância. Em vista dos perigos peculiares aos que ocupavam cargos de liderança (versículo 28), dos riscos representados pelos falsos mestres de fora da igreja (versículo 29), e do perigo que as deserções dentre eles mesmos iria originar (versículo 30), eles precisavam ficar alertas.

Lembrando-vos de que por três anos, noite e dia – O fato de se lembrarem dos esforços do apóstolo para "vigiar", poderia muito bem estimulá-los a uma vigilância semelhante. "Noite" pode ser citada primeiro, a fim de enfatizar qual incessante e incansavelmente Paulo havia desempenhado o papel de pastor vigilante sobre eles. "Três anos" é provavelmente um número re-

---

[103] 1 Timóteo 1.20; 2 Timóteo 2.17.
[104] 2 Timóteo 1.15.
[105] 2 Timóteo 3.13.
[106] 2 Timóteo 3.8.
[107] Dale, *op. cit.*, p.331.

dondo, incluindo os três meses na sinagoga (Atos 19.8) e os dois anos na escola de Tirano (Atos 19.10), além de algum tempo em Éfeso depois de terminar seu ministério na escola de Tirano.

Não cessei de admoestar a cada um – "Admoestar" é um termo que só aparece aqui e nos escritos de Paulo no Novo Testamento. Ele significa fazer uma advertência bondosa a alguém. O significado de "admoestar" fica mais fácil de entender ao reconhecermos a diferença entre ensinar e admoestar. Ensinar é inculcar a verdade como dada por Deus. Admoestar (a palavra usada aqui) tinha a ver com correção, advertência, disciplina e encorajamento, com o propósito de fazer o ouvinte agir de acordo com as instruções recebidas.

Com lágrimas – Compare as notas em Atos 20.19. A salvação oferecida no evangelho era questão de vida e morte, para a eternidade e para o tempo. Paulo sentia tal urgência na necessidade dos homens crerem e obedecerem ao mesmo, que chorava quando alguém rejeitava o Salvador.

20.32 –

Agora, pois, encomendo-vos ao Senhor – Prestes a deixá-los e pensando que não teria mais ocasião de servi-lhes pessoalmente de pastor, ele os recomenda aos cuidados e proteção de um Deus fiel[108]. Já comentamos sobre a palavra "encomendar" em Atos 14.23. Existe uma conotação de "confiança", como aquela envolvida quando alguém entrega seu dinheiro à guarda de outrem.

E à palavra da sua graça – Essa expressão parece ser um sinônimo da pregação (e escrita) do evangelho, que ainda durante vários anos seria transmitido quase inteiramente pela tradição oral. Dos Evangelhos só Mateus tinha sido publicado nessa época, e algumas das epístolas de Paulo; o resto da "Palavra da Sua graça[109]" continuava na forma oral. Esse Evangelho, com seus fatos a serem criados, suas ordens a serem obedecidas, suas advertências a serem seguidas, e suas promessas a serem gozadas, daria a esses presbíteros a direção e orientação que necessitavam para pastorear o rebanho. Com o tempo haveria uma coleção de livros do Novo Testamento que serviriam o mesmo propósito que a tradição oral.

Que tem poder para vos edificar – Existe aqui um problema técnico que não pode ser resolvido através do grego. Não se pose verificar se é Deus que tem poder para edificá-los, ou se é a Palavra que edifica. Nossa tradução se baseia na pequena regra sobre referir-se ao antecedente mas próximo, a não ser que essa interpretação cause contradição. "Que tem poder" possui a conotação de "tem poder inerente". O evangelho tem poder para edificar uma pessoa para a salvação[110]. A ideia da palavra "edificar" é a de uma casa que está sendo construída e completada aos poucos. Na leitura da NASB, Paulo diz que o evangelho era a arma poderosa usada por Deus para confirmar e estabelecer os homens. Ele os ajuda a crescer espiritualmente. O indivíduo não pode estudar e meditar sobre a Palavra da graça sem transformar-se rapidamente.

E dar herança – A "herança" é a vida eterna nos céus, além da expectativa de um corpo ressurreto[111].

Entre todos os que são santificados – Paulo está com os olhos postos na época em que todos os remidos, em seus corpos ressurrectos glorificados, irão participar das alegrias nos céus. Ele chama aqui esses remidos de "santificados". O homem que está em Cristo é santificado,

---

[108] Em lugar de "Deus", o Códice Sinaítico, alguns minúsculos (inclusive 33 e 68), as versões egípcias e alguns outros manuscritos contêm a leitura "Senhor". Wescott e Hort adotaram essa leitura em seu texto e, por causa dela e do uso da expressão "Palavra da sua graça" na frase seguinte, alguns argumentaram que Paulo estava dizendo aos presbíteros para estudarem o Evangelho de João (lembre-se de que ele fala do Verbo (Palavra) e de Graça em seus primeiros versículos; mas existe bem pouca evidência de que o Evangelho de João já tinha sido escrito. De fato, talvez sejam necessários mais 25 ou 30 anos até a publicação desse Evangelho em Éfeso.

[109] "Palavra da sua graça" provavelmente inclui as ideias de que o evangelho proclama a graça de Deus ao remir o homem, e a sua graça ao santificá-los também.

[110] Romanos 1.16; Hebreus 4.12; Isaías 49.2; Jeremias 23.29.

[111] Efésios 1.14.

santo; ele foi santificado pela verdade (a Palavra de Deus)[112],e "pela fé em Cristo Jesus"[113]. O particípio aqui está no perfeito, indicando que a santificação era um ato completado no passado (muito antes da entrada deles na herança), mas com seus resultados continuando no presente.

20.33 –

De ninguém cobicei prata, nem ouro, nem vestes – Essas eram as três palavras usadas no mundo antigo quando alguém falava sobre riquezas[114]. Paulo não apenas não se apossou dos bens de seus discípulos; nem sequer os cobiçou! Como mostra o esboço sugerido do discurso de Paulo aos presbíteros de Éfeso, consideramos esta como outra área em que Paulo apela para seu próprio exemplo como um modelo a ser imitado por eles. O ponto é este: o homem que pastoreia e lidera o povo de Deus deve fazer isso sem pensar nas recompensas materiais que possa receber. Claro que é correto que os pregadores do evangelho sejam sustentados por aqueles a quem ensinam[115], e os presbíteros que governam bem são dignos de honra dobrada[116]. No entanto (considerando os versículos seguintes), Paulo está na verdade advertindo contra o desejo de ser servido. Esse é um motivo errado. O propósito adequado para o cristão é como ser útil a outros. Paulo nos deu o exemplo a ser seguido. Ele não pregou por amor ao dinheiro, para mostrar seu talento, ou para satisfazer qualquer ambição egoísta. Ele tinha apenas o desejo simples e sincero de servir seu Senhor e sua igreja.

20.34 –

Vós mesmos sabeis que estas mãos serviram para o que me era necessário a mim – "Vós mesmos" é enfático. Outros talvez não soubessem, mas eles sabiam. Podemos imaginar Paulo estendendo as mãos para os presbíteros verem ao falar como havia trabalhado com "estas mãos" para sustentar-se em Éfeso. Ele tinha chegado a Éfeso com Áquila e Priscila, com quem havia trabalhado na fabricação de tendas em Corinto (Atos 18.3). O apóstolo deixa claro, tanto aqui como em 1 Coríntios 4.12, que tinha continuado a ganhar seu sustento fazendo tendas em Éfeso. Alguns apelam para Filemom 17 como evidência de que Filemom também pertencia à mesma profissão, juntamente com Áquila e Paulo.

E aos que estavam comigo – Paulo não havia trabalhado só para sustentar-se, mas também para ajudar aqueles que faziam parte do grupo missionário[117].

20.35 –

Tenho-vos mostrado em tudo – Quer fosse no trabalho espiritual ou no manual, o exemplo de Paulo podia ser seguido pelos presbíteros. Ou seja, com o seu próprio trabalho eles não deviam apenas sustentar a si mesmos, mas também prestar auxílio a outros que tivessem necessidade. As palavras de Paulo serão repetidas mais tarde em Efésios 4.28, onde ele estabelece a ética cristã de trabalho. Ela faz desaparecer a monotonia da labuta diária do indivíduo; caso ele planeje e ore a fim de saber como irá ajudar outros com o dinheiro que está ganhando!

Que, trabalhando assim, é mister socorrer aos necessitados – "Trabalhando" pode referir-se a trabalhos espirituais ou materiais, conforme o contexto exija. "Trabalhando *duro*" é sugerido pela palavra grega especial usada aqui, a qual tem conotação com o cansaço que acompanha o trabalho pesado. "Socorrer" indica "tomar a parte de outrem", ampará-lo quando está fraco demais para suster-se em pé. "Necessitados" (fracos) (*asthenēs*) é um termo que pode representar fraqueza física, moral, ou financeira, dependendo do contexto. Podemos tomá-la como indicando enfermidade física (que impediria o homem de trabalhar e não poder então sustentar a si mesmo e sua família), ou apenas de pobreza em geral nesta passagem. Quase todas as cartas

---

[112] João 17.17.
[113] Atos 26.18. Comentários sobre este versículo se encontram neste livro na seção intitulada "Viagem de Paulo a Damasco", nos comentários sobre 9.3.
[114] Gênesis 24.53; 2 Reis 5.5; Salmo 43.13ss.
[115] 1 Coríntios 9.13,14.   [116] 1 Timóteo 5.17.   [117] 1 Coríntios 9.12,15.

de Paulo falam dos "fracos"[118]. Ele mesmo está a caminho de Jerusalém com uma oferta grande para os santos dali.

E recordar as palavras do próprio Senhor Jesus – As palavras que se seguem não são encontradas nos evangelhos de Mateus, Marcos, Lucas, ou João, nem sequer em qualquer dos Evangelhos Apócrifos. A ordem para "lembrar" essas palavras, entretanto, deixa implícito que elas eram bem conhecidas e familiares. Esta passagem fornece então uma evidência de quão difundido estava o ensino oral sobre os atos e palavras de Cristo, dos quais os quatro Evangelhos não passam de representantes parciais.

Mais bem-aventurado é dar que receber – Este não é o único ponto em que Paulo cita as palavras do próprio Senhor[119]. O termo usado por Jesus foi "bem-aventurado" – que é mais elevado, profundo e completo do que a simples felicidade. O homem que dá experimenta uma bênção profunda! O sentimento de satisfação dura mais para aquele que dá, do que para aquele que recebe. Com essa memorável citação de Jesus, Paulo encerra seu discurso. Muito depois de ter partido, aqueles presbíteros irão lembrar-se dessa reunião em Mileto e, mais que tudo, irão recordar a última declaração proferida pelos lábios de Jesus.

20.36 –

Tendo dito essas coisas, ajoelhando-se, orou com todos eles – A mensagem terminou. Todos eles se ajoelham e oram[120]. Lucas não registra as palavras da oração, mas como houve tantos paralelos nesta mensagem aos presbíteros e a carta aos Efésios, não podemos deixar de perguntar-nos se alguns dos pensamentos expressos em Efésios 3.14-21 não fizeram também parte desta oração.

20.37 –

Então houve grande pranto entre todos – Sempre que o amor une as almas, a despedida é uma ocasião de choro sincero.

E, abraçando afetuosamente a Paulo – Eles o abraçaram (como é ainda o costume entre os povos do Oriente Médio), uma manifestação de afeto.

O beijavam – "Beijavam" é tradução de *katephiloun*. um verbo no imperfeito, que fala de uma repetição do ato. Ou eles continuaram a beijá-lo, ou um presbítero depois do outro o abraçou e deu-lhe um beijo de despedida. Tal meio de saudar ou despedir-se era tão habitual para eles como o apertar das mãos é para nós quando nos encontramos ou nos despedimos de um amigo íntimo.

20.38 –

Entristecidos especialmente pela palavra que ele dissera, que não mas veriam o seu rosto – O que mais os entristeceu e marejou seus olhos de lágrimas foi a ideia de que provavelmente nunca mais veriam Paulo deste lado do céu.

E acompanharam-no até ao navio – O porto ficava a pequena distância do lugar onde haviam se encontrado. O navio estava prestes a levantar âncora e sair de Mileto. Os presbíteros de Éfeso acompanharam Paulo até as docas (e talvez até lhe tivessem dado provisões para continuar a viagem; compare notas sobre esta expressão em Atos 15.3) antes de voltarem às suas casas em Éfeso.

---

[118] Admoestações sobre a ajuda aos fracos se encontram em Romanos 15.1; Gálatas 6.2; 1 Tessalonicenses 4.11s; 5.14; 2 Tessalonicenses 3.10ss.

[119] 1 Coríntios 7.10-12 é outro exemplo em que Paulo citou as palavras de Jesus.

[120] Com respeito a posição para orar, veja as notas em Atos 2.42.

ESTUDO ESPECIAL Nº 18
A Ceia do Senhor

Bem poucas coisas são mais trágicas na história do seguidores de Cristo do que o fato de terem lutado e discutido sobre a Ceia do Senhor. Alguns que julgaram sinceramente estar seguindo Cristo têm perseguido com crueldade e até matado outros que também pensavam estar seguindo Cristo. A razão das perseguições foi que as vítimas não mantinham certas doutrinas relativas à Ceia do Senhor, doutrinas essas que não podiam ser provadas e que possivelmente não são sequer verdadeiras. Que todo estudante que venha a fazer este Estudo Especial ore para que não seja culpado de aumentar à aflição que Cristo deve sentir ao observar os homens lutando por causa da ordenança que Ele deixou para ajudá-los a "proclamar a sua morte até que ele venha".

Pontos de interesse especial neste estudo serão os nomes aplicados à Ceia do Senhor, a instituição original da Ceia do Senhor, os elementos usados nessa instituição original e os elementos usados hoje, a observância da Ceia na igreja durante os dias dos apóstolos, na igreja pós-apostólica, na igreja católica romana, na teologia de Lutero, de Zwínglio, de Calvino, na Igreja dos Irmãos, e no Movimento da Restauração.[1]

I. PASSAGENS PERTINENTES

As passagens que tratam da Ceia do Senhor, na ordem em que foram escritas são: Mateus 26.26-30; 1 Coríntios 10.16, 17; 11.23-32; Lucas 22.14-20; Atos 2.42; 20.7; Marcos 14.22-25; e João 6.52-58. (Com respeito à relevância de João 6 quanto à Ceia do Senhor, as opiniões se acham divididas há muitas épocas, e continuam ainda hoje).

II. NOMES APLICADOS À CEIA DO SENHOR

Vários termos são usados com referência à Ceia do Senhor nas Escrituras – Ceia do Senhor (1 Coríntios 11.20); Mesa do Senhor (1 Coríntios 10.21)[2]; a Comunhão (1 Coríntios 10.16); e o partir do pão (Atos 2.42). O cálice é chamado "o cálice da bênção" (1 Coríntios 10.16), "o cálice do Senhor" (1 Coríntios 10.21), e "fruto da videira" (Mateus 26.29).

Desde os dias dos apóstolos, outros termos foram introduzidos para falar da Ceia do Senhor.

Em muitos grupos a Ceia do Senhor é chamada de "Eucaristia" – um termo que deriva de *eucharisteo* em grego, significando "dar graças" (Mateus. 26.27; 1 Coríntios 11.24). Este termo é censurável porque não fala da Ceia do Senhor em si, mas apenas de um aspecto na instituição da Ceia, a saber, o agradecimento.

Nos dias pós-apostólicos, a Comunhão também se tornou conhecida como "liturgia" ("ministração sagrada", talvez mediante uma interpretação errada de Romanos 15.16) e como o "sacrifício" e o "mistério".

A igreja romana a chama de "missa". A palavra *missa* deriva do termo latino *missa* (encontrado nas palavras *congregation missa est*, significando "a congregação é despedida", por meio do qual, em tempos pós-apostólicos, a primeira parte do culto de adoração chamada de *missa catechumenorum* era encerrada, e começava a segunda parte da adoração, conhecida por *missa fidelium*, isto é, o culto para os fiéis no qual a Ceia do Senhor era servida, foi introduzido). Desde que a Ceia

---

[1] Alguns dos materiais que se seguem foram adaptados de um artigo sobre a Ceia do Senhor na *International Standard Bible Encyclopedia* (Grand Rapids: Eerdmans, 1949), Vol. III, p. 1921ss.

[2] A expressão "Mesa do Senhor" tem sido entendido como sendo que em Corinto havia uma plataforma elevada em que o pão e o cálice repousavam durante a reunião, até que chegasse o momento de celebrar a Ceia do Senhor.

do Senhor era observada na última parte da reunião, e desde que a sua observância era o principal propósito dessa assembléia, mediante uma estranha transição e a deturpação da palavra, com o tempo a Ceia do Senhor veio a ser chamada de "missa". (De passagem, a igreja romana desenvolveu três tipos de missa: primeiro, a missa baixa, em que os sacerdotes pronunciam o ritual em tom baixo, sem qualquer resposta do coro ou instrumento; segundo, a missa alta, em que o ritual é pronunciado pelo sacerdote em tom comum, com respostas pelo coro e instrumento, a intervalos; terceiro, a missa alta solene, que é igual à missa alta, exceto que o sacerdote é então ajudado por um diácono e um subdiácono).

Também na igreja romana, o pão é regularmente chamado de "hóstia". Esta palavra vem do latim *hostia*, significando "um sacrifício, uma vítima". Esta ideia está relacionada com a da transubstanciação, da qual falaremos mais tarde. A palavra é aplicada apenas à hóstia, ou pão. Ela não se refere ao cálice. Na igreja romana os membros da congregação não participam do cálice, mas só do pão. O sacerdote toma o conteúdo do cálice, representando todos. Pouco antes de apresentar a hóstia ao povo, o sacerdote a levanta perante ele, para ser adorada. Este ato é chamado de "elevação da hóstia".

Muitos grupos também chamam a Ceia do Senhor de "sacramento". Este termo vem do latim *sacramentum*, e significa, segundo Webster, "um juramento, uma coisa sagrada, um mistério". Segundo a obra *A Fé Católica Baseada no Catecismo Católico* (um manual de estudo católico-romano), "um sacramento é um sinal externo instituído por Jesus Cristo para trazer graça às nossas almas"[3]. "A graça é um dom sobrenatural que Deus nos dá através dos merecimentos de Jesus Cristo[4]... Deus nos dá dois tipos de graça: graça Santificadora, i.e.; aquele dom sobrenatural de Deus que nos torna... agradáveis a ele;[5] e graça Real, i.e.; a ajuda sobrenatural que Deus nos concede para saber, desejar e fazer o que é reto[6]." O *Shorter Catechism of the Westminster Standards* ("Catecismo Abreviado dos Padrões Westminster") diz que "Um sacramento é uma ordenança sagrada instituída por Cristo; na qual Cristo e os benefícios da nova aliança são representados, selados e aplicados aos crentes, mediante sinais perceptíveis" (Resposta 92)[7]. O uso da palavra "sacramento" para a Ceia do Senhor parece estar ligada à declaração de Jesus: "Este cálice é a nova aliança no meu sangue".

Para concluir esta seção sobre "Nomes", devemos perguntar: Não seria melhor nós contentarmos com nomes bíblicos para as coisas bíblicas?

III. INSTITUIÇÃO ORIGINAL DA CEIA DO SENHOR

Em cada um dos quatro relatos da instituição da Ceia do Senhor no Novo Testamento (Mateus 26; Marcos 14; Lucas. 22; 1 Coríntios 11), existe um acordo geral quanto aos principais aspectos incluídos. As descrições de Mateus e Marcos apresentam afinidades aproximadas. Assim também as de Paulo e Lucas. As principais diferencias entre os dois grupos são que Mateus e Marcos omitem as palavras: "Fazei isto em memória de mim" incluídas em Lucas-Paulo, e incluem as palavras "derramado em favor de muitos para remissão de pecados" depois da referência ao sangue da aliança, as quais não constam de Lucas-Paulo. Os evangelhos sinópticos contêm igualmente a declaração do Senhor sobre sua reunião com os discípulos no reino, enquanto só Paulo diz: "Porque todas as vezes que comerdes este pão e beberdes o cálice, anunciais a morte do Senhor, até que ele venha".

A Ceia do Senhor foi instituída ao final da refeição da Páscoa, na véspera da crucificação de Jesus (Lucas 22.20). Os dois grupos registram Jesus dando graças pelo pão, partindo-o e dando-o de comer aos discípulos. Mateus-Marcos mencionam Jesus dando graças pelo cálice, o que

---

[3] Gasparri, Peter Cardinal, Catholic Faith Based on the Catholic Catechism (Washington: Catholic University of America Press, 1938), p.192.
[4] *Op. cit.*, p. 164.   [5] *Op. cit.*, p. 166.   [6] *Op. cit.*, p. 170.
[7] Westminster Shorter Catechism, Question 92, no T*he Creeds of Christendom*, de Philip Schaff (Grand Rapids: Baker Book House, 1966), Vol. III, p. 696.

Paulo omite em 1 Coríntios 11, mas alude a ele em "cálice da bênção" (1 Coríntios 10.16). Mateus relata que Jesus disse: "Bebei dele todos" (i.e., "Todos vós bebei dele"). E Marcos nos conta: "E todos beberam dele". Com as palavras "Fazei isto (no grego, "Continuem fazendo isto!") em memória de mim", Jesus ordenou a seus seguidores que observassem regularmente a Ceia do Senhor.

Toda a questão da Ceia do Senhor ter sido instituída por Jesus foi posta em dúvida por críticos alemães radicais[8]. Eles apontam para a ausência do assunto em João (segundo sua interpretação de João 6) e para a omissão da frase: "Fazei isto em memória de mim" em Mateus e Marcos, argumentando com base nisso que Jesus jamais instituiu a Ceia como uma ordenança. (Lembre-se de que eles creem que tudo mais nos evangelhos é copiado de Marcos, e que se Marcos não contém alguma coisa, sua autoridade é duvidosa). Os críticos negativos afirmam ainda que as palavras "Fazei isto em memória de mim" são encontradas no evangelho de Lucas porque Paulo exerceu uma influência indevida sobre ele. Assim sendo, os críticos alemães querem que acreditemos que a Ceia do Senhor é algo inventado por Paulo. Mas o fato de que a Ceia do Senhor foi uma parte fixa da adoração na igreja pré-paulina (Atos 2.42) nega esta teoria germânica. Não é de admirar que a Ceia do Senhor fosse tão atacada pelos radicais. A doutrina do sofrimento vicário de Cristo não é tão claramente enunciada em ponto algum quanto nas palavras da instituição da Ceia do Senhor: "Isto é o meu corpo oferecido por vós". Se os críticos negativos fossem manter sua doutrina de que a morte de Cristo não foi vicária, eles tinham que destruir o testemunho da Ceia do Senhor quanto à qualidade vicária dessa morte.

Concluímos que a Ceia do Senhor foi dada à igreja por uma ordem de Jesus, sendo estabelecida pela primeira vez logo depois da refeição da Páscoa na véspera da crucificação de Jesus.

IV. ELEMENTOS USADOS NA INSTITUIÇÃO ORIGINAL, E HOJE

O PÃO. O pão usado por Jesus teria sido o pão sem fermento da Páscoa, Êxodo 12.19. (Lembre-se de que a Páscoa foi chamada de "festa dos pães amos", Mateus 26.17). "Pão sem fermento" é *adzumos* em grego. Em todas as passagens que falam da observância da Ceia do Senhor pela igreja no início, o termo traduzido como pão é *artos*, que pode significar pão com ou sem fermento.

O pão usado hoje varia entre os grupos religiosos. A Igreja Oriental (Católica Grega), talvez influenciada pelo espírito ebionita amargo dos judaizantes, adotou mais tarde o uso de pão comum (*kainos artos*), só para ser diferente dos judeus. A Igreja Ocidental (Católica Romana) tem usado regularmente o pão sem fermento. O protestantismo tem deixado geralmente o assunto entre os *adiaphora* ("matéria indiferente").[9]

Ao que parece, não podemos afirmar categoricamente que o pão sem fermento deve ser usado na observância de hoje. Todavia, o peso da evidência é que Jesus usou pão sem fermento ao instituir originalmente a Ceia. Por que não usar então pão sem fermento hoje!

O CÁLICE. Desde o início houve disputa sobre qual o "vinho" usado na instituição da Ceia do Senhor. A discussão não se ateve apenas à ideia do "vinho" ser ou não fermentado, mas também inclui as matérias-primas com que o "vinho" era feito.

Este fato deve ser notado desde o início. A palavra "vinho" (*oinos*) não é usada em ponto algum do Novo Testamento em relação à Ceia do Senhor. Os termos empregados no Novo Testamento são: "fruto da videira" e "o cálice". Será por acaso ou de propósito que a palavra "vinho" não é usada? O termo grego traduzido "vinho" (*oinos*) pode significar seja vinho fermentado ou não; e não determina a matéria-prima do qual a bebida era feita, sendo o termo sendo aplicado aos líquidos preparados não só com o suco da uva, mas também de maçã, pêra e coco[10]. Será que

---

[8] Alguns dos críticos e títulos de seus escritos são dados no artigo sobre a "Ceia do Senhor" na *Encyclopedia of Religious Knowledge* de Schaff-Herzog (Grand Rapids: Baker Book House, 1956), Vol. 7, p. 24.

[9] ISBE, *op. cit.*, p.1925.

[10] Heródoto, I. 193; II. 86. Veja também Josefo, *Antiguidades*, II.5.2.

"fruto da videira" foi utilizado deliberadamente para limitar a espécie de liquido usado na Ceia do Senhor ao suco de uva? Pensamos que sim!

Mas resta ainda a questão de se deve ser ou não fermentado. Que "vinho" era usado na celebração da Páscoa? Ficamos sabendo que os judeus da antiguidade empregavam com esse propósito um vinho grosso e fervido, misturado com água[11]. Segundo o mandamento de Deus (Levítico 10.9) e os ensinamentos da Mishna, os lideres religiosos judeus não tinham permissão para beber vinho inebriante quando serviam diante do Senhor. É, portanto, muito duvidoso que o vinho usado na Páscoa pelos antigos fosse inebriante (fermentado). No caso da Mishna ser verdadeira, a qual nos diz que um total de um litro e meio era consumido durante a Páscoa, se o vinho fosse intoxicante, a maioria dos celebrantes estaria embriagada até o fim da refeição. Os judeus modernos usam no geral vinho de passas, pondo as passas de molho na água, na véspera, e extraindo o suco no dia seguinte para uso na refeição pascal. Não se sabe quando esta prática começou. Mesmo que os judeus dos dias de Jesus usassem este tipo de "vinho" na Páscoa, continuaria sendo o "fruto da videira", pois as passas são uvas secas. Acredita-se geralmente que a igreja primitiva usava vinho misto (vinho e água) como era o costume na Páscoa judaica[12]. O conteúdo exato do cálice seria determinado pelos costumes pascais judeus predominantes na época.

Em vista desta disputa, a prática entre as igrejas apresenta variações, com referência ao vinho usado na celebração da Ceia do Senhor. A igreja católica-romana vem usando através dos anos o vinho vermelho fermentado. A palavra "novo" (Mateus. 26.29) é tida por muitos como indicando o tipo de vinho usado por Cristo, o suco de uvas frescas espremidas[13]. O fato de que o suco de uva era chamado "vinho" é demonstrado por Josefo ao referir-se ao suco de uva quando escreveu sobre a história de José interpretando o sonho do copeiro[14]. Por outro lado, o Terceiro Concílio de Braga, c. 675 A.D., proibiu explicitamente o uso de suco de uva não fermentado como sendo herético. Algumas seitas da antiguidade o substituíram por um elemento completamente diferente – água ou leite, por exemplo. (O mesmo Concílio de Braga também condenava essas práticas). Em época mais recente, no século XVI, os cristãos nestorianos celebravam a comunhão com vinho de passas (feito do mesmo modo que os judeus modernos preparam o seu vinho pascal).

Parece a este escritor que o "fruto da videira" utilizado por Jesus na instituição da Ceia do Senhor; e, portanto, o elemento adequado para ser usado hoje, é o suco de uva não fermentado. O uso de "suco" não fermentado por Jesus é visto no fato de Deus ter proibido a presença de fermento durante a festa dos pães asmos. O fermento não deveria ser sequer encontrado nas casas ou na terra, Êxodo 12.15, 19; 13.7; Deuteronômio 16.4. Na época do nosso Senhor, é altamente improvável que qualquer bebida intoxicante encontrada não contivesse fermento ou levedura. O suco não fermentado é adequado, desde que a cor do suco de uva lembra ao comunicante o sangue na aliança.

V. COMUNHÃO NA IGREJA APOSTÓLICA

No Artigo sobre a Ceia do Senhor na *International Standard Bible Encyclopedia*, é afirmado que "originalmente a igreja apostólica celebrava comunhão em todas as reuniões de adoração" (isto é, todos os dias)[15]. As passagens de Atos 2.42 e 2.46 são interpretadas como apoio desta alegação.

---

[11] Mishna, *Terumoth*, XI.

[12] O vinho da Páscoa era diluído com água, 2 Macabeus 15.39; Mishna, *Pesahim*, VII. 13; X. 2, 4, 7. Era costume na igreja do segundo século misturar com água o vinho da comunhão. Justino Mártir, *Apology*, I. 67. 5. Veja o artigo de Robert H. Stein "*Wine-drinking in the New Testament*", *Christianity Today*, XIX. 19, p. 923 (20 de junho, 1975).

[13] "Oinos em grego (vinho), também significa o suco fermentado da uva, exceto quando qualificado pela palavra novo... O vinho novo é mosto (suco que escorre espontaneamente antes de começarem a espremer as uvas, ou suco espremido na hora), que só se torna vinho pela fermentação." Veja o artigo sobre "vinho" no *Westminster Dictionary of the Bible* (Philadelphia: Westminster Press, 1944), p. 641.

[14] Josefo, *ibid*. Josefo está falando do suco acabado de ser espremido no copo do Faraó, e ele o chama de *gleukos*.

[15] ISBE, *op. cit.*, p. 1925.

O artigo continua dizendo: "Em breve, todavia, sua administração ficou confinada à reunião no primeiro dia da semana." Embora admitindo a possibilidade de comunhão diária na igreja primitiva (veja notas em Atos 2.42, 46), ainda parece melhor questionar tal interpretação para Atos 2.46.

Atos 20.7 é reconhecido pelos eruditos mais dignos de confiança como indicando que a igreja primitiva celebrada a Ceia do Senhor a cada dia do Senhor. Essa observância semanal não era um evento isolado na cidade de Trôade. Uma comparação de 1 Coríntios 16.2 (que fala de reuniões semanais no primeiro dia da semana) e 1 Coríntios 11.20ss (que fala do abuso da Festa do Amor e da Ceia do Senhor nessas reuniões) mostra que a comunhão semanal era também a prática em Corinto.

Na literatura cristã primitiva existe testemunho da observância semanal da Ceia do Senhor. Justino Mártir, escrevendo cerca de 150 A.D., diz:

> E no dia chamado domingo, todos os que vivem nas cidades ou no campo se reúnem num lugar e as Memórias dos Apóstolos ou os escritos dos profetas são lidos, na medida que o tempo permite. A seguir, depois que o leitor tiver terminado, o presidente dá instruções verbais e exorta à imitação dessas coisas boas. Todos então nos levantamos e oramos, e como dizemos antes, quando nosso oração termina, pão, vinho e água são trazidos, e o presidente oferece orações e ações de graças, segundo a sua capacidade, e o povo concorda, dizendo "Amem". Há uma distribuição para cada um, e uma participação daquilo sobre o qual graças foram dadas, e uma porção é enviada pelos diáconos aos ausentes[16].

Da mesma maneira se lê Plínio, *Epistles*, Livro 10 e Tertuliano, *De Oratione*, pagina 135.

De passagem, a prática da comunhão semanal começou a declinar no século IV (cf. John Erskine, *Dissertations*, página 271; Cânon 28 do Concílio de Ilibéria, Espanha, 324 A.D.; e Cânon 2 do Concílio de Antioquia, 341 A.D.). Até o século VI, o cristianismo havia deteriorado tanto do que Cristo pretendeu que foi decretado no Concílio de Ágata (506 A.D.) que "ninguém deveria ser considerado um bom cristão se não comungasse pelo menos três vezes por ano – Natal, Páscoa e Pentecostes"[17]. A ideia de celebrar a Ceia do Senhor em outras ocasiões, além de cada dia do Senhor, tem sido promulgada varias vezes depois desse concílio em Ágata.

Os escolásticos bíblicos de todos os grupos religiosos concordam que na igreja primitiva os cristãos se reunirão em cada Dia do Senhor para a Ceia do Senhor. João Calvino, presbiteriano, em sua obra *Institutes*[18]. escreve: "E esse costume que obriga os crentes a comungarem apenas uma vez por ano, é indiscutivelmente uma invenção do diabo, não importando por meio de quem ele foi introduzido". Calvino prosseguiu: "Uma prática muito diferente deveria ter sido adotada. Pelo menos uma vez por semana a mesa do Senhor deveria ter sido posta diante de cada congregação de cristãos . . . " John Wesley, metodista, em sua *Carta à América* ("Letter to America"), 1784, disse: "Também recomendo aos presbíteros que ministrem a ceia do Senhor a cada Dia do Senhor"[19]. Thomas Scott, anglicano, em seu comentário sobre Atos 20.7, escreveu: "o partir do pão, ou comemoração da morte de Cristo na Eucaristia, era um dos principais propósitos da reunião deles; esta ordenança parece ter sido constantemente ministrada a cada Dia do Senhor"[20].

Desde que a aliança ratificada pelo sangue de Cristo vai vigorar até o fim dos tempos, consideramos apropriado e correto observar semanalmente e com regularidade a Ceia do Senhor, como era feito na igreja primitiva.

A Festa do Amor (*agape*) precedia regularmente a Ceia do Senhor na maioria das congregações da igreja apostólica. Veja 1 Coríntios 11.17ss; 2 Pedro 2.13 e Judas 1.12.

---

[16] Justino Mártir, *Apology*, I. 67.
[17] C.J.Sharp, *The Communion* (Cincinnati: Standard Publishing Co., 1930, p. 63.
[18] João Calvino, *Institutes of the Christian Religion* (Philadelphia: Westminster Press, 1967), Vol. 2, Livro 4, capítulo 17, seção 46, página 1424.
[19] Citado por V. E. Howard, *What is the Church of Christ?* (Greenville, Texas; publicado pelo autor, 1956), p. 198.
[20] *Ibid.*

Mediante uma lenta transição, não completada até depois da era apostólica, a prática de ter uma "CEIA" (i.e., celebrar a comunhão à noite) foi mudada de maneira que a Mesa do Senhor era posta de manha.

VI. A CEIA DO SENHOR NA IGREJA PÓS-APOSTÓLICA

Os registros da literatura cristã primitiva já foram citados no sentido de que a mesa do Senhor foi posta a cada dia do Senhor. Durante o segundo e terceiro séculos começou a prática de barrar os não-cristãos, permanecendo apenas os cristãos para o serviço de comunhão. Pão e "vinho" da Festa do Amor eram solenemente separados pelo oficiante com uma oração de consagração – *eucharistia*. O pão e o "vinho" (juntamente com os outros alimentos para a Festa do Amor) eram fornecidos mediante as ofertas voluntárias dos crentes. Aos poucos, essas ofertas de pão e vinho passaram a ser chamadas "oblações" (*prosphorai*) ou "sacrifícios" (*thusiai*).

O CONCEITO SACRIFICIAL da Ceia foi assim gradualmente desenvolvido (até à época de Inácio[21], Justino[22], Ireneu[23] – i.e., 120-180 A.D.). Uma vez concebida a Ceia como um "sacrifício", o conceito de o bispo oficiante ser um "sacerdote" tornou-se logicamente inevitável. A *Apostolic Constitutions* (53:4) nos dá uma boa ideia da adoração da igreja no fim do século III. Um ritual bem desenvolvido substituiu a simplicidade da adoração nos dias apostólicos. Nas igrejas africanas e orientais, crianças batizadas tiveram permissão para participar da comunhão, em vista do medo gerado por João 6.53[24].

Até o término do século IV, havia vários conceitos doutrinários da Ceia do Senhor. Um deles era a visão DINÂMICA de Orígenes, Eusébio, Basílio, Gregório Nazianzen. Cristo é compreendido nesta doutrina como estando presente nos emblemas apenas num sentido espiritual ou simbólico. Havia também a visão REALISTA de Cirilo, Gregório de Nissa, Crisóstomo e João Damasceno. A ideia é que Cristo se encontra realmente presente nos emblemas. Alguns mantinham a opinião *Diophisítica* (consubstanciação). Outros mantinham a teoria *Monophisítica* (transubstanciação)[25].

VII. ROMA E A CEIA DO SENHOR

A Igreja Católica Romana chegou gradualmente à sua presente posição doutrinária com referência à Ceia do Senhor[26]. Agostinho não conhecia a teoria da transubstanciação (como ensinada agora pela igreja romana) Ele ensinou que a Comunhão contêm uma bênção apenas para os crentes, enquanto para os incrédulos é uma maldição, e que comer verdadeiramente o corpo de Cristo (João 6) consiste em crer[27]. O Papa Gelásio I foi quem ensinou pela primeira vez que a substância do pão e do vinho não deixava de existir, mas que os elementos passavam (*transeant*) para uma substância divina. Este processo, segundo acreditava, era uma obra do Espírito Santo[28].

---

[21] Inácio, *Philadelphians* IV. 1; *Smyrna* VII. 1; VIII. 2.
[22] Justino Mártir, *Apology*, I. 66 *Dialogue with Tryphy*, XII. 70.
[23] Ireneu, *Against Heretics*, IV. 18. 5.
[24] ISBE, *ibid*.
[25] Veja a *Encyclopedia, op. cit.*, p. 31, de Schaff-Herzog para detalhes. A igreja oriental defendida basicamente uma doutrina simbólica-espiritual da Ceia do Senhor, em que o termo "transmutação" (*metapoiēsis* em grego) indicava a ideia de que a pessoa que comungava continuamente do pão e do cálice podia esperar um corpo ressurreto como o que Cristo tem agora. A igreja ocidental começou aplicando uma doutrina simbólica-espiritual, e depois disso Ambrósio abriu caminho para a doutrina da transubstanciação (Grego, *metousiōsis*); Agostinho retardou seu desenvolvimento, mas até o século IX a igreja ocidental defendia a transubstanciação; eles, por sua vez influenciaram a igreja oriental, de modo que esta veio também a apoiar a doutrina da transubstanciação nos anos de 1200.
[26] Schaff-Herzog, *Encyclopedia, op. cit.*, p. 32ss.
[27] Agostinho, "Homilies on the Gospel of John", na obra *Nicene and Post Nicene Fathers* (Grand Rapids: Eerdmans, 1956), First Series, Vol. 7, Tractate XXVI. 18, página 173. Veja também, Agostinho, *City of God*, X. 6; XX. 10.
[28] Philip Schaff, *History of the Christian Church* "Grand Rapids: Eerdmans, 1968", Vol. III, p. 498.

Antes de sua morte em 865 A.D., Pascásio Radbertus, um monge, foi o primeiro que tentou formular sistematicamente a visão realista da Ceia do Senhor como ensinada agora pela igreja romana. Ele argumentou que nosso Deus onipotente faz o que lhe agrada; portanto, um milagre de onipotência divina ocorre na Ceia do Senhor quando o sacerdote oficiante faz a oração de agradecimento. Ele ensinou que um ato criativo tem lugar na comunhão, da mesma forma em que se deu a criação física de Jesus no ventre da virgem Maria. Neste ato criativo, o corpo de Cristo, como era na sua carne na terra, está presente no pão e no vinho. Radbertus estava dizendo que há tanto simbolismo como realidade na Ceia do Senhor. Vemos o simbolismo nas formas exteriores da substância; mas o corpo de Cristo, que não vemos, esta presente, e só os que possuem fé para crer nisso recebem verdadeiramente o seu corpo[29]. (Isto, naturalmente, deixa a doutrina da presença real uma questão de fé subjetiva e discernimento espiritual por parte do participante). Depois de Radbertus, a visão dinâmica da Ceia do Senhor predominou por algum tempo na igreja católica romana. Mas a condenação de Berengário de Tours (em 1088 A.D.), que defendia a visão dinâmica, provou que até meados do século XI a visão realista da Ceia do Senhor havia se transformado numa doutrina geralmente aceita na igreja romana[30].

A igreja romana de hoje ensina a TRANSUBSTANCIAÇÃO, que significa a conversão da substância dos elementos usados na Ceia no corpo e sangue reais de Cristo. O termo foi inicialmente usado por Hildebert de Tours (c. 1134 A.D.) num sermão. Esta doutrina da Ceia estabeleceu-se finalmente, juntamente com o novo termo, através do Papa Inocente III, no concílio de Latrão em 1215 A.D.[31]. Segundo a doutrina, o pão e o cálice, ao serem abençoados pelo sacerdote, se transformam respectivamente na carne e sangue reais do nosso Senhor; e esta mudança é operada pelo poder divino. A doutrina se apóia principalmente em duas passagens – Marcos 14.22-24 (e passagens similares nos outros evangelhos e em 1 Coríntios 11) onde Jesus disse: "Isto é o meu corpo" e "Isto é o meu sangue"; e João 6.53, 54 onde Jesus falou sobre comer o seu corpo e beber o seu sangue.

As seguintes são as objeções a uma interpretação literal dessas palavras de Jesus: (1) Se Jesus, ao dizer "isto é o meu corpo" quisesse afirmar que o pão havia se tornado realmente o seu corpo, ele tinha então naquele momento dois corpos, e um deles estavam passando outro à sua volta. (2) Esta doutrina envolve o sofrimento contínuo de Cristo, pois se a sua carne real for partida e seu sangue real bebido, Ele DEVE sofrer de novo cada vez que tem lugar uma transubstanciação. Mas as Escrituras dizem que Ele sofreu "de uma vez por todas" e "porque com uma única oferta aperfeiçoou para sempre quantos estão sendo santificados" (Hebreus 10.10, 14). (3) Esta doutrina torna possível que seu corpo seja mutilado, comido por ratos, espalhado por toda parte, e que outras coisas igualmente absurdas aconteçam[32].

Se as declarações de Jesus na Ceia e em seu Sermão sobre o Pão da Vida forem tomadas figuradamente, tudo então se encaixa num todo belíssimo e harmonioso. O verbo "ser" é frequentemente usado no sentido de "representar", i.e., dizemos com relação a uma fotografia: "Esta é minha mãe", significando, "isto representa minha mãe". O mesmo é verdade do verbo grego *eimi* ("ser"). Veja Gálatas 4.25: "Hagar *é* o Monte Sinai . . ." Jesus queria, portanto, dizer sem dúvida: "Isto representa o meu corpo" e "Isto representa o meu sangue".

Alguns outros pontos precisam ser notados quando falamos das crenças e práticas da igreja romana, com vista à exatidão. É ensinado que, com a instituição da Ceia, Cristo tornou seus discípulos sacerdotes; por conseguinte, a Ceia só pode ser ministrada por um sacerdote ordenado. É também ensinado que no milagre do sacramento (a transformação dos elementos) os "acidentes" (tamanho, forma, peso, cor e sabor) dos elementos permanecem, mas eles não são mais o

---

[29] Radbertus, *De corpore et sanguine Domini*, em J.P. Migne, *Patrology* (Latin Series) Vol. CXXI, p. 125ss.

[30] Os quatro homens principais que se opuseram a Berengário, e que formularam, portanto, a doutrina da transubstanciação como é mantida hoje, foram, Hugo, Durand de Thoarn, Lanfranc e Guitmund. Suas contribuições à controvérsia podem ser vistas no resumo dado no artigo sobre "Transubstanciação" na *Encyclopedia of Religious Knowledge* de Schaff-Herzog (Grand Rapids: Baker, 1956), Vol. 12, p. 495.

[31] Loraine Boettner, *Roman Catholicism* (Philadelphia: Presbyterian and Reformed Publishing Co., 1962), p. 187.

[32] Boettner, *op. cit.*, p.175ss, inclui outros argumentos contra a doutrina da transubstanciação.

que eram antes da oração de consagração (i.e., parecem os mesmos, mas possuem na verdade uma substância diferente)[33]. Esta nova substância é o corpo e sangue de Cristo, oculto da observação física sob a aparência dos elementos. (NOTA: O velho argumento usado por muitos protestantes contra a transubstanciação – "Por que eles não permitem que examinemos e analisemos quimicamente os elementos após a oração do sacerdote?" – não tem muita força). Segundo o ensinamento deles, a presença real de Cristo permanece muito depois da comunhão, até que os acidentes (espécie) sejam alterados pela corrupção ou fermentação. Afirma-se, outrossim, que o corpo inteiro de Cristo encontra-se presente em cada um dos elementos consagrados (estando presente desde o momento em que termina a oração do sacerdote). Desde que o Cristo total se encontra presente em cada um dos elementos, não é necessário que o adorador participe das duas formas (*sub utraque*). Só a hóstia é dada ao adorador. O cálice só é oferecido aos sacerdotes. (NOTA: Negar qualquer dos elementos ao adorador é contrário a 1 Coríntios 11.26). Mais uma vez, no conceito romano da Ceia, a comunhão com Cristo é uma ideia secundária. O importante é a transubstanciação em si. A Ceia se torna um verdadeiro sacrifício pelo pecado[34]. Afirma-se ainda que a Ceia do Senhor nutre a fé, protege do pecado mortal, impede o castigo temporal devido pelo pecado, une os crentes, e tem poder até sobre os mortos no purgatório (missas pelos mortos supostamente os ajudam a ter todos os seus pecados perdoados).

VIII. LUTERO E A CEIA DO SENHOR

Os Reformadores rejeitaram a doutrina da transubstanciação, a ideia de que a eucaristia fosse um sacrifício, a adoração da "hóstia", a recusa do cálice aos leigos, e a crença na eficácia da missa (Ceia do Senhor) a favor dos mortos – i.e. todo o conceito romano da Ceia[35].

A posição original de Lutero, de que os elementos da Ceia eram sinais e selos da remissão de pecados, foi logo substituída pela doutrina da CONSUBSTANCIAÇÃO. A amarga controvérsia com Carlstadt, e especialmente o fracasso da Conferência de Marburgo, impeliu para sempre Lutero para o campo dos realistas[36]. Em termos sucintos, a doutrina da Consubstanciação é a seguinte: (1) Os elementos da Ceia são de duas espécies: o pão e o vinho são *matéria terrena* – material terreno; o corpo e o sangue são *matéria coelestis* – material celeste. (2) Os dois elementos estão relacionados um ao outro. Ao oferecer o material terreno aos discípulos, é dito que Jesus empregou a *locutio exhibitiva*, assim oferecendo-lhes o material celeste ao mesmo tempo. *Locutio exhibitiva* significa: "Ele nomeia o que se vê, enquanto oferece aquilo que é invisível" (como o vendedor diz: "Aqui está o seu açúcar", entregando-lhe o recipiente que contêm açúcar). Segundo esta doutrina, quando Jesus disse: "Isto é o meu corpo", os discípulos viram o pão ser fermentado, mas o corpo de Jesus estava realmente presente no pão. A teoria difere apenas ligeiramente da Transubstanciação. A Transubstanciação diz que o pão *se torna* o corpo, enquanto a Consubstanciação nega que qualquer mudança tem lugar e diz que o pão *é* o corpo e o vinho *é* o sangue[37]. Eles alegam que a evidência de que o corpo e o sangue de Cristo estão realmente presentes se encontra em 1 Coríntios 10.16, 17, na palavra "comunhão". "Comunhão" significa " "participação em", e segundo eles, no pão há uma participação no corpo de Cristo, e no cálice, uma participação no sangue de Cristo.

É impossível definir o modo e maneira desta comunhão dos elementos terrenos e celestiais. Termos como "consubstanciação" e "invinação" são tentativas falhas de definir o que é indefinível. Tudo o que podemos crer é que de um modo incompreensível para nós o corpo e o sangue

---

[33] Alger de Liege (morreu 1132) afirma claramente esta doutrina da diferença entre acidentes e substância em seu *De sacramentis corporis et sanguinis Dominici* na obra *Patrology* de Migne (Série Latina), Vol. CLXXX, p. 743ss.

[34] Cardinal Gasparri, *op. cit.*, p. 215ss.

[35] ISBE, *op. cit.*, p. 1926.   [36] *Ibid.*

[37] O pão e o vinho permanecem pão e vinho, embora depois da consagração, a verdadeira carne e sangue de Cristo coexistem em e com os elementos naturais, assim como uma barra de ferro aquecida continua sendo uma barra de ferro, embora um novo elemento, o calor, tenha passado a coexistir nele e com ele. Esta foi uma ilustração que o próprio Lutero usou numa carta a Henrique VIII. (Veja o artigo sobre "Consubstanciação" na *Encyclopedia* de Schaff-Herzog).

de Cristo estão em união sacramental com o pão e o vinho eucarísticos – somos informados. Não há nem uma mistura da presença real com a substância dos emblemas, nem devemos pensar no corpo como estando encerrado no pão, mas sim em, com e sob o pão, o comungante (até mesmo o incrédulo) recebe o corpo e sangue verdadeiros de Cristo. Quando os elementos (o pão e o cálice) são distribuídos, trata-se na verdade do corpo e sangue de Cristo sendo distribuídos. Eles são distribuídos juntos.

A Alamogordo reformada do movimento luterano afirma que a presença real do corpo de Cristo não está na Ceia do Senhor. Eles adotam a interpretação figurada e simbólica, em contraste com a doutrina luterana da presença real de Cristo nos elementos.

IX. ZWINGLI E A CEIA DO SENHOR

Esta doutrina da Ceia do Senhor poderia ser chamada de COMEMORAÇÃO. Ele interpretou as palavras da instituição – "isto é" – como significando "isto significa", "isto representa".

O conceito de Zwingli da Ceia do Senhor é a de um memorial simbólico do sofrimento e morte de Cristo, embora não negasse que Cristo esteja presente aos olhos da fé. Pelo contrário, ele ensinou que Cristo pode ser desfrutado através da Palavra e a através da fé, i.e., de maneira espiritual. Na Ceia, confessamos nossa fé, expressamos o que essa fé significa para nós, e fazemos isso em memória da morte de Cristo[38].

O ponto de vista de Zwingli tem sido consciente ou inconscientemente adotado por um grande número de igrejas protestantes, sendo regularmente ensinada nas igrejas Cristãs (igrejas de Cristo), em cujas mesas de comunhão estão gravadas as palavras "FAZEI ISTO EM MEMÓRIA DE MIM".

X. CALVINO E A CEIA DO SENHOR

A posição de Calvino ficou entre a de Lutero e Zwínglio, sendo chamada de IMPANAÇÃO. A palavra "impanação" é derivada de *in* e *panis* (pão) no latim. Nesta teoria julga-se que Jesus esteja espiritualmente presente "no pão".

A doutrina de Calvino foi uma tentativa para mostrar exatamente como existe uma união entre os elementos e o corpo e o sangue de Cristo. Lembre-se de que os católicos afirmaram que a união teve lugar na consagração. Os luteranos disseram que a união é um mistério (inexplicável). A impanação diz que o corpo de Cristo está no pão depois da consagração (e aparentemente o sangue de Cristo está no cálice após a oração de consagração). A impanação diz que o corpo e o sangue de Cristo estão presentes com os elementos, e o comungante crente recebe realmente o corpo e o sangue de Cristo. Cristo comunica a Si mesmo aos espíritos dos que tomam parte na comunhão. (Os acidentes são digeridos e absorvidos pelo corpo; o corpo e o sangue de Cristo não são absorvidos, e permanecem para fortalecer e consolar o espírito do crente.). Os que não creem, mas participam, recebem apenas pão e vinho materiais, e não o corpo e o sangue de Cristo.

Para Calvino, a Ceia é mais que um símbolo (como para Zwingli); ela é tanto um sinal como um selo. A Ceia é muito mais que um serviço em memória; é um meio de graça.

Lutero, Zwingli e Calvino diferiam nestes pontos: (1) Quanto ao modo da presença de Cristo (corpórea ou espiritual); (2) O órgão que recebia seu corpo e sangue (pela boca ou pela fé); (3) A extensão desta recepção (por todos, ou só pelos crentes).

XI. A CEIA DO SENHOR NA IGREJA DOS IRMÃOS ("BRETHREN")

Este grupo ensina que é necessário incluir e repetir hoje todos os atos praticados no cenáculo na noite da instituição da Ceia – i.e., lava-pés, uma refeição (a Festa do Amor), e a Ceia do Senhor.

---

[38] ISBE, *Ibid*.

Segundo a crença deles, a Festa do Amor toma o lugar da refeição da Páscoa, que Jesus compartilhou com seus discípulos. Entre os Irmãos, a Ceia do Senhor é realizada uma ou duas vezes por ano, sempre à noite, à vontade da congregação. Serviços preparatórios de "auto-exame" (1 Coríntios 11.28) precedem as ordenanças (eles acreditam que o lava-pés é tanto uma ordenança quanto a Ceia do Senhor). Os bancos da igreja são convertidos em mesas. A Festa do Amor é preparada antecipadamente pelos diáconos e diaconisas, assim como o pão e o cálice a serem usados na Ceia do Senhor. As atividades da noite começam com devocionais enfocando a consagração, confissão e reconciliação especiais. João 13.1-17 é lido e explicado; a seguir, os irmãos passam a lavar os pés uns dos outros, e as irmãs fazem o mesmo entre si. Todos esperam uns pelos outros (1 Coríntios 11.33) até estarem prontos para a Festa do Amor. O oficiante chama alguém para fazer a oração pela refeição, que é então comida por todos em conjunto. Outra oração de agradecimento é oferecida no termino da refeição. Após a refeição, o presbítero oficiante pede a alguém que leia a história dos sofrimentos de Cristo (Isaías 53 ou João 19). Após uma curta explicação do significado dos símbolos, os comungantes se levantam enquanto o presbítero oficiante agradece pelo pão. Ele se volta então para o irmão à sua direita e parte um pedaço do pão sem fermento para ele com as palavras: "Caro irmão, o pão que partimos é a comunhão do corpo de Cristo" (1 Coríntios 10.16). Os irmãos a seguir partem o pão uns para os outros, com essas palavras. As irmãs agem do mesmo modo. A congregação se levanta novamente enquanto o presbítero oficiante dá graças pelo cálice, que então passa de um para outro com as palavras: "Caro irmão (ou irmã), o cálice do Novo Testamento é a comunhão do sangue de Cristo" (1 Coríntios 10.16). Isto é seguido por orações de louvor e ações de graças, depois um hino (Mateus 26.30), e uma bênção[39].

XII. O MOVIMENTO DA RESTAURAÇÃO E A CEIA DO SENHOR

A Ceia Do Senhor é geralmente considerada como sendo um MEMORIAL ou uma COMEMORAÇÃO – o pão e o cálice representando o corpo e o sangue derramando de Cristo. Lucas 22.19: "Fazei isto em memória de mim", parece indicar que a Ceia é um memorial. Cf. também 1 Coríntios 11.23-26. O pão e o cálice simbolizam seu corpo e seu sangue, e nesses emblemas devemos discernir o seu corpo e sangue. Trata-se, portanto, de um meio bastante prático pelo qual Ele nos mantém espiritualmente vivos.

Alexander Campbell disse algo muito belo a esse respeito:

> Sobre o pão e o cálice do Senhor, em letras que não falam aos olhos mas ao coração de cada discípulo, está escrito: "Quando vir isto, lembre-se de mim". De fato, o Senhor diz a cada discípulo quando ele recebe os símbolos em sua mão: "Este é o meu corpo partido por VOCÊ. Este é meu sangue derramado por VOCÊ. O pão constitui assim uma representação do seu corpo – primeiro intato, depois ferido pelos nossos pecados. O cálice é assim instituído como uma representação do seu sangue – uma vez sua vida, mas agora derramado para purificar-nos de nossos pecados. Ele diz a cada discípulo, "Por VOCÊ meu corpo foi ferido; por VOCÊ minha vida foi tirada". Ao receber o símbolo, o discípulo diz: "Senhor, eu creio. Minha vida brota do seu sofrimento; minha alegria de suas tristezas; e minha esperança da gloria eterna de sua humilhação e degradação até a morte". Cada discípulo, ao entregar os símbolos a outro, diz: "Você, meu irmão, antes estrangeiro, é agora um cidadão do céu; antes estranho, você é agora parte da família de Deus. Você aceitou meu Senhor como seu Senhor, meu povo como seu povo. Em Jesus o Messias, somos um. Abraçados mutuamente nos braços eternos, eu abraço você nos meus; suas tristezas são as minhas, e suas alegrias minhas alegrias. Devedores conjuntos do favor de Deus e do amor de Jesus, sofreremos juntamente com Ele, para que possamos também reinar juntamente com Ele. Vamos então renovar nossas forças, lembrar-nos do nosso Rei, e ficar firmes e inabaláveis na nossa esperança em que nos gloriamos até o fim."

---

[39] ISBE, *op. cit.*, p.1929.

Bendito seja o laço que une
Nossos corações em amor cristão;
A comunhão de mentes semelhantes
E como aquela do alto.

Aqui ele não conhece homem algum segundo a carne. Os elos que brotam do amor eterno revelado no sangue e dirigido aos seus sentidos, traz à tona tudo que existe nele de afeição complacente e sentimento em direção a esses co-herdeiros da graça da vida eterna com ele. Isso representa para ele o "pão da vida" – toda a salvação do Senhor – é a força da sua fé, a alegria da sua esperança, e a vida do seu amor[40].

XIII. OUTROS PROBLEMAS E QUESTÕES

A. "Unidos" pela participação conjunta na Ceia do Senhor, 1 Coríntios 10.16, 17.

Esses versículos são manifestamente difíceis, mas não suportariam uma interpretação diametralmente oposta ao ensino claro das Escrituras dada em outros trechos.

Muitos afirmam que esses versículos significam que quando alguém toma a Ceia do Senhor, isso faz dele um membro do corpo de Cristo – mesmo que não tenha sido imerso. O versículo 17 ("Porque nós, embora muitos, somos . . . um só corpo, porque todos participamos do único pão) é citado como mostrando isto. Para perceber a falácia de tal interpretação, considere os seguintes pontos:

(1) Os emblemas não devem ser separados daquilo que torna possível a verdadeira comunhão! Vamos ilustrar. Lawrence da Arábia levou com ele para a Conferência da Paz em Paris vários chefes de tribos. Esses filhos do deserto ficaram admirados com muitas coisas, mas nada os surpreendeu tanto quanto a água corrente em seus quartos de hotel. Eles tinham conhecimento do escasso de água e do seu valor. Todavia, ali estava ela, pronta a correr livre e inesgotavelmente a um girar da torneira. Quando se preparavam para deixar Paris, Lawrence os encontrou tentando tirar as torneiras da parede para que em seus desertos nativos pudessem ter água. Ele tentou explicar que por trás da água corrente havia imensos reservatórios, e que sem esse estoque as torneiras seriam inúteis. Mas os árabes insistiram. Eles estavam certos de que armados com esses instrumentos mágicos teriam uma fonte de água inesgotável à sua disposição. Da mesma maneira, não é possível manter a visão realista da Ceia do Senhor. E desde que não se pode fazer isso, o comer do pão não irá, simplesmente mediante uma causalidade eficiente, tornar a pessoa parte do corpo de Cristo. As torneiras não tinham utilidade se fossem desligadas. Os emblemas não devem ser desligados daquilo que torna possível a verdadeira comunhão.

(2) A Comunhão pode ser servido sem que haja uma verdadeira comunhão. Um jovem escreveu ao professor George Mark Elliott do cadeia do condado onde se achava: "É muito solitário aqui na cadeia, e um rapaz de minha idade pode sem dúvida pensar numa porção de coisas . . . Eu fui à igreja durante três anos inteiros e só ficava ali sentado . . . Costumava pensar sobre assuntos que nada tinha a ver com a igreja". Este é um exemplo perfeito de infringir a ordem de Jesus para adorar "em espírito". O que o irmão "X" fez no domingo passado? Ele colocou um pedacinho de pão sem fermento na boca, depois o mastigou e engoliu. Ele também tomou um pouco de suco da videira. Mas não houve comunhão com o corpo e o sangue de Cristo; não houve confraternização real com seus irmãos. Ele não estava adorando em espírito e em verdade. Assim como podia haver sacrifício de animais sem que houvesse um sacrifício pelos pecados (Oseias 8.13), pode igualmente ser servido a Comunhão sem que haja verdadeira comunhão.

(3) Um todo bíblico não pode surgir magicamente de porções não bíblicas. Mesmo que pessoas desses vários grupos denominacionais participantes do Concílio Mundial de Igrejas se reunissem em torno de uma mesa de Comunhão, e repartissem o mesmo pão, isto não seria unidade cristã.

---

[40] Alexander Campbell, *Millenial Harbinger*, Extra #2, Dez. de 1830, p. 68 de um artigo intitulado "The Breaking of the Loaf". Impresso e publicado pelo Editor, em Bethany, Virginia.

A Ceia do Senhor não é um talismã, que de algum modo mágico venha a dispensar a necessidade de conformar-se à revelação divina. Apesar do relatório da "Comissão sobre o Reestudo dos Discípulos de Cristo" que insiste em que entre infiéis e crentes na "irmandade" deveria existir "o espírito de consideração, respeito e confiança fraternal mútuos . . . uma comunidade excessivamente preciosa" – se um infiel e um crente partirem um pão à mesma mesa, isso não os torna um só biblicamente. Por causa das facções, partidos e dissensões em Corinto, não foi possível aos coríntios comer adequadamente a Ceia do Senhor (1 Coríntios 11.20). Será que as diferentes facções do Concílio Mundial participam adequadamente da Ceia do Senhor, se as de Corinto não podiam?

Uma interpretação correta da passagem em 1 Coríntios 10.16, 17 mostra que o uso acima está completamente fora do que a passagem tinha intenção de comunicar. Em Corinto, "um pão" era aparentemente passado de mão em mão, e cada um partia um pedaço e comia. O fato de que o indivíduo participava da Ceia do Senhor indicava ao mundo que ele afirmava fazer parte do corpo de Cristo. No contexto, Paulo está falando do que as pessoas pensam a seu respeito, julgando pelos lugares a que você vai e as coisas que faz. Paulo está dizendo que os cristãos não podiam ir ao templo do ídolo porque seriam considerados adoradores do ídolo. Ele ilustra isto, mostrando que quando os cristãos se reuniam para observar a Ceia do Senhor, os que participavam dos símbolos eram julgados adoradores de Cristo. Nossa comunhão é com Cristo; mas, se propriamente observada, está envolvida na Ceia do Senhor uma relação entre os comungantes. Quando aceitamos, seguindo o ensino das escrituras, a redenção que está em Cristo Jesus, devemos abraçar o seu plano para a igreja com sua lei de admissão, organização, normas, e exclusão. No partir do pão renovamos nossa fidelidade ao Cristo sob a nova aliança no seu sangue. Campbell (veja acima) estava certo quando disse que ao passar os elementos à pessoa seguinte, estamos necessariamente mantendo um relacionamento correspondente com ela. (Mas não podemos manter aquilo que nunca existiu antes)[41].

B. Quem pode participar da Ceia do Senhor?

Sabemos com certeza que quando nosso Senhor instituiu a Ceia do Senhor, ela foi dada apenas aos que eram seus discípulos. Judas havia saído para buscar os soldados antes da Ceia ser instituída.

Quando a Ceia era observada pela igreja primitiva, ninguém pensou em incluir pessoa alguma além dos cristãos nela (Atos 2.42, 43; 1 Coríntios 1.1, 2 comparando com 11.23-26).

A pergunta talvez não seja então quem deve participar da Ceia, pois todos concordam que ela é exclusivamente para os cristãos. (A pessoa que ainda não aceitou Cristo como Salvador não deve certamente participar, nem tais pessoas devem esperar ou desejar tal participação). A pergunta seria melhor colocada: Quem é um cristão? A pessoa não imersa é um cristão? Está no Reino de Deus? Se esses comentaristas estão corretos (e eles constituem a grande maioria), os quais julgam que Cristo estava se referindo ao batismo cristão em João 3.5, e se o batismo cristão envolve uma imersão (um sepultamento, o ato de mergulhar), então os indivíduos não imersos não estão no reino. (Isto é dito com toda bondade. De fato, é pronunciado com tristeza. Mas devemos esforçar-nos para ser fiéis às Escrituras. Jesus estabeleceu definitivamente as condições para a entrada no reino de Deus, e não ousamos modificá-las. Cabe a nós proclamá-las ao mundo). Se as pessoas não imersas não se encontram no reino, parece inevitável concluir que elas não são qualificadas para tomar a Ceia do Senhor. Se apenas a imersão é bíblica, e o batismo cristão é uma condição para o perdão, todas as pessoas não imersas continuam em seus pecados, apesar do fato de estarem tentando servir Jesus. (Nada temos para guiar-nos aqui, além da Palavra. Aqueles de quem falamos precisam ser ensinados "com mais exatidão a palavra do Senhor". Isto deve ser feito com muita bondade e amor, mas com absoluta fidelidade às Escrituras). E se as declarações acima forem verdadeiras, quando os não imersos se reúnem trimestralmente no "Domingo de Comunhão Mundial" ao redor da mesa de comunhão, segue-se que eles apenas

---

[41] Os materiais no parágrafo A acima foram adaptados do artigo de George Mark Elliott, "United Around the Lord's Table", *Christian Standard*, XCIII. 14, p. 209 (6 de abril, 1957).

parecem comungar. De fato, partem o pão e bebem do cálice; mas será esta uma comunhão genuína? (Não se assemelharia ao caso do indivíduo imerso na água, mas que não se arrependeu dos seu pecados? Não diríamos que ele foi "batizado", pelo menos no sentido bíblico do termo).

Devemos ter cuidado neste ponto em ridicularizar os católicos. Muitos dizem: "Os católicos não são consistentes. Eles vão à missa (a Ceia do Senhor) e depois vão embora para cometer os mesmos pecados. Não consigo entender." Nós agimos de modo diferente? As pessoas que não estão tentando viver a vida cristã devem participar?

Quem deve decidir quais os indivíduos qualificados para participar? O Espírito Santo ensina que a Ceia é do Senhor. Não é minha. Não é de homem algum, mas do Senhor. Se alguém pensa que é um convidado, não cabe a mim dizer-lhe "Sim" ou "Não". Essa é uma questão a ser decidida entre ele e seu Anfitrião (Cristo). Mas desde que esse Anfitrião não está aqui em pessoa, mas falou na sua Palavra, o suposto convidado deve examinar essa Palavra e decidir quanto à sua qualificação à luz desse exame. Paulo ensinou isso quando disse: "Examine-se, pois, o homem a si mesmo, e assim coma . . . e beba", 1 Coríntios 11.28.

C. Auto-exame

"Examine-se, pois, o homem a si mesmo, e assim coma do pão e beba do cálice" (1 Coríntios 11.28).

Quando um jovem vai visitar a namorada, ele se examina para ver se está vestido corretamente, com o cabelo penteado, com as mãos e o rosto limpos – em suma, para verificar se está apresentável. Isto é inteiramente correto, sendo, de fato, necessário para obter os melhores resultados. Quando um homem é convidado para um jantar ou um casamento, ele se barbeia, manda passar as roupas, observa se elas estão sem qualquer mancha e os sapatos engraxados. Ele tenta apresentar-se sem falhas.

Se tal cuidado é certo e necessário nas questões que pertencem às coisas deste mundo, quanto mais o auto-exame é próprio e necessário para as coisas espirituais – não tanto o exame de nossa aparência externa, mas o de nossa condição espiritual.

Só mediante tal auto-exame é que evitamos participar "indignamente, (1 Coríntios 11.27). Nunca devemos aproximar-nos com negligência da mesa do Senhor. A pessoa deve ter a mente ocupada com as coisas ligadas diretamente à morte do Salvador e não envolvida em pensamentos sobre negócios, deveres sociais, viagens a serem feitas, ou diversões. Devemos aproximar-nos examinando a nós mesmos (discernindo nossos pecados), arrependendo-nos, e renovando nossa promessa de fidelidade a Cristo.

D. Quem pode presidir e servir à mesa?

Qualquer cristão está qualificado para presidir à mesa ou servir os símbolos. O único exemplo detalhado que a Escritura nos dá é aquele em que o próprio Senhor presidio e serviu. Além disto a Bíblia não contém mandamento ou exemplo de quem deve presidir e servir. (Nem mesmo o pronome "nós" de 1 Coríntios 10.16 limita a bênção aos apóstolos e seus sucessores, como ensinado por um determinado grupo). Não existe autoridade bíblica para limitar este privilégio estritamente aos presbíteros e diáconos.

E. A comunhão é um meio de graça?

O que dizer da ideia de que a Ceia do Senhor está ligada ao perdão dos pecados do cristão?

Muitos teólogos creem não existir na comunhão mais do que um meio de lembrar-nos do sacrifício de Cristo pelos nossos pecados.

Outros acreditam que o batismo cuida dos pecados cometidos até o momento em que o indivíduo foi batizado, e a Ceia do Senhor é o ponto em que o sangue de Cristo é contatado para que os pecados cometidos pelo cristão na semana anterior possam ser perdoados. As passagens citadas como evidência disto são 1 Coríntios 10.16: "Não é . . . a comunhão (participação) do sangue de Cristo?"; João 6.53, onde comer a carne e beber o sangue de Cristo resulta no sustento da vida espiritual; e Mateus 26.28 onde Jesus explica sobre o significado do cálice, dizendo: "Isto é o meu sangue, o sangue da nova aliança, derramado em favor de muitos, para remissão de pecados".

Este escritor se inclina para a ideia de que a passagem de 1 Coríntios 10.16 não pode ser explicada, salvo dizendo que a participação na comunhão (com o auto-exame prévio) tem algo a ver com o perdão de pecados. Isto não significa que haja alguma coisa no pão e no cálice que remova magicamente o pecado, assim como nada existe na água do batistério que lave os pecados. Mas, do mesmo modo que o batismo é uma condição sobre a qual Deus perdoa os pecados de um crente arrependido, a comunhão pode ser também concebida como uma condição em que Deus perdoa os pecados de um cristão arrependido. Deve ser igualmente notado que o indivíduo com tendências legalistas (caso considerasse a Ceia do Senhor como um meio de graça) iria rapidamente escorregar para a prática da extrema unção (dar a comunhão a um moribundo, para que não entre na eternidade com algum pecado não perdoado). Um conceito sadio da salvação pela graça, em lugar da perfeição sem pecado, irá resguardar-nos deste ultimo erro.

Desde que pode ser demonstrado que a Ceia do Senhor é uma *proclamação* e uma *comemoração*, além de uma condição para o perdão do pecado, a praxe deste escritor é compartilhar cuidadosamente *cada* ideia quando prega e ensina, a fim de não contribuir justamente para o problema que lamentou no parágrafo introdutório deste estudo especial.

CONCLUSÃO: QUAL A IMPORTÂNCIA DA CEIA DO SENHOR?

Desde que esta instituição é uma lembrança do sofrimento e morte de nosso Salvador na cruz, parece que a questão pode ser decidida ao determinar a importância da morte de Jesus no plano da redenção. Qual foi, pois, a importância dessa morte? É pela sua morte que os homens são atraídos para ele, João 12.32, 33. É pela sua morte que a reconciliação é efetuada, Romanos 5.10. A morte de Jesus foi o tema da conversa em uma das reuniões mais importantes já realizadas no universo, Lucas 9.30, 31.

Em vista do lugar ocupado pela morte de Jesus, qual a posição da lembrança dessa morte na adoração divina? De um ponto de vista lógico, ela deveria ocupar o primeiro lugar. Essa é exatamente a posição que a Palavra de Deus lhe confere. Segundo Atos 20.7, a igreja se reuniu com o propósito de partir o pão. Eles não se reuniram basicamente para orar, embora a oração seja importante, e não duvidamos que realmente tenham orado. Nem, primeiramente, para cantar, embora o canto seja importante, e eles provavelmente cantaram. Não foi também para levar suas ofertas, apesar disso ser importante, e não há espaço para duvidar de que tivessem levado suas ofertas. Não foi sequer para ouvir Paulo pregar, embora Paulo fosse um grande pregador, e realmente pregou. Nenhum desses foi o objetivo principal da reunião, mas o PARTIR DO PÃO, isto é, observar a Ceia do Senhor.

Nem todos os presentes têm capacidade para cantar; nem todos sabem oferecer uma oração audível; nem todos podem pregar. Mas todos podem com reverência, espírito de oração, e reflexão, "partir o pão", fortalecendo assim suas almas, ao "proclamar a morte do Senhor até que ele venha", e manter a igreja de Cristo viva para transmitir sua mensagem ardente de amor a um mundo transviado.

BIBLIOGRAFIA

Blakely, Fred. O., "The Weekly Communion", em *The Apostles' Doctrine*, Highland, Ind: publicado pelo autor, 1959, p.8-63.

Campbell, Alexander, *Christian System*, Cincinnati: Standard Publishing Co., s.d., p. 265-293.

...................., *Millenial Harbinger*, Bethany, Va.: publicado pelo autor, 1830, Extra 2.

Dale, L Edsil, *Acts Comments*, Lansing, Mich.: publicado pelo autor, 1960, p. 303-313.

DeWelt, Don, "The Table of Remembrance", *The Church in the Bible*, Joplin, Mo.: College Press, 1958, p. 372ss.

Dungan, D. R., "The Lord's Supper", em *The Old Faith Restated*, editado por J. H. Garrison, St. Louis: Christian Publishing Co., 1891.

Dunn, Chester V., "Ten Talks on the Lord's Supper", *Christian Standard*, LXX, 27, (20 de julho, 1935), p. 692ss.

Nash, Donald, "The Beverage was Grape Juice", *Christian Standard*, LXXXIX, 24, (13 de junho, 1953), p. 376.

Sharp, C. J., *The Communion*, Cincinnati: Standard Publishing Co., 1930.

Desenho de Horace Knowles
da British and Foreign Bible Society

CAPÍTULO VINTE E UM

11. *Em Cós, Rodes e Pátara. 21.1,2*

21.1 –

Depois de nos apartamos – Os presbíteros de Éfeso haviam escoltado Paulo e seus amigos até o navio e agora se separaram, cada um para o seu lado. "Apartar" é uma palavra forte em grego e quase poderia ser traduzida "Quando conseguimos arrancar-nos deles". Havia relutância em deixar os presbíteros.

Fizemo-nos à vela – Nessa época do ano no Mar Egeu, o vento sopra regularmente entre a meia-noite e o amanhecer, vindo do norte, e continua até a tarde do dia seguinte. Ficamos imaginando se o grupo de Paulo subiu ao navio nas primeiras horas da manhã.

E, correndo em direitura, chegamos a Cós – Paulo e os homens que levavam a oferta continuam a bordo do pequeno navio costeiro em que navegavam desde sua partida de Trôade. "Direitura" indica que o tempo era excelente para navegar[1]. Cós era a cidade principal da ilha de Cós, que ficava cerca de 64 km ao sul de Mileto, sendo famosa por seus vinhos e tecidos de seda, e pela grande escola de medicina que floresceu ali durante muitos anos.

No dia seguinte, a Rodes – Rodes é uma ilha a 80 km a sudeste de Cós; ao navegar entre as duas ilhas é preciso rodear o Cabo Cnido. Na extremidade norte de Rodes fica a cidade de Rodes, onde eles ancoraram para o pernoite. A entrada do porto havia sido antes enfeitada pelo Colosso de Rodes.

> Durante 56 anos o Colosso de Hélio, de bronze, ficou na entrada do porto. Era tão grande, com 32 metros de altura, que os navios passavam entre sua pernas. Era considerado uma das sete maravilhas do mundo antigo. O colosso de bronze representava o sol que aparecia quase diariamente sobre a ilha. Cerca de 224 a.C., um terremoto derrubou o ídolo. (Seus fragmentos ainda se encontravam ali por ocasião da visita de Paulo.) Em 600 A.D; seus remanescentes foram vendidos a um judeu pelos conquistadores sarracenos. Foram necessários 900 camelos para levar o bronze[2].

A ilha tinha o nome de "Rodes" por causa das lindas rosas que ali cresciam.

E dali, a Pátara – Pátara era um porto na costa da Lísia e servia de porto marítimo para Xanto, capital da Lísia. Ambas as cidades estão agora em ruínas, e as de Pátara mostram que era um porto espaçoso, embora esteja hoje sedimentado e não passe de um brejo.

Segundo o texto Ocidental, o navio costeiro em que viajavam chegou a Mira no dia seguinte, depois de sua parada em Pátara. Tal leitura poderia ser plausível, desde que Mira era o porto onde os navios que navegavam através do Mediterrâneo para a Síria e o Egito, aportavam. Como esta leitura entrou no texto Ocidental é discutido. Alguns acreditam que o autógrafo de Lucas continha essas palavras, e que Paulo e os mensageiros trocaram de navio ali a caminho de Jerusalém. O fato de que as palavras não se encontram nas outras tradições textuais é explicada desta forma: as palavras devem ter sido removidos por causa de um erro chamado *homoeoteleuton*. Por outro lado, se for afirmado que o autógrafo de Lucas não incluía "e Mira" nele, as palavras foram provavelmente interpoladas no texto Ocidental por um escriba que se lembrou que Mira era o porto onde Paulo trocou de navio numa viagem posterior[3].

---

[1] Compare notas em 16.11 onde a mesma expressão "correndo em direitura" aparece.
[2] Dale, *op. cit.*, p.333.
[3] Atos 27.5.

21.2 –

Achando um navio que ia para a Fenícia, embarcamos nele, seguindo viagem – Eles mudam de navio, deixando o barco costeiro e embarcando em outro maior, próprio para o oceano, para a viagem de 650 km através do mar aberto em direção a Jerusalém. Lembrando-nos de que Paulo tem presa de chegar a Jerusalém até Pentecostes, podemos conjeturar a razão para a troca de navios. Ou o barco costeiro havia sido alugado só até aquele ponto, e eles têm de encontrar outro meio de transporte, ou o barco costeiro vai continuar sua viagem vagarosa de porto em porto, e o outro promete um transporte mais rápido para o seu destino[4].

12. *Passagem por Chipre e Parada em Tiro. 21.3-6*

21.13 –

Quando Chipre já estava à vista, deixando-a à esquerda – O navio deles caminhava para o sudeste, e Chipre foi deixada à esquerda. "À vista" é o termo náutico correto, característico do relato de Lucas. Como navegavam em direção à Síria, se aproximaram tanto da ilha que ela parecia levantar-se a cima do horizonte. Deveriam ter passado perto de Pafos, e Paulo deve ter-se lembrado de sua primeira viagem missionária, quando ele e Barnabé evangelizaram a ilha, tendo até oportunidade de pregar para o procônsul dali[5].

Navegamos para a Síria – "Síria" era o nome dado a toda a costa oriental do Mar Mediterrâneo, desde a Cilícia no norte até o Egito ao sul. Incluía a Fenícia e a Palestina.

E chegamos a Tiro; pois o navio devia ser descarregado ali – Tiro era um porto principal de comércio na extremidade oriental do Mediterrâneo nos tempos antigos, e continua sendo um porto de considerável capacidade. Ela era a cidade principal da Fenícia, e embora ficasse a 650 km de Pátara, podia ser alcançada em quatro ou cinco dia sob condições favoráveis de navegação[6]. Os comentaristas julgam que a "carga" era cereal ou vinho. "Descarregado" é um verbo no presente, indicando que a tarefa levou alguns dias, durante os quais Paulo e os mensageiros das igrejas visitaram os cristãos de Tiro.

> A viagem do navio de Pátara a Tiro levou vários dias e noites em mar aberto, sem lançar âncora como tinham feito todas as noites desde a sua partida de Trôade. Os barcos daquela época raramente faziam tais viagens, exceto quando podiam esperar pela luz da lua e das estrelas à noite; e é possível que tivessem essa iluminação durante esse percurso. Paulo deixou Filipos sete dias depois da lua cheia e levou cinco dias para chegar a Trôade, onde permaneceu sete dias (20.6). Isto significa 19 dias depois da lua cheia. Ao partir de Trôade, chegaram a Mileto em quatro dias, e de Mileto navegaram para Pátara em três dias (20.13-15, 21.1) Esses sete dias somados aos 19 totalizam 26 dias Se passaram três ou quatro dias em Mileto, teriam passado então um total de 29 ou 30 dias desde a última lua cheia. Seria novamente lua cheia quando estivessem navegando [em direção à Síria]. Qualquer viajante que tenha viajado à luz da lua no Mediterrâneo em época de verão no Mar Mediterrâneo, quando a água está calma não esquece esta experiência deliciosa. Os espíritos perturbados de Paulo e seus companheiros devem ter-se também acalmado[7].

21.4 –

Encontrando os discípulos, permanecemos lá durante sete dias – "Encontrando os discípulos" indica que eles tiveram de fazer indagações, depois de desembarcarem, perguntando às pessoas nas ruas da cidade portuária, se havia ali alguns cristãos. Depois de algum tempo e trabalho, localizaram os discípulos. Esta é a primeira menção de uma congregação de cristãos

---
[4] Sobre Fenícia, veja notas em Atos 11.19.
[5] Atos 13.4, 12.
[6] Crisóstomo (*Homily* XL V.2) fala de uma viagem de Pátara a Tiro como levando cinco dias.
[7] McGarvey, *op. cit.*, p.196, 197.

em Tiro, embora tivéssemos aprendido em Atos 11.19 que houve evangelização na Fenícia, e em Atos 15.3 que Paulo visitou as igrejas da Fenícia. A igreja talvez fosse pequena, pois o grego diz "*os* discípulos", envolvendo todos os residentes dali. Em Tiro, foram necessários sete dias para descarregar e talvez recarregar o navio. A demora de uma semana na viagem para Jerusalém, deu a Paulo e aos mensageiros uma oportunidade de visitar os membros da igreja dali e encorajar os irmãos. Houve um e possivelmente dois Dias do Senhor incluídos neste período de tempo.

E eles, movidos pelo Espírito, recomendavam a Paulo – Esses avisos repetidos (o tempo do verbo indica ação contínua) foram provavelmente resultado do exercício do dom da profecia, como implicado na declaração registrada em Atos 20.23. Nas reuniões no Dia do Senhor e durante a semana, o Espírito deu diversas vezes essas mensagens para serem transmitidas pelos profetas.

Que não fosse a Jerusalém – É difícil determinar se Paulo esta ou não desobedecendo a uma ordem do Espírito Santo neste ponto. O que foi dito a Paulo mediante revelação e inspiração antes nessa viagem deve ser revisto, pois faz parte do material que ajuda a decidir sobre este assunto[8]: Quais são então as possibilidades? (1) Talvez esta seja uma ordem do Espírito para Paulo não ir a Jerusalém, e o apóstolo aparentemente desobedeceu deliberadamente, com o resultado de ser preso e ficar no cárcere por vários anos como castigo pela desobediência ao Espírito[9]. (2) Esta declaração quem sabe contradiz o que é dito em 19.21 e 20.22, 23, mas Lucas não escreveu ambas as passagens; os materiais têm sido usados para provar que um redator reformulou os escritos de Lucas e inseriu, sem dar-se conta disso, alguns materiais que contradiziam o que foi dito anteriormente[10]. (3) Esta passagem talvez signifique que o Espírito revelou a alguns cristãos de Tiro, como havia feito em outras cidades, o que aguardava Paulo em Jerusalém. Eles então, por conta própria, ficaram insistindo com o apóstolo que não fosse para lá, depois de tomarem conhecimento da revelação sobre o futuro de Paulo[11].

21.5 –

Passados aqueles dias – A palavra traduzida "passados" significa "completamente equipado ou suprido", assim como "terminado". Alguns sugerem que os missionários não só se equiparam para o resto da viagem, como também o navio foi "aprovisionado" (recarregado) e pronto para partir ao fim dos sete dias. Todos os preparativos para o resto da viagem foram completados.

Tendo-nos retirado, prosseguimos viagem – O tempo do verbo retrata para nós uma espécie de procissão seguindo da cidade para a praia.

Acompanhados por todos, com suas mulheres e filhos, até fora da cidade – Quando chegou a hora da partida do navio, todos os cristãos de Tiro, com suas famílias, acompanharam Paulo e os mensageiros das igrejas até a praia. Esta é a primeira menção específica de crianças em relação à igreja primitiva[12], e vemos no grupo alguns jovens pais cujos filhos são levados juntos quando os pais se agregam ao grupo que escolta os missionários até o navio.

---

[8] Compare notas em 19.21 e 20.22, 23. Se aceitarmos as duas passagens como uma referência ao espírito humano do próprio Paulo, não achamos que o Espírito Santo esteja contradizendo a si mesmo. Se interpretássemos essas passagens como sendo do Espírito Santo, então poderia ser dito que Ele de fato se contradisse, tendo mandado que fosse naquelas passagens e agora dizendo agora para não ir.

[9] Se esta opção for a verdadeira, não deve ser tomada como uma prova de que todas as calamidades são castigo pelo pecado, embora algumas de fato o sejam!

[10] Veja este método de interpretação de Atos negado em Knowling, *op. cit.*, p. 443. Nós também o rejeitamos!

[11] O grego neste versículo não é "*pelo* Espírito" mas "*através* do Espírito" – de modo que esta última opção é uma possível explicação do propósito da passagem.

[12] "Casas" poderia ter incluído jovens maiores de idade, mas, como já mostramos, nenhuma criança pequena. Atos 2.39 diz "crianças" (filhos na SBB) num sentido figurado, significando "descendentes". Êutico foi chamado de "menino" (jovem na SBB), mas não é dito se ele era ou não cristão.

Ajoelhados na praia – Compare com Atos 20.36. A antiga cidade de Tiro tinha uma praia em cada extremidade da mesma.

Oramos – Pelo fato do grego dizer *"Nós* oramos", parece que neste caso vários cristãos de Tiro, assim como diversos outros do grupo missionário, se juntaram em interseção recíproca. A oração é um modo adequado de despedidas para os cristãos.

21.6 –

E, despedindo-nos uns dos outros – Esta parece ter sido outra despedida penosa como a de Mileto. Os cristãos de Tiro talvez não conhecessem Paulo por tanto tempo quanto os presbíteros de Éfeso, mas quando as pessoas estão ligadas devido a uma relação comum com Cristo, uma semana juntas firma a sua amizade como se tivessem conhecido umas às outras durante toda a sua vida.

Então embarcamos – O artigo "*o* navio" aqui, enquanto no versículo 2 não havia artigo (no português a frase é diferente do inglês que diz: "então subimos a bordo d(o) navio" – N.T.), parece fazer desde o chamado artigo de referência prévia, indicando ter sido *o* mesmo navio que os havia trazido e que depois de ter terminado o descarregamento e carregamento, estava agora pronto para levantar âncora e viajar em direção ao pronto seguinte.

E eles voltaram para suas próprias casas – Enquanto os marinheiros levantam a âncora e as velas são erguidas contra o vento, os cristãos de Tiro voltam para as suas casas.

13. *Em Ptolemaida. 21.7*

21.7 –

Quanto a nós, concluindo a viagem de Tiro, chegamos a Ptolemaida – Ptolemaida ficava cerca de 48 km ao sul de Tiro. A Baía do Acre forma um meio círculo, cerca da 14 km na direção norte-sul. Ao sul desta baía fica o Monte Carmelo e o moderno porto de Haifa. Ptolemaida se localiza ao lado norte desta baía. Nos dias do Antigo Testamento, este porto marítimo do Mediterrâneo tinha o nome de Aco[13]. Quando o reino de Alexandre o Grande foi dividido, Ptolomeu Soter (Ptolomeu I), rei do Egito, recebeu esta cidade como parte do seu quinhão e a reconstruiu. O nome da mesma pode ter sido derivado dele[14]. Quando ela passou para o domínio de Roma, foi chamada de *Colonia Claudii Caesaris* em honra do imperador Cláudio. Seu antigo nome voltou aos poucos a ser usado, e ela é hoje conhecida como Acre (ou São João do Acre, cujo nome nos lembra da importância da cidade durante as cruzadas quando uma igreja magnífica foi ali levantada e dedicada ao apóstolo João). O morro em que ficava a Ptolemaida bíblica fica a vários milhares de metros para o interior em relação às fortificações chamadas Acre nos tempos das cruzadas e mais tarde.

Onde saudamos os irmãos – Cada uma das cidades que ficava ao longo da costa do Mediterrâneo parece ter sido evangelizada, pois em quase todas notamos uma congregação de cristãos. Talvez o evangelista Filipe tenha fundado a igreja em Ptolemaida, ou quem sabe alguns dos cristãos dispersos depois da perseguição de Estêvão foram os responsáveis pela fundação da igreja[15]. A "saudação" teria incluído um abraço e um beijo santo[16].

Passando um dia com eles – Este teria sido o espaço de tempo que o navio deles ficaria no porto, ou foi todo o tempo que podiam ficar, caso desejassem chegar a Jerusalém até o Pentecostes. Supomos que Paulo e seus amigos estivessem querendo aproveitar a hospitalidade dos irmãos em Ptolemaida, assim como procurando uma oportunidade para pregar a eles mediante admoestação e encorajamento.

---

[13] Juízes 1.31. A cidade também recebe esse nome na carta de Tell el Amarna.
[14] Outros atribuem o nome a Ptolomeu II (Filadelfo), 285-246 a.C.
[15] Atos 11.19.
[16] Para o significado de "saudamos", veja notas de Atos 18.22.

14. *Em Cesaréia. 21.8-14*

21.8 –

No dia seguinte, partimos – Não se sabe se foram por terra ou por mar. No primeiro caso, viajaram pela estrada que rodeia a Baía de Acre, ao longo de uma praia lisa, até a extremidade litorânea do Monte Carmelo; de onde ela leva em linha direta quase até o sul, ao longo da costa do Mediterrâneo, até Cesaréia. A distância é cerca de 56 km, e se foram por terra a viagem levaria um pouco mais de dois dias. A KJV diz: "Nós, do grupo de Paulo, partimos", mas estas palavras adicionais, presentes em alguns manuscritos, é evidentemente um acréscimo posterior.

E fomos para Cesaréia – Para informação sobre a cidade, veja notas de Atos 8.40 e 10.1.

E, entrando na casa de Filipe – Esta foi a terceira visita de Paulo a Cesaréia[17], sendo possível supor que Paulo esteja simplesmente renovando um conhecimento prévio com Filipe, que morava ali há mais de 20 anos. Talvez essa tivesse sido a primeira vez que Lucas encontrava Filipe e ficamos imaginando se nos anos seguintes, enquanto Lucas fazia parte de suas pesquisas para o terceiro evangelho e Atos, ele obteve algumas dessas informações de Filipe.

O evangelista – A palavra evangelista é a tradução de um termo grego composto de *eu*, "bem", e *angelos*, "um mensageiro". A palavra parece implicar que um evangelista é alguém que proclamava oralmente as boas novas, o evangelho. O cargo ou função do evangelista é mencionado em apenas dois outros pontos do Novo Testamento, Efésios 4.11 e 2 Timóteo 4.5. A partir dessas fontes limitadas, as seguintes implicações são extraídas: (1) Não é fácil distinguir em cada caso entre as atividades do apóstolo e evangelista[18]. (2) O título talvez tenha sido dado a Filipe por causa do tipo de trabalho missionário executado por ele[19]. (3) O que dizer da classificação do cargo de evangelista? Devemos enfrentar imediatamente a questão da lista de cargos de Efésios 4.1 ser de autoridade descendente. (a) Caso positivo, o cargo de evangelista vem logo após o de apóstolo e profeta. Isto, por sua vez, sugere a pergunta da posição do evangelista em relação à do presbítero (professor que pastoreia). Mesmo que insistamos que Efésios 4.11 cita os cargos em ordem de autoridade descendente, duvidamos de que a menção do evangelista antes do presbítero dê ao primeiro poderes absolutos, ditatoriais, numa congregação. Nem mesmo um apóstolo exerce essa espécie de poderes! Além do mais, os presbíteros é que são chamados "dirigentes", "supervisores", da congregação local. Nem sequer Tito (que era provavelmente evangelista, embora não seja especificamente chamado assim no Novo Testamento), que deveria nomear os presbíteros em cada congregação[20], ao que parece, fez isso de maneira autocrática. (b) Caso negativo, podemos então dizer que a lista era de natureza "geográfica". Os apóstolos e profetas não eram limitados em seu trabalho a uma igreja individual, enquanto os presbíteros ficavam ligados a uma determinada congregação. Entre os dois cargos ficavam os evangelistas, cuja missão era pregar a Palavra, algumas vezes em vários locais diferentes; e outros, como Filipe, se estabeleciam num mesmo lugar por mais de 20 anos. Uma pergunta que fica certamente em aberto no Novo Testamento é se o evangelista deve ficar sob a supervisão dos presbíteros, ou ser "um conselheiro de externo para os presbíteros", quando está servindo numa congregação específica. (4) Como os evangelistas eram nomeados? Desde o início eles recebiam sua comissão das igrejas, e não diretamente de Cristo, como aconteceu com os apóstolos de Cristo[21]. Isto pode ser confirmado pelo caso de Timóteo, em que as mãos do presbitério foram impostas sobre ele com o propósito

---

[17] Atos 9.30 e 18.22 registram as duas primeiras viagens.

[18] "Evangelista" era o nome dado aos escritores dos quatro evangelhos. Dois deles eram também apóstolos. A distinção entre apóstolo e evangelista pode ser então dada nesta pequena fórmula: Todos os apóstolos são evangelistas, mas nem todos os evangelistas são apóstolos.

[19] Alguns dizem que o título foi dado para distinguir Filipe dos apóstolos, mas a frase seguinte, "um dos sete", seria então redundante.

[20] Tito 1.5.

[21] Deve ser lembrado que haviam "apóstolos das igrejas" também. Veja Atos 14.14.

de separá-lo para o trabalho que deveria começar[22], e por analogia de argumento com o caso de Filipe. Paulo impôs as mãos sobre Timóteo evidentemente para atribuir a ele esses dons espirituais que eram necessários naquela época para capacitá-lo a cumprir a comissão recebida da igreja através das mãos dos apóstolos[23]. (5) O cargo de evangelista era temporário (como o de apóstolo e profeta), ou permanente (como o do presbítero e diácono)? Foi dito a Timóteo que entregasse o evangelho a homens fiéis, que por sua vez o transmitiriam a outros[24]. Isto veio a ser adequadamente aceito como uma prerrogativa para separar evangelistas durante toda a era da igreja[25].

Que era um dos sete – Esta designação lembra o leitor dos sete homens escolhidos para servir as mesas em Atos 6.5. Filipe era um deles, a mesma pessoa que liderou a evangelização em Samaria e batizou o etíope na estrada para Gaza[26]. Ele é evidentemente chamado "um dos sete" para distingui-lo do apóstolo Filipe. Apesar dessas precauções, os dois Filipes foram confundidos por escritores cristãos posteriores. Polícrates (bispo de Éfeso, 190 A.D.) e Gaio de Roma (200 A.D.) foram interpretados por Eusébio de Cesaréia (325 A.D.) como dizendo que os túmulos de Filipe, o evangelista, e de algumas de suas filhas, se encontravam na Ásia Menor perto de Hieràpolis. Todavia, este mesmo Filipe é chamado de "apóstolo Filipe" nessas mesmas fontes[27].

Ficamos com ele – Ele deve ter tido uma casa grande para poder estender sua hospitalidade a Paulo e aos seus nove companheiros. Bruce e outros encontraram nesse parágrafo o que julgam ser evidências da unidade e integridade do livro de Atos. Não só há menção dos "sete" em ambas as "partes" do livro, como Filipe é ligado a Cesaréia tanto nos capítulos anteriores como aqui'"[28].

21.9 –

Tinha este quatro filhas donzelas – Esta família muito provavelmente estava entre aquelas entrevistadas por Lucas ao fazer sua pesquisa para seus dois livros de história[29]. Lucas se achava em Cesaréia nesses dias. Os dois anos em que Paulo ficou preso aqui[30], teriam também dado a Lucas uma oportunidade excelente para interrogar suas testemunhas oculares do ministério de Jesus e quanto à história da igreja antes dele ter-se envolvido pessoalmente na mesma. Eusébio, que morou em Cesaréia anos mais tarde, cita Papias (da Hierápolis asiática) como afirmado que essas filhas estavam entre os informantes de Lucas sobre a história primitiva da igreja[31].

A designação "donzela" indica com toda probabilidade não só o simples fato de que elas eram ainda solteiras, mas pode indicar também que se havia devotado à vida de solteira a fim de dedicar todo o seu tempo ao serviço de Cristo[32]. Nem o exemplo das filhas de Filipe, nem as instruções de Paulo em 1 Coríntios 7.25ss, devem ser interpretados como se a vida de solteiro fosse mais santa ou mais aceitável a Deus do que a de casado. Paulo diz simplesmente que suas instruções ali eram "por causa da angustiosa situação presente". Eventualmente veio a existir uma ordem de "virgens" na igreja, sendo ainda possível observar evidência da mesma nas irmandades femininas da igreja católica romana. Existe também evidência, através das catacumbas, da existência de "virgens" na igreja desde os primeiros anos[33]. Seria provavelmente uma ilação intro-

---

[22] Atos 16.1-3; 1 Timóteo 4.14.
[23] 2 Timóteo 1.6.
[24] 2 Timóteo 2.2.
[25] Com respeito às qualificações de um evangelista, veja a obra *The Church in the Bible* de DeWelt, pp. 94, 95.
[26] Atos 8.12, 13, 26-40.
[27] O problema é discutido e dadas referências para pesquisar o problema em F. F. Bruce, *op. cit.*, p.423.
[28] Os "sete" são citados aqui e em Atos 6.3ss; a ligação entre Filipe e Cesaréia é encontrada aqui e em Atos 8.40.
[29] Lucas 1.3 fala da pesquisa feita por Lucas antes de escrever o seu Evangelho. É suposto que ele fez uma pesquisa similar para sua história chamada Atos.
[30] Atos 24.47.
[31] Eusébio, *Church History*, III. 18.
[32] Compare 1 Coríntios 7.32-34. Jesus falou também da vida de celibato por o bem do reino, Mateus 19.12.
[33] Plumptre, *op. cit.*, p. 350.

duzir aqui uma prática posterior, se for afirmado que as filhas de Filipe já faziam parte de uma ordem separada, ou que vivessem num lugar separado da casa do pai[34].

Que profetizavam – Esta frase traduz um particípio presente, indicando que as filhas exerceram esse dom durante um certo período de tempo[35]. Poderíamos perguntar, quando e onde elas profetizavam? A resposta a esta pergunta tem implicações extensas no aspecto do papel bíblico da mulher na igreja. Elas profetizavam nas assembléias da igreja? Caso positivo, isso nos dá um precedente bíblico para as pregadoras de hoje? É verdade que Paulo proibiu as mulheres de profetizarem em Corinto[36], e mais tarde proibiu que ensinassem em Éfeso[37]. Como iremos harmonizar as passagens que proíbem as mulheres de profetizarem com aquelas que indicam estarem elas de fato profetizando (i.e., falando por inspiração)? Podemos afirmar que o Espírito Santo levava as mulheres a fazer num lugar o que Ele proibia a elas em outro? Ou existe um tema subjacente em todas essas passagens que nos permite harmonizá-las? A resposta cristã histórica é que há um princípio nesses versículos, a saber, que as mulheres não devem assumir uma posição de ensino na igreja que possa usurpar a ordem divina de autoridade – Deus, Cristo homem, mulher. É perfeitamente possível que as filhas de Filipe confinassem suas ministrações às pessoas de seu próprio sexo; elas poderiam especialmente falar e ensinar em separado às mulheres de precedência judia e gentia, a quem no Oriente os homens não teria acesso. Ou, caso as quatro filhas exercessem realmente seu dom nas assembléias públicas, pode-se afirmar que elas tinham a função, mas não ocupavam o cargo, de profeta na igreja primitiva[38]. Não há certamente prova através deste caso para dizer que as mulheres devem ser ordenadas hoje para o cargo de evangelista, ou qualquer outra posição de autoridade e liderança na igreja[39]. Muitos apelam para Gálatas 3.28, "nem homem nem mulher...", no esforço feito presentemente pelos teólogos para ordenar mulheres para cargos de liderança, como se esse versículo indicasse que um era tão elegível quanto o outro para tais tarefas. Afirmamos que o uso de Gálatas 3 nesse sentido é como arrancar o versículo em questão do seu contexto. O contexto fala de classes de homens a quem o convite do evangelho é oferecido (não há limitação no Novo Testamento; todos os homens são igualmente aceitáveis a Deus caso se aproximam com fé e obediência). Ele *não* dá uma das qualificações necessárias para a pessoa que deseja ocupar algum cargo na igreja do Novo Testamento!

21.10 –

Demorando-nos ali alguns dias – Veremos adiante que pode ter sido até seis ou sete dias. O objetivo "alguns" está no grau comparativo, implicando assim um período de tempo mais longo do que o esperado. Os mensageiros e Paulo estavam apressando-se para estar em Jerusalém até o Pentecoste[40]. Não pensamos que esse propósito tenha sido posto de lado. Supomos que chegaram à Judéia antes do que haviam previsto, podendo assim passar mais dias em Cesaréia do que supuseram a princípio. Havia, de qualquer modo, tempo para as notícias da chegada de Paulo alcançarem Jerusalém e para Ágabo ir a Cesaréia.

Desceu da Judéia um profeta chamado Ágabo – Este é provavelmente o mesmo homem que encontramos em Atos 11.28, embora alguns tenham deduzido tratar-se de outra pessoa em vista do modo como Lucas o apresenta. O nome não é muito comum e estamos, portanto, incli-

---

[34] Jerônimo, *Epistles*. V. 8; XVIII. 8.
[35] Sobre o significado da palavra "profeta", veja Atos 2.17.
[36] 1 Coríntios 14.34.   [37] 1 Timóteo 2.12.
[38] Esta distinção entre função e cargo é melhor ilustrada pelo caso de Daniel, cujo livro (no cânon hebraico) aparece nos Escritos Sagrados em vez de entre os Profetas, mais provavelmente porque ele exercia a função mas não o cargo de profeta.
[39] Uma declaração sucinta das posições liberais da atualidade e novas posições evangélicas, assim como uma declaração sólida do ponto de vista tradicional, é dada por George W. Knight, III: "O Ensino do Novo Testamento sobre o Papel do Relacionamento Masculino e Feminino com Referência Especial às Funções de Ensino/Governo na Igreja", no *Journal of the Evangelical Theological Society*, XVIII, No. 2 (Primavera, 1975), p. 81ss.
[40] Atos 20.16.

nados a crer que se trata do mesmo homem. Veja notas em Atos 15.32 sobre o cargo de profeta no Novo Testamento.

21.11 –

E vindo ter conosco, tomando o cinto de Paulo – As roupas de cima usadas no primeiro século, eram trajes soltos e flutuantes, e o cinto servia para prendê-los no corpo à altura da cintura. Ele também servia muitas vezes para guardar dinheiro.

Ligando com ele seus próprios pés e mãos – Os manuscritos variam entre "suas mãos" (i.e, de Paulo) e "suas próprias mãos" (i.e., de Ágabo). A última leitura é a que tem maior apoio. Ágabo usa uma lição objetiva para apresentar claramente a sua profecia. Os profetas do Antigo Testamento empregavam muitas vezes essas lições objetivas enfáticas para gravar a mensagem que tinham a transmitir[41].

Declarou: Isto diz o Espírito Santo – Ágabo citava diretamente as palavras do Espírito Santo, como haviam sido reveladas a ele.

Assim os judeus em Jerusalém farão ao dono deste cinto, e o entregarão nas mãos dos gentios – As mãos de Paulo estavam de fato presas pela multidão judia que o rodeava, e ele foi entregue às mãos dos romanos (quando saíram correndo da torre Antônia para salvá-lo)[42].

21.12 –

Quando ouvimos estas palavras, tanto nós como os daquele lugar, rogamos a Paulo que não subisse a Jerusalém – Ouvindo a predição, os companheiros de viagem de Paulo e os cristãos de Cesaréia[43] insistiram para que ele não fosse a Jerusalém. Até Lucas juntou-se a esse protesto contra a decisão de Paulo de acompanhar a oferta até Jerusalém. Podemos imaginar que os protestos deles eram mais ou menos assim: "Não poderíamos nós, que somos menos conhecidos e corremos portanto menos risco, subir a Jerusalém com a oferta, entregá-la aos líderes dali e voltar a Cesaréia para informar como ela tinha sido recebida? Paulo atendia às vezes os conselhos dos amigos[44], mas não neste episódio.

21.13 –

Então ele respondeu: Que fazeis chorando e quebrantando-me o coração? – Os companheiros de Paulo e os cristãos de Cesaréia ficaram tão comovidos em suas súplicas, que lágrimas as acompanharam. O verbo "quebrantar" é muito pitoresco, sendo usado em relação a uma lavadeira que bate a roupa a fim de que ceda aos seus esforços para lavá-la. Paulo sentiu enfraquecer sua determinação de ir a Jerusalém diante dos pedidos ardentes dos irmãos[45]. Ele respeitava sua opinião, sabia que queriam o melhor para ele, e sabia tão bem quanto eles (lembre-se das predições de cidade em cidade em toda a viagem) os perigos e perseguição que o guardavam em Jerusalém. Ele, porém, resistiu estoicamente às súplicas; mas quase o dissuadiram de continuar viagem.

Pois estou pronto não só para ser preso, mas até para morrer em Jerusalém pelo nome do Senhor Jesus – O pronome "Eu" ([Eu] estou) é enfático no grego. "Pois estou pronto", não importa o que outros pensem ou sintam. Ele sabia da possibilidade de ser algemado e preso, conforme as predições feitas de cidade em cidade; nada registrado se refere à possibilidade de morrer em Jerusalém. Entendemos então que Paulo está dizendo que está pronto a ultrapassar os sofrimentos preditos a seu respeito, caso isso ajude a causa de Cristo. Ele está

---

[41] 1 Reis 21.11; Jeremias 13.1-11; 27.2; Ezequiel 4.1-6; 5.1-4; Isaías 20.3, 4.
[42] Atos 21.23 e 24.1ss mostrarão quantas dessas predições foram cumpridas.
[43] "Os daquele lugar" incluiria Filipe e suas filhas e, se estivessem ainda ali, Cornélio e seus amigos, e outros.
[44] Atos 9.25; 19.30.
[45] Notamos em Atos 19.21 a razão para Paulo sentir-se na obrigação de acompanhar pessoalmente a oferta até Jerusalém.

21.13   A Igreja nos Confins da Terra

convencido, nesse caso específico, de que a sua presença com a oferta é justamente aquilo que é preciso, qualquer seja o custo pessoal para ele.

21.14 –

Como, porém, não o persuadimos, conformados – Todos deixaram de pedir que não fosse a Jerusalém, quando se tornou evidente que ele estava decidido a isso e continuava em sua resolução, perfeitamente cônscio dos perigos que corria.

Dissemos: Faça-se a vontade do Senhor. – Isto não significa evidentemente "Vemos agora que é da vontade do Senhor que Paulo vá para Jerusalém", embora seja esta a forma em que a maioria dos escritores interpreta a frase. Trata-se, porém, da expressão manifesta depois de terem-se resignado ao fato de que Paulo vai continuar com seus planos. Mediante essas palavras eles estão entregando seu amigo à proteção de Deus, confiantes em que os resultados, quaisquer sejam eles, irão ser para o avanço da Sua causa, embora custem aos seus servos muitos sofrimentos e provações.

15. *Para Jerusalém. 21.15-16*

21.15 –

Passados aqueles dias – Os dias envolvidos em sua permanência em Cesaréia (Atos 21.10ss), inclusive a visita de Ágabo, sua predição, e os rogos dos amigos de Paulo.

Tendo feito os preparativos – A palavra (*aposkeuazo*) fala de preparar mochilas ou carregar animais para a viagem[46]. Se eles fizeram a viagem para Jerusalém em apenas dois dias, como o texto Ocidental sugere, devem ter ido a cavalo e não andando.

Subimos para Jerusalém – Cesaréia fica a cerca de 98 km ao noroeste de Jerusalém[47]. Jerusalém ficava situada num plano mais alto que Cesaréia, sendo então correta a linguagem "subimos".[48] A NASB traduziu o imperfeito do verbo "partimos", sendo este provavelmente o modo certo de tratar o verbo.

21.16 –

E alguns dos discípulos também vieram de Cesaréia conosco – Quando os irmãos em Cesaréia não puderam dissuadir Paulo de prosseguir para Jerusalém, alguns deles se preparam para acompanhá-lo. Podemos também entender que eles estavam indo a Jerusalém para a festa do Pentecostes; multidões de judeus estariam indo à festa nesses últimos dias antes de seu início.

Trazendo consigo Mnasom, natural de Chipre – Algumas das versões mais antigas dão a impressão que Mnasom os acompanhou desde Cesaréia. A leitura do texto Ocidental sugere que os viajantes passaram a primeira noite depois de partirem com Mnasom, em algum lugar entre Cesaréia e Jerusalém. A ideia correta é provavelmente que Paulo e os outros foram levados à casa de Mnasom em Jerusalém. Alguns consideram estranho que Paulo se hospedasse com alguém a quem tivesse de ser apresentado pelos cristão de Cesaréia, se essa pessoa morava em Jerusalém, e dão preferência à leitura do texto Ocidental, supondo que os cristãos de Cesaréia apresentariam Paulo a um dos irmãos em algum ponto intermediário entre Cesaréia e Jerusalém. Em lugar de ser estranho, pensamos que Lucas nomeia Mnasom por ter sido este quem o informou sobre muita coisa a respeito da história primitiva da igreja.

Velho discípulo – As opiniões sobre quando este homem foi convertido variam, alguns preferindo pensar que ele se converteu durante a primeira viagem missionária (que evangelizou Chipre)[49], outros supondo que foi um dos convertidos no dia de Pentecostes. É também interessante especular se Mnasom e Barnabé são velhos amigos, desde que ambos nasceram em Chipre.

---

[46] A KJV diz "carros" em lugar de "bagagem" como a ASV. Há 300 anos a palavra "carros" falava de algo carregado, como a bagagem ou carga. Hoje ela tem a conotação de coche, vagão, charrete, que não é absolutamente a ideia do termo grego.

[47] Atos 11.1.   [48] Compare notas de Atos 18.22.   [49] Atos 13.55ss.

Com quem nos deveríamos hospedar – Da mesma forma que Filipe, este homem deveria ter também uma casa grande em Jerusalém, a fim de estender hospitalidade a todo o grupo de Paulo. As palavras usadas por Lucas parecem implicar que os cristãos de Cesaréia arranjaram previamente a hospedagem em Jerusalém, talvez durante os dias passados por Paulo e seus companheiros em Cesaréia. Podemos ler nas entrelinhas a ideia de que nem todos em Jerusalém estariam dispostos a hospedar Paulo? Talvez o arranjo para ficar com Mnasom tenha sido feito como a melhor alternativa para minimizar o perigo previsto para Paulo. Paulo podia pelo menos ter certeza de sua segurança pessoal nessa casa. Os homens de Cesaréia formariam uma espécie de escolta pessoal quando Paulo andasse pela cidade.

Não há razão para duvidar de que a viagem de Corinto tivesse sido completada em tempo para o Pentecoste. No versículo 3 aprendemos que 29 ou 30 dias se passaram entre a Páscoa e a chegada em Pátara. Podemos acrescentar a esses, três ou quatro dias para a viagem de Pátara a Tiro, sete dias em Tiro e mais três até chegarem a Cesaréia, o que totaliza 43 a 45 dos 50 dias entre a Páscoa e o Pentecostes. Assim sendo, cerca de seis sobraram para a estada em Cesaréia e a viagem para Jerusalém. É uma inferência legítima, da demora deles em Cesaréia, de que chegaram cedo para a festa; e a presença dos judeus asiáticos em Jerusalém (os que iniciam as dificuldades para Paulo no templo[50]), também parece ser melhor justificada se a chegada destes foi como peregrinos a uma festa.

A chegada de Paulo a Jerusalém termina a terceira viagem missionária. Novas igrejas foram estabelecidas na Ásia Menor[51]. Congregações estabelecidas em viagens anteriores foram revisitadas e fortalecidas. Cartas foram também escritas para ajudar e fortalecer os irmãos. Uma oferta para a igreja de Jerusalém foi recebida entre os gentios – uma tentativa de cobrir o abismo entre os elementos judeus e gentios na igreja (um abismo causado por antigos preconceitos judeus).

E. OS ÚLTIMOS ANOS DO APÓSTOLO PAULO. 21.17-28.30

1. *A Ultima Visita de Paulo a Jerusalém. 21.17-23.30*

   a. A igreja recebe Paulo. 21.17-26

21.17 –

Tendo nós chegado a Jerusalém – Paulo e os portadores da oferta fizeram a viagem de Cesaréia a Jerusalém em cerca de dois dias.

Os irmãos nos receberam com alegria – Esta foi talvez uma acolhida informal, feita na casa de Mnasom, por aqueles que foram até ali cumprimentar os hóspedes esperados.

21.18 –

No dia seguinte, Paulo foi conosco encontrar-se com Tiago – De acordo com o desejo de Paulo, declarado em Atos 20.16, e notando a contagem dos dias feita por Lucas enquanto navegam para Jerusalém, parece natural inferir que esta visita a Tiago realizou-se no dia de Pentecostes ou próximo dele. Lucas declara ter também estado presente a esta reunião, e já foi sugerido ser ele um dos portadores de parte da oferta[52]. Duas questões levantadas neste versículo exigem atenção especial. (1) Qual a identidade deste "Tiago"? Parece ser o mesmo chamado de "irmão do Senhor", e que já foi apresentado na narrativa de Lucas. (2) Qual sua posição na liderança da igreja? Em princípios de 40 A.D. ele já era uma espécie de líder[53]. Ele presidiu a Conferência de Jerusalém e preparou o "decreto" enviado depois dessa conferência[54]. Desde que os presbíteros são os supervisores das congregações locais, alguns propõem que Tiago fosse um

---

[50] Atos 21.27.   [51] Atos 19.10; 1 Coríntios 16.19.   [52] Veja notas de Atos 20.6.

[53] Que Tiago era uma espécie de líder está implícito nas instruções em Atos 12.17, no sentido de que ele deve ser informado da fuga de Pedro das garras de Herodes.

[54] Atos 15.13 comparado com Gálatas 2.9, 12 mostra sua liderança durante a Conferência de Jerusalém e até mesmo depois dela.

presbítero em Jerusalém. Mas, ele não é chamado de presbítero em lugar algum! De fato, neste versículo é feita distinção entre ele e os presbíteros. Ele não é presbítero quando se trata da posição de liderança que ocupava. Uma segunda sugestão relativa ao seu cargo é a de ser Bispo de Jerusalém.

> Num período posterior, quando a organização da igreja tinha sido mudada por homens não-inspirados, tornou-se costumeiro, e continua sendo entre os grupos episcopais, chamá-lo de bispo da igreja em Jerusalém, porque ele parece ter tido precedência sobre os presbíteros. Mas, em ponto algum do Novo Testamento o título de bispo é usado nesse sentido. Em consequência, este costume insere com muita impropriedade na leitura do registro inspirado um conceito não autorizado de mais tarde[55].

Desde que não foi senão no segundo século que houve "bispos" no sentido moderno do termo, não parece certo falar de Tiago como Bispo de Jerusalém. (3) Outra possibilidade apresentada é que ele recebeu uma posição distinguida na igreja por causa de seu parentesco com Jesus. Pelo contrário, é bastante difícil encontrar postos de liderança atribuídos simplesmente com base no parentesco. (4) Talvez a solução mais simples da pergunta se encontre em Gálatas 1.19, onde Tiago é chamado "apóstolo". O cargo de apóstolo de Cristo não ficou limitado aos Doze originais, não havendo portanto razão para não dizer que Tiago era apóstolo – no mesmo nível dos Doze, Paulo e Barnabé[56].

Em vista de Tiago ser o único nomeado, tem sido regularmente aceito que os outros apóstolos estivessem todos ausentes de Jerusalém em missões evangelísticas. Comparando o que foi dito aqui com o relato de Lucas no capítulo 15, é constantemente afirmado que os apóstolos começaram a deixar Jerusalém mais ou menos na "época da Conferência de Jerusalém, deixando Tiago sozinho para cuidar dos interesses dos cristãos hebreus na Judéia.

E todos os presbíteros se reuniram – A presença deles parece implicar que uma reunião especial havia sido arranjada com Tiago e todos esses líderes das várias congregações em Jerusalém. Numa ocasião anterior, quando ofertas foram levadas a Jerusalém, elas ficaram sob a guarda dos presbíteros para distribuição entre os necessitados[57].

21.19 –

E, tendo-os saudado – Nas notas de Atos 18.22 e 21.7 está explicado o que essa "saudação" envolve.

Contou minuciosamente – Paulo está fazendo um relatório detalhado, dando informações de lugar após lugar e da aceitação do evangelho em cada um.

> O relato minucioso de Paulo sobre as coisas que Deus havia feito através do seu ministério não retrocedeu provavelmente mais do que a Conferência de Jerusalém (Atos 15), pois nessa ocasião ele tinha informado a Tiago e aos demais tudo o que havia ocorrido antes dessa data (Atos 15.4)[58].

O que Deus fizera entre os gentios – Note que Paulo enfatizou que Deus havia feito o trabalho. Deus estava trabalhando através de Paulo.

---

[55] McGarvey, *op. cit.*, p.205. O Novo Testamento não contém referência a um episcopado monárquico. Atos 20.17ss mostra que presbítero e bispo eram termos sinônimos (veja notas ali). McGarvey considerava Tiago um sub-apóstolo, parte de uma classe secundária de apóstolos; o que justificaria ser-lhe dada uma posição de eminência na congregação. Não conseguimos ver qualquer diferença significativa entre a conclusão de McGarvey e a ideia de que ele era um bispo monárquico.

[56] Atos 14.14, onde, veja notas. Tiago teria qualificações para ser um apóstolo, Atos 1.22, pois tinha visto o Senhor ressurreto, 1 Coríntios 15.7.

[57] Atos 11.30.

[58] McGarvey, *ibid*. Alguns afirmam que o relato de Paulo só incluía os eventos da terceira viagem missionária, na suposição de que ele teria relatado a segunda viagem durante a visita registrada em Atos 18.22.

Por seu ministério – Não é difícil imaginar algumas das coisas que Paulo teria relatado. Ele teria contado quantos gentios haviam abandonado seus ídolos e estavam vivendo em fidelidade a Deus, até o ponto em que a frequência aos templos dos ídolos havia caído muito. Teria explicado como a gratidão desses gentios os levou a enviar uma contribuição generosa aos irmãos de Jerusalém. A seguir teria apresentado os mensageiros das igrejas que levaram as ofertas. Talvez tivesse falado sobre as congregações individuais que representavam, ao apresentar cada homem. Podemos supor que Paulo fizesse referência à admoestação recebida no final da Conferência de Jerusalém, para que não esquecesse dos pobres[59]. A oferta, diria ele, era apenas um exemplo de que havia se esforçado ao máximo para cuidar de outros. Ao falar, Paulo talvez tivesse experimentado parte da ansiedade mencionada em sua carta aos Romanos, preocupação sobre como a oferta seria recebida[60]. Agora era o momento de descobrir!

21.20 –

Ouvindo-o, deram eles glória a Deus – O tempo do verbo "glorificar" indica ação contínua. O seu sentido seria satisfeito ao supor que houve expressões contínuas e sinceras de admiração e louvor. É igualmente provável que houvesse agradecimento mais formal feito pelas igrejas aos mensageiros das igrejas. Lucas não fala neste ponto da oferta[61]; mas supomos, pela glória dada a Deus, que eles recebem com gratidão as dádivas. Os louvores a Deus também mostram que estavam de pleno acordo com Paulo e sua doutrina e prática entre os gentios, impedindo que demos uma conotação errada à sugestão prestes a ser feita por Tiago[62].

E lhe disseram – Como explicado em Atos 19.21, a oferta foi uma tentativa de Paulo para sarar a brecha entre os cristãos judeus e gentios[63]. Havia uma animosidade contra os judeus que a fé e o amor cristãos tinham ajudado os cristãos gentios a superar. Mas existia também uma animosidade profunda contra qualquer gentio por parte dos judeus, e eles também precisavam praticar a fé e o amor cristãos. Os líderes de Jerusalém receberam com agrado a oferta, mas dizem a Paulo que será necessário mais além dessa oferta para sarar a brecha. Ela ajudaria, mas teriam de ser igualmente superados muitos preconceitos antigos e alguns rumores prejudicais.

Bem vês, irmão, quantas dezenas de milhares há entre os judeus que creram – Paulo é reconhecido como "irmão". A palavra será também útil para impedir que coloquemos um sentido errado nesta sugestão de Tiago. O líder dos cristãos de Jerusalém não é contrário ao espírito do acordo descoberto por ocasião da Conferência de Jerusalém[64]. "Bem vês", implica em que este fato de grande número de judeus que se tornaram cristãos era algo que Paulo já sabia pelas suas próprias observações. A passagem diz literalmente "quantas miríades", i.e., dezenas de milhares (como no português da SBB – N.T.). Isto poderia parecer uma soma muito grande se pensarmos apenas na população de Jerusalém; mas se houvessem multidões de judeus presentes, vindos do mundo inteiro para a festa do Pentecostes, a declaração é então justificada. Devemos entender evidentemente que a maioria dos cristãos judeus continuou a comparecer às festas, e mantiveram a observação dos outros regulamentos prescritos por Moisés.

E todos são zelosos da lei – Os judeus cristãos continuavam observando a Lei de Moisés e, em particular, os sacrifícios, as distinções de carnes e dias, as horas de oração e as festas. Pode parecer surpreendente que esses cristãos continuassem guardando os rituais mosaicos (desde que

---

[59] Gálatas 2.10.
[60] Veja esta ansiedade explicada nas notas de Atos 20.4.
[61] Lucas faz uma referência definida à oferta em Atos 24.17.
[62] A recepção de Paulo pelos líderes da igreja de Jerusalém contradiz abertamente a reconstrução da história da igreja primitiva pelos liberais, na qual eles surgiriam que tivesse havido uma divisão de doutrina e prática entre Paulo e os principais judeus cristãos.
[63] O livro de Efésios foi o grande gesto de Paulo para a parte gentia da igreja, a favor da unidade. Veja notas em Atos 19.21, onde fica documentado que a oferta para Jerusalém era tanto uma medida de unidade como um meio de ajuda.
[64] Veja notas em Atos 15.6.

21.20

Lei tinha sido abolida, encravada na cruz, Colossenses. 2.14); devemos, porém, nos lembrar: (1) a Lei Mosaica foi ordenada por Deus, e os judeus haviam sido educados durante toda a sua vida, antes de se tornarem cristãos, na observação de seus estatutos; e além disso não havia nada de pecaminoso neles. (2) Os apóstolos seguiram grande parte da lei, caso não a maior parte, enquanto permanecerem em Jerusalém, estabelecendo assim um exemplo para os convertidos do judaísmo[65]. (3) A decisão da Conferência de Jerusalém só referia aos convertidos *gentios*. Ela não tocou na questão de se a Lei deveria ou não ser observada pelos convertidos *judeus*. Essa conferência tornou, no entanto, claro que as obras da Lei não eram necessárias para salvação. Em suas práticas religiosas as pessoas com frequência observam muitas coisas que não são absolutamente necessárias à justificação, as quais não são entretanto erradas em si mesmas. (4) No arranjo da providência de Deus, estava chegando a hora em que o templo seria destruído pelos romanos, e isso acabaria completamente com a observância dos ritos mosaicos.

Ao ler as epístolas e os sermões de Paulo em Atos, parece que o povo deveria, ter a essa altura começado a perder parte de sua excessiva ligação com Moisés. Mas eles tiveram de depender do Antigo Testamento como palavras escritas por Deus para eles (havendo poucos dos livros do Novo Testamento escritos até então), sendo assim mais compreensível o seu zelo pela Lei. Além disso, as pessoas demoram para desistir da maneira antiga e tradicional de fazer as coisas. mesmo quando conhecem um meio melhor. O zelo pela Lei havia se tornado quase uma característica nacional entre os judeus.

21.21 –

E foram informados a teu respeito – O grego traduzido "informados" é uma palavra usada para a instrução formal dada aos catecúmenos; fala de algo que ressoa nos ouvidos, tomando assim o significado de "rumor". Alguém vinha espalhando deliberadamente essas falsas notícias sobre Paulo entre a comunidade judia de crentes. Foram sussurradas em seus ouvidos. A maledicência e os boatos continuam sendo os meios favoritos para destruir aqueles que defendem a verdade e o direito. Não recomenda também os que acreditam em boatos e mexericos, em vez de procurar descobrir os fatos e a verdade. Não se sabe ao certo quem começou essas calúnias deliberadas contra Paulo. Alguns dizem que foram os judaizantes que haviam sido derrotados, mas não convertidos, pela Conferência de Jerusalém. Outros dizem que foram os inimigos de Paulo da Ásia Menor. Uma comparação das acusações contra ele com o que o apóstolo disse, fez e escreveu enquanto se achava na Ásia parece indicar que a última é a sugestão correta.

Que ensinas todos os judeus entre os gentios a apostatarem de Moisés, dizendo-lhes que não devem se circuncidar os filhos, nem andar segundo os costumes da lei – Havia um elemento de verdade suficiente nesses boatos sobre o ensino de Paulo para dar-lhes credibilidade. "Entre os gentios" equivale a "que vivem nos países pagãos fora da Palestina". Aprendemos como os judeus foram dispersos pela primeira vez nas notas sobre Atos 2.5. Talvez a calúnia sobre Paulo na primeira acusação se encontre na palavra "apostatarem" (grego, *apostatize*). Tratava-se da mesma palavra usada em 1 Macabeus 2.15 quanto ao que os oficiais de Antíoco Epifânio queriam que os judeus de Modim fizessem, ao ordenar-lhes que sacrificassem sobre um altar pagão. Paulo absolutamente não estava (afirmamos) insistindo para abandonarem a Lei, mas para obedecerem ao Cristo que a Lei apontava em toda parte[66]. Do mesmo modo, a segunda acusação é uma meia-verdade maliciosa. Ele não circuncidou Tito, mas sim Timóteo. Ele ensinou realmente que em Cristo nem a circuncisão e coisa alguma nem a incircuncisão[67], existe porém uma enorme diferença entre dizer "Não é necessário" (o qual disse) e "Não faça isso!" (o que os seus inimigos o acusavam de dizer). É difícil determinar-se "andar segundo os costumes" se refere as preceitos da lei, ou às tradições dos anciãos[68]. Esta é também uma meia-

---

[65] Tiago era muito respeitado não só pelos cristãos, mas também pela parte judia da população de Jerusalém. Ele era conhecido como "Tiago, o Justo" (Eusébio, *Church History*, II.23).
[66] Compare Atos 19.4, que fala do testemunho similar de João Batista.
[67] Gálatas 5.6; 6.15; 1 Coríntios 7.19.   [68] Veja Atos 6.14 e 15.1.

verdade maldosa. Nas cartas aos coríntios, gálatas e romanos, Paulo tinha tornado claro que guardar a Lei de Moisés não era essencial à justificação do homem depois da vinda de Cristo. Paulo ensinou que a lei "nos serviu de aio para nos conduzir a Cristo, e desde a chegada da fé "não estamos mais sob o controle do tutor."[69]. "Suas cartas foram dirigidas aos judaizantes que tentaram forçar a observação da Lei sobre os convertidos gentios. Paulo jamais permitiria que uma questão opcional se transformasse em prova de fé. A fim de compreender o ensino de Paulo e evitar uma interpretação errada como a dos judeus, devemos observar a distinção que o apóstolo jamais perdeu de vista – entre o que temos liberdade de fazer para o bem de outros, e o que somos obrigados a fazer para obedecer a Deus[70].

21.22 –

Que se há de fazer, pois? – "Esta oferta é um excelente argumento contra as acusações que lhe fizeram, mas é necessário algo mais para contrabalançar os rumores. Existe mais alguma coisa que possa ser feita para ajudar a anular os efeitos das notícias negativas em circulação?" é a ideia geral da pergunta feita por Tiago a Paulo.

Certamente saberão da tua chegada – Isto é dado com uma razão para mais alguma coisa ser feita. A notícia da chegada de Paulo a Jerusalém iria com certeza espalhar-se, e os que a ouvissem estariam alertas para ver qual seria o seu comportamento. Ficariam curiosos para saber se ele iria reproduzir em Jerusalém o ensino anti-mosaico e o estilo de vida que adotava em Corinto e Éfeso, segundo as notícias. O tom de Tiago sugere que nem ele nem os presbíteros acreditavam nos rumores; mas seria necessário mas do que uma segurança verbal para convencer aqueles irmãos zelosos da Lei que eles não tinham recebidos a informação correta. Um ato visual de algum tipo foi necessário, que todos pudessem observar. Tiago tinha uma sugestão a fazer nesse sentido.

21.23 –

Faze, portanto, o que te vamos dizer – É difícil alcançar todos os que ouviram e creram num boato, em um esforço para corrigi-lo. Tiago e os presbíteros sugeriam então um comportamento a Paulo que toda a irmandade iria observar, ou ouvir a respeito, e que lhes mostraria que Paulo não havia abandonado todos os costumes de Moisés. Parece também que o plano suposto por eles como o que teria melhor efeito foi concluído após alguma deliberação dos presbíteros. É possível que a conduta de Paulo em sua visita anterior a Jerusalém fornecesse um precedente para a linha de ação agora recomendada. Paulo evidentemente tinha chegado então como um nazireu[71]. Por que não repetir agora o processo, sugeriram os presbíteros.

Estão entre nós quatro homens que voluntariamente aceitaram voto – Os quatro homens evidentemente são cristãos judeus. Esses quatro, como mostra perfeitamente uma comparação do que é dito deles aqui com a lei do nazireado, estavam sob voto nazireu[72]. Existe uma variação de manuscrito aqui com respeito à preposição "sob" (no inglês a frase diz: "Temos quatro homens que estão sob voto" – N.T.), alguns contêm a leitura *epi* (que enfatizaria a obrigação não cumprida) e outros *apo* (enfatizando que o voto foi tomado voluntariamente – como no português da SBB)[73]. A indicação dada aqui em Atos é que os homens sob voto haviam se tornado imundos (tocar acidentalmente um corpo morto seria um meio do homem tornar-se imundo) antes do término do tempo do voto. Essa imundície cerimonial significava que eles tinham de purificar-se e começar de novo o voto.

---

[69] Gálatas 3.24, 25.
[70] Veja quadro em Atos 15.31.
[71] Veja Atos 18.18.
[72] O voto nazireu foi explicado nas notas de Atos 18.18.
[73] Os Códices Vaticano e Sinaítico contêm a leitura *apo*, e esta talvez seja a leitura correta.

21.24 –

Toma-os, purifica-te com eles – Os votos nazireus eram feitos geralmente por um período de 30 dias, e um período assim longo iria apresentar dificuldades para Paulo se ele tencionava (como sugere Atos 19.21) deixar Jerusalém e seguir em breve para Roma. Ele não desejaria ficar durante os trinta dias. As práticas judias, porém, ofereciam outro curso de ação. Um indivíduo podia associar-se com um nazireu ou um grupo deles, submeter-se ao processo de purificação, oferecer sacrifícios com eles, e pagar pelos seus sacrifícios[74]. Isto era considerado um ato devoto. Agripa I, por exemplo, tinha ganhado desta forma aceitação por parte dos judeus, como se estivesse mostrando reverência pela lei[75].

E faze a despesa necessária para que raspem a cabeça – As despesas incluiriam o pagamento ao sacerdote ou levita que raspava a cabeça, e pagamento pelos animais sacrificados – duas rolas ou dois pombinhos, e um cordeiro[76].

E saberão todos que não é verdade o que se diz a teu respeito; e que, pelo contrário, andas também, tu mesmo, guardando a lei – Esse ato de devoção, Tiago e os presbíteros esperavam, mostraria a "mentira" dos boatos espalhados sobre Paulo. "Andas" é usado em sentido figurado, significando "maneira de viver", um "padrão de conduta". Existe ênfase em "tu mesmo", significando "você, assim como os demais cristãos judeus".

21.25 –

Quanto aos gentios que creram – Com essas palavras, Tiago e os presbíteros, asseguram Paulo ainda mais que não estão sugerindo algo em contradição ao acordo exposto na Conferência de Jerusalém. Eles não estão tentando impor exigência legais sobre os convertidos gentios.

Já lhes transmitimos decisões para as abstenham das coisas sacrificadas a ídolos, do sangue, da carne de animais sufocados e da incontinência – Os quatro pontos do decreto de Jerusalém já foram explicados[77]. Tiago afirma que esses líderes judeus estão perfeitamente preparados para aderir ao plano apresentado à igreja (Atos 15). Ao mesmo tempo, Paulo pode exercer a sua liberdade cristã em relação aos irmãos judeus em cujo meio ele se encontra temporariamente[78]. Esses irmãos judeus decidiram tirar vantagem da liberdade que possuem em Cristo para continuar algumas das suas práticas judias. Não há razão para Paulo não poder fazer o mesmo.

21.26 –

Então Paulo, tomando aqueles homens, no dia seguinte, tendo-se purificado com eles – Todo o processo da purificação levava sete dias. Neste primeiro dia, os homens lavariam suas roupas, tomariam banho, e depois iriam ao templo notificar os sacerdotes sobre o processo inteiro[79].

Entrou no templo, acertando o cumprimento dos dias da purificação – Isto é, Paulo anunciou aos sacerdotes do templo suas intenções de observar o voto com os quatro homens, e também quando estariam completados os sete dias da purificação, a fim de que um sacerdote

---

[74] No fim dos sete dias de purificação, a cabeça dos devotos era raspada no altar das ofertas queimadas, e os sacrifícios animais oferecidos como oferta queimada por cada um deles. Assim começaria novamente a época do voto.

[75] Josefo, *Guerras*, II. 15. 1.

[76] Números 6.9-12. É duvidoso que os outros animais (um cordeiro, uma cordeira, um carneiro) e a oferta (um cesto de pães asmos, oferta de farinha e libação) fossem incluídos nas coisas que Paulo deveria pagar. Esses elementos só eram oferecidos depois de completados os 30 dias.

[77] Veja Atos 15.20-29.

[78] Alguns escritores, por não poderem harmonizar o concelho dado aqui a Paulo com Atos 15, usam esta passagem para negar o que é afirmado ali. Se considerarmos que Paulo estava usando sua liberdade cristã, não há contradição entre estas duas passagens.

[79] Levítico 15.1-30.

pudesse estar preparado para sacrificar as ofertas deles. Os quatro homens não podiam entrar no templo e notificar os sacerdotes, porque a Lei proibia sua entrada no recinto dos judeus durante sua impureza; mas Paulo como não estava cerimonialmente impuro, tinha permissão para entrar e falar por eles[80]. Estas palavras não significam que os sete dias tivessem sido completados, mas sim da intenção de observarem os sete dias da purificação.

Até que se fizesse a oferta em favor de cada um deles – No versículo 24 falamos sobre os sacrifícios que seriam oferecidos no término da semana do processo de purificação. Paulo participa então de uma das cerimonias prescritas pela Lei de Moisés. Paulo deve ser acusado aqui de inconsistência, duplicidade, ou de comprometer o evangelho? Não![81] Todavia, como harmonizar o ato de Paulo neste ponto com seu ensino em outros lugares relativo à Lei de Moisés tem-se mostrado um problema para os comentaristas. Alguns dizem que Paulo não tinha, a essa altura, uma compreensão total da relação entre a Lei e o Evangelho, e que alguns anos mais tarde, ao alcançar uma compreensão mais completa, ele não teria agido desse modo. McGarvey escreve:

> Acho que deve ser admitido que após escrever a epístola aos Efésios, e mais especialmente a aos Hebreus, ele não poderia ter feito isto consistentemente; pois nessas epístolas é claramente ensinado que a morte de Cristo destruiu e aboliu a lei . . . o sacerdócio . . . e os sacrifícios. Efésios 2.13-15, Hebreus 7-10. Mas nas epístolas anteriores de Paulo, embora tivessem sido escritas algumas coisas que envolviam tudo isto quando levadas à sua conclusão lógica, esses pontos não tinham sido ainda claramente velados à sua mente[82].

Além desta apresentação, poderia ser ainda afirmado que do mesmo modo que Pedro pronunciou palavras no Pentecostes, cuja importância ele não compreendeu até que revelações posteriores as explicaram, pode ser então que o Espírito Santo guiou Paulo a toda a verdade, não de uma só vez, mas passo a passo. Este é um modo de harmonizar a aparente inconsistência. Um meio melhor, segundo cremos, é dizer que Paulo está simplesmente exercendo seus direitos numa questão de conveniência (liberdade cristã).

> Não cremos que Paulo ignorasse ainda o que foi revelado mais tarde em Efésios e Hebreus. Ele exerceu seus direitos em questões de conveniência, como fez em Atos 16.3. Ele não ofereceu um sacrifício animal pelos seus próprio pecados. Simplesmente participou da pobreza dos cristãos de Jerusalém que ainda praticavam alguns dos costumes mosaicos[83].

Este escritor concorda com esta última posição. Devemos entender que Paulo agiu de acordo com a prática que ele mesmo pregava. "Procedi, para com os judeus, como judeu, a fim de ganhar os judeus; . . . Fiz-me tudo para com todos, com o fim de, por todos os modos, salvar alguns.[84]"

A concessão de Paulo ao judaísmo faz surgir esta pergunta: "Até que ponto devem ser feitas concessões aos costumes religiosos pagãos no campo missionário? Quando insistimos aos nativos que observem as doutrinas e práticas do cristianismo, quantas de suas práticas religiosas pagãs permitimos que guardem? Resposta: Existe uma diferença entre práticas judias e práticas pagãs. As primeiras foram reveladas por Deus, as últimas inspiradas pela diabo. Resposta: Permita que guardem aqueles costumes que sejam indiferentes – desde que não haja transigência com o evangelho. Ou, poderiam ser feitas estas perguntas: Que concessões à tradição e preconceito o cristão deve fazer hoje? E, qual deverá provavelmente ser o resultado de suas concessões? O cristão deve evitar sempre qualquer coisa claramente contrária à letra ou espírito da Escritura. Se alguém pensar que pela participação nos ritos religiosos de outros, que sejam doutrinariamente errados, poderá ganhar essas pessoas, ou transformar uma inimizade implacável em amizade sincera, fará bem em aprender através da experiência de Paulo em Jerusalém que não deve esperar muito.

---

[80] Esta frase não deve ser interpretada como significando que Paulo passou a semana inteira morando na área do templo. Pelo contrário, ele estava andando pelas ruas com Trófimo (versículo 29) em alguma ocasião durante esse intervalo.

[81] Veja notas de Atos 16.3; 18.18; 21.33, 35. [82] McGarvey, *op. cit.*, p. 208.
[83] Dale, *op. cit.*, p. 339. [84] 1 Coríntios 9.20ss.

b. Motim e prisão de Paulo. 21.27-36.

21.27 –

Quando já estavam por findar os sete dias – Os sete dias entre a notificação e os atos da purificação em si (veja acima). O texto diz literalmente "estavam a ponto de ser completados"; desde que Atos 24.18 sugere que ele estava realmente no processo de oferecer os sacrifícios, podemos supor que a semana inteira passou sem incidentes, e que pareceu por algum tempo que o plano dos presbíteros teria êxito.

Os judeus vindo da Ásia – Supomos que esses judeus eram alguns que foram a Jerusalém para guardar a festa do Pentecostes. Alguns eram certamente de Éfeso, pois reconheceram Trófimo, o Efésio. Sem dúvida vários desses mesmos judeus tinham sido a força por trás das conspirações que Paulo teve de enfrentar durante o seu ministério em Éfeso (Atos 20.19)[85], e eles estão agora continuando suas agressões a Paulo aqui em Jerusalém.

Tendo visto Paulo no templo – Paulo tinha pregado por um longo período de tempo na sinagoga de Éfeso e havia passado além disso dois anos entre os gentios de Éfeso, sendo então bem conhecido dos judeus dali.

Alvoroçaram todo o povo – Eles incitaram as multidões de adoradores judeus no recinto do templo com as acusações registradas no versículo seguinte. Duvidamos que cristãos judeus estivessem na multidão que ventilou seu desprezer sobre Paulo. Acreditamos que foram judeus não-convertidos que se inflamaram com os gritos dos judeus da Ásia.

E o agarraram – Esta prisão implicaria que ele era um criminoso merecedor de castigo rápido.

21.28 –

Gritando: Israelitas, socorro! – Seu clamor angustiado, como o da inocência pedindo ajuda contra o invasor perverso, foi bem calculado para instigar as paixões da multidão e evitar qualquer investigação real das acusações.

Este é o homem que por toda parte ensina todos a ser contra o povo, contra a lei e contra este lugar – Vemos aqui a implicação em que se tratava dos judeus asiáticos que começaram os boatos maldosos contra Paulo. Eles haviam informado sobre a existência desse homem, e agora afirmam tê-lo capturado e precisam da ajuda deles para dar-lhe o que merece. As acusações feitas pelos judeus contra Paulo são muito semelhantes às feitas anos antes contra Estêvão[86].

Ainda mais, introduziu até gregos no templo – Paulo não é acusado apenas de ensinar contra o Santo lugar, mas de poluir o mesmo com seus atos. O Pátio de Israel é a parte do templo em que ele foi acusado de ter introduzido um grego. Ao redor do Pátio de Israel existia um muro além do qual os gentios (nem mesmo os prosélitos) não podiam passar[87]. Havia inscrições sobre as portas que atravessavam esse muro e diziam: "Nenhum homem estrangeiro deve entrar na barricada que circunda o templo. Quem quer que seja apanhado nesse ato será culpado pela pena de morte que se seguirá". Duas dessas "Pedras de Inscrição Thanatos" foram encontradas pelos arqueólogos[88], uma combinação das quais teria este aspecto (uma está completa; a outra foi sobreposta em linhas mais fortes):

```
ΜΗΘΕΝΑΑΛΛΟΓΕΝΗΕΙΣΠΟΡΕΥΕΣΘΑΙ
ΕΝΤΟΣΤΟΥΠΕΡΙΤΟΙΕΡΟΝΤΡΥ
ΦΑΚΤΟΥΚΑΙΠΕΡΙΒΟΛΟΥΟΣΔΑΝ
ΛΗΦΘΗΑΥΤΩΙΑΙΤΙΟΣΕΣΤΑΙ
ΔΙΑΤΟΕΞΑΚΟΛΟΥΘΕΙΝ
ΘΑΝΑΤΟΝ
```

---

[85] Veja também Atos 19.39 com relação às atividades dos judeus contra Paulo.
[86] Atos 6.11-13.   (Para as notas 87 e 88, consulte a próxima página.)

Embora os romanos tivessem tirado dos judeus o direito da pena capital, a violação do templo era um aspecto onde eles permitiam a sentença de morte, mesmo quando passada contra cidadãos romanos.[89] As acusados que estavam fazendo contra Paulo o colocaram numa situação difícil, que poderia significar a sua morte. Os romanos permitiriam isso, caso as acusações fossem verdadeiras.

E profanou este recinto sagrado – Os judeus asiáticos estavam procurando a morte de Paulo, ao acusarem-no de profanar o templo. Quem ou o que profanava na verdade o Lugar Santo? Paulo, ou o ódio dos judeus?

21.29 –
Pois antes tinham visto a Trófimo, o Efésio, em sua companhia na cidade – Lucas dá aqui uma explicação da última acusação contra Paulo, no sentido de ter profanado o templo. Trófimo, um conterrâneo de alguns desses judeus, tinha acompanhado Paulo para levar a oferta da igreja de Éfeso aos cristãos judeus[90]. Alguns deles reconheceram imediatamente Trófimo, e sabiam que ele era gentio.

E julgavam que Paulo o introduzira no templo – Trófimo havia acompanhado Paulo pelas ruas de Jerusalém, mas eles concluíram erradamente que havia também acompanhado o apóstolo até o Pátio de Israel. "As mentes e os corações perversos possuem uma imaginação fértil e extraem facilmente conclusões circunstanciais"[91]. Eles não tinham visto Trófimo no templo, mas o tinham visto com Paulo. Veem uma coisa e concluem outra. Muitas acusações caluniosas hoje começam com o mesmo tipo de evidência circunstancial. Se as pessoas apenas declarassem os fatos como são, em lugar de como supõem que sejam, grande parte dos problemas entre os membros da igreja seria evitada.

21.30 –
Agitou-se toda a cidade, havendo concorrência do povo – Repetiu-se um motim popular, semelhante ao de Éfeso[92], à medida que os judeus exitados surgiram de todas as direções querendo saber o motivo do distúrbio. Os "judeus da Ásia" tiveram sucesso em instigar um tumulto contra Paulo. Ficamos imaginando se esses judeus de Éfeso não estavam imitando deliberadamente os métodos que tinham visto Demétrio usar ao instigar a multidão contra Paulo em Éfeso[93].

E, agarrando a Paulo, arrastaram-no para fora do templo – O povo estava tratando Paulo como teria tratado um gentil intruso. Não desejando que o pavimento sagrado fosse tingido com sangue do profanador que pretendia matar, eles arrastaram sua vítima para fora do Pátio de Israel, para a corte espaçosa dos gentios.

E imediatamente foram fechadas as portas – As portas que levavam do pátio externo para o Pátio de Israel são as que foram fechadas (provavelmente pelos porteiros levitas), como se para proteger a área de maior contaminação[94].

21.31 –
Procurando eles matá-lo – Esta era a intenção deles. Se não tivessem sido impedidos, a multidão teria terminado sua tarefa de espancar Paulo até a morte. Já o esmurravam, agora que

---

[87] Veja o diagrama do templo ao início do capítulo 3, que mostra claramente que muros que dividiam os vários pátios do recinto do templo.

[88] Uma dessas inscrições foi encontrada em 1871 por C. S. Clermont-Ganneau e está agora no Museu Estadual da Turquia em Istambul; a outra em 1935, e se encontra no Museu Palestino.

[89] Josefo, *Guerras*, VI. 2.4.   [90] Atos 20.4.   [91] Dale, *op. cit.*, p.340.

[92] Atos 19.29. Vimos a palavra "agitou-se" em Atos 6.12 (perturbada).

[93] Atos 19.23-32.

[94] Uma descrição de uma ou duas dessas portas é dada em Atos 3.2.

tinham arrastado o apóstolo para fora das portas que davam para o Pátio de Israel. Uma vez na corte dos gentios, sua atividade furiosa podia ser vista da torre de Antônia.

Chegou ao conhecimento do comandante da força de que toda Jerusalém estava amotinada – João Hircano (c.125 a.C.) havia construído uma fortaleza no canto noroeste do recinto do templo, numa elevação de rocha que ficava cerca de 6 metros acima do nível do chão da área do templo. Esta fortaleza foi reconstruída por Herodes o Grande, e chamada Antonia em homenagem a seu amigo, Marco Antônio. Havia quatro torres na fortaleza, uma das quais ficava a cavaleiro da área do templo. A fortaleza estava ligada ao terreno do templo por dois lances de escadas, um dos quais entrava na área pelo lado norte e outro pelo lado ocidental[95]. Durante as festas, a guarnição de soldados da fortaleza ficava sempre armada a fim de suprimir quaisquer tumultos que pudessem surgir. Os vigias das torres teriam notado rapidamente e relatado o tumulto que se alastrava e girava em torno de Paulo. A palavra traduzida "comandante" (*chiliarch*) denota alguém que comandava mil homens (mais 120 cavaleiros), i.e., um sexto de uma legião. Sob ele estaria dez centúrias e seus centuriões. Na linguagem de hoje nós o chamaríamos de tribuno (militar). O nome deste tribuno era Cláudio Lísias (Atos 23.26). Se o procurador Félix estivesse em Jerusalém e não em Cesaréia nesta ocasião, ele teria sido o comandante da guarnição.

21.32 –

Então este, levando logo soldados e centuriões – Desde que cada centurião comandava cem soldados, a força incluía várias centenas – o bastante para acabar rápida e eficazmente com o motim.

Correu para o meio do povo – Os soldados desceram correndo as escadas da fortaleza e entraram diretamente no meio da multidão na corte dos gentios.

Ao verem chegar o comandante e os soldados, cessaram de espancar a Paulo – Ao verem centenas de homens armados avançando correndo para eles, o povo ficou momentaneamente paralisado; por instantes se preocuparam mais em defender-se do que em acabar com sua vítima, deixando então de espancar Paulo. O "espancamento" parece ter sido maus tratos com os punhos e talvez cacetes.

Neste ponto queremos discutir se Paulo foi ou não sensato ao fazer o que Tiago e os presbíteros sugeriram. Ficamos imaginando qual o efeito do comportamento de Paulo sobre os cristãos descritos por Tiago como "zelosos da lei". Eles se empenharam a favor de Paulo depois de sua prisão no templo, ou durante o seu encarceramento subsequente? Lucas não afirma isso (mas devemos ter cuidado em não nos apoiar demasiado nesse argumento de silêncio). As atitudes e ensinamentos de Paulo talvez os ajudassem a começar a preparar-se para o dia, doze anos mais tarde, em que terão de fugir da cidade e do templo amado a fim de escapar da desolação provocada contra a cidade pelos romanos. Paulo foi sábio ao aceitar o conselho deles? Como podemos responder essa pergunta sem saber se ele teria sido ou não sujeito a "cadeias e prisão" de alguma outra forma se não tivesse sido agarrado na área do templo pelos judeus asiáticos? Só se puder ser afirmado que os sofrimentos e a prisão de Paulo foram um resultado direto de sua escolha insensata, é que poderíamos dizer que ele não agiu com sabedoria na prática da sua liberdade, num esforço para superar os mal-entendidos e as interpretações erradas.

21.33 –

Aproximando-se comandante, apoderou-se de Paulo – Lísias poderia perfeitamente suspeitar que o homem que estava sendo tão violentamente agredido fosse um bandido perigoso. A prisão da figura central seria pelo menos a maneira mais rápida de pôr fim ao tumulto.

E ordenou que fosse acorrentando com duas cadeias – Este ato mostraria aos amotinados que ele não tencionava salvar ninguém da justiça, mas estava simplesmente interessado em

---

[95] Josefo, *Guerras*, V. 5. 8 dá uma descrição detalhada da torre. Compare a informação adicional contido em Atos 12.10.

restaurar a paz. O fato de ter ordenado a colocação de correntes indica o julgamento precipitado de Lísias no sentido do seu prisioneiro ser um perigoso marginal, devendo ser tomadas todas as precauções para que não fugisse. Se Paulo foi tratado segundo a prática romana comum, ele teria sido algemado aos braços dos soldados que o guardavam de cada lado. Ou talvez uma cadeia fosse usada em suas mãos e a outra em seus pés.

Perguntando quem era e que havia feito – Era responsabilidade do comandante tentar descobrir o que ocorria e quem era o responsável. Parece então que ele indagou o nome de Paulo e perguntou à multidão o que o prisioneiro tinha feito. Seria duvidoso que perguntasse ao próprio Paulo o que ele tinha feito, pois poucos criminosos irão expor corretamente os seus crimes.

21.34 –

Na multidão, uns gritavam de um modo, outros de outro – Existe novamente um paralelo com os gritos confusos em Éfeso (Atos 19.32). Parece alguns gritavam uma acusação e outros outra, e eles continuaram gritando respostas confusas e conflitantes. Lísias não conseguiu compreender direito o que o povo gritava.

Não podendo ele, porém, saber a verdade por causa do tumulto, ordenou que Paulo fosse recolhido à fortaleza – O tribuno logo viu que se quisesse saber realmente dos fatos teria de ser por outros meios e não através de perguntas aos judeus. Ele ordenou então aos soldados que levassem Paulo para dentro da torre Antônia.[96]

21.35 –

Ao chegar às escadas – Este era um dos lances de degraus que levava do pátio para a fortaleza, como visto no versículo 31.

Foi preciso que os soldados o carregassem, por causa da violência da multidão – Lucas indica que a situação era realmente perigosa naquele momento. Os judeus se esforçaram cada vez mais para agarrar o prisioneiro à força, e os soldados o carregam (os outros defendendo os que carregavam Paulo, formando um escudo protetor à sua volta) e começam a subir as escadas para a fortaleza.

21.36 –

Pois a massa de povo o seguia gritando: Mata-o! – Quando se tornou evidente que os soldados iriam impedir que levassem o prisioneiro a fim de poderem matá-lo, eles se aproximam o máximo possível do escudo protetor, gritando todo o tempo pela sua execução. O clamor deles nos lembra das mesmas palavras pronunciadas nessa mesma cidade cerca de 30 anos antes, quando os judeus daquela época pediram o sangue de Jesus[97]. Os gritos não deixavam dúvidas quanto ao que aconteceria se pusessem novamente as mãos em Paulo.

    c. Paulo obtém permissão para dirigir-se ao povo. 21.37-40

21.37 –

E quando Paulo ia sendo recolhido à fortaleza, disse ao comandante: É-me permitido dizer-te alguma coisa? – Paulo esperava esclarecer o assunto e até conseguir sua liberdade antes que o portão se fechasse para mantê-lo indefinidamente prisioneiro. Qualquer apelo teria de ser dirigido ao comandante. A modéstia do pedido, por parte de um suposto marginal, deve ter espantado o tribuno tanto quanto a língua em que foi falado.

Respondeu ele: Sabes o grego? – Ao tentar julgar a situação, o comandante tirou uma conclusão apressada sobre a identidade do prisioneiro. Ele supunha que fosse um revolucionário

---

[96] A palavra traduzida "fortaleza" significa literalmente "acampamento", chegando a indicar qualquer lugar onde o exército aquartelasse. Uma das torres da fortaleza servia como quartel para os soldados romanos sediados em Jerusalém.
[97] Lucas 23.18; João 19.15.

egípcio, que três ou quatro anos antes havia tentado enganar o povo se dizendo profeta. Josefo afirma que os seguidores desse homem eram 30.000, e que eles se reuniram no Monte das Oliveiras, pois lhes havia dito que quando ele desse a ordem os muros iriam cair (como na antiga Jericó) e eles poderiam entrar marchando e derrotar a guarnição romana. Félix enviou um grupo de soldados, matou 400 e feriu outros 200, e o grupo de judeus foi disperso enquanto o egípcio escapou[98]. Os sentimentos dos que tinham sido enganados por esse egípcio não podiam ser amigáveis. O tribuno pensou que Paulo fosse esse egípcio, que havia voltado à cidade, sido visto pelo povo no templo, e estava tendo agora uma amostra do que eles realmente pensavam a seu respeito. Lísia surpreendeu-se então quando Paulo lhe falou em grego, uma língua que o egípcio provavelmente não falava com tanta fluência quanto o prisioneiro.

21.38 –

Não és tu, porventura, o egípcio que há tempos sublevou – Veja Estudos Introdutórios, pg. *xv*, onde é feita uma tentativa de datar a revolta mencionada por Lísias como tendo sido "há tempos".

E conduziu ao deserto quatro mil sicários? – Existe uma discrepância entre o número dado por Lísias e o de Josefo. Josefo é frequentemente acusado de exagerar seus números, mas esta diferença é tão grande que Lucas tem sido acusado de cometer aqui um erro. Ficamos imaginando por que não acusar Josefo (se de fato há um erro), pois Lucas é certamente um historiador tão confiável quanto Josefo! Na verdade, tudo o que Lucas faz é registrar a declaração de Lísias; e Lísias pode estar contando apenas parte dos seguidores do egípcio, a saber, os que estavam armados. A palavra traduzida como "sicários" é *sikarioi*, que passou do latim *sicarii* para o grego. Os *sicarii* ou "homens do punhal" (do latim *sica*, punhal ou adaga) se tornaram uma força a considerar no início do governo de Félix (que foi governador de 52 a 60 A D.). Eram terroristas, inimigos ferozes dos romanos e dos que simpatizavam com eles na Palestina. Eles se misturavam às multidões nas festas, por exemplo, tiravam o punhal que guardavam debaixo do manto e apunhalavam um homem. Depois colocavam o punhal de volta no seu esconderijo e se juntavam ao clamor contra tamanha violência, incitado pelos espectadores.

21.39 –

Respondeu-lhe Paulo: Eu sou judeu, natural de Tarso – A resposta de Paulo ao tribuno serviu vários propósitos. Ela negava que fosse o egípcio. Negava ser um gentio que havia profanado o templo. Deu também ao tribuno alguma ideia da identidade de Paulo.

Cidade não insignificante da Cilícia – O tribuno não interpretou isso como significando "um cidadão romano", pois mostrou-se mais tarde surpreso ao descobrir que o apóstolo tinha a cidadania romana[99]. É possível que tribuno julgasse que Paulo tinha pleno direito de votar na assembléia que governava Tarso ao ouvir essa declaração: "cidade não insignificante". Se foi isto que o tribuno entendeu, Paulo teria subido então imediatamente em sua estima, pois a cidadania em Tarso estava limitada a alguns pouco habitantes selecionados que tinham posição e fortuna[100]. Quanto à importância de Tarso comparada à de outras cidades do império, veja notas em Atos 9.1.

E rogo-te que me permitas falar ao povo – Não satisfeito com a simples negação da identidade errada, Paulo não perdeu tempo, pedindo para falar ao povo. Ele acabava de dar ao tribuno uma razão para atender seu pedido; um homem que tivesse tal posição em Tarso que tivesse cidadania dificilmente faria um discurso ameaçador ou sedicioso. Podemos imaginar que Lísias pensou que o apóstolo iria falar das acusações dos judeus contra ele. Em lugar disso, Paulo procurou falar da sua fé. Os dois assuntos estavam realmente relacionados. Se os judeus incrédulos apenas pudessem ser persuadidos quanto ao Messiado de Jesus, desapareceria sua oposição a

---

[98] Josefo fala sobre o egípcio tanto em sua obra *Guerras*. II. 13.5 como em *Antiguidades*, XX. 8. 6.
[99] Atos 22.27ss.
[100] Veja William Ramsay, "Tarsus" no *Dictionary of the Bible* de Hastings (New York: Scribners, 1909), Vol. IV. p. 687.

Paulo. Ele também costumava ser um oponente do cristianismo. Vai contar-lhes como veio a ser convertido, na esperança de que o seu testemunho os faça ver e aceitar a verdade.

21.40 –

Obtida a permissão, Paulo, em pé na escada – A imagem de Paulo, espancado, ferido e talvez sangrando, em pé na escada que levava à torre Antônia, pronto a dirigir-se à multidão embaixo no pátio, deve ser considerada com surpresa e admirarão. De um lado está Lísias, preparando-se para ouvir. Ao seu redor se encontram os soldados, com as armas preparadas, no caso de que o povo tentasse agarrar o prisioneiro. Por que Paulo desejaria falar ao seus perseguidores? O conteúdo da sua mensagem responde a essa pergunta. Ele amava aquelas pessoas. Eram o seu povo – pessoas como ele tinha sido antes, zelosas por Deus, mas não segundo o conhecimento[101]. Como desejava ganhá-las para Cristo! Não há nada de estranho ou incongruente no fato de Lísias ter permitido que Paulo se dirigisse à multidão. Isso lhe daria oportunidade de conhecer melhor o prisioneiro que tinha nas mãos.

Fez com a mão sinal ao povo – Este parece ter sido o gesto usado familiarmente pelos oradores em todo o mundo, que, ao se levantarem para falar, levantam as mãos num esforço para fazer o povo calar-se a fim de serem ouvidos. Podemos provavelmente supor que as cadeias foram removidas enquanto Paulo se dirigia ao povo.

Fez-se grande silêncio e ele falou em língua hebraica, dizendo – A palavra traduzida "hebraica" pode ser também traduzida "aramaica". Este escritor é de opinião que Paulo usou o hebreu puro ao dirigir-se a essa multidão – a língua que ouviriam na sinagoga ao ser lida a Lei – e não a língua das ruas (que era o aramaico), nem a língua grega que poderia ser esperada de alguém tão amigo dos gregos. Ao falar em puro hebraico, Paulo faria com que se aquietassem mais e ouvissem com mais cuidado o que ele dizia, a fim de que pudessem compreendê-lo bem.

---

[101] Romanos 10.1,2.

Jerusalém

Desenho de Horace Knowles
da British and Foreign Bible Society

CAPÍTULO VINTE E DOIS

d. Sua defesa na língua hebraica. 22.1-21

22.1 –

Irmãos e pais – Paulo começa sua defesa com a mesma formula de Estêvão[1]. Talvez fosse a fórmula regular usada para iniciar um discurso a uma assembléia que incluísse escribas e anciãos (i.e., os membros do Sinédrio), aqui chamados "pais".

Ouvi agora a minha defesa perante vós – Ao iniciarmos o estudo do capítulo 22 e seguintes, encontramos uma série de apelos feitos por Paulo em sua auto defesa. O primeiro é uma justificação de si mesmo diante de seu próprio povo.

22.2-21

Quando ouviram que lhes falava em língua hebraica, guardaram ainda maior silêncio – As primeiras palavras de Paulo atingiram o alvo proposto. Alguém que falava em hebraico não iria provavelmente blasfemar contra o templo ou a Lei. Dando-lhe então um voto de apoio temporário, eles se tornaram mais silenciosos do que haviam estado quando gesticulou pedindo silêncio para que pudesse falar.

E continuou – Várias acusações haviam sido feitas contra Paulo (Atos 21.28). A fim de enfrentar essas acusações, Paulo declarou (1) que era judeu de nascimento, mas tinha íntima associação com Jerusalém, pois tinha sido até educado aos pés do respeitado Gamaliel, versículo 3.[2] (2) Ele recapitulou como havia sido antes um oponente fanático do cristianismo, como eles que o eram então, versículo 4. (3) A seguir contou as circunstâncias da sua conversão e a razão de estar agora pregando o evangelho, versículos 5-16.[3] (4) Ele começou a explicar as razões de fazer trabalho evangelístico entre os gentios, evidentemente pretendendo justificar sua conduta ali, versículos 17-21.[4] Mas neste ponto, quando mencionou a palavra *gentios*, sua defesa foi interrompida pelos gritos dos judeus no pátio em baixo; e não pôde continuar. (5) Se lhe fosse permitido terminar, é certo que ofereceria um convite.

Para um comentário sobre os versículos 3-21, veja notas do capítulo 9.

---

[1] Atos 7.2.

[2] As primeiras palavras de Paulo tinham o propósito de estabelecer empatia com a audiência. Ele se identifica com ela ao máximo. Gamaliel, seu professor, já estava morto há cerca de seis anos a essa altura, mas sua lembrança ainda é reverenciada.

[3] No versículo 5, Paulo quando chama o sumo sacerdote como uma testemunha de sua veracidade, fica implícito que Caifás, que incumbiu Paulo de ir a Damasco, ainda esteja vivo. Ele não mantinha o cargo; em vez disso, Ananias, filho de Nebedeus (Atos 23.2) estava servindo como sumo sacerdote. Sobre a palavra "anciãos" no versículo 5, veja os comentários a respeito de "senado" em Atos 5.21. No final desta seção, versículo 15, Paulo usa uma linguagem que mostra que recebeu o mesmo chamado para testemunhar que o dos apóstolos originais (Atos 1.8). Sua obediência a Jesus é a razão de Paulo viver como vivia.

[4] Paulo fala de volta a Jerusalém no versículo 17. Isto deve ser harmonizado com a primeira viagem de Paulo a Jerusalém após sua conversão, e não a segunda, como Ramsay, *St. Paul*, p. 60, tenta mostrar. Paulo conta como usou o templo como lugar de oração durante essa visita; a implicação é que ele continua a considerá-lo como um local onde orações podem ser adequadamente oferecidas. A menção de Paulo sobre o êxtase que lhe sobreveio (ele não o procurou, nem tentou induzi-lo artificialmente), versículo 17, teria significado para os ouvintes que esta era uma revelação do alto, e deveria receber portanto atenção. A seguir, no versículo 18ss, Paulo argumenta com Jesus, no sentido de que o testemunho de um ex-inimigo deveria impressionar inimigos similares. Essa ideia se ajusta ao caso presente, em que Paulo se defende diante dos inimigos. (Continua na próxima página.)

e. A resposta da multidão, e Paulo preso. 22:22-30

22.22 –

Ouviram-no até essa palavra – Os judeus escutaram a defesa de Paulo até que ele falou a palavra "gentios". O ódio e desprezo deles pelos gentios[5], e o anúncio de Paulo que tinha sido comissionado por Deus para evangelizar os gentios, fez com que os judeus incrédulos deixassem de raciocinar e se tornassem uma turba desenfreada.

O que ele diria no resto de seu discurso, se não fosse a interrupção, só podemos julgar pelo que já tinha dito. Com certeza seria uma nova tentativa de convencer seus ouvintes da autoridade divina sob a qual sempre agia; pois não buscavam qualquer justificação para si mesmo que não envolvesse a justificação da causa a que havia dedicado sua vida[6].

E então gritaram, dizendo: Tira tal homem da terra – Ou seja, "matem-no"! A cena se parecia terrivelmente com aquela quando Estêvão terminou de falar. Execução imediata sem a formalidade de um julgamento – um desejo feroz de ver derramado o sangue desse profanador do templo e traidor da Lei de Moisés – era isso que seu gritos selvagens exigiam e expressavam.

Porque não convém que ele viva – O verbo aqui está no tempo imperfeito, implicando que Paulo devia ser executado há muito tempo. O comandante havia errado ao resgatá-lo deles. As razões da sua indignação foram (1) eles tinham sido informados que Paulo ensinava a apostasia da aliança mosaica, e (2) seu relato de sua conversa com o Senhor antes de deixar Jerusalém (versículos 17-19) implicaram que os judeus estavam mais endurecidos do que os gentios, e que ele tinha maior possibilidade de sucesso em levá-los a Deus do que tinha de levar os judeus a Deus.

22.23 –

Ora, estando eles gritando, arrojando de si as suas capas – Não é fácil dizer o que esse comportamento indicava. Talvez manifeste raiva ou desgosto, ao lançarem suas roupas violentamente ao chão. Ou quem sabe agindo como se estivessem se preparando para apedrejá-lo (compare Atos 7.58). O fato de que irão em breve jogar poeira no ar tende a favorecer esta última interpretação da sua atitude.

Atirando poeira para os ares – Os que consideram o arrojar das capas como sinal de raiva incontrolável, veem este ato como mais uma expressão dessa mesma paixão descontrolada. É possível porém, que o atirar da poeira tivesse como alvo o apóstolo; eles o teriam acertado com pedras se houvessem algumas à mão. Compare 2 Samuel 16.13 onde é registrado o comportamento de Simei para com Davi. Este ato demonstraria seu ódio pelo que haviam acabado de ouvir.

22.24 –

Ordenou o comandante que Paulo fosse recolhido à fortaleza – Não podemos saber se o comandante entendeu o discurso de Paulo em hebraico (pode-se supor que ele teria pelo menos um intérprete) ou não; mas ele pôde perceber que as palavras de Paulo enfureceram de novo a multidão, e a permissão concedida antes a Paulo para falar é então retirada. A turba havia se acalmado relativamente com a detenção de Paulo pelos romanos, mas estava de novo furiosa e

---

É preciso acrescentar aqui uma palavra sobre Atos 22.16. Muito já foi escrito em Atos 2.38 e no Estudo Especial #16 com respeito ao lugar do batismo no plano da salvação. Esta nota é para assegurar que a linguagem religiosa moderna seja entendida claramente. É comum que os professores de "fé somente" falem do batismo como "um sinal exterior de uma graça interior", i.e., ele é um símbolo da mudança que já teve lugar antes do batismo. De acordo com Romanos 6.1ss, não é biblicamente correto separar o ato externo de obediência da purificação interna. Paulo insiste ali que a purificação interior ocorre simultaneamente com o batismo. Atos 22.16 concorda perfeitamente com essa doutrina ["lava os teus pecados"].

[5] Compare 2 Esdras 6.55.

[6] McGarvey, op.cit., p.220.

ameaçando violência. A fim de ajudar a controlar a multidão, ele ordenou aos soldados que levassem o prisioneiro, tirando-o de vista.

E que, sob açoite, fosse interrogado – Se esperava saber pela defesa de Paulo qual era a queixa dos judeus contra ele, ficou decepcionado. Ordenou então que Paulo fosse torturado até confessar o seu crime. O açoite romano (latim, *flagellum*) era um terrível instrumento de tortura, consistindo de três a nove tiras de couro, terminando em pedaços de metal rústico e pressas a um forte cabo de madeira. A pessoa a ser açoitada ficava nua da cintura para cima, sendo presa com tira de couro, seja curvada sobre um mourão baixo ou suspensa pelas mãos acima do chão. Alguns tinham os olhos arrancados pelas pontas das tiras, ou o abdômen aberto durante as chicotadas brutais. Tácito nos conta que em tais surras sete em cada dez homens morriam literalmente açoitados até morrer; os outros três eram levados em macas, e a maioria ficava aleijada pelo resto da vida[7]. Paulo havia apanhado de vara dos lictores romanos em várias ocasiões, e cinco vezes tinha se submetido aos açoites judeus (cujo propósito era disciplinar e não matar)[8]; mas nenhum desses castigos tinham a qualidade assassina dos açoitamentos.

Para saber por que motivo assim clamavam contra ele – O castigo em si era supervisionado por um centurião, e supomos que Lísias permaneceu na plataforma acima do pátio para orientar as medidas necessárias no sentido de controlar a multidão. Ele podia perceber pelo comportamento dos judeus que eles julgavam que Paulo tinha cometido algum crime digno de morte, mas não havia percebido ainda qual era ele. Não conseguia ficar sabendo o que era pelos gritos confusos e conflitantes da turba; não havia aprendido através da defesa de Paulo; propunha-se então a torturar o prisioneiro até que perdesse as forças e dissesse a verdade.

22.25 –

Quando o estavam amarrando com correias – O tempo do verbo aqui poderia ser um aoristo incoativo, significando que estavam começando a atar as mãos de Paulo – ou que ele estava completamente esticado e amarrado, e que as coisas estavam prontas para o açoitamento quando o apóstolo apelou para sua cidadania romana.

Disse Paulo ao centurião presente – Os centuriões normalmente dirigiam o castigo e interrogatório dos prisioneiros. Isso aconteceu no caso de Jesus[9], e acontece no caso de Paulo.

Ser-vos-á por ventura lícito açoitar um cidadão romano, sem estar condenando? – Como explicado nas notas de Atos 16.37, era absolutamente contrário à lei romana prender e açoitar um cidadão romano. Os centurião que dirigia o castigo teria ficado chocado ao saber que Paulo era cidadão romano, especialmente por já tê-lo "amarrado" com uma preparação para o açoitamento.

22.26 –

Ouvindo isto, o centurião procurou o comandante e lhe disse: Que estás para fazer? porque este homem é cidadão romano – O comandante agora ficou chocado! Como aprendemos em comentários anteriores, ao quebrar as leis romanas, os soldados ficavam sujeitos a um castigo similar caso o prisioneiro quisesse apresentar acusações.

22.27 –

Vindo o comandante – Alarmado com a informação dada pelo centurião, o tribuno dirigiu-se rapidamente ao lugar do castigo. Ficamos imaginando se Paulo foi amarrado no mesmo poste onde Jesus foi açoitado. Caso positivo, ele se encontrava no pavimento térreo da fortaleza, se o poste mostrado aos visitantes de Jerusalém hoje for de fato o lugar do açoitamento.

---

[7] Tácito, *History*, IV.27; veja também Eusébio, *Church History*, IV.15.
[8] 2 Coríntios 11.24ss.
[9] Mateus 27.54; Marcos 15.39; Lucas 23.47.

Perguntou a Paulo: Dize-me, és tu romano? – O pronome é enfático em grego, "*Tu*, o judeu de Tarso, que fala tanto grego como hebraico, és *tu* um cidadão romano?" Paulo estava provavelmente todo sujo depois de atacado pelos judeus e arrastado do Pátio de Israel. Seu corpo estaria coberto de vergões e ferimentos resultantes das tentativas de matá-lo antes da intervenção dos romanos. Ele certamente não parecia um cidadão romano no momento. Havia tantos elementos discordantes que tornavam essa declaração quase incrível ao tribuno.

Ele disse: Sou – Cada cidade tinha uma lista de cidadãos, e não seria difícil verificar se um prisioneiro estava fazendo uma afirmação falsa em dizer-se cidadão romano. O castigo para essa falsidade era a morte[10].

22.28 –

Respondeu-lhe o comandante: A mim me custou grande soma de dinheiro este título de cidadão – O comandante estava achando difícil acreditar que Paulo pudesse ser um cidadão romano. Ele parece estar pensando: "custou-me grande quantia de dinheiro a compra da cidadania; como poderia uma triste figura como você jamais tornar-se um cidadão?" O fato de que o comandante "comprou" sua cidadania se ajusta ao que sabemos sobre algumas das atividades na corte de Cláudio. Messalina, mulher de Cláudio, tinha um "caso" com o Censor, e os dois estavam vendendo a "cidadania" como um meio de encher seus bolsos, sem que Cláudio soubesse de nada[11]. Bruce supõe que Lísias comprou sua cidadania durante o reinado da Cláudio, sendo essa a razão de chamar-se *Cláudio* Lísias. Ele também sugere que foi tanto pela riqueza como influência que Lísias havia se tornado um oficial superior no exército romano[12].

Disse Paulo: Pois eu o tenho por direito de nascimento – Em Atos 9.1 aprendemos que havia três maneiras do indivíduo tornar-se um cidadão romano, sendo uma delas por nascimento. O nascimento de Paulo em Tarso e sua cidadania nessa cidade, não o tornavam cidadão romano. Se fosse assim, sua declaração anterior a Lísias, feita nesse mesmo dia[13], teria sido suficiente para impedir que fosse amarrado e açoitado. Se Tarso fosse uma *colônia* romana, o nascimento ali envolveria a cidadania romana; mas Tarso era uma *cidade livre*[14]. Era permitido às cidades livres no império romano fazerem suas próprias leis, manterem seus próprio costumes e nomearem seus próprios magistrados, estando livres do aquartelamento de tropas de ocupação. Só era exigido delas que reconhecessem a supremacia e autoridade do povo romano e ajudassem Roma em suas guerras. O nascimento numa cidade livre não significava necessariamente cidadania. Devemos olhar portanto noutra direção para descobrir como Paulo poderia ter *nascido* cidadão de Roma. Devemos afirmar que um dos ancestrais de Paulo tinha recebido essa honra da cidadania por algum serviço (talvez militar) ao estado romano, ou ele poderia ter também comprado sua cidadania romana. Em qualquer caso, todos os seus descendentes naturais se tornavam automaticamente cidadãos ao nascer. Assim sendo, Paulo, por descendência, é um cidadão nato. Desse modo, se encontrava numa posição superior à do comandante em relação ao governo romano. Ser cidadão por nascimento era mais honroso do que ser por compra.

22.29 –

Imediatamente se afastaram os que estavam para o inquirir com açoites – Amarrar ou açoitar um cidadão romano envolvia um castigo severo, que o centurião e seus homens não queriam receber. Paulo é solto rapidamente da posição em que tinha sido esticado com correias de couro, e os soldados voltaram a seus alojamentos.

---

[10] Suetônio, *Claudius*, XXV. [11] Dio Cássio, *History*, LX. 17. 5.
[12] Bruce, *op. cit.*, p. 416. [13] Atos 21.39.
[14] A cidade de Tarso foi honrada e tratada favoravelmente por Júlio César da primeira vez pela sua ajuda a ele durante sua marcha sobre o Egito. Cássio, por outro lado, tratou Tarso com dureza pela sua ajuda a César. Marco Antônio concedeu a Tarso a posição de "cidade livre" e ele mesmo viveu ali por algum tempo, sendo visitado por Cleópatra que navegou para Tarso em 38 a.C. com magnificência e luxo extraordinários. Quando Augusto triunfou sobre Antônio, ele continuou a reconhecer o privilégio de Tarso como "cidade livre".

O próprio comandante sentiu-se receoso quando soube que Paulo era romano – O comandante estremeceu ao pensar como esteve prestes a transgredir uma lei que o teria sujeito ao mesmo castigo que havia ordenado para Paulo.

Porque o mandara amarrar – Essas palavras parecem referir-se ao fato de Paulo ter sido amarrado em preparação para o castigo (22.25), e não ao ter sido preso com cadeias (21.33).[15] As cadeias presas aos braços não eram contra a lei romana nem incompatíveis com o respeito devido a um cidadão romano. Mas amarrar alguém antes de açoitá-lo era algo reservado apenas para escravos e criminosos, sendo uma coisa muito diferente. Era isso que preocupava o comandante.

22.30 –

No dia seguinte – Paulo passou a noite na fortaleza, ou provavelmente em alguma parte da mesma prisão em que Pedro foi detido alguns anos antes[16].

Querendo certificar-se dos motivos por que vinha ele sendo acusado pelos judeus – O tribuno parece estar ansioso pata tratar o prisioneiro com equidade e justiça, mas estava achando difícil saber como agir. Ainda considerava Paulo um criminoso de algum modo, mas não conseguia ficar sabendo de que crime era culpado. Não podia continuar a detê-lo se não houvesse uma acusação contra ele. Mas, por outro lado, libertá-lo iria fazer com que o apóstolo corresse risco de vida, caso os judeus o agarrassem novamente. Roma não apreciaria o rompimento da paz mediante o assassinato de um cidadão romano. As tentativas de Lísias para estabelecer uma acusação contra Paulo tinham sido impedidas a cada passo. Havia feito perguntas à multidão que atacou Paulo, mas nada tinha ouvido além de ruídos e confusão. Ele esperava aprender algo através do discurso de Paulo ao povo, mas este havia falado em hebraico e forneceu pouca informação útil para determinação da acusação. Havia começado a extrair uma confissão através de métodos de "interrogatório policial", mas rapidamente abandonou o projeto ao saber que Paulo era cidadão romano. Finalmente decidiu reunir a corte suprema dos judeus, o Sinédrio, a fim de saber quais as acusações feitas contra o prisioneiro.

Soltou-o – Eles tiraram as cadeias de Paulo ou o removeram de uma cela.

E ordenou que se reunisse os principais sacerdotes e todo o Sinédrio – Ele convocou uma reunião do Sinédrio[17]. "Principais sacerdotes" distinguidos aqui dos outros membros do conselho, deve referir-se ao sumo sacerdote (e seus predecessores imediatos)[18], que seriam Ananias, filho de Nebedeus (Atos 23.2). Onde a reunião se realizou? Alguns creem que foi na câmara regular do conselho, chamada Gazith ou "Salão das Pedras Lavradas". O salão Gazith ficava na lombada ocidental da colina do templo, fora do muro ocidental da área do templo, na extremidade leste da ponte que atravessa o vale Tiropeano[19]. Outros acreditam que a reunião foi realizada no Pátio dos Gentios, pouco abaixo da torre Antônia. Uma terceira possibilidade é que esta sessão realizou-se na área aberta (o Pavimento) no interior da fortaleza Antônia.

E, mandando trazer Paulo, apresentou-o perante eles – Fizeram Paulo descer as escadas da torre Antônia[20]. Colocaram-no na meio dos juízes; soldados romanos ficam por perto para impedir qualquer violência ao prisioneiro.

---

[15] Alguns afirmam que o acorrentar com cadeia de 21.33 é mencionado, desde que o verbo nos dois trechos é *deo*, enquanto o verbo "amarrar" é *proteino*.

[16] Atos 12.5ss.   [17] Com relação ao "Sinédrio", veja notas de Atos 4.5.

[18] Compare Atos 4.6.   [19] Mishna, *Middoth*, V. 4.   [20] Compare notas de Atos 12.10.

CAPÍTULO VINTE E TRÊS

f. Defesa de Paulo perante o Sinédrio. 23.1-10

23.1 –

Fitando Paulo os olhos no Sinédrio, disse – Notamos mais uma vez a palavra para um olhar observado que se tornou característica de Paulo[1]. Ele está fazendo uma avaliação do Sinédrio. Não o havia visto desde que esteve ali entre os acusadores de Estêvão, quase um quarto de século antes. Muitas mudanças, naturalmente, haviam ocorrido nesse intervalo, mas alguns dos rostos eram provavelmente os mesmos. Paulo começa a falar antes que alguém o interrogue, ou o relato de Lucas é abreviado, omitindo neste lugar as preliminares que procederam o discurso de Paulo?

Varões, irmãos, tenho andado diante de Deus com toda a boa consciência até o dia de hoje – Os esforços de Paulo para defender-se começam ao longo desta linha de pensamento: "considero-me um cidadão da teocracia de Deus e sempre me conduzi de modo a manter uma boa consciência". A primeira ideia vem da palavra traduzida "tenho andado", que no grego é "conduzi-me como cidadão[2]". Paulo se reconheceu como membro do reino de Deus (teocracia) e insiste em ter comprido seus deveres e responsabilidade de modo a poder alegar uma consciência pura diante de Deus, seu rei. "Até o dia de hoje" sugere que desde o dia que deixou a religião judia para ser um apóstolo de Cristo, continuava vivendo pelo mesmo princípio, a saber, cumprir as ordens do seu Rei. "Consciência" deriva de *suneidesis*: *sun*, com, e *oida*, saber. O tempo significa então um conhecimento íntimo ("co-knowledge"). A consciência é uma faculdade inata em todos os homens. Sua principal função é *impelir* – impelindo a pessoa a fazer o que sua mente diz que é certo e evitar o que ela julga errado. Note – ela impele a fazer o que é *julgado* certo. Não é um padrão de julgamento quanto ao que é certo ou errado. Além de impelir, a consciência também *condena* a pessoa depois de ter feito o que sua mente considera errado, e *aprova* o indivíduo depois dele ter feito o que sua mente julga certo. O homem que não segue os ditames de sua consciência irá cauterizá-la, até que não funcione mais; ele terá então um obstáculo dado por Deus a menos para impedi-lo de perder-se eternamente.

Esta foi uma declaração ousada de Paulo, não havendo todavia razão para que não pudesse ser verdadeira. Sua perseguição dos cristãos tinha sido conduzida conscienciosamente, Atos 26.9. O próprio Sinédrio podia testemunhar quanto à sua conscienciosidade e fidelidade em seu serviço. Paulo queria dizer que do mesmo modo que tinha feito o que julgava certo ao perseguir os cristãos, ele também havia seguido sua consciência em sua conversão e vida subsequente. O simples fato de que o homem é consciencioso não prova que ele está certo ou é inocente. Ter a consciência limpa e ser sincero não tornou Paulo certo em seus atos ao matar cristãos. O ímpio pode em toda boa consciência atirar seu filho aos crocodilos no rio Ganges, mas isso não irá salvá-lo. Paulo pode ter podido alegar boa consciência, mas não podia afirmar que estava isento de culpa. De fato, ele chamou-se de "o principal dos pecadores"[3]. Observe então que o homem pode ter a consciência limpa e mesmo assim estar perdido! Tudo o que uma boa consciência significa é que a pessoa está agindo de acordo com o conhecimento obtido. A consciência irá induzir a pessoa a fazer o que a sua mente considera certo – mas a mente pode ter sido ou não instruída no que Deus declarou ser certo. Apesar da mente não ter talvez sido instruída corretamente, ninguém deve ir contra a sua consciência[4].

---

[1] Atos 13.9.
[2] A mesma palavra é usada em Filipenses 1.27 em seu sentido técnico e nesse sentido equivale a "cumprir os deveres que recaem sobre o cidadão".
[3] 1 Timóteo 1.13-16.   [4] Rm. 14.23.

A defesa de Paulo foi: "vivi em tal obediência ao que pensava serem as exigências de Deus sobre mim, que sempre tive uma boa consciência". Não lhe foi permitido levar muito longe esta linha de defesa.

23.2 –

Mas o sumo sacerdote, Ananias – Veja a informação dada nas páginas *xv* e *xvi* com respeito a este homem. Este Ananias não deve ser confundido com Anás (Atos.6), ou com o Ananias de Atos 5.1, ou com o Ananias de Atos 9.10.

Mandou aos que estavam perto dele que lhe batessem na boca – É possível que Ananias não pudesse conceber alguém vivendo com "toda e boa consciência" uma vida inteira. Talvez ele julgasse essa afirmação um insulto pessoal. Ele pretendeu pelo menos considerar as palavras de Paulo como uma ofensa ao Sinédrio. Imagine um homem levado diante deles como um criminoso da pior espécie declarar orgulhosamente que tinha vivido em toda boa consciência diante de Deus! "O bater na boca era um modo judicial e simbólico de silenciar o orador, impedindo-o de falar o que era considerado impróprio ou falso[5]".

23.3 –

Então lhe disse Paulo: Deus há de ferir-te, parede branqueada – "Parede branqueada" foi um modo brusco de chamá-lo hipócrita. A caiação era usada para encobrir a condição real e muitas vezes precária dos prédios e outras estruturas; havia então uma boa semelhança com os homem que disfarçavam seu verdadeiro caráter através da hipocrisia. Jesus usou uma figura de linguagem parecida ao falar certa ocasião com os fariseus[6], e Paulo poderia estar familiarizado com a linguagem do seu Mestre. Ou esta fórmula pode ter sido um provérbio judeu conhecido. Toda a declaração é vista por alguns como uma simples predição do que aconteceria a alguém como Ananias; outros o veem como uma maldição sobre o homem. A ordem de Ananias foi uma interrupção tão inesperada e exasperante que Paulo reagiu com indignação similar à que havia manifestado anos antes diante de Elimas, o mágico, na presença do Sérgio Paulo[7]. Alguns atribuiram sua destituição do cargo logo depois e sua morte covarde no cerco de Jerusalém vários anos mais tarde a um cumprimento parcial das palavras de Paulo.

Tu estás aí sentado para julgar-me segundo a lei – Paulo dá aqui a razão de sua crítica severa. Esta era a hipocrisia do homem: ele fazia de conta que estava fazendo uma coisa (julgando de acordo com a lei), mas estava na verdade fazendo outra (violando a lei). Seus anos de treinamento em Jerusalém, sob Gamaliel, teriam familiarizado Paulo com os estatutos, as exigências legais e os direitos do acusado. Existe ênfase no "tu" em grego. "*Tu*, tu estás sentado para julgar-me?"

E contra a lei mandas agredir-me? – Os direitos dos acusados era cuidadosamente protegidos pela lei judaica em passagens como "Não cometereis injustiça no juízo" (Levítico 19.35). Tais esforços de intimidação do acusado não faziam parte de um julgamento justo. Aqueles é que eram juízes bons, aplicando a lei a outros, mas não a si mesmos!

23.4 –

Os que estavam ao seu lado disseram – Esses espectadores poderiam ser servos ou funcionàrios a serviço na corte.

Estás injuriando o sumo sacerdote de Deus? – Os presentes ficaram chocados com a maneira como Paulo falou ao sumo sacerdote, e repreenderam-no pela sua explosão. O sumo sacerdote, enquanto sentado na cadeira do juiz, era o representante de Deus apesar do seu mal caráter, Deuteronômio 17.8ss.

---

[5] Boles, op.cit., p. 362.
[6] Mt 23.27; Lc 11.44.
[7] Atos13.10.

23.5 –

Respondeu Paulo: Não sabia, irmãos, que ele é sumo sacerdote – Essas palavras têm recebido várias interpretações. (1) Alguns supõem que Paulo as pronunciou *ironicamente*, como se dissesse: "Perdoem, irmãos, não considerei que ele fosse o sumo sacerdote. Não me ocorreu que um homem com esse comportamento pudesse ser o sumo sacerdote de Deus[8]". (2) Alguns sugerem que Paulo está admitindo ter *falado impensadamente*. O sentido de suas palavras seria então: "Reconheço meu erro e minha precipitação. Não considerei no momento que estava me dirigindo ao sumo sacerdote, aquela que Deus me ordenou respeitar". (3) Outro sugeriu que Paulo, tendo ficado fora de Jerusalém, não tinha conhecimento das *mudanças no sumo sacerdócio*. Nada menos que 28 sumos sacerdotes diferentes são enumerados nos anos entre 37 e 70 A.D. As longas ausências de Paulo da cidade tornariam difícil para ele conhecer, de vista, o ocupante atual do cargo. (4) Outros supõem que Ananias não estava usando suas *vestes brancas usuais* e não estava sentado em seu lugar costumeiro. É sugerido que desde que se tratava de uma reunião convocada pelo tribuno, eles não estavam se reunindo no lugar habitual e Ananias não estava vestido oficialmente para a ocasião, nem se encontrava no meio do semi-círculo dos membros do Sinédrio. Alguns tentam ainda desculpar as ações de Paulo sugerindo que se achavam num recinto mal iluminado, ou que Paulo enxergava mal, e isso o impediu de identificar à distância a pessoa que deu a ordem para bater em sua boca, mas há pouca base para qualquer dessas sugestões. (5) Ainda outros sugerem que Ananias *havia usurpado o cargo*, não sendo portanto propriamente o sumo sacerdote. As palavras de Paulo seriam algo irônicas neste caso, como se dissesse: "Não sabia que seria concedida a este usurpador a honra que a palavra de Deus dá ao cargo de sumo sacerdote". (6) A sugestão mais provável é que essas palavras sejam um pedido de *desculpas*, como se Paulo estivesse dizendo: "Não percebi no momento que estava me dirigindo ao sumo sacerdote. Perdi o controle."

Porque está escrito – Êxodo 22.28. Esta passagem não tinha referência específica ao sumo sacerdote, mas sim inculcava o espírito geral de respeito por aqueles que mantinham um cargo, qualquer fosse ele. A passagem é também interessante pelo fato de que o termo hebraico *elohim*, geralmente traduzido "Deus", é usado para governantes humanos.

NÃO FALARÁS MAL DE UMA AUTORIDADE DO TEU POVO – Paulo apela para esta passagem do Antigo Testamento para mostrar que era seu propósito observar a Lei; que ele não a violaria deliberadamente; e que se soubesse ser Ananias o sumo sacerdote, teria se constrangido em vista de sua consideração pela Lei, não usando a linguagem que usou. Poucos meses antes ele tinha escrito o mesmo princípio de conduta (submissão às autoridades do governo) para os romanos[9].

23.6 –

Sabendo Paulo que uma parte do Sinédrio se compunha de saduceus e outra de fariseus – A mudança de tom, da desculpa para a defesa da posição dos fariseus com respeito à ressurreição parece súbita, como se tivéssemos apenas um relato condensado do que Paulo disse naquele dia. Pode ser também, no versículo 9, que haja uma intimação de que muito mais foi dito por Paulo. Em qualquer caso, chega uma hora na audiência em que se tornou evidente que procedimento algum iria mudar a atitude geral do Sinédrio em relação a Paulo e sua mensagem. Eles haviam chegado à reunião com noções preconcebidas, e nada do que Paulo disse até este ponto havia feito mudar essas opiniões. Paulo percebeu então que os mesmos partidos que participavam do Sinédrio 25 anos antes continuavam ainda ali[10]. Se os diferentes partidos estavam sentados em lados diferentes (como os Democratas e Republicanos na Assembléia dos Deputa-

---

[8] Se as palavras foram ditas com ironia elas não correspondem ao versículo da Escritura que Paulo está prestes a citar.
[9] Romanos 13.1-7.
[10] Veja Atos 4.1ss.

dos), ou se Paulo havia reconhecido os rostos dos membros de cada seita, homens a que havia conhecido anteriormente, não temos dados para nos certificar.

Exclamou: Varões, irmãos: Eu sou fariseu, filho de fariseus – Veja notas sobre Atos 9.1 para o significado de "fariseu, filho de fariseus". Haveria uma tal corrente subterrânea de comentários entre os membros do Sinédrio que Paulo teve de gritar para ser ouvido? Como resultado de algumas das colocações de Paulo, os fariseus começaram a mostrar alguma simpatia, sendo então atacados pelos saduceus; e quando replicaram à mesma altura, houve confusão na assembléia? Paulo tem sido criticado pelos comentaristas por seus métodos nesta situação. Um julga que ele agia sob o princípio "divida e vença". Outro o acusa de agir astuciosamente.

A declaração feita por Paulo de que era fariseu, tem sido tratada por alguns autores como sendo enganosa. Essa acusação não tem fundamento; pois, embora seja verdade que não era fariseu em todos os aspectos, ele no entanto o era no sentido dado ao seu comentário pelos ouvintes. Todos os presentes sabiam ser ele um cristão e, consequentemente, sabiam que alegava ser fariseu apenas no sentido de concordar com esse partido em seus pontos de antagonismo com os saduceus [dando ênfase especial à questão da ressurreição][11]

Atos 24.20, 21 mostra que Paulo não considerava sua conduta aqui como indigna ou dolosa. Ele não deve ser acusado de qualquer supressão da verdade neste ponto. Sua declaração de ser "fariseu" não envolveu sequer uma negativa tácita de sua fé em Cristo. Era mais como se dissesse: "Concordo com vocês em tudo que é mais verdadeiro em seu credo[12]".

No tocante à esperança e à ressurreição dos mortos sou julgado – Isto é, com respeito à esperança dos mortos serem ressuscitados, assim como o fato da ressurreição de Jesus. A "ressurreição" é grandemente enfatizada em Atos; quase todo sermão contém referência a ela. A razão de Paulo ter deixado o judaísmo pelo cristianismo foi que a ressurreição de Jesus provou que o cristianismo era uma religião superior. A esperança inspirada pela expectativa da ressurreição de todos os homens no fim dos tempos, era uma verdade que nenhuma religião pagã ensinava. A ressurreição de Jesus e tudo que ela implicava era o fato real em que se alicerçavam a vida e o ensino de Paulo.

23.7 –

Ditas estas palavras, levantou-se grande dissensão entre fariseus e saduceus – Como um ato estratégico, as palavras de Paulo tiveram imediatamente o resultado que esperava. Elas impediram um voto unânime que poderia ter de outra forma unido os dois partidos, como haviam se unido no caso de Estêvão. Acordo em uma acusação contra o réu tornou-se imediatamente impossível, enquanto os dois partidos começaram a discutir entre si sobre as suas doutrinas distintas. É fácil imaginar como esses dois partidos deveriam ter ficado de pé e gritado seus argumentos um para o outro, enquanto Paulo e os soldados ficaram ali observando.

E a multidão se dividiu – Os fariseus iriam imediatamente começar a favorecer Paulo. Um homem tão firme em sua doutrina da ressurreição, em harmonia com suas próprias crenças, não poderia ser tão mau afinal de contas. Os saduceus seriam mais inflexíveis em seu ódio contra ele por ousar expor em público o que era a seus olhos uma grande heresia. O grupo começou então imediatamente a debater os méritos da questão da ressurreição, em lugar do caso de Paulo, que era o assunto a ser tratado por eles.

---

[11] McGarvey, *op. cit.*, p.225.
[12] Os fariseus haviam descoberto a doutrina da ressurreição ensinada no Antigo Testamento, mas jamais conseguiram convencer os saduceus de sua interpretação das passagens pertinentes. Paulo está dizendo agora que o que o convenceu–a saber, a ressurreição de Jesus–era justamente a prova que eles necessitavam e a coroação e conclusão de todas as suas expectativas e anseios.

23.8 –

Pois os saduceus declaram não haver ressurreição – Neste versículo, Lucas está dando uma explicação aos seus leitores que talvez não conhecessem as distinções teológicas mantidas pelas diferentes seitas judias[13]. Os saduceus, talvez influenciados pela filosofia grega, negavam a doutrina da ressurreição do corpo. Os saduceus, diz Josefo, "removem a crença na eternidade da alma e os castigos e recompensas no Hades[14]". "A doutrina dos saduceus é esta: as almas morrem com os corpos[15]". Se a alma não sobrevive à morte, é claro que não haveria necessidade de uma ressurreição do corpo.

Nem anjo, nem espírito – Alguns pensam que a primeira palavra inclui uma rejeição tanto de anjos como de demônios, especialmente a doutrina desenvolvida de dois reinos (um bom e outro mau) com suas hierarquias de anjos com maior ou menor autoridade[16]. Eles teriam explicado a aparição de anjos no Pentateuco como seres criados para uma determinada tarefa e, portanto, de natureza transitória. Pela sua rejeição de "espírito" os saduceus talvez não estivessem afirmando mais do que a inexistência de um estado intermediário para onde vão as almas dos homens. Por outro lado, notando que os fariseus adotavam a doutrina da reencarnação, alguns entendem que os saduceus argumentavam contra essa doutrina, afirmando não haver "espírito" (alma), i.e., nada havia para transmigrar para outro corpo e, assim, como a doutrina da transmigração poderia ser verdadeira? Os saduceus seriam então materialistas crassos, afirmando não haver senão a matéria.

Ao passo que os fariseus admitem todas essas cousas – "Todas" aqui é a mesma palavra *amphoteroi* sobre a qual foram feitos comentários em Atos 19.16. As crenças do partido dos fariseus foram detalhadas no Estudo Especial No. 9. Eles aceitavam a ideia da ressurreição do corpo, de um mundo imaterial com anjos intermediários entre Deus e o homem, e com almas desencarnadas esperando a ressurreição e o juízo final.

23.9 –

Houve, pois, grande vozearia – As emoções imediatamente se aqueceram demais para permitir um debate brando e ordeiro. Cada vez que alguém expressava suas crenças, levantava a voz mais alto do que o que terminava de falar. Logo os partidários de ambos os lados estavam falando todos ao mesmo tempo, gritando para salientar seus pontos e recusando escutar o que o outro lado tinha a dizer. A augusta assembléia rapidamente ficou parecendo o motim recente no Pátio do templo.

E levantando-se alguns escribas da parte dos fariseus contendiam – Com relação a "escribas" veja a nota sobre Atos 4.5. "Contendiam" é uma palavra muito forte em grego (*diamachomai*), e significa "lutar até uma decisão", "lutar ferozmente um com outro". A disputa aos gritos degenerou em briga corporal.

Dizendo: Não achamos neste homem mal algum – Esta era a absolvição que teria permitido a libertação de Paulo, caso houvesse acordo. Mas ela não foi dita como um voto de um juiz e sim no calor da discussão; talvez com um tom de alegria na voz, semelhante àquela em que "alguns escribas" se rejubilaram com a resposta devastadora de Jesus a um argumento dos saduceus do Dia do Grande Interrogatório[17].

---

[13] O leitor talvez queira consultar de novo as notas dadas no Estudo Especial Nº 9 relativas a esses partidos e suas crenças.
[14] Josefo, *Guerras*, II .8. 14.
[15] Josefo, *Antiguidades*, XVIII. 1. 4.
[16] Esta é a interpretação mais provável, na opinião do autor, sendo a dada no estudo especial sobre "As Seitas dos Judeus".
[17] Lucas 20.39.

E será que algum espírito ou anjo lhe tenha falado? – Como nada é registrado neste capítulo sobre um anjo ou espírito ter falado a Paulo, alguns têm decidido que os escribas devem estar se referindo ao que Paulo afirmou em seu discurso nas escadas no dia anterior[18], sobre como ele esteve entre os gentios em obediência a uma ordem recebida numa visão no templo. Mas se, como sugerido acima, este capítulo representar apenas um relato abreviado dos acontecimentos do dia, por que Paulo não poderia ter falado da aparência do Senhor ressurreto na estrada de Damasco, assim como das visões subsequentes? Os escribas estariam então se reportando ao que foi dito justamente nesse próprio encontro. Como os fariseus criam em anjos e espíritos, e como acreditavam que Deus muitas vezes transmitia sua vontade aos homens através deles, estão dispostos a admitir (se isso ajudar seu argumento contra os saduceus) que aquele a quem Paulo chamava de Senhor ressurreto era pelo menos um anjo ou espírito de alguma espécie. Este era um golpe direto e deliberado contra os saduceus, que negavam a existência desses seres.

Alguns manuscritos (veja a Versão do Rei Tiago) encerram o versículo 9 com as palavras: "Não devemos lutar contra Deus". Se pudéssemos aceitar essas palavras como parte do texto original (a evidência textual é contrária a isso), elas seriam quase uma reprodução exata do conselho dado anos antes por Gamaliel (Atos 5.39). Elas não constam, porém, dos melhores manuscritos e foram aparentemente acrescentadas por algum escriba para completar a sentença interrompida, porque ele não gostou da ênfase que a declaração inacabada dá ao argumento avançado pelos escribas.

23.10 –

Tomando vulto a celeuma – Devido à gritaria de alguns do Sinédrio e brigas corpo a corpo entre outros, o lugar em breve ficaria perigoso para o prisioneiro. Alguns o defendiam e outros queriam vê-lo morto hoje, ainda mais do que o desejaram no dia anterior. Deve ter ficado logo claro ao comandante que ele não iria descobrir muito mais sobre as acusações contra Paulo nesse dia.

Temendo o comandante que fosse Paulo despedaçado por eles – "Despedaçado" é uma palavra usada quando um animal selvagem dilacera sua presa. O medo do tribuno sugere que os saduceus tentaram agarrar Paulo para matá-lo, enquanto os fariseus tentaram salvá-lo e defendê-lo. Alguns o puxavam para um lado, outros para outro. Do mesmo modo que salvou Paulo da multidão no dia anterior, ele é agora novamente obrigado a enviar os soldados, desta vez para resgatar alguém que sabia ser um cidadão romano, por cuja vida e segurança era responsável.

Mandou descer a guarda para que o retirassem dali e o levassem para a fortaleza – Se imaginarmos o interrogatório sendo realizado no pátio embaixo da torre Antonia, ou no Pavimento dentro dos muros da fortaleza, esta linguagem é facilmente compreensível. O tribuno vinha observando os acontecimentos de uma das torres, e quando a cena no pátio pareceu azedar e tornar-se violenta, pondo em risco a vida de Paulo, ele ordenou que os soldados descessem e o salvassem. Uma vez que Paulo estivesse de volta à fortaleza, ficaria a salvo da violência dos judeus. Lísias parece não saber que providências tomar no caso. Ele o mantém em custódia, embora isso talvez fosse apenas uma proteção para o prisioneiro.

  g. O Senhor encoraja Paulo. 23.11

23.11 –

Na noite seguinte – Na noite que se seguiu ao julgamento perante o Sinédrio.

O Senhor, pondo-se ao lado dele – A referência é a Jesus, como o contexto mostra. As aparições de Jesus a Paulo, cumprindo a promessa feita na estrada de Damasco[19], foram feitas nas

---

[18] Atos. 22.17, 18.
[19] A promessa, feita anos antes, está registrada em Atos 26.16.

ocasiões mais necessárias, quando o perigo e as razões para o desânimo eram maiores, quando mais faltava o consolo humano[20].

Disse: Coragem! – Esta palavra foi muito usada por Jesus durante o seu ministério terreno[21]. Paulo necessitava dela, pois havia pouco em suas circunstâncias que pudessem provocar otimismo. Não há registro de Paulo cantar hinos na prisão na noite que se seguiu ao seu interrogatório pelo Sinédrio. Silas não estava presente para acompanhá-lo no cântico, e era difícil achar qualquer coisa para alegrar-se. Tendo levado uma vultuosa oferta para os irmãos de Jerusalém, ele tinha sido atacado e quase assassinado no templo por alguns de seus velhos inimigos da Ásia. Salvo pelos soldados romanos, sua defesa dos degraus da escada que levava à torre Antonia tinha sido rejeitada, e seu resgate havia se transformado praticamente num açoitamento e numa prisão por tempo indefinido. Ao fazer sua defesa perante o Sinédrio ele tinha sido esbofeteado por ordem do sumo sacerdote e atacado como uma carcaça é atacada pelos abutres. Agora, dias incontáveis e monótonos se estendiam à sua frente. As predições de Ágabo e outros se cumpriram e nenhum amigo estava próximo para chorar com ele. Seu trabalho iria terminar antes da hora? Cairia vítima da maldade dos judeus? O desejo de pregar o evangelho em Roma, que havia sonhado por tantos anos, iria frustrar-se? Esses problemas e perguntas o oprimiam na noite de insônia que se seguiu ao seu julgamento. Talvez ele se voltasse para a oração e esta aparição de Jesus fosse uma resposta a essa oração.

Pois do modo por que deste testemunho a meu respeito em Jerusalém – O discurso de Paulo ao povo (22.1-21) tinha sido mais uma apresentação de Cristo do que uma defesa de si mesmo.

Assim importa que também o faças em Roma – Jesus não promete livrar Paulo da prisão, mas sim que ele irá eventualmente a Roma e terá oportunidade de testemunhar também ali. Poderia haver demora e sofrimento, assim como dias ociosos em várias prisões diferentes, que provariam a sua paciência, mas no final ele alcançaria o alvo em Roma. A partir de então, Paulo teve a certeza de que iria viver para pregar na capital do império romano, e fez planos nessa direção.

    h. A conspiração para matar Paulo. 23.12-30

23.12 –

Quando amanheceu – Não foi muito depois da promessa feita a Paulo de que iria chegar a Roma que as coisas começaram a acontecer, pondo em movimento a série de eventos que culminaria na viagem de Cesaréia a Roma[22].

Os judeus se reuniram ("fizeram uma conspiração" – conforme original em inglês) – Há muita possibilidade de terem sido os judeus asiáticos, que haviam liderado o ataque original a Paulo no templo, que estivessem por trás dessa conspiração. Se eles porém já tivessem saído da cidade, por ter passado a festa de Pentecoste, podemos então pensar que os saduceus, zangados com o acontecido na véspera, procurassem um meio de vingar-se. Os judeus que se reuniram nessa conspiração eram provavelmente membros do partido fanático dos sicários ("assassinos")[23], pois estavam em atividade na política judia nessa época e desempenhariam anos mais tarde uma parte trágica na destruição de Jerusalém[24]. O objetivo da conspiração era o assassinato de Paulo.

---

[20] Jesus apareceu a Paulo em Jerusalém (Atos 22.18-21), em Corinto (Atos 18.9), e aparecerá novamente no caminho para Roma (Atos 27.23).

[21] Jesus disse esta palavra de ânimo aos enfermos (Mateus 9.2, 27); a homens aterrorizados com uma tempestade no mar (Mateus 14.27), e aos apóstolos preocupados com o futuro (João 16.33).

[22] Romanos 1.13; 15.23; Atos 19.21.   [23] Atos 21.38.

[24] Os assassinos estavam especialmente ativos na época de Félix; ele enviou tropas contra os mesmos. Mais tarde tomaram parte importante na Guerra Judaica e nos distúrbios que levaram a ela, estando sempre entre os combatentes mais violentos. Conquistaram Masada e dali saquearam o país. Foram eventualmente dispersos para o Egito e a África, onde continuaram seu terrorismo.

E, sob anátema, juraram – A passagem diz literalmente: "eles se colocaram sob anátema". Estavam orando para sofrerem o castigo de Deus, caso não executassem o seu plano. A pessoa ou coisa sobre a qual era pronunciado o anátema era considerada como sujeita à ira de Deus, seja nesta vida ou na próxima[25].

Que não haviam de comer nem beber, enquanto não matassem a Paulo – A inclusão das palavras sobre comer e beber em seu juramento de matar Paulo não implica tanto o desejo de pressa como o de que nada mais em sua vida era tão importante quanto a morte de Paulo. Todo pensamento e instante deveria centrar-se nesse objetivo. Já houve outras conspirações com fins de assassinato antes, contra outros. Matias, fundador da dinastia dos Macabeus, foi morto pelo judeu apóstata que ofereceu sacrifício no altar de Modim[26]. Dez zelotes de Jerusalém tinham conspirado para matar Herodes o Grande porque ele construiu um anfiteatro e realizou lutas de gladiadores na Cidade Santa[27].

23.13 –

Eram mais de quarenta os que entraram nesta conspiração – Este grande número de fanáticos, gastando cada momento do dia em planejamento e preparação, iria provavelmente ter sucesso em sua conspiração (a julgar de um ponto de vista puramente humano). A vida de Paulo corria grande perigo.

23.14 –

Estes, indo ter com os principais sacerdotes e os anciãos – É provável que dois ou três dos quarenta recebessem ordem de visitar os líderes religiosos[28]. Pode-se fazer uma ideia dos principais sacerdotes ao considerar que os conspiradores estavam certos de uma aceitação plena quando apresentassem o projeto de assassinato a eles.

Disseram: Juramos, sob pena de anátema, não comer coisa alguma enquanto não matamos a Paulo – Literalmente: "Nós nos anatematizamos com uma anátema". O grego segue a expressão idiomática hebraica que expressa intensidade mediante duplicação da palavra principal.

23.15 –

Agora, pois, notificai ao comandante, juntamente com o Sinédrio – "Notificar" é um termo legal para dar aviso oficial de uma investigação formal. "O Sinédrio" provavelmente significa "todo o Sinédrio" – os fariseus dificilmente poderiam recusar-se a fazer parte de tal procedimento, mesmo se fosse sugerido pelos membros saduceus. Até então o plano foi bem concebido.

Que vo-lo apresente – Eles estão pedindo uma reunião na casa do sumo sacerdote ou no salão Gazith. Só com um pedido desses poderiam esperar que o tribuno removesse Paulo suficientemente longe da torre Antônia, a fim de torná-lo vulnerável à emboscada. Especialmente se com "vo-lo" eles indicassem a casa do sumo sacerdote, então a distância entre a torre Antônia e essa residência oferecia maior leque de oportunidade para a emboscada.

Como se estivésseis para investigar mais acuradamente a sua causa – Este pedido parecia tão razoável que não duvidavam que o tribuno iria atender o Sinédrio, especialmente desde que seus esforços no dia anterior foram decepcionantes.

---

[25] Compare Romanos 9.3; I Coríntios 16.22; Gálatas 1.8,9.
[26] I Macabeus 2.24
[27] Josefo, *Antiguidades*, XII. 6. 12; XV. 8. 3, 4.
[28] Sobre "principais sacerdotes" veja notas em Atos 4.5. "Anciãos" pode referir-se ao "senado" (veja notas sobre Atos 5.21), ou aos membros saduceus do Sinédrio. A escolha feita quanto a esta identificação está ligada de alguma forma aos comentários neste parágrafo, especialmente com referência a quem instigou a conspiração.

E nós, antes que ele chegue, estaremos prontos para assassiná-lo – As primeiras palavras deste trecho da Escritura têm uma ênfase sinistra. Os conspiradores sugeriram a parte que os líderes religiosos deveriam desempenhar no plano; a seguir dizem: "Podem estar certos de que cumpriremos a nossa parte. Deixem o resto conosco!" Se Paulo fosse morto antes de chegar perto do lugar de reunião do Sinédrio, haveria menos suspeitas de que eles tivessem participado do crime. Era um esquema bem concebido e, se não tivesse sido ouvido por acaso e revelado, teria quase certamente resultado na morte de Paulo. Lísias teria atendido ao pedido deles, a fim de obter informações. Quando o prisioneiro fosse escoltado ao longo das ruas até o lugar de reunião, teria sido fácil para esses assassinos, já tendo escolhido o local da emboscada antecipadamente, correr entre os soldados que de nada desconfiavam a assassinar Paulo praticamente antes de qualquer golpe ser desfechado em sua defesa. Alguns dos sicários seriam mortos no revidar dos soldados, mas esse era um preço que estavam dispostos a pagar se pudessem livrar a terra de Paulo. É difícil saber se os assassinos estavam certos de que líderes religiosos aceitariam a conspiração por ser justificável matar os apóstatas, ou porque a justiça havia caído tão baixo que tais pedidos iníquos podiam ser feitos com a expectativa razoável de que Ananias e seus colaboradores ouviriam e se uniriam a eles.

23.16 –

Mas o filho da irmã de Paulo – Este versículo levanta várias questões provocantes sobre as relações de família de Paulo; sendo, de fato, uma das poucas passagens no Novo Testamento que dá qualquer informação a esse respeito[29]. A passagem indica amizade para com Paulo; todavia, faz surgir mais problemas do que resolve. A irmã morava em Jerusalém? Caso positivo, por que Paulo se hospedou na casa de Mnason em vez de com seus parentes? Ou só o filho residia em Jerusalém? Se apenas este morava ali, estaria na cidade como um estudante da escola de rabinos como aconteceu com Paulo uma geração antes (Atos 22.3)? Ou podemos supor que foi a Jerusalém para a festa do Pentecostes? Será possível que o filho fosse amigo de Paulo embora a irmã não? Paulo diz em Filipenses 3.8 que ele considerava "tudo como perda por causa da sublimidade do conhecimento de Cristo Jesus". Isto é geralmente interpretado como significando que Paulo foi deserdado pela família depois de tornar-se cristão. Eles talvez até tivessem feito o funeral dele como os judeus fazem hoje para o membro da família que se torna cristão. Se Paulo tivesse sido deserdado, a irmã dele agia como se ele não existisse, ou será que ela abraçou também o cristianismo e teria então tal amizade por Paulo que influenciou o filho a ajudá-lo?

Tendo ouvido o trama – Onde e quando ouviu falar da emboscada? Talvez tivesse acidentalmente passado pelo local da reunião onde eles conspiravam. O versículo 16 poderia ser interpretado: "Mas o filho da irmã de Paulo soube do plano por acaso, entrando então na fortaleza e contando a Paulo". Outra ideia apresentada é que um fariseu, velho amigo de Paulo, preveniu seu sobrinho sobre a conspiração secreta para matar o tio, e o jovem foi enviado para avisar a este. Ou talvez ele tenha ouvido um dos conspiradores conversando, depois de armado o plano.

Foi, entrou na fortaleza e de tudo avisou a Paulo – Paulo era cidadão Romano; nenhuma acusação fundamentada foi feita contra ele; estava sob custódia para a sua proteção, mas isso não significava confinamento em solitária. É provável que lhe permitissem visitas. Não há necessidade de supor que toda a história foi inventada, com base no acesso do rapaz ao prisioneiro. Poder-se-ia até sugerir que o tribuno permitiria que ele tivesse visitas na presença de uma testemunha, na esperança de obter mais informações sobre o prisioneiro através das conversas.

---

[29] Têm sido feitas tentativas para encontrar outras passagens que pudessem dizer algo a respeito das relações familiares de Paulo. Romanos 16.7, 11, onde Paulo fala de "parentes" em Roma, é apresentado como se esses fossem outros membros de sua família; mas é provável que a referência ali fosse a homens que eram parentes apenas no sentido de serem também judeus.

23.17 –

Então este, chamando um dos centuriões – Supomos que este centurião poderia ser o encarregado da guarda de Paulo. Era um dos dez comandados pelo tribuno Lísias.

Disse: Leva este rapaz ao comandante – Qual a idade do sobrinho de Paulo, aqui chamado de "rapaz"? Se tinha ido à festa (veja acima), deveria ter mais de 20 anos. A palavra grega é a mesma usada para Paulo quando ele tinha cerca de 35 anos[30], e para Êutico[31] que é também chamado de "jovem". Se o sobrinho de Paulo fosse um dos estudantes rabínicos, estaria perto do fim da casa dos 10 ou princípio da dos 20. Todavia, muitos apelam para o fato de que o comandante tomou-o pela mão (23.19) como evidência de que não passava de um simples menino, cheio de medo.

Porque tem alguma coisa a comunicar-lhe – Passagens como esta e Atos 27.22ss deveriam impedir que as pessoas se tornassem presunçosas no que diz respeito às promessas de Deus. Paulo teve a maior segurança por parte de Jesus de que sua vida seria poupada, e que daria testemunho em Roma (Atos 23.11). Tal promessa, porém, não excluía os cuidados e esforços de Paulo para salvaguardar a sua própria segurança. Do mesmo modo, durante a viagem para Roma, quando o anjo declarou que não haveria perdas de vida, mesmo assim foi necessário o esforço humano. A tentativa dos marinheiros para abandonarem o navio não pode ser considerada com indiferença. Em vez de pensar que o Senhor faria tudo, Paulo tomou a promessa que lhe tinha sido feita como um encorajamento no sentido de esforçar-se para obter segurança e salvação.

23.18 –

Tomando-o, pois, levou-o ao comandante, dizendo: O preso Paulo, chamando-me – "O preso Paulo" – esse é um termo que vai tornar-se familiar. É a primeira vez que ouvimos tal título em Atos, e duvidamos que Paulo a essa altura soubesse quanto tempo iria ser "o preso". Alguns anos mais tarde, ele se torna um título de honra e a base para fazer petições às igrejas que fundou, ao escrever-lhes[32].

Pediu-me que trouxesse à tua presença este rapaz, pois tem algo que dizer-te – O fato de que Paulo não contou a mensagem ao centurião, mas enviou o jovem, indicaria ao tribuno que a mensagem era particular.

23.19 –

Tomou-o pela mão o comandante – Este é chamado de um gesto compreensivo, destinado a animar um mensageiro jovem e corajoso, mas completamente amedrontado.

E, pondo-o à parte, perguntou-lhe: Que tens a comunicar-me? – O comandante compreendeu a insinuação de que a mensagem era confidencial. Ouvir o relatório do rapaz seria mais fácil de acreditar do que se Paulo contasse ao centurião e ele tivesse transmitido a mensagem de terceira ou quarta mão.

23.20 –

Respondeu ele: Os judeus decidiram rogar-te que amanhã apresentes Paulo ao Sinédrio – Nem todos os judeus, mas seus líderes influentes[33]. Depois do que Lísias havia visto no pátio do templo e no interrogatório do dia anterior, o termo seria suficientemente específico para ele.

---

[30] Atos 7.58.
[31] Atos 20.9.
[32] Efésios 3.1; 4.1; Filemom 1.9.
[33] Os judeus" é usado aqui para autoridades, os líderes religiosos, como acontece muitas vezes no Evangelho de João. João 1.19; 5;15, 16.

Como se houvesse de inquirir mais acuradamente a seu respeito – Como explicar o "tu"(implícito em "houvesses", quando o Sinédrio é quem faz o pedido[34]? É possível que quando os mensageiros do Sinédrio chegassem eles iriam dizer: "Se quiser saber mais sobre Paulo traga-o e faremos tudo para sermos mais ordeiros do que ontem".

23.21 –

Tu, pois, não te deixes persuadir – O sobrinho de Paulo suplicou a Lísias que não atendesse ao pedido dos judeus quando fosse feito.

Porque mais de quarenta entre eles estão pactuados entre si, sob anàtema, de não comer nem beber, enquanto não o matarem – Ele dá aqui uma razão a Lísias para não atender o pedido. Uma vez que sua conspiração não tivesse mais possibilidade de ser levada a efeito, eles ficariam livres de seu voto de jejum. O Talmude diz que os que faziam voto eram liberados dele caso fosse impossível cumpri-lo[35]. Esses quarenta conspiradores sem dúvida se considerariam absolvidos do voto uma vez que soubessem da remoção do prisioneiro para Cesaréia. O jejum deles talvez não tenha durado mais que dezoito ou vinte horas.

E agora estão prontos, esperando a tua promessa – Os planos tinham sido feitos e não aguardavam senão o consentimento de Lísias para apresentar Paulo, antes de tomarem seus lugares na emboscada.

23.22 –

Então o comandante despediu o rapaz, recomendando-lhe que a ninguém dissesse ter-lhe trazido estas informações – O tribuno não fez promessas, nem revelou quaisquer planos ao jovem que talvez pudessem chagar aos conspiradores. A segurança do rapaz, assim como o malogro da trama, dependiam do mais absoluto segredo. Lísias tinha três alternativas para escolher seu curso de ação: (1) Ele poderia ceder ao pedido dos judeus e perder seu cidadão prisioneiro. (2) Ele poderia rejeitar o pedido dos judeus, perdendo assim favor junto às autoridades judias e com possível derramamento de sangue. (3) Ele poderia evitar mais problemas, removendo Paulo da cidade antes de receber o pedido. Rapidamente Lísias escolheu esta última solução.

23.23 –

Chamando dois centuriões, ordenou – O grego diz: "certos dois centuriões", referindo-se provavelmente àqueles que eram especialmente confiáveis. Cada um teria 100 soldados sob as suas ordens[36].

Tende de prontidão, desde a hora terceira da noite, duzentos soldados – Os 200 soldados não irão até Cesaréia; mas, parte da força que Lísias ordenou que se preparasse para marchar, irá acompanhar Paulo o caminho inteiro[37]. Supondo que Lísias esteja usando o método local (judeu) de contar o tempo, a hora seria 9 horas da noite. Foi escolhida esta hora, a fim de que a fuga pudesse ser feita no maior segredo possível, sob a proteção da escuridão. Isso ajudaria a evitar o bando de assassinos que tinha resolvido matar Paulo.

Setenta de cavalaria e duzentos lanceiros para irem até Cesaréia – Lísias está convocando mais de metade da sua cavalaria neste destacamento[38]. O sentido exato do termo grego

---

[34] Existe uma variação de manuscrito aqui; alguns contêm a leitura "como se *eles* houvessem de inquirir" (veja a KJV). O plural não é absolutamente compatível e portanto o singular "tu" precisa ser explicado. Pensamos ser mais que deferência da parte do jovem quando diz "tu".
[35] Talmude, *Nedarim*, III. 1. 3.
[36] Veja notas sobre Atos 10.1 quanto à posição mantida no exército romano por esses centuriões.
[37] Atos 23.32, 33.
[38] Atos 21.31 contém uma explicação de que a força sob Lísias incluiria 120 cavaleiros e mais mil soldados. Mesmo com o grande grupo que ele enviou para acompanhar Paulo, sua posição não ficou enfraquecida.

traduzido aqui como "lanceiros" é questionado. Poderia fazer referência a fundeiros (fundibulários) (atiradores com fundas), ou arremessadores de dardos, ou a lanceiros com armas leves (que atiravam a lança com a mão direita, em contraste com as lanças que exigiam ambas as mãos). A força totalizava 470 soldados, com armas leves e pesadas. Esta escolta parece grande para um prisioneiro, mas os tumultos dos dias anteriores e a informação acabada de ser recebida quanto a uma conspiração deu uma boa razão a Lísias para esperar um ataque formidável, caso houvesse um encontro.

23.24 –

Preparai também animais – A palavra traduzida "animais" (*ktènê*) é um termo geral que neste contexto poderia referir-se a cavalos, mulas ou até camelos. Os comentaristas diferem quanto à razão para o plural. Alguns supõe que deveria haver um animal para cada membro da força. Outros sugerem que mais que um seria necessário para o uso de Paulo, pois como estava algemado a um soldado este também deveria ter uma montaria. Outros sugerem que Lucas e alguns outros deveriam acompanhar Paulo, e um animal é providenciado para cada um[39]. Ou, o plural pode significar algumas mudanças de montaria, a fim de que possam viajar o mais rapidamente possível, parando apenas para trocar de animais e depois continuar.

Para fazer Paulo montar – Isto parece apontar na direção da última explicação, ou para a que inclui montaria para o soldado a quem o prisioneiro foi algemado. A ordem foi de animais para Paulo em particular.

E ir com segurança ao governador Félix – Além do breve resumo sobre Félix nos Estudos Introdutórios[40], algumas coisas podem ser notadas aqui que irão ajudar-nos a sentir as coisas que irão acontecer nos próximos meses. Em Roma, na casa de Antônia, mãe do imperador Cláudio, havia dois irmãos que primeiro eram escravos e se tornaram libertos, chamados Antônio Félix e Palas. Quando Cláudio se tornou imperador, Palas era um de seus companheiros e conselheiros favoritos. Sob a influência dele, Félix obteve a posição de governador da Judéia. Ele governou ali como alguém que julgava, confiando no poder e influência do irmão como imperador, que poderia cometer qualquer crime com impunidade. Tácito, que nos conta estes fatos, o descreve como alguém que exercia "o poder de um rei na mente de um escravo[41]".Suetônio, outro historiador, nos conta que ele se casou com três rainhas diferentes no curso dos anos[42]. Sua primeira esposa se chamava Drusila, e era neta de Antônio e Cleópatra[43]. Suetonio não dá o nome de sua segunda mulher, mas a chama de princesa. Sua terceira esposa era também chamada Drusila, mas era filha de Herodes Agripa I, e portanto irmã de Agripa II. Drusila era a filha mais moça de Agripa I e, na ocasião do julgamento de Paulo, tinha cerca de 20 anos. Quando menina tinha ficado noiva do príncipe de Commagne, na Asia Menor oriental; mas o casamento não se consumou porque o noivo (Epifânio, filho de Antíoco) não quis abraçar o judaísmo. Seu irmão, Agripa II, a deu então em casamento ao rei Azizo de Emesa, um estado insignificante da Síria. Ele aceitou a religião judaica para casar-se com ela, no ano 52 A.D., quando ela tinha 15 anos. Quando tinha apenas 16, Félix, com a ajuda de um mágico cipriota chamado Atmos, persuadiu-a deixar o marido e casar-se com ele. Ela tornou-se então a terceira esposa de Félix e lhe deu um filho chamado Agripa, que morreu na erupção do Vesúvio em 79 A.D. Drusila também pereceu em Pompéia durante a erupção[44]. É dito que foi uma mulher bélissima. Félix tornou-se governador da Judéia cerca do ano 52 A.D., depois de reinar sobre Samaria a partir de

---

[39] O relato de Lucas foi narrado na terceira pessoa (em vez de "nós") há vários versículos agora. Isto significa provavelmente que Lucas e os outros associados de Paulo não sabiam de sua remoção para Cesaréia, até depois desta ter acontecido. Eles também tiveram de encontrá-lo ali.

[40] Veja a página *xiii*.

[41] Tácito, *Annals*, XII. 54; *History*, V. 9.

[42] Suetônio, *Life of Claudius*, c. 28.

[43] A primeira mulher de Félix era filha de Juba (rei da Mauritânia) e Selene (filha de Marco Antônio e Cleópatra).

[44] Josefo, *Antiguidades*, XX. 7. 2. Veja mais notas em Atos 24.24 a respeito de Drusila.

48 A.D. Ele governou a província até Festo ser nomeado em seu lugar[45]. Félix estava residindo nos alojamentos do governador em Cesaréia, capital da província da Judéia.

23.25 –

A quem escreveu uma carta nestes termos – Era uma exigência da jurisprudência romana enviar uma declaração escrita (chamada tecnicamente *elogium*) juntamente com o prisioneiro, a respeito do caso envolvido. Neste caso tratava-se de uma explicação oficial da razão de Paulo ter sido enviado para julgamento numa corte superior. Há muita especulação sobre como Lucas tomou conhecimento do conteúdo dessa carta. Ela talvez tivesse sido lida em vol alta quando Paulo foi apresentado a Félix, e Lucas soube o conteúdo, seja de primeira mão, ou através de Paulo mais tarde. Ou, quem sabe, uma cópia da mesma foi enviada com Paulo depois dele ter apelado para Cesar e Lucas viu esta cópia. Em qualquer caso, Lucas não está dando uma reprodução literal da carta, como indica a frase "nestes termos". Tudo o que temos é o conteúdo geral indicado.

23.26 –

Cláudio Lísias ao excelentíssimo governador Félix – Compare notas em Atos 1.1 sobre este título "excelentíssimo". Seu uso aqui mostra que o título era dado aos governadores provinciais assim como aos membros da ordem equestre romana (a ordem dos "cavaleiros" que vinha logo após os senadores na sociedade romana, a cuja ordem Félix não pertencia).

Saúde – Esta carta segue o formato regular das cartas do primeiro século[46].

23.27 –

Este homem foi preso pelos judeus, e estava prestes a ser morto por eles – Lísias usa o termo para "homem" (*andra*) que mostra certo respeito pelo prisioneiro. Veja notas sobre Atos 21.30ss para a captura de Paulo e a tentativa de matá-lo, depois de o arrastarem do templo.

Quando eu, sobrevindo com a guarda, o livrei, por saber que ele era romano – O tribuno deturpa deliberadamente aqui sua declaração, de modo a reivindicar crédito por ter salvo um cidadão romano. Na verdade, porém, ele não soube que Paulo era romano até estar prestes a açoitá-lo sem julgamento. Lísias omite este fato porque estaria sujeito a censura e castigo pela maneira insatisfatória como tratou do caso nas primeiras horas. A carta estabelece os fatos, mas não na ordem de sua ocorrência, nem é dito nada sobre a opinião errônea de Lísias durante algum tempo (21.37ss). As pessoas em todas as camadas sociais procuram apresentar um caso de maneira a fazerem boa figura, enquanto encobrem seus erros ou omitem as partes em que incorrem em culpa.

23.28 –

Querendo certificar-me do motivo por que o acusavam, fi-lo descer ao Sinédrio deles – Alguns críticos negativos afirmam que os versículos 28 e 29 não se encontravam na carta original enviada por Lísias a Félix; mas sem a informação contida neles, a apresentação ao Governador teria grande deficiência. Veja o relato de Paulo diante do Sinédrio dado em detalhe nas notas sobre Atos 22.30ss.

23.29 –

Verifiquei ser ele acusado de cousas referentes à lei que os rege – Lísias ouviu o discurso de Paulo das escadas e sua defesa perante o Sinédrio, podendo então compreender duas coisas: (1) tratava-se de uma disputa tipicamente judia, e (2) o prisioneiro nada fez que pudesse interessar Roma. Lísias poderia mencionar vários pontos de conflito que, a seu ver, eram "ju-

---

[45] Veja notas em Atos 24.27.
[46] Veja notas em Atos 15.23.

deus"; ou seja, (a) o prisioneiro foi acusado de transgredir as regras do templo; (b) o prisioneiro afirmou e os judeus negaram que um professor chamado Jesus havia ressuscitado dos mortos; (c) o prisioneiro afirmou e os judeus negaram que o Professor tinha direito ao título de Messias.

Nada, porém que justificasse morte, ou mesmo prisão – O tribuno confirma aqui que sua investigação não revelou ponto algum em que Paulo tivesse infringido a lei romana, de modo a merecer sentença de morte ou prisão[47]. O máximo de que Paulo poderia ser acusado era de contribuir para o distúrbio da paz, algo que os soldados romanos enfrentavam diariamente.

23.30 –

Sendo eu informado de que ia haver uma cilada contra o homem – Veja notas sobre Atos 23.16ss com respeito à conspiração. Lísias acabava de dizer que Paulo era inocente no que se referia à lei romana. Por que enviá-lo então a Felix? O tribuno responde a seguir a essa pergunta. Lísias se apresenta como protetor de um concidadão. Eu o envio a você a fim de impedir que seja assassinado.

Tratei de enviá-lo a ti, sem demora, intimando também os acusadores a irem dizer na tua presença o que há contra ele – Esta declaração de que ele havia ordenado aos acusadores de Paulo que se apresentassem a Félix, embora não fosse estritamente verdadeira na ocasião em que a carta foi escrita, era verdadeira na hora em que ela foi lida a Félix. Fica implícita a ideia de que quando os membros do Sinédrio, no dia seguinte, parecessem sugerir outra investigação do caso de Paulo, Lísias pretendia dizer algo como: "Descobri sua conspiração contra a vida do prisioneiro, e o mandei para Cesaréia onde fica livre das suas intrigas. Além disso, ordeno que vão até lá e façam suas acusações contra ele. Se não fizerem isso, serei forçado a realizar uma investigação mais completa de sua cumplicidade na trama contra a vida do meu prisioneiro![48]"

Em alguns manuscritos, a carta termina com a palavra "Saúde" (como na SBB). Os códices *Aleph* e 31, assim como o texto bizantino em geral, contêm este termo final. Essa fórmula de fecho, como a de abertura, concorda com a forma usual para as cartas no primeiro século.

2. *Em Antipátride. 23.31, 32*

23.31 –

Os soldados, pois, conforme lhes foi ordenado – O conteúdo da carta de Lísias, inserida aqui por Lucas, interrompeu a continuidade da narrativa dos eventos históricos. Com essas palavras, Lucas volta ao ponto de partida no versículo 24.

Tomaram a Paulo e, durante a noite o conduziram até Antipátride – Eles chegaram a Antipátride depois do nascer do dia, tendo marchado "durante a noite". Deve ter sido uma marcha forçada para a infantaria, pois Antipátride ficava a mais de 48 km de Jerusalém[49], e o caminho os levava por uma região montanhosa. Em determinada época o lugar foi chamado de

---

[47] Se Atos tencionasse ser um resumo para o julgamento de Paulo (veja Estudos Introdutórios, Propósito pelo qual o Livro foi Escrito), é interessante notar como nenhum tribunal romano diante do qual ele compareceu o considerou culpado de qualquer coisa que pudesse interessar Roma, seja Gálio, Lísias Félix, Festo, ou qualquer outro.

[48] Talvez enfatizássemos demais nossa apresentação, mas fica claro que havia alguma espécie de ameaça de Lísias sobre os judeus, para fazê-los concordar e levar um advogado (Atos 24.1ss) com eles.

[49] As fontes eruditas têm se esforçado por longo tempo para localizar e identificar Antipátride. Mapas correntes de Israel mostram Antipátride localizada no morro (tell) chamado Tell Afeque. Este fica a nordeste de Jope-Tel Avive cerca de 16 km. A cerca de uma km e meio para o leste de Tell Afeque se encontra Rosh Há'Ayin (nascente), que até 1948 fornecia grande parte do suprimento de água para Jerusalém, e cujas águas foram agora canalizadas para o Neguebe. Para complicar a identificação, a 8 km ao norte de Tell Afeque fica uma cidade chamada Kefar Sava. Josefo identifica Antipátride com Caphar-Saba, e diz que diferia de Afeque (*Guerras*, II. 19. 1). Os três locais (Tell Afeque, Rosh Há'Ayin, e Kefar Sava) têm sido às vezes indicados como sendo Antipátride, e as diferentes localizações justificam as diferentes distâncias que os comentários afirmam que a cidade de Antipátride ficava de Jerusalém ou Cesaréia.

(Nota continua na próxima página)

Caphar-Saba⁵⁰, tendo sido reconstruído por Herodes o Grande cerca de 35 a.C., e o nome mudado em honra de seu pai Antípatro.

23.32 –

No dia seguinte – Isto seria depois da madrugada do dia que se seguiu à marcha durante toda a noite.

Tendo deixado aos de cavalaria o irem com ele – Só os setenta cavalarianos viajaram os 56 km de Antipátride a Cesaréia com Paulo. Agora que não estavam mais nas montanhas, mas na planície, há menos perigo de um ataque de surpresa ou emboscada.

Voltaram para a fortaleza – Os 200 soldados e os 200 lanceiros voltaram imediatamente a Jerusalém. Desde que estavam praticamente livres de qualquer perseguição ou ataque, os 400 soldados de infantaria não seriam mais necessários para guardar Paulo. Em vista de talvez serem necessários em Jerusalém (caso os judeus decidissem amotinar-se porque o tribuno deu sumiço a Paulo), eles fazem meia-volta depois de marcharem a noite inteira e voltam à fortaleza Antônia.

(Nota: Há uma inversão dessas duas últimas frases no português da SBB – N.T.).

   3. *Os dois Anos de Prisão de Paulo em Cesaréia. 23.33-26.32*

      a. Paulo é apresentado a Félix. 23.33-35

23.33 –

Os quais, chegando a Cesaréia, entregaram a carta ao governador – A viagem de Antipátride a Cesaréia levava meio dia. Supomos que entraram Cesaréia no final do dia, e um desfile de 70 cavaleiros além do prisioneiro deveria ter atraído muitos olhos curiosos. Ficamos imaginando se Filipe e alguns dos outros cristãos de Cesaréia ficaram surpresos ao ver Paulo no meio desse grupo, refletindo então em como a profecia de sua prisão em Jerusalém havia se cumprido rapidamente.

E também lhe apresentaram Paulo – Paulo é entregue à custódia de Félix.

23.34 –

Lida a carta, perguntou o governador de que província ele era – Félix fez esta pergunta para saber quais seus deveres no caso.⁵¹ Ele teve de consultar o governador de outra província antes de julgar Paulo, ou já tinha jurisdição sobre o caso? Trata-se do mesmo procedimento que usamos hoje; os que prendem o indivíduo talvez não tenham jurisdição geográfica sobre ele. Félix fez a pergunta para saber se ele pertencia de fato à sua jurisdição. A Cilícia ficava na mesma gestão que a Judéia e a Fenícia, ou seja, todas faziam parte da província romana da Síria, e Félix tinha portanto jurisdição no caso de Paulo.

E, quando soube que era da Cilícia – Tarso, cidade natal de Paulo, ficava na província da Cilícia (Atos 21.39).

23.35 –

Disse: Ouvir-te-ei, quando chegarem os teus acusadores – O verbo grego expressa a ideia de uma audiência completa, uma investigação total. Era praxe da lei romana que ao ser enviado um prisioneiro de um tribunal para outro, com uma declaração escrita (*elogium*) das acusações contra ele, tivesse direito a um novo julgamento.

O destacamento de soldados que escoltava Paulo poderia ter viajado para o norte pelo Caminho dos Patriarcas até a estrada que se ramifica para o oeste através de Emaús (Qubeiba) e seguido pelo vale de Beth Horon e depois Antipátride; ou talvez viajassem pelo Caminho dos Patriarcas até Gophna (Jifna) ao norte e depois na direção oeste para Antipátride. Existem ruínas de estradas romanas ao longo dessas duas rotas.

⁵⁰Josefo, *Antiguidades*, XIII. 15. 1; *Guerras*, IV 8. 1.
⁵¹Compare a pergunta de Pilatos registrada em Lucas 23.6.

E mandou que ele fosse detido no pretório de Herodes – O termo grego *praetorium* era algo elástico em sua aplicação; podia referir-se ao palácio do rei ou um alojamento de soldados. Veio a significar qualquer prédio onde um representante imperial vivesse[52]. O prédio aqui mencionado foi provavelmente construído por Herodes o Grande para uso como residência real, e tinha sido depois apropriado pelos romanos (eles costumavam apossar-se regularmente dessas residências reais para o seu próprio uso) para ser usado pelo governador e suas tropas. Como era comum com a maioria desses sedes oficiais, este tinha um quarto da guarda pretório para o confinamento dos prisioneiros. Paulo é trancafiado ali até seu julgamento diante de Félix.

---

[52] Compare Mateus 27.27; Filipenses 1.13; 4.22.

CAPÍTULO VINTE E QUATRO

B. Julgamento de Paulo perante Félix. 24.1-23

24.1 –

Cinco dias depois – No dia que se seguiu à partida de Paulo de Jerusalém, os judeus chegaram à torre Antônia para pedir outra investigação do caso de Paulo, ficando desapontados ao ver que a sua conspiração tinha fracassado. E então o tribuno ordena que se apresentem à corte em Cesareia! "Cinco dias depois" pode significar seja cinco dias após a partida de Paulo de Jerusalém ou cinco dias depois de sua chegada a Cesareia. Parte do tempo foi gasta com a necessidade de fazer preparativos para a jornada dos sacerdotes e anciãos, e outra parte foi gasta em contratar os serviços profissionais de Tértulo, enquanto o resto do tempo teria sido tomado com a viagem propriamente dita.

Desceu o sumo sacerdote, Ananias – Talvez Ananias[1] tivesse recebido ordens específicas de Lísias para ser um dos "promotores" (acusadores) do caso; ou talvez Ananias estivesse tão ansioso para tirar Paulo do caminho que emprestou deliberadamente seu prestígio ao caso da promotoria, da mesma forma que antes acolheu e participou da conspiração para matar Paulo[2].

Com alguns anciãos – Provavelmente os mesmos anciãos estão envolvidos aqui que tomaram parte na tentativa de assassinato com os quarenta judeus fanáticos.

E com certo orador, *chamado* Tértulo – A palavra "advogado" é traduzida "orador" na nota à margem. (Como na SBB – N.T.). Havia uma classe de homens, cujos representantes podiam ser encontrados em quase todas as províncias do império, que mediante pagamento apresentavam o caso de um queixoso ou acusado, influenciando a corte com seu conhecimento da lei romana e especialmente pelo uso de sua eloquência numa tentativa de exercer influência sobre o juiz. Pela maneira como ele falava não era judeu, sendo mais provavelmente grego ou romano. Podemos supor que os judeus, quando Lísias ordenou que se apresentassem ao tribunal de Félix, reconheceram estar em sérias dificuldades, caso contrário, não teriam tido o trabalho de levar com eles um advogado como Tértulo.

> Não há a menor base para supor, como alguns fazem, que os procedimentos fossem realizados em latim, e que enquanto os principais sacerdotes foram obrigados a empregar um advogado para falar nessa língua, Paulo, pela sua habilidade de falar em línguas, não precisou de um advogado romano. Os trâmites legais diante de um procurador da Judéia e os provinciais sob ele eram quase necessariamente em grego (como no caso do nosso Senhor e Pilatos). Se Paulo tivesse falado em latim, Lucas, que registra quando ele falou em hebraico (21.40) e em grego (21.37) nos teria contado.[3]

Os quais apresentaram ao governador libelo contra Paulo – A palavra "apresentaram libelo" é um termo técnico e implica em algo da natureza de uma acusação. Embora a carta de Lísias dissesse que ele não tinha encontrado culpa alguma em Paulo, Félix havia afirmado que faria uma investigação completa do caso de Paulo quando seus acusadores chegassem. Este versículo diz que esses acusadores se apresentaram formalmente a Félix, e ele então se prepara para o interrogatório.

---

[1] Veja a informação sobre Ananias, filho de Nebadeus, em Atos 23.2 e nas páginas xii-xiii dos Estudos em Cronologia.
[2] Atos 23.14   [3] Plumptre, *op. cit.*, p. 378.

24.2 –

Depois que *Paulo* foi chamado – Paulo estava sendo mantido em custódia em outro lugar do Pretório, e um mensageiro foi então enviado para chamá-lo para o interrogatório. É esperado que Paulo apareça imediatamente.

Passou Tértulo a acusá-lo, *dizendo ao governador* – O orador, ao que parece, tinha aprendido o estratagema de sua classe, e começa com elogios exagerados a Félix, o juiz. Tais lisonjas eram chamadas de *exordium*, instruções e regras que podem ser encontradas em Cícero[4]. Esse começo de discurso tinha como propósito ganhar favor para o caso, obtendo as boas graças do juiz antes dele ter ouvido qualquer parte da evidência.

Tendo nós, por teu intermédio, gozado de paz perene – "Nós" obtivemos, diz Tértulo aqui; e no versículo 6 ele se identifica com seus clientes. Mas fez uma separação ao dizer "esta nação" e não "nossa nação". Havia bem pouco na administração de Félix que podia ser elogiado, pois era culpado de muita corrupção em seu governo. A "paz" de que Tértulo fala era uma das poucas contribuições positivas de Félix à Palestina. Ele havia destruído os bandos de assaltantes e esmagado pela força os assassinos organizados (sicários)[5]. Mas a sua administração foi também marcada pelo assassinato do sumo sacerdote Jônatas (que tinha ousado insistir com Félix para ser mais digno do seu cargo), e pelo que tinha sido uma oposição isolada e esporádica a Roma e se tornou cada vez mais uma rebelião fixa e difundida, que iria eventualmente vir à tona e resultar na destruição de Jerusalém. Foi a sua corrupção e crueldade enquanto no cargo que levou finalmente à atitude de rebelião a cristalizar-se no coração do judeu comum[6].

E, também por teu providente cuidado, se terem feito notáveis reformas em benefício deste povo (nação) – O termo grego traduzido "providente" tinha no primeiro século quase a conotação de "ação divina". Os homens falavam então, como agora, da "providência" de Deus e já havia no império uma tendência de atribuir tais atos divinos ao próprio imperador. Com o tempo, em vista dos homens falarem tanto da "providência de César" essas palavras iriam aparecer nas moedas e medalhas cunhadas em homenagem a César. Tértulo se adianta ainda mais e estende ao procurador da Judéia uma frase que tinha sido usada só para César. Tértulo está quase dizendo: "os crimes estão sendo erradicados por causa de seus "atos divinos". As "reformas" de que Tértulo fala, foram poucas durante o governo de Félix, pois dentro de dois anos ele foi removido do cargo, chamado para ser julgado em Roma e só escapou do castigo por causa da influência do irmão dele na corte romana[7].

24.3 –

Sempre e por toda parte isto reconhecemos – Não somente na sua presença como faço agora, mas sempre reconhecemos que nossa terra está segura devido à sua vigilância.

Excelentíssimo Félix – Compare notas sobre Atos 1.1 e 23.26 a respeito do título "excelentíssimo." (Na SBB estas palavras aparecem no início do discurso – N.T.).

Com toda a gratidão – Admitimos que as reformas (menos ladrões para nos preocupar quando viajamos) que temos são obras suas; e aceitamos com gratidão suas tentativas de promover a paz. Talvez houvesse alguma sinceridade nesta declaração de agradecimento pela diminuição da onda de crimes que havia prejudicado os viajantes na parte montanhosa da Palestina.

24.4 –

Mas, para não te cansar por mais tempo — "Cansar" (como no inglês – N.T.) é uma possibilidade, mas é também possível traduzir "para não te deter por longo tempo" (como na SBB

---

[4] Cicero, *Orations*, II. 78, 79.
[5] Atos 21.37 ,38; Josefo, *Antiguidades*, XX. 8. 5; *Guerras*, II. 13. 2.
[6] Josefo, *Antiguidades*, XX.8. 6; *Guerras*, II. 13. 6.
[7] Veja notas de Atos 24.27.

– N.T.). Notamos aqui de novo a doçura doentia do orador. Félix está tão ocupado mantendo a paz, que seria vergonhoso mantê-lo por mais tempo longe dos seus deveres! Tértulo fala como se fosse obrigado a conter-se para não continuar com as palavras de louvor que seus sentimentos o levavam naturalmente a pronunciar.

Rogo-te que, pela sua bondade, nos conceda uma breve audiência – A palavra traduzida "bondade" (*epieikeia*) significa brandura, gentileza, moderação. A "bondade" de Félix era uma invenção lisonjeira de Tértulo. Félix era bem conhecido como homem cruel, severo e avarento, que se permitia toda licenciosidade e excesso. Lucas pode estar dando apenas um resumo de tudo o que Tértulo disse, mas, se o tempo gasto com lisonjas em comparação com o gasto nas acusações a Paulo estiver em proporção ao discurso em si, há alguma indicação da fraqueza das acusações contra Paulo.

24.5 –

Porque, tendo nós verificado que este homem é uma peste – O substantivo em grego é mais enfático – uma pestilência, uma praga, uma epidemia. O advogado passa dos elogios ao juiz às invectivas contra o acusado, e ao fazer isso coloca forte ênfase nas acusações contra Paulo, que estaria fazendo justamente aquilo que Félix tentava reformar! O fato de Paulo ser uma peste, uma praga, é uma acusação geral. Em todo lugar em que esteve tinha havido distúrbio da paz. Nas frases seguintes temos três casos específicos em que Tértulo tentava provar esta acusação geral.

E promove seduções entre os judeus esparsos por todo o mundo – "Mundo" numa corte romana seria uma referência ao império romano. Paulo é acusado de ser a origem do distúrbio da paz, pelo menos nas comunidades judias, em todo o império. Se nos lembrarmos das dificuldades em Antioquia da Pisídia e Icônio[8], em Tessalônica[9], e em Éfeso[10], podemos ver que uma pequena distorção do que ocorreu nessas cidades poderia fazer com que Paulo fosse culpado de tudo (em vez de ser a culpa dos judeus incrédulos que estavam por trás das revoltas contra ele).

Sendo também o principal agitador da seita dos nazarenos – A palavra traduzida "agitador" não ocorre em qualquer outro ponto do Novo Testamento. É um termo militar indicando alguém que fica em primeiro lugar no exército, um porta estandarte, um líder, um comandante. Paulo é acusado de ser tão proeminente na pregação do evangelho que é o líder ou pessoa principal responsável pela difusão da seita dos nazarenos[11]. Talvez nas palavras "seita" e "nazarenos" possamos encontrar o motivo da acusação contra Paulo nesta especificação. Esta é a primeira vez em que o termo "nazareno" é usado, expressando desprezo, como uma designação dos seguidores de Jesus, a quem este termo injurioso foi também lançado[12]. O que Tértulo tem em mente é sem dúvida que Paulo está sendo acusado de fundar uma religião que é um ramo do judaísmo e, portanto, ilegal no império romano. O que Paulo defende não é judaísmo, afirma o advogado. É heresia! Não se trata de uma religião permitida pelo estado[13]! Se ele não estivesse tentando introduzir uma religião ilegal, não haveria todo esse distúrbio da paz provocado por ele.

---

[8] Atos 13.50ss; 14.5ss e 14.19ss.
[9] Atos 18.6.
[10] Atos 21.28. Por trás desta acusação de dissensões por todo o império deve estar o fato de que informações chegaram aos líderes religiosos de Jerusalém sobre a divulgação do cristianismo em comunidades distantes como a Ásia Menor e a Grécia. Os judeus da Ásia contaram estas notícias aos líderes, ou havia alguma outra fonte de informação?
[11] O termo grego por trás de "seita" é aquele comentado em Atos 5.17 e 15.5.
[12] Compare Atos 6.14 e João 1.46. Não é certamente adequado usar "Nazareno" como título para a igreja como faz uma denominação hoje, embora em Atos 2.22 o nome não seja empregado com desprezo.
[13] Para informação sobre religiões ilícitas, veja Atos 16.4. A interpretação nas notas parece uma explicação melhor desta acusação específica do que a de que ela envolve uma questão de messianismo político.

24.6 –

O qual também tentou profanar o templo – Esta terceira acusação, como se pode ver, foi uma modificação da anterior[14]. Eles haviam afirmado que ele tinha introduzido Trófimo no Tribunal de Israel; agora se contentam em acusá-lo de apenas tentar introduzir Trófimo. Este é só um outro exemplo de como Paulo causa problemas onde quer que vá, é a ideia por trás da acusação de Tértulo.

Nós o prendemos – O advogado se identifica aqui novamente com os seus clientes. "Nós o prendemos" é certamente uma descrição exagerada do que foi um quase-linchamento! Lísias não foi o único a manipular os detalhes deste incidente em seus próprios interesses.

24.6b-8a –

[E nós queríamos julgáattorney-lo segundo a nossa lei. 7. Mas sobrevindo o comandante Lísias, o tomaram das nossas mãos com grande violência, ordenando que os seus acusadores viessem à tua presença]. – O texto Ocidental, as versões Siríaca e Vulgata, e o texto Bizantino (e, portanto, a KJV) contêm esses versículos; eles podem ou não ser genuínos[15]. Se essas palavras fizeram parte do discurso do advogado, estes pontos podem ser vistos: Nas mãos do advogado, o tumulto no templo se torna uma prisão legal por parte dos oficiais apropriados; seguir-se-ia a isso, no curso devido, um julgamento legal como aconteceria no caso de qualquer infração da lei de Israel. Mas Lísias surgiu com uma interferência injustificada a todo o nosso procedimento ordeiro. Lísias é também acusado de "grande violência" (brutalidade policial) ao interromper o processo legal judaico[16]. Tértulo distorceu de novo as coisas em benefício de seus clientes. Ele tenta fazer com que pareça que os judeus iriam julgar Paulo com imparcialidade de acordo com a lei judia; mas a verdade é que, sem consideração da lei ou da justiça, eles teriam assassinado Paulo imediatamente, caso Lísias não tivesse interferido.

24.8b –

Tu mesmo, examinando-o, poderás tomar conhecimento de todas as cousas de que nós o acusamos – Quem é o "ele" que deve ser examinado? Se os versículos 6b-8a forem aceitos como autênticos, é Lísias (antecedente mais próximo) que Félix deve examinar conforme sugestão de Tértulo. Se os versículos forem omitidos, então é Paulo quem Félix deve interrogar. "Examinar" procede do grego *anakrino* (palavra diferente da usada em 22.24), termo esse utilizado com frequência no contexto legal de uma investigação preliminar. É duvidoso que a palavra inclua a ideia de tortura. Como mencionado na nota de rodapé no 15, esta frase é uma razão para crer que os versículos 6b-8a são autênticos. Sem eles, *Paulo* é quem deveria ser inquirido sobre a verdade das acusações contra *Paulo*, e qual o prisioneiro que jamais disse a verdade a respeito de si mesmo? Todavia, se compreendermos isto como uma sugestão de que Félix interrogue Lísias (ele era o verdadeiro causador do problema, afirmaram eles), começamos imediatamente a suspeitar dos judeus, pois são apresentados como dizendo: Foi o outro sujeito (sempre) que causou o distúrbio. Foi Paulo, ou foi Lísias! Nós somos cidadãos obedientes à lei! Tértulo tenta outro es-

---

[14] Atos 21.28. As atividades dos judeus asiáticos e suas reclamações ao agarrarem Paulo no templo estão por trás desta acusação contra ele.

[15] Parece útil listar alguns dos argumentos a favor e contra a integridade desta passagem.
  a) Argumentos a favor de sua integridade:
    1) Félix menciona ter interrogado Lísias (versículo 22), o que poderia pressupor a acusação feita contra ele por Tértulo.
    2) Se as palavras forem omitidas, Tértulo sugere que Félix peça ao prisioneiro para testemunhar contra si mesmo.
  b) Argumentos contra a sua integridade:
    1) A evidência dos manuscritos é bastante favorável à sua omissão.
    2) Se as palavras faziam parte do original, por que e como vieram a ser omitidas?
    3) O advogado tentaria lançar a culpa em Lísias, um tribuno romano?

[16] Segundo Atos 21.32 houve pouca ou nenhuma violência por ocasião do resgate de Paulo, mas a violência aconteceu mais tarde quando os judeus tentaram impedir que Paulo fosse levado para a torre Antonia., Atos 21.35.

tratagema astuto que tinha aprendido para convencer os juízes. Ele tenta criar preconceito em Félix, antes que ouça a defesa de Paulo, dizendo que o governador encontraria as coisas exatamente como a promotoria judaica havia apresentado.

24.9 –

Os judeus também concordaram na acusação – Ananias e os anciãos são aqui culpados de endossar as representações erradas feitas por Tértulo contra Paulo e Lísias. Imaginamos eles sendo chamados como testemunhas da acusação[17], e depois jurando falsamente dizendo que as acusações contra Paulo eram verdadeiras em todos os detalhes.

Afirmando que estas coisas eram assim – Um resumo do caso como apresentado por Tértulo é o seguinte: Primeiro, ele fez uma acusação geral contra Paulo – "Este homem é um causador de problemas, uma peste, uma praga, onde quer que vá". A seguir deu três exemplos específicos para apoiar a acusação geral – um, que havia incitado os ânimos dos judeus em vários lugares para que se amotinassem; dois, foi acusado de ser o principal promotor de uma religião não permitida pelo governo romano; e três, havia tentado profanar o templo. Qualquer destas especificações, se sustentada de modo a convencer o juiz, colocaria o réu em situação difícil, e poderia até levar a uma sentença de morte no tribunal de Félix. Os judeus queriam tanto ver Paulo fora de circulação que estavam dispostos a afirmar solenemente a verdade de uma mentira (algo proibido na sua própria Lei: "Não dirás falso testemunho..." Êxodo 20.16), a fim de que fosse condenado.

24.10 –

Paulo, tendo-lhe o governador feito sinal que falasse – A palavra traduzida como "sinal" pode significar um gesto com a cabeça ou com a mão.

Respondeu – Se Jesus não tivesse prometido que seria ensinado a seus discípulos o que dizer quando arrastados diante do tribunal[18], Paulo estaria em distinta desvantagem.

Foi pedido a Paulo, sem notificação prévia das acusações e sem um momento para premeditação, que fizesse sua defesa contra uma acusação que lhe teria custado a vida, caso fosse mantida no julgamento do tribunal. Sem uma única testemunha para apoiar suas afirmações, ele só podia confiar na veracidade auto evidente do que pudesse dizer. Mas Paulo tinha também o apoio da promessa de Jesus: "Porque eu vos darei boca e sabedoria a que não poderão resistir nem contradizer todos quantos se vos opuserem" (Lucas 21.15)[19].

Sabendo que há muitos anos és juiz dessa nação – Existe grande diferença de tom entre a primeira afirmação de Paulo e as palavras lisonjeiras do advogado. O tom de Paulo era de franqueza e verdade, e não lisonjas mentirosas e fatos distorcidos. Ele está satisfeito em apelar para os "muitos anos"[20] durante os quais Félix tinha sido juiz. Deve ser lembrado que todas as ramificações de uma disputa entre judeus só poderiam ser compreendidas por alguém que tivesse vivido muito tempo entre os judeus. Os anos que Félix havia administrado a lei em Samaria, e depois disso na Judéia, iriam ajudá-lo a entender a defesa de Paulo.

---

[17] Supor que os líderes religiosos testemunharam a favor da acusação é muito melhor do que explicar que eles "participaram do ataque" simplesmente acenando sua aprovação, ou aclamando Tértulo com vivas e gritos de aprovação.

[18] Lucas 12. 11, 12.

[19] McGarvey, *op. cit.*, p.235.

[20] "Muitos anos" tem sido explicado de várias maneiras. Tanto Tácito como Josefo se combinam para informar que Félix tornou-se governador em 52 A.D. (*Annals* (Anais), XII. 54; *Antiguidades*, XX. 7. 1) que seriam seis anos antes do julgamento de Paulo. Isto representava "muitos anos" quando comparado com a duração média da permanência de um governador em qualquer província. Desde 48 A.D. Félix ocupava o poder com o governador precedente, Cumano, em Samaria (Annals (Anais), *ibid*), antes de tornar-se governador único de toda a região. Esses anos poderiam ser também incluídos nos "muitos anos" de Paulo, pois "juiz" é evidentemente usado seja no sentido de um magistrado ou de alguém indicado para administrar os assuntos do governo.

Sinto-me à vontade para me defender – Desde que é longa a sua experiência com os costumes e hábitos dos judeus, submeto mais facilmente o caso à sua apreciação. Paulo precisava defender-se de três acusações específicas. Sua resposta à acusação de perturbar a paz é encontrada nos versículos 11-13; a questão de chefiar a seita dos nazarenos é respondida nos versículos 14-16; a acusação de profanar o templo é tratada nos versículos 17-19.

24.11 –

Visto poderes verificar – Mediante a uma pequena investigação poderá ser verificada a verdade que não subi a Jerusalém senão há doze dias. Quando um longo período de tempo se passa entre um acontecimento e a investigação do mesmo, é frequentemente difícil reconstruir o ocorrido. Mas, neste caso, o tempo é suficientemente curto para Félix saber o que realmente aconteceu, sem grande dificuldade.

Que não há mais de doze dias – Os comentaristas se esforçaram para explicar como Paulo calculou esses "doze dias", pois um relato quase diário das atividades de Paulo foi dado, começando em Atos 21.17; os sete dias de 21.27 mais os cinco dias de 24.1 formam os doze, e não deixa tempo para qualquer dos outros dias registrados por Lucas. Métodos diferentes de cálculo do tempo têm sido, portanto, sugeridos. Boles apresenta este:

> Esses "doze dias" podem ser calculados como segue: primeiro dia, Paulo chega a Jerusalém e se encontra com Tiago (21.15); segundo dia, ele fez sua primeira visita ao templo como Nazireu; terceiro ao sétimo dia, executou o cerimonial Nazireu e foi preso por Cláudio Lísias; oitavo dia, foi levado diante do Sinédrio; nono dia, foi informado da conspiração para matá-lo e saiu essa noite para Cesareia; décimo dia, chegou a Antipátrida; décimo-primeiro dia, foi entregue a Félix em Cesareia; décimo-segundo dia, estava no palácio [pretório] de Herodes; e no décimo-terceiro dia compareceu perante Félix[21].

Beza calculou esses doze dias de maneira diferente:

> O primeiro foi o que chegou em Jerusalém, 21.15. O segundo passou com Tiago e os presbíteros, 21.18. Seis dias foram gastos em cumprir o voto, 21.21, 26. No nono dia houve o tumulto, sendo o sétimo do seu voto, e neste dia ele foi salvo por Lísias, 21.27, 22.29. No décimo dia compareceu perante o Sinédrio. No décimo-primeiro dia foi feita a conspiração para tirar-lhe a vida e no mesmo dia, à noite, ele foi removido para Cesareia, chegando ali no décimo-segundo dia[22].

Este autor se inclina a concordar com a opinião de Beza. Os dias em que Paulo ficou preso em Cesareia não são contados, desde que ele estava naturalmente fora de circulação e não teve oportunidade para instigar distúrbios entre os judeus de seu lugar na prisão.

Fui a Jerusalém para adorar – Sua ida a Jerusalém não tinha o propósito de iniciar um motim. Pelo contrário, tinha ido a Jerusalém "para adorar". Esta sentença poderia na verdade ser usada como uma defesa contra todas as acusações que lhe foram feitas. Em lugar de "heresia", ele estava adorando como a Lei ensinava; em lugar de profanar o templo, tinha ido para adorar.

24.12 –

E que não me acharam no templo discutindo com alguém, nem tão pouco amotinando o povo, fosse nas sinagogas ou fosse na cidade – Paulo está desenvolvendo aqui a sua defesa contra a acusação de ser um perturbador da ordem. Ele afirma que a acusação não pode ser provada, seja em Jerusalém (neste versículo), nem em qualquer outro lugar (versículo seguinte). Nem no templo, nem em qualquer das sinagogas, nem mesmo nas ruas da cidade, ele estava discutindo qualquer coisa que pudesse ser considerada como reacionária ou tumultuosa.

---

[21] Boles, *op. cit.*, p. 380, 381. Este método de calcular os doze dias é típico dos que excluem o dia da chegada de Paulo em Jerusalém ao computar os doze.
[22] Citado por Barnes, *op. cit.*, p. 331. Este método é típico daqueles sistemas que excluem os cinco dias de Atos 24.1.

Nem tão pouco amotinando o povo – (Esta frase no original inglês vem no fim, daí a sua repetição aqui – N.T.) – Não havia qualquer atividade que pudesse ser apontada como causadora de um "motim". Ele estava ocupado silenciosa e pacificamente com seus afazeres em Jerusalém. Não tinha reunido uma multidão ao seu redor em qualquer parte da cidade antes de ter sido acusado falsamente e agarrado pelos judeus da Ásia.

24.13 –

Nem te podem provar as acusações que agora fazem contra mim – Depois de negar ter provocado distúrbios em Jerusalém, ele agora trata da acusação de ser o causador de problemas entre os judeus de todo o império, negando a mesma. O registro de Atos é claro com referência aos distúrbios nas outras cidades. Foram os judeus incrédulos que agitaram e incitaram o povo, e não Paulo! Ele desafia os acusadores a produzir qualquer evidência adequada – ou seja, de duas ou três testemunhas, independentes e de acordo – como prova das acusações.

24.14 –

Porém, confesso-te isto – Paulo fala aqui sobre a segunda das acusações específicas – que esteve pregando uma religião ilegal.

Que, segundo o caminho, a que chamam seita – Tértulo usou "seita" em tom depreciativo, um fato notado aqui por Paulo[23], ao falar do "Caminho[24]" que era a sua religião. Paulo está dizendo: "Embora o chamem de heresia (seita), o que tenho pregado e vivido é o caminho para servir o Deus vivo. A religião chamada cristianismo é exatamente o que a Lei e os Profetas previram".

Assim eu sirvo ao Deus de nossos pais – "Pais" é *patroos*, um termo que enfatiza a descendência de pai para filho, ocorrendo a mesma repetidamente durante um longo período de tempo. Isso teria um significado especial para Félix, pois ouviria que o Deus a quem Paulo servia era o Deus ancestral dos israelitas, e sob a lei romana ele tinha todo o direito a isso. Paulo afirma que serve o mesmo Deus, Jeová, servido desde há muito pelos seus ancestrais[25]. A palavra traduzida "sirvo" (*latreuo*) sugere dedicação completa, quer na adoração ou serviço. Paulo negou ter feito algumas das coisas de que seus oponentes o acusaram, mas não hesita em dizer a Félix que, na verdade, serviu a Deus.

Acreditando em todas as cousas que estejam de acordo com a lei, e nos escritos dos profetas – O "caminho" em que Paulo "serve" o Deus ancestral pode ser de fato diferente do caminho em que os fariseus e saduceus o "servem", mas Paulo insiste em que seu caminho estava muito mais em harmonia com tudo que as Sagradas Escrituras continham do que o deles. Paulo afirma que encontrou no cristianismo a culminação da Lei e dos Profetas. Ele nega assim que a sua fosse uma religião ilegal. O cristianismo não era uma seita, uma divisão, uma heresia surgida do judaísmo. Mas era aquilo para o qual o judaísmo preparou o mundo.

24.15 –

Tendo esperança em Deus – Com essas palavras Paulo insiste que já está de posse da coisa (esperança) que os pais e profetas só tinham como promessa. Deus havia prometido a eles que executaria os seus planos na história, planos que incluíam o envio do seu Messias ao mundo e

---

[23] Atos 24.5.
[24] Veja notas sobre "o Caminho" de Atos 9.2.
[25] Na proposição No 2 do *Campbell-Rice Debate* ("Debate Campbell-Rice"), Rice usou linguagem como a deste versículo para mostrar que o cristianismo é uma continuação da igreja judia; e, portanto, que o batismo de crianças ocupou o lugar da circuncisão de crianças. Esse é um claro mau uso da passagem, pois Paulo está dizendo: "Só faço e ensino o que minha antiga religião predisse e me orientou a fazer". Houve uma mudança de alianças, e qualquer doutrina que deixe de reconhecer isto está sujeita a cometer um grande erro. Jeremias 31.31 é apenas uma das passagens do Antigo Testamento que prediz a vinda de uma nova aliança para tomar o lugar da antiga. O próprio Paulo faz uma distinção entre a religião judaica e o seu cristianismo.

24.15 A Igreja nos Confins da Terra

levar a história à consumação na ressurreição. Os judeus incrédulos continuavam aguardando a chegada do Messias; Paulo salienta que o Messias já tinha vindo e, com sua ressurreição, proporcionado a certeza da ressurreição de todos os homens. O que os judeus apenas esperavam já estava sendo realizado no cristianismo.

Como também estes a têm, de que haverá ressurreição, tanto de justos como de injustos – Nas palavras "estes a têm", Paulo certamente incluiu seus acusadores, o sumo sacerdote e os presbíteros que tinham ido de Jerusalém para Cesareia. Em vista do sumo sacerdote ser geralmente um saduceu, que não creria na ressurreição[26], alguns não entendem esta declaração de Paulo. Alguns tentam explicá-la dizendo que alguns dos anciãos presentes seriam fariseus, que criam na ressurreição. Outros tentam resolver a dificuldade afirmando que Paulo está se referindo à grande maioria do povo judeu como crendo na ressurreição[27]. Esta é uma das muitas passagens na Palavra que ensina claramente que haverá ressurreição de todos os mortos. Tanto os justos como os injustos serão ressuscitados[28]. Paulo tem apresentado então várias ideias para mostrar que sua maneira de servir não era uma "seita" ou uma "heresia". Ele servia o mesmo Deus ancestral que vinha sendo servido há séculos. Ele tinha a mesma esperança em Deus que a grande maioria dos judeus possuía, uma esperança que incluía a crença na ressurreição.

24.16 –

Por isso – Isto parece resumir tudo o que ele disse desde o versículo 14. Não é uma heresia; é *o caminho* para servir o Deus vivo. Já que isto é verdade, seria de esperar que eu fizesse o tipo de esforço que levaria alguns a me chamarem de "chefe" ("agitador" na SBB- N.T.).

Também me esforço por ter sempre consciência pura diante de Deus e dos homens – Isto explica o que instigou Paulo em suas viagens missionárias. Ele tinha como objetivo constante viver com a consciência limpa[29]. Paulo está afirmando que todo o seu comportamento tinha como alvo ficar livre da suspeita de acusações como as feitas contra ele. A única maneira de ter esse livramento é executar tudo o que sabia que Deus queria dele, e ao mesmo tempo viver de modo a não fazer ninguém tropeçar. O propósito de Paulo era empenhar-se ao máximo para ajudar os homens a terem conhecimento da salvação, vivendo de modo a ter condições de examinar a sua vida com a reflexão de que tinha feito tudo o que devia fazer, tudo o que pudesse para promover o bem-estar espiritual deles.

24.17 –

Depois de anos – Paulo começa aqui sua resposta à terceira acusação feita por Tértulo, de que tivesse tentado profanar o templo. Ele inicia dizendo ao tribunal o propósito de sua ida a Jerusalém em primeiro lugar, a saber, levar aos seus conterrâneos (que eram irmãos em Cristo) a ajuda necessária num período de crise. Os "anos" eram pelo menos quatro, pois esse tempo havia decorrido desde sua visita anterior a Jerusalém (Atos 18.22)[30].

Vim trazer esmolas à minha nação – Paulo usa *ethne* (nação) em lugar da *laos* (povo) porque o último termo, para muitos gentios, teria incluído uma certa pretensão de superioridade para o juiz (e quaisquer outros gentios) diante de quem se achava. As esmolas eram, claro, as largas somas de dinheiro que Paulo esteve insistindo durante toda a sua terceira viagem missionária que as igrejas gentias dessem para ajudar os cristãos pobres da Judéia e cercanias de Jerusalém.

---

[26] Atos 23.8.
[27] Se os saduceus mantinham uma doutrina diferente daquela ensinada em todo o Antigo Testamento, foram eles, e não Paulo, que tinham se desviado das crenças ancestrais.
[28] Outras passagens que tratam da ressurreição são 1 Coríntios 15.1-58; Lucas 14.14; 20.34ss; Daniel 12.1, 2; João 5.28ss; Apocalipse 20.12ss; 1 Tessalonicenses 4.13ss.
[29] "Consciência" foi comentado em Atos 23.1.
[30] Se acreditarmos que Jerusalém não foi visitada em Atos 18.22, então se passaram oito anos desde que Paulo esteve em Jerusalém, sua última viagem à cidade tendo sido a Conferência de Jerusalém de Atos 15.

Esta é a única notícia direta em Atos sobre esta oferta, a respeito da qual tanto foi escrito nas epístolas que se originam da terceira viagem missionária[31].

E também fazer oferendas – As "oferendas" eram os sacrifícios que o apóstolo estava prestes a oferecer depois de completado o voto Nazireu ao qual tinha se associado[32].

24.18 –

E foi nesta prática que ... me encontraram já purificado no templo, sem ajuntamento e sem tumulto – "Prática" se refere às "oferendas" que acabava de citar. Exatamente quando os judeus da Ásia o encontraram, Paulo se ocupava em oferecer os sacrifícios necessários para iniciar o voto Nazireu[33]. Longe de estar ali para profanar o templo, ele havia se submetido a todo o processo de purificação exigido para votos como aquele ao qual tinha se associado.

Alguns judeus da Ásia – Há uma sentença interrompida neste ponto. Talvez Paulo fosse dizer que não tinha sido os acusadores diante do tribunal que o encontraram no templo, mas alguns judeus da Ásia o encontraram[34].

24.19 –

Os quais deviam comparecer diante de ti – Os promotores dos distúrbios no templo fugiram das consequências dos seus atos, e permaneceram em Jerusalém (em vez de irem à sessão no tribunal) ou partiram de volta para casa no momento em que terminava a festa do Pentecostes.

E acusar, se tivessem alguma coisa contra mim – Este era um ponto crucial na defesa de Paulo contra a acusação de profanar o templo. Os homens que estavam no tribunal não tinham qualquer evidência de primeira mão de que ele havia profanado o templo ou sequer havia tentado isso. Tudo o que tinham era uma evidência em forma de boato. As pessoas que alegavam ter testemunhado a profanação do Pátio de Israel não se deram ao trabalho de comparecer ao tribunal de Félix. Não é difícil supor a razão do seu não comparecimento (mesmo que já não estivessem a caminho da Ásia). Não seriam necessárias muitas perguntas de Félix ou um inquérito para revelar quem eram os verdadeiros autores dos distúrbios.

24.20 –

Ou estes mesmos digam – Desde que as verdadeiras testemunhas oculares do que foi feito no templo não estão aqui para contar o que viram, deixem os acusadores que aqui se acham contarem o que testemunharam. Lísias tinha feito menção do julgamento diante do Sinédrio em sua carta a Félix, portanto, Paulo não estava então abordando um assunto desconhecido de governador.

Que iniquidade acharam em mim, por ocasião do meu comparecimento perante o Sinédrio – Este é um lembrete para os acusadores de que não havia acusações contra ele (como as que apresentaram no tribunal de Félix) quando esteve diante do Sinédrio. Ele desafiava o sumo sacerdote e os anciãos a declararem quaisquer acusações provadas contra ele em seu julgamento perante eles[35].

24.21 –

Salvo estas palavras que clamei, estando entre eles – Lembre-se da sugestão feita antes de que Paulo teve de gritar para fazer-se ouvir. Ele não foi a causa do tumulto, mesmo no Sinédrio. Eles já estavam amotinados, obrigando-o a gritar acima do barulho.

---

[31] Romanos 15.25; 1Coríntios 16-1-4; 2 Coríntios 8.9; Gálatas 6.6-10. Compare as notas de Atos 21.20 com respeito à importância desta oferta para Paulo.
[32] Veja Atos 21.23, 24. 33 Atos21.26.   [34] Atos 21.27.
[35] Atos 23.1-10. Paulo não tinha nenhum receio de ser censurado por repreender Ananias, ou por sua declaração que dividiu o Sinédrio.

Hoje sou eu julgado por vós acerca da ressurreição dos mortos – O único ponto, diz Paulo, em que discordei desses meus acusadores foi um em que eles nem sequer concordaram entre si. Alguns escritores julgam que esta declaração de Paulo significava que houve ocasião em que suas palavras deram lugar a um tumulto, ocasião que lamenta agora ao relembrar-se dela. Tal interpretação difere, porém, do objetivo declarado por Paulo de ter sempre a consciência limpa de ofensas seja diante de Deus ou dos homens.

A defesa de Paulo conteve uma resposta direta a cada uma das acusações específicas que Tértulo tinha feito contra ele. Sua visita a Jerusalém foi há pouco tempo, permitindo verificar se ele esteve ou não em meio ao povo que discutia ou se agitava em qualquer parte de Jerusalém, ou em qualquer outro lugar no que diz respeito a esse assunto. O caminho chamado de Cristianismo não era uma religião ilegal, mas sim aquilo que foi predito na Lei e nos Profetas. Em vez de profanar o templo, ele estava usando-o com os fins corretos, um lugar para fazer sacrifícios e promessas a Deus. A seguir, ele pede aos membros do Sinédrio presentes que declarem qualquer crime por ele cometido que tivessem testemunhado pessoalmente.

Foi uma boa defesa, e se Félix não tivesse sido motivado pela cobiça e pelo desejo de conciliar os judeus, Paulo teria sido imediatamente absolvido e libertado.

24.22 –

Então Félix, conhecendo mais acuradamente as cousas com respeito ao Caminho – Félix conhecia melhor o cristianismo (o Caminho) do que pensavam. (os acusadores judeus)[36]. Ele sabia o suficiente sobre a vida e doutrinas dos cristãos (tais como Paulo estava compartilhando no tribunal) para ter certeza de que o apóstolo não era culpado de crime algum como os acusadores sustentavam. Félix sabia que não estavam apresentando as coisas como elas eram realmente. É interessante conjecturar exatamente onde Félix conseguiu suas informações sobre o cristianismo. Os romanos possuíam um excelente sistema de espionagem, a fim de manter-se a par do que acontecia entre o povo. Esta seria a fonte de sua informação? Teria o evangelista Filipe que tem vivido em Cesareia durante anos, feito uma visita evangelística ao governador, e assim Félix aprendeu sobre o cristianismo? Teria aprendido alguns dos detalhes com sua mulher atual, Drusila, que era membro da família de Herodes, uma família com seu destino entrelaçado ao do cristianismo por mais de meio século? Félix havia vivido em Samaria e na Judéia por dez anos, e em ambas essas regiões a igreja estava crescendo e se tornando cada vez mais influente[37]. Ele deve ter tido frequentes oportunidades para aprender o que os cristãos ensinavam e como viviam.

Adiou a causa, dizendo – "Adiou" é o termo técnico legal para transferir a audiência para outra data. Félix fez o caso continuar indefinidamente, não por abrigar qualquer dúvida da inocência de Paulo (seu conhecimento do cristianismo era muito "acurado" do que isso), mas por ter alguns interesses egoístas (como Lucas irá mostrar em breve).

Quando descer o comandante Lísias, tomarei inteiro conhecimento do vosso caso – A razão dada para adiar qualquer decisão do caso não passava de simples subterfúgio, mas ele lhe deu um aspecto razoável dizendo que desejava ouvir o lado na história de Lísias. Ou Tértulo havia tornado os atos do tribuno no caso uma parte de seu argumento para a acusação, ou Félix quer maiores informações além daquelas dadas na breve carta enviada por Lísias com o prisioneiro. Ele não desejava condenar o réu quando a evidência era toda contra isso; mas havia os judeus que podiam mostrar-se fanáticos e preocupantes se não alcançassem seus propósitos. A fim de poupar tempo e evitar problemas, Félix decidiu prender Paulo indefinidamente. Deste modo nenhum dos lados ganharia a causa. Não sabemos se Lísias realmente chegou para contar

---

[36] Tudo que o grego tem aqui é um adjetivo comparativo. Ele não explica exatamente quem conhecia menos o Caminho do que Félix.

[37] O particípio circunstancial em grego diz que era porque tinha um conhecimento mais exato do Caminho que Félix reconheceu ser verdadeiro o testemunho de Paulo.

o seu lado da história. Não mais ouvimos falar dele. Nem Félix jamais tomou qualquer decisão final no caso, como prometeu aqui que faria.

24.23 –

E ordenou ao centurião que mantivesse Paulo detido – A leitura no grego é "o centurião" (há um artigo no original), e indica tanto o centurião sob cuja custódia Paulo tinha sido colocado por Lísias[38], quanto o encarregado especial dos prisioneiros aguardando julgamento em Cesareia. "Detido" poderia significar a limitação de seus movimentos ao interior do pretório, ou que Paulo foi mantido em cadeias[39]. "Guarde-o!" é o sentido da frase.

Tratando-o com indulgência – Lucas usou a palavra *anesis*, significando "soltar, relaxar, ou restringir moderadamente" a Paulo[40]. O confinamento de Paulo deveria ser o menos aborrecido possível, embora consistente com a custódia.

E não impedindo que os seus próprios o servissem – O serviço incluiria a provisão de alimentos e roupas, e as visitas. No grego, "seus amigos" (como no original inglês – N.T.) significa "seus próprios (povo)" (como na SBB – N.T.), por exemplo, seus irmãos, os companheiros cristãos. Podemos imaginar os cristãos de Cesareia pondo em prática as instruções de Jesus sobre visitar os irmãos na prisão durante os dois anos em que Paulo ficou detido em Cesareia[41]. Supomos que Lucas chegou então a Cesareia e foi um dos que visitou Paulo durante seu confinamento. Podemos imaginar que quando Paulo não voltou à casa de Mnasom naquele dia (lembre-se que ele saiu para ir ao templo oferecer sacrifícios com os homens que haviam feito o voto de nazireado), Lucas e os outros começaram a procurá-lo. Podem ter-se encontrado com ele enquanto ainda preso na torre Antônia; mas não teriam sabido de sua saída sob escolta, à noite, de Jerusalém, senão algum tempo mais tarde, em cuja ocasião alguns desceram a Cesaréia para ficar perto dele e prestar qualquer ajuda possível.

C. Paulo diante de Félix e Drusila. 24.24-27

24.24 –

Passados alguns dias – Não é possível determinar a duração desses "alguns dias".

Vindo Félix com Drusila, sua mulher, que era judia – O termo "vindo" indica que os dois tinham estado ausentes de Cesareia durante algum tempo e agora voltavam para ali.

Nos comentários sobre Atos 23.24 conhecemos Drusila. Uma nota ou duas a mais aqui, irão ajudar a preencher algumas das lacunas em nosso conhecimento. No nome dela, diminutivo de Drusus, nome de uma irmã de Calígula, traçamos a primeira ligação de seu pai (Agripa I) com esse imperador. Drusila tinha seis anos quando seu pai teve uma morte terrível (logo depois de assassinar o apóstolo Tiago e prender Pedro)[42]. Como notado antes, Drusila era mulher de grande beleza, e por causa de sua aparência foi constantemente perseguida por sua irmã mais velha Berenice, que não possuía qualquer beleza. Uma das razões de ter decidido ser infiel a Azizo e casar-se com Félix foi a de alcançar uma posição mais importante do que a da irmã. Devido em parte ao seu desejo de vingar-se de Berenice por todas as suas mesquinharias que havia sofrido é que estava vivendo agora em adultério com Félix (uma relação que Deus continua dizendo ser pecaminosa).

---

[38] Atos 22.26.
[39] Josefo, *Antiguidades*, XVIII. 6. 7, 10, contém um exemplo dessa custódia "branda" em que o prisioneiro era de fato mantido em cadeias.
[40] Algumas versões dizem "indulgência" (como na SBB-N. Trad.) onde a NASB contém a leitura "relativa liberdade". A palavra não tem qualquer relação com a doutrina de indulgências seguida por alguns corpos religiosos. Em Colossenses 2.23 há uma passagem que fala da "indulgência" (*plesmonē*) da carne (sensualidade na SBB – N. Trad.), mas isso não deve ser também confundido com o que é concedido a Paulo por Félix.
[41] Mateus 25.36.
[42] Atos 12.1ss.

Mandou chamar Paulo – As tentativas de atribuir um motivo para o desejo de Félix e Drusila ouvirem Paulo não têm sido absolutamente satisfatória. Alguns apelam para a declaração no texto Ocidental que diz que Drusila pediu para ver Paulo e ouvi-lo falar. Félix deu então a ordem para satisfazê-la. Outros sugerem sua lembrança da morte do pai anos antes em Cesaria, suponho que a tivesse, de alguma forma, ligado ao cristianismo; e agora que um dos pregadores eminentes do cristianismo estava preso, isso deu-lhe ensejo pera satisfazer sua curiosidade, a fim de verificar se havia algum elo entre essa religião e a morte de seu pai. Uma terceira sugestão é que Félix e Drusila pretendiam que a audiência não passasse de um entretenimento ou diversão. Uma quarta hipótese é que manter o pregador sob custódia deu a Félix uma boa oportunidade para melhorar seu conhecimento já bastante acurado do "Caminho". Por que a frase seguinte não pode suprir o motivo que levou Paulo a ser chamado diante do governador e sua mulher?

E passou a ouvi-lo "falar" a respeito da fé em Cristo Jesus – Esta é evidentemente a razão de Félix e Drusila ouvirem Paulo. Eles queriam saber mais sobre "a fé" (note que existe aqui um artigo no grego), que coloca o homem "em (a preposição é eis) Cristo Jesus". A linguagem de Lucas aqui parece dizer que Félix e sua mulher quiseram, durante algum tempo, ouvir o evangelho, e até pensaram em se tornar cristãos. O exemplo de Paulo neste caso é digno de imitação. Ele tirou proveito da oportunidade para pregar o evangelho a essas pessoas, embora pudesse ter-se queixado da injustiça, da grande demora e da prisão aparentemente interminável. Ele não só aproveitou a oportunidade para pregar como também foi ousado em sua apresentação como em outras ocasiões. Paulo dependia da boa vontade de Félix para ser liberado. Muitos pregadores seriam tentados em tais circunstâncias a falar de assuntos inofensivos que obtivessem o favor do juiz, na esperança de apressar a data da libertação. É possível que Paulo fosse também tentado, mas o que pregou não foi para o seu benefício, mas o que Félix e Drusila precisavam ouvir para se convencerem de seus pecados e serem levados ao arrependimento e obediência.

24.25 –

Dissertando ele acerca – Este versículo cita algumas das coisas incluídas na "fé em Cristo Jesus", a saber, justiça, domínio próprio e a antecipação do juízo vindouro. A palavra "dissertando" explicada antes em nosso estudo[43], pode sugerir um intercâmbio social, ou até significar "pregar". Em passagens anteriores ele "dissertou", expondo aos interessados as Escrituras e permitindo que a mensagem do evangelho (o poder de Deus para a salvação) completasse sua obra eficaz. Ainda hoje a Escritura deve ser apresentada ao convertido em potencial, pois é através da Palavra que o Espírito Santo convence do pecado, da justiça e do juízo vindouro[44]. O evangelista pessoal deve ter cuidado neste ponto. Em sua ansiedade pela resposta do candidato ao evangelho, ele pode empregar alguns dos métodos de alta pressão para obter a reação pretendida. Sociólogos e psicólogos têm aprendido métodos de controle do comportamento humano. O pregador do evangelho deve cuidar para não fazer uso desses métodos, em lugar de permitir que o Espírito opere através do evangelho sobre o coração do pecador e o convença. Por quê? Os que são ganhos mediante apelos às emoções e métodos de alta pressão têm probabilidade de desviar-se a curto prazo em face das tentações, enquanto os que são ganhos pelo poder de Deus irão colocar sua fé em Deus e não na sabedoria dos homens nas horas de tentação.

Da justiça, do domínio próprio e do juízo vindouro – Informação proveniente de fontes do primeiro século fornece dados sobre a vida e o caráter de Félix e Drusila. Não é, portanto, de surpreender que Paulo falasse desses três temas ao discutir "a fé em Jesus" com eles. Ele tinha sido convidado a falar sobre a fé em Cristo. Paulo escolheu tópicos específicos diretamente relacionados com as necessidades espirituais de seus ouvintes.

"Justiça." Esta palavra abrange dois tópicos diferentes no Novo Testamento, um derivando naturalmente do outro. Algumas vezes ela fala da "justiça de Deus", (não tanto da característica ou padrão de Deus, que é justo e santo em Si mesmo, mas o que em Romanos é explicado como

---

[43] A mesma palavra é usada em Atos 17.2; 18.4, 19; 19.8, e 24.12.
[44] João 16.8. Veja também o "Estudo Especial sobre o Espírito Santo" para a obra do Espírito Santo na conversão.

o meio de Deus salvar os homens, justificá-los imputar justiça ao que tem fé em Cristo). A partir desta vem uma segunda ideia, ligada à relação entre homens. Havendo por parte deles uma relação correta com Deus, é muito mais provável que suas relações com seus semelhantes sejam também corretas. Félix havia violado tais relacionamentos corretos, assim como o havia feito a mulher sentada ao seu lado.

"Domínio próprio" vem do grego *egkrateia* ("poder controlado") e significa controlar ou dominar as paixões e desejos do corpo. Uma vez que se torne cristão, o indivíduo tem a ajuda do Espírito habitando nele para controlar a habitação em que vive[45]. Este assunto era também algo que o governador e sua mulher adúltera precisavam ouvir. A versão do Rei Tiago traduz corretamente "temperança" (como na IBB – N. Trad.) desde que nos lembremos de que em 1611 o termo "temperança" significava mais do que "controlar os desejos do corpo com relação às bebidas alcoólicas".

"Juízo vindouro" significa o juízo final que virá sobre todos os homens[46]. Paulo afirma que haverá um juízo final em que cada indivíduo irá ficar diante do Deus do universo e responder pelos feitos do corpo. Os princípios morais e o comportamento são grandemente influenciados pela ideia de que os homens têm de enfrentar a condenação e o castigo pela sua perversidade, se continuarem nela; assim como pela ideia de que há louvor e recompensa por parte do Criador prometido ao homem que pratica o bem[47]. "E assim como aos homens está ordenado morrerem uma só vez e, depois disto, o juízo[48]". "Porque importa que todos nós compareçamos perante o tribunal de Cristo para que cada um receba segundo o bem ou o mal que tiver feito por meio do corpo[49]".

Ficou Félix amedrontado – Toda vez em que o homem pensa seriamente sobre a ideia de comparecer para ser julgado diante d'Aquele a quem temos de prestar contas, a não ser que seus pecados estejam cobertos pelo sangue de Cristo, ele fica alarmado[50]. As emoções, o intelecto, e a consciência se envolvem nesse alarme, e não existem senão dois meios de aquietá-lo. Um deles é render-se a Cristo, e o outro é endurecer o coração mediante um ato da vontade. A apresentação do evangelho por Paulo levou Félix a ver a si mesmo como realmente era. Ele não viu apenas a sua vida em comparação com o que Deus exige das suas criaturas, mas também o julgamento que teria de enfrentar.

> Enquanto relanceava os olhos pelo seu passado cheio de manchas e culpa, ele ficou com medo. Havia sido um escravo na mais vil das posições, na mais vil das épocas, na mais vil de todas as cidades. Havia se insinuado com seu irmão Palas na posição de cortesão da mais degradada das cortes em questões de moral. Tinha sido oficial dos auxiliares que eram os piores de todas as tropas. Não sabemos que segredos de luxúria e sangue se escondiam em sua vida anterior; mas testemunho amplo e indiscutível, judeu e pagão, sagrado e secular, nos revela o que tinha sido – quão ganancioso, quão selvagem, quão traiçoeiro, quão injusto, quão mergulhado no sangue do assassinato às ocultas e no massacre público – durante os oito anos que havia passado no governo, primeiro em Samaria e depois na Palestina[51].

O registro silencia quanto ao efeito desta mensagem sobre Drusila. Ficou tão comovida quanto Félix, ou não foi afetada? Dois membros da mesma família às vezes chegam à mesma convicção espiritual ao mesmo tempo e respondem juntos ao convite. Em outras ocasiões um membro da família é mais lento que o outro e pode até desanimar o que chegou a ter certa convicção.

---

[45] A ajuda da habitação interior do Espírito Santo ao cristão para viver a vida cristã foi estudada sob o título "O propósito da habitação interior do Espírito Santo", no Estudo Especial 3.
[46] Veja notas em Atos 17.31.
[47] Romanos 2.5-10.
[48] Hebreus 9.27.
[49] 2 Coríntios 5.10.
[50] A palavra traduzida "amedrontado" aqui é a mesma traduzida "alarmado" ("temor" na SBB – N. Trad.) em Atos 10.4. A KJV traduz "tremeu", mas o grego não indica que seu corpo estava sacudindo, só que ele ficou alarmado ou aterrorizado.
[51] F.W. Farrar, *The Life and Work of St. Paul* (New York: E.P. Dutton, 1879), p. 550.

E disse: Por agora podes retirar-te – A resposta de Félix ao seu medo sobre a sua condição espiritual foi consideravelmente diversa daquela do carcereiro filipense quando se alarmou de maneira similar. O carcereiro perguntou: "Que devo fazer para que seja salvo?" e foi levado Àquele em quem encontrou paz para uma consciência perturbada[52]. Esse é um dos meios de aquietar um coração amedrontado. Félix silencia o seu medo pela força de vontade e convencendo a si mesmo de que dará atenção ao assunto mais tarde. Pode ter sido ambição, luxúria (alguns homens adiam a salvação simplesmente por não estarem prontos a deixar seu pecado), ou ganância, ou até mesmo algum outro vício, que fez com que ele decidisse não seguir o caminho de Deus para acalmar uma consciência culpada.

E, quando eu tiver tempo, chamar-te-ei – Tem sido pregado com frequência que Félix jamais encontrou outra ocasião para ouvir o evangelho. É verdade que ele provavelmente não se tornou cristão, mas o versículo seguinte nos conta que conversou com Paulo várias vezes. Os que adiam (deixam de fazer o que sabem ser certo na questão da salvação) devem aprender com o exemplo de Félix. Ele adiou a resposta à mensagem endurecendo o coração[53]. Uma vez feito isso, ficou mais difícil para o evangelho tocar a sua consciência e mexer com as suas emoções. O endurecimento contínuo do coração faz chegar ao ponto em que o Espírito Santo não irá mais operar no íntimo, embora a mensagem de Deus esteja sendo pregada com todo o seu poder.

24.26 –

Esperando também ao mesmo tempo que Paulo lhe desse dinheiro – Félix tinha adiado uma decisão definitiva quando o julgamento de Paulo foi realizado (versículo 22), e tinha adiado uma decisão positiva quando lhe foi feito o convite do evangelho (versículo 25). Uma das razões deste adiamento é agora explicada por Lucas. Félix havia atentado na palavra "esmolas" em 24.17. Paulo tinha então recursos[54]. Detendo Paulo em custódia, Félix esperava que o prisioneiro se cansasse do seu confinamento e oferecesse para comprar a sua liberdade com um suborno. Ele julgou que deixando Paulo ter acesso a seus amigos, e encontrando-se com ele várias vezes com demonstrações de bondade, o apóstolo seria induzido a fazer com que as "rodas da justiça" corressem mais rapidamente, através de suborno. Paulo nada lhe ofereceu!

Pelo que, chamando-o mais frequentemente – Não é difícil imaginar o que aconteceu nesses encontros. Da parte de Félix havia as insinuações sugeridas, as meia-promessas, as meia-ameaças, ligadas à libertação de Paulo ou à entrega dele aos judeus. Da parte de Paulo havia a recusa firme de comprar a liberdade que já era sua, pois havia provado sua inocência, e as tentativas infrutíferas de ganhar Félix para Cristo. Mas nunca mais houve o grau de alarme despertado naquela primeira vez; não houve novamente o interesse real, sincero, de tornar-se cristão e livrar-se da culpa e castigo do pecado.

Conversava com ele – O imperfeito implica que isto teve lugar repetidamente. Pode parecer incomum que ele se colocasse numa posição em que o velho medo de enfrentar o juiz do universo pudesse despertar de novo. Mas sua esperança de conseguir dinheiro e o endurecimento contínuo do seu coração superou tudo isso. Tendo resistido uma vez ao convite do evangelho e aos esforços do Espírito de Deus, ele podia ouvir outra vez o mesmo homem e a mesma mensagem e permanecer completamente indiferente.

24.27 –

Dois anos mais tarde – Os dois anos são contados desde o começo da prisão de Paulo em Cesareia[55]. Só podemos conjeturar sobre como Paulo passou esses dois anos. Alguns escritores

---

[52] Atos 16.30, 31.
[53] Veja Atos 19.9 sobre "endurecimento" ("empedernidos" na SBB – N.T.).
[54] Em nossa opinião, não se pode dizer que Filipenses tenha sido escrita da prisão de Cesaréia, e portanto não podemos apelar para uma oferta de Filipos como fazendo parte dos recursos de Paulo.
[55] Atos 23.33.

que mantêm a autoria paulina da epístola aos Hebreus fixam a data da mesma neste período. Este escritor aceita a autoria paulina de Hebreus, mas fixaria a data da epístola na primeira prisão em Roma. Outro grupo de escritores supõe que as chamadas Epístolas da Prisão[56] foram escritas na cela em Cesareia, mas não existe evidência adequada para apoiar isto. Este escritor data também as Epístolas da Prisão do primeiro encarceramento em Roma. Parte do tempo de Paulo teria sido passado em visitas de Filipe e outros membros da igreja em Cesareia que teriam ido confortá-lo e reanimá-lo. Será que ele jamais pensou em como a promessa sobre pregar em Roma[57] seria cumprida? Esses anos podem ter representado um período tedioso para Paulo; mas Lucas estava sem dúvida tirando o máximo proveito deles em Cesareia e outros pontos da Palestina, coletando materiais para o seu Evangelho, inquirindo pessoas que tinham sido testemunhas oculares do ministério de Jesus[58]. É de fato possível que o evangelho de Lucas fosse publicado nessa ocasião, sendo o segundo dos Evangelhos a ser escrito, tendo o de Mateus sido publicado cerca de 50 A.D.[59] Há também muita probabilidade de que Lucas estivesse também colhendo material para o livro de Atos durante este período de dois anos.

Félix teve por sucessor Porcio Festo – Festo tornou-se governador cerca do ano 60 A.D.,[60] tendo feito uma tentativa corajosa para corrigir muitos dos abusos de seu predecessor, mas morreu no cargo depois de servir pouco menos de dois anos[61]. A mudança de governador foi causada pelas queixas feitas contra Félix pelos judeus a Nero. Havia conflito racial em Cesareia entre as facções judia e gentia, e sempre que Félix conseguia prender os líderes de qualquer dos lados, eles eram açoitados (flagelados). Mas esses métodos não acalmaram as brigas sobre os direitos iguais de cidadania. Em certa ocasião de motim, Félix tinha enviado as tropas (que favoreciam a facção gentia) e houve muito sangue derramado entre os judeus. Os soldados saquearam muitas das casas deles, procurando riquezas. As rixas continuaram e Félix ordenou então que líderes de ambos os lados fossem a Roma para defender sua causa diante de Nero, a fim de que este decidisse. Neste ponto Nero chamou Félix de volta e alguns dos principais líderes judeus de Cesaréia foram a Roma acusar Félix. Palas, irmão de Félix, intercedeu por este e ele mal pôde escapar da execução[62]. Félix foi banido para a Gàlia, onde morreu. Drusila ficou com ele em seus reverses.

E, querendo Félix assegurar o apoio dos judeus, manteve Paulo encarcerado – A palavra traduzida "apoio" fala de um "depósito pelo qual uma retribuição poderia ser esperada". Seu objetivo em manter Paulo na prisão era conciliar os judeus, ou seja, conseguir o apoio deles e evitar, se possível, que eles o acusassem pelos males de sua administração diante do imperador Nero, que o havia chamado de volta. Como notado acima, seu plano falhou. O texto Ocidental dá uma razão adicional para manter Paulo preso; ele diz que Drusila pediu a Félix que deixasse

---

[56] Compare notas sobre Atos 19.10 com respeito às "Epístolas da Prisão".
[57] Atos 23.11.
[58] Lucas 1.3.
[59] De passagem, conforme o conteúdo dos livros e das declarações encontrada na literatura cristã primitiva, datamos Marcos em cerca de 67 ou 68 A.D. e o Evangelho de João de 80 A.D.
[60] A data fixada para a volta de Félix tem variado de 55 até 61 A.D. Os que marcam sua data em 55 A.D., fazem isso em vista da declaração de Josefo que Palas intercedeu em favor de Félix diante de Nero. Nero subiu ao trono em outubro de 54 e Palas caiu em desfavor antes de fevereiro, em 55 A.D. É difícil marcar a chamada de volta assim tão cedo no reinado de Nero, pois isto exigiria supormos que a ordem foi dada e Félix partiu para Roma durante os meses de inverno quando o Mediterrâneo ficava fechado para a navegação. Albino, sucessor de Festo, ocupou o cargo no ano 62 A.D. Desde que seria difícil espremer o reinado de Festo, nos deveres descritos por Josefo (*Antiguidades*, XX. 8. 9ss; *Guerras* II. 14. 1ss), em muito menos de dois anos, escolhemos 60 A.D. para a posse de Festo.
[61] Mais informação sobre Festo é dada nas notas sobre Atos 25.1.
[62] A declaração de Josefo, no sentido de Palas ter ajudado a Félix depois deste ter sido chamado de volta, além do fato do próprio Palas ter caído em desfavor em 55 A.D., tem criado problemas para os que tentam fazer uma cronologia do livro de Atos. Ou Josefo estava errado ou Palas ainda exercia considerável influência, embora tivesse sido removido da tesouraria. Esta última hipótese parece estar correta, quando consideramos que Tácito registra que apesar de removido, Palas estava em posição de estipular certas condições relativas à sua remoção (*Annals*, XIII. 14). Isto nos leva a supor que ele teria influência suficiente para ajudar Félix como Josefo afirma que fez.

Paulo em cadeias. "Encarcerado" é tido por alguns como significando que o confinamento de Paulo era agora uma forma mais severa de custódia do que a "relativa liberdade" (versículo 23) que ele havia tido nos dois anos que se passaram.

Desenho de Horace Knowles
da Bristish and Foreign Bible Society

CAPÍTULO VINTE E CINCO

D. Julgamento de Paulo diante de Festo. 25.1-12

25.1 –

Tendo, pois, Festo assumido o governo da província – Veja notas de Atos 24.27 com relação a Festo ter-se tornado governador da Palestina em substituição a Félix. Como observado antes, Porcio Festo tentou corrigir os excessos de seu predecessor no cargo. Um dos problemas que restaram foi o prisioneiro Paulo, e os judeus irão insistir para que ele faça algo a respeito como um dos seus primeiros atos oficiais depois de empossado na província. Num sentido absolutamente restrito, o título "província" não se aplicava à Judéia, pois esta estava subordinada à Síria. A Judéia era mais como um distrito dentro de uma província, exceto que o "governador" da Judéia era mais ou menos independente do legado da Síria.

Três dias depois subiu de Cesaréia para Jerusalém – Os três dias têm sido calculados de várias maneiras. Segundo os métodos judeus de contagem do tempo, poderia ser um dia inteiro e partes de dois outros (ele chegou a Cesareia num dia, descansou no outro, e partiu para Jerusalém no terceiro dia); ou poderiam ser três dias inteiros que ele permaneceu em Cesareia depois de sua chegada, e depois seguiu para Jerusalém no quarto. Por que o novo governador quereria visitar Jerusalém? Ele desejaria encontrar-se com os principais oficiais do governo, a saber, os membros do Sinédrio e outros judeus importantes. É até sugerido que era tempo de festa quando Festo visitou a Jerusalém, talvez a festa dos Tabernáculos[1].

25.2 –

E logo os principais sacerdotes e os maiorais dos judeus lhe apresentaram queixas contra Paulo – "Principais sacerdotes" aqui podem ser os chefes dos 24 turnos, como em Atos 4.23. No que diz respeito ao sumo sacerdote, é provável que Ananias continuasse influente (ele tinha sido removido do cargo em 59 A.D.), embora haja evidência de que nessa ocasião Ismael, filho de Fabi, havia se tornado sumo sacerdote. Apesar de Paulo ter passado dois anos na prisão de Cesareia (Atos 24.27), o ódio do seu inimigo continua ardendo. De fato, a esperança de livrar a face da terra do seu velho inimigo pode ter sido aumentada por Félix ter deixado Paulo na prisão como um favor para os judeus. Ele deve ter-lhes dito por que mantinha Paulo preso. Quando o novo governador chegou para conhecê-los, uma das primeiras coisas que pediram foi a morte de Paulo, esperando tirar proveito de Festo desejar manter sua nova administração em bons termos com os nativos. "Apresentaram queixas" é a mesma palavra usada em Atos 24.1 e indica que os judeus fizeram uma acusação formal contra Paulo.

E lhe solicitavam – Talvez possamos imaginar todos os líderes religiosos de pé num grupo (enquanto seus representantes apresentavam o caso deles contra Paulo), gritando seu desagrado em relação a ele, tentando, através de frases cantadas repetidamente contra ele mostrar ao novo governador que poderia ter popularidade instantânea se colocasse o réu nas mãos deles.

25.3 –

Pedindo como favor, em detrimento de Paulo – Seria preciso uma certa coragem para pedir tal obséquio ao novo governador, como o faziam[2]. Estão pedindo a Festo que concorde com o assassinato de um prisioneiro.

---
[1] Veja notas sobre Atos 2.1, relativas a "Tabernáculos".
[3] Veja notas sobre Atos 25.15 quanto à natureza exata do "favor" (concessão) que pediram.

Que o mandasse vir a Jerusalém – O Sinédrio deve ter dito a Festo que na chagada de Paulo a Jerusalém ele seria julgado pelo seu tribunal, ou talvez desejassem que Festo ouvisse o caso e ali o decidisse enquanto estava em Jerusalém. Estarão esses judeus tentando aproveitar-se do fato de Festo ser novo no cargo, como os judeus de Corinto fizeram com Gálio?[3] Era bastante provável, pensavam eles, que Festo aceitasse suas declarações da culpa de Paulo e cedesse à pressão, pois afinal de contas eles tinham mostrado ser suficientemente poderosos para conseguir a remoção de seu predecessor. Esses líderes religiosos, sob o disfarce de procurar justiça, estavam conspirando para cometer um assassinato.

Armando eles cilada para o matarem na estrada – Os líderes religiosos adotaram como seu o plano de assassinato sugerido por outros anos antes[4]. Provavelmente empregariam um bando de sicários para tirar a vida de Paulo. Num lugar oportuno, ao longo da estrada, eles fariam uma emboscada contra Paulo e os soldados que o guardavam. Festo não estava naturalmente a par desta parte da conspiração contra Paulo, embora compreendesse que planejavam matá-lo.

25.4 –

Festo, porém, respondeu achar-se Paulo detido em Cesareia – Não sabemos por que Festo não atendeu ao pedido dos judeus. Ele talvez tivesse sabido por Félix ou Lisias, ou outros, da conspiração anterior e tomou cuidado para evitar isso. Alguns julgam que Festo não pretendia ficar em Jerusalém tempo suficiente para levar Paulo ali e julgá-lo, mas fica difícil combinar isto com os "oito ou dez dias" que demorou na cidade (versículo 6). "Detido em Cesareia"[5] é a maneira de Festo dizer que não haveria abusos durante a sua administração (como houve na anterior) seja contra prisioneiros ou cidadãos inocentes.

E que ele mesmo muito em breve partiria para lá – Festo abranda a recusa com essas palavras. Ele não o levaria a Jerusalém, mas isso não significava que não houvesse um julgamento do caso de Paulo. Isto poderia ser feito em Cesareia, caso o desejassem.

25.5 –

Portanto, disse ele, os que dentre vós estiverem habilitados que desçam comigo – Como o leitor já deve ter notado, não é fácil definir cuidadosamente todos os termos diferentes usados para os líderes judeus. "Principais sacerdotes", por exemplo, pode significar o presidente do Sinédrio (ou ex-presidentes), ou referir-se aos chefes dos vinte e quatro turnos de sacerdotes. "Anciãos" pode indicar seja os homens mais velhos que compunham uma parte do Sinédrio, ou o grupo chamado de "senado". O fato de termos tanta dificuldade para determinar a quem é feita referência serve como uma introdução ao problema levantado pela expressão de Festo: "os que dentre vós estiverem habilitados" (no inglês são usadas as palavras "homens influentes" – N. Trad.). Por ser novo no cargo, ele talvez não soubesse os termos técnicos para os oficiais judeus, e usou então esta expressão bastante generalizada. Outros tentam mostrar que "homens influentes" e "principais sacerdotes" são termos sinônimos mesmo entre os judeus. É também possível que Festo tenha pedido que as acusações contra Paulo, quaisquer fossem elas, sejam sustentadas pelos líderes e representantes do povo e não por um advogado contratado como Tértulo?

E, havendo contra este homem qualquer crime, acusem-no – Ele também lhes disse, como lemos em Atos 25.16, que era contrário à lei romana condenar alguém antes dele ter uma oportunidade de defesa, face a face com os seus acusadores. O registro extra bíblico sobre Festo é que se tratava de um homem que procurava fazer uma administração justa e imparcial. O modo como tratou o caso de Paulo até este ponto mostra que estava tentando ser justo com ambos os lados.

---

[3] Compare Atos 18.2
[4] Atos 23.12-15.
[5] Sobre a palavra "detido" e a natureza da custódia, veja notas sobre Atos 24.23, 27.

25.6 –

E, não se demorando entre eles mais de oito ou dez dias – Esse tempo teria sido gasto em familiarizar-se com alguns dos problemas peculiares e deveres mais urgentes de seu cargo entre os judeus. Os "oito ou dez dias" indefinido são tidos como calculados do ponto de vista de Lucas, desde que em Cesareia ele não saberia quantos dias foram passados em Jerusalém e quantos em viagem entre as cidades.

Desceu para Cesareia; e no dia seguinte, assentando-se no tribunal – Festo tinha ocupado seu cargo há apenas cerca de duas semanas quando chegou o dia da audiência de Paulo. Se não tomasse assento no tribunal[6], a sentença não teria efeito legal. Os judeus aceitaram a sugestão de Festo (como mostra o versículo seguinte) e o acompanharam em sua volta de Jerusalém para Cesareia.

Ordenou que Paulo fosse trazido – Outra vez, de uma hora para outra, Paulo é levado de seu quarto no Pretório para ser julgado.

25.7 –

Comparecendo este, rodearam-no os judeus que haviam descido de Jerusalém – Não fica claro se eles o "rodearam" em semicírculo como um tribunal ou se rodearam Paulo enquanto apresentavam suas queixas, apontando para ele e gesticulando o tempo todo numa tentativa de intimidá-lo.

Trazendo muitas e graves acusações contra ele, as quais, entretanto, não podiam provar – Fica claro pela defesa de Paulo contra as acusações (versículo 8) que as coisas de que o acusam eram semelhantes àquelas sobre as quais Tértulo havia arengado[7]. Eles o acusaram de infringir a Lei de Israel (ensinando uma religião ilegal), de profanar o templo, e perturbar a paz (provavelmente acusando-o novamente de messianismo político, ensinando que havia outro rei além de Nero).

25.8 –

Paulo, porém, defendendo-se, proferiu as seguintes palavras: Nenhum pecado cometi – Paulo negou categoricamente as acusações contra ele. Podemos supor que sua defesa desta vez foi bastante similar àquela feita contra as acusações apresentadas por Tértulo[8].

Contra a lei dos judeus, nem contra o templo, nem contra César – Veja a defesa de Estêvão em Atos 7, onde ele teve de responder a duas dessas mesmas acusações que Paulo está agora negando. Jesus, ao ser julgado, foi também acusado da outra, a saber, de ser hostil aos interesses de César.

25.9 –

Então Festo, querendo assegurar o apoio dos judeus, respondeu a Paulo – Desde que os judeus não puderam provar suas acusações (versículo 7), e desde que o réu havia afirmado ser "inocente" de cada uma delas, poderíamos esperar que Festo libertasse Paulo a esta altura. Mas isso seria ignorar a pressão que os judeus podiam colocar sobre alguém. LaSor escreveu sucintamente a este respeito:

> A não ser que tenhamos mergulhado na história dos judeus desde os dias do Macabeus até a Primeira Revolta, não podemos provavelmente compreender como um governador romano podia deixar de lado a justiça, a fim de aplacar o povo. Nos dias dos Macabeus, os judeus zelosos haviam derrotado um poderoso rei gentio. Os romanos sabiam disto. Roma tinha pleno conhecimento do fato de que o povo judeu devia ser tratado de maneira especial. Um procurador romano, tal como Pôncio Pilatos ou Antônio Félix ou Pórcio Festo, ao assumir seu posto na Judéia, sabia que estava sentado num "barril de dinamite".

---

[6] Veja a explicação sobre Atos 18.12ss relativa ao "banco dos réus".
[7] Atos 24.5, 6.

Pilatos preferiu torcer a justiça romana em lugar de antagonizar os judeus. Félix fez o mesmo, no caso de Paulo. Josefo, que era judeu, mas também um romano leal, registra que outros governadores fizeram o mesmo em outros casos. Festo acabava de ser empossado. Ele "tinha de viver com aquelas pessoas". Com certeza não queria começar mal[9].

Queres tu subir a Jerusalém e ser ali julgado por mim a respeito destas coisas? – Festo faz a Paulo a mesma proposta que os judeus tinham feito a ele uma semana ou mais antes em Jerusalém. Festo está procurando não antagonizar os judeus logo no começo de sua administração. A proposta de Festo parece ser um convite para Paulo desistir de seus direitos de cidadão romano e consentir em ser julgado perante o Sinédrio judeu, talvez tendo Festo como observador oficial para impedir violência ou injustiça[10]. Pelo menos foi assim que Paulo entendeu, como mostra o versículo seguinte.

25.10 –

Disse-lhe Paulo: Estou perante o tribunal de César, onde convém seja eu julgado – Se Festo estava fazendo a proposta da ida à Jerusalém a fim de favorecer os judeus, o que impediria que fizesse outra concessão a eles depois do julgamento pelo Sinédrio? É quase como se Paulo estivesse dizendo a Festo que não havia razão para ser arrastado de volta à Jerusalém. A lei e a justiça romana não operavam em Cesareia?[11]

Nenhum agravo pratiquei contra os judeus como tu muito bem sabes – Com essas palavras ele esta afirmando que Festo não tem razão para esperar que volte a Jerusalém para ser julgado. Que necessidade há de julgamento quando já se sabe que o pretenso réu é inocente? E Festo já sabia realmente que Paulo era inocente. Ele não havia prejudicado as pessoas dos judeus nem sua propriedade ou caráter. Festo sabia que os judeus pediram para Paulo ser-lhes entregue como um favor. Ele tinha recusado o pedido e sugerido um julgamento em Cesareia. Havia feito Paulo comparecer para ser julgado e pedido aos judeus que enviassem os homens "habilitados" dentre eles para acusar Paulo. Apesar disso tudo nenhuma acusação foi provada contra ele. Festo sabia, portanto, que Paulo era inocente. Isto fica perfeitamente claro mediante a própria confissão de Festo, Atos 25.18, 19.

25.11 –

Caso, pois, tenha eu praticado algum mal, ou crime digno de morte, estou pronto para morrer – Paulo está dizendo com essas palavras que sua recusa em permitir que Festo o devolva a Jerusalém não é motivado pelo desejo de fugir à justiça ou aproveitar-se de suas circunstâncias para evitar o castigo que merecia.

Se, pelo contrário, não são verdadeiras as coisas de que me acusam, ninguém para lhes ser agradável pode entregar-me a eles – Uma das leituras na ASV é: "Ninguém para lhes fazer um favor pode entregar-me a eles". Essas palavras mostram que Paulo viu através da imparcialidade simulada do governo e não temeu deixar perceber isso. "Não permitirei que me entregue como um presente para eles, a fim de ter um bom começo em sua administração", é o que Paulo está dizendo. Desde que sabe muito bem que sou inocente, mas não parece disposto a fazer o que é certo ou é incapaz no meu caso, só me resta um curso de ação.

---

[9] LaSor, *op. cit.*, p. 348.

[10] Outro modo de explicar a sugestão de Festo é supor que o Sinédrio julgaria Paulo, e se o achassem culpado, o veredito teria mesmo assim de ser confirmado por Festo. (Este teria sido então um procedimento semelhante ao de Jesus diante de Pilatos, depois que o Sinédrio o achasse culpado.

[11] A interpretação adotada nas notas parece ser mais satisfatória do que a que parafrasearia as palavras de Paulo assim: "Em minha mente e propósito já me encontro diante do tribunal do imperador em Roma, pois Deus me mostrou por revelação especial que devo pregar o evangelho em Roma (Atos 23.11). A sua sugestão de que vá para Jerusalém iria me levar na direção errada, desde que devo seguir para Roma."

Apelo para César – O direito de apelar para César havia substituído o direito anterior de apelar para o povo soberano de Roma, que os cidadãos romanos haviam gozado desde 509 a.C. Com o passar dos anos, o poder tornou-se cada vez mais concentrado no imperador, e o apelo ao povo tornou-se um apelo a César. Uma vez que o prisioneiro apelasse a César, o juiz a quem fosse feito esse apelo era obrigado a fazer cessar imediatamente todo o processo legal no caso e enviar o prisioneiro, juntamente com os seus acusadores, a Roma para ser julgado ali, tendo o próprio César como juiz. O apelo de Paulo a César tirou o caso das mãos de Festo a partir desse momento.

> Para nós que conhecemos a fama de Nero com respeito ao cristianismo, pode parecer estranho que Paulo tivesse apelado com tal confiança a ele. Mas qualquer que fosse o caráter pessoal de Nero, os cincos primeiros anos de seu reinado (54-59 A.D.), quando a administração imperial foi executada sobre a influência de seu tutor Sêneca, filósofo estoico, e Afrianus Burrus, o prefeito honesto da guarda pretoriana, foram considerados como uma Idade do Ouro em miniatura. Houve pouca coisa em 59 ou 60 A.D. que servisse de aviso sobre os eventos de 64 A.D. e posteriores[12].

25.12 –

Então Festo, tendo falado com o conselho – A palavra "conselho" não se refere ao Sinédrio (*sunedrin*), mas a assembleia de conselheiros (*sumboulion*) que atuavam como consultores do governador. Esses consultores locais eram necessários e ajudavam os juízes ou governadores que, como no caso de Festo, precisavam muitas vezes de sua experiência e conselho. Sua função principal parece ser a de aconselhar o governador em questões da lei romana, neste caso, o que um "apelo para César" significava para ele e para o réu.

Respondeu: Para César apelaste, para César irás – Os conselheiros devem ter-lhe dito que não tinha escolha senão enviar Paulo e seus acusadores para Roma, uma vez que o réu tinha apelado para César.

> A resposta de Festo demonstra alguma amargura de sentimento, o efeito natural da censura implicada no apelo; ao mesmo tempo insinua a conveniência a que Paulo ficaria sujeito com isso. Ele seria enviado a Roma como prisioneiro sob proteção militar e ficaria sujeito a toda a demora associada à ida das testemunhas para testemunhar contra a sua pessoa, assim como a resultante da lentidão da própria corte imperial[13].

Este Comentário de McGarvey sobre a resposta de Festo ao apelo de Paulo pode conter alguma verdade; pois, afinal de contas, Festo não acabava de chegar de Roma? Ele deve saber o que Paulo esta aprontando.

E. Defesa de Paulo Perante Herodes Agripa II. 25.13-26.32 1. Herodes Agripa II visita Festo. 25.13-22

25.13 –

Passados alguns dias, o rei Agripa e Berenice chegaram a Cesareia – Muito já foi dito sobre este casal nos Estudos Introdutórios. Quatro ou cinco anos antes disso ele se tornou rei da Galileia e Pereia (além de algumas regiões menores), devendo ser também lembrado que desde 52 A.D. era ele, para todos os intentos e propósitos, quem controlava o templo e nomeava e demitia os sumos sacerdotes, tudo isto no interesse de Roma. Herodes Agripa II seria então considerado como uma espécie de autoridade nas questões relativas à religião judaica.

A fim de saudar a Festo – Da capital deles, Cesareia de Filipos, eles tinham ido à capital do distrito que ficava na fronteira do seu reino, a fim de saudar e reconhecer formalmente o novo governador.

---

[12] Bruce, *op. cit.*, p.479.
[13] McGarvey, *op. cit.*, p.245.

25.14 –
Como se demorasse ali alguns dias, Festo expôs ao rei o caso de Paulo – O assunto parece ter surgido, por assim dizer, no curso da conversa entre os dois. Agripa II tinha a reputação de ser uma autoridade na religião judia, e Festo provavelmente pensou que ele poderia lançar alguma luz sobre o problema que tinha nas mãos. Como teria condições de entender que Paulo, um judeu, professando a maior reverência pela lei e o templo, fosse tão violentamente acusado e condenado pelos líderes religiosos judeus?

Dizendo: Félix deixou aqui preso certo homem – Veja Atos 24.27.

25.15 –
Estando eu em Jerusalém – Veja Atos 25.1-5. (Esta sentença, que faz parte da anterior, vem no início da frase em inglês – N. Trad.).

A respeito de quem os principais sacerdotes e os anciãos dos judeus apresentaram queixas, . . . pedindo que o condenasse – Ficamos sabendo por esta conversa que os líderes religiosos haviam pedido a sentença de morte para Paulo sem um julgamento justo. A única maneira de harmonizarmos isto com o que lemos antes no capítulo 25 é sugerir que quando Festo foi pela primeira vez a Jerusalém, os judeus fizeram duas propostas: (1) que ele condenasse e executasse Paulo sem julgamento; e, sendo isto recusado, (2) que ele levasse Paulo a Jerusalém para ser julgado ali, planejando secretamente todo o tempo assassiná-lo na estrada.

25.16 –
A eles respondi que não é costume dos romanos – Até este ponto Festo apresentou os fatos a Agripa II com bastante exatidão, mas há um tom de superioridade e desprezo pelos judeus em suas palavras: "costume dos romanos". Diversos autores romanos podem ser citados para mostrar que os romanos exigiam um julgamento justo. Appian em sua *Roman History* ("História Romana"), diz: "Não era costume deles condenar os homens antes que fossem ouvidos"[14]; e em sua *Civil War* ("Guerra Civil") ele diz: "A lei exige, membros do conselho, que o réu ouça a acusação e fale em sua própria defesa antes de ser passada a sentença"[15]. Segundo Tácito: "O réu não deve ser proibido de apresentar tudo que possa estabelecer a sua inocência"[16]. Muitas das práticas jurídicas do mundo Ocidental foram herdadas das romanas. Barnes sugere que tal sistema de justiça é motivo para expressar gratidão a Deus.

> Podemos comentar que o fato de gozarmos em nosso país desse privilégio é objeto de sincera gratidão à Deus . . . Todo homem tem o direito de ser ouvido, de saber quais as acusações contra ele; de ser acareado com as testemunhas; de fazer a sua defesa; e de ser julgado pelas leis e não pelas paixões e caprichos dos homens[17].

Condenar quem quer que seja[18], sem que o acusado tenha presentes os seus acusadores e possa defender-se da acusação – A palavra aqui é o mesmo verbo usado por Paulo no versículo 11, onde falou sobre "ser agradável". Poder-se-ia pensar que Paulo tivesse tocado num ponto sensível ao dar sua razão para apelar a César, e que Festo estava se esforçando agora para afirmar que jamais pretendia entregar Paulo aos judeus. Talvez não pretendesse, mas Paulo entendeu que era essa a sua intenção. É mais provável que pretendesse, mas está agora tentando ocultar seu verdadeiro motivo ao falar com Agripa II.

---

[14] Citado por Barnes, *op. cit.*, p.343.
[15] Appian, *Civil War*, III. 54.
[16] Tácito, *Annals*, II.
[17] Barnes, *ibid*.
[18] Na KJV as palavras "à morte" são acrescentadas neste ponto, mas elas não são encontradas nos melhores manuscritos e parecem ter sido acrescentadas por algum escriba como uma explicação.

25.17 –

De sorte que, chegando eles aqui juntos – Veja notas sobre Atos 25.6.

Sem nenhuma demora – Isto parece implicar algum desgosto com referência aos atos do seu predecessor no caso. Se Félix não tivesse deixado passar dois anos sem decidir o caso do apóstolo, ele não teria o problema agora em suas mãos.

No dia seguinte, assentando-me no tribunal, determinei fosse trazido o homem – Festo novamente conta com exatidão o que aconteceu. Tem-se a impressão de que ele queria fazer realmente o seu trabalho. Se, porém, não estivesse se esforçando tanto para agradar seus novos súditos, teria sido justo com Paulo no primeiro julgamento.

25.18 –

E, levantando-se os acusadores, nenhum delito referiram dos crimes que eu suspeitava – Festo parece ter esperado acusações de sedição e perturbação de paz, como o conflito sangrento em Cesareia que havia feito parte da chamada de volta de seu predecessor Félix[19]. Ou ele poderia ter esperado que acusassem Paulo de crimes atrozes contra pessoas ou propriedades.

25.19 –

Traziam contra ele algumas questões referentes à sua própria religião – A NASB apresenta aqui a conotação do original em que há um certo desdém e desprezo pelas coisas que os líderes religiosos referiram quando finalmente puderam falar diante do tribunal. (No inglês consta a palavra "simplesmente" depois de "traziam", o que permite essa ideia de desdém – N.T.). Festo diz a Agripa II algo que não foi especificamente declarado no relato anterior do julgamento, isto é, que ele soube que as verdadeiras acusações contra Paulo eram conflitos sobre a religião judia. A palavra "religião" aqui é a mesma (*deisidaimonias*) usada por Paulo quando começou seu discurso no Areópago[20]. Como explicado antes, o termo pode ser um elogio ou um insulto. Há razões para crer que Festo empregou-o aqui num bom sentido. Era a palavra empregada regularmente pelo romano para indicar sua própria adoração; e, não estando familiarizado com qualquer termo judeu técnico para adoração, ele usaria naturalmente a mesma palavra para a religião deles que usaria para a sua própria. Além disso Agripa professava uma certa deferência pela religião judia. Festo não falaria certamente da religião de seu real convidado num sentido depreciativo.

E particularmente a certo morto, chamado Jesus – Este é outro detalhe do julgamento que não foi especificado antes. O relato anterior não fez menção a Jesus. Se supusermos que Festo reuniu em uma única as ideias sobre a "própria religião" deles e sobre "um certo Jesus", podemos dizer com razão que o governador, novo na região, tem muito a aprender sobre o povo local e suas crenças. Paulo insistiria em que Jesus era o clímax e cumprimento de tudo o que a religião judia aguardava, mas o judeu não convertido não reuniria as duas coisas. Talvez devamos também ler nas palavras de Festo sobre Jesus o fato de que não sabia de Jesus (ele o chama de "certo" morto) antes de chegar à Judéia. Seria Festo como tantos políticos que jamais fizeram um estudo das questões religiosas?

A quem Paulo afirmava estar vivo – Paulo não ensinava apenas que Jesus havia morrido, mas afirmava que havia ressuscitado dentre os mortos. Cada vez que percorremos o livro de Atos e estudamos a apresentação do evangelho, a ênfase constante e repetida sobre a ressurreição de Jesus se torna cada vez mais notável. Este é um terceiro ponto sobre o julgamento que ficamos sabendo pela primeira vez na recapitulação de Festo do interrogatório em questão. Paulo não tinha falado apenas sobre a crucificação de Jesus, mas tinha enfatizado igualmente a sua ressurreição, e isso havia ficado gravado na mente do governador!

---

[19] Atos 24.27.
[20] Atos 17.22.

25.20 –

Estando eu perplexo, quanto ao modo de investigar estas coisas – Festo está "perplexo" quanto à maneira de conduzir um julgamento sobre tais questões religiosas. Ele não sabia o que fazer; talvez pudessem ser encontradas testemunhas em Jerusalém que ajudassem na determinação do problema. É isso, pelo menos, o que ele diz a Agripa. Deve ser lembrado que Paulo considerava toda a sugestão da ida a Jerusalém como evidência da parcialidade de Festo em relação aos acusadores, até às custas da vida do réu.

Perguntei-lhe se queria ir a Jerusalém para ser ali julgado a respeito destas cousas – Veja notas sobre Atos 25.9.

25.21 –

Mas, havendo Paulo apelado que ficasse em custódia para o julgamento de César – Aqui e no versículo 25, Festo se refere a Nero pelo seu título (note a leitura à margem "o Augusto"). (Na SBB a leitura é: "César" e não "imperador" como no inglês – N.T.). Um equivalente contemporâneo a este título seria "sua majestade". O título "Augusto" foi primeiro conferido a Otávio em 27 a.C. e depois disso ele passou a ser chamado de César Augusto, cujo nome é usado por Lucas na narrativa sobre o nascimento de Jesus[21]. Depois da morte de Otávio, seus sucessores no cargo receberam o mesmo título e Festo o empregou então para Nero. Ele tinha a conotação de divindade atribuída a quem quer que fosse chamado de "Augusto" (i.e., venerável, digno de reverência). Tibério não gostava que lhe dessem esse título, mas os outros imperadores não pareceram ter escrúpulos em serem chamados de divindade.

Ordenei que o acusado continuasse detido, até que eu o enviasse a César – Paulo continuava preso em Cesareia até que pudessem ser tomadas providências para enviá-lo a Roma. "César" era originalmente um nome da família juliana. Otávio usou-o como título oficial, por ser menos repugnante aos seus súditos do que "rei". Depois da morte de Gaio, o último da linhagem juliana, os imperadores assumiram o título de César como uma designação de seu cargo (similar a "presidente" ou "rei" em nossa cultura).

25.22 –

Então Agripa disse a Festo – Depois de Festo ouvir todos esses detalhes sobre o caso de Paulo, Agripa pôde mostrar seu interesse.

Eu também gostaria de ouvir este homem – O imperfeito do verbo seria melhor traduzido "Eu também estava desejando" (a frase implica em que o desejo não tinha surgido no momento). A razão por que ele não pediu antes para ouvir Paulo é desconhecida. Talvez achasse que sua posição oficial com relação ao templo e à nomeação das autoridades oficiais religiosas judias seria prejudicada se mostrasse demasiado interesse em Paulo e sua mensagem. É possível que sentisse que Festo seria insultado se descobrisse que Agripa II havia ido a Cesareia com outro propósito além de saudar o novo governador. Ele talvez julgasse ser um favor grande demais pedir isso. As palavras de Agripa mostram não ter sido essa a primeira vez que tinha ouvido falar de Paulo, e provavelmente não foi também essa a primeira vez que havia ouvido falar de Jesus. Esse rei, que era o último da linhagem Herodiana, estaria com certeza familiarizado com alguns dos incidentes em que o cristianismo entrou em contato com a história de sua família. O tataravô dele havia tentado matar Jesus na manjedoura de Belém. Seu tio tinha mandado matar João Batista e foi juiz no julgamento de Jesus no dia de sua crucificação. Seu próprio pai havia tentado suprimir o cristianismo, e assim agradar aos judeus, matando o apóstolo Tiago e prendendo Pedro com a intenção de matá-lo. Os nomes de Jesus e dos apóstolos deveriam ser bem conhecidos na casa de Agripa II, mas ele não podia rebaixar-se a ponto de ir ouvir a pregação de um dos apóstolos. Podia satisfazer, entretanto, seu desejo de longo tempo de ouvir um desses homens pregar, sendo um dos convidados de Festo naquela ocasião, sem diminuir sua influência entre os judeus.

---

[21] Lucas 2.1.

Amanhã, respondeu ele, o ouvirás – Se, como foi sugerido, Festo tivesse mencionado deliberadamente o caso de Paulo na conversa, em um esforço para envolver Agripa, haveria um tom de alegria e satisfação ao anunciar: "Providenciarei para que possa ouvi-lo". O resto do dia seria gasto em fazer arranjos, enviar convites, e preparar tudo.

2. Paulo comparece diante de Agripa. 25.23-27 25.23 –

De fato, no dia seguinte, vindo Agripa e Berenice, com grande pompa – A descrição parece ter sido registrada por uma testemunha ocular da pompa. O grego para pompa (*phantasia*, literalmente "espetáculo, exibição") não é encontrado em nenhum outro ponto no Novo Testamento, embora os escritores seculares o empreguem para descrever uma grande demonstração ou desfile. Todas essas pessoas estariam vestidas com suas roupas reais mais finas ou mantos oficiais. Haveria uma procissão na qual um protocolo rígido seria seguido, com as entradas feitas em sequência certa e o intervalo de tempo correto entre cada uma. Talvez houvesse fanfarra de trombetas e tambores[22]. Berenice acompanhou Agripa, como era seu costume quando viajavam[23], eles estavam tanto tempo juntos que as cartas de estado eram enviadas a Agripa e a ela em conjunto[24].

Tendo eles entrado na audiência juntamente com oficiais superiores e homens eminentes da cidade – A "audiência" era provavelmente a "sala de audiência" no Pretório, onde o governador recebia os visitantes oficiais. O fato de que os tribunos (havia cinco coortes em Cesareia, devendo cinco oficiais comandantes estar então presentes[25]) e homens eminentes estarem ali sugere que haviam recebido um convite especial. "Homens eminentes" são provavelmente autoridade civis do governo judeu e gentio local de Cesareia.

Paulo foi trazido por ordem de Festo – Depois da procissão de reis e dignitários ter entrado na sala de audiência e sentado em seus lugares, o prisioneiro Paulo foi introduzido. Jesus havia prometido um dia a seus discípulos que eles seriam "levados à presença de governadores e de reis . . . para lhes servir de testemunho, a eles e aos gentios"[26]. Em outra ocasião, quando dava instruções a Ananias para procurar Paulo e lhe dizer o que era necessário para ser salvo, Jesus indicou que Paulo iria "levar o meu nome perante os gentios e reis, bem como perante os filhos de Israel"[27]. No comparecimento de Paulo à sala de audiência, temos um cumprimento dessas predições.

25.24 –

Então disse Festo – Festo (como registrado nos versículos 24-27) introduz com grandes floreios oratórios o caso para os que se encontravam ali reunidos. Os cristãos devem ter cuidado com o modo pelo qual apresentam oradores, como o professor Dale nos lembra com estas palavras:

> No geral, homens pequenos em grandes cargos gostam da pompa e fausto que dignificam, pensam eles, suas almas mesquinhas. A pompa e a exibição indevidas são geralmente sinais de um poder fraco e em desintegração. O verdadeiro poder não precisa de ostentação. Quanto mais alto o cargo, menor o alarde. Isto pode ser visto quando alguém apresenta o Presidente dos Estados Unidos. O menor número de palavras possível é dito na apresentação ("Senhoras e Senhores, o Presidente dos Estados Unidos"). Os pregadores e políticos caem presa de muitas lisonjas e exibição. É bom lembrar-se que nossas vidas e nossas mensagens falam por si mesmas.

---

[22] Temos pouca oportunidade na América de ver tal pompa e exibição. Mesmo os que tiveram ocasião de assistir os funerais do Presidente John F. Kennedy, com a presença de reis e presidentes de todas as partes do mundo, assistiram apenas a uma pompa discreta.
[23] Josefo, *Guerras*, II. 16. 3.
[24] Josefo, *Vida*, c. 11.
[25] Josefo, *Antiguidades*, XIX. 9. 2.
[26] Mateus 10.18.
[27] Atos 9.15.

É também justo e desejável que seja dada honra quando esta é devida (Romanos 13.7). Seria difícil imaginar Jesus e seus apóstolos se apresentando com a pompa de alguns pregadores modernos. Do mesmo modo, seria estranho aos ouvidos deles ouvir as piadas e gracejos repetidos julgados tão necessários hoje na apresentação dos [pregadores e] sermões[28].

Rei Agripa e todos vós que estais presentes conosco – Lucas nota muito cuidadosamente que Agripa tinha o título de "rei", mas ele não é chamado "rei da Judéia". Agripa foi o último homem no período romano a usar o título de "rei" na Palestina.

Vedes este homem, por causa de quem toda a multidão dos judeus recorreu a mim tanto em Jerusalém como aqui – Os judeus souberam apresentar muito bem seu caso a Festo, pois ele fala como se o sentimento contra Paulo entre os judeus fosse praticamente universal (ele fala de "toda a multidão dos judeus"). Claro que ele tinha entrado em contato apenas com os inimigos de Paulo durante sua breve estadia na província. Alguns entendem que as palavras "como aqui" significavam que os judeus de Cesareia (antagonistas dos gentios por causa do conflito racial na cidade) tinham ido a Festo e exigido a morte do apóstolo amigo dos gentios. Mas é também muito plausível, à luz de versículos anteriores, que as palavras signifiquem apenas que em Jerusalém e mais tarde em Cesareia os judeus de Jerusalém exigiram a morte de Paulo. A palavra traduzida "recorreu a mim" é traduzida "queixar-se contra" e "acusar" em 1 Macabeus 8.32 e 10.61.

Clamando que não convinha que ele vivesse mais – O mesmo grito levantado contra Paulo no dia em que foi preso cerca de dois anos antes (Atos 21.36) continua sendo atirado contra ele.

25.25 –

Porém eu achei que ele nada praticara passível de morte – Esta é uma declaração enfática de Festo no sentido de não ter encontrado qualquer evidência que pudesse sustentar as acusações dos judeus contra Paulo. O que não ficou senão insinuado na narrativa em Atos 25.9ss acha-se declarado claramente aqui. Mesmo quando perguntou a Paulo se estava disposto a ir para Jerusalém, a fim de ser julgado ali, ele já sabia que Paulo era inocente.

Entretanto, tendo ele apelado para o imperador, resolvi mandá-lo – Essas palavras podem sugerir que Festo estava pensando em libertar Paulo no final daquele primeiro julgamento. Ele hesitou em fazê-lo imediatamente por causa do clamor persistente dos judeus contra ele. Mas Paulo apelou então para César, e depois de conferenciar com seus conselheiros[29], Festo decidiu que não havia nada a fazer além de enviá-lo.

25.26 –

Contudo, a respeito dele, nada tenho de positivo que escreva ao soberano – As leis romanas pareciam exigir que quando um caso era apelado para César, as cortes inferiores deviam enviar um relatório completo dos procedimentos legais que precederam o apelo. Esta exigência colocou Festo em dificuldade. Ele não podia escrever que Paulo não conseguiu justiça nas cortes inferiores e teve então de apelar a César. Mas, o que escreveria a Nero? Ele está no processo de pedir ajuda quando apresenta Paulo. O título "soberano" (senhor) é uma referência ao imperador Nero. Este título tinha mais ligação com a ideia de divindade do que "Augusto"[30], portanto, Otávio e Tibério se recusaram a permitir que qualquer pessoa se dirigisse a eles com este título[31]. Mas Calígula e Nero permitiram o uso do termo e até se gloriaram nele[32].

---

[28] Dale, *op. cit.*, p. 361   [29] Atos 25.12.   [30] Veja Atos 25.21

[31] Suetônio, *Augustus*, 53; *Tiberius*, 27; Tácito, *Annals*, II. 87. Otaviano rejeitou tanto o título "Senhor" que não permitiu o seu uso nem pelos seus filhos ou netos, fosse formalmente ou de brincadeira. O nome "Augusto" tinha suficientes conotações de divindade para ele.

[32] Alguns cristãos primitivos se recusaram a pronunciar a palavra "Senhor" com referência a César, ou qualquer outra autoridade humana do governo. Eles preferiam usá-lo apenas para Jesus. Tertuliano, *Apology*, 34; Policarpo, *Martyrdom*, VII. 2; IX. 2.

Por isso eu trouxe à vossa presença, e mormente à tua, ó rei Agripa, para que, feita a arguição, tenha eu alguma coisa que escrever – A escolha de "arguição" para traduzir o termo grego aqui é boa, desde que dê a ideia de não se tratar de um julgamento formal. De fato, não poderia ser um julgamento formal, pois o apelo de Paulo a César havia sustado todos os trâmites legais, exceto aqueles em Roma. Festo está explicando cuidadosamente que não era uma audiência formal, mas apenas uma tentativa de colher mais informações. A inclusão por parte de Festo de todas as autoridades e dignitários seria considerada um ato de cortesia. E faria também outra coisa. Iria incluí-los, especialmente Agripa, na carta ao imperador. Se Nero lesse nas entrelinhas que Paulo não tinha obtido justiça na Judéia, muitos homens além de Festo ficariam envolvidos no erro judicial. Festo soube proteger-se astuciosamente; e se pudesse obter uma pequena ajuda que soasse razoável na formulação da carta a César, ele se livraria do caso sem muito prejuízo para sua posição ou reputação.

25.27 –

Porque não me parece razoável remeter um preso – Festo está admitindo que julgava achar-se numa situação embaraçosa. Estava prestes a enviar a Roma um prisioneiro julgado em seu próprio tribunal e que havia apelado de sua jurisdição. Entretanto, ele, o juiz, não podia ainda estabelecer a natureza das acusações contra o réu, caso algum crime tivesse sido realmente cometido[33]. Absurdo enviar um prisioneiro sem declarar claramente as acusações contra ele? Absurdo, sim; mas teria suscitado também o desgosto de Nero contra ele se um processo chegasse ao supremo tribunal e não houvesse provas de violação de qualquer lei romana.

Sem mencionar ao mesmo tempo as acusações que militam contra ele – Festo espera que esta sua tentativa de colher mais informações produza fatos novos que não compreendia antes. Alguém tão familiarizado com a política e religião judia quanto Agripa poderia certamente ajudá-lo a compreender do que se tratava e poderia ajudá-lo a colocar por escrito uma apresentação satisfatória do caso a César.

---

[33] Todo o discurso introdutório de Festo tem sido atacado como sendo falso, por causa de uma suposta repetição (versículo 25 comparado com o versículo 21), e também por causa de uma suposta contradição (versículo 27 comparado com o versículo 19). Ambas as declarações são bastante naturais. A declaração do versículo 25 era necessária porque muitas das pessoas presentes na sala de audiência não teriam conhecimento deste fato até que Festo o revele a elas. Quanto à sua suposta contradição, mesmo que Festo reconheça tratar-se de uma disputa religiosa, Roma não iria interessar-se. Ele terá de encontrar algo melhor do que isso para escrever sobre o caso de Paulo.

Desenho de Horace Knowles da British and Foreign Biblie Society

CAPÍTULO VINTE E SEIS

3) Sermão de Paulo a Agripa II. 26.1-23 26.1 –

A seguir, Agripa, dirigindo-se a Paulo, disse: É permitido que uses da palavra em tua defesa – Este inquérito foi realizado na sala de audiência de Festo; mas o capítulo 26 sugere que Festo entregou a Agripa o encaminhamento do interrogatório, pois muitas das expressões de Paulo se dirigem diretamente a Agripa e, quando este se levanta (Atos 26.30), isso assinala o fim da audiência.

Então Paulo, estendendo a mão, passou a defender-se, nestes termos – O grego para "estendendo a mão" não é o mesmo que em Atos 13.16 e 21.40, onde a palavra significa um gesto convidando ao silêncio e atenção, para que ele pudesse falar. O termo indica aqui a mão levantada em saudação, ou um gesto para enfatizar a sua mensagem. Ele indica que Paulo está pregando com poder, ao confirmar a dignidade do seu chamado ao apostolado por Jesus; e, ao mesmo tempo, torna clara o quanto possível uma explicação de sua conduta. Pode ser ainda afirmado que Paulo está pregando, desde que não se pode supor que ele esperava ser solto mediante as suas palavras. Ele estava sendo mantido na prisão até que se providenciasse a sua transferência para Roma[1]. Lenski tem a ideia certa quando declara que "Paulo converteu o grande salão numa igreja, e fez o papel de pregador"[2]. Estamos para entrar no terceiro relato da conversão de Paulo em Atos. Como o capítulo 22, está nas próprias palavras de Paulo e inclui detalhes não encontrados nos outros dois. Há alguma suplementação de detalhes, à medida que vamos de um para outro relato[3]; e em lugar de evidenciar que um deles ou todos não passam de invenção, os fatos adicionais são exatamente o que poderíamos esperar quando consideramos a diferença dos ouvintes a quem os relatos foram originalmente dirigidos. Um esboço dos diferentes pontos enfatizados por Paulo é o seguinte[4]:

1) Uma introdução de cortesia. Versículos 2, 3
2) Paulo fala de sua herança farisaica. Versículos 4-8
3) Fala a seguir de seu antigo zelo como perseguidor. Versículos 9-11
4) Depois, de sua visão na estrada de Damasco. Versículos 12-18
5) Em seguida de sua obediência vitalícia à visão. Versículos 19, 20
6) Depois, da sua prisão. Versículo 21
7) E finalmente da doutrina que ensina. Versículos 22, 23

26.2 –

De todas as acusações feitas contra mim pelos judeus – Os pontos principais apresentados pelos judeus nas acusações feitas nos dois últimos anos são que Paulo causa distúrbios entre os judeus, onde quer que vá; ele é um cabeça de motim dos cristãos, um profanador do templo, e alguém que ensina os homens a ignorarem a Lei de Moisés[5]. Tem sido notado que a frase "os

---

[1] Atos 25.11.
[2] Lenski, *op. cit.*, p. 1020. Outras informações são dadas sobre a palavra "defesa" no versículo seguinte. O termo não anula o que foi dito sobre a "pregação" de Paulo a esse auditório cheio de pessoas.
[3] Os relatos encontrados nos capítulos 9 e 22 falam de Ananias; mas não o capítulo 26. Algumas descrições contêm um relato da cegueira de Paulo; mas não o capítulo 26. O capítulo 26 contém um relato mais completo da comissão de Paulo (versículos 15-18). Esses são exemplos das variações apresentadas pelos críticos negativos para negar a veracidade de muita coisa em todos os relatos.
[4] O esboço é adotado de Bruce, *op. cit.*, p. 488.
[5] Veja Atos 24.4, 6; 25.8.

judeus" é repetida quatro vezes nos versículos 2-7, como se Paulo (nesta ocasião) estivesse se separando de seus conterrâneos incrédulos. Isto parece estranho para alguns, ao lembrar-se que em outras ocasiões ele tentou identificar-se com os mesmos; mas deve ser lembrado que já em Romanos 9-11, escrito vários anos antes, Paulo havia indicado que tal divisão existia de fato entre cristãos e judeus incrédulos.

Tenho-me por feliz, ó rei Agripa, pelo privilégio de, hoje, na tua presença, poder produzir a minha defesa – Da mesma forma que houve também franqueza e cortesia na defesa de Paulo diante de Félix, nós vemos isso nesta defesa. Ele dá uma explicação verdadeira dos seus sentimentos e a razão para eles. Mas não adula o rei cujo caráter, como deveria saber, não merecia louvor. Ele declara quão afortunado se sente por ter a oportunidade de falar a alguém como Agripa, que tinha conhecimento de todas as complexidades da vida e mentalidade dos judeus. Esta não é novamente uma "defesa" no sentido estrito do termo (como uma defesa num tribunal). A palavra traduzida "defesa" é apologeia, que significava algo muito diferente do seu sentido atual[6]. Paulo não estava se desculpando por estar errado. Sua declaração foi oferecida para provar que estava certo! Ele está explicando seus atos e motivos para que Festo e os demais pudessem melhor entender por que agiu como fez.

26.3 –

Mormente porque és versado em todos os costumes e questões que há entre os judeus – Nas notas sobre Atos 25.13 foi notado que Agripa não só professava a religião judia, mas também havia recebido algumas funções administrativas em relação com o templo e o sacerdócio por parte do governo romano; ele era um perito da religião judia. "Costumes", como aconteceu várias vezes antes em Atos[7], se refere às práticas peculiares da Lei de Moisés. "Questões" deve estar ligado aos pontos de debate entre fariseus e saduceus[8]. Agripa estava a par de tudo isso.

Por isso eu te peço que me ouças com paciência – Mediante este pedido, Paulo está mostrando a Agripa que a sua apresentação seria demorada, havendo necessidade de um pouco de paciência para ouvi-la até o fim. Alguém que não conhecesse as peculiaridades da religião judia (as disputas entre fariseus e saduceus, a espera de um Messias, a dedicação a Moisés e ao templo) poderia achar difícil entender os argumentos de Paulo e se cansaria antes do término da mensagem. Mas Paulo esperava que Agripa não tivesse dificuldade em acompanhar a apresentação.

26.4 –

Quanto à minha vida, desde a mocidade, como decorreu desde o princípio entre o meu povo e em Jerusalém, todos os judeus a conhecem – Desde a época em que Paulo chegou a Jerusalém como estudante rabínico, o povo judeu o conhecia. "Mocidade" aqui provavelmente significa um "jovem"[9]. Paulo também enfatiza sua herança judia e nota especialmente que seu treinamento foi realizado em Jerusalém. Ele está se referindo à ocasião em que chegou a Jerusalém para estudar a Lei e as tradições dos anciãos, tendo Gamaliel como professor[10].

26.5 –

Pois na verdade eu era conhecido deles desde o princípio, se assim o quiserem testemunhar – Se o povo judeu em Jerusalém e na Judéia conheceu Paulo desde os seus dias

---

[6] Compare a explicação de "apologia" em Atos 7.1.
[7] Para o significado de "costumes" e "questões" em maiores detalhes, veja notas sobre Atos 6.4; 16.21; 21.21, 35.
[8] Atos 23.8.
[9] Veja "Paulo em Jerusalém" em Atos 9.1ss com relação à idade provável em que ele chegou para estudar em Jerusalém.
[10] Veja notas sobre Atos 22.3.

de estudante, ele deve ter feito algo para chamar a atenção. O próprio Paulo diz: "avantajava-me a muitos da minha idade, quanto ao judaísmo"[11]. O fato de ter-lhe sido muito cedo confiada uma missão contra os cristãos (capítulo 9) mostra que havia se distinguido desde o começo, o suficiente para que as pessoas ouvissem falar dele. Paulo insiste em que os judeus poderiam dar testemunho da verdade do que estava dizendo, desde que o conheciam há muito tempo antes de sua prisão dois anos antes.

Porque vivi fariseu conforme a seita mais severa da nossa religião – Os judeus que conheceram Paulo naqueles dias, mais de um quarto de século antes, poderiam também testemunhar que ele era membro da seita dos fariseus, dentre todas a mais exata e rigorosa no que se referia à interpretação da Lei e obediência às observâncias cerimoniais[12]. Ele conhecia todas as regras de disciplina que os fariseus haviam feito, e vivia rigidamente de acordo com essas regras. A palavra "religião" (threskeias) é a palavra antiga para adoração ou disciplina religiosa, e enfatiza especialmente as observâncias cerimoniais externas. Paulo enfatizou seu treinamento e suas crenças antes de sua conversão, nesta parte inicial de sua mensagem. Ele tinha sido um adepto zeloso de todos os princípios de fé ensinados no Antigo Testamento.

26.6 –

E agora estou sendo julgado por causa da esperança – Paulo insiste em que a doutrina e a pregação a partir de sua conversão, estão de pleno acordo com toda a sua vida passada. Ele foi levado justamente ao ponto em que a Lei deveria levar alguém, a saber, a Jesus como Messias[13].

Da promessa que por Deus foi feita a nossos pais – A promessa repetidamente feita através do período do Antigo Testamento era que o Messias vinha e, quando chegasse, todas as nações da terra seriam abençoadas (um termo que envolve o perdão de pecados)[14]. Também incluída estava a promessa de uma condição futura e a ressurreição dos mortos. "Para *nossos* pais", disse Paulo[15]. A leitura da NASB se harmoniza muito bem com a maneira usual de Paulo identificar-se com aqueles a quem fala. Em um certo sentido ele vai chamar até mesmo Agripa de descendente de Abraão.

26.7 –

A qual as nossas doze tribos – Paulo usa as "doze tribos" para designar os judeus de todas as tribos, geração após geração, que esperavam ver o cumprimento daquilo que Deus havia prometido aos pais. Nem Paulo nem qualquer outro escritor do Novo Testamento apoia a ficção ouvida às vezes em nossos dias de que a Inglaterra e os Estados Unidos são as "dez tribos perdidas de Israel". A lenda diz que as dez tribos do norte (Israel), depois de terem sido levadas para o cativeiro por Salmaneser, jamais voltaram à Palestina. Em lugar disso, depois do cativeiro, elas vaguearam para lugares longínquos e podiam ser encontradas, sob um disfarce estranho, em uma terra remota (ex., Inglaterra e Estados Unidos). A teoria afirma até que, para compreender a profecia do Antigo Testamento, toda vez em que houver uma referência a algum evento futuro para "Israel", ela deve ser interpretada como aplicável à Inglaterra e Estados Unidos. Este sistema de escatologia é frequentemente chamado de "Israelismo Britânico", sendo uma doutrina desmentida em toda a Bíblia[16]. A primeira vez que esta fábula apareceu foi no apócrifo II Esdras 13.40-46, onde é dito que as dez tribos foram para "um país onde a humanidade jamais habitou, a fim de que pudessem guardar ali os estatutos que não haviam obedecido em sua terra", mas

---

[11] Gálatas 1.14.
[12] A palavra aparece também em Tiago 1.26,27 e Colossenses 2.18. Sobre o termo "seita" veja notas sobre Atos 24.5, 14.
[13] Gálatas 3.23ss. Compare a afirmação de Paulo em Atos 23.6 e 24.14, 15.
[14] Gênesis 12.1ss. Veja também notas sobre Atos 3.25, 26.
[15] Alguns manuscritos contêm a leitura "aos pais", mas os melhores dizem "nossos pais".
[16] Compare Mateus 19.28; Lucas 22.30; Tiago 1.1; Apocalipse 7.4ss; 21.12.

essa fábula não é ensinada nos livros canônicos. Esdras 2 e 1 Crônicas 9.3 indicam que os exilados de "toda Israel" estavam entre os que voltaram para povoar a Palestina. Assim sendo, ao falar dos judeus na Palestina, Paulo pode referir-se às "doze tribos" e indicar com isso todo o povo judeu.

Servindo a Deus fervorosamente de noite e de dia, almejam alcançar – "Servindo" (*latreuo*) é servir com adoração, orações, sacrifícios e coisas semelhantes. Em Atos 12.5 foi empregada a palavra "incessante" (ou "com devoção intensa"). "De noite e de dia" pode ser uma alusão às cerimônias do templo, algumas das quais eram realizadas à noite, bem como de dia;[17] ou talvez seja uma alusão às incessantes devoções pessoais da vida religiosa do judeu conscienciosos.

É no tocante a esta esperança, ó rei, que eu sou acusado pelos judeus – A posição de "pelos judeus[18]" no grego é no fim da sentença para dar ênfase – sugerindo ser surpreendente que os judeus com essa esperança prometida pelas Escrituras do Antigo Testamento perseguissem Paulo por nutrir a mesma esperança! A principal diferença entre Paulo e os judeus incrédulos era que eles continuavam aguardando o cumprimento dessas promessas, enquanto Paulo afirma que elas já foram realizadas na pessoa de Jesus. Todo o argumento se resumia então numa questão de evidência sobre Jesus ser ou não o Messias prometido e o cumprimento das esperanças de Israel. Paulo volta agora a sua atenção para essa evidência.

26.8 –

Porque se julga incrível entre vós? – Paulo cita três evidências neste versículo e nos seguintes para mostrar que Jesus é de fato o Messias. A primeira aparece neste versículo, a saber, a ressurreição de Jesus dentre os mortos. Com esta pergunta, Paulo expressa sua surpresa contínua com a ideia de que os membros da sua audiência não têm ficado ainda convencidos quanto à veracidade da ressurreição. "Vós" é plural no grego; e este plural mostra que Paulo não está no momento se dirigindo especificamente a Agripa, mas a todos os ouvintes[19].

Que Deus ressuscite os mortos? – O grego diz: "Se Deus ressuscita mortos"; não há artigo no grego, e "mortos" é plural. Uma construção similar em Romanos 1.4 inclui certamente a ressurreição de Jesus (e está envolvendo a ressurreição de todos os homens), este parece ser o ponto aqui. A grande verdade que Paulo quer apresentar é que Jesus, embora crucificado, estava naquele momento vivo e sentado à destra de Deus, demonstrando pela sua ressurreição ser o Messias, justamente aquele que os judeus aguardavam para cumprir sua esperança. Os judeus podiam crer na ideia da ressurreição como parte da sua doutrina; então, por que não podiam aceitar a bem validada ressurreição de Jesus?

26.9-18 –

Na verdade, a mim me parecia – Paulo se volta agora para a segunda evidência mencionada para provar que Jesus é o Messias, ou seja, sua própria conversão. Os versículos 9-18 já foram explicados nas notas do capítulo 9, que o estudante deve consultar se quiser estudar os detalhes desse evento momentoso recapitulado por Paulo.

Que muitas coisas devia eu praticar contra o nome de Jesus . . . – Esses versículos, até o versículo 18, falam a respeito da perseguição da igreja por Paulo, o aparecimento do Cristo ressurreto a ele na estrada de Damasco e a comissão apostólica de Cristo, para que Paulo pregasse o evangelho. Ele está explicando como ele passou a associar o cumprimento da esperança de Israel com Jesus de Nazaré. Ele nem sempre estava persuadido disso. Houve uma época de sua vida em que julgou necessário opor-se a Jesus. Isso tinha acontecido havia apenas vinte e cinco anos. Alguns dos presentes certamente se lembrariam! Paulo está dizendo que compreende a incredul-

---

[17] Compare o Salmo 134.1 e 1 Crônicas 9.33.
[18] A construção aqui não tem artigo, e deve ser interpretada "por judeus" (em lugar de "pelos judeus").
[19] Havia espectadores no salão de audiências, veja Atos 25.23ss. A interpretação do versículo 8 dada nas notas é muito superior, na opinião deste escritor, à que considera o apelo de Paulo como feito aos saduceus na audiência.

idade de muitos na audiência e sua oposição a Jesus, porque ele também se sentiu antes como eles. Todavia, se Paulo estava dizendo a verdade (e não há razão para duvidar disso), suas declarações eram uma evidência da ressurreição e glorificação de Jesus, suficiente para convencer Agripa e os outros ouvintes.

26.19 –

Pelo que, ó rei Agripa – "Pelo que" faz um retrospecto de tudo a partir do versículo 12. Desde que a prova de Jesus ser o Messias, de sua ressurreição, e de seu chamado para que me tornasse apóstolo, era tão indiscutivelmente clara, Paulo diz que considerou seu dever envolver-se sem demora na divulgação das notícias de que Jesus era realmente o Messias.

Não fui desobediente à visão celestial – As palavras "visão celestial" iriam transmitir a Agripa a ideia de que a comissão de Paulo tinha vindo do próprio Deus[20]. Os saduceus teriam zombado da história do aparecimento de Cristo a Paulo; mas o rei Agripa, que favorecia os fariseus, iria respeitá-la, e, também respeitaria a ênfase de Paulo sobre a obediência. O grego diz literalmente: "Não me tornei desobediente". Esta linguagem é significativa pela sua ênfase na relação entre a graça de Deus e a liberdade do homem. Paulo pode ter sido um "instrumento escolhido[21]", separado de antemão para ministrar aos gentios e até constrangido pelo amor de Cristo[22] mas havia a possibilidade de desobediência. Paulo poderia ter desobedecido! A graça não é irresistível! Houve um ato deliberado ao passar do seu estado anterior de rebelião para o da obediência. "A partir do momento em que ouviu as palavras 'Eu sou Jesus, a quem tu persegues', Paulo não conheceu outro Mestre. Receber uma ordem desse Mestre era dali por diante obedecê-la[23]".

26.20 –

Mas *fiquei* anunciando primeiramente aos de Damasco e *também* em Jerusalém – Paulo ressaltou o fato de que seu ministério tinha sido em obediência à comissão divina recebida do Senhor ressurreto. Atos 9.19ss conta a sua atuação em Damasco. Atos 9.28, 29 falam de sua primeira visita a Jerusalém depois de sua conversão, e sua pregação ali. O verbo "continuou declarando" está num tempo que indica uma atividade contínua e demorada.

E *então* por toda a região da Judéia, e *até* aos gentios – Como não se tem conhecimento de qualquer pregação de Paulo na Judéia, várias soluções são sugeridas para esta frase difícil[24]. McGarvey sugere que Paulo está seguindo uma ordem de lugar e não de ordem de tempo (e que em alguma ocasião Paulo pregou realmente na Judéia, mas não na época de sua primeira visita a Jerusalém, após sua conversão, Gálatas 1.22)[25]. O *Pulpit Commentary*, sugere que em meio às suas viagens missionárias para as regiões dos gentios ele pregou na Judéia[26]. Por exemplo, a linguagem de Atos 11.29 sugere que tal oportunidade pode ter aparecido quando Paulo e Barnabé levaram a Jerusalém as esmolas dos cristãos de Antioquia. Outra oportunidade que teve com toda a certeza foi ao viajar com Barnabé através da Fenícia e Samaria a caminho de Jerusalém, como relatado em Atos 15.3. Uma outra ainda foi quando viajou de Cesaréia a Jerusalém, como registrado em Atos 18.22. Uma terceira tentativa de explicar esta frase difícil é a de Blass, que fez uma emenda hipotética do texto, de modo a dizer "em cada região, tanto a judeus como a

---

[20] Compare Lucas 1.22 e 2 Coríntios 12.1. A palavra grega "visão" contém a ideia de que havia objetividade no que tinha sido visto.
[21] Atos 9.15.
[22] 2 Coríntios 5.14.
[23] Bruce, *op. cit.*, p. 492.
[24] A dificuldade surge porque este versículo parece contradizer Gálatas 1.22, que não inclui esse ministério na Judéia na ocasião.
[25] McGarvey, *op. cit.*, p. 254.
[26] Hervey, *op. cit.*, p. 267.

gentios[27]". Este breve resumo do trabalho de Paulo iria sugerir a Agripa que ele começou com o seu próprio povo, indo depois para os gentios[28].

Que se arrependessem e se convertessem a Deus, praticando obras dignas de arrependimento – Três estados da vida espiritual do homem são notados aqui: arrependimento dos pecados passados; volta a Deus (que é provavelmente uma referência ao batismo, cf. Atos 3.19); e depois a prática de obras adequadas ao arrependimento que professa (isto é, um dos elementos na santificação progressiva da vida cristã). Por que Paulo havia empreendido todas aquelas extensas viagens missionárias? Porque o Senhor Jesus, havia lhe ordenado do céu que fizesse isso, e ele não podia fazer outra coisa senão obedecer à ordem do Senhor, especialmente desde que tinha evidência de que o Senhor era o Messias e divindade, o cumprimento das esperanças de Israel.

26.21 –

Por causa disto *alguns* judeus me prenderam, estando eu no templo – Paulo conta aqui à Agripa a razão de ter sido preso. Várias coisas podem ser incluídas em "por esta causa". Por pregar o evangelho em lugar de conformar-se à Lei, pode ser uma; especialmente por ter transmitido a mensagem aos gentios, pode ser outra. Esta é uma declaração notável. "Passei a vida tentando persuadir os homens a se arrependerem e se voltarem para Deus, e por agir assim os judeus tentaram matar-me. Isso está certo?" Para detalhes sobre a prisão de Paulo pelos judeus asiáticos veja notas de Atos 21.27ss. Entendemos que Paulo está afirmando que seu único pecado imperdoável aos olhos daqueles judeus não era ter profanado o templo, mas sim ter ensinado aos gentios que eles podiam reivindicar todo dom e graça que haviam sido antes considerados como privilégio e prerrogativa exclusivos de Israel.

E tentaram matar-me – Várias tentativas foram feitas contra a vida de Paulo; uma delas quando foi preso pela primeira vez[29], e novamente quando se apresentou diante do Sinédrio[30]. Os judeus não fizeram um julgamento imparcial de Paulo; seria pelo fato de saberem que estavam errados? Festo não havia conseguido descobrir por que Paulo tinha sido preso e por que os judeus se opunham tão amargamente a ele. Todavia, precisava escrever alguma coisa a Nero para enviar com o prisioneiro. Ele demonstrou desejar que Agripa o ajudasse a compreender melhor a questão. Agripa fica agora sabendo a razão por que os judeus agredirem Paulo e quase o matarem no templo. Em sua atitude está envolvida a crença que Jesus é o Messias e o Salvador de todos os homens, tanto gentios como judeus, por parte de Paulo.

26.22 –

E então, alcançando socorro de Deus – Tomamos aqui a terceira linha de evidência aduzida por Paulo para mostrar a veracidade de sua convicção de que Jesus de Nazaré é o Messias esperado pelos judeus; e, portanto, o cumprimento dessa esperança. Ela tinha a ver com a maneira magnífica em que as profecias do Antigo Testamento e a vida e ministério de Jesus se combinam em todos os detalhes. Paulo percebeu e sentiu o perigo que correu durante os seus mais de vinte anos de trabalho evangelístico. Ele tinha conhecido a malignidade deliberada dos judeus e seus esforços para tirar-lhe a vida de cidade em cidade. Tinha havido a perseguição em Antioquia da Pisídia, o apedrejamento em Listra, as perseguições em Filipos, Tessalônica e Corinto, e os perigos mortais em Jerusalém, tudo por causa dos judeus incrédulos. Houve também problemas com os gentios, como o motim em Éfeso. Ele pode ter sido impedido pelos asiarcas em Éfeso e resgatado em Jerusalém por Lísias, e ter se esforçado até para evitar o perigo e prolongar seu ministério; mas no final de tudo, atribuiu sua segurança totalmente ao socorro de Deus.

---

[27] Citado por Knowling, *op. cit.*, p.508.
[28] Em "gentios" há uma referência às viagens missionárias depois da conversão de Cornélio.
[29] Atos 21.31ss.
[30] Atos 23.10.

Permaneço até o dia de hoje, dando testemunho, tanto a pequeno como a grande – "Pequeno" – os que se achavam em posições humildes na vida: os pobres, os ignorantes, os obscuros. "Grande" – os ricos e nobres, os reis, príncipes e governadores. Naquele mesmo momento Paulo falava diante de "pequenos e grandes", ao dirigir-se à assembleia reunida e as autoridades, Festo e Agripa. Sobre "dando testemunho" veja as notas em Atos 26.17[31].

Nada dizendo senão o que os profetas e Moisés disseram haver de acontecer – Paulo insiste em que a sua pregação não continha nada exceto o que Moisés e os profetas haviam predito. Longe de ter desonrado a Lei de Moisés, conforme os judeus o acusavam de fazer, Paulo estava proclamando seu cumprimento perfeito em Jesus como Messias. A ordem das palavras no grego, "Que os profetas disseram deveria vir, e Moisés", sugere que Paulo iria terminar sua sentença com a palavra "acontecer", e que o nome de Moisés foi acrescentado como reflexão tardia para satisfazer as convicções dos que colocavam o Pentateuco num nível de autoridade mais elevado do que os profetas do Antigo Testamento, como era o caso dos saduceus. O versículo seguinte sugere que Paulo introduziu neste ponto passagem após passagem das Escrituras do Antigo Testamento, apenas para mostrar como elas foram cumpridas na vida, morte, ressurreição e exaltação de Jesus.

26.23 –

Isto é, que o Cristo devia padecer – O ponto de Paulo aqui é que as escrituras do Antigo Testamento em toda parte predisseram o sofrimento e ressurreição do Messias e que as boas novas da salvação através dEle seriam pregadas tanto aos gentios como aos judeus. A nota marginal neste lugar mostra que esta cláusula e a seguinte começam com uma conjunção interrogativa significando "se?" Traduzimos então: "Se o Messias devia padecer?" Uma vez observado isto, os comentaristas procuram explicar o significado da questão. Knowles sugere que nada mais é declarado além da questão em pauta entre Paulo e os judeus[32]. Uma segunda tentativa de explicar as perguntas é a de F. F. Bruce, sugerindo que neste versículo temos os títulos de uma coleção de textos-de-prova messiânicos (chamados "Testemunhos").

> Num período cedo no curso da pregação cristã, estas passagens do Antigo Testamento parecem ter sido agrupadas sobre títulos apropriados, que tomavam às vezes a forma de perguntas. Lucas não nos dá aqui as citações de Paulo de "testemunhos" messiânicos *in extenso*, mas os indica brevemente, citando os títulos interrogativos sob as quais foram agrupados. "Deve o Messias sofrer?" "Ele deve ressuscitar?" "Ele deve trazer a luz da salvação ao povo de Israel e às nações gentias?" (Veja J. R. Harris *Testimonies*, V. 1 [Cambridge, 1916]; p. 19s; e C.H. Dodd, *According to the Scriptures* [Londres, 1952], p. 16s; e Justino, *Dial.* 89)[33]

Eb. Nestle e J. Moffatt, na tentativa de fazer com que a leitura do versículo seja fluente e mesmo assim querendo fazer justiça às perguntas como elas aparecem no grego, sem autorização adequada, transferem o versículo 8 para um lugar entre as versículos 22 e 23, usando-o para introduzir as cláusulas *ei* (como, se). Com essa transposição a passagem diz: "Por que você acha incrível que Deus ressuscite os mortos, que o Cristo seja capaz de sofrer e que tenha sido o primeiro a levantar-se dentre os mortos e levar a mensagem da luz ao povo judeu e os gentios?" Embora esta seja uma forma de providenciar as "cláusulas se" do versículo 23 com uma cláusula de conclusão correspondente, não existe justificação nos manuscritos para esta transposição. Ela também não é necessária desde que qualquer das duas primeiras explicações das cláusulas "se" é satisfatória.

Uma quarta tentativa de explicar a importância das perguntas neste versículo difere apenas levemente da sugerida por Bruce[34]. Ela junta a declaração imediatamente precedendo sobre o

---

[31] Esses comentários são encontrados sob Atos 9.7ss.
[32] Knowling, *op. cit.*, p.510.   [33] Bruce, *op. cit.*, p. 493, 494.
[34] A principal diferença é esta: Bruce diz que Paulo está usando "Testemunhos" já coleEcionados; esta quarta teoria sugere que eles só foram colecionados apenas depois disto e apenas como resultado da apresentação de Paulo a Agripa.

que foi predito em Moisés e nos profetas, e considera as perguntas como tendo este significado: "Se é possível, à luz do que foi predito nos escritos do Antigo Testamento, que devia se esperar que o Messias sofresse", ou "ressuscitar dos mortos", ou se o evangelho iria para os gentios.

A maior parte dos judeus tinha fixado seus pensamentos apenas nas visões proféticas das glórias do reino do Messias. Até mesmo os discípulos de Jesus demoraram em conceber qualquer outra ideia além da conquista e triunfo. As palavras de Pedro: "isso de modo algum te acontecerá" (Mateus 16.22) expressaram seu horror diante da ideia de um Cristo sofredor. Eles só tiveram condições de receber a verdade depois da crucificação e ressurreição, ao serem levados para a escola de interpretação profética do Senhor (Lucas 24.25, 26, 44) e ensinados a reconhecer os tipos e profecias subjacentes que apontavam para um Sofredor justo, assim como para um Rei justo.[35]

***E*, sendo o primeiro da ressurreição dos mortos** – Quando Maria e José levaram o menino Jesus ao templo, o idoso Simeão falou de como esse seria uma luz para os gentios e uma glória para o povo de Israel[36]. Paulo afirma aqui que, só pelo fato dEle ter-se levantado dentre os mortos é que havia qualquer possibilidade de cumprimento do que Simeão (e outros profetas do Antigo Testamento) predisseram. Se a Bíblia ensina que os justos serão levantados da morte antes dos perversos, esta passagem se harmoniza então lindamente com essa doutrina, pois ela fala de uma "ressurreição dentre os mortos", como se Jesus fosse o primeiro a ser levantado (deixando outros para trás), e à medida que a consumação começa, outros (os justos) serão levantados, deixando os demais (os perversos) temporariamente para trás. (Como na SBB – N.T.).

Ele deve ser o primeiro a proclamar a luz ao povo *Judeu* e aos Gentios – Sobre "luz" compare notas em Atos 13.47. O Antigo Testamento profetizou o perdão de pecados e a ressurreição final. Vital e inseparavelmente entrelaçada a essas bênçãos prometidas estava a ressurreição de Jesus dos mortos – como mostrado claramente em Romanos 4.24, 25 e 1 Coríntios 15.20ss. A esperança da ressurreição há muito desejada pelos judeus havia tomado agora um novo aspecto por causa da ressurreição de Jesus. A sua ressurreição não era um evento isolado. Em lugar disso, a ressurreição do Messias foi o começo da ressurreição propriamente dita – "Sendo Cristo as primícias dos que dormem"[37], "o primogênito de entre os mortos[38]" A palavra "judeu" está em itálico (Nota: No inglês a frase é: "Anunciaria a luz ao povo *judeu* e aos gentios" – N.T.), mas os tradutores da NASB tiveram razão em usar esse termo porque tanto o contexto como o termo especial (*laos*) usado aqui mostram isso. Apesar das claras profecias, como a de Isaías 60.3 os judeus tiveram dificuldade em aceitar a ideia de que o Messias viria para salvar os gentios juntamente com o "povo" – os filhos de Israel.

4) Intercâmbio entre Festo, Paulo e Agripa. 26.24-29

26.24 –

E enquanto Paulo dizia estas coisas em sua defesa – O particípio presente indica aqui que Festo interrompeu a defesa de Paulo. Até este ponto Paulo tem mostrado a Agripa e aos outros a razão da divergência entre ele e os judeus incrédulos. Eles aguardavam um Messias que estava para vir; enquanto ele (por causa de inúmeras evidências) considerava Jesus como o Messias que já havia vindo e cumprido as promessas de Deus para Israel. Nos versículos seguintes encontramos vários desses toques marcantes que podem indicar que Lucas se achava presente no salão de audiência, como testemunha pessoal do que descreve aqui.

Festo o interrompeu em alta voz – Ele gritou suficientemente alto para interromper a pregação de outrem. À medida que a defesa de Paulo se alonga, como ele tinha sugerido a Agripa que aconteceria[39], Festo acha cada vez mais difícil acompanhar o curso do argumento. Com uma

---

[35] Plumptre, *op. cit.*, p.401.
[37] 1 Coríntios 15.20.
[39] Atos 26.3.
[36] Lucas 2.32.
[38] Colossenses 1.18.

26.24

arrogância típica da ignorância, ele concluiu que se não fazia sentido para ele, é porque não tinha sentido! A sua interrupção foi importuna e deselegante. O leitor deste relato (mesmo depois de sentir admiração por esse homem que ganhou boa reputação ao tentar corrigir a corrupção e abusos herdados dos governos anteriores) tende a perder o respeito pelo homem e até a sentir pena dele.

Estás louco, Paulo – A declaração significa que o entusiasmo de Paulo (na opinião de Festo) superou seu bom senso. Festo havia descrito Jesus simplesmente como "certo morto[40]", todavia, Paulo diz que Ele ressuscitou dentre os mortos! Quem já ouviu falar de uma coisa dessas? Paulo fala também de anunciar a "luz" aos gentios (e isso naturalmente incluía romanos como Festo). O bom senso de Festo não tinha sido afetado! Eles eram superiores aos povos conquistados. Não necessitavam de luz! A única conclusão de Festo foi que Paulo estava confuso em seu modo de pensar. Ele até determinou a causa da confusão.

As muitas letras te fazem delirar – O grego diz: "Teus muitos escritos estão te levando (de um estado a outro) à loucura". Observe que Festo fala de "escritos", exatamente a palavra usada pelos judeus para a sua coleção de livros sagrados[41]. Festo havia ouvido uma longa citação de passagens dessas escrituras, à medida que Paulo apresenta passagem após passagem e compara o que elas dizem com o que Jesus fez. Este estudo constante do Antigo Testamento, conclui Festo, é a verdadeira fonte da loucura de Paulo[42]. São esses escritos que estão perturbando a mente de Paulo.

26.25 –

Paulo, porém, respondeu: Não estou louco – Com a cortesia e respeito devidos às autoridades, Paulo rejeita calmamente a conclusão de Festo. Durante toda a defesa, conforme o registro, esta é a única sentença dirigida a Festo. Paulo se dirigia a Agripa que presidia o inquérito, que tinha bom conhecimento das ideias e da vida dos judeus, e a quem Paulo esperava fervorosamente ganhar para fé em Cristo.

Ó excelentíssimo Festo – "Excelentíssimo" era o título usual dado ao governador romano. Compare Atos 24.3.

Pelo contrário, digo palavras de verdade e de bom senso – Não é o homem cuja visão do mundo se baseia nos claros ensinos da Palavra de Deus que é "louco" (não fazendo uso do bom senso). Mas é justamente o inverso. "Sóbria" (*sōphaosune*) era um dos termos favoritos dos escritores éticos gregos. Ele tinha um significado mais elevado que "temperança" e seu emprego expressava a perfeita harmonia de impulsos e razão[43]. A palavra era o exato oposto do termo "loucura" que Festo acabava de pronunciar. (No inglês a palavra "verdade" era precedida de "sóbria" – N.T.). De acordo com as predições de Moisés e dos profetas, assim como dos fatos que ocorreram na morte e ressurreição de Jesus, Paulo podia dizer que suas palavras eram "palavras de verdade", e não só isso, mas "palavras de sóbria verdade". Longe de indicar loucura, elas eram as únicas verdades neste mundo que conduziam a um modo reto de pensar.

26.26 –

Porque tudo isto é do conhecimento do rei, a quem me dirijo com confiança – Depois de declarar que era de mente sã e falava a verdade com sensatez, Paulo apelou a Agripa para que ele confirmasse o que acabava de dizer. "Conhecimento" (*epistamai*) significa conhecimento obtido pela proximidade com a coisa conhecida. Agripa estava suficientemente próximo

---

[40] Atos 25.10.
[41] Compare João 7.15 e 2 Timóteo 3.15.
[42] Pode ser que durante os anos em que esteve preso em Cesareia ele estivesse de posse de livros e pergaminhos, pois 2 Timóteo 4.13, embora escrito vários anos mais tarde, sugere que tinha os mesmos com ele quando viajava. Incluídas nesses "livros e pergaminhos" estavam certamente cópias dos rolos do Antigo Testamento.
[43] Aristóteles, *Nicomachean Ethics*, III. 10.

dos assuntos de que Paulo tinha falado para ter conhecimento deles. Mediante a experiência pessoal ele podia testemunhar quanto à veracidade da apresentação do Antigo Testamento feita por Paulo, e das coisas sobre Jesus. "Também" na segunda frase significa, "por causa do seu conhecimento" estou falando com tanta ousadia. Paulo pode ter sido um prisioneiro em cadeias (versículo 29), mas a Palavra de Deus em sua boca não estava presa; ele continuava a apresentar a mensagem do evangelho com coragem e livremente.

Já que estou persuadido de que nenhuma destas cousas lhe é oculta – Como membro de uma família judia envolvida nos assuntos de Cristo e dos apóstolos, mesmo no papel de perseguidor, Agripa conhecia os Profetas e Moisés, as esperanças messiânicas de Israel, a morte e ressurreição de Cristo, e a difusão do cristianismo após a ressurreição de Cristo. Teria sido difícil para qualquer homem de inteligência normal desconhecer essas coisas.

Porquanto nada se passou aí, nalgum recanto – O ministério de Cristo e sua crucificação não ocorreram secreta e obscuramente, sendo públicos; uma parte se desenvolveu na cidade principal da Palestina com milhares de testemunhas. Tiveram um caráter que atraía as atenções, e o ministério e morte de Jesus eram questões do conhecimento de todos. Havia igualmente ampla prova de sua ressurreição dos mortos, pois havia sido visto depois dela por centenas de pessoas. O evangelho estava sendo aberto e corajosamente proclamado há já 30 anos em Seu nome. Por todo o império romano existiam congregações de crentes que haviam experimentado o poder do Senhor ressurreto transformando as suas vidas, e que estavam prontos a morrer, caso necessário, em vez de negar sua lealdade a Cristo. Se o indivíduo que acreditava nos Profetas comparasse os fatos da vida e ministério de Jesus de Nazaré com as predições desses Profetas, deveria então reconhecer a verdade do cristianismo. Paulo havia retomado agora a sua apresentação do ponto em que foi interrompido por Festo.

26.27 –

Acreditas, ó rei Agripa, nos profetas? – Depois de salientar os fatos históricos do ministério de Jesus e compará-los com as predições do Antigo Testamento, Paulo apela agora a Agripa. Teria Paulo visto alguma reação em Agripa que o levasse a fazer esse apelo ousado de um compromisso com Jesus? Para Paulo, crer nos Profetas era o passo lógico em direção a crer naquele de quem eles falavam. Não havia alternativa lógica.

Bem sei que acreditas – Talvez tivesse havido algum olhar ou gesto, um leve sinal de cabeça em afirmativa, de modo que Paulo continuou seu apelo. O apóstolo seguiu com Agripa o mesmo curso que tem sido seguido em milhares após milhares de conversões. Conte o que Cristo fez por você, fale sobre a Sua vida e ministério, Sua morte e ressurreição, e aponte as Escrituras ao candidato para examinar a verdade do que lhe está pedindo que creia. Então apele a ele, pedindo uma resposta. Uma vez que Agripa tenha admitido sua crença no que foi dito até este ponto, o passo seguinte seria pedir que entregasse sua vida a Jesus. Paulo está prestes a solicitar essa rendição quando Agripa interrompe.

26.28 –

Então Agripa se *dirigiu* a Paulo – O apelo de Paulo tinha colocado Agripa num dilema embaraçoso. Como representante de Roma e colega de Festo na administração do governo, não queria que Festo julgasse que ele participava da insanidade de Paulo. Portanto, seria desagradável concordar com Paulo e admitir que acreditava nos profetas. Ele sabia qual seria a próxima pergunta do apóstolo. Teria algo a ver com a fé em Jesus. Por outro lado, negar que acreditava nos profetas teria prejudicado seriamente a sua influência junto aos judeus. Agripa, portanto, se defendeu do apelo de Paulo.

E disse: Em pouco tempo irás me persuadir a tornar-me cristão – Mesmo ao preço de pôr de lado em texto familiar e impressivo, deve ser admitido que o texto grego presentemente aceito não pode ser traduzido como o da versão de King James ("quase me persuades a me tornar cristão" – como na SBB)⁴⁴. A frase em grego é muito difícil e, literalmente traduzida, diz: "Dentro em pouco⁴⁵ você estará me persuadindo a me tornar cristão". Se tivéssemos estado lá e ouvido o tom da voz de Agripa, observando a expressão em sua face, poderíamos dar o sentido exato da resposta de Agripa. É possível que estivesse sendo sarcástico e irônico, rejeitando com desprezo o apelo de Paulo para se tornar cristão. Caso positivo, a tradução da Revised Standard Version estaria correta: "Em pouco tempo pensa em me fazer um cristão!⁴⁶" Por outro lado, é possível que Agripa fosse sincero e falasse com sinceridade, como entenderam os tradutores da American Standard Version: "Com um pouco (mais) de persuasão, você faria de mim um cristão". "Cristão" – o nome primeiro usado em Antioquia⁴⁷ havia se tornado largamente aceito. Agripa tinha conhecimento dele. É difícil porém determinar de que forma estava usando a palavra. Se estivesse rejeitando o apelo de Paulo, provavelmente empregou o termo de maneira desdenhosa. Se falasse a sério, então estaria usando o nome com respeito e reverência.

26.29

Paulo respondeu: Assim Deus permitisse – Neste último apelo, o fervor do desejo de Paulo pela conversão dele se destaca. "Assim Deus permitisse" significa, "Oro a Deus . . ."

Que, por pouco ou por muito – Esta foi uma resposta direta às palavras de Agripa, "Por pouco". Paulo está dizendo: "Com um sermão ou uma centena, com pouco ou muito esforço⁴⁸, oro para poder ganhá-lo para Cristo". Muitos escritores têm expressado sua opinião de que a resposta de Paulo a Agripa evidencia que este respondeu seriamente (versículo 28).

Não apenas tu, ó rei, porém todos os que hoje me ouvem se tornassem tais qual eu sou – Ele queria que Agripa e todos os outros, quer tribunos ou funcionários municipais, governador ou cidadão comum, fossem cristãos – mas desejava vê-los livres da perseguição e cadeias que ele teve de suportar. "Tais qual eu sou" – perdoado, em paz com Deus e os homens, com uma esperança que ultrapassava o túmulo, e uma participação presente e real nos poderes do mundo eterno – é isso que Paulo deseja para eles.

Exceto estas cadeias – Paulo provavelmente levantou o punho algemado neste ponto. As palavras mostram que durante toda a pregação de Paulo (desde 26.1), seus pulsos estavam manietados. Ele foi levado em correntes para o tribunal, talvez preso a um soldado ou soldados que o guardavam, à maneira romana. Paulo queria que esses homens fossem cristãos como ele, com exceção das correntes. O que teríamos de excluir de nossa vida, antes de podermos desejar que outros fossem cristãos como nós?

5) Acordo sobre a inocência de Paulo. 26.30-32

26.30 –

A essa altura, levantou-se o rei – Com esse gesto Agripa terminou a entrevista. Ele havia decidido duas coisas: Paulo era inocente, e ele não queria enfrentar novos apelos às suas responsabilidades diante de Deus e de Cristo. Paulo tinha procurado justificar o evangelho e não a si mesmo. Ele teve sucesso em obter um veredito a seu favor, mas não do evangelho.

E também o governante e Berenice, bem como os que estavam assentados com eles – A ação brusca do rei levou os outros a seguirem o seu exemplo e o inquérito terminou.

---

⁴⁴ O texto grego subjacente à KJV poderia ser traduzido assim. Ele usa o verbo "tornar" em lugar de "fazer" neste versículo, e no seguinte emprega uma palavra para "muito" diferente do texto Nestle.

⁴⁵ O grego diz: "em pouco" e poderia significar "em poucas palavras (mais)", "com um pouco (mais) de esforço", ou "em um pouco mais de tempo". A palavra suprida depois de "pouco" depende do contexto.

⁴⁶ Esta parece ter sido também a maneira como os tradutores da NASB entenderam a resposta de Agripa.

⁴⁷ Atos 11.26.

⁴⁸ Se lermos "grande" (megalo) em lugar de "muito" (pollo), não se trata provavelmente de uma referência a tempo como diz a NASB. (A NASB não inclui a palavra "tempo" – N.T).

26.31 –

E, havendo-se retirado, falavam uns com os outros, dizendo – Embora escapassem do apelo às suas almas feito por Paulo, ao se retirarem do salão de audiência, eles não conseguem apagar da mente o seu caso. Continuam a falar sobre ele mais tarde.

Este homem nada tem feito passível de morte ou de prisão – Uma coisa ficou clara para Festo, Agripa e Berenice, a saber, que Paulo estava completamente inocente aos olhos da lei romana. Desde que Paulo tinha sido preso no final de sua terceira viagem missionária, tivemos o testemunho de Lísias[49], Félix[50], Festo[51], e agora Agripa, todos concordando com a inocência de Paulo. Lucas está obviamente enfatizando este testemunho dado a favor da inocência de Paulo. Os outros eram romanos, mas tivemos agora a declaração de um rei judeu, uma autoridade nas questões judias, quanto à inocência de Paulo. Tal testemunho seria conveniente quando apresentassem seu caso à suprema corte de Nero, se isso viesse a acontecer. Ninguém poderá sustentar a acusação de que Paulo é um homem rebelde, um revolucionário perigoso para Roma, à luz de todos esses testemunhos sobre a sua inocência.

26.32 –

Então Agripa se dirigiu a Festo, e disse: Este homem bem podia ser solto – Ficou evidente que Paulo não havia transgredido qualquer lei e não merecia a morte ou a prisão. Se não houvesse outras circunstâncias envolvidas, ele poderia ter sido solto imediatamente. Em lugar de o soltarem, quando o grupo real deixou o recinto, os soldados levaram Paulo de volta à cela. Se tivesse sido libertado, sua vida talvez ficasse exposta às tentativas de assassinato dos judeus e ele quem sabe nunca chegaria a Roma. Da forma como as coisas estão, ele em breve estará a caminho, às custas dos romanos.

Se não tivesse apelado para César – Mas Paulo havia apelado e a petição tinha sido aceita. Os processos legais tinham de prosseguir e o apelo executado. Ninguém senão César tinha agora condições de condená-lo ou executá-lo. Tanto Festo como Agripa sabiam disso, mas ambos declararam sua crença na inocência dele. Podemos supor que Festo, com a ajuda de Agripa, compôs a carta ao imperador explicando as acusações feitas pelos judeus contra o prisioneiro e talvez até incluíssem uma recomendação no sentido de absolver Paulo. Se essa declaração foi feita, isso torna mais fácil explicar a brandura com que Paulo foi tratado quando chegou finalmente a Roma dessa primeira vez[52].

É interessante notar as relações subsequentes entre Festo e Agripa, durante o curto governo do primeiro, mostrando o mesmo entente cordial que vimos neste capítulo. Agripa instalou-se em Jerusalém no velho palácio dos príncipes hasmoneanos (Macabeus). Ele tinha uma boa vista da cidade, e do salão de banquetes que havia edificado no telhado o rei podia observar os pátios do templo e ver os sacerdotes sacrificando enquanto comia. Os judeus consideraram isto como uma profanação e construíram um muro que bloqueava a vista do palácio do rei e da torre onde os soldados romanos costumavam ficar de guarda durante as festas. Festo sentiu-se insultado com essa atitude e ordenou que o muro fosse derrubado. O povo de Jerusalém obteve, porém, autorização para enviar uma embaixada a Roma. Eles conseguiram o apoio de Popéia, que já era em parte uma adepta do judaísmo, como costume na época das mulheres da classe alta em Roma; e, por uma estranha ironia da história, o Templo de Jeová foi salvo da profanação pela concubina de Nero (Jos. Ant. XX. 8. 11). Agripa continuou a mostrar gosto pelas construções, uma característica hereditária de sua casa. Cesareia de Filipos (sua capital) foi ampliada e recebeu o nome de Neronias, em honra do imperador. Em Berito (Beirute) ele mandou levantar um enorme teatro adornado com estátuas. A construção do templo (em Jerusalém) ficou finalmente acabada e os 18.000 operários que perderam o emprego foram aproveitados na repavimentação da cidade com mármore. A majestade do ritual do templo

---

[49] Atos 23.29.
[50] Atos 24.1ss.
[51] Atos 25.26, 27.
[52] Atos 28.16, 30, 31.

acentuou-se com a permissão dada pelo rei aos levitas do coro para usar um efode de linho, apesar dos protestos dos sacerdotes. Mais uma vez notamos a ironia da história. O rei que teve assim a glória de completar o que o fundador de sua dinastia tinha iniciado, levando tanto a estrutura quando o ritual a uma perfeição nunca antes atingida, assistiu dez anos depois a captura e destruição do templo (Jos., Ant. XX. 8.7)[53].

Quando Festo morreu, Albino tomou o seu lugar (sob cujo governo Tiago, o irmão do Senhor, foi executado). A Albino seguiu-se Géssio Floro no governo da Judéia. Esses dois homens foram extremamente cruéis e impiedosos e durante sua administração a atitude dos judeus endureceu até que se revoltaram em 66 A.D., resultando na destruição de Jerusalém em 70 A.D.

Desenho de Horace Knowles
Da British and Foreign Bible Society

CAPÍTULO VINTE E SETE

4. A Viagem para Roma. 27.1 – 28.15

A. De Cesaréia a Sidom. 27.1-3

27.1 –

Quando foi decidido – Festo tomou essa decisão como resultado do apelo de Paulo a César. Ao começar o capítulo 27, todos os planos e arranjos para a viagem de Paulo a Roma, assim como a data da sua partida, já haviam sido completados. Não temos meios de determinar quanto tempo ele ficou preso em Cesareia depois do seu apelo, mas não deve ter sido um período muito longo. Há muito tempo Paulo desejava pregar em Roma. Enquanto se encontrava preso em Jerusalém, Jesus tinha lhe aparecido à noite e lhe informado que iria testemunhar em Roma. Paulo está começando sua longa e esperada viagem à capital do império, embora talvez não da maneira imaginada alguns anos antes.

Que navegássemos para a Itália – Começa aqui a mais longa seção "nós" no livro de Atos. A prisão de Paulo no final da terceira viagem missionária os havia mantido um pouco separados durante os anos intermediários, mas eles estão novamente juntos agora. As notas sobre Atos 24.27 sugerem que nos dois anos que Paulo ficou preso, Lucas fez pesquisas para os seus livros históricos e talvez até publicasse o primeiro volume[1].

Se Lucas acompanhou Paulo nesta viagem a Roma pagando suas próprias despesas ou se foi custeado pelo governo romano não ficamos sabendo. Alguns pensam que Lucas recebeu permissão para viajar como atendente ou escravo de Paulo, cuja prática era comum naqueles dias. A nota de Ramsay diz que tanto Lucas como Aristarco (mencionado no versículo seguinte) viajaram como escravos de Paulo:

> [Lucas e Aristarco não estavam] simplesmente desempenhando os deveres de escravos . . . mas na verdade se passando por escravos. Desta forma Paulo não tinha apenas amigos fiéis sempre ao seu lado, mas sua importância aos olhos do centurião aumentou bastante e isso era de grande valor. A narrativa deixa claramente implícito que Paulo gozou de grande respeito durante essa viagem, tal como um viajante pobre sem um servo jamais receberia no primeiro ou no décimo-nono século[2].

Dale é de opinião que Lucas teria sido um passageiro bem acolhido no navio pela sua condição de médico:

> Os oficiais e a tripulação ficariam contentes em ter tal homem a bordo. As anotações surpreendentes sobre a navegação na antiguidade feitas pelo historiador e médico Lucas podem indicar que ele viajava na capacidade de médico [ex., médico do navio] em várias ocasiões. Alguns sugerem que esta foi a sua profissão em certa época (antes de se tornar pregador do evangelho e companheiro de Paulo)[3].

O relato da viagem de Paulo a Roma não se parece com nenhuma outra história Bíblica. A atenção do leitor não é dirigida nela para as verdades espirituais e atos de devoção, mas para coisas mundanas tais como navios e mares, ventos e ondas, ilhas, cidades e portos. De maneira

---

[1] Alguns acreditam que Lucas não publicou o seu evangelho até depois de chegar a Roma, embora a pesquisa tivesse sido completada antes de terminar a prisão de Paulo em Cesareia.

[2] Wm. Ramsay, *St. Paul*, p. 316.

[3] Dale, *op. cit.*, p.368.

abrangente, Lucas deu uma descrição dos navios e navegação do primeiro século que supera tudo existente na literatura grega e romana. Uma história fascinante de aventura, ela se destaca também como uma obra-prima descritiva. As descrições náuticas são autênticas até o último detalhe.

Ficamos satisfeitos por Lucas ter escrito como o fez. Em outros pontos de Atos ele apresenta os apóstolos como homens dedicados a um propósito único, elevado e santo — santos no sentido mais verdadeiro da palavra. Os santos são, porém, muitas vezes considerados como sonhadores impraticáveis, indefesos diante dos fatos cruéis e das emergências físicas. Quer tenha sido ou não o propósito original de Lucas fazer isso, este capítulo responde com finalidade e firmeza à teoria de que os "santos não são muitos viris". Ele fala de um homem que começou uma viagem como prisioneiro entre outros, mas que gradualmente assumiu uma posição de respeito e até comando. Sua coragem firme, bom senso e criatividade o destacaram repetidamente em circunstâncias cada vez mais perigosas. O fato de ter reconhecido Deus como a fonte de toda virtude e ter completado a viagem ainda como prisioneiro não diminuiu sua condição de herói em nada, mas enfatizou o fato de que um santo deste tipo é o melhor homem possível para se ter à mão em qualquer emergência.

A cadeia de circunstâncias pelas quais Deus realizou seu propósito de fazer Paulo pregar o evangelho em Roma estava quase completa. As artimanhas dos judeus incrédulos tinham resultado na prisão de Paulo; os pensamentos e atos rápidos do oficial romano, Cláudio Lísias, evitaram a morte de Paulo. A avareza de Félix, a indecisão de Festo, a prudência de Paulo, e a provisão feita pelo império para proteção de seus cidadãos, tudo operou em conjunto para manter Paulo em custódia e levá-lo à viagem por mar que terminaria na Itália.

Vários livros de referência são úteis para compreender este capítulo 27. Um deles é a obra de James Smith, *The Voyage and Shipwreck of St. Paul*[4], (A Viagem e Naufrágio de São Paulo), e outro a de William Ramsay, *St. Paul the Traveler and Roman Citizen*[5] (São Paulo o Viajante e Cidadão Romano).

Entregaram Paulo e alguns outros presos – A posição exata desses "outros presos" é discutida. Alguns sugerem tratar-se de homens que haviam apelado a César como Paulo e estavam sendo enviados a Roma para julgamento diante do imperador[6]. Em vista da palavra "outros" ser *heteros* (outros de espécie diferente), devemos considerar os prisioneiros como sendo de classe diferente da de Paulo. A "diferença" poder ser que Paulo era cristão enquanto outros não eram, ou que já fossem condenados que se destinavam a lutar na arena.

A um centurião chamado Júlio, da Coorte Imperial – Howson, com certa probabilidade, considera que Júlio pode ser identificado com Júlio Prisco, que foi mais tarde prefeito da Guarda Pretoriana sob o imperador Vitélio[7]. Devemos no lembrar neste aspecto que Júlio era um nome comum. As informações bíblicas sobre os centuriões – oficiais que tinham 100 homens sob seu comando – são todas favoráveis[8]. Veremos pelos versículos seguintes que Júlio comandava um grupo de homens nesta viagem a Roma. Se todos os 100 estavam com ele, ou apenas um pequeno destacamento ou dois, o registro não deixa claro. A coorte, como explicado nas notas sobre Atos 10.1, era uma subdivisão da legião romana. Várias tentativas diferentes têm sido feitas para explicar o termo traduzido "Imperial" (O inglês diz: "coorte augusta" – N.T.) (*sebastēs*, grego). (1) A coorte pode ter sido composta de soldados recrutados em Sebaste (i. e., Samaria). Josefo fala de um destacamento de cavalaria de Sebaste e pode ter havido um grupo correspondente de infantaria[9]. Contra esta sugestão está o fato de que a palavra traduzida "Augusta" (Imperial) e a

---

[4] James Smith, *The Voyage and Shipwreck of St Paul* (London: Longmans, Green & Co., 1880).
[5] William Ramsay, *St. Paul the Traveler and Roman Citizen* (Grand Rapids: Baker Book House, 1960).
[6] Era comum enviar prisioneiros da Judéia e outras províncias a Roma, seja para julgamento ou para lutar na arena. Veja Nathaniel Lardner: *The Credibility of the Gospel History* (London: 1927-57) Part I.X. 10. 248, 249, e Josefo, *Vida*, III.
[7] Tácito, *History*, II. 92; IV. 11
[8] Mateus 8.5; 27.54; Atos 10.1; 23.17.
[9] Josefo, *Antiguidades*, XX. 6. 1; XIX. 9. 2.

traduzida "Sebastene" são diferentes. (2) A Guarda Pretoriana (guarda pessoal e especial do imperador) talvez fosse chamada de "coorte Augusta" desde que o imperador tinha o título de "Augusto". (3) A terceira ideia é que a "coorte Augusta" era uma coorte de oficiais-mensageiros (latim, *frumentarii*[10]) que o imperador enviava a vários governadores e chefes provinciais do exército com mensagens e instruções pessoais. Em uma certa época (talvez já no período de Otávio, ou mais tarde no de Adriano) esses oficiais-mensageiros passaram a ser chamados Peregrinos[11]. (4) Uma quarta sugestão é que o título "Augusta" poderia ter sido dado a qualquer legião, coorte, ou batalhão "por seu valor". Assim sendo, nenhuma das três primeiras sugestões teria de ser necessariamente verdadeira. Depois de estudadas todas as alternativas, este autor se inclina a considerar mais provavelmente correta a de número (3). É possível que Júlio tivesse acompanhado Festo como escolta pessoal do imperador quando Festo chegou à sua nova província. Como Festo já se encontrava então instalado, Júlio estava agora voltando a Roma.

27.2 –

Embarcando num navio adramitino – "Embarcando" significa "subindo a bordo". Não é especificado o porto em que embarcaram, mas não há razão para duvidar que fosse o de Cesareia. Adramitia (o nome moderno é Edremit) era um lindo porto na costa de Misia, oposto à ilha de Lesbos. Era um centro importante de construção de navios no primeiro século e provavelmente o porto em que o navio ficava baseado. Com toda probabilidade este navio estava a caminho de seu ponto de parada final antes que o inverno chegasse e tornasse impossível a navegação. O estudante achará útil ter um mapa do Mediterrâneo aberto em sua frente enquanto segue este relato emocionante da viagem de Paulo para Roma.

Que estava de partida para costear a Ásia – Esta linguagem indica que o navio era costeiro, parando em vários portos ao longo do caminho de volta para Adramítia, Júlio provavelmente esperava encontrar um navio que se dirigisse a Roma em um desses portos. O comércio direto entre Roma e Cesareia era pequeno e a viagem, então, tinha de ser feita ora em um navio, ora em outro. Dez anos mais tarde, por exemplo, Tito navegou para Roma via Alexandria[12]. Se as coisas não ocorressem como Júlio previa e eles tivessem de ficar no navio adramitino até o seu último porto, havia sempre a possibilidade de seguirem por terra pela importante Via Inácia na direção de Roma.

Fizemo-nos ao mar, indo conosco Aristarco, macedônio de Tessalônica – Aristarco, da mesma forma que Lucas, havia viajado com Paulo para Jerusalém quando levaram a oferta para os cristãos dessa cidade[13]. Ele se encontra na companhia deles ao partirem para Roma[14]. Em Colossenses 4.10 (escrito da primeira prisão em Roma), Aristarco é chamado de "prisioneiro comigo". Se este título for tomado literalmente (como fazem muitos escritores), entendemos então que por alguma causa não mencionada nas Escrituras, Aristarco tinha sido também detido na Judéia e enviado a Roma como prisioneiro (talvez por ter também apelado a César). Se tomarmos a designação "companheiro de prisão" no sentido figurado (sendo esta a escolha deste escritor), compreendemos então que Aristarco está voltando para sua casa em Tessalônica e que deixa o grupo depois de chegar a Mirra, cruzando a província da Ásia até que possa viajar pela Via Inácia para Tessalônica. Depois de sua chegada a Tessalônica, ele continuará para Roma, onde se reunirá a Paulo durante a primeira prisão dele em Roma.

---

[10] O nome frumentarii ("pertencente ao cereal") veio de seu trabalho original de controlar o suprimento de cereais para o império. Com o passar do tempo sua esfera de ação ampliou-se.

[11] Veja Atos 28.16.

[12] Suetônio, *Titus*, 5.

[13] Atos 20.4.

[14] Em vista de não parecer que Aristarco acompanhou Paulo em todo o caminho para Roma nesta viagem, alguns sugeriram que ele era um passageiro independente, que havia pago sua passagem e viajava no navio para estar com Paulo e Lucas.

27.3 — A Igreja nos Confins da Terra

27.3 –

No dia seguinte chegamos a Sidom – Sidom ficava a cerca de 112 km ao norte de Cesareia, e a viagem em tempo favorável para navegação podia ser feita em 24 horas. Podemos supor que esse navio costeiro tivesse parado aqui para carregar ou descarregar alguma carga. Sidom havia recebido esse nome em conexão com Herodes Agripa I em Atos 12.20.

E Júlio tratando Paulo com humanidade – O termo traduzido "humanidade" é *philanthropos* e fala de "amor pelo homem". Paulo foi tratado com humanidade, bondade. A atitude de Júlio era: "Posso fazer alguma coisa para seu conforto?" O fato de Paulo, um prisioneiro, ter recebido tanta consideração e cortesia tem sido assunto de conjectura. Se os homens em sua companhia passavam por escravos, ele recebe então respeito como "senhor". Júlio talvez tivesse recebido ordens de Festo (ou Agripa) para tratá-lo com consideração. De qualquer modo, parece que o apóstolo recebeu de Júlio favores que os outros prisioneiros não receberam.

Permitiu-lhe ir e ver os amigos – Os "amigos" em Sidom eram provavelmente cristãos que se encontraram com ele quando passou pela Fenícia, como em Atos 15.3, ou em outras viagens. Quando a igreja de Sidom foi fundada, ou por quem, o livro de Atos não diz. Os cristãos que fugiram da perseguição que se seguiu à morte de Estêvão podem ter sido os responsáveis[15]. Se Paulo estava algemado a um soldado durante esta viagem, este o teria acompanhado à terra firme.

E obter assistência – Literalmente, "para beneficiar-se dos seus cuidados". O grego sugere a ideia de provisão de necessidades pessoais, roupas, etc. para a viagem. Depois de passar dois anos preso[16], podemos imaginar que tal provisão seria tanto necessária como aceitável. Alguns supõem, desde que o termo era comumente usado entre escritores médicos quanto aos cuidados exigidos pelos doentes, que Paulo precisava de atenção médica e que Júlio lhe deu licença para ir para a terra onde ele podia ser melhor assistido por Lucas. Notamos, como em outros casos, a impressão favorável feita pelo comportamento de Paulo sobre as autoridades com quem entrou em contato[17]. Nossa conduta produz o mesmo efeito?

B. A sotavento de Chipre para Mirra. 27.4-6

27.4 –

Partindo dali – O navio permaneceu ancorado em Sidom o suficiente para terminar seus negócios.

Navegamos a sotavento de Chipre, por serem contrários os ventos – O navio se dirigiu para o norte depois de deixar o porto de Sidom. Em outra época do ano, quando os ventos predominantes sopravam de direção diferente, eles poderiam ter navegado diretamente de Sidom para Mísia, deixando Chipre à direita (como Paulo havia feito numa viagem anterior de Pátara a Tiro[18]). Nesta época do ano (a estação de navegação estava terminando[19]) os ventos predominantes, chamados ventos etésios, sopram do oeste e nordeste[20]. Ao navegarem para o norte passariam a leste de Chipre e enquanto estivessem próximos de Chipre ficariam protegidos dos ventos predominantes, fazendo com que a viagem se tornasse um pouco mais fácil.

---

[15] "Companheiro de prisão" é usado às vezes no sentido figurado. Em Romanos 16.7 Paulo chama Andrônico e Júnio de "companheiros de prisão", sendo este talvez um exemplo de uso figurado, embora alguns insistem que algum tempo antes de Romanos ter sido escrita, eles e Paulo estiveram presos juntos. Na epístola a Filemon, versículos 23, 24, Epafras é chamado de "companheiro de prisão". Todavia, na mesma carta, ele não dá esse nome a Aristarco, embora Filemon tenha sido escrita durante a primeira prisão em Roma, assim como Colossenses.

[16] Atos 11.19.   [17] Compare Atos 18.14; 19.31, 37.
[18] Atos 21.1.   [19] Atos 27.9.

[20] Smith, *op. cit.*, p. 66,74, cita o Almirante de Saumarez como tendo escrito perto de Chipre: "Os ventos do ocidente prevalecem invariavelmente nesta estação", e M. DePages, um navegador francês, como tendo dito: "Os ventos ocidentais que prevalecem nesses lugares (Chipre) nos forçaram a ir para o norte".

27.5 –
E, tendo atravessado o mar ao longo da Cilícia e Panfília – Uma vez passada a ilha de Chipre, havia mar aberto para atravessarem entre Chipre e a costa sul da Cilícia. Quando estivessem perto da costa da Cilícia eles teriam começado a navegar vagarosamente na direção oeste, a pouca distância da praia, primeiro da Cicília e depois da Panfília. A viagem deles deveria ser facilitada pelas brisas terrestres e pela corrente forte para o oeste que corre ao longo da região costeira ao sul da Ásia Menor. Ramsay escreve: "O navio Adramitino se arrastou de ponto para ponto na costa, tirando proveito de toda oportunidade para percorrer algumas milhas, e ancorando quando o vento ocidental tornava impossível o seu progresso[21]".

Chegamos a Mirra, na Lícia – A Lícia era uma província na parte sudoeste da Ásia Menor. A Panfília ficava na fronteira leste e Cária (Ásia) ficava do lado ocidental. A Frígia e a Pisídia ficavam ao norte. A cidade de Mirra, situada no rio Andríaco, se localizava cerca de 3 km para o interior do porto de Andríaca. A cidade ficava sobre um monte onde dois vales se encontravam e o seu porto cresceu em importância desde que os navios de cereais romanos começaram a cruzar o Mediterrâneo. As ruínas encontradas aqui, inclusive um teatro elaboradamente ornamentado e túmulos cavados na rocha com muitos baixos-relevos e inscrições, estão entre os mais imponentes nessa parte da Ásia menor. O texto Ocidental diz que o tempo gasto para cruzar o mar aberto de Chipre e Mirra era de 15 dias – um cálculo bem razoável caso o navio tivesse de ficar próximo à costa sul da Ásia Menor durante uma boa parte da viagem.

27.6 –
Achando ali o centurião um navio de Alexandria, que estava de partida para a Itália – A primeira parte da viagem para Roma completou-se em Mirra. Cerca de 300 anos antes, o Egito havia se tornado o celeiro de pão de Roma. O cereal produzido no Egito tinha de ser embarcado para Roma. Toda uma frota de navios era dedicada a este comércio, sendo a frota organizada pelo departamento de estado e, portanto, diretamente responsável ao governo romano. Fica claro pelo versículo 38 abaixo que este navio alexandrino era um dos navios graneleiros. Os barcos saíam de Alexandria e quando os ventos no Mediterrâneo sopravam ao ocidente (como acontece em fins da estação de navegação), eles iam para o norte, passando pela extremidade ocidental da ilha de Chipre e paravam no porto de Mirra. A viagem de Alexandria levava de uma semana a dez dias, a não ser que fossem forçados por ventos ocidentais contrários a navegar ao redor das extremidades sul e leste de Chipre, e ao longo da costa da Ásia, como o navio de Paulo estava fazendo. A embarcação ancorada em Mirra estava a caminho de Roma, e havendo os marinheiros oferecido orações à divindade que protegia a sua viagem em direção a Roma, eles levantariam âncora e passariam Cnido. Se possível, tirariam proveito do abrigo de inúmeras ilhas no mar Egeu e sul da Grécia até chegarem à Sicilia e dali navegariam para Potéoli.

Os navios alexandrinos eram muito grandes e manobrados por dois enormes remos, um de cada lado da popa, e um mastro grande com a imensa vela presa a um lais enorme. Outra vela era muitas vezes vista na parte dianteira do navio[22]. Uma consequência de tal desenho é que nas tempestades o esforço ficava concentrado numa área relativamente pequena e o navio tendia a fazer água rapidamente. Pelas descrições desses navios encontrados na literatura antiga, tem sido calculado que eles podiam levar entre mil e mil e cem toneladas. O desenho era especialmente adequado para navegar a favor do vento, mas podiam navegar quase contra o vento (chegando a sete pontos da direção do vento). Com toda a carga, com uma boa brisa a favor, eles conseguiam fazer sete nós por hora (ou seja, cerca de doze ou treze km por hora)[23].

Nele nos fez embarcar – Se Júlio fosse um dos Peregrinos, ele teria imediata autoridade para requisitar uma parte do navio de cereais para transporte dos prisioneiros que escoltava até Roma. Era prática comum ter tais passageiros a bordo dos navios-celeiros.

---

[21] Ramsay, *St. Paul*, p. 317.
[22] Veja uma gravura de um desses barcos na capa do livro.
[23] Maiores detalhes sobre os navios graneleiros alexandrinos são dados por Conybeare e Howson, *op. cit.*, p. 623ss.

C. Para Cnido a sotavento de Creta. 27.7

27.7 –

Navegando vagarosamente muitos dias – A linha da costa da Ásia Menor, de Mirra para o ocidente, se inclina numa direção mais a noroeste e a navegação tornou-se então lenta porque teriam menos proteção do vento noroeste do que na região costeira, quando viajaram da costa da Cilícia para Mirra. Os "muitos dias" podem ter sido uma quinzena ou até três semanas.

E tendo chegado com dificuldade defronte de Cnido – Cnido era um porto na península da Cária chamado Triópio. Para chegar ali eles haviam costeado a Lícia e atravessado os estreitos entre Rodes e o continente. A distância entre Mirra e Cnido era de 209 km aproximadamente, e com um vento favorável eles poderiam chegar em 24 horas. A viagem deve ter sido de fato longa.

Não nos sendo permitido prosseguir, por causa do vento contrário – Um olhar para o mapa irá mostrar que em Cnido a costa da Ásia Menor tende a inclinar-se para o norte. Uma vez que o navio passasse essa cidade, não teria mais a proteção da terra, ficando exposto à plena força dos ventos etésios. Sob essas condições adversas, assim que chegaram defronte de Cnido, eles tiveram de escolher entre duas alternativas. A cidade tinha dois portos. O navio podia entrar num deles e passar ali o inverno. Se ainda restassem alguns dias na estação de navegação, eles poderiam aguardar em um dos portos por um vento que lhes permitisse navegar através das ilhas até chegar a Cítera, uma ilha ao sul da Grécia, e depois continuar para Sicília e Roma. Essa era uma das alternativas. A outra era tentar prosseguir viagem, navegando na direção sul até chegarem ao abrigo da ilha de Creta. Prosseguindo pela costa sul da ilha, eles avançariam mais 160 km na direção que permitiria o restante da viagem para Roma, com a possibilidade de que nessa altura os ventos teriam mudado e assopravam de uma direção favorável para o resto da viagem a Roma.. A segunda alternativa foi escolhida pelos marinheiros nesta viagem.

Navegamos a sota-vento de Creta, na altura de Salmona – Salmona era um cabo na extremidade leste de Creta. Depois de rodear este cabo, eles começaram a velejar na direção oeste. Por esta rota evitaram o mar aberto a oeste de Cnido, mas mesmo que tentassem esse curso na esperança de que o vento mudasse, isso não aconteceu.

27.8 –

Costeando-a, penosamente – A dificuldade surgiu por estarem ao abrigo da ilha. Eles estavam protegidos do vento noroeste, mas isso os deixava com pouco vento para movimentar o navio. Ao longo do lado sul de Creta eles teriam tido a mesma dificuldade que na costa da Ásia Menor.

Chegamos a um lugar chamado Bons Portos, perto do qual estava a cidade de Laséia – "Fair Haven" (Bons Portos) não passava de uma pequena baía. De fato, a cidade mais próxima, Laséia, ficava a uma distância de duas horas a pé. A obscuridade comparativa da cidade tem levado a diversas leituras neste ponto dos manuscritos – Lassoea, Alassa, Talassa e outras formas. Plínio fala de uma cidade em creta chamada Lasos, que alguns pensam ser um modo alternativo de escrever o mesmo nome[24]. Em 1856 os arqueólogos encontraram remanescentes de edifícios, colunas, muros e alicerces de templos[25], num lugar ainda hoje conhecido como Laséia pelos nativos da ilha. Depois do navio ter rodeado o Cabo Salmona, ele percorreu várias milhas, e esse foi o último abrigo conveniente antes de chegarem ao Cabo Matala. Entraram neste e aguardaram pela mudança do vento. Eles haviam avançado o máximo possível para o ocidente contra um vento noroeste.

---

[24] Plínio, *Natural History*, IV. 59.
[25] Smith, *op. cit.*, p. 82, e o apêndice III, na página 268.

27.9 –

Depois de muito tempo – Acerca de 8 km a oeste de "Fair Havens" (Bons Portos)[26] fica o Cabo Matala, e para além deste, a costa sul de Creta se inclina subitamente para o norte. Não havia mais proteção do vento noroeste. Por essa razão tinham aguardado em "Fair Havens" (Bons Portos) pela mudança do vento. "Muito tempo", medindo pela experiência comum dos navios a vela aguardando um vento favorável, pode significar uma ou duas semanas[27].

Tendo-se tornado a navegação perigosa – Os marinheiros do Mediterrâneo chamavam os dias entre 14 de setembro e 11 de novembro de "estação perigosa". Era um período do tipo "viaje por sua própria conta e risco"[28]. A partir de 11 de novembro até cerca de 10 de março cessava toda navegação no Mediterrâneo[29]. A viagem levou tanto tempo que eles estão agora na "estação perigosa" para navegar, e cada dia de espera torna mais evidente que não completarão a viagem para a Itália nessa estação.

E já passando o tempo de Jejum – O "Jejum" era outro nome para o Dia da Expiação judeu. Conforme estabelecido na Lei de Moisés, o Dia de Expiação caía no décimo dia de Tishri (o mês judeu do Tishri é mais ou menos comparável aos nossos meses de setembro ou outubro)[30]. No ano 59 A.D. a Expiação caiu em 5 de outubro; em 60 A.D. cairia em 23 de setembro[31]. Já era outubro quando aguardavam na baía de "Fair Havens" (Bons Portos) por uma mudança de vento. Isto é, estão bem na metade da estação perigosa para a navegação.

Admoestava-os Paulo – Ramsay sugere que houve um conselho no navio[32]. O que faz um prisioneiro falando num conselho desse? Talvez fale como marinheiro experimentado[33], ou quem sabe isso indica a consideração que tinham por ele. "Admoestar" é um termo usado pelos escritores médicos para os conselhos dados por um médico aos seus pacientes.

27.10 –

Dizendo-lhes – A viagem até esse ponto foi tão lenta que semanas se passaram depois de deixarem Mirra. Eles estavam se aproximando da época que o Mediterrâneo ficava fechado para navegação. Teriam de passar o inverno naquela ilha, mas onde? Ficariam onde estavam, ou tentariam chegar a um porto mais abrigado? O conselho de Paulo (encontrado pela comparação desta linguagem com a do versículo 21) era permanecer em "Fair Havens" (Bons Portos).

Senhores, vejo que a viagem vai ser trabalhosa, com dano e muito prejuízo – Esta foi a razão do conselho para permanecerem onde estavam. Qualquer avanço iria causar-lhes danos através dos elementos e perda de carga, talvez do navio, ou até da vida dos homens a bordo. "Vejo" representa o resultado da experiência e observação, e não revelação, mas as suas palavras foram quase cumpridas à risca. Enquanto estudamos os últimos capítulos de Atos, ficamos com a impressão de que Deus está entregando a direção de Paulo cada vez mais à

---

[26] O nome "Fair Havens" (Bons Portos) sobrevive sob a moderna designação Kali Limniones.
[27] É mais natural aplicar a frase sobre "depois de muito tempo" ao período em "Fair Havens" (Bons Portos), do que a todo o tempo desde a sua partida de Cesareia.
[28] Eles não viajariam durante a estação perigosa a não ser que absolutamente necessário. Segundo Philo em sua obra, *Life of Moses*, nenhum homem prudente se fazia ao mar depois do Jejum.
[29] Vegetius, *On Military Affairs*, IV. 39.
[30] Levítico 16.29; 23.27; Números 29.7; Josefo, *Antiguidades*, XIV.16. 4.
[31] Deve ser notado que Paulo está usando aqui o calendário judeu (como faz em Atos 20.16; 1 Coríntios 16.8; e Atos 18.21, KJV). Ou devemos dizer que Lucas está usando o calendário judeu em sua descrição das palavras de Paulo? Em lugar de dizer que a viagem de navio era perigosa desde os idos de novembro até os idos de março, Lucas usa a contagem judia de tempo. Na língua judia, a estação propícia à navegação era computada a partir da festa da Páscoa até a festa dos Tabernáculos (cinco dias após o Dia da Expiação). Essa linguagem certamente não deve ser entendida como mostrando que Paulo ainda observava os rituais e cerimônias do Dia da Expiação, especialmente não à luz da carta aos Hebreus.
[32] Ramsay, *St. Paul*, p. 332.
[33] 2 Coríntios 11.25.

providência. Nos capítulos anteriores, Paulo foi guiado muitas vezes pelo espírito e por visões. Agora, parece que ele deve cada vez mais exercer seu próprio bom juízo. Da mesma forma, a igreja foi estabelecida por um milagre. Mas com o correr dos anos, Deus está se afastando do milagroso e a igreja deve depender cada vez mais da orientação natural da divina providência[34].

Não só da carga e do navio, mas também das nossas vidas – O versículo 38 nos diz que a carga do navio era trigo. Paulo tinha sido assegurado de que pregaria em Roma (Atos 23.11), mas não tinha até então a mesma segurança quanto aos seus companheiros de viagem. Ele está, portanto, interessado em sua segurança. O porto em que se encontravam pode ter seus pontos negativos (veja abaixo, versículo 12), mas seria melhor permanecer nele, é o seu conselho. Depois de tudo dito e feito, nenhuma vida se perdeu (versículo 44), mas todas as outras advertências de Paulo se cumpriram. Ele não estava muito errado em sua opinião.

27.11 –

Mas o centurião dava mais crédito ao piloto e ao mestre do navio – O "piloto" era o "timoneiro", que ocupava o lugar de destaque na popa dos navios antigos; ele dirigia e dava instruções à tripulação. Algumas versões traduzem o termo "mestre" como "capitão", supondo que, se fosse um dos navios graneleiros, ele pertenceria ao estado e não a um proprietário particular. Mas não há nada para impedir-nos de traduzi-lo "dono" na suposição de que o navio era apenas arrendado ao estado. Não era somente o navio que pertencia ao "dono", mas também a carga. Este homem pagou por ela no Egito, e seria reembolsado (com lucro) ao entregar o trigo em Potéoli. Tinha o comando geral do navio desde que era sua propriedade, mas empregou "o piloto" para dirigir e manejar o barco e a tripulação. Este versículo se harmoniza com a ideia de que o centurião é o oficial romano graduado a bordo. Ele talvez presidisse o conselho do navio, mas não tomou a decisão final. Trata-se de um caso de governo da maioria, como mostra o versículo seguinte.

Do que ao que Paulo dizia – O comportamento do centurião era muito natural. É possível que tivesse levado em consideração o que diriam dele em Roma ao saberem que tinha seguido o conselho de um prisioneiro em vez do juízo do piloto e proprietário do navio. Quem, em situação semelhante, não seguiria a sugestão dos marinheiros experimentados, em vez daquela dada por um prisioneiro que poderia ter ou não realmente experiência de navegação?

27.12 –

Não sendo o porto próprio para invernar – A ancoragem em "Fair Haven" (Bons Portos), embora oferecesse abrigo imediato das ventanias do noroeste, ficava aberta para todos os pontos ao sul da bússola[35]. Seria também penoso para Laséia mostrar hospitalidade a 276 pessoas durante o inverno.

A maioria deles era de opinião que partissem dali – Parece que eles votaram. Desde que continuar seria pôr em risco a própria vida de todos, é razoável pensar que foi permitido a todos a bordo participar da decisão. A maioria votou para que tentassem chegar a um porto mais adequado para o inverno.

Para ver se podiam chegar a Fenice – O risco era admitidamente grande, como mostra o grego "na expectativa de que de alguma forma pudessem alcançar Fenice"; a maioria não tinha certeza de que chegariam a um porto mais adiante pela costa. Ninguém julgava que devessem tentar continuar a viagem à Itália naquele período, mas só de alcançar um porto mais adequado naquela mesma ilha[36].

---

[34] Compare as instruções relativas a como alguém responderia quando arrastado para o tribunal (Mateus 10.17- 20) nos primeiros dias da história da igreja, com as instruções para refletir antecipadamente sobre o que seria dito (1 Pedro 3.15), mais tarde na história da igreja. O miraculoso está diminuindo aos poucos.

[35] Smith, *op. cit.*, p.84.

[36] Os estudantes que desejarem pesquisar melhor este assunto, irão encontrar argumentos favorecendo Lutro como o porto de Ramsay (*St. Paul*), Alford (*Greek Testament*), Smith (*op. cit.* p. 87, 88), o artigo "Fair Havens" no *Dictionary of the Bible* de Hasting e Plumtre (*op. cit.*).

Visto ser um porto de Creta, o qual olhava para o nordeste e para o sudeste – O porto que desejavam alcançar é regularmente identificado com o moderno porto de Lutro. A identificação é algo discutida porque o grego (como mostra a margem) diz: "olhando contra o vento sudoeste, e contra o vento noroeste". Se entendemos que Lutro é o lugar pretendido, então o porto é descrito do ponto de vista dos marinheiros quando entram no mesmo. Ele se abre para o leste, e você quase enfrenta o vento ao entrar. Você está velejando na direção oeste, com um vento sudoeste ou noroeste soprando na sua direção.

Uma segunda escolha para a localização do porto é o lado oeste da mesma península (chamada Muros), onde existe uma enseada que se abre para o ocidente. Ela até possui o nome de Phineca (bem parecido com a Fenice bíblica), e um marinheiro estaria olhando para direção leste ao entrar no porto. "Olhando contra o vento sudoeste e contra o vento noroeste" seria uma descrição do porto do ponto de vista de alguém em terra, ao olhar para o porto. Estaria de frente para o oeste[37].

Este autor se inclina a concordar que a baía mencionada é a de Lutro. Phenika tem este ponto contrário, abre-se para o oeste. Recomendar um porto para refúgio no inverno dizendo que ele se abre para o sudoeste e noroeste, ficando consequentemente exposto às tempestades muito furiosas, obviamente não é razoável. Lutro é o único porto a salvo dos ventos frios do inverno na costa sul de Creta.

E aí passar o inverno – O porto de Fenice era mais abrigado do que o de "Fair Haven" (Bons Portos). A cidade próxima teria mais condições de receber um grande número de pessoas durante os meses de inverno.

27.13 –

Soprando brandamente o vento sul – Bons Portos ficava a leste do Cabo Matala e Fenice a oeste do cabo[38]. Uma vez passando o cabo, eles não teriam possibilidade de chegar a Fenice, enfrentando um vento oeste ou noroeste. Esperaram então pela mudança do vento. Enquanto aguardavam em "Fair Havens" (Bons Portos), o vento nordeste tempestuoso cessou e uma brisa leve veio do sul.

E pensando eles ter alcançado o que desejavam – O vento sul favorecia muito a viagem para o oeste ou noroeste, de "Fair Havens" (Bons Portos) para Fenice. As palavras 'pensando que eles tinham alcançado o que desejavam', expressam a ideia que julgavam 'já estar praticamente lá' quando partiram com o vento brando do sul"[39].

Levantaram ancora, e foram costeando mais de perto a ilha de Creta – "Fair Havens" (Bons Portos) ficava acerca de oito quilômetros do Cabo Matala e havia outros 56 quilômetros dali a Fenice. Se o vento sul durasse pelo menos três ou quatro horas, eles poderiam percorrer essa distância e abrigar o navio no porto durante o inverno. O tempo do verbo grego "costeando" implica que estavam fazendo isso quando a tempestade se desencadeou sobre eles, como descrito no versículo seguinte. O advérbio "mais de perto" é comparativo e nos informa que estavam mais perto da costa do que o comum ao navegar esse trecho.

27.14

Entretanto, não muito depois, desencadeou-se do lado da ilha um tufão de vento – Depois de rodearem o Cabo Matala, o vento mudou subitamente. Essas mudanças repentinas do vento parecem ser uma ocorrência comum nesta área. Um vento violento (o grego diz, "um tufão de vento") veio do nordeste e soprou sobre eles do Monte Ida[40]. Não havia meios de voltar a "Fair Havens" (Bons Portos) por causa da direção do vento, e não podiam continuar a viagem para Fenice em vista da violência da tempestade.

---

[37] Argumentos defendendo Phenika como o porto podem ser vistos em Hackett, *op. cit.*, o artigo sobre "Crete" no *Dictionary of the Bible* de Hasting, e Bruce, *op. cit.*

[38] Veja o mapa da costa sul de Creta na seção de mapas no final deste volume.

[39] McGarvey, *op. cit.*, p. 265.

[40] "Soprou sobre eles no Monte Ida" é exato, pois as montanhas de Creta têm mais de 4.000m de altura.

Chamado Euroaquilão – O uso de "chamado" por Lucas sugere que está empregando uma palavra ouvida dos marinheiros. Eles reconheceram esse tipo de tempestade como um velho inimigo e tinham um nome para o mesmo. Euro-aquilão é um vento "leste-norte-leste"[41], sendo uma combinação do grego *euros* ("vento leste") e o latim *aquilo* ("vento norte").

27.15 –

E, sendo o navio arrastado com violência, sem poder resistir ao vento – Ao tentarem navegar na direção noroeste, o vento os teria apanhado quase de quilha. Era tão violento que o navio estava sendo arrastado de lado. O piloto não conseguia manobrar o navio na direção que desejavam[42].

Cessamos a manobra e fomos nos deixando levar – Eles mudam os grandes remos em forma de pá que serviam de leme, a fim de desviar o curso do navio. Estão navegando a favor do vento na direção sul ou sudoeste.

E. A sotavento de Clauda. 27.16, 17

27.16 –

Passando a sotavento de uma ilhota chamada Clauda – Esta ilhota (cujo nome moderno é Gavdho) fica acerca de 37 km a sudoeste de Creta. O lado da ilha em que estariam ao abrigo da tempestade seria o sudoeste. É provável que tivessem passado primeiro pelo lado leste da ilha, enquanto eram arrastados pela tempestade. Quando o abrigo da ilha permitiu, eles navegaram então numa direção mais a oeste. Uma vez abrigados pela ilha, teriam águas relativamente calmas durante dezesseis a vinte e quatro km. Neste trecho de águas calmas eles fazem os preparativos possíveis para sobreviver à tempestade. Havia três precauções a tomar.

A custo conseguimos recolher o bote – O grego diz: "mal tivemos forças". Eles teriam prendido o bote, içando-o até o convés do navio. O bote tinha sido rebocado, como era a prática normal, durante o tempo bom para navegação. A tempestade havia se abatido tão subitamente sobre eles que não tiveram tempo para prendê-lo. Depois de arrastado através de trinta e dois ou quarenta e oito km sobre um mar tempestuoso, deveria estar quase cheio de água. Lucas diz: "conseguimos (nós)", indicando ser este um dos trabalhos que não exigia um marinheiro treinado para fazer e, portanto, ele e Paulo (assim como os outros prisioneiros e passageiros?) receberam instruções para puxar a corda amarrada ao bote até que o tivessem arrastado para junto do navio. Os marinheiros tinham tarefas a fazer que exigiam homens treinados. "A custo" diz Lucas. Ele se lembrou de suas mãos e músculos doloridos depois de terminar a tarefa.

27.17 –

Depois de levantá-lo, usaram de todos os meios para cingir o navio – Depois de levantar o bote e prendê-lo, a próxima coisa a fazer era cingir o navio. O enorme mastro exigia muito esforço do casco daqueles navios feitos de madeira e, numa tempestade como aquela, o costado começaria a partir-se e o navio a fazer água. Em 1837 os arqueólogos encontraram no Pireu tabletes de mármore contendo uma lista de navios atenienses e um inventário de seus cordames e cabos, mostrando que parte do cordame era composta de "petrechos pendurados" (o termo traduzido aqui "cabos de apoio"). (A SBB diz: "todos os meios" – N.T.) O ato de cingir consistia em passar esses cabos ao redor do casco do navio e ajustá-los bem com o cabrestante[43].

---

[41] A KJV tem "Euroclydon" – palavra que significa "onda soprada" ou "onda (soprada pelo) vento" – mas a leitura não é suficientemente confirmada nos manuscritos. A soletração usada pela NASB é preferível (como o da SBB – N.T).

[42] O grego aqui é muito vívido. Não podíamos olhar o vento "no olho".

[43] Há alguma discussão sobre se esses cabos terem sido estendidos de través ao redor do navio, ou se eles teriam sido estendidos da proa à popa. Nos navios dos anos 1800, teriam sido esticados de través ao redor do navio, e talvez também nesse graneleiro de Alexandria. Por outro lado, conhecendo o estilo dos navios antigos, muitos argumentam que a única maneira de impedir que as vigas se partissem era cingí-las no sentido do comprimento.

Os britânicos chamam isto de "amarrar". O Dr. Lucas diz que "enfaixaram" o navio! Esta precaução ajudaria o casco a suportar o esforço e reduziria o perigo do navio encher de agua a ponto de afundarem. Só podemos imaginar a pressa desesperada e os enormes esforços exigidos para essas operações.

E, temendo que encalhassem nas águas rasas de Sirte – Agora que tomaram precauções contra os perigos imediatos, eles começam a pensar nos riscos futuros. Havia duas "sirtes" bem conhecidas nas costas mediterrâneas da África do Norte, chamadas de maior e menor. A primeira ficava do lado oeste perto de Cirene, e a segunda mais a oeste, perto de Cartago. Desde que o grego aqui é singular, Lucas está provavelmente pensando na Sirte maior. Eles eram vastos bancos de areia impelidos pelo mar e mudando continuamente de posição. Não havia, portanto, meios de saber com certeza onde essas barreiras de areia se achavam sob a superfície da água rasa. Essas areias sempre em movimento constituíam o terror de todos os marinheiros do Mediterrâneo[44]. A Sirte maior ficava quase exatamente a sudoeste de Creta, de modo que não podiam continuar seu curso na direção sudoeste indefinidamente. Os baixos estavam ainda muito longe, mas a violência do vento os levava justamente na direção deles. Terão de fazer algo para mudar o seu curso.

Arriaram as âncoras – Esta foi a terceira medida preventiva, mas não fica clara a sua natureza exata, pois o grego traduzido "âncora marítima" é um tanto obscuro. Alguns explicam que eles arriaram a vela principal e baixaram a imensa verga, na tentativa de reduzir a pressão sobre o casco do navio. Foi isto que os tradutores da KJV compreenderam, pois traduziram "arriaram a vela". Tem sido contestado a interpretação de que "arriar a vela seria a coisa errada a fazer", pois impediria que afastassem o navio do perigo que tentavam evitar. Deve ser porém, lembrado que havia uma traquete nessas embarcações, que era suficiente para manter a proa do navio apontada para a direção que desejavam seguir. É então possível que tivessem arriado a verga principal. Barnes sugere que retiraram até mesmo o mastro. Ele escreve: "O mais provável é que tenham retirado o mastro, cortando-o ou usando qualquer outro método, como é feito agora nas tempestades no mar (lembre-se de que Barnes escreveu nos anos 1800), a fim de salvar o navio[45]. A terceira sugestão é a adotada pelos tradutores da NASB que faz os marinheiros lançarem ao mar pesos e grandes pedras por meio de cordas, a fim de tornar mais lento o progresso do navio. Essas âncoras serviriam como uma espécie de freio. Esta última explicação tem sido rejeitada como nada tendo a ver com a alteração do curso do navio, que parece ter sido o principal propósito dos marinheiros. Supomos que a melhor explicação é a de terem arriado a pesada verga principal, que nas embarcações antigas era quase tão comprida quanto o navio propriamente dito, e num temporal tenderia a desequilibrar o navio e fazer grande pressão contra o casco.

E foram ao léu – Com a vela de proteção contra tempestades ajustada e os remos de pá ajustados em oito pontos (o mais forte possível, ao tentar colocar o navio na direção do vento e impedir que batesse nos baixos de Sirte), eles foram arrastados pelo temporal. Pretendiam navegar o mais perto possível da tempestade, rumado para o noroeste, de maneira a evitar a Sirte.

F. Tempestade e naufrágio. 27.18-44

27.18 –

Açoitados severamente pela tormenta, no dia seguinte – "Nós" – os passageiros como Lucas estariam no tombadilho, onde tiveram que se segurar para salvar as suas vidas? Ou estavam num convés inferior, sendo atirados de um lado para o outro quando uma nova onda violenta os atingia? O navio continuava sendo castigado severamente pela tempestade. Algumas precauções precisavam ser tomadas caso tivessem de sobreviver à tormenta.

---

[44] Josefo, *Guerras*, II.16. 4.
[45] Barnes, *op. cit.*, p.364.

Já descartavam a carga do navio – Durante toda a noite e no dia seguinte o forte vento continuou soprando, as pancadas de chuva se sucediam e as grandes ondas danificavam o navio. Os esforços para aliviar a embarcação, notados neste versículo e no próximo, sugerem que apesar da tentativa de cingi-lo, o barco estava fazendo água e ficando cada vez mais cheio d'água, em perigo de afundar. Lucas usa as frases técnicas apropriadas para lançar a carga ao mar. A mesma linguagem aparece na Septuaginta de Jonas 1.5. Se desembaraçaram de parte de sua carga de grãos (compare o versículo 38), ou se havia nos porões outra carga e esta foi descartada, não fica claro. Ao ficar mais leve, o navio faria menos água e as ondas bateriam com menos força nos costados. A embarcação andaria mais sobre as ondas do que entre elas num mar agitado.

27.19 –

E, ao terceiro dia – Este é o terceiro dia depois de saírem de "Fair Havens" (Bons Portos), o terceiro desde que a tempestade começou[46].

Nós mesmos, com as próprias mãos, lançamos ao mar a armação do navio – "Armação" tem sido explicado de várias maneiras. Smith sugere que se trata do "braço da verga principal" – e essa imensa verga exigiria os esforços conjuntos de muitos homens para lançá-la ao mar[47]. Howson, por outro lado, julga improvável que tivessem lançado fora um pedaço tão grande de madeira que poderia ter sustentado de 20 a 30 homens na água, se tivessem de abandonar o navio[48]. Barnes sugere que foram "as âncoras, velas, cabos, bagagem, etc., isto é, tudo que não fosse indispensável à sua preservação[49]". Alford opina que se tratava de toda a mobília, camas e objetos móveis de todos os tipos, utensílios de cozinha e o cordame avulso[50]. Wetstein o explica como sendo a bagagem dos passageiros[51]. McGarvey fala de mastros, pranchas, cordame e outros, levados com o propósito de serem usados para consertos[52]. Ao que parece, a "armação" seria os móveis, a verga, e as grandes e molhadas velas de lona – coisas inúteis numa tempestade. Existe uma variação de manuscrito aqui que tem ligação com as pessoas que atiraram ao mar a armação. Alguns manuscritos dizem "nós lançamos" (como na SBB) e outros "eles lançaram". A evidência favorece a terceira pessoa da forma verbal, mas "com as próprias mãos" favorece a primeira pessoa. É difícil decidir qual a interpretação correta.

27.20 –

E, não aparecendo, havia já alguns dias, nem sol nem estrelas – Seguiram-se onze dias e noites de vento, chuva, e ondas ameaçando suas vidas. Por causa das nuvens baixas e negras, eles não podiam ver o sol durante o dia nem as estrelas à noite. Naqueles dias antes da invenção da bússola, ver o sol ou a lua era o único meio que os marinheiros tinham de determinar a sua posição. Depois de tantos dias sem um reconhecimento, os marinheiros não faziam ideia de onde se encontravam.

Não era uma pequena tempestade que nos assolava – Lucas usa um eufemismo aqui para descrever a tempestade. Era uma grande tempestade. Poderia parecer pelo versículo 15 que o único problema era o vento forte. Mas neste verso ficamos sabendo que os céus pareciam de chumbo e a chuva desabava sobre eles. O temporal continuou dia e noite sem abrandar. "Caindo sobre nós" indica a enorme violência da tempestade.

Dissipando-se afinal toda a esperança de salvamento – Eles tomaram todas as precauções para manter a navio flutuando, esperando sempre que o temporal amainasse. Mas isso não aconteceu, e o fato de estarem perdendo gradualmente a esperança sugere que o navio estava

---

[46] Não só a grande verga do barco era pesadíssima, como também a vela, reforçada por pedaços de corda costurados de través e no sentido do comprimento, dificilmente seriam deixados em face de uma tempestade tão violenta quanto o Euroaquilão.

[47] Smith, *op. cit.*, p.116.
[48] Conybeare e Howson, *op. cit.*, p. 649
[49] Barnes, *ibid.*
[50] Alfrord, *op. cit.*, p. 294.
[51] Hervey, *op. cit.*, p. 296, cita Wetstein.
[52] McGarvey, *op. cit.*, p. 266.

enchendo de muita água. Quando uma embarcação começa a afundar, o curso normal de ação é dirigir-se para a terra mais próxima, encalhar o navio e tentar alcançar a praia. Mas sem o sol ou as estrelas para guiá-los, eles não sabem sequer em que direção seguir para encontrar terra. Estão aceitando aos poucos o fato de que se afogarão no mar. Uma a uma as pessoas a bordo perderam a esperança.

27.21 –

Havendo todos estado muito tempo sem comer – "Sem comer" é *asitia* em grego, sendo o termo médico comum para "inapetência". A tempestade os privara dos meios, do tempo e da inclinação para preparar ou comer quaisquer refeições regulares. Caso o navio estivesse enchendo com muita água, as reservas de alimento estariam molhadas. Os balanços do barco tornariam difícil o preparo de alimentos. E quando se sentassem para comer, seriam chamados ao convés para enfrentar outra emergência. Os versículos 35-38 nos informam que havia ainda um bom suprimento de comida a bordo, mas eles não estavam interessados em comer.

Paulo, pondo-se em pé no meio deles, disse – Quando o último homem a bordo perdeu a esperança, Paulo se levantou certa manhã com uma mensagem de encorajamento para seus companheiros aflitos. Vamos começar a ver agora o valor de um santo, mesmo em meio a uma situação de emergência. Ele tinha acesso livre a todo o navio, embora fosse prisioneiro, tendo trabalhado com os demais para enfrentar as emergências (versículo 16). A narrativa seguinte sugere que, enquanto os outros talvez estivessem explodindo em gritos lamentosos de desespero e clamando, podemos crer, "cada um ao seu Deus", como os marinheiros de Jonas 1.5, Paulo esteve dirigindo suas orações ao Único que podia ajudar, e ele agora aparece com a certeza de que suas orações foram ouvidas.

Senhores, na verdade deveriam ter seguido meus conselhos – Paulo começa esta mensagem de coragem e admoestação com uma firme advertência para não porem de lado seu parecer como haviam feito antes em "Fair Havens" (Bons Portos), quando no conselho do navio ele tinha insistido repetidamente para que não viajassem na direção de Fenice. Ao fazerem a votação, o seu lado perdeu; mas, como havia previsto, eles sofreram grande perda e dano com isso. Este comentário inicial é mais do que uma simples afirmação do tipo "Bem que eu disse!" Ele é calculado para lembrá-los de que seu conselho foi bom. Desta vez o aviso não era baseado apenas na experiência pessoal e observação, mas numa mensagem direta de Deus.

E não partir de Creta, para evitar este dano e perda – Algumas traduções inglesas interpretam como se eles tivessem uma atitude de ironia, mas não o grego. O piloto e capitão do navio, assim como o centurião Júlio, segundo supomos, já deveriam ter formado a essa altura uma opinião mais respeitosa de Paulo e estão preparados para ouvir desta vez as suas sugestões.

27.22 –

Mas, já agora vos aconselho bom ânimo – O moral de todos a bordo do navio se achava num nível perigosamente baixo. Paulo tinha notícias destinadas a levantar o moral deles e restaurar sua esperança de sobreviver à tempestade, em vez de se perderem no mar.[53]

Porque nenhuma vida se perderá de entre vós – A advertência anterior de Paulo tinha indicado temor pela vida dos que estavam no navio (versículo 10). Mas naquela ocasião falou apenas como um viajante experimentado e sensato. Por trás de sua segurança atual ele tinha mais que isso. A sua tranquilidade enquanto falava deve ter sido tão animadora quanto as notícias que compartilhou com aquelas pessoas desesperadas.

Mas *somente* o navio – Por mais experiente ou criterioso que Paulo fosse, nenhuma avaliação poderia tê-lo ajudado a predizer a perda do navio mas não de qualquer vida. No versículo seguinte ele explica a fonte da sua previsão. Este é um dos lugares do Novo Testamento em que

---

[53] A palavra "aconselho" é a mesma do versículo 9, traduzida "admoestava-os".

o milagroso se entrelaça diretamente com os eventos históricos. Não há meios de remover a aparição do anjo do relato e manter uma descrição cujos elementos sejam coerentes e plenamente justificados.

27.23 –

Porque esta mesma noite o anjo de Deus, de quem eu sou ... esteve comigo – Era a décima segunda ou terceira noite que eles se achavam no bojo da tempestade no mar. Paulo dá aqui a autoridade por trás de sua previsão sobre a perda do navio, mas não das vidas. "O Deus de quem eu sou", disse Paulo. Ele tinha de identificar assim a origem da sua mensagem, caso contrário os marinheiros poderiam ter pensado que se tratava de um mensageiro como Mercúrio. De modo algum! Paulo identificou a fonte de sua revelação como sendo Jeová, o Criador Único, adorado por ele e os demais cristãos. O ser que levou a mensagem a Paulo não foi o próprio Cristo, que tinha aparecido a ele em alguma outra ocasião[54], mas um anjo cuja mensagem era semelhante às dadas por Jesus nessas ocasiões.

E a quem sirvo – A vida de devoção e serviço de Paulo explicariam por que o anjo apareceu a ele e não a outros no navio. A palavra "sirvo" é semelhante à de Romanos 1.9, e sugere que alguns a bordo tinham visto Paulo em suas devoções regulares. Observe a confissão aberta de Paulo a respeito de Deus diante da tripulação pagã. Uma vez mais deve ser notado que desta vez Paulo afirma ter recebido uma revelação direta do céu, o que não aconteceu quando falou na conferência de Bons Portos. Talvez o conselho anterior não se realizasse ao pé da letra, mas não há razão para duvidar do que está sendo oferecido desta vez.

27.24 –

Dizendo: Paulo, não temas; é preciso que compareças perante César – O anjo insiste em que Paulo deixe de ter medo. A aparição do anjo e a sua mensagem são obviamente uma resposta à oração, motivada pelo medo, não da morte ou do perigo propriamente ditos, mas de que o propósito principal do seu coração (pregar em Roma) não pudesse ser atingido. A oração dele, como mostram as palavras seguintes, não ficou também limitada aos seus próprios interesses. Ele havia estado intercedendo por aqueles que estavam como ele a bordo do navio naquela terrível tempestade. O anjo repete o conteúdo da promessa feita antes a Paulo por Jesus (Atos 23.11). "Compareças" é o termo apropriado para ficar de pé diante de um juiz. Desde que foi prometido a ele que seria julgado diante de César, é certo então que não irá perecer no mar.

E eis que Deus por sua graça te deu todos quantos navegam contigo – Não só Paulo iria sobreviver ao perigo no mar para comparecer diante de César, como também a vida de todos a bordo do navio seria poupada por sua causa[55]. Isto não significa que todos seriam convertidos a Cristo, mas que suas vidas iriam ser preservadas. O mundo não tem ideia de quanto deve, na misericórdia de Deus, à presença de justos em seu meio. Na misericórdia de Deus, Sodoma seria poupada por dez homens justos[56]. Agora, por causa de um apóstolo que deveria prestar testemunho perante César, 276 soldados, marinheiros e passageiros seriam poupados. Se não fosse esta concessão todos eles teriam perecido no mar.

27.25 –

Portanto, Senhores, tende bom ânimo – Note como o mensageiro de Deus tem exatamente a mensagem de luz e esperança necessárias, e isso quando tudo parecia perdido[57].

Pois eu confio em Deus, que sucederá do modo como me foi dito – Depois de receber a revelação de Deus através do anjo, Paulo teve a certeza de que tudo aconteceria como lhe tinha

---

[54] Atos 18.9; 22.17, 18; 23.11.
[55] "Deu" (algo concedido como um favor por ter sido pedido) é uma das indicações encontradas no texto de que Paulo tinha estado orando. Compare Atos 3.14 onde aparece esta mesma palavra.
[56] Gênesis 18.23-32
[57] Salmo 112.4, 7; 46.1-3.

sido dito. Ele tinha completa confiança em que Deus faria o prometido. Paulo havia aprendido há muito tempo que, ao fazer uma profecia, Deus sempre providencia o seu cumprimento.

27.26 –

Porém é necessário encalharmos numa certa ilha – "Necessário" porque Deus quis assim. "Encalhar" é o mesmo termo usado no versículo 17. Esta declaração fazia claramente parte da mensagem do anjo a Paulo, embora no relato dele ela fique separada das outras coisas ditas pelo anjo, pela afirmação confiante de Paulo de que Deus faria o que tinha dito. O navio afundaria, mas os homens se salvariam, tinha dito o anjo. Eles seriam lançados à praia em alguma ilha. Não foi prometida uma fuga fácil. Este elemento da predição deveria fazer parte da mensagem do anjo, pois os homens não tinham meios de saber onde estavam. A última coisa que tiveram condições de determinar é que seguiam em direção ao continente da África. A ilha seria a de Malta[58].

27.27 –

Quando chegou a décima quarta noite – O tempo é contado a partir de sua saída de "Fair Havens" (Bons Portos) (versículos 18, 19).

Sendo nós impulsionados de um lado para outro no Mar Adriático – O "Mar Adriático" mencionado aqui é o Mediterrâneo central. Ficamos sabendo isto baseados em várias fontes de literatura da antiguidade existentes. Ptolomeu fala de Adria como banhando a costa sul de Peloponeso (Grécia) e a costa leste da Sicília[59]. Josefo, que também naufragou (dois anos depois de Paulo) numa viagem da Judéia a Poteoli, declara que ele foi apanhado no "meio do Adria" por outro navio que ia justamente de Cirene para o porto de Poteoli[60]. A intersecção das linhas que os dois navios seguiram iria cair, como o exame de um mapa mostrará, exatamente na região agora mencionada por Lucas com o mesmo nome. Uma tradução melhor do que "Mar Adriático" seria "mar de Adria". Para a geração moderna, "Mar Adriático" indica o golfo entre a Itália e a Iugoslávia. Alguns até tentam mostrar que esse é o lugar onde o navio ficou à deriva[61], como se uma tempestade soprando do nordeste pudesse tê-los empurrado nessa direção desde a costa sul de Creta! A massa de água que chamamos de "Mar Adriático" era então conhecida como "*golfo* de Adria", para distinguir do Mediterrâneo central que era chamado de "*mar* de Adria". Uma nota final sobre esta frase tem relação com a tradução "impulsionados". Vários comentaristas insistem que não significa mais do que "levados através" do espaço de água. Caso positivo, com a vela de tempestade fixada, e os lemes imobilizados, eles estavam sendo levados num curso reto de Clauda a Malta. "Impulsionados" pode sugerir qualquer coisa, mas não um curso em linha reta através do mar de Adria.

Por volta da meia-noite, pressentiram os marinheiros que se aproximavam de alguma terra – O som da arrebentação foi a origem desta impressão[62]. Os ouvidos dos marinheiros perceberam o ruído da arrebentação antes dos passageiros tomarem conhecimento dela[63]. Se fosse durante o dia, eles poderiam ter visto a espuma das ondas além de ouvi-las. Conforme Smith, nenhum navio pode entrar do leste na Baía de São Paulo sem passar a quatrocentos metros de Koura; e uma vez que o barco esteja a essa distância a arrebentação pode ser vista, pois ela é especialmente violenta sob o vento nordeste[64].

---

[58] Atos 28.1.
[59] Ptolomeu, *Geographical Outline*, III. 4, 14, 15, 16.
[60] Josefo, *Vida*, III. Alguns textos gregos têm esse nome pronunciado com aspiração; a tradução deles seria então "*Hadria*".
[61] W. Falconer, *Dissertation of St. Paul's Voyage*, citado no artigo sobre "Adria" no Hastings' *Dictionary of the Bible*, Vol. I. p. 43, 44. Veja outra discussão deste assunto nas notas sobre Atos 28.1.
[62] De fato, existe uma leitura alternativa nos manuscritos, no sentido de "certas terras ressoavam".
[63] Se lançaram ao mar uma âncora ao deixar Clauda (27.17), ela talvez tenha alcançado o fundo, o que daria aos marinheiros um aviso que se aproximavam da terra.
[64] Smith, *op. cit.*, p. 126.

27.27

A tradição de que eles finalmente chegaram à terra firme na que é hoje chamada de Baía de São Paulo é consubstanciada pelos fatos relatados em seguida por Lucas sobre as "sondagens" – em comparação com as sondagens atuais junto à ilha de Malta. Um navio que passasse Koura numa direção noroeste estaria em 20 braças de água junto ao ponto em que a arrebentação pode ser ouvida pela primeira vez[65]

Uma das provas surpreendentes da verdade do registro lucano, é que a velocidade em que se calcula que um navio grande numa tempestade iria flutuar à deriva em 24 horas, ou seja, 58 km, multiplicados por 14 dias (número de dias que levou a viagem) o total é 806 km – e de Creta a Malta em linha reta são 762 km. Se o navio tivesse flutuado numa velocidade uniforme e em linha reta, ele teria coberto essa distância em pouco mais de 13 dias[66]. Da forma como as coisas aconteceram, eles colocaram o navio na direção norte-noroeste num esforço para impedir que fosse à deriva de Creta para a Sirte, mas foram arrastados por aquele trecho de mar aberto pelos ventos nordestes em 14 dias.

27.28 –

E, lançando o prumo, viram que tinha vinte braças – Para lançar o prumo usaram uma linha com um peso de chumbo na extremidade. Eles teriam atirado a ponta da corda com o peso de chumbo nas profundezas para saber quanta água havia abaixo deles. A corda geralmente tinha nós, com um intervalo de um braça entre eles. Ficaram sabendo que havia 20 braças onde se achavam. O substantivo grego traduzido "braças" (*orguias*) significa literalmente a distância da ponta do dedo à ponta do dedo quando os braços estão esticados, incluindo o peito, ou cerca de 1,80m. Antes dos nós serem feitos na corda e contados a fim de determinar o número de braças, quem lançava o chumbo media a linha à distância dos braços e depois agarrava e puxava outra braçada de corda das profundezas, e assim por diante, até que toda a corda fosse recuperada.

Passando um pouco mais adiante – Smith calculou que o intervalo entre as duas sondagens foi cerca de meia hora.

Tornando a lançar o prumo, acharam quinze braças – A água tem agora 27m de profundidade aproximadamente. Eles sabiam, portanto, pelo som da arrebentação, e pelo fato de que a água estava ficando mais rasa, que estavam se aproximando de alguma praia.

27.29 –

E, receosos de que fôssemos atirados contra lugares rochosos – As sondagens indicavam que estavam perto da praia, e o som das arrebentações mostrava que ela era rochosa. Havia perigo de encalharem, talvez nalgum recife oculto.

Lançaram da popa quatro âncoras – Na opinião deles havia perigo se permitissem que o navio avançasse mais, lançaram então as âncoras para mantê-los naquela profundidade de água até que chegasse o dia e pudessem verificar melhor a sua situação. Smith nos diz que o solo no fundo da baía não deixa que as âncoras escorreguem, caso fiquem presas. Enquanto os cabos aguentarem, não há perigo do navio se mover – mesmo que esteja sendo atingido por um temporal. Os navios antigos eram geralmente ancorados pela proa, mas a ocasião frequentemente exigia que fossem também ancorados pela popa; de modo que as embarcações eram na verdade construídas com "escovém adequado para ancorá-las pela popa". Se fossem ancorados pela proa, talvez girassem e ficassem de través com as ondas. As âncoras antigas eram muito menores do que as de agora e, portanto, os navios levavam muitas delas. Algumas descrições de navios antigos falam de oito âncoras de ferro[67]. Lançar as âncoras da popa, como fizeram, facilitou a corrida para a praia pela manhã.

---

[65] *Op. cit.*, p. 127.
[66] *Ibid.*, p. 122-24.
[67] Júlio César, *Guerras Civis*, I. 25.

E oravam para que rompesse o dia – É possível imaginar os sentimentos daqueles homens, depois de terem ficado à mercê da tempestade em alto mar durante 14 dias. Estão perto da terra. Podem ouvir as ondas batendo nas rochas. Temem ser atirados nos rochedos. Como a pessoa se sentiria ao ser atirada no oceano em meio à escuridão da noite numa tempestade? Não é de admirar que "oraram" pela chegada do dia.

27.30 –

Procurando os marinheiros fugir do navio e, tendo arriado o bote no mar – Os temores suscitados pela arrebentação e talvez pela má condição do navio despertaram os instintos de autopreservação deles. Os marinheiros (talvez até mesmo o piloto e o capitão) descobriram um meio de salvar-se, quem sabe às custas das outras pessoas no navio. Todos vão entrar no bote e rumar para o som das ondas de arrebentação. Desse modo evitarão afogar-se em águas mais profundas. Paulo os deteve no momento em que desciam o bote (aquele que haviam antes içado a bordo, versículo 16), e se preparavam para subir nele.

A pretexto de que estavam para largar âncoras da proa – Os marinheiros poderiam ter plausivelmente argumentado que essa manobra era necessária para impedir que o navio mudasse de posição por causa do vento. Precisavam do bote, diriam eles, para levar as âncoras até a extremidade de seus cabos antes de lançá-las ao mar. Eles talvez supusessem que ninguém a bordo saberia que essas âncoras de proa não eram necessárias. Na verdade, não tinham intenção de voltar ao navio, mesmo que lançassem as âncoras ao término dos cabos.

27.31 –

Disse Paulo ao centurião e aos soldados – Como Paulo percebeu a intenção dos marinheiros de fugirem, não ficamos sabendo. Talvez tivesse suficiente experiência no mar para saber que naquelas circunstâncias não adiantaria ancorar pela proa. Se os oficiais do navio estavam envolvidos no plano de fuga, eles também ficaram bloqueados, pois Paulo foi ao centurião Júlio, a autoridade mais alta no navio, e advertiu-o de que se os marinheiros conseguissem escapar, então a sua promessa de segurança para todos não se cumpriria.

Se estes não permanecerem a bordo, vós não podereis salvar-vos – Não é difícil imaginar a razão da presença dos marinheiros ser necessária para a segurança de todos a bordo. Mãos experimentadas seriam imprescindíveis quando chegasse a hora de levar o navio à praia. Homens que viviam em terra como os soldados e prisioneiros não teriam condições de manobrar um navio tão grande em situação tão crítica. Esta foi outra ocasião na vida de Paulo em que ele se recusou a ser presunçoso. O anjo lhe havia prometido que as vidas não se perderiam. Ele não ficou sentado esperando que o Senhor fizesse tudo a partir desse momento. Pelo contrário, empregou todos os meios à sua disposição para assegurar que a vida deles estivesse a salvo, com a ajuda de Deus[68]. Os homens devem aprender que quando Deus faz uma promessa, a realização da mesma pode ser em parte promovida pelas reações e atividades humanas, e tais respostas são uma condição implícita para o cumprimento da promessa. Procurar o fim sem usar os meios não é confiar em Deus, mas tentá-lo! O centurião imediatamente acatou à sugestão de Paulo.

A essa altura o centurião já tinha aprendido que não era prudente desconsiderar o conselho de Paulo, embora não haja certeza de que seu aviso foi corretamente interpretado quando os soldados cortaram os cabos do bote, permitindo que caísse na água e se afastasse[69].

27.32 –

Então os soldados cortaram os cabos do bote – Num instante os soldados desembainharam as espadas e cortaram as cordas que faziam descer o bote. À primeira vista isto talvez pareça insensato, pois o bote poderia ser um bom meio de levar os passageiros para a praia

---

[68] Compare notas sobre Atos 23.17.
[69] Bruce, *op. cit.*, p. 516.

quando o navio encalhasse. Mas a história está cheia de relatos da cena terrível que acompanha as tentativas desesperadas de homens que procuram o que parece ser o último meio de fuga de um desastre. Além disso, se o bote continuasse ali pelo resto da noite o que impediria que os marinheiros procurassem novamente escapar?

E o deixaram afastar-se – Ao cortarem as cordas que prendiam o bote ao navio e o deixarem ir, toda a possibilidade de fuga foi removida. Continuarão a bordo quando chegar o dia, a fim de ajudar o navio a velejar. Podemos imaginar os sentimentos de mortificação, e depois de ira, por parte dos marinheiros no momento em que seu plano egoísta de fuga foi descoberto e frustrado. Nesse sentimento negativo, não só dos marinheiros, mas também contra estes por parte dos que teriam sido deixado para perecer, havia um novo perigo. Os nervos estavam desgastados pelos 14 dias de tempestade, prejudicando-os emocionalmente. Alguma coisa precisava ser feita para impedir que a situação se transformasse numa briga feia entre as pessoas que estavam no navio.

27.33 –

Enquanto amanhecia, Paulo rogava a todos que se alimentassem – Um modo de aliviar a tensão foi a usado por Paulo. Os soldados e os marinheiros precisavam de algo que os unisse depois do incidente que acabou de ser narrado. Paulo então os aconselha a sentar juntos e comer alguma coisa. O tempo do verbo indica que ele fez apelos contínuos nas últimas horas que precederam a madrugada. Vemos novamente a perspectiva prática deste apóstolo. O alimento não servirá apenas como fonte de energia para a tarefa da manhã seguinte, mas também desviará os pensamentos deles para outra coisa além da traição dos marinheiros.

Dizendo: Hoje é o décimo quarto dia em que, esperando, estais sem comer, nada tendo provado – A palavra "constantemente vigiando" sugere que a maioria das noites foi insone, enquanto todos aguardavam ansiosamente a madrugada para ver o que o novo dia poderia oferecer-lhes. "Sem comer, nada tendo provado" parece sugerir que não fizeram suas refeições regulares. Tem sido proposto que nos navios antigos não existiam salões de refeições; em vez disso, cada pessoa que queria comer ia até a cozinha e se servia. Isto foi justamente o que não fizeram durante quatorze dias. Sua necessidade física era de alimento e, moralmente, da sensação de um companheirismo restaurado. O conselho de Paulo tinha exatamente esse propósito. Havia trabalho duro pela frente ao chegar a luz do dia. Se quisessem chegar a salvo à terra, necessitariam de toda a energia, entusiasmo e colaboração que pudessem obter.

27.34 –

Eu vos rogo que comais alguma cousa – Paulo continuava a pedir que comessem. Ele tinha prometido que todos sobreviveriam àquela provação, mas precisavam trabalhar e cooperar com ele caso quisessem que a promessa fosse cumprida.

Porque disto depende a vossa segurança – Paulo está dizendo que a preservação da vida deles depende de manter suas forças. A palavra interpretada "segurança" é também a traduzida como "salvação", mas como o contexto fala da preservação da vida física e não da salvação de pecados, a NASB decidiu pôr um final feliz para a passagem.

Pois nenhum de vós perderá nem mesmo um fio de cabelo – Esta era uma expressão proverbial[70], e Paulo lhes assegura com ela que ninguém iria perecer. Essas palavras podem ter sido dirigidas especificamente aos marinheiros, cuja tentativa de salvar-se enquanto podiam fora frustrada. Paulo garante que ainda chegarão em segurança à terra.

27.35 –

Tendo dito isto, tomando um pão, deu graças a Deus na presença de todos – Imaginamos Paulo indo à cozinha e pegando algum alimento para distribuir aos que se recusam a

---

[70] I Samuel 14.45; 2 Samuel 14.11; 1 Reis 1.52; Lucas 21.18.

seguir sua sugestão de alimentar-se. Antes de oferecê-lo, ele faz uma pausa para agradecer a Deus pelo alimento. O próprio Paulo irá ensinar em outro ponto que antes de cada refeição é preciso oferecer uma oração de agradecimento[71]. Ele está agindo aqui de acordo com as instruções que dará a outros. Os judeus estavam acostumados a dar graças às refeições[72]. Mas supomos que ver e ouvir alguém agradecer à hora da refeição era algo novo para aqueles marinheiros e soldados pagãos. Observamos novamente a confissão firme do Deus Vivo na presença daqueles incrédulos (compare os versículos 23, 24). "Paulo estava entre não cristãos, mas não tinha vergonha do reconhecimento correto de Deus, e não temeu admitir sua dependência dEle, e expressar gratidão pela sua misericórdia"[73]. Paulo pediu aos soldados e marinheiros que ouvissem a oração de agradecimento pelo alimento para dar forças a seus corpos. (Será que agradeceu também a Deus pela sua preservação até aquele ponto?).

E, depois de partir, começou a comer – Paulo encorajou-os tanto pelo exemplo como pelas palavras. Por causa da justaposição de três termos "pão", "partir" e "dar graças (*eucharisteo*) ", alguns tentam mostrar que se tratava da observação da Ceia do Senhor, pois essas palavras eram usadas no partir do pão e oferecimento de graças na Ceia do Senhor. Todavia, as mesmas palavras são expressamente aplicadas a uma refeição comum em Lucas 24.30, e não vemos possibilidade alguma de entender esta refeição a bordo do navio como sendo outra coisa além de uma refeição comum. Paulo não teria encorajado pagãos a participarem da observância de uma Ceia do Senhor.

27.36 –

Todos cobraram ânimo e se puseram também a comer – As palavras apresentam um contraste surpreendente com a crescente desesperança do versículo 20. O ânimo de Paulo, suas palavras de encorajamento, seu próprio exemplo, começaram a comunicar-se aos outros a bordo do navio. O que momentos antes era uma situação explosiva abrandou-se por completo.

27.37 –

Estávamos no navio duzentas e setenta e seis pessoas ao todo – Supomos que Lucas ajudou na distribuição do alimento pelo qual Paulo tem dado graças. Também supomos que houve necessidade de racioná-lo, a fim de que todos pudessem ter a sua parte. Concluímos ser essa a razão para Lucas especificar o número de pessoas a bordo neste ponto, em lugar de fazê-lo no final quando diz: "E foi assim que todos se salvaram em terra"[74]. Em vez de "276" alguns manuscritos indicam "76", mas esses manuscritos não têm peso suficiente para mudar a leitura neste ponto. Não há nada de inacreditável ou improvável no número maior e melhor comprovado. Josefo nos diz que havia 600 pessoas a bordo do navio em que ele viajou para a Itália, e que também afundou no mar de Adria (no ano 63 AD.)[75].

27.38 –

Refeitos com a comida – "Comida" vem do grego *koresthentes*, e sugere que ficaram "satisfeitos, saciados" (como na SBB – N.T.). Talvez alguns até sorrissem aliviados e rissem pela primeira vez em dias, enquanto comiam juntos e esperavam a luz do dia que os levaria à terra firme!

Aliviaram o navio, lançando o trigo ao mar – Um dos resultados de terem comido e ficado mais animados foi que começaram os preparativos para levar o navio à praia ao raiar do dia. Existe uma diferença de opinião quanto ao sentido das palavras ton siton usadas por Lucas, traduzidas "o trigo". Meyer e outros pensam tratar-se do resto das rações de alimento do navio que aquele grande número de pessoas não estava comendo e deveria ser então uma quantidade considerável, pois era suficiente para uma provisão de quinze dias[76]. Em defesa de sua teoria, eles argumentam que devem ter sido as rações alimentícias, pois a carga já tinha sido atirada ao

---

[71] 1 Timóteo 4.5, 6.
[72] Mateus 14.9.
[73] Barnes, *op. cit.*, p. 367.
[74] Veja Atos 27.44.
[75] Josefo, *Vida*, III.
[76] Meyer, *op. cit.* p. 488.

mar (versículo 18). A sugestão de Meyer é rejeitada por Howson, Smith e outros, na suposição de não serem suficientes para aliviar o navio, mesmo que tivessem lançado ao mar todo o resto das rações. Eles argumentam ter sido o restante da carga do navio, pois apenas parte dela havia sido jogada fora, no versículo 18[77]. Enquanto houvesse esperança de salvar o navio, eles tentariam preservar uma parte da carga também. Mas, como acontece sempre que há necessidade de escolher entre salvar as pessoas a bordo ou salvar o navio, estão agora se preparando para encalhar a embarcação a fim de salvar as pessoas. Isto exigia que ele ficasse o mais leve possível, para não precisar de água muito profunda. O tempo do verbo "aliviar" implica em um longo processo, mais ou menos contínuo. Não seria tarefa fácil levantar os sacos de cereais do porão do navio (estariam muitos ensopados?) e lançá-los ao mar, pois a tempestade continuava e o navio deveria estar balançando muito.

27.39 –

Quando amanheceu não reconheceram a terra – Quando raiou o dia, os marinheiros procuraram marcos familiares, mas não viram nenhum que pudesse informá-los onde se achavam ancorados. A Baía de São Paulo (o lugar tradicional do naufrágio) ficava a cerca de 16 km a oeste do porto principal de Valetta, que alguns dos marinheiros poderiam ter reconhecido. Mas a baía em si não possuía quaisquer características marcantes que pudessem ser reconhecidas por um nativo ao entrar nela subitamente[78].

Mas avistaram uma enseada, onde havia praia – Depois de procurarem um lugar para encalhar o navio, sua atenção foi atraída para uma pequena baía, com uma praia arenosa e plana. A palavra traduzida como "praia", significa uma praia plana, ou pedregosa ou arenosa[79], ao contrário de *akte*, "uma costa alta e escarpada".

Então consultaram entre si, se não podiam encalhar ali o navio – Parece ter havido nova consulta entre os marinheiros enquanto escolhem o melhor lugar para encalhar o navio. Ao falarem a respeito, surgiram dúvidas sobre poderem ou não manobrar o navio até aquela praia arenosa, mas decidiram tentar. A palavra "encalhar" é quase técnica, correspondendo com a nossa "encalhar o navio". O intento deles não era mais salvar o navio da destruição, mas impedir que a tripulação se afogasse.

27.40 –

Levantando as âncoras, deixaram-no ir ao mar – As quatro âncoras que haviam sido lançadas para impedir o progresso do navio no meio da noite foram deixadas no mar. (O texto em inglês diz que os marinheiros deixaram as âncoras para trás e não que permitiram o navio seguir em direção à praia – N.T.) Tudo o que os marinheiros tinham a fazer era cortar os cabos presos às âncoras. Estas não tinham mais utilidade, e mesmo que pudessem ser recuperadas apesar da tempestade que continuava, só iriam acrescentar peso ao navio, justamente o que haviam feito durante horas aliviando o navio nas primeiras horas da manhã, quando jogaram o trigo ao mar.

Largando também as amarras do leme – Quando lançaram as âncoras, os dois remos grandes que serviam de leme haviam sido içados e presos com firmeza, para que não colidissem com as linhas das âncoras na popa. Mas agora que era absolutamente necessário usá-los para dirigir o navio em direção à praia, as amarras que os mantinham levantados da água foram afrouxadas e os remos caíram de novo na água.

---

[77] Conybeare e Howson, *op. cit.*, p. 656.

[78] Smith, *op. cit.* p. 136, 143. Seguimos o relato de James Smith nas notas acima. Recentemente, porém W. Burridge em *Seeking the Site of St Paul's Shipwreck* ("Procurando o local do Naufrágio de São Paulo", (Valetta, 1952), argumentou com base em observação local que o naufrágio não ocorreu na Baía de St. Paul, mas na Baía Melliha, mais a oeste. Talvez jamais fiquemos sabendo qual o lugar exato. Ao falar da Baía de São Paulo como sendo o lugar, fazemos isso com a mesma reserva mental usada ao indicar outros lugares bíblicos que não são apoiados senão pela tradição quanto à sua localização geográfica exata.

[79] Mateus. 12.2; Atos 21.5, 40.

E, alçando a vela de proa ao vento, dirigiram-se para a praia – Na mesma hora em que as cordas das âncoras foram cortadas e os lemes descidos, eles levantaram a vela de proa no pequeno mastro na frente do barco. "Vela de proa" é um termo melhor para traduzir o grego *artemona* do que "vela mestra", como na KJV[80]. Um navio a vela precisa estar em movimento pela água antes que os lemes possam dirigir a embarcação. A pequena vela de proa daria movimento suficiente para que pudessem guiá-lo. A palavra "vento" aqui é estritamente o particípio, "a (brisa) que estava soprando". Talvez a mudança de palavras sugira ter havido uma pausa na fúria do temporal.

27.41 –

Dando, porém, num lugar onde duas correntes se encontravam, encalharam ali o navio – Em lugar de encalharem o navio na praia macia e arenosa que haviam divisado, o barco encalhou num banco de lodo na baía. Este banco foi atingido inesperadamente enquanto se achavam a alguma distância da praia. No tempo em que o navio esteve ancorado na entrada da baía, ele teria a ponta Koura à esquerda e a pequena ilha de Salmonetta à direita. Da entrada da baía, a pequena ilha parece parte da ilha de Malta, mas é na verdade separada por um canal estreito de cerca de 30 metros de largura. As águas que correm por esse canal estreito se encontram com as que entram na Baía de São Paulo – onde essas duas "correntes" se encontram, há um banco de areia oculto (banco de lodo). Ao procurarem chegar à praia, eles bateram nesse banco de areia. A palavra traduzida "navio" aqui é diferente daquela usada por Lucas em toda a narração, talvez o que havia sido um belo navio à vela não passasse agora de um casco.

A proa encravou-se e ficou imóvel – Smith diz que este banco é formado de lodo e argila pegajosa.[81]

Mas a popa se abria pela violência do mar – A parte fronteira do navio estava presa no banco de lodo, enquanto a proa ainda flutuava em águas mais profundas, exposta à força das correntes e ondas impelidas pela tempestade. Enquanto o navio começou a partir-se, os tripulantes e passageiros deveriam ter-se amontoado na proa. O tempo do verbo em "abria" indica ação contínua. Cada vez que uma onda o atingia, o casco remanescente se abria um pouco mais.

27.42 –

O parecer dos soldados era que matassem os presos, para que nenhum deles, nadando, fugisse – Já vimos que segundo a disciplina romana tradicional, os soldados teriam de sofrer o mesmo castigo que os prisioneiros receberiam no caso destes escaparem[82]. Enquanto os homens se achavam na parte dianteira do barco, decidindo sobre o que fariam a seguir, os soldados sugeriram que matassem os prisioneiros, para que nenhum fugisse. Na confusão geral causada pelo abandono do navio, alguns dos presos sem dúvida escapariam, e os soldados ficariam então sujeitos a uma sentença insensatez que poderiam cometer). Os navios antigos tinham velas de proa pequenas (Juvenal, XII. 68), e pensamos que a referência é a essa vela, embora artemona não seja o termo geralmente usado para a vela de proa. de morte ou a lutarem na arena. A morte dos presos lhes parecia a única possibilidade de escaparem eles mesmos da morte. Paulo estava entre os destinados à morte! Parece incrível que os soldados planejassem matá-lo juntamente com os outros, depois dele ter sido instrumental na salvação de suas vidas. Mas as vidas humanas eram baratas e os homens podem ser impiedosos e cruéis quando têm poder sobre os outros. Os soldados mostraram ser tão egoístas e insensíveis nesse momento quanto os marujos tinham sido durante a noite.

---

[80] As traduções e explicações para *artemona* têm sido muitas. Alguns julgam tratar-se da vela principal (embora ela pareça ter ficado inutilizada desde o versículo 17); outros afirmam ser a vela do topo (embora este tipo não fosse introduzido até o século dezesseis). Outros, uma vela de popa (apesar de que içar tal vela seria a maior insensatez que poderiam cometer). Os navios antigos tinham velas de proa pequenas (Juvenal, XII. 68), e pensamos que a referência é a essa vela, embora *artemona* não seja o termo geralmente usado para a vela de proa.

[81] Smith, *op. cit.*, p.139.

[82] Atos 12.18,19;16.27.

27.43 –

Mas o centurião, querendo salvar a Paulo, impediu-os de o fazer – O centurião ordenou aos soldados que não matassem os prisioneiros. Estava se sentindo muito grato a Paulo, não querendo expô-lo a esse destino. Vemos novamente que por causa de um justo, as vidas de todos os prisioneiros foram poupadas.

E ordenou que os que soubessem nadar fossem os primeiros a lançar-se ao mar – O centurião tinha um plano que impediria os presos de fugirem nadando. Ordenou a todos os soldados que soubessem nadar que se lançassem ao mar e alcançassem a terra. Uma vez em terra, eles poderiam ficar vigiando e recolher os prisioneiros à medida que chegassem. O centurião estava tão ansioso quanto os soldados para que ninguém escapasse, e o seu plano tinha justamente esse objetivo.

E alcançar a terra – Eles tinham de nadar de 400 a 800 metros do banco até a praia. Uma vez que chegassem à praia, estariam então prontos para ajudar seus companheiros que não sabiam nadar e precisariam de auxílio.

27.44 –

Quanto aos demais, que se salvassem uns em tábuas, e outros em destroços do navio – As ordens do centurião continuam nesta frase. Se foram dirigidas também aos soldados, ou se incluíam todos que estavam a bordo, não fica claro. Mesmo que as palavras incluam apenas os soldados, os outros seguiriam o exemplo destes, logo que lhes fosse dada ordem para se lançarem ao mar e seguirem para a praia. O navio estava se partindo, e as tábuas e vigas de madeira flutuantes ofereceriam um meio de levar até a praia os que não sabiam nadar. Bruce sugere que a última frase poderia ser traduzida: "e alguns sobre alguns (pessoas) do navio", como se alguns dos que não sabiam nadar pudessem ser ajudados até a praia, subindo nas costas dos tripulantes e outros que sabiam nadar[83].

E foi assim que todos se salvaram em terra – Paulo tinha prometido exatamente isso (versículos 22-24). O navio e a carga se perderam, mas todos a bordo sobreviveram ao naufrágio. Os soldados teriam perecido se os marinheiros pudessem ter posto em prática seu plano egoísta; os prisioneiros teriam morrido se o plano dos soldados não fosse recusado. Todos se salvaram do naufrágio porque Deus ouviu as orações do apóstolo.

> A salvação de tantos em meio a inúmeros perigos foi um exemplo notável da intervenção divina. Isso mostra que Deus pode proteger em qualquer perigo e realizar todos os seus objetivos. No oceano ou em terra estamos a salvo sob sua proteção. Ele pode inventar meios para cumprir todos os seus propósitos, embora seu povo passe por toda espécie de perigo. De fato, vimos que em toda e qualquer situação é útil estar perto de um homem de Deus[84]!

---

[83] Bruce, *op. cit.*, p. 519.
[84] Barnes, *op. cit.*, p. 369.

CAPÍTULO VINTE E OITO

g. Em Malta. 28.1-10

28.1 –

Uma vez em terra – Em Atos 27.43 aparece esta mesma expressão. Era a maneira de oferecer a ideia de passar através de extremo perigo e ainda continuar vivo. (A frase em inglês é esta: "Depois de chegarem a salvo"- N.T.) Eles haviam ficado à deriva durante duas semanas, sem saber onde estavam. A tempestade tinha sido tão violenta que tiveram de tomar precaução após precaução, a fim de manter o navio flutuando. Ele não passava de pouco mais que um casco quando fizeram os esforços finais para encalhá-lo. Depois de ficar preso no banco de lodo e começar a partir-se, tiveram de nadar as últimas centenas de metros até a terra firme, mas conseguiram e os 276 estavam vivos!

Verificando que a ilha se chamava Malta – Enquanto se encontravam ainda a bordo do navio, fizeram um esforço para distinguir em que terra tinham ancorado, mas não conseguiram[1]. Quando todos os 276 chegaram à praia, souberam que o nome da ilha era Malta. A leitura da frase parece indicar uma resposta à pergunta deles aos nativos: "Como se chama esta terra?" No século XIX houve alguma discussão sobre a identificação da ilha (chamada *Melita* em grego), mas não há mais qualquer razão para duvidar da identificação de Malta como sendo o lugar. Alguns supõem que a ilha em que naufragaram fosse Melita Ilírica (a moderna Meleda, ou Mljet, na costa da Iugoslávia) e não Simula Melita (Malta perto da Sicília). Esta ideia inteira é baseada num erro de interpretação do "mar de Ádria" (27.27) e uma falta de entender o significado de "bárbaros" (nativos) no versículo 2 abaixo. Este ponto de vista foi primeiro mencionado por Constantino Porfirogênito (um imperador do século X)[2] e reaviado no século XVII pelo Padre Georgi (um monge dálmata nascido na ilha de Meleda), sendo apoiado por Falconer, como notado antes[3]. Estes fatos contariam a ideia de que a ilha fosse Meleda: (1) Seria praticamente necessário um milagre para levar o navio, com o vendaval do nordeste soprando fortemente, pela costa da Dalmácia, partindo de Creta. (2) Um graneleiro não iria abrigar-se no inverno em Meleda, na sua rota de Alexandria a Potéoli[4]. (3) Não há tradição local no sentido de Meleda ter sido o lugar, como acontece com Malta. (4) Fica outra vez evidente que Malta era o local, pois do lugar de seu naufrágio, Paulo seguiu imediatamente para Siracusa, Régio e Potéoli, rumando depois direto para Roma. Se o ponto de partida fosse Meleda, o curso teria sido diferente para chegar a Roma, atravessando Dyrraquio e Brundísio. (5) Se o curso fosse em direção a Meleda, não haveria razão para temer o encalhe na Sirte[5]. (6) O tempo passado à deriva (Atos 27.27) se ajusta à distância de Creta a Malta, mas não de Creta a Meleda, que é de 1.248 km, não pelo mar aberto, mas em meio a muitas ilhas.

A ilha de Malta era originalmente uma colônia fenícia. Ela tem cerca de 30 km de comprimento de leste para oeste, e cerca de 16 a 19 km de largura do norte para o sul. A ilha é uma imensa rocha de arenito branco, com uma camada de terra de aproximadamente 0,30 m de profundidade, levada da ilha da Sicília. O nome Melita foi dado a princípio pelos marujos fenícios, embora a derivação seja incerta. Ele pode vir de uma palavra significando "argila", sendo uma referência à argila que forma o fundo do mar ao redor da ilha que oferece tal ancoragem segura.

---

[1] Atos 27.39.
[2] Constantino, *De Admin Imper.* 36.
[3] Veja nota de rodapé nº 61 no capítulo 27.
[4] Atos 28.11.
[5] Atos 27.17.

28.1 A Igreja nos Confins da Terra

Pode vir também de uma palavra cujo sentido é refúgio" e referir-se ao abrigo que os marinheiros fenícios encontraram nessa ilha ao navegarem entre a Fenícia e o estreito de Gibraltar. Se esta última hipótese for verdadeira, então Lucas, fazendo um retrospecto da experiência, está dizendo que o nome da ilha foi bem dado, pois tanto ele como Paulo e os outros descobriram que era de fato um refúgio.

28.2 –

Os bárbaros trataram-nos com singular humanidade – Ao longo da costa toda vez que a madrugada revela uma embarcação afundando perto da praia, todos os moradores próximos correm para o lugar do naufrágio para ajudar a resgatar os sobreviventes. Os malteses talvez tivessem até observado a corrida desesperada feita pela navio em direção à praia. De qualquer modo, eles se achavam a postos em grande número na ocasião em que as pessoas do barco estavam nadando para a praia. "Nativos" é uma tradução feliz do grego *barbaroi* (algumas vezes traduzido "bárbaros") (como na SBB – N.T.). A palavra grega indica apenas que os moradores de Malta não falavam grego, latim, ou hebraico[6]. *Barbaroi* é um termo onomatopaico, indicando o som confuso de uma língua estranha para o ouvido de alguém[7]. Os gregos consideravam bárbaros todos os que não falavam seu idioma. Os egípcios, da mesma forma, consideravam todos bárbaros os que não falavam sua língua. Lucas está dizendo, portanto, que a língua dos malteses diferia daquela que os que estavam no navio costumavam falar. "Bárbaro" não indica que as pessoas da ilha eram selvagens, incultas e de hábitos cruéis, como acontece algumas vezes hoje. Os malteses e os náufragos podem ter tido dificuldade de comunicação, mas estes últimos foram recebidos cordialmente. É possível que não houvesse casas suficientes nas proximidades para receber tanta gente, mas eles fizeram o máximo para deixar confortáveis os 276 refugiados trêmulos[8].

Porque ... acolheram-nos a todos por causa da chuva que caía, e por causa do frio – Alguns acham que isto significa que a chuva só começou a cair naquela manhã. Porém, no entanto, a linguagem descreve uma chuva pesada que acompanha toda tempestade. Era uma daquelas chuvas enregelantes ou de outubro ou novembro (lembre-se de que se passaram várias semanas desde o Dia da Expiação[9]). A situação dos náufragos deve ter sido lamentável, molhados até os ossos, sem nada neste mundo além do que estavam usando, enquanto soprava um vento frio.

Acendendo uma fogueira – Seria bem difícil acender o fogo com madeira e gravetos ensopados das proximidades, e teria de ser uma grande fogueira para que 276 homens pudessem aproximar-se dela. Não seria também fácil mantê-la acesa. Os homens ficaram molhados enquanto nadavam para a praia, e a chuva que caía iria impedir que suas roupas secassem. A grande fogueira ofereceria algum calor para compensar o vento frio e lhes daria oportunidade para secar as roupas.

Acolheram-nos a todos – A palavra sugere tanto abrigo quanto hospitalidade. Eles "receberam a todos". Não fizeram distinção entre as diferentes classes (escravo, prisioneiro, livre, marinheiro) representadas pelos náufragos.

28.3 –

Tendo Paulo reunido e atirado à fogueira um feixe de gravetos – Supomos que Paulo se ofereceu para colher o combustível para o fogo. Seria necessária muita ajuda para juntar madeira suficiente para impedir que uma fogueira tão grande se apagasse. Ele tinha sido uma pessoa tão útil a bordo que pensamos que seria natural para ele juntar-se aos nativos, enquanto se espalhavam pela área em busca de mais combustível para a fogueira.

---

[6] De descendência africana ou asiática falariam o dialeto púnico. Os linguístas têm notado que o maltês moderno é um dialeto árabe, mas certas inscrições de Malta contêm termos fenícios.

[7] A palavra diz apenas que a língua era ininteligível. Compare Romanos 1.14 e 1 Coríntios 14.11.

[8] A palavra traduzida "humanidade" é a mesma de Atos 27.3 (philanthropia).

[9] Atos 27.9.

Paulo não era um pregador como muitos dos modernos "clérigos", que tomam cuidado para não sujar as mãos com trabalhos servis, e que esperam que todos estejam prontos para servi-los, enquanto preservam sua dignidade e ficam observando. Ele não ficou parado junto ao fogo que outros tinham acendido, nem permitiu que os outros o mantivessem aceso sem ajuda. Ele tomou parte, juntando gravetos junto com os bárbaros e os marujos[10].

O fato de recolher um feixe de gravetos tem sido considerado pelos críticos negativos como sendo contrário à verdade desta narrativa, desde que não se encontra mais madeira na ilha. A palavra "feixe de gravetos" só ocorre aqui no Novo Testamento – ela significa "gravetos secos" ou qualquer outro material combustível. Ela é aplicada à palha ou restolho de plantas herbáceas, bem como os galhos de árvores e, como tal, descreve exatamente a urze forte e espinhosa que ainda cresce junto à Baía de São Paulo, Lewin escreve o seguinte:

> Quando estive em Malta em 1853, fui à Baía de São Paulo na mesma época do ano em que ocorreu o naufrágio... Notamos oito ou nove pilhas de pequenos gravetos... Eles consistiam de uma espécie de urze espinhosa e evidentemente tinham sido cortados para servir de combustível para o fogo[11].

Além disso, com o correr dos anos, quando uma região se torna mais populosa, grupos de árvores (se o feixe de gravetos eram ramos de árvores) comumente desaparecem.

Uma víbora, fugindo ao calor – A cobra tinha estado adormecida e se encontrava sem dúvida num feixe de gravetos que alguém havia levado ao fogo. Quando o feixe foi colocado no fogo, a víbora sentiu o calor e saiu, prendendo-se na mão de Paulo justamente quando este lançava na fogueira o feixe de gravetos.

Que tipo de cobra era? O grego *echidna* é a forma regular para "víbora" – uma cobra muito venenosa. O veneno da víbora que habita a área mediterrânea a torna uma das mais mortais entre a família de cobras. No entanto, apenas ataca, fixa os dentes na carne por um momento e retira imediatamente a cabeça. Ela não costuma ficar pendurada, como Lucas descreve que esta fez. Desde que a cobra teve de ser tirada à força da mão de Paulo, e desde que a mordida não foi fatal, alguns tentam mostrar que esta que mordeu Paulo não era absolutamente venenosa.

> Existe uma espécie, *Coronella Leopardinus*, que parece uma víbora, e que fica pendurada quando ataca, mas não é venenosa. Outra espécie, *Coronella Austriaca*, é uma pequena cobra que depois de atacar requer alguma força para ser retirada, mas seus dentes são curtos demais para causar muito dano, e ela também não é venenosa[12].

Tal tentativa deixa passar o fato de Lucas usar a palavra comum para cobra venenosa no versículo 4, e também que a chama de "víbora"! A identificação da serpente por Lucas deve ser levada em conta, pois como Ramsay disse muito bem: "Um médico treinado na antiguidade era no geral uma boa autoridade sobre serpentes, criaturas muito respeitadas em costumes antigos"[13].

Da mesma forma que o registro de Lucas é atacado em relação ao "feixe de gravetos", também o é no que se refere à presença de uma cobra venenosa em Malta, desde que não existem hoje cobras venenosas na ilha. O fato de não mais existirem árvores em Malta não nos fez duvidar da veracidade do registro de Lucas, nem o fato de não haver mais por lá cobras venenosas hoje nos faz suspeitar dele. A ilha tem hoje uma população humana mais densa do que em qualquer outra época, o que levou à expulsão e destruição dessas criaturas pelo homem à medida que a população cresceu. Em nosso país existem áreas que eram antes infestadas por animais perigosos e cobras venenosas, mas o crescimento da população os afastou e até levou algumas espécies à extinção em certas localidades. Há uma nota interessante de Lewin sobre isto, sugerindo que

---

[10] McGarvey, *op. cit.*, p.275.
[11] Thomas Lewin, *The Life & Epistles of St. Paul* (London: Bell, 1890), Vol. 2, p. 208.
[12] Veja Willian Ramsay, *Luke the Physician* (Grand Rapids: Baker Book House, 1956), p. 63ss.
[13] Ramsay, *ibid*.

bem recentemente, em 1853, ele acredita ter visto uma víbora num feixe de gravetos perto da Baía de São Paulo[14]. Talvez há pouco mais de 100 anos, havia ainda algumas serpentes venenosas na ilha de Malta!

Prendeu-se-lhe à mão – A cobra fincou os dentes na mão de Paulo. Lenski sugere que esta foi a forma de Deus atrair todos os olhares para Paulo desde o primeiro momento na ilha.[15]

28.4 –

Quando os bárbaros viram a bicha pendente da mão dele – Lucas usa o termo geralmente empregado pelos escritores médicos (*thērion*, "criatura") para as cobras venenosas. Palavras compostas derivadas do mesmo termo são usadas para mordido por uma serpente (*thēriodēktoi*) e para um antídoto feito da carne das víboras (*thēriakē*). Algumas das traduções mais antigas têm neste ponto "criatura *venenosa*", embora não haja uma palavra no grego correspondente a "venenosa". A ideia é, porém, correta como pode ser visto pelos nomes que Lucas dá à cobra e também pela expectativa dos espectadores quanto aos resultados da mordida (versículo 6). Vários nativos viram a cobra pendente da mão de Paulo pelos dentes, e têm uma explicação já pronta para o acontecido.

Disseram uns aos outros: Certamente este homem é assassino – Eles evidentemente sabiam que era prisioneiro pelo fato de ser constantemente guardado por um soldado. É bastante improvável que continuasse algemado depois de ter nadado do navio até a praia (a não ser que as cadeias tivessem sido deixadas e os prisioneiros necessitassem agarrar-se a uma tábua, dirigindo-se à praia batendo com os pés). Considerando o cuidado zeloso que os soldados mostraram na guarda dos prisioneiros (27.42), podemos estar certos de que logo juntaram todos assim que chegaram à praia, e os mantiveram bem guardados. Os malteses então, vendo que era um dos presos, mas não conhecendo o motivo de sua prisão, de acordo com suas típicas noções pagãs e mitológicas do governo divino do mundo, concluíram precipitadamente que estavam apreciando outro exemplo da obra da Justiça, uma deusa mitológica cuja responsabilidade era providenciar para que os homens recebessem a sentença apropriada a eles. O fato de que a víbora tenha ficado presa à mão de Paulo e que ele certamente morreria, como supunham, era a prova pela qual inferiam a sua culpa.

> Por que julgaram que fosse um *assassino* em lugar de ter cometido qualquer outro crime não se sabe. Pode ser que eles supunham que ele devia ser culpado de algum crime atroz, e como o assassinato era um dos crimes mais terríveis que a pessoa poderia cometer, achavam que fosse culpado disso. É possível que, na opinião deles, quando a vingança divina caía sobre alguém, ele seria punido de modo similar à ofensa; e sendo o assassinato no geral cometido com a mão, e como a víbora havia se prendido à mão de Paulo, eles inferiram que era culpado de tirar uma vida (justamente com essa mão). Os antigos supunham que as pessoas eram muitas vezes castigadas na parte do corpo que tinha sido o instrumento do pecado.
>
> Aqueles bárbaros raciocinaram a partir de princípios originais, escritos no coração de todos os homens pela natureza, de que existe um Deus de justiça, e que os culpados serão punidos. Eles raciocinaram incorretamente, como fazem muitos, só porque haviam suposto que *toda* calamidade é um julgamento sobre algum pecado específico. Os homens frequentemente chegam a esta conclusão e supõem que o sofrimento deve estar ligado a um determinado crime, devendo ser considerado como um juízo direto do céu. Compare João 9.1-3. A proposição geral de que todo o pecado será punido em alguma ocasião é correta, mas não estamos qualificados para afirmar com relação a uma calamidade particular, que elas sempre são juízos diretos sobre o pecado.[16]

---

[14] Lewin, *ibid.*
[15] Lenski, *op. cit.*, p. 1102.
[16] Barnes, *op. cit.*, 370.

Queremos lembrar novamente o leitor que a calamidade que recai sobre alguém nesta vida não significa necessariamente que essa pessoa é culpada de algum pecado[17], nem é verdade que a justiça é sempre aplicada nesta vida.

Porque, salvo do mar – Os malteses estão pensando que foi inútil um preso escapar da morte por afogamento, pois a vingança e a justiça seguiram o culpado até receber a retribuição que lhe era devida. Paulo pode ter escapado a uma forma de castigo, mas a Justiça (a deusa mitológica) não era tão facilmente enganada, uma morte mais terrível o aguardava.

A Justiça não o deixa viver – Na mitologia pagã a "Justiça" era uma deusa, filha de Júpiter. Era dever dela tomar vingança e infligir o castigo pelos crimes cometidos. "Deixa" é passado no grego e indica que os nativos consideram Paulo como já morto. Uma mordida de uma víbora era tão certamente fatal que eles podiam falar dele como já estando morto.

28.5 –

Porém, ele, sacudindo o réptil no fogo – Essa foi uma reação bem natural. A cobra não poderá morder outra pessoa perto do fogo.

Não sofreu mal nenhum – Normalmente, depois de uma mordida de cobra, há certas precauções de primeiros socorros que se tomam para combater o veneno. Nenhuma foi tomada no caso de Paulo, nem ele começou a inchar, nem começaram a aparecer listras vermelhas subindo pelo seu braço. Jesus havia prometido aos apóstolos que eles poderiam pegar em serpentes sem prejuízo[18]. O evento que aconteceu com Paulo em Malta é frequentemente apontado como um cumprimento dessa promessa.

28.6 –

Mas eles esperavam que ele viesse a inchar, ou a cair morto de repente – Eles sabiam que a mordida de uma víbora logo produziria a morte. Eles esperavam que a mão de Paulo se inflamasse e inchasse. Este era o efeito comum da mordida da víbora. O inchaço surgiria rapidamente, pois a corrente sanguínea levava o veneno para outras partes do corpo. E achavam que Paulo cairia rapidamente morto, pois o veneno da víbora é muito rápido em seus efeitos; trabalha tão depressa que os antídotos que possuíam raras vezes podiam ser aplicados a tempo, e para todos os intentos e propósitos pode ser dito que não havia antídoto para a mordida de uma víbora.

Mas, depois de muito esperar, vendo que nenhum mal sucedia – Enquanto os malteses ficavam esperando que ele mostrasse os sintomas comuns da aproximação da morte, por causa da mordida da víbora, não aconteceu nada do que pensavam. Não houve inchaço, nem inflamação, nada. A palavra traduzida "nenhum mal" era empregada pelos escritores médicos em dois sentidos (em inglês lemos: "nada incomum" – N.T.) – "nenhum sintoma incomum" ou "nenhum resultado fatal". Hobart cita um paralelo notável desta frase de Damócrito. Ele diz que quem foi mordido por uma cão raivoso e beber um certo antídoto "não sofrerá danos" (e o termo grego é o mesmo traduzido aqui "nenhum mal[19]").

Mudando de parecer, diziam ser ele um deus – A palavra "mudando de parecer" é *metaballo*[20]; a conclusão original deles estava claramente errada. Se ele não sofreu os resultados usuais da mordida de uma víbora como todos os mortais, então deve ser mais que mortal! Não pode ser um assassino perseguido pela justiça divina; deve ser uma pessoa divina imune às coisas que podem ser fatais aos homens mortais. A razão de Paulo não ter sofrido nenhum mal é que algo milagroso aconteceu, e isto produziu uma forte impressão nos nativos de Malta. Em outra oca-

---

[17] Compare notas sobre Atos 12.23 e 14.22.
[18] Marcos 16.18.
[19] Citado em Hervey, *op. cit.* p. 319.
[20] É um termo diferente dos usados para arrependimento (*metamellomai* e *metanoeo*) que são algumas vezes interpretados "mudança de opinião".

sião, o apóstolo foi tido como um deus por ter operado um milagre: julgaram que ele era Mercúrio, o mensageiro dos deuses[21]. É possível que desta vez os malteses pensassem em um dos deuses mitológicos famosos por subjugar serpentes, nomeadamente Apolo ou Esculápio, julgando precipitadamente que Paulo era na verdade um deles. Supomos que ele teve de ensinar aos malteses que não era um deus, da mesma forma que instruiu o povo de Listra. Todavia, o que aconteceu ali na Baía de São Paulo teve uma impressão duradoura sobre aqueles indivíduos, e dentro de pouco tempo eles teriam uma noção exata sobre a sua pessoa e ministério.

28.7 –

Perto daquele lugar – Perto do lugar onde ocorreu o naufrágio. A tradição coloca as terras pertencentes a Públio em Civita Vecchia, a antiga capital de Malta, que ficava a cerca de oito quilômetros a sudeste da Baía de São Paulo.

Havia um sítio pertencente ao homem principal da ilha, chamado Públio – A ilha de Malta fazia parte da província da Sicília. Desde que a Sicília era governada por uma procurador (governador), Públio era o "legado" sob o governador siciliano. "Homem principal" era um título oficial[22], tecnicamente correto para Malta, para designar o "legado". Podemos supor que Públio tinha sido indicado para a posição de "homem principal" sobre Malta, e que morava numa propriedade perto da capital da ilha.

O qual nos recebeu e hospedou benignamente por três dias – É difícil pensar na hospitalidade de Públio como abrangendo as 276 pessoas que estavam no navio, e a omissão da palavra "todos" no versículo 2, provavelmente indica uma limitação para certos escolhidos – entre os quais estariam o centurião Júlio, Paulo, Lucas, o piloto e capitão do navio, e talvez alguns outros. Há uma boa possibilidade de Públio ser oficialmente responsável por cuidar dos soldados romanos e dos prisioneiros; mas, "benignamente" indica que o dever foi cumprido com uma atitude de generosidade graciosa. Devemos também imaginar arranjos feitos por Públio com os habitantes da ilha para alojarem os refugiados durante os meses de inverno. McGarvey sugere que muitos encontraram acomodações nas casas dos habitantes da ilha, cujos doentes foram curados por Paulo e Lucas durante sua estada de três dias na casa de Públio.

28.8 –

Aconteceu achar-se enfermo de disenteria, ardendo em febre, o pai de Públio – A palavra grega traduzida "febre" é plural, e os tradutores da NASB felizmente a interpretaram "febre intermitente". *Dusenteria* (grego) é o termo técnico comum para disenteria, sendo frequentemente encontrado nos escritores médicos. Uma combinação de febre recorrente e disenteria iria tornar o caso mais grave do que o comum, segundo Hipócrates[23]. "Malta tem há muito tempo uma febre particularmente desagradável e própria – 'a Febre Malta' – devido a um micróbio no leite de cabra"[24].

Paulo foi visitá-lo – Ao realizar este milagre vemos Paulo seguir o mesmo curso de ação de Pedro no caso de Dorcas[25]. Compare também os comentários sobre Atos 20.10 com respeito aos atos de Paulo na ressurreição de Êutico[26].

E, orando, impôs-lhe as mãos – Como sugerido antes, a oração se referia evidentemente a uma cura especial ser ou não feita nesse caso particular. Ao receber uma resposta afirmativa, o milagre se realiza quando Paulo impõe as mãos sobre o doente. Vários escritores se lembram das instruções dadas em Tiago 5.14.

---

[21] Atos 14.11ss.

[22] O termo é encontrado tanto em inscrições gregas como latinas em Malta, pelas quais tem sido determinado tratar-se de um título oficial. *Inscriptions Graecae XIV* (Berlim, 1891), p. 601; *Corpus Inscriptionum Latinarum X* (Berlim, 1883), p. 7495.

[23] Hipócrates, *Aphorismi*, VI. 3.

[24] Bruce, *op. cit.*, p. 523.

[25] Atos 9.36ss.

[26] Compare notas sobre Atos 27.10.

E o curou – Foi dado poder milagroso a Paulo, nessa ocasião, para curar o pai de Públio. Esse é o propósito claro do escritor, e este é outro caso em que o relato do milagre faz parte da essência da narrativa. É impossível afastar o elemento milagroso sem prejudicar os fatos históricos narrados por Lucas. O milagre tem sido considerado uma retribuição adequada para a hospitalidade amável de Públio. Ele teve também muito a ver com a obtenção do favor do povo na ilha, abrindo sem dúvida o caminho para pregar ao povo. Essa cura estava de acordo com a promessa feita por Jesus, registrada em Marcos 16.18. Alguns escritores fazem um esforço para mostrar que Lucas havia lido o Evangelho de Marcos antes de escrever Atos; outros insistem que Marcos viu Atos antes de escrever o seu evangelho. Duvidamos muito da primeira hipótese (pois parece que Marcos não foi escrito senão cerca de quatro ou cinco anos depois da publicação de Atos). A última poderia ser verdade, mas dificilmente consistiu no motivo para Marcos escrever como fez. Tanto Lucas como Marcos estão simplesmente relatando fatos similares. Não podemos acusar um de ter copiado o outro.

28.9 –

À vista deste acontecimento – As notícias de que Paulo, a quem as mordidas da víbora não fizeram mal, tinha curado milagrosamente o pai de Públio de sua grave enfermidade logo se espalharam pela ilha. Em consequência, todos em Malta que estavam sofrendo de qualquer mal físico foram receber tratamento adequado.

Os demais enfermos da ilha vieram e foram curados – O grego tem o artigo, "*os demais*", de onde vem a sugestão de que todos os outros doentes da ilha foram até ele. "Vieram" descreve um fluxo contínuo de pessoas, de toda a ilha, indo à propriedade de Públio para tirar proveito do dom de cura do apóstolo. A maioria dos escritores sugere neste ponto que o doutor Lucas também pôde ajudar, por causa de sua perícia médica. Duas razões são dadas para o envolvimento de Lucas, além de Paulo. Uma é a mudança de verbos aqui. A palavra "curados" no versículo 8 é *hiaomai*, enquanto "cura" aqui é *therapeuo*, o termo regular para o trabalho médico de ajuda aos doentes. Além disso, o versículo 10 indica que tanto Paulo como Lucas foram "honrados" pelo povo da ilha. Se Paulo está sendo honrado pelas suas curas, não podemos supor que Lucas está sendo igualmente honrado pelo seu trabalho como médico? Se for certo que houve tanto milagres (por Paulo) e medicina (por Lucas), esse não é, senão, mais um exemplo da verdade de que a dependência dos milagres está gradualmente cessando e a providência divina toma as rédeas, sempre que possível.

> Não podemos supor que Paulo tivesse curado os ilhéus de maneira geral, sem também mencionar o nome de Jesus. Embora Lucas não faça menção disso, devemos pensar que desde o palácio do *legado* até a mais remota aldeia na ilha, o nome e poder de Jesus [e as novas da salvação para os que cressem nele] se tornaram plenamente conhecidos durante os três meses da sua estadia[27].

Devemos imaginar o evangelho sendo pregado e almas sendo ganhas. A tradição de que Públio se tornou um dos primeiros líderes da igreja em Malta talvez seja verdadeira. Existe um outro grupo de homens na ilha que excita a nossa curiosidade. Não ouvimos mais falar dos prisioneiros a bordo do navio a caminho de Roma. Será que Paulo batizou muitos deles também? Gostaríamos de pensar que sim!

28.10 –

Os quais nos distinguiram com muitos honrarias – Pareceria correto dizer que as "honrarias" tomaram a forma de presentes. A palavra usada aqui era a comumente empregada para taxa (algumas vezes chamada *honorarium*) paga a um médico pelos seus serviços, e supomos que o doutor Lucas usou a mesma para descrever o que o povo da ilha ofertou com gratidão[28]. Claro

---

[27] McGarvey, *op. cit.*, p. 278.
[28] Compare Ecclus. 38.1. A mesma palavra traduzida "muitas honrarias" é usada para o pagamento que um presbítero devia receber, 1 Timóteo 5.17.

que não devemos imaginar Paulo cobrando das pessoas antes de realizar milagres. Tal ideia contraria tudo o que o Novo Testamento ensina. Mas os ilhéus, notando que Paulo e Lucas haviam perdido todos os seus bens no naufrágio, devem ter dado presentes atenciosos e aceitáveis a esses homens, de modo que sua roupa e bolsos foram rapidamente reabastecidos.

E, tendo nós de prosseguir viagem, nos puseram a bordo tudo o que era necessário – Além de presentes de roupas e outros bens pessoais, quando chegou a hora de partirem, os malteses os supriram com todas as provisões necessárias para seu conforto pelo resto da viagem[29]. A atenção dos nativos de Malta parece basear-se em mais do que o fato de que seus doentes foram curados. Supomos haver gratidão a Deus pela salvação levada à ilha pelos pregadores do evangelho.

    h. Em Siracusa. 28.11, 12

28.11 –

Ao cabo de três meses – Estamos em fins de fevereiro ou princípios de março do ano 61 A.D.[30]. Os três meses após o naufrágio seriam os meses de inverno em que o Mediterrâneo ficava fechado para navegação[31]. Talvez fossem na verdade várias semanas antes da abertura da estação regular de navegação (se seguirmos a declaração comumente aceita de Vegétio, como fizemos nas notas de 27.9); todavia, existe uma afirmação em Plínio o Velho no sentido de que a navegação nesta parte do Mediterrâneo começava cerca de 8 de fevereiro (quando os ventos ocidentais começam a soprar regularmente)[32]. Têm sido feitas várias tentativas para harmonizar Vegétio e Plínio, como se o primeiro falasse de navegação marítima, enquanto Plínio se referisse a navios costeiros. Se a data for anterior à abertura regular da estação de navegação, talvez os oficiais e a tripulação do navio alexandrino estivessem ansiosos para aproveitar a primeira oportunidade de seguir para Potéoli.

Embarcamos num navio alexandrino, que invernara na ilha – Tratava-se aparentemente de um dos navios da frota graneleira, o mesmo tipo do que havia naufragado[33]. Ficamos pensando se foram forçados a buscar refúgio no porto de Valeta por causa da mesma tempestade que destroçou o navio em que Paulo viajava. Uma razão dessas deve ser suposta para tê-los impedido de chegar ao seu destino em Potéoli, quando só mais três ou quatro dias eram necessários para completar a viagem.

E tinha por emblema Dióscuros – Era praxe na época colocar na proa uma imagem da pessoa ou coisa da qual o navio tinha recebido o seu nome (e algumas vezes também colocavam a figura na popa). Lucas está nos dizendo que esse navio alexandrino tinha o nome *Dioscuri* ("irmãos gêmeos")[34]. Este é outro ponto em Atos onde encontramos as ideias mitológicas da época. Segundo a mitologia, Zeus e Leda, a mulher de Tíndaro, rei de Esparta, tinham filhos gêmeos, cujos nomes eram Castor (ele era domador de cavalos) e Pólux (príncipe dos pugilistas). Depois da sua morte, conforme a fábula, por causa do seu amor fraternal, eles foram trasladados por Zeus para o céu, onde se tornaram a constelação que chamamos Gêmeos. Netuno também queria honrá-los, e lhes deu poder sobre os ventos e as ondas, de modo a poderem ajudar os mari-

---

[29] As notas sugerem que os malteses honraram especialmente Paulo e Lucas. Outros entendem que todas as 276 almas estão agora continuando sua viagem a Roma, e provisões foram feitas para todas elas por ocasião da sua partida.

[30] A seguinte informação é comparada, a fim de chegar à data aproximada do embarque de Malta: O Jejum (23 de setembro e 60 A.D.) já tinham passado – não sabemos há quanto tempo – enquanto o navio ainda se achava em Bons Portos (27.9). Seguiram os 14 dias de Atos 27:27, que leva ao fim de outubro ou início de novembro. Algum tempo depois de passarem três meses em Malta, saíram para Roma, que nos leva até perto do fim de fevereiro ou início de março.

[31] Veja notas sobre Atos 27.9.

[32] Plínio, *Natural History*, II. 122.

[33] Veja notas sobre Atos 27.6.

[34] Dióscuros é o nome grego; Gemini o latino.

nheiros que naufragassem. Castor e Pollux vieram então a ser conhecidos como deuses protetores dos marujos. O pequeno detalhe ocular colocado aqui por Lucas nos faz lembrar as contínuas provações que judeus e cristãos devem ter encontrado, ao verem sinais de idolatria em toda parte, até mesmo nos atos mais comuns da vida cotidiana.

28.12 –

Tocando em Siracusa – O navio deixou a ilha de Malta e navegou quase para o norte até Siracusa, capital da ilha da Sicília. A distância era cerca de 128 km e exigiria um dia de jornada. Os navios que iam de Alexandria para Potéoli normalmente atracavam neste porto.

Ficamos ali três dias – Os três dias podem ter sido gastos em assuntos relativos ao navio, ou, mais provavelmente, à espera de ventos mais favoráveis para continuar a viagem.

   i. Em Régio e Potéoli. 28.13,14

28.13 –

Donde, bordejando – Os Códices Sinaítico e Vaticano dizem "zarpando", e se esta for a leitura correta, entendemos que eles viajaram numa linha praticamente reta de Siracusa a Régio. Os outros manuscritos dizem que eles fizeram um caminho circular ("bordejando"), isto é, a viagem teve a forma de meio circulo, de Siracusa a Régio. Seguindo a leitura da NASB, este escritor inclina-se a supor que o vento era noroeste e que eles viajaram de Siracusa para o leste e depois para o norte até encontrarem abrigo na ponta da *bota* da Itália. Aproveitando então as sinuosidades da costa, eles viajaram contra o vento até chegarem a Régio. Como o vento noroeste continuava soprando, não puderam prosseguir através do estreito de Messina, sendo forçados a atracar em Régio.

Chegamos a Régio – Esta cidade ficava na Itália, na biqueira da *bota*, na extremidade sul do estreito de Messina. Eles tiveram de esperar em Régio por um vento propício, que os levasse através do estreito de cinco kilômetros. Mas não tiveram de aguardar muito tempo, pois esse vento soprou no dia seguinte. Os navios que iam de Alexandria para a Itália geralmente aportavam em Régio para esperar esses ventos, considerando os perigos apresentados pelo estreito.

No dia seguinte, tendo soprado o vento sul – A forma do verbo grego implica em mudança de vento. Esse vento sul era justamente o que necessitavam caso viajassem sem perigo desnecessário entre as famosas rochas de Scylla e o sorvedouro de Charybdis[35].

Em dois dias chegamos a Potéoli – Como a distância entre Régio e Potéoli é cerca de 290 quilômetros, o navio claramente estava fazendo um bom progresso diante do vento sul[36]. Potéoli, a moderna Pozzuoli[37], ficava na costa norte da Baía de Nápoles. O Cabo Misenum se estende para dentro da baía do lado oeste de Potéoli e forma um lado de uma enseada em forma de ferradura que se abre para o sul. Este era o porto para descarregar os graneleiros alexandrinos. A razão de não irem para mais perto era ser esse o porto mais próximo de Roma que podia receber navios de grande calado como esses graneleiros abarrotados.

Quando o navio entrou no porto, Paulo teria visto algumas das conhecidas belezas da baía da Nápoles. A frota imperial ancorava no Cabo Misenum e logo a oeste do cabo ficavam as ilhas de Ísquia e Procida. Para entrar na baía pelo sul, eles teriam passado a ilha de Capri. Se olhasse para o leste nesse momento, poderia ver o Mte. Vesúvio e a cidade de Pompéia ao sul do vulcão. A moderna cidade de Nápoles (nos dias de Paulo ela era chamada de Neápolis) a leste de Potéoli não passava de um pequeno povoado no primeiro século.

---

[35] Veja o mapa no fim do livro para os detalhes sobre o Estreito de Messina.
[36] Antes, na viagem, foram necessários "muitos dias" para cobrir os 240 kilômetros de Mirra a Cnido, Atos 27.6, 7.
[37] Potéoli" deriva do termo latino para as "fontes" (*putei*) que existem ali em grande quantidade. O lugar era famoso pelos seus banhos quentes e fontes de águas minerais.

28.13 A Igreja nos Confins da Terra

Desde que o povo da Itália dependia tanto dos cereais do Egito para fazer o seu pão, a chegada dos graneleiros era aguardada ansiosamente e de boas vindas. Sêneca dá descrição vibrante da chegada desses graneleiros[38]. Todos os outros navios, exceto os graneleiros deveriam arriar suas velas de joanete (*suppara* – veja as pequenas velas triangulares acima do braço principal da verga na gravura do navio na capa do livro) ao entrar no porto. Os graneleiros tinham permissão para manter as suas, a fim de apressar sua chegada, tão importante para a Itália era a carga deles. Quando um dos graneleiros surgia no horizonte, ele era imediatamente reconhecido pelas velas de joanete, e toda a população de Potéoli saía para vê-lo entrar no porto e celebrar a chegada de mais cereais de Alexandria.

28.14 –

Onde achamos alguns irmãos – Há cristãos em Potéoli! Até que ponto os ensinamentos de Jesus se espalharam através do império é indicado por notas como esta. Quem foram os evangelistas que levaram o evangelho até ali e plantaram a igreja, podemos apenas conjecturar[39]. De passagem, há uma nota interessante em Ramsay, no sentido do cristianismo ter sido introduzido em Pompéia (lembre-se de que a cidade foi destruída em 79 A.D.) e foi discutido nas ruas por tagarelas ociosos[40]. Não devemos então surpreender-nos por haver uma igreja no importante centro comercial de Potéoli. O evangelho tinha sido pregado durante algum tempo na Itália e congregações estabelecidas em muitas cidades, antes de Paulo ter sequer chegado ali.

Que nos rogaram ficássemos com eles sete dias – Esses sete dias, como aqueles de Trôade (Atos 20.6) e de Tiro (Atos 21.4) teriam incluído pelo menos um Dia do Senhor. Os irmãos convidaram Paulo a ficar com eles, para que pudessem ouvi-lo ensinar (supomos); e Paulo deveria ter ficado alegre pela oportunidade de observar a Ceia do Senhor com esses irmãos. O fato de o centurião Júlio ter consentido com tanta demora indica grande simpatia por Paulo. Talvez até aqui ele também tivesse se tornado cristão. Se não podemos atribuir o ter dado permissão a Paulo por esta razão, pelo menos podemos ver outro exemplo da bondade que mostrou ao apóstolo no início da viagem (Atos 27.3).

E foi assim que nos dirigimos a Roma – Este é um ponto em que a interpretação da KJV parece capturar melhor o sentido, pois diz: "E assim fomos em direção a Roma". Fica desse modo preservada a sequência que leva de Potéoli (versículo 14) às portas de Roma (versículo 16) com um relato dos vários encontros agradáveis na estrada entre as duas cidades[41]. Roma ficava a aproximadamente 240 quilômetros de Potéoli pela Via Ápia. A jornada os levaria de Potéoli a Capua, uma distância de 53 quilômetros. Chegariam então à Via Ápia que ia de Roma a Brundísio. Em Capua seguiram para o norte, passando por Formica (a moderna Formia), Fundi (a moderna Fondi), e em seguida a Terracina – uma distância de 91 quilômetros. Em Terracina teriam de escolher entre dois caminhos possíveis para continuar sua viagem na direção norte – a estrada circular ao redor dos Pântanos Pontine, ou um dos barcos puxados por mulas através do canal que atravessava os Pântanos. Ambos os percursos terminavam no foro de Ápio[42] ("Mercado

---

[38] Sêneca, *Epistle* 77.

[39] Nas notas do final do capítulo 18, verificamos a hipótese levantada por alguns de que Apolo era o autor de Hebreus. Os que julgam isso, sugerem frequentemente que ele escreveu o livro em Potéoli. A teoria está baseada em duas pequenas evidências. Uma delas é a frase "os da Itália" em Hebreus 13.24, que julgam não poder referir-se aos cristãos de Roma, mas poderia adequar-se aos de Potéoli. A segunda é que o destino da epístola aos Hebreus é tido (pelos que pensam ser Apolo o escritor) como sendo Alexandria (cidade de Apolo), e havia uma ligação entre essa cidade (com seus graneleiros) e Potéoli.

[40] Ramsay, *St. Paul*, p. 346.

[41] Não existe uma explicação realmente satisfatória para os versículos 14 e 16, conforme pesquisas deste autor, quando o versículo 14 é traduzido conforme a leitura da NASB. Uma tenta fazer com que "Roma", neste versículo, indique a nação de Roma, e a "Roma" do versículo 16 indique a cidade de Roma. Outra diz que depois de Lucas declarar que eles chegaram a Roma, ele retrocede para narrar uma parte excitante da viagem.

[42] Quando a palavra é "foro" ("f" minúsculo) em lugar de "Foro" ("F" maiúsculo), ela se refere a uma pequena cidade. "Foro" ("F" maiúsculo) indica o "distrito comercial e departamentos governamentais" nas cidades maiores.

de Ápio", NASB), cerca de 29 quilômetros de Terracina. A partir dali eles continuariam pela Via Ápia até chegar a Roma.

Enquanto pesquisamos a antiguidade romana para obter ilustrações que nos ajudem a ter uma ideia dos quilômetros finais da viagem de Paulo a Roma, várias delas se apresentam. Podemos pensar em Cláudio Ápio, que planejou a estrada em 312 a. C., em seu papel de censor, supervisionando a construção de parte dela, tendo a mesma recebido o seu nome, assim como o foro Ápio[43]. Poderíamos também nos lembrar de que Horácio escreveu sobre o barco de canal superlotado, com seus marujos ruidosos, o vício grosseiro, a orgia impudente e os gerentes de hotéis canalhas na pequena e desditosa cidade do foro apiano[44]. Paulo, no entanto, ao subir a estrada na direção de Roma, tem a mente cheia de pensamentos sobre como será recebido. Os irmãos de lá ficarão envergonhados dele por estar preso? A oportunidade de pregar em Roma e compartilhar com os cristãos seus conhecidos será bastante reduzida ou inteiramente proibida? Entrar em Roma como prisioneiro não era exatamente a forma prevista por Paulo quando lhes escreveu há alguns anos, sobre o seu desejo de visitá-los e ser então ajudado por eles ao partir para um campo novo de evangelismo[45].

"E foi assim que nos dirigimos a Roma", escreve Lucas, significando "depois da visita de sete dias com os irmãos de Potéoli". A longa jornada que começou com o ataque dos judeus asiáticos que quase o mataram, que incluiu dois anos de prisão em Cesaréia e os perigos da tempestade e naufrágio, ia levar mais uns poucos dias, e então estariam lá. Sem dúvida, os corações de Paulo e Lucas batiam mais rápido ao começarem a última etapa da viagem a Roma.

j. No mercado de Ápio e Cidade das Três Vendas. 28.15

28.15 –

Tendo ali os irmãos ouvido notícias nossas – Os sete dias em Potéoli foram suficientes para que notícias chegassem a Roma, avisando que o apóstolo já estava na Itália e, portanto, logo estaria na cidade. Se nossa declaração sobre as viagens de Aristarco é correta[46], eles já estavam há algum tempo à sua espera. Chega agora um mensageiro de Potéoli informando que ele está se aproximando. Dois grupos diferentes de cristãos romanos imediatamente se dirigiam para o sul pela Via Ápia, a fim de encontrar Paulo e escoltá-lo de volta a Roma. Entre esses "irmãos" esperaríamos encontrar Áquila e Priscila e alguns dos outros cristãos chamados pelo nome no capítulo 16 de Romanos – Epêneto, Andrônico e Júnias, os da casa de Narciso e outros. Desde que receberam a epístola aos Romanos pelas mãos de Febe, eles estavam aguardando a sua visita. Alguns não podem esperar para vê-lo e então se apressam pela estrada, a fim de encontrar-se mais depressa com o apóstolo amado.

Vieram ao nosso encontro até à Praça de Ápio e às Três Vendas – A prática de andar alguns quilômetros para ir ao encontro de alguém que desejavam honrar era comum[47]. Um grupo de cristãos chegou até a praça de Ápio, cerca de 72 quilômetros de Roma; o outro grupo chegou até às três Vendas, a 53 quilômetros de Roma. Havia uma razão óbvia para um grupo não passar da praça de Ápio, pois não sabiam se Paulo viria pelo canal ou pela estrada. O foro de Ápio era um lugar conveniente para os viajantes na Via Ápia pararem para se refrescar (por isso é chamado "Mercado de Ápio"). No dia em que os cristãos de Roma e Paulo se encontraram ali, a cidadezinha miserável, notória por sua devassidão geral, foi a cena de uma reunião de oração, com ações de graças e louvores transbordando de corações jubilosos.

"Três Hospedarias" é uma interpretação melhor do nome da outra cidade do que "Três Tavernas" nas versões mais antigas. "Taverna" dá uma conotação errada. O termo latino "taverna"

---

[43] Livy, IX.29.
[44] Horácio, *Odes*, III. 29. 62-64.
[45] Atos 19.21 e Romanos 15.23.
[46] Veja notas sobre Atos 27.2.
[47] Josefo, *Antiguidades*, XVII. 21. 1; Tácito, *Annals*, III. 5; Cícero, *pem defensa de Sesstius* 63; contra *Pison* 22.
[48] Seria necessário acrescentar um adjetivo como *diversoria* ou *cauponaria* antes que *Tabernae* significasse "taverna" no sentido atual da palavra.

28.15　A Igreja nos Confins da Terra

tem um sentido diferente daquele no inglês. Em latim ele significa "loja de qualquer tipo[48]". (Três Vendas" na SBB – N.T.) Três Vendas era um pequeno povoado nos dias de Paulo, perto da moderna Cisterna.

Vendo-os Paulo, e dando por isso graças a Deus, sentiu-se mais animado – As palavras implicam numa tendência anterior à ansiedade e ao desânimo. Fazia algum tempo que Paulo não tinha qualquer notícia dos irmãos de Roma. Os amigos a quem se dirigira na carta aos Romanos o acolheriam, ou ele teria de entrar em Roma como um criminoso, sem ninguém para escoltá-lo senão os soldados sob o comando de Júlio? Esses discípulos romanos continuavam firmes na fé, ou as perseguições os teriam expulsado de suas casas, ou os judaizantes (sobre os quais o apóstolo os tinha prevenido na carta aos Romanos) tinham pervertido as suas crenças? A chegada dos irmãos de Roma deu a essas perguntas uma resposta completa e satisfatória e Paulo continuou a viagem cheio de esperança.

5. *Primeira Prisão de Paulo em Roma. 28.16-31*

　　a. Paulo chega a Roma. 28.16

28.16 –

Uma vez em Roma – Lucas acompanhou Paulo desde Potéoli até Roma. Isto é visto no uso do pronome "nos" (no texto grego primeira pessoa plural). Partindo de Três Vendas, viajando pela Via Ápia, eles chegariam a Arica (agora Arícia), onde provavelmente teriam parado para passar a noite. Ao se aproximarem da cidade de Roma, Via Ápia teria apresentado a Paulo e Lucas alguns dos aspectos que são ainda mostrados aos visitantes modernos de Roma. Havia os marcos de milhas, os túmulos majestosos, (um exemplo dos quais é a tumba de Cecília Matella, esposa de Crasso) alinhados dos dois lados da estrada, dando ao visitante a sensação de andar através de um extenso cemitério. A seguir teriam passado pelo cemitério dos judeus de Roma, a leste da Via Ápia (o qual foi descoberto e explorado nos últimos 100 anos). Também a leste ele podia ver o começo das catacumbas onde tempos depois os cristãos, que não queimavam seus mortos e que foram excluídos do cemitério dos judeus, colocavam seus entes queridos para dormir em paz e aguardar a ressurreição final. Continuando a viagem, eles veriam através de 800 metros de terras planas, a oeste, a pirâmide de Caio Cesto perto da Porta Óstia[49]. A seguir teriam passado pela Porta de Ápia (também chamada de Porta di S. Sebastian) que atravessa a parte externa dos dois muros ao redor da parte sul da cidade de Roma. Andando em direção ao centro da cidade, eles teriam passado através do Arco de Druso, chegando depois à Porta Capuana (Porta Capena) que atravessa o muro interno. À direita, uma vez passada essa porta teriam visto o Monte Caelian elevando-se acima deles. À esquerda, ficava o Circo Máximo (onde dentro de poucos anos muitos cristãos iriam morrer ao serem destroçados pelos leões). Imediatamente à sua frente se achava o Monte Palatino, com o Palácio dos Césares coroando o seu topo. Logo adiante deste monte ficava o Foro Romano.

É útil dar alguma atenção neste ponto ao que aconteceu a Lucas e Paulo. Quanto a Lucas, esta é ultima vez em Atos que lemos "Nós". Isto significa que Paulo e Lucas se separaram por algum tempo. Lucas não saiu de Roma, como compreendemos pelo fato de que ele está presente com Paulo quando as cartas a Filemom e à igreja de Colossos foram escritas[50]. Essas cartas, segundo todas as indicações, foram escritas durante este primeiro período de prisão em Roma. Uma vez separados, o que aconteceu a Paulo?

A leitura da KJV neste ponto é: "Uma vez em Roma, o centurião entregou os prisioneiro ao Capitão da Guarda (*stratopedarchē*), mas foi permitido a Paulo morar sozinho com um soldado que o guardava". Esta leitura é apoiada tanto pelo texto bizantino como pelo Ocidental, sendo

---

[48] Seria necessário acrescentar um adjetivo como *diversoria* ou *cauponaria* antes que *Tabernae* significasse "taverna" no sentido atual da palavra.

[49] Consulte o mapa de Roma no final deste volume e localize os lugares indicados nas próximas sentenças.

[50] Filemom 24; Colossenses 4.14.

um caso em que os detalhes podem estar certos. Mas, quem é o "Capitão da Guarda"? (1) Ele pode ser o "capitão dos Peregrinos". Um manuscrito latino antigo (Gigas) diz que os prisioneiros foram entregues ao *princeps peregrinorum*. Os peregrinos, como aprendemos, era o grupo de oficiais-correio que ajudavam César a se manter em contato com suas distantes legiões[51]. O quartel dos Peregrinos e o lugar em que moravam durante a estadia em Roma entre missões, ficava no Monte Caelian. A favor desta interpretação pode ser dito que a Velha Latina foi trabalho de um tradutor que, por ser romano, tinha presumidamente conhecimento exato e usou o termo técnico correto para traduzir a palavra *stratopedarchē* usada por Lucas (?). Dois problemas existem quanto a esta interpretação: (a) não há evidência clara do título *princeps peregrinorum* antes da reorganização por Sétimo Severo (c. 200 A.D.) e (b) há evidência de que prisioneiros das províncias eram entregues aos cuidados do *praefectus praetorio*[52]. (2) Ele pode ser o "Capitão da Guarda Pretoriana". Esta é a interpretação preferida da maioria dos escritores. O capitão da guarda pessoal de César, os homens que protegiam o palácio de César no Monte Palatino, seria o homem naturalmente indicado para receber tanto prisioneiros como Paulo, que apelaram a César, como os demais prisioneiros, alguns dentre os quais têm sido condenados a morrer no Circo Máximo. O fato do grego ser definido, "*o capitão*", tem sido julgado também significativo, desde que havia geralmente dois prefeitos (capitães) na Guarda Pretoriana. Entre os anos 51 e 62 A.D. só havia um prefeito, cujo nome era Afriano Burro[53]. Antes e depois dessa época existiam os dois prefeitos usuais. Se pudermos confiar no texto bizantino[54], a maneira como Lucas fala de "*o prefeito*" pode ser muito bem aceita como uma indicação de tempo, fixando a data da chegada de Paulo a Roma. O alojamento pretoriano, onde os outros prisioneiros ficariam, se encontrava a nordeste da cidade, fora da Porta Viminalis.

Foi permitido a Paulo morar por sua conta – Paulo era tratado de maneira diferente dos outros prisioneiros. Em lugar de ser colocado na prisão militar usual, foi-lhe concedida a cortesia incomum de morar onde lhe aprouvesse, sem qualquer restrição além de um único soldado para guardá-lo. Como isto se explica? Paulo não foi um prisioneiro ordinário, levado a Roma para divertir as multidões sedentas de sangue, lutando com feras selvagens ou com os gladiadores no Circo Máximo. Ele chegou como um romano não condenado, que havia apelado a César. A apresentação do seu caso na carta de Festo, assim como uma recomendação de Júlio quanto à conduta de Paulo na viagem a Roma, devem ter contribuído para as facilidades que recebeu. Paulo retirou-se primeiro para a casa de um amigo (versículo 23, talvez a casa de Áquila e Priscila?), e mais tarde alugou um apartamento para si (versículo 30). Muitos escritores sugerem que o apóstolo teria sua residência no bairro judeu da cidade, a oeste do rio Tibre. Por outro lado, a tradição indica um local agora coberto pelo vestíbulo da igreja de Sta. Maria Maior, situado na junção da Via Lata e do Corso, como o local de sua habitação alugada. O fato de essa localização fazer parte da Via Flamínia nos dias de Paulo e ter sido indiscutivelmente ocupada por arcos e edifícios públicos, mostra que ela pode ser posta em dúvida.

Tendo em sua companhia o soldado que o guardava – O arranjo em que ele ficava acorrentado a um soldado, mas tinha liberdade para morar em uma casa de sua escolha, era tecnicamente chamado *custodia libera*. Paulo fala de sua "cadeia",[55] de ser um "prisioneiro[56]", "um embaixador em cadeias[57]". Podemos supor que houvesse revezamento da guarda. Cada guarda tinha de ouvir Paulo falando aos que o visitavam. Desta maneira as cadeias do apóstolo e a história dos seus sofrimentos por causa de Cristo, teriam sido levadas ao conhecimento de toda a guarda pretoriana[58].

---

[51] Veja notas sobre Atos 27.1.   [52] Trajano, *ad Pliny*, 57.   [53] Tácito, *Annals*, XII. 42. 1.
[54] A cláusula inteira não se encontra nos Códices *Aleph*, A, B, nem na Siríaca ou Vulgata, nem nas edições mais críticas do texto grego; portanto devemos então ser cuidadosos quanto à ênfase colocada nas ideias contidas na mesma.
[55] Atos 28.20.   [56] Efésios 3.1; 4.1.
[57] Efésios 6.20; Filipenses 1.7, 13, 17; Colossenses.4.18.   [58] Filipenses 1.13.

b. Paulo prega aos judeus. 28.17-29

28.17 –

Três dias depois – Mal havia se estabelecido em sua residência temporária, Paulo começou suas atividades missionárias. Vemos aqui um homem, talvez no início dos seus sessenta anos, andando em uma velocidade que seria difícil a muitos jovens acompanharem. Nessas poucas horas após a sua chegada ele renovou os contatos com seus velhos amigos e irmãos que haviam sido solicitados há mais de três anos para se esforçarem com ele em oração a Deus, a fim de que pudesse ir vê-los[59]. Bem, ele havia chegado, mas de modo bem diferente do que esperava. Em vez de apresentar-se como um homem livre, com possibilidade de andar pelas ruas da cidade, fazer visitas às casas e argumentar nas sinagogas, tinha sido encaminhado entre filas de soldados e apresentado às autoridades como um prisioneiro aguardando julgamento. E agora estava sendo mantido sob guarda militar dia e noite. Talvez não pudesse ir até eles, mas nada impedia as pessoas de irem visitá-lo. Os seus velhos amigos na cidade imperial podiam ser seus braços e pernas, a fim de aproximar-se das massas na cidade que precisavam do evangelho. De acordo com a sua prática regular de pregar primeiro aos judeus[60], Paulo imediatamente se esforça para contatá-los, começando com seus líderes.

Ele convocou os principais dos judeus – A expressão "principais" incluiria os administradores e anciãos das sinagogas (havia nada menos que sete sinagogas em Roma), e os chefes das principais famílias judias que tinham se estabelecido em Roma[61]. O fato de haver judeus na cidade surpreende alguns que, lembrando-se do édito de Cláudio que bania os judeus da cidade[62], supõem não haver mais uma população judia vivendo lá. Mas esse édito tinha expirado e agora, dez anos mais tarde, os judeus tinham voltado e se estabelecido em suas antigas moradias do lado oeste do rio Tibre. Parece, no entanto, quando ouvimos o que os líderes judeus dizem a Paulo (nos versículos abaixo), que a igreja não tem feito nenhum contato significativo com eles. Isto é compreensível, pelo menos do ponto de vista judeu. Se haviam sido expulsos por causa de constantes conflitos sobre "um certo Cristo", uma vez que voltassem à cidade não se apressariam em ouvir nada a respeito do Cristo, a fim de não serem novamente expulsos.

E, quando se reuniram, lhes disse – Supomos que alguns dos amigos de Paulo serviram como mensageiros para levar o convite aos líderes judeus. Eles aceitaram, chegaram ao lugar onde Paulo se encontrava e o apóstolo começa então a ensinar.

Varões irmãos – Ele usa a mesma saudação que empregou ao dirigir-se aos líderes de Jerusalém, Atos 23.1. Ao examinar essa palestra, podemos ver que ela se preocupa principalmente em mostrar que, embora Paulo seja um prisioneiro, ele na verdade não é culpado de qualquer crime. O apóstolo tinha várias razões para estabelecer sua inocência aos olhos deles. Uma é que a não ser que faça isso, dificilmente os líderes judeus e o povo iriam prestar qualquer atenção a sua mensagem sobre Cristo. Outra razão é não querer que os judeus de Roma façam alguma pressão sobre os líderes do governo contra ele, como haviam feito em Cesaréia.

Nada havendo feito contra o povo ou contra os costumes paternos – O "eu" é enfático no grego (a leitura no original inglês é: "Nada havendo *eu* feito... N.T.) A preocupação principal de Paulo era justificar-se, a fim de obter atenção para o evangelho mais tarde. Pode estar preso, mas insiste em não ter feito nada para receber tal tratamento, seja contra o povo judeu[63] ou em violação dos costumes observados pelos judeus há gerações[64]. Ele insinua com essas palavras que

---

[59] Romanos 15.24, 30-32.
[60] Romanos 1.16.
[61] Josefo usa a expressão "principais" para indicar todos os líderes de um bairro ou distrito.
[62] Atos 18.2.
[63] Veja notas sobre Atos 24.14-16, 20, .21; e 25.8.
[64] Veja notas sobre Atos 6.14 e 21.21.

os judeus da Judéia tiveram algo a ver com sua prolongada prisão. Ele seria sem dúvida um homem livre se eles não tivessem feito pressão sobre as autoridades romanas. É verdade também que as próprias autoridades foram parcialmente culpadas de não libertar Paulo quando deviam. Paulo está basicamente desmentindo a substância dos rumores que se espalharam a seu respeito, conforme informação de Tiago[65].

Contudo vim preso desde Jerusalém, entregue nas mãos dos romanos – Este é um breve resumo dos acontecimentos registrados em Atos 21.30ss feito por Paulo.

28.18 –

Os quais, havendo-me interrogado – Paulo resume aqui o procedimento judicial que teve lugar sob Félix e Festo. É possível que Lucas inclua apenas uma abreviação de um esclarecimento bem mais longo de Paulo quanto a tudo que tinha acontecido entre sua prisão no templo e seu apelo ao imperador.

Quiseram soltar-me – Essa palavras são exatas quanto à atitude de Festo e Agripa[66], os quais decidiram que ele poderia ter sido solto, caso não tivesse apelado a César. Elas talvez se aplicassem também a Félix que, conforme ficamos sabendo, deixou Paulo preso para agradar os judeus[67].

Sob a preliminar de não haver em mim nenhum crime passível de morte – Nenhum magistrado romano da Judéia, nem Lísias, nem Félix, nem Festo, nem Agripa II, jamais condenou Paulo. Eles não encontraram qualquer culpa das acusações dos judeus no réu. Paulo fez uso da mesma expressão concernente a Jesus, ao falar aos judeus em Antioquia da Pisídia[68].

28.19 –

Diante da oposição dos judeus – O veredito das autoridades romanas em cada caso inocentou Paulo de qualquer crime passível de morte ou prisão. Elas queriam libertá-lo, mas os judeus fizeram "oposição", diz Paulo, usando um termo brando para descrever a amarga animosidade contra ele. Quando acrescentamos este detalhe (que não foi especificamente declarado) ao registro do capítulo 25, podemos compreender o que se passava na mente de Festo quando propôs irem para Jerusalém para um julgamento. Festo havia aparentemente decidido libertar o prisioneiro (como declaramos nas notas ali); mas os judeus reclamaram tanto que sua proposta em Atos 25.9 foi feita em consequência da oposição deles, num esforço para conciliá-los, ou encontrá-los na metade do caminho.

Senti-me compelido a apelar para César – Há ênfase na palavra "compelido", "senti-me *compelido* a apelar para César", diz Paulo[69]. O apelo a César desagradava os judeus, pois era uma forma de afastar-se do seu tribunal "religioso" e pedir a um juiz pagão que se dedicasse ao seu caso. Era uma rendição da independência judia em questões religiosas. Paulo enfatiza então que foi *compelido* a apelar para César. Tratava-se de algo inevitável, sendo porém, o único meio de não ser entregue a um tribunal preconceituoso (o Sinédrio) ou às conspirações para o seu assassinato (como Atos 25.3).

Não tendo, porém, nada de que acusar minha nação – Com essas palavras, Paulo está assegurando à sua audiência judia que ao ser ouvido o seu caso por César ele não dirá nada inflamado contra os judeus, pois isso só faria o governo criar mais problemas para eles. Ele conhecia os sentimentos anti-semíticos que estavam quase sempre logo abaixo da superfície no mundo do primeiro século. Ele conhecia os maus tratos que seu povo tinha sofrido em Roma, e sabia que em várias ocasiões eles tinham sido banidos de suas casas nessa cidade. Paulo não imitaria o comportamento de muitos apelantes antes dele, fazendo acusações contra os judeus. Só estava

---

[65] Atos 21.21, 28.
[66] Atos 26.32.
[67] Atos 24.27.
[68] Atos 13.28.
[69] Para o apelo de Paulo a César, veja Atos 25.8-11.

interessado em estabelecer sua inocência. Paulo falou com bondade e cortesia aos judeus de Roma sobre a oposição dos judeus da Judéia contra ele. O apóstolo faz uso de palavras e frases da conciliatórias, tais como "irmãos", "nosso povo", "nosso pais", "a esperança de Israel" e "não tendo porém nada de que acusar . . . ". Ele demonstra aquela doçura e falta de retaliação que Jesus espera de seus seguidores ao falar que não abrigava sentimentos negativos para com os que lhe tinham feito mal.

28.20 –

Foi por isto que vos chamei para vos ver e falar – Paulo compartilha agora com eles a razão exata de seu convite para irem falar com ele. Ele queria ficar a salvo de quaisquer falsos relatórios enviados a Roma ou que os judeus que foram de Roma a Jerusalém pudessem ter ouvido sobre ele ali. Paulo é um prisioneiro em cadeias. É preciso explicar o motivo da sua prisão de modo satisfatório antes que eles sequer pensem em dar ouvidos ao evangelho.

Porque é pela esperança de Israel que estou preso com esta cadeia – Esta não é a primeira vez nesses capítulos finais de Atos que ouvimos este refrão; ele foi dito pelo menos duas vezes em ocasiões anteriores[70]. Paulo enfatiza com esta expressão que a mensagem proclamada por ele, longe de destruir as crenças e costumes preservados por Israel, era o seu cumprimento divinamente indicado. Até que ponto a audiência judia permitiu que ele se demorasse nessa declaração antes de responder à necessidade dele defender-se, não podemos dizer. Em outro dia, quando voltarem, Paulo terá oportunidade para explicar que aquilo que julgam futuro, ele sabe que já aconteceu. Ou seja, que o Messias veio, estabeleceu o seu reino e oferece agora vida e imortalidade para todos. Toda esta apresentação foi calculada para ganhar a simpatia dos líderes judeus. Não era incomum que os judeus fossem perseguidos, especialmente pela esperança que abrigavam em seus corações. Paulo fala até de "esta cadeia" para mostrar que está compartilhando a experiência comum de muitos judeus. De passagem, a menção de "cadeia" no singular concorda com o fato declarado no versículo 16 de que ele foi confiado à guarda de um único soldado.

28.21 –

Então eles lhe disseram – Depois de ouvir a explicação de Paulo sobre a sua situação, alguns deles falaram e lhe asseguraram não possuir muita informação a seu respeito; também nenhuma informação oficial contra ele lhes havia chegado às mãos.

Nós não recebemos da Judéia nenhuma carta que te dissesse respeito – "Cartas" (no inglês é plural – N.T.) deriva do grego *grammata* e neste caso deve significar "documentos oficiais" do Sinédrio, contendo acusações contra Paulo. Eles não dizem que nunca ouviram falar do apóstolo ou da sua religião; o que afirmam é que acusações oficiais têm sido enviadas contra ele pelo Sinédrio para as comunidades judias em outros lugares para informar-lhes de decisões oficiais ou adverti-las de desvios doutrinários ou professores a serem evitados. À primeira vista, pode parecer surpreendente que não fossem enviadas cartas sobre Paulo, antes ou depois de sua partida de Cesaréia para Roma. Durante os dois anos de sua prisão, podemos supor que os judeus da Judéia se sentissem seguros ao pensar que se o apóstolo fosse algum dia liberto da custódia e proteção romana, não iria muito longe antes de ser morto, não enviando então cartas de advertência às sinagogas. Quando finalmente apelou para César, a estação de navegação já ia adiantada e seria difícil para os judeus fazerem uma carta chegar a Roma antes que o próprio Paulo chegasse ali.

Também não veio qualquer dos irmãos que nos anunciasse ou dissesse de ti mal algum – Paulo acaba de explicar a esses líderes judeus o que lhe aconteceu nos dois últimos anos, inclusive as acusações feitas contra ele pelos judeus da Judéia. Os líderes agora asseguram a Paulo que ninguém tem chegado da Judéia para falar contra ele nesse sentido. Deve ser novamente notado que os judeus não disseram que nada haviam ouvido sobre Paulo, mas que dentre os que

---

[70] Veja notas em Atos 23.6 e 26.6, 7.

vieram nenhum falou qualquer "mal" dele. Os que falaram haviam claramente ouvido o suficiente sobre o prisioneiro para identificá-lo com os cristãos (versículo 22). Supomos ainda que os que falaram de Paulo aos judeus de Roma tinham chegado antes do seu apelo a César, pois o apóstolo chegou em um dos primeiros barcos a aportar na Itália nessa estação de navegação.

28.22 –

Contudo, gostaríamos de ouvir o que pensas – Isto é, 'embora nada ouvíssemos que pudesse invalidar as suas declarações sobre a causa da sua prisão, Paulo, já ouvimos sobre a religião que vem pregando'. A palavra "gostaríamos" significa literalmente "julgamos certo". "O que pensas" (o seu ponto de vista) não deve ser entendido como significando que Paulo ensinava um "ponto de vista" especial do cristianismo, diferente do ensinado por Pedro ou João, por exemplo. Mas o cristianismo diferia das ideias mantidas pela sinagoga e pelos líderes da comunidade judia em Roma. Esses líderes judeus estão sendo muito francos e justos no seu tratamento com Paulo. Querem ouvir o próprio Paulo a fim de tomarem a sua decisão, em lugar de serem influenciados simplesmente pela palavra e opinião de outros.

Porque, na verdade, é corrente a respeito desta seita – Sobre "seita" veja notas a respeito em Atos 24.5, 14. Paulo não considerava o cristianismo uma "seita" como faziam os judeus. Este não era para ele uma fragmentação da religião judaica, mas o cumprimento legítimo de toda a sua religião; o antigo previa este novo; as esperanças do antigo se concentravam justamente no Messias que ele estava pregando. Paulo tinha introduzido este assunto com a sua referência à "esperança de Israel"; e agora os judeus dizem: "Queremos ouvir o que tem a dizer sobre o Messias prometido ter vindo e estabelecido o Seu reino".

Que por toda parte é ela impugnada – O contexto nos leva a supor que os líderes judeus indicaram que o cristianismo era contestado pelos *judeus*. Não é difícil ver como isto aconteceria entre os judeus de Roma. Se o édito de Cláudio foi devido a um distúrbio a respeito de Cristo, uma vez que o mesmo expirasse, os judeus que tivessem voltado iriam dizer uns aos outros que tomassem cuidado com esses cristãos, a fim de não serem banidos novamente[71]. O cristianismo era também refutado fora de Roma pelos judeus. Os peregrinos que iam de Roma a Jerusalém para a festa ouviriam rumores. A linguagem usada por Tértulo ao chamar os cristãos de "*seita dos nazarenos*" indica claramente que esse era um nome usado com desprezo pelos judeus para os cristãos[72]. De fato, os líderes judeus de Roma poderiam saber que o cristianismo tinha má fama entre os judeus.

Existe igualmente a possibilidade de que "por toda parte é ela impugnada" se aplique ao que muitos gentios pensavam sobre o cristianismo. Registros quase contemporâneos da primeira prisão de Paulo em Roma mostram algumas das coisas que os gentios estavam dizendo sobre os cristãos. Quando estes estão sofrendo sob Nero, Tácito os descreve como mantendo "uma detestável superstição", sendo culpados de "crimes atrozes e vergonhosos, condenados pelo ódio da humanidade"[73]. Ao falar da mesma perseguição geral, Suetônio escreve que os cristãos são "uma raça de homens que mantêm uma superstição nova e criminosa[74]". Alguns anos depois dos dias de Paulo, surgiram calúnias – histórias de Tiestean (i.e., canibal) e orgias licenciosas[75] – contra os cristãos e que talvez até na época de Paulo fossem sussurradas por homens perversos de ouvido em ouvido. Os cristãos já seriam conhecidos como adorando Alguém que tinha sido crucificado. De acordo com este fato, o nome *Asinarii* ("adoradores de asnos") usado para os cristãos nos dias de Tertuliano, conforme pensam alguns, já lhes era dado pelas massas desdenhosas. Esse título tinha sido dado antes aos judeus[76], mas a evidência mostra que ele veio a ser aplicado

---

[71] Não há nada nesta declaração que poderia ser tomado como prova de que não houvesse uma igreja cristã em Roma nesta época. Tanto a epístola dirigida aos Romanos e a palavra "irmãos" em Atos 28.15 indicam que havia tal igreja ali antes da chegada de Paulo.
[72] Atos 24.5.
[73] Tácito, *Annals*, XV. 44.
[74] Suetônio, *Nero*, c. 16.
[75] Compare notas sobre Atos 20.8.
[76] Josefo, *Contra Ápio*, II. 7.

também aos cristãos. Uma caricatura de um convertido cristão chamado Alexâmeno, ajoelhado diante de uma figura pendurada numa cruz (a figura de um homem com a cabeça de asno) tem esta inscrição: "Alexâmeno adora o seu deus"[77]. Se os cristãos eram ridicularizados na época de Tertuliano por adorarem um Deus crucificado, talvez o fossem também na de Paulo.

Se esses judeus importantes de Roma agissem como muitos fazem agora, teriam recusado ouvir Paulo por causa das coisas negativas ditas em toda parte sobre essa "seita". Mas o fato de terem obtido informação prejudicial de segunda mão não impediu que ouvissem Paulo de primeira mão. Talvez tivessem evitado muitos contatos com os cristãos desde que os judeus haviam voltado a Roma, mas a maneira gentil como o apóstolo os convidou para a sua casa, além de suas palavras conciliatórias, os levaram a um sentimento mais positivo. Será que podemos aprender de Paulo como abordar pessoas que ficaram com preconceitos por causa daqueles que estiveram na cidade antes de nós – a fim de que o evangelho possa ser ouvido?

28.23 –

Havendo-lhe eles marcado um dia – Antes dos judeus partirem naquele primeiro dia, concordaram com Paulo numa data adequada para todos em que voltariam para ouvir atentamente o Evangelho. A explicação dele sobre a sua prisão havia sido satisfatória aos judeus e por isso não hesitaram em ouvir sua explanação sobre a esperança de Israel.

Vieram em grande número ao encontro de Paulo na sua própria residência – Este é um dos pontos em que encontramos evidência de Paulo estar hospedado na casa de alguém (compare as notas de 28.16), pois a palavra "residência" aqui é a mesma usada em Filemom 22 sobre um lugar em que um hóspede é recebido[78]. Áquila e Priscila já voltaram a Roma[79]; seria natural que eles compartilhassem um quarto com seu velho amigo e irmão em Cristo. O grego para "grande número" é um adjetivo comparativo, significando uma audiência maior do que poderia ser esperada. Talvez os "principais" tenham feito alguma propaganda, anunciando até nos serviços da sinagoga a oportunidade para ouvir Paulo.

Então, desde a manhã até a tarde, lhes fez uma exposição – "Expor" é um verbo que já tivemos antes em Atos[80]. Neste caso, como antes, ele implica em uma explicação detalhada e abrangente. As evidências do cristianismo foram estudadas e discutidas. Lucas não nos dá mais que uma ideia mínima das coisas discutidas naquele dia ou das evidências apresentadas por Paulo aos judeus. Supomos que Paulo usou a mesma linha de argumento que vimos antes no livro de Atos[81], que é também apresentado em mais detalhes em algumas das epístolas de Paulo, a saber, Romanos, Gálatas e Hebreus.

Em testemunho do reino de Deus – Deveria estar inclusa uma explicação de como a igreja é o cumprimento das profecias de uma reino vindouro[82]. Estariam igualmente incluídas as grandes doutrinas da justificação, santificação e glorificação através de Jesus Cristo[83]. Ao falar do "reino de Deus", Paulo não estaria se referindo a qualquer das noções carnais mantidas por muitos judeus, mas indicaria a natureza espiritual do reino (como acontece em todo o livro de Atos, com exceção de Atos 14.22, onde a referência é à igreja triunfante).

Procurando persuadi-lo a respeito de Jesus – "Persuadir" (*peitho* em grego) sugere que ele estava argumentando com eles, tentando convencê-los de que Jesus de Nazaré era o Messias que a Lei e os Profetas esperavam. Paulo não quer só convicção, mas obediência[84].

---

[77] Tácito, *History*, V. 4; Tertuliano, *Apology*, c. 16.

[78] Deve ser observado que a palavra para "residência" aqui é diferente da usada para a habitação de Paulo no versículo 30. Embora não seja possível mostrar com certeza absoluta que as duas falam de lugares distintos, esta é a primeira ideia surgida como explicação do motivo para o emprego de dois termos diferentes.

[79] Romanos 16.3.   [80] Atos 11.4; 18.26.   [81] Atos 13.17ss; 17.2ss; 26.22ss.

[82] Compare Daniel 2.44, as notas sobre Atos 1.3; e o Estudo Especial Nº 1.

[83] Romanos 3.8; Atos 2.16ss; 2.25ss; 2.34ss; 3.22ss; 4.25ss; 8.23ss; 13.13ss; 26.23.

[84] Veja notas sobre *peitho* no Estudo Especial Nº 16.

Tanto pela Lei de Moisés, como pelos profetas – Paulo certamente se esforçou para provar a eles que o evangelho de Cristo era o cumprimento legítimo e necessário da religião de Israel, da história e profecia do Antigo Testamento. O seu texto era o volume inteiro da Escritura hebraica, interpretada pelos eventos do advento, paixão e triunfo de Jesus de Nazaré. As mesmas passagens do Antigo Testamento que foram mencionadas várias vezes em Atos[85], teriam sido estudadas, assim como outras. Podemos imaginar que ele apelou para as ordenanças, sacrifícios, sacerdócio e profecias da dispensação mosaica, em seu significado como elementos preparatórios para a vinda de Cristo. Da mesma forma que Jesus havia feito com dois homens na estrada de Emaús[86], e com os discípulos do cenáculo[87], Paulo começa agora com Moisés e os Profetas e expõe para eles todas as coisas relativas a Jesus.

Desde a manhã até à tarde – Esta sentença vem no final da frase no inglês – N.T.). Estaríamos provavelmente errados ao supor que Paulo foi o único a falar durante todo dia. Em lugar disso, devemos imaginar perguntas e respostas, seguidas de novos ensinos, e apelos feitos a outras passagens do Antigo Testamento. Cada proposição era apoiada por um apelo aos versículos apropriados das Escrituras. Se a reunião parece longa, devemos nos lembrar de que aquelas pessoas não estavam presas ao relógio como nós, e que o tema em discussão tinha a ver tanto com o tempo como com a eternidade. A audiência permitiu a Paulo tempo suficiente para expor-lhe todos os seus ensinamentos em algum detalhe.

28.24 –
Houve alguns que ficaram persuadidos pelo que ele dizia; outros, porém, continuaram incrédulos – O evangelho fez a sua costumeira divisão entre crentes e incrédulos. Alguns dos ouvintes de Paulo se mostraram receptivos à verdade; estavam no processo de serem persuadidos. Se lhes fosse dado tempo, talvez se juntassem aos cristãos. Outros, que não queriam aceitar as responsabilidades que o evangelho coloca sobre o homem, encontraram razões para rejeitá-lo. Tudo indica que as pessoas que foram ouvir Paulo nesse dia se achavam divididas quanto à sua resposta. A implicação dos versículos seguintes é que os que estavam sendo persuadidos possuíam convicções suficientes para começar a argumentar com os incrédulos, no sentido da exposição de Paulo ser correta.

28.25
E, havendo discordância entre eles – "Discordância" vem do grego *asumphonoi*, que significa "sem sinfonia, desarmonioso, dissonante, discordante". É difícil determinar exatamente quem estava em desarmonia com quem. Pode significar que todos os judeus discordavam de Paulo, inclusive os que estavam um pouco inclinados a serem persuadidos. Ou pode indicar que os judeus persuadidos estavam em desarmonia com os incrédulos. Esta última ideia talvez seja a que devamos adotar, imaginando a audiência argumentando entre si como tinha acontecido entre os fariseus e saduceus em Jerusalém alguns anos antes[88]. Os incrédulos falaram com tal veemência que Paulo aplicou a eles a condenação de Deus contra os que recusavam a sua mensagem. É até possível que a discórdia tenha levado a uma altercação e à manifestação costumeira de intolerância, preconceito e amarga oposição por parte dos judeus incrédulos.

Despediram-se, dizendo Paulo estas palavras – Knowling sugere que esta despedida foi dirigida a todos os judeus que, segundo ele, superaram suas diferenças depois de algum tempo; e, para mostrarem uma união exterior (a fim de não serem acusados novamente de "motim por causa de um certo Cristo"), começaram a sair em conjunto[89]. É difícil pensar que depois de todos os seus esforços para conciliar e obter ouvintes para o evangelho, Paulo aplicasse essas palavras de Isaías até aos que "estavam sendo persuadidos". Por esta razão preferimos pensar que foram dirigidas especialmente aos judeus incrédulos. Durante todo aquele dia Paulo vinha mostrando

---

[85] Atos 2.16ss; 2.25ss; 2.34ss; 3.22ss; 4.25ss; 8.23ss; 13.13ss; 26.23.
[86] Lucas 24.25ss.
[87] Lucas 24.44ss.
[88] Atos 23.7.
[89] Knowling, *op. cit.*, p. 550.

passagens do Antigo Testamento para apontar que o que havia acontecido na vinda de Jesus e no começo do reino de Deus era justamente o que Deus havia predito. Muito apropriadamente, ele se volta para mais uma passagem nas Escrituras deles e mostra que até o que tinha ocorrido naquele dia foi exatamente o que Deus tinha dito que aconteceria.

Bem falou o Espírito Santo – O apóstolo Paulo confirma perfeitamente aqui a inspiração do profeta Isaías no Antigo Testamento[90]. "Bem" representa *kalōs*, "bem, belo". O que o Espírito levou Isaías a registrar se ajusta belamente a esta situação!

A vossos pais, por intermédio do profeta Isaías – As palavras de Isaías prestes a serem citadas se encontram em Isaías 6.9, 10. As palavras faziam originalmente parte do que Deus mandou Isaías pregar depois de um dos seus chamados ao ministério. Paulo está lembrando aos ouvintes que esta foi por muito tempo a avaliação de Deus quanto ao povo judeu; isto é, que eles têm o costume de rejeitar o testemunho enviado pelo próprio Deus através de mensageiros inspirados.

28.26 –

Quando disse: VAI A ESTE POVO E DIZE-LHE: DE OUVIDO OUVIREIS, E NÃO ENTENDEREIS; VENDO VEREIS, E NÃO PERCEBEREIS – Paulo está citando quase literalmente a Septuaginta. Esta passagem é citada várias vezes no Novo Testamento. Jesus a citou no dia em que pregou seu sermão em parábolas,[91] e o escritor do evangelho de João alude a ela logo depois de ter registrado o último sermão de Jesus antes da crucificação[92]. Podemos dizer então que a resposta dos judeus 700 anos antes de Cristo a uma mensagem de Deus, a sua resposta ao próprio Messias de Deus, o que era portanto quase uma característica nacional[93], Paulo vê repetido nesses judeus de Roma. Havia uma cegueira deliberada e uma surdez voluntária com respeito ao que deveria ter produzido convicção e conversão. Essa teimosia é especificamente salientada nas frases de Isaías que se seguem. Observe que Deus não diz "ao meu povo". Ele estava desgostoso ao dar a mensagem a Isaías.

28.27 –

PORQUANTO O CORAÇÃO DESTE POVO SE TORNOU ENDURECIDO – "Tornou endurecido" no hebraico é imperativo (no estilo profético) e significa "feito gordo" ou "fechar". Eles haviam fechado deliberadamente seus corações (mentes) à verdade.

COM OS OUVIDOS OUVIRAM TARDIAMENTE – Fala de uma surdez deliberada.

E FECHARAM OS SEUS OLHOS – Fala de fechar voluntariamente. Numa linguagem bastante universal, Paulo está dizendo (nas palavras de Deus a Isaías) que não há ninguém tão surdo quanto os que se recusam a ouvir e ninguém tão cego quanto os que se recusam a ver.

PARA QUE JAMAIS VEJAM COM OS OLHOS, NEM OUÇAM COM OS OUVIDOS, PARA QUE NÃO ENTENDAM COM O CORAÇÃO – Se vissem, ouvissem e compreendessem, teriam de desistir dos prazeres do pecado em que se encontram, de sua vida egoísta e sues caminhos perversos. Em vista disto ser exatamente o que não pretendem fazer, endurecem o coração para o evangelho. As palavra de Isaías se aplicam também a muitos que não são judeus. Esta é a verdadeira explicação do evangelho aparentemente fracassar em atrair alguns que o ouvem. Eles não querem obedecer; eles não querem arrepender-se! Esta passagem de Isaías ilustra mais uma vez (pelo livro de Atos) que a doutrina de uma primeira obra da graça discorda do Registro Divino[94]. Se essa doutrina fosse verdadeira, a razão desses judeus não crerem seria então

---

[90] Veja o Estudo Especial Nº 5.   [91] Mateus 13.14.   [92] João 12.40.
[93] Em seu prolongado tratamento do problema da incredulidade de Israel em Romanos 9.11, Paulo citou esta mesma passagem de Isaías (veja Romanos 11.8). Em todo o império romano, a recusa em obedecer ao evangelho resultou da própria obstinação dos judeus e sua falta de interesse no arrependimento.
[94] Compare a nota 42 no capítulo 8.

por não ter havido uma obra regenerativa direta e imediata do Espírito Santo no coração deles. alguns dos ouvintes de Paulo teriam continuado incrédulos por não terem recebido a influência concedida a outros. Mas, o que diz o registro? A verdadeira razão de alguns crerem e outros não é que os incrédulos fecharam deliberadamente os ouvidos e olhos. Assim como os fecharam por sua própria vontade, eles tinham poder para mantê-los abertos. Fica implícito que se tivessem feito isso, o resultado seria inverso. A razão do evangelho ser ou não recebido ficava a critério dos ouvintes e não de uma obra direta do Espírito em seus corações.

E SE CONVERTAM, E POR MIM SEJA CURADOS – "Converter" inclui arrependimento e obediência[95]. Eles não se deixaram convencer pelo que Paulo falou sobre o Messias porque não queriam arrepender-se. Essa era a verdade simples e trágica! Um escritor notou o fato interessante do médico Lucas, em quase uma das últimas palavras do volume dois da sua história, citar uma profecia que termina com a palavra "curar". Incluída na cura de Deus para o pecado está o seu perdão, com o resultado correspondente de restaurar a relação quebrada com Deus. Quando os ferimentos do pecado são curados, os homens descobrem que seus relacionamentos mútuos são também restaurados.

28.28 –

Tomai, pois, conhecimento – Paulo faz tristemente aqui uma advertência a esses judeus deliberadamente incrédulos. É difícil crer que ele diga essas palavras em tom de condenação. Quando nos lembramos de como ele amava seus compatriotas judeus e como a recusa deles em se entregar a Cristo fazia sofrer incessantemente o seu coração[96], podemos compreender por que ele lhes conta seus planos de ir para os gentios tão rapidamente. Não está desistindo daqueles ouvintes depois de um único sermão, mas ao falar de como os gentios irão responder, ele espera levar os judeus a imitá-los[97].

De que esta salvação de Deus foi enviada aos gentios – O que Paulo tinha dito antes em Antioquia da Pisídia (Atos 13.46), em Corinto (Atos 18.6), e em outros lugares, ele agora diz com referência a Roma. Em Roma, a partir dessa ocasião, os gentios teriam prioridade para receber a mensagem da salvação[98]. "Esta salvação" é a salvação prometida na palavra "curados", que acaba de citar de Isaías, a salvação que o próprio Messias iria introduzir. O método de livramento dado por Deus em cumprimento da profecia do Antigo testamento seria abraçado pelos gentios. Paulo está falando do método de Deus para salvar os homens, justamente o método predito no Antigo Testamento. Os judeus podiam rejeitar esta salvação por si, mas isso não destruiria o reino de Deus, nem impediria o Messias de reinar sobre o seu reino! Ele reinaria sobre o coração dos gentios que respondessem à sua graciosa oferta de salvação, condicionada a uma fé obediente.

E eles a ouvirão – Podemos parafrasear isto: "Eles realmente ouvirão!" Justamente aquilo que os judeus se recusavam deliberadamente a fazer, ou seja, ouvir e arrepender-se para que Deus pudesse curá-los, os gentios (que sabiam que estavam doentes e precisavam de um médico) fariam! Eles abraçariam o meio de Deus para salvar os homens, bastando que lhes fosse dada oportunidade de ouvir a respeito. A esperança de Paulo era esta – quando os judeus vissem as bênçãos da salvação messiânica, gozada por todos aqueles gentios, talvez fossem levados a desejar também essas bênçãos e estariam então prontos a ouvir e converter-se.

---

[95] Atos 3.19.
[96] Romanos 9.1ss.
[97] Romanos 11.14.
[98] O leitor deve notar que esta passagem não apóia absolutamente a ideia Dispensacional de que nesta conjuntura os judeus são finalmente rejeitados por Deus; e, portanto, a "medida tampão" chamada "igreja" se torna necessária até que Deus possa trabalhar com os judeus para introduzir o reino milenar terreno que Ele sempre pretendeu, se apenas os judeus tivessem permitido isso.

28.29 –

(Ditas estas palavras, partiram os judeus tendo entre si grande contenda) – Este versículo não é encontrado nos códices *Aleph*, A, B, E, e na maioria dos textos críticos modernos. Assim sendo, ele aparece na margem da NASB. Ele sem dúvida descreve corretamente o que aconteceu depois de Paulo dizer as últimas palavras a eles. Talvez o versículo tenha sido escrito na margem de algum manuscrito antigo para diminuir a aparente brusquidão do relato entre os versículos 28 e 30, caso seja omitido. Mais tarde, ao vê-lo na margem, algum escriba supôs que tinha sido omitido do texto, e quando fez uma cópia de Atos, incluiu-o no texto de sua nova cópia.

    c. Paulo prisioneiro durante dois anos. 28.30, 31

28.30 –

Por dois anos permaneceu Paulo na sua própria casa, que alugara – Desde que a palavra aqui ("própria casa") é diferente da usada no versículo 23, parece que Paulo mudou da casa em que era hóspede para essa residência alugada. "Morada" é provavelmente uma tradução melhor do que "casa", pois o grego parece falar mais de um apartamento do que de uma casa inteira. Se for imaginado de onde veio o dinheiro para pagar o aluguel, podemos pensar na ajuda dos amigos, como a oferta missionária de Filipos que tinha sido levada dos irmãos dali por Epafrodito[99]. Paulo encontra-se, sem dúvida, sob a guarda de um soldado, acorrentado a ele dia e noite[100], e assim o evangelho continua a espalhar-se através de todo o acampamento pretoriano.

Desse alojamento alugado vão ser expedidas, durante dois anos, cinco das epístolas contidas no Novo Testamento – as epístolas aos Efésios, Colossenses, Filipenses (uma carta de agradecimento pela oferta missionária), Filemom e provavelmente Hebreus.

O tempo do verbo por trás de "permaneceu" e das palavras "dois anos" parece indicar mais do que se julga à primeira vista. O tempo do verbo parece implicar que houve uma mudança de condições quando Lucas escreveu; a permanência na casa alugada havia terminado. O que houve? Os "dois anos" dão respostas a esta pergunta. Deve ser lembrado que nos Estudos Introdutórios documentamos o fato de que este era o limite de tempo que o indivíduo tinha de aguardar até que seus acusadores chegassem, a fim de apresentar suas queixas[101]. Em nossa opinião, na época em que Lucas escreveu Atos, os dois anos de espera de Paulo acabavam de terminar, seus acusadores não marcaram presença, e ele foi automaticamente posto em liberdade.

Onde recebia a todos que o procuravam – Paulo era um prisioneiro durante esses dois anos, ficando limitado quanto aonde podia ir, mas não quanto a quem poderia visitá-lo, como os líderes da comunidade judia já tinham feito. Esta limitação – ele não tinha permissão para ir às sinagogas, às igrejas, ou às casas deste ou daquele discípulo, ou às casas onde era preciso ensinar para ganhar convertidos – poderia parecer a princípio um impedimento para a sua obra evangelística. Mas esse impedimento, como ele mesmo reconheceu mais tarde, "antes contribuiu para o progresso do evangelho"[102]. A sua presença em Roma estimulou outros a uma atividade evangelística renovada[103].

"Todos" indica que tanto judeu como gentio eram bem vindos, sugerido também que ele teve muitos visitantes. Muitos deles, podemos supor, eram irmãos que evangelizavam na cidade e voltavam para novas instruções sobre o local e o trabalho a ser feito em seguida. Outros seriam novos convertidos levados pelos irmãos para conhecer Paulo. Ainda outros seriam conhecidos vindos das províncias a Roma e que procuravam o apóstolo. Entres esses últimos estava Onésimo, segundo supomos, um escravo fugido de Colossos, convertido a Cristo em Roma por Paulo e depois enviado de volta com uma carta ao seu Senhor, Filemom.

---

[99] Filipenses 4.10ss.
[100] Veja notas em Atos 28.16 e Filipenses 1.13.
[101] Veja a página *xxix* onde este assunto da jurisprudência romana é documentado.
[102] Filipenses 1.12.   [103] Filipenses 1.14.

Através das cartas escritas durante esses dois anos, ficamos sabendo que Paulo tinha vários colaboradores e ajudantes fiéis que levavam sua mensagem à cidade e encaminhavam muitos para ouvir sua pregação e instrução. Lucas, o médico amado, que compartilhou dos perigos da viagem de Cesaréia a Roma, era seu colaborador constante[104]. Timóteo, cujo nome foi mencionado pela última vez ao levar a oferta para Jerusalém[105], se junta a ele nas saudações aos Colossenses, Filemom e Filipenses, devendo então ter-se encontrado com Paulo, enquanto este se achava preso em Roma. Marcos, que certa vez desistiu de ajudar durante a primeira viagem missionária, tinha retomado o favor de Paulo, foi procurá-lo em Roma e estava prestes a ser enviado numa viagem distante a pedido do apóstolo[106]. Aristarco se juntou a Paulo em Roma[107]. Demas, que alguns anos mais tarde abandonará Paulo por "amar o presente século", se encontrava ainda ao lado dele[108]. Epafras, um pregador que serviu em várias congregações no vale do rio Lico na Ásia, tinha ido a Roma na condição de mensageiro para as congregações de Colossos, Laodicéia e Hierápolis[109]. Tíquico, o efésio, que visitou Jerusalém na companhia de Paulo, acabou também em Roma[110]. Várias coisas aconteceram em conexão com Epafrodito, cuja missão de Filipos a Paulo já foi mencionada acima. Além de levar a oferta, ele deveria servir o apóstolo no que fosse necessário, dando-lhe atenção cheia de amor que receberia dos Filipenses caso eles pudessem estar ali para concedê-la em pessoa. Enquanto isso, em Roma, ou a caminho de Roma, Epafrodito tinha adoecido mortalmente[111]. Alguém que visitou Filipos depois disso contou aos filipenses a respeito da sua doença, e chegaram a Roma notícias de que a saúde de seu mensageiro preocupava os irmãos de Filipos. Como resultado, agora que estava totalmente recuperado, Paulo envia Epafrodito de volta a Filipos, juntamente com instruções aos filipenses para que o recebessem com honras de herói pela maneira como representou os seus interesses e ajudou o apóstolo[112]. Um judeu chamado Jesus, também apelidado de Justo, se encontrava igualmente entre os colaboradores de Paulo em Roma[113].

28.31 –

Pregando o reino de Deus, e ... ensinava as cousas referentes ao Senhor Jesus Cristo – "Pregando" seria a proclamação pública do evangelho, enquanto "ensinava" seria a instrução individual dada aos que iam procurá-lo em sua casa. A pregação (se a palavra é usada aqui como em outros pontos de Atos) seria principalmente para os incrédulos, e o ensino especialmente para os que já eram cristãos. Mesmo enquanto prisioneiro, Paulo cumpriu as funções de pregação e ensino ordenadas na Grande Comissão.[114]

Com toda a intrepidez, sem impedimento – (Esta frase vem no final da sentença em inglês – N.T.) Assim sendo, o ministério, que parecia ter chegado ao fim com a prisão de Paulo, na verdade continuou sob proteção romana. Durante sua permanência em Roma, Paulo foi poupado das dificuldades, perseguições e aflições que frequentemente acompanhavam sua pregação nas cidades da Grécia, Macedônia e Ásia Menor[115].

O evangelho foi proclamado livremente em Roma durante este período, através dos lábios do seu principal mensageiro. O valor apologético do fato mencionado nas últimas palavras do livro era considerável. Lucas está sugerindo que caso o evangelho fosse propaganda ilegal e subversiva, ele poderia ter sido ensinado durante dois anos no coração do império sem impedimento; e além disso, através de um cidadão romano que tinha apelado para César e que estava esperando sob guarda que seu caso fosse ouvido. As autoridades devem ter sabido todo tempo o que Paulo estava fazendo, todavia não se opuseram em nada. Atos termina então com

---

[104] Colossenses 4.14. [105] Atos 20.4. [106] Colossenses 4.10.
[107] Filemom 24. [108] Colossenses 4.14. [109] Colossenses 4.12.
[110] Efésios 6.21; Colossenses 4.7. [111] Filipenses 2.27.
[112] Filipenses 2.25-30. [113] Colossenses 4.10-14. [114] Mateus 28.18-20.
[115] Filipenses 1.15, 17 indica que Paulo sofreu certa oposição exatamente daqueles que deveriam ser seus amigos, mas não havia razão para temer abusos físicos como tinha acontecido em muitas cidades onde evangelizou.

esta nota triunfante. O Reino de Deus e a história de Jesus são abertamente proclamados e ensinados na própria Roma . . .[116]

Termina assim este retrato vivo, belo e fiel do maior missionário do mundo. "Em trabalhos, muito mais; muito mais em prisões; em açoites, sem medida; em perigos de morte, muitas vezes[117]" se vê, enquanto lemos esta história, nenhuma vanglória vazia, mas simples declaração da verdade. "Porém, em nada considero a vida preciosa para mim mesmo, contanto que complete a minha carreira e o ministério que recebi do Senhor Jesus para testemunhar o evangelho de graça de Deus[118]" é a verdadeira descrição da vida de Paulo.

Nosso breve olhar sobre esses "dois anos" que encerram este registro, nos enche de espanto diante da obra feita pelo Senhor durante esse período. Além do que nos é dito, há coisas que podemos imaginar. Pense nas reuniões de homens e mulheres santos no interior dessa "casa alugada". Pense nas reuniões de oração, nas exposições da Palavra de Deus, nas descrições do reino de Deus e nas expectativas do dia em que a igreja será levada para estar com o Senhor! Pense nas exortações amorosas, nas palavras de simpatia, e na alegria nos corações dos pregadores, assim como no júbilo dos anjos nos céus por causa das almas ganhas! Pense na contribuição para a literatura do Reino dos Céus encontrada nas epístolas aos Efésios, Colossenses, Filipenses, Hebreus, e Filemom! "Esses foram verdadeiramente dois anos de momentos infinitos para a Igreja de Deus!"

[116] Bruce, *op. cit.* p. 535.
[117] 2 Coríntios 11.23 (ASV).
[118] Atos 20.24.

Desenho de Horace Knowles da British and Foreign Bible Society

EPÍLOGO
Os Últimos Trabalhos e Cartas de Paulo

Terminamos nosso estudo de Atos, mas alguém pode perguntar: "O que aconteceu com Paulo?" Lucas não conta, mas há outras fontes de informação[1].

Se aceitarmos como genuínas as Epístolas Pastorais[2], e as aceitamos, elas não se enquadram em qualquer parte da vida e das viagens de Paulo registradas em Atos (embora alguns tentassem fazer isso, mas com pouco sucesso). As Epístolas Pastorais descrevem trabalhos e cartas do apóstolo após o término de sua primeira prisão em Roma.

No ano 63 A.D., conforme antecipado pelas Epístolas da Prisão, Paulo foi libertado de sua primeira prisão romana.[3]

Se ele realizou os desejos indicados pelas Epístolas da Prisão, depois de solto visitou Filipos, e dali viajou para a Ásia Menor, a fim de visitar as igrejas do Vale do rio Lico.

A tradição conta que Paulo visitou a Espanha (e possivelmente a Inglaterra). Se fez isso (do que este escritor duvida), teria sido após sua visita às igrejas do Vale do Lico (Colossos, Hierápolis, Laodicéia)[4].

Em alguma época durante o período de cinco anos entre sua libertação e sua morte, ele visitou Éfeso, deixando Timóteo ali, e seguiu depois para a Macedônia, onde escreveu 1 Timóteo[5]. Datamos 1 Timóteo em cerca de 65 A.D.

Entre os seus períodos de prisão, talvez perto do fim do intervalo de cinco anos (se o inverno mencionado em Tito 3.12 e 2 Timóteo 4.20 for o mesmo), Paulo visitou Creta, e ao partir da ilha deixou Tito ali para colocar as coisas em ordem[6].

Começamos agora a viagem que levará eventualmente Paulo de volta a Roma e ao martírio. Ao sair de Creta ele seguiu para Mileto, talvez através de Corinto[7]. Trófimo ficou ali por estar doente. Ao deixar Mileto, Paulo foi para Éfeso, onde passou algum tempo com Timóteo. Durante essa visita recebeu ajuda de Onesíforo[8]. A maioria dos escritores acredita que a Epístola a Tito foi escrita durante esta visita a Éfeso. Partindo dali, viajou para o norte, chegando a Trôade onde guardou algumas coisas na casa de Carpo[9]. Alguns colocam uma visita a Corinto neste ponto em lugar de colocá-la no caminho de Creta a Mileto[10]. Paulo chegou finalmente a Nicópolis (na província de Epiro, do lado oposto do *calcanhar* da Itália), onde tencionava passar o inverno[11]. Nicópolis era uma colônia romana. Ele encontraria ali alguma segurança contra a violência tumultuosa. Mas, ao mesmo tempo, estaria mais sujeito a ser preso pelas autoridades romanas. Não encontramos nas Escrituras, ou em qualquer narrativa histórica, qualquer sugestão quanto ao lugar ou às circunstâncias da prisão de Paulo. Sabendo, porém, que ele pretendia passar o inverno em Nicópolis, e que pouco depois disso seria prisioneiro em Roma, a inferência natural é que foi preso pelas autoridades em Epiro e enviado por elas para ser julgado em Roma.

---

[1] Veja os Estudos Introdutórios sob o parágrafo a respeito da "Data Em que Foi Escrito" para informação sobre o suposto "final repentino" de Atos, onde são incluídas várias tentativas de explicar o que aconteceu com Paulo, nenhuma das quais é satisfatória.

[2] 1 e 2 Timóteo e Tito são chamadas "Epístolas Pastorais" nos últimos 200 anos aproximadamente.

[3] Filipenses 1.26; 2.24; e Filemom 22. Compare notas também sobre Atos 28.30.

[4] As evidências que mostram supostamente uma viagem à Espanha incluem 1 Clemente 5.7; Cânon Muratório; Eusébio, *Church History* II. 22. 1, 2; Teodoreto, *in Phil.*, I. 25; Jerônimo. *Illustrious Men*, V; Cirilo de Jerusalém, *Catechetical Lectures*, XVII. 26; Epifânio, *Heresies*, XXVII. 6.

[5] 1 Timóteo 1.3; 3.14, 15.   [6] Tito 1.5.   [7] 2 Timóteo 4.20.

[8] 2 Timóteo 1.18.   [9] 2 Timóteo 4.13.   [10] 2 Timóteo 4.20.

[11] Tito 3.12.

Epílogo

Desde a libertação de Paulo da primeira prisão em Roma, uma grande mudança se opera na política da corte imperial. Afriano Burro[12] não era mais o conselheiro de Nero. A influência do ignóbil, brutal e cruel Tigelino predominava. Pompéia, com sua tendência para proteger os judeus, e provavelmente os "cristãos da casa de César", havia morrido pela brutalidade de Nero em 65 A.D. O grande incêndio de 64 A.D. tinha começado na base dos montes Caelian e Palatino, depois de uma festa que Nero tinha dado nos jardins de Agripa[13]. O incêndio tinha sido quase sufocado quando reavivou-se no distrito Emiliano da cidade onde Tigelino tinha grandes propriedades, e no período de uma semana toda a cidade de Roma havia se queimado. O povo suspeitava que Nero e Tigelino estivessem profundamente implicados no caso, e essa suspeita precisava ser desfeita. Os cristãos de Roma, especialmente aqueles cuja presença no palácio desaprovava os vícios de Tigelino e seu senhor, foram acusados. A maior parte do povo das classes mais altas da cidade sabia que a culpa não cabia aos cristãos[14]; mas a população, no auge da excitação, atirou-se ferozmente contra a "seita por toda parte impugnada" ferozmente. O fanatismo é naturalmente contagioso. Embora não houvesse ainda uma perseguição formal ou organizada no império, velhas inimizades se reacenderam, sendo utilizadas as oportunidades para agir baseadas nelas. Acreditamos que a ordem de prisão dos líderes do cristianismo foi expedida por Tigelino sob essas condições, incluindo Paulo. Tigelino devia ter conhecimento de que o apóstolo tinha sido por dois anos a figura principal entre os cristãos de Roma e que ele estava em termos de amizade com os oficiais do Grupo de Augusto e da Guarda Pretoriana. É certo que ele havia saído da cidade antes do incêndio; mas, e se o tivesse planejado, ou mesmo sugerido a ideia, deixando outros para pô-lo em prática? De fato, as acusações incluídas na ordem de prisão poderiam "parecer plausíveis". Depois de preso, Paulo seria enviado de Nicópolis a Roma para ser julgado, pois a alegação era de que o crime tinha sido cometido em Roma.

A segunda prisão de Paulo em Roma data de 67-68 A.D. Desta segunda vez, a prisão de Paulo seria muito mais severa e restritiva do que a primeira[15]. A tradição romana de que ele ficou confinado na masmorra inferior da prisão Mamertina, escura e úmida, sem outra abertura além do orifício pelo qual os prisioneiros eram descidos, é considerada bastante provável por alguns. Por outro lado, a tradição de que Pedro e Paulo foram presos juntos na prisão Mamertina tem sido rejeitada até pelos eruditos católicos, talvez por haver evidência de que os cristãos de Roma conseguiram manter-se em contato com Paulo. Êubulo, Prudente, Lino, Cláudia, são alguns dos irmãos que enviam saudações a Timóteo, assim como os "irmãos todos". Essas são evidências de uma comunicação constante entre os cristãos de Roma e o prisioneiro Paulo[16]. Em comparação com o número de amigos que passavam constantemente pela sua casa alugada durante o primeiro período de prisão, este segundo foi bem solitário. Os velhos amigos o deixaram ou estavam longe em atividades missionárias. Demas o abandonou[17], e muitos de seus amigos asiáticos o evitavam[18]. Crescente tinha ido para a Galácia (esperamos que tenha sido em trabalho evangelístico)[19]. Tito, depois de chegar a Roma, tinha sido enviado para a Dalmácia numa missão evangelística[20]. Tiquico havia sido enviado a Éfeso[21], e Priscila e Áquila voltaram para lá[22]. Só o fiel Lucas permaneceu com ele dentre os seus companheiros usuais[23]. Ele tinha saudades de Timóteo e Marcos[24]. Ele pede a Timóteo que lhe leve a capa, livros e pergaminhos[25], e que chegue a Roma antes do inverno[26]. O primeiro julgamento de Paulo diante do tribunal romano, e uma demora na sentença final, se acham registrados em 2 Timóteo 4.16-18. Esse primeiro julgamento deu a Paulo a convicção de que o fim se aproximava, e ele escreveu então a Segunda Epístola a

---

[12] Veja notas sobre Atos 28.16.
[13] Tácito, *Annals*, XV. 37-40.
[14] Juvenal, *Satires*, I. 155.
[15] 2 Timóteo 2.9.
[16] 2 Timóteo 4.21.
[17] 2 Timóteo 4.10.
[18] 2 Timóteo 1.15.
[19] 2 Timóteo 4.10.
[20] 2 Timóteo 4.10.
[21] 2 Timóteo 4.12.
[22] 2 Timóteo 4.19.
[23] 2 Timóteo 4.11.
[24] 2 Timóteo 4.9, 21.
[25] 2 Timóteo 4.13.
[26] Não sabemos se Timóteo chegou a Roma antes da execução de Paulo.

Timóteo, uma carta cheia de esperança e alegria ao perceber a coroa da justiça finalmente ao seu alcance[27]. Datamos 2 Timóteo no verão ou outono de 67 A.D.

O confinamento de Paulo durou provavelmente vários meses depois da primeira audiência. Nesse intervalo, segundo a tradição, Pedro juntou-se a Paulo em Roma, tendo sido preso (talvez logo após sua chegada)[28]. Pedro escreve de Roma suas duas epístolas, exortando os irmãos a serem fiéis a Cristo, embora em meio a perseguições[29]. 1 Pedro é datada de 67 A.D. e 2 Pedro de 68 A.D.

A morte de Paulo. Existe evidência tradicional de que Paulo sofreu o martírio no último ano do reinado de Nero[30]. Isto colocaria a sua morte na primavera de 68 A.D. A tradição afirma também que Pedro e Paulo foram finalmente julgados e condenados juntos. A cidadania romana de Paulo o salvou pela última vez da agonia prolongada – pois, segundo a tradição, Paulo foi decapitado na Via Hóstia[31]. Mas Pedro, o pescador da Galiléia, teve de sujeitar-se ao sofrimento da crucificação[32]; sendo atendido o seu pedido de ser crucificado de cabeça para baixo, desde que não se achava digno de sofrer da mesma forma que o seu Mestre[33]. A tradição coloca o lugar da crucificação de Pedro no monte Janículo. As tradições com respeito ao lugar de sepultamento dos corpos dos dois apóstolos são confusas e contraditórias[34].

Onde quer que Paulo tenha morrido, sua alma está com Jesus. Onde esse corpo descansou finalmente, o qual ele se esforçou para "reduzir à escravidão"[35] e que era para ele (antes de tornar-se cristão) uma fonte de conflito e pecado[36], é um ponto de pouca importância. Ele está guardado sob os olhos do Salvador a quem serviu e será ressuscitado para a vida eterna. Em sua própria linguagem inimitável: "Semeia-se o corpo na corrupção, ressuscita na incorrupção; semeia-se em desonra, ressuscita em glória. Semeia-se em fraqueza; ressuscita em poder. Semeia-se corpo natural; ressuscita corpo espiritual"[37]. O que são para Paulo agora os sofrimentos e perseguições e trabalhos na causa do Mestre? Nada, senão uma fonte de ações de graças por ter sido permitido trabalhar desse modo, a fim de difundir o evangelho em todo o mundo.

"Despedimo-nos então dele até a manhã da ressurreição, gratos porque o curso da narrativa sobre a qual comentamos nos manteve por tanto tempo em sua companhia"[38]. Possamos nós viver – imitando a sua vida de zelo, autonegação e fidelidade, para que, ao ressuscitarmos dentre os mortos, possamos participar com ele das glórias da ressurreição dos justos.

---

[27] 2 Timóteo 4.8.
[28] Veja o Estudo Especial Nº 14.
[29] 1 Pedro 2.12; 3.16; 4.1, 12-16; 5.8, 9.
[30] Veja o Estudo Especial Nº 14.
[31] A tradição coloca o local da decapitação de Paulo no marco da terceira milha da Via Óstia, num lugar agora chamado Tre Fontane (três fontes). Compare Conybeare e Howson, *op. cit.*, p. 782.
[32] Veja João 21.18, 19.
[33] Veja o Estudo Especial Nº 14.
[34] Theodore Zahn, *Introduction to the New Testament* (Grand Rapids: Kregel, 1953), Vol. 2, p. 78, nota 9.
[35] 1 Coríntios 9.27.
[36] Romanos 7.5-23.
[37] 1 Coríntios 15.42-44.
[38] McGarvey, *op. cit.*, p.292.

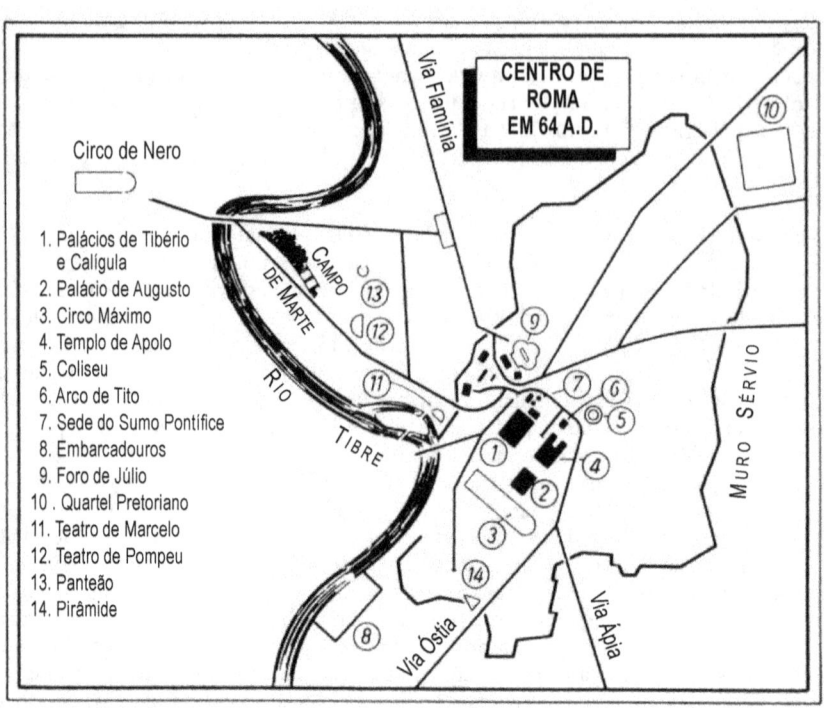

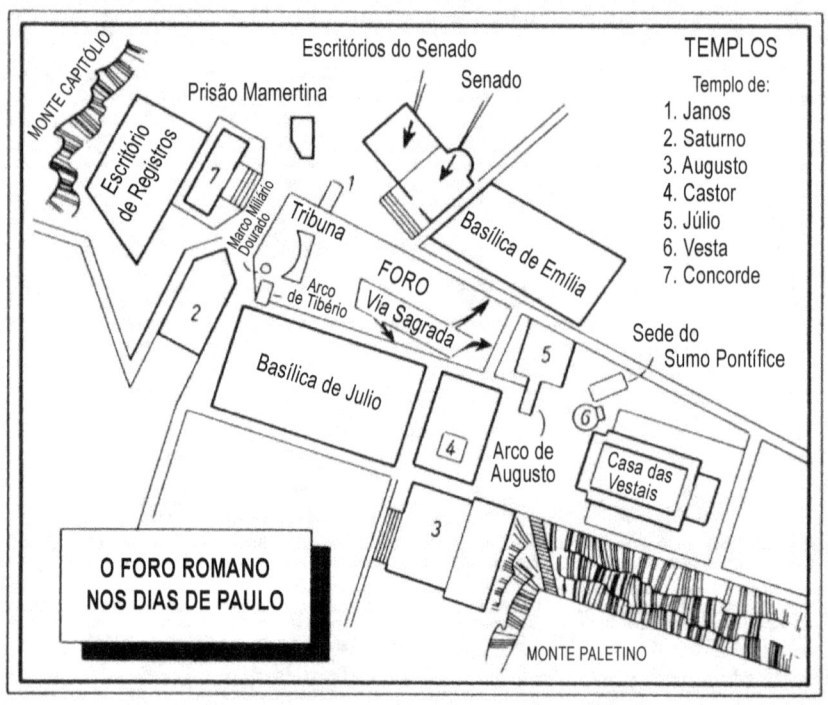

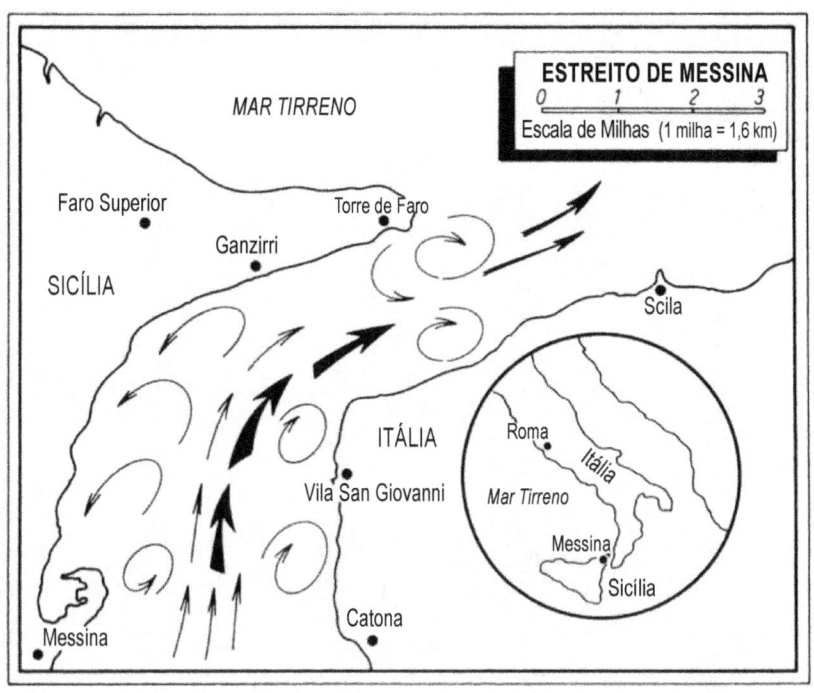

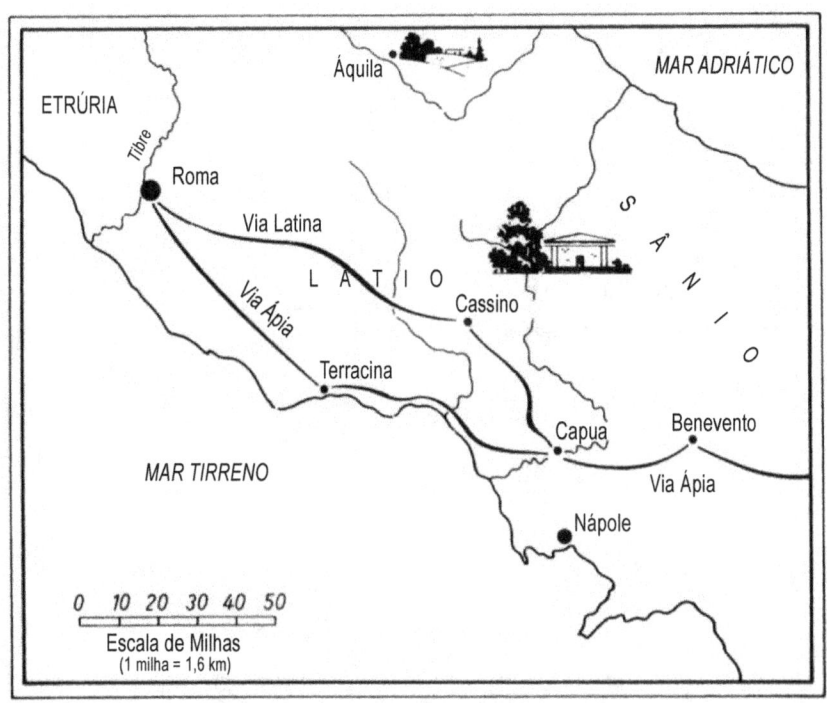

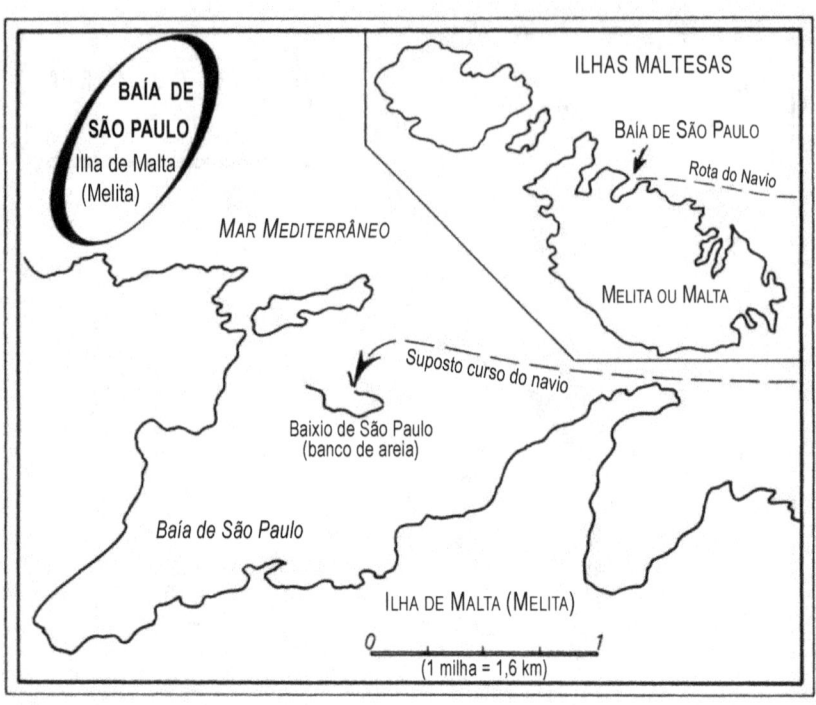

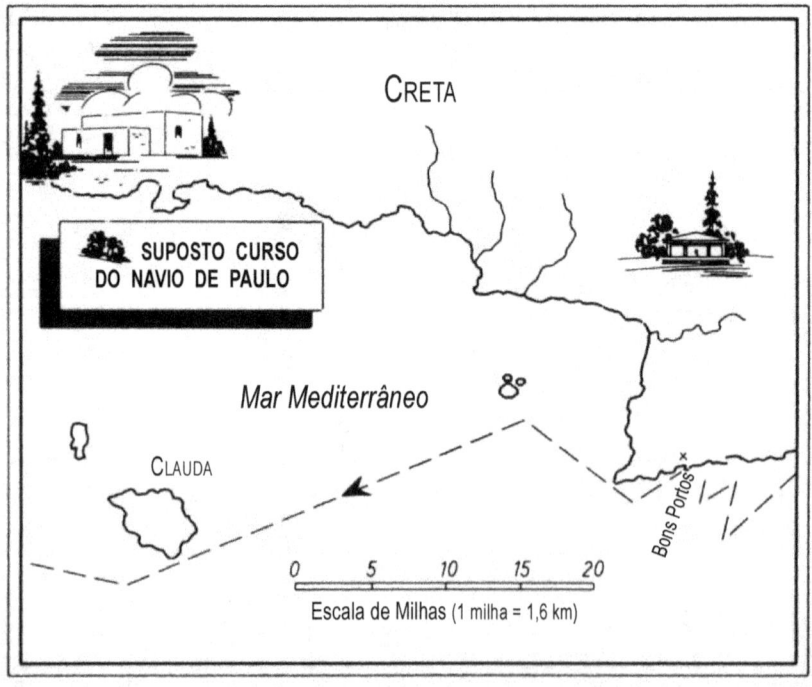

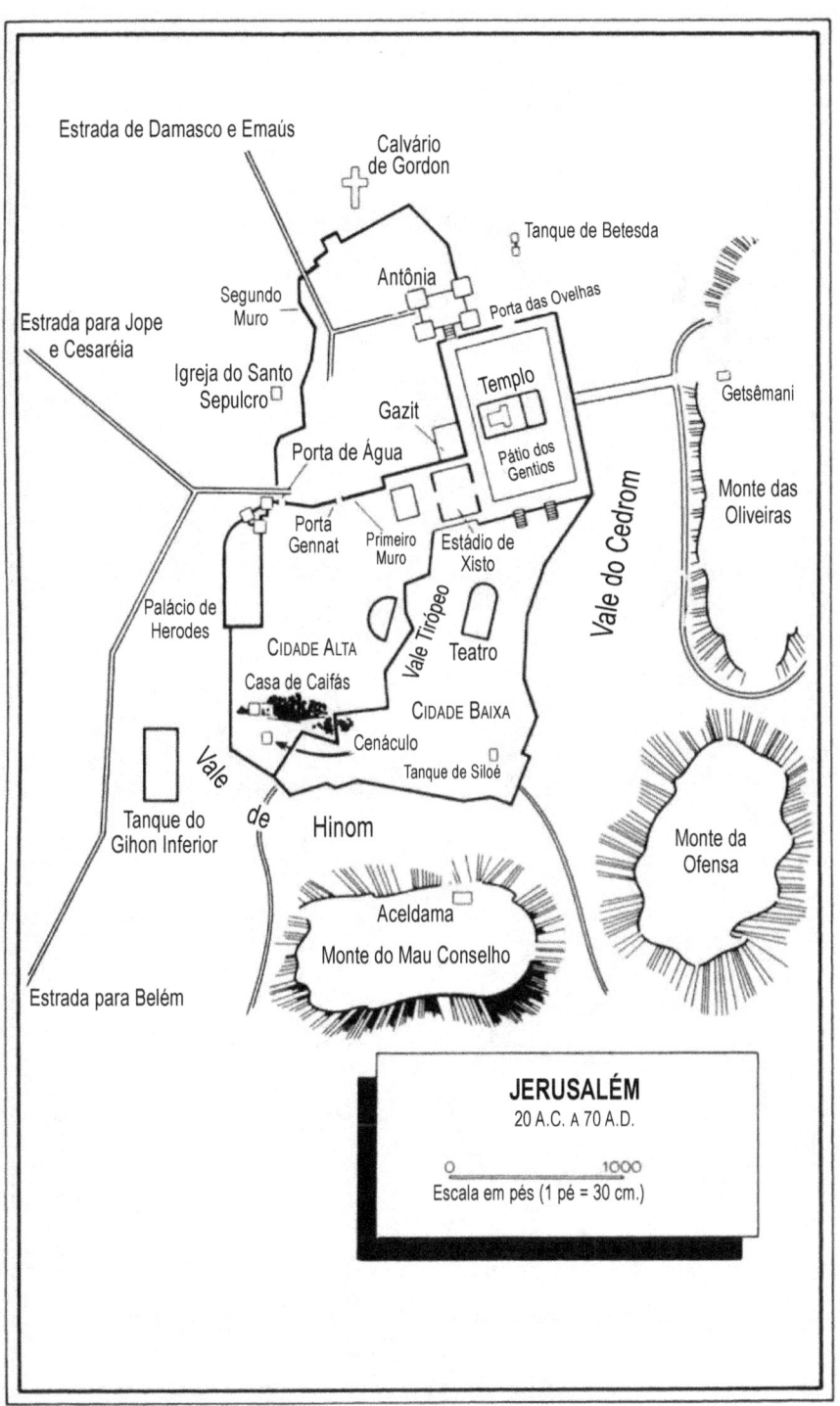

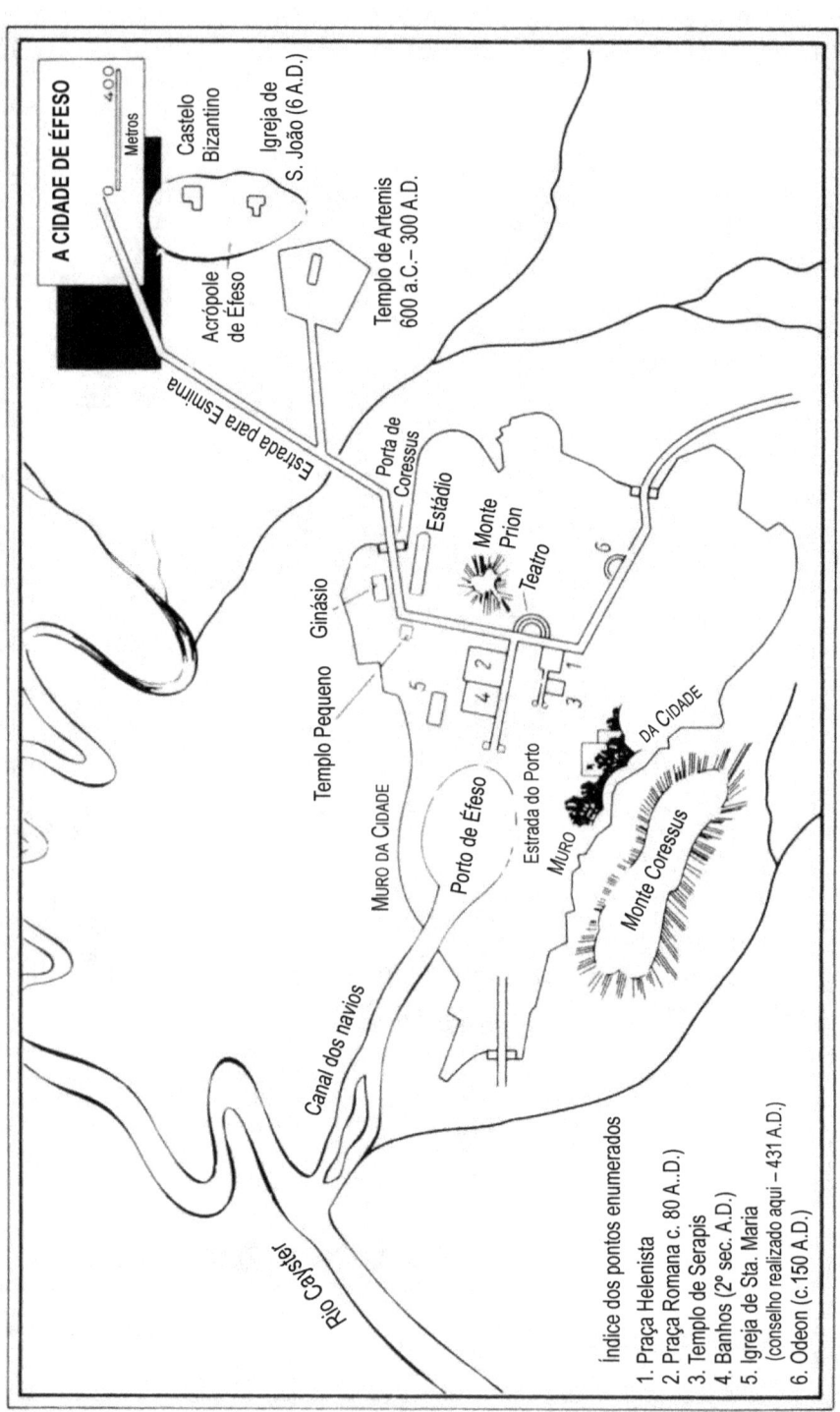

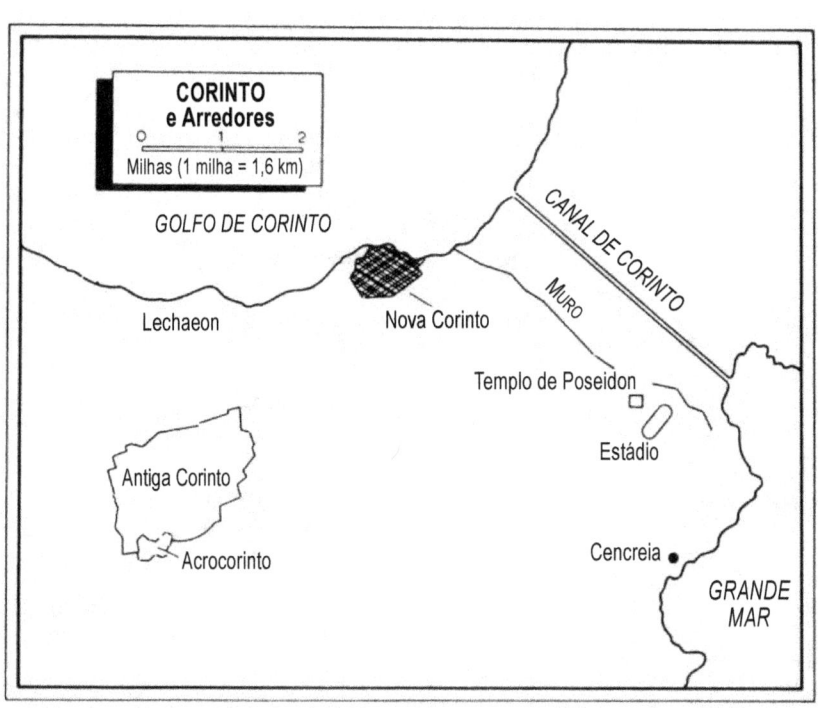
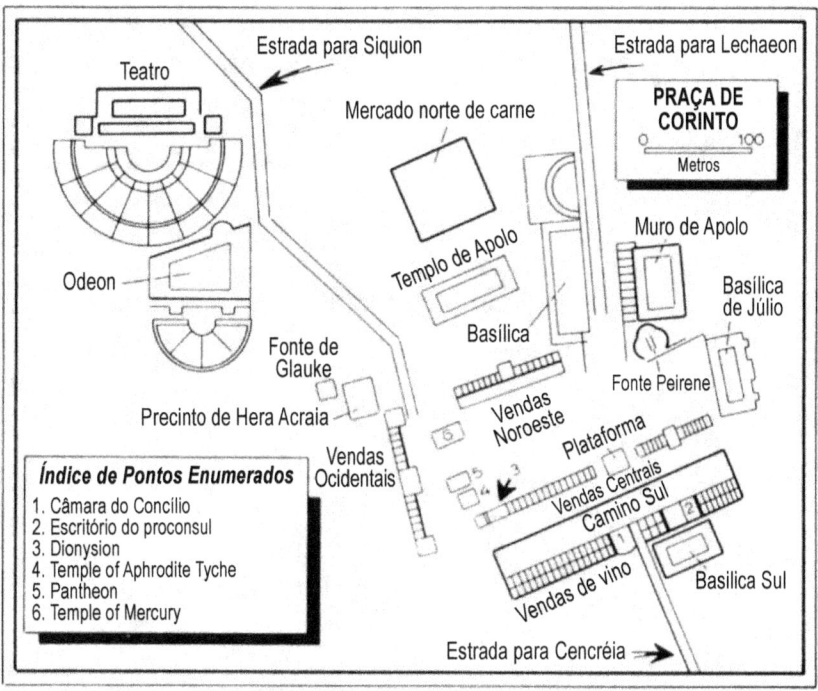

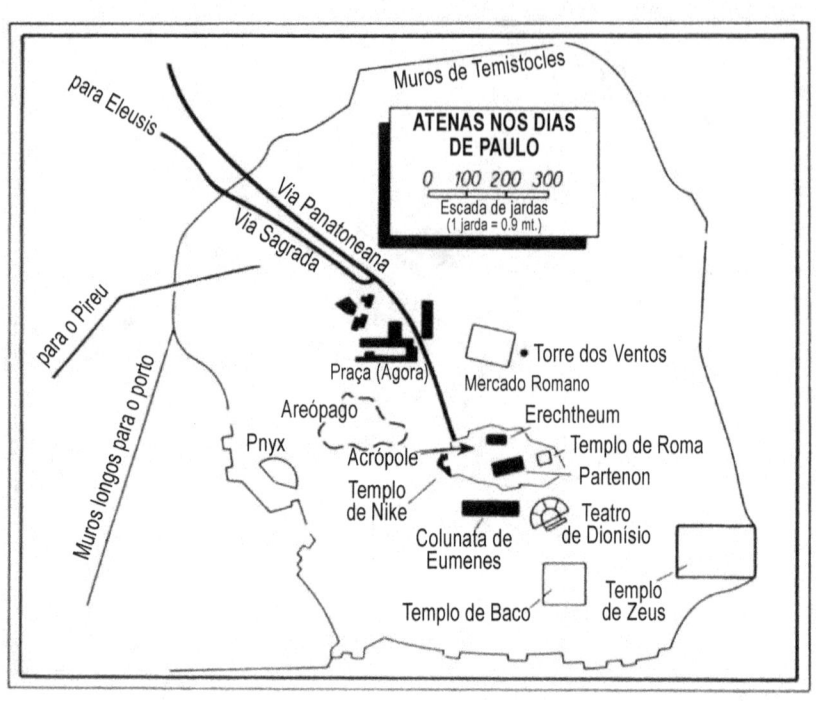

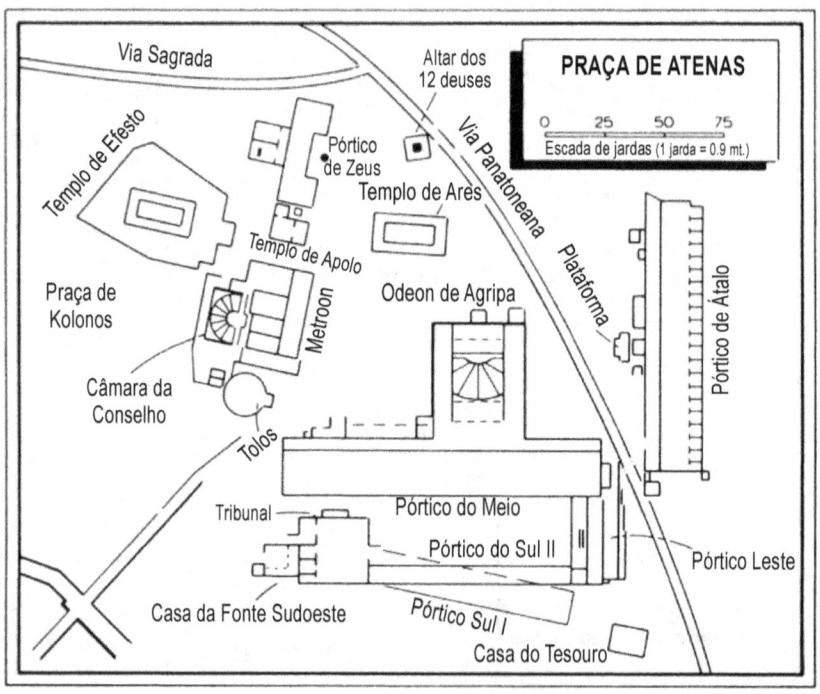

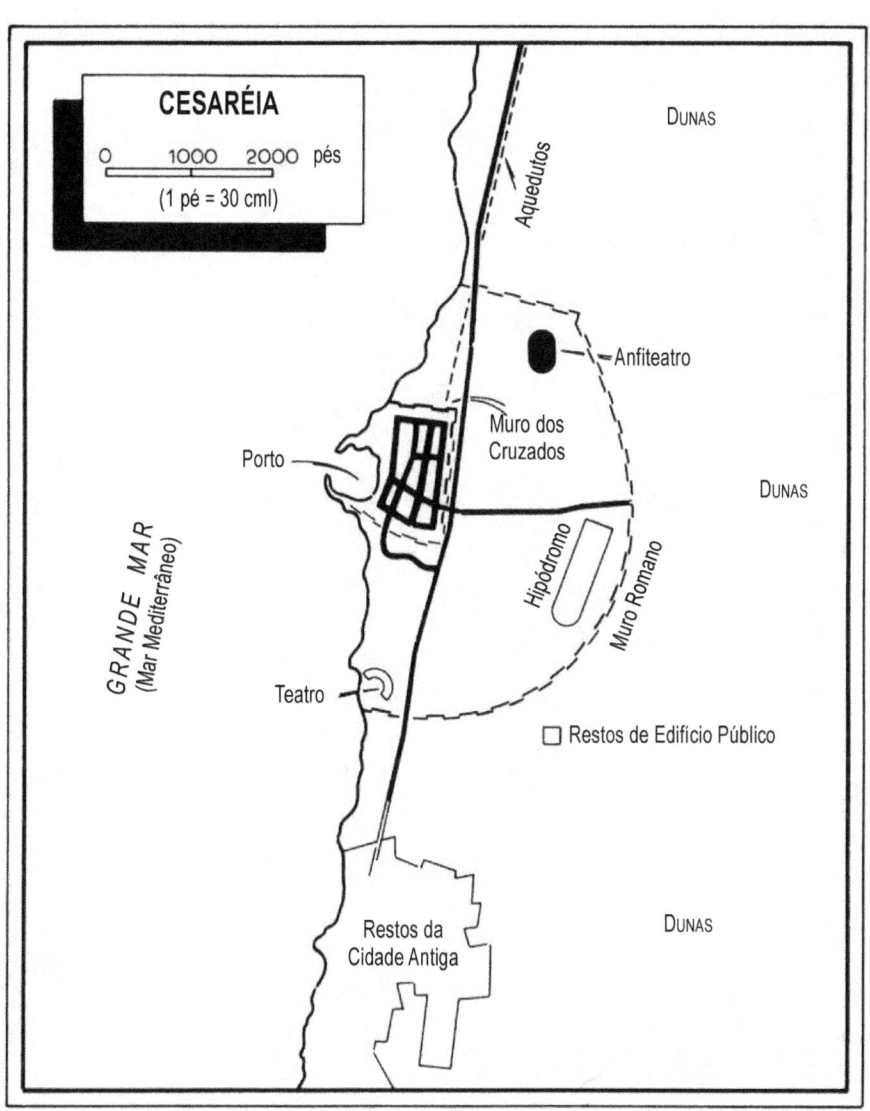

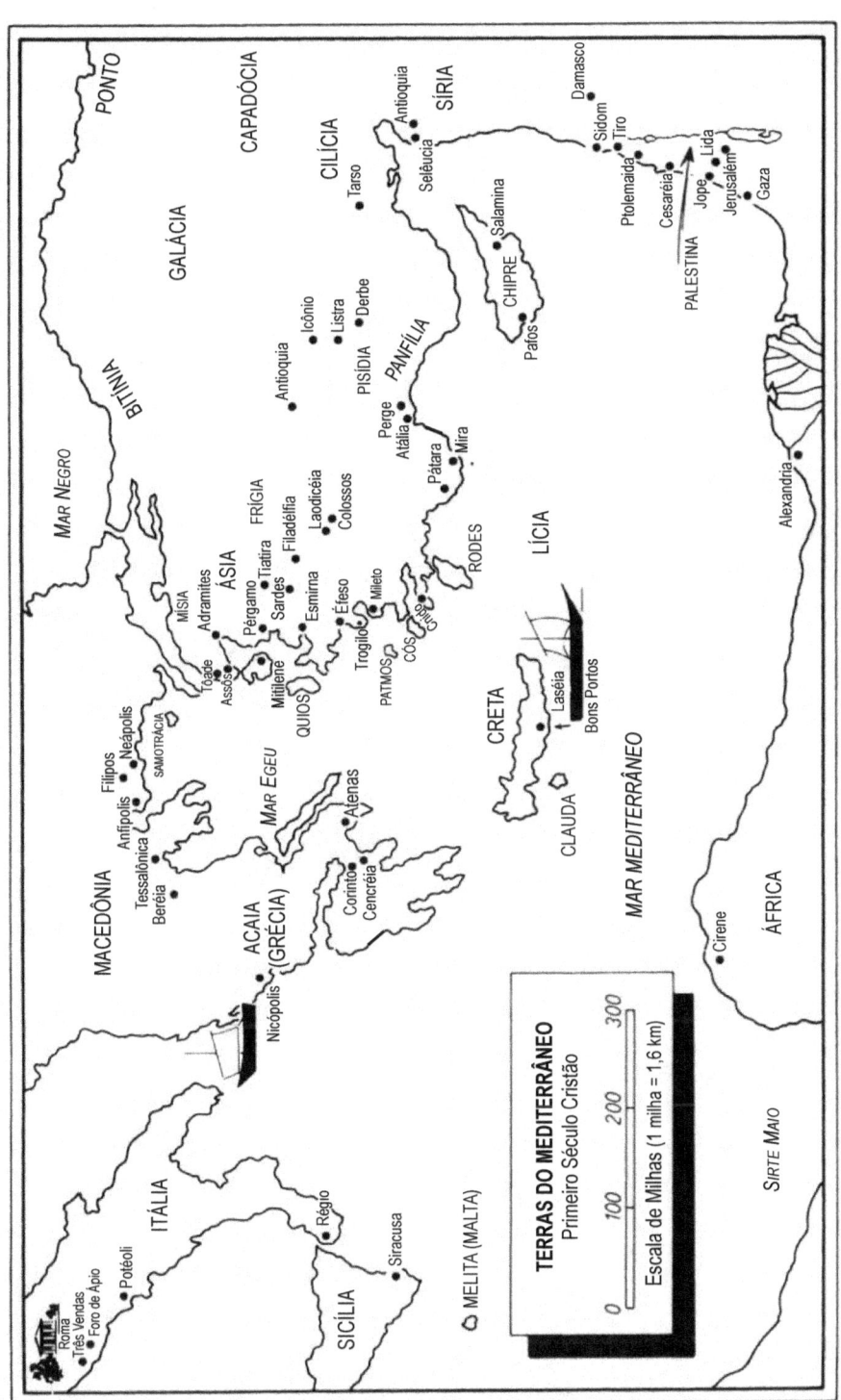

www.ingramcontent.com/pod-product-compliance
Lightning Source LLC
Chambersburg PA
CBHW060348250426
43667CB00051B/2450